스펄전 설교전집 29

에베소서·빌립보서

스펄전 설교전집 29
The Treasury of the Bible

스펄전 설교전집
에베소서·빌립보서

역자 지상우

CH북스
크리스천
다이제스트

차례

■　　에　베　소　서

■ 빌 립 보 서

에
베
소
서

제
1
장

—

하늘에 속한 신령한 복

—

"찬송하리로다 하나님 곧 우리 주 예수 그리스도의
아버지께서 그리스도 안에서 하늘에 속한
모든 신령한 복을 우리에게 주시되 곧 창세 전에
그리스도 안에서 우리를 택하사 우리로 사랑 안에서
그 앞에 거룩하고 흠이 없게 하시려고" — 엡 1:3-4

하나님은 우리에게 복을 주십니다. 그러므로 다 같이 하나님을 송축합시다. 나는 여기 모인 모든 사람이 이 찬송을 함께 하기를 기도합니다.

"내 영혼아 여호와 하나님을 송축하라.
내 속에 있는 모든 것들아 그를 송축하라.
소리 높여 그의 거룩하신 이름을
높이고 송축하라."

여러분은 설교를 들으시면서 그 자리에서 처음부터 마지막까지 계속해서 하나님을 송축하십시오. 그리하면 인생의 마지막 순간까지 계속해서 하나님을 찬양하게 될 것입니다. 또한 천국에 가서도 그 영원한 영광 가운데 여전히 하나님을 찬양하게 될 것입니다. 우리의 삶 속에서 우리에게 생명을 주신 하나님을 찬양하는 것은 마땅한 일입니다. 우리에게 모든 기쁨을 주신 하나님을 찬양하는 것은 우리의 즐거움이 되어야 합니다. 본문에서도 "찬송하리로다 하나님 곧 우리 주 예수 그리스도의 아버지"라고 찬송합니다. 우리도 그렇게 찬송합시다.

**1. 여기에서 우리가 첫 번째로 생각해야 할 것은
하나님을 찬양하는 것이란 무엇인가 입니다.**

우리는 어떻게 하나님을 찬양해야 하는 것일까요? 분명히 말씀드리거니와, 위대하신 분이 그에 합당한 찬양을 받지 못하고 있습니다. 위대하신 분이 그에 합당한 찬양을 받지 못하는 일이 있을 수 있습니까? 그렇습니다. 하지만 그것이 대수롭지 않게 여겨지고 있습니다. 하나님은 모든 신령한 복으로 우리에게 복 주십니다. 그런데도 우리는 그분께 어떠한 찬양도 드릴 수 없습니다. 하나님은 우리에게서 아무것도 필요로 하지 않습니다. 설령 필요한 것이 있다 할지라도 우리는 그것을 드릴 수 없습니다. "내가 가령 주려도 네게 이르지 아니할 것은 세계와 거기에 충만한 것이 내 것임이로다"(시 50:12)라고 주께서 말씀하셨습니다. 하나님은 자신 안에 모든 것이 풍족하시기에 그가 받아야 할 어떤 것을 피조물에게 의존한다는 것은 생각조차 할 수 없습니다. 그는 이미 무한한 복을 누리시는 분이십니다. 우리는 그의 복되심에 무언가를 더할 수 없습니다. 하나님이 우리에게 복 주실 때는 우리가 전에 가져보지 못했던 복을 주십니다. 그러나 우리가 하나님을 송축한다고 해서 그의 절대적이고 무한하신 완전하심에 단 하나의 작은 점이라도 더할 수 없습니다. 다윗은 "주 밖에는 나의 복이 없나이다"(시 16:20)라고 하였습니다. 이것은 내가 아무리 거룩하고 헌신적이고 성실하다 할지라도 나는 주님을 위하여 아무것도 할 수 없다는 뜻입니다. 주님은 너무도 높으시고 거룩하시고 위대하셔서, 주께서 나에게 베푸신 복을 생각할 때 나는 진실로 주님께 찬양할 자격이 없다는 의미입니다.

그렇다면 우리가 어떻게 하나님을 송축할 수 있을까요? 이 용어는 감사의 표현이라고 볼 수 있습니다. 그래서 우리도 다윗처럼 "내 영혼아 여호와를 송축하라"(시 103:22), 바울처럼 "찬송하라 우리 주 예수 그리스도의 아버지"라고 고백하는 것입니다. 우리는 하나님을 찬양하고 칭송하고 그의 모든 영광을 열망하고 모든 선하심을 그에게 돌리고 그의 거룩하신 이름을 높이고 극찬함으로써 하나님을 송축할 수 있습니다. 이제 우리가 그런 방식으로 하나님을 송축하겠습니다. 그렇게 하기를 원하시면 조용히 앉아서 고요한 가운데 마음을 하나님께 집중하십시오.

이는 그 어떤 언어로도 하나님께 대한 감사를 다 표현할 수 없기 때문입니다. 그리스도 예수 안에서 신령한 모든 복을 주신 하나님을 느껴보시기를 바랍니다. 또한 자신의 말로 하나님을 찬양하십시오. 침묵을 깨뜨리고 그의 영광을 말해 보십시오. 다른 사람들과 함께 "할렐루야!" 또는 "여호와를 찬양하세!" "여호와께 찬양을 돌리세!"라고 소리쳐 보십시오. 위대하심을 하나님께 돌리십시오. 오, 모든 육체가 우리와 함께 하나님을 높이게 되기를 원합니다.

이 말은 또한 모든 복이 여호와로부터 온다는 것을 동의하는 외침입니다. 그가 얼마나 위대하시고 영광스러우시고 복되신 분이신가를 들은 후 우리는 "아멘, 그렇습니다. 이제 그 복은 우리의 것입니다. 하나님은 우리의 위대하심이며 영광이시고 복되심입니다. 모든 생각을 초월한 위대하심과 영광스러움과 복되심을 그에게 돌릴지어다"라고 말함으로써 하나님을 송축하는 것입니다. 또한 우리가 하나님의 성품 전체에 대하여 말로 표현하는 것이 하나님을 송축하는 것입니다. "아멘, 이 하나님은 영원히 우리의 하나님입니다." 성경이 말씀하는 그대로의 하나님이시게 하십시오. 우리는 말씀에 나타난 그대로의 하나님을 영접합니다. 그는 죄인들에게 아주 엄격하신 분이십니다. 아멘, 그의 이름을 송축할지어다. 한편 무한한 자비로 용서하시기를 기뻐하시는 분이십니다. 아멘, 그렇습니다. 하나님은 어디에나 존재하시며 언제나 전지하신 분이십니다. 아멘, 그렇습니다. 하나님은 영원토록 동일하시며, 그의 진리와 약속과 본성은 변치 않으십니다. 우리도 그것을 즐거워하며 하나님을 찬양합니다. 그는 우리가 사랑하는 바로 그 하나님이십니다. 그는 실로 우리에게 하나님이 되십니다. 그는 진실로 하나님이시며 하나님의 모든 속성이 여호와는 주님이시라는 사실을 우리에게 생생하게 증거하고 있기 때문입니다. 이렇게 찬양함으로 우리는 하나님을 송축하는 것입니다.

우리는 또한 하나님의 나라를 전파함으로써 하나님을 송축합니다. 우리는 우리의 예배에 복을 주시는 하나님의 크신 은혜를 통하여 사람들을 주께로 인도할 수 있습니다. 우리는 악에 대항하여 싸울 수 있으며, 진리를 위하여 깃발을 들 수 있습니다. 우리는 주의 이름을 위하여 세상의 악평과 그 밖의 모든 고난을 감수할 수 있습니다. 하나님의 은혜로 이 모든 일을 감당할 수 있습니다. 이렇게 함으로써 우리는 하나님을 송축하는 것입니다. 사랑하는 성도 여러분, 죄인들이 회개하는 것은 하나님을 크게 기쁘시게 하는 일입니다. 사람들이 회개하는 것이 천국의 큰 기쁨이고 천사들이 즐거워하는 것이라면 우리가 사람들을 그리스도 예수를 믿는 믿음으로 돌아서게 할 때 우리는 가장 최선의 방법으로 하나님을 송축하는 것이 됩니다.

하나님을 송축하는 또 하나의 길이 있다고 나는 확신합니다. 우리는 그 일에 혼신의 힘을 다하여야 합니다. 그것은 하나님의 자녀들에게 선을 베푸는 것입니다. 그들이 병들었을 때 찾아가 주고, 낙심할 때 위로해 주고, 가난할 때 도움을 주며, 외부의 적에게 압제를 당하여 괴로워할 때 그들의 편에 서서 도와주는 것입니다. 우리가 머리이신 주님을 축복할 수는 없지만 주님의 지체가 되는 발은 축복할 수 있습니다. 우리가 발을 시원하게 할 때 또한 머리도 시원하게 됩니다. "너희가 여기 내 형제 중에 지극히 작은 자 하나에게 한 것이 곧 내게 한 것이니라"(마 25:40)고 주님은 말씀하실 것입니다. 그들이 헐벗었을 때 입혀주고, 병들었을 때 돌보아주고, 굶주릴 때 음식을 주는 것, 즉 우리가 이런 일을 실천하는 것이 하나님을 송축하는 것이 됩니다. 다윗은 말하기를 "주는 나의 하나님이시오니 주 밖에는 나의 복이 없다 하였나이다"(시 16:2)고 하였고, 덧붙이기를 "땅에 있는 성도들은 존귀한 자들이니 나의 모든 즐거움이 그들에게 있도다"(시 16:3)고 하였습니다. 여러분은 그들에게 선을 베풀 수 있습니다. 그리고 그렇게 선을 베푸는 것은 하나님을 송축하는 것이 됩니다. 하나님은 우리가 기꺼이 하나님을 위한 일을 하도록 많은 것을 베푸셨습니다. 그리고 우리가 감당할 수 없는 한계에 이르게 될 때 우리는 더욱 하나님을 갈망할 수 있게 됩니다. 나누어 줄 더 많은 돈과 사용할 수 있는 더 많은 재능과 하나님을 위해서 헌신할 더 많은 시간을 소원하게 됩니다. 우리는 더 따뜻한 마음과 명철한 두뇌를 원하고, 때로는 더 많은 언어를 원하기도 합니다. 그래서 우리는 노래합니다.

> "만 입이 내게 있으면 그 입 다 가지고
> 내 구주 주신 은총을 늘 찬송하겠네."

"찬송하리로다. 하나님 곧 우리 주 예수 그리스도의 아버지"(3절). 여기에서 "찬송하리로다"라는 이 단어는 우리의 좁은 수용력의 틀을 깨뜨리기 위하여 사용된 것입니다. 이 말은 영광의 면류관들을 하나님의 발 앞에 모두 드리고자 하는 열정적인 마음의 진솔한 표현입니다.

2. 둘째로, 우리는 바울이 우리에게 소개하고 있는 하나님, 즉 "찬송하리로다. 하나님 곧 우리 주 예수 그리스도의 아버지"라는 표현에 나타난 하나님에 대하여 생각해 보기로 하겠습니다.

우리는 자연을 주신 하나님을 찬송합니다. 하나님이 우리 주위에 펼쳐 놓으신 것들은 참으로 아름답습니다! 우리는 섭리하시는 하나님을 찬송합니다. 하나님이 우리에게 보내주신 수확과 열매들은 참으로 풍성합니다. 우리는 우리를 구원하시고 자녀로 삼아주신 은혜의 하나님을 찬송합니다. 여기에 하나님의 독특한 면모가 드러나 있습니다. 그것들은 우리의 최상의 찬송을 이끌어 내고 있습니다. 그분은 "하나님 곧 우리 주 예수 그리스도의 아버지"로 불려지고 있기 때문입니다.

우리가 그리스도와 연관하여 하나님을 알 때, 그리스도를 통하여 하나님을 알고, 그리스도 안에서 하나님을 알게 될 때 우리의 마음은 불타오르며, "찬송하리로다 하나님 곧 우리 주 예수 그리스도의 아버지"라고 외쳐 부르게 됩니다. 그리스도와 관계 없이 하나님에 대하여 공부하는 것도 크고 영광스러운 주제가 될 것입니다. 하지만 인간의 마음은 그리스도를 떠나서는 하나님을 이해할 수 없습니다. 누가 무한하신 여호와를 상상이나 할 수 있겠습니까? "우리 하나님은 소멸하는 불이십니다"(신 4:24). 그 누가 하나님께 가까이 할 수 있겠습니까? 그러나 인성과 신성의 영광을 동시에 가지신 중보자 안에서, 하나님과 사람의 인격을 동시에 가지신 그분 안에서 우리는 하나님께 가까이 나아갈 수 있습니다. 예수 그리스도 안에서만 우리는 금 거문고를 타면서 하나님을 찬송하게 될 것입니다.

그러나 여기에서 하나님을 "우리 주 예수 그리스도의 하나님"이라고 묘사하고 있음을 주의 깊게 살펴보십시오. 예수께서 무릎 꿇고 기도할 때 그는 우리의 하나님께 기도하였습니다. 예수님은 약속들을 믿고 하나님이 자기를 구원하실 것이라고 신뢰하였습니다. 우리의 구세주께서 그 유월절 밤에 찬송할 때 그것은 하나님을 향한 찬송이었습니다. 그가 겟세마네에서 피와 땀을 흘리며 기도할 때 그는 우리 하나님을 향하여 기도하였습니다. 예수께서 무덤에서 마리아를 만났을 때 "내가 내 아버지 곧 너희 아버지, 내 하나님 곧 너희 하나님께로 올라간다 하라"(요 20:17)고 하셨습니다. 우리의 구원자께서 찬송하신 그 하나님을 우리가 찬양하는 것은 참으로 당연한 일입니다. 이 하나님은 그리스도에 대하여 "이는 내 사랑하는 아들이요 내 기뻐하는 자라"(마 3:17)고 말씀하신 그 하나님이십니다. 이 얼마나 즐거운 일인가요! 내가 여호와께 나아갈 때 나는 우리 주 예수 그리스도의 하나님께 나아가는 것입니다. 내가 내 앞에 있는 그분의 피 묻은 발자국을 볼 때 나는 내 발에서 신을 벗습니다. 그 땅은 거룩한 땅이기 때문입니다. 그러나 나는 나의 친구이시며 나의 구원자이시고 나의 남편이시며 나의 머리가 되시는 분이 내 앞에 가고 있다는 확신을 가지고 좇아갑니다. 그리고 나는 우리 주 예수 그리스도의 하나님을 경배하면서 즐거워합니다.

그는 또한 우리 주 예수 그리스도의 아버지라 불려집니다. 이것은 참으로 큰 신비입니다. 우리가 거룩한 삼위일체의 제1위와 제2위이신 성부와 성자의 복된 관계를 이해할 수 있다고 생각해서는 안 됩니다. 이것은 영원한 친자 관계를 묘사하는 것이지 다른 어떤 위대한 의미를 나타내려는 용어가 아닙니다. 우리는 무지하여 그 깊은 의미를 알 수 없을 뿐입니다. 하나님이 어떻게 하나님이신 우리 주 예수 그리스도의 아버지가 되는 것일까요? 우리는 그것을 알지 못합니다. 그 놀라운 신비를 이해하려고 하는 것은 마치 태양을 바로 쳐다보는 것과 같이 크게 어리석은 일이어서 그 찬란한 광채에 눈이 멀어버리게 될 것입니다. 그렇습니다. 우리는 하나님이 삼위일체로 계신다는 것을 아는 것으로 충분합니다. 성부 하나님은 그 신성에 있어서 예수 그리스도의 아버시이십니다. "너는 내 아들이니 내가 오늘 너를 낳았다"(히 5:5)고 하셨습니다. 하나님은 또한 그의 인성에 있어서도 아버지가 되십니다. 그는 성령으로 탄생하셨습니다. 그의 인간적인 생명인 그의 육체는 하나님께로부터 온 것입니다. 요셉에게서도 아니요 인간에게서도 아닙니다. 여자에게서 태어나도록 하나님이 그의 아들을 보내신 것입니다. 그러나 그 때도 그는 하나님의 아들이셨습니다. 베들레헴에서 나신 분은 하나님의 아들이십니다. 천사 가브리엘은 처녀 마리아에게 "나실 바 거룩한 이는 하나님의 아들이라 일컬어지리라"(눅1:35)고 하였습니다. 이렇게 하여 주 예수 그리스도의 인격 안에 두 본성이 경이롭게 결합된 것입니다. 이와같이 하나님이 그리스도를 보내셨기에 위대하신 하나님은 우리 주 예수 그리스도의 아버지가 되시는 것입니다. 그러나 더욱 놀라운 것은 하나님은 나의 아버지도 되신다는 것입니다. 나의 아버지는 그리스도의 아버지이십니다. 예수 그리스도의 아버지는 우리의 아버지입니다. 주님은 하나님을 "하늘에 계신 우리 아버지"라 부르라고 가르치셨습니다. 주님은 기도 중에 자주 아버지라고 부르셨고, 우리에게도 "우리 아버지," 즉 복수형 대명사를 붙여서 부르라고 명하셨습니다. 이런 데도 하나님 곧 우리 주 예수 그리스도의 아버지를 찬양하지 않으시겠습니까? 우리가 예수 그리스도를 통하여 하나님과 가까이 친밀한 관계를 가졌다는 것을 생각할 때 여러분의 마음에 빛이 들어오는 것 같지 않습니까? 예수 그리스도의 하나님 곧 예수 그리스도의 아버지는 나의 하나님 나의 아버지도 되십니다. 찬송하리로다 찬송하리로다 찬송하리로다 영원토록 그 아름다운 이름을 찬송하리로다!

3. 우리가 여기에서 세 번째로 생각할 것은
그의 크신 자비하심을 헤아려보는 일입니다.

3절을 읽겠습니다. "찬송하리로다 하나님 곧 우리 주 예수 그리스도의 아버지께서 그리스도 안에서 하늘에 속한 모든 신령한 복을 우리에게 주시되."

자비하심에 대한 이 말씀은 큰 확신을 가지고 기록한 것입니다. 우리가 이 말씀에서 감동을 받지 못한다면 우리는 하나님을 찬양할 수 없습니다. 바울은 "믿음과 소망을 가진 우리에게 복 주시되"라고 하지 않고 "우리에게 복주시되"라고 기록하고 있습니다. 하나님이 그리스도 안에서 복 주시고 그의 사랑스러운 미소가 우리에게 머물러 있으며, 그 언약의 모든 축복이 모두 나를 위하여 저장된 것이라는 사실을 확신하게 되는 것은 참으로 놀라운 사랑이 아닐 수 없습니다. "찬송하리로다 찬송하리로다 지존자의 이름이여!"라고 찬양하지 않을 수 없습니다. 우리에게 주신 이 놀라운 복을 의심하거나 두려워하는 것은 뼛속 깊이 자리 잡은 무지의 소산입니다. 이 귀중한 책에 나타난 진리에 대하여 의심하거나 이 은혜의 교리에 관한 진리에 의문을 가진다면, 그리고 이 사실에 대하여 관심을 가지게 되는 것에 의심을 품는다면, 하나님을 찬양하지 않는다고 해서 놀라운 일이 아닙니다. 우연히 내가 그 축복을 알게 되었다고 할지라도 나는 그 우연에 감사할 것입니다. 그러나 우연히 알게 된 것이 아닙니다. 내가 믿는 그분을 알고 영적 자비를 확신하고 나의 주 되신 그리스도 안에서 이 모든 하늘의 복이 내 것이라는 것을 알기에 나는 "내 영광아 깰지어다 비파야, 수금아, 깰지어다 내가 새벽을 깨우리로다"(시 57:8), "찬송하리로다 하나님 곧 우리 주 예수 그리스도의 아버지께서 그리스도 안에서 하늘에 속한 모든 신령한 복을 우리에게 주셨도다"고 노래할 수 있습니다.

"우리에게 복 주신 분"이라는 말씀에 대한 확신으로 인하여 우리는 놀라운 기쁨을 알게 됩니다. 하나님이 우리에게 복을 주셨습니다. 성도 여러분, 하나님은 우리가 무시해도 좋을 사소한 일을 행하신 것이 아닙니다. 우리에게 꼭 필요한 것,

즉우리가 살아가는데 없어서는 안 될 것만을 주신 것이 아닙니다. 그보다 훨씬 더 풍성한 은혜로 우리를 대우하셨습니다. 우리를 빈민수용시설의 음식으로 먹인 것이 아니라 우리를 성도로, 왕으로 생각하시고 잔치를 베풀어주신 것입니다. 우리에게 싸구려 옷을 입히신 것이 아니고, 아름답고 영광스러운 하나님 자신의 점도 없고 흠도 없는 의의 옷을 입히셨습니다. 그가 우리에게 복 주셨으므로 우리는 복받은 자입니다. 우리는 새롭게 된 자신을 보게 됩니다. 모든 신도들은 이렇게 노래할 수 있습니다.

> "영원토록 찬송하겠네
> 내 눈물 닦아주신 주
> 예수는 내 친구 되시니
> 날마다 주를 찬송하겠네
> 찬송하겠네 찬송하겠네
> 영원토록 주를 찬송하겠네."

우리는 신음하며 울부짖으며 초조해하며 걱정하며 자기 자신의 구원을 의심하면서 여기에 앉아 있는 것이 아닙니다. 주께서 우리에게 복 주셨습니다. 그러므로 우리는 주님을 찬송하는 것입니다. 하나님이 나를 위하여 해주신 일을 생각하는 일이 거의 없다면 나는 하나님을 위하여 행하는 것이 거의 없을 것입니다. 그러나 나를 향하신 하나님의 크신 자비를 깊이 생각한다면 은혜로우신 하나님께 크게 감사하게 될 것입니다.

다시 말씀드리거니와, 확신과 기쁨은 우리를 복 주시는 하나님께로 인도하며, 그렇게 함으로써 우리는 하나님의 자비하심에 대하여 올바른 이해에 도달하게 됩니다. 여러분의 이해를 돕기 위하여 바울 사도가 말한 내용을 다시 한 번 주목하시기를 권고합니다. "찬송하리로다 하나님 곧 우리 주 예수 그리스도의 아버지께서 우리에게 모든 신령한 복을 주셨도다." 깨달음이 있는 사람은 하나님이 내려주신 현세적인 축복에 대하여서도 감사를 드리지만 그보다 영적인 축복에 대하여서 더 많은 감사를 드립니다. 현세적인 것들은 오래 가지 못하고 곧 사라질 것들이기 때문입니다. 현세적인 축복은 하나님의 사랑에 대한 명백한 증거가 아닙니다. 하나님은 의인들 뿐 아니라 무가치하고 사악한 자들에게도 현세적인 복을 내려주시기 때문입니다. 부자에게는 양식과 포도주와 기름이 풍부하게 있었지만 나사로는 자기 몫을 거의 받지 못했습니다. 우리는 하나님이 주시는 현세적인 축복에 당연히 감사를 드려야 합니다. 우리는 받아야 할 것보다 훨씬 더 많은 것을 받고 있기 때문입니다. 그러나 영적인 축복에 대하여서는 할렐루야를 크게 외치며 감사해야 합니다. 새로운 마음을 갖는 것은 새 옷을 얻는 것보다 훨씬 더 가치가 있기 때문입니다. 그리스도를 양식으로 삼는 것은 세상에서 최상의 음식을 먹는 것보다 훨씬 좋은 것입니다. 하나님의 상속자가 되는 것은 이 세상의 가장 위대한 귀족의 상속자가 되는 것보다 훨씬 더 귀한 일입니다. 하나님을 소유하는 것은 이 세상의 광활한 토지를 소유하는 것보다 한없이 복된 일입니다. 하나님은 우리에게 신령한 복으로 복주셨습니다. 그 신령한 복은 이 세상의 그 어떤 복보다 더 귀하고 더 부요하고 영속적입니다. 신령한 복은 값으로 따질 수 없는 축복입니다. 그러므로 나는 여러분들이 하나님 곧 우리 주 예수 그리스도의 아버지의 축복에 참여하게 되기를 간청하는 바입니다. 하나님은 우리에게 신령한 복을 주시는 분이십니다.

　　그런데 여러분은 "모든"이라는 짧은 단어를 주목해 보셨습니까? 나는 그 단어의 뜻을 분명하게 밝히고자 합니다. 그 단어의 의미를 현미경적으로 분석해 보겠습니다. "하늘에 속한 모든 신령한 복을 우리에게 주시되." 여기에서 바울이 하나님이 우리에게 신령한 복을 주시지 않았다는 것을 의미하는 말이 아닙니다. 우리는 신령한 복을 노력으로 얻을 수 없으며 창출해 낼 수도 없습니다. 모든 신령한 복은 아버지로부터 옵니다. 실로 하나님만 모든 신령한 복을 우리에게 주십니다. "나는 신령한 복을 받지 못했다"고 말하는 사람이 있습니다. 그것은 자기 자신의 잘못입니다. 하나님은 모든 신령한 복을 그리스도 안에서 우리에게 주셨습니다. 새로운 마음, 온유한 양심, 순종하는 의지, 믿음, 소망, 사랑, 인내를 그리스도 안에서 모두 받았습니다. 중생, 칭의, 양자됨, 성화, 완전함, 이 모든 것들이 그리스도 안에 다 있습니다. 우리가 그것들을 꺼낼 수 없다면 그것은 마비된 손의 잘못입니다. 마비된 손은 그것들을 붙잡을 힘이 없습니다. 하지만 하나님은 그리스도 안에서 이미 모든 신령한 복을 우리에게 주셨습니다. 성경을 읽을 때면 언제나 우리는 이 큰 약속을 찾아볼 수 있습니다. 그 약속을 요구하기를 주저하지 마십시오. 하나님은 그리스도 안에서 모든 신령한 복을 우리에게 주셨습니다. "나는 내가 그 약속을 가지고 있다고 생각하는 것이 두려워요"라고 말하는 사람이 있습니다. 하나님은 그리스도 안에서 모든 신령한 복을 우리에게 주셨습니다. 우리는 아버지의 집에 있습니다. 도둑질할 필요가 없습니다. 우리 아버지께서 "네가 원하는 것은 무엇이든지 마음껏 먹으라"고 하셨기 때문입니다. 하나님은 영적 부요의 모든 것을 사랑하는 믿음의 자녀들을 위하여 만드셨습니다. 그러므로 우리는 그것을 값없이 사용할 수 있으며, 그렇게 하는 것이 하나님을 영광스럽게 하는 것이 됩니다. 하나님은 그리스도 안에서 모든 신령한 복을 주셨습니다.

하나님은 이 일을 "하늘"에서 행하셨습니다. "하늘에 속한 모든 신령한 복을 우리에게 주시는 분"이라는 말은 무슨 의미인가요? 그것은 하나님께서 거주하시는 하늘로부터 모든 신령한 복을 우리에게 부어주신다는 의미인가요? 한 걸음 더 나아가, 하나님이 우리를 하늘로 불러올려 이 모든 신령한 복을 주시고 우리로 함께 살게 하신다는 의미일까요?

우리가 받은 이 모든 영적 축복은 "그리스도 안에서" 주어졌기 때문에 더 부요하고 더 진귀하다는 사실을 상기시켜 드립니다. 바로 여기에 그 복이 있습니다. 그리스도는 그 모든 복을 간직하고 계시는 황금 상자이기 때문입니다. 런던에서는 어떤 사람을 그 도시의 자유시민이 되도록 허락할 때 그의 자유를 보장하는 문서가 주어지는데, 그 문서는 보통 황금상자 안에 간직되어 있습니다. 그리스도는 바로 그 황금상자입니다. 거기에서 우리는 우리의 영원한 자유가 보장된 선언서를 보게 됩니다. 하나님은 그리스도 안에서 모든 신령한 복을 우리에게 주셨습니다. 그 복이 다른 방법으로 우리에게 왔다면 우리는 그 복을 잃어버릴 수도 있고, 그게 진짜인가 확신하지 못할 수도 있을것입니다. 그러나 그 복이 그리스도 안에서 우리에게 주어졌으므로 그것이 우리에게 머무르고 있으며 진짜인 것을 압니다. 그리스도가 나의 것이라면 하늘에 속한 모든 복이 다 나의 것입니다.

바다에서 수영하는 것처럼 기쁘고 즐거운 일을 내가 너무 무미건조하게 이야기해 버린 것이 아닌가 걱정됩니다. 사랑하는 성도 여러분, 나의 빈약한 표현이 나의 주님의 영광스러운 것 가운데 어느 것 하나라도 잘못 설명하고 있는 것이 있다면 용서해 주시기 바랍니다. 주님은 우리를 위하여 이렇게 위대한 일을 성취하셨습니다. 주님의 이름을 찬송합니다. 우리는 일어설 수도 없고 주님을 찬양하기에 합당한 악기도 찾을 수 없지만, 지금 이 자리에 그대로 앉아 이렇게 말할 수 있습니다. "찬송하리로다 주님의 이름이여! 주님이 나를 축복하셨고 주님이 그 모든 것을 가지고 계시다는 것은 전부 사실입니다. 주님은 모든 신령한 복을 아낌없이 부어주셨습니다. 주님은 내가 축복을 원하는 바로 그 자리에서 복을 내려주셨고,

내가 영적으로 지극히 가난한 처지에 있을 때에 복을 내려주셨습니다. 일할 때에는 내 마음대로 할 수 있으나 은혜를 받는 일에는 내 뜻대로 할 수 없습니다. 그래서 주님이 모든 신령한 복으로 나에게 복 주신 것입니다. 주님은 옷장에 많은 옷을 가지고 계시면서 나에게 가장 아름다운 옷을 입혀 주셨습니다. 주님은 그리스도 안에 있는 왕의 물건들을 나에게 주셨습니다. 나는 사랑스러운 주님을 바라보면서 나를 위하여 그리스도 안에 복을 준비해 놓았다는 것을 알며, 그것이 그리스도 안에 있기 때문에 나는 더욱 그 복을 소중하게 여깁니다. 성령이여, 오시옵소서, 나의 마음을 축복의 불로 채우시고 주께서 우리를 위하여 행하신 큰일을 인하여 하나님께 찬양을 드리게 하소서!"

4. 이제 네 번째 논지를 말씀드림으로 설교를 마치고자 합니다.
하나님이 선물을 내려주신 방법에 대하여
주목하면서 하나님을 찬양합시다.

4절에 그 내용이 기록되어 있습니다. "곧 창세 전에 그리스도 안에서 우리를 택하사 우리로 사랑 안에서 그 앞에 거룩하고 흠이 없게 하시려고." 성도 여러분, "그리스도 안에서 우리를 택하사" 선택하신 것과 똑같은 방법으로 모든 신령한 복이 우리에게 임하였다는 것을 인하여 하나님을 찬양하여야 합니다. 어떻게 그 일이 이루어진 것입니까? 그것은 하나님의 자발적이고 주권적인 은혜로 이루어진 것입니다. 하나님이 우리를 사랑하고 싶어서 우리를 사랑하셨고, 우리를 택하고 싶어서 우리를 선택하신 것입니다. "너희가 나를 택한 것이 아니요 내가 너희를 택하여 세웠나니"(요 15:16). 지금 우리에게 무슨 덕이 있거나 칭찬받을 만한 것이 있다면 그것은 하나님이 우리에게 넣어주신 것입니다. 하나님의 선하심이 한량없음으로 우리가 그의 은혜로 택하심을 받았다는 사실을 잊지 말아야 합니다. 우리에게 주신 모든 축복도 같은 방법으로 내려주신 것입니다. 성도 여러분, 하나님이 당신을 축복하신 것은 복 받을 만한 어떤 자격이나 유용성 때문이 아닙니다. 오직 그의 은혜 때문입니다. 하나님은 에스겔 선지자를 통하여 하나님이 이스라엘 백성들에게 복을 주신 것은 오직 하나님의 은혜임을 반복해서 상기시키고 있습니다. "그러므로 너는 이스라엘 족속에게 이르기를 주 여호와께서 이같이 말씀하시기를 이스라엘 족속아 내가 이렇게 행함은 너희를 위함이 아니요 나의 거룩한 이름을 위함이라"(겔 36:22) 말씀하시고, 이어서 "주 여호와의 말씀이니라 내가 이렇게 행함은 너희를 위함이 아닌 줄을 너희가 알리라 이스라엘 족속아 너희 행위로 말미암아 부끄러워하고 한탄할지어다"(겔 36:32) 하셨습니다. 우리에게 오는 모든 축복에는 하나님의 주권적 은혜의 표증이 있습니다. 하나님이 은혜로 나누어 주신다는 표시입니다. "내 것을 가지고 내 뜻대로 할 것이 아니냐"(마 20:15)라고 주님은 말씀하십니다. 하나님은 언제나 하나님의 뜻대로 행하십니다. 우리는 복을 받았고 우리에게 복 주신 하나님의 주권적인 은혜를 찬양하며 경배합니다. 하나님께서 그리스도 안에서 우리를 택하시고 계속적으로 복을 주시는 것도 하나님의 주권적 의지로 하시는 것입니다.

다음으로, 우리는 그리스도 안에서 모든 선물을 내려주시는 하나님을 찬양해야만 합니다. "그리스도 안에서 우리를 택하사"라는 바울 사도의 말씀에 주목해 보십시오. 하나님은 그리스도 안에서 우리를 부르셨습니다. 하나님은 그리스도 안에서 우리를 의롭다 하셨습니다. 하나님은 그리스도 안에서 우리를 거룩하게 하셨고, 그리스도 안에서 우리를 완전하게 하실 것입니다. 그리고 그리스도 안에서 우리를 영화롭게 하실 것입니다. 우리는 그리스도 안에 모든 것을 가지고 있습니다. 그리스도를 떠나서는 아무것도 소유할 수 없습니다. 은혜 그 자체만큼이나 영광스럽고 거룩한 이 은혜의 통로를 열어주신 주님의 이름을 찬양하고 송축합시다. 그리스도께서 우리를 보호하시려고 선물을 주신 그 은혜는 그가 우리를 위하여 이루어 놓으신 구원의 은혜와 똑같이 귀중합니다. "찬송하리로다 하나님 곧 우리 주 예수 그리스도의 아버지."

또한 모든 선물은 하나님의 **목적**을 따라 주시는 것입니다. 들어보십시오. "찬송하리로다 하나님 곧 우리 주 예수 그리스도의 아버지께서 그리스도 안에서 하늘에 속한 모든 신령한 복을 우리에게 주시되 곧 창세 전에 그리스도 안에서 우리를 택하사"라고 하신 것처럼 신령한 복은 그 누구에게도 우연히 주어진 것이 아닙니다. 그 누구도 "운이 좋아서" 하나님의 혜택을 받는 것이 아닙니다. 모든 복은 하나님의 영원한 목적을 따라 주어진 것입니다. 하나님은 목적을 가지고 계시며 땅을 창조하신 것도 그 목적 때문이었습니다.

> "태초에 어둠의 그림자가 드리워졌을 때
> 한 줄기 찬란한 빛 비춰었네
> 그것은 주님의 거룩한 품속에 간직되었다가

영원한 사랑으로 내뿜어진 사랑일세"

　　"창세 전에"라고 본문은 말씀합니다. 하나님이 마음에 목적이 있었습니다. 그리고 그 목적 안에서 우리는 택함을 받았습니다. 또한 그 목적 안에서 하나님은 우리에게 계속해서 복 주시는 것입니다. 사랑하는 성도 여러분, 주목하십시오. 하나님은 목적 없이 자기 백성들에게 은혜나 선물을 베푸시는 일이 없습니다. 명석하고 회전이 빠르고 용량이 큰 두뇌를 받았습니까? 하나님을 위한 것임을 생각하십시오. 유창한 언변과 웅변의 재능을 가지고 있습니까? 하나님을 위하여 사용하십시오. 하나님은 이러한 재능을 목적 없이 주신 것이 아닙니다. 사람들을 설득하는 감화력이 있습니까? 하나님을 위하여 사용하십시오. 하나님이 당신을 선택하신 것은 하나님의 목적을 위함입니다. 그러므로 당신이 가진 모든 은사들과 받은 모든 은혜들은 다 하나님의 목적을 위한 것임을 알아야 합니다. 강하고 순수한 믿음을 가졌습니까? 타오르는 열정이 있습니까? 뜨거운 사랑이 있습니까? 하나님이 약속하신 은사들 중 어떤 것을 가지고 있습니까? 하나님의 목적을 위하여 사용하십시오. 하나님은 그것들을 하나님의 목적을 위하여 내려주신 것입니다. 하나님의 목적이 무엇인가를 찾아내십시오. 하나님의 목적대로, 주신 은사들을 사용하여 하나님께 영광을 돌리십시오.

　　끝으로, 하나님이 그리스도 안에서 하늘에 속한 모든 신령한 복을 주신 것은 창세 전에 그리스도 안에서 우리를 택하사 "우리로 사랑 안에서 그 앞에 거룩하고 흠이 없게 하시려고" 세우신 목적 때문이라고 가르치고 있습니다. 하나님은 우리가 거룩하기 때문에 택하신 것이 아니고 거룩하게 하시려고 택하신 것입니다. 그러므로 우리가 거룩해지지 못한다면 하나님의 목적이 성취되지 못하는 것입니다. 구원이란 지옥을 면하고 가까스로 천국에 들어가는 것이라고 말하는 사람들이 있습니다. 전혀 그런 의미가 아닙니다. 악에서 구원이요 죄에서 구원받는 것입니다. 자기가 원하지도 않는데 왜 하나님이 죄에서 구원하려고 사람들을 선택하시는 것인가 하고 불평하는 사람들이 있는데 참으로 이상한 일입니다. 이것은 마치 구유 곁에 있는 개가 자기는 먹지도 못하는 건초를 다른 동물들이 먹고 있다고 으르렁거리는 것과 같습니다. 만일 당신이 죄로부터 안전하기를 원한다면 하나님께 그 큰 복을 구하십시오. 그리하면 주실 것입니다. 그러나 원하지 않는다면 하나님께서 "내가 아무개를 구원하리라 그러나 너는 구하지 않았으니 구원받지 못한 채로 그대로 있으라"고 하여도 불평하지 말아야 합니다. 거룩함에 관심이 없는 자는 거룩하게 되지 못합니다. 거룩함에 관심이 있고 거룩하기를 원하는 자는 거룩하게 될 것입니다. 하나님은 하나님의 손에서 거룩을 찾는 자들을 물리치지 않기 때문입니다. 거룩함을 원하지도 않고 소중하게 생각하지도 않으면서, 왜 하나님이 어떤 사람을 택하여 거룩하게 하시고 사랑 안에서 하나님 앞에 흠이 없게 하시느냐고 하늘의 하나님께 대항하여 삿대질하는가요?

우리를 택하신 목적은 우리를 거룩하게 하기 위함입니다. 또한 모든 신령한 복을 주시는 목적도 우리를 거룩하게 하시기 위함입니다. 하나님은 우리가 거룩하게 되는 것을 목표로 삼고 있습니다. 여러분은 그것이 기쁘지 않습니까? "찬송하리로다 하나님 곧 우리 주 예수 그리스도의 아버지께서 우리를 거룩하게 하시려고 모든 선물을 주셨다"는 말을 하지 말아야 할까요? 성도 여러분, 우리는 완전한 거룩함을 얻을 수만 있다면 우리가 가진 모든 것을 희생하면서도 그것을 희생으로 여기지 않을 것입니다. 나는 교회에 등록하려는 젊은 여인과 대화를 나눈 적이 있습니다. "메리, 당신은 완전합니까?" 그녀는 나를 바라보면서 "아닙니다, 목사님." "완전하게 되고 싶으신가요?" "오, 완전해지고 싶어요. 나는 갈망합니다. 나는 완전함을 얻기 위하여 부르짖고 있답니다." 그렇습니다. 우리가 완전해지기를 바라시는 하나님은 이미 우리 안에 큰 일을 행하셨습니다. 완전하게 되는 것은 천국에서 가능한 일이라고 말할 수 있다면 우리는 이미 천국의 길목에 들어선 것입니다. 하나님은 우리 안에 그의 영원한 목적을 주셨는데, 그 목적은 "우리가 거룩하게 되는 것입니다"라고 나는 그녀에게 말하였습니다.

그런데 한 가지 더 있습니다. 그것은 "우리가 사랑 안에서 그 앞에 거룩하고 흠이 없게 되는 것"입니다. 이 말은 우리가 사랑해야 하고, 사랑으로 충만하고, 사랑하는 일에 흠이 없어야 한다는 의미일까요? 사랑을 실천하는 일에 흠이 없는 그리스도인들은 많지 않은 것 같습니다. 나는 지적이고 사람들의 존경을 받고 영적인 어떤 고상한 사람을 알고 있습니다. 그는 철저한 칼빈주의적 신앙을 고수하며 살다가 죽었습니다. 그런데 그는 쇠처럼 완고하였습니다. 사람들은 그에게서 전혀 사랑을 느껴보지 못했습니다. 그는 다른 사람들에 대하여 전혀 사랑의 감정을 느끼지 않는 것처럼 보였기 때문입니다. 그 사람은 사랑 안에서 하나님 앞에 흠이 없는 그런 사람이 아닙니다. 나는 또 다른 사람들을 알고 있습니다. 외적으로는 아주 훌륭한 그리스도인입니다. 일주일 내내 기도를 하기도 합니다. 그런데 가난한 사람들이 와서 조금만 도와 달라고 하는 요청에도 매우 냉담합니다. 이런 사람들도 사랑 안에서 하나님 앞에 흠이 없는 사람은 아닙니다. 오, 성도 여러분, 하나님이 우리를 택하신 것은 사랑하게 하기 위함입니다. 하나님은 우리가 사랑하도록 운명지으셨습니다. 그리고 사랑할 수 있도록 헤아릴 수 없는 많은 복을 주셨습니다. 우리가 사랑 안에서 흠이 없게 하려고 사랑의 영을 부어주셨습니다. 사랑하는 친구들이여, 우리가 지금도 기억하고 있으며 결코 잊을 수 없는 윌리엄 올니(William Olney)는 이 사랑의 문제에 있어서 흠이 없었다고 생각됩니다. 그는 책망을 받아 마땅한 자들에게까지 사랑을 쏟아 부었습니다. 그들은 사기꾼들이었지만 그는 그 누구도 고의적으로 사기꾼이 되는 것은 아니라고 생각하였습니다. 누군가 도움이 필요한 자가 있으면 비록 그들이 자기의 비행으로 인해 가난하게 되었다 할지라도 자기에게 있는 것으로 신속하게 그들을 도와주었습니다. 그는 한 번도 사랑의 실천을 게을리한 적이 없었습니다. 우리도 분별력 있고 지혜롭게 행하여 이 사랑의 문제에 있어 하나님 앞에서 흠이 없게 되기를 기도합니다. 동료 그리스도인들을 사랑하십시오. 가련한 죄인들을 사랑하여 그리스도께 인도하십시오. 당신을 악의적으로 이용하려는 사람들도 사랑하십시오. 주위의 나그네들에게 사랑을 베풀어 하나님의 사랑을 알게 하십시오. 그렇게 함으로 그들은 당신에게서 하나님의 사랑의 작은 형상이나마 발견할 수 있게 될 것입니다. 그렇게 함으로써 미미하지만 가끔은 빛과 천국을 반사시키는 것이 될 것입니다. 하나님은 우리가 하나님의 사랑을 반사하도록 창조하셨습니다. 하나님의 목적은 우리가 사랑 안에서 그 앞에 거룩하고 흠이 없는 자가 되게 하는 것입니다.

지금까지 여러분들에게 귀중한 보물창고를 소개해 드렸습니다. 이 보물창고가 당신의 것인가요? 사랑하는 성도 여러분, 그리스도는 당신의 것입니까? 그리스도를 신뢰하십니까? 그렇지 않다면 당신은 아무것도 가진 것이 없습니다. 당신은 그리스도 없이는 아무것도 할 수 없으며, 아무것도 아니며, 아무것도 가지지 못한 자입니다. 지금 모습 그대로 그리스도께로 오십시오. 그를 신뢰하십시오. 그러면 모든 것이 다 당신의 것이 됩니다. 사랑하는 여러분, 그리스도가 당신의 것입니까. 주님을 찬양하십시오. 찬양하고 또 찬양하십시오. 우리가 아무리 찬양하여도 주님께 합당한 찬양을 다 드릴 수는 없을 것입니다. 다음의 송영을 다 함께 찬송하면서 오늘 예배를 마치겠습니다.

"만복의 근원 하나님을 찬송하고 찬송하세."

제
2
장

—

우리에게 거저 주신 것

—

"그가 사랑하시는 자 안에서
우리에게 거저 주시는 바" — 엡 1:6

몇 주 전 주일 아침에 나는 위대하신 아버지의 주목할 만한 말씀을 전해 드린 적이 있습니다. "이는 내 사랑하는 아들이요 내 기뻐하는 자라"(마 3:17). 이제 우리는 한 걸음 더 나아가, 하나님의 사랑이 그의 사랑하는 아들에게 어떻게 흘러넘쳤으며, 그리스도 예수 안에 있는 모든 자들에게 어떻게 그 사랑이 생명의 강물처럼 흘러들어왔는가를 살펴보겠습니다. 하나님은 그에게 "이는 내 사랑하는 아들이라"고 말씀하셨습니다. 그리고 나서 하나님은 그리스도와 연합한 모든 자들에게 "이 사람들도 그를 위하여 내가 사랑하는 자들이라"고 말씀하십니다. 믿는 자들인 우리는 "그가 사랑하시는 자 안에서 받아들여졌다"는 것을 본문의 말씀을 통해 확신하게 됩니다. 그리고 그것은 우리로 하나님의 은혜의 영광을 찬송하게 하려는 것이라고 가르쳐줍니다. 여기에서 특별한 칭호가 사용된 이유가 무엇일까요? 그것은 우리가 그리스도 안에서 받아들여졌고, 중보자 안에서 받아들여졌다는 것을 말씀하는 것입니다. 그에게 이 특별한 이름을 주신 것은 어떤 동기가 있는 것 같습니다. 그것은 우리로 하나님의 영광을 찬송하게 하려는 것이라고 선포합니다. 하나님은 사랑하는 자가 부족하여 우리를 그의 사랑하는 자로 만드신 것이 아닙니다. 하나님은 사랑할 대상을 그리워한 것이 아닙니다. 하나님의 감정은 외롭고 쓸쓸하지 않습니다. 하나님의 독생자는 하나님의 기쁨이었습니다. 그리고 그에게는 아버지의 모든 사랑을 품을 만큼 넓은 마음이 있었습니다. 사랑을 받을 필요가 있는 것은 바로 **우리**였습니다. 여기에서 사랑하는 자라고 한 것은 하나님의 은혜가 이기적인 것이 아님을 기억하게 하기 위함입니다. 하나님은 우리를 그의 사랑하는 자가 되게 하셨습니다. 그러나 하나님은 우리 이전에도 사랑하는 자가 있었습니다.

또 우리가 기억해야 할 것은, 하나님의 사랑은 변하지 않는다는 것을 알려 주시기 위하여 우리가 "그의 사랑하시는 자 안에서 받아들여졌다"는 사실입니다. 그가 처음 사랑하시는 자는 지금도 그의 사랑하시는 자입니다. 우리는 그의 사랑하시는 아들의 자리를 대신하지도 않았고, 그가 비추시는 사랑의 빛의 방향을 돌린 것도 아닙니다. 하나님은 우리가 사랑하는 자가 아닌 데도 사랑하는 자로 부르셨으며 백성이 아닌데도 백성으로 삼아 주셨습니다. 그러나 하나님은 예수님에 대한 사랑을 조금도 거두지 않으셨습니다. 하나님은 여전히 그를 "내 마음에 기뻐하는 자 곧 내가 택한 사람"(사 42:1)이라고 부르십니다. 하나님의 무한하신 모든 사랑은 여전히 예수님께 흘러넘칩니다. 그리고 그 안에서 우리에게도 흘러넘칩니다. 예수님께로 충만한 사랑이 주어지고, 또 그 충만한 사랑으로부터 우리 각 사람이 사랑을 받는 것은 하나님을 기쁘게 하는 일입니다. 우리에게 오는 하나님의 사랑은 아들을 향하여 수많은 통로로 흘러들어가는 바로 그 사랑입니다. 하나님은 그를 위하여 혼인잔치를 준비하십니다. 그리고 우리는 잔칫상에 앉아 있는 행복한 손님들입니다. 그 잔치는 우리를 위한 것이 아니라 예수님을 위한 것이며, 그 모두가 은혜로 된 잔치입니다. 그가 영원히 하나님께 받아들여졌다는 것은 곧 우리가 받아들여진 것입니다. 그것은 법적으로나, 우리가 자랑할 어떤 것이 있어서가 아니라 하나님의 주권적 은혜에 참여한 것입니다.

우리는 "그가 사랑하시는 자 안에서" 받아들여졌습니다. 여러분은 그 아름다운 이름을 사랑하지 않습니까? 그분을 통하여 우리가 받아들여졌다는 것은 최상의 대우가 아니고 무엇이겠습니까? 그는 아버지로부터 최상의 사랑을 받고 있습니다. 우리도 위대하신 하나님을 닮아 최상의 사랑을 그분께 드립니다. 그 이유는 주 예수님은 우리에게 지극히 사랑스러운 분이시기 때문입니다. 그는 하나님의 사랑하시는 자요 또한 우리의 사랑하는 자입니다. 이것은 우리가 받아들여졌다는 하나의 증거입니다. 이는 그 아들을 진실로 사랑하는 자들은 하나님의 인정을 받기 때문입니다. 성경은 "그가 나를 사랑한즉 내가 그를 건지리라 그가 내 이름을 안즉 내가 그를 높이리라"(시 91:14)고 말씀하셨습니다. 여러분은 그리스도를 사랑하십니까? 그렇다면 아버지가 그리스도를 사랑하시기 때문에 우리는 하나님과 아름답게 일치하는 것이 분명합니다. 우리는 영광스러운 여호와 하나님과 같은 관점에서 사물을 볼 수 있게 된 것입니다. 여호와 하나님과 우리는 성육신하신 하나님이신 한 사람에게 공통의 관심을 가지고 있습니다. 그러므로 우리가 그리스도를 "사랑하는 자"로 승인하는 것은 우리가 그의 "사랑하시는 자" 안에서 받아들여졌다는 분명한 증거입니다. 이것을 아시겠지요? 아버지가 그 안에서 우리를 사랑하시는 것은 그가 아버지의 사랑하시는 자이기 때문입니다. 그리고 우리도 그를 사랑하기 때문에 우리는 아버지와 일치하는 것이고, 이것은 아버지께서 우리를 받아주셨다는 우리의 내적 증거가 됩니다. 내가 받아들여졌다는 사실을 크게 기뻐하는 이유는 큰 사랑으로 하나님과 인간을 화해시키신 그와 연결되었기 때문입니다.

마치 지붕 모양의 덮개가 그 아래의 모든 사람을 가려주듯이 그의 사랑하는 아들에 대한 하나님의 사랑은 모든 믿는 자들을 덮어 줍니다. 마치 암탉이 병아리들을 그 날개로 덮어 주듯이 그리스도를 향한 하나님의 사랑도 모든 약속의 자녀들을 넓어 줍니다. 마치 아침이 열리어 찬란한 태양 빛이 온 세상을 황금빛으로 물들이듯 그 사랑하는 자를 향한 하나님의 사랑도 아들 안에 있는 모든 사람을 비추어 줍니다. 하나님은 예수님을 한없이 기뻐하심으로 예수 안에서 우리들도 한없이 기뻐하십니다. 우리를 그 사랑하시는 자와 함께 귀중히 여기신다는 것은 참으로 즐거운 일입니다! 이 귀중한 한 마디의 말씀이 나를 어디까지 인도하실지 나는 알지 못합니다.

지금까지는 서론적으로 말씀드렸습니다. 이제 본론으로 들어가 보겠습니다. 그러나 여러분들이 개인적으로 묵상을 하고 각자가 양식을 삼을 만큼 상세하게 설명할 수는 없습니다. 나는 이 본문을 잘 해석하기보다는 그 말씀을 주님의 정원에서 따온 잘 익은 과일로서 여러분에게 제공하는 것으로 만족하겠습니다. 나는 말로써 기교를 부리지 않겠습니다. 하지만 엄선된 단어가 참 의미와 풍부한 내용으로 전달되어 여러분을 소성케 하기를 원합니다. 나는 오늘 아침 우리가 "그가 사랑하시는 자 안에서 거저 주신 바"라는 말씀에 함축된, 반석이신 예수 그리스도로부터 흘러나온 귀한 꿀송이를 체험적으로 즐기게 되기를 원합니다. 성령께서 그 말씀에 함축된 보화를 우리에게 알려 주시기를 기원합니다.

1. 대조법을 사용하여 그 말씀을 설명해 보겠습니다.

성도 여러분, 하나님의 은혜가 오늘날 우리들로 하여금 "그가 사랑하시는 자 안에서" 받아들여지게 하셨습니다. 그러나 그것은 항상 그런 것은 아니었습니다. 은혜를 통해서 그리스도를 믿은 우리는 누구든지 바로 이 순간 분명히 "그가 사랑하시는 자 안에서" 받아들여집니다. 그러나 과거에는 아주 달랐습니다. 그러나 그것은 의심이나 상상이나 감정의 문제가 아니라 성령께서 선포하신 사실의 문제입니다. 성령께서는 "그가 사랑하시는 자 안에서" 우리가 받아들여졌다는 것을 선포하셨습니다. 그러나 조금 전까지만 해도 그것은 아주 달랐습니다. 아담의 타락을 통해서 율법 아래 있던 우리들의 지위와 비교해 볼 때 우리의 현재의 받아들여진 상태는 참으로 크게 대조됩니다. 범죄함으로 말미암아 우리는 받아들여지는 상태와는 정반대의 상태, 즉 완전히 거절된 상태에 있었습니다. "사람들이 그들을 내버린 은이라 부르게 될 것은 여호와께서 그들을 버렸음이라"(렘 6:30)고 말하고 있습니다. 우리들의 길은 하나님의 길과는 정반대였고, 우리들의 생각은 하나님의 생각과 달랐으며, 우리들의 마음도 하나님의 마음과 일치하지 않았습니다. 만일 그 때 하나님께서 우리의 죄악을 따라 우리를 처리하셨다면 어떻게 되었을까요? 그 때 우리는 정죄되어 있었습니다. "이미 정죄된 상태"에 있었다는 말입니다. 왜냐하면 하나님의 아들을 믿지 않았기 때문입니다. 우리는 하나님 앞에 전혀 받아들여질 수 없는 상태였으며, 하나님은 우리에게서 어떤 기뻐할 만한 것도 찾을 수 없었고, 그의 정결하고 거룩한 눈은 우리를 바라볼 수 없었으며, 우리는 하나님의 진노를 살 것들로 가득하였습니다.

그러나 지금 우리는 "그가 사랑하시는 자 안에서" 받아들여졌습니다. 죄인은 이제 자녀가 되었고, 원수는 이제 친구가 되었고, 정죄받은 자가 이제 의인이 되었습니다. 그것이 매우 큰 일이지만 우리가 "받아들여질 만한" 자들이라고는 기록되어 있지 않음에 주목하십시오. 그런데도 우리는 실제로 받아들여졌습니다. 하나님은 우리를 받아들일 수 없었으나 그리스도 안에서 우리를 받아주신 것입니다. 이 사실을 마음에 새기고 그것이 마음에 큰 기쁨이 되게 하십시오. 주께서 당신을 선택하셨습니다. 하나님이 당신을 자기에게로 받아들이셨습니다. 그리고 사랑을 부으셨습니다. 이제 그의 기쁨은 당신 안에 있습니다. 우리가 양심적으로 자신을 판단해 볼 때 이것은 이전의 우리의 상태와는 참으로 큰 대조입니다. 기억을 되살려보십시오. 여러분이 저와 같은 체험을 하였다면 여러분은 하나님 앞에서 자기 자신을 몹시 싫어했을 것입니다. 여러분이 자기 자신을 증오하기에 하나님도 여러분을 증오한다고 생각했을 것입니다. 죄는 참으로 사악하다는 것을 알았습니다. 그리고 그 사악함이 우리의 모든 존재에 침투하여 생각을 지배하고 악한 목적을 가지게 하고, 지존자의 목전에서 자기를 부패시키고 범죄하게 한다는 것을 압니다. 주께서 나를 파멸시키시고 지옥으로 보내셨다고 해도 나는 그 일이 당연하다고 생각했을 것입니다. 그러나 이제 그 정죄를 두려워할 필요가 없습니다. 우리는 종의 영이 아니라 양자의 영을 받았기 때문입니다. 흑암에서 눈을 돌려 빛을 바라보십시오. 자기 스스로 판단하기에도 영원히 버림받아 마땅하고, 하나님은 결코 나를 사랑하지 않을 것이라고 생각하였고, 하나님은 죄를 지워버리지 않을 것이라고 생각했던 우리가 이제 하나님의 "사랑하시는 자" 안에서 받아들여진 것입니다. 이보다 더 예리하고 분명한 대조는 없을 것입니다, 이 대조를 마음에 깨닫게 되는 것보다 더 기쁜 일은 없을 것입니다.

다시 한 번 우리의 현재의 상태와, 은혜 가운데 들어가지 못했을 경우를 대조해서 생각해 보십시오. 만일 우리가 은혜 가운데 들어가지 못하고 있다면, 우리는 그리스도에게서 떠나 있으며, 지금도 여전히 이 죄악 저 죄악으로 전전하며 많은 사람들이 그러하듯이 죄 가운데 반역하고 방탕할 것입니다. 우리는 이 순간에도 오만한 가운데 죄를 지을 것이며, 안식일에도 배나 더 죄를 지을 것입니다. 대담하게 반역적인 생각을 하면서 "좋은 날이라면 하는 일도 더욱 좋을 것 아니냐"고 말대꾸할 것입니다. 이런 식으로 우리는 위대한 왕에 대한 충성의 의무를 팽개치는 것을 보여줍니다. 이런 식으로 살았다면 지금쯤 우리는 우리의 죄의 결과로 죽었을지도 모릅니다. 우리의 불법의 잔은 차고 넘쳤을 것이며, 우리는 지옥에 떨어졌을 것입니다. 이것을 생각하면서 경성하십시오. 무한한 인내만이 "거기에서는 구더기도 죽지 않고 불도 꺼지지 아니하는"(막 9:48) 무저갱으로부터 우리를 지켜 준다는 것을 기억하십시오. 그러나 성도 여러분, 우리는 지금 지옥에 있지 않습니다. 그리고 더 나아가, 우리는 결코 지옥에 있게 되지 않을 것입니다. 지옥의 철문은 "그가 사랑하시는 자" 안에서 받아들여진 영혼을 결코 가로막지 못할 것이기 때문입니다. 지금 우리들은 그런 상태에 있습니다. 우리는 우리 앞에 있는 소망을 향하여 피난처로 도피한 자들입니다. 이제 우리는 백보좌에 앉으신 의로운 재판장으로부터 "저주받은 자들아 나를 떠나라"(마 25:41)는 준엄한 선고를 더 이상 두려워할 필요가 없습니다. 십자가에 달려서 쟁취한 그리스도의 의로 옷 입혀진 우리는 구원받았고 하나님께 **받아들여졌다**는 것을 압니다. 이것은 저주받은 자들 가운데 있어야 마땅한 우리들이 받은 복입니다. 영원히 소망 없이 버림받은 사악한 사람들 가운데 우리도 통곡하고 있었을 것입니다. 그러나 지금 우리는 하나님을 찬양하는 즐거운 노래를 부르고 있으며, 우리를 받아주신 하나님을 높이고 송축합니다. 내 영혼아, 너의 사랑하는 자를 향하여 네 자신의 노래로 노래하라.

> "주 예수님,
> 주님의 모든 지체들은
> 주님과 똑같이 참 아름다워요
> 그들은 하나님의 생명을 가지고
> 천국의 영원한 상속자가 되었습니다.
>
> 진노와 불행의 상속자였던
> 나의 모습 그대로 주님께 나왔으나
> 이제 나는 보좌 앞에서
> 주님과 똑같은 의의 옷을 입고 서 있습니다.
>
> 나는 의심도 두려움도 없이
> 주님과 똑같은 모습으로
> 흠 없는 자가 되었습니다.
> 오, 영원하신 사랑이여!
> 이제 나는 주님 안에서 하나님의 의를 덧입고
> 주님과 똑같은 모습이 되었습니다."

　　그냥 지나쳐버릴 수 없는 한 가지 사항이 있습니다. 그것은 현재의 우리의 상황과, 그리스도를 뺀 가장 아름다운 환경 속에 있는 우리의 상황 대조입니다. 우리가 그리스도를 떠나서 의를 추구할 열망을 가질 수 있었다 할지라도 그것은 모두 잘못된 방향으로 나아갔을 것입니다. 우리가 하나님을 향하여 열심을 가진다 할지라도 그것이 지식을 따른 것이 아니면, 우리의 의를 세우려는 것이 되며, 하나님의 의에 복종하지 않는 것입니다. 우리가 무한히 노력하여 우리의 의를 세운다 해도 그것은 우리의 벌거벗은 몸을 가릴 수 없을 것입니다. 이런 상황에서 우리가 드리는 기도는 결코 보좌에서 받아들여지지 않을 것입니다. 우리의 찬양도 모두 하나님께 악취가 될 뿐입니다. 선행에서도 우리의 목표를 세우고 최선의 노력을 경주한다 해도 그것은 고집과 교만 가운데 이루어진 것일 뿐입니다. 그것들은 하나님이 열납하실 수 없습니다. 우리는 "헛된 제물을 다시 가져오지 말라 분향은 내가 가증히 여기는 바요"(사 1:13)라고 하신 영존자의 음성을 들어야합니다. 이는 그리스도를 떠나서는 우리의 의는 우리의 불의만큼이나 열납될 수 없는 것이며, 또 우리의 공로에 의해서 열납되게 하려는 모든 시도는 오히려 우리의 무가치함만을 드러내는 것일 뿐입니다. 자기의 의(義)를 추구하는 자들이여, 마음대로 애써보시오. 자기의 의를 추구하여 아무리 노력한다 한들 혼란만 초래할 뿐입니다. 어찌하여 불 속에서 발버둥치는 것처럼 애쓴단 말입니까? 그들이 주님으로부터 받게 될 것은 다음과 같습니다. 그들은 슬픔 가운데 눕게 될 것이고, 그들이 눕는 침대는 발을 뻗기에는 너무 짧습니다. 그리고 이불은 너무 짧아서 자기의 몸을 덮어줄 수 없습니다. 그 어디에서나 그리스도를 떠난 자에게는 화가 있을 뿐입니다. 어떤 경우에도 하나님의 진노는 그에게 머무릅니다.

그러나 우리는 그리스도 밖에 있지 않습니다. 우리는 헛된 노력을 하지 않습니다. 우리는 힘을 낭비하지 않습니다. 여기에 복된 대조가 있습니다. 우리는 그의 "그가 사랑하시는 자" 안에서 받아들여졌기 때문입니다. 검은색 연필이 스치기만 해도 밝은 빛은 더 선명해십니다. 그래서 나는 어두운 면을 강조해 보았습니다. 우리도 전에는 어둠 속에 있었습니다. 그러나 지금은 씻음받았으며, 거룩하게 되었으며, 의롭게 되었으며, "그가 사랑하시는 자" 안에서 받으신 바 되었습니다. 그래서 우리는 이 천국의 상급을 얻게 하신 그 은혜에 모든 영광을 돌리는 것입니다.

**2. 둘째로, 본문의 말씀이 마음에 새겨지고
우리에게 더 큰 즐거움을 줄 수 있도록
잠시 그 말씀을 해설해 보겠습니다.**

성도 여러분, 전에 우리는 가련하고, 잃어버린 바 되고, 스스로 파멸되어가던 자들이었는데 하나님이 우리를 긍휼히 여기셨다는 것을 상기하십시오. 하나님의 긍휼하심이 우리의 소망입니다. 우리는 가엾은 처지에서 하나님의 택하심을 받았습니다. 버림받고 가련하고 파멸된 상태에 있었을 때 그의 택하심의 사랑으로 인치심을 받았습니다. 이 말씀은 참으로 우리에게 격려가 됩니다. 그리고 나서 우리에게 은혜를 베푸신 때가 이르자, 우리는 용서를 받았고, 죄는 없어졌으며, 성령께서 우리의 마음을 새롭게 하셨고, 그리스도의 의가 우리에게 전가되었으며 마침내 "그가 사랑하시는 자 안에서 우리에게 거저 주시는 바"라는 말씀이 등장하게 되었습니다. 이 일이 있기 전에 많은 일들이 있었습니다. 그러나 우리가 하나님께 받아들여졌다는 사실을 알고 또 그것에 대해서 확신하게 되었을 때, 우리에게는 구름 한 점 없는 아침이 열린 것입니다. 우리가 천사들의 군대를 만났을 때 통과 암호는 "받아들여졌다"인데, 그것으로 말미암아 우리는 천사들만큼 복 받은 자라는 사실을 알고 기뻐하게 될 것입니다.

이 받아들여짐은 전적으로 하나님의 사역임을 알아야 합니다. "그가 사랑하시는 자 안에서 우리에게 거저 주시는 바"입니다. 우리는 결코 우리 자신을 받아들일 만하게 만들지 않았고, 또 그렇게 할 수도 없었습니다. 오직 그가 우리를 처음 창조하셨으며, 이제 그의 은혜로 새롭게 만드신 것입니다. 그리하여 우리를 사랑하시는 자 안에서 받아들이신 것입니다.

이것이 순수한 은혜의 사역이었다는 것은 의심의 여지가 없습니다. 그 이유는 본문에서 "이는 그가 사랑하시는 자 안에서 우리에게 거저 주시는 바"라고 말씀하시기 때문입니다. 다시 말하면, 그의 은혜로 받아들여진 것입니다. 우리 속에는 그리스도에게로 인도되어지고 받아들여질 아무 근거가 없었습니다. 이유는 오직 영원하신 아버지의 마음속에 있었습니다. 하나님은 자비를 베푸시고자 하시는 자에게 자비를 베푸십니다. 우리는 이 자비로 말미암아 구원을 받습니다. 우리는 우리를 받아들이신 동기가 무엇인지 첫 번째 원인을 추적해 보아야 합니다. 은혜야말로 최고의 원인입니다. 은혜가 아니면 거절되었을 자들을 자비롭게 받아들이도록 한 것이 바로 은혜입니다. 이 사실을 주목하십시오. 그리고 그 진리에 서하면서 그 안에서 하나님께 영광을 돌리십시오. 우리들이 받아들여진 것은 또한 "사랑하시는 자" 안에서입니다. 우리가 그리스도 안에 있을 때에만 우리는 받아들여집니다. 그 누구도 그리스도와 상관없이 "하나님이 나를 받아 주셨다"고 말할 수 없습니다. 그런 일은 있을 수 없습니다. 하나님이 그리스도와 상관없는 어떤 사람을 보실 때 그는 소멸되어지며 받아들여질 수 없습니다. "사랑하시는 자 안에서"라는 말은 도피성 안에서라는 말과 같습니다. 우리는 십자가가 중심인 불의 장벽 안에 거주해야 합니다. 그렇지 않으면 우리는 받아들여질 수 없습니다. 우리는 사랑하시는 자의 팔 안에 머물러야 하며, 그리스도의 마음에 거주해야 합니다. 그리하면 자신이 "그가 사랑하시는 자 안에서" 받아들여졌다는 것을 알게 될 것입니다. 그리스도를 위하여 그리고 우리가 그의 지체이기 때문에 아버지의 승인을 받는 것입니다. 하나님은 우리를 언약적 연합으로 끌어올리셨습니다. 그러므로 우리는 그 사랑받은 사도처럼 "우리의 사귐은 아버지와 그의 아들 예수 그리스도와 더불어 누림이라"(요일 1:3)고 말할 수 있습니다. 그러므로 아버지는 우리를 영접합니다. 그것은 하나님이 우리를 그의 아들과 분리해서 생각할 수 없으며, 그의 아들을 우리와 분리해서 생각할 수도 없으며, 우리들 없는 그리스도를 생각할 수 없고, 그리스도 없는 우리를 생각할 수 없기 때문입니다. 그래서 우리는 "그가 사랑하시는 자 안에서" 받아들여진 것입니다. 이것이 그 말씀에 대한 해설입니다.

다음의 내용은 그 의미를 좀 더 분명하게 하여 줄 것입니다. 성도 여러분, 그 누구도 죄가 있는 한 하나님은 그를 받아 줄 수 없습니다. 그래서 그가 사랑하시는 자 안에서 우리를 받아 주셨다는 것은 그 순간 우리의 죄가 영원히 제거되었다는 사실을 내포하고 있습니다. 우리의 불의가 덮여졌고 정죄에서 자유롭게 된 상태에서 하나님이 우리를 받아 주신 것입니다. 이 진리를 깨달으십시오. 그것을 설명하는데 웅변이 필요하지 않습니다. 단지 우리가 믿음으로 그 진리를 깨닫는 것이 요구될 뿐입니다. 오늘 여러분이 용서받았다는 것을 깨닫게 되기를 바랍니다. 눈으로 그리스도의 상처를 바라보고, 성령으로 말미암아 여러분의 영혼에게 "나는 하나님 보시기에 흠도 티도 없다. 이는 그리스도께서 나를 눈보다 더 희게 씻었기 때문이다"라고 말하십시오. 주님은 자기 백성들에 대하여 "너희는 온 몸이 깨끗하니라"(요 13:10)고 하셨습니다. 이 사실을 기뻐하십시오. 그가 우리를 깨끗하게 하지 않으셨다면 우리는 받아들여질 수 없었을 것입니다. 하나님은 더러운 자를 받아들이지 않으시기 때문입니다.

하나님은 또한 의롭지 않은 자를 받아 주시지 않습니다. 죄를 용서받아 깨끗한 자라 할지라도 그가 의를 갖지 못했다면 하나님은 그를 받아 주시지 않습니다. 나는 그런 사람이 존재하리라고 생각하지는 않지만 만일 그런 사람이 있다면, 그는 차지도 않고 덥지도 않은 사람이어서 하나님의 입에서 토해질 것입니다. 하나님께서 받아 주시는 사람은 절대로 의로운 자라야 합니다. 그러므로 하나님께서 신자들을 "그가 사랑하시는 자 안에서" 받아들이셨다면 그리스도를 믿는 그들은 하나님 보시기에 의로운 자입니다. 거짓된 의, 즉 가상적이고 허구적인 의를 가진 자는 의로운 자가 아니라는 것을 주목하십시오. 그렇습니다. 믿음으로 말미암는 의가 가장 진실한 의입니다. 행위에 의한 의는 의심의 여지가 있지만 믿음에 의한 의는 의심할 수 없습니다. 왜냐하면 그것은 하나님 자신의 의이기 때문입니다. 그것을 마음 깊이 간직하십시오. 나 혼자만 이 진리를 간직하고 즐거워할 것이 아니라 여러분도 이 진리를 즐거워하게 되기를 바랍니다. 여러분은 그리스도 안에서 의로운 자입니다. 그렇지 않다면 여러분은 받아들여질 수 없습니다. 죄는 사라졌고, 의는 전적으로 우리의 것이 되었습니다.

이제 다시 되돌아가 보겠습니다. 우리가 참으로 "그가 사랑하시는 자 안에서" 받아들여졌다면, 그것은 그 사랑하는 자와 우리의 연합이 참으로 친밀하고 실재적인 것임을 보여주는 것이 됩니다. 우리는 하나님께서 그리스도를 받아들이심에 동참하고 있는 것입니다. 그렇다면 우리는 모든 면에서 그리스도와 하나가 된 것입니다. 어떤 여자에게 특별한 관심을 갖지 아니한 한 아버지가 있다고 합시다. 그런데 그의 아들이 그 여인을 아내로 삼았습니다. 그래서 이제 그 사랑하는 아버지는 "그 여인은 나의 딸이다"라고 말합니다. 그 여인은 그의 아들 때문에 사랑받게 된 것입니다. 그 아버지는 그 여인에게 말합니다. "너는 나의 사랑하는 아들의 아내이다. 그러므로 너는 나의 딸이며 또한 내게 사랑스러운 사람이다. 언제든지 나의 집에 오는 것을 환영한다." 크신 하나님도 역시 그렇게 하십니다. 하나님께서는 그리스도께서 옹호하시는 우리들에게 영원히 복된 부부의 연합으로 그리스도의 신부가 된다고 말씀하십니다. "나의 자녀들아 내게로 오라. 그가 내 아들이기 때문이다. 그리고 나는 내 아들을 위하여 너희를 사랑한다. 나는 그 안에서 너희를 받아들인다"고 하십니다.

그것은 결혼관계보다 더 친밀한 연합이 아니겠습니까? 그것은 우리로 그리스도의 의에 동참하게 만들어 줍니다. 그래서 거룩하신 하나님께서 본성적으로 악한 우리들에게, "너희가 나의 아들과 결합되었기 때문에 나는 너희를 받아들인다"고 말씀하시는 것입니다. 비천한 성품의 여인이 최상의 남자와 결혼하기를 원한다고 해서 그녀가 받아들여지는 것은 아닙니다. 어떤 아버지라도 그런 여인을 며느리로 받아들이려 하지 않을 것입니다. 아무리 친절을 다하여 관계를 개선시켜 보려고 해도 소용이 없습니다. 그런 사람과 결혼시켜서 우리 가족으로 받아들일 수 없다고 할 것입니다. 그러나 하나님은 그의 백성들을 받아 주시려고 그리스도 안에서 그들을 감싸 주신 것입니다. 내가 어떤 사람을 받아들였다면 그의 새끼 손가락 하나를 가지고 트집을 잡을 수 없습니다. 내가 어떤 사람을 받아들였다면 나는 그의 온 몸을 받아들인 것입니다. 이와 같이 아버지께서 그리스도를 받아들이셨기에 그의 신비한 몸의 모든 지체를 다 받아들이신 것입니다. 내가 그리스도와 하나이기 때문에 내가 비록 그의 발바닥에 지나지 않는다 할지라도, 그래서 내가 길바닥의 흙을 자주 묻힌다 해도 영광스러운 머리 되신 분이 받아들여졌으므로 영광스러운 머리에 붙어 있는 가장 비천한 지체도 받아들여지는 것입니다. 이것은 참으로 영광스러운 일이 아닙니까? 여러분은 그것을 굳게 붙잡을 수 있습니까? 만약에 여러분들이 그 완전한 의미를 지적으로 이해하지 못하면, 여러분은 이 말로 다 할 수 없는 특권을 진심으로 누릴 수 없을 것입니다. 그러나 믿음으로 그것을 받아들이고 환영한다면 여러분에게는 더 이상의 설명이 필요치 않을 것입니다. 여러분은 "그가 사랑하시는 자 안에서" 받아들여졌습니다. 그리고 여러분과 그리스도 사이에는 분명히 복된 연합이 있습니다. 하나님은 그리스도를 받아 주셨듯이 여러분도 받아 주십니다. 이제 그것을 헤아려 봅시다. 그리스도께서는 하나님께 얼마나 받아들여질 만할까요? 무한히 받아들여지지 않겠습니까? 그리스도는 무한하신 분이시고 무한히 받아들여질 만한 분이시고 무한히 거룩하시고 또 하나님이 기뻐하시는 자입니다. 그러기에 그리스도 안에 있는 우리를 그와 똑같이 받아들이시는 것입니다. 영원하신 아버지께서는 그리스도 예수 안에 있는 모든 신자들을 참으로 기쁘게 받아들이시는 것입니다.

3. 한 걸음 더 나아가 봅시다.
좀 더 확대해서 설명하는 중에 성령께서
우리를 도와주시기를 원합니다.

만약에 우리가 "그가 사랑하시는 자 안에서" 받아들여졌다면 그것은 먼저 우리의 인격체가 받아들여진 것입니다. 우리 자신이 하나님의 기뻐하시는 자가 된 것입니다. 이제 하나님은 우리를 기뻐하시며 바라보십니다. 한때는 하나님께서 사람 지으신 것을 후회하셨다고 말씀하신 적이 있습니다. 그러나 지금은 하나님이 그의 백성들을 보실 때 그가 우리를 지으신 것을 결코 후회하지 않으십니다. 하나님은 우리를 지으신 것을 기뻐하십니다. 하나님은 우리를 즐거워하십니다. 여러분의 자녀를 생각해 보십시오. 때로는 그들이 여러분을 근심하게 합니다. 그래도 여전히 그들을 기뻐합니다. 자녀들이 가까이 있는 것은 즐거운 일입니다. 그들이 오랫동안 보이지 않으면 여러분은 그들에 대해 염려하게 됩니다. 그들은 휴일에 곧장 집으로 옵니다. 그들은 집으로 오기를 좋아합니다. 어머니도 자녀들을 보게 된다는 생각에 기뻐합니다. 그와 같이 우리 하나님 아버지께서도 참으로 우리를 기뻐하십니다. 하나님은 우리 인격체를 받아 주신 것입니다. 하나님은 우리를 한 사람 한 사람 기뻐하십니다. 하나님은 우리를 즐거워하십니다. 우리가 하나님 가까이 있을 때 그것은 하나님께 큰 기쁨이 됩니다.

우리가 하나님께 받아들여졌기 때문에 하나님께 나아갈 권리가 생긴 것입니다. 하나님께 받아들여진 사람은 자기가 원할 때는 언제나 하나님께 나아갈 수 있습니다. 그는 들어가고 나가면서 초장을 발견하는 양 떼 중의 한 마리의 양과 같습니다. 그는 왕의 보좌 앞으로 나아가서 거절당하지 아니하고 왕을 만날 수 있는 신하들 중의 한 사람과 같습니다. 우리의 크신 아버지의 집에 있는 어떤 방도 우리에게 닫혀진 것은 없습니다. 약속된 축복 중 그 어떤 것도 우리에게 보류된 것이 없습니다. 아버지의 얼굴에 있는 그 어떤 미소도 우리에게는 거절된 것이 없습니다. 우리를 받아주신 하나님께서 우리로 하여금 모든 축복에 접근하도록 허락하신 것입니다. "보라, 내가 이 모든 축복들에 대해서도 너희를 받아들인 것이다"라고 말씀하시는 것입니다　여러분은 아하수에로 왕과 무서워 떨던 그의 왕비 에스더를 기억하실 것입니다. 그리고 그녀가 자기의 생명의 위험을 무릅쓰고 용감하게 왕 앞으로 나아간 이야기도 기억하고 있을 것입니다. 왕이 허락의 표시로 황금 홀을 내밀지 아니하면 왕의 호위병들이 비록 왕비일지라도 그녀를 칼로 쳐서 쓰러뜨릴 것이기 때문이었습니다. 그녀는 허락을 받지 않았지만 그 전제군주 앞으로 용감하게 나아갔습니다. 그러나 오늘 우리는 하나님 앞으로 나아갈 때 그와 같이 두려워할 필요가 없습니다. 우리는 이미 하나님이 받아 주셨기 때문입니다. 하나님은 이미 우리에게 황금 홀을 내미셨습니다. 그리고 우리에게 담대하게 들어오라고 명하십니다. 하나님과 우리 사이는 모든 것이 원만하기 때문입니다. 우리는 지금 우리가 서 있는 이 은혜 속으로 담대하게 나아온 것입니다.

그리고 우리 자신이 받아들여졌기 때문에 우리의 기도도 받아들여지는 것입니다. 하나님의 자녀들이여, 이 사실을 진정으로 믿습니까? 여러분은 거지가 길거리에서 별로 탐탁지 않게 생각하는 사람들에게 동전을 구걸하듯이 기도하지는 않습니까? 나는 많은 하나님의 자녀들이 그런 식으로 기도하고 있다고 생각합니다.

그러나 우리가 "그가 사랑하시는 자 안에서" 받아들여졌다는 사실을 알 때에 우리들은 그가 우리의 기도에 응답해 주실 것을 기대하면서 확신을 가지고 기도합니다. 우리에게는 하늘의 아버지께서 우리의 기도에 응답하신다는 것은 놀라운 일이 아닙니다. 하나님은 너무 자주 그리고 너무도 관대하게 기도에 응답해 주시기 때문에 우리는 항상 하나님이 기도응답을 주시리라고 기대합니다. 사랑하는 자의 기도를 들어주시는 것이 하나님의 방법입니다. 하나님의 받아 주심을 얻지 못한 사람들이 기도할 때, 그들은 하나님이 듣지 아니하시는 기도를 하는 것입니다. 그러나 받아들여진 사람이 하나님께 간구할 때는 "내가 은혜 베풀 때에 너에게 듣고 구원의 날에 너를 도왔다"(고후 6:2)고 말씀하십니다. 하나님이 사람들을 기뻐하실 때에는 사람들의 마음의 소원을 들어주십니다. "그가 사랑하시는 자 안에서" 받아들여진 사람들의 지위는 참으로 탁월합니다! 하나님은 그에게, "네가 원하는 것을 구하라. 그리하면 얻을 것이다. 나의 왕국의 절반만이 아니라 나의 왕국 자체가 너의 것이다. 너는 나와 함께 나의 보좌에 앉을 것이다"라고 말씀하시는 것 같습니다. "그가 사랑하시는 자 안에서" 받아들여진 자의 복은 참으로 놀라운 것입니다! 그가 받아 주심으로 인하여 우리의 기도가 여호와 앞에 향기로운 분향이 되기 때문입니다.

그 다음에는 기쁜 결과가 따라옵니다. 그것은 우리의 선물이 열납된다는 것입니다. 하나님이 받아 주신 사람들이 하나님의 이름을 영광스럽게 하기 위하여 물질을 드리는 일에서 큰 기쁨을 얻는다는 것입니다. 하나님의 교회에 돈이 필요할 때 형제들 중 한 사람이 헌금을 거두기 위하여 순회합니다. 그 때 그 왕국의 백성들은 "여기 또 세금 거두는 자가 온다"고 말합니다. 그렇습니다. 백성들은 그렇게 말합니다. 그러나 자녀들은 "여기 우리 아버지께 예물을 드릴 또 하나의 기회가 있구나. 그것은 아버지에 대한 우리의 사랑이 탐욕이나 인색함이 없는 순수한 것임을 입증할 좋은 기회다"라고 말합니다. 그들은 자기의 예물을 가지고 주님 앞에 나아갈 수 있다는 것을 생각하고 손뼉을 치며 기뻐합니다. 그들의 유일한 의문은 "하나님이 그것을 받아 주실 것인가? 하나님이 받아 주시기만 한다면 내가 드리지 않을 이유가 무엇인가!"입니다.

수많은 가난한 여인들이 동전 두 닢을 가지고 와서 가만히 그러나 기쁜 마음으로 연보궤에 넣을 것입니다. 그 때 그녀들은 "그것이 연보궤에 떨어져 들어갈 때에 진실로 하나님께서 그것을 받아 주실거야, 하나님은 그 적은 것도 아시지 않는가?"라고 말하면서 드릴 것입니다. 하나님의 자녀들 중 어떤 사람들은 하나님을 위해서 큰 일을 하려고 머리로 계획을 짭니다. 그러나 그들은 이렇게 말합니다. "결국 나는 나 혼자의 힘으로 일하고 있지 않는가? 교만과 허영이 나의 노력에 영향을 주어서 빌립보 사람들이 드린 '받으실 만한 향기로운 제물'과 같은 향기가 부족하지 않은가?"라고 말합니다. 그렇지 않습니다. 나의 친구들이여, 그리고 모든 선한 일에 나의 조력자들이여, 여러분들은 하나님께서 여러분들을 받아들일 것인가에 대해 의심할 필요가 없습니다. 하나님이 받으시는 사람이 가져오는 예물은 하나님이 받으시기 때문입니다. 하나님께서 그의 백성들 가운데서 우리가 찾아볼 수 없는 좋은 것들을 보신다는 것은 놀라운 일입니다. 하나님은 아비야에게서 이스라엘의 하나님 여호와를 향한 어떤 선한 것이 있음을 보셨습니다. 사라도 한번은 막말을 한 적이 있었습니다. 그러나 그 속에도 하나의 좋은 말이 있었습니다. 우리 중 누군가가 그것을 재빨리 분별할 수 있을지 잘 모르겠습니다. 그러나 성령께서는 그 한 마디의 말을 끄집어 내어 칭찬하려고 신약성경에 집어넣었습니다. 그녀가 아들을 낳을 것이라는 약속이 선포되어졌을 때 그녀는 나이 많은 자기가 아이를 낳는다는 것을 불신하는 말을 했습니다. 그녀는 "내가 노쇠하였고 내 주인도 늙었으니 내게 무슨 즐거움이 있으리요"(창 18:12)라고 했습니다. 이것은 좋지 못한 말이었습니다. 그러나 "사라가 아브라함을 주라 칭하여 순종한 것 같이"(벧전 3:6)라는 신약성경의 말씀을 읽을 때에 놀라게 됩니다. 하나님이 하시고자 하시면 우리에게서 아주 작은 좋은 점이라도 찾아내십니다. 그러므로 우리는 하나님을 위하여 우리가 할 수 있는 것을 행하려고 노력하여야 합니다.

여기 하나의 큰 석영덩어리가 있다고 합시다. 그런데 거기에 아주 작은 금 알갱이가 있다면 하나님은 그것 때문에 석영을 소중히 보관하실 것입니다. "그것을 파괴하지 말아라. 그 속에 축복이 있다"고 하나님은 말씀하십니다. 하나님이 모든 사람을 그렇게 취급하신다는 뜻은 아닙니다. 하나님이 예물을 받으실 때 이렇게 하는 것은 오직 받으시는 사람들을 위함입니다. 어떤 젊은 수위가 소년들의 학교에서 그림뭉치를 들고 거리를 걸어오고 있을 때, 그것을 보는 나를 본다면 여러분은 아마도 내가 그 그림들을 아무 가치가 없다고 생각하고 불 속에 집어넣어 버리는 것이 좋겠다고 생각할 것이라고 추측할 것입니다. 그러나 나는 내 아이의 그림에 대해 큰 관심을 가지고 있습니다. 그리고 나는 오히려 그 그림들은 훌륭하다고 생각합니다. 내가 그렇게 말하면 여러분들은 웃을 것입니다. 그러나 나는 정말 그렇게 생각합니다. 나도 여러분만큼이나 그림을 볼 줄 압니다. 그러나 나는 그 그림이 내 아이의 것이기에 높이 평가하는 것입니다. 그리고 나는 그 그림 속에서 천재성이 싹트고 있음을 봅니다. 그러나 여러분은 눈이 멀었기 때문에 보지 못하는 것입니다. 사랑이 나의 눈을 뜨게 하였기에 나는 보는 것입니다. 하나님께서는 그의 백성들이 드린 예물들과 또 하나님을 위한 그들의 봉사들 가운데서 하나님 이외에는 그 누구도 찾아볼 수 없는 아름다움을 볼 수 있습니다. 하나님께서 우리의 보잘것없는 봉사를 그렇게 높이 평가하신다면 우리가 어찌 하나님을 위한 봉사에 참여하지 않을 수 있겠습니까? 우리는 열심과 부지런함으로 고무되어야 합니다. 우리가 하나님의 받으신 바 되었기에 우리의 예배도 열납되는 것입니다. 전능하신 하나님은 우리가 하나님의 종이라 불림을 허락하실 것입니다. 그리고 우리는 우리가 하는 모든 일에 하나님의 축복이 있음을 발견하게 될 것입니다. 나무가 좋으면 열매도 좋은 법입니다. 그 사람이 어떠하냐에 따라 그의 힘도 역시 그러할 것입니다. 그의 명성이 그러하다면 그의 능력도 그러할 것입니다. "그가 사랑하시는 자 안에서" 받아들여졌다는 것은 "하나님이 당신의 행위도 받아 주신다"는 것을 수반합니다.

4. 지금까지 우리는 대조, 해설, 확대의 방법을 통하여 생각해 보았습니다. 이제 이 내용에 대한 몇 가지 반응에 대해 살펴보기로 합시다.

"그가 사랑하시는 자 안에서" 받아들여셨습니다. 모든 신자가 자기 자신에 대하여 이와 같이 말하지 않을지도 모릅니다. 나는 나의 슬픔과 근심을 가지고 있습니다. 나는 나의 아픔과 고통과 연약성을 가지고 있습니다. 그러나 나는 불평을 해서는 안 됩니다. 왜냐하면 하나님께서 나를 받아 주셨기 때문입니다. "그가 사랑하시는 자 안에서" 받아들이셨다는 이 아름다운 말을 들었다고 해서 어찌 슬픈 일들에 대하여 비웃을 수 있겠습니까. 내가 소경일 수도 있습니다. 그러나 나는 "그가 사랑하시는 자 안에서" 받아들여졌습니다. 내가 가난할 수도 있습니다. 나는 박해를 당하기도 하고, 여러 가지 방법으로 인내해야 할 일이 많이 있을지도 모릅니다. 나는 절름발이일지도 모릅니다. 그러나 내가 "그가 사랑하시는 자 안에서" 받아들여진 이후에는 이와 같은 종류의 육체적 고난들은 나에게 있어서 사소한 일이거나 아무것도 아니라고 생각하는 것입니다.

나는 수많은 연약성들과 불완전성들에 대해서 애통해해야만 합니다. 그리고 낮이 지나가고 밤이 찾아왔을 때 내가 한 일에 대하여 후회합니다. 그리고 새로운 의미의 용서를 얻기 위하여 또다시 보혈을 찾아가야만 한다고 느끼게 됩니다. 그렇습니다. 그러나 나는 "그가 사랑하시는 자 안에서" 받아들여졌습니다. 나는 이런저런 악과 투쟁해 왔습니다. 나는 비록 그 전투에서 수많은 상처를 입었지만 나는 승리하기를 소망합니다. 그렇습니다. 그러나 나는 "그가 사랑하시는 자 안에서" 받아들여졌습니다. 나는 지금 나의 부족함에 대해서 나 자신을 책망하고 있으며 또 나의 수많은 실족과 실패에 대해 애통해하고 있습니다. 그렇습니다. 그러나 나는 "그가 사랑하시는 자 안에서" 받아들여졌습니다. 나는 여러분을 위해서 말하고 있습니다. 지금 나는 여러분이 묵상하는 것을 돕기 위해서 노력하는 중입니다. 나는 이 복된 사실을 여러분이 확실하게 기억하기를 원합니다.

인생의 시련들이 어떤 것이든지 간에, 여러분을 압박하는 것이 무엇이든지 간에, 인생 여정의 어려움이 무엇이든지 간에, 육체의 연약성이 어떤 것이든지 간에, 정신적 약점들이 어떤 것이든 간에, 여러분들은 "그의 사랑하시는 자 안에서" 받아들여졌다는 것을 기억하시기 바랍니다. 황금 비파가 영원한 할렐루야를 연주하고, 모든 의복은 흠이 없고, 모든 마음은 죄가 없는 곳에 서 있을 때에 여러분은 받아들여지지 않겠습니까? 그러습니다. 그 때 여러분들은 지금과 똑같이 환영을 받을 것입니다. 소음과 분쟁과 일상생활의 혼란 가운데 있는 지금이나 그 때나 마찬가지로 받아들여질 것입니다. 그 이유는 지금 우리가 "그의 사랑하시는 자 안에서" 받아들여졌기 때문입니다. 이것이야말로 가장 완벽한 현재의 은혜입니다. 베일을 벗은 무한한 사랑의 얼굴을 볼 때까지 기다릴 필요가 없습니다. 이 진리를 지금 확신하게 되기를 기도합니다.

우리의 즐거움을 더해 줄 또 다른 반응에 대하여 살펴보겠습니다. 우리를 받아들이신 분이 누구신지 생각해 보십시오. 우리를 그의 사랑 안으로 받아들이신 분은 평범한 분이 아닙니다. 그분의 이름은 여호와이시며, 질투하시는 하나님이십니다. 스랍들은 "거룩하다. 거룩하다. 거룩하다" 라고 쉬지 않고 찬양합니다. 더러운 것은 아무것도 그의 궁전의 문 안으로 들어갈 수 없습니다. 그의 마음은 부정한 생각을 견딜 수 없습니다. 우리를 받아들이신 분이 바로 그 하나님이십니다. 여러분의 형제들이 여러분을 쫓아냈습니까? 여러분의 친구들이 여러분을 비난했습니까? 여러분 자신의 양심이 여러분을 책망했습니까? 마귀가 여러분에게 으르렁거리고 있었습니까? 그것들은 아무런 문제가 되지 않습니다. 중요한 것은 하나님이 여러분을 받아 주셨다는 것입니다. "누가 능히 하나님께서 택하신 자들을 고 발하리요 의롭다 하신 이는 하나님이시니 누가 정죄하리요?"(롬 8:33,34) 하나님 이 우리를 "그가 사랑하시는 자 안에서" 받아 주셨습니다. 그러므로 우리는 사람 들이 우리들에게 무슨 일을 할 수 있을까를 두려워할 필요가 없습니다.

이제 하나님께서 "그의 사랑하시는 자 안에서" 우리를 받아주셨다는 사실을 다시 한 번 생각해 보십시오. 하나님이 우리를 그리스도 안에서 받아 주신 것입니 다. 받아 주시는 다른 방법이 있다고 한다면 조금이라도 좋아하시겠습니까? 나로 서는 나 자신으로부터 그것에 이르기보다는 오히려 모든 것을 그리스도를 통해서 받기를 무한히 바라고 있습니다. 그리스도의 사랑스럽고 못 박힌 손으로부터 자 비가 왔다는 사실이 그지없이 아름답고 좋습니다. 만일 내가 오늘날 나 자신 안에 서 받아들여졌다면, 나는 내가 받아들여졌다는 것을 잃어버릴까 두려워할 것입니 다. 나는 가련하고 변화무쌍한 존재이기 때문입니다. 그러나 내가 "그가 사랑하시 는 자 안에서" 받아들여졌습니다. 그는 변함이 없으므로 무슨 일이 있어도 나의 받아들여짐은 당연하고, 반드시 받아들여지게 됩니다. 이것은 우리가 그것 때문 에 죽어도 좋을 말입니다. 우리는 언젠가 죽음을 만나게 됩니다. 그 때 우리는 죽 음의 열린 입을 향해, "나는 그가 사랑하시는 자 안에서 받아들여진 자다"라고 말 할 수 있게 될 것입니다. 이것은 큰 심판 날의 불꽃 가운데에서도 일어설 수 있는 말이 아니겠습니까? 우리는 무덤에서 깨어 일어나 눈을 들어 봅니다. 그리고 그 무서운 시간의 두려운 모습들을 보기 전에 "나는 그가 사랑하시는 자 안에서 받아 들여진 자다"라고 말합니다. 그러면 그 무엇도 우리를 놀라게 할 수 없을 것입니 다. 영원히, 영원히 그리고 영원의 주기가 무한히 반복된다고 해도 우리가 "그가 사랑하시는 자 안에서" 받아들여졌다는 것은 천국에서의 최상의 축복의 핵심입니 다.

나는 요즈음 성도들에게 어떤 일이 일어날 것인가를 말하는 이상한 학설을 듣고 있습니다. 그들은 죄인들이 죽지 않거나, 회복되거나, 혹은 달리 어떻게 될 것이라고 말합니다. 그들은 영원에 대한 성경의 가르침에 만족하지 아니하고 경 건치 아니한 자의 징벌에 대해서 이상한 생각들을 고안해 내야만 하는 모양입니 다. 그들은 또한 성도들의 새로운 운명에 대해서도 묘사합니다. 그리고 우리 조상 들의 천국에 대해서도 슬픈 의심을 일으키게 합니다. 나는 그들의 망상에 대해서 전혀 개의치 않습니다. 왜냐하면 나는 "그가 사랑하시는 자 안에서" 받아들여졌기 때문입니다. 영원의 세계가 어떻게 나타나든 그것은 상관없습니다. 그리스도 안에서 받아들여지고 그와 하나가 된 사람은 두려워할 것이 아무것도 없습니다.

이제 마칠 시간입니다. 나는 방금 경고의 벨 소리를 들었습니다. 그러므로 나는 본문에 대해 제기하는 다양한 반응들에 대해서 상세하게 설명하지 않겠습니다. 본문의 내용은 걱정스러운 염려를 없애주고, 죽을 인생들에게 안도감을 주며, 우리를 진심으로 환영할 위에 있는 본향을 사모하게 하는 말씀입니다.

5. 이제 실제적으로 적용할 수 있는 내용을 말씀드림으로써 마치려고 합니다.

우리가 "그의 사랑하시는 자 안에서" 받아들여졌으므로 밖으로 나가 불쌍한 죄인들에게 그들도 어떻게 하면 받아들여질 수 있는가를 알려 줍시다. 오늘은 비록 회심하지 않았다 할지라도 사람들은 결국 의롭게 되기를 갈망하지 않겠습니까? 친구들이여, 들어보십시오. 만약 받아들여지기를 원한다면 당신이 받아들여야만 합니다. 그러면 "내가 무엇을 받아들여야 합니까?"라고 질문할 것입니다. 여러분은 그리스도를 하나님이 값없이 주시는 선물로 받아들여야 합니다. 여러분은 하나님께서 여러분을 받아들이시는 방법으로 그리스도를 주셨다는 것을 받아들여야 합니다. 그 이유는 여러분이 그리스도 안으로 들어가기만 하면 여러분도 받아들이시기 때문입니다. 죄인 중의 괴수라도 그리스도 안에서는 받아들여질 수 있습니다. 그들의 범죄가 지극히 크고 극심한 것일지라도 속죄의 희생 제물이 그들의 모든 죄악을 제거합니다. 그리고 완전한 의가 하나님 앞에서 가장 중한 죄인도 의롭게 하실 수 있습니다. 여러분은 받아들여질 수 있습니다. 들어보십시오. 만약에 여러분이 지금 그리스도에게 와서 그를 믿는다면 여러분은 받아들여질 것입니다. 그리스도께 나온 사람 중 거절된 자는 하나도 없었습니다. 당신이 거절당한 첫 번째 사람일 수는 없습니다. 지금 시도하십시오. 마치 비둘기들이 바위의 갈라진 틈 속에 몸을 숨기듯이 지금 여러분이 그리스도의 상처들 속에 숨는다면, 비록 여러분이 저주를 받은 상태에서 이 집에 들어왔을지라도 하나님의 받아들이심을 얻은 상태로 나가게 될 것입니다.

또다시 나의 말을 들어보십시오. 여러분이 받아들여질지 모른다가 아니고 확실히 받아들여지는 것입니다. 그리스도 안에서는 받아들여지지 않을 수 없습니다. 그리스도께 나와서 쫓겨날까 두려워할 필요도 없으며 그럴 가능성도 전혀 없습니다. 그리스도가 변하고, 진리가 변하고, 그의 사랑하는 자를 향한 하나님의 마음이 변하기 전에는, 하나님께서 결코 그리스도 안에 있는 영혼들을 사랑하지 않을 수 없습니다. 죄를 범했을지라도 오늘 아침 그리스도에게로 오십시오. 나의 권고를 무시하지 마십시오. 여러분은 반드시 하나님의 받아들이심을 받아야 하기 때문입니다. 여러분이 그리스도께로 나온다면 하나님의 받아들이심을 얻지 않을 수 없습니다. 그리고 여러분은 즉시 받아들여질 것입니다. 비록 이 순간에 여러분들이 아무리 악할지라도, 내가 여러분에게 이야기하는 동안에 자기 자신이 지옥의 어두운 밤만큼 검다는 사실을 안다면, 그리스도에게로 찾아오는 바로 그 순간에 "그가 사랑하는 자 안에서" 받아들여질 것입니다. 그를 믿으십시오. 그를 믿으십시오. 그렇게 하셨습니까? 여러분의 죄악은 사라집니다. 그리스도의 의가 전가되어집니다. 그리고 여러분들은 구원을 얻습니다.

그리고 끝으로, 여러분이 그리스도 안으로 들어온다면, 여러분이 그리스도 안에 있는 한 여러분은 하나님께서 받아 주실 것입니다. 그리고 하나님의 은혜가 여러분들을 그리스도에게서 떠나가지 못하게 할 것이므로 영원히 받아들여지는 것입니다. "그가 사랑하시는 자 안에서" 영원히 받아들여지는 것입니다. 만일 그것이 오늘의 결정이라면 그것은 날들이 더 이상 없어질 때까지 매일의 결정이 될 것입니다. 여러분들은 죽고 또 부활하게 됩니다. 그리고 위대하신 재판관이 자리에 앉을 때 심판이 있게 될 것입니다. 그리고 마지막에는 여러분의 인생에 대한 심문이 있을 것입니다. 심판석에 앉은 자들이, "그 사람을 가게 하라. 그는 하나님의 사랑하시는 자 안에서 받아들여졌다"고 말할 것입니다. 여러분이 예수를 믿는다면 그렇게 될 것입니다. 지금부터 영원히 그렇게 될 것입니다. 하나님께서 그리스도를 위하여 그의 좋으신 성령님을 통하여 여러분 모두에게 복 주시기를 기원합니다. 아멘.

제

3

장

—

그리스도의 피로 말미암은 속량

—

"우리는 그리스도 안에서 그의 은혜의 풍성함을 따라

그의 피로 말미암아 속량 곧

죄 사함을 받았느니라." — 엡 1:7

　　1장을 읽어보고, 사도 바울이 처음으로 돌아가 태초부터 우리의 것이었던 최초의 축복에 대해서 어떻게 설명하고 있는지를 주의 깊게 살펴보십시오. 그는 과거의 하나님의 사랑에 대해서 상세하게 설명하고 있습니다. 그리고 그것으로부터 비롯된 예정에 대해서도 상세하게 설명하고 있습니다. 그리고 또 사랑 안에서 우리를 하나님 앞에 거룩하고 흠 없게 하시려는 복된 목적에 대해서도 설명합니다. 그것은 모두 은혜의 언약 안에 포함되어 있었습니다. 우리도 이 태고의 것들 곧 영원한 것들로 돌아가 생각해 보는 것이 좋겠습니다. 우리들이 더 이상 시간 속을 여행하지 않게 되었을 때 지난 모든 시간들은 다 잊혀집니다. 수많은 세월들이 지났을지라도 우리는 그것들을 무시해 버리고 영광스러운 영원 속으로 여행하게 됩니다. 전능하신 분의 입장에서 보면 수천 년의 세월도 양동이 속에 들어 있는 하나의 작은 물방울에 지나지 않습니다. 영원하신 하나님과 그가 계획을 세우시는 회의실을 묵상해 보고, 또 택하신 백성들을 향한 지극한 사랑과, 그들의 선을 위하여 계획하고 목적하시는 하나님의 무한한 자비의 마음을 생각해 보는 것은 참으로 고귀한 일입니다. 이것은 놀랍도록 우리의 힘을 북돋아 주는 일입니다. 그리고 그것은 극소수의 신자들만이 이 장엄한 여호와의 산에 올라, 과거에도 계셨고 현재에도 계시며 미래에도 계실 하나님과 교통할 수 있는 경이로운 일입니다.

사도 바울은 그 주제에 대하여 간략하게 언급한 후에 현재의 축복 즉 실제적인 체험의 문제에 대하여 이야기합니다. "우리는 그리스도 안에서 속량 곧 죄 사함을 받았느니라"고 말함으로써 시작합니다. 영원한 과거의 은혜는 믿음의 문제입니다. 그러나 여기에는 우리가 손으로 잡을 수 있고 향유할 수 있는 무언가가 있습니다. 우리가 믿는 다른 내용들도 있지만 이것은 우리가 실제적으로 그리고 문자 그대로 받아들이는 내용입니다. "우리는 그의 피로 말미암아 속량 곧 죄 사함을 받았느니라."

여기에서 나는 하나님의 일을 체험적으로 이야기하는 것이 얼마나 매력적인 일인가에 대해서, 즉 이론이 아니라 사실적인 문제들을 다루는 것이 얼마나 매력적인 일인가를 말씀드리겠습니다. 그리고 이것들은 우리에게 매우 귀중하고 위대한 사실들입니다. 왜냐하면 그 일은 우리 안에서 이루어졌고, 우리는 단지 그 일을 즐거워하는 구경꾼(목격자)이며 오히려 우리가 그 일의 주제요 대상이었기 때문입니다. "우리는 그리스도 안에서 속량을 받았느니라." 다른 사람들이야 어떠하든지 간에 우리들은 "그의 피로 말미암아 속량 곧 죄 사함을 받았습니다." 우리는 그것을 바라지 않았지만 그것을 소유하고 있습니다. 우리는 그 일을 생각하지 않았지만 우리가 그것을 소유하고 있다는 것을 압니다. 우리는 속량을 받았습니다. 우리는 속박에서 벗어나 자유롭습니다. 우리는 용서를 받았습니다. 그래서 이제 더 이상 정죄 아래 있지 않습니다.

이제 하나님이 나를 인도하심에 따라 죄 사함에 대하여 상세하게 설명하겠습니다. 우리는 영원한 목적이라는 주제를 깊이 파헤치거나 혹은 구원의 교리를 완전하게 살펴볼 시간은 없습니다. 그러나 마치 제비가 그 날개로 시냇물을 스치고는 위로 날아가듯이 지금 나도 피상적인 내용만을 이야기할 것입니다. 생수의 강을 만져보는 것만으로도 축복이 될 것입니다. 그리고 내가 작은 물방울을 튀길 때 그것이 여러분을 상쾌하게 하기를 바랍니다. 성령께서 우리의 묵상을 도와주시기를 기도합니다.

1. 본문에서 분명하게 밝혀주는 첫 번째 내용은, 죄 사함은 큰 축복이다 라는 것입니다.

사도 바울은 하나님의 큰 일들 가운데서 그것을 언급하고 있습니다. 즉 그의 선택적 사랑, 예수 그리스도로 말미암아 우리를 양자 삼으심, 그의 사랑하시는 자 안에서 우리를 받아 주심 등과 같은 일들을 이야기하면서 그것을 언급하고 있습니다. 그는 이 놀라운 자비의 일들과 나란히 다음의 내용을 말합니다. "그의 은혜의 풍성함을 따라 죄 사함을 받았다." 이것은 결코 작은 축복이 아닙니다. 왜냐하면 그것은 택하심이나 양자 삼으심 등과 같은 큰 사건들과 병행되어지고 있기 때문입니다. 이제 죄 사함에 대하여 자세히 설명해 보겠습니다.

"죄 사함"이란 무엇입니까? 용서받은 죄인에 대해 이야기할 때, 주로 지옥을 면했다는 것으로 생각하는 것이 일반적 견해입니다. 그러나 구원이란 그 이상의 것입니다. 구원의 더 깊은 의미는 구원의 배경 속에서 찾아보아야 합니다. 그러나 나는 형벌에서의 구원부터 이야기하겠습니다. 죄가 용서를 받게 되면, 형벌이 없어지기 때문입니다. 하나님이 용서하시고 나서 처벌하신다는 것은 불가능합니다. 그것은 하나님과는 전혀 어울리지 않습니다. 그것은 전혀 용서가 아닙니다. 우리는 성경 속에서 선언되어진 죄에 대한 영원한 형벌이 용서를 받은 사람에게는 해당되지 않는다는 사실을 확신하고 있습니다. 죄악이 제거되어졌을 때 그 영혼은 하나님의 법정에서 안전하며, 더 이상의 형벌이 없습니다. 위대한 재판관께서 "나는 너에게 무죄를 선고하노라"고 말씀하십니다. 그리고 그 말씀은 큰 영향력을 지니고 있습니다. 용서받은 사람은 그렇지 못한 사람이 반드시 받아야 할 형벌을 면하게 됩니다. "허물의 사함을 받고 자신의 죄가 가려진 자는 복이 있도다"(시 32:1). "그러므로 이제 그리스도 예수 안에 있는 자에게는 결코 정죄함이 없나니"(롬 8:1).

그러나 회복되어진 하나님의 은총은 많은 사람들에게 용서보다 훨씬 더 빛나는 내용입니다. 나 자신의 경험에 비추어 말하면, 내가 죄책감에 사로잡혀 있는 동안에 나는 죄 자체보다는 죄에 대한 형벌에 대해서는 별로 이해하지 못했습니다. 내가 지옥에 대해 생각하면서 얼마나 자주 두려워하며 떨고 있었는지 모릅니다. 나는 그런 생각이 떠오를 때마다 두려워 떨었습니다. 그러나 내가 성령의 손 안에 있었을 때에는, 성령께서 속박의 영으로 나의 죄악을 공정하고 타당하게 깨닫게 해 주었기 때문에 하나님께서 나에게 진노하신다는 사실은 나에게 큰 고통이었습니다. 내가 나의 창조주께 범죄하였으며, 내가 살아 계신 하나님을 근심하게 만들었으며, 내가 그의 의로우신 의지에 반하여 범죄하였으며, 내가 그의 은총 가운데 기뻐할 수도 없고, 그의 미소에도 즐거워할 수 없었다는 것을 애통해했습니다. 나는 거룩하신 하나님이 나를 기뻐하지 않으시는 것은 정당한 일이라고 생각했습니다. 나는 신자에게 있어서 용서의 큰 기쁨이란 하나님께서 그의 진노를 거두시는 것이라고 믿습니다. 우리들이 자주 부르는 이 아름다운 찬송은 이사야서의 구절을 의역한 것입니다.

> "주님이 진노를 거두셨으니
> 날마다 주를 찬송하겠네
> 피 흘린 제물로 인하여
> 나에게 평안을 주셨네."

"주께서 전에는 내게 노하셨사오나 이제는 주의 진노가 돌아섰고 또 주께서 나를 안위하시오니 내가 주께 감사하겠나이다"(사 12:1). 용서는 사람들 사이에서도 이러한 것을 의미하고 있습니다. 어떤 사람이 나를 근심하게 하고, 또 나에게 잘못을 저질렀습니다. 나는 그 일로 나의 마음이 상했습니다. 그러나 내가 그를 용서했을 때, 나는 더 이상 슬퍼하거나 분노를 느끼지 않습니다. 나는 그를 이전과 같이 생각합니다. 그리고 우리들은 다시 좋은 관계를 유지합니다. 나의 용서가 진실이라면 거기에는 아무 원한도 남아 있지 않습니다. 하나님의 경우에는 특별히 더 진실합니다. 그 범죄는 그것이 결코 범해지지 아니한 것처럼 됩니다. 나는 나에게 잘못을 저지른 사람에게 "나는 지우개로 흑판을 다 지워버렸습니다. 이제 악수하고 전과 같이 잘 지내봅시다"라고 말합니다. 하나님이 죄를 용서하실 때도 그와 같습니다. 하나님께서는 마치 동양 사람들이 매끈한 서판 위에 기록되어져 있는 기록을 지우개로 지워버리듯이 죄를 지워버리십니다. 그래서 아무 흔적도 남지 않게 됩니다. 그래서 하나님은 눈살을 찌푸릴 곳에서 미소를 지으십니다. 진노할 곳에 흡족한 사랑을 내려주십니다. 이것이야말로 죄 사함을 보는 가장 아름다운 방법입니다. 여러분이 지금 고소를 당하고 있거나 죄의식의 고통을 느끼고 있다면 그와 같은 용서에 크게 감사할 것입니다. 회개한 탕자의 경우 그에게 용서라는 장미꽃의 가장 감미로운 향기는 그의 아버지의 입맞춤이었으며, 아버지의 사랑이 회복된 것을 확인하는 것이었으며, 그의 아버지의 사랑에서 우러나온 격려의 말이었습니다. 그렇습니다. 우리 가련한 죄인들로 하여금 하나님의 은총을 회복하고 그의 얼굴 빛 가운데서 행하도록 하기 위해서 주 예수 그리스도께서 오셔서 죄를 제거하셨습니다.

　　죄의 용서는 이처럼 완벽하면서도 유쾌한 특성을 지니고 있습니다. 또한 용서는 죄에 대한 형벌의 취소뿐 아니라 우리와 하나님 사이의 거리감을 없애주는 역할도 합니다. 그리고 그것은 마음의 고통과 슬픔을 제거해 줍니다. 나는 지옥의 밖에서는 양심의 상처보다 더 견디기 어려운 슬픔은 있을 수 없다고 생각합니다. 우리는 "다윗의 마음이 찔렸다"(삼상 24:5)는 기록을 봅니다. 마치 쇠망치로 때리는 것처럼 마음을 칠 수 있으며 격렬한 아픔을 느끼도록 찌를 수도 있습니다. 나를 으르렁거리는 사자 앞에 둘지언정 뼈저리게 죄의식을 느끼는 양심의 가책 아래로 인도하지 마십시오. 나를 뱀과 같은 징그러운 파충류가 우글거리는 토굴 속에 가둘지언정 하나님 앞에서 양심으로 죄의식을 느끼면서 혼자서 괴로워하게는 마십시오. 분명히 이것은 죽지 아니하는 벌레요 꺼지지 않는 불입니다.

　　만약에 여러분들이 존 번연의 자서전 「넘치는 은혜」를 읽는다면 여러분들은 거기에서 양심의 찔림에 대한 놀라운 이야기를 발견하게 될 것입니다. 그러나 나는 나의 영혼 속에 느낀 것을 이야기하고 있습니다. 양심의 가책이라는 불에 달구어진 쇠가 영혼을 불태울 때에는 그 어떤 육체적인 고통도 그 때 느끼는 마음의 고통과 비교할 수 없습니다. 하나님께서 양심을 과녁으로 삼아 화살을 꽂으시고 우리의 양심이 피 말리는 고통을 당하면서 울부짖게 될 때에, 어떻게 그토록 하찮은 피조물에게 그런 고통을 허락하시는가 놀라게 됩니다. 우리의 영혼은 그와 같은 고통의 바다를 담기에는 너무 작아 보입니다. 또 그와 같이 잔인한 전투를 치르기에는 우리의 영혼은 너무 협소합니다. 주님은 고통의 창시자가 아닙니다. 그러나 우리가 우리 자신의 길에 빠져 있을 때 우리 자신의 죄악의 쓴 맛을 알게 하시려고 우리에게 잠시 동안 고통을 허락하십니다. 그러나 주님께서 우리에게 오셔서 용서의 말씀을 해주시면, 이런 슬픔들은 태양이 떠오를 때의 아침 안개처럼 사라져 버립니다. 우리는 범죄했다는 사실을 생각하면 여전히 슬퍼집니다. 그러나 독수리가 간을 쪼아 먹는 것과 같은 괴로움도 사라지게 됩니다. 그리고 그는 다시 소망 가운데 용기를 얻게 됩니다. 하나님께서 우리를 용서하실 때 비록 후회는 남아도 괴로움은 사라집니다.

　　완전히 죄 사함을 받았다는 것을 아는 것은 그 영혼에게서 큰 짐을 덜어줄 뿐 아니라 마음에 큰 기쁨을 불어넣어 줄 것입니다. 우리가 죄 용서함을 받았다는 사실을 알게 되면 이전처럼 슬퍼하지 않게 됩니다. 영혼이 완전한 용서를 받았다는 생각으로 가득 차게 되면 우울한 감정을 몰아내주고, 냉담한 마음을 제거해 줄 것입니다. 그것은 절름발이라도 사슴처럼 뛰게 할 것입니다. 그가 실제로 절름발이일 지라도 마치 건강한 사람처럼 뛰게 될 것입니다. 그리고 벙어리의 혀도 비록 말하는 훈련을 받지 못했다할지라도 값없는 은혜와 사랑을 노래하게 될 것입니다. 완전한 용서와 하나님의 사랑으로 받아들여졌다는 사실과 죄가 지워졌다는 사실에 대해 생각이 집중되어진다면 마음은 천국에 이를 것입니다. 나의 사랑하는 성도 여러분, 지금 내가 무엇에 대해서 이야기하고 있는지 아십니까? 여러분 중에서 어떤 사람들은 무슨 이야기인지 잘 알 것입니다. 여호와의 이름을 송축합니다. 그러나 여러분 중의 어떤 분들은 이해하지 못할 수도 있습니다. 죄의 쓴 맛을 맛보기 전에는 결코 자비의 달콤함을 알 수 없기 때문입니다. 죄악이 주는 상처를 느껴보기 전에는 은혜가 주는 치료의 귀중함을 알지 못할 것입니다. 완전히 발가벗겨져야 옷이 입혀지고, 완전히 죽어야 소생케 되며, 텅 비워져야 채워지는 것입니다. 여호와께서는 주린 자에게는 좋은 것으로 채워 주시나 부자들은 빈손으로 보낼 것입니다. 우리가 완전히 절망하기 전까지는 하나님은 결코 위로해주지 않으실 것입니다. 그러나 이미 그런 경지에 이르렀다면 죄 사함은 우리가 믿는 교리이면서 동시에 하나님의 말씀의 약속이라는 것을 여러분에게 알려 드리는 것은 나에게 큰 특권이 아닐 수 없습니다. "나는 죄 사함을 믿습니다." 이것은 더 이상 상투적인 말이 아니라 나에게는 실제적인 사실입니다. 형벌의 제거, 나에 대한 하나님의 진노의 제거, 마음속의 혼탁한 생각들을 씻어버림, 하나님과의 완전한 화해를 통한 기쁨과 평화의 창조, 이런 것이 죄 사함에 대한 요약적 설명입니다. 그것은 크고 풍성한 축복입니다.

2. 둘째로, 죄 사함은 피로 말미암은 속량과 밀접한 관계가 있습니다.

본문을 보겠습니다. "우리는 그리스도 안에서 그의 은혜의 풍성함을 따라 그의 피로 말미암아 속량 곧 죄 사함을 받았느니라." 속량과 죄 사함은 마치 그것들이 동일한 일인 것처럼 함께 제시되어 있습니다. 확실히 그것들은 서로 밀접하게 연관되어 있기 때문에 하나를 버리고 다른 하나를 취할 수 없습니다. "죄 사함을 얻기 위해서는 왜 항상 피에 의한 속량이 있어야 할 필요가 있습니까?"라고 질문할 수 있습니다. "그의 피로 말미암은 속량"이라는 표현에 주목해 보십시오. 그것은 그의 권능으로 말미암은 속량이 아닙니다. 그의 피로 말미암은 것입니다. 그것은 그의 사랑으로 말미암은 속량이 아닙니다. 그의 피로 말미암은 것입니다. 이 사실이 강조되고 있습니다. 그 이유는 우리가 성경에서 그 내용을 반복해서 발견할 수 있듯이 죄 사함은 그의 피로 말미암은 속량이 있어야 하기 때문입니다. "피 흘림이 없은즉 사함이 없느니라"(히 9:22). 그러나 사람들은 대속은 공정하지 못하다고 말합니다. 전에 어떤 사람이, 그리스도에게 죄를 뒤집어 씌우고 또 그를 죄인 취급하고 그로 하여금 불의한 자들 때문에 죽게 만드는 것은 공정하지 못하다고 말한 적이 있습니다. 그리고 하나님께서는 어떤 대속이 없이 공짜로 사람들을 용서해 주셨다고 그 반대자는 계속해서 말했습니다.

이 현명한 비평에 대하여 나는 질문하겠습니다. 그러면 당신의 주장은 공정한 것입니까? 율법을 범한 것을 형벌 없이 간과하는 것이 공정한 것입니까? 그러면 율법이 왜 필요합니까? 왜 사람들이 율법을 지키느냐 혹은 범하느냐에 관심을 갖는 것입니까? 이러한 비평가들은 하나님은 그의 한없는 사랑으로 말미암아 죄인을 마치 순결한 자처럼 취급하셨다고 주장합니다. 나는 또 묻겠습니다. 만약 그것이 옳다면 하나님께서 그리스도의 의 때문에 우리를 순결한 자로 취급해 주시는 것에는 어떤 잘못이라도 있습니까? 사람이 비록 죄인일지라도 마치 죄인이 아닌 것처럼 취급되어질 수 있다는 것이 가능하다고 주장하는 이론에서는 용서 같은 것은 필요 없다는 말이 됩니다. 죄인이든 죄인이 아니든 간에 모든 사람들이 다 똑같이 취급되어진다면 왜 사람들은 용서받기를 원하는 것일까요? 트집쟁이들에게 대답하는 것은 쉬운 일입니다. 그러나 진실로 대답해 줄 가치가 없습니다. 나는 성경에 나타난 진리로 충분하다고 생각합니다. 이제 더 이상 반문하지 않겠습니다. 비록 내가 그것을 이해하지 못한다 할지라도 나는 그것을 이해하려고 특별히 애쓰지 않겠습니다. 그것이 성경 속에 있다면 나는 그것을 그대로 믿겠습니다. 나는 나의 이해력의 망치로 깨뜨릴 수 없는 성경의 위대하고 반석 같은 진리를 좋아합니다. 그 진리들은 나의 영혼의 신뢰의 초석이 되기 때문입니다. 여기에서 피로 말미암은 속량은 죄 사함과 연결되어 있습니다. 그리고 우리들은 성경의 다른 여러 곳에서 그것이 분명하게 언급되어진 것을 찾아볼 수 있습니다. 그것은 모든 반대자들에 대한 충분한 대답이 될 것입니다.

그렇습니다. 생각하건대 피로 말미암는 속량은 하나님의 큰 영광을 드러냅니다. 사람들은 "하나님으로 하여금 단순하게 죄를 용서하게 하고 그것으로 끝내자"

고 말합니다. 그렇다면 하나님의 공의는 어디에 있습니까? "세상을 심판하시는 이가 정의를 행하시는 것이 아니니이까?"(창 18:25) 하나님은 죄는 형벌을 초래한 다고 경고하셨습니다. 만약에 그가 그의 경고를 실천하지 않는다면 어떻게 되겠습니까? 그렇다면 우리는 하나님께서 그의 약속을 성취하실 것이라는 사실을 어떻게 확신할 수 있겠습니까? 만약에 하나님이 어떤 방법으로 그의 말씀을 깨뜨리신다면 다른 방법으로도 말씀을 깨뜨리시지 않겠습니까? 만약에 여호와께서 그가 죄에 대하여 경고하셨던 형벌을 실행하지 않으신다면, 마치 그가 형벌로 경고한 것이 실수인 것처럼 보이지 않겠습니까? 그것은 마치 하나님께서 처음에는 너무나 가혹하시다가, 그 다음에는 그의 말을 도로 거두어들이시고, 나중에는 그 자신의 판결을 고치시는 것 같아 보이지 않습니까? 그렇게 되어야 할까요? 그것은 결국 하나님께서 헛 소동을 부린 것이 되며, 또 그가 사람들에게 죄에 대하여 무서운 경고를 하셨을 때에 그가 사람들을 우롱하신 것으로 생각되지 않겠습니까? 하나님께서 "그렇다"고 하셨다가 "아니다"고 하시겠습니까? 하나님께서 말씀하셨다가 그 말씀을 철회하시겠습니까?

그렇게 생각하는 것은 인간들의 어리석은 생각일 뿐입니다. 잘못을 저지르기 쉬운 인간에게는 그의 말을 뒤집고 또 그의 선언을 철회하는 것이 때로는 지혜로운 일일 때도 있습니다. 그러나 하나님께는 그런 일이 있을 수 없습니다. 하나님께서 경고하신 것을 잊지 아니하시고 또한 그의 약속도 잊지 않으신다는 것은 하나님의 공의와 지혜와 거룩성을 입증하는데 꼭 필요한 일입니다. 죄악은 반드시 형벌을 받는 것이 공의입니다. 비록 죄인이 하나님의 놀라운 자비로 말미암아 자유롭게 되었다 할지라도, 하나님 편에서는 누군가가 개입하여, 다시 말해서 하나님 자신이 개입하여서라도 지존자의 공의를 만족시키기 위하여 죄인의 죗짐을 대신 지는 것이 지혜이고 공의입니다. 우리들을 대신하여 여호와께서 대속해 주시는 것은 복음의 중심적인 교리입니다. 그리고 그것은 하나님의 이름을 크게 영광스럽게 하는 것입니다.

사랑하는 자들이여, 그리고 또 속죄가 없이는 용서가 없다는 사실은 우주의 행복을 위한 것입니다. 하나님의 우주와 비교해 볼 때 이 세상은 하나의 작은 점에 불과합니다. 우리는 율법의 수여자께서 통치하시는 수많은 존재들을 상상하는 것조차 불가능합니다. 그리고 만약에 하나님께서 이 지구상에서 율법을 변경하셨거나 공의를 저버리셨거나 혹은 그의 택한 백성들을 구원하시기 위해서 사실상 어떤 일을 하셔서 하나님께서 그 자신의 경고를 뒤로 던져 버리시고 또 그 자신의 엄숙한 법령을 더럽히셨다는 소식이 이 우주 어디에선가 조금이라도 들린다면 그 소식은 영원한 보좌의 기초를 흔들어 놓는 것이 됩니다. 어떤 경우에라도 하나님이 불의하실 수 있습니까? 그렇다면 하나님께서 어떻게 우주를 심판하실 수 있겠습니까? 하나님이 공의에 대하여 불성실하시다면 어떤 피조물이 하나님을 두려워하겠습니까? 죄악에 대한 형벌이 없다면 그것은 지옥 그 자체보다도 더 큰 재난일 것입니다. 도덕적 질서를 바로잡는 고삐가 위대한 마부의 손을 벗어나게 되면 어떤 재난이 발생할지 아무도 예측할 수 없습니다. 죄악이 하나님의 높은 보좌에까지 이르게 되고, 하나님의 영토 전역에 걸쳐 죄악이 극에 달하게 될 것입니다. 죄 용서를 위해서는 반드시 피로 말미암은 속량이 있어야 한다는 것은 모든 시대를 통하여 우주의 행복을 위한 것입니다. 무정부 상태를 좋아하는 사람들은 그것에 대해서 트집을 잡을 것입니다. 그러나 좋은 사람들은 하나님의 아들의 희생을 율법과 공의를 크게 확립하는 것으로 생각하고 기쁜 마음으로 받아들일 것입니다.

한 걸음 더 나아가, 이것은 또한 우리 마음의 위로와 확신을 위해서 준비되어진 것입니다. 내가 죄책감에 사로잡혀 있을 때 하나님께서 어떤 대속도 없이 나를 용서하신다면 그 용서는 나에게 어떤 만족도 주지 못할 것입니다. 나의 양심이 나에 대하여 심판자의 자리에 앉아 있기 때문입니다. 비록 내가 하나님의 보좌에 있다고 가정할지라도 나는 나 자신에 대하여 지옥의 형벌을 선고해야 한다고 생각하기 때문입니다. 그리고 비록 내가 속죄와는 상관없이 용서를 얻는 것에서 어떤 일시적인 위안을 얻을 수 있다 할지라도 후에 "이것이 공정한 일인가?"라는 의문이 생기게 될 것입니다. 내가 형벌을 받아야만 하는데도 하나님이 나에게 형벌을 내리시지 않는다면 어떻게 다른 일인들 하실 수 있겠습니까? 하나님은 반드시 공의로워야 합니다. 그렇지 않으면 그는 하나님이 아닙니다. 나의 죄악과 같은 죄악은 반드시 형벌을 받아야 합니다. 내가 그리스도의 대속적 죽음에 대한 위대한 진리를 이해하기 전에는 나의 양심은 잠시라도 평화를 얻을 수 없습니다. 비록 대속이 하나님께는 필요치 않을지라도 나에게는 분명히 필요한 것입니다. 죄는 슬픔을 당해야 마땅하고, 또 모든 범죄와 불법은 그에 상응하는 보응을 받아야 마땅하다는 사실에 대해 절대적인 확신을 가지고 가르치는 것이 모든 사람의 양심에 필수적인 일입니다. 깨달음을 가진 모든 양심이 평화를 누리기 위해서는 영광스러운 대속이 반드시 필요합니다.

또한 여호와께서는 훗날에도 우리가 율법을 존중하게 하려고 안전한 방법으로 우리를 구원하신 것입니다. 죄악이 쉽게 지워져 버리고 그것에 대해서 더 이상 말할 것이 없다면 우리들의 미래에 어떤 결과가 초래될까요? 죄악의 짐을 느껴 본 사람, 십자가 밑에 서 본 사람, 그 위대하신 희생제물의 부르짖음을 들어 본 사람, 그리고 순결한 구세주의 그 복되고 완전한 인격체 위에 붉게 쓰여진 죄에 대한 하나님의 진노를 읽어 본 사람, 그와 같은 모든 사람들은 죄악은 무서운 것이라는 사실을 느끼고 있을 것이라고 나는 생각합니다. 겟세마네의 광경을 본 사람은 죄악을 사소한 일로 여길 수 없을 것입니다. 만약에 여러분이 골고다 위에 서서 "엘리, 엘리, 라마 사박다니?"(마 27:46)라고 부르짖는 소리를 들었다면, 여러분은 그것을 비웃을 수도 없고, 또 그것의 결점에 대해서는 단 한 마디도 할 수 없게 될 것입니다. 하나님의 아들이 십자가에서 죽은 것은 모든 도덕적 교훈들 중에서 가장 위대한 것입니다. 그것은 인간의 영혼에 영향을 미치는 교훈이며, 또 죄에 대한 모든 생각을 변화시켜 주는 교훈이기 때문입니다. 십자가는 맨 먼저 죄악이 그에게 가져다준 절망적인 뒤틀림들을 바로잡아 줍니다. 첫째 아담의 타락에 대한 치료책은 두 번째 아담의 죽음 즉 두 번째 아담의 은혜뿐인데 그것은 그의 위대하신 희생을 통해서 우리들에게 주어집니다. 죄악이 우리의 가장 훌륭한 친구를 죽였다는 사실을 알고 그것을 영원히 증오하기 전에는 우리도 죄악을 사랑했습니다. 다시 말씀드리거니와, 만약에 위대한 아버지께서 우리를 용서해 주시고 "너는 아무 죄도 없다. 그러니 너의 갈 길로 가거라. 이제 모든 것이 끝났다"고 하신다면, 우리를 위해서 희생하신 생명의 큰 원천을 놓치는 것이 됩니다. 왜냐하면 그의 희생의 상처들 속에 있는 그 생명은 우리가 죄를 증오할 수 있게 해주고, 죽기까지 순종하게 해주며, 우리 영혼의 찬미의 주제가 되기 때문입니다. 우리의 위대한 구원자께서 율법을 찬미하고 영광스럽게 하시면서 위대하신 아버지의 뜻을 따르려고 소원하셨듯이 지금 우리도 위대하신 아버지의 뜻을 따르기를 갈망하고 있습니다. 이것은 결코 작은 혜택이 아닙니다.

오, 사랑하는 친구들이여, 지금 이 시간 나는 그의 피로 말미암은 속량을 통하여 죄 사함을 주신 여호와를 송축합니다. 이 진리는 전파할 가치가 있는 내용입니다. 우리는 그것에 의지해서 살 수 있고, 그것에 의지해서 죽을 수도 있습니다. 나는 끊임없이 거의 매 주일 우리 교회 교인들이 죽는 것을 봅니다. 우리 교회는 너무나 큰 교회이기 때문에 매주 한두 사람씩 본향으로 갑니다. 우리가 예수님의 보혈 즉 영원한 언약의 피에 대해서 말하기 시작할 때 죽어가는 사람들의 눈이 빛나는 것을 보게 됩니다. 나는 조용하게 떠나가는 영혼들을 주목합니다. 나의 사랑하는 친구들이 나의 손을 잡고서 말하는 그들의 증언은 한결같습니다. "예수님은 우리가 신뢰하는 반석이십니다. 그래서 정말 좋습니다."

오, 주 예수님, 당신은 나의 감기는 눈앞에서 당신의 십자가를 지고 계십니다. 오 복된 구속자시여, 당신의 죽음을 나의 죄에 대한 죽음으로 여기지 아니하는 사람은 죽을 때에 무슨 소망을 가질 수 있겠습니까? 나를 대신하여 자기 생명을 버리신 당신을 결코 본 적이 없는 사람은 어떻게 살 수 있습니까? "의인으로서 불의한 자를 대신하셨으니 이는 우리를 하나님 앞으로 인도하려 하심이라"(벧전 3:18). 다른 사람들이 무슨 말을 할지라도 우리는 엄숙한 확신을 가지고 본문을 다시 읽어봅시다. "우리는 그리스도 안에서 그의 은혜의 풍성함을 따라 그의 피로 말미암아 속량 곧 죄 사함을 받았느니라."

3. 셋째로, 본문은 앞의 두 가지 요점에 대해서와 마찬가지로 다음의 내용에 대해서도 아주 분명하게 밝히고 있습니다. 즉 죄 사함은 은혜의 문제이며 그것도 풍성한 은혜의 문제입니다.

"우리가 … 그의 은혜의 풍성함을 따라 그의 피로 말미암아 속량 곧 죄 사함을 받았으니." 나는 죄에 대한 용서가 하나님의 편에서는 공의의 문제이며, 또 피로 말미암은 속량은 완성되었다는 사실을 인정합니다. 사람이 믿습니다. 그리고 그 사람은 자기의 죄를 고백합니다. 그리고 또 "만일 우리가 우리 죄를 자백하면 그는 미쁘시고 의로우사 우리 죄를 사하시며 우리를 모든 불의에서 깨끗하게 하실 것이요"(요일 1:9)라고 기록되어 있습니다. 그 희생제물은 너무나 위대하기 때문에 능히 죄를 제거하며, 그로 말미암아 죄는 정당하게 용서받습니다. 그러나 다음의 내용도 살펴볼 필요가 있습니다. 하나님의 용서는 하나의 티끌과 같은 작은 은혜가 아닙니다. 하나님께서는 그의 무한하신 지혜로 그 용서가 의심할 바 없이 공의롭게 되도록 계획하셨기 때문입니다. 이떤 사람들이 이런 주장을 한다면 그것을 입증해 보이라는 요구를 받을 것이고, 그들은 성경을 통해서 입증할 수 있을 것입니다.

용서가 정당한 방법을 통해서 왔기 때문에 우리들에게는 더욱 은혜스러운 것입니다. 우리는 용서의 방법을 계획하시는 데서 하나님의 큰 분별력과 지혜를 알 수 있습니다. 하나님께서는 용서의 방법을 통하여 "자기도 의로우시며 또한 예수 믿는 자를 의롭다 하려"(롬 3:26) 하셨습니다. 하나님께서 그러한 생각과 계획을 하신 것은 모두 다 우리들에 대한 지극한 사랑의 표시입니다. 사랑하는 여러분, 우리는 오직 은혜를 통해서만 의롭게 됩니다. 그러나 이 은혜가 공의의 방법을 통해서 나타났기 때문에 작은 은혜가 아니라 **풍성한 은혜**가 된 것입니다.

그리스도의 죽음과 그의 피로 말미암은 속량은 하나님의 은혜를 베일로 가리지 아니하고 오히려 그것을 분명하게 드러내 보여줍니다. 그 일을 마음 깊이 새겨 두십시오. 어떤 사람이 여러분의 마음을 상하게 했으나 여러분들은 "그것에 대해서 더 이상 생각하지 마십시오. 그것은 모두 다 용서되었습니다"라고 말한다고 가정해 봅시다. 그것은 매우 잘한 일입니다. 그렇게 한 것은 친절을 드러내는 것이며 칭찬받을 만한 일입니다. 그것은 여러분의 관용을 드러내는 것입니다. 그러나 그 반면에 여러분이 재판관으로서 사무실에 앉아서 "나는 기꺼이 당신을 용서하겠습니다. 그러나 당신의 범죄는 결과적으로 이러이러한 손해를 끼쳤습니다. 그러므로 그 모든 것들은 깨끗해져야 합니다. 나는 당신에게 내가 할 일을 말하겠습니다. 나는 그것들을 깨끗이 제거해 버릴 것입니다. 나는 나의 용서가 가장 확실하고 또 완전한 것이 되게 하기 위해서 당신의 죄의 결과를 내가 대신 지겠습니다. 나는 당신이 진 빚을 갚겠습니다. 나는 당신의 행동의 결과로 당신이 가야만하는 감옥에 내가 대신 갈 것입니다. 나는 당신에게 당신의 잘못의 결과로 고난을 당하라고 정죄하는 대신에 당신의 잘못의 결과를 대신 당하겠습니다"라고 말하지 않을 수 없음을 느꼈다고 가정해 봅시다. 당신이 그토록 많은 희생의 대가를 치른 용서는 친절한 뜻이나 부드러운 마음만 가지면서 아무런 대가를 지불하지 아니한 것보다 훨씬 더 은혜스러운 일입니다.

만약에 신적 통치자요 온 세상의 재판관이신 하나님께서 죄인에게 "나는 너를 용서해 줄 것이다. 그러나 나의 율법을 실행하는 것도 중요한 일이다. 그런데 그 일은 나의 사랑하는 아들의 죽음에 의하지 않고는 이루어질 수 없다. 그는 나와 하나이며 참 하나님 중의 참 하나님이다. 또 네가 당해야 할 형벌을 당함으로써 너를 대신하고 또 나의 공의를 입증해 줄 것이다"라고 말씀하신다면 나는 "현대 사상"이 주장하는 값없는 용서보다 천 배나 더 분명하게 하나님의 은혜가 나타난다고 말하겠습니다. 그 용서는 하나님께서 온 세상을 창조하실 때 치르신 대가보다 더 많은 대가를 치르신 것입니다. 그 용서는 그의 모든 섭리적 왕국을 유지하는데 필요한 대가보다 더 많은 대가를 치르신 것입니다. 그것은 하나님의 독생자로 하여금 슬픈 생애를 겪게 하고 말로 다 할 수 없고 헤아릴 수 없는 고통의 죽음이라는 대가를 치르게 하였습니다. 나는 이 용서야말로 지극한 은혜라고 말하겠습니다. 단순한 말 한 마디나 손을 흔들어 주는 것보다 이렇게 용서해 주는 것이야말로 무한한 사랑의 표현입니다. 단순한 말이나 행동은 대속적 희생을 시도해 보지도 않고 죄인을 내쫓아버릴 것입니다.

　　사랑하는 여러분, 다음과 같은 사실을 항상 기억하십시오. 즉, 죄인은 예수님의 보혈을 통한 속량을 자기에게 적용하는 것과, 자기에게 죄를 범한 죄인을 개인적으로 용서하는 가운데서 하나님의 은혜를 가장 잘 나타내는 것입니다. 주 예수를 통한 용서는 은혜를 따라서 뿐 아니라 "그의 은혜의 풍성함을 따라서" 각 사람에게 오는 것입니다. 나는 하나님께서 여러분들 모두를 용서해 주신다는 사실을 이해할 수 있습니다. 나는 그 내용을 충만한 믿음 가운데 듣고 있으며, 또한 그것은 놀라운 일이 아닙니다. 그러나 나를 용서하셨다는 사실, 즉 내가 그의 피로 말미암아 속량 곧 죄 사함을 받았다는 사실은 더욱 나를 놀라게 합니다. 그리고 나는 죄를 깨달은 어떤 사람이 다른 사람의 구원이 아니라 바로 자기 자신의 구원을 통해서 하나님의 은혜를 더욱 잘 깨달을 수 있다고 믿습니다. 그는 자기가 결코 도둑이나 주정뱅이나 살인자가 아니라고 생각하고 있을지도 모릅니다. 그러나 그가 죄를 깨닫게 되었을 때 그는 자기가 죄 사함 받은 것이 주정뱅이나 도둑이나 살인자의 경우보다 왜 더 괄목할 만한 것인지 그 이유를 알게 될 것입니다. 그 자신의 경우에는 공개적인 범죄자들보다도 더욱 슬픈 비통한 죄를 범하게 한 요소들이 있을 것입니다. 왜냐하면 그는 죄에 대한 유혹을 덜 받았음에도 불구하고 더욱 뻔뻔스럽게 지존자에게 반역하면서 더 큰 빛을 보고서도 범죄하였기 때문입니다. 예수께서 죽으셨다는 사실은 말로 다 할 수 없는 은혜입니다. 그러나 그가 나를 사랑하셨고 또 나를 위하여 자기 자신을 주셨다는 사실은 너무도 엄청난 은혜입니다. 그리고 그것은 천국의 상속자들로 하여금 다음의 내용을 힘주어 말하게 합니다. 즉 "하나님을 송축하나이다. 나는 예수님 안에서 그의 은혜의 풍성함을 따라 그의 피로 말미암아 속량 곧 죄 사함을 받았나이다."

　　이 시간 여러분들은 용서를 받았다는 사실과 또 오직 하나님의 은혜의 풍성함만이 용서해 주실 수 있다는 사실을 느끼지 않습니까? 인색한 은혜는 우리의 불법에 합당한 대속을 제공할 수 없을 것입니다. 빈약한 은혜로는 우리가 우리의 죄의 빛에 의해서 파멸되도록 방치할 수밖에 없었을 것입니다. 풍성한 은혜가 필요합니다. 그리고 피에 의한 속량과 또 우리가 예수 그리스도를 우리의 구주로 믿은 날에 하나님께서 우리에게 주신 충만하고 완벽하고 취소될 수 없는 용서에는 풍성한 은혜가 있었습니다. 성령께서 우리가 오늘과 또 날마다 하나님의 은혜를 노래하도록 도와주실 것입니다.

지금까지 나는 여러분에게 세 가지 요점에 대해서 이야기했습니다. 그리고 이제 네 번째 요점을 말씀드리겠습니다. 경청해 주시기를 바랍니다. 그것에 대해서는 길게 이야기하지 않겠습니다.

4. 넷째로, 우리는 지금 이 죄 사함을 향유하고 있습니다.

"우리는 그리스도 안에서 그의 은혜의 풍성함을 따라 그의 피로 말미암아 속량 곧 죄 사함을 받았느니라." 우리가 받았다고 되어있습니다. 나는 어떤 목사님들의 모임에서 복음의 설교자라고 자처하는 사람이 "자기들 중 어떤 사람도 용서를 받았다는 사실을 확신할 수 없다고 생각한다"고 말하는 것을 듣고 깜짝 놀랐습니다. 즉시 나는 내가 용서받았음을 확신한다고 반박했습니다. 그리고 다른 사람들도 나와 같이 말하는 것을 보고 나는 기뻐했습니다. 다른 많은 사람들이 그렇게 말하는 것은 결코 놀라운 일이 아닙니다. 나는 내 앞에 있는 수많은 사람들이 그와 같은 확신을 누리기를 소망합니다.

성도 여러분, 만약에 죄 사함에 대해서 알 수 없다면 "어떻게 양심의 평안이 있을 수 있겠습니까?" 예수님은 "수고하고 무거운 짐 진 자들아 다 내게로 오라 내가 너희를 쉬게 하리라"(마 11:28)고 말씀하셨습니다. 정죄받은 자에게 어떤 안식이 있을 수 있겠습니까? 여러분들은 오늘 밤 죄를 용서받지 못한 채로 잠자리에 들 수 있겠습니까? 여러분 중에서 어떤 사람은 그렇게 할 만큼 무모할 수도 있습니다. 그러나 나는 감히 그렇게 할 수 없습니다. 여러분들이 지금 어디에 있는가를 보십시오. 잠시 후에 죽을 수도 있습니다. 잠시 후에 모든 소망이 없는 채로 지옥에 있을 수도 있습니다. 여러분들은 잠시 후에 영원히 잃어버린 자가 될지도 모릅니다. 여러분들은 그런 생각을 견뎌낼 수 있습니까? 언젠가 우리의 호흡이 멈추고 심장의 박동이 멈출 때 즉시 우리의 생명은 끝납니다. 죄가 용서받지 못한다면 어찌 평안할 수 있겠습니까? 미쳐버린 사람이 아니라면 그들은 자기들이 죄악으로부터 깨끗해지기 전에는 결코 평안할 수 없을 것입니다. 용서가 없이는 진정한 평안은 없습니다. 그러나 그 안식이 약속되어 있습니다. 그러므로 지금 바로 용서의 확신을 가져야 합니다.

다음으로, 우리가 성경 속에서 읽어 볼 수 있는 남자들과 여자들의 마음속에 그런 큰 사랑이 어떻게 해서 생길 수 있었겠는가를 살펴보겠습니다. 자기의 눈물로 구세주의 발을 씻고 또 자신의 머리카락으로 그의 발을 닦은 여인, 만약에 그녀가 자신이 용서를 받았다는 사실을 알지 못했다면 그렇게 할 수 있었겠습니까? 그녀가 큰 사랑을 나타낸 것은 많은 것을 용서받았기 때문이었습니다. 사람이 주 예수를 위하여 봉사하고 또 그를 위해 고난을 당할 때 그를 격동시키는 자극과 열성과 정열은, 주님께서 자기를 위해서 위대한 일을 해주셨다는 사실에 대한 깨달음과, 또 그러므로 자기도 주님을 위해서 큰 일을 해야만 한다는 결단에서부터 비롯되어져야 합니다. 만약에 여러분이 자기 자신이 용서를 받았다는 사실을 확신할 수 있다는 가능성을 부인한다면 기독교의 최고의 윤리적인 영향력을 박탈해 버리는 것이 될 것입니다.

그렇다면 은혜가 능력이 있다는 증거가 어디 있다는 말입니까? 만약에 용서의 은혜를 맛보지 못했고 그 주제를 다루어 본 적이 없다면 그것을 설교하는 자는 거짓말쟁이일 것입니다. 그렇게 된다면 자기가 체험해 보지도 못하고 입증해 보지도 못한 간접적인 복음을 전하고 있는 것이 됩니다. 내가 나의 영혼 속에서 하나님의 아들이신 예수 그리스도의 피가 우리를 모든 죄악으로부터 깨끗하게 만들어주셨다는 사실을 알지 못한다면 감히 어떻게 복음의 메시지를 제시할 수 있겠습니까? 나는 내가 확실히 알지 못하는 것을 여러분에게 이야기할 만큼 경솔하지 않습니다. 내가 여러분에게 교묘하게 고안된 우화나 혹은 개인적인 지식에서부터 비롯된 불확실한 이야기를 전한다면 하나님께서 나를 석공이나 굴뚝 청소부로 만드시는 것이 더 나을 것입니다. 내가 여러분들에게 "여기에 빵이 있습니다. 그러나 나 자신도 배가 고픕니다. 그런데 나는 이 빵을 먹어 본 적이 없습니다"라고 한다면 말이 되겠습니까? 목말라 죽어가는 사람에게 "반석으로부터 흘러나오는 생수가 있습니다. 그러나 나도 목마릅니다"라고 말을 한다고 생각해 보십시오. 여러분은 즉시 나에게 "그렇다면 당신의 집으로 가시오. 그리고 이 다음에 우리 앞에 나타날 때에는 당신이 우리에게 말하는 진리에 대하여 확신을 가지고 이야기하십시오. 만약에 당신도 그것을 믿지 못한다면 우리가 어떻게 그것을 믿을 수 있겠습니까?"라고 말할 것입니다. 사랑하는 자들이여, 이 땅 위에는 아직도 하나님의 아들이 이 땅 위에서 죄악을 용서해 주실 권능을 가지고 계신다는 사실을 알고 있는 사람들이 수없이 많습니다. 하늘에도 자기들이 용서를 받았다는 사실을 확신하는 축복을 지닌 자들이 무수히 많이 있습니다. 그리고 그들이 하늘에서 "죽임을 당하신 어린 양은 능력과 부와 지혜와 힘과 존귀와 영광과 찬송을 받으시기에 합당하도다"라고 노래하는 바로 그 노래를 이 땅 위에서도 같이 부르는 것입니다(계 5:12). 그들은 그들의 옷을 어린 양의 피로 씻어 깨끗하게 하였습니다. 그들은 그것을 알고, 그것을 의심하지 않습니다. 우리 중의 많은 사람이 이 땅 위에서 그것을 알고 있습니다. 그리고 지금 이 순간에도 그 가운데서 기뻐하고 있습니다.

사랑하는 친구들이여, 여러분은 이 확신을 얻기 위해서 무엇을 드릴 수 있습니까? 여러분은 다음과 같은 말씀을 알고 있습니다. "주 예수를 믿으라 그리하면 너와 네 집이 구원을 받으리라"(행 16:31), "믿고 세례를 받는 사람은 구원을 얻을 것이요"(막 16:16). 그를 믿는 자는 누구나 모든 죄악으로부터 의롭게 됩니다. "나 보내신 이를 믿는 자는 영생을 얻었고"(요 5:24). 하나님의 은혜는 다른 모든 신뢰하는 것들을 버리게 하고 여러분의 모든 죄의식을 예수님의 발 앞에 가져다 놓게 합니다. 그런 연후에 여러분들도 또한 우리와 함께 "우리가 그리스도 안에서 그의 은혜의 풍성함을 따라 그의 피로 말미암아 속량 곧 죄 사함을 받았으니"라고 말하게 된 것을 기뻐하면서 살아가게 될 것입니다.

5. 다섯째로, 이것은 간략한 제목입니다만
빠뜨려서는 안 되는 내용입니다.
죄 사함은 우리를 예수 그리스도께 결합시킵니다.

다시 한 번 본문을 읽겠습니다. "우리가 그리스도 안에서 … 그의 피로 말미암아 속량 … 을 얻었으니." 우리는 예수님을 떠나서는 아무것도 얻을 수 없습니다. 모든 언약의 축복이 우리를 그리스도께 결합시킵니다. 언약의 선물들은 신자의 영혼을 주님께 결합시키는 황금 사슬입니다. 풍성한 자비는 모두 그리스도 안에 있습니다. 그리스도 밖에는 좋은 것이 아무것도 없습니다. 형제들이여, 우리가 언제 용서를 받았습니까? 우리가 언제 죄 사함을 받았습니까? 우리가 그 안에 있을 때, 즉 "우리가 그리스도 안에서 그의 피로 말미암아 속량 곧 죄 사함을 얻었습니다." 예수님 없이 살아가고 있는 아담의 자손들이여, 이 경고의 말씀을 듣고 받아들이십시오. 여러분이 그리스도 밖에 있는 한 죄악의 짐이 여러분을 분쇄해 버릴 때까지 자기의 죗짐을 져야 합니다. 그러나 여러분이 그의 옷깃에 닿자마자 연결의 고리가 생깁니다. 그리고 만약에 여러분이 거기서 시작하여 그의 발을 잡는 데까지 이를 수 있다면, 그 연합은 더욱 긴밀해집니다. 그리고 만약에 여러분이 그의 팔로 예수님을 들어 올린 시므온과 같이 될 수 있다면, 여러분은 "내 눈이 주의 구원을 보았사오니"(눅 2:30)라고 소리칠 수 있을 것입니다. 여러분이 그리스도를 완전하게 소유할 때, 은혜도 완전하게 소유할 수 있습니다. 여러분들이 그리스도 안에 있을 때, 즉 그리스도와 연결되어지고 또 교통할 때 여러분은 죄의 용서를 받을 수 있습니다. 왜냐하면 모든 용서는 그리스도 안에 있기 때문입니다. 그것을 깨닫습니까?

"우리가 그리스도 안에서 … 그의 피로 말미암아 속량 곧 죄 사함을 받았으니." 죄의 용서는 그리스도의 직무와 그의 사역 속에 있다기보다는 오히려 그 자신 속에 있습니다. 여러분들이 그리스도를 소유할 때 속량을 얻게 됩니다. 왜냐하면 그가 속량이 되시기 때문입니다. 여러분이 그리스도를 소유할 때 죄 사함을 얻게 됩니다. 왜냐하면 그가 우리의 죄악을 위한 속죄가 되기 때문입니다. 그리스도께서는 자기 자신을 희생하심으로써 죄악을 제거하셨습니다. 그리스도를 소유하십시오. 그리하면 여러분들은 완전한 용서의 증명, 증거, 총계, 본질을 소유하게 되는 것입니다. 만약에 여러분이 그의 사랑하시는 자를 받아들인다면 여러분은 "그의 사랑하시는 자 안에서" 받아들여질 것입니다. 여러분이 그 안에 있을 때 용서를 받습니다. 오직 그 안에서만 용서를 받습니다. 그리스도 안에서 여러분은 속량을 받습니다. 그리스도 밖에서는 속박된 자들입니다.

사랑하는 자들이여, 날마다 우리가 용서받았다는 것을 확신하기 위하여 하나님께 나아갈 때에 우리가 예수님을 바라보면서 나아가지 아니하면 우리는 결코 그 용서의 확신을 얻을 수 없음을 알아야 합니다. 어떤 신자들은 그들이 우둔하고 냉담해졌을 때에 자기반성을 시작한다는 사실을 나는 주목합니다. 이것은 아주 적절한 일처럼 보이나 서글픈 일입니다. 사랑하는 형제들이여, 가난한 사람이 자기의 텅 빈 옷장을 들여다보고 있다고 해서 그가 부자가 되는 것은 아닙니다. 날씨가 춥고 창고에 석탄이 없을 때, 창고로 내려가서 텅 빈 석탄 창고를 들여다본다고 해서 따뜻해지는 것이 아닙니다. 절대로 그렇게 되지 않습니다. 만약에 우리의 은혜를 소생시키고자 한다면 우리는 보혈을 통한 용서에 대한 새로운 자각에서 시작해야 합니다. 용서에 대한 깨달음을 얻는 유일한 길은 처음에 우리가 했던 것과 같이 또다시 십자가로 나아가는 것입니다. 나는 오직 이 한 가지 사실만을 이야기하고 있는데 여러분들이 나의 설교에 싫증을 느끼지 않는 것이 이상하다고 가끔 생각하곤 합니다. 나는 그 사실을 철저하게 이야기하고 있으며 그것을 확인해 가면서 반복합니다. 지금도 나는 그렇게 하고 있습니다. 아무리 세월이 흘러간다 해도 나에게는 "오직 예수! 오직 예수!"뿐입니다. 위대한 성도들이여, 여러분이 죄인들은 예수를 믿어야 한다는 절대적 필요성에서 벗어나고 있다면, 죄의 문제의 해결에서 벗어나고 있는 것이며, 은혜에서도 벗어났고, 성도라는 이름이 자기 자신을 파멸시키는 것이 되고 맙니다. 그리스도의 마음을 지닌 사람은 그가 처음에 그랬던 것과 같이 그의 주님에게로 나와야 합니다. 나는 지금도 여전히 다음과 같이 나의 주 예수님께 부르짖고 있다는 사실을 솔직하게 고백하는 바입니다.

> "빈손 들고 앞에 가 십자가를 붙드네."

오늘날까지도 나는 나 자신 안에서는 그 어떤 속량도 얻지 못했습니다. 오직 예수님 안에서만 속량이 있습니다. 나는 나 자신을 신뢰하는 일에서는 한 치도 더 나아가지 않습니다. 여러분은 그렇지 않습니까? 우리는 아직도 예수님에 대해서 "우리가 그리스도 안에서 속량을 받았으니"라고 말하지 않습니까? 오늘까지 우리는 우리 자신 안에서는 용서의 근거를 찾지 못했습니다. 보혈은 여전히 우리의 유일한 탄원의 근거입니다. 우리는 우리의 큰 대제사장의 희생제물을 떠나서는 잃어버린 자가 되고 정죄를 받습니다. 그러나 우리가 그리스도 안에서는 깨끗함을 받고 의롭게 됩니다.

> "그 보배 피를 흘리니 나의 놀라운 구주
> 화목케 하여 주시니 나의 놀라운 구주."

어느 가난한 벽돌공의 이야기가 있습니다. 그는 공사장의 발판에서 떨어졌습니다. 사람들이 그를 일으켜 세웠을 때 그는 너무 크게 다쳐서 사람들은 목사님을 모셔왔습니다. 목사님은 허리를 굽혀 그에게 "사랑하는 형제여, 당신은 이제 곧 죽게 됩니다. 나는 당신이 하나님과 더불어 화목하기를 부탁합니다"라고 말했습니다. 그러자 놀랍게도 그 사람은 그의 눈을 뜨고 "목사님, 하나님과 화목하라구요? 그것은 거의 1900년 전에 이루어졌습니다. 나를 사랑하시고 또 나를 위하여 자기 자신을 주신 분이 골고다의 십자가에 달리심으로 화목이 이루어졌습니다"라고 말했습니다. 오, 이것이 그의 마음속에 얼마나 큰 기쁨을 주었겠습니까? 그렇습니다. 화목이 이루어진 것은, 그리고 그 화목이 효과적으로 이루어진 것은, 우리를 위하여 그리고 모든 신자들을 위하여 화목이 이루어진 것은, 바로 예수님 안에서입니다. 예수님 안에 완전한 속량이 있습니다. 예수님 안에서만 용서가 제공되어지고 선포되어지고 제시되어지고 양심에 인(印)쳐집니다. 예수님을 의지하여 사십시오, 예수님과 함께 사십시오. 예수님 안에서 사십시오. 결코 예수님을 떠나지 마십시오. 그리하면 여러분의 생애 속에서 날마다 예수님은 더욱더 사랑스러워질 것입니다. 그의 거룩하신 이름을 송축합니다. 아멘. 아멘.

제
4
장

—

믿음을 창조하고 보존하시는 능력

—

"그의 힘의 위력으로 역사하심을 따라 믿는 우리에게 베푸신 능력의 지극히 크심이 어떠한 것을 너희로 알게 하시기를 구하노라 그의 능력이 그리스도 안에서 역사하사 죽은 자들 가운데서 다시 살리시고 하늘에서 자기의 오른편에 앉히사 모든 통치와 권세와 능력과 주권과 이 세상뿐 아니라 오는 세상에 일컫는 모든 이름 위에 뛰어나게 하시고 또 만물을 그의 발 아래에 복종하게 하시고 그를 만물 위에 교회의 머리로 삼으셨느니라 교회는 그의 몸이니 만물 안에서 만물을 충만하게 하시는 이의 충만함이니라" — 엡 1:19-23

우리가 마음을 다하여 주 예수 그리스도를 믿는 것은 가장 단순한 일들 중 하나입니다. 그리스도를 신뢰하고 또 그의 권능과 신실하심에 의지하는 것도 어떤 특별한 어려움이 없는 순진한 행동입니다. 그러나 인간의 마음에 예수님에 대한 단순한 믿음을 발휘하도록 해주는 것은 지극히 놀라운 권능의 역사입니다. 인간의 자존심을 꺾고 그의 뜻을 굴복시키며, 또 그의 열정을 사로잡아 그로 하여금 하나님께서 그리스도 예수 안에서 그에게 주신 것을 기쁜 마음으로 받아들이게 하는 것은 하나님이 하시는 일입니다. 전능하신 권능이 역사하지 아니고서는 자비심이라고는 전혀 찾아볼 수 없는 인간의 마음은 참으로 비열하기 짝이 없습니다. 하나님의 복된 성령은 언제나 믿음의 은밀한 창시자가 되십니다. 믿음은 우리 자신에게서 나오는 것이 아니고 하나님의 선물입니다. 본문에는 영혼으로 하여금 예수님을 믿게 하고 또 그 믿는 영혼이 천국에 올라갈 때까지 계속해서 인도해주는 전능하신 능력을 설명하기 위하여 우리가 사용할 수 있는 가장 강한 의미의 단어들을 두 번이나 사용하고 있습니다.

먼저 "능력의 지극히 크심"이라는 표현에 대해서 주의 깊게 주목해야 할 것입니다. 그리고 나서는 "믿는"이라는 단어의 앞에 있는 "그의 힘의 위력으로 역사하심을 따라"라는 말씀의 거룩한 의미를 놓치지 않기 위해서 주의 깊게 주목해야 할 것입니다. 첫 번째의 표현은 대단히 놀라운 것입니다. 그것은 다음과 같이 읽어 볼 수 있습니다. "능력의 지극히 탁월하고, 장엄하고, 압도적이며, 승리적 크심"이라고 읽을 수도 있습니다. 그리고 또 다른 하나의 표현은 더욱 독특합니다. 그것은 헬라어에서 의무 이행을 강요하는 말인데, 히브리식 어투로 표현한 것입니다. 즉 "그의 힘의 강력으로 효과적으로 역사하심" 혹은 "그의 권능의 힘의 에너지" 등과 같은 말들이 그 말씀과 같은 강력한 표현이 될 것입니다. 사도 바울은 "너희는 하나님의 능력을 통해서 믿는다"라거나 혹은 "그 능력의 크심을 통해서 믿는다"라고 말하는 것으로 만족하지 않고 "그의 능력의 지극히 크심"이라고 말해야 만족하는 것 같습니다. 그리고 그는 인간의 구원은 하나님의 권능의 열매라는 사실을 선포하는 데에 만족하지 아니하고 그의 강력한 권능을 반드시 제시해야만 할 필요성이 있었습니다. 마치 그것으로는 충분하지 않은 것처럼, 그는 그 강력한 권능의 에너지와 효과 있는 활동을 기록하고 있습니다. 아무리 그 구절을 왜곡한다 할지라도 그 구절이 포함하고 있는 위대한 교리를 제거할 수는 없습니다. 즉, 한 영혼을 예수님에 대한 순수한 믿음으로 인도하고, 또 그 영혼을 그 믿음 속에서 살아가도록 유지시켜 주는 것은 하나님만이 행하실 수 있는 전능하신 능력의 활동임을 보여주고 있습니다.

사랑하는 성도 여러분, 우리가 구원의 사역이 실제로 어떤 것인가를 생각해 볼 때, 우리들은 이러한 진술에 대해 놀랄 필요가 없습니다. 영혼의 구원은 창조라는 사실을 망각해서는 안 됩니다. 지금까지 그 누구도 파리 한 마리도 창조할 수 없었고, 또 단 하나의 분자도 만들어 낼 수 없었습니다. 사람들은 피조물이 다양한 형태를 나타내고 있다는 것은 압니다. 그러나 가장 작은 원자를 창조하는 것도 인간의 능력의 한계를 초월하는 것입니다. 여호와 하나님만이 창조할 수 있습니다. "만물이 다 그로 말미암고 그를 위하여 창조되었습니다"(골 1:16). 그 어떤 인간의 힘이나 천사의 힘도 신적 권능의 이 영광스러운 영역을 침범할 수 없습니다. 창조는 하나님만의 독특한 영역입니다. 그리고 모든 그리스도인 속에도 절대적인 창조가 있습니다. 즉, "그리스도 안에서 새롭게 창조되었습니다"(고후 5:17). "하나님을 따라 의와 진리의 거룩함으로 지으심을 받은 새 사람"(엡 4:240)을 입은 것입니다. 중생은 이전에 존재하던 원리를 개혁하는 것이 아니라 존재하지 않던 어떤 것을 주입하는 것입니다. 그것은 사람에게 성령이라 불리는 새 것을 주입시켜 주는 것입니다. 새 사람, 즉 영혼에서 비롯된 것이 아니라 그보다 훨씬 높은 곳에서 비롯된 새로운 피조물은 영혼이 육체보다 더 고귀하듯이 그 새 사람은 그 영혼보다 훨씬 더 고귀합니다. 창조된 생명과 창조의 원리는 하나님의 모든 사역들 중에서 가장 영광스러운 것이며, 또 사실상 신적 본성 그 자체의 일부이기에 나는 다음과 같은 사실을 감히 말씀드리는 바입니다. 즉, 어떤 사람으로 하여금 그리스도를 믿게 하는 데에는 하나님께서 천지를 창조하셨을 때와 마찬가지로 그 창조적인 능력이 참되고 적절하게 나타나 있습니다.

한 걸음 더 나아가 창조 이상의 어떤 것이 있습니다. 그것은 파괴입니다. 어떤 것을 파괴할 수 있는 사람은 없습니다. 세상이 시작된 이후로 단 하나의 분자도 없어지지 않았습니다. 우리가 어떤 물건을 바다의 깊은 곳에 던져버릴 수 있습니다. 그러나 그것은 여전히 그곳에 존재하고 있습니다. 그것을 불 속에 던져보십시오. 그러면 불꽃이 그것을 태워버릴 것입니다. 그러나 재 가운데서나 연기 가운데 모든 원자들은 남아 있습니다. 불도 단 하나의 분자를 파괴하지 못합니다. 이 세상에는 태초에 하나님께서 아무것도 없는 가운데서 말씀으로 물질을 창조하셨을 때와 동일한 물질들이 있습니다. 창조와 마찬가지로 파괴도 위대한 신성의 발현입니다.

> "여호와만이 하나님이심을 알라
> 그는 창조도 하시고 파괴도 하실 수 있다."

모든 영혼의 중생에는 창조뿐만 아니라 파괴도 있습니다. 옛 사람은 파괴되어야 합니다. 즉 완악한 마음은 우리들의 육체에서 제거되어야 합니다. 그리고 비록 이것이 우리 모두에게서 이루어지지 않았다고 할지라도, 아니 우리 중 그 누구의 안에서도 완전하게 이루어지지 않았다고 할지라도 죄악의 뿌리와 가지가 모두

다 완전하게 파괴되어질 날이 올 것입니다. 그리고 모든 악한 원리들이 뿌리째 뽑혀질 날이 올 것입니다. 그리고 우리의 죄악들과 같이 그것들도 없어져서 찾으려 해도 찾을 수 없는 날이 오게 될 것입니다. 세상이 창조되어 새벽별들이 함께 노래할 때, 창조는 그 노래의 유일한 주제였습니다. 하나님은 아무것도 없는 가운데서 세상을 창조하셨습니다. 새로운 마음이나 올바른 정신을 창조하는 것보다 그것은 쉬운 일이었습니다. 왜냐하면 "무(nothing)"는 적어도 하나님께 대항할 수 없었기 때문입니다. "무"는 하나님을 거역할 수 없었습니다. 그러나 여기 구원에 있어서는 하나님께서 거역하는 어떤 것을 다루셔야만 합니다. 즉, 그것과 더불어 싸우고 또 그것을 파괴해야만 했습니다. 그리고 그것이 굴복되어지고 극복되어졌을 때 창조의 능력이 옵니다. 우리들은 바로 그러한 창조의 능력에 의해서 그리스도 예수 안에서 새로운 피조물이 되었습니다. 그러므로 그것은 두 배의 기적이며, 창조 이상의 사역입니다. 그것은 창조와 파괴가 결합되어진 것입니다.

구원은 가장 큰 변화를 일으키는 사역입니다. "마음을 새롭게 함으로 변화를 받아"(롬 12:2). 그리스도 예수 안에서 새롭게 된 여러분들은 자신의 마음속으로 그 변화가 얼마나 큰 것인가를 알 것입니다. 피에 굶주린 늑대가 온화하고 얌전한 양처럼 조용히 먹이를 먹습니다. 사자가 소처럼 풀을 먹고, 사막이 정원이 되고, 메마른 땅이 샘터가 됩니다. 더욱 놀라운 것은 시냇가의 돌멩이들이 아브라함의 자손이 됩니다. 여호와께서는 표범처럼 얼룩무늬가 진 사람을 눈보다 더 희게 씻어줍니다. 여호와께서는 칠흑같이 검은 에티오피아 사람을 취하셔서 예수님의 보혈로 닦으셔서 아름답고 매력적인 사람으로 만들어줍니다. 하나님께서 인간의 마음에 그의 능력을 보여주실 때, 오비디우스(Ovid)의 옛 노래에 나타난 그 어떤 환상적인 변화도 하나님의 사역과 비교할 수 없습니다. 오 죄인과 성도, 그리고 "죄와 허무로 죽은 사람"과 하나님의 은혜로 말미암아 소생한 사람 사이에는 얼마나 큰 차이가 있습니까! 하나님께서 나이아가라 폭포에게 명령하시어 그 거대한 물줄기가 갑자기 정지한다고 해도 절망적인 인간의 의지를 멈추게 하시는 것과 비교해 볼 때 그것은 하나님의 권능에 대한 사소한 증명에 지나지 않습니다. 하나님께서 넓은 대서양에게 그곳이 불꽃에 휩싸이라고 명령하시어 그렇게 된다고 할지라도 그가 인간의 마음을 움직여 그의 사랑에 복종하게 하신 것이 훨씬 더 크고 위대한 일입니다.

그 뿐 아니라 영혼의 회심은 계속적인 소생, 즉 죽은 자의 소생에 비유된다는 사실을 기억합시다. 에스겔의 환상 가운데 보여진 대로 마른 뼈들이 갑자기 큰 군대가 되었을 때 그것은 참으로 놀라운 기적이었습니다. 그러나 죽은 영혼들이 소생하고 또 살아 계신 하나님을 섬기게 되었을 때 그 탁월한 권능의 사역은 더욱 놀라운 기적입니다. 하나님의 권능을 보여주는 회심의 최초의 행동뿐 아니라 그리스도인이 완전함에 이르게 될 때까지의 모든 여정도 하나님의 권능을 분명하게 보여주는 과정입니다. 영적 생명은 모세가 호렙산에서 보았던 불타는 떨기나무와 같습니다. 그것은 불타고 있었으나 타서 없어지지는 않았습니다. 그리스도인도 역시 그러합니다. 떨기나무와 같이 그는 불꽃에 적합한 연료입니다. 그러나 그 불꽃이 그를 해치지 못합니다. 그것은 그에게 불을 붙입니다. 그러나 그는 멸망하지 않습니다. 그리스도인의 생활은 물위로 걷는 것과도 같습니다. 베드로의 믿음이 예수님을 바라보고 있을 때는 그가 파도 위를 걸어가도 빠지지 않았던 것과 같이 신자도 날마다 걸어가는 모든 발걸음들이 살아 있는 기적입니다. 또한 그리스도인의 삶 속에서의 믿음은 날아가는 것에 비유될 수 있습니다. "독수리가 날개치며 올라감 같을 것이요"(사 40:31). "내가 어떻게 독수리 날개로 너희를 업어 내게로 인도하였음을 너희가 보았느니라"(출 19:4). 신자는 날마다 하늘의 대기 속으로 모험적인 비상을 합니다. 그는 세상 위로 날아 올라가면서 세상의 염려와 욕망을 그의 발밑에 던져버립니다. 그 날개는 다름 아닌 믿음과 사랑의 날개입니다. 바로 거기에 하나님의 권능의 지속적이고도 훌륭한 기적이 있습니다.

다시 본문을 보겠습니다. 그것은 다음의 사실을 분명하게 밝히고 있습니다. 즉 신자의 회심과 성화의 사역은 하나님의 능력의 놀라운 표현이라는 것입니다. 그리고 본문 중에는 우리들에게 가장 독특한 비유를 제시해주고 있습니다. 사도 바울은 성령을 통해서 우리들에게 다음과 같은 사실을 선언합니다. 즉 예수 그리스도를 죽은 자 가운데서 살리시고 또 그를 가장 높은 하늘로 높여 주신 바로 그 권능이 모든 개별적인 신자의 회심과 보존 가운데서도 나타난다는 사실입니다.

이제 우리는 첫째로, 그 비유를 살펴보고, 둘째로, 그 이유를 생각해 볼 것이며, 그리고 셋째로는 그것으로부터 비롯되어지는 추론들에 대해서 살펴볼 것입니다.

**1. 무엇보다도 먼저, 사도 바울이 여기에서 제시하고 있는
비유에 대해서 생각해 보겠습니다.**

여러분들이 커다란 황금 컴퍼스를 가지고 있다고 생각해 보십시오. 그 한 쪽

다리를 그리스도의 무덤 위에 놓고, 하늘로 올라가신 그리스도에게 도달할 때까지 그 컴퍼스를 벌립니다. 그 컴퍼스의 다른 한 쪽 끝이 그리스도께서 만물 위에서 그의 충만이신 교회의 머리가 되시는 곳에 놓여질 때까지 거듭거듭 벌리십시오. 이제 여러분들은 그렇게 한껏 뻗는 장면이 머릿속에 그려집니까? 여러분은 그리스도의 죽은 몸을 지극히 높은 영광에 이르도록 한 그 권능에 대해서 생각해야 합니다. 그리고 나서 여러분이 신자라면 그 권능이 여러분 안에도 있다는 사실을 기억해야 합니다.

우리는 우리 앞에 있는 그 놀라운 광경을 조사할 때, 그리스도의 경우에는 그의 죽음이 실제적인 죽음이었다는 사실을 주목하면서 무덤 속에 있는 그리스도에서부터 시작해야 합니다. 사랑하는 자들의 손길들이 그의 시체를 십자가에서 내려놓았습니다. 흐느끼는 눈에서는 그의 얼굴 위에 거룩한 눈물방울들을 떨어뜨렸습니다. 여인들이 향료와 세마포로 그를 부드럽게 감쌌습니다. 그리고 이제 주님은 곧 무덤에 눕혀지게 됩니다. 그는 분명히 죽었습니다. 심장은 창에 찔렸습니다. 피와 물이 다 쏟아졌습니다. 못 박혔던 손은 그의 옆구리에 가지런히 놓여졌습니다. 너무 울어서 벌개진 눈으로 바라보면서, 죽음이 흐릿해진 예수님의 눈꺼풀을 내려주었습니다. 발은 움직이지 않았습니다. 너희 사랑하는 상여꾼들이여, 그 시체를 들어 무덤 속에 놓아라. 이것은 실신이 아니라 아주 확실한 죽음입니다. 우리도 역시 죽었습니다. 우리는 본질적으로 실제적으로 죽은 것입니다. 우리는 죄와 허물 가운데서 죽었습니다. 자연인을 고무시켜 영적인 활동을 하게 하려고 노력해도 그것은 불가능합니다. 선한 일을 위해서 아무리 노력을 해도 그는 그것을 할 능력이 없습니다. 그 발을 의의 길로 달려가게 만들려고 노력해도 그 발은 한 치도 움직이지 않을 것입니다. 사실은 심장이 죽은 것입니다. 우리 조상 아담 안에 있던 영적 생명의 박동이 이미 오래 전에 멈추었습니다. 그의 눈은 임마누엘 주님 안에 있는 어떤 아름다움도 볼 수 없고, 그의 코는 주님의 향기를 맡을 수 없으며, 그의 귀는 그의 사랑하시는 자의 음성을 들을 수 없습니다. 그 사람은 영적 생명이 절대적으로 그리고 완전히 죽은 것입니다. 그는 타락의 무덤에 누워 있는데, 하나님의 은혜가 개입하지 않는다면 그는 썩어져야 합니다.

그리스도의 경우에 있어서 그는 죽었을 뿐 아니라 본문에서 우리들에게 말하고 있듯이 그는 죽은 자들 가운데에 있었습니다. "죽은 자들 가운데서 다시 살리시고." 그 말씀을 주목하십시오. 그는 잠시 동안 무덤 속에서 거하는 사람들, 즉 죽은 자들 가운데서 잠자듯이 누워 있었습니다. 삼일 밤낮 그는 쓸쓸한 지옥의 거류민이었습니다. 그는 죽음의 창에 찔린 희생 제물들의 숫자에 포함되었습니다. "그의 무덤이 악인들과 함께 있었으며 그가 죽은 후에 부자와 함께 있었도다"(사 53:9). 우리들 중의 어떤 자들도 그와 같습니다. 우리들은 죽은 자들 가운데 있습니다. 그리고 우리들도 다른 사람들과 같이 "본질상 진노의 자식"(엡 2:3)이었습니다. 우리들 중의 어떤 사람들의 경우에는 외적인 생활이 다른 불경건한 사람들의 그것과 똑같았습니다. 그들이 주정뱅이였습니까? 우리도 그랬습니다. 그들이 부도덕했습니까? 우리도 그랬습니다. 그들이 육체의 즐거움을 사랑했습니까? 우리도 그랬습니다. 그들이 마음의 욕망을 따랐습니까? 우리도 그랬습니다. 그들이 완악한 마음을 가지고 회개치 아니하고 불신적인 마음을 가지고 있었습니까? 우리도 그랬습니다. 하나님께서 그의 신적 권능으로 소생시킨 사람들 중에는 불경건한 사람들에 대해 묘사한 것은 무엇이나 해당되는 사람들이 있습니다. 우리들도 예수님처럼 죽은 자의 숫자에 포함되어 있었습니다. 만약에 여러분들이 예수님의 시체를 보았다면 그의 시체가 부패하지 않았다는 사실을 제외하고는 그 시체와 다른 시체는 아무 차이점이 없다는 것을 알았을 것입니다. 사랑하는 성도 여러분, 우리들의 경우에는 우리 주님의 경우보다 더 저급합니다. 왜냐하면 우리들은 부패하기 때문입니다. 옛 사람은 "유혹의 욕심을 따라 '썩어져'" 갑니다(엡 4:22). 그렇습니다. 우리들은 "썩어져 가는 자들의 자손들"이었습니다. 그리고 죽음의 끈이 영원히 우리를 속박하지 못하게 주님께서 예정하셨다는 사실을 제외하고는 우리들은 다른 사람들과 아무 차이가 없습니다. 왜냐하면 주님은 우리를 구원하시고 또 그의 우편으로 인도하시려고 작정하셨기 때문입니다.

　나와 함께 또다시 그 정원에 있는 새 무덤에 가 봅시다. 그곳에서 자고 있는 사람은 과연 부활하게 될까요? 그 거룩한 무덤은 과연 열리게 될까요? 아닙니다. 만약에 하나님께서 개입하시지 않으신다면 영원히 그런 일은 있을 수 없습니다. 이때에 천사가 나타납니다. 그의 얼굴은 번개와 같고 그의 옷은 눈과 같이 흽니다. 그리고 지키는 자들은 그를 무서워하여 떨고 또 죽은 사람과 같이 됩니다. 이와 같이 때가 되면 하나님께서는 그의 큰 권능을 입은 사자를 보내십니다. 얼굴이 빛나는 사람은 천사가 아닙니다. 그것은 그리스도의 어떤 겸손한 대리인입니다. 그럼에도 불구하고 그는 권능으로 옷 입고 있습니다. 그는 입에 좌우에 날선 날카로운 검을 물고 있습니다. 그리고 그가 그리스도에 대해서 말할 때에 죄악들은 그리스도를 두려워하기 때문에 떱니다. 그리고 사람들의 마음의 편견들과 증오심들은 죽은 사람들처럼 됩니다. 하나님의 권능은 두 번째 경우에서 그 사자가 흙으로 만든 그릇, 즉 혈육으로 된 연약한 피조물이라는 사실 가운데서 더욱더 잘 드러나게 됩니다. 우리들의 부활도 예수님의 부활과 똑같이 하나님의 권능에 의해서 된 것입니다.

그 사자와 더불어 **신비한 생명**이 찾아옵니다. 여러분은 그것을 볼 수 없습니다. 그러나 그 무덤 안에서 영이 피 흘려 죽은 자에게 임하고, 생명 없는 시체 속으로 들어갑니다. 그 눈이 곧 빛을 볼 것입니다. 왜냐하면 그 손길들이 이미 그 이마로부터 수건을 풀고 있기 때문입니다. 그 수의들은 하나씩 벗겨집니다. 그의 발은 자유롭게 되고, 그의 몸은 모든 거추장스러운 것들로부터 깨끗해졌습니다. 생명이 되돌아오는 것을 아무도 보지 못했습니다. 비록 어떤 사람이 그 시체를 보았다 할지라도 그들은 천국의 생명의 불꽃이 바로 그 제단으로 되돌아오는 것을 볼 수 없었을 것입니다. 그렇습니다. 그것은 신비스러운 일입니다. 아, 우리들에게도 하나님의 사자가 온 적이 있었습니다. 그러나 그는 우리를 소생시킬 수 없었습니다. 그는 단지 지키는 자들을 두려워 떨게만 하였습니다. 그러나 성령 하나님으로부터 신비스러운 생명이 우리들의 영혼 속으로 들어왔습니다. 그리고 우리들은 결코 이전의 우리가 아니었습니다. 우리들은 새로운 두려움으로 떨었으며, 새로운 기쁨으로 기뻐했으며, 새로운 신뢰감으로 믿었으며, 거룩한 소망을 가지게 되었습니다. 우리는 살아났습니다. 그리고 우리들은 우리가 처음으로 하나님을 향해서 살기 시작한 순간을 어찌 잊을 수 있겠습니까? 거룩하신 성령이여, 당신께서 그 일을 하셨습니다. 모든 영광을 성령님께 돌리나이다.

그리고 나서 지진이 일어났습니다. 그 지진에 의해서 무덤을 막았던 돌이 굴러갔습니다. 그리고 그 지진은 하나님의 권능이 땅을 흔들어 놓으며 또 모든 물질의 요소들은 그 권능에 순종한다는 것을 보여주는 것이었습니다. 하나님께서 흔히 있는 먼지와 진흙 바위와 돌을 흔들어 놓으실 때에도 우리들은 기이하게 생각하고 두려워합니다. 그러므로 하나님께서 돌같이 단단한 우리의 마음을 깨뜨리시고 무거운 땅보다 더 무거운 우리의 심령을 움직이셨을 때 우리는 그의 이름을 찬양하고 송축해야 할 이유가 충분합니다.

무덤의 돌이 굴려지고 **구세주께서** 나오셨습니다. 그는 자유롭게 되었습니다. 부활하셔서 더 이상 죽음에 있지 않았습니다. 그는 똑바로 서 있었으나 제자들은 그를 알아보지 못했습니다. 하나님의 생명이 찾아오고, 하나님의 능력이 우리의 무덤을 깨뜨리고, 우리가 새 생명을 가지게 되었을 때, 즉 우리가 더 이상 죽음에 있지 않게 되었을 때에도 세상 사람들은 그와 같이 우리를 알아보지 못할 것입니다. 왜냐하면 그들은 주님을 알지 못했기 때문입니다. 그들은 우리가 변화하게 된 동기를 알지 못하며, 우리의 행동을 이해할 수 없고, 우리의 말을 곡해합니다. 왜냐하면 지금 우리들은 그들이 알지 못하는 생명을 소유하고 있으며, 또 그들이 전혀 생각지도 못한 부활의 상태로 들어갔기 때문입니다.

여러분은 이와 유사한 경우를 알고 있습니다. 우리도 역시 그리스도께서 죽은 자들로부터 부활하신 것과 동일한 방법으로 새 생명 가운데서 살게 되었습니다. 주님께서도 친히 "아버지께서 죽은 자들을 일으켜 살리심 같이 아들도 자기가 원하는 자들을 살리느니라"고 하셨습니다.

사랑하는 성도 여러분, 그리스도의 부활은 우리의 구원에서와 똑같은 "하나님의 권능"이 발휘되어졌다는 사실에 대하여 주목하십시오. 그것은 천사나 천사장의 권능도 아니고, 더군다나 인간의 권능은 더욱 아니었습니다. 회심은 인간의 자유 의지에 의해서 이루어진다고 생각하는 사람들에 대해서 우리가 무슨 할 말이 있겠습니까? 인간의 구원을 그 자신의 훌륭한 기질이나 혹은 하나님이 자기에게 주신 것을 자신이 기꺼이 받아들인 탓으로 돌리는 사람들에 대해서 우리가 무슨 할 말이 있겠습니까? 사랑하는 자들이여, 무덤 속에 죽은 자들이 그들 자신의 힘으로 일어나는 것을 볼 수 있다면 불경건한 죄인들도 그리스도에게로 스스로 돌아오는 것을 기대할 수 있을 것입니다. 그 권능은 어떤 사역에 의해서도 아니고, 설교되어진 말씀에 의해서도 아니고, 전해진 말씀을 들음으로써도 아니고, 오직 성령으로부터 나오는 것입니다.

그리고 이 권능은 **불가항력적**이라는 사실을 주목하십시오. 모든 군사들과 대제사장들도 그리스도의 몸을 무덤 속에 가두어 둘 수 없었습니다. 죽음은 그리스도를 속박할 수 없었습니다. 예수님 안에서 생명이 약동하기 시작하자 죽음은 더 이상 그를 붙잡아 둘 수 없었습니다. 그리고 나서 죽음은 승리에게 삼킨 바 되었습니다. 아버지께서 독생자를 보내시고 "하나님의 모든 천사들은 그에게 경배할지어다"(히 1:6)라고 말씀하셨습니다. 그는 죽은 자들로부터 일어난 맏아들이었습니다. 그리스도인들에게도 그 권능은 불가항력적인 권능이었습니다. 하나님의 손길이 사람을 회심시키려 할 때 그 어떤 죄악이나 부패나 유혹이나 지옥의 마귀나 이 땅 위의 죄인들도 그 하나님의 은혜의 손길을 막을 수 없습니다. 하나님께서 "너희는 이렇게 하라"고 말씀하실 때, 사람은 "나는 그렇게 하지 않겠습니다"라고 말하지 못할 것입니다. 만약에 그가 그렇게 하고자 해도, 마치 태풍 속의 나무들이 뿌리째 뽑혀지듯이 인간의 의지는 불가항력적인 은혜의 권능 앞에 복종할 수밖에 없을 것입니다.

그리스도를 죽은 자들로부터 일으켜 살리신 권능은 영광스러운 권능이라는 것도 깨달아야 합니다. 그리스도의 부활은 하나님께는 큰 영광이었고, 악한 무리들에게는 크게 경악할 일이었습니다. 이와 같이 모든 죄인들의 회심도 하나님께 큰 영광이 됩니다.

마지막으로, 그것은 영원한 권능입니다. "그리스도께서 죽은 자 가운데서 살아나셨으매 다시 죽지 아니하시고 사망이 다시 그를 주장하지 못할 줄을 앎이로라"(롬 6:9). 그래서 죽은 자 가운데서 다시 산 우리들도 죽음으로 되돌아가지 아니하고 과거의 부패로도 되돌아가지 않습니다. 이제 하나님을 향하여 삽니다. 그가 사셨기 때문에 우리도 삽니다. 왜냐하면 우리는 죽었고, 우리들의 생명은 그리스도와 더불어 하나님 안에 감추어져 있기 때문입니다. 다음의 병행구는 바로 그것을 말씀하고 있습니다. "그러므로 우리가 그의 죽으심과 합하여 세례를 받음으로 그와 함께 장사되었나니 이는 아버지의 영광으로 말미암아 그리스도를 죽은 자 가운데서 살리심과 같이 우리로 또한 새 생명 가운데서 행하게 하려 함이라"(롬 6:4).

우리는 그 컴퍼스를 절반밖에 벌리지 않았습니다. 우리는 죽은 자들 가운데서 부활하신 그리스도를 볼 때까지 계속해서 그 컴퍼스를 벌려 나가야 합니다. 그러나 그리스도인 안에서 나타난 권능은 훨씬 더 앞으로 나아갑니다. 그것은 계속해서 승천에까지 나아갑니다. 만약에 우리가 승천에 대한 이야기를 주의 깊게 읽어 본다면 그리스도의 승천이 자연법칙에 반대되는 것이라는 사실을 알게 될 것입니다. 어떻게 사람의 몸이 다른 수단도 없이 공중에 올라갈 수 있습니까? "축복하실 때에 그들을 떠나 [하늘로 올려지시니]"(눅 24:51). 그러므로 그리스도인이 세상 위로 올라가서 또 다른 대기를 호흡하는 것은 분명히 자연 법칙에 반하는 것입니다. 만약에 어떤 사람이 갑자기 하늘로 올라가는 것을 본다면 놀라지 않겠습니까? 그리스도인이 유혹과 세속적인 것과 죄악의 위로 올라가는 것을 볼 때에, 또 그가 과거에는 그의 기쁨이었던 것들을 버리고 하늘을 향하여 올라가는 것을 볼 때에는 더욱 놀라지 않겠습니까?

제자들은 승천하시는 구세주를 오랫동안 쳐다볼 수 없었습니다. "구름이 그를 가리어 보이지 않게 하더라"(행 1:9). 이와 같이 우리의 경우에도 우리가 위로 올라간다면, 그리고 하나님의 성령이 우리들 안에서 그의 모든 기쁘신 뜻을 행하신다면 사람들은 곧 우리를 보지 못하게 될 것입니다. 그들은 우리를 이해하지 못합니다. 그들은 우왕좌왕하면서 놀랄 것입니다. 그들은 우리가 미치고 광신적이고 난폭하고 열광적이라고 할 것입니다. 우리는 그런 반응에 대해 놀라지 말아야 합니다. 왜냐하면 마치 그들이 우리들에 대해서 놀라는 것처럼 우리들도 그들을 보고는 놀라는 경우가 있기 때문입니다. 그들은, 우리가 보이지 않는 것을 찾고, 보지 못하는 것을 소망하는 것에 대해 이상하게 생각합니다. 반면에 우리는 그들을 경멸합니다. 어떻게 흙으로 된 것들을 쌓아 올리는 것에 집착하고, 죽어가는 것들 가운데서 살아 있는 기쁨을 찾으며, 곧 사라져 버리고 영원히 없어져버릴 그림자 같은 허무한 것에 영원한 소망을 둘 수 있는가 하고 이상하게 생각합니다.

예수 그리스도는 하늘의 보좌에 도달할 때까지 하나님의 능력으로 계속해서 승천하셨습니다. 그는 땅으로부터 실제로 승천하신 것입니다. 그리스도인의 생명도 그와 같습니다. 그는 계속해서 승천합니다. 주께서 그로 하여금 세상에 대하여 죽게 하셨습니다. 그리고 수많은 육신의 정욕들은 더 이상 그와 상관이 없게 됩니다. 그의 보물이 있는 곳에 그의 마음도 있는 법입니다. 그는 그리스도와 함께 살아났습니다. 그는 그리스도와 같이 세상의 것을 사랑하지 아니하고 위의 것을 사랑합니다.

사랑하는 자들이여, 그리스도인을 세상 위로 끌어올리는 데에는 그리스도를 무덤에서부터 하늘에까지 올리셨던 하나님의 권능이 개입하였다는 사실에 대해 이야기하는 것은 우리의 컴퍼스를 좀 더 넓게 벌리고 있다는 사실을 알아야 합니다. 그러나 그것이 전부는 아닙니다. 주님께서 하늘에 오르셨을 때, 그는 하나님의 우편에 앉으셨습니다. 우편에 앉는다는 것은 명예와 기쁨과 권능을 의미합니다. 그 변화에 대하여 생각해 보십시오. "그는 멸시를 받아 사람들에게 버림 받았으며 간고를 많이 겪었으며 질고를 아는 자라"(사 53:3). 그들은 그의 얼굴에 침을 뱉고 무릎을 꿇고 희롱하며 "유대인의 왕이여 평안할지어다"(마 27:29)라고 말했습니다. 그러나 그는 지금 지존자의 오른편에 높이 앉으셨습니다. 그는 극심한 고통을 겪

없습니다. "내 마음이 심히 고민하여 죽게 되었으니"(막 14:34)라고 말씀하셨습니다. 쟁기질하는 자들이 그의 등에 깊은 고랑을 만들었습니다. 그의 얼굴은 그 누구의 얼굴보다 더욱 상하셨습니다. 그러나 지금 그의 기쁨은 충만합니다. 그는 하나님의 우편에 있습니다. 그곳에는 영원한 기쁨이 있습니다. 그는 멸시를 받은 벌레였지 사람이 아니었습니다. "나를 보는 자는 다 나를 비웃으며 입술을 비쭉거리고"(시 22:7). 그들은 머리를 흔들었습니다. 그들은 입술을 비쭉였습니다. 그리고 "그가 여호와께 의탁하니 구원하실 걸, 그를 기뻐하시니 건지실 걸"(시 22:8) 하고 말했습니다. 그러나 현재의 그를 보십시오! 그는 하나님 아버지 우편에 영원히 앉아 있습니다. 깊은 비난의 자리에서 높은 영광의 자리에 이르기까지의 변화를 주목해 보십시오. 두렵고 깊은 슬픔의 자리에서 영광스러운 축복의 정상의 자리에 이르기까지의 변화를 주목해보십시오. 연약함과 수치와 고난으로부터 능력과 존귀와 통치권과 영광에 이르게 된 변화를 주목해 보십시오. 그리스도인의 변화도 그와 같습니다. 바로 그와 똑같습니다.

　여러분은 과거에 어떠했습니까? 거름더미에 던져져야 마땅한 자였습니까? 아니 그럴 자격도 없었습니다. 여러분들은 땅에도 거름더미에도 적당하지 않은 맛을 잃은 소금과 같았습니다. 그래서 하나님이 밖에 내버릴 것이었습니다. 정말 무가치하고 아무 곳에도 쓸모 없는 사람들이었습니다. 고난에 대해서 말하자면 여러분의 뼈들은 죄책감으로 인해 한없이 깨어져야 했습니다. 죽음의 슬픔과 지옥의 고통이 여러분을 사로잡았습니다. 왜냐하면 하나님의 화살이 여러분의 허리를 꿰뚫었으며 하나님의 검이 여러분의 심령을 산산조각내 버렸기 때문입니다. 능력에 대해서 말할 때, 여러분은 어떤 능력을 가졌습니까? 여러분은 손가락 하나도 움직일 수 없었고 기도도 할 수 없었고 믿을 수도 없었습니다.

　그러나 지금 여러분의 상태는 어떻습니까? 여러분은 지금 하나님의 우편에 앉아 있는 신자로 존재하고 있으며, 하나님의 사랑받는 자로 천사의 섬김을 받고 있습니다. 그 뿐 아니라 주 예수 그리스도와 함께 다스리는 하나님의 아들로 존재하고 있는 것입니다. 그리스도 예수께서 하나님의 우편에 앉아 있다는 사실은 모든 신자들도 그와 같다는 뜻입니다. 왜냐하면 사도가 그리스도 예수 안에 있는 사람들에 관해서 다음과 같이 기록하고 있기 때문입니다. "사람이 무엇이기에 주께서 그를 생각하시며 인자가 무엇이기에 주께서 그를 돌보시나이까 그를 잠시 동안 천사보다 못하게 하시며 영광과 존귀로 관을 씌우시며 만물을 그 발 아래에 복종하게 하셨느니라 하였으니 만물로 그에게 복종하게 하셨은즉 복종하지 않은 것이 하나도 없어야 하겠으나 지금 우리가 만물이 아직 그에게 복종하고 있는 것을 보지 못하고 오직 우리가 천사들보다 잠시 동안 못하게 하심을 입은 자 곧 죽음의 고난 받으심으로 말미암아 영광과 존귀로 관을 쓰신 예수를 보니 이를 행하심은 하나님의 은혜로 말미암아 모든 사람을 위하여 죽음을 맛보려 하심이라"(히 2:6-9). 바로 이 날에 신자들의 자리는 하나님의 우편에 있습니다. 우리는 믿음으로 그것을 즐겁게 누려야 할 것입니다.

그러나 다음의 내용을 주목하십시오. 그리스도께서는 하나님 우편에 앉아 계실 뿐 아니라 완전한 승리를 얻었습니다. 즉 모든 정사와 권세 위에 뛰어나게 되셨습니다. 그리고 또 어떤 선한 천사들도 그와 비교해 볼 때 결코 뛰어나지 못하며, 어떤 악한 천사들도 그와 대조해 볼 때 아무 능력이 없습니다. 그가 그들 위에 그냥 뛰어나시다고 언급된 것이 아니라 그들 위에 훨씬 뛰어나시다고 표현되고 있습니다. 그리고 신자도 역시 그러합니다. 악한 천사들에 대해서 말하자면 주님께서는 곧 사탄을 발로 짓밟아 버릴 것입니다. 거룩한 천사들에 대해서 말하자면 "모든 천사들은 섬기는 영으로서 구원 받을 상속자들을 위하여 섬기라고 보내심이 아니냐"(히 1:14)라고 말씀하고 있습니다. 그래서 주님 안에 있는 우리들은 모든 정사와 권세들보다 훨씬 위에 있습니다.

우리는 그가 또한 우주적 통치권을 가지고 계시다는 것을 알아야 합니다. 본문에는 "만물을 그의 발 아래에 복종하게 하시고"라 하셨습니다. 이와 같이 여호와께서는 만물을 그의 백성들의 발 아래 두셨습니다. 그가 우리를 왕과 제사장으로 삼으실 때 그들의 죄악과 부패, 슬픔과 고통, 이 세상과 오는 세상이 모두 우리에게 복종하게 되어 우리가 영원히 다스리게 될 것입니다. 이 뿐 아니라 그 때에 그리스도께서는 은혜로우신 머리가 되심으로써 영광을 얻으실 것입니다. 그는 만물 위에 그의 교회의 머리가 되시고 교회의 충만이 되십니다. 왜냐하면 그는 "만물 안에서 만물을 충만케" 하시기 때문입니다. 그러나 신자가 이 땅에서 그의 주님과 같아지듯이 그리스도께서 만물 안에서 만물을 충만케 하시는 그 때 교회도 그리스도로 충만하게 되는 것입니다. 교회는 그리스도 안에서 하나님 아래에 있는 온 우주의 머리입니다. 왜냐하면 하나님께서 그를 천사들보다 조금 못하게 만드셨고, 또 그에게 영광과 존귀로 관을 씌우셨기 때문입니다. 하나님께서는 그로 하여금 자신의 손으로 만드신 모든 피조물들의 통치자가 되게 하셨습니다. 하나님께서 만물을 그의 발 아래 두셨습니다. 즉 모든 양들과 소들, 들판의 모든 짐승들, 공중의 새들, 그리고 바다의 고기들, 또 바다의 길을 따라 지나가는 무엇이든지 다 그의 발 아래 두셨습니다.

내가 대비시킨 내용이 완전하게 설명되었는지 잘 모르겠습니다. 만약에 여러분들이 우리 주님을 그토록 깊은 고뇌 가운데서 승천하신 분으로 본다면, 또 지극히 높은 영광 가운데 계신 그를 본다면, 여러분이 판단력과 상상력, 소망과 두려움을 결합시킴으로써 어떻게 구세주께서 그토록 낮은 곳으로 내려가실 수 있으며 또 어떻게 그토록 고귀한 자리에 오를 수 있는 것인가에 대하여 희미한 생각이라도 가질 수 있다면, 여러분들은 그것을 자신의 상황에 적용시킬 수 있을 것입니다. 왜냐하면 그와 동일한 능력이 여러분 안에서 오늘에도 역사하시고 과거에도 역사하셨고, 또 미래에도 역사하여 주님과 동일하게 깊은 곳에서부터 높은 곳에까지 들어올려 줄 것이기 때문입니다. 그래서 여러분들은 모든 면에서 그리스도를 닮게 됩니다. 그리고 주님과 같이 죄인으로 취급되었으나, 주님과 같이 하늘에 계신 지존자의 오른편에서 영원히 다스리는 분깃과 유산을 얻게 될 것입니다.

나는 이와 같은 주제에 대하여 다 말할 수 없습니다. 내가 다루기에는 너무 큰 주제입니다. 그것은 나의 짧은 표현력으로 말하기에는 너무 큰 주제입니다. 그러나 나는 그것을 통해 인간이 누릴 기쁨에 비하면 너무 크다고는 생각하지 않습니다. 우리는 그 가운데서 기뻐하면서 꿀과 골수와 기름을 흡수합니다.

2. 두 번째로, 이 비유를 말씀하신
이유에 대해서 주목해야 합니다.

왜 하나님께서는 모든 그리스도인들을 향해서도 그가 그의 사랑하시는 아들에게 하셨던 만큼 많은 권능을 발휘하시는 것입니까? 성도 여러분, 그 이유는 거기에는 동일한 권능이 요구되고 또 그 방법을 통해서 하나님이 영광을 받으실 뿐 아니라 우리가 그리스도와 연합되었기 때문에 그렇게 하신 것이라고 믿습니다. 지체 속에는 머릿속에 들어 있는 것과 동일한 신적 권능이 있어야 합니다. 그렇지 않으면 어떻게 연합이라 할 수 있겠습니까? 만약에 우리가 그리스도와 하나라면 그의 몸의 지체들, 그의 살과 뼈의 구성 요소들이 반드시 같아야 합니다. 먼저 다음의 내용에 대해 주목해 봅시다. 만약에 지체들이 머리와 동일한 본성을 가지고 있지 않다면 그것은 전혀 몸이라 할 수 없을 것입니다. 여기에서는 실제 살아 있는 육체를 말하는 것이 아닙니다. 만약에 사람의 머리에 짐승의 사지가 붙어 있다고 한다면 이것은 자연적인 육체가 아니라고 생각할 것입니다. 만약에 개의 발과 사자의 갈기와 사람의 눈과 이마를 가진 것이 있다면 그것은 하나님이 창조하신 육체라고 생각할 수 없을 것입니다. 그것은 보기 흉측하고 이상한 괴물이라고 생각할 것이며, 하나님의 지혜와 권능이 나타난 것이 아니라고 생각할 것입니다. 우리는 어떤 신상에 대한 느브갓네살의 꿈을 기억합니다. "그 우상의 머리는 순금이요 가슴과 두 팔은 은이요 배와 넓적다리는 놋이요 그 종아리는 쇠요 그 발은 얼마는 쇠요 얼마는 진흙이었나이다"(단 2:32-33). 그리스도의 신체가 그와 같은 잡동사니일 수 있겠습니까? 우리는 머리가 정금과 같다는 것을 알고 있습니다. 하나님께서 만드신 몸은 모두 다 같은 재료로 만들어진다는 사실을 알게 되었으므로 하나님께 감사드립니다. 그는 완전하고 영광스러운 머리를 신적 에너지가 전혀 없는 지체와는 결합할 수 없습니다. 머리에서 빛나는 권능은 지체에서도 밝게 빛나야 합니다. 만약에 그렇지 않다면 그것은 자연스러운 육체가 아니며 또한 통상적인 하나님의 방법에 따라 조성되어진 육체가 아닙니다.

이것은 그 이유를 설명하는 가장 효과적인 방법은 아닙니다. 만약에 모든 지체들이 머리와 같지 아니하고 동일한 권능을 나타내지 않는다면 그것은 하나님께 영광스러운 것이 되지 않을 것입니다. 옛날 태피스트리(tapestry: 다채로운 색실로 그림을 짜 넣은 직물. 벽걸이나 가리개, 실내 장식품으로 씀) 작품 중 어떤 것들은 각각 다른 시간에 여러 조각들로 만들어졌습니다. 그래서 때로는 이런 이야기가 있었습니다. "그 태피스트리의 한 부분은 다른 부분과는 다른 바늘로 짠 것임에 틀림없다. 여기에는 여러 가지가 있다. 어떤 것은 기술이 부족하다. 그 그림의 한 모퉁이는 훨씬 조잡하다." 이제 하나님이 만드신 이 위대한 태피스트리, 즉 그의 사랑과 권능의 위대한 바느질, 다시 말해 그리스도의 신비한 몸에 대해서 생각해 봅시다. 우리가 그것에 대하여 다음과 같이 말할 수 있다고 가정해 봅시다. "우리들이 알 수 있듯이 머리는 하나님의 손길에 의해서 만들어졌습니다. 그 영광스러운 이마와 그 불꽃 같은 눈동자와 그 꿀이 떨어지는 입술은 하나님께로부터 비롯되어진 것입니다. 그러나 그 손은 다른 사람, 즉 한층 열등한 예술가에 의해서 만들어졌으며 그 발은 완전함과는 거리가 멉니다"라고 말할 수 있다고 합시다. 그것은 우리의 위대한 예술가이신 하나님에게는 영광이 되지 않을 것입니다. 그러나 그 모든 그림을 하나님 혼자서 만들었을 때, 하나님이 완성할 수 없는 것은 시작도 하지 않으시고, 또 열등한 가치를 지닌 것은 한 오라기라도 삽입하지 않으셨다는 것을 알 수 있습니다.

　　그것은 우리의 머리가 되시는 그리스도께도 영광이 되지 못한다는 것을 주목합시다. 나는 전에 풍부한 스테인드 글라스로 채워지는 과정에 있는 성당의 창문을 본 적이 있습니다. 그리스도의 위대한 인격은 그 성당의 창문에 비견될 수 있다고 생각합니다. 예술가들은 인간의 기술로 만들 수도 있고 또 인간의 황금으로 살 수 있는 것들 중에서 가장 아름다운 유리를 주요 인물의 머리에 끼워 넣습니다. 나는 그 이후로는 그것을 보지 못했습니다. 그러나 작업하는 사람들은 돈이 모자라서 나머지에는 평범한 유리를 넣었다고 잠시 생각해 보십시오. 창문에 있는 그림에서 오직 머리만 고귀한 빛깔을 띠고 있고 나머지는 흰 유리나 보잘것없이 평범한 푸른색 유리나 노란색 유리입니다. 그것은 결코 완성되지 못합니다. 아무도 그 그림을 보고 싶어하지 않는다면 얼마나 불행한 일입니까? 그 그림은 완전하게 완성되지 못한 것입니다. 결국 머리는 이상한 꼴이 되고 만 것입니다. 열등한 재료를 가지고 그림을 완성했기에 결국은 망쳐 버린 것입니다. 그것은 불완전한 솜씨로 만들어 낸 작품의 머리가 될 것입니다. 그러나 사랑하는 성도 여러분, 그 그림의 나머지 모든 부분들이 처음의 부분과 동일하게 값비싼 재료로 만들어졌을 때에는 그 머리도 적당한 위치에 놓여지게 되고, 또 몸 전체에게 영광을 줄 뿐 아니라 몸으로부터 영광을 얻게도 될 것입니다. 여러분은 해석하지 않아도 이 비유의 뜻을 알 것입니다.

　　나는 지체 가운데 나타난 권능은 오히려 머리에 나타난 권능보다 더 커야 한다는 점을 말씀드립니다. 반드시 더 커야 하는 것입니다. 대리석 궁전을 지으려고 합니다. 만약에 사람들이 앞문은 값비싼 돌로 세우고(수많은 사람들이 그들의 집을 지을 때에 그런 식으로 합니다). 뒷면은 평범한 벽돌로 세운다면, 그리고 첨탑들을 하늘 높이 솟아오르도록 화려하게 만들면서 벽은 평범한 돌로 만든다면 사람들은 "이것은 돈을 아끼려고 한 일이다"라고 말할 것입니다. 그러나 꼭대기부터 밑바닥까지 그 건물 전체가 같은 종류의 재료로 만들어져 있다면 그것은 위대한 건축자에게 큰 명예를 가져다 줄것이며, 또 그가 그 건축물에 큰 재산을 투자할 수 있었다는 사실을 보여주는 것이 됩니다. 그러나 기초를 놓는 데에 사용되어질 어떤 대리석들이 대단히 어두운 채석장에 놓여져 있었으며 해로운 영향을 받아서 광택을 잃어버렸다면, 그것들을 밝은 기초석과 같아지도록 만들고 또 탄성을 지를 만큼 훌륭한 첨탑과 같이 보이도록 만들기 위해서는 윤내고 다듬는 일이 더욱 필요할 것입니다. 그리스도 예수는 그 본질상 어떤 사전 준비도 필요 없이 하나님의 위대한 성전의 일부가 되기에 적합합니다. 그러나 우리는 본질상 적합하지 못합니다. 그래서 우리를 향하신 그 권능은 더 커야 합니다. 그러나 우리는 성경 속에서 그리스도 예수를 하나님의 보좌로 들어올려 준 바로 그 권능이 이제 우리 각 사람을 들어올려 그와 더불어 살고 통치하게 한다는 사실을 발견하고는 기뻐하지 않을 수 없습니다.

한 걸음 더 나아가 이 논점에 대한 결론으로서, 만약에 그의 백성들이 주님이 가진 것과 같은 권능을 소유하지 못한다면, 우리 주님의 사랑의 약속은 결코 성취되지 못할 것입니다. (그리고 만약 그렇게 되지 못한다면 주님은 결코 만족하지 못할 것입니다.)

주님의 기도가 무엇이었습니까? "아버지여 내게 주신 자도 나 있는 곳에 나와 함께 있어 아버지께서 창세 전부터 나를 사랑하시므로 내게 주신 나의 영광을 그들로 보게 하시기를 원하옵나이다"(요 17:24). 그리고 나서 덧붙이시기를 "내게 주신 영광을 내가 그들에게 주었사오니"(요 17:22) 하였습니다. 여러분은 어떻게 해서 "내가 그들 안에 있고 아버지께서 내 안에"(요 17:23)와 같은 연합이 성립하는 줄을 압니다. 우리는 우리의 머리와 같아져야 합니다. 그가 면류관을 썼으면 우리도 쓰는 것입니다. 그는 훌륭한 신랑입니다. 그의 신부가 없으면 전혀 즐겁지 않을 것입니다. 그의 신부가 가난했을 때 그는 그의 신부를 위하여 가난해졌습니다. 그의 신부가 멸시를 받았을 때, 그도 역시 멸시를 받았습니다. 이제 그는 하늘에 계십니다. 그래서 그는 반드시 신부를 그곳으로 데려가야만 합니다. 그가 보좌에 앉으신다면 그의 신부도 같이 앉습니다. 그가 충만한 기쁨과 명예와 영광을 누리신다면 그의 신부도 반드시 같이 누릴 것입니다. 그는 신부를 뒤에 남겨 놓은 채 하늘로 가지 않으실 것이고, 그의 신부를 동참시키지 않고는 단 한 가지의 하늘의 특권도 누리지 않을 것입니다. 이런 이유로 그리스도 안에 있는 것과 똑같은 권능이 신자들 속에도 있어야 하는 것입니다.

3. 이제 이 모든 것들로부터 비롯되어지는 추론은 무엇인가를 살펴보겠습니다.

두세 가지가 있는데 그것들에 대해서는 간략하게 말씀드리겠습니다. 그러므로 지루하게 여기지 마시기 바랍니다.

　　첫 번째 추론은 다음과 같습니다. 그리스도인이 되는 것은 참으로 놀라운 일입니다. 내가 그리스도를 믿는다면 나는 참으로 놀라운 인물인 것입니다. 나는 의심과 두려움 속에서 나 자신을 경멸하였습니다. 그러나 영원하신 분께서 나에게 간섭하셔서 내 안에 전능하신 능력으로 역사하시고 나를 하나님께 인도하실 때까지 계속해서 나에게 역사하신 것입니다. 이 사실을 생각할 때 나는 "주여, 사람이 무엇이관대 이렇게까지 하시나이까?" 하며 찬양하게 됩니다. 참으로 기묘한 방법으로 영광을 얻게 하신 것입니다. 우리는 하나님을 가까이에 모시게 되었습니다. 그래서 지금은 하나님과 사람 사이에 그 어떤 피조물도 가로막지 못하는 것입니다. 처음에 하나님은 이곳에 계시고 피조물인 사람은 저 멀리 떨어져 있었습니다. 그러나 두 번째는 양자로 입양되고 중생한 사람은 아들이 아버지께 가까이 나아가는 것처럼 하나님께 가까이 나아가게 되었습니다. 그것은 말로 다할 수 없이 친밀한 관계입니다. 여호와여, 주님의 은혜는 사람이라 불리는 기어다니는 가련한 벌레들에게 참으로 위대한 일을 행하셨나이다! 주님은 그를 높이사 정사와 권세들보다 더 높은 자리에 두셨나이다. 우리를 위해 이처럼 큰 일을 행하신 하나님을 사랑하고 송축합시다.

　　그리고 두 번째로, 나는 다른 사람들을 위해서도 역사하시는 하나님의 권능을 의심할 이유가 없습니다. 하나님께서 나를 구원하시려고 많은 권능을 발휘하셨다면 다른 어떤 사람을 위해서도 그렇게 하실 수 있지 않겠습니까? 그리스도를 죽은 자들 가운데서 일으켜서 하늘로 데려가신 그 능력은 놀라운 권능입니다. 그래서 그 권능은 분명히 주정뱅이, 창녀, 신성모독자 등을 그리스도께로 인도하실 수 있습니다. 그러므로 나로 하여금 죄인 중에 괴수를 위하여 기도하게 하십시오. 악한 자들 중에서 가장 악한 사람을 격려하여 예수를 믿게 하도록 해주십시오. 왜냐하면 그리스도 안에는 그와 같은 사람들도 구원할 수 있는 능력이 있기 때문입니다.

　　그리고, 나의 궁극적인 안전에 대하여 의심을 가질 이유가 있을까요? 나를 구원하기 위하여 이 불가항력적인 권능이 개입하고 있습니다. 그래서 나는 틀림없이 구원을 받는 것입니다. 마귀가 나를 멸망시키겠다고 독한 결심을 합니까? 나의 부패가 나를 압도하려고 위협합니까? 누가 이 전능하신 능력을 막을 수 있다는 말입니까? 누가 지존자와 더불어 싸울 것이며, 누가 영존자와 더불어 경쟁할 것입니까? 하하, 나의 영혼의 원수들아, 나는 너희를 비웃고 경멸한다. 하나님이 우리와 함께 하신다면 누가 우리에게 대적할 수 있겠습니까?

그리고 마지막으로, 회심하지 않은 사람들의 상태는 참으로 서글픈 상태입니다. 그들이 처한 상황을 보십시오. 죽은 상태, 무기력한 상태, 파멸의 상태, 완전히 망해 버린 상태에 있기에 임박한 진노로부터 구원해 줄 이 영원한 권능을 필요로 합니다. 사실 이곳에 모인 수많은 사람들이 이러한 상태에 있습니다. 우리의 설교는 거의 효능이 없습니다. 여러분들이 아침에는 이곳에 오나 오후에는 무슨 일을 하는지 짐작이 갑니다. 아침 설교를 듣는 일에 빠지지 않으면서 또 저녁의 쾌락에도 빠지지 않을 것입니다. 그리고 성경과 찬송가를 덮을 때 신문이 그 자리를 대신 차지할 것입니다. 우리들의 진지한 호소를 들으면서 앉아 있으나, 마치 기름이 흘러가도 전혀 영향이 미치지 않는 대리석과 같이 전혀 감동을 받지 못하는 사람들이 있습니다. (그들도 때로는 열심을 내기에 하나님께 감사드립니다.) 그런 사람들은 죽음과 파멸의 상태에 있습니다. 나는 그 어떤 인간의 힘도 그런 사람들을 도울 수 없다는 것을 압니다. 목사의 노력도 헛되고 설교도 헛된 것이 됩니다. 그런 사람들의 정죄는 확실합니다. 그런 사람들은 지옥으로 가서 멸망할 것입니다. 그리고 아무런 자비도 받지 못한 채 그렇게 될 것입니다. 그러나 하나님께서는 그런 사람들까지도 불쌍히 여길 것이라는 희미한 소망을 가지고 있습니다. 그리스도께서 들어올려졌습니다. 그리고 "그를 믿는 자마다 멸망하지 않고 영생을" 얻을 것입니다(요 3:16). 만약에 여러분이 지금 그리스도를 믿게 된다면 하나님의 강력한 권능이 여러분 안에서 역사하시는 것입니다. 지금 그를 믿으십시오. 그리하면 그것은 만왕의 왕의 인격에 있던 권능, 즉 예수님의 불가항력적인 권능이 여러분에게 나타났다는 명백한 증거가 됩니다. 하나님께서 그리스도를 위하여 그의 자비하심으로 여러분을 축복해 주시기를 기원합니다. 아멘.

제
5
장

—

죽은 자를 살리심

—

"그는 허물과 죄로 죽었던 너희를 살리셨도다" — 엡 2:1

여러분들이 보시는 바와 같이 성경 번역자들은 "살리셨도다[hath He quickened]" 라는 어구를 삽입했습니다. 그 이유는 바울 사도가 말한 내용에는 좀 더 깊은 의미가 있는데 그것이 생략되어서 독자들이 그 의미를 파악하기가 불가능했기 때문입니다. 그러나 그들은 "긍휼이 풍성하신 하나님이 우리를 사랑하신 그 큰 사랑을 인하여 허물로 죽은 우리를 그리스도와 함께 살리셨고"라는 4절과 5절의 말씀을 예상했습니다. 여기에 요점이 있습니다. 하나님께서는 죄악과 허물로 죽은 우리들을, 영적으로 죽은 우리들을 살리셨습니다. 우리는 하나님의 거룩한 법과는 반대로 나아가는 일에 열심이었습니다. 우리는 이 세상의 길을 따라 걸어갔습니다. 그러나 영적인 일에 대해서는 무능하고 연약했습니다. 그래서 우리는 영적인 일에 대해 실제적으로 완전히 죽은 것입니다. 우리는 영적인 것을 이해할 감각이 없었습니다. 우리는 볼 수 있는 눈도, 들을 수 있는 귀도, 느낄 수 있는 능력도 없었습니다. 우리는 모두 죽었습니다. 그러나 우리는 모두 서로가 같은 것은 아니었습니다. 수많은 시체들은 다 죽었다는 보편성을 가지고 있습니다. 그러나 그 시체들은 매우 다를 수 있습니다. 전쟁터에서 죽은 시체들, 개나 솔개들에게 찢긴 시체들, 태양 아래서 썩어가는 시체들, 이러한 모습들은 참으로 끔찍한 광경입니다. 그러나 최근에 죽어 관 속에 누워 있는 시체들은 오히려 아름답습니다. 그 시체들은 아직도 생명이 있는 것처럼 보입니다. 그러나 관 속에 있는 사랑하는 사람도 전쟁터에서 처참하게 죽은 시체들과 같이 죽어 있는 것입니다. 아직 부패가 시작되지 않았고 시체를 잘 수습하였기에 곧 오게 될 부패로부터 보호되고 있는 것입니다. 그러나 잘 수습하였든 아니든 간에 다 죽은 것이 분명합니다.

우리 주변에는 구세주께서 보살피시고 사랑하신 사람과 같이 사랑스럽고 존경스럽고 도덕적으로 칭찬할 만한 사람들이 많이 있습니다. 그러나 그들도 그 모든 것에도 불구하고 죽습니다. 주정뱅이나 불경스러운 사람이나 행실이 나쁜 사람들도 있습니다. 그러나 그들도 역시 다른 사람들과 마찬가지로 죽습니다. 그렇지만 그들의 죽음은 외관상 끔찍한 흔적을 남깁니다. 죄는 사망을 낳고, 사망은 부패를 가져옵니다. 우리가 부패했느냐 아니냐는 내가 여기에서 제기할 질문은 아닙니다. 자기 자신에 대해 스스로 생각해 볼 일입니다. 그러나 죽는다는 것은 확실합니다. 비록 우리가 경건한 부모들에게서 훈련을 받고 복음 안에서 훌륭한 교육을 받고, 또 우리들의 주변에 있는 경건한 습관에 젖어 있다 할지라도, 우리는 죽게 됩니다. 거리의 창녀나 감옥 속의 도둑과 같이 죽는 것입니다.

그러나 본문은 우리들에게 다음과 같이 말하고 있습니다. 비록 우리가 죽었다고 할지라도 그리스도께서 오셔서 그의 성령으로 우리들을 무덤에서 일으켜 주셨다고 말씀하고 있습니다. 이 본문은 우리들에게 부활절의 소식을 전해주고 있습니다. 그것은 부활에 대하여 노래하고 있습니다. 그것은 우리의 귀에 새 생명의 나팔 소리를 들려주며, 기쁨과 즐거움의 세상으로 인도해 줍니다. 우리는 죽었습니다. 그러나 우리는 하나님의 성령에 의해서 소생되었습니다. 나는 여러분의 경우에도 그런가를 알기 위해서 잠시 멈추어 생각해 보겠습니다. 나의 사랑하는 성도들이여, 나는 내가 말하는 내용이 진실로 살아 있는 사람과, 단지 자기들이 살아 있다고 생각하는 사람들 사이를 구별해 주는 일종의 체와 같은 역할을 하기를 기도합니다. 그래서 만약에 여러분들이 아직까지 소생하지 못했다면, 그리고 단지 "좋은 옷을 입은 육의 자식"에 지나지 않으며 영적으로는 살아 있지 못하다면, 여러분은 그것에 대해 알아야 합니다. 만약에 여러분들이 자기의 생명이 연약하다고 할지라도 소생되어졌다면 살아 계신 하나님을 "아바, 아버지"라 부를 수 있을 것입니다. 그리고 이런 부르짖음은 성령의 감동을 받아 소생되어진 입술에서만 나올 수 있는 것입니다.

1. 첫 번째로, 우리들의 소생에 대해 잠시 생각해 보기로 하겠습니다.

이미 소생한 여러분들은 내가 말하는 것을 이해할 것입니다. 그렇지 않은 사람들에게 그것은 게으른 이야기로 들릴 것입니다.

사랑하는 친구들이여, 만약에 우리가 소생되었다면 우리들은 위로부터 소생되어진 것입니다. "너희를 살리셨도다." 하나님께서 직접 우리를 다루신 것입니다. 하나님께서 우리를 죽은 자들 가운데서 다시 살리셨습니다. 하나님께서 처음에 우리를 창조하셨습니다. 그리고 또 우리를 새롭게 다시 창조하셨습니다. 우리가 태어났을 때 하나님께서는 우리들에게 생명을 주셨습니다. 그러나 하나님은 우리들에게 다른 곳에서는 찾아볼 수 없는 고귀한 생명을 주셨습니다. 반드시 하나님께서만 그 생명을 주십니다. 그 누구도 자기 자신을 살릴 수 없습니다. 아무리 성실한 설교자라 할지라도 단 한 사람의 청중도 살릴 수 없습니다. 아무리 경건한 부모나 아무리 애정 있는 스승이라도 자녀를 하나님 앞에서 살아 있게 할 수 없습니다. "너희를 살리셨도다"라는 말씀은 소생한 모든 사람들에게 적용되는 말입니다. 그것은 거룩한 불꽃이며 빛의 중심이 되는 위대한 태양, 즉 모든 빛들의 위대한 아버지로부터 오는 빛입니다. 우리의 경우도 그러습니까? 우리들은 거룩한 손길, 초인적인 힘을 가지고 있습니까? 다시 말해서, 아무리 유식하고 지혜롭고 경건한 사람이라도 결코 우리들 안에서 생기게 할 수 없었던 그것을 가지고 있습니까? 우리는 위로부터 소생하였습니까? 그렇다면 우리는 그것에 대한 어떤 것을 기억하고 있을 것입니다. 우리는 그것을 설명할 수 없습니다. 그 어떤 사람도 그의 최초의 출생을 묘사할 수 없습니다. 그것은 신비입니다. 그 사람은 그의 새로운 출생도 묘사할 수 없습니다. 그것은 더 큰 신비입니다. 왜냐하면 그것은 성령의 은밀한 내적 사역이기 때문입니다. 우리는 그것의 효과는 느낄 수 있습니다. 그러나 우리는 그것이 어떻게 역사하는지 말할 수 없습니다.

하나님의 생명이 들어올 때 우리가 느끼게 되는 최초의 의식은 보통 고통의 느낌이 수반된다고 생각합니다. 사람이 물에 빠져 죽게 되었을 때 그가 죽음의 권세 하에 있는 동안에는 거의 아무것도 느끼지 못하거나 즐거운 꿈을 꾸기도 한다는 것입니다. 그러나 그를 회복시키는 과정에서 혈액이 다시 순환하기를 시작할 때까지 사람들이 그를 문지르고 생명이 회복되기 시작할 때에 통증과 고통을 느낍니다. 생명이 그에게 다시 되돌아오는 징조들 중의 하나는 그가 즐거운 잠에서 깨어나서 고통을 느끼는 것입니다. 물에 빠졌다가 회복하는 모든 사람들이 그런지는 잘 모르겠습니다만 죄악의 강에 빠졌다가 회복되는 모든 사람들은 그러하리라고 생각합니다. 생명이 그에게 찾아오기 시작할 때 그는 이전에는 결코 느껴보지 못했던 것을 느끼게 됩니다. 그에게 즐거운 것이었던 죄악이 이제는 두려운 것이 됩니다. 이전에는 쉬웠던 것이 이제는 가시방석이 됩니다. 사랑하는 성도들이여, 만약에 여러분들이 생명의 고통을 느낀다면 하나님께 감사하십시오. 지옥불에 달구어져 된 것처럼 양심이 완악하게 되는 것은 무서운 일입니다. 비록 고통스럽고 내부의 생명의 모든 움직임이 영혼을 괴롭히는 것 같을지라도 살아 있는 양심을 갖는다는 것은 큰 자비의 결과입니다. 이렇게 하나님의 생명은 보통 고통과 더불어 시작됩니다.

그래서 모든 것이 여러분을 놀라게 합니다. 만약에 어떤 사람이 전에 살아 있지 않다가 갑자기 생명을 가진 성인이 되었다면 마치 어린아이와 같이 모든 것이 그에게는 생소할 것입니다. 그리고 영적인 영역 속에 있는 모든 것이 새로 태어난 그에게는 낯설 것입니다. 그는 수백 번이나 놀랍니다. 죄악이 이제 죄악으로 보입니다. 그는 그것을 이해할 수 없습니다. 그는 이전에도 죄악을 보았습니다. 그러나 그것을 죄로 보지 않았습니다. 그리고 이제 그리스도가 그에게 영광스럽게 보입니다. 이전에도 그리스도에 대해 들었습니다. 그리고 나름대로의 이해도 있었습니다. 그러나 그에 대해 고운 모양도 풍채도 없다고 생각했는데 이제는 가장 아름다운 존재로 느껴지는 것에 대해 놀라워 합니다. 새로 태어난 영혼에게는 모든 것이 놀랍습니다. 그는 계속해서 실수를 저지릅니다. 그는 자기에게는 모든 것이 새롭기 때문에 많은 오산을 합니다. 보좌 위에 앉아 계신 분이 "보라, 내가 만물을 새롭게 하노라"고 말씀하십니다. 그리고 새롭게 된 사람은 "나의 주님이시여, 그러하나이다"라고 말합니다. 어떤 사람은 와서 나에게 "내가 새로운 피조물이든 아니든지 간에 세상은 과거와는 아주 다르게 보입니다. 어딘가 변화가 있는 것 같습니다"라고 말합니다. 그렇습니다. 그 변화는 죽음으로부터 생명으로, 어둠에서 하나님의 놀라운 빛에로의 변화입니다.

사랑하는 성도 여러분, 생명은 그와 같이 낯선 놀라움과 고통으로 더불어 찾아옵니다. 그리고 많은 의문을 일으킵니다. 어린아이는 물어볼 것이 수도 없이 많습니다. 어린아이는 모든 것을 배워야 합니다. 우리들은 어린아이들이 그들의 눈을 사용하기 전에 체험해야 하는 실험들에 대해 거의 생각하지 않습니다. 그들은 물체가 멀리 있다는 사실을 알지 못합니다. 그들은 수도 없이 많이 보면서 그러한 사실을 배워야 합니다. 사물의 상이 망막에 비칠 때 어린아이는 얼마 간의 세월이 흐르기 전에는 그것이 멀리 있는지 가까이 있는지를 알지 못합니다. 우리는 나면서부터 다 아는 것은 아닙니다. 배워야 합니다. 마찬가지로 하나님의 왕국에 태어난 사람도 모든 것을 배워야 합니다. 그리고 그가 지혜로운 자라면 나이가 많고 지혜로운 신자들에게 이것저것을 질문할 것입니다. 신앙의 어린아이들이 여러분에게 아무리 어리석은 질문을 할지라도, 배우고 또 아비된 여러분은 결코 그들을 비웃지 마시기 바랍니다. 그들에게 질문하도록 격려하십시오. 어려운 점이 있으면 말하라고 하십시오. 여러분은 하나님의 은혜로 어른이 된 자들입니다. 이 작은 사람은 새로 태어난 어린아이에 불과합니다 그러므로 그가 말하는 것을 들어주십시오. 어머니들이여, 여러분의 어린 자녀들에게 그렇게 하십시오. 그들이 말하는 것에 관심을 가지고 기뻐하고 즐거워하십시오. 교육을 받은 사람들은 새롭게 소생된 사람들을 이렇게 대해야 합니다. 그들은 우리에게 와서 "이것은 무엇입니까? 저것은 무엇입니까? 또 저것은 무엇입니까?"라고 묻습니다. 그 때는 질문이 많은 시기입니다. 그 때는 예수님의 발 앞에 앉아 있는 것이 좋은 시기입니다. 왜냐하면 새로 태어난 신자에게는 예수님의 발 앞이야말로 가장 안전한 곳이기 때문입니다. 만약에 그가 다른 어떤 사람에게 간다면 모든 것이 그의 판단력을 왜곡시키고 또 지극히 감수성이 예민한 시기에 있는 그는 잘못된 교육을 받을 염려가 있습니다. 그리고 그가 다른 사람들의 생각을 받아들인다면 그가 이전에 저질렀던 실수를 망각하기가 쉽습니다. 그러므로 여러분은 하나님의 생명이 영혼 속에 찾아왔을 때 어떤 현상이 일어나는가를 살펴보십시오. 그 생명은 고통과 더불어 찾아옵니다. 그 생명은 우리에게 많은 놀라운 것들을 보게 합니다. 그리고 그것은 수많은 의문을 일으킵니다.

　　우리는 이전에는 시도해 보지 않았던 것들을 수도 없이 많이 시도하기 시작합니다. 어떤 면에서 새로 태어난 하나님의 자녀는 새로 태어난 인간의 자녀와 같습니다. 어린아이는 잠시 후면 걷기 시작합니다. 아니 그 전에 먼저 기기 시작합니다. 그는 처음부터 걷지 않습니다. 그는 기면서 어느 정도 전진하는 것을 기뻐합니다. 그리고 그가 작은 발로 설 때에는 이 의자에서 저 의자로 옮겨 갑니다. 발을 옮길 때마다 떨다가 얼마 못가서 쓰러집니다. 그러나 곧 일어섭니다. 그렇게 그는 걷기를 배웁니다. 여러분은 새 생명을 처음 얻게 된 때를 기억합니까? 나는 기억합니다. 나는 그 새로운 생명의 첫 주간을 기억합니다. 그리고 두 번째 안식일에 내가 어떻게 나의 영혼의 구원에 대한 복음을 들었던 장소에 갔는가를 기억합니다. 그러나 그 한 주간 동안 나는 많은 실험을 했습니다. 그리고 수도 없이 떨다가 쓰러 졌습니다. 그리고 그 설교자는 "오호라 나는 곤고한 사람이로다 이 사망의 몸에서 누가 나를 건져내랴"(롬 7:24)는 본문을 택했습니다. 나는 '그렇습니다. 나는 그것 에 대한 모든 것을 압니다. 그것은 나의 경우와 똑 같아요'라고 생각했습니다. 그 러나 설교자가 바울이 이 말씀을 기록할 때는 그가 그리스도인이 아니었다고 했 을 때 비록 나는 거룩한 것에 대해 안지 겨우 7일밖에 되지 않았지만 나는 그것보 다는 더 많은 것을 알고 있었습니다. 그래서 나는 더 이상 그 교회에 가지 않았습 니다. 나는 그리스도인 외에는 그 누구도 죄악에 대하여 애통해할 수 없다는 것을 알았습니다. 그리고 만일 하나님의 은혜가 그에게 있지 않았다면 그는 현재에 만 족하면서 편안해하였을 것이라는 사실도 알았습니다. 만약에 그가 죄악은 무서운 것이며 또 그것 때문에 자기가 곤고한 사람이라는 것을 느꼈다면, 그리고 반드시 구원받아야 한다고 느꼈다면, 그리고 특별히 "우리 주 예수 그리스도를 통하여 우 리에게 승리를 주신 하나님께 감사드립니다"라고 말할 수 있다면, 그는 분명히 하 나님의 자녀임에 틀림없습니다.

사랑하는 성도 여러분, 우리는 실수를 저질렀습니다. 그리고 계속해서 실수 를 저지를 것입니다. 그와 동시에 우리는 실험을 통해서 배우게 됩니다. 여러분들 은 기도하기를 시작한 때를 알 것입니다. 여러분은 최초의 기도가 인쇄되기를 원 합니까? 하나님은 수많은 수집품 중에서 최초의 기도를 더 좋아하시리라고 나는 믿습니다. 여러분은 그 최초의 기도를 좋아하지 않을지도 모릅니다. 그리고 인쇄 하기에는 썩 좋지 않다고 생각할 것입니다. 여러분은 처음으로 친구에게 그리스 도를 믿는다고 고백한 것을 기억할 것입니다. 그 때에 아마도 더듬거리며 말했을 것입니다. 말보다도 눈물이 더 많았을 것입니다. 그것은 "무미건조한" 강연이 아 니었습니다. 여러분은 고백을 하면서 슬픔과 염려의 눈물로 적셨을 것입니다. 그 고백은 그가 잘 알지 못하는 능력이 발휘되는 새 생명이었습니다. 하나님의 자녀 들이 그 능력을 사용하려고 노력하지 않으면 자기에게 그 능력이 있다는 것을 발 견하지 못할 것입니다. 나는 기도회에서 기도하지 아니하는 젊은이들도 좋아합니 다. 그리고 한 번도 설교해 본 적이 없는 노인들도 좋아합니다. 그러나 노력한다 면 할 수 있을 것입니다. 나는 여러분이 그렇게 되기를 바랍니다. 어떤 사람은 "나 는 깨어져야 한다"고 말하고 있습니다. 그렇게 되기를 바랍니다. 설교자가 깨어진 설교는 그 설교를 듣는 자의 마음을 깨뜨릴 것입니다. 그런 설교야말로 많은 유익이 있습니다.

이것이 바로 새 생명, 즉 하나님의 생명이 우리에게 찾아온 방법입니다. 새 생명이 왔을 때 우리는 그것이 무엇인지를 알지 못했습니다. 우리는 이전에는 그것을 느껴 보지 못했습니다. 우리는 자기가 실제로 죽음에서 생명으로 옮기어졌다는 것을 생각하지 못했습니다. 그러나 되돌아보면 우리의 내적인 고통과 마음의 번민과 갈망과 탄원과 씨름과 울부짖음 등은 죽은 마음에는 있을 수 없는 것들이며, 그것들은 하나님이 우리를 소생시켜 주시고 또 우리가 새 생명을 가졌다는 사실에 대한 확실한 표시입니다.

2. 두 번째로, 우리들의 현재의 생명에 대해서 생각해 봅시다.

"너희를 살리셨도다." 그러므로 우리는 새 생명을 가지고 있습니다. 새 생명이 우리에게 가져다준 효과는 무엇입니까? 나는 은혜로 말미암아 소생된 여러분에게 말씀드리고 있습니다.

첫째로, 이제 우리는 하나님을 인식할 수 있는 사람이 되었습니다. 회심하지 않은 사람은, 하나님의 세상에서 살고 하나님의 작품을 보고 하나님의 말씀을 듣고 하나님의 날에 하나님의 집으로 올라가도 하나님이 계신 것을 알지 못합니다. 아마 그는 하나님이 계신다고 믿을지도 모릅니다. 왜냐하면 그는 그렇게 믿도록 양육받았기 때문입니다. 그러나 그는 하나님에 대하여 인식하지 못합니다. 하나님이 그의 마음속으로 들어가지 않은 것입니다. 그는 하나님과 접촉하지 못했습니다. 그리스도 안에서 사랑하는 형제 자매들이여, 여러분과 나는 온 세상에 한 분 하나님이 분명히 존재한다고 말할 수 있는 사람들입니다. 하나님이 없다고요? 나는 하나님 안에서 살고 있습니다. 바다 속에 있는 물고기에게 물이 없다고 말하십시오. 하나님이 없다고요? 나는 하나님에 의해서 살고 있습니다. 호흡하고 있는 사람에게 공기가 없다고 말하십시오. 하나님이 없다고요? 나는 아래층으로 내려올 때마다 하나님께 이야기합니다. 하나님이 없다고요? 나는 성령에 의해서 내 마음속에 널리 비춰지는 그의 사랑을 느끼지 않고는 눈을 감고 잠이 든다는 것은 생각도 할 수 없습니다. 어떤 사람은 "나는 50년 동안 살았으나 하나님에 대해 아무것도 느껴보지 못했습니다"라고 말합니다. 여러분이 50년 동안 죽어 있었다고 말하는 것이 훨씬 정확한 표현이 될 것입니다. 그러나 만약에 여러분들이 50분 동안에 성령으로 소생되었다면 하나님이 계시고 그가 나의 아버지이며 나는 그의 자녀라는 사실이 분명해질 것입니다. 이제 여러분은 그의 화난 얼굴, 그의 미소, 그의 경고, 그의 약속에 대해서 알게 되었습니다. 여러분은 하나님을 느낍니다. 그의 존재가 여러분의 심령에 사진처럼 박혀 있습니다. 여러분의 마음은 두려움으로 떨며 야곱과 같이 "여호와께서 과연 여기 계시거늘"이라고 말합니다. 그것이 바로 신령한 생명을 가졌다는 증거입니다.

이제 여러분들은 다른 사람 속에 있는 같은 생명에 대해서도 공감하게 됩니다. 여러분은 넓은 영역을 소유하고 있습니다. 왜냐하면 하나님의 생명, 즉 새로 태어난 하나님의 자녀 안에 있는 생명은 모든 그리스도인들 안에 있는 것과 동일한 생명이기 때문입니다. 새로 태어난 신자 안에 있는 생명은 하나님의 보좌 앞에 서 있는 밝은 영들 안에 있는 것과 같은 생명입니다. 죄악 속에서 우리의 죽음으로부터 소생한 순간에 그리스도의 생명, 하나님의 생명이 우리들에게 주입되어졌습니다. 하나님과 더불어 공감할 수 있는 존재가 되었다는 것은 참으로 놀라운 일입니다. 그가 원하시는 것을 우리도 원합니다. 우리가 존재하는 첫 번째 목적은 하나님의 영광입니다. 그는 그의 아들을 사랑하십니다. 우리도 그의 아들을 사랑합니다. 우리는 하나님의 아들이 오신 것과 같이 그의 나라가 임하는 것을 보기 원하고, 그의 뜻이 하늘에서 이루어지듯 이 땅에서도 이루어지기를 기도합니다. 우리는 사망이 우리를 지배하지 아니하고, 옛 본성이 우리를 방해하지 않기를 원합니다. 그러나 우리 속에 실제로 새 생명이 있음을 아는 것만큼 우리는 하나님과 동행할 수 있습니다. 우리는 그가 기뻐하시는 거룩함을 열망합니다. 우리들은 평탄한 발걸음은 아니지만 비틀거리면서도 하나님이 친히 보여주신 길을 따라갑니다. "나의 영혼이 주를 가까이 따르니 주의 오른손이 나를 붙드시거니와"(시 63:8).

우리에게 하나님과 공감하고 거룩한 천사들, 거룩한 사람들과 더불어 공감하게 해주고, 또 위로부터 오는 모든 것을 공감하게 하는 새 생명은 우리에게 큰 기쁨을 줍니다. 생명은 언제나 기쁨을 줍니다. 그러나 새 생명은 가장 차원 높은 기쁨을 줍니다. 불경건한 사람은 신자의 영혼에 충만한 기쁨을 알지 못합니다. 세속적인 사람들이 하나님 가까이에서 사는 축복을 알 수 있다면, 그의 얼굴이 비춰주는 축복을 알 수 있다면, 그리고 돈으로 살 수 없는 이 기쁨을 조금이라도 얻을 수만 있다면 그들은 모든 재산을 다 버리고서라도 이 기쁨을 추구할 것입니다. 그러나 하나님께서는 그 축복을 그의 사랑하시는 아들을 믿는 모든 사람에게 주십니다. 우리는 항상 똑같지 않습니다. 대단히 대단히 가변적입니다. 그러나 하나님이 우리와 함께 하시고, 우리의 날들이 영적으로 밝고 길며, 우리가 하늘의 축복의 중심으로 들어갈 때, 우리는 천사들과도 자리를 바꾸지 않을 것입니다. 왜냐하면 결국은 우리가 천사들보다 보좌에 더욱 가까이 있게 될 것을 알기 때문입니다. 그들이 비록 영광스러운 하나님의 종들이기는 하지만 그들은 우리들과 같이 사랑받는 아들은 아니기 때문입니다. 때때로 기쁨의 전율이 우리의 영혼을 통과합니다. 하나님께서 자기를 사랑하는 사람들을 위하여 예비하신 영광스러운 것들을 알 때 우리는 너무도 기쁘게 될 것입니다. 우리는 이 기쁨을 새 생명을 받고 난 후에 알게 된 것입니다.

그러나 나는 우리가 과거에는 몰랐던 극심한 고통도 받게 된다는 사실도 말씀드리겠습니다. 하나님께서는 우리의 양심을 눈동자와 같이 민감하게 하십니다. 하나님께서는 우리의 영혼을 껍질이 벗겨진 상처와 같이 민감하게 하셨습니다. 그래서 신자의 마음에 죄악의 그림자가 드리워지면 그는 큰 고통을 느낍니다. 그리고 만약에 실제로 죄를 범한다면 다윗과 같이 뼈가 으스러진다고 말할 것입니다. 죄를 범하여 하나님을 슬프게 할 때에는 신자의 마음에 큰 슬픔이 찾아옵니다. 마음은 상처를 받아 수많은 상처에서처럼 피를 흘리게 됩니다. 그러나 이것은 우리가 새 생명을 소유했다는 증거입니다. 그렇지만 신령한 생명의 격렬한 고통은 육신적인 기쁨보다 훨씬 더 좋은 것입니다. 신자가 가장 열악한 처지에 빠졌을 때라도 가장 좋은 처지에 있는 불신자보다 더 좋습니다. 그가 행복한 이유는 항상 세속적인 사람들이 느끼는 기쁨의 이유들보다 훨씬 뛰어납니다.

사랑하는 성도 여러분, 만약에 우리가 신령한 생명을 받았다면 어떤 영역을 소유하고 있는지 알 수 있게 됩니다. 즉, 우리는 일곱 번째 하늘(칠층천)에도 올라갈 수 있고, 깊은 심연에까지도 갈 수 있다는 것을 알게 될 것입니다. 이 새 생명은 우리로 하여금 하나님과 동행하게 해줍니다. 이것은 위대한 일입니다. 우리는 하나님과 동행한 에녹에 대해서 알고 있습니다. 그리고 그의 거룩한 생애를 압니다. 그러나 그 누구도 그의 생애의 장엄함에 대해서 생각해 보지 못했을 것입니다. 어떻게 하나님이 걸으실까요? 하나님이 걸으시는 것을 알아보려면 밀턴(Milton)의 상상력이 필요합니다. 그러나 하나님의 생명을 가진 사람은 하나님과 동행합니다. 때때로 그는 한 번도 시도해 본 적이 없는 일, 즉 아무 도움이 없이 산을 넘고 물을 건너 대양을 넘어 다니는 것을 상상합니다. 하나님의 생명을 가진 사람은 무한하게 들어올려집니다. 그는 들을 수 없는 것도 들으며, 볼 수 없는 것도 봅니다.

그것은 하나님이 우리에게 새 생명을 주셨을 때에는 다음과 같은 말씀이 적용되기 때문입니다. 즉, "하나님이 자기를 사랑하는 자들을 위하여 예비하신 모든 것은 눈으로 보지 못하고 귀로 듣지 못하고 사람의 마음으로 생각하지도 못하였다 함과 같으니라 오직 하나님이 성령으로 이것을 우리에게 보이셨으니"(고전2:9-10)라는 말씀입니다.

이 하나님의 생명이 가져다준 결과 중의 하나는 우리가 하는 모든 일에 생명을 불어넣어 주는 것입니다. 사람들은 "신앙의 고백서인 신경(신조, creeds)은 죽은 것이다"라고 말합니다. 그렇습니다. 솔직한 고백을 듣는다는 것은 즐거운 일입니다. 신경(creeds)은 죽은 사람들에게는 의미가 없습니다. 나에게 있어서는 내가 믿는 신경은 죽은 것이 아닙니다. 그것은 나의 일부분입니다. 나는 내가 선반 위에 내버려 둘 수 있는 그런 것들을 진리로 주장하지 않습니다. 나의 신경(creeds)은 나의 존재의 일부분입니다. 나는 그 신경을 진실하다고 믿습니다. 그리고 내가 그렇게 믿을 때에 나는 날마다 나의 본성에 영향을 미치는 그것의 생생한 능력을 느낍니다. 어떤 사람이 여러분에게 신경(creeds)이란 죽은 것이다라고 말할 때 잠시 동안은 그것을 부정하지 마십시오. 그 사실에 대해서는 의심할 여지가 없습니다. 그는 자기 자신에 대해서는 당신보다 더 잘 알고 있습니다. 사랑하는 친구들이여, 우리는 결코 죽은 신경(creeds)을 소유하지 맙시다. 우리는 우리가 믿는 내용을 확고하게 붙잡아야 합니다. 그것을 생생하게 믿으십시오. 그것을 진실하게 믿으십시오. 단지 문자만 믿고 그 능력을 느끼지 못하는 것은 전혀 믿는 것이 아닙니다.

만약에 여러분이 하나님의 성령으로 말미암아 소생되었다면 여러분의 기도는 살아 있는 기도입니다. 침대 옆에서 하는 기도들은 대부분 죽은 기도들입니다. 훌륭한 단어들이 쏟아져 나옵니다. 그러나 하나님에 대해서 살아 있는 사람들은 자기가 원하는 것을 말씀드립니다. 그리고 자기가 기도한 것을 얻을 것을 믿습니다. 그것이 살아 있는 기도입니다. 죽은 기도를 조심하십시오. 그런 기도는 지존자를 조롱하는 것이 됩니다. 나는 살아 있는 사람이라고 해도 항상 시계 바늘처럼 정해진 시간에 정확하게 기도할 수 있다고는 생각하지 않습니다. 그것은 설교 원고의 여백에 미리 "여기에서 울자" "여기에서 감정을 격앙시키자" 등의 말을 써놓은 목사의 설교와 같을 것입니다. 그런 것은 모두 쓸데없는 일입니다. 설교에 대한 반응은 설교자가 원하는 대로 주문할 성질의 것은 아닙니다. 여러분은 "1시에 괴로워하고 3시에 울자"라고 결심할 수 없습니다. 생명이란 그런 식으로 묶어둘 수 없습니다. 나는 기도하기 위해서 시간을 정해 놓는 것을 좋아합니다. 기도하는 시간을 갖지 못하는 자에게는 화가 있을 것입니다! 그러나 우리의 살아 있는 기도는 정해진 시간 이전에도 튀어나옵니다. 그리고 때로는 시간이 되어도 나오지 않을 때도 있습니다. 여러분은 다음 정해진 시간이 될 때까지 기다려야 합니다. 그러면 여러분의 영혼은 방종의 상태가 될 것입니다. 왜 우리는 때로는 기도할 수 있고 승리할 수 있고 정복자가 될 수 있으면서도, 어떤 때는 단지 보좌 앞에 고개를 숙이고 "주여, 나를 도와주소서. 나는 기도할 수 없습니다. 그리고 샘들은 모두 봉인되어진 것 같습니다"라는 신음을 토해낼 수밖에 없습니까? 그것은 생명이 있기 때문입니다. 살아 있는 것은 변합니다. 성 바울 성당에는 여러 사람들이 있습니다. 최근에는 보지 못했지만 진에 그들을 본적이 있습니다. 내가 그곳에 살고 있을 때 나는 성 바울 성당에 있는 유명한 사람들을 보기 위해서 올라간 적이 있습니다. 나는 그들이 지난 수백 년 동안 결코 두통에 시달린 적이 없다는 말을 들었습니다. 그리고 그들은 류머티즘이나 통풍으로 고생한 적이 없다는 말도 들었습니다. 그 이유는 그들이 대리석으로 조각되어진 사람들이었기 때문입니다. 그들은 죽은 사람입니다. 그러나 살아 있는 사람은 안개와 바람을 느낍니다. 불어오는 바람이 동풍인지 서풍인지를 압니다. 아침에 일어날 때 기분이 상쾌하기도 하고, 때로는 머리가 무거운 것을 느낍니다. 그는 자기 자신을 이해하지 못합니다. 때로는 즐거워 찬송을 부르기도 하지만, 어떤 때는 이유를 알지 못한 채 한숨짓고 울부짖기도 합니다. 그렇습니다. 생명이란 이상한 것입니다. 만약에 여러분이 영혼 속에 하나님의 생명을 소유한다면 많은 변화를 겪게 될 것입니다. 그리고 항상 여러분이 원하는 대로만 되지는 않을 것입니다.

만약에 우리가 하나님에 대하여 살아 있다면, 우리의 예배의 모든 부분이 살아 있어야 합니다. 죽은 예배가 참으로 많습니다. 만약에 우리가 판에 박힌 순서를 따라 우리의 예배를 계속한다면 많은 사람들이 깨어 있기가 어려울 것입니다. 나는 사람들이 다른 곳보다 예배당에서 더 잠자기가 좋다는 이유로 교회에 나올까봐 두렵습니다. 농부들이 하는 것처럼 "나는 일요일을 좋아한다. 그날 나는 교회에 가서 아무 생각 없이 다리를 포개고 앉아 있을 수 있기 때문이다"라고 말하면서 교회에 나와 예배에 참석하는 그런 예배는 예배가 아닙니다. 그냥 예배당에 가서 가만히 앉아 아무것도 생각하지 않는 것을 예배라고 생각하는 사람들이 많이 있습니다. 그러나 만약에 여러분이 살아 있는 하나님의 자녀라면 그렇게 할 수 없습니다. 때로는 육체가 연약하기 때문에 잠에 빠진다면 그 때 자신을 질책하면서 깨우고 "나는 나의 하나님을 예배해야 한다. 나는 노래해야 한다. 나는 하나님을 찬양해야 한다. 나는 기도하면서 하나님께 가까이 나아가야 한다"라고 말해야 합니다.

3. 이제 세 번째 요점에 대해서 말씀드리겠습니다.

왜냐하면 시간이 빨리 지나고 있기 때문입니다. **하나님께서 우리들을 소생시켜 주셨을 때의 우리들의 현재의 위치가 무엇인지**에 대해서 살펴보겠습니다.

우리의 현재의 위치는 다음과 같습니다. 첫째로, 우리들은 죽은 자들 가운데서 살았다는 것입니다. "우리를 그리스도와 함께 살리셨고 또 함께 일으키사." 우리는 과거에 살던 대로 살 수는 없습니다. 과거에 입었던 것을 입을 수 없습니다. 여기에 무덤으로 가서 살고 싶은 사람은 아무도 없을 것입니다. 만약에 여러분이 공동 묘지에 장사된 후에 죽은 자들 가운데서 살아났다면, 오늘 밤 다시 그곳으로 잠자러 가지는 않을 것입니다. 이와 같이 성령의 소생시켜 주시는 권능에 의해서 살아난 사람은 죽은 자와 손을 끊었습니다. 그의 옛 동료는 그와 어울리지 않습니다. 만약에 여러분이 죽은 자들 가운데서 살아나 무덤에서 나왔다면 수의를 입은 채 런던 거리를 돌아다니지는 않을 것입니다. 여러분은 살아 있는 사람입니다. 나는 자기들이 하나님의 백성이라고 말하면서도 그들의 수의를 입기를 좋아하는 사람들을 보았습니다. 어떻게 그럴 수 있습니까? 그것은 그들이 세상의 쾌락을 좋아한다는 것을 의미합니다. 그들은 때때로 그들의 수의를 입기를 좋아합니다. 제발 그렇게 하지 마십시오. 만약에 하나님이 여러분을 살려 주셨다면 죽은 자들에게서 떠나십시오. 그들의 습관과 태도와 관습을 멀리하십시오. 생명이 있는 사람은 죽음 가운데서 그 어떤 매력도 찾지 못합니다. 살아 있는 하나님의 자녀는 과거에 그들을 속박했던 죽음으로부터 될 수 있는 한 멀리 떠나고 싶어합니다. "너희는 그들 중에서 나와서 따로 있고 부정한 것을 만지지 말라 내가 너희를 영접하여 너희에게 아버지가 되고 너희는 내게 자녀가 되리라 전능하신 주의 말씀이니라 하셨느니라"(고후 6:17-18). 우리가 이제 구별된 생활을 하고, 이전에 지나왔던 길을 포기하는 것이 우리들의 위치의 첫 부분입니다.

다음으로, 우리는 그리스도와 하나입니다. "우리를 그리스도와 함께 살리셨고 또 함께 일으키사." 나는 방금 여러분에게 우리가 다시 태어났을 때 성령께서 우리에게 주시는 생명은 하나님의 생명이라고 말씀드렸습니다. 물론 우리는 수정된 의미에서, 아니 참된 의미에서 거룩한 본성의 동참자가 되었습니다. 예수 그리스도께서 "내가 주는 물을 마시는 자는 영원히 목마르지 아니하리니 내가 주는 물은 그 속에서 영생하도록 솟아나는 샘물이 되리라"(요 4:14)고 말씀하셨듯이 영원한 생명, 결코 죽을 수 없는 생명이 우리에게 주어졌습니다. 신자들 속에 있는 생명은 그리스도의 생명입니다. "내가 아버지로 말미암아 사는 것 같이 나를 먹는 그 사람도 나로 말미암아 살리라"(요 6:57). 신자와 그의 주님 사이의 연합은 참으로 신비합니다. 그것을 깨닫고, 그것을 믿고, 그것을 기뻐하고, 그 가운데서 승리하십시오. 이제 그리스도와 여러분은 하나입니다. 그리고 여러분은 그와 함께 살게 되었습니다. 하나님께서 여러분에게 그 연합한 상태의 기쁨이 무엇인지 알도록 허락해 주시기 바랍니다.

그리고 더 나아가, 우리는 "또 함께 일으키사 그리스도 예수 안에서 함께 하늘에 앉히시니"라는 말씀을 볼 수 있습니다. 그것은 대단히 놀라운 일입니다. 우리는 죽은 자를 떠나 그리스도와 함께 연합하게 되었을 뿐 아니라 **그리스도와 함께 하늘에 앉게 되었습니다.** 사람의 몸은 그 머리가 있는 곳에 같이 있습니다. 모든 신자는 그의 머리 되시는 주님이 있는 곳에 같이 있습니다. 그래서 우리가 그리스도의 몸의 지체라면 우리는 하늘에 있는 것입니다. 이 땅 위에서 걸으면서 하늘을 바라볼 수 있다는 것은 대단히 복된 체험입니다. 그러나 하늘에서 살면서 이 땅을 내려다보는 것은 더욱 고귀한 체험입니다. 바로 이것이 신자가 체험하는 일입니다. 그는 하늘에 있습니다. 그리스도께서 그의 대표자로 거기 계시기 때문입니다. 신자는 그의 대표자가 그를 위해 소유하고 있는 것을 소유할 것입니다. 하늘에서 살고 그곳에 거주하고, 마음을 사로잡아 이 가련한 생명에서 위에 있는 생명으로 올라가게 하는 것은 얼마나 놀라운 일입니까! 그곳이 바로 우리가 있을 곳, 즉 하나님의 생명으로 소생된 우리가 있을 곳입니다.

한 가지만 더 이야기하고 마치겠습니다. 우리는 다음과 같은 위치에 있습니다. 즉, 하나님은 우리를 하나님의 은혜의 가장 놀라운 반사경으로 만들기 위하여 아직 완성되지 않은 우리 속에서 역사하고 계십니다. 그는 우리를 그리스도와 함께 살리셨고, 또 함께 일으키사 그리스도 예수 안에서 함께 하늘에 앉히셨습니다. 그 목적은 "이는 그리스도 예수 안에서 우리에게 자비하심으로써 그 은혜의 지극히 풍성함을 오는 여러 세대에 나타내려 하심"(엡 2:7)입니다. 오는 여러 세대는 놀랍게도 소생한 하나님의 자녀들을 가지게 될 것입니다. 하나님께서 세상을 창조하셨을 때 그것은 기적이었습니다. 그리고 천사들도 그의 작품을 보기 위하여 모여 왔습니다. 그러나 그리스도께서 새로운 피조물을 만드셨을 때, 그들은 하나님께서 천지를 지으셨다고 찬양할 때보다 한층 더 높은 어조로 "그가 새로 태어난 남자들과 여자들을 창조하셨네. 그가 그들을 위해서 그리고 그들 안에서 새 하늘과 새 땅을 창조하셨네"라고 할 것입니다.

사랑하는 성도들이여, "장래에 우리가 어떻게 될지는 아직 나타나지 아니하였습니다." 하나님은 우리에게 코이누르(koh-i-noor: 106캐럿의 인도산 다이아몬드; 현재 영국 왕실의 왕관 장식) 보석보다 더욱 귀중한 생명, 태양과 달보다 더 오래 지속될 생명을 주셨습니다. 만물이 대양의 물거품과 같이 되어 파도 속으로 영원히 사라진다 해도 우리는 살아 있을 것입니다. 우리는 그리스도 안에서 그리고 그리스도와 더불어 살 것이며, 영원히 영광을 얻을 것입니다. 달이 검은 털로 짠 상복같이 검게 되었을 때에도 우리의 내적인 생명은 하나님이 처음에 그것을 우리에게 주셨을 때처럼 밝게 빛날 것입니다. 오 하나님의 자녀여, 당신은 새벽 이슬 같은 젊음을 소유하고 있으며, 하나님께서 당신을 사망의 모든 흔적으로부터 또 이 가련한 세상의 부패한 대기로부터 데려가실 때에 더 풍성한 젊음을 소유하게 되고, 또 주님과 같이 될 것입니다. 그리고 또 살아 있는 자들의 땅에서 살아 계신 하나님과 더불어 영원히 거하게 될 것입니다.

이 모든 것의 실제적인 결론은 다음과 같습니다. 즉, 여러분 중의 어떤 사람들은 그것을 전혀 알지 못한다는 사실입니다. 만약에 알지 못하다면 그 진리를 깊이 묵상하십시오. 만약에 하나님의 생명을 잘 알지 못한다면 언제까지 그런 상태로 남아 있을 것입니까? 여러분이 영적으로 죽은 상태에 있다면 깜짝 놀라야 합니다. 잠시 후면 하나님께서 "나의 죽은 자를 내 앞에서 내어다가 장사하라"고 말씀하실 것이기 때문입니다. "떠나라, 떠나라, 떠나라, 떠나라"는 하나님의 말씀이 계시고, 또 여러분과 나머지 죽은 자들이 영혼들의 무덤인 꺼지지 않는 불 속으로 보내질 때 여러분에게는 어떤 일이 일어나겠습니까? "하나님은 죽은 자의 하나님이 아니요 산 자의 하나님이십니다." 그리고 만약에 우리가 하나님을 향해 살아 있지 못하면 이곳에서나 그곳에서나 그는 나의 하나님이 아닙니다. 하나님께서 예수 그리스도를 위하여 그 자신의 성령으로 이 엄숙한 진리를 우리의 마음에 심어 주시기를 기원합니다. 아멘!

제
6
장

—

그리스도인의 과거와 현재

—

"다른 이들과 같이 본질상 진노의 자녀이었더니" — 엡 2:3
"성령이 친히 우리의 영과 더불어 우리가 하나님의 자녀인
것을 증언하시나니 자녀이면 또한 상속자 곧 하나님의 상속
자요 그리스도와 함께 한 상속자니" — 롬 8:16-17

이 두 본문은 나에게 친숙하고 중요한 두 가지 주제를 제공합니다. 그것은 그리스도인은 과거에 어떤 존재였으며, 현재는 어떤 존재인가입니다. 그리스도인의 과거와 현재 사이에는 크고도 중요한 차이점이 있습니다. 그리고 그것은 "진노의 자녀"와 "하나님의 자녀"라는 두 가지 표현에 의해서 암시됩니다. 우리의 본문 속에는 많은 교훈이 있습니다. 그래서 우리는 더 이상의 어떤 안내가 없어도 즉시 그 내용을 계속해서 고찰해 볼 수 있습니다.

1. 첫째로 그리스도인은 과거에 어떤 존재였는가를 생각해 봅시다.

사도 바울은 우리가 "다른 이들과 같이 본질상 진노의 자녀"였다고 말하고 있습니다. 단지 습관적으로 "본질상"이라 하지 않고 강조적 의미로 "본질상"이라는 표현을 덧붙인 것입니다. 그래서 "본질상 진노의 자녀"라고 표현하고 있습니다. 여기 "진노의 자녀"라는 표현은 히브리식 표현입니다. 사람이 죽게 되었을 때 유대인들은 그를 "사망의 자녀"라고 부릅니다. 그리고 대단히 가난한 사람은 "가난의 자녀"라고 부릅니다. 그래서 우리들이 본질상 하나님의 진노 하에 있었기 때문

에 우리들을 "진노의 자녀"라고 한 것입니다.

사도 바울이 우리가 "본질상 진노의 자녀이었다"라고 말했을 때 그는 우리가 그렇게 태어났다는 것을 의미합니다. 다윗도 다음과 같이 말하면서 우리들의 처지를 표현했습니다. "내가 죄악 중에서 출생하였음이여 어머니가 죄 중에서 나를 잉태하였나이다"(시 51:5). 우리의 최초의 부모인 아담은 전 인류의 대표자로서 죄를 짓고 타락했습니다. "한 사람으로 말미암아 죄가 세상에 들어오고 죄로 말미암아 사망이 들어왔나니 이와 같이 모든 사람이 죄를 지었으므로 사망이 모든 사람에게 이르렀느니라"(롬 5:12). 만약에 이 대표의 원리에 대해서 어떤 반대가 있다고 할지라도 그것은 이 진리에 아무런 영향을 미치지 못할 것입니다. 그리고 나도 역시 그들에게 바로 그와 같은 대표의 원리에 의해서 우리가 회복되어질 수 있는 길이 열려 있다는 사실을 일깨워 주겠습니다. 천사들은 대표적으로 죄를 지은 것이 아닙니다. 그들은 직접적이고 개인적으로 죄를 지었습니다. 그래서 그들에게는 회복의 희망이 없습니다. 다만 그들은 "큰 날의 심판까지 영원한 결박으로 흑암에 가두셨습니다"(유 1:6). 그러나 사람은 대표적으로 죄를 지었습니다. 그리고 그것은 우리들에게는 다행스러운 일입니다. "한 사람이 순종하지 아니함으로 많은 사람이 죄인 된 것 같이 한 사람이 순종하심으로 많은 사람이 의인이 되리라"(롬 5:19). 우리가 한 사람의 대표자를 통해서 타락했기 때문에 하나님께서 또 다른 대표자에 의해서 우리를 다시 회복시켜 주시는 방법으로 인류를 다스리시는 것이 원리상 일관된 것입니다. 처음에 우리들은 우리 자신의 잘못으로 인해서 타락한 것이 아닙니다. 그와 같이 지금도 우리들은 우리들 자신의 공로에 의해서가 아니라 은혜에 의해서 회복되어지는 것입니다. 우리가 태어나기도 전에 아담을 통해서 우리들에게 죄로 말미암은 사망이 찾아 왔습니다. 마찬가지로 그리스도 예수를 통해서 우리들에게 생명이 찾아 왔습니다. 첫 번째 본문은 다음과 같은 무서운 사실을 제시하고 있습니다. 그것은 끔찍할 만큼 사실이며, 사실인 만큼 끔찍한 일입니다. 즉, 우리는 처음부터 본질상 하나님의 진노 하에 있었다는 사실입니다. 하나님께서는 모든 인류를 더러운 반역자의 후손으로 간주하셨습니다. 우리는 모두 다 "진노의 자녀"로 태어났습니다.

이 표현은 또한 우리 안에는 하나님이 진노하실 수밖에 없는 본성이 있었다는 것을 암시합니다. 어떤 사람들이 인간 본성에는 탁월성이 있다는 식으로 주장하는 것은 전혀 근거가 없습니다. "만물보다 거짓되고 심히 부패한 것은 마음이라 누가 능히 이를 알리요마는"(렘 17:9). 우리 주 예수 그리스도께서 우리들에게 "속에서 곧 사람의 마음에서 나오는 것은 악한 생각 곧 음란과 도둑질과 살인과 간음과 탐욕과 악독과 속임과 음탕과 질투와 비방과 교만과 우매함이니"(막 7:21-22)라고 말씀하셨습니다. 모든 악한 것들이 여자에게서 태어난 모든 사람들의 마음속에 숨어 있습니다. 교육이 그것을 억제하고 훌륭한 본을 모방함으로 그 괴물을 어느 정도 억제하는 힘을 가지고 있습니다. 그러나 하나님의 은혜를 떠나서는 우리가 아무리 최선을 다해도 그것이 우리 안에 있는 악을 억제하지 못합니다. 우리가 악을 부추기는 어떤 환경에 처하게 될 때, 우리는 곧 우리의 본성이 악하며 또 계속적으로 악하게 될 것이라는 사실을 드러내게 될 것입니다. 여러분들은 화약이 들어 있는 가방을 가지고 다니면서, 주의만 한다면 그것을 가지고 놀 수도 있을 것입니다. 그것을 불 옆에만 가지고 가지 않으면 안전하기 때문입니다. 그러나 그것에 조그마한 불똥만 튀어도 그 안전하게 보이던 화약의 무서운 힘을 보게 될 것입니다. 만약에 호랑이를 어려서부터 훈련시킨다면 여러분들은 호랑이도 길들일 수 있을 것입니다. 그러면 그 호랑이를 마치 큰 고양이에 지나지 않는 것처럼 취급할 수 있을 것입니다. 그러나 호랑이로 하여금 피를 맛보게 한다면 곧 그의 눈에서 번쩍이는 야성을 보게 될 것입니다. 그리고 그것은 잔인한 발톱이 닿는 곳에 있는 모든 것들을 파괴시키려 할 것입니다. 그와 유사하게 죄악도 원래부터 우리들 모두의 내부에 잠복해 있습니다. 하나님께서 그의 은혜로 말미암아 아무리 좋은 속성을 우리의 마음에 심어주시더라도 우리들은 여전히 "다른 이들과 같이 본질상 진노의 자녀들"입니다.

　　나는 아담의 원죄와 우리의 악한 본성에 대해서 더 이상 말할 필요가 없습니다. 왜냐하면 구원을 받은 우리들도 우리의 행동이 우리의 본성에 따른다는 사실을 알기 때문입니다. 오염된 시냇물이 샘에서부터 흘러나온다는 사실을 안다면, 그 샘이 더럽혀졌기 때문이라는 것을 누가 부인할 수 있겠습니까? 여러분은 중생하지 못했던 시절을 돌아보면서 만족할 수 있습니까? 지난날의 범죄 행각을 생각할 때 애통해하지 않을 수 없을 것입니다. 그리고 특히 수많은 사람들이 망각했던 죄, 즉 하나님의 아들을 믿지 아니한 죄, 구세주를 그토록 오랫동안 거부했던 죄, 그의 은혜의 온유하신 부르심에 복종하지 않았던 죄, 그가 밖에 서서 "나의 누이, 나의 사랑, 나의 비둘기, 나의 완전한 자야 문을 열어 다오 내 머리에는 이슬이, 내 머리털에는 밤이슬이 가득하였다"(아 5:2)라고 부르짖으실 때에 마음 문을 걸어 잠근 죄 등에 대해서 슬퍼하지 않을 수 없을 것이라고 확신합니다. 우리는 일어서서 그를 영접하려고 하지 않았던 것입니다. 그리스도의 사랑스러움을 깨닫지 못하고, 또 그의 무한하신 사랑을 찬양하지 않는 것은 참으로 무서운 죄악입니다. 우리가 본성적으로 그리고 실제 행위가 사악하지 않았다면, 예수님이 오셨을 때 우리는 반대하지도 않고 무관심하지도 않았을 것입니다. 오히려 즉시 우리의 마음 문을 열고 영접하였을 것입니다.

우리는 혈통과 본성과 행실에서 "진노의 자녀였습니다." 그 뿐 아니라 하나님께서 우리가 회심할 때까지 오래 참으시지 않으셨다면 우리는 어두운 곳에서 영원히 하나님의 진노를 당했어야 했을 것입니다. 그곳은 단 한 줄기의 소망의 빛이나 위로의 물 한 방울도 없는 곳입니다. 오히려 "나를 떠나라 나는 도무지 너를 알지 못한다"는 무서운 선고가 진노의 자녀들을 기다리고 있습니다. 우리들은 회개하지 않고 죽은 사람들의 운명에 대해서 생각만 해도 몸서리쳐집니다. 나는 벌레도 죽지 않고 불도 꺼지지 않는 지옥의 광경에 대한 주님의 무서운 말씀을 읽을 때 무서워 떨었습니다. 우리는 지금 은혜로 말미암은 즐거운 소망 가운데 기뻐하면서 이곳에 앉아 있는 대신에 지옥에 가 있었을지도 모릅니다. 우리가 회심하기 전에 하나님의 섭리적 간섭이 없었더라면 우리도 그 자리에 있었을 것입니다. 우리가 회심하기 전에 병나서 죽었다면 그곳에 있었을 것입니다. 회심하지 않은 상태에서 난파되어서 구조되지 못하고 죽었다면 그곳에 있었을 것입니다. 회심하지 않고 전쟁터에 나가서 총 맞아 죽었다면 우리는 그곳에 있었을 것입니다. 우리 중 어떤 사람은 수많은 사고를 당했을 것입니다. 만약에 우리가 주님을 알기 전에 죽었다면 우리는 그곳에 있었을 것입니다. 우리 모두는 매일 매시간 위험 가운데 있습니다. 우리는 끊임없이 인간의 생명의 무상함을 깨닫고 있습니다. 그러나 하나님께서 그의 은혜로 우리를 용서해 주셨습니다. 우리를 잘라 내버리지 않으셨습니다. 우리들이 회개하지 않고 중생하지 않은 동안에도 다른 많은 사람들처럼 잘라 내버리지 않으셨습니다. 만약에 그가 그렇게 하셨다면 정말 끔찍한 "진노의 자녀"가 되었을 것입니다. 왜냐하면 우리들은 우리의 죄 때문에 하나님의 진노를 당하고 있었을 것이기 때문입니다. 하나님의 자녀들이여, 여러분은 내가 말한 진리를 깨닫고 있기 때문에 우리를 위해서 은혜로 개입하사 심연 속으로 빠져 들어가지 않게 구원하신 주님께 무한한 감사를 드리고 있음을 나는 확신합니다.

바울은 우리가 "다른 이들과 같이 본질상 진노의 자녀였다"라고 말한 사실에 대해 주목합니다. 하나님의 은혜는 그의 자녀들과 다른 사람들을 크게 차별하셨습니다. 그러나 원래부터 그런 차별이 있었던 것은 아니었습니다. 그들도 "다른 이들과 같이 진노의 자녀"였습니다. 즉, 그들도 다른 사람들과 같은 의미에서 진노의 자녀였습니다. 나는 하나님의 자녀들이 영원 전부터 하나님의 특별한 사랑의 대상이었음을 알고 있습니다. 하나님께서 자녀로 택하신 사람들을 사랑하지 않은 적은 한 번도 없었습니다. 그러나 전에는 우리도 죄인들, 즉 죄와 허물로 죽은 죄인들, 용서받지 못한 죄인들로서 "다른 이들과 같이 본질상 진노의 자녀"였습니다.

우리는 또한 회심하지 아니한 다른 이들과 같이 "진노의 자녀"였습니다. 아마 여러분들은 회심하기를 위해 오랫동안 기도한 딸이 있을지도 모릅니다. 그래서 딸에게 복음을 듣게 했습니다. 그러나 지금 이 순간까지도 그녀의 마음은 감동하지 못했습니다. 그러나 여러분 자신도 역시 그녀와 마찬가지로 진노의 자녀였다는 것을 잊지 마십시오. 여러분들 중에는 같이 복음을 들으면서도 복음을 비웃는 친구가 있을지도 모릅니다. 그러나 여러분도 전에는 그와 마찬가지로 진노의 후사였습니다. 그리고 만약에 성령의 초자연적인 역사가 없었더라면 여러분도 역시 말씀을 듣기는 했으나 행하지 못하는 자였을 것입니다. 여러분들은 이 회중 가운데 있는 다른 많은 사람과 같았을 것입니다. 그리고 쿠퍼(Cowper)처럼 말했을 것입니다.

> "나의 마음 강철처럼 무감각하여
> 　듣기는 들어도 깨닫지 못하였네."

그러나 여러분은 지금 "강철처럼 무감각"하지 않습니다. 여러분은 말씀의 능력을 느끼고 있습니다. 말씀은 여러분들을 두려워 떨게 합니다. 그러나 그 말씀은 기쁨을 주기도 합니다. 왜냐하면 여러분들은 그 말씀이 영원한 사랑으로 여러분을 사랑하시고 또 친절한 사랑으로 그에게로 인도하신 하늘에 계신 아버지의 말씀이라는 것을 알고 있기 때문입니다. 우리를 다른 사람과는 다르게 만들어 주시고, 또 과거의 나 자신과도 다르게 만들어 주신 분에 대해 진지하게 감사드려야 합니다. 우리는 이 큰 사랑을 기억하면서 동시에 나도 과거에는 하나님을 알지 못하는 사람들과 같이 진노의 자녀였다는 사실을 잊지 말아야 합니다.

그렇습니다. 그리스도 안에서 사랑하는 형제 자매들이여, 우리는 지금도 여전히 죄악 가운데서 반역하고 있는 "다른 이들과 같이 본질상 진노의 자녀"였습니다. 우리는 길을 걸으면서 사람들이, 자기를 창조하시고 지금도 살아 있도록 허락해 주시는 하나님에 대해 심각한 범죄를 저지르는 사람들에 대해 보고 들으면서 충격을 받고 두려워합니다. 그러나 한편으로는 우월감을 가지고 그들을 경멸하면서 "저 사람들은 나와 비교해 볼 때 얼마나 수치스러운 죄인들인가!"라고 말하지 마십시오. 오히려 "우리도 역시 다른 이들과 같이 본질상 진노의 자녀였다"고 말하십시오.

그렇습니다. 내가 지금까지 말씀드린 내용을 강조하자면 우리는, 회개하지 않고 때가 되면 하나님이 심판대 앞에 서야 할 "다른 사람들과 같이 본질상 진노의 자녀"였습니다. 그들은 백 보좌 앞에서 떨며 서 있게 될 것입니다. 백 보좌의 광채는 마치 놀라운 거울과 같이 그들의 추악한 생애와 회개치 않음을 보여줄 것입니다. 그리고 왕이 그의 보좌 위에 앉으실 때, 비록 그가 죄인들을 위해 죽으시고 또 그들의 재판관으로 앉으신 어린 양이지만 그 죄인들은 떨면서 산들과 바위들을 향하여 "우리 위에 떨어져 보좌에 앉으신 이의 얼굴에서와 그 어린 양의 진노에서 우리를 가리라 그들의 진노의 큰 날이 이르렀으니 누가 능히 서리요"(계 6:16-17)라고 부르짖을 것입니다. 사랑의 상처를 입은 자를 쳐다본다는 것은 참으로 두려운 일입니다. 사랑이 일단 격노하게 되면 먹이를 향하여 달려드는 사자보다 더 사나운 것입니다. 기름은 부드럽게 하는 것이지만 일단 불이 붙으면 맹렬하게 타오릅니다. 예수님의 사랑이 최종적으로 거절당했을 때 그의 머리에 가시관을 쓰셨던 분의 모습은 그를 거절한 사람들의 눈에는 그 무엇보다 더 무서울 것입니다. 그들은 자기들이 결코 태어나지 않았더라면 좋았을 것을 하면서 슬퍼할 것입니다. 그리고 실제로 그들은 태어나지 않았더라면 그들을 위해 더 좋았을 것입니다. 하나님의 은혜가 없었더라면 그들이 당한 일은 우리도 당할 일이었습니다. 우리도 본질상 그들과 같은 진노의 자녀들이었기 때문입니다. 우리도 두려워 떨고 있는 무리들 가운데 서 있었을 것입니다. 그러나 우리는 예수님을 믿기 때문에 "그 날에 그가 강림하사 그의 성도들에게서 영광을 받으시고 모든 믿는 자들에게서 놀랍게 여김을 얻으실"(살후 1:10) 때에 우리의 자리는 그의 오른편이 될 것입니다. 우리는 그 왕께서 "내 아버지께 복 받을 자들이여 나아와 창세로부터 너희를 위하여 예비된 나라를 상속받으라"(마 25:34)고 말씀하실 때에 우리는 그 사람들 중에 있을 것입니다. 그러나 본질상 우리는 "다른 이들과 같이 진노의 자녀"였습니다.

2. 이제 나는 "다른 이들과 같이 진노의 자녀"라는
슬프고 엄숙한 종소리에서 우리의 두 번째의 본문에서 울려 퍼지는
기쁨의 종소리로 방향을 전환하겠습니다.

그것은 우리가 예수를 믿는다면 우리의 현재 상태는 무엇인가, 즉 그리스도인의 현재 상태는 무엇인가를 설명해 주고 있습니다. "성령이 친히 우리의 영과 더불어 우리가 하나님의 자녀인 것을 증언하시나니"(롬 8:16).

과거에는 진노의 자녀였던 자들이 지금은 하나님의 자녀가 되었다는 것은 놀라운 일입니다. 그리고 그 사실에 대해 두 증인이 있습니다. 첫째는, 우리 자신의 영이 우리가 하나님의 자녀라는 것을 증언합니다. 그리고 성령께서 오셔서 "나도 너희가 하나님의 자녀라는 사실을 거룩하게 증언하노라"고 말씀하십니다. 사랑하는 자들이여, 하나님께서 여러분들 안에서 이와 같이 위대한 자비의 기적을 이루셨다는 사실을 깨닫습니까? 여러분의 영이 지금 여러분이 하나님의 자녀라는 것을 증언합니까? 여러분들이 이 건물 밖으로 나가 별들을 쳐다볼 때, "나의 아버지께서 저 모든 것들을 창조하셨다"고 스스로에게 말하겠습니까? 이제 아버지께 말씀드려야겠다고 느끼십니까? 오늘 밤 침대로 가서 잠이 오지 않는다면, 마치 어둠 속에 누워서 어머니를 생각하고 또 어머니를 부르는 어린아이처럼 자연스럽게 하늘에 계신 아버지에 대해 생각하기 시작하겠습니까? 진정한 신자라면 그렇게 할 것입니다. 여러분들에게는 양자의 영이 주어졌습니다. 그래서 "아바 아버지"라고 부를 수 있게 되었습니다. 홀로 조용히 앉아 "하늘과 땅을 창조하시고 또 만물을 그의 권능의 말씀으로 보존하시는 하나님은 나의 아버지이시다"라고 할 때 그것이 무슨 의미인지 아시겠습니까? 주님 앞에 조용히 서 있을 때 마치 백합화가 그런 것처럼 눈물이 비 오듯 쏟아져 나올 것입니다. 때로는 가만히 서서 마치 꽃향기가 부드러운 미풍을 타고 위로 올라가듯이 주님 앞에서 마음으로부터 우러나오는 사랑이 고요하게 흐르도록 놔두는 일 외에는 더 좋은 예배의 양식은 없습니다. 그와 같은 심정의 상태에서 여러분의 영은 내가 하나님의 자녀임을 증거하는 것입니다.

그 다음에는, 무오한 증인이 되시는 성령께서 오셔서 말씀을 통하여, 그리고 우리의 마음에 대한 성령님의 신비한 감화력으로 우리가 하나님의 자녀라는 사실을 증언합니다. 율법에서는 어떤 사람을 고소하려면 두 사람의 증인이 필요합니다. 그리고 복음에서도 우리가 하나님의 자녀라는 주장을 성립시켜 줄 두 증인이 있습니다. 첫째는 우리 자신의 영이며, 두 번째는 더욱 위대한 증인이신 성령이십니다. 그리고 이 두 증인에 의하여 우리의 주장은 완전하게 옳다고 인정됩니다. 만약 우리 자신의 영만이 우리의 유일한 증인이라면 우리는 그 증거를 받아들이기 어려울 것입니다. 그 이유는 우리의 영은 오류가 많고 편견에 치우치는 경향이 있기 때문입니다. 그러나 무오하시고 공정하신 하나님의 성령이 우리 자신의 마음과 양심에 대하여 확고한 증거를 제시해 줄 때, 하나님을 향해서 자신감을 갖게 되고, 주저없이 우리가 진실로 지존자이신 하나님의 자녀라는 사실을 믿게 됩니다. 성령께서 우리 영과 더불어 우리가 하나님의 자녀라는 것을 증언하는 근거들 중의 하나는 다음과 같습니다. "우리는 형제를 사랑함으로 사망에서 옮겨 생명으로 들어간 줄을 알거니와"(요일 3:14). 즉, 우리가 하나님의 자녀들을 진심으로 사랑할 때 그것은 우리가 하나님 가족의 일원이라는 강력한 추정의 근거가 됩니다. 그리고 우리가 진실로 성부 하나님과 성자 하나님을 사랑할 때, 그리고 우리가 사람들의 영혼을 사랑하고 거룩한 것을 깊이 사랑하고 죄를 미워하고 하나님의 영광을 소원할 때, 이 모든 것들은 우리들의 영과 더불어 우리가 하나님의 자녀라는 사실에 대한 성령의 또 다른 증거들입니다.

이와 같이 우리가 하나님의 자녀라는 사실에 대한 두 증인이 있듯 우리가 하나님의 자녀가 되는 데에도 두 가지 방법이 있습니다.

첫째로, 우리는 양자에 의해서 하나님의 자녀가 됩니다. 하나님께서 스스로 "내가 어떻게 진노의 자녀를 나의 자녀로 삼을까?" 하고 질문하셨을 때 "내가 그들을 양자로 삼아 내 가족이 되게 함으로써 그 일을 할 것이다"라고 자문자답하셨습니다. 우리는 악한 행위로 인해 하나님으로부터 멀리 떨어져 있었습니다. "그 때에 너희는 그리스도 밖에 있었고 이스라엘 나라 밖의 사람이라 약속의 언약들에 대하여는 외인이요 세상에서 소망이 없고 하나님도 없는 자이더니"(엡 2:12). 그러나 하나님의 은혜로 말미암아 우리는 양자가 되어 하나님의 가족이 되었습니다.

여러분들은 어떤 어린아이가 귀한 가정에 양자가 되어도 그가 진정한 혈족은 아니라는 것을 알고 있습니다. 그래서 우리가 하나님의 자녀가 되는 두 번째 방법은 중생으로 말미암아 하나님의 가족이 되는 것입니다. 우리는 하나님의 가족의 양자가 되었을 뿐 아니라 하나님의 가족으로 태어나게 되었습니다. 그래서 우리는 "하나님의 본성에 참여한 자"가 되었습니다. 그래서 베드로는 다음과 같이 기록합니다. "우리 주 예수 그리스도의 아버지 하나님을 찬송하리로다 그의 많으신 긍휼대로 예수 그리스도를 죽은 자 가운데서 부활하게 하심으로 말미암아 우리를 거듭나게 하사 산 소망이 있게 하시며 썩지 않고 더럽지 않고 쇠하지 아니하는 유업을 잇게 하시나니 곧 너희를 위하여 하늘에 간직하신 것이라 너희는 말세에 나타내기로 예비하신 구원을 얻기 위하여 믿음으로 말미암아 하나님의 능력으로 보호하심을 받았느니라"(벧전 1:3-5). 양자가 됨으로써 우리는 하나님의 자녀의 특권을 가지게 되었습니다. 또한 중생으로 인하여 우리는 하나님의 자녀의 본성을 가지게 되었습니다. 양자가 됨으로 우리는 거룩한 가족이 되었습니다. 그러나 중생함으로 우리는 거룩한 아버지의 혈족이 되었습니다. 중생은 그리스도 예수 안에서 우리를 새롭게 창조하신 것이며, 영원한 성령께서 친히 불꽃을 넣어주신 것입니다. 그래서 우리는 영적인 존재가 되었습니다. 우리가 중생하기 전에는 단지 육과 혼뿐이었는데 위로부터 다시 태어났을 때 육과 혼과 영이 된 것입니다. 우리가 성령으로 말미암아 태어났기 때문에 영적인 것들을 이해하게 되고, 전에는 소유한 적이 없는 영적 인식력을 소유하게 되었습니다.

　　우리가 하나님의 자녀가 되었으므로 우리는 자녀의 모든 특권을 갖게 되었습니다. 아버지의 사랑과 보살핌과 가르침과 보호와 양식과, 그리고 마지막으로 아버지의 징계(결코 사소한 것이 아님)가 자녀의 특권입니다. 자녀가 아버지로부터 모든 권리를 받아 누리듯이 우리도 하늘에 계신 아버지로부터 특권을 받는 것입니다. "너희가 악한 자라도 좋은 것으로 자식에게 줄 줄 알거든 하물며 하늘에 계신 너희 아버지께서 구하는 자에게 좋은 것으로 주시지 않겠느냐"(마 7:11). 아버지의 자녀들인 여러분에게 이 땅 위에 있는 동안 필요한 모든 것과 가장 귀한 축복인 천국 그 자체를 주시지 않겠습니까?

　　그리고 나서 사도 바울은 더 나아가 "자녀이면 또한 상속자 곧 하나님의 상속자요 그리스도와 함께 한 상속자니"(롬 8:17)라고 말씀합니다. 영국에서는 자녀라고 해서 반드시 상속자가 되는 것은 아닙니다. 장자로 태어난 한 사람에게 상속자가 되게 하는 법이 있기 때문입니다. (나는 그 법의 정당성을 이해할 수 없으나 어떤 사람은 그 법에 대해 찬성합니다.) 그러나 하나님의 가족은 그렇지 않습니다. "자녀이면 또한 상속자"입니다. 하나님의 모든 가족이 다 하나님의 상속자입니다. 하나님의 가족으로 태어날 최후의 사람도 "하늘에 계신 나의 아버지"라고 말하는 장자와 마찬가지로 상속자가 됩니다. 그리고 하나님의 자녀들 중 가장 작은 자, 즉 믿음이 적은 자, 소심한 자, 겁이 많은 자도 신실한 자, 진리에 용감한 자, 관용의 마음을 가진 자와 마찬가지로 하나님의 상속자가 됩니다. "자녀이면" ―그것이 모든 것입니다. "자녀이면 또한 상속자"입니다. 그들이 하나님의 자녀입니까? 그들이 하나님의 가족들의 특징인 믿음을 소유하고 있습니까? 그들이 진실로 회심한 자들입니까? 그들이 중생하여 하나님의 가족으로 태어났습니까? 만약에 그렇다면 필연적으로 다음과 같은 말이 뒤따를 것입니다. 즉, "자녀이면 또한 상속자"라는 말입니다. 이 진리가 소심한 신자에게 용기를 주고 있지 않습니까? 그리고 또 겁 많고 믿음이 적은 자에게도 용기를 주지 않습니까? "자녀이면 또한 상속자"입니다. 담대한 자녀도 아니고, 장자도 아니고, 강한 자녀도 아니고, 단순하게 "자녀이면 또한 상속자"입니다. 만약에 여러분이 양자의 영을 받아 그것으로 인해 "아바, 아버지"라 부를 수 있다면 하나님의 상속자요, 그리스도 예수와 함께한 상속자입니다.

하나님의 가족에게는 또 하나 주목할 만한 것이 있습니다. 만약에 본질상 진노의 자녀였던 우리가 은혜로 말미암아 하나님의 자녀가 되었다면, 그것으로 인해 하나님이 소유하신 모든 것의 상속자가 됩니다. 이것은 이 땅의 가족에게서는 결코 일어날 수 없는 일입니다. 만약에 아버지가 부자이고 그의 모든 자녀들이 그의 상속자들이라면, 한 아들은 농장을 상속받고 딸들은 지참금으로 수천 파운드씩 상속받게 될 것입니다. 그러나 그들 중 그 누구도 아버지의 모든 것을 다 상속받을 수 없습니다. 아버지의 재산은 그들에게 나누어져야 할 것입니다. 한 사람은 다른 사람이 갖지 아니한 것을 가질 것입니다. 그리고 다른 사람이 가진 것은 소유할 수 없습니다. 그러나 하나님의 가족은 모든 자녀들이 하나님의 모든 것에 대한 상속자들입니다. 그리스도 안에서 나의 사랑하는 형제 자매들이여, 여러분이 그리스도인이기 때문에 최상의 특권을 가지고 있다면 나는 그 특권을 여러분이 가진 것을 기뻐합니다. 나도 그 특권을 가지고 있습니다. 또한 내가 주님의 자녀이기 때문에 나에게 속한 귀한 약속을 소유하고 있다면 여러분도 그것으로 인해 감사할 것입니다. 왜냐하면 그 약속은 동일하게 여러분의 것이기도 하기 때문입니다. 그 어떤 하나님의 자녀도 그리스도를 혼자서 독점할 수는 없습니다. 그리스도는 그의 모든 백성들의 분깃이기 때문입니다. 내가 아는 어떤 형제들은 그들이 모든 그리스도인의 특권을 독점하려고 그들의 작은 정원 주위에 가시담장을 세우기를 좋아합니다. 그러나 낙원의 하나님의 새들은 그 담장을 넘어서 날아갈 수 있습니다. 그리고 그들이 에워싸려고 한 모든 좋은 것들을 나누어 가지게 됩니다.

"자녀이면 또한 상속자, 곧 하나님의 상속자요." 나의 사랑하는 형제들이여, 여러분은 그리스도를 소유하고 있습니다. 그리고 나도 그리스도를 소유하고 있습니다. 여러분은 성령을 소유하고 있습니다. 그리고 나도 성령을 소유하고 있습니다. 여러분들은 성부를 소유하고 있습니다. 그리고 나도 성부를 소유하고 있습니다. 여러분은 용서와 평화와 그리스도의 의와 그리스도와의 연합과, 생명 안에서의 보호와, 죽음 가운데서 안전과, 그리고 복된 부활과 영원한 영광에 대한 보장을 소유하고 있습니다. 그리스도를 믿는 자는 모두 다 그것을 소유하고 있습니다. 하나님의 모든 자녀들을 위해서는 동일한 유산이 준비되어 있습니다. 한 사람을 위해서 어떤 한 부분을 예비하고, 또 다른 한 사람을 위하여 또 다른 부분을 준비한 것이 아닙니다. 그 언약은 "므낫세에게는 약속의 땅 중에서 이 부분을 주고 잇사갈에게는 저 부분을 주고 또 스불론에게는 저 부분을 줄 것이다"라는 식이 아닙니다. 그러나 하나님은 모든 신자들에게 "네 눈을 들어 동서남북 사면을 보라. 나는 너에게 영원한 소금 언약에 의해서 이 모든 아름다운 기업을 주었노라"고 말씀하십니다.

　　이 유산에는 우리들에게 그것을 더욱 귀중한 것으로 만들어 주는 또 다른 내용이 있습니다. 즉, 상속자들 각자가 받을 유산이 확실하다는 것입니다. 그리고 그것은 이 땅의 유산에 대해 말할 수 있는 것 그 이상입니다. 만약에 어떤 사람이 여러분에게 유리한 유언을 할 작정이라는 사실을 알았다 할지라도 실제로 그것을 소유하기 전에는 상속받을 부동산이나 돈이 여러분의 것이라고 생각하지 마십시오. 왜냐하면 "잔을 입으로 가져가는 사이에도 실수는 얼마든지 있을 수 있습니다. 즉, 입에 든 떡도 넘어가야 자기 것이 되는 것입니다." 그런 유언은 취소될 수도 있고, 또 새로운 유언이 여러분을 제외시킬 수도 있습니다. 혹은 그 유언 가운데 흠이 있어서 그 부동산이 법정관리로 들어가 여러분의 일생 동안 묶일 수도 있습니다. 여러분이 상속자라는 사실에 대해서 의심할 여지가 없을지라도 많은 사람들이 그 유산에 대한 여러분의 권리에 대해 반박할 수도 있을 것입니다. 그러나 만약에 진실로 하나님의 자녀라면 마귀조차도 여러분에게서 천국의 유산을 빼앗을 수 없습니다. 사탄은 여러분이 하나님의 후사(상속자)라는 사실을 부인할지도 모릅니다. 그러나 하늘에 계신 아버지께서는 다음과 같이 말할 것입니다. "그렇다. 그는 진실로 나의 자녀다. 그리고 내가 가진 모든 것에 대한 상속자이다. 나는 그의 최초의 회개의 눈물을 기억한다. 그리고 나는 나의 병 속에 그 회개의 눈물을 보관하고 있다. 나는 그의 최초의 기도, 최초의 믿음의 모습, 그의 최초의 찬양의 음조를 기억한다. 그것들은 나의 장부에 모두 기록되어 있어서 그 누구도 그것을 지워버릴 수 없다. 나는 죽은 어린양의 생명책에 그의 이름을 태초부터 기록하였다. 그리고 그것은 결코 지워질 수 없다. 그렇다. 그는 나의 자녀이며 나의 상속자이다. 내가 가진 모든 것은 그의 것이다"라고 말씀하실 것입니다. 모든 그리스도의 양들이 그들에게 말씀하신 분의 손 밑으로 지나가게 될 날이 올 것입니다. 그리고 그 날에는 구원받은 모든 양 떼 중에서 하나도 잃어버려지지 않을 것입니다. 구원받은 하나님의 가족들의 이름이 적힌 긴 두루마리를 펴고 그 이름을 부를 때, "작은 믿음(Little-faith)아 왔느냐?" 그러면 그가 이 땅 위에 있었을 때 말하던 식으로 두려워 떨면서 자기 이름을 부르는 것에 대답하지 않고 담대하게 대답할 것입니다. "겁쟁이(Miss much-afraid)도 왔느냐?"라고 물을 때 그녀는 즐거운 목소리로 "하나님께 영광을 돌립니다. 나도 여기 있습니다"라고 대답할 것입니다. 여러분이 아무리 연약할지라도 만약에 여러분이 하나님의 자녀라면 확실히 그곳에 있을 것입니다. 그리고 그 유산은 분명히 여러분의 것이 될 것입니다.

나는 아직까지 "하나님의 상속자"라는 표현에 대해서 설명하지 않았습니다. 바울은 하나님의 자녀들이 하늘의 상속자라고 하지 않았습니다. 우리들의 유산은 그것보다 훨씬 더 큽니다. 왜냐하면 하늘도 한계가 있기 때문입니다. 그러나 하나님은 한계가 없습니다. 하늘과 땅이 사라져도 하나님은 결코 사라지지 않습니다. 그러므로 우리는 끝없는 축복의 상속자들입니다. 우리는 "하나님의 상속자"이기 때문입니다. "하나님의 상속자"라는 이 표현의 완전한 의미를 말할 수 있는 사람은 이곳에는 아무도 없습니다. 이 땅 위에도 아무도 없습니다. 그 누구도, 하늘의 천사라도 그것을 설명할 수 없습니다. 그것은 어린아이라도 쉽게 이야기할 수 있는 것이지만, 그러나 오직 하나님만이 그 의미를 완전하게 알고 계십니다. 그리고 우리는 그 짧은 단어 속에 포함되어 있는 것을 배우기 위해서는 영원이라는 시간이 걸릴 것입니다. 하나님을 우리의 유산으로 소유하는 것, 그리고 "여호와는 나의 분깃"이라고 말할 수 있다는 것은 하나의 하늘 속에 수천 개의 하늘이 들어 있는 것과 같습니다. 그리고 하나님의 모든 자녀들은 다 하나님의 상속자들입니다. 그들 중 그 누구도 "나의 형이 많은 몫을 가져가서 나의 분깃이 줄어들었습니다"라고 말할 필요가 없습니다. 모든 사람들이 하나님을 소유하여 지금 이 땅 위에서도 향유할 것이며, 또 그 때에는 영광 가운데서 영원히 하나님을 즐거워할 것입니다.

끝으로, 사도 바울은 "그리스도와 함께 한 상속자"라고 말하고 있습니다. 만약에 우리가 함께 기쁨을 나누어 가지고 싶은 사람이 있다면 그것은 항상 우리에게 즐거움을 더해 줍니다. 그런데 하물며 우리의 주님이시며 구세주이신 그리스도 에수와 더불어 하늘의 유산을 공유할 때 우리는 얼마나 더 큰 즐거움을 누리겠습니까! 우리는 예수님의 성육신, 그의 생애와 죽음, 부활과 중보의 사역에 크게 빚지고 있는 자들입니다. 그와 같은 축복을 영원히 소유하고 또 그와 같은 복된 친구 안에서 그 복을 향유하는 사람치고 하나님의 자녀가 아닌 사람이 누가 있겠습니까? 그럼에도 불구하고 이와 같은 유산을 멸시하는 자가 있을까요? 여기에 "한 그릇 음식을 위하여 장자의 명분을 판"(히 12:16), 그리고 "그 후에 축복을 이어받으려고 눈물을 흘리며 구하되 버린 바가 되어 회개할 기회를 얻지 못한"(히 12:17) 에서와 같은 자가 혹시 있습니까? 신앙을 고백했다가 좀 더 나은 삶이나 사람들에게 작은 칭찬을 들으려고 세상으로 되돌아간 자가 있습니까? 불쌍한 영혼이여, 불쌍한 영혼이여, 나는 당신을 한없이 가엾게 여깁니다.

　　그러나 하나님의 자녀여, 당신은 지금까지 믿음을 지켰습니다. 그렇다면 에서보다는 오히려 나봇을 모델로 삼으십시오. 아합은 나봇에게 포도원을 판다면 그에게 그것보다 더 좋은 포도원이나 그 값어치에 해당하는 돈을 주겠다고 제의했습니다. 그러나 나봇은 그 제의를 거절하면 생명을 잃게 된다고 할지라도 자기의 유산을 교환하거나 팔기를 거절했습니다. 우리도 우리의 하늘의 유산을 나누어 주기보다는 차라리 수천 번이라도 죽는 것이 나을 것입니다. 다행하게도 만약에 우리가 진실로 하나님의 자녀라면, 그의 은혜로 우리를 그의 자녀로 삼아주신 하나님께서 계속적으로 우리를 그의 자녀로 보호해 줄 것입니다. 하나님께서는 유산을 위하여 우리를 지켜주실 뿐 아니라 우리를 위해서 유산을 지켜줄 것입니다. 그러나 진실로 하나님의 자녀가 되는 것이 아니고 이름만 하나님의 자녀가 될 위험이 있으므로 우리는 사도의 경고를 귀담아 들어야 합니다. "그러므로 우리는 두려워할지니 그의 안식에 들어갈 약속이 남아 있을지라도 너희 중에는 혹 이르지 못한 자가 있을까 함이라"(히 4:1). 우리는 손에 쟁기를 잡았으니 뒤를 돌아보지 맙시다. 우리가 그의 사랑하는 아들로 인해 그의 복된 임재 안으로 들어가 영원히 거할 때까지 하나님의 길에서 행함으로써 살아 계신 하나님의 살아 있는 자녀들임을 증명할 수 있게 되기를 기원합니다. 아멘!

제
7
장

—

그 크신 하나님의 사랑

—

"긍휼이 풍성하신 하나님이 우리를 사랑하신
그 큰 사랑을 인하여 허물로 죽은 우리를
그리스도와 함께 살리셨고" — 엡 2:4-5

본 장의 4절에서부터는 주목할 만한 주제의 변화가 시작되고 있습니다. 바울은 성도들의 본래의 모습과 회심하기 이전의 그들의 행동에 대해 슬프게 묘사하고 있습니다. 그리고 나서 그는 그 고통스러운 주제에 대해 기록하는 것이 싫은 것처럼 "그러나 하나님이(But God)"[개역개정에는 "그러나"가 없음]라고 말하고 있습니다. 그리고 계속해서 하나님께서 하신 일에 대해서 말하고 있습니다. 말씀의 주제가 우리에게서 하나님으로 전환된 것은 참으로 위로가 되는 일입니다. 우리가 엄청난 죄를 범한 자라는 것을 알 때야말로 긍휼에 풍성하신 하나님이 얼마나 사랑스러워 보이는지 말로 다할 수 없습니다. 다이아몬드는 그것의 빛을 더욱 돋보이게 해주는 적당한 물체가 있을 때 더욱 찬란한 빛을 발합니다. 그와 같이 사람들도 하나님의 선하심과 긍휼하심을 더욱 돋보이게 하는 역할을 하고 있는 것 같습니다. 시편 기자는 "모든 사람이 거짓말쟁이라"(시116:11)고 말했다가 갑자기 주제를 바꾸어 "내게 주신 모든 은혜를 내가 여호와께 무엇으로 보답할까"(시116:12)라고 말하고 있습니다. 그것은 마치 "나는 이제 더 이상 사람과 관계되는 어떤 것도 이야기하지 않겠습니다. 사람은 물을 가두어 둘 수 없는 부서진 저수지와 같습니다. 그러나 나의 하나님은 결코 나를 실망시키지 않으셨습니다. 그리고 미래에도 결코 나를 실망시키지 않으실 것입니다. 그래서 나는 '내가 구원의 잔을 들고 여호와의 이름을 부르겠습니다'"라고 하는 것 같습니다(시 116:13).

나는 이 시간 그 두 가지 주제를 뒤섞어가면서 설명하겠습니다. 타락한 우리 자신과 은혜 가운데 있는 하나님, 다시 말하면 죄악 가운데 있는 우리와 사랑 가운데 있는 하나님. 이 두 가지 주제를 뒤섞어가면서 설명하겠습니다. "우리를 사랑하신 그 큰 사랑을 인하여 허물로 죽은 우리를." 나는 여러분의 기억을 새롭게 하기 위해서, 즉 하나님이 그의 은혜 가운데 우리를 위하여 해주신 큰 일에 대한 기억을 되살리기 위하여 많은 설교를 할 필요는 없습니다. 나는 하나님을 아는 여러분들이 과거의 여러분의 처지와 하나님께서 여러분을 위해서 해주신 일을 기억하기를 원합니다. 그 두 가지 주제는 그의 위대한 사랑을 보여줍니다. 그래서 우리는 그 두 가지 주제를 묵상할 필요가 있습니다. 첫째는, 과거의 우리의 상태이고, 둘째는, 하나님이 우리를 위하여 해주신 일입니다.

1. 첫째로, 과거의 우리의 상태는 어떠했습니까?
본문은 "허물로 죽은 우리"라고 말씀합니다.

성도 여러분, 여러분이 오늘 어떤 생명, 즉 영적 생명을 가지고 있다면 그것은 하나님이 주신 것입니다. 그것은 본래 우리의 것은 아니었습니다. 하나님이 사랑과 자비로 우리를 보시기 전에, 먼저 죽었던 우리에게 "살아나라"고 하신 것입니다. 다시 말하자면, 영적인 것에 대해서 우리는 무감각했습니다. 하나님의 진노의 두려움과 하나님의 사랑에 대해서 모두 무감각했습니다. 모세는 극도로 무서워하고 두려워 떨었지만 우리는 시내 산 기슭에 편안히 누워 있었습니다. 비록 땅이 흔들리고 바위가 부서지고 무덤들이 음울한 소리를 내며 열릴 때에도 우리는 아무 감각 없이 십자가 밑에 누워 있을 수 있었으며 임마누엘의 죽음의 부르짖음을 들으면서도 전혀 감동이 없었습니다. 사랑하는 자들이여, 여러분도 그런 경험을 한 기억이 나지 않습니까? 나는 기억합니다. 완전히 무감각하고 완악한 마음이 나를 지배하고 있었고, 마치 짙은 화장을 한 창녀 같은 세상이 우리를 유혹할 때 우리는 완전한 아름다움을 지니신 우리 주 예수 그리스도요 구세주가 되시는 그분의 말로 다할 수 없는 아름다움에 대해서는 무감각했습니다.

우리는 영적인 것에 대해 무감각했고 죽어 있었기 때문에 그 때 우리는 어떤 일을 할 수 있는 능력이 없었습니다. 설교도 있었고 초청도 있었고 오라는 명령도 있었습니다. 그러나 그 모든 좋은 것들에 대해 우리는 마치 시체와 같았습니다. 그리고 지극히 아름다운 음악 소리도, 머리맡에서 윙윙거리는 죽음의 소리도 들을 수 없었습니다. 사랑하는 친구들이여, 여러분은 그런 것을 경험한 일을 기억하지 못합니까? 그 당시 여러분들은 자신의 힘으로 어떤 훌륭한 일을 할 수 있다고 생각했습니다. 그러나 그 일을 시도할 때면 언제나 끔찍한 실패만 있었습니다. 자신의 결심도 모두 허사였습니다. 바울의 강조적인 말을 빌린다면 여러분에게는 "능력이 없었기" 때문입니다. 그렇습니다. 여러분은 무감각했고 아무 능력이 없었습니다.

그리고 더욱 나쁜 것은 그 당시에 우리는 하나님께 나아가려는 의지나 열망이 없었습니다. 우리는 하나님께로 움직이는 성향도 없었고, 거룩함을 추구하려는 열망도 없었고, 창조주와 교통하고자 하는 갈망도 없었습니다. 우리는 세상을 사랑했으며, 우리의 보고(寶庫)를 보잘것없는 쓰레기로 채우는데 만족하였습니다. 이것이 우리가 추구한 유일한 몫이었습니다. 우리가 부유하고 재산이 늘어가고 있었다면 "영혼아 편히 쉬어라 나는 더 바랄 것이 없다"라고 말했을 것입니다.

그것이 본래의 우리의 상태였습니다. 우리는 죽어 있었습니다. 그런데 우리에게는 칭찬할 만한 것이 아무것도 없고, 칭찬받을 만한 상태에 이를 가능성이 전혀 없는데도 하나님은 우리를 사랑하셨을까요? 그렇습니다. 하나님은 그 때에도 우리를 사랑하셨습니다. "우리가 죄 가운데서 죽어 있을 때에 그가 우리를 사랑하신 그 큰 사랑" 안에 놀라운 은혜가 있었음에 틀림없습니다.

우리가 신령한 것들에 대해 죽어 있을 때에는 우리 안에 다른 종류의 생명이 있었습니다. 그런데 본문이 들어 있는 이 장에는 죽은 자들이 걸어가고 있는 것으로 묘사되어 있습니다. 그들은 걸어다니는 시체들이었습니다. 이것은 이상하게 혼합된 비유입니다. 그러나 그것은 모든 불경건한 사람들에 대해서는 분명한 진리입니다. 그들은 선에 대해서 죽어 있습니다. 그러나 악에 대해서는 아주 생동감이 넘칩니다. 그들 안에 있는 마귀와 그들 안에 있는 육적인 본성은 매우 활동적입니다. 시체는 부패하게 되고 무덤을 썩은 것으로 가득 채우듯이 우리들의 죄악도 하나님께는 가장 역겨운 냄새를 풍기는 것이었습니다. 그러나 이 모든 것에도 불구하고 "우리가 죄악 가운데서 죽어 있을 때에 그는 우리를 사랑하셨습니다."

이제 우리가 그렇게 죽은 상태에 있었을 때에 하나님께서 우리 안에서 보신 흉측한 것들에 대해 말씀드리겠습니다. 그 첫 번째 것은 배은망덕입니다. 배은망덕한 사람을 사랑한다는 것은 대단히 어려운 일입니다. 그런 사람에게 좋은 일을 해줘도 감사가 없습니다. 계속해서 좋은 일을 해주어도 그들은 불친절합니다. 계속해서 그런 사람을 사랑한다는 것은 혈육을 가진 사람으로서는 할 수 없는 일입니다. 그리스도 안에서 사랑하는 나의 형제 자매들이여, 과거에 우리는 하나님께 얼마나 배은망덕했습니까? 하나님은 우리에게 참으로 많은 사랑을 베풀어 주셨습니다. 매일의 양식과 일시적인 축복뿐 아니라 신령한 은사를 주셨습니다. 그러나 우리는 그 모든 것들에 대하여 등을 돌렸습니다. 더욱 나쁜 것은 우리에게 선물을 주신 하나님께 등을 돌렸습니다. 우리에게 그토록 많은 긍휼을 베풀고 축복을 주신 하나님을 인식하지도 못하고 매일같이 살아가는 사람들이 너무 많다는 것은 참으로 서글픈 일입니다. 때로는 게으르거나 불평하는 마음으로 "하나님께 감사한다"는 경우도 있었을 것입니다. 그러나 그 말 속에는 진실한 마음이 없습니다. 우리 중 어떤 사람의 배은망덕은 다른 사람보다 더 큰 경우가 있습니다. 우리는 경건한 부모에게서 태어났고 경건한 가정에서 양육되었고 어릴 때부터 예수님의 이야기를 계속 들으면서 자랐습니다. 그러나 우리는 성장한 후에는 그런 것들은 구속(拘束)이라고 간주했습니다. 우리는 다른 집안의 자녀들처럼 행동하기를 원했으며 우리들의 행동에 깊은 관심을 가지는 경건한 친구들을 가진 것을 후회하기도 했습니다. 하나님은 우리에게 "나는 너를 위해서 많은 일을 해주었다. 그러나 너는 감사하지 않는구나. 그래서 나는 너를 떠날 것이다. 그리고 이런 호의를 다른 사람에게 베풀어야겠다"라고 말씀하실 수도 있었을 것입니다. 그러나 긍휼이 풍성하신 하나님은 우리가 그토록 배은망덕했음에도 그렇게 하지 않으셨습니다.

　더욱더 나쁜 것은 우리가 계속해서 불평했다는 것입니다. 나의 친구들이여, 여러분들이 회개하지 않은 상태에 있었을 때에 즐거운 것이 거의 없었다는 사실을 잘 아실 것입니다. 그와 같은 일은 여러분이 원하는 것과는 정반대로 일어났으며 그것은 마음에 계획한 것도 아니고 다른 일들도 생각에 따라 된 것이 아니었습니다. 선지자 예레미야는 "살아 있는 사람은 자기 죄들 때문에 벌을 받나니 어찌 원망하랴"(애 3:39)고 말했습니다. 그러나 우리는 "왜 우리는 불평하는 일을 그만둬야 하는가?"라고 묻는 것 같습니다. 우리는 하나님께서 우리에게 베풀어 주신 큰 긍휼에도 불구하고 불평을 일삼았습니다. 우리는 하나님께 반역했습니다. 그리고 더욱 화나게 했습니다. 불평을 좋아하는 사람은 없습니다. 어떤 사람에게 좋은 일을 해주려고 노력하는데 계속 불평만 한다면 "나는 나의 호의를 감사하는 사람에게 호의를 베풀겠다"고 말합니다. 그러나 하나님은 우리에게 그와 같이 하지 않으셨습니다. "우리를 사랑하신 그 큰 사랑을 인하여" 우리가 계속해서 불평해도 우리를 떠나지 않으셨습니다.

사랑하는 친구들이여, 우리는 신령한 것들을 대수롭지 않게 이야기했습니다. 혼인잔치에 초대받았을 때 "그것을 가볍게 여겼던" 사람들의 비유 속에 나오는 사람들과 같이 우리도 그랬습니다. 우리는 지옥을 피하라는 경고를 받았습니다. 그러나 그것은 우리에게 게으른 이야기 같아 보였습니다. 우리는 하늘의 것을 추구하라는 명령을 받았습니다. 그러나 우리는 이 세상의 것을 너무 사랑해서 세상의 것을 보이지 않는 영원한 것과 바꿀 수 없었습니다. 우리는 "그리스도 예수께서 죄인들을 구원하시기 위해서 이 세상에 오셨다"는 말을 들었습니다. 그러나 우리는 그것을 너무 자주 들었기에 진부한 이야기로 간주했습니다. 우리는 그리스도를 굳게 붙잡고 그리스도 안에 있는 영생을 발견하라는 간청을 받았습니다. 그러나 "내일 그렇게 하겠습니다"라고 말했습니다. 그것은 우리가 그 일에 관심을 갖지 않고, 오히려 우리가 편리한 시간에 우리가 손짓하고 부를 때까지 하나님이 기다리셔야 한다고 한 것입니다. 만약에 어떤 사람이 건강이 나쁘다면 의사가 병을 진찰하러 가겠다고 할 때 자기는 자기의 병에 대하여 별로 신경을 쓰지 않는다고 말합니다. 그러면 의사는 이렇게 말할 것입니다. "그러면 내가 왜 당신의 병에 관심을 가져야 합니까? 당신은 병이 들었습니다. 그런데 당신은 신경을 쓰지 않는다고 말합니다. 좋습니다. 이제 나는 나의 기술을 원하고 나에게 감사할 다른 환자에게 가겠습니다." 그러나 하나님은 우리에게 그렇게 대하지 않으셨습니다. 비록 우리가 어리석었어도 하나님은 신실하셨습니다. 그는 우리의 영혼의 병을 치료하려고 하셨습니다. 그리고 치료하셨습니다. 그가 우리를 구원하시려고 결심하셨기에 우리의 경솔함과 무감각함에 대하여 마음을 쓰지 않으셨습니다. 오히려 계속해서 우리에게 "우리가 죄악 가운데 죽어 있을 때에도 우리를 사랑하신 그 위대한 사랑"을 나타내 보여주셨습니다.

우리의 괴팍한 성품은 더욱 나빠져 교만하게 되었습니다. 그리고 우리는 루시퍼만큼이나 교만해졌습니다. 비록 우리가 어떤 의를 소유하고 있다 해도 우리의 것이 아닙니다. 우리는 악한 행실로 인해 하나님으로부터 멀리 떨어져 있었습니다. 그러나 우리는 마치 성전 안에 있던 바리새인처럼 하나님 앞에 서 있었으며 다른 사람과 같지 않음을 감사했습니다. 만족해야 할 것이 하나도 없음에도 우리는 지극히 만족하였습니다. 우리는 "타락하고 비참하고 가난하고 눈멀고 벌거벗었습니다." 그러나 우리는 "부자이고 재산은 늘어가고 있고 부족한 것은 아무것도 없다"고 말했습니다. 회개하는 일도, 우리는 우리보다 더 많은 죄를 지은 자가 해야 된다고 생각했습니다. 우리는 어릴 때부터 모든 계명을 지켰다고 생각했습니다. 스스로를 높이므로 구세주를 멸시했습니다. 자기 자신만을 생각했기에 그리스도에 대해서는 거의 생각하지 않았습니다. 그래서 우리는 벌레만도 못한 존재임에도 교만하여 마치 위대한 사람이나 되는 것처럼 감히 영원한 보좌 앞에서 거들먹거렸습니다. 교만한 사람을 사랑하는 것은 정말 어려운 일입니다. 비록 어떤 사람이 수많은 결점을 가지고 있을지라도 그가 교만하지 않고 자랑하지 않는다면 우리는 그 사람을 사랑할 수 있습니다. 그러나 그가 교만하면 인간의 본성은 그에게서 등을 돌립니다. 그러나 하나님은 "우리가 죄악 가운데서 죽어 있을 때에 우리를 사랑한 그 위대한 사랑" 안에서 비록 우리가 교만할 때도 우리를 사랑하셨으며, 우리를 그 죄악으로부터 벗어나게 하십니다.

그런데 더 나쁜 것이 우리 속에 있습니다. 우리는 교만할 뿐 아니라 속이기도 합니다. "아닙니다. 그것은 우리의 책임이라 할 수 없습니다"라고 말하는 사람이 있습니다. 나도 그런 적이 있습니다. 내가 병들었을 때 하나님이 나의 생명을 살려주신다면 미래에는 정말 다르게 살겠다고 말한 적이 있습니다. 그러나 하나님이 나의 생명을 살려주셨음에도 나의 약속은 지켜지지 않았습니다. 나는 자주 감동적인 설교를 한 후에 은밀한 곳으로 가서 회개하곤 했습니다. 그리고 나서 나는 "하나님만 위하여 살겠습니다"라고 말했습니다. 그러나 그렇지 못했습니다. 우리는 하나님께 한 약속을 너무 자주 깨뜨립니다. 하나님의 자녀들이여, 회심하기 전에 얼마나 많은 맹세와 언약을 했습니까? 그러나 여러분의 선은 곧 사라져 없어지는 하늘의 구름이나 새벽이슬과 같았습니다. 미덥지 못한 사람을 그 누가 사랑할 수 있습니까? 그러나 하나님은 "우리가 죄악 가운데서 죽어 있을 때에 우리를 사랑하신 그 큰 사랑"으로 수도 없이 속이는 우리를 사랑하셨습니다.

내가 지금까지 말씀드린 내용은 하나님의 모든 자녀들과 관련이 있습니다. 그러나 그들 중에는 이것들보다 더 큰 죄를 지은 자도 있습니다. 나는 이곳에 모인 모든 회심한 자들에게 자기를 한번 돌아보라고 요청합니다. 여러분 중의 어떤 사람은 젊었을 때에 회심하였을 것입니다. 그래서 다른 사람들이 범한 것과 같은 큰 죄는 범하지 않았을 것입니다. 그러나 어떤 사람은 술 취함이나 부정함이나 여러 가지 종류의 불법을 경험한 사람도 있습니다. 나의 형제들이여, 하나님은 여러분을 용서해 주셨습니다. 그리고 예수님의 보혈로 그 모든 죄악을 씻어 주셨습니다. 그러나 여러분은 과거의 자기 자신을 잊어버릴 수 없다고 느낍니다. 나는 지금 여러분 앞에 대단히 불행한 기억을 상기시키고 있다는 것을 알고 있습니다. 그에 대해 여러분은 "그 밤에 하나님이 계시지 않으셨더라면, 그 날이 나의 머리 위로 지나가지 않았더라면"이라고 말할 것입니다. 그러한 죄악들을 돌아보면서 겸손해지는 것을 깊이 느끼고, 또 하나님이 여러분을 사랑하신 "그의 큰 사랑"을 인하여 경건하게 하나님께 감사할 수 있을 것입니다.

이런 사람도 있습니다. 그들이 극단적인 죄를 저지른 것 같고 또 그들이 지존자를 무시한 것 같은 사람이 있습니다. 그러나 그들도 값없는 은혜로 회개의 날을 얻게 된 것입니다. 어떤 경우에는 죄와 은혜 사이에 혹독한 투쟁이 있는 것처럼 보이는 경우도 있습니다. 마치 죄악이 "나는 은혜가 너를 떠날 때까지 하나님을 노하게 할 것이다"라고 말하는 것 같은 경우도 있습니다. 그러나 은혜는 "비록 하나님을 진노하게 하여도 하나님은 변함없는 긍휼로 그의 목적을 달성하실 것이다. 하나님은 결코 사랑의 섭리를 멈추지 않으실 것이다"라고 말합니다.

그리스도 안에서 사랑하는 형제 자매들이여, 나는 여러분들이 조용히 묵상하면서 이 문제를 생각해 보기를 바랍니다. 오직 하나님께만 말씀드려야 할 일도 있습니다. 하나님만이 우리를 극악한 함정에서 끄집어내어 주시기 때문입니다. 그래서 "우리가 죄악 가운데 죽어 있을 때 우리를 사랑하신 그의 큰 사랑을" 찬양하는 것은 당연한 일입니다.

**2. 우리가 생각해야 할 두 번째 주제는
"우리가 죄악 가운데서 죽어 있을 때에"
하나님이 우리를 위하여 행하신 일은 무엇인가 입니다.**

그는 우리를 선택하신 일에 신실하셨습니다. 하나님은 그의 백성들을 땅이 생기기 전에 선택하셨습니다. 아무것도 모르고 선택하신 것이 아닙니다. 하나님은 인간의 본성이 어떠한지 행위가 어떠한지 잘 알고 계셨습니다. 그의 백성의 일에 관해서는 하나님을 놀라게 할 일이 아무것도 없었습니다. 그들의 모든 부패와 추악함을 미리 알고 계셨습니다. 그래서 하나님은 그 백성들이 추악한 죄 가운데 있을 때에도 버리지 않으신 것입니다. 이 일로 인해 그의 이름을 송축합니다. 그것은 하나님의 놀라운 은혜입니다. 그리고 하나님의 위대한 사랑을 입증하는 것입니다.

다음으로 하나님은 선택에 대해 후회하지 않으셨기 때문에 그의 백성들을 구원하신 일도 후회하지 않으셨습니다. 성경에 다음의 말씀이 기록되어 있습니다. "땅 위에 사람 지으셨음을 한탄하사 마음에 근심하시고"(창 6:6). 그러나 하나님이 구원에 대하여 후회하셨다는 말씀은 없습니다. 성경 어디에도 다음과 같은 구절은 없습니다. "여호와께서 그토록 무가치한 사람들을 위하여 자기 아들을 주신 것을 마음속에 근심하셨다"는 이런 말씀은 없습니다. 그렇습니다. 나의 친구들이여, 하나님은 한량없이 비싼 값으로, 즉 그의 독생자의 보배로운 피로 우리를 샀습니다. 그래서 우리가 이 죄로부터 저 죄악으로 옮겨 다니고, 또 한때는 그 모든 복음의 부르심에 대해 거역했을지라도 하나님은 사랑과 긍휼에 찬 그의 목적을 변경하지 않으셨으며, 우리를 위한 그의 속죄를 공허하게 하지 않으셨습니다.

더 나아가, 우리를 위한 그의 위대한 사랑 가운데서 하나님은 우리를 그리스도께로 인도하실 때까지 우리를 죽게 내버려 두지 않으십니다. 우리는 수없이 많은 위험을 만났고 또 그 위험에서 벗어났던 경험을 했을 것입니다. 존 번연이 어느날 밤 보초병으로 서 있어야 했습니다. 그런데 다른 병사가 그 자리에 대신 서 있다가 총에 맞았습니다. 번연은 그 당시에는 왜 보초를 바꿨는지 알지 못했습니다. 그러나 하나님은 그가 그리스도께 인도되기 전에는 죽지 아니하도록 정하신 것입니다. 그는 너무 무모해서 한번은 살모사의 독 이빨을 맨손으로 뽑아냈습니다. 그래도 그는 다치지 않았습니다. 하나님은 그가 불량배로 남아 있는 동안에는 그를 죽게 내버려 두지 않으셨기 때문입니다. 어떤 사람들은 파선과 살인과 열병과 또 여러 가지 형태의 사고로부터 기적적으로 피한 경우가 있었습니다. 그것은 하나님께서 그들을 그의 양 떼들 속으로 인도하시기 위하여 그들로 죽지 않게 하셨기 때문입니다. 나는 얼마 전 발라크라바(Balaclava)에서 유명한 외교관인 한 신사와 더불어 이야기한 적이 있습니다. 그의 무용담을 듣고 감동을 받아 그에게 "분명히 하나님은 당신에 대해서 어떤 사랑의 계획을 가지고 계십니다. 그렇지 않다면 하나님이 그토록 많은 사람을 데려가실 때 당신도 살려놓지 않았을 것입니다"라고 말했습니다. 우리의 생명이 어떤 방법으로 살아 남았든지 간에, 우리가 죄악들 가운데 죽어 있을 때에도 우리를 사랑하신 그 위대한 사랑의 탓으로 돌려야 합니다.

우리로 하여금 많은 죄를 짓지 못하게 하는 방법에서도 그 위대한 사랑이 나타나 있음을 봅니다. 우리들의 생애에서 우리에게 가해진 신비스러운 제지가 없었다면 훨씬 더 나쁜 죄를 많이 저질렀을 것입니다. 그런 일이 가디너 대령(Colonel Gardiner)에게도 있었습니다. 그는 대단히 큰 범죄를 저지르기 위한 음모의 약속을 했습니다. 그러나 하나님은 그를 영생으로 인도하시려고 선택하셨습니다. 그래서 그가 죄악을 저지르려 했던 그날 밤이 그가 하나님에게 돌아오는 시간이 되었습니다. 그는 참으로 경건하고 열심있는 그리스도인이 되었습니다. 하나님은 어떤 사람에게 "너는 거기까지는 갈 수 있을 것이다. 그러나 그 이상은 안 된다"라고 말해야 할 적당한 시간을 알고 계십니다. 하나님은 사람의 마음을 바다와 같이 만드셔서 그의 뜻을 알고 하나님의 명령에 따라서 움직이거나 조용히 있게도 하십니다. 나의 형제들이여, 하나님은 여러분들이 지나치게 반역의 행동을 못하도록 억제하셨던 일을 기억하실 수 있습니까?

그리고 또 그의 위대하신 사랑은 하나님이 계속해서 그의 은혜로 우리를 부르신 방법에서도 찾아볼 수 있습니다. 우리들 중 어떤 사람은 구세주께로 오라는 명령을 받은 때가 언제인지 거의 말할 수 없습니다. 그러나 어머니의 눈물과 아버지의 기도들이 그 젊은 날의 부르심에 대한 소중한 기억들 사이에 자리하고 있습니다. 여러분은 사랑하는 주일학교 교사의 모습과 또 그녀가 열심히 가르치던 것을 기억하지 못하는가요? 그리고 경건한 목사님이 혼신의 힘을 다하여 여러분 자신을 그리스도께 드리라고 부탁하던 것을 기억할 수 없습니까? 그리고 그리스도인 친구들이 좋은 책도 빌려주고 편지도 하고 간청하고 설득하던 것을 잊을 수 없을 것입니다. 그것은 하나님이 가능한 모든 수단을 동원하여 여러분을 죄악에서 지켜주려는 것입니다. 그러나 여러분은 은혜스러운 추적자를 피하려고 이리저리 빠져나가고 도망하였습니다. 마치 새 사냥꾼이 오랫동안 잡을 수 없었던 새와 같았습니다. 그리고 목자가 여러 날 동안 찾을 수 없었던 길 잃은 양과 같았습니다. 그러나 선한 목자이신 하나님은 찾는 일을 포기하지 않았습니다. 그는 여러분을 찾으시려고 노력했고 또 찾았습니다. 그는 여러분을 구원하시려고 결심하셨으며, 여러분이 무슨 일을 하든지 그 결심을 변경하지 않았습니다. 그리고 마침내 여러분을 굴복시킨 복된 날이 왔습니다. 반역의 무기가 여러분의 손에서 떨어져 나갔습니다. 그리스도께서 여러분을 정복하신 것입니다. 하나님은 어떻게 그 일을 하셨을까요? "그의 큰 사랑"으로 그의 전능하신 은혜로 그 일을 하신 것입니다. 그의 성령께서 여러분에게 그 일을 하시려고 오셨을 때 여러분은 죽어 있었습니다. 그러나 성령께서 부활하신 구세주의 이름으로 강력한 능력과 거역할 수 없는 사랑으로 찾아오셔서 거룩하신 정복자의 병거 아래 포로로 잡히게 되었습니다. 우리가 그 복된 시간을 잊을 수 있을까요?

우리들은 "행복한 날! 아 행복한 날이여!"라고 노래합니다. 그것은 당연한 일입니다. 왜냐하면 그 정복은 "우리가 죄 가운데 죽어 있을 때에도 우리를 사랑하신 그 위대한 사랑"의 가장 큰 징표이기 때문입니다.

나는 이 귀중한 진리에 대해서 더 이상 말하지 않겠습니다. 그러나 그 주제를 실제적으로 적용하기 위하여 조금만 더 말씀드리겠습니다.

사랑하는 친구들이여, 우리가 죄 가운데 죽어 있을 때에도 하나님이 그 큰 사랑으로 우리를 사랑하셨다면, 우리가 멸망하도록 내버려 두리라고 생각할 수 있겠습니까? 지금 여러분이 당하고 있는 시련이 무엇이든지 간에 하나님이 여러분을 버리실지도 모른다는 생각에 빠진 적이 있습니까? 남편이 죽어 홀로 된 자매 가운데 남편이 죽었기 때문에 하나님도 나를 버리실 것이라고 두려워하는 자가 있습니까? 사업상 큰 손해를 본 형제여, 하나님이 도와주실 것이라고 믿지 않으시는가요? 당신이 죄 가운데 죽었을 때에도 하나님이 당신을 사랑하셨는데 그가 지금 당신을 버리시겠습니까? 우리는 시편 기자와 같이 "주께서 영원히 버리실까, 다시는 은혜를 베풀지 아니하실까, 그의 인자하심은 영원히 끝났는가, 그의 약속하심도 영구히 폐하였는가, 하나님이 그가 베푸실 은혜를 잊으셨는가, 노하심으로 그가 베푸실 긍휼을 그치셨는가"(시 77:7-9)라고 하나님께 질문해야 한다고 생각하십니까? 만약에 그렇다는 생각이 든다면 하나님이 일을 마치려고 하지도 않으시면서 시작만 하고, 결국에는 여러분을 내버릴 것이면서 왜 사랑의 사역을 시작하셨을까를 진지하게 생각해보십시오. 하나님의 의도가 그런 것이라면 무엇 때문에 여러분에게 그런 사랑의 사역을 시작하셨겠습니까. 하나님은 우리에게 일어날 모든 일을 다 알고 계십니다. 우리가 무슨 일을 할런지도 다 알고 계십니다. 그래서 하나님께는 예상치 못한 일이란 아무것도 없습니다. 태초부터 하나님은 여러분이 당할 모든 시련과 죄악을 알고 계셨습니다. 그래서 여러분에게 생길 모든 일을 아시면서도 사랑하셨습니다. 그럼에도 여러분은 하나님이 지금은 아니라도 언젠가는 버리실 것이라고 생각하십니까? 하나님이 그러시지 않을 것이라는 사실을 여러분은 알고 있습니다.

또한, 죄악 가운데 죽어 있을 때에도 사랑하셨다면, 하나님이 자신의 영광을 위하여 그리고 여러분과 다른 사람을 위하여 어떤 것을 주시기를 거절하시겠습니까? 우리는 계속해서 기도하면서 우리가 요구한 자비가 오지 않을까봐 두려워했습니다. 잠시 생각해 봅시다. 하나님은 아들도 아끼지 아니하시고 우리가 태어나기 수 세기 전에 우리를 위하여 내어주셨습니다. 그런 하나님이 지금 우리가 하나님에 대해 살아 있는데 모든 것을 값없이 주지 않겠습니까? 이슬을 요구할 수 없는 풀잎에게도 하나님은 이슬을 내려주신다고 조지 허버트(George Herbert:신앙 시인)는 말하였습니다. 그런데 은혜를 요구하는 우리들에게 풍성한 은혜를 내려주시지 않겠습니까? 이 땅이 메말라 말 못하는 입을 벌릴 때 하나님은 물을 내려주십니다. 하나님은 말 못하는 가축을 위해서도 음식을 주십니다. 그런데 자기의 사랑하는 아들의 이름으로 부르짖는 기도를 하나님이 어찌 들어주시지 않겠습니까? 우리가 부패했을 때에도 사랑하셨는데, 지금 하늘의 상속자가 되고 자기 아들을 닮게 하신 우리의 간청에 응답하지 않으시겠습니까? 오, 사랑하는 자들이여, 안심하십시오. 마음속에 일어나는 낙담이나 불신의 생각을 물리치십시오.

더 나아가 하나님이 죄악 가운데 죽어 있는 우리를 사랑하셨다면 이제 우리도 하나님을 더욱 사랑해야 할 것입니다. 오, 놀라운 하나님의 사랑이여! 바울은 하나님이 우리를 불쌍히 여기셨다거나 동정하셨다고 하지 않고, 그의 큰 사랑을 베푸셨다고 말하고 있습니다. 하나님이 나를 측은하게 여기시고 동정하신다 해도 그것을 이해할 수 있습니다. 그러나 나를 사랑하신 그 사랑에 대해서는 이해할 수 없습니다. 그것은 여러분도 마찬가지입니다. 그가 우리를 사랑하신다는 말씀의 의미를 생각해 보십시오. 다른 그 무엇보다 더 아름다운 것이 사랑입니다. 어머니의 사랑, 아버지의 사랑, 남편의 사랑, 아내의 사랑. 다 아름다운 것입니다. 그러나 그 모든 것들은 하나님의 사랑의 그림자에 지나지 않습니다. 우리는 이 땅에서도 사랑하는 사람들의 사랑을 크게 즐거워합니다. 그러나 바울은 하나님이 우리를 사랑하신다고 말합니다. 천지를 지으신 하나님 앞에 우리는 개미와 같은 존재에 불과하지만 하나님은 우리를 진심으로 사랑하십니다. 그가 우리를 그토록 사랑하시기에 우리를 위하여 큰 희생을 하신 것입니다. 하나님은 날마다 우리를 축복해 주십니다. 그리고 우리를 반드시 천국으로 데리고 가실 것입니다. 우리를 향한 하나님의 사랑은 너무 소중하고 너무 강력합니다. 그리고 그 사랑은 우리가 죄악 중에 죽어있을 때에도 한결같았습니다. 그러므로 우리가 그의 큰 사랑에 대한 보답으로 하나님을 사랑하는 것은 당연한 일입니다. 그러나 어떤 일은 너무나 힘들어서 우리가 하나님을 위하여 견디기 어려운 때도 있습니다. 어떤 일은 너무 어려워서 하나님을 위하여 할 수 없다고 생각할 때도 있습니다. "사랑하는 주님, 우리는 주님께 우리 자신을 모두 드립니다. 이것이 우리가 할 수 있는 모든 것입니다"라고 말씀드릴 뿐입니다.

　　나의 그리스도인 친구들이여, 여러분들을 위한 또 하나의·생각은 다음과 같습니다. 여러분들이 죄악 중에 죽어 있을 때 하나님이 그토록 사랑하셨다면 못되게 구는 사람들에 대해 우리도 하나님처럼 사랑해야 하지 않겠습니까? 세상에는 오직 흉측한 일 외에는 아무것도 할 수 없는 것처럼 보이는 사람도 많이 있습니다. 그들의 본성은 관대함이라고는 하나도 없습니다. 심술궂고 항상 다툽니다. 그들과 더불어 화평을 누리기는 대단히 어렵습니다. 나는, 친척들이나 동료들이 말로나 행동으로 가혹하고 잔인한 일을 행하므로 깊은 상처를 입은 온유한 사람들을 알고 있습니다. 사랑하는 친구들이여, 우리가 만일 그런 대접을 받는다면 오히려 사랑합시다. 그들의 불친절을 사랑으로 덮어줍시다. 우리가 죄악 가운데 죽어 있을 때 우리에게는 사랑받을 아무것도 없었으나 하나님은 우리에게 사랑을 부어주셨습니다. 그러기에 우리도 사랑해야 하는 것입니다. 그들에게서 많은 결점을 발견하게 될 때에도 "하나님이 그리스도로 인하여 우리를 용서해 주셨듯이 우리도 당신을 용서합니다"라고 말해야 합니다. 우리를 고통스럽게 한 불친절한 말이나 행동을 잊어버릴 수 있다는 것은 숭고한 일입니다. 여러분의 마음속에 누군가에 대한 분노가 있거나, 원한이 있거나, 마음에 상처 준 사람을 잊지 못하거나, 마음속에 근심하는 일이 있다면 그것을 모두 예수님의 무덤에 묻어버리십시오. 우리가 죄악 가운데 죽어 있을 때 하나님은 우리를 사랑하셨으므로 우리가 동료 죄인들에게서 나쁜 대접을 받았을 때 그들을 사랑하는 것은 그리 놀라운 일이 될 수 없습니다.

　　이제 끝으로, 회심하지 않은 자들에게 말씀드리겠습니다. 이것은 매우 아름답고 귀중한 말입니다. 회심하지 않은 자여, "나는 예수 그리스도를 통해서 하나님께 가시 않겠나. 나에게는 선한 것이 아무것도 없기 때문이다"라고 말할 필요가 없습니다. 그렇게 말할 필요가 없습니다. 바울 사도가 "우리가 죄 가운데 죽어 있었을 때 우리를 사랑하신 그 큰 사랑이라"고 말하고 있기 때문입니다. 하나님의 모든 백성들이 죄악 가운데서 죽어 있었을 때 하나님이 그들을 사랑하셨다면 어떻게 그의 사랑의 조건으로 사람에게 어떤 선한 것을 요구하신다고 생각할 수 있습니까? 하늘에 있는 모든 성도들에 대해서도 하나님이 원하셔서 그들을 사랑하셨다고 말할 수 있을 것입니다. 왜냐하면 지옥에 있는 마귀와 마찬가지로 그들에게는 본질적으로 사랑할 만한 아무것도 없었기 때문입니다. 그리고 이 땅 위의 성도들도 만약에 하나님이 그들을 사랑하신다면 그것은 단지 하나님이 원하셨기 때문입니다. 그들에게는 본질상 선한 것이 아무것도 없었기 때문입니다. 하나님께서는 그의 크신 사랑하시는 본성의 무한한 주권으로 그들을 사랑하십니다. 가련한 영혼이여, 그렇다면 하나님이 당신을 사랑하지 못할 이유가 무엇이겠습니까? 그리고 하나님이 당신에게 오라고 명하시기 때문에 당신에게 선한 것이 아무것도 없다고 할지라도 하나님께 나아가십시오, 그러면 환영을 받을 것입니다. 본문을 깊이 생각해 보고 하나님의 사랑을 얻기 위하여 어떤 일을 하겠다는 모든 생각을 단번에 버리십시오. 그리고 자기가 인간들 중에서 가장 나쁘고 가장 비천하고 가장 비열하다고 느낀다면 나는 그것을 기쁘게 생각합니다. 왜냐하면 하나님은 자기 자신의 마음을 비우고 또 하나님 앞에서 내세울 만한 선한 것이 아무것도 없는 사람들을 바라보시기를 좋아하시기 때문입니다. 그런 사람이야말로 그의 사랑의 가치를 아는 사람들입니다. 하나님은 그런 사람에게 그의 사랑을 주십니다. "건강한 자에게는 의사가 쓸 데 없고 병든 자에게라야 쓸 데 있느니라"(마 9:12). 병원은 건강한 사람을 위해서가 아니라 병든 사람을 위해서 필요한 것입니다. 그리고 주 예수 그리스도께서도 불치의 병을 가진 사람들을 위해서 병원의 문을 열었습니다. 즉, 인간의 도덕과 외적인 종교라는 어떤 약으로도 치료할 수 없는 사람들을 위하여 병원의 문을 여신 것입니다. 그리스도께서는 그들을 치료하시려고 자기에게로 오라고 명하십니다.

나는 죄인이 주 예수 그리스도에게 올 수 있도록 그에게 하나님의 사랑에 대하여 감동적으로 말할 수 있는 능력이 있었으면 좋겠습니다. 가능한 한 진리를 단순하고 분명하게 제시하려고 노력할 것입니다. 그리고 나서 나의 설교를 끝내겠습니다. 청중들이여, 여러분이 지금 이 순간까지 어떤 자였든지 간에, 즉 여러분이 하나님을 멸시하는 자였든지 신앙이 없는 자였든지 신성모독자였든지 간에, 또 죄악을 계속 범하는 자였든지 또는 자기 자신은 큰 범죄로 인하여 지옥을 체험하고 있다고 생각하든지 간에, 그 모든 것은 하나님이 여러분을 선택하고 사랑하지 않을 이유가 되지 않습니다. 그리고 그 모든 것은 하나님이 여러분을 받아들이지 아니할 이유가 되지 않습니다. 하나님은 다음과 같이 말씀하셨습니다. "여호와께서 말씀하시되 오라 우리가 서로 변론하자 너희의 죄가 주홍 같을지라도 눈과 같이 희어질 것이요 진홍 같이 붉을지라도 양털 같이 희게 되리라"(사 1:18). 그러므로 오십시오. 죄 많은 인생들이여, 자기 스스로 기도하는 집에 적합하지 않다고 느끼는 자들이여, 성전에서의 세리와 같이 자기에게는 아무 소망이 없음을 두려워하면서 스스로를 정죄하는 자들이여, 그래도 여러분에게는 하나님의 자비가 나타날 여지가 있고 그의 은혜가 역사할 여지가 있다고 확신을 가지고 말씀드립니다. 지금 모습 그대로 예수님께 나오십시오. 예수님의 피에 의한 대속을 받아들이십시오. 지금 이곳에서 구원을 받으십시오. 예수님은 은혜스럽게 기다리시면서 "나는 나에게 오는 자를 결코 쫓아내지 않을 것이다"라고 말씀하셨기 때문입니다.

　　나는 수 년 전에 내가 오늘 밤 설교한 것과 같은 진리를 들을 수 있다면 나의 눈이라도 주겠다고 생각한 때를 기억합니다. 누가 그 진리를 말해 주느냐는 전혀 문제가 되지 않았습니다. 비록 그가 말을 더듬고 문법적으로 서툰 사람이었다 할지라도 그가 나에게 "구원은 당신의 공로에 의한 것이 아니라 하나님의 은혜로 말미암은 것입니다. 그것은 당신의 성결에서 비롯되어진 것이 아니라 하나님의 선하심으로 말미암은 것입니다. 그리스도께 의존하는 일 외에는 아무것도 할 일이 없습니다. 하나님은 죄 가운데 죽은 사람도 사랑하시기 때문입니다"라고 말해 주었다면, 그리고 내가 그것을 알았다면 나는 오래 전에 하나님과 함께 평화를 누렸을 것입니다. 어떤 사람은 "그러나 나는 이것저것 모두 느껴보고, 체험해 보고, 발견하기를 원합니다"라고 말합니다. 죄인이여, 당신에게 이미 그런 것은 하나도 부족하지 않습니다. 그리스도께서 그 모든 것을 다 이루신 것입니다. 여러분 자신의 어떤 공로를 가지고 그리스도께 나아간다는 것은 불필요한 것을 제공하는 것이 되는 것입니다. 지금의 모습 그대로 오십시오. 빈 손 든 죄인이여, 파산한 죄인이여, 굶주린 죄인이여, 당신은 지금 지옥문 앞에 있습니다.

> "십자가에 달리신 주를 바라보라
> 　바로 그 순간 당신은 생명을 얻는다네
> 　죄인들이여, 그를 바라보고 구원을 얻으라
> 　나무에 못 박혀 죽으신 그분을 바라보라."

제
8
장

—

믿음이란 무엇인가?

—

"너희는 그 은혜에 의하여 믿음으로 말미암아
구원을 받았으니" ― 엡 2:8

나는 "믿음으로 말미암아"라는 표현에 대하여 주로 생각하고자 합니다. 그러나 무엇보다 먼저 나는 우리의 구원의 근거가 되는 하나님의 은혜에 주목합니다. "너희는 그 은혜에 의하여 믿음으로 말미암아 구원을 받았으니." 하나님이 은혜로우시기 때문에 죄인들이 용서를 받고 회개하게 되고 깨끗해지고 구원을 받습니다. 죄인들 안에 있는 어떤 것이나 혹은 있을 수 있는 어떤 것 때문에 구원을 받은 것이 아닙니다. 오직 하나님의 끝없는 사랑과 선하심과 연민과 긍휼과 인애와 자비하심 때문에 죄인들이 구원을 받은 것입니다. 그러므로 우리는 구원의 근원에 대하여 잠시 생각하겠습니다. 순수한 생명수의 강이 하나님의 보좌와 어린 양의 보좌에서 흘러나올 때 그것을 바라보십시오. 참으로 하나님의 은혜는 끝이 없습니다. 그 누가 그 깊이를 측정할 수 있습니까? 다른 모든 하나님의 속성들처럼 은혜의 속성도 무한합니다. 하나님은 사랑으로 충만합니다. "하나님은 사랑이시기" 때문입니다. 하나님은 선하심으로 충만합니다. "하나님"의 이름 자체가 "선함"입니다. 한없는 선함과 사랑이 신성의 본질입니다. "그의 인자하심은 영원하기" 때문에 인간들은 멸망하지 않습니다. "그의 긍휼하심은 폐하여지지 않기" 때문에 죄인들이 하나님께 인도되고 용서를 받는 것입니다. 이 사실을 잘 기억하십시오. 그렇지 않으면 믿음 그 자체의 원천이요 근원인 은혜를 망각하고 구원의 통로인 믿음에만 마음을 씀으로 오류에 빠질 수 있습니다. 믿음은 우리 안에서 역사하시는 하나님의 은혜의 사역입니다. 성령으로 말미암지 아니하고는 그 누구도 예수를 그리스도라 할 수 없습니다. 그리스도께서도 "나를 보내신 아버지께서 이끌지 아니하시면 아무도 내게 올 수 없으니"(요 6:44)라고 말씀하셨습니다. 그래서 그리스도를 찾아가는 믿음은 하나님이 인도하신 결과입니다. 은혜는 구원의 처음이자 마지막 동인(動因)입니다. 믿음은 중요하지만 은혜가 사용하는 기계장치의 일부일 뿐입니다. 우리는 "믿음을 통해서" 구원을 받습니다. 그러나 그 믿음은 "은혜에 의해서" 생기는 것입니다. 마치 천사장의 나팔 소리와 같이 "너희가 은혜에 의하여 … 구원을 얻었나니"라는 말씀이 울려퍼지고 있습니다.

　　믿음은 통로나 도관(導管)입니다. 은혜는 샘이며 시냇물입니다. 믿음은 목마른 자의 아들들을 시원하게 하는 자비의 강이 흘러내리는 수로(水路)입니다. 그 수로가 부서졌을 때에는 큰 슬픔이 있습니다. 로마의 주위에서 더 이상 물을 그 도시를 나르지 못하는 수많은 훌륭한 수로를 보는 것은 슬픈 광경입니다. 그 수로가 물을 운반하지 못하는 것은 그 구조물들이 파괴되었기 때문입니다. 그 수로는 물을 나를 수 있도록 완전하게 보존되어야 합니다. 그와 마찬가지로 믿음도 곧바로 우리를 하나님께로 인도하고, 곧바로 하나님의 은혜가 우리에게 내려오도록 진실하고 건전하게 유지되어야 합니다. 그렇게 될 때 믿음은 우리의 영혼에게 자비의 유익한 통로가 되는 것입니다. 나는 다시 한 번 믿음은 원천이 아니라 통로나 수로라는 사실을 일깨워 드립니다.

　　우리는 하나님의 은혜 안에 있는 모든 축복의 원천보다 믿음을 더 높게 평가해서는 안 됩니다. 결코 그리스도를 여러분의 믿음에서 분리시키지 마십시오. 그리고 믿음이 구원의 독립적인 원천인 것처럼 생각하지 마십시오. 우리의 생명은 우리 자신의 믿음을 바라보는데 있는 것이 아니라 "예수를 바라보는 데서" 발견되어집니다. 우리에게 있어서 모든 것은 믿음에 의해서 가능해집니다. 그러나 권능은 믿음 안에 있는 것이 아니라 믿음이 의존하고 있는 하나님 안에 있습니다. 은혜는 기관차입니다. 그리고 믿음은 영혼이라는 객차를 위대한 원동력에 연결해주는 사슬입니다. 믿음의 정당성은 믿음 그 자체의 도덕적 탁월함이 아니라, 믿음이 붙잡고 있으며 사용하고 있는 예수 그리스도의 의(義)입니다. 영혼의 평화는 우리들 자신의 믿음의 계획에서 비롯되어지는 것이 아닙니다. 그것은 우리의 평화가 되시는 예수님에게서 우리에게 찾아오며, 믿음이 붙잡는 그의 옷깃에서 우리에게 주어지는 것입니다. 그리고 그 효능이 그에게서 나와서 우리의 영혼 안으로 들어오는 것입니다.

그러나 우리가 그 통로에 대해서 자세히 고찰하는 것은 대단히 중요합니다. 그러므로 이 시간 그 믿음에 대해 고찰하기로 하겠습니다. 성령 하나님께서 그 일을 가능하도록 인도하실 것입니다. 믿음이란 무엇입니까? 왜 믿음이 축복의 통로로 선택되었습니까? 어떻게 믿음을 얻을 수 있고 증가시킬 수 있습니까?

1. 믿음이란 무엇입니까?

"너희가 그 은혜에 의하여 믿음으로 말미암아 구원을 얻었나니"라고 말씀하실 때 이 믿음은 어떤 믿음입니까? 믿음에 대해서는 수많은 묘사들이 있습니다. 그러나 내가 접한 거의 모든 정의들은 내가 그것들을 보기 전에 내가 이해하였던 것보다 더욱 축소된 의미의 정의들이었습니다. 어떤 흑인이 에베소서 2장을 읽었을 때 그는 혼란스러웠다고 말했습니다. 그리고 비록 그가 그것을 자세히 설명한다 할지라도 그 의미를 혼동할 가능성이 매우 큽니다. 그러므로 형제들이여, 우리들이 믿음에 대해서 아무리 설명해도 아무도 그것을 이해하지 못하는 경우가 있습니다. 나는 그런 잘못을 저지르지 않기를 바랍니다. 믿음은 가장 단순한 것입니다. 그리고 그것의 단순성 때문에 설명하기가 더욱 어려울 것입니다.

믿음이란 무엇인가요? 그것은 세 가지, 즉 지식과 확신과 신뢰로 구성되어 있습니다. 지식이 맨 먼저 나옵니다. 가톨릭교의 성직자들은 사람은 자기가 알지 못하는 것을 믿을 수 있다고 주장합니다. 그들은 아마도 그럴 수 있을런지 모르겠습니다. 그러나 나는 그렇게 할 수 없습니다. 성경은 말씀합니다. "그들이 믿지 아니하는 이를 어찌 부르리요 듣지도 못한 이를 어찌 믿으리요"(롬 10:14). 나는 내가 어떤 사실을 믿기 전에 그 사실을 알기 원합니다. 나는 이것을 믿습니다. 나는 저것도 믿습니다. 그러나 나는 내가 들어보지 못한 수많은 것들을 결코 믿는다고 말할 수 없습니다. "믿음은 들음에서 나며"(롬 10:17). 우리가 무엇을 믿어야 할지를 알기 위해서는 먼저 들어야 합니다. "여호와여 주의 이름을 아는 자는 주를 의지하오리니"(시 9:10). 믿음에 있어서 어느 정도의 지식은 필수적입니다. 그러므로 지식을 얻는다는 것은 중요한 일입니다. "너희는 귀를 기울이고 내게로 나아와 들으라 그리하면 너희의 영혼이 살리라"(사 55:3). 옛날의 예언자의 말이 그러했습니다. 그리고 그것은 또한 복음의 말씀이기도 합니다. 성경을 연구하십시오. 그리고 성령께서 그리스도와 그의 구원에 대하여 가르쳐 주시는 것을 배우십시오. 하나님에 대해 알려고 노력하십시오. "하나님께 나아가는 자는 반드시 그가 계신 것과 또한 그가 자기를 찾는 자들에게 상 주시는 이심을 믿어야 할지니라"(히 11:6). 하나님 께서 여러분에게 "지식의 영과 여호와를 두려워하는 마음"을 주시기를 기원합니 다. 복음을 아십시오. 복음이 무엇인지를 아십시오. 복음이 값없는 용서와 마음의 변화와 하나님의 가족으로서 입양됨과 셀 수 없이 다른 많은 축복들에 대해서 무 엇이라고 말하는가를 아십시오. 하나님을 아십시오. 그의 복음을 아십시오. 그리 고 특별히 하나님의 아들 그리스도 예수에 대해서 아십시오. 그는 사람들의 구원 자이시며, 그의 인성(人性)으로 말미암아 우리와 연합되어 있습니다. 그는 거룩하 신 하나님의 아들이시며, 사람과 하나님 사이에 중보자의 역할을 하시며, 그의 손 을 하나님과 사람 양편에 놓을 수 있으며, 죄인들과 온 세상의 재판장 사이의 연결 고리가 된다는 사실을 아십시오. 그리스도에 대해 더욱 많은 것을 알려고 노력하 십시오. 바울은 회심한지 20년이 지난 후에도 그는 빌립보 교인들에게 자기가 그 리스도를 알기 원한다고 말했습니다. 그것을 생각해 볼 때 우리가 예수님을 더 많 이 알면 알수록 우리들은 그에 대해 더욱 많은 것을 알기를 원하게 될 것입니다. 그리고 그에 대한 우리의 믿음은 증가할 것입니다.

특히 그리스도의 희생의 교리에 대해서 알려고 노력하십시오. 왜냐하면 그것 이 믿음의 중심이기 때문입니다. "하나님께서 그리스도 안에 계시사 세상을 자기 와 화목하게 하시며 그들의 죄를 그들에게 돌리지 아니하시고"(고후 5:19). 이 구 원에 이르는 믿음이 믿음의 목표입니다. 그가 우리를 위해서 저주가 되셨다는 사 실도 아십시오. 왜냐하면 "나무에 달린 자마다 저주 아래에 있는 자라"(갈 3:13)고 기록되어 있기 때문입니다. 그리스도의 대속 사역에 대한 교리를 깊이 숙고하십 시오. 왜냐하면 그 속에 범죄한 자들에게 가장 아름다운 위로가 있기 때문입니 다. 하나님께서 "죄를 알지도 못하신 이를 우리를 대신하여 죄로 삼으신 것은 우 리로 하여금 그 안에서 하나님의 의가 되게 하려"(고후 5:21) 하셨기 때문입니다. 그러므로 믿음은 지식으로부터 시작됩니다. 거룩한 진리에 대해 가르침을 받는 것은 가치 있는 일입니다. 그리스도를 아는 것이 영생이기 때문입니다.

그러면 지성은 계속해서 이것들이 진실이란 것을 **확신합니다**. 영혼은 하나님 이 계신 것과, 또 그가 진실한 마음의 부르짖는 소리를 들으신다는 것을 믿습니다. 그리고 복음이 하나님으로부터 비롯되어진 것이라는 사실도 믿고, 또 믿음에 의한 칭의는 하나님께서 이 말세에 그의 성령으로 이전보다 더욱 분명하게 계시해 주신 위대한 진리라는 사실을 믿습니다. 그러면 마음은 예수님이 진실로 그리고 실제적으로 우리들의 하나님이시며 구세주이시고 인간들의 구원자이시고, 그의 백성들에 대한 선지자요 제사장이요 왕이심을 믿습니다.

사랑하는 청중들이여, 나는 여러분이 즉시 이 믿음의 자리에까지 이르게 되기를 기도합니다. "하나님의 사랑하시는 아들, 예수 그리스도의 보혈은 우리들을 모든 죄악으로부터 씻어주신다"는 사실을 굳게 믿으십시오. 또한 인간들을 위한 그의 희생을 하나님께서 완전하고도 전폭적으로 받아주셨습니다. 그래서 예수를 믿는 사람은 정죄받지 않는다는 사실을 굳게 믿으십시오. 이렇게 하여 여러분은 믿음에서 진일보하게 되었습니다.

그러나 믿음을 완전하게 하기 위해서는 또 한 가지 요소가 더 필요합니다. 그것은 신뢰입니다. 자기 자신을 하나님께 맡기십시오. 은혜로운 복음에 소망을 두십시오. 죽었다가 다시 사신 구세주께 영혼을 맡기십시오. 대속의 보혈로 여러분의 죄악을 씻어 내십시오. 그의 완전한 의를 받아들이십시오. 그러면 모든 것이 잘 될 것입니다. 신뢰는 믿음에서 생명의 피와 같습니다. 그것이 없이는 구원에 이르는 믿음이 없습니다. 청교도들은 "기대어 휴식함(recumbency)"이라는 단어로 믿음을 설명하곤 했습니다. 여러분은 그것이 무엇을 의미하는지 잘 아실 것입니다. 사람이 난간에 기대어 있을 때 그의 몸을 전부 거기에 의존하는 것을 볼 수 있습니다. 이와 같이 그리스도께 전부를 의지하는 것이 믿음입니다. 내가 몸을 완전히 펴고 드러누워 반석 위에 나의 몸을 완전히 맡긴 상태를 연상하는 것이 더 좋은 설명이 되겠습니다. 그리스도 위에 반듯이 누우십시오. 여러분 자신을 그에게 의지하고 완전히 맡기십시오. 그렇게 한다면 여러분은 구원에 이르는 믿음을 발휘하는 것입니다. 믿음은 맹목적인 것이 아닙니다. 그 이유는 믿음이 지식과 더불어 시작하는 것이기 때문입니다. 믿음은 이론이 아닙니다. 왜냐하면 믿음은 확실한 사실만을 믿기 때문입니다. 믿음은 비실제적인 것이나 꿈 같은 것도 아닙니다. 왜냐하면 믿음은 계시적 진리만을 신뢰하고 또 그것에 운명을 걸고 있기 때문입니다. 믿음은 모든 것을 하나님의 진리에 걸고 있습니다. 모든 것을 걸었다는 말은 별로 유쾌한 말은 아닙니다. 그러나 시인은 그 단어를 사용하면서 내가 의미하는 것과 같은 뜻으로 적용합니다.

"그에게 모든 것을 거십시오.

몽땅 거십시오.

다른 어떤 기대감이 끼어들지 못하도록

완전하게 거십시오."

　내가 지금 "혼동하고 있는지" 잘 모르겠습니다만 이것이 바로 믿음이 무엇인가를 설명하는 한 방법입니다.

　다시 한 번 더 시도해 보겠습니다. 믿음이란 그리스도가 성경에 계시된 것과 똑같다는 사실과 또 그는 그가 약속하신 것을 이행하실 것이라는 사실을 믿는 것이며, 또 그것을 기대하는 것입니다. 성경은 예수 그리스도를 하나님이라고 말씀합니다. 즉, 인간의 육체를 입으신 하나님으로 말씀하고 있습니다. 또한 그의 성품이 완전하신 분이시고, 우리를 위한 속죄제물이 되신 분이며, 나무 위에서 자신의 몸으로 죄악을 담당하신 분으로 말씀하고 있습니다. 그는 죄와 허물을 끝내신 분이며, 영원한 의를 가져다주신 분이라고 말씀합니다. 더 나아가 그는 부활하셨고 우리를 위한 중보가 되시며 영광 가운데 올라가셨으며, 그의 백성들을 위하여 천국을 소유하셨고, 머지않아 세상을 의로 심판하시고 자기 백성을 공평하게 심판하시기 위해서 다시 오신다고 말씀합니다. 우리는 그 사실을 굳게 믿어야 합니다. 왜냐하면 성부 하나님께서 "이는 내 사랑하는 아들이니 너희는 저의 말을 들으라"(막 9:7)고 증거하셨기 때문입니다. 이것은 또한 성령 하나님의 증거이기도 합니다. 성령 하나님은 말씀과 기적들에 의해서 뿐 아니라 사람들의 마음에 감동을 주사 그리스도를 증거했기 때문입니다. 우리는 이 증거를 진실한 것으로 믿어야 합니다.

　믿음은 또한 그리스도께서 그가 약속하신 내용을 이행할 것을 믿습니다. 그가 자기에게로 찾아오는 자는 아무도 내쫓지 않겠다고 약속하셨기 때문에, 우리가 그에게로 간다면 우리를 내쫓지 않을 것이 확실합니다. 믿음은 예수께서 "내가 주는 물은 그 속에서 영생하도록 솟아나는 샘물이 되리라"(요 4:14)고 말씀하셨으니 그것은 반드시 사실임에 틀림없다고 믿는 것입니다. 그리고 우리가 그리스도에게서 이 생수를 얻는다면 그것은 우리 속에 머무를 것이며 거룩한 생명의 시냇물로 솟아날 것입니다. 그리스도께서 무엇을 약속하셨든지 그는 이행하실 것입니다. 그의 약속하신 바에 따라서 용서와 칭의와 성도의 견인과 그의 손으로부터의 영원한 영광을 얻기 위해서는 주님이 그의 약속을 지키신다는 것을 믿어야 합니다.

그 다음 단계는 다음과 같습니다. 예수님은 성경에서 말씀하신 것과 똑같은 분이십니다. 예수님은 그가 하실 것이라고 말씀하신 것을 이행하실 것입니다. 그러므로 우리는 모두 그를 신뢰해야 합니다. 그리고 "그는 나에게 그가 말씀하신 그대로 존재하십니다. 그리고 그는 약속하신 것을 나에게 이행하실 것입니다. 나는 나를 구원하도록 임명되어진 분의 손에서 스스로 떠났습니다. 나는 그가 말씀하신 대로 이행하실 것이라는 그의 약속을 의지합니다"라고 해야 합니다. 이것이 구원에 이르는 믿음입니다. 그리고 그 믿음을 가진 자는 영생을 가지고 있습니다. 자기의 위험과 어려움이 무엇이든지, 어둠과 당하는 억압이 무엇이든지, 연약성과 죄악이 무엇이든지 그리스도 예수를 믿는 자에게는 정죄가 없습니다. 그리고 미래에도 결코 정죄가 없습니다. 이 설명이 여러분에게 도움이 되시기를 바랍니다. 성령께서 그것을 사용하실 것이라고 믿습니다.

오늘 아침은 무덥고 흐리기에 사람들이 졸지 않게 하기 위해서 여러분에게 많은 예화를 이야기하는 것이 더 좋겠다고 생각합니다. 어떤 사람이 졸고 있으면 옆에 계신 분이 슬쩍 건드려 주십시오. 우리가 여기 있는 동안에는 깨어 있는 것이 좋습니다. 특히 지금 다루는 것과 같은 주제에 대해 이야기할 때에는 더욱 그렇습니다. 그 예화들은 흔히 있는 예화들입니다. 그리고 한두 가지는 내 자신의 예화입니다. 믿음은 지식의 양에 따라서 여러 등급이 있습니다. 때로는 믿음이란 단순하게 그리스도에게 매달리는 것을 의미하기도 합니다. 즉, 어떤 의미에서는 의존하는 것이고 의존하고 싶은 마음입니다. 바닷가에 갔을 때 우리는 바위에 붙어 있는 조개를 볼 수 있습니다. 지팡이를 가지고 조개 옆으로 조용히 가서 그 조개를 내리치면 그 조개는 쉽게 떨어져 나갑니다. 그 다음 조개도 그런 식으로 떼어내보려고 합니다. 그러나 여러분은 이미 그 조개에게 경고를 해주었습니다. 그 조개는 옆 조개를 치는 소리를 들었습니다. 그래서 그 조개는 있는 힘을 다해서 달라붙습니다. 그래서 그 조개를 떼어 낼 수 없습니다. 치고 또 쳐도 바위만 깨는 꼴이 됩니다. 우리들의 작은 친구인 조개는 많은 것을 알지 못합니다. 그러나 그 조개는 그냥 붙어 있습니다. 그 조개는 우리에게 그가 어디에 붙어 있는지 말해 줄 수 없습니다. 그 조개는 그 바위의 지리적 형태도 모릅니다. 그러나 그 조개는 붙어 있습니다. 그 조개는 붙어 있을 대상을 발견한 것입니다. 그것이 바로 그 조개의 작은 지식입니다. 그리고 그 조개는 그 바위에 붙어 있음으로써 자신의 구원의 바위로 사용한 것입니다. 붙어 있는 것이 조개의 생명입니다. 수많은 하나님의 백성들도 이런 믿음을 가지고 있습니다. 그들은 마음을 다하고 힘을 다하여 예수님을 붙잡고 있을 줄은 압니다. 그리고 그것으로 충분합니다. 그들에게 있어서 예수 그리스도는 강하고 능력 있는 구원자입니다. 그리고 움직일 수 없는 불변의 바위와 같습니다. 그들은 죽기까지 그에게 붙어 있습니다. 그래서 그 반석이신 예수님이 그들을 구원해줍니다.

　하나님은 그의 백성들에게 붙을 수 있는 성향을 주셨습니다. 정원에 자라나는 향기로운 완두콩을 보십시오. 그것이 돌담 위에 누워 있을 수도 있습니다. 그 줄기를 들어서 월계수 나무 옆이나 나무 울타리 옆에 올려놓거나, 그 곁에 나무 막대기를 꽂아두십시오. 그러면 그것은 곧 그런 것들을 붙잡습니다. 왜냐하면 가까이 오는 어떤 것이든 붙잡으려고 이미 준비된 작은 갈고리 같은 것들이 있기 때문입니다. 그것은 위로 자라고자 합니다. 그래서 완두콩에는 덩굴손이 있습니다. 하나님의 모든 자녀들도 덩굴손을 가지고 있습니다. 그들이 그리스도와 그의 약속에 매달리려고 하는 생각과 열망과 소망을 가지고 있습니다. 비록 단순한 믿음이라고 할지라도 그것은 대단히 완전하고 효과적인 믿음입니다. 사실 그것은 모든 믿음의 중심입니다. 그리고 우리가 깊은 괴로움에 빠지거나 마음이 병들고 침울해져서 혼란스러워졌을 때 우리는 그 믿음에 의존합니다. 우리들이 달리 아무것도 할 수 없을 때 우리는 그냥 매달려 있을 수 있습니다. 그것이 바로 믿음의 진수입니다. 오, 가난한 마음을 가진 자여, 만약에 우리가 바라는 만큼 복음의 많은 것을 알지 못한다 할지라도 지금 알고 있는 그것에 매달려 있으십시오. 여러분이 생명의 강을 밑바닥까지 깊이 휘젓는 거대한 괴물과 같지 않고 얕은 곳을 건너가는 어린 양에 지나지 않을지라도 그 생명강의 물을 마시십시오. 왜냐하면 우리를 구원해 주는 것은 물 속 깊이 잠수하는 것이 아니라 마시는 것이기 때문입니다. 그러므로 붙잡으세요. 예수님을 붙잡으세요. 바로 그것이 믿음입니다.

　믿음의 또 하나의 형태는 다음과 같습니다. 즉, 다른 사람의 우월성을 알고 그에게 의존하면서 그를 따라가는 것입니다. 나는 조개가 바위에 대해 많은 것을 알고 있다고 생각하지 않습니다. 그러나 믿음의 다음 단계에서는 더욱 많은 지식이 필요합니다. 맹인은 그의 안내자를 신뢰합니다. 그것은 그의 친구는 볼 수 있다는 것을 알고 있기 때문입니다. 그래서 그는 믿고 그의 안내자가 안내하는 대로 따라갑니다. 만약에 그 불쌍한 사람이 나면서부터 맹인이라면 그는 본다는 것이 무엇인지 알지 못합니다. 그러나 본다는 것이 있다는 것은 압니다. 그리고 그의 친구는 그것을 소유하고 있다는 것을 압니다. 그러므로 그는 안심하고, 볼 수 있는 친구의 손을 잡고 따라갑니다. 이것은 믿음에 대한 훌륭한 비유입니다. 우리는 예수님께서는 우리가 갖지 못한 공로와 권능과 축복을 가지고 계시다는 사실을 알고 있습니다. 그래서 우리는 기꺼이 우리 자신을 그에게 맡깁니다. 그는 결코 우리의 신뢰를 배반하지 않습니다.

학교에 다니는 모든 소년들은 배우는 동안에 믿음을 가져야 합니다. 선생님은 지리를 가르칩니다. 그리고 지구의 형태와 큰 도시들과 제국들의 존재에 대해서도 가르쳐줍니다. 소년들은 자신의 선생님과 자기 손에 들려진 책을 믿지 아니하면 그런 사실을 알지 못합니다. 만약에 여러분이 구원을 받으려고 한다면 이 소년과 같이 해야 합니다. 여러분은 그가 여러분에게 말씀하신 것을 알고, 그리고 그가 우리에게 확신시켜 주셨기 때문에 믿어야 합니다. 그가 믿음의 결과는 구원이라고 약속하셨기에 그를 신뢰해야 합니다. 우리가 알고 있는 거의 모든 지식은 믿음을 통해서 우리에게 찾아왔습니다. 과학적 발견이 이루어지면 우리는 그것을 확신합니다. 우리가 어떤 근거에서 그것을 믿고 있습니까? 이미 정평이 나 있는 유명하고 학식 있는 자들의 권위에 근거해서 그것을 믿는 것입니다. 우리는 그들의 실험을 보거나 직접 실험해 본 일이 없어도 그들의 증언을 믿습니다. 그리스도에 대해서도 바로 그렇게 해야 합니다. 그가 우리에게 진리를 가르쳐 주셨기 때문에 그의 제자가 되어야 합니다. 그리고 그의 말씀을 믿고 그를 신뢰해야 합니다. 그는 여러분보다 무한히 우월합니다. 그리고 자기 자신을 주님이요 스승이라고 확신시켜 주셨습니다. 만약에 여러분이 예수님과 그의 말씀을 받아들인다면 구원을 받을 것입니다.

좀 더 차원 높은 또 다른 형태의 믿음은 **사랑으로부터** 자라난 믿음입니다. 왜 소년이 그의 아버지를 믿을까요? 우리가 그 소년의 아버지에 대해 더 잘 알고 있다고 합시다. 그러나 우리는 그 소년처럼 그에게 의존하지 않습니다. 그 어린이가 그의 아버지를 믿는 이유는 아버지를 사랑하기 때문입니다. 예수님에 대한 깊은 사랑과 믿음을 소유한 사람은 행복한 사람입니다. 그들은 예수님의 성품에 매혹됩니다. 그리고 그의 사명에 대해서 기뻐합니다. 그가 보여주신 자애로운 성품에 매혹당합니다. 그리고 그들은 그를 찬양하고 존경하고 사랑함으로 믿지 않을 수 없습니다. 사랑하는 사람을 의심한다는 것은 어려운 일입니다. 만약에 조금이라도 그런 일이 생기게 된다면 무서운 질투에 사로잡히게 됩니다. 그리고 그 질투는 죽음 같이 강하고 무덤처럼 잔인합니다. 그러나 그런 마음의 분개가 찾아오기 전에는 사랑은 신뢰와 확신을 갖는 것입니다.

구세주를 사랑함으로써 신뢰하는 방법은 다음의 예화로 설명할 수 있을 것입니다. 어떤 유명한 의사의 아내가 위험한 병에 걸려 쓰러지게 되었습니다. 그러나 그녀는 평온했습니다. 왜냐하면 그녀의 남편이 그 병에 대해 잘 알고 그 병에 걸린 많은 사람들을 치료했기 때문입니다. 그녀는 조금도 괴로워하지 않았습니다. 왜냐하면 자기를 사랑하는 사람의 손길을 의지하면서 안전함을 느꼈기 때문입니다. 그녀는 남편의 의술과 그의 사랑을 믿었습니다. 그녀의 믿음은 합리적이고 자연스러운 것입니다. 어떤 면에서나 그녀의 남편은 그녀의 신뢰를 받을 만한 자격이 있었습니다. 이것이 행복한 신자들이 그리스도를 향하여 발휘하는 그 믿음입니다. 예수님과 같은 의사는 없습니다. 예수님처럼 구원해 줄 수 있는 분은 아무도 없습니다. 우리는 그를 사랑합니다. 그리고 예수님도 우리를 사랑합니다. 그러므로 우리는 우리 자신을 그의 손에 맡깁니다. 그가 처방해 주는 것은 무엇이든지 받아들이고 그가 명령하시는 것은 무엇이든지 이행합니다. 그가 우리의 주변에서 일어나는 모든 사건의 감독자로 있는 한 잘못 지시하여 잘못되어지는 일은 전혀 없습니다. 왜냐하면 그가 우리를 너무 사랑하시기에 우리로 멸망하거나, 또는 단 한 가지라도 필요 없는 고통을 당하게 하지 않을 것이기 때문입니다.

믿음은 또한 살아 계신 하나님과 구세주의 임재를 깨닫게 해줍니다. 그래서 폭풍우 속에서도 어린아이에게서 찾아볼 수 있는 것과 같은 고요함을 영혼 속에서 느끼게 합니다. 어린아이의 어머니는 무서워서 놀랐습니다. 그러나 그 어린아이는 기뻐합니다. 기뻐서 손뼉을 치기까지 합니다. 번개가 칠 때 창문 옆에서 활기찬 목소리로 "저것 보세요. 엄마, 참 아름다워요. 참 아름다워요"라고 소리칩니다. 그 소녀의 어머니는 "애야, 이리 오너라. 번개가 무섭지 않니?"라고 말합니다. 그러나 그 아이는 하나님께서 온 하늘에 만들고 계시는 아름다운 번개를 보게 해달라고 간청합니다. 그 어린아이는 하나님이 자기에게 어떤 해를 끼치지 않을 것이라고 확신했기 때문이었습니다. 아이 어머니는 "저 무서운 천둥소리를 들어봐라"고 말했습니다. "엄마, 하나님은 천둥소리 가운데서 말씀하지 않으셨어요?" "그랬었지." 두려워 떨면서 엄마가 대답했습니다. 그 아이는 "하나님의 음성을 들으니 얼마나 좋아요. 하나님은 굉장히 크게 말씀하시는군요. 귀머거리도 하나님의 음성을 들으라고 하신거예요. 그렇지 않아요. 엄마?"라고 말했습니다. 그 아이는 계속해서 말합니다. 새처럼 즐거워합니다. 그 아이에게 하나님은 실제적인 존재였으며 그 아이는 하나님을 신뢰했기 때문입니다. 그 아이에게는 번개는 하나님의 아름다운 빛이었으며, 천둥은 하나님의 놀라운 음성이었습니다. 그리고 그 아이는 행복했습니다. 그 어머니는 자연의 법칙과 전기적 에너지에 대해서 많은 것을 알고 있었습니다. 그러나 그 엄마의 지식은 그녀에게 아무런 위안도 되지 못했습니다. 그 어린아이의 지식은 훨씬 작은 것이었습니다. 그러나 그것은 훨씬 확실하고 귀중한 것이었습니다. 오늘날 우리들은 너무나 자만심이 가득합니다. 너무 교만하기에 자명한 진리에 의해서 위로를 받을 수 없습니다. 그리고 미심쩍은 이론들로 자신을 불행한 사람으로 만들기를 더 좋아합니다. 시인 후드(Hood)는 다음과 같은 즐거운 노래를 하면서 깊은 영적 진리를 이야기하고 있습니다.

> "나는 기억하네, 기억하고 있네
> 전나무가 짙푸르고 높았던 것을.
> 나는 생각하곤 했네
> 가느다란 나무 끝이 하늘에 닿았다고.
> 그것은 유치한 무지였었네
> 그러나 지금은
> 내가 소년이었을 때보다
> 천국에서 더 멀리 떨어져 있다는 걸
> 안다는 것이 별로 즐거움이 아니라네."

나 자신의 경우에는 비뚤어지게 현명해지는 것보다 오히려 또다시 어린아이가 되는 것이 더 좋겠습니다. 믿음이란 그리스도에 대하여 어린아이가 되는 것입니다. 그리고 그를 실제적이고 현존하는 분으로 믿으며 지금 이 순간에도 우리 곁에 계시며 또 기꺼이 우리를 축복해주는 분으로 믿는 것입니다. 이와 같은 일은 어린아이의 공상 같아 보일지도 모릅니다. 그러나 주 안에서 행복해지려면 우리는 어린아이와 같아져야 합니다. "너희가 돌이켜 어린 아이들과 같이 되지 아니하면 결단코 천국에 들어가지 못하리라"(마 18:3). 믿음은 말씀에 나타난 그리스도를 그대로 받아들입니다. 그것은 마치 어린아이가 그의 아버지를 믿고 또 과거에나 현재에나 미래에도 단순하게 그를 신뢰하는 것과 같습니다. 하나님이 우리들에게 그와 같은 믿음을 주십니다.

　　확고한 믿음은 확실한 지식에서 나옵니다. 이 믿음은 은혜 안에서 성장한 결과입니다. 그리고 이 믿음은 그리스도를 알고 믿는 믿음입니다. 그리고 그리스도께서 무오하고 신실하신 분임을 알기에 신뢰하는 믿음입니다. 이 믿음은 징조와 표적을 구하지 않습니다. 다만 용감하게 믿을 뿐입니다. 바다를 항해하는 선장의 믿음을 생각해 보십시오. 나는 자주 그 믿음을 생각하면서 놀라곤 합니다. 그는 밧줄을 풀고 항해를 시작합니다. 여러 날 수 주간 혹은 수 개월 동안 그는 배도 못보고 해안도 못보지만 아무 두려움 없이 밤낮 계속해서 나아갑니다. 그러자 이윽고 어느 날 아침 자기가 가고자 하는 항구의 맞은편에 있다는 것을 발견하게 됩니다. 그는 아무 표적도 없는 깊은 바다에서 어떻게 그의 길을 찾았을까요? 그는 자신의 나침반과 항해력과 망원경과 천체들을 믿었습니다. 그리고 그것들의 안내를 따랐습니다. 그래서 그는 해안을 보지도 않고 정확하게 항해하여 한 치의 오차도 없이 항구에 도달했습니다.

　　보지도 않고 항해한다는 것은 놀라운 일입니다. 영적으로도 보이는 해안을 떠나는 것은 복된 일입니다. 그리고 "내적 감정, 행운, 징조, 표적 등이여 안녕! 나는 하나님을 믿는다. 그리고 나는 하늘을 향해서 똑바로 항해한다"고 말하는 것도 복된 일입니다. "보지 못하고 믿는 자들은 복되도다"(요 20:29). 그들은 마지막에 넉넉히 천국에 들어가게 될 것입니다. 그리고 도중에도 안전한 항해를 하게 될 것입니다.

　　이것은 우리의 영혼과 그 모든 영원한 권리를 구세주의 보존하심에 맡기는 것을 쉽게 해주는 믿음입니다. 어떤 사람이 은행으로 가서 어느 정도의 신뢰감을 가지고 자기의 돈을 그곳에 맡겼습니다. 그러나 다른 사람은 그 은행의 평가를 조사해 보고 또 배후의 여러 가지 사정을 알아보고 그 은행이 양호하게 투자한 자본을 많이 보유하고 있다는 사실을 확신하고 자기의 돈을 예금했습니다. 그는 알고서 믿음을 확립했습니다. 그래서 그는 기쁜 마음으로 자기의 모든 것을 그 은행에 맡길 수 있었습니다. 마찬가지로 그리스도를 아는 우리들도 그가 우리를 끝까지 지켜주실 수 있다는 사실을 알기 때문에 기쁜 마음으로 우리의 모든 것을 그의 손에 맡깁니다.

　　하나님께서는 우리가 흔들리지 아니하는 믿음을 소유할 때까지 예수님에 대한 확고한 신뢰심을 더욱더 많이 생기게 해주십니다. 그래서 우리는 결코 의심하지 않고 분명하게 믿게 되는 것입니다. 쟁기질을 하는 사람을 보십시오. 그는 나뭇가지가 말라버리고 노래하는 새들도 없는 겨울철에도 쟁기로 일을 합니다. 그가 쟁기질을 한 후에는 그 농지에서 귀중한 곡식을 거두어들입니다. 그는 아마 그것으로 만족하지 아니할 것입니다. 그래서 그는 다음의 수확을 기대하면서 밭고랑에 씨앗을 뿌립니다. 그는 이미 오십 번이나 수확을 해보았기 때문에 그는 믿음을 가지고 그 귀한 씨앗을 뿌리는 것입니다. 좋은 곡식을 땅에다 버리고 묻어버리는 것은 아무리 보아도 죽을 운명의 인간이 행하는 일들 중 가장 어리석은 일로 보여집니다. 만약에 그 결과에 대해서 보지 못하고 듣지 못했다면 그것은 농부가 할 일이 아니라 단순히 낭비하는 것처럼 보였을 것입니다. 그러나 농부는 의심하지 않습니다. 그는 씨를 뿌릴 수 있게 되기를 원합니다. 그리고 그는 믿음 가운데 자기가 씨앗을 묻을 수 있는 좋은 날씨를 열망합니다.

만약에 여러분이 그에게 그가 어리석은 일을 하고 있다고 말한다면, 그는 여러분의 무지에 대해 비웃고는 씨를 뿌려야 수확한다고 말해 줄 것입니다. 이것이 경험에서 성장한 믿음의 아름다운 모습입니다. 그것은 우리에게 외견상 나타나는 것과는 반대로 행동할 수 있도록 도와줍니다. 이 원리는 우리로 하여금 우리의 모든 것을 그리스도께 맡길 수 있도록 인도해 줍니다. 그리고 우리가 그리스도와 함께 죽는다면 그와 함께 다시 살 것이라는 깊은 신뢰감 속에서 우리의 소망과 생명을 즐거운 확신 가운데 심을 수 있게 해줍니다. 죽은 자 가운데서 부활하신 예수 그리스도께서는 그의 죽음을 통해서 우리를 부활시켜 새 생명으로 인도하실 것입니다. 그리고 우리에게 기쁨과 평화의 추수를 가져다줄 것입니다.

그리스도의 손에 모든 것을 맡기십시오. 그러면 풍부하게 증식되어 되돌려 받게 될 것입니다. 우리가 강한 믿음을 갖기를 기원합니다. 그래서 마치 해가 뜨고 지는 일에 대해 아무 의심도 하지 않듯이 구주께서 우리의 모든 필요를 채워주실 것을 의심하지 않게 되기를 기원합니다. 우리는 이미 우리의 주님을 신뢰하여 왔습니다. 그리고 결코 혼란스러워 하지 않았습니다. 그러므로 우리는 계속해서 더욱더 확고하게 그에게 의존합시다. 왜냐하면 주님을 아무리 의지해도 지나치지 않을 것이기 때문입니다. 하나님을 믿으십시오. 주님은 "하나님을 믿으니 또 나를 믿으라"(요 14:1)고 하셨습니다.

2. 지금까지 나는 믿음이란 무엇인가에 대하여 최선을 다해 말씀드렸습니다. 이제 왜 믿음이 구원의 통로로 선택되었는가를 질문할 차례입니다.

"너희는 그 은혜에 의하여 믿음으로 말미암아 구원을 받았으니." 그와 같은 질문에 대해서 대답할 때 우리는 겸손해야 합니다. 왜냐하면 하나님의 방법을 우리가 언제나 이해할 수 있는 것은 아니기 때문입니다. 그러나 우리가 말할 수 있는 것은 믿음 속에는 그릇으로서의 본래적 역할이 있기 때문에 믿음이 은혜의 통로로 선택된 것이라는 사실입니다. 내가 어떤 가난한 사람에게 돈을 주려고 한다고 가정해 봅시다. 나는 그것을 그의 손에 놓아줍니다. 왜 그렇습니까? 그것을 그의 귓속에 집어넣는다거나 그의 발 위에 놓는 것은 적합하지 않을 것입니다. 손은 받아들일 목적으로 만들어졌습니다. 그와 같이 정신세계에서도 믿음은 받아들이는 그릇으로 사용할 목적으로 창조된 것입니다. 그것은 사람의 손과 같은 것입니다. 그 수단에 의해 은혜를 받는 것입니다. 이것을 아주 분명하게 설명하겠습니다. 그리스도를 받아들이는 믿음은 아주 단순합니다. 마치 여러분의 어린아이에게 이리 오면 사과를 주마고 했을 때 나와서 사과를 받는 것과 같이 아주 단순한 행동입니다. 사과와 관련해서 믿음과 받음의 관계는 영원한 구원을 받을 때의 믿음의 행위와 똑같습니다. 어린아이는 손을 뻗어 사과를 받고, 우리는 믿음으로 그리스도의 완전한 구원을 받습니다. 어린아이의 손은 사과를 만들지도 못하고 사과를 변화시키지도 못합니다. 그 손은 오직 사과를 잡을 뿐입니다. 믿음은 하나님에 의해 구원을 받는 그릇으로 선택되었습니다. 믿음은 구원을 만들지도 않고, 구원을 만드는 일을 도와주지도 않으며, 오직 구원을 받아들이는 수단일 뿐입니다.

믿음이 선택되어진 것은 그것이 하나님께 모든 영광을 돌리기 때문입니다. 구원은 은혜에 의한 믿음으로 말미암아 얻은 것입니다. 그래서 자랑할 것이 전혀 없는 은혜로 된 선물입니다. 하나님은 교만을 아주 싫어하십니다. 사도 바울은 "행위에서 난 것이 아니니 이는 누구든지 자랑하지 못하게 함이라"(엡 2:9)고 말했습니다. 자비를 받아들이는 손은 "내가 그 선물을 받았으니 감사를 받아야 한다"라고 말할 수 없습니다. 그것은 불합리한 일입니다. 손이 빵을 입으로 가져다주었을 때, 손이 몸에게 "나에게 감사하라. 내가 너를 먹여 살리지 않느냐"라고 말하지 않습니다. 손이 그 일을 하는 것은 필요한 일이기도 하지만 아주 간단한 일이기도 합니다. 손은 그것이 한 일로 인해 영광을 탈취하지 않습니다. 그와 같이 하나님께서도 그의 말로 다할 수 없는 은혜를 받는 그릇으로서 믿음을 선택하신 것입니다. 그릇은 어떤 공로를 탈취할 수 없습니다. 오직 모든 좋은 것을 주시는 은혜로우신 하나님께 찬양을 돌려야 합니다.

다음으로, 하나님께서는 믿음이 사람과 하나님을 연결하는 확실한 방법이기 때문에 믿음을 구원의 통로로 선택하신 것입니다. 사람이 하나님을 신뢰할 때 사람과 하나님 사이에는 연결점이 생기게 됩니다. 그리고 그로 인한 연합은 축복을 보장해 줍니다. 믿음은 우리를 구원에 이르게 합니다. 그것은 우리를 하나님께 매달리게 해주기 때문입니다. 그래서 우리로 하나님과 연결시켜 줍니다. 나는 전에 이런 예화를 사용한 적이 있습니다. 그러나 또 한 번 되풀이하려고 합니다. 더 좋은 예화가 생각나지 않아서입니다. 수년 전에 나이아가라 폭포 위에서 보트가 뒤집혀진 일이 있었습니다. 두 사람이 물에 떠내려가고 있었습니다. 강변에 있던 사람들이 가까스로 그들에게 밧줄을 던져 주었습니다. 그래서 두 사람 다 그 밧줄을 잡았습니다. 그들 중 한 사람은 밧줄을 꼭 붙잡고 강둑으로 안전하게 끌려 나왔습니다. 그런데 다른 한 사람은 옆에 큰 통나무가 떠내려 오는 것을 보고 우둔하게도 밧줄을 놓고 그 통나무를 잡았습니다. 통나무가 밧줄보다 더 큰 것이었기 때문입니다. 그리고 겉으로 보기에는 매달리기가 더 좋아 보였습니다. 그러나 그 사람을 태운 그 통나무는 곧바로 거대한 심연으로 빠져들어갔습니다. 그 통나무와 강변에는 아무것도 연결되어 있지 않았기 때문입니다. 통나무의 크기는 그것을 붙잡은 사람에게 아무 도움도 되지 못했습니다. 안전하려면 강변과 연결해주는 어떤 것이 필요했던 것입니다. 그와 같이 사람이 자기의 행위나 성례전이나 그런 종류의 어떤 것을 신뢰할 때 그는 구원을 받지 못할 것입니다. 왜냐하면 그와 그리스도 사이에는 연결점이 없기 때문입니다. 그러나 믿음은 그것이 비록 더 연약한 줄 같아 보일지라도 강변에 있는 위대하신 하나님의 손에 연결되어 있습니다. 무한한 힘이 그 연결된 줄을 당깁니다. 그리하여 그 사람을 파멸로부터 끌어 냅니다. 오, 믿음은 참으로 복된 것입니다. 그것이 우리를 하나님께로 연결해주기 때문입니다.

믿음은 행동의 동기를 유발시키기 때문에 선택된 것입니다. 우리는 어떤 종류의 믿음이라도 통하지 아니하고는 결코 아무것도 할 수 없다고 말한다면 잘못일까요? 내가 이 강단 위를 가로질러 걸어간다면 그것은 나의 다리가 나를 운반해줄 것이라는 사실을 믿기에 일어나는 행동입니다. 사람은 자기가 음식물이 필요하다고 믿기에 먹는 것입니다. 콜럼버스는 대양 건너편에 또 다른 대륙이 있다고 믿었기 때문에 아메리카를 발견했습니다. 다른 많은 위대한 행동들도 믿음에 의해서 생겨난 것입니다. 믿음은 기적을 창조하기 때문입니다. 동일한 원리에 의해서 더 평범한 일들도 이루어집니다. 믿음은 본래 큰 힘을 가지고 있습니다. 하나님은 믿음이라는 그릇에 구원을 담아 주셨습니다. 그렇게 함으로써 하나님은 우리의 모든 감정과 행동의 은밀한 원천을 촉발시켰기 때문입니다. 하나님은 말하자면 건전지를 가지고 계십니다. 그래서 하나님은 우리의 본성의 모든 부분에 은밀한 전류를 보내주실 수 있습니다. 우리가 그리스도를 믿을 때 마음은 하나님의 소유가 됩니다. 그러면 우리는 죄로부터 구원을 받게 되고, 감동하여 회개에 이르게 됩니다. 그리고 거룩함과 열심과 기도와 헌신과 다른 모든 은혜로운 일을 향하여 움직이게 됩니다.

다음으로, 믿음은 사랑으로 역사하는 힘을 가지고 있습니다. 믿음은 은밀한 사랑의 샘을 감동시킵니다. 그리고 마음을 하나님께로 인도합니다. 믿음은 이해한 것을 행동으로 나타내게 합니다. 그러나 믿음은 또한 마음으로부터 우러나오는 것입니다. "사람이 마음으로 믿어 의에 이릅니다"(롬 10:10). 그래서 하나님은 믿음의 그릇에 구원을 담아 주십니다. 왜냐하면 믿음은 사랑의 옆방에 있기 때문입니다. 그리고 믿음은 사랑과 가까운 친족이기 때문입니다. 우리가 아는 바와 같이 사랑은 영혼을 정화시킵니다. 하나님에 대한 사랑은 순종입니다. 사랑은 거룩입니다. 하나님을 사랑하고 사람을 사랑하는 것은 그리스도의 형상에 부합합니다. 그것이 구원입니다.

또한 믿음은 평화와 기쁨을 창출합니다. 믿음을 가진 사람은 안식을 누리고 평온하고 즐거워하며 기뻐합니다. 그리고 이것은 천국을 위한 준비입니다. 하나님께서는 믿음에게 모든 천국의 선물을 주십니다. 믿음은 위에 있는 훨씬 더 좋은 세상에서 영원히 나타나게 될 바로 그 생명과 영을 우리 안에서 역사하도록 해주기 때문입니다. 마음이 아무리 원해도 육체가 연약하기에 나는 이 문제를 서둘러 끝냄으로써 여러분들을 지루하지 않게 하고자 합니다.

3. 이제 세 번째 주제를 살펴보고 끝내겠습니다.
어떻게 하면 믿음을 얻을 수 있으며, 증가시킬 수 있을까요?

이것은 많은 사람들에게 대단히 중대한 문제입니다. 사람들은 믿고 싶지만 믿을 수 없다고 말합니다. 이 문제에 대해서 많은 어리석은 이야기들이 난무합니다. 우리는 그 문제를 실제적인 면에서 다루기를 원합니다. "내가 믿기 위해서 무엇을 해야 하는가?" 가장 빠른 방법은 믿는 것입니다. 만약에 성령께서 여러분을 정직하고 솔직하게 만드셨다면 그 진리가 여러분 앞에 제시되자마자 믿을 것입니다. 어떻든 복음의 명령은 명백합니다. "주 예수를 믿으라 그리하면 너와 네 집이 구원을 받으리라"(행 16:31).

그래도 여전히 어려움이 있다면 그 문제를 하나님께 기도하십시오. 여러분을 당황하게 하는 것이 무엇인지 위대하신 아버지께 정확하게 말씀드리고 성령을 통해서 그 문제를 해결해 달라고 간청하십시오. 나는 어떤 책에 나오는 말을 믿을 수 없다면 그것이 무슨 의미인지 저자에게 묻습니다. 그리고 그가 진실한 사람이라면 그의 설명은 나를 만족시켜 줄 것입니다. 하나님의 설명은 진실로 간구하는 자의 마음을 더욱더 만족시킬 것입니다. 하나님은 기꺼이 자기 자신을 알려 주십니다. 그에게 찾아가십시오. 그리고 의문나는 점들을 질문하여 알도록 하십시오.

더 나아가 믿는 일이 어렵다고 느껴진다면, 믿으라고 명령받은 내용을 자주 반복해서 열심히 들으려고 노력할 때, 성령 하나님이 역사하셔서 여러분이 믿을 수 있도록 해주십니다. 우리는 자주 들어온 많은 것들을 믿습니다. 일상생활 가운데서 어떤 일을 하루에 오십 번 듣는다면 마침내 믿게 되는 것입니다. 어떤 사람들은 이런 과정을 통해서 거짓된 것도 믿습니다. 나는 진실된 것에 대한 믿음을 창출하는 이 방법을 하나님께서도 축복해 주시리라는 사실을 의심하지 않습니다. "믿음은 들음에서 나며"(롬 10:17)라고 말씀하셨기 때문입니다. 내가 열심히 그리고 주의 깊게 복음을 듣는다면 언젠가는 내 마음속에 역사하시는 성령의 복된 사역을 통해서 믿게 될 것입니다.

그러나 이것이 서툰 충고로 보인다면 다음과 같은 내용을 덧붙이겠습니다. 즉, 다른 사람의 간증을 진지하게 생각해 보라는 것입니다. 사마리아 성의 사람들은 여인이 자기들에게 예수님에 대해 말해준 것 때문에 믿었습니다. 우리가 믿는 내용 중 많은 것들은 다른 사람들의 증언으로부터 비롯된 것입니다. 나는 일본과 같은 나라가 있다는 사실을 믿습니다. 나는 결코 그 나라를 가본 적이 없습니다. 그러나 다른 사람들이 그곳에 가봤다는 증언을 통해서 그런 나라가 있다는 것을 믿습니다. 나는 나 자신이 죽을 것이라는 사실을 믿습니다. 나는 죽어보지 못했습니다. 그러나 전에 내가 알았던 수많은 사람들이 죽었습니다. 그래서 나도 죽을 것이라는 확신을 가지고 있습니다. 많은 사람들의 증언은 이렇게 나를 납득시킵니다. 그러므로 어떻게 해서 구원을 받았는지, 어떻게 용서를 받았는지, 어떻게 그들의 성품이 변화하게 되었는지에 대해 간증하는 사람들의 말에 귀를 기울이십시오. 만약에 그들의 말을 듣는다면 여러분은 자신과 똑같은 다른 어떤 사람이 구원을 받았다는 사실을 발견하게 될 것입니다. 만약에 여러분이 도둑이었다면, 다른 어떤 도둑이 그리스도의 보혈의 샘에서 그의 죄를 씻고 기뻐하게 된 간증도 들을 수 있을 것입니다. 행실이 나쁜 사람이라면, 그와 같은 길에 빠졌던 사람도 깨끗하게 변화되었다는 간증도 들을 수 있을 것입니다. 절망에 빠져 있다면 하나님의 백성들에게 상담해 보는 것이 좋습니다. 그러면 여러분과 동일하게 절망에 빠졌던 사람이 하나님께서 어떻게 자기를 구원해 주셨는가를 간증해 줄 것입니다. 하나님의 말씀을 시험해 보고 입증한 사람들의 말을 차례대로 들을 때 거룩한 성령께서 여러분들이 믿을 수 있도록 인도해 주실 것입니다.

여러분들은, 물이 때때로 단단해져서 사람이 그 위로 걸어갈 수 있다는 선교사의 말을 들은 아프리카 사람에 대하여 들어본 적이 있습니까? 그 아프리카 사람은 선교사가 자기에게 말해준 많은 것들을 믿었다고 말했습니다. 그러나 그것만은 결코 믿을 수 없다고 했습니다. 그가 영국에 왔을 때 어느 추운 날 얼어붙은 강을 보았습니다. 그러나 그는 감히 그 위로 올라가지 않으려 했습니다. 그는 그것이 강이라는 사실을 알았습니다. 그는 자기가 그 얼음 위로 올라가면 빠져 죽을 것이라고 생각했습니다. 그는 그의 친구가 그 위로 걸어가기 전에는 결코 얼음 위로 걸어갈 수 없었습니다. 마침내 그는 설득되어졌습니다. 그리고 자신감을 가지고 그 위로 걸어갔습니다. 이와 같이 다른 사람들이 믿는 것을 보고 또 그들의 기쁨과 평화를 알게 되면 여러분도 자연스럽게 믿어지게 될 것입니다. 그것이 바로 하나님께서 우리들에게 믿음을 갖도록 도와주는 방법들 중 하나입니다.

더 좋은 방법은 믿으라고 명령하는 권위에 주목하는 것입니다. 그리고 이것은 우리에게 큰 도움을 줄 것입니다. 그 권위는 나의 것이 아닙니다. 나의 것이라면 그것을 거부해도 괜찮을 것입니다. 그것은 교회의 권위도 아닙니다. 교황의 권위라면 거절해도 상관이 없습니다. 그러나 우리는 하나님 자신의 권위에 근거해서 믿으라는 명령을 받습니다. 하나님께서 우리에게 예수 그리스도를 믿으라고 명령하십니다. 그리고 우리는 창조주께 순종하기를 거절해서는 안 됩니다. 북쪽 지방에서 일하는 어느 노동자들의 감독이 자주 복음을 들었습니다. 그러나 그는 자기가 그리스도께 가지 못할까봐 괴로워했습니다. 그의 선한 주인이 어느 날 일터로 쪽지를 보냈습니다. "일을 마친 후에 즉시 나의 집으로 오시오." 그 감독은 그 주인의 집 문 앞에 나타났습니다. 그리고 그 주인이 밖으로 나와 조금 큰 소리로 "존, 자네는 무엇을 원하는가? 왜 이 시간에 나를 귀찮게 하는가? 일이 끝났는데 지금 여기에 무슨 볼 일이 있는가?"라고 말했습니다. "주인님, 나는 일을 마치고 이리 오라는 주인님의 쪽지를 받았습니다"라고 그가 말했습니다. "자네는 단지 집으로 오라고 한 쪽지를 받아서 이 늦은 시간에 나를 불러낸다는 말인가?" "그렇습니다. 주인님, 나는 당신을 이해할 수 없습니다. 당신이 나에게 그런 쪽지를 보냈기에 나는 당연히 와야 한다고 생각합니다"라고 그 감독이 대답했습니다. "존, 그렇다면 들어오게." 주인이 말했습니다. "내가 자네에게 들려줄 또 다른 메시지를 가지고 있네"라고 말했습니다. 그리고 나서는 자리에 앉아서 다음과 같은 글을 읽어주었습니다. "수고하고 무거운 짐 진 자들아 다 내게로 오라 내가 너희를 쉬게 하리라"(마 11:28). "자네가 그리스도로부터 이와 같은 메시지를 받은 후에도 그에게 가는 것이 잘못이라고 생각하는가?" 그 가련한 영혼은 즉시 그것을 알아들었습니다. 그리고 믿었습니다, 그것은 자기가 믿을 만한 훌륭한 근거와 권위를 알았기 때문입니다. 가련한 영혼들이여, 여러분도 바로 그와 같습니다. 여러분은 그리스도에게로 나아갈 훌륭한 근거가 있습니다. 하나님이 여러분에게 그리스도를 믿으라고 명령하셨기 때문입니다.

만약에 그것도 여러분의 마음을 안정시켜 주지 못한다면 여러분이 믿어야 하는 것이 무엇인지에 대해 생각해 보십시오. 주 예수 그리스도께서는 사람들을 대신해서 고난을 받으셨습니다. 그는 자기를 믿는 모든 사람들을 구원하실 수 있습니다. 사람들이 믿으라는 말씀을 듣는 것은 가장 복된 일입니다. 그것은 사람들 앞에 제시된 것들 중 가장 적합한 위로가 되는 거룩한 진리입니다. 나는 여러분에게 그것에 대해 많은 생각을 해보라고 충고하는 바입니다. 그리고 그것이 내포하고 있는 은혜와 사랑에 대해서 탐구해 보십시오. 4복음서에 대해서 연구하십시오. 바울 서신들을 연구하십시오. 그러면 그 메시지가 믿을 수밖에 없는, 신빙성이 있는 것인지 아닌지를 알게 될 것입니다.

그것으로도 믿어지지 않는다면 예수 그리스도의 인격에 대해서 생각해 보십시오. 그가 누구인지, 그가 무엇을 하셨는지, 그가 지금 어디에 계시는지, 지금 그의 신분이 무엇인지에 대해 생각해 보십시오. 자주 그리고 깊이 생각해 보십시오. 그와 같은 분이 여러분에게 자기를 믿으라고 명령하셨기 때문에 여러분은 확신을 얻게 될 것입니다. 그런데 어떻게 여러분이 그를 의심할 수 있겠습니까?

이런 것들이 하나도 소용이 없다면 여러분 자신에게 무엇인가 잘못이 있는 것입니다. 마지막으로 드리고 싶은 말은, 여러분 자신을 하나님께 복종시키라는 것입니다. 하나님의 영이 여러분의 마음에서 적대감을 제거하시고 복종하게 해주시기를 기원합니다. 여러분은 반역자들입니다. 교만한 반역자들입니다. 그것이 바로 하나님을 믿지 못하는 이유입니다. 여러분의 반역을 버리십시오. 여러분의 무기를 던져버리십시오. 무조건 항복하십시오. 여러분의 왕에게 복종하십시오. "주여, 나는 항복합니다"라고 하면서 절망 가운데 한 번도 부르짖지 아니한 사람이라도 믿음은 그로 하여금 항복하게 해줄 것입니다. 하나님과 다투고 있고, 자신의 뜻대로 고집대로 하려고 하기 때문에 믿을 수 없는 것입니다. 그리스도께서도 "너희가 서로 영광을 취하고 유일하신 하나님께로부터 오는 영광은 구하지 아니하니 어찌 나를 믿을 수 있느냐"(요 5:44)라고 말씀하셨습니다. 교만한 자아가 불신을 창조합니다. 오, 인간이여, 복종하십시오. 여러분의 하나님께 복종하십시오. 그러면 여러분은 구세주를 믿게 될 것입니다. 그리스도를 위하여 하나님이 여러분을 축복하시고, 또 바로 이 순간에 여러분들에게 주 예수를 믿도록 인도해 주시기를 바랍니다. 아멘.

제
9
장

—

엄숙한 박탈

—

"그리스도 밖에 있었고" — 엡 2:12

오늘 밤 우리는 두 가지 사실에 대해서 생각하겠습니다. 우리의 과거의 비참한 상태와 하나님이 우리에게 주신 큰 구원에 대하여 생각하겠습니다.

1. 우리들의 과거의 비참한 상태

잘 아시는 바와 같이 신자들도 다른 사람들과 마찬가지로 전에는 그리스도 밖에 있었습니다. "그리스도 밖에"라는 단어 속에 포함되어 있는 비참함의 깊이를 제대로 설명할 길은 없습니다. 그러한 빈곤도 없고 그러한 결핍도 없습니다. 그런 상태로 죽는 사람들에게는 참으로 철저한 파멸뿐입니다. 그리스도 밖에 있다는 것이 여러분 중의 어떤 사람에 대한 묘사라면 그 사람에게는 지옥의 불에 대하여 설명할 필요가 없습니다. 그리스도 밖에 있는 것과 같은 절망적인 상태만으로도 충분히 경악할 일입니다. 이 두 단어 속에는 엄청난 재난으로 가득합니다.

그리스도 밖에 있는 사람은 오직 그리스도만이 주실 수 있는 영적인 축복들 밖에 있는 것입니다. 그리스도는 신자의 생명입니다. 그러나 그리스도 밖에 있는 사람은 죄악과 허물 가운데서 죽어 있습니다. 그가 죽어 있습니다. 그 시체 곁에 서서 울어줍시다. 그 시체는 보기에 흉하지도 않고 깨끗합니다. 그리고 잘 정돈되어 있습니다. 그러나 생명이 없습니다. 생명이 없기에 지식도 감정도 능력도 없습니다. 우리가 할 수 있는 것이 무엇입니까? 하나님의 말씀을 가지고 이 죽은 죄인에게 설교할까요? 우리는 그렇게 하라는 명령을 받았습니다. 그러므로 우리는 그것을 시도할 것입니다. 그러나 그가 그리스도 밖에 있는 한 아무 결과가 나타나지 않을 것입니다. 그것은 엘리사의 종이 어린아이 시체 위에 지팡이를 올려놓은 것과 같습니다. 아무 소리도 없었고 아무 소리도 들리지 않았습니다. 우리들은 죄인들에게 신앙의 내용을 정리한 신경(신조)을 알려주고, 그를 위해서 기도를 해줄 수 있고, 목사의 음성을 듣게 할 수도 있을 것입니다. 그러나 그가 그리스도 밖에 있는 한 아무 소용이 없습니다. 오, 살아난 영혼들이여, 여러분이 그 죄인에게 갈 때까지 그 죄인은 죄와 허물 가운데 죽어 있을 것입니다. 그에게 예수님이 계시되어질 때까지는 생명이 없습니다.

그래서 그리스도는 세상의 빛입니다. 빛은 그리스도의 선물입니다. "그 안에 생명이 있었으니 그 빛은 사람들의 생명이라"(요 1:4 참조). 예수님께서 나타나기 전에 사람들은 어둠 가운데 앉아 있었습니다. 그 어둠은 아주 짙은 어둠이었습니다. 태양도 달도 별도 없었습니다. 총명과 사랑과 양심을 비추어 줄 빛이 없었습니다. 사람은 빛을 얻을 능력이 없습니다. 그는 이성이라는 젖은 성냥을 켜보지만, 그것은 불꽃이 일어나지 않습니다. 조그마한 불꽃을 가진 우상 숭배의 촛불은 그를 둘러싼 짙은 어둠을 드러내 줄 뿐입니다. 일어나소서, 새벽별이여! 오시옵소서, 예수여, 오시옵소서! 주님은 의의 태양이시며, 당신의 날개 아래에 치유가 있습니다. 그리스도 밖에는 참된 영적 지식의 빛도 없고, 영적 즐거움의 빛도 없고, 진리의 광채를 볼 수 있는 빛도 없고, 우정의 따스함을 입증할 빛도 없습니다. 그 영혼은 납달리 지파의 사람들과 같이 어둠 속에 앉아서 빛을 보지 못합니다.

그리스도 밖에는 평화가 없습니다. 지옥의 개들에게 추적당하는 가련한 영혼을 보십시오. 그 영혼은 바람처럼 빨리 달아나지만 추적자들은 훨씬 더 빠릅니다. 그 영혼은 세상의 쾌락 가운데서 숨을 곳을 찾습니다. 그러나 지옥의 사냥개의 추적하는 소리는 쾌락의 소굴 속에 있는 그 영혼을 위협합니다. 그 영혼은 선행의 산을 애써서 올라가려고 합니다. 그러나 그의 다리는 너무나 연약해서 압박을 견딜 수 없습니다. 그 영혼은 되돌아옵니다. 방향을 전환합니다. 오른쪽에서 왼쪽으로 방향을 바꿉니다. 그러나 지옥의 사냥개들은 너무나 발이 빠르고 냄새를 너무 잘 맡아 그들은 먹이를 절대 놓치지 않습니다. 예수 그리스도께서 불쌍하게 쫓기는 그 영혼을 위하여 그의 가슴을 열어줄 때까지 그 영혼은 평화를 얻지 못할 것입니다.

그리스도 밖에는 안식이 없습니다. 사악한 사람들은 풍랑이 이는 바다와 같습니다. 거기에는 안식이 없습니다. 오직 예수님만이 바다에게 "잠잠하라, 고요하라"고 말씀하실 수 있습니다.

그리스도 밖에는 안전이 없습니다. 배는 태풍이 오기 전에 달아나야 합니다. 닻이 없는 배는 바위에 부딪칠 수밖에 없습니다. 그 배는 해도도 없고 항해사도 없습니다. 그 배는 바람 부는 대로 물결치는 대로 떠내려 갈 수밖에 없습니다. 그리스도 밖에서는 안전이 없습니다. 그리스도께서 그 영혼의 갑판에 오시게 하십시오. 그러면 그 영혼은 세상의 모든 폭풍을 비웃어줄 것입니다. 공중의 권세 잡은 자가 일으킨 회오리바람도 그 영혼을 혼란스럽게 하지 못할 것입니다. 그리스도 밖에는 안전이 없습니다.

그리스도 밖에는 소망도 없습니다. 외로운 영혼은 쓸쓸한 바위에 앉아서 하염없이 멀리 바라보고 있습니다. 그 영혼에게 기쁨을 가져다줄 수 있는 것은 아무것도 찾아볼 수 없습니다. 저 멀리 돛단배가 있다고 꿈을 꿔보지만 곧 현실을 깨닫게 됩니다. 가련한 영혼은 목이 마릅니다. 그 주변에는 단지 소금물 바다만 있습니다. 그것은 곧 불바다로 변할 것입니다. 영혼은 위를 바라봅니다. 그러나 거기에는 진노한 하나님이 계십니다. 아래를 바라봅니다. 거기에는 크게 입을 벌리고 있는 깊은 구덩이가 있습니다. 오른편을 보니 거기에는 비난의 소리들뿐이고 왼편에는 유혹하는 친구들이 있습니다. 그 영혼은 모든 것을 잃어버렸습니다. 잃어버렸습니다. 잃어버렸습니다! 그리스도 밖에서 완전히 잃어버린 바 되었습니다. 그리스도가 오기 전에는 그의 근심어린 눈을 기쁘게 할 한 줄기의 빛도 없었습니다.

사랑하는 자들이여, 그리스도 밖에는 인간의 모든 종교적 행위가 공허하다는 사실을 기억합시다. 그것들은 공기주머니에 지나지 않습니다. 그것들 속에는 하나님이 받아주실 만한 것이 아무것도 없습니다. 예배와 제단과 희생 제물과 가지런히 놓인 나무들은 겉으로는 그럴듯합니다. 수도자들은 무릎을 꿇고 절하고 몸을 굽혀 엎드립니다. 그러나 그리스도만이 하늘이 받아주시는 불을 보내주실 수 있습니다. 그리스도 밖에 있는 제물, 즉 가인의 제물과 같은 제물은 향기로운 제물이 되지 못하고, 하늘의 하나님께서는 받아주시지 않을 것입니다. 그리스도 밖에서는 교회 출석하는 일도 노예의 일이며, 예배도 속박일 뿐입니다. 그리스도 밖에서는 여러분의 기도는 공허한 바람에 지나지 않으며, 회개는 눈물의 낭비일 뿐이고, 자선과 선행도 비열한 불법을 감추는 얇은 옷에 지나지 않습니다. 신앙 고백은 회칠한 무덤입니다. 겉보기는 그럴듯하지만 내부에는 썩은 시체로 가득합니다. 그리스도 밖에서는 신앙은 죽은 것이고 부패하고 악취가 나는 것이며, 하나님께는 성가시고 가증스러운 것입니다. 왜냐하면 그리스도가 없는 곳에서는 그 어떤 헌신도 생명이 없고, 그 안에는 하나님이 보시고 기뻐할 만한 것이 아무것도 없기 때문입니다. 그리고 이것은 그리스도 밖에 있는 몇몇 사람들에 관한 이야기가 아니라 그리스도 밖에 있는 모든 사람들에게 해당되는 것이라는 사실을 주목하십시오. 그리스도 밖에 있는 도덕적인 사람들이여, 여러분은 부도덕한 사람들과 똑같이 잃어버린 자들입니다. 그리스도 밖에서 부자이면서 존경받는 사람들이여, 여러분은 한밤중에 길거리를 헤매는 창녀들과 똑같이 저주를 받을 것입니다. 그리스도 밖에서는 비록 자선을 많이 행하고 빈민구호소와 병원에 재산을 기부할지라도, 아니 자신의 몸을 내어주어 불사르게 할지라도 그것이 아무 공로가 되지 않을 것입니다. 이 모든 것들은 여러분에게 아무 유익이 되지 않을 것입니다. 그리스도 밖에서는 비록 불꽃 같은 열정의 날개를 펴고 순교자의 열망을 가졌다 할지라도, 그것은 단지 자신의 정열의 노예일 뿐이며, 어리석음의 희생물에 지나지 않았음이 입증될 것입니다. 그러므로 여러분이 성화되지 못하고 축복받지 못한다면, 천국에서 쫓겨나고 하나님의 면전에서 추방될 것입니다. 그리스도 밖에 있으면 오직 그리스도만이 줄 수 있는 모든 유익을 얻지 못할 것입니다.

　그리스도 밖에 있다는 것은 그리스도의 모든 은혜스러운 직책이 가져다주는 혜택을 누리지 못합니다. 그 혜택은 모든 인간들에게 필수 불가결한 것들입니다. 그리고 참선지자를 소유하지 못하게 되는 것입니다. 사람을 믿으면 결국은 속임을 당합니다. 교리가 정통적일지도 모릅니다. 그러나 마음속에 그리스도를 소유하지 못한다면 영광의 소망은 없습니다. 그리스도 밖에서는 진리 그 자체도 공포일 뿐입니다. 여러분의 생명이 죽어가고 있을 때에야 발람과 같이 눈이 열리게 될지도 모릅니다. 사람을 구원해주는 십자가도 그리스도 밖에서는 영혼이 죽임을 당하는 교수대가 될 것입니다. 그리스도 밖에서는 죄를 속해 줄 제사장이나 중보자를 갖지 못합니다. 그리스도 밖에서는 죄를 씻을 샘이 없습니다. 죽음의 천사를 피하기 위하여 문설주에 뿌릴 피도 없습니다. 향기로운 제단도 없습니다. 그룹 사이에 앉아 미소짓는 하나님도 없습니다. 그리스도 밖에서는 제사장이 가져다줄 모든 혜택과는 상관이 없습니다. 그리스도 밖에서는 돌봐줄 목자도 왕도 없습니다. 환난의 때에 강력한 힘으로 구원해 줄 분을 부를 수 없습니다. 왕이신 예수님의 상비군인 하나님의 천사들이 여러분의 원수가 되고 친구가 되지 않습니다. 그리스도 밖에서는 하나님의 섭리하심이 여러분에게 유익이 되지 못합니다. 그리스도 밖에서는 하늘에서 여러분을 위해서 탄원해 줄 대언자가 없습니다. 여러분을 대신해서 변명해 줄 대표자도 없습니다. 그리스도 밖에서는 목자 없는 양과 같습니다. 그리스도 밖에서는 머리 없는 육체와 같습니다. 아버지 없는 고아와 같고 남편 없는 과부와 같습니다. 그리스도 밖에서는 구세주도 없습니다. 여러분은 어떻게 하시겠습니까? 최후의 위기에, 절망의 황량한 시점에 가서야 구원의 중요성을 깨닫는다면 여러분은 어떻게 되겠습니까? 그리스도 밖에 있다면 그 때 꼭 필요한 천국의 친구가 없는 것이 됩니다. 이 모든 것을 요약하자면, 여러분은 인생을 복되게 하거나, 죽을 때 행복하게 해줄 수 있는 것이 아무것도 없습니다. 그리스도 밖에 있으면 크로이소스(Croisus)처럼 부자이고, 알렉산더(Alexander)처럼 유명하고, 소크라테스(Socrates)처럼 현명하다 할지라도, 여러분은 벌거벗고 가난하고 가련한 사람입니다. 왜냐하면 만물이 그로 말미암고, 그를 위하여 창조되었고, 만유 안에 만유가 되시는 바로 그분이 없기 때문입니다.

이것은 분명히 가장 부주의한 사람의 양심이라도 일깨워주기에 충분할 것입니다. 그리스도께서 가져다주는 축복이 없다면, 그리고 그리스도께서 가지고 계시는 그 훌륭한 직책으로부터 오는 혜택을 놓쳐 버린다면 지엽적인 문제만 가지고 시간을 낭비하는 것이 될 것입니다. 그리스도 밖에 있는 것이야말로 지금 가장 절박한 위험입니다. 여러분은 인간의 모습으로 오신 구세주, 즉 육신을 입고 우리 가운데 거하시는 하나님을 보십니까? 그는 자기 백성들을 사랑하십니다. 그리고 이 땅을 아주 더럽힌 불법을 씻어내고 이 땅을 영광스럽게 덮어줄 의를 이루기 위해서 이 땅에 오셨습니다. 그러나 그리스도 밖에 있으면 살아 계신 구세주가 여러분과 아무 상관이 없습니다. 여러분은, 도살장으로 끌려가는 양과 같이 끌려가서 잔인하게 나무에 못 박히시고 피 흘리며 죽어가는 그분을 보십니까? 그리스도 밖에 있으면 여러분은 그 위대한 희생이 가져다주는 혜택과 아무 상관이 없습니다. 즉, 그의 속죄의 피의 공효가 주는 은혜를 입지 못합니다. 여러분은 아리마대 요셉의 무덤에 죽어 누워 있는 그분을 보십니까? 그의 죽음은 그의 모든 백성들의 죄악을 매장하는 것이었습니다. 그러나 그리스도 밖에 있으면 죄는 대속되지 않습니다. 여러분의 허물은 아직 매장되지 않았습니다. 그것들은 이 땅 위를 걸어다닙니다. 그것들은 심판대 앞에서 열거될 것들입니다. 그것들은 여러분의 정죄를 요구할 것입니다. 그 허물들은 여러분을 소망 없는 곳으로 끌어내릴 것입니다. 그리스도 밖에 있으면 그의 부활에 동참할 수 없습니다. 언젠가 죽음의 속박을 끊고 일어나겠지만 새 생명의 영광에는 이르지 못할 것입니다. 그리스도 밖에 있는 자에게는 수치와 영원한 멸시만이 기다리고 있을 것입니다. 그가 높이 올라가신 것을 보십시오. 그는 하늘의 거리에서 승리의 행진을 하십니다. 그는 사람들에게 선물을 뿌리십니다. 그러나 그리스도 밖에 있는 자에게는 아무 선물도 없습니다. 그리스도 밖에 있는 사람들을 위한 축복은 없습니다. 그는 높은 보좌에서 영원히 다스리십니다. 그러나 그리스도 밖에 있으면 그의 중보의 은혜를 체험하지 못하며, 또 그의 영광에 동참할 수 없을 것입니다. 주님이 오고 계십니다. 들어보십시오. 나팔이 울리고 있습니다. 나의 귀가 그 선율을 듣고 있습니다. 장엄하고 화려한 행렬에 둘러싸여 그가 오십니다. 그리고 그의 모든 성도들이 그와 더불어 통치할 것입니다. 그러나 그리스도 밖에 있으면 그 모든 장엄한 일에 참여할 수 없습니다. 그는 그의 아버지께 가서 그의 왕국을 넘겨드립니다. 그의 백성들은 영원히 그와 더불어 안전할 것입니다. 그러나 그리스도 밖에서는 여러분의 눈에서 눈물을 닦아 줄 사람이 아무도 없을 것입니다. 아무도 여러분을 생명의 샘으로 인도해 주지 못할 것입니다. 그 어떤 손길도 여러분에게 위로의 종려나무 가지를 주지 못할 것입니다. 여러분에게 영원한 복을 줄 그 어떤 미소도 없습니다. 오, 나의 사랑하는 청중들이여, 나는 여러분에게 이 끔찍한 단어들, 즉 "그리스도 밖에"라는 이 말의 의미 속에 얼마나 큰 재앙과 비참한 상황이 포함되어 있는가를 말로 다 할 수 없습니다.

지금 이 시간 여러분이 그리스도 밖에 있다면 좋은 것의 진수가 결핍되어 있는 것입니다. 그리고 바로 그 이유 때문에 가장 훌륭한 특권들도 실질적인 혜택이 아니라 공허한 자랑에 지나지 않습니다. 그리스도 밖에 있으면 모든 의식과 은혜의 수단들이 전혀 무가치합니다. 심지어 다이아몬드 같은 귀중한 가치를 지닌 이 성경책도, 그리고 현명한 사람이 그 성경책을 선택하여 보석 같은 귀한 교훈을 남겨준다 한들 아무 유익이 없을 것입니다. 집에 성경책을 가지고 있을지라도 그리스도 밖에 있다면 그 책은 죽은 문자에 지나지 않습니다. 어느 가련한 여인이 성경 위에 손을 얹고 "나는 여기에 그리스도를 소유하고 있습니다", 가슴에 손을 얹고 "나는 여기에 그리스도를 소유하고 있습니다", 하늘을 바라보고는 "나는 저기에 그리스도를 소유하고 있습니다"라고 한 것과 같은 말을 여러분도 할 수 있을 것입니다.

그러나 여러분이 마음속에 그리스도를 모시고 있지 않다면 성경책 속에서도 그리스도를 발견할 수 없을 것입니다. 주님은 다만 진심으로 그를 알고 사랑하는 사람들에게 그의 향기로우심과 복되심과 그의 탁월하심 가운데 나타나시기 때문입니다. 일정한 양의 성경읽기, 특별한 시간 동안 기도하기, 정기적으로 예배 장소에 참석하는 일, 1기니(guinea:영국의 금화)의 정액헌금, 공적인 예배를 돕고 사적인 자선을 돕는 일 등이 영혼의 구원을 확보할 것이라고 생각하지 마십시오. 아닙니다. 구원을 얻기 위해서는 반드시 다시 태어나야 합니다. 그리고 앞에 열거한 것들로는 다시 태어날 수 없습니다. 그리스도 밖에서는 거듭날 수 없기 때문입니다. 그리스도를 소유하는 것은 천국에 가는 데 필수불가결한 조건입니다. 만약에 여러분이 그리스도를 소유하고 있다면 비록 수많은 약점을 지니고 있다고 할지라도 찬란하고 영원한 영광을 보게 될 것입니다. 그러나 그리스도를 소유하고 있지 못하다면 그 모든 수고에도 불구하고 의를 만들어 낼 수 없습니다. 그것은 오히려 희망을 좌절시키고 하나님의 진노를 불러일으킬 것입니다.

사랑하는 친구들이여, 그리스도 밖에서는 머지않아 여러분이 멸망할 것이라는 엄숙한 질책이 따라올 것입니다. 나는 그것에 대해서는 더 이상 말씀드리지 않겠지만 여러분 스스로 그것에 대해 생각해 보시기 바랍니다. 젊은이들이여, 그리스도 밖에 있다면 비록 살아 있다 할지라도 인생의 가장 풍성한 기쁨을 누리지 못할 것입니다. 건장한 중년들이여, 그리스도 밖에 있으면 비록 살아 있다 할지라도 환난을 만났을 때 그 크신 도움을 얻지 못할 것입니다. 지팡이에 의지하여 실면서 곧 떠나게 될 이 땅의 것에만 만족하며 살아가는 노인들이여, 그리스도 밖에 있으면 연약한 몸이 얻어야 할 아름다운 위로를 잃게 될 것입니다. 인생들이여, 여러분들은 곧 죽게 될 것을 기억하십시오. 여러분들이 얼마나 강한가는 전혀 문제가 되지 않습니다. 죽음은 더욱 강합니다. 사슴을 사냥하는 사냥개가 그 희생물을 끌어내리듯이 죽음은 여러분들을 끌어내릴 것입니다. 그럴 때 그리스도 밖에 있다면, "여러분들은 죽음의 요단 강물 가운데서 어떻게 할 것입니까?" 그리스도 밖에 있다면 눈을 감게 될 때 어떻게 할 것입니까? 죄인이여, 당신이 그리스도 밖에 있다면 마지막 죽음의 호흡이 당신의 목에 걸려 있을 때 당신은 어떻게 할 것입니까? 사람들이 당신을 베개로 받쳐 줄 때, 사람들이 당신의 임종의 모습을 보면서 울 때에, 맥박이 점점 희미해질 때, 또 당신이 육신의 베일을 벗고, 진노하신 하나님의 무서운 눈길 앞에 육체를 떠난 영혼의 모습으로 설 때, 당신이 그리스도 밖에 있다면 당신은 어떻게 할 것입니까? 그리고 죄인이여, 심판의 나팔소리가 무덤 속에 있는 당신을 잠에서 깨우고, 또 영혼과 육체가 그 무서운 무리들 속에서 최후의 무서운 심판대에 서게 될 때 그리스도 밖에 있다면 당신은 어떻게 할 것입니까? 하나님의 추수 때에 수확하는 자가 내려올 때, 낫이 피로 붉게 물들 때, 수확한 포도가 하나님의 진노의 포도주 틀에 던져질 때, 그리고 피가 말(馬) 굴레에 넘쳐흐를 때까지 밟힐 그때 그리스도 밖에 있다면 당신은 어떻게 할 것입니까?

　　오, 죄인이여, 이 말씀이 당신의 마음을 감동할 때까지 당신의 귀에서 울려지기를 기도합니다. 여러분이 그 말을 내일도 모레도 그 다음 날에도 계속해서 생각해 보기 바랍니다. 그리스도 밖에 있다는 말씀에 대하여 깊이 생각해 보기 바랍니다. 그리스도 밖에 있을 때의 죽음과 심판과 정죄에 대하여 깊이 생각해 보기 바랍니다. 자비의 하나님께서 여러분 스스로 자기의 처지를 살펴보게 하시고, 그리스도를 통하여 하나님께 나아가 구원 얻게 해주시기를 기원합니다. 구하는 자에게 그리스도께서 찾아오십니다. 그리스도는 영접하는 자에게 찾아오십니다. 말라버린 손을 힘껏 펴서 그를 붙잡으십시오. 그를 믿으십시오. 그러면 그는 영원히 당신의 소유가 될 것입니다. 여러분은 영원한 기쁨 속에서 그가 계신 곳에서 영원히 함께 있게 될 것입니다. 지난날의 비참함을 상기해 보고, 우리의 남은 시간 동안 다음의 일을 위하여 노력해 봅시다.

**2. 주님께서 하나님의 백성들을 위해 해주신 일로 인해
감사하도록 격려합시다.**

　우리는 지금 그리스도 밖에 있지 않습니다. 그러나 한번 질문해 보겠습니다. 여러분이, 지금 그리스도 밖에 있는 사람들이 있는 그곳에 있다면 과연 신자일까요? 사실 여러분 중의 어떤 사람은 오늘 밤에도 주점이나 유흥가에 있었을 것입니다. 여러분은 주의 날을 환락의 날로 만드는 무리들과 함께 어울렸을 것입니다. 우리 중에 누구누구가 그렇게 했을 것이라는 사실을 여러분은 압니다. 여러분 자신은 더욱 나빴을지도 모릅니다. 창녀의 집을 찾았을지도 모릅니다. 여러분 중에서 어떤 사람은 그렇게 행동했기에 인간의 법뿐 아니라 하나님의 법을 범했을지도 모릅니다. 그러나 여러분은 깨끗이 씻겨졌고 거룩해졌습니다. 만약에 여러분이 그리스도 밖에 있었다면 어떻게 되었을까요? 아마 여러분은 지옥에 있었을 것입니다. 영원히 모든 자비로부터 거절당했을 것이며, 하나님의 면전에서 쫓겨나

영원히 정죄되었을 것입니다.

어떤 인디언이 보여준 행동은 우리가 그리스도 밖에 있었다면 우리가 처했을 상황을 잘 보여주는 좋은 예입니다. "그리스도가 그를 위해서 무엇을 해주셨는 가?"라는 질문을 받았을 때 그는 벌레 한 마리를 집어서 땅 위에 놓고 그 둘레에 짚 과 나무로 작은 원의 울타리를 만들었습니다. 그리고 그는 그 울타리에 불을 붙였 습니다. 나무가 불타기 시작했을 때 그 가련한 벌레는 몸을 비틀고 꿈틀거리기 시 작했습니다. 그러자 그는 몸을 굽혀 손가락으로 벌레를 부드럽게 집어올리고는 "이것이 바로 예수님이 나를 위해서 해주신 일입니다. 나는 나를 파멸시켰을 무서 운 불에 휩싸여 있었고 내 힘으로는 어쩔 수 없었습니다. 그러나 못 박히신 그의 손길이 나를 불 가운데서 *끄집어내어* 주셨습니다"라고 말했습니다. 그런 그리스 도인에 대해서 생각해보십시오. 그리고 감동이 되시면 주님의 식탁으로 나오십시 오. 그리고 지금 여러분은 그리스도 밖에 있지 않음으로 주님을 찬양하십시오.

그리고 또 그의 보혈이 여러분을 위해 한 일을 생각해 보십시오. 수천 가지 중 에서 단 한 가지만을 생각해보십시오. 주님의 보혈은 여러분의 수많은 죄악을 제 거해 주었습니다. 여러분은 그리스도 밖에 있었습니다. 그리고 여러분의 죄악은 검고, 험한 절벽이 하늘 높이 서 있는 것과 같았습니다. 그 위에 예수님의 보혈이 한 방울 떨어졌습니다. 그리고 그 피는 한순간에 모든 죄악을 추방해 버렸습니다. 그 귀한 보혈이 닿는 그 순간에 여러분의 모든 죄악은 다 사라져 버렸습니다. 오, 이호와의 이름을 송축합시나. 여러분은 이제 다음과 같이 노래할 수 있습니다.

> "죄에서 자유 얻은 나
> 이제 자유롭게 활보한다네
> 구세주의 보혈은
> 나를 완전하게 해방하셨네
> 나 그의 발 밑에 누워 있어도 만족한다네
> 구원받은 죄인아 그를 찬양하여라."

이제 그리스도를 소유하고 있는 여러분은 그가 오신 **방법**과 그가 여러분을 동 참자로 만드신 방법을 생각해 보십시오. 그는 당신의 마음 문을 두드리시면서 추 운 밖에서 오랫동안 서 계셨습니다. 여러분은 그를 받아들이지 않으려 했습니다.

그를 경멸했고 그에게 저항했습니다. 그를 발로 찼으며 그의 얼굴에 침을 뱉고 공개적으로 수치를 주었습니다. 그러나 그는 여러분을 소유하기를 원하셔서 모든 반대를 극복하고, 여러분의 모든 무가치함을 간과하시고, 마침내 여러분을 구원하사 자기 백성이라고 공언하셨습니다.

사랑하는 사람들이여, 그가 여러분의 뜻대로 내버려 두셨다면 어떻게 되었을까를 생각해 보십시오. 점점 더 죄를 저지르면서 그리스도의 피를 자기들의 머리에 돌리라고 할 것입니다. 그러나 용서받은 사람은 그의 마음에 그 피를 적용시킵니다. 여러분은 그 차이점을 잘 아실 것입니다. 오, 그것은 예루살렘 거리의 끔찍한 부르짖음이었습니다. "그 피를 우리와 우리 자손에게 돌릴지어다"(마 27:25). 그리고 후에 예루살렘 거리에 넘쳐흐르는 피는 예수님의 피가 원수들에게 돌려지는 것이 얼마나 무서운 일인가를 보여주는 증거가 되었습니다. 그러나 사랑하는 자들이여, 여러분은 양심을 깨끗하게 하기 위해서 그 보혈을 소유하고 있습니다. 그것은 여러분을 받아들이게 하였습니다. 그러므로 그가 치르신 속죄의 대가를 기뻐할 수 있습니다. 그리고 말로 표현할 수 없는 기쁨과 큰 영광 중에 용서를 받았습니다.

그리고 이 귀중한 은혜를 주시려고 지불한 거대한 비용을 망각하지 말 것을 부탁드립니다. 그리스도께서 그냥 하늘에 계셨더라면 그는 여러분의 소유가 될 수 없었을 것입니다. 그는 이 땅 위로 오셔야만 했습니다. 그러나 그가 피를 흘리고 죽기 전에는 완전하게 여러분의 소유가 될 수 없었습니다. 오, 그리스도께서 여러분을 찾아가기 위해 그의 길을 찾기 전에 그가 통과해야 했던 관문은 참으로 끔찍했습니다. 그는 이제 여러분을 쉽게 찾으십니다. 그러나 그가 올 수 있기 전에 먼저 무덤을 통과해야 했습니다. 그것에 대해 생각해 보십시오. 얼마나 놀라운 일입니까?

그리고 왜 여러분들은 그리스도 밖에 있도록 내버려지지 않았을까요? 여기에서 자유의지의 교리를 주장하는 자들이 있습니다. 그러나 나는 하나님의 주권적 은혜의 교리에 마음이 쏠립니다. 나는 하나님이 그렇게 하셨다는 것 외에는 내가 왜 구원을 받았는지 이해할 수 없습니다. 비록 내가 열심히 찾아보았을지라도 왜 내가 거룩한 은혜에 참여하게 되었는지 그 이유를 나 자신에게서는 발견할 수 없습니다. 내가 지금 그리스도 밖에 있지 않다면, 그것은 그리스도 예수께서 나에 대한 그의 뜻을 가지고 계셨기 때문입니다. 그의 뜻은 내가 그와 함께 그가 계신 곳에 있어야 하는 것이며, 그와 함께 영광을 나누어 가져야 한다는 것입니다. 나는 그의 강력하신 은혜로, 지옥으로 떨어져가는 나를 구원하신 예수님의 머리 이외에는 그 어떤 곳에도 면류관을 드릴 수 없습니다.

사랑하는 자들이여, 우리가 다 이야기하지 못하고 남겨 두어야 할 수많은 것들 중 하나만 더 이야기하겠습니다. 그리스도를 소유했기 때문에 바로 오늘 밤 무엇을 소유하게 되었는가를 생각해 보기 바랍니다. 아니, 아니, 여러분이 소유하지 못한 것을 말하지 마십시오. 어떤 일정한 수입이 없고, 어떤 능력이 없고, 재산을 갖지 못하고, 친구가 없고, 안락한 집이 없다 할지라도 여러분은 구세주를 가졌습니다. 여러분은 그리스도를 소유했습니다. 그것이 무엇을 의미하고 있습니까? "자기 아들을 아끼지 아니하시고 우리 모든 사람을 위하여 내주신 이가 어찌 그 아들과 함께 모든 것을 우리에게 주시지 아니하겠느냐"(롬 8:32). 그리스도를 소유한 사람은 모든 것을 가진 사람입니다. 모든 것이 다 그리스도 예수 안에 들어 있습니다. 그리고 여러분이 일단 그리스도를 소유하기만 하면 그 모든 축복에 부요한 자가 됩니다. 예수 그리스도를 소유하고 있다면 만족스럽지 못한 것이 무엇이겠습니까? 그리스도를 소유하고 있으면서도 불평을 할 수 있을까요?

사랑하는 자들이여, 나는 여러분을 조금 질책합니다. 그리고 그런 나쁜 습관을 버리도록 여러분을 위해서 기도하겠습니다. 만약에 그리스도를 소유하고 있다면 성부 하나님을 보호자로 삼고, 성령 하나님을 위로자로 삼은 것입니다. 현재의 일들은 합력하여 선을 이루어가시며, 미래의 일들은 더욱 행복하게 풀어 주실 것입니다. 여러분은 이 땅에서 뿐 아니라 천국에서도 천사들을 하인으로 삼게 될 것입니다. 여러분은 여러분의 유익을 위해서 돌고 있는 하나님의 섭리의 바퀴를 소유하고 있습니다. 들판의 돌멩이들도 여러분의 편이 되어주고, 일상의 시련들도 여러분의 성화(聖化)를 위하여 조력합니다. 이 땅 위의 즐거움들과 축복들이 하나님께 영광을 돌리는 재료가 됩니다. 여러분의 수익과 손실이 다 여러분에게 유익합니다. 재산의 증가나 감소가 다같이 여러분의 영혼을 만족스럽게 할 것입니다. 여러분은 다른 어떤 피조물보다 자랑할 것을 더 많이 가지고 있습니다. 여러분은 온 세상을 갖는 것보다 더 여러분의 심령을 기쁘게 할 것을 많이 가지고 있습니다. 그런데도 기뻐하지 않으시겠습니까? 오늘 밤 마음속으로 "내가 그리스도 밖에 있지 않기에 예수 그리스도는 나의 소유입니다. 나는 기쁩니다. 나는 내일도 기뻐할 것입니다"라고 말하면서 이 잔칫상으로 나오시기 바랍니다.

　오, 사랑하는 그리스도인 친구들이여, 여러분의 증거를 잃어버렸다면 그 모든 것을 찾기 위해서는 그리스도에게로 가십시오. 성냥을 켜서 초에 불을 붙이려 가지 마십시오. 직접 태양에게 가서 불을 얻으십시오. 의심 많고 의기소침하고 낙심한 여러분이여, 곰팡이 핀 어제의 빵 부스러기를 찾아가지 말고 십자가 아래 오늘 새로 내리는 만나를 취하러 가십시오. 방황하면서 타락한 여러분이여, 자신의 무가치성 때문에 예수님으로부터 멀리 떨어지지 마십시오. 오히려 자신의 죄악으로 인해 더욱 빨리 구세주께 달려가십시오. 오십시오, 죄인들이여, 오십시오, 성도들이여, 스스로 그의 백성이라고 감히 말하지 못하는 자들도 오십시오. 믿음이 겨자씨만한 자들도 오십시오. 전혀 믿음을 가지지 못한 자들도 오십시오. "원하는 자는 값없이 생명수를 받으라"(계 22:17)고 말씀하시는 예수님께로 지금 나오십시오.

　아무 기쁨도 없고 그와 더불어 교통한다는 것을 느끼지도 못하기 때문에 자기가 그리스도 밖에 있다고 생각하는 사람들이 이제는 살아 있는 믿음으로 그의 이름, 그의 언약, 그의 약속을 굳게 잡을 수 있도록 하나님께서 허락해 주시기를 기원합니다. 그들이 그리스도를 발견하여 영혼의 큰 기쁨을 얻고, 또 그에게 모든 찬양을 돌릴 수 있도록 허락해 주시기를 기원합니다. 아멘.

제
10
장

—

영광스러운 변화

—

"이제는 전에 멀리 있던 너희가 그리스도 예수 안에서
그리스도의 피로 가까워졌느니라" — 엡 2:13

나는 이 시간에 여러분이 설교를 듣고 있거나 혹은 어떤 강연을 듣고 있다고 생각하지 말고, 가능하다면 여리분이 홀로 구세주와 함께 있으면서 조용한 묵상 속에 잠겨 있다고 생각하시기 바랍니다. 나는 여러 가지 생각들을 제시함으로써 여러분의 묵상을 돕겠습니다. 그리스도 안에서 사랑하는 형제 자매들이여, 진실로 그리스도 안에 있는 여러분들이 유익한 묵상을 하고 끝나는 시간에는 "그리스도에 대한 나의 묵상은 감미로운 것이었습니다. 나는 그의 이름을 기뻐할 것입니다"라고 말할 수 있게 되기를 바랍니다. 본문에는 아주 명백한 세 가지 사실이 있습니다. 첫째, 우리는 과거에 어떤 신분이었는가? 입니다. 전에는 우리들이 "멀리 있었습니다." 둘째는, 지금 우리의 신분은 무엇인가? 입니다. 우리는 "가까워졌습니다." 그리고 나서는 이 큰 변화의 수단이 무엇인가를 설명합니다. 그것은 "그리스도 예수 안에서"입니다. 그리고 "그리스도의 피"라는 말도 덧붙여지고 있습니다. 그러면 먼저 신자로서 우리는 겸손한 마음으로 다음과 같은 사실을 생각해 보기로 하겠습니다.

1. 과거의 우리는 어떤 신분이었습니까?

우리가 사망에서 생명으로 옮겨진 날이 있었습니다. 하나님의 자녀들이여,

우리 모두는 위대하고 신비스러운 변화를 체험하였습니다. 우리들은 새로운 피조물이 되었습니다. 우리는 다시 태어났습니다. 여러분 중에서 이 큰 변화를 체험하지 못한 자가 있다면 그 체험을 하게 되기를 기도합니다. 여러분은 오늘 밤 그 주제에 대해서는 큰 관심을 갖지 않으리라 생각합니다. 그러나 이 큰 변화를 체험한 사람들도 과거에 여러분이 어떤 신분이었는가를 회상해 보십시오. 먼저 여러분들은 이스라엘 국가의 이방인이라는 점에서 멀리 떨어져 있었습니다. 유대 민족은 하나님께 가까이 인도되었습니다. 그들은 빛으로 하나님의 은총을 받았습니다. 반면에 세상의 나머지 민족들은 어둠 속에 남아 있었습니다. 하나님은 그들에게 말씀을 주셨습니다. 하나님은 그들과 언약을 맺으셨습니다. 그러나 나머지 민족들은 부정한 상태로 내버려졌고, 멀리 떨어져 있었습니다. 그들은 하나님 가까이 올 수 없었습니다. 그것이 바로 우리의 상황이었습니다.

우리는 이방인들이었습니다. 우리는 하나님이 아브라함과 맺으신 언약에 참여하지 못했습니다. 우리는 아론과 그의 후계자들의 희생 제물에 동참하지 못했습니다. 우리는 할례를 통해서도 들어갈 수 없었습니다. 우리는 육체를 따라 아브라함의 후손이 아니었습니다. 그들의 특권이 아무리 크다 할지라도 우리는 육체적 언약에 대해서 아무 권리가 없었습니다. 그러나 이제는 가까이 오게 되었습니다. 우리들은 이제 과거에 유대 민족이 소유했던 모든 것을 소유하고 있습니다. 우리는 그들의 모든 특권들과 그 이상의 것을 소유하고 있습니다. 유대인들은 그림자만 가지고 있었습니다. 그러나 우리는 실체를 가지고 있습니다. 유대인들은 모양만 가지고 있었습니다. 그러나 우리는 실재를 가지고 있습니다. 그러나 이전의 우리는 그림자도 실체도 가지고 있지 않았습니다. 우리는 멀리 떨어져 있었습니다. 우리는 유대 민족의 어떠한 특권에도 참여하지 못했었습니다.

사랑하는 자들이여, 우리가 하나님으로부터 멀리 떨어져 있었다는 것을 생각할 때, 서너 가지 방법으로 그 사실을 설명해 볼 수 있을 것입니다. 우리들은 하나님으로부터 멀리 떨어져 있었습니다. 우리와 하나님 사이에는 거대한 무지의 구름이 걸려 있었기 때문입니다. 우리는 빽빽한 나무 숲속에서 길을 잃었습니다. 우리는 먼 바다로 날아간 어떤 새와 같았습니다. 길을 인도해 줄 본능도 빼앗기고 바람 따라 이리저리로 떠돌아다니는 새와 같았으며 폭풍우에 의해 밀려다니는 물결과 같았습니다. 우리는 하나님을 알지 못했습니다. 우리는 하나님을 알려고 하지도 않았습니다. 우리는 하나님과 그의 성품에 대해 무지했습니다. 그리고 하나님에 대해 추측할 때도 그것은 어림짐작일 뿐 우리를 하나님께 가까이 인도해 주지도 못했습니다. 이제는 하나님께서 우리를 더욱 잘 가르쳐 주셨습니다. 우리들에게 자기를 아버지라 부르라고 가르쳐 주셨습니다. 그리고 하나님은 사랑이라는 사실을 가르쳐 주셨습니다. 우리가 하나님에 대해서 알게 되었기 때문에 가까이 오게 된 것입니다. 그러나 과거에는 우리의 무지가 우리를 하나님으로부터 멀리 떼어 놓았습니다.

더 나쁜 것은 하나님과 우리 사이에는 죄악이라는 산들로 이루어진 거대한 산맥이 있었다는 것입니다. 우리들은 알프스 산맥은 측량할 수 있습니다. 안데스 산맥의 크기도 측정할 수 있습니다. 그러나 죄악이라는 산맥은 지금까지 그 누구도 측량하지 못했습니다. 그 산맥은 대단히 높습니다. 그 산맥은 구름을 찌르고 있습니다. 사랑하는 자들이여, 여러분의 죄악의 산맥에 대해 상상할 수 있습니까? 여러분이 태어난 이래 지은 모든 죄악을 계산해 보십시오. 즉, 어린아이 시절의 죄악들, 젊은 시절의 죄악들, 장년 시절의 죄악들, 노년 시절의 죄악들을 계산해 보십시오. 복음을 거역한 죄, 율법을 위반한 죄를 계산해보십시오. 육체로 지은 죄, 마음으로 지은 죄를 계산해 보십시오. 모든 형태의 죄악들을 계산해 보십시오. 아, 그 죄악들은 얼마나 큰 산맥을 이루고 있습니까? 여러분은 그 산맥의 이쪽 편에 있었습니다. 그리고 하나님은 그 산맥의 저쪽에 있었습니다. 거룩하신 하나님은 죄악에게 눈길을 줄 수 없었습니다. 그리고 세속적인 우리는 거룩하신 삼위일체와 교제할 수 없었습니다. 이 얼마나 먼 거리입니까? 넘을 수 없는 산맥이 우리를 하나님으로부터 떼어 놓았습니다. 그러나 이제 그것은 모두 지난 일이 되었습니다. 그 산맥은 바다 속으로 가라앉았습니다. 우리들의 허물도 모두 지나갔습니다. 오, 그러나 과거에 그것들은 얼마나 높은 산들이었습니까? 얼마 전까지만 해도 그것들은 얼마나 높은 산맥이었습니까?

하나님께로 향하는 다른 편에는 이와 같은 산맥 말고도 거룩한 진노라는 거대한 심연이 있었습니다. 하나님은 진노하셨습니다. 우리들에게 정당하게 진노하셨습니다. 하나님이 죄에 대하여 진노하지 않으셨다면 어찌 하나님일 수 있겠습니까? 죄를 가지고 장난하는 사람들은 결코 지존자의 성품을 알지 못하는 자입니다. 거기에는 깊은 심연이 있었습니다. 지옥에 빠진 사람들도 그 심연이 얼마나 깊은가를 알지 못합니다. 그들은 그 속에 가라앉고 있었습니다. 이 심연은 바닥이 없습니다. 하나님의 사랑은 무한합니다. 오, 지존자시여, 누가 당신의 진노의 강력함을 짐작이나 하겠습니까? 지금까지 우리는 하나님의 극심한 진노의 대상이었습니다. 그런데 그리스도께서 그 심연에 다리를 놓아 주셨습니다. 그는 우리를 다른 편으로 데려가셨습니다. 그는 우리를 하나님 가까이로 데려가셨습니다. 그러나 그것은 참으로 깊은 심연이었습니다. 아래를 내려다보면 다리가 후들거립니다. 여러분은 빙하 위에서 크레바스 아래로 내려다보면서 큰 돌을 집어서 그 아래로 던져 마침내 그 돌이 바닥에 도달하는 소리를 들을 때까지 기다려본 적이 있습니까? 여러분은 그 낭떠러지 아래로 떨어진다는 생각을 하면서 벌벌 떨지 않았습니까? 그러나 여러분들은 얼마 전까지만 해도 다른 사람들과 마찬가지로 진노의 후사의 위치에 있었습니다. 사도 바울은 그것을 "다른 이들과 같이"(엡 2:3)라고 표현하고 있습니다. 오, 우리는 참으로 멀리 떨어져 있었습니다.

그러나 이것이 전부는 아닙니다. 하나님과 우리 사이를 갈라놓은 또 다른 것이 있었기 때문입니다. 사랑하는 친구들이여, 우리가 우리의 처지를 느끼고 지존자를 갈망할 때, 비록 죄의 산맥이 제거되어지고 진노의 심연이 메워졌다 할지라도 우리 자신이 만든 또 하나의 간격이 남아 있습니다. 그것은 우리들과 하나님 사이에 넘실거리는 공포의 바다입니다. 우리는 감히 하나님께 나아가지 못합니다. 그는 우리들에게 용서해 주시겠다고 말씀하셨습니다. 그러나 우리는 그것이 진실이라고 생각할 수 없었습니다. 그는 그 피가 우리를 깨끗이 해줄 것이라고, 즉 대속적 희생의 보혈이 우리를 깨끗이 해줄 것이라고 말씀하셨습니다. 그러나 우리는 우리의 죄가 너무 붉어서 제거되어질 수 없다고 생각했습니다. 우리들은 감히 우리 아버지의 무한하신 긍휼을 믿지 못했습니다. 우리들은 그에게서 도망하였습니다. 우리는 그를 믿을 수 없었습니다. 믿는다는 것이 불가능한 것처럼 보이고 또 믿음에 의한 구원이 율법의 행위에 의한 구원만큼이나 어려운 일 같아 보이던 때가 기억나지 않으십니까? 그러나 이제 그 공포의 바다도 사라졌습니다. 우리는 그 바다의 물결을 건너왔습니다. 우리들은 이제 떨거나 비굴한 공포 가운데 하나님을 두려워하지 않습니다. 가까이 나아가서 떨리지 않는 목소리로 "아바 아버지"라고 말합니다.

그런데도 우리는 하나님과 우리 사이에 아직 약간의 간격이 있다고 생각합니다. 그러나 나는 그것을 다른 방식으로 설명해 보겠습니다. 잠시 동안 하나님에 대해서 생각해 봅시다. 우리의 생각은 하나님께 미칠 수 없습니다. 그는 무한히 순결하신 분입니다. 그가 보시기에는 하늘도 깨끗하지 않습니다. 그리고 그의 천사들도 어리석다고 꾸짖으십니다. 그것은 일면에 지나지 않습니다. 이제 우리 자신을 살펴보십시다. 창조주에게 반역한 벌레요 죄로 말미암아 더럽혀진 징그러운 벌레입니다. 거지와 왕자가 함께 서 있는 것을 볼 때 그들 사이에는 차이가 있습니다. 그러나 하나님과 타락한 인간의 성품과 본성의 무한한 차이와 비교해 본다면 그것(거지와 왕자의 차이)은 한 치의 간격도 못됩니다. 그리스도 외에 그 누가 그토록 낮은 상태에 있는 우리를 그토록 높은 상태로 올릴 수 있으며, 마귀와 교제하던 자를 여호와 하나님과 친히 교통하는 자로 들어올려 줄 수 있겠습니까? 그 거리는 상상할 수 없습니다. 우리는 그 모든 것을 사라지게 만든 위대한 사랑에 대해 놀라지 않을 수 없습니다. 우리는 과거에 멀리 있던 자들이었습니다.

나는 우리가 멀리 있던 자들이라는 사실을 아주 명백하게 이야기했습니다. 그것에 대해서 잠시 생각해 보십시오. 무엇을 느끼십니까? 겸손한 마음이 생기지 않습니까? 여러분이 대단히 경험 많은 그리스도인이라고 가정해 봅시다. 그리고 성경에 대해서도 수준 높은 독자이며, 수년 동안 여러분이 일관된 성품을 유지할 수 있었다고 가정해 봅시다. 나의 사랑하는 형제 자매들이여, 과거의 여러분들의 처지를 기억하고 주권적인 은혜가 아니었더라면 어떻게 됐을까를 생각해 볼 때, 자기 자신에 대해서는 아무것도 영광스럽게 생각할 것이 없음을 알게 됩니다. 아마도 자기 자신이 성경이 말씀하고 있는 것과 같은 사람이었다는 사실을 잠깐 잊어버렸을는지도 모릅니다. 자기의 현재의 특권에 대해 너무나 생각한 나머지 지금의 나의 나 된 것은 모두가 하나님의 은혜라는 것을 잠깐 잊었을 수 있습니다. 이제 여러분의 진정한 상태로 되돌아가 봅시다. 여러분의 영혼은 십자가 밑에 겸손하고 경외하는 마음으로 머리를 숙이고, "나의 주여, 나와 지극히 타락한 자 사이에는 주님의 은혜 이외에는 아무런 차이점이 없습니다. 나와 지옥에 있는 영혼들 사이에도 당신의 무한하신 긍휼 이외에는 아무런 차이점이 없습니다. 나는 겸손하게 주님을 송축합니다. 왜냐하면 주님이 나를 가까이로 인도하셨기 때문입니다"라고 고백합니다.

이제 우리의 묵상을 계속해 봅시다. 두 번째 요점으로 들어가겠습니다. 첫 번째 요점에는 쓴 약이 들어 있었습니다. 그러나 이제 묵상할 내용은 그 쓴 맛을 없애 줄 것입니다. 쓴 맛을 제거하고 달콤하게 해줄 것입니다.

2. 지금 우리의 신분은 무엇입니까?

"그리스도의 피로 가까워졌느니라." 사도 바울이 "우리가 그리스도의 피로 가까워지기를 바라노라"고 말하지 아니한 것을 보고 여러분은 기뻐할 것입니다. 그는 마치 모든 신자들이 그래야만 한다는 듯이 적극적으로 말하고 있습니다. 그는 "우리가 그리스도의 피로 가까워질 것이다"라고 말하지 않았습니다. 미래를 위하여 유보된 특권들도 있습니다. 그러나 여기에서 그는 현재의 축복에 대해서 말하고 있습니다. 그것은 우리가 분명하고 명확하게 배워야 할 내용입니다. 그것은 진실로 현재의 경험적 기쁨이어야 합니다. 우리가 하나님께 가까워졌다고 할 때 그것은 무엇을 의미하는 것일까요? 첫째는, 우리가 이방인들로서 멀리 있었으며 은총을 받은 이스라엘 백성이 아니었다는 사실입니다. 그런데 이제 우리가 가까이 인도된 것입니다. 즉, 우리들은 과거에 은총을 받은 그 이스라엘 민족의 모든 특권을 가지고 있습니다. 그들이 아브라함의 자손입니까? 우리도 역시 그렇습니다. 왜냐하면 그는 믿음의 조상이었기 때문입니다. 그리고 우리도 믿었기 때문에 그의 영적인 자손이 된 것입니다. 그들이 제단을 가지고 있었습니까? 우리도 제단을 가지고 있습니다. 그러나 성막에서 봉사하던 자들이 먹을 수 없었던 그 제단에서 우리는 먹을 수 있습니다. 그들에게 대제사장이 있었습니까? 우리도 대제사장이 있습니다. 우리들에게는 하늘로 올라가신 대제사장이 있습니다. 그들에게 희생제물과 유월절의 만찬이 있었습니까? 우리들은 그리스도 예수를 모시고 있습니다. 그의 단 한 번의 제사로 우리들의 죄악을 영원히 제거해 주셨습니다. 그리고 예수님은 우리가 오늘날에도 먹는 영적인 양식입니다. 그들이 가졌던 모든 것을 우리도 가지고 있습니다. 우리들은 더욱 완전하고 분명한 의미에서 그 모든 특권을 가지고 있습니다.

"율법은 모세로 말미암아 주어진 것이요 은혜와 진리는 예수 그리스도로 말미암아 온 것이라"(요 1:17). 그리고 그 모든 것이 우리에게 왔습니다. 우리들은 유대인들보다 훨씬 더 가까워졌습니다. 대부분의 유대인들보다 더욱 가까이 인도되어 졌습니다. 왜냐하면 아무리 경건한 유대인이라도 하나님께 희생제물을 드릴 수 없었습니다. 선지자들은 예외였습니다. 이스라엘 백성들은 스스로 희생 제물을 드릴 수 없었습니다. 단지 제사장에게 제물을 가져올 뿐이었습니다. 제사장들은 백성들을 위해서 하나님께 가까이 나아갔습니다. 들어보십시오. 과거에는 멀리 떨어져있던 하나님의 자녀들이여, 다음의 노래는 천국의 노래입니다. 이것이 이 땅 위에서 여러분의 노래가 되게 하십시오. "일찍이 죽임을 당하사 각 족속과 방언과 백성과 나라 가운데에서 사람들을 피로 사서 하나님께 드리시고 그들로 우리 하나님 앞에서 나라와 제사장들을 삼으셨으니 그들이 땅에서 왕 노릇 하리로다 ”(계 5:9-10). 만약에 우리가 구세주를 사랑한다면 우리들은 모두 제사장들입니다. 모든 신자들이 다 제사장들입니다. 우리는 기도와 감사의 희생제물을 가지고 와서 지존자가 계시는 성소에도 들어갈 수 있습니다. 그리고 단 한 사람 즉 대제사장 외에는 그 누구도 지성소에 들어갈 수 없었고 그도 일년에 한 번밖에 들어가지 못했습니다. 그러나 그 대제사장도 피와 향로를 가지고 들어가야 했습니다. 그러나 형제들이여, 이제는 그 휘장이 제거되었습니다. 우리들은 과거의 대제사장이 느꼈던 두려움도 없이 시은좌(속죄소)에 나아갑니다. 우리는 시은좌 위의 예수님의 피와 찢어진 휘장을 보기 때문입니다. 그리고 우리는 필요한 때에 은혜를 얻기 위해서 하늘의 보좌로 담대히 나아갑니다.

오, 우리는 참으로 가까이 있습니다. 우리는 평범한 유대인들보다 더욱 가까이 있습니다. 우리는 제사장들보다 더욱 가까이 있습니다. 우리는 대제사장만큼 가까이 있습니다. 우리는 그리스도 안에서 그가 계신 하나님의 보좌에 있기 때문입니다. 사랑하는 형제들이여, 오늘날 우리는 하나님께 가까이 있습니다. 왜냐하면 우리를 하나님으로부터 떼어 놓는 모든 것들이 사라졌기 때문입니다. 죄인이 믿는 그 순간에 죄악의 모든 산은 없어집니다. 여러분은 그 산이 보입니까? 저 높은 안데스 산맥을 볼 수 있습니까? 그 누가 거기에 올라갈 것입니까? 그러나 보십시오. 십자가 위에서 죽었던 상처를 가지신 분이 오시는 것을 나는 봅니다. 그가 못에 찔린 그의 손을 들어서 한 방울의 피를 그 산 위에 떨어뜨리자 그 산은 연기처럼 사라져 버렸습니다. 그 산은 수양의 기름처럼 녹아 버렸습니다. 그 산은 수증기로 변하여 사라졌습니다. 흔적도 남아 있지 않습니다. 오, 하나님께 영광을 돌립니다. 하나님의 책에는 신자에게 불리한 죄악은 없습니다. 아무 기록도 남아 있지 않습니다. 주께서 그것을 제거하시고 십자가에 못 박아 버렸습니다. 그렇게 해서 승리하셨습니다. 애굽 사람들이 모두 물에 빠져 죽었을 때 이스라엘은 “물이 다시 흘러 병거들과 기병들을 덮되 그들의 뒤를 따라 바다에 들어간 바로의 군대를 다 덮으니 하나도 남지 아니하였더라”(출 14:28)고 기록된 것과 같이 모든 신자도 “모든 죄악이 사라졌다. 그리고 우리는 깨끗해졌으며 사랑하시는 자 안에서 받아들여지고, 예수 그리스도의 피와 의를 통하여 의롭다하심을 얻었다”라고 말할 수 있습니다. 오, 그 모든 거리감이 사라져 버렸을 때 이 가까움은 얼마나 영광스러운 것입니까!

형제들이여, 우리는 하나님 가까이에 있습니다. 그것은 우리가 하나님의 친구들이기 때문입니다. 하나님은 우리의 전능한 친구이십니다. 그래서 우리는 그를 사랑합니다. 그보다 더 좋은 것은 우리가 그의 자녀들이라는 사실입니다. 친구는 잊어버릴 수 있으나 자녀는 그렇지 않습니다. 아버지는 자녀를 끔찍하게 사랑합니다. 우리는 하나님의 자녀들입니다. 그가 우리를 선택해 주셨기 때문에 우리는 그에게 가까이 갈 수 있고, 또 아버지의 집에서 살 수 있으며 더 이상 밖으로 나가지 않아도 됩니다. "종은 영원히 집에 거하지 못하되 아들은 영원히 거하나니"(요 8:35). 그리고 이것이 우리들의 특권입니다. 아니 그 이상입니다. 여러분 중에 누가 예수 그리스도께서 하나님께 얼마나 가까이 계시는가를 상상할 수 있을까요? 우리는 그와 같이 가까이 있습니다. 다음의 시는 그것을 잘 묘사하는 진리입니다.

> "나는 하나님께 아주 가까이
> 더 이상 가까이 갈 수 없을 만큼
> 아주 가까이 있답니다.
> 나는 그의 아들 안에서 그의 아들만큼
> 가까이 있기 때문입니다."

우리가 진실로 그리스도 안에 있다면 우리는 그와 하나입니다. 우리는 그의 몸의 지체이며 그의 살과 뼈의 일부분입니다. 그리고 그는 "나 있는 곳에 나를 섬기는 자도 거기 있으리니"(요 12:26)라고 말씀하셨습니다. 주님은 우리가 영광을 받을 것이라고 선언하셨습니다. 그 영광은 그가 창세 전에 아버지로부터 받은 것입니다. 이 얼마나 가까운 사이입니까!

지금까지 나는 그 진리를 설명하였습니다. 이제 여러분들이 잠시 동안 그것을 되새김질하고 자연스러운 결론을 이끌어 내며 적당한 감정을 느껴보기를 원합니다. 사랑하는 자들이여, 우리가 그토록 하나님께 가까이 인도되어졌다면 우리는 어떤 형태의 삶을 영위해야 할까요? 평범한 백성들도 결코 반역적인 말을 해서는 안 됩니다. 그러나 궁정에 들어가도록 허락된 추밀원(Privy Council)의 위원들은 철저하게 충성스러워야 합니다. 그렇다면 우리들은 우리를 가까이 인도해주신 하나님을 얼마나 더 사랑해야 하겠습니까? 하나님은 우리들을 굽어 살피시고 계십니다. 우리들은 하나님 가까이 인도되어진 백성들입니다. 하늘의 것들과 거룩한 것들이 우리로 한눈팔지 못하게 합니다. 우리는 참으로 기쁜 마음으로 살아야 합니다. 왜냐하면 그렇게 큰 은총을 받고도 감사하지 않는 것은 배은망덕한 일이 될 것이기 때문입니다. 형제들이여, 우리는 하나님 가까이에 있습니다. 그러므로 하나님은 우리들의 모든 것을 보고 계십니다. 하늘에 계신 우리 아버지께서는 우리가 무엇이 필요한지를 아십니다. 그는 항상 우리를 굽어 살피십니다. 우리들은 하나님 가까이에 있으므로 기도할 때도 항상 하나님 가까이에 있다는 마음으로 기도하여야 합니다. 기도하는 가운데 거리감을 두고서 하는 끔찍한 기도들이 있습니다. 통상적인 기도문들은 너무나 멀리 떨어져서 기도하는 형식적인 기도입니다. 그러나 겸손하고 친근감 있는 마음으로, 두려워 떨면서도 믿음 가운데 기뻐하면서 담대하게 하나님 앞으로 나아오는 것이 가까이 있는 자들이 취해야 할 태도입니다. 사람이 어떤 이웃의 가까이에 있을 때 그는 그를 신뢰합니다. 그리고 자기의 슬픔도 이야기하고, 그의 도움을 요청하기도 합니다. 하나님을 그와 같이 대하십시오. 그에게 의지해서 살고, 그를 위해서 살고, 그의 안에서 사십시오. 우리를 자기 가까이로 인도해 주신 하나님으로부터 멀리 떨어지지 마십시오. 우리가 하늘에 계신 하나님 가까이로 인도되어졌다는 것을 안다면 우리의 생활은 거룩한 것이 되어야만 합니다.

형제들이여, 우리가 진실로 그리스도 안에 있는 신자들이라면 우리는 모두 우리의 안전에 대해 확신할 수 있을 것입니다. 왜냐하면 우리는 하나님의 사랑과 우정으로 가까워졌기 때문에 하나님이 우리를 떠날 수 없기 때문입니다. 원수 되었을 때 우리를 가까이 인도해 주셨다면, 친구인 지금은 더욱 우리를 지켜 주시지 않겠습니까? 하나님은 우리를 깊은 죄악에서 구출하시려고 우리를 사랑하셨습니다. 선을 향한 아무 생각도 없고 열망도 없을 때 하나님은 우리에게 그를 사랑하고 갈망하는 것을 가르쳐 주셨습니다. 그런데 그가 우리를 버리시겠습니까? 그것은 불가능합니다. 이 교리는 말로 다 할 수 없는 큰 신뢰감을 줍니다.

사랑하는 형제 자매들이여, 하나님이 우리를 가까이 인도해 주셨다면 오늘날에도 하나님으로부터 멀리 떨어져 있는 사람들을 위해서 어떤 희망을 가져야 하지 않을까요? 우리는 타락한 여인들이나 비천한 남자들은 다시 돌이킬 수 없다고 생각한 바리새인들의 무리 속에 끼어서는 결코 안 됩니다. 우리도 과거에는 멀리 떨어져 있었습니다. 그러나 하나님은 우리를 가까이 인도했습니다. 우리의 경우 그 거리가 너무 멀었습니다. 그 머나먼 거리를 없앨 수 있었던 분은 반드시 다른 경우의 먼 거리도 없앨 수 있습니다. 복음을 들을 수 있는 모든 사람들에 대해서 희망을 가지십시오. 가장 절망적인 사람이라 할지라도 인도되어질 때까지 계속해서 노력합시다. 그리스도의 일을 위하여 우리 모두 허리에 띠를 동여 맵시다. 하나님께서 우리를 구원하셨다면 불가능이 없다는 것을 믿습니다. 죄인 중에 괴수라도 수년 전에 구원을 받았다고 바울이 말했습니다. 그는 겸손을 가장하지 않았습니다. 나는 그가 진리를 말하고 있다고 믿습니다. 그 죄인 중에 괴수는 문을 통해서 천국에 들어갔습니다. 그리고 통과하기에 어려운 두 번째 방, 즉 다른 사람을 인도하는 일이 있었습니다. 친구들이여, 내가 통과해야 할 방도 있고, 여러분이 통과해야 할 방도 있습니다. 그것은 하나님의 은혜가 다른 사람에게도 미치도록 하는 것입니다. 나를 가까이 오게 하신 하나님은 하나님의 은혜가 미치지 못할 사람은 아무도 없다는 것을 가르쳐 주셨습니다. 나는 오늘 밤 여러분들이 그 문제를 깊이 생각하시기를 희망하면서 이 문제는 이쯤 마치고자 합니다. 이제 우리가 고찰해 보아야 할 마지막 주제는 다음과 같습니다.

3. 어떤 방법으로 그 위대한 변화가 일어났습니까?

우리는 그리스도 안으로 들어갔습니다. 그리고 그 피를 인하여 가까이 가게 되었습니다. 대속의 교리는 새로 만들어 낸 것이 아닙니다. 우리는 자주 그리고 계속적으로 이 교리를 전했습니다. 그리스도의 고난과 대속과 피에 의한 속량, 이와 같은 구원의 이야기 이외에 다른 어떤 주제를 더 좋아한다면 차라리 벙어리가 되는 것이 나을 것입니다. 사랑하는 자들이여, 우리를 위해 모든 것을 이루어 주신 것은 예수님의 피입니다. 그리스도께서 우리의 빚을 대신해서 갚아 주셨습니다. 그러므로 그 빚은 청산되었습니다. 그리스도께서 우리의 죄에 대한 징벌을 대신 받으셨습니다. 그러므로 우리는 징벌을 받을 필요가 없습니다. 대속은 다른 어떤 수단으로 해결할 수 없는 일을 해결했습니다. 우리들을 하나님께로 인도하시기 위하여 의로우신 자가 불의한 자를 대신해서 고난을 받으셨습니다. 우리가 칼을 맞아야 했는데 그리스도께서 대신 맞으신 것입니다. 그는 자발적으로 우리를 대신했습니다. 그것은 그가 공의에 대하여 보상을 하고, 무한한 자비를 베풀기 위한 것이었습니다. 그러므로 우리가 가까이 인도되어진 것은 그 피로 말미암은 것입니다. 그리스도께서 우리를 대신해서 고난을 당하셨습니다. 그리하여 우리는 용서를 받았습니다.

잠시 동안 그 피에 대하여 생각해 봅시다. 그 피는 고난을 의미합니다. 그 피는 고뇌에 싸인 생명을 의미합니다. 우리는 지금 고난에 대하여 이야기하고 있습니다. 우리가 고통을 느낄 때 주님의 고통이 어떠했는지 조금이나마 느껴볼 수 있습니다. 뼈가 쑤시고, 몸이 괴롭고, 잠이 오지 않을 때 마음이 우울할 때, 머리가 어지러울 때, 그럴 때 우리는 "나의 구세주시여, 심연으로 빠져 들어가던 나를 구원하신 그 값에 대하여 조금은 알 것 같습니다"라고 고백해야 할 것입니다. 그리스도의 정신적 육체적 고통은 우리가 깊이 생각해 보아야 할 중요한 일입니다. 그러나 그의 영혼의 고통은 그의 고난의 진수였습니다. 우리가 크게 우울해하거나 죽고 싶을 만큼 슬퍼질 때, 구세주께서 어떻게 값을 치르고 우리를 구원하셨는지를 짐작해 보게 됩니다.

초대교회는 일어난 사실들에 대하여 설교하였습니다. 나는 우리가 교리는 전하면서 사실에 대해서는 망각할까봐 두렵습니다. 교리도 필요하지만 사실이 더 중요합니다. 바울이 그가 전한 복음을 요약할 때, "내가 전한 복음은 이것이다. 즉 예수 그리스도께서 십자가에 못 박히시고 죽으시고 장사지낸 바 되시고 다시 사셨다"(고전 15:1-4 침조)고 말했습니다. 겟세마네에서는 피 같은 땀빙울이 땅을 적셨습니다. 진홍색의 피가 땅에 줄줄 흘러내릴 때까지 채찍이 그의 복된 어깨를 내리쳤습니다. 등은 밭고랑처럼 홈이 파여 피가 고였습니다. 그리고 그의 등을 세차게 쳐서 땅에 쓰러지게 하였습니다. 그리고 그의 손을 쇠줄로 나무에 묶었습니다. 그들은 그를 들어 올려 위골되게 하였습니다. 그들은 땅 위에 십자가를 세워 놓았습니다. 그들은 앉아서 그를 쳐다보았습니다. 그의 기도를 모욕하고 그의 목마름을 조롱하였습니다. 추악한 범죄자들 사이에 수치스럽게도 벌거벗긴 채 매달려 있었습니다. 하나님께서도 그를 버리신 것 같았습니다. 여호와께서 그에게서 얼굴을 돌리신 것 같았습니다. 고난당하시던 주님은 고통 가운데 "나의 하나님, 나의 하나님, 어찌하여 나를 버리셨나이까"(마 27:46)라고 소리쳤습니다. 그렇게 해서 전에 멀리 떨어졌던 우리가 가까이 갈 수 있도록 인도된 것입니다.

나의 형제들이여, 여러분의 구세주를 찬양하십시오. 그 앞에서 머리를 숙이십시오. 그는 부활하셔서 지금 이곳에 계시지 않습니다. 그러나 여러분은 마음으로 일어서서 그분의 발 앞에 경배할 수 있습니다. 그의 상처에 입을 맞추십시오. 믿음으로 여러분의 손가락을 넣어 그의 못 자국을 만져보고, 손을 그의 옆구리에

넣어볼 수 있게 해 달라고 간구하십시오. "믿음 없는 자가 되지 말고 믿는 자가 되십시오"(요 20:27). 마음속의 거룩한 능력을 총동원하여 구세주께서 참을 수 없는 속박으로부터 여러분을 속량하신 그 값을 깨달을 수 있도록 상상력과 믿음을 발휘하십시오. 하나님께서 여러분에게 이 사실에 대한 어떤 것을 느껴볼 수 있는 은혜를 허락해 주시기 바랍니다.

　　지금까지 나는 여러분에게 진리를 제시하였습니다. 이제 마음속으로 그 진리에 대하여 조용하게 생각해 보십시오. 무슨 생각이 떠오릅니까? 첫째는, 분명히 죄악의 가증스러움이 떠오를 것입니다. 보혈 외에는 죄악을 씻을 수 있는 것이 아무 것도 없습니다. 하나님의 아들의 피 외에는 죄악을 씻을 수 있는 다른 피는 없습니다. 오, 죄악이여, 오, 죄악이여! 너는 얼마나 검고 저주스러운가! 오직 성육신하신 하나님의 피만이 지극히 작은 죄악의 흔적이라도 씻어낼 수 있습니다. 나의 마음은 죄악을 미워하고, 나의 눈은 그것을 보지 않고, 나의 귀는 그것의 매력적인 소리에 귀를 기울이지 않고, 나의 발은 죄악의 길로 달려가지 않고, 나의 손은 그것을 만지기를 거절하고, 나의 영혼은 그리스도를 죽이고 그의 심장을 찌른 창을 증오합니다.

　　다음으로, 여러분은 그토록 값비싼 희생을 치른데 대해 큰 감사의 감정을 느끼지 않습니까? 하나님은 오직 한 아들만 있었습니다. 하나님에게 그 아들은 아브라함에게 이삭보다 더 사랑스러운 존재였습니다. 아브라함과 달리 하나님께 아들을 내놓으라고 명령한 자는 아무도 없었지만 은혜로우신 아버지께서 그 아들을 십자가로 인도하셨습니다. 아들을 상하게 하는 것은 아버지를 기쁘게 하신 것이었습니다. 하나님은 아들을 슬픔으로 몰아넣었습니다. 하나님은 우리를 위하여 그 아들을 내어주셨습니다. 아버지의 사랑과 아들의 사랑 중 어느 것을 더 찬양해야 할까요? 하나님을 송축합니다. 우리들은 그것을 구별할 필요가 없습니다. 아버지의 사랑과 아들의 사랑은 하나이기 때문입니다. "나와 아버지는 하나이니라"(요 10:30). 인간들의 죄악을 위한 희생이라는 거룩한 행위 가운데서 아버지와 아들은 두 분 다 동일한 사랑으로 경배를 받아야 합니다. 여러분은 죄악의 가증스러움을 압니다. 왜냐하면 죄악을 용서하기 위해서는 예수님의 사랑과 구세주의 피를 주신 하나님의 사랑이 필요하기 때문입니다.

　　사랑하는 친구들이여, 이제 설교를 마치기 전에 지금 우리의 위치보다 더 체험적으로 가까이 인도해 줄 것이 무엇인지 본문을 통해서 설명해드리겠습니다.

먼저 우리는 어떻게 해서 가까워졌습니까? 그 피를 통해서입니다. 오늘 밤 하나님께 가까이 가기를 원하십니까? 지금까지는 방황하였습니까? 마음이 냉담합니까? 뒤로 물러나지는 않았습니까? 복되신 아버지께 지금 가까워지기를 원합니까? 하나님을 바라보며 "아버지"라고 부르면서 효성스러운 마음으로 즐거워하기를 원하십니까? 보혈 이외에는 더 가까이 나아갈 방법이 없습니다. 그것을 깊이 생각하십시오. 그 보혈의 무한한 가치를 알도록 하십시오. 보혈로 충분합니다. 그 보혈의 영원하고 유효한 탄원을 들으십시오. 영혼이 그 보혈로 이끌리는 것을 느낄 것입니다. 왜냐하면 우리를 하나님께로 더욱 가까이 인도해 주고 우리를 곧바로 천국으로 인도해 주는 것은 구세주의 무한하시고, 우리를 위해 죽으시고 영원히 살아 계시는 사랑의 붉은 끈 외에는 다른 아무것도 없기 때문입니다.

지금까지 말씀드린 내용은 우리에게 많은 깨달음을 줍니다. 그런데 우리가 멀리 떨어져 있는 사람들을 하나님께 가까이 인도하려면 우리는 무엇을 전하고 가르쳐야 할까요? 지금 하나님을 떠나 방황하고 있는 사람을 하나님께 가까이 인도하려면 어떻게 해야 할까요? 철학을 전합니까? 아닙니다. 철학으로는 사람들을 지옥으로 인도할 뿐입니다. 결코 천국으로 인도하지 못합니다. 의식(儀式)입니까? 의식으로는 어린아이들만 기쁘게 할 뿐입니다. 비천한 사람들을 우상 숭배에 빠지게 할 뿐입니다. 그 어떤 것으로도 사람을 하나님께 가까이 인도할 수 없습니다. 복음, 바로 그 복음의 본질은 예수 그리스도의 피입니다. 이것은 이 도시의 부정하고 방탕하고 가난한 사람들을 생명과 빛과 거룩함으로 끌어올려 줄 전능한 지렛대입니다.

"예수, 십자가에 달리신 예수"라는 이 말 이외에는 지옥의 문을 파괴할 도구는 없습니다. "하나님은 우리가 우리 주 예수 그리스도의 십자가 외에는 자랑하는 것을 금지하십니다." 만약에 십자가가 우리를 구원하였다면 그 십자가는 다른 사람도 구원할 수 있을 것입니다. 우리들은 다만 복음만을 전파합시다. 복된 소식을 전합시다. 우리 모두는 어떤 방법으로든지 복음을 전해야 합니다. 평범한 대화를 나눌 때에도 복음에 대하여 말하기를 잊지 마십시오. 그리스도에 대한 내용이 가득한 책들을 뿌리십시오. 그것이 가장 좋은 방법입니다. 복음 이외의 다른 방법들은 아무 소용이 없을 것입니다. 예수님에 대한 편지를 쓰십시오. 향유와 같은 그의 이름을 기억하십시오. 그 이름이 향기를 발산하게 하십시오. 우리는 그의 사랑스러운 이름으로 모든 이웃들에게 향기를 발산해야 할 것입니다. 우리가 어디에 있든지 우리는 마음으로 그리스도를 생각하면서, 입술로 그리스도에 대하여 말하여야 합니다. 그러면 살아도 그리스도 안에서 기뻐하고, 죽어도 그 안에서 승리할 것입니다. 이 땅에서 우리의 최후의 속삭임이 하늘에서 최초의 노래가 되기를 원합니다. "죽임을 당하시고 또 그의 피로 우리를 사서 하나님께 드리신 어린 양이 능력과 부와 지혜와 힘과 존귀와 영광과 찬송을 받으시기에 합당하도다"(계 12:9-12 참조). 나는 이 교통의 시간이 여러분에게 대단히 감미로운 것이 되기를 기도합니다. 오늘 밤 우리가 묵상의 열쇠로 그 문을 연다면 그렇게 될 것이라고 생각합니다. 여러분이 과거에 얼마나 멀리 있었던가를 안다면 이제 그 보혈에 의해서 얼마나 가까워졌는가를 알게 될 것입니다.

그러나 오늘 밤 이곳에도 멀리 떨어져 있는 사람들이 있습니다. 그러나 나는 그들에게 이 말을 꼭 해야 하겠습니다. 멀리 떨어져 있는 사람들이여, 하나님은 여러분을 가까이 인도하실 수 있습니다. 오늘 밤에라도 가까이 갈 수 있습니다. 과거에 당신이 어떤 사람이었든 간에 그는 구원하실 수 있습니다. 보혈이 여러분을 가까이 인도해 줍니다. 예수님의 보혈이 그렇게 할 것입니다. 그를 신뢰하십시오. 믿는 것이 곧 사는 것입니다. 믿는다는 것은 단순하게 신뢰하고 의지하는 것입니다. 그것이 믿음입니다. 그리스도의 희생을 신뢰하십시오. 그러면 여러분은 구원을 받을 것입니다. 하나님께서는 그리스도를 위하여 여러분이 믿고 구원을 받을 수 있도록 허락해 주실 것입니다. 아멘.

제
11
장

—

그리스도 예수께서 친히

—

"그리스도 예수께서 친히" — 엡 2:20

오늘 아침에 "그리스도 예수께서 친히"라는 말씀이 우리의 모든 생각을 지배하여야 합니다. 내 앞에는 참으로 넓은 대양이 열려 있습니다! 여기에 아무리 큰 빔신이라도 다닐 수 있는 넓은 바다가 있습니다. 내가 여러분의 생각을 어느 방향으로 인도해야 할까요. 나는 지금 많이 당황하고 있습니다. 어디에서 시작해야 할지 모르겠습니다. 그리고 일단 시작하면 어디에서 끝내야 할까요? 우리들은 분명히 오늘 아침 기쁨을 얻기 위해 밖으로 나갈 필요는 없습니다. 왜냐하면 집안에 잔치가 있기 때문입니다. 몇 단어 안 되지만 그 의미는 대단히 광대합니다. "그리스도 예수께서 친히."

사랑하는 여러분, 우리 주 예수 그리스도에 대한 신앙은 그리스도께서 친히 그 놀라운 내용이 되고 있습니다. 그것은 놀라운 일들로 가득 차 있습니다. 그러나 그리스도 예수야말로 그 신앙의 기적의 중심입니다. 놀라운 것들 중 놀라운 것은 "놀라우신" 그리스도 예수 자신입니다. 만약에 그가 선포하신 진리에 대한 증거를 요구하는 자가 있다면, 우리들은 예수 그리스도 자신을 가리킵니다. 그의 성품은 독특합니다. 우리들은 불신자들이 다른 사람을 예수님의 위치에 두는 것을 무시합니다. 그는 하나님이십니다. 그러나 사람이시기도 합니다. 우리는 분명히 어울리지 아니하는 두 가지 성품이 그토록 조화를 이루며 혼합되어진 이야기, 즉 인성과 신성이 놀랍게도 분명하게 드러나는, 그러면서도 한 가지가 다른 한 가지를 퇴

색시키지 않는, 그런 이야기를 만들어 보라고 그들에게 요구하는 바입니다. 그들은 4복음서의 신빙성에 대해서 의심합니다. 그렇다면 그들은 제5복음서를 쓰려고 하는 것입니까? 그들은 그 거룩한 일대기에 부합하면서 이미 기록된 사실들과 일치하는 어떤 사건을 추가하려고 시도하는 것입니까? 만약에 4복음서가 모두 위조 문서라면 그것이 어떻게 만들어졌는지 그들은 설명할 수 있을까요? 그들은 그들이 선택한 어떤 시기의 사람, 어떤 국적과 어떤 수준의 경험과 어떤 지위를 가진 사람의 또 다른 전기를 쓸 소설가를 찾으려는 것일까요? 만약에 그들이 상상 가운데서 예수 그리스도의 일대기와 비교할 만한 경건하고 자기희생적이고 진실하고 완전한 성품을 묘사할 수 있다면 어디 한번 보여주라고 합시다. 비록 신적인 요소를 뺀다고 하더라도 예수님과 같은 또 다른 완벽한 성품을 고안해 낼 수 있을까요? 그들은 반드시 실패할 것입니다. 예수님과 같은 사람은 아무도 없기 때문입니다.

　　예수님의 성품은 그의 가르침을 싫어한 사람들까지도 존경하였습니다. 그러나 그것은 정직하지 못한 모든 반대자들에게는 거침돌이 되었습니다. 그들은 자기들이 예수님의 교훈을 반박할 수 있다고 말합니다. 그들은 예수님의 교훈을 개선할 수 있다고 자랑합니다. 그들은 그 교훈의 체계가 편협하고 낡은 것이라고 주장합니다. 그러나 그들도 예수님 자신에 대해서는 아무 반박도 할 수 없습니다. 비록 그들이 그를 경배하지 않을지라도 그를 칭송하지 않을 수 없습니다. 그래서 그들은 신성을 지니신 그분을 칭송했습니다. 만약에 그렇지 않다면 예수님은 고의적으로 제자들이 거짓말을 믿도록 한 것이 됩니다. 그들이 어떻게 이 난제를 극복할 수 있습니까? 그분께 욕을 한다고 해서 그 난제가 해결되는 것은 아닙니다. 그분을 비난할 자료가 없기 때문입니다. 예수 그리스도께서 친히 그들의 트집을 잠잠하게 하셨습니다. 이것은 독사가 물고 늘어져도 그 이빨만 부러지는 단단한 줄과 같습니다. 모든 논증이나 기적을 초월하여 예수님 자신이 복음의 증거입니다.

　　사랑하는 여러분, 예수님은 복음의 증거일 뿐 아니라 복음의 본질이고 정수입니다. 사도 바울이 복음을 전했을 때 그는 "그리스도를 전한다"고 말했습니다. 왜냐하면 복음은 그리스도 자신이기 때문입니다. 여러분이 예수께서 가르쳐 주신 교훈을 알기를 원한다면 먼저 그분 자신을 알아야 합니다. 예수님은 사람의 아들들에게 친히 계시하신 진리의 성육신입니다. 그가 친히 "내가 곧 길이요 진리요 생명이니"(요 14:6)라고 말씀하시지 않았습니까? 수많은 책들을 다 끄집어 낼 필요가 없습니다. 우리의 위대하신 스승이 계시해 주신 것을 알기 위해서 다양한 의미를 가진 애매모호한 구절들에 대해 깊이 생각할 필요도 없습니다. 다만 그의 얼굴을 바라보기만 하면 됩니다. 그의 행동을 바라보고 그의 영에 주목하기만 하면 됩니다. 그러면 그의 가르침을 알게 될 것입니다. 그는 자기가 가르치신 대로 사셨습니다. 우리가 그에 대해 알기를 원한다면 우리는 "와 보라"고 말씀하시는 그의 부드러운 음성을 들어야 할 것입니다. 그의 상처에 대해 연구하십시오. 그러면 그의 내적인 철학을 이해하게 될 것입니다. "그에 대해서 알고 그의 부활의 능력을 아는 것"이 가장 높은 수준의 영적 지식입니다. 그는 율법의 마침이며 복음의 진수입니다. 우리가 그의 말씀을 다 전하고 난 후, "우리가 지금까지 말한 내용을 요약하자면, 우리는 하늘의 장엄한 보좌의 우편에 계신 대제사장을 모시고 있습니다"라고 정리하면서 끝낼 수 있을 것입니다.

그는 복음의 증거요 본체이실 뿐 아니라, 그 복음을 전파하는 권능이요 힘이십니다. 죄로 인하여 마음이 상처를 받으면 그가 그 상처를 바로 싸매 주십니다. 어떤 사람이 회심했다면 그것은 그리스도와 하나님의 권능으로 말미암은 것입니다. 우리가 평화와 구원에 이르게 되는 것은 예수님께서 친히 은혜를 베푸셨기에 가능한 것입니다. 사람들이 기독교를 열렬히 사랑하는 것은 무엇보다도 그들이 그리스도를 사랑했기 때문입니다. 사도들은 그리스도를 위하여 수고를 아끼지 않았으며, 신앙을 고백한 자들은 그를 위하여 용감했습니다. 성도들은 그를 위하여 모든 것을 잃어버렸고, 순교자들은 죽임을 당했습니다. 영웅적인 헌신을 창출하는 능력은 "예수 그리스도 그 자신"이십니다. 그의 이름으로 말미암아 상기하게 되는 기억들은 다른 어떤 것보다 사람들의 마음에 감동을 줍니다. 우리들이 거룩한 삶을 살아가는데 활력이 되는 열심은 바로 예수님 자신으로부터 오는 것입니다. 우리들이 거룩한 삶을 열정적으로 살아가게 하시는 분은 그리스도이십니다. 예수님을 알지 못하는 사람들은 진리의 생명도 알지 못합니다. 그러나 예수 안에서 사는 사람들은 권능으로 충만합니다. 그래서 그들에게서 생수의 강이 흘러나옵니다.

사랑하는 여러분, 예수님은 또한 복음을 전파하는 능력이 되시기도 하십니다. 그가 하늘에서 간구하시기 때문에 그의 나라가 전파되어 이 땅에 임하는 것입니다. "그의 손으로 여호와께서 기뻐하시는 뜻을 성취하리로다"(사 53:10). 그는 진리의 전진을 증진시키기 위하여 모든 것을 하늘에서 통치하십니다. 하늘과 땅의 모든 권세가 예수님께 있습니다. 그러므로 우리는 분명히 성공한다는 확신을 가지고 그의 생명의 말씀을 선포해야 합니다. 그는 자신의 큰 목적을 돕도록 섭리의 수레바퀴를 돌리십니다. 그는 폭군의 권력을 단축하시고, 전쟁의 재앙을 지배하시고, 민족들 가운데 자유를 확립하시고, 오랫동안 알려져 있지 않던 대륙의 신비를 밝혀 주시고, 잘못된 제도를 타파하시고, 인류의 사상의 흐름을 인도하십니다. 그는 여호와의 길을 예비하면서 수많은 수단을 통해서 역사하십니다. 그는 하늘로부터 곧 다시 오실 것입니다. 그가 오실 때, 그리스도 예수께서 친히 오실 때, 그리고 그의 모든 능력을 발휘하실 때, 그 때에는 광야도 기뻐하고 황량한 곳도 기뻐할 것입니다. 복음을 위해 군대를 예비하시는 분도 예수님 자신입니다. 결국에는 모든 속박을 깨뜨리고 우주적 통치권을 획득할 숨겨져 있는 능력은 예수님 자신의 에너지요 생명이요 전능입니다. 그는 지금 배에서 주무시고 있습니다. 그러나 그가 일어나서 폭풍을 꾸짖으시면 깊은 고요함이 있을 것입니다. 그는 지금 잠시 동안 영광의 상아 궁전에 자신을 숨기고 계십니다. 그러나 그 날에 그가 병거를 타고 나타나실 때 그의 교회의 군사들에게 승리를 주실 것입니다.

그 일들이 어떻게 발생할 것인지에 대해서는 내가 설명할 수 없는 주제입니다. 나는 분명하게 알 수 없는 일에 대해서는 말씀드리지 않겠습니다. 그러므로 나는 그 주제의 표면상에 나타난 몇 가지 명백한 문제들에 대해서만 간략하게 살펴보겠습니다.

형제들이여, "그리스도 예수께서 친히"라는 말씀은 항상 그리스도인인 우리 마음의 주된 생각이 되어야 합니다. 우리의 신학은 그리스도가 모든 것의 중심이요 머리라는 사실에 근거해서 이루어져야 합니다. 우리는 "그 안에는 지혜와 지식의 모든 보화가 감추어져 있느니라"(골 2:3)는 말씀을 기억해야 합니다. 우리 형제들 중에서 어떤 사람들은 복음의 **교리**에 철저해서, 편협된 정통에 너무 집착하기도 합니다. 우리는 우리 주 예수님과 그의 사도들의 모든 말씀을 사랑해야 합니다. 그리고 한번 성도들에게 전해진 믿음을 위하여 열심히 싸워 나가야 합니다. 그러나 예수님에 관한 진리를 고수하는 것은 잘하는 일이지만 그것만을 따로 떼어내어 전부라고 생각해서는 안 됩니다. 예수님의 인격에서 분리된 진리는 딱딱하고 냉담합니다. 우리는 비록 어떤 형제가 그리스도의 성령으로 충만하다는 것을 인정하면서도 그 형제의 신앙체계가 그들의 신앙체계와 조금만 달라도 분노하는 사람들이 있습니다. 그들에게는 오직 교리, 교리, 교리뿐입니다. 우리들에게 있어서는 오직 그리스도여야 합니다. 우리들에게 진실한 교리는 살아 계신 주님을 위한 보좌만큼 값진 것입니다. 그러나 우리의 주된 기쁨은 빈 보좌가 아니라 그 위에 앉아 계시는 예수님입니다. 내가 아무리 그분의 옷을 칭찬한다 할지라도 나에게 그 겉옷을 주지 말고, 그 옷깃을 만지기만 해도 치료해 줄 수 있는 거룩한 능력을 지니신 복된 그분을 주십시오. 즉, 그 옷을 입고 계시는 그분 자신을 주십시오.

우리 형제들 중에서 어떤 사람들은, 소위 체험적 설교를 좋아합니다. 그것은 신자의 내적 생활, 즉 타락에 대한 분노와 은혜의 승리를 보여줍니다. 체험적 설교를 믿음의 분량에 따라 적당한 비율로 사용한다면 그것도 좋을 것입니다. 그래도 예수 그리스도 자신이 우리의 기분이나 감정, 의심과 공포, 투쟁과 승리보다 더 부각되어야 합니다. 마음의 동향에 대해 너무 지나치게 연구하다보면 낙심과 절망에 빠질 수도 있습니다. "예수를 바라보는 것"이 우리 자신의 성장을 바라보는 것보다 더 좋습니다. 자기 점검도 그 나름대로 쓸모가 있습니다. 그러나 예수 그리스도만을 믿는 믿음으로 자기 자신과 인생을 처리하는 것이 그리스도인을 위한 최선의 길입니다.

또 복음의 가르침에 감탄하면서도 그들이 마땅히 그것을 들어야 할 때에 마치 억지로 하는 것처럼, 행복해하지 않는 사람들도 있습니다. 그러나 결국 우리 주님의 명령도 주님 자체는 아닙니다. 그 명령은 그것이 주님의 말씀이라는 데에 가치가 있는 것이며, 또 우리들로 순종하게 하는 능력이 있다는데 가치가 있습니다. 그리고 주님은 "너희가 나를 사랑하면 나의 계명을 지키리라"(요 14:15)고 말씀하셨습니다. 우리들은 "사람이 나를 사랑하면 내 말을 지키리니"(요 14:23)라는 주님의 선언이 진리라는 것을 알고 있습니다. 그러나 처음부터 개인적인 사랑이 있어야 합니다.

형제들이여, 만약에 우리가 예수님 자신에 근거해서 산다면 이들 세 가지 부류의 모든 주장이 우리의 이익이 될 것입니다. 그것들은 각각 한 송이의 꽃으로 볼 수 있습니다. 그러나 우리의 신성한 식물이신 주님은 모든 아름다움을 지니고 있습니다. 그리고 그 꽃들이 가지고 있는 모든 향기도 지니고 있습니다. 그러나 그 주장들의 장미꽃 위에 쉽게 자라나는 가시가 주님의 나무에는 없습니다. 우리들에게는 예수 그리스도 자신이 교훈입니다. 그가 길이기 때문입니다. 우리들에게는 그가 교리입니다. 그가 진리이시기 때문입니다. 우리들에게는 그가 **체험**입니다. 그가 곧 생명이기 때문입니다. 우리는 주님을 모든 면에서 우리 신앙의 북극성으로 삼아야 합니다. 그가 처음이요 나중이며 중간이 되게 합시다. "그가 나의 모든 구원이요 나의 모든 소망"이라고 고백합시다. 그리고 여러분이 그 교리를 훼손시킴으로 예수님을 모욕하는 죄를 범하지 않기 위해 그 교리를 경멸해서는 안 됩니다. 진리를 경히 여기는 것은 우리의 선지자이신 예수님을 경멸하는 것입니다. 내적 자아를 소홀히 여김으로써 우리를 깨끗하게 하시는 제사장이신 주님 자신을 멸시하는 일이 없도록, 한순간이라도 체험을 과소평가하는 일이 없도록 합시다.

여러분이 그의 계명을 깨뜨림으로 왕이 되시는 예수님 자신에게 범죄하는 일이 없도록 잠시라도 그의 계명을 잊어서는 안 됩니다. 그의 왕국과 관계가 있는 모든 것들은 예수님 때문에 경외하는 마음으로 다루어야 합니다. 그의 책, 그의 날, 그의 교회, 그의 의식들이 모두 우리에게 귀중한 것이 되어야 합니다. 그것들은 모두 주님과 관계가 있기 때문입니다. 그러나 그 모든 것 앞에 "예수 그리스도께서 친히," 즉 살아 계시고 사랑하시는 예수님이 서 계셔야 합니다. 우리 안에 계시는 그리스도는 영광의 소망입니다. 우리를 위한 그리스도는 우리의 완전한 속량입니다. 우리와 함께 하시는 그리스도는 우리의 안내자요 위로자입니다. 그리스도는 우리를 위해서 간구하시며 하늘에서 우리의 처소를 예비하고 계십니다. 예수 그리스도 자신이 우리의 선장이요, 우리의 무기요, 우리의 힘이요, 우리의 승리입니다. 우리는 지옥에 대해서는 공포요, 천국에 대해서는 기쁨이요, 이 땅에 대해서는 소망이 되시는 예수의 이름을 우리의 깃발에 새겨 넣습니다. 우리는 치열한 전투 중에도 예수의 이름을 마음에 지녀야 합니다. 그것은 우리의 호심경이요 갑옷이기 때문입니다.

나는 오늘 아침 어떤 미사여구를 사용하려고 하지 않겠습니다. 지극히 사랑스러운 분을 아름다운 말로 장식하려고 하는 것도 일종의 신성모독이 될 것이기 때문입니다. 십자가 위에 꽃을 걸어 놓는 것은 우스꽝스러운 일입니다. 그의 머리는 가장 훌륭한 황금과 같으며 그의 몸은 사파이어로 장식한 상아와 같은 그분을 꾸미려고 노력하는 것은 신성모독이 될 것이기 때문입니다. 나는 여러분에게 단순한 사실을 꾸밈없이 이야기하겠습니다. 그러나 그렇게 할지라도 그것들은 가장 귀중하고 또 영혼을 만족시켜 주는 계시적 진리입니다.

**1. 먼저 다음의 사실을 이야기함으로써
예수 그리스도로부터 시작하겠습니다.
예수님 자신이 그의 사역의 본질입니다.
그래서 우리도 기꺼이 그를 신뢰해야 합니다.**

예수님 자신이 그의 구원의 정수입니다. 사도 바울은 그것을 어떻게 묘사하고 있습니까? "나를 사랑하사 나를 위하여 자기 자신을 버리신 하나님의 아들"(갈 2:20)이라고 묘사하고 있습니다. 그는 우리를 위해서 그의 면류관, 그의 보좌, 하늘에 있는 그의 기쁨을 주셨습니다. 그러나 그것이 전부는 아닙니다. 그는 자기 몸도 주셨습니다. 그는 이 땅에서 그의 생명을 주셨습니다. 그리고 모든 안락함도 포기하시고 모든 슬픔을 짊어지셨습니다. 그는 그의 몸도, 그의 고뇌도, 그의 심장의 피도 주셨습니다. 이 모든 것을 요약하자면, 그가 나를 위해서 자기 몸을 주셨다는 것입니다. "그리스도께서 교회를 사랑하시고 그 교회를 위하여 자신을 주심 같이 하라"(엡 5:25). "친히 나무에 달려 그 몸으로 우리 죄를 담당하셨으니"(벧전 2:24). 그것은 아무도 대신해 줄 수 없었습니다. 이것은 자기 자신에게만 미치고 거기에서 멈추는 희생이 아니었습니다. 예수님의 슬픔에는 욥의 고난에서와 같은 한계가 없었습니다. 아무것도 남겨 놓은 것이 없었습니다. 그는 자기 몸을 완전히 주신 것입니다. "그가 남은 구원하였으되 자기는 구원할 수 없도다"(막 15:31). 이것은 그 자신이 친히 우리를 위한 희생의 바로 그 실체였기 때문입니다. 그가 우리를 구원하실 수 있는 것은 그가 친히 희생제물이 되셨기 때문입니다.

그의 인격의 존엄성이 그의 대속을 효과적인 것이 되게 하셨습니다. 그는 신성합니다. 모든 것 위에 계시는 하나님이십니다. 그리고 영원히 복되신 분입니다. 그에게는 무한한 미덕이 있습니다. 그는 또한 인간이십니다. 그리고 그 인간성에서도 완벽하십니다. 그러므로 하나님께 순종하시고 인간의 자리에서 인간을 대신하여 고난을 받으실 수 있습니다. 그는 우리를 구원하십니다. 그는 임마누엘이시기 때문입니다. "하나님이 우리와 함께 계시다"(마 1:23)는 뜻입니다. 비록 어떤 천사가 그와 같은 고통을 당하고 또 우리 주님이 하신 일을 수행한다 할지라도 동일한 결과가 뒤따른다고는 생각할 수 없습니다. 그의 탁월하신 인격이 그의 사역을 더욱 빛나게 하였습니다. 대속에 대해 생각할 때에는 언제나 그 대속의 정수는 예수님 자신이라는 것을 기억해야 합니다. 사실 그의 희생의 효능은 바로 거기에 있습니다. 그러므로 사도는 히브리서에서 그에 대하여 "죄를 정결하게 하는"(히 1:3)

분이라고 말합니다. 이와 같이 정결하게 하는 것은 그의 희생에 의해서 이루어졌습니다. 그러나 그 희생은 그 자신이었습니다. 바울은 그가 "자기 몸을"(갈 1:4) 드리셨다고 말합니다. 그는 피의 희생 제물을 드리는 제단의 제사장이셨습니다. 그러나 그 제물은 송아지도 어린 양도 비둘기도 아니었습니다. 제물은 자기 자신이었습니다. "이제 자기를 단번에 제물로 드려 죄를 없이 하시려고 세상 끝에 나타나셨느니라"(히 9:26). 우리가 하나님을 기뻐하는 유일한 이유는 예수님 때문입니다. 왜냐하면 그가 우리의 향기로운 제물이 되시기 때문입니다. 우리의 죄가 제거되는 유일한 근거는 그에게 있습니다. 예수님은 우리의 속죄제물이기 때문입니다. 피에 의한 정결과 물에 의한 씻음은 예수님과는 별개로 그 자체에 효능이 있는 것이 아니라 예수님 자신이 본질이기 때문에 효능이 있는 것입니다. 더 이상 상세하게 설명하지 않아도 여러분은 그것을 잘 아실 것이라고 믿습니다.

이것 때문에 주 예수 그리스도 자신이 우리의 신앙의 대상이 되는 것입니다. 성경에 항상 그렇게 기록되어 있습니다. "땅 끝에서 온 너희 모든 자들이여, 나를 바라보라 그리하면 구원을 얻으리라." "나의 십자가를 보라," "나의 생애를 보라," "나의 죽음을 보라"고 말씀하시지 않고, "나의 성례전을 보라" 혹은 "나의 종들을 보라"고는 더더욱 말씀하시지 않으셨습니다. 그러나 "나를 보라"고 말씀하셨습니다. 그 자신이 친히 "수고하고 무거운 짐 진 자들아 다 내게로 오라 내가 너희를 쉬게 하리라"(마 11:28)고 말씀하셨습니다. 사실 "우리의 믿음의 창시자요 마침이 되시는 예수님을 바라보자"라는 것이 그리스도인의 인생 모토입니다. 이제부터는 믿음이 대단히 단순하고 쉬우면서도 자연스러워야 하지 않겠습니까? 라고 더 이상 말씀드리지 않아도 되겠지요.

나는 대속에 대한 여러 가지 이론들을 보고 매우 당혹스러웠습니다. 그러나 나는 예수님 자신만을 믿습니다. 나는 지도자들까지도 깊이 감동시키는 신학적으로 깊이 있는 논리에 흔들릴 뻔하였습니다. 그러나 나는 예수님만을 믿습니다. 예수님은 불신하기 어려운 분입니다. 그의 선함과 온유하심과 진실하심이 우리의 신뢰를 요구합니다. 우리들은 예수님만을 신뢰할 수 있으며, 또 신뢰해야 합니다. 예수님이 나의 구세주이며 믿음으로 구원받는다고 세안을 받는다면, 나는 기탄없이 그 사랑스러운 발 앞에 나의 몸을 맡기고 안전을 느끼겠습니다. 죄인들을 구원하시기 위해 피 흘리신 그분을 더 이상 의심할 수 없습니다. "주여, 내가 믿나이다 나의 믿음 없는 것을 도와주소서"(막 9:24). 여러분이 지금까지 자신의 연약한 믿음만을 바라보고 있었다면 이제는 예수님 자신을 바라보아야 합니다. 자신의 신앙의 결과에 대해 만족하지 못한 여러분, 이제는 예수님만을 바라보십시오. 이것도 이해할 수 없고 저것도 이해할 수 없다고 하는 분들이여, 이해하기를 포기하고 와서 예수 그리스도를 바라보십시오. "우리 주 예수 그리스도의 하나님, 영광의 아버지께서 지혜와 계시의 영을 너희에게 주사 하나님을 알게 하시고"(엡 1:17) 하셨으니 예수님이 알게 하여 주실 것입니다. 하나님은 우리에게 구원 문제에서 예수 그리스도께서 모든 것의 모든 것임을 알도록 허락하셨습니다. 그래서 우리는 그와 더불어 개인적인 친교를 가지게 되었습니다. 나는 이제 더 이상 예수님을 단순한 개념이나 역사적인 인물로 생각하지 않고, 우리들 가운데 서 계시는 분이시며, 또 자기를 통해 평화로 들어가라고 명령하시는, 나 개인의 구세주로 생각하게 되었습니다.

2.우리가 지금까지 살펴본 바와 같이
예수 그리스도 자신은 복음의 본질입니다.
그러므로 우리는 그에 대하여 상세하게 연구해야 합니다.

그가 이 땅에 계시는 동안에 그는 그의 제자들을 가르치셨습니다. 그리고 그의 가르침의 목적은 제자들이 예수님을 알게 하기 위한 것이었고, 또 예수님을 통하여 아버지를 알게 하기 위한 것이었습니다. 제자들은 빨리 배우지는 못했습니다. 그러나 예수님은 "빌립아 내가 이렇게 오래 너희와 함께 있으되 네가 나를 알지 못하느냐"(요 14:9)라고 하신 것을 보아서 예수께서 제자들에게 가르치시고자 하신 것을 알 수 있을 것입니다. 그는 그들에게 자기 자신을 알려 주고자 했습니다. 그리고 그가 죽은 자들 가운데서 부활하셨을 때도 동일한 목적을 가지고 있었습니다. 그는 엠마오로 가는 두 제자들과 같이 걸으시면서 여러 가지 많은 주제들에 대해서 대화를 나누었습니다. 그러나 그는 오래된 주제를 다시 택하시어 "모세와 모든 선지자의 글로 시작하여 모든 성경에 쓴 바 자기에 관한 것을 자세히 설명하셨습니다"(눅 24:27). 그 어떤 주제도 그 중요성이나 유익성에 있어서 이것을 따라가지 못합니다. 그 어떤 사람도 자기 자신에 대하여 가르칠 수 없습니다. 그러나 이 거룩하신 분은 자기 자신을 드러내는 것이 무엇보다 좋은 일이었습니다. 왜냐하면 성육신하신 하나님이신 그 자신이 모든 진리 가운데서 가장 큰 진리이기 때문입니다. 주님께서 제자들에게 자신을 알게 하시는 일에 관심을 가지고 계셨기 때문에 "예수께서 자기 자신을 그의 제자들에게 보이셨다"는 말을 거듭거듭 읽어 볼 수가 있습니다. 그들이 비록 무식한 자들이라 할지라도 주님을 아는 것은 필수적인 일이었습니다. 한 마디로 말해, 우리는 그의 본성, 그의 성품, 그의 마음, 그의 영, 그의 목적, 그의 권능에 대해 알아야 합니다. 우리는 예수님 그 자체를 알아야 합니다.

　　사랑하는 여러분, 그리스도를 아는 일도 역시 성령의 사역입니다. "그가 내 영광을 나타내리니 내 것을 가지고 너희에게 알리시겠음이라"(요 16:14). 성령께서 우리들에게 그리고 우리 안에서 그리스도를 계시해 주십니다. 그리스도께서 이 땅에 계시는 동안에 무엇을 말씀하셨든지 간에 성령께서는 마음의 문과 이해의 문을 열고 우리들 안에서 그리스도의 말씀을 통해서 주님께서 이 땅에 계실 때에 시작하신 사역을 계속해서 수행하십니다. 보혜사는 가르치는 자이시며, 예수님은 교훈 그 자체이십니다. 나는 여러분에게 수많은 것을 알려 주기 위해서 길게 이야기했습니다. 그러나 반드시 알아야 할 요점은 예수님 자신입니다. 이것이 바로 예수님의 가르침이었고, 이것이 바로 성령의 가르침이기도 합니다. 그리고 이것이 바로 성경의 목적이요 목표입니다. 모세와 이사야와 모든 선지자들이 그에 대해서 말했습니다. 성경 속에 기록된 모든 것들은 우리로 하여금 예수가 그리스도라는 사실을 믿게 하려고 기록되어진 것입니다. 그리고 또 그를 통해서 생명을 얻을 수 있다는 것을 믿게 하려는 것입니다. 이 성경책은 귀합니다. 그러나 그것의 주된 가치는 그것이 예수님을 계시하고 있다는 사실에 있습니다. 성경은 귀한 진주가 묻혀 있는 밭이며, 천국의 빛나는 보화를 담고 있는 보석상자입니다. 만약에 그 책이 인도해 주는 길이 예수님이 계시는 중앙의 방으로 인도하지 못한다면, 우리는 성경 가운데서 길을 잃어버리는 것입니다. 만약에 우리가 예수님과 함께 있게 되지 못한다면 성령으로부터 올바로 배우지 못한 것이며, 또 그리스도의 삶의 교훈을 놓쳐 버린 것입니다. 예수님을 아는 것이 우리의 지혜의 시작이며, 지혜의 면류관입니다. 그를 아는 것이 회개한 자가 배울 첫 번째 교훈이며, 천국에서 마지막으로 완성하게 될 지식입니다. 우리들의 희망은 우리의 지식을 초월하는 그리스도의 사랑을 아는 것입니다. 여기에 우리의 평생의 연구 과제가 있습니다. 이것은 천사들도 보기를 원하는 것이기 때문입니다. 하나님께서 우리의 이해의 눈을 밝혀 주시기를 기원합니다. 그럴 때 우리는 그의 부르심의 소망이 무엇이며, 성도 안에서 그 기업의 영광의 풍성함이 무엇인지를 알게 될 것입니다.

사랑하는 여러분, 예수님이 복음의 총체이시기 때문에 그는 끊임없이 우리의 설교의 주제가 되어야 합니다. "그러나 내게는 우리 주 예수 그리스도의 십자가 외에 결코 자랑할 것이 없으니"(갈 6:14). "내가 너희 중에서 예수 그리스도와 그가 십자가에 못 박히신 것 외에는 아무 것도 알지 아니하기로 작정하였음이라"(고전 2:2). 옛 사람들도 이렇게 말했는데 우리도 그렇게 말해야 하지 않겠습니까? 우리가 그리스도에 대하여 설교하는 것을 그만둔다면 아예 설교 그 자체를 그만두는 것이 좋을 것입니다. 주일학교에서 예수 그리스도에 대해서 가르치는 것을 그만둔다면 주일학교를 없애버리십시오. 우리는 예수 그리스도 이외의 것을 위해서 수고할 필요가 없습니다. 태양이 없어지면 빛도 사라지고 생명도 없어지고 모든 것이 없어집니다. 목사의 설교에서 예수님이 제외되거나 뒷전으로 밀려나면 그 어둠은 누구나 느낄 수 있는 어둠이어서 사람들은 될 수 있는 한 빨리 그 어둠에서 벗어나 복음의 빛으로 달려갈 것입니다. 그 속에 예수님이 없는 설교는 맛이 없는 설교입니다. 그리고 하나님의 성도들에게 아무 가치가 없는 설교입니다. 그래서 그들은 곧 다른 음식을 찾을 것입니다. 우리의 간증 속에 그리스도가 많이 들어 있으면 있을수록 구원의 빛과 생명과 권능도 더욱 많아지게 됩니다. 어떤 설교자들은 지루하게 동의어를 반복하는 잘못을 저지릅니다. 그러나 그 설교의 주제가 예수님일 때는 그것도 흠이 되지 않을 것입니다. 나는 청중들이 그들이 대여섯 개의 음만을 연주할 수 있는 고물 풍금을 사온 것 같다고 말하는 것을 들은 적이 있습니다. 그러나 그가 예수님을 전한다면 그런 풍금이라도 영원히 연수할 수 있기를 바랍니다. 아멘.

청중들은 불필요한 반복을 대단히 지루하게 여깁니다. 그러나 나는 오늘날까지 그리스도에 대해서 많이, 자주, 열심히 그리고 기쁜 마음으로 설교하는 것에 대해서 불평하는 것을 들어보지 못했습니다. 나는 어떤 그리스도인이 슬픈 얼굴로 "그는 구세주를 너무 높이 칭찬한다. 그는 너무 지나치게 우리의 구원자를 찬양한다"라고 말하면서 예배 도중에 빠져 나가는 것을 결코 본 기억이 없습니다. 나는 환자가 괴로운 침상에서 예수님에 대한 생각이 자기에게 부담스럽다고 불평하는 경우를 결코 본 기억이 없습니다. 나는 어떤 책이 주님에 대해서 너무 높이 평가하고 또 그를 너무나 탁월하신 분으로 묘사하기 때문에 열심 있는 그리스도인이 그 책을 거부하는 경우를 본 적이 없습니다. 형제들이여, 만약에 목사들이 하나님의 양 떼들에게 먹이를 주려면 성도들의 연구의 대상이 되시는 예수님이 그들의 매일의 주제가 되어야 합니다. 그 어떤 주제도 그토록 마음을 감동시키고 양심을 일깨워 주고 소원을 만족시키고 공포를 잠재울 수 없습니다. 원컨대 우리가 예수님 자체를 전하는데 실패하는 일이 없기를 바랍니다. 그 주제가 고갈되어질 염려도 없고, 우리의 청중을 쫓아버릴까 두려워할 필요도 없습니다. 왜냐하면 "내가 땅에서 들리면 모든 사람을 내게로 이끌겠노라"(요 12:32)는 그의 말씀은 여전히 진리이기 때문입니다.

3. 예수 그리스도는 우리의 사랑의 대상입니다.
그리고 우리는 그를 어떻게 사랑해야 할까요?

진실로 구원받은 우리 모두는 "그가 먼저 우리를 사랑하셨기에 우리도 그를 사랑합니다"라고 말할 수 있습니다. 우리들은 그의 구원에 대하여 감사의 마음을 가지고 있을 뿐 아니라 그의 복된 인격에 대해서도 지극한 애정을 가지고 있습니다. 그리스도의 인격은 우리의 생각의 중심이 되어야 합니다. 진리를 사랑하는 것은 아주 잘하는 일입니다. 그러나 사람을 사랑하는 것은 그 사랑 속에 큰 능력이 있습니다. 사상을 위하여 죽는 사람들도 있다고 합니다. 그러나 한 인격을 위한 열심을 일깨워 주는 것이 훨씬 더 쉽습니다. 어떤 사상이 어떤 사람 안에서 구현될 때 그것은 추상적인 형태이지만 전에 발휘해 본 적이 없는 힘이 나타나는 것입니다. 우리들은 예수 그리스도를 사랑스럽고 진실하고 순수하고 기쁜 소식의 모든 것의 화신으로서 사랑합니다. 그는 사랑으로 말미암아 완전하게 성육신하신 분입니다. 우리는 그의 직분을 사랑합니다. 우리는 그를 설명해 주는 모형을 사랑합니다. 우리는 그를 나타내는 종교의식을 사랑합니다. 그러나 우리는 그분 자신을 그 모든 것보다 더 사랑합니다. 우리는 예수님 자신을 사랑합니다. 우리의 마음은 오직 주님만을 신뢰합니다.

우리가 주님을 사랑하기 때문에 그의 백성들도 사랑합니다. 그리고 우리는 주님을 통해서 그들과 연합하게 됩니다. 본문이 들어있는 구절은 "그리스도 예수께서 친히 모퉁잇돌이 되셨느니라"고 말씀합니다. 그는 모퉁이에서 유대인과 이방인을 하나의 성전에 결합시켜 묶어 주는 분입니다. 예수 안에서 유대인과 이방인의 차이점은 사라졌습니다. 이것은 그가 다음과 같은 일을 하셨기 때문입니다. "그는 우리의 화평이신지라 둘로 하나를 만드사 원수 된 것 곧 중간에 막힌 담을 자기 육체로 허시고 법조문으로 된 계명의 율법을 폐하셨으니 이는 이 둘로 자기 안에서 한 새 사람을 지어 화평하게 하시고"(엡 2:14-15). 우리는 그리스도와 더불어 하나가 된 모든 사람과 하나가 됩니다. 우리 주님께서 "내가 그 사람을 사랑하노라"고 말씀하시기만 하면 우리도 즉시 그를 사랑합니다. 우리들의 친구가 "나는 예수님을 사랑합니다"라고 말하기만 하면 우리들도 "나는 예수님 때문에 당신을 사랑합니다"라고 응답합니다. 예수님에 대한 우리의 사랑의 불이 너무 뜨겁기에 주님의 모든 친구들이 그 옆에 와서 앉을 수 있고 환영을 받습니다. 우리들의 사랑은 어떤 형태로나 어떤 방법으로든지 예수님과 더불어 진정한 관계를 맺고 있는 모든 사람을 포용할 수 있습니다.

우리가 예수님을 사랑하기에 우리는 기쁜 마음으로 주께 봉사합니다. 우리가 그의 교회와 그의 진리를 위해서 어떤 봉사를 하든지 간에 그것은 주님을 위해서 하는 것입니다. 우리가 그의 형제들 중 지극히 작은 자에게 봉사하는 것은 곧 그에게 하는 것과 같습니다. 귀한 향유를 담은 옥합을 가지고 온 여인은 우리들이 크게 칭찬받을 모범입니다. 그 여인은 주님을 위해서 귀한 옥합을 깨뜨리고 그 속에 든 향유를 모두 다 그의 머리 위에 부었기 때문입니다. 옆에 있는 사람들은 낭비한다고 불평했습니다. 그러나 예수님을 위해서 하는 일은 결코 낭비란 있을 수 없습니다. 온 세상과 하늘들과 하늘들의 하늘이 하나의 거대한 옥합이라면 그리고 서기에 생각할 수 있는 모든 향기를 담을 수 있다면 우리는 그 옥합이 깨뜨려지는 것을 보기 원할 것입니다. 그 모든 향기로운 것들이 예수 그리스도를 위해서 부어지기를 원할 것입니다.

> "예수님은 우리의 주
> 영광과 권세를 받으시기에 합당하도다
> 목소리 높여서 주 찬양하여라
> 영원히 주님을 찬양하여라."

오, 사랑하는 여러분, 우리가 주님을 위하여 어떤 일을 할 수 있다면 우리들은 그 특권을 가졌다는 사실에 매료될 것입니다. 만약에 우리가 주님의 제자들의 발을 씻는 일이나 혹은 가난한 자들 중에서 가장 가난한 자나 주님의 양 떼들 중에서 가장 작은 어린 양을 돌봐 주는 일을 하도록 허락되어진다면 우리들은 자랑스럽게 생각하고 그 직책을 받아들일 것입니다. 그것은 우리가 마음을 다하여 주를 사랑하기 때문입니다. 예수님에 대한 우리의 사랑은 남편이나 아내나 자녀들에 대한 사랑만큼이나 실제적인 것이 되어야 합니다. 그리고 그것은 우리의 생활에 대해서 더욱 큰 영향을 미쳐야 합니다. 주님에 대한 사랑은 개인적인 봉사로 이어진다고 나는 믿습니다. 다른 사람들에게 서명을 받고 일을 시킬 수도 있습니다. 그러나 예수께서 나를 위하여 자기의 몸을 주셨다는 사실을 안다면 서명이나 계약에 의해서가 아니라 자발적으로 일을 할 것입니다. 예수님은 나 자신이 그의 영광을 위해서 헌신하기를 요구하십니다. 개인적인 봉사는 개인적으로 주님께 드려야 합니다. 그리스도는 우리 한 사람 한 사람을 위하여 직접 사랑하시고 직접 죽으셨습니다. 아무것도 우리에게 열심을 일으켜 주지 못하고, 지친 영혼이 열심을 내지 못할 때, 예수님을 바라보십시오. 그러면 곧바로 우리의 정열이 불붙게 되고, 불붙은 영혼은 육체를 움직여 또다시 일하게 할 것입니다. 예수님이 가까이 계시면 우리는 연약함 가운데서도 영광을 누릴 수 있으며, 또 불가능하게 보이는 일도 담대하게 감당할 것입니다. 우리들은 "예수 그리스도 자신"을 위해서는 그 어떤 일도 할 수 있습니다.

4. 넷째로, 우리 주 예수 그리스도는 우리의 모든 기쁨의 근원입니다.
우리가 그 솟아나는 축복의 샘을 소유하고 있을 때
우리는 어떻게 기뻐해야 할까요?

　우리가 슬플 때 우리를 위로해 주시는 분은 예수님이십니다. 예수님 자신이 사람이었다는 사실은 슬퍼하는 사람들에게는 큰 위로의 근거가 됩니다. "자녀들은 혈과 육에 속하였으매 그도 또한 같은 모양으로 혈과 육을 함께 지니심은"(히 2:14)이라는 말씀은 우리에게 큰 기쁨을 줍니다. 그리스도의 인성은 조용히 슬퍼하는 자들만이 아는 매력이 있습니다. 나는 나의 두뇌가 극심한 고뇌를 겪을 때 마음을 가라앉히고 성육신하신 그분을 바라보는 것이 어떤 것인지를 압니다. 예수님이 진정 나의 형제와 같은 인간이라면 나는 언제나 소망이 있습니다. 이것은 길르앗의 향유보다 더 좋은 향유입니다. "우리의 연약한 것을 친히 담당하시고 병을 짊어지셨도다"(마 8:17). "그가 시험을 받아 고난을 당하셨은즉 시험 받는 자들을 능히 도우실 수 있느니라"(히 2:18). 예수님은 친히 고통과 배고픔과 목마름과 버림받음과 조롱과 고뇌를 당하셨습니다. 비록 죄가 없으셨지만 우리들과 같이 모든 면에서 시험을 당하셨기에 그는 슬퍼하는 자들의 큰 위로가 되셨습니다. 외로워서 밤잠을 이루지 못하는 수많은 사람들이 그리스도를 생각하고는 새 힘을 얻었습니다. 자기를 고발하는 자 앞에서도 침묵을 지키신 슬픔의 사람을 생각할 때 우리들의 인내심은 되살아납니다. 그 누가 그의 잔을 마시기를 거절하고, 그가 받은 세례로 세례받기를 거절할 수 있겠습니까?

> "주님의 길은 나의 길보다
> 훨씬 더 거칠고 어두운 길이었습니다.
> 나의 주님 그리스도께서 고난을 당하셨는데
> 나 어찌 불평할 수 있겠습니까?"

겟세마네의 어둠은 수많은 고통당하는 영혼들에게 빛이 되었습니다. 죽음에까지 이르게 한 그 고난은 죽어가는 사람들에게 마음의 즐거운 노래를 부르게 하였습니다. 예수님은 슬픔 가운데 있는 우리 영혼의 위로자입니다. 우리가 고통의 폭풍에서 벗어나 평화의 깊은 고요함 속으로 들어갈 때에 그는 우리의 평화가 되십니다. 우리가 자주 그런 체험을 하게 됨으로 그의 이름을 찬양합니다. 그는 우리들에게 평화를 유산으로 남겨 주셨습니다. 그가 친히 평화를 창조하셨습니다. 우리가 주 예수님을 알기 전에는 마음속에 깊은 평화를 결코 알 수 없습니다. 제자들이 함께 모여 유대인을 두려워하여 문을 걸어놓았을 때, "예수께서 오사 가운데 서서 이르시되 너희에게 평강이 있을지어다"(요 20:19)라고 하신 사랑스러운 말씀을 기억하실 것입니다. 주님이 친히 그 말씀을 하셨습니다. 주님의 임재 외에는 실제적으로 평화를 누리게 하는 것은 아무것도 없기 때문입니다. 우리가 주님을 보게 되면 우리의 영혼은 안식의 즐거움을 누리게 됩니다. 번민으로 고통을 당할 때, 주님의 가슴처럼 따뜻한 곳이 어디에 있겠습니까?

축제가 있는 때에나 특별한 행사가 있는 날에 우리의 영혼은 기쁨으로 들뜨게 됩니다. 우리는 기쁨과 환희로 어쩔 줄 모릅니다. 그러나 우리 속에서 우리의 기쁨을 완전하게 해주는 것은 우리 주님의 기쁨입니다. "제자들이 주를 보고 기뻐하더라"(요 20:20)고 성경은 기록하고 있습니다. 그러므로 우리도 주님을 보고 기뻐하는 것입니다. 우리는 믿음으로 보좌에 앉아 계신 예수님을 봅니다. 그리고 예수님이 보좌에 계시는 것은 우리의 큰 기쁨입니다. 왜냐하면 그의 영화는 우리의 만족이기 때문입니다. "하나님이 그를 지극히 높여 모든 이름 위에 뛰어난 이름을 주사"(빌 2:9). 나는 예수님이 영화롭게 되는 한 내가 어떻게 될 것인가에 대해서는 염려하지 않습니다. 승리의 함성이 귓전을 울리고 그의 왕이 승리의 환호를 하는 모습을 볼 때 병사는 죽어도 행복합니다. 예수께서 부활하셨다는 사실, 부활하셔서 다시는 죽지 않으신다는 사실은 얼마나 기쁜 일입니까. 부활의 기쁨은 그 무엇과도 비교할 데가 없는 기쁨입니다. 그가 사로잡힌 포로들을 이끄시고 승천하시고, 지금은 행복한 상태로 보좌에 앉아 계시며, 철장으로 그의 원수들을 깨뜨리기 위하여 아버지의 모든 영광으로 다시 오신다는 사실을 아는 것은 참으로 복된 일입니다. 이것이 주님을 고대하는 교회의 가장 큰 기쁨입니다. 교회는 그 놀라운 날을 위해서 천둥소리 같은 강력한 호산나를 준비하고 있습니다.

오, 그리스도인들이여, 우리가 앞으로 가지게 될 기쁨은 안전하고 감미로운 기쁨입니다. 그 기쁨은 그 누구도 충분히 설명할 수 없는 그런 기쁨입니다. 그것은 우리가 아직 보지는 못했지만, 말할 수 없는 기쁨과 충만한 영광 가운데 기뻐하시는 예수님 안에 있는 기쁨입니다.

우리는 다른 것으로 돌아서려는 생각을 버리고, 대신에 확신을 가지고 행복한 기억을 떠올리며 복된 기대감 속에서 풍성해져야 합니다.

5. 다섯째, 예수 그리스도는 우리의 삶의 모범이십니다.
그러므로 그를 닮는다는 것은 참으로 복된 일입니다.

우리의 삶의 원칙은 모세와 엘리야가 사라진 후 변화산 위에 있던 제자들과 같아야 합니다. 우리들은 "오직 예수 외에는 아무도"(마 17:8) 볼 수 없었습니다. 우리들은 다른 사람들에게서 볼 수 있는 모든 미덕을 더욱 완전하신 주님에게서 찾아볼 수 있습니다. 우리는 제자들 속에 역사하신 하나님의 은혜를 찬양합니다. 그러나 예수님만이 우리가 따라야 할 모범입니다. 전에 어떤 혹독한 비평가가 헨리 8세에 대하여 비평하면서, 지금까지 존재하였던 모든 폭군들의 특성을 다 잊는다 할지라도 그 모든 폭군들의 특성이 이 한 사람의 왕의 생애 가운데에서 다 나타나고 있다고 말한 적이 있습니다. 우리는 예수님에 대해서도 그런 방식으로 말할 수 있을 것입니다. 지금까지 모든 훌륭한 사람들 가운데서 찾아볼 수 있있던 모든 은혜와 미덕과 향기를 모두 다 잊는다 할지라도 우리는 예수님에게서 모든 것을 발견할 수 있습니다. 왜냐하면 예수님 안에는 훌륭하고 위대한 모든 것이 다 들어 있기 때문입니다. 그러므로 우리는 그의 성품을 본받기 원하고, 그의 발자취를 따라가기 원합니다. 우리는 그가 어디로 가시든지 그 어린 양을 따라가야 합니다. 주님께서 친히 "나를 따라오라"(막 1:17)고 하셨고, 또 "나는 마음이 온유하고 겸손하니 나의 멍에를 메고 내게 배우라 그리하면 너희 마음이 쉼을 얻으리니"(마 11:29)라고 하셨습니다. 그리스도의 사도들이 아니라 그리스도 자신이 우리의 안내자이십니다. 우리들은 간접적인 모범을 가질 필요가 없습니다. 오직 예수만을 본받아야 합니다. 성령의 내주와 그의 은혜로우신 사역에 의해서 우리들은 그리스도의 형상을 닮게 되고, 마침내 우리들 안에서 그리스도의 형상이 이루어집니다. 우리는 그렇게 해서 발전합니다. 우리 안에 있는 천국의 생명은 예수님 자신의 생명이기 때문입니다. 그는 "나는 그들 안에 있다"고 하셨고, 또 "나는 생명이다"라고도 말씀하셨습니다. 비록 우리가 죽을지라도 우리의 생명은 그리스도와 하나님 안에 숨겨져 있기 때문입니다. "아들이 있는 자에게는 생명이 있고 하나님의 아들이 없는 자에게는 생명이 없느니라"(요일 5:12). 우리를 그리스도인이 되게 하는 것은 세례도 아니고 그리스도의 이름을 지니고 있는 것도 아닙니다. 우리의 마음에 예수님을 모시는 것이 그리스도인이 되는 길입니다. 우리 안에서 그의 형상이 이루어지고, 또 새 생명이 자라는 것에 비례해서 우리는 더욱 주님을 닮아가는 것입니다. 또 그와 함께 있고 그와 같아지는 것이 우리가 영원토록 가지게 될 소망입니다. "그가 나타나시면 우리가 그와 같을 줄을 아는 것은 그의 참모습 그대로 볼 것이기 때문이니"(요일 3:2).

오늘날 자신의 불완전함에 대해서 애통해하는 자들은 예수 그리스도 자신에 대하여 생각하십시오. 그러면 여러분은 분명히 그와 같아질 것입니다. 이 얼마나 놀라운 그림입니까! 예술가들이여, 여러분의 가장 훌륭한 솜씨를 가지고 이곳에 오십시오. 여러분들이 무엇을 할 수 있습니까? 그 어떠한 연필도 그를 완벽하게 그려내는 일에 실패할 것입니다. 그 사랑스러운 분을 그리는 데에는 예술가의 손뿐 아니라 시인의 눈도 필요할 것입니다. 그러나 시인이 무엇을 할 수 있을까요? 시인들도 역시 실패할 것입니다. 예술가들이 그를 완벽하게 묘사할 수 없었던 것과 같이 시인들도 그를 완벽하게 노래할 수 없을 것입니다. 유익한 개념과 떠오르는 상상력이 도움은 되겠지만 그것들도 실패를 모면하게 할 수는 없을 것입니다. 그는 너무나 아름다우신 분이시기에 완벽하게 묘사할 수 없습니다. 그는 그대로 바라보아야 합니다. 그러나 여기에 놀라운 말씀이 있습니다. "우리가 그와 같을 줄을 아는 것은 그의 참모습 그대로 볼 것이기 때문이니"(요일 3:2). 즉, 우리가 예수 그리스도와 같아질 것이라는 말씀입니다. 오, 성도 여러분, 우리가 죽은 자 가운데서 부활할 때 얼마나 사랑스러운 존재가 될까요? 우리가 자기 자신을 알아볼 수 있을까요? 오늘날 우리 중에는 나이가 들어 주름지고, 질병과 고통으로 상처가 생기고, 사고로 일그러지고, 폐결핵으로 얼굴이 창백해집니다. 그러나 그 때에는 이런 것들 중에서 그 어떤 것도 여러분을 더럽히지 못할 것입니다. 여러분은 보좌 앞에서 주름살도 없고 아무런 흠도 없을 것입니다.

> "오, 영광스러운 시간이며,
> 오, 복된 처소여라.
> 나는 나의 하나님 곁에 있을 것이며,
> 나의 하나님처럼 될 것입니다."

그 눈은 비둘기의 눈과 같고 그 뺨은 향기로운 꽃밭과 같은 분을 육체적 형태로만 같아지는 것이 아니라 영과 혼도 완벽하게 닮을 것입니다. 그가 거룩하신 것처럼 우리도 거룩해질 것이며, 그가 행복한 것처럼 우리도 행복해질 것입니다. 우리는 우리 주님의 기쁨, 즉 예수 그리스도 자신의 기쁨으로 들어갈 것입니다. 나는 우리가 하나님 같이 된다고 말하는 것이 아닙니다. 우리는 그렇게 될 수 없습니다. 그러나 우리는 하나님의 아들의 형제들이 되어 보좌에 가까이 나아가게 될 것입니다. 나의 가장 가까운 혈족이 살아 있다는 사실을 아는 것은 얼마나 기쁜 일입니까. 그리고 그가 훗날에 이 땅 위에 서실 때에 나는 나의 육체 안에서 하나님을 볼 뿐 아니라 예수님과 같아질 것입니다. 왜냐하면 내가 그를 계신 그대로 볼 것이기 때문입니다. 그러므로 그리스도는 우리에게 말할 수 없이 귀한 분이십니다. 그리고 우리의 현재의 삶의 모범이 되시며, 성령께서 우리 안에서 역사하셔서 닮게 하시는 완벽한 형상이십니다.

6. 끝으로, 그는 우리 영혼의 주님이십니다.

주님과 같이 있게 된다는 것은 얼마나 좋은 일인지요.

오늘날 우리는, 그가 명령하시는 길을 따라가든지, 사망의 음침한 골짜기를 걸어가든지 간에 주님과 함께 하는 자들은 모든 것이 즐겁다는 사실을 알게 됩니다. 성도들은 토굴 속에 있었으나 주님이 거기에 함께 계셨기 때문에 자유로웠습니다. 그들은 고문틀 위에 있었지만 주님이 함께 하셔서 그것을 장미의 침대라고 생각했습니다. 어떤 사람들은 뜨거운 불이 있는 석쇠 위에 있었지만 그 불꽃 가운데서도 고문하는 자에게 더 강하게 하라고 하면서 그들을 비웃어 주었습니다. 주님이 그곳에 함께 계셨기 때문입니다. 마치 불붙은 촛불처럼 모든 손가락들이 타 들어갈 때에 순교자들은 오히려 기뻐했습니다. 그리고 "그리스도가 모든 것이다," "그리스도가 모든 것이다"라고 고문하는 자들이 듣도록 외쳤습니다. 네 번째 사람이 마치 하나님의 아들과 같이 풀무불 속을 걸어갈 때에 그 불꽃은 오히려 그들의 결박을 풀고 자유롭게 하였습니다.

오, 형제들이여, 여러분의 유일한 행복은 그가 여러분을 사랑하시고 곁에 계신다는 사실을 확신하는 것입니다. 만약에 여러분이 곡식과 포도주와 기름이 풍성함만을 기뻐한다면 그것은 한심한 일입니다. 입맛은 곧 사라질 것이고, 그것이 여러분의 영혼을 감동시키지 못할 것이고, 그것이 곧 사라질 때 여러분의 마음은 쓰라리고 지치게 될 것입니다. 자녀들과 친척들과 자신의 건강만을 기뻐한다면 하나님은 쉽사리 그 모든 것이 짐이 되게 하실 수 있습니다. 그러나 예수님을 기뻐할 때 더욱 큰 기쁨으로 나아가라고 명하시는 음성을 듣게 될 것입니다. 그 음성은 "오, 친구여, 마음껏 먹고 마시고 즐거워하라. 나의 사랑하는 자야!"라고 외칠 것입니다. 왜냐하면 이와 같은 기쁨에 취하는 것은 최상의 마음의 상태가 되는 것이며, 영혼이 있어야 할 자리에 있게 해주는 것이기 때문입니다. 우리가 자신에게서 벗어나 예수님에게로 들어가기 전에는 결코 올바른 상태가 아닙니다. 그러나 우리가 자기 자신에게서 벗어나 주님 안에 서게 될 때 놀라운 희열을 체험하게 되며, 내가 육체 안에 있는지 육체 밖에 있는지 하나님은 아시지만 나는 알지 못하는 그런 상태에 있을 때, 우리는 하나님이 에덴 동산에서 사람과 더불어 거니시면서 그 사람에게 있으라 하신 그 자리에 되돌아가는 것이 됩니다. 그리고 우리는 하나님께 가까이 나아가 얼굴을 마주하여 바라볼 수 있게 될 것입니다. 형제들이여, 베일을 벗은 광경은 참으로 아름답습니다. 이곳에서의 주님의 모습이 그토록 아름다운데, 이후에 그를 뵈올 때에는 얼마나 놀랍겠습니까! 주님이 다시 오시는 것이 지체되기 때문에 우리가 그날까지 살 수 있을지 모르겠습니다.

그러나 비록 그가 오시기 전에 우리가 사망의 문을 통과해야 할지라도 두려워할 필요는 없습니다. 우리가 베일을 통과하고 육체에서 분리된 상태로 나올 때, 놀라운 일들 중 하나는 우리를 영접하기 위해서 기다리시는 예수님을 만나게 되는 일입니다. 섬기는 천사들이 죽음의 침상에서부터 시냇물을 건너고 산을 넘어 천국에 도달할 때까지 호위해 줄 것만을 그 영혼은 기대하였으나 거기에는 천사들 대신에 주님이 나와서 환영해 줍니다. 그 영혼우 놀라서 다음과 같이 외칠 것입니다. "바로 그분이시구나. 내가 가장 사랑하는 예수님이시구나. 그가 나를 환영하러 나오셨다. 천국은 너무나 놀랍구나. 육체를 떠난 내 영혼조차 기절할 지경이로구나. 그분은 내가 저 아래에서 신뢰했던 그리스도 예수 바로 그분이시네. 그는 내가 죽어가는 그 시간에도 나와 함께 계셨던 사랑스러운 분이시다. 나의 장소도 변하고 나의 상태도 변했다. 그러나 나의 친구는 변하지 않았고, 나의 기쁨도 변하지 않았다. 왜냐하면 그가 여기에 계시기 때문이다."

　　주님이 우리에게 주시고 우리가 주님께 되돌려 줄 사랑은 참으로 눈부십니다! 어찌 우리가 주님에게서 눈을 뗄 수 있겠습니까? 우리가 그렇게 하고 싶을까요? 시인은 그 심정을 잘 표현해 주고 있습니다.

> "영원토록 나의 눈길은
> 　주님의 아름다움을 흠모하리라
> 　나는 주님의 사랑의 영광들을
> 　끝없는 세월 동안 찬양할 것입니다."

　　일주일 안에라도 우리가 예수님을 만나게 될지도 모릅니다. 아마 한 시간 이내에라도 만나게 될지도 모릅니다. 어떤 가련한 소녀가 병원에 입원해 있었는데 의사나 간호사로부터 그녀가 한 시간밖에 살 수 없다는 말을 들었습니다. 그녀는 인내심을 가지고 기다렸습니다. 그리고 15분이 남았을 때 그녀는 "이제 15분밖에 안 남았네. 그리고 다음에는 … "라고 외쳤습니다. 그녀가 무엇을 말하려고 했는지 나도 알 수 없습니다. 오직 예수님만이 "아버지여 내게 주신 자도 나 있는 곳에 나와 함께 있어 아버지께서 창세 전부터 나를 사랑하시므로 내게 주신 나의 영광을 그들로 보게 하시기를 원하옵나이다"(요 17:24)라고 말씀하셨습니다. 그리고 주님이 기도하셨기 때문에 꼭 그렇게 될 것입니다. 그렇게 되게 하소서. 아멘, 아멘!

제
12
장

—

하나님이 거하실 처소

—

"너희도 성령 안에서 하나님이 거하실
처소가 되기 위하여 그리스도 예수 안에서
함께 지어져 가느니라" — 엡 2:22

옛날 모세 시내에는 하나님께서 사람들 사이에 가시적인 처소를 가지고 계셨습니다. 시은좌(속죄소)를 덮고 있는 그룹의 날개들 사이에는 하나님의 임재를 나타내는 빛나는 셰키나가 있었습니다. 이스라엘이 광야에서 여행하는 동안에 성막 안에서와, 후에 자기 나라 땅에 여호와를 섬기기 위해서 봉헌한 성전 안에서는 여호와의 임재가 가시적으로 나타났습니다. 그러나 모세 시대의 모든 것은 한층 고상하고 고귀한 것의 모형이며 그림이며 상징에 지나지 않습니다. 말하자면, 그 당시의 예배의 형식은 일련의 그림자이며, 복음이 그 그림자의 본체입니다. 그러나 아직도 우리의 마음속에 많은 유대주의가 있다는 것은 슬픈 일입니다. 우리는 전진하면서 또 열망해야 할 영적이고 하늘에 속한 것의 모형을 구약의 내용에서 찾아 보아야 하는데 율법의 보잘것없는 내용을 그대로 답습하려는 일이 자주 일어나고 있다는 것은 슬픈 일입니다. 오늘날에도 어떤 사람들이 그와 같이 행한다고 하는데 그것은 수치스러운 일입니다. 그들은 차라리 유대교 신조를 신봉하는 것이 더 좋을 것입니다. 내 말은 어떤 사람들이 종교적인 건물에 대해서도 그런 생각을 가지고 있는데 그것은 수치스러운 일이라는 뜻입니다.

나는 "누구든지 하나님의 성전을 더럽히면 하나님이 그 사람을 멸하시리라"

(고전 3:17)는 본문을 가지고 설교하는 것을 들은 적이 있습니다. 그 설교의 첫 부분은 교회의 뜰에서 어떤 불경한 행동을 하는 사람들과 또 다음 주간에 열릴 자선 바자회 기간 동안에 세운 천막의 기둥을 교회 건물의 한편에 기대놓은 사람들에 대해서 유치한 저주를 퍼붓는 내용이었습니다. 내가 보기에는 그 교회 건물이 그 강단을 차지하고 서 있던 사람의 우상인 것 같아 보였습니다. 그 어떤 곳에 그런 거룩한 건물이 있을까요? 하나님께서 거주하시는 특별한 장소가 있을까요? 나는 그렇게 생각하지 않습니다. 예수님이 친히 하신 말씀을 들어봅시다. "내 말을 믿으라 이 산에서도 말고 예루살렘에서도 말고 너희가 아버지께 예배할 때가 이르리라 아버지께 참되게 예배하는 자들은 영과 진리로 예배할 때가 오나니 곧 이 때라 아버지께서는 자기에게 이렇게 예배하는 자들을 찾으시느니라"(요 4:21, 23). 그리고 또 "우주와 그 가운데 있는 만물을 지으신 하나님께서는 천지의 주재시니 손으로 지은 전에 계시지 아니하시고"(행 17:24)라고 사도 바울이 아덴 사람들에게 한 말도 기억하십시오.

　사람들이 거룩한 장소에 대해 말할 때 그 단어의 용법에 대해 잘 모르는 것 같습니다. 거룩하신 분이 벽돌과 회반죽으로 건축한 건물 안에 거하실 수 있겠습니까? 거룩한 침탑 같은 게 존재할 수 있겠습니까? 이 세상에 도덕적인 창문이나 경건한 기둥과 같은 것이 있을 수 있겠습니까? 나는 사람들이 벽돌과 회반죽과 돌들과 스테인드글라스에다 도덕적 의미를 부여할 때 그 사람들의 머리가 어떻게 된 것이 아닌가 하고 너무 놀랐습니다. 글쎄요, 그런 헌신이 얼마나 깊이 들어가며, 또 얼마나 높이 올라갈 수 있겠습니까? 그 때에 모든 까마귀가 다 엄숙한 모습으로 그 건물 위로 날아갈까요? 감독파(국교도) 교인들의 시신을 뜯어먹는 벌레들은 신성한 벌레이기 때문에 공동묘지의 비국교도 쪽에서 불경건한 벌레들이 기어들어오는 것을 막기 위하여 도랑을 파고 벽돌을 쌓아 놓는 것은 반드시 필요하다고 믿는 것은 합리적인 일일까요? 다시 말씀드리거니와 공동묘지에서 그런 애들 장난 같은 일이나, 로마교 같은 일이나, 유대주의적인 일은 대단히 수치스러운 일입니다. 그럼에도 불구하고 우리는 가끔 그런 어리석은 생각에 빠지기도 합니다. 방금 여러분이 비웃은 그 일은 단지 아직은 오류가 덜한 상태일 뿐입니다. 우리들은 대단히 급속하게 잘못된 상태로 빠져들 수도 있습니다. 그것은 우리들 모두가 빠지기 쉬운 광적인 오류입니다. 우리들은 우리의 평범한 예배당에 대하여 존경심을 가지고 있습니다. 우리들은 어떤 방식으로든지 거룩하다고 생각되는 장소에 앉아 있을 때 일종의 안도감을 느낍니다.

그러나 가능하다면 우리들은 정신적 활동의 매개체에 지나지 않는 어떤 것을 거룩하다고 생각하는 것을 제거해야 합니다. 그렇게 하기 위해서는 건전하고 독립적인 정신이 크게 요구됩니다. 장소와 관련된 모든 미신들을 단번에 제거해 버립시다. 그런 건전한 생각을 가질 때 어떤 장소는 다른 장소만큼 똑같이 거룩하고, 우리가 진실한 마음으로 경건하게 하나님께 예배하는 곳이면 어디든지 그 장소는 그 시간 하나님의 집이 될 것입니다. 비록 그곳이 가장 종교적인 경외심을 일으키는 곳이라 할지라도 그 안에 경건한 마음이 없는 장소는 하나님의 집이 아닙니다. 그것은 미신의 집이지 하나님의 집이 될 수는 없습니다. 어떤 사람은 "그러나 하나님은 처소를 가지고 있습니다. 본문 말씀도 그렇게 말하고 있지 않습니까?"라고 말합니다. 그렇습니다. 나는 오늘 아침에 그런 하나님의 집에 대하여 이야기하고자 합니다. 그와 같은 하나님의 집은 존재합니다. 그러나 그것은 생명이 없는 건축물이 아닙니다. 그것은 살아 있고 신령한 성전입니다. "너희도 성령 안에서 하나님이 거하실 처소가 되기 위하여 그리스도 예수 안에서 함께 지어져 가느니라"(엡 2:20). 하나님의 집은 회심한 남자들과 여자들이라는 살아 있는 돌들로 지어집니다. 그리스도께서는 그들을 그의 피로 값주고 사셨습니다. 이것은 거룩한 건물입니다. 그리고 그것은 오늘날까지 하나님께서 거하고 계시는 집입니다.

나는 우리들이 예배하는 처소와 관련해서 한 가지 이야기를 하고자 합니다. 비록 그 처소들과 관련된 미신에는 어떤 거룩함이 있을 수 없으나 거기에는 일종의 거룩한 연상 작용은 있을 수 있다고 생각합니다. 하나님께서 나의 영혼을 축복해 주시는 곳이면 어떤 장소이든 그곳이 바로 하나님의 집이며 천국의 문이라고 생각합니다. 그 돌들이 거룩하기 때문이 아니라 내가 그곳에서 하나님을 만났기 때문입니다. 그리고 내가 그 장소에 대해 가지고 있는 기억들 때문입니다. 야곱이 자려고 누웠던 그 장소는 그 순간 그의 침실에 지나지 않았습니다. 그러나 그의 침실이 바로 하나님의 집이었습니다. 여러분의 집에는 많은 방들이 있습니다. 그리고 여러분의 기도의 골방은 첨탑이 하늘을 찌를 듯이 서 있는 호화스러운 성당보다 실제적으로 더욱 거룩하게 되기를 바랍니다. 우리가 하나님을 만나는 곳에 거룩함이 있습니다. 그 장소가 아니라 하나님을 만난다는 **생각** 때문에 거룩함이 있는 것입니다. 비록 그곳이 헛간이든지 숲속이든지 황무지든지 혹은 산기슭이든지 간에 우리가 하나님과 더불어 교제하는 곳, 즉 하나님이 그의 팔을 드러내 보여주시는 곳이 우리들에게는 하나님의 집입니다. 그리고 그 장소는 즉시 거룩해집니다. 그러나 우리가 그곳을 미신적인 경외심으로 바라보기 때문에 거룩해진 것이 아니라 우리가 그곳에서 하나님과 더불어 거룩한 교제를 나누면서 보낸 복된 시간에 대한 우리들 자신의 추억 때문에 거룩해지는 것입니다. 이제 의심하지 말고 인간이 지은 건물에 미련을 버리십시오. 내가 여러분을 하나님이 그의 처소로 삼으신 집으로 인도하겠습니다.

우리들은 오늘 아침 교회에 대하여 다음과 같이 세 가지 면에서 생각해 보겠습니다. 첫째는 건물로서의 교회, 둘째는 처소로서의 교회, 셋째는 교회가 곧 그렇게 될 영광스러운 성전으로서의 교회에 대하여 생각하겠습니다.

1. 첫째로, 건물로서의 교회에 대하여 생각해 봅시다.
먼저 교회란 무엇인가, 하나님의 교회란 무엇인가에 대하여
잠시 생각해 보겠습니다.

어떤 교파는 자기들의 교파의 이름 자체가 교회라고 주장하고, 다른 교파들은 그것에 대해 그런 일은 있을 수 없다고 뜨겁게 논쟁을 합니다. 그 교파는 우리들 중 아무에게도 속하지 않고 독립적입니다. 하나님의 교회는 어떤 특정한 교파의 사람들로만 구성된 것이 아닙니다. 하나님의 교회는 하나님의 영원한 택함을 받아 하나님의 책 속에 기록된 모든 사람들로 구성되어 있습니다. 즉 그리스도께서 십자가 위에서 피로 값주고 사신 사람들, 하나님께서 그의 성령으로 부르신 사람들, 그리고 성령으로 소생되어 그리스도의 생명에 동참하고 그의 몸과 그의 살과 그의 뼈의 지체가 된 사람들로 구성되어 있습니다. 모든 종류의 그리스도인들 사이에는 다양한 교파가 존재합니다. 어떤 사람들은 우리가 생각지도 못한 곳에서 길을 잃고 헤매고 있습니다. 하나님의 교회의 구성원들이 저주받은 로마교의 어둠 가운데 여기저기 숨겨져 있습니다. 어떤 경우에는 그 어떤 교파에도 속하지 않은 그리스도 교회의 한 지체가 그의 형제들과 연결되지 못하고 멀리 떨어져 있기도 합니다. 그는 다른 형제들의 존재에 대해 거의 듣지 못하지만 그 안에 그리스도의 생명이 있기 때문에 그리스도를 압니다. 이름이야 무엇으로 알려져 있든 간에, 전 세계에 걸쳐 존재하는 그리스도의 교회, 즉 하나님의 백성들은 본문에서 하나님이 거주하시는 건물로 비유되고 있습니다.

나는 이 건물에 대해서 하나의 작은 비유를 들어 설명하겠습니다. 교회는 그냥 한데 모아놓은 돌무더기가 아닙니다. 교회는 건물입니다. 태곳적에 교회의 건축자가 교회를 설계했습니다. 내가 영원 전의 그 때를 생각할 때 자기의 교회를 최초로 설계하신 그분을 뵙는 것 같습니다. 하나님은 그의 영원한 지혜 가운데 "여기에 모퉁잇돌을 놓아라. 그리고 저기에는 첨탑을 세워라"고 말씀하셨습니다. 나는 그가 교회의 길이와 폭을 정해주고, 교회의 대문과 창문들을 기술적으로 지정해주고, 교회의 모든 부분을 설계하고, 또 그 건물 중에서 계획하지 못하고 내버려둔 부분이 하나도 없이 다 고안하시는 것을 봅니다. 나는 또 그가 위대한 건축가로서 다음과 같은 일을 하시는 것을 봅니다. 즉 그는 그 건물에 쓸 모든 돌들을 선택하시고, 그 형태를 정하시고, 자기 계획에 따라 각각의 돌들이 차지해야 할 위치를 정하시고, 또 앞면에서 빛나게 될 것과 뒷면에 숨겨져 있어야 할 것과 벽의 중심에 묻혀 있어야 할 것을 정하시는 것을 봅니다. 나는 그가 단지 개요만이 아니라 모든 세부사항까지 관여하시는 것을 봅니다. 모든 것들을 영원한 언약 가운데서 명하시고 섭리하시고 확정하셨습니다. 그 영원한 언약은 위대한 건축자의 거룩한 계획이기도 합니다. 건축자가 모퉁잇돌을 선택하는 장면을 상상해 보십시오. 그는 하늘을 보십니다. 거기에는 반짝이는 돌들인 천사들이 있습니다. 그는 가브리엘로부터 시작해서 차례대로 그들 하나하나를 바라봅니다.

　그러나 그는 "너희들 중 그 누구도 충분하지 못하다. 나는 그 건물의 무게를 지탱할 모퉁잇돌이 있어야 한다. 왜냐하면 다른 모든 것들이 그 돌에 의존해야 하기 때문이다. 가브리엘아 너도 충분하지 않다. 라파엘아 너도 안 되겠다. 너를 가지고는 그 건물을 지을 수 없겠다"라고 말씀하십니다. 그러나 반드시 돌을 찾아야 했습니다. 그것도 나머지 돌들과 같이 동일한 채석장에서 가져와야 했습니다. 어디에서 그를 찾을 수 있을까요? 이 위대한 건물의 모퉁잇돌이 되기에 충분한 사람이 있었을까요? 아니, 없었습니다. 사도들도 선지자들도 교사들도 충분하지 못했습니다. 그들을 모두 합해도 모래로 된 기초에 지나지 않습니다. 그 집은 비틀거리다 쓰러질 것입니다. 하나님의 마음이 그 어려운 문제를 어떻게 해결하셨는지 보십시오. "하나님이 사람이 될 것이다. 참 사람. 그래서 그 성전의 다른 돌들과 동일한 본질을 갖게 될 것이다. 그래도 역시 그는 하나님이다. 그래서 그는 그 위대한 건물의 모든 무게를 견뎌내기에 충분할 정도로 강력하다. 그 건물의 꼭대기는 하늘까지 닿을 것이다." 나는 그 기초가 놓여진 것을 봅니다. 그 기초를 놓을 때 노래하면서 놓았습니까? 아닙니다. 울면서 놓았습니다. 이 최초의 돌이 놓여질 때 그 주위에 천사들이 모여들었습니다. 너희 인생들아 보고 놀라라. 천사들은 울고, 하늘의 비파는 덮개가 덮이고, 아무 노랫소리도 들리지 않습니다. 세상이 창조 되었을 때 그들은 함께 노래하고 기뻐 외쳤습니다. 그런데 왜 지금은 소리치지 않는 것일까요? 여기에 그 이유가 있습니다. 그 돌은 핏속에 파묻혔습니다. 그 모퉁 잇돌은 다른 곳이 아닌 바로 그 자신의 핏덩이 속에 놓여져야 했습니다. 그 자신의 거룩한 혈관에서 나온 붉은 시멘트가 그것을 파묻어야 했습니다. 그렇게 해서 그는 그 거룩한 건물의 최초의 돌을 놓았습니다. 너희 천사들이여, 노래를 다시 시작하라. 이제 그 작업은 끝이 났다. 기초석이 놓여졌습니다. 그 가혹한 의식이 마쳐졌습니다. 이제 이 성전을 지을 돌들을 어디에서 모을까요? 최초의 돌은 놓여졌습니다.

그런데 나머지 돌들은 어디에 있습니까? 우리가 레바논의 산기슭에서 파올까요? 왕들의 대리석 채석장에서 이 귀한 돌들을 찾아낼까요? 아닙니다. 하나님의 일꾼들인 여러분들이여, 어디로 달려가고 있습니까? 여러분은 어디로 가고 있는 중입니까? 그 채석장은 어디에 있습니까? "우리는 소돔과 고모라의 채석장에서, 죄 많은 예루살렘의 깊은 곳에서, 그리고 오류투성이의 사마리아에서 땅을 파려고 갑니다"라고 대답합니다. 나는 그들이 쓰레기를 치우고 땅을 깊이 파는 것을 봅니다. 그리고 마침내 어떤 돌을 발견합니다. 그러나 그 돌들은 거칠고 단단하고 다듬어져 있지 않습니다. 그렇습니다. 그러나 그것들은 섭리 가운데에서 옛적부터 정해진 돌들입니다. 이것들이 바로 그 돌들임에 틀림없습니다. 거기에는 반드시 변화가 있어야 합니다. 그것들을 옮기고 다듬고 자르고 광택을 내고 제자리에 놓아야 합니다. 나는 그 일을 하는 일꾼들을 봅니다. 율법의 큰 톱이 그 돌을 자르고, 복음의 끌이 광택을 냅니다. 그리고 그 돌들이 제자리에 놓여집니다.

그리고 교회가 세워집니다. 목회자들은 현명한 건축자와 같이 벽을 따라 달려가며 신령한 돌들을 제자리에 갖다 놓습니다. 각각의 돌들은 그 거대한 모퉁잇돌에 의지합니다. 그리고 모든 돌들은 그 피에 의존합니다. 모퉁잇돌로 선택된 고귀한 예수 그리스도 안에서 안전하고 강하게 연결됩니다. 여러분들은 하나님의 택하신 사들이 운반되어지고, 또 은혜에 의하여 부르심을 받고 소생되이질 때에 그 건물이 높아져 가는 것을 보십니까? 여러분들은 거룩한 사랑과 거룩한 형제애 가운데 서로 연결되어진 살아 있는 돌들을 보십니까? 여러분은 그 건물 속으로 들어가 본 적이 있습니까? 그리고 그 돌들이 서로 어떻게 각각 다른 돌들의 무게를 견디면서 그리스도의 법을 성취하고 있는 것을 보십니까? 교회가 그리스도를 얼마나 사랑하고 그 지체들이 얼마나 서로를 사랑하는지를 보십니까? 먼저 교회가 어떻게 모퉁잇돌과 연결되며, 교회의 지체되는 돌들이 어떻게 서로 연결되어 전체가 하나의 건물이 될 때까지 연결되어가는 것일까요? 보십시오, 그 건물이 점점 높이 올라가고 있습니다. 그것이 완성되어가고 있습니다. 마침내 완공됩니다. 그리고 이제 여러분의 눈을 크게 뜨고 그것이 얼마나 영광스러운 건물인지를 보십시오. 그것이 바로 하나님의 교회입니다. 사람들은 그 건축물이 얼마나 웅대한가를 이야기합니다. 이것이야말로 진정한 건축물입니다. 그것은 그리스 양식도 아니고 고딕 양식도 아닙니다. 그것은 모세가 거룩한 산에서 본 성소의 원형을 본뜬 것입니다.

여러분은 그것을 마음의 눈으로 볼 수 있습니까? 이처럼 훌륭한 건물이 있을까요? 모든 부분이 생명의 활기가 넘치지 않습니까? 하나의 돌 위에 일곱 개의 눈이 있고, 각각의 돌들은 눈들로 가득하고 심장들로 가득합니다. 지금까지 이것처럼 그렇게 웅장한 착상이 있었던 적이 있었습니까? 그 건물은 영혼들로 지어졌습니다. 그 건물은 심장들로 지어졌습니다. 사람이 그 안에서 편히 쉴 수 있는 집으로는 심장과 같은 것이 없습니다. 사람이 그의 동료에게서 평화를 발견할 수도 있습니다. 그러나 여기에 하나님이 거주하시기를 기뻐하시는 집이 있습니다. 그 집은 거룩한 사랑으로 고동치는 살아 있는 심장으로 지어졌습니다. 그 집은 구원받은 영혼들, 아버지의 택한 백성들, 그리스도의 피로 값주고 산 사람들로 지어졌습니다. 그 집의 꼭대기는 하늘에 닿아 있습니다. 그 집의 일부분은 구름 위에 있습니다. 이제 살아 있는 돌들 중에서 많은 돌들이 낙원의 첨탑 안에 있습니다. 우리들은 이 아래에 있습니다. 그 건물은 높아집니다. 그 거룩한 벽돌집이 점점 높아집니다. 그리고 마치 모퉁잇돌이 올라가듯이 우리들도 모두 올라갈 것입니다. 기초부터 첨탑 끝까지 모두 하늘에 올라갈 것입니다. 그곳에서 영원히 살 것입니다. 새 예루살렘, 즉 하나님의 장엄한 성전에서 영원히 살 것입니다.

다음 내용으로 넘어가기 전에 이 건물에 대하여 한두 가지만 더 이야기하겠습니다. 건축자들은 건물을 설계할 때마다 그 계획을 짜는 데에 실수를 저지릅니다. 아무리 신중한 사람이라도 어떤 것을 빠뜨릴 것입니다. 아무리 현명한 사람이라도 어떤 점에서는 자기가 실수를 했다는 사실을 발견합니다. 그러나 하나님의 교회를 보십시오. 그것은 자와 컴퍼스와 직각자에 따라서 지어졌습니다. 그리고 거기에는 단 하나의 실수도 없었다는 사실이 결국에는 밝혀질 것입니다.

　　나의 사랑하는 형제들이여, 여러분은 아마도 그 성전의 작은 돌일 것입니다. 그리고 여러분은 자기가 큰 돌이 되어야 한다고 생각하는 경향이 있습니다. 그 건물에는 실수가 없습니다. 여러분은 단 한 가지의 재능밖에는 없습니다. 그것으로 충분합니다. 만약에 여러분이 두 가지 재능을 가지고 있었다면 건물이 망치게 될 것입니다. 어쩌면 잘 보이지 않는 위치에 있을 수도 있습니다. 그리고 "오, 내가 교회 안에서 특별히 눈에 띄는 자리에 있었더라면"이라고 말합니다. 특별히 눈에 띄는 자리에 있다면 그것은 잘못된 자리입니다. 하나님의 집은 너무나 정교하기 때문에 그 건물 가운데 단 하나의 돌이라도 그 위치를 벗어난다면, 그것은 전체를 망쳐 놓을 것입니다. 여러분은 자기가 반드시 있어야 할 자리에 있습니다. 그 자리를 지키십시오. 그 자리를 지키면 아무런 실수가 없을 것입니다. 마침내 우리가 교회를 한 바퀴 둘러보고 그 벽을 보십시오. 그리고 교회의 성곽을 향해 말하십시오. 우리들 각자는 "이 시온이 얼마나 영광스러운가!"라고 말하지 않을 수 없을 것입니다. 우리의 눈이 밝아지고 우리의 마음이 깨닫게 될 때, 그 건물의 모든 부분을 보고 우리는 감탄해 마지않을 것입니다. 꼭대기의 돌은 기초석이 아닙니다. 기초석은 꼭대기에 있을 수 없습니다. 모든 돌들은 올바른 형태를 가지고 있습니다. 그 모든 재료들은 거기에 알맞은 형태입니다. 그 건물은 위대한 목적, 하나님의 영광, 지존자의 성전을 위하여 아주 적합한 형태입니다. 그러므로 이 하나님의 건물에는 무한한 지혜가 나타나 있습니다.

　　또 한 가지, 즉 교회의 난공불락의 능력에 대하여 생각해 봅시다. 이 집, 즉 이 하나님의 처소는 손으로 만들어진 것이 아니라 하나님의 건물입니다. 그래서 그것은 공격을 받아도 함락되지 않습니다. 얼마나 많은 적들이 교회의 오래된 성벽을 강타했습니까? 그러나 그들의 싸움은 헛된 것이 되었습니다. "세상의 군왕들이 나서며 관리들이 함께 모였습니다"(행 4:26). 그러나 무슨 일이 일어났습니까? 그들은 교회를 향해서 달려왔습니다. 그들 모두는 칼로 무장한 용사들을 데리고 왔습니다. 그러나 그들은 어떻게 되었습니까? 전능하신 분은 살몬의 눈이 날림같이 그 왕들을 헐몬에서 흩어버리셨습니다. 마치 눈이 강풍 앞에서 산기슭으로부터 흩날리듯이 하나님은 그들을 쫓아버리셨습니다. 그리고 그들은 하나님의 숨결 앞에서 녹아버렸습니다.

"그때에 우리의 영혼은 시온에 거하리라
로마나 지옥의 분노를 두려워하지 않으리라."

교회는 위험에 빠지지 않습니다. 교회는 결코 위험에 빠질 수 없습니다. 교회의 적들에게 덤비라고 하십시오. 교회는 그들에 대해서 충분히 저항할 수 있습니다. 교회의 무저항적인 위엄과 침묵하는 반석과 같은 힘이 그들에게 대항할 수 있습니다. 그들로 하여금 공격해 오게 하십시오. 그러면 그들은 스스로 산산조각이 날 것입니다. 그들로 하여금 교회에 대항해서 돌진해 오게 하십시오. 그러면 그들 자신의 파멸의 길이 예비되어 있다는 사실을 알게 될 것입니다. 교회는 안전합니다. 그리고 교회는 끝까지 안전해야만 합니다. 그러므로 우리들은 그 건물에 대해서 다음과 같이 말할 수 있습니다. 즉 그것은 무한한 지혜에 의해서 세워졌으며 또 철벽과 같이 안전합니다.

그리고 다음과 같은 사실을 추가할 수 있을 것입니다. 즉, 교회는 영광스럽고 아름답습니다. 이와 같은 건물은 결코 없었습니다. 그것을 계속 반복해서 보아도 즐거울 것입니다. 예수님도 친히 그것을 기뻐하셨습니다. 하나님께서도 그의 교회의 건물에 대하여 기뻐하십니다. 하나님은 세상에 대해서는 기뻐하지 않으셨지만 그의 교회에 대해서는 기뻐하셨습니다. 하나님께서 세상을 창조하실 때 산들을 높이 쌓고, 바다를 깊이 파고, 골짜기들을 풀로 덮었습니다. 하나님은 공중의 새를 만드시고 들의 짐승들을 만드셨습니다. 그리고 하나님은 자기의 형상을 따라 사람을 만드셨습니다. 천사들이 그것을 보았을 때 함께 노래하고 기뻐하며 소리쳤습니다. 그러나 하나님은 노래하지 않으셨습니다. "거룩하시고 거룩하시고 거룩하신" 하나님께는 노래할 만한 충분한 주제가 없었습니다. 하나님은 그것이 대단히 좋다고만 말씀하셨습니다.

그것에 적합한 좋은 면은 있었습니다. 그러나 거룩함이라는 도덕적 선함은 없었습니다. 그러나 하나님이 그의 교회를 세웠을 때는 노래하셨습니다. 나는 그것이 하나님의 모든 말씀 가운데 가장 특이한 구절이라고 생각합니다. 하나님이 노래하신 구절은 다음과 같습니다. "너의 하나님 여호와가 너의 가운데에 계시니 그는 구원을 베푸실 전능자이시라 그가 너로 말미암아 기쁨을 이기지 못하시며 너를 잠잠히 사랑하시며 너로 말미암아 즐거이 부르며 기뻐하시리라 하리라"(습 3:17). 나의 형제들이여, 그의 교회를 바라보시는 하나님에 대해서 생각해 보십시오. 그 건물은 너무 아름다워서 하나님은 자기가 하신 일을 보고 노래하십니다. 그리고 각각의 돌들이 모두 다 제자리에 놓여 있기 때문에 하나님이 노래하시는 것입니다. 전에도 그런 노래가 있었습니까? 오, 다같이 모여 노래합시다. 우리 함께 하나님의 이름을 높이 외칩시다. 그의 교회를 기뻐하시는 하나님을 찬양합시다. 교회를 자신의 특별한 처소로 삼으신 하나님을 찬양합시다.

지금까지 우리는 교회를 건물로 생각하여 고찰하였습니다.

2. 그러나 하나님의 교회의 진정한 영광은 교회가 건물일 뿐 아니라 처소(거주지)이기도 하다는 사실입니다.

거처하지 않는 건물도 아름다움이 있을 수 있습니다. 그러나 거기에는 항상 음침한 것이 연상됩니다. 이 나라를 여행하다 보면 자주 지붕이 벗겨진 탑이나 성을 보게 됩니다. 그것은 아름답습니다. 그러나 그것은 즐거운 일은 아닙니다. 그것은 서글픈 생각이 들게 하는 광경입니다. 그 누가 황폐한 성을 보기 좋아하겠습니까? 그 누가 그 땅에서 아들들이 떠나기를 원하고 거주자들이 떠나기를 원하겠습니까? 그러나 불이 켜져 있고 가구가 들어차 있고 사람들의 소리가 나는 집은 기쁨이 있습니다.

사랑하는 여러분, 하나님의 교회는 다음과 같은 사실을 특별한 영광으로 삼고 있습니다. 즉, 교회는 사람들이 거처하는 집이라는 사실과 또 교회는 하나님이 성령을 통해서 거주하시는 처소라는 것입니다. 집이기는 하지만 처소가 되지 못하는 교회가 참으로 많습니다. 나는 여러분에게 가식적인 하나님의 교회에 대해서 이야기하고자 합니다. 그것은 직각자와 컴퍼스의 설계도에 따라 지어졌습니다. 그러나 그것의 모델은 하나님의 말씀 가운데 있는 것이 아니라 어떤 고대의 교리를 따라 형성되어졌습니다. 그것은 자기의 표준에 따라 징계하기에는 적합합니다. 그리고 그 자신의 모델에 따른 의식에는 정확합니다. 그런 교회에서는 의식을 강요합니다. 그 모든 의식들이 잠시 동안은 여러분의 마음을 끌 것입니다. 그러나 그 장소를 나와서는 하나님의 생명과 만나지 못했다는 사실을 알게 될 것입니다. 그것은 집이기는 합니다. 그러나 그곳은 거처하는 자가 없는 집입니다. 그것은 겉으로 보기에는 교회 같아 보여도 거룩하신 분이 내주하는 곳은 아닙니다. 그곳은 곧 황폐해지고 쓰러질 텅 빈 집입니다. 나는 로마교뿐 아니라 비국교도나 국교도 할 것 없이 우리들의 교회들 중에서 많은 교회들이 그렇게 되지 않을까 두렵습니다. 너무나 많은 교회들이 단지 무미건조하거나 죽은 형식주의의 집단에 지나지 않습니다. 그런 곳에는 하나님의 생명이 없습니다.

여러분은 날마다 그런 사람들과 함께 예배하러 갈지도 모릅니다. 그러나 아무 감동도 감격도 없어서 여러분의 영혼은 새롭게 되지 못합니다. 왜냐하면 그것은 빈 집이기 때문입니다. 그 건물은 아름답게 보일지도 모릅니다. 그러나 그곳의 창고는 텅 비어 있습니다. 차려진 식탁도 없습니다. 기쁨도 없고 기름진 송아지도 잡지 않고 춤도 없고 기쁨의 노래도 없습니다. 사랑하는 자들이여, 우리들의 교회가 그렇게 되지 않도록 주의합시다. 우리가 신령한 생명이 없는 사람들과 어울리지 않도록 주의합시다. 결과적으로 그런 집들은 거주하지 않는 집입니다. 그곳에는 하나님이 없기 때문입니다. 그러나 진정한 교회는 하나님의 영이 찾아오시는 교회입니다. 그곳에서는 성령 자신의 살아 있는 영향력에 의해서 회심과 교육과 경건이 이루어집니다. 그러한 교회는 하나님의 처소가 됩니다.

이제 우리는 하나님이 거주하시는 교회의 아름다운 모습에 대해서 깊이 생각해 보겠습니다. 살아 있는 영혼으로 지어진 교회는 하나님 자신의 집입니다. 이것은 무엇을 의미하는 것일까요? 나는 집이란 사람을 위로해주고 편안하게 해주는 곳이라고 대답하겠습니다. 밖에서 우리는 세상과 싸움을 합니다. 밖에서 우리는 고난의 바다와 대항하고 그 물결에 휩쓸려 떠내려가지 않기 위해 모든 신경과 근육을 긴장시켜야 합니다. 밖에서 우리는 사람들 사이에서 우리에게 낯선 언어를 사용하는 사람들과 만납니다. 그들은 자주 우리에게 마음의 상처를 주고 또 골수까지 상처를 입힙니다. 거기서 우리는 조심해야 한다고 생각합니다. 우리는 자주 "나의 영혼은 사자들 사이에 있다. 나는 지옥의 불을 붙이는 사람들 사이에 누워 있다"라고 말합니다. 우리가 세상으로 나가면 안식을 거의 찾을 수 없습니다. 그러나 하루의 일을 끝내고 집으로 돌아오면 우리는 거기에서 위안을 받습니다. 우리들의 지친 육체는 새로운 힘을 얻습니다. 우리는 입고 있던 갑옷을 벗어 던져 버립니다. 그리고 우리는 더 이상 싸우지 않습니다. 더 이상 낯선 얼굴도 보지 않습니다. 대신에 사랑하는 눈길들이 우리를 바라봅니다. 귀에 거슬리는 말을 더 이상 듣지 아니합니다. 사랑의 대화가 오고 갑니다. 우리의 가정은 우리의 위안과 위로와 휴식의 장소입니다.

하나님께서는 교회를 그의 처소, 그의 가정이라고 부르고 계십니다. 밖에서의 하나님을 보십시오. 그는 벼락을 내리치시고 성난 파도에게 그의 음성을 높이십니다. 그의 음성을 들어보십시오. 그의 음성은 레바논의 백향목을 깨뜨리시고 암사슴으로 새끼를 낳게 하십니다. 그가 그의 강력한 병거를 타고 전쟁을 하실 때, 반역한 천사들을 천국의 성벽에서 지옥의 깊은 곳으로 던지실 때의 하나님을 보십시오. 하나님이 위엄 가운데 힘차게 일어서실 때의 모습을 보십시오. 이 영광스러운 분이 누구입니까? 그분은 가장 높으시고 무서운 하나님이십니다. 그러나 그가 번쩍이는 그의 칼을 거두시고 더 이상 그의 창을 지니시지 않으실 때의 그를 보십시오. 그는 그의 가정으로 되돌아오십니다. 그의 자녀들이 그의 주위에 있습니다. 그는 위안을 얻고 휴식을 취하십니다. 나는 너무 먼 곳을 생각하지 않겠습니다. 그는 자기의 사랑 안에서 휴식을 취하실 것입니다. 그는 그의 교회 안에서 휴식을 취하십니다. 그는 더 이상 소멸하는 불이 아니십니다. 더 이상 공포와 분노가 아니십니다. 그는 사랑이시며 친절이시며 온화함이십니다. 그리고 그의 자녀들의 더듬거리는 기도와 서툰 노래를 기꺼이 들어주십니다. 하나님의 집으로서의 교회의 모습은 참으로 아름답습니다. 하나님은 그곳에서 위안을 얻으십니다. "여호와께서 시온을 택하시고 자기 거처를 삼고자 하여 이르시기를 이는 내가 영원히 쉴 곳이라 내가 여기 거주할 것은 이를 원하였음이로다"(시 132:13-14).

　　가정은 자신의 내적인 모습을 보여주는 곳입니다. 우리는 시장에서 사람을 만납니다. 그런데 그는 불친절하게 말합니다. 그는 사람들을 잘 알고 당신에게도 그들과 똑같이 대합니다. 그런데 그가 가정으로 돌아가서 자녀들과 이야기하는 것을 보면 "이 얼마나 사람이 달라졌는가. 나는 그가 동일한 사람이라는 것을 믿을 수 없다"라고 말할 것입니다. 또 의자에 앉아 있는 교수를 생각해보십시오. 그는 학생들에게 과학에 대하여 가르칩니다. 그가 난해한 주제에 대하여 가르칠 때는 대단히 엄격합니다. 그런데 그가 저녁에는 아이를 무릎에 앉히고 유치한 이야기를 해주고, 동요를 반복해서 불러준다는 사실을 믿을 수 있습니까? 그러나 사실이 그렇습니다. 왕이 화려한 행렬 가운데 길을 가는데 수많은 사람들이 몰려들 때의 그 왕을 생각해 보십시오. 환호성이 하늘을 찌를 때의 그 왕을 생각해 보십시오. 그는 참으로 위엄 있는 풍채를 지니고 있습니다. 그는 모든 면에서 왕다운 모습과 군주다운 모습을 갖추고 있습니다. 그는 수많은 군중들 속에서 우뚝 솟아 있습니다. 그런데 그 왕의 가정에서의 모습은 어떨까요? 그 때 그는 다른 사람들과 똑같습니다. 그의 어린 아이들이 그의 주변에 있습니다. 그는 마룻바닥에서 아이들과 게임을 합니다. 이것이 좀 전에 보았던 그 왕의 모습입니까? 그렇습니다. 그가 바로 그 왕입니다. 그러나 그는 궁정에서는 왜 그렇게 행동하지 않습니까? 길거리에서는 왜 그렇게 행동하지 않습니까? 그것은 그의 집이 아니기 때문입니다. 사람은 자기의 가정에서 완전히 긴장을 풀어버립니다.

영광스러운 하나님의 경우도 역시 그러합니다. 하나님께서는 세상에 대해서는 자기 자신의 모습을 나타내 보이지 않지만 교회 안에서는 자기의 모습을 드러내십니다. 세상은 망원경을 하늘로 향하여 별들 가운데 계시는 하나님의 위용을 봅니다. 그리고 "오, 하나님, 당신은 참으로 무한하시나이다"라고 말합니다. 세상 사람들은 바다를 경건한 마음으로 바라보며 폭풍에 출렁거리는 물결을 가리키며 "신의 능력과 위엄을 보라"고 말합니다. 해부학자는 곤충을 해부합니다. 그리고 곤충의 모든 부분에서 하나님의 지혜를 발견합니다. "하나님은 참으로 지혜로우시다"라고 말합니다. 그러나 그의 골방에서 무릎을 꿇고 "나의 아버지께서 이 모든 것을 만드셨다"라고 말할 수 있고, "하늘에 계신 우리 아버지, 이름이 거룩히 여김을 받으소서"라고 기도할 수 있는 것은 오직 신자뿐입니다. 하나님은 다른 곳에서는 계시하지 않는 일들을 교회 안에서는 계시해 주십니다. 그가 자녀들을 그의 가슴에 안아 주시는 곳은 교회입니다. 그가 마음을 여시는 곳도 교회입니다. 하나님의 백성들에게 하나님의 위대하신 영혼의 원천과 그의 무한하신 사랑의 능력을 알게 합시다. 그의 가정에서 그의 가족들과 함께 계시는 하나님, 즉 그의 교회라는 집에서 행복하게 계시는 하나님에 대해 생각하는 것은 참으로 즐거운 일이 아닐 수 없습니다.

더 나아가 사람의 가정은 그가 행하는 모든 것의 중심입니다. 큰 농장도 있고 헛간도 있고 광도 있고, 그 외에도 여러 가지가 있습니다. 그러나 이 모든 것의 한 가운데에 집이 있습니다. 그 모든 경작지 한가운데 집이 있습니다. 아무리 밀이 많아도 그것은 집으로 가져갈 것들입니다. 농부가 그의 수확물을 가지고 오는 것은 그의 가족을 부양하기 위함입니다. 가축들의 소리가 들리고 언덕 위에는 양 떼들이 있습니다. 그러나 그 가축들은 모두 집으로 옵니다. 그리고 그 가축들의 가득한 젖통들은 어린아이들에게 우유를 제공해 줍니다. 그것은 집이 모든 것의 중심이기 때문입니다. 산업의 모든 강들이 가정이라는 아름다운 호수를 향하여 흘러갑니다. 그러면 하나님의 교회는 하나님의 중심인가요? 하나님은 세상 어디에나 계십니다. 여기저기에서 바쁘십니다. 그러나 하나님의 모든 일들은 무엇을 향하고 있을까요? 바로 그의 교회를 향하고 있습니다. 하나님은 왜 언덕 위에 풍부하게 옷을 입힐까요? 그의 백성들을 먹이기 위해서가 아니겠습니까! 왜 하나님의 섭리는 순환할까요? 왜 전쟁과 폭풍우가 있고 또 조용함과 고요함이 있을까요? 그것은 그의 교회를 위한 것입니다. 천사들은 교회를 위해서 그의 일을 담당하고 있습니다. 간접적으로 교회를 위해서 일하는 것처럼 보이겠지만 실제적으로 교회를 위하여 일하는 것입니다. 천사장은 하나님의 교회와 하나님의 자녀들을 보호하기 위해서 지존자의 명령을 수행하는 것입니다. 하나님의 창고는 그의 교회를 위한 것입니다. 깊이 숨겨진 보화들, 말할 수 없이 부요한 하나님의 보화들은 그의 백성들을 위한 것입니다. 하나님의 보좌 아래에 있는 모든 것들, 즉 그의 빛나는 면류관으로부터 어둠에 이르기까지 하나님의 구원받은 자들을 위하지 않은 것은 아무 것도 없습니다. 그의 집, 즉 그의 일상적인 처소인 하나님의 선택받은 교회를 위해서 모든 것이 합력하여 선을 이루어 갑니다. 여러분이 집을 떠나 있다가 집으로 돌아오게 되면 집이 모든 것의 중심이라는 것을 느끼듯이, 교회도 하나님과 함께한 모든 것의 중심입니다. 이것을 깊이 묵상함으로 많은 것을 깨닫게 될 것입니다.

　이 주제에 대해 한 가지만 더 생각하기로 하겠습니다. 우리는 최근에 프랑스의 침공에 대해서 많은 이야기를 듣고 있습니다. 내가 직접 그 침공을 본다면 나는 아주 놀랄 것입니다. 그러나 그것을 보기까지는 놀라지 않을 것입니다. 하지만 자신 있게 말할 수 있는 것이 하나있습니다. 우리 중 대다수는 평화를 사랑하는 사람들입니다. 칼을 쓰기를 좋아하지 않습니다. 최초의 유혈 사태의 광경은 우리를 매스껍게 할 것입니다. 우리는 평화를 사랑합니다. 그래서 우리는 싸움이나 전쟁을 찬성하지 않습니다. 그러나 가장 평화를 사랑하는 사람이라 할지라도 침략자가 우리 해변에 상륙하고 우리의 집이 위험에 빠지고 가정이 적에게 약탈당하려 하고 양심을 저버리게 될 상황에 처한다면 어떻게 할 것인가를 생각해 보라고 하십시오. 그럼에도 불구하고 전쟁의 나쁜 점을 이야기하는 사람들이 있을 것입니다. 그러나 그의 이웃이 적군을 추방하기 위해서 무기를 들고 나설 때 자기는 그와 같은 무기를 들지 않겠다는 사람이 우리들 중에 있는지 묻고 싶습니다. 우리는 모두 "가정을 지키라"고 외치면서 침략자를 향하여 달려들 것입니다. 아무리 무서운 것도 우리의 팔을 마비시킬 수 없습니다. 우리는 죽을 때까지 우리의 가정을 위해서 싸울 것입니다. 우리의 입을 다물게 할 그 어떤 강한 명령도 존재할 수 없습니다. 우리를 속박하는 모든 것을 끊어 버립니다. 그 때 우리 중에 지극히 약한 자라도 거인이 될 것입니다. 그리고 우리의 여인들도 어려운 시기에는 영웅이 될 것입니

다. 모든 사람들이 손에 무기를 들고 침략자에게 공격할 것입니다. 우리는 우리의
가정을 사랑합니다. 그리고 우리 가족을 지켜야 하고 또 지킬 것입니다.

이제 여러분의 생각을 좀 더 발전시켜 봅시다. 교회는 하나님의 가정입니다.
그가 교회를 수호하지 않으시겠습니까? 그가 자기 집이 약탈을 당하고 습격을 당
하도록 내버려 두시겠습니까? 하나님의 가정이 그 자녀들의 피로 얼룩지게 내버
려 두시겠습니까? 교회가 전복되어지고 교회의 성벽이 습격을 당하고 하나님의
평화로운 거처가 불과 칼에 의해 유린되겠습니까? 아닙니다. 결코 그렇게 될 수
없습니다. 하나님이 사랑의 마음을 가지고 계시는 한, 또 그의 백성을 자신의 집이
요 그의 거처라고 부르시는 한 결코 그렇게 되지 않을 것입니다. 다같이 이러한 우
리의 안전을 기뻐합시다. 온 땅이 아버지의 넓은 품 안에 있고 우리는 완전한 평화
가운데 있습니다. 아버지가 집에 계시고 우리 아버지는 전능하신 하나님이시기
때문입니다. 그들이 우리를 공격해도 우리는 두려워할 필요가 없습니다. 아버지
의 팔이 그들을 격퇴하실 것입니다. 그의 숨결이 그들을 날려 버릴 것입니다. 그
의 말씀이 그들을 멸하실 것입니다. 그들은 어린 양의 기름처럼 녹아 없어질 것입
니다. 마치 어린 양의 기름과 같이 그들은 타서 연기가 되어 사라질 것입니다. 이
것은 교회가 하나님의 처소이기 때문에 그렇게 생각하는 것이 자연스러운 것입니
다.

3. 세 번째로, 교회는 머지않아
하나님의 영광스러운 성전이 될 것입니다.

교회가 장차 어떤 모습이 될 것인가는 아직 나타나지 않았습니다. 그러나 나
는 이미 이 귀한 내용을 언급한 바 있습니다. 교회는 오늘날에도 높아지고 있습니
다. 그리고 교회는 하나님의 집의 산이 모든 산들의 꼭대기 위에 세워질 때까지 계
속해서 높아질 것입니다. 그리고 모든 나라들이 교회를 복되다고 말하고, 하나님
께서도 복되다고 말씀하실 때까지 계속 높아질 것입니다. 그들이 "오라, 우리 모두
하나님의 집으로 올라가서 그에게 경배하자"라고 할 때에 교회의 영광은 시작될
것입니다. 이 세상이 사라질 때, 제국들의 모든 기념비들이 부서지고 최후의 불꽃
의 용암 속에 들어갈 때, 교회는 구름 가운데 들림을 받아 하늘까지 높아질 것입니
다. 그리고 지금까지 보지 못했던 성전이 될 것입니다.

형제 자매들이여, 결론적으로 말씀을 드리겠습니다. 만약에 하나님의 교회가

하나님의 집이라면 우리는 무엇을 해야 할까요? 우리들은 항상 성전의 일부분으로서 그 위대한 거주자(하나님)를 보존하려고 열심히 노력해야 합니다. 주께서 잠시 동안이라도 그의 교회를 떠나지 않으시도록 그의 성령을 슬프게 하지 맙시다. 무엇보다 먼저, 그가 다시는 우리의 마음에 찾아오지 않는 그런 일이 없도록 위선자가 되지 맙시다. 그리고 교회가 하나님의 성전이요 하나님의 집이라면 그것을 더럽히지 맙시다. 여러분이 자기 자신을 더럽히면 그것은 교회를 더럽히는 것입니다. 여러분이 교회의 지체가 되기 때문에 여러분의 죄는 곧 교회의 죄가 되는 것입니다. 한 건물에서 하나의 돌이 더러워지면 실제적으로 그 건물 전체의 완전성을 망쳐 놓는 것입니다. 그가 거룩하신 것과 같이 거룩하게 되도록 주의하십시오. 여러분의 마음이 벨리알(Belial)을 위한 집이 되지 않게 하십시오. 하나님과 마귀가 같은 처소에서 거주할 수 있다고 생각하지 마십시오. 자신을 전적으로 하나님께 드리십시오. 그의 성령을 더욱더 구하십시오. 자기 자신을 산 돌로서 전적으로 헌신하십시오. 여러분 자신 안에서 그의 교회 안에 거주하시는 그 거룩한 거주자의 영원한 임재를 느낄 수 없다면 결코 만족하지 마십시오. 이제 하나님께서 그 성전의 모든 산 돌들에게 축복해 주시기를 기원합니다. 아직도 죄악의 채석장에서 떨어져 나오지 못한 사람들에게 거룩하신 은혜가 임하시기를 기도합니다. 그들도 새로워지고 회심하여 결국에는 빛의 성도들의 기업에 동참하는 자들이 되기를 기도합니다. 아멘.

제
13
장

—

측량할 수 없는 그리스도의 풍성함

—

"모든 성도 중에 지극히 작은 자보다 더 작은 나에게
이 은혜를 주신 것은 측량할 수 없는
그리스도의 풍성함을 이방인에게 전하게 하시고" — 엡 3:8

사도 바울은 복음을 전하게 된 것을 큰 특권으로 생각하였습니다. 그는 자신의 소명을 천하고 고된 일로 생각하지 않았습니다. 그는 큰 기쁨으로 그 일에 임했습니다. 진실로 하나님이 보내신 모든 종들은 예수님의 복음을 선포하는 것에서 많은 기쁨을 체험하였습니다. 그것은 자연스러운 일입니다. 왜냐하면 그들의 메시지는 자비와 사랑의 메시지이기 때문입니다. 만약에 어떤 전령이 항복의 기회도 주지 않고 모든 반역자들은 예외 없이 사형에 처할 것이라는 소식을 가지고 포위당한 도시로 보내진다면 그 전령은 떨어지지 아니하는 발길로 갈 것이며, 또 흐느끼고 신음하면서 자신의 무거운 마음으로 인해 자주 발길을 멈추곤 할 것입니다. 그러나 그가 값없는 용서를 선포하고 대 사면령을 선포하는 흰 깃발을 들고 가도록 그 성문으로 보내진다면, 그는 분명 날개를 단 것처럼 기쁜 마음으로 민첩하게 달려가서 그의 동료 시민들에게 자비로운 왕의 명령을 전해 줄 것입니다. 구원의 전령들이여, 여러분들은 사람의 아들들에게 모든 메시지들 중 가장 기쁜 메시지를 전달하고 있습니다. 천사들에게 복음의 전달자가 될 수 있는 단 한 번의 기회가 주어졌을 때 그들은 한밤중에 하늘의 종을 울리고 "지극히 높은 곳에서는 하나님께 영광이요 땅에서는 하나님이 기뻐하신 사람들 중에 평화로다"(눅 2:14) 하면서 합창을 하였습니다. 그들은 죽음을 선포하는 자들과 같은 슬픈 비가를 부르지 않았습니다. 대신에 큰 기쁨의 좋은 소식들은 음악이 따랐으며, 또 거룩한 기쁨과 천국의 노랫소리와 함께 선포되었습니다. "땅에서는 평화, 지극히 높은 곳에서는 하나님께 영광" — 이것이 복음의 기쁜 음조입니다. 그리고 그것은 항상 그런 음조로 선포되어야 합니다. 우리들은 가장 뛰어난 하나님의 종들이 복음전도자로서의 그들의 직무를 찬양하는 것을 봅니다.

휫필드(Whitefield)는 그의 강단을 그의 보좌라고 불렀습니다. 그리고 그가 언덕 위에 서서 거기 모인 수천 명의 사람들에게 설교할 때에는 자기가 제왕의 옷을 입은 것보다 더 행복하다고 했습니다. 그는 왕보다 더욱 영광스럽게 사람들의 마음을 지배했기 때문입니다. 캐리 박사(Dr.Carey)가 인도에서 일할 때 그의 아들 펠릭스(Felix)는 미얀마 왕에게 가는 대사로 임명되었습니다. 그때에 캐리 박사는 "펠릭스가 복음 사역자라는 고상한 소명을 버리고 이 세상의 높은 지위를 탐하여 전락하는구나"라고 말했습니다. 바울은 이처럼 큰 은혜가 자기에게 주어졌기에 하나님을 송축했습니다. 그가 이방인들 사이에서 측량할 수 없는 그리스도의 풍성함을 전하게 된 것으로 인해 하나님을 송축했습니다. 그는 그것을 수고가 아닌 은혜로 생각했습니다.

영혼이 예수님에 대한 사랑으로 가득 차 있는 젊은이들이여, 이 직무를 열망하십시오. 거룩한 열심을 내어 분발하십시오. 가장 좋은 은사를 열렬히 사모하십시오. 그리고 여러분이 생각하기에는 할 수 없다고 여겨질지라도 예수님에 대한 사랑으로 여러분의 이웃에게 십자가에 대한 이야기를 하십시오. 정열과 능력을 가진 사람들이여, 여러분이 예수님을 사랑한다면 복음 사역의 직무를 여러분의 목표로 삼으십시오. 그 일을 위해서 여러분의 마음을 훈련시키십시오. 그것을 향하여 여러분의 영혼을 훈련시키십시오. 성령 하나님께서 여러분을 그 직무로 불러주시기를 기원합니다. 그리하여 죽어가는 수많은 사람들에게 화해의 말씀을 전할 수 있게 되기를 기원합니다. 아직도 일꾼들이 부족합니다. 추수의 주인이 여러분을 그의 일터로 불러주시기를 기원합니다.

바울은 그의 직무를 그토록 감사하게 생각하면서도 그의 직무에 대한 성공은 오히려 그를 더욱 겸손하게 하였습니다. 그릇이 가득 차 있으면 물속에 더욱 깊이 가라앉습니다. 충만한 은혜는 교만을 치료합니다. 속이 텅 빈 사람들, 특히 아무 능력도 없는 사람들이 자기 자신을 유능하다고 생각하기를 좋아합니다. 왜냐하면 그들은 경험이 없기 때문입니다. 그러나 사람의 아들들 가운데서 사역하는 어려운 일을 하도록 부르심을 받은 사람들은 자주 그들의 연약성을 애통해합니다. 그리고 그들은 자기들의 연약성과 무가치성을 느끼고 하나님 앞으로 나아가 자기가 모든 성도 중에 지극히 작은 자보다 더 작다는 사실을 고백합니다. 나는 겸손을 구하는 여러분에게 어려운 일을 하라고 권고합니다. 만약에 여러분이 자신의 무가치성을 안다면 예수님을 위한 어떤 큰 일을 시도해 보십시오. 자신이 완전히 무력하다는 사실을 느끼고, 살아 계신 하나님으로부터 떨어져 있다고 느낀다면, 특별히 측량할 수 없는 그리스도의 풍성함을 선포하는 위대한 사역을 시도해 보십시오. 그 일을 하도록 허락받았음을 감사하면서 선포하는 일을 하게 될 것입니다. 그러나 "우리가 전한 것을 누가 믿었느냐 여호와의 팔이 누구에게 나타났느냐"(사 53:1)하며 부르짖게 될 것입니다. 그러면 여러분은 이전에는 결코 알지 못했던 사실, 즉 자기가 얼마나 연약하고 무가치한 존재인가를 알게 될 것입니다.

비록 사도 바울이 그렇게 그의 연약성을 알고 또 고백하였을지라도 그를 괴롭히는 것은 하나도 없었습니다. 그는 자기의 사역의 주제에 대해 결코 혼동하지 않았습니다. 나는 그의 모든 서신들 가운데에서 사도 바울이 스스로 "내가 무엇을 전할까?"라고 질문하는 것을 찾아볼 수 없습니다. 나의 형제들이여, 그는 그리스도의 대학에서 배웠습니다. 그리고 단 한 가지 주제에 대하여 철저하게 배웠습니다. 그래서 그는 그 일을 다른 모든 것보다 더 좋아했습니다. 그는 "내가 너희 중에서 예수 그리스도와 그가 십자가에 못 박히신 것 외에는 아무 것도 알지 아니하기로 작정하였음이라"(고전 2:2)고 단호하게 말했습니다. 그의 최초의 설교부터 최후의 설교까지 그의 증거를 자기의 피로 인치기 위해서 그의 목을 단두대 위에 올려놓을 때까지 바울은 그리스도를 전했습니다. 오직 그리스도만 전했습니다. 그는 십자가를 높였으며, 그 위에서 피를 흘리신 하나님의 아들을 찬양했습니다. 이 땅에서 그의 유일한 직업은 "어린 양을 보라. 세상 죄를 지고 가는 하나님의 어린 양을 보라"고 외치는 것이었습니다.

나는 여기서 잠깐 멈추고 나 자신을 위해서 하나님의 백성들의 기도를 요청합니다. 오늘 아침 성령께서 나를 도와주시기를 기도해 주십시오. 오, 나의 간절한 요청을 거절하지 마십시오. 나는 이 큰 주제에 대해서 여러분 모두가 주목해 주시기를 요청합니다. 그 주제는 바울의 모든 힘과 정열을 빼앗았습니다. 나는 먼저 여러분들이 영광스러운 인격, 즉 예수 그리스도에 대해서 주목하시기를 간청합니다. 두 번째로는 측량할 수 없는 풍성함에 대해서 주목해 주시기를 바랍니다. 세 번째로는 여기에 내포되어 있는 고귀한 의도에 대하여 주목하시기를 바랍니다. 그것이 실제적인 결론입니다. 그리고 그 의도는 예수님이 그의 종들에게 그의 측량할 수 없는 풍성함에 대하여 전하라고 명령하셨을 때 마음속에 지니셨던 의도입니다.

1. 첫째로 우리가 이 영광스러운 인격, 즉 주 예수 그리스도에 대해서 이야기하는 동안에 성령께서 연약한 우리들에게 능력을 부어주시기를 기원합니다.

주 예수 그리스도는 타락 이후에 사람의 아들들에게 주어진 하나님의 최초의 약속이었습니다. 우리의 최초의 조상들이 에덴 동산에서 추방되어졌을 때 그들 앞에는 흑암뿐이었습니다. 하나님께서 그들에게 나타나셔서 자비롭게 "여자의 후손은 네 머리를 상하게 할 것이요"(창 3:15)라고 말씀하시기 전에는 죄짓고 낙심한 그들의 영혼의 깜깜한 밤을 밝혀줄 별은 없었습니다. 그것은 하나님께서 인간의 희망이라는 하늘에 매달아 놓으신 최초의 별이었습니다. 세월이 지났습니다. 그리고 신실한 사람들은 그것을 바라보고 위로를 얻었습니다. 그 한 가지 약속은 수많은 신실한 사람들의 영혼을 만족시켜 주었습니다. 그래서 그들은 그 약속을 체험하지 못했지만 멀리서 그것을 바라보고, 또 그 빛 가운데서 기뻐하며 소망 가운데 죽었습니다. 수세기가 흘러갔어도 여자의 후손은 찾아오지 않았습니다. 뱀의 머리를 상하게 할 메시야는 나타나지 않았습니다. 그가 왜 지체했을까요? 세상은 죄악으로 더럽혀져 있었으며 슬픔으로 가득 차 있었습니다. 그런 세상에 평화를 가져다줄 실로(Shiloh)는 어디에 계셨습니까? 수백만 명의 사람들이 무덤 속에 파묻혔습니다. 지옥은 타락한 심령으로 가득 찼습니다. 그러나 그 약속된 분, 구원하실 전능자는 어디에 계셨습니까? 그는 때가 찰 때까지 기다리고 계셨습니다. 그는 잊지 않으셨습니다. 그는 그의 내부 깊숙이 하나님의 뜻을 간직하고 있었기 때문입니다. 영혼들을 구원하고자 하는 그의 열망이 그의 가슴을 불태웠습니다. 그는 말씀이 주어질 때까지 기다렸습니다. 그리고 그것이 주어졌을 때 그는 기쁜 마음으로 오셔서 아버지의 뜻을 실행하셨습니다.

여러분은 그를 찾습니까? 보십시오. 베들레헴의 구유에서 임마누엘이 탄생하십니다. 하나님이 우리와 함께 계십니다. 여러분의 눈앞에 마리아의 아들이며 복되신 자의 아들인 그가 누워 있습니다. 그는 작은 어린아이이시지만 무한하셔서 그의 손가락으로 영원을 채우시는 분입니다. 비록 강보에 싸여 있으나 너무나도 위대하셔서 온 우주 공간으로도 그를 감쌀 수 없습니다. 그는 이 세상에서 30여 년을 살았습니다. 그의 인생의 후반부는 자기 자신에 대한 고난과 다른 사람들에 대한 선한 사역을 감당하시면서 보냈습니다. "우리가 그의 영광을 보니 아버지의 독생자의 영광이요 은혜와 진리가 충만하더라"(요 1:14). 그 누구에게도 그렇게 묘사된 적이 없습니다. 그는 사랑으로 불붙은 사람이었습니다. 그는 인간적인 불완전성은 없었지만 인간적인 동정심은 가지고 있었습니다. 그는 인간적인 죄악은 없었으나 보통 인간보다 더 큰 슬픔이 있었습니다. 그분과 같은 사람은 결코 없었습니다. 그의 생애는 너무나 위대하고 너무나 영광스러웠습니다. 그러나 그는 전형적인 인간이시며 또 모범이셨습니다. 그가 가장 낮아지셨을 때 가장 위대해지셨습니다. 그는 어느 날 밤 힘써 기도하고 계시던 중에 그의 원수들에게 붙잡혔습니다. 자기와 함께 빵을 먹던 자가 배반하였습니다. 그는 이 법정에서 저 법정으로 끌려 다니셨습니다. 그리고 그 길고 슬픈 밤 동안 신성모독자들과 선동자들에게 부당하게 고소를 당했습니다. 그들은 그에게 채찍질을 하였습니다. 비록 그가 매맞을 일은 하시지 않았지만 채찍질하는 자들은 그의 등에 깊은 고랑을 만들었습니다. 그들은 그를 조롱하였습니다. 그는 모든 학식 있는 자들의 존경을 받을 만하였지만 그들은 그의 얼굴에 침을 뱉고, 주먹으로 그를 쳤으며 "그리스도야 우리에게 선지자 노릇을 하라 너를 친 자가 누구냐"(마 26:68)고 말했습니다. 그는 노예보다 더 낮아지셨습니다. 비천한 자들도 입을 열어 그를 비웃었고 종들도 그를 조롱하였습니다. 마지막으로, 그를 예루살렘 거리로 끌고 갔습니다. 이전에 그는 예루살렘을 위하여 운 적도 있었습니다. 그들은 '십자가의 길'(Via Dolorosa)을 따라서 그를 끌고 성문을 지나서 죽음의 산으로 갔습니다. 그는 울어서 눈이 붉어진 채로 예루살렘의 여인들을 돌아다보시며 "예루살렘의 딸들아 나를 위하여 울지 말고 너희와 너희 자녀를 위하여 울라"(눅 22:28)고 하셨습니다.

여러분들은 무거운 십자가를 지고 계신 그분, 그 무거운 짐 아래서 곧 쓰러질 것 같은 그분을 볼 수 있습니까? 그들이 그 성읍 밖에 있는 조그마한 언덕에 도착해서 그의 등을 때리고 그의 손과 발에 못을 박는 것을 그냥 참고 볼 수 있습니까? 그들이 그를 하늘 높이 들어올리고 그의 백성들의 죄악을 위한 희생 제물로 만들었을 때의 피흘리는 그 광경과 고통을 그냥 참고 볼 수 있습니까? 나는 그 일에 대해서 더 이야기하지 않겠습니다. 왜냐하면 그 광경은 너무나 슬퍼서 말로는 다 묘사할 수 없기 때문입니다. 그는 피를 흘리고 목마르고 신음하시고 부르짖으셨습니다. 그리고 마침내 죽었습니다. 그 죽음의 슬픔은 상상할 수 없으며, 또 비록 안다고 할지라도 인간의 언어로는 표현할 수 없을 것입니다.

그것이 바로 바울이 기쁜 마음으로 전한 십자가의 이야기입니다. 십자가에 못 박히신 그리스도가 그의 주제였습니다. 이것은 여러분이 어린 시절부터 들었던 이야기이며, 우리를 사랑하시고 우리를 위하여 자기 몸을 드리신 하나님의 아들의 이야기입니다. 여러분 모두는 다음과 같은 사실을 압니다. 즉, 우리 주님께서 그 십자가에서 끌어내려지고 또 무덤 속에 묻히신 후에 ─그곳에서는 짧은 시간 동안만 머무셨습니다 ─ 사흘 만에 죽은 자들 가운데서 다시 살아났습니다. 동일한 사람으로 부활하셨지만 더 이상 멸시받거나 거절당하지 않는 사람으로 부활하셨습니다. 그는 40일 동안 친근하고 영광스러운 방법으로 그의 종들과 교통하셨습니다. 그리고 그들의 마음을 기쁘게 하고 위로하셨습니다. 그리고 나서 감람산 꼭대기에서 많은 무리들이 보는 가운데 그의 아버지의 보좌로 올라가셨습니다. 눈으로 그를 따라갈 수 없다면 마음으로 따라가시기 바랍니다. 천사들이 그를 맞이하는 것을 보십시오.

> "그를 보좌로 모셔가려고
> 높은 곳에서 병거가 내려오네
> 천사들은 승리를 기뻐하며 외치네
> '영광스러운 사역이 끝이 났도다.'"

그는 하나님의 우편에 앉아 계십니다. 우리는 오늘 믿음으로 그를 볼 수 있습니다. 권위를 가지고 그의 백성들을 위해서 탄원하면서 아버지의 우편에 앉아 계십니다. 그리고 또 하늘과 땅과 지옥을 지배하고 계십니다. 그 모든 곳의 열쇠가 그의 허리에서 흔들거리고 있기 때문입니다. 그리고 그는 구름 위에서, 그가 다시 내려와 산 자와 죽은 자를 심판하고 보응과 보상을 하실 때를 기다리고 계십니다. 바울이 기쁜 마음으로 말한 것은 바로 이 영광스러운 사람에 관한 것이었습니다. 그는 복음의 교리를 전했습니다. 그러나 그리스도를 떠나서는 그것을 전하지 않았습니다. 많은 설교자들이 구세주를 전하는 대신 교리를 전함으로써 큰 실수를 범하고 있습니다. 분명히 교리도 전해야 하나 교리는 그리스도 예수의 의복으로 생각해야 합니다. 교리 그 자체를 완전한 것으로 생각해서는 안 됩니다. 나는 믿음에 의한 칭의를 사랑합니다. 나는 그 위대한 진리에 대해 결코 의심한 적이 없습니다. 내가 생각하기로는 보혈의 깨끗하게 하는 효능은 칭의의 최선의 방법입니다. 나는 성령에 의한 성화를 기쁘게 생각합니다. 그러나 예수님의 형상을 닮는 것이 성화가 이루어짐을 나타내는 좀 더 아름답고 강력한 방법입니다. 복음의 교리야말로 그리스도께서 묻히신 무덤의 문 앞에 굴러 떨어진 차갑고 단단한 돌이 아니고 예수님이 왕으로 앉아 계시는 황금보좌인 것입니다.

형제들이여, 나는 다음과 같은 사실이 하나님의 진정한 사역자의 표시라고 믿습니다. 즉, 그는 그리스도를 자기의 유일하게 선택된 주제로 생각하고 기쁘게 전한다는 것입니다. 옛날의 어떤 공상소설에 아주 고귀한 저택의 대문에 뿔 나팔이 달려 있었는데 그 성과 넓은 영지의 진정한 상속인 외에는 그 뿔 나팔을 불 수 없었습니다. 수많은 사람들이 그것을 불어보려고 노력했습니다. 그들은 다른 악기로서는 아름다운 음악을 연주할 수 있었습니다. 다른 나팔로는 메아리를 만들 수 있었습니다. 그러나 그 뿔 나팔은 그들이 아무리 불어도 소리가 나지 않았습니다. 마침내 진정한 상속인이 나타났습니다. 그리고 그가 그의 입술을 그 나팔에 갖다대니 큰 소리가 났습니다. 그가 상속자라는 것은 의심할 여지가 없었습니다.

그리스도를 전할 수 있는 사람이 진정한 사역자입니다. 그가 이 세상의 그 어떤 것을 선해도 그가 그리스도의 사역자라는 것은 입증할 수 없습니다. 그러나 그가 예수님과 부활을 전한다면 그는 사도적 계승을 한 자입니다. 만약에 십자가에 못 박히신 그리스도가 그의 영혼의 큰 기쁨이라면, 그리고 그것이 그의 가르침의 핵심이 되고 그의 사역의 풍부한 내용이 된다면, 그는 자신의 소명이 그리스도의 대사임을 입증하는 것입니다. 형제들이여, 그리스도인 사역자는 우리가 보기에도 좋은 황금빛의 봄꽃들과 같아야 합니다. 여러분은 태양이 빛날 때 그런 꽃을 본 적이 있습니까? 그 꽃들은 황금빛 꽃봉오리를 열고 위대한 태양에게 "나에게 당신의 빛으로 가득 채워 주소서"라고 속삭입니다. 그러나 구름이 태양을 가릴 때 그것들은 어떻게 됩니까? 그것들은 꽃봉오리를 닫고 머리를 숙입니다. 이와 같이 그리스도인도 예수님의 아름다운 영향력을 느껴야 합니다. 그리스도인 사역자는 그의 주님의 신하가 되어야 합니다. 예수님은 그의 태양이 되어야 합니다. 그리고 그는 의의 태양에게 순종하는 꽃이 되어야 합니다.

만약에 우리의 마음과 입술이 아나크레온(Anacreon 582?-485? B.C.그리스의 서정 시인; 특히 연애시와 술을 찬양하는 시를 썼음)의 하프와 같이 된다면 우리는 행복할 것입니다. 그의 하프는 하나의 주제에만 몰두하고 다른 것은 전혀 연주하지 않았습니다. 그는 아트레우스(Atreus: 그리스 신화에 나오는 인물)의 아들들과 헤라클레스(Hercules)의 위대한 행적들을 노래하기를 원했습니다. 그러나 그의 하프는 오직 사랑만을 노래했습니다. 그리고 그가 카드모스(Cadmus: 그리스 신화에서 포이닉스 또는 아게노르(포이니키아의 왕)의 아들이며 에우로파의 형제)에 대해 노래하려고 했을 때 그의 하프는 그것을 거절했습니다. 그 하프는 오직 사랑만을 노래하려고 했습니다. 오, 오직 그리스도에 대해서만 이야기하는 것, 영원히 한 가지 주제에만 묶여 있는 것, 오직 예수에 대해서만 이야기하는 것, 그리고 "부요하신 이로서 우리를 위하여 가난하게 되신"(고후 8:9) 영광스러운 하나님이 아들에 관해서만 이야기하는 것은 참으로 행복한 일입니다. 이것은 "씨 뿌리는 자에게는 씨와 같고, 먹는 자에게는 빵과 같은" 주제입니다. 이것은 설교자의 입술을 불타게 하는 살아 있는 석탄이며, 듣는 자의 가슴을 여는 열쇠입니다. 이것은 이 땅의 음유시인들을 위한 곡조이며, 천국의 하프 연주자를 위한 노래입니다. 주여, 우리에게 그 복음을 더욱더 많이 가르쳐 주소서. 그러면 우리는 밖에 있는 다른 사람들에게 그 복음을 전하겠습니다.

내가 이 주제를 마치기 전에 두세 마디만 더 하겠습니다. 사도 바울은 인간의 존엄성이나 인간 본성의 위대함 대신에 측량할 수 없는 그리스도의 풍성함을 전했습니다. 그는 사람을 전한 것이 아니라 사람의 구세주를 전했습니다. 우리도 그렇게 합시다. 더구나 그는 목사나 교회에 대해서 설교하지 않고 오직 그리스도만을 설교했습니다. 사도적인 계승을 하고 있다고 주장하는 사람들 중 어떤 사람들은 사도 바울의 계승자라고 당당하게 주장하지 못할 자들도 있습니다. 나는 현대의 사제들이 사도적인 계승을 하고 있다고 주장하지만, 나는 그들이 자기 주님을 배반한 가룟 유다의 계승자라고 생각합니다. 그 어떤 사도도 그들의 거짓을 단 한 시간도 참아주지 못할 것입니다.

여러분, 생각해 보십시오. 만약에 바울이 그들의 지도자라면, 그도 역시 그들과 마찬가지로 측량할 수 없는 세속적인 성직자의 풍성한 능력을 전했을까요? 그들은 그들 자신의 사제적 권력만을 전하고 있지 않습니까? 바울이 그렇게 하였을까요? 그들의 중요한 주제는 세례의 측량할 수 없는 풍성함입니다. 그들은 성만찬

즉 복된 떡과 복된 포도주의 측량할 수 없는 풍성함을 전하고 있습니다. 그들은 자기들의 신앙고백과 사제에 의한 사죄를 풍성하게 전합니다. 그들은 그들의 사제복과 미사복의 풍성함을 전합니다. 그러나 그것들은 바빌론의 매춘부들이 입는 누더기에 지나지 않는다고 나는 생각합니다. 이 좋은 날 우리가 암흑시대의 미신으로 되돌아가야 하겠습니까? 그 시대는 너무나 어두워서 우리의 조상들이 견딜 수 없었습니다. 그리고 사제들의 측량할 수 없는 교활함 때문에 측량할 수 없는 그리스도의 풍성함을 포기해야만 합니까! 종교개혁은 실수라는 말이 있습니다. 그러나 우리는 그런 거짓 사제들의 얼굴에 대놓고 그들이 거짓말을 하고 있으며 진리를 알지 못하는 자들이라고 말해야 합니다.

사랑하는 여러분, 바울은 성직자들의 정략에 대해서는 아무런 신경도 쓰지 않았습니다. 그리고 성경 안에도 그런 것을 찬성하는 말은 단 한 마디도 없습니다. 바울과 또 이 성경책은 예수 믿는 모든 사람들이 다 제사장이라고 가르칩니다. 그리고 신자들은 하나님의 유일한 성직자들입니다. 바울은 예루살렘의 성벽 위에 검은 십자가가 그려진 벽보를 붙여놓고 만약에 성 금요일을 지키지 않는다면 심판 날에 그리스도를 만날 수 없을 것이라고 경고한 일이 없습니다. 나는 여러분에게 바울이 한 일이 무엇인가를 말하겠습니다. 그는 갈라디아 사람들에게 "너희가 날과 달과 절기와 해를 삼가 지키니 내가 너희를 위하여 수고한 것이 헛될까 두려워하노라"(갈 4:10-11)고 말하였습니다. 사도 바울은 이 모든 가증스러운 의식주의를 대단히 싫어했습니다. 그것의 최초의 형태인 유대화주의도 바울의 영혼 속에서 분노를 불러일으켰습니다. 그것 때문에 그는 대단히 화가 났습니다. 그는 다른 무엇보다도 의식주의를 공격하였습니다. 그는 "그리스도 예수 안에서는 할례나 무할례나 효력이 없으되 사랑으로써 역사하는 믿음뿐이니라"(갈 5:6)고 하였습니다. 바울은 그가 로마에서 살든지 캔터베리에서 살든지 간에 사제에 대하여서는 설교하지 않았습니다. 그는 거만하게 구원하는 능력을 가진 것처럼 가장하는 어떤 계층의 사람들을 결코 높이지 않았습니다. 그는 괴상하게 차려입은 얼간이들과, 유모 품안에 있는 어린아이들을 어르는 어릿광대처럼 옷을 차려입은 자들에게 정나미가 뚝 떨어졌을 것입니다. 그는 결코 이러한 송아지 숭배를 가르치지 않았습니다. 다만 예수님과 측량할 수 없는 그의 은혜의 풍성함만이 그의 주제였습니다.

또한 다른 어떤 사람들처럼 철학의 풍성함에 대해서도 설교하지 않았다는 사실을 주목하십시오. 어떤 사람은 "그렇습니다. 우리는 이 사색의 시대에 사려 깊은 사람들을 기쁘게 여겨야 합니다. 우리들은 그들이 잘 믿지 않을 것이기 때문에 모든 증거들을 거절할 사람들을 교육해야 합니다. 그들은 자기들이 이해할 수 있는 것 외에는 아무것도 믿지 않을 것입니다. 왜냐하면 그들의 이해력은 대단히 놀라울 정도로 분명하고 완전하기 때문입니다"라고 말합니다. 그러나 사도 바울은 그렇게 하지 않았습니다. 그는 그러한 철학적인 신사들에게 "비키시오. 나는 여러분과 같은 종류의 사람이 될 만한 것이 아무것도 없습니다. 나는 불확실한 철학적 사색이 아니라 측량할 수 없는 그리스도의 풍성함을 전하고 있습니다. 나는 사람들에게 미신적인 것이 아니라 믿을 수 있고 손으로 잡을 수 있는 확실한 것을 제시합니다. 그것은 진실합니다. 그리고 하나님께서 인정해 주신 것입니다. 사람의 지혜로 날조된 것이 아니고 하나님의 지혜로 계시된 것입니다"라고 말했을 것입니다. 나의 사랑하는 친구들이여, 우리는 바울의 복음으로 되돌아가야 합니다. 그리고 하나님이 그의 모든 종들로 하여금 더욱 분명하게 그의 복음으로 되돌아가게 해주시기를 기원합니다. 그래서 우리로 하여금 십자가 이외에는 아무것도 전할 것이 없게 하시기를 기원합니다. 그것은 십자가에 못 박히신 분의 머리 주위에 거룩한 후광과 같이 빛나고 있습니다. 우리는 오직 예수님만 높이고 "내게는 우리 주 예수 그리스도의 십자가 외에 결코 자랑할 것이 없으니"(갈 6:14)라고 말할 수 있어야 합니다.

2. 두 번째로, 바울은 측량할 수 없는
그리스도의 풍성함에 대해 설교하였습니다.

바울은 소수의 사람에게만 제공되는 인색한 구세주나, 파벌의 두목이 되고자 하는 편협한 마음을 가진 그리스도나, 용서를 거의 필요로 하지 않는 극소수의 범죄자들만을 용서할 수 있는 연약한 구원자를 전한 것이 아닙니다. 그는 수많은 대중들에게와 큰 죄인들에게 위대하신 구세주를 전했습니다. 그는, 채색 옷을 입고 그의 위대하신 능력으로 여행하시는 정복자를 전했습니다. 그의 이름은 "구원하는 능력"이십니다. 어떤 점에서 우리 주 예수님께서는 측량할 수 없는 풍성함을 소유하고 계신다고 생각할 수 있는가를 질문해 봅시다.

우리들의 대답은 첫째, "그는 죄인들에 대해서 측량할 수 없는 사랑의 풍성함을 가지고 있습니다"라는 것입니다. 예수님은 사람들의 영혼을 매우 사랑하셨습니다.

우리들은 다만 "매우"라는 말을 할 수 있을 뿐입니다. 우리들은 그에 합당한 단어를 발견할 수 없습니다. 프랑스 혁명 때 어떤 젊은이가 단두대에서 처형된다는 선고를 받고 감옥에 갇혔습니다. 그는 많은 사람들에게서 큰 사랑을 받았습니다. 그러나 그들 모두를 합한 것보다 그를 더욱 사랑한 사람이 있었습니다. 우리가 그것을 어떻게 알 수 있습니까? 그 사람은 그의 아버지였습니다. 그리고 그의 아들에 대한 아버지의 사랑은 다음과 같이 입증되었습니다. 차례대로 죄수들이 호명될 때 그의 아버지가 대답했습니다. 그의 이름은 그의 아들의 이름과 똑같았습니다. 그리고 그 아버지는 음산한 호송차를 타고 처형장으로 갔습니다. 그리고 그의 목은 아들의 목을 대신해서 도끼 아래로 굴러 떨어졌습니다. 강력한 사랑으로 희생된 것입니다. 여기에서 죄인들에 대한 그리스도의 사랑의 모형을 볼 수 있습니다. 예수님께서도 경건치 못한 자들을 위해서 죽으셨기 때문입니다. 만약에 그들이 경건한 사람들이었다면 그들이나 예수님이 죽을 필요가 없었을 것입니다. 만약에 그들이 범죄하지 않았다면 고난받는 구세주가 필요하지 않았을 것입니다. 그러나 예수님은 "우리가 아직 죄인 되었을 때에 그리스도께서 우리를 위하여 죽으심으로"(롬 5:8) 그의 한없는 사랑을 입증하셨습니다. 우리의 이름은 저주받은 자의 목록 가운데 들어 있었습니다. 죄인들이여, 여러분이 예수를 믿는다면 여러분의 이름이 더 이상 그곳에 있지 않게 될 것입니다. 왜냐하면 그리스도의 이름이 여러분의 이름을 대신하였기 때문입니다. 그리고 여러분은 그가 여러분을 위해 고난을 당하셨다는 사실과, 불의한 자를 위해서 의인이 고난을 당하셨다는 것과, 그가 여러분을 하나님께 인도하셨다는 것을 알게 될 것입니다. 그것이 죄인들인 우리에게 주어진 지극히 놀라운 하나님의 사랑입니다. 나는 죄인들을 새롭게 만드시고 회개시키는 하나님의 사랑을 이해할 수 있습니다. 그러나 그 사랑의 영광은 "우리가 아직 죄인 되었을 때에 그리스도께서 우리를 위하여 죽으심으로 하나님께서 우리에 대한 자기의 사랑을 확증하셨느니라"(롬 5:8)입니다. 오, 나의 청중들이여, 나는 내 마음 깊은 곳으로부터 진심으로 기도합니다. 반역자요 원수였던 자들에 대한 예수님의 이 한없는 사랑이 여러분의 마음을 감동하사 이제는 여러분이 하늘에 계신 주님을 사랑하게 해주시라고 기도합니다.

그 다음, 예수님은 자기들의 죄를 회개하는 사람들을 위한 풍성한 용서를 가지고 계십니다. 나의 주 예수께서는 그의 죽으심으로 말미암아 용서하시는 능력이 지극히 풍성해진 것입니다. 사실 너무도 풍성해지셔서 그 어떤 죄악도 그의 보혈의 효능을 능가하는 것은 없습니다. 그러나 그가 결코 용서할 수 없는 단 한 가지 죄악이 있습니다. 오직 한 가지 죄가 있는데 그것은 성령을 훼방하는 죄입니다. 그러나 여러분이 회개의 감정이나 하나님을 향한 소망을 가지고 있다면 성령을 훼방하는 죄를 범하지 않았다고 확신합니다. 왜냐하면 사망에 이르는 그 죄는 양심의 사망도 가져다주기 때문에 한번 그 죄를 범하기만 하면 사람이 양심의 가책도 느낄 수 없기 때문입니다. 죄인들이여, 용서받기를 원한다면 용서받지 못할 이유가 없습니다. 지금 바로 용서를 받으십시오. 그리스도의 피는 신성모독, 간음, 거짓말, 중상모략, 위증, 절도, 살인죄를 씻어버릴 수 있습니다. 비록 여러분이 자신을 새까맣게 만들어 마귀의 색깔과 같아질 때까지 지옥의 하수구에서 헤매고 있었을지라도 그리스도께 나와 자비를 구한다면, 그가 여러분에게 모든 죄악에 대하여 무죄를 선고할 것입니다. 그가 피로 가득 채운 목욕탕에서 씻으십시오. 그러면 "너희의 죄가 주홍 같을지라도 눈과 같이 희어질 것이요 진홍 같이 붉을지라도 양털 같이 희게 되리라"(사 1:18) 하셨습니다. 내 말을 오해하지 마십시오. 나는 다만 다음과 같은 의미로 말하고 있을 뿐입니다. 즉, 예수 그리스도의 복음은 항상 종교적인 사람으로 보이는 존경할 만한 자들을 위한 것이 아니라 부도덕하고, 술에 취하고, 정직하지 못한 사람들, 즉 비종교적인 사람들을 위한 것이기도 하다는 뜻입니다. 나는 여러분에게 그리스도의 복음은 인간 쓰레기들을 위한 것이기도 하다고 말하겠습니다. 그것은 비천한 자들 중에서 가장 비천한 자, 악한 자들 중에서 가장 악한 자들을 위한 것이기도 합니다. 런던에는 구세주께서 역사하실 수 없는 그런 죄악의 소굴은 없습니다. 너무나 더러워서 주께서 깨끗하게 하실 수 없는 죄악의 소굴은 없습니다. 이방인들은, 강물의 물줄기를 돌려 오랫동안 더러워져 있던 아우게이아스(Augeas) 왕의 마구간을 깨끗하게 청소한 헤라클레스의 신화를 만들어 냈습니다. 만약에 여러분의 마음이 그런 마구간과 같다면 가장 강력한 헤라클레스보다 더 강하신 그리스도께서 청소해 주실 것입니다. 주님은 그의 깨끗하게 하시는 피의 강물로 여러분의 마음과 더러움을 똑바로 관통해서 흐르게 하십니다. 비록 그 오물들이 가증스러운 것들이라 할지라도 영원히 씻어질 것입니다. 죄인들에 대한 그와 같은 풍성한 사랑과 회개하는 죄인들에 대한 풍성한 용서는 주 예수 안에 모두 예비되어 있습니다.

　또한 그리스도는 애통해하는 모든 자들을 위한 풍성한 위로를 가지고 계십니다. 주님 앞에서 애통해하는 사람의 행복에 대하여 알고 있습니까? 그렇다면 여러분은 복된 자입니다. 주님이 채워 주실 것이기 때문입니다. 여러분이 애통해하는 이유가 무엇입니까? 여러분의 죄 때문입니까? 그리스도께서는 그런 눈물을 닦아 주실 손수건을 가지고 계십니다. 그는 새까만 구름 같은 여러분의 죄악을 지워버릴 수 있습니다. 그리고 빽빽한 구름과 같은 허물도 지워버릴 수 있습니다. 오직 주님께 찾아가십시오. 그러면 여러분의 깊은 슬픔은 그의 사랑 안에서 사라져 버릴 것입니다. 친구를 잃어버려서 슬퍼합니까? 그러면 주님이 여러분의 친구가 되어주실 것입니다. 남에게 속고 배반을 당했습니까? 나의 주님은 우정과 동정으로 여러분의 허전함을 채워 주실 것입니다. 그를 신뢰하십시오. 그러면 주님은 결코 여러분을 버리지 않으실 것입니다. 오, 나는 그가 위로에 있어서도 얼마나 풍성하신가를 말로 다 묘사할 수 없습니다. 다만 성령께서 여러분에게 알게 하실 것입니다. 만약에 여러분이 예수님을 소유하게 된다면 베르나르(Bernard: 12세기 프랑스의 수도회 창설자)가 자주 말했듯이 주님은 "입에는 꿀이요, 귀에는 음악이요, 마음에는 천국이 되심"을 발견하게 될 것입니다. 그리스도를 얻으십시오. 그러면 아무것도 부족함이 없을 것입니다. 그를 붙잡으십시오. 그러면 사도 바울과 같이 "어떠한 형편에든지 나는 자족하기를 배웠노니"(빌 4:11)라고 말할 수 있을 것입니다. 왜냐하면 주께서 "내가 결코 너희를 버리지 아니하고 너희를 떠나지 아니하리라"(히 13:5)고 하셨기 때문입니다.

　나의 주님의 측량할 수 없는 풍성함에는 또 다른 것들도 있습니다. 여러분은 지식에 목말라하고 있습니까? 예수님은 풍성한 지혜도 가지고 계십니다. 알고 싶은 욕망은 사람들로 하여금 온 세상을 방랑하게 만듭니다. 그러나 예수님을 발견한 사람은 집에 머물러 있어도 현명해집니다. 만약에 여러분이 주님의 발 밑에 앉는다면, 플라톤이 가르쳐 줄 수 없는 것들을 알게 될 것이며, 소크라테스가 배운 적이 없는 것을 알게 될 것입니다. 옛날의 학자들은 대답할 수 없고 또 어떤 주장을 옹호할 수 없을 때에는 "나는 아리스토텔레스를 찾아갈 것이다. 그러면 그가 나를 도와줄 것이다"라고 말하곤 했습니다. 만약에 그리스도에게서 배우기만 한다면 그는 모든 어려운 문제도 해결해 주실 것입니다. 그리스도께서는 여러분에게 영혼에 유익할 것과 영원히 남아 있을 지식을 가르쳐 주실 것입니다. 그리스도의 복음이 단순하기 때문에 어린아이들 장난이라고 생각하지 마십시오. 절대로 그렇지 않습니다. 복음은 성령의 조명을 받지 못한 천사의 지성으로도 완전하게 이해할 수 없는 깊은 내용을 지니고 있습니다. 가장 높은 지위의 스랍도 그것을 바라보고는 깜짝 놀랄 것입니다. 나의 주님께로 오십시오. 그러면 여러분은 구원에 이르는 지혜를 가지게 될 것입니다.

이 위대한 메시지를 가지고 여러분을 지루하게 하지 않겠습니다. 나는 서툴게 설명했지만 그 내용은 들을 가치가 있고 마음에 새겨둘 귀중한 것입니다. 나의 주님은 여러분에게 줄 풍성한 행복도 가지고 계십니다. 한 마디로 말하면, 주님은 그의 상의의 장식용 단춧구멍에 마음의 평화를 달고 다니시는 부유하신 분입니다. "나는 넉넉히 가지고 있다"고 말할 수 있는 사람은 만족하지 못하는 귀족보다 부유합니다. 내 말을 믿으십시오. 나의 주님은 여러분을 푸른 초장에 눕게 하시며, 잔잔한 시냇가로 인도하실 수 있습니다. 주님의 파이프 악기의 음악과 같은 음악은 없습니다. 그가 목자가 되고 여러분은 그의 양 떼가 될 때 여러분은 그의 발 밑에 편히 쉬는 것입니다. 그의 사랑과 같은 사랑은 없습니다. 하늘이나 땅 그 어디에도 그 사랑에 필적할 사랑은 없습니다. 만약 여러분이 그것을 안다면 없어져버릴 다른 모든 기쁨보다 그 사랑을 더욱 찬양할 것입니다. 그리고 다음의 시와 같이 노래할 것입니다.

> "당신을 찾은 건
> 깊고도 신비한
> 미지의 사랑을 찾음이어라
> 둘이 서로 만나는 건
> 세상의 모든 즐거움보다 더 뛰어나다네
> 나의 사랑하는 자야, 서둘러 저 산 너머로 가자."

나는 경험에 근거해서 이 말씀을 드리고 있습니다. 나는 내가 수개월 동안 다른 위로를 얻으며 있었던 것보다 단 30분 동안 그리스도와 교제를 나누는 것이 더 큰 기쁨이었습니다. 나는 나를 행복하게 할 것들이 많았습니다. 그것은 나의 마음을 기쁘게 하고 편안하게 해준 여러 가지 성공들과 섭리로 인한 평탄함입니다. 그러나 그것들은 모두 찻잔 속의 거품에 지나지 않습니다. 그것들은 단지 인생의 거품이지 진실로 깊이가 있는 축복은 아닙니다. 그리스도를 안다는 것, 그 안에서 발견되어진다는 것 ─ 이것이 생명이요 기쁨입니다. 이것이 정수이며 풍부함이며, 잘 정제된 맛좋은 포도주입니다. 나의 주님은 그의 종들에게 인색하지 않습니다.

주님은 마치 왕이 다른 왕에게 주듯이 그들에게 풍성하게 주십니다. 그는 그들에게 두 개의 하늘을 주십니다. 하나는 여기서 주님을 섬기는 아래의 하늘이고, 다른 하나는 영원히 그를 기뻐할 저 위에 있는 하늘입니다.

이제 나는 이 귀한 풍성함에 대한 나의 빈약한 해설을 마치고자 합니다. 측량할 수 없는 그리스도의 풍성함은 영원한 세계에서 가장 잘 알 수 있게 될 것입니다. 그리스도의 풍성함은 이 땅에서 누릴 수 있는 것이라기보다는 오히려 영원한 그곳에서 누릴 수 있는 것입니다. 그러나 주님은 천국에 가는 도중에 있는 이 땅에서도 여러분에게 필요한 모든 것을 풍성하게 공급해 주실 것입니다. 여러분이 방어하는 장소는 반석의 요새와 같을 것입니다. 여러분들에게는 식량도 주어질 것이며 물도 있을 것입니다. 그러나 여러분이 승리의 개가를 듣고 잔치하는 소리를 듣게 될 곳은 그곳, 그곳, 바로 주님을 뵙게 될 그곳입니다. 나의 사랑하는 청중들이여, 만약에 여러분이 그리스도를 소유한다면 여러분은 죽는 시간에 가지고 갈 수 있는 풍성한 것들을 얻게 될 것입니다. 부자는 그의 돈 가방을 움켜쥐고 있었습니다. 그러나 그것을 그의 가슴 위에 올려놓았을 때 그는 "그것은 아무 소용 없어, 아무 소용 없단 말이야. 치워 버려" 하면서 불평했습니다. 만약에 여러분이 예수님을 마음에 받아들인다면 주님은 가장 좋은 죽음의 해독제가 될 것입니다. 여러분의 영혼이 이 가련한 육체를 떠날 때 여러분의 금과 은이 무엇을 해줄 수 있겠습니까? 그 때 여러분의 농장과 여러분의 넓은 땅이 여러분을 위해 무엇을 해줄 수 있겠습니까? 여러분은 그 모든 것을 뒤에 남겨두고 떠나야 합니다. 사람들이 황금의 관을 준비하거나 대리석의 석관 속에 여러분을 매장한다고 할지라도 그것이 무슨 소용이 있겠습니까? 그러나 만약에 그리스도를 소유한다면 천국에 날아올라 여러분의 보물에 다다르게 될 것입니다. 그리고 그곳에서 실제적인 모든 축복으로 부유해질 것이며, 영원한 세계에서 살게 될 것입니다.

사랑하는 친구들이여, 사도 바울이 말한 것처럼 말할 수 있다면 나도 그렇게 했을 것입니다. 그러나 주제는 동일했을 것입니다. 사도 바울은 나보다 더 훌륭하게 복음을 전했습니다. 그러나 바울이라 할지라도 이보다 더 나은 복음은 전할 수 없을 것입니다. 몇 마디만 더 말씀드리겠습니다. 우리 주님은 우리가 헤아릴 수 없을 만큼 많은 풍성함을 소유하고 있습니다. 우리는 그것을 다 짐작할 수도 없습니다. 그러므로 우리는 말로 그 풍성함의 의미를 제대로 전달한다는 것은 불가능합니다. 그것은 측량할 수 없습니다. 여러분은 바라보고 조사해 보고 무게를 달아

볼 수 있을 것입니다. 그러나 그리스도께서는 우리의 생각을 최대한으로 넓혀 생각하는 것보다 더 위대하십니다. 나의 주님은 우리가 죄를 짓는 것보다 더 많이 용서해 줄 수 있습니다. 그리고 우리가 잘못을 저지르는 것보다 더 많이 용서하실 수 있습니다. 나의 주님은 우리가 구하는 것보다 더 쉽게 공급해 주실 수 있습니다. 그리고 또 여러분이 구원을 받아야 할 필요성보다 만 배나 더 구원을 위한 준비를 하고 계십니다. 나의 주 예수님에 대해 빈약한 생각을 하지 않도록 하십시오. 여러분의 최고의 평가라 할지라도 주님을 수치스럽게 할 것입니다. 여러분이 주님의 머리에 면류관을 드릴 때 주님은 금 면류관을 받으셔야 하는데 우리는 단지 은 면류관을 드리게 될 뿐입니다. 우리가 아는 가장 훌륭한 노래로 주님께 드릴 때라도 주님이 마땅히 받으셔야 할 노래에 비한다면 초라하고 어색하기 짝이 없을 것입니다. 오, 그러나 주님을 믿으십시오. 그는 위대하신 그리스도요 강력한 구세주이십니다. 큰 죄인이여, 와서 그를 위대하신 구세주로 믿으므로 그에게 영광을 돌리십시오. 여러분의 큰 죄악들과 큰 근심과 부족함을 가지고 오십시오. 와서 주님을 환영하십시오. 지금 그에게 오십시오. 그러면 주님은 여러분을 받아주실 것입니다. 여러분을 꾸짖지 아니하시고 받아주실 것입니다.

3. 마지막으로, 그리스도께서 그의 측량할 수 없는 풍성함을 전하라고 바울을 보내실 때, 그리스도의 마음에는 왕으로서의 특별한 의도가 있었음에 틀림없습니다.

모든 사람은 자기의 행동에 대한 동기가 있는 법인데 그리스도께서도 어떤 동기를 가지고 계셨습니다. 여러분은 수많은 사람을 고용해서 밖에 나가 자기의 부유함을 선포하게 하고, 또 수많은 사람들을 불러모아놓고 그들에게 아무개가 대단히 부자라고 소문을 내라고 한 사람에 대해서 들어본 적이 있는가요? 군중들은 "그것이 우리들과 무슨 상관입니까?"라고 물을 것입니다. 그러나 그 심부름꾼이 결론 부분에서 "그가 이 모든 부를 여러분에게 나눠 주신답니다. 그리고 여러분 중에서 부자가 되기를 원하는 사람은 누구든지 지금 그 사람으로 인해 부자가 될 수 있습니다"라고 말했다면, 그 때서야 그들은 "이제야 우리가 그 말의 뜻을 알겠습니다. 이제야 우리는 그 말의 은혜로운 취지를 알겠습니다"라고 말할 것입니다.

나의 주 예수 그리스도는 대단히 강하십니다. 그러나 그 모든 강한 힘은 불쌍하고 연약한 죄인들을 도와 천국으로 들어가게 하기 위한 것입니다. 나의 주 그리스도는 위대하신 왕입니다. 그는 거역할 수 없는 권능을 가지고 다스립니다. 그러나 그 모든 주권적 권능을 신자들에게 주어 그들이 죄악을 다스리게 하십니다. 나의 주 예수님은 마치 바다가 소금으로 가득 차 있듯 공로로 가득하신 분입니다. 그러나 그는, 자기 공로라고는 아무것도 없는 죄인들에게 믿는다고 고백하면 그 모든 공로를 주시겠다고 약속했습니다. 나의 주 그리스도께서는 너무나 영광스러운 분이시기에 천사들도 그의 면전에서는 빛이 나지 않습니다. 왜냐하면 주님은 태양이시고, 천사들은 반짝이는 별들에 지나지 않기 때문입니다. 그러나 만약에 여러분이 그를 믿기만 한다면 불쌍한 죄인인 여러분에게 이 모든 영광을 주실 것입니다. 그리고 여러분으로 하여금 그의 영광 안에서 영광스러운 존재로 만들어 주실 것입니다. 이와 같이 우리 주님께서 그리스도를 전하라고 명령하신 데에는 그러한 목적이 있는 것입니다.

나는 내가 어디선가 들려오는 속삭이는 소리를 듣고 있다고 생각합니다. 혼잡한 복도에 서 있는 불쌍한 영혼이 있습니다. 그 영혼은 스스로에게 "아, 나는 죄악으로 가득하구나. 나는 연약하다. 나는 타락했다. 나는 아무 공로가 없다"고 말하고 있습니다. 나의 사랑하는 청중들이여, 여러분은 그 어떤 공로도 어떤 능력도 어떤 선도 필요로 하지 않습니다. 왜냐하면 예수님께서 그 모든 것을 여러분에게 풍성하게 주실 것이기 때문입니다. 만약에 나에게 "내가 가진 모든 것은 다 너의 것이다"라고 말해주는 친구가 있다면 나는 나의 지갑 속에 돈이 있든지 없든지 간에 아무 염려를 하지 않을 것입니다. 만약에 내가 원하는 어떤 것을 얻기 위하여 언제든지 그에게 찾아갈 수 있다면, 나는 그에게서 독립하기를 원하지 않을 것입니다. 오히려 나는 그의 풍성함에 의존해서 살 것입니다. 가련한 죄인이여, 당신도 역시 그렇게 해야 합니다. 당신은 그리스도를 떠나서는 그 어떤 공로도 소용이 없습니다. 나의 주님을 붙잡으십시오. 그러면 그가 당신을 위해 모든 것이 되실 것입니다. 그 때에 당신은 기쁜 마음으로 "그리스도는 나의 모든 것"이라고 노래할 것입니다.

두세 마디만 더 말씀드리겠습니다. 첫째는, 그리스도를 친구로 소유한 사람들은 참으로 부유한 사람들입니다. 여러분은 그의 친구가 되기를 원하십니까? 그리스도께서 그가 가진 모든 것을 그의 백성들에게 주신다는 것이 사실이라면 ―이것은 성경 속에 반복해서 약속되고 있습니다 ― "나의 사랑하는 자는 나의 것이며 나도 또한 그의 것이다"라고 말할 수 있는 사람은 참으로 큰 축복을 받은 사람입니다. 그리스도를 소유하여 그들 자신의 재산으로 만든 사람들은, 어떤 나무의 열매를 오랫동안 맛있게 먹어 이제 그 열매에 만족하지 않고 그 나무를 자기의 정원에 가져다 심어야 만족하는 그런 사람과 같습니다. 그리스도를 생명의 나무로 그들의 마음 밭에 심어놓은 사람들은 참으로 행복한 사람들입니다. 여러분은 그의 은혜, 그의 사랑, 그의 공로를 소유하고 있을 뿐 아니라 주님 자신도 소유하고 있습니다. 주님은 완전히 여러분의 소유입니다. 이 얼마나 아름다운 말입니까! 예수님은 나의 것입니다. 그의 인성, 그의 신성, 그의 삶, 그의 죽음, 그의 통치, 그리고 그의 재림 가운데 들어 있는 모든 것이 다 나의 것입니다. 왜냐하면 그리스도는 나의 것이기 때문입니다.

　　반면에 누구든지 구하는 자의 소유가 되어주시는 데에도 불구하고 그리스도를 소유하려고 하지 않는 사람들은 참으로 어리석은 사람들입니다. 그런 사람들은 이 세상의 쓰레기와 거품을 더 좋아합니다. 그리고 영원하고 확실한 황금은 그냥 지나쳐 버립니다. 그림자를 가지고 놀다가 본체를 놓쳐버리는 이 사람들은 참으로 어리석은 사람들입니다. 땅을 파고 수고하며 얼굴은 온통 땀으로 범벅이 되고 밤의 휴식도 잃어버린 채 이 세상의 덧없는 것을 얻으려고 하면서도 영원하신 그분을 경시하다니 이 얼마나 어리석은 일입니까? 나의 주님의 아름다움이 무한히 풍부하고 고귀함에도 불구하고 화장한 매춘부 같은 이 세상의 비위를 맞추려 하다니 얼마나 어리석은 사람들입니까? 오, 여러분이 나의 주님을 알기만 한다면, 그의 말할 수 없는 풍성함을 볼 수만 있다면, 여러분은 자기의 장난감을 멀리 던져버리고, 마음을 다하고 뜻을 다하여 그의 뒤를 따라가게 될 것입니다.

　　어떤 사람은 "나도 그를 소유해도 될까요?"라고 묻습니다. 예, 그렇습니다. 당신도 그를 소유할 수 있습니다. 누가 당신에게 아니라고 말할 수 있겠습니까? 당신은 방금 찬송가의 아름다운 음조를 듣지 못했습니까? "오라, 그러면 환영을 받을 것이다. 오라, 그러면 환영을 받을 것이다"라는 찬송을 듣지 못했습니까? 천국의 큰 종은 항상 죄인들을 위하여 그와 같이 은구슬 같은 소리를 냅니다. "오라, 그러면 환영을 받을 것이다. 오라, 그러면 환영을 받을 것이다." 여러분이 죄악을 버리고 어리석음을 버리고 자기의 의를 버리십시오. 예수 그리스도께서 은혜의 열린 문 앞에 서 계십니다. 그리고 여러분을 기꺼이 영접하십니다. "오라, 그러면 환영을 받을 것이다. 오라, 그러면 환영을 받을 것이다."

폭풍이 불어치고 눈이 세차게 내릴 때 성 버나드 순례자 숙박소(the Hospice of St. Bernard)의 꼭대기에서 수도사가 큰 종을 쳤습니다. 그러자 길을 찾을 수 없는 중에도 순례자들은 그 소리를 듣고 황무지를 가로질러 그곳으로 찾아왔습니다. 나도 오늘 아침에 그와 같은 종을 울리겠습니다. 여러분의 죄악과 공포가 얼굴을 차갑게 때리는 가련하고 길 잃은 순례자들이여 "오시오, 그러면 환영을 받을 것입니다. 오시오, 그러면 환영을 받을 것입니다." 한때는 여러분을 위해 죽으시고 매장당하셨으나 지금은 부활하셔서 하나님 우편에서 여러분을 변호하고 계시는 구세주에게로 오십시오. 만약에 길을 볼 수 없다면 그의 음성을 들으십시오. 들으십시오. 그러면 여러분의 영혼은 살 것입니다. 또한 그가 여러분과 더불어 영원한 언약을 맺을 것입니다. 그리고 다윗이 확신하였던 그 은총도 내려주실 것입니다.

여러분에게는 오직 그리스도만 필요합니다. 억지로 회개의 눈물을 짜낼 필요는 없습니다. 주님께 구하면 그가 여러분에게 회개를 주실 것입니다. 회개를 얻기 위해서는 주님께 찾아와야 합니다. 십자가 이외의 곳에서 축복의 복음을 찾아서는 안 됩니다. 세례나 성찬에 의존할 필요도 없습니다. 주님에 대한 믿음을 고백하고, 성찬의 식탁에 함께 계시는 주님을 기억하는 것이 신자의 의무입니다. 그러나 세례나 성찬은 여러분의 구원에는 도움을 주지 못할 것입니다. 오직 예수님에 의해서만 구원을 받을 수 있습니다. 여러분은 공포를 체험할 필요가 없습니다. 무엇인가를 준비할 필요도 없습니다. 그리스도께서 바로 지금 여러분을 기꺼이 영접하시기 때문입니다. 발생하는 모든 사고를 대비하여 항상 문을 열어 놓는 외과의사와 같이, 어떤 경우에도 찾아올 수 있도록 문을 열어 놓는 큰 병원과 같이 나의 주님은 그렇게 문을 열고 기다리십니다. 여러분에게는 말로 다할 수 없는 가난함이 있을지라도 예수님 안에는 측량할 수 없는 풍성함이 있습니다.

> "양심 때문에 지체하지 마십시오.
> 나는 자격이 없다고 어리석은 생각도 하지 마시오.
> 주님이 요구하는 것은 오직
> 나에게 주님이 필요하다는 것을 느끼는 것
> 주님이 우리에게 주시는 것은
> 그의 성령의 떠오르는 치료의 광선입니다."

나는 이번 주간 내내 초조하고 걱정스러웠습니다. 그것은 내가 원하는 만큼 설교할 수 없기 때문입니다. 나는 설교를 마칠 때마다 다시 하면 더 열정적으로 잘 할 수 있을 것이라고 생각하곤 하였습니다. 그러나 내가 무엇을 할 수 있겠습니까? 오, 나의 청중들이여, 나는 여러분에게 그리스도에 대해서 설교할 수 있습니다. 그러나 나는 그리스도께 여러분에 대해서 설교할 수는 없습니다. 나는 여러분이 그리스도를 믿는다면 구원을 받을 것이라고 말할 수 있습니다. 부활하신 하나님의 아들은 자기를 찾아오는 모든 사람을 구원하실 수 있다고 선포할 수는 있습니다. 그러나 나는 여러분들로 하여금 그분에게 찾아가도록 만들 수는 없습니다. 그러나 하나님께 감사합니다. 왜냐하면 지난 주일 이후로 어떤 사람들이 주님을 찾아갔다는 말을 들었기 때문입니다. 나는 어떤 사람들에 대한 좋은 소식을 들었습니다. 그들은 성령의 권능에 의해서 예수님을 믿게 되었습니다.

나의 주님의 상처를 볼 눈들이 더 이상 없습니까? 나의 아름다운 주님과 사랑에 빠질 마음들이 더 이상 없는가요? 내가 그를 위해서 이토록 간청하는데 그렇게 적은 수밖에는 돌아오는 사람이 없다는 말입니까? 2만 명이나 되는 사람들 중에서 겨우 한두 사람뿐이어야 합니까? 하나님은 그렇게 되는 것을 원치 않으십니다. 하나님은 이것보다 훨씬 너 큰 비율로 열매들을 보내실 것입니다. 백배의 회중에게 백배의 수확을 보내실 것입니다. 성도들이여, 기도하십시오. 축복을 위해서 기도하십시오. 만약에 하나님께서 내가 아닌 다른 설교자에 의해서 더욱 큰 일을 하시려고 한다면 다음 주일이 오기 전에 나의 입술을 쳐서 벙어리가 되게 해 달라고 기도합시다. 나를 위해서는 아무것도 구하지 마십시오. 오직 나의 주님을 위해서, 십자가에 못 박히신 주님을 위해서 많은 것들을 구합시다. 이 큰 회중이 이 도시의 불경건함에 대해서 말하여 어떤 항구적인 결과를 얻을 수 있게 해 달라고 기도합시다. 아니, 이 도시 전체가 경건하게 되게 해 달라고 기도합시다. 불경건은 사라지고 경건이 고무되도록 기도합시다. 하나님께서 그의 은혜의 성령을 보내 주십니다. 그러므로 하나님께 영원한 찬양을 돌립시다. 아멘.

제
14
장

—

20권째 설교집 출간을 감사하며

—

**"모든 성도 중에 지극히 작은 자보다 더 작은 나에게
이 은혜를 주신 것은 측량할 수 없는 그리스도의 풍성함을
이방인에게 전하게 하시고"** — 엡 3:8

오늘은 나에게 대단히 중요한 날입니다. 왜냐하면 이 설교를 마치게 되면 매주 행하는 설교의 20년째 설교집을 완성하는 것이기 때문입니다. 이 설교는 나의 스무 번째 설교집의 마지막 설교인데 그 설교집 속에는 모두 합해서 1209편의 설교가 들어 있습니다. 이것은 결코 평범한 사건이 아닙니다. 나는 출판된 설교들이 그렇게 오랫동안 그리스도의 교회에게 환영을 받고 해외로 널리 보급되어진 경우는 들어보지 못했습니다. 나는 하나님의 도우심을 받아 오늘날까지 계속해서 예수 그리스도의 복음을 증거했습니다. 이 일로 인해 나는 주님의 이름을 찬양합니다. 그리고 전능하신 하나님께서 특별한 사랑으로 도와주심에 대하여 감사드릴 때 나의 사랑하는 친구들도 함께 감사하기를 바랍니다. 나는 영감을 받아 전한 이 설교집 가운데서도 지금 우리의 본문 "모든 성도 중에 지극히 작은 자보다 더 작은 나에게 이 은혜를 주신 것은 측량할 수 없는 그리스도의 풍성함을 이방인에게 전하게 하시고"라는 구절보다 더 분명하게 내 영혼의 깊은 감정을 표현해 주는 말씀은 없었습니다. 나는 나의 미래의 사역의 시간이 얼마나 허락될 것인지 알기를 원하지 않습니다. 그리고 내가 또 한 번 20년 간의 설교를 완성할 것인지, 아니면 수개월 후에 침묵을 지키게 될 것인지에 대해서도 알고 싶지 않습니다. 그러나 예수

그리스도의 복음을 전함에 있어서 복된 도우심을 받은 지난 20년 동안 나는 주님의 이름을 찬양하였으며, 앞으로도 그렇게 할 것입니다. 나로 하여금 나의 입술을 열어 주님을 섬기는 일을 또다시 허용해 주시지 않을지라도 나는 주님을 찬양할 것입니다. 지금까지 받아온 사랑만으로도 나에게는 과분한 것이었습니다. 오, 내 영혼아 주님을 송축하라.

우리가 바울 자신의 표현인 이 구절에 대해서 고찰하는 동안 우리들은 그 말씀에 대한 우리의 생각은 보류하고 그 말씀 속에 젖어들어 가 보겠습니다.

본문에서 바울은 자기 자신을 매우 작은 자로 생각하였습니다. 그는 "모든 성도 중에 지극히 작은 자보다 더 작은 나에게 이 은혜를 주신 것은"이라고 말했습니다. 바울은 거짓으로 겸손한 체하는 죄도 범하지 않았으며 실제보다 더 겸손한 것처럼 과장하지도 않았습니다. 어떤 경우에는 그도 자기 자신을 변호할 수 있었고 동료들 사이에서 자기의 지위를 주장할 수도 있었습니다. 만약에 어떤 사람이 자기의 사도권을 부인한다면 그는 여러 가지 논증으로 그 권리를 입증했습니다. 또 어떤 경우에는 "내가 조금 자랑할 수 있도록 어리석은 자로 받으라"(고후 11:16)고도 말한 적이 있습니다. 그리고 그는 자기의 여러 가지 수고들을 낱낱이 열거했습니다. 그리고 그의 많은 고난과 그의 성공을 언급한 적이 있습니다. 그리고 또 자기는 아무것도 아니기는 하지만 사도들의 우두머리보다 결코 뒤지지 않는다고 항변했습니다. 이 모든 것이 사실이기에 바울은 자기 자신을 변호할 때 솔직하게 표현한 것입니다.

그러나 그의 마음 깊은 곳에서는 언제나 지극히 낮은 자리를 선택하였습니다. 그가 자기에 대해서 설명할 때는 거기에 알맞은 형용사를 사용하지 않았습니다. 그는 "모든 성도 중에 지극히 작은 자보다 더 작다"고 말했습니다. 그의 언어적 표현방식을 비난해서는 안 됩니다. 왜냐하면 언어가 사람을 위해서 만들어졌지 사람이 언어를 위하여 만들어진 것이 아니기 때문입니다. 문법적 양식으로는 벅찬 마음을 표현할 수 없을 때, 그 규칙을 벗어나 마음을 표현하는 것입니다. 나는 그의 언어에 대해 논쟁하는 것이 아니라 내 자리에서 나를 밀어내려는 그의 권리에 대하여 논하는 것입니다. 가장 작은 자보다 더 작은 자의 자리는 내가 차지하고 싶었던 자리입니다. 그러나 그는 그것을 나에게서 빼앗아가 버렸습니다. 나는 그의 어깨를 떠밀며 "친구여, 좀 더 좋은 자리로 올라가시오"라고 말하고 싶습니다. 더 이상 낮은 자리도 없고 또 우리가 그 위대한 사도보다 위에 앉는다는 것은 생각할 수 없기 때문에 그는 반드시 우리보다 더 높은 자리에 앉아야만 합니다.

정말로 바울이 모든 성도 중에 지극히 작은 자보다 더 작은 사람이었을까요? 이것은 자기 자신을 너무 과소평가한 것은 아닐까요? 형제들이여, 이것은 그가 어떤 면에서 자기 자신을 바라봤을 때 느낀 점을 말하는 것이라고 생각됩니다. 그는 늦게 회심한 자들 중 한 사람이었습니다. 그의 동료들 중 많은 사람들이 자기보다 먼저 그리스도 안에 있었습니다. 그리고 그는 자기보다 나이 많은 사람에게 윗자리를 양보했습니다. 이전에 그는 박해하는 자요 해를 끼친 자였습니다. 그리고 비록 하나님은 그를 용서해주셨을지라도 자기는 자기 자신을 결코 용서하지 못했습니다. 그가 성도들의 고난과 죽음에 관여한 자로서 자기가 한 일을 회상할 때 그는 지금 그들 사이에 있지만 감히 가장 낮은 자리에도 앉을 자격이 없다고 느꼈을 것입니다. 그 밖에도 일반적인 관점에서 볼 때 아무리 뛰어난 사람이라 할지라도 그가 경건한 사람이라면 자기가 모자라는 점이 있다는 것을 알고 있을 것입니다. 그래서 사도 바울도 자기의 장점을 바라보는 대신에 겸손한 눈으로 자기가 부족하다고 느끼는 것들을 찾아냈습니다. 바로 그와 같은 관점에서 그는 자기 자신을 "모든 성도 중에 지극히 작은 자보다 더 작은" 자로 깎아내렸던 것입니다.

이것은 어떤 형제들이 사용하는 정반대의 말을 생각나게 합니다. 어떤 사람은 자기가 수 개월 동안 죄를 알지도 못했다고 주장합니다. 더 나아가 다른 형제는 자기 안에 죄악의 존재가 뿌리와 가지까지 완전히 없어졌다고 주장합니다. 나는 그 두 가지 경우에서 단 한 마디도 믿지 않습니다. 만약에 그 형제들이 그들의 키가 5미터나 된다고 하거나, 그들의 눈이 단단한 다이아몬드로 만들어졌다고 하거나, 그들의 머리털이 감청색이라고 말할 때 믿지 못하는 것과 같습니다. 그들은 자기 자신을 알지 못하는 자들입니다. 그들의 집에 있는 가구들 중에서 가장 좋은 가구는 그들 자신의 모습을 보게 하는 거울일 것입니다. 그렇게 해서 자기 모습을 단 한 번이라도 보게 된다면 그들은 분명히 다른 곡조의 노래를 불렀을 것이며, 그것도 훨씬 낮은 가락으로 불렀을 것입니다. 내가 틀리지 않다면, 자부심이 높은 많은 사람들은 언젠가는 가장 비천한 성도들의 발 밑에 앉게 될 것입니다. 자기를 높이는 자들은 낮아질 것이기 때문입니다. 나는 천국에서 나온 가장 거룩한 형제가 자기는 죄를 짓지 않고 살아왔다고 말하는 것을 듣기보다는 차라리 바울이 자기는 모든 성도 중에서 지극히 작은 자보다 더 작은 자라고 말하는 것을 듣기를 원합니다. 나는 바울의 말은 믿을 수 있어도 마치 천국에서 나온 것같이 말하는 형제들의 말은 믿을 수가 없습니다. 바울은 이 세상에서 가장 거룩한 사람만큼 거룩했습니다. 그러나 그는 겸손한 자 중에서 가장 겸손한 사람이었습니다. 주님은 우리 각 사람을 겸손하게 하십니다.

다음으로, 바울은 자신의 형제들을 대단히 크게 생각하였습니다. 자기 자신에 대해서는 낮게 평가하고, 다른 사람들에게 대해서는 높이 평가하는 이 두 가지 일이 항상 병행되고 있습니다. 그는 자기 자신을 지극히 작은 자보다 더욱 작은 자라 불렀습니다. 모든 사도들 중에 작은 자라 하지 않고 ―그렇게 했더라도 그것은 겸손한 판단이었을 것입니다 ―모든 성도들 중에서 지극히 작은 자보다 더 작은 자라고 말했습니다. 그러나 그가 아는 사람들 중에는 대단히 불완전한 성도들도 있었습니다. 그는 목회적 관찰에 의해서 연약하고 두려워 떨고 무지하고 심지어 타락한 수많은 형제들을 발견했습니다. 그가 어떻게 해서 마가 요한 때문에 바나바와 헤어지게 되었으며, 또 그가 어떻게 베드로를 그의 면전에서 책망했는지를 생각해 보십시오. 베드로는 물론 비난받을 만한 일을 했기에 비난받았습니다. 바울은 성도들의 결점들에 대해서 잘 알고 있었습니다. 그는 그의 서신들 가운데에서 교회의 지체들의 상태에 대해 대단히 슬프게 묘사하고 있습니다. 물론 진정한 성도들에 대해서도 말합니다. 그래서 그는 그러한 불완전한 성도들에게 마치 육적인 사람들이나 그리스도 안에서의 어린아이들에게 편지하듯이 쓸 수밖에 없었다고 말하고 있습니다. 그리고 그들은 선생이 되었어야 할 때에 믿음의 기초에 대해서 다시 배울 필요가 있는 상태에 있었습니다. 그럼에도 불구하고 바울은 자기가 그들 중에서 지극히 작은 자 중에 더욱 작은 자라고 말하고 있습니다. 그는 거룩한 가족들 중에서 가장 무식하고 가장 불완전한 자들도 대단히 높이 평가했음에 틀림없습니다.

사랑하는 형제들이여, 그러므로 비록 우리가 그리스도인들과 교회의 지체들 중에서 발견되는 수많은 결점에 대해서 듣거나, 또는 세상 사람들보다 조금도 낫지 않다는 말을 들을지라도 우리는 그들의 결점을 들춰내는 자들이 되지 맙시다. 만약에 우리가 하나님의 교회 안에서 성도들을 발견할 수 없다면 다른 곳에서는 더욱 발견할 수 없을 것입니다. 의심할 여지도 없이 그들에게는 결점이 있습니다. 그래도 그들은 주님의 택한 백성들이며, 주께서 마음으로 사랑하시는 백성들입니다. 그들은 이 땅에서 특별한 사람들입니다. 우리가 그들과 함께 계수되어질 수 있다면 비록 우리들의 이름이 그 목록 중에서 가장 낮고 맨 나중에 있을지라도 우리들은 감사하게 생각할 것입니다. 우리는 중생한 사람들과 성화된 사람들을 이 세상의 진정한 귀족이요 고귀한 사람들이라고 생각합니다. "내가 여호와께 아뢰되 주는 나의 주님이시오니 주 밖에는 나의 복이 없다 하였나이다 땅에 있는 성도들은 존귀한 자들이니 나의 모든 즐거움이 그들에게 있도다"(시 16:2, 3). 교회는 비록 흠을 가지고 있음에도 불구하고 여인들 중에 가장 아름다운 여인입니다. 그리고 비록 그 옷이 때로는 얼룩져 있을지라도(하나님은 그러지 않기를 바라십니다만) 교회의 내부는 모두 영광스러운 것들로 가득 차 있습니다. 그리고 교회의 옷은 황금으로 만들어졌습니다. 주님의 눈에는 교회가 아름답게 보입니다. 주님은 교회를 사랑하셔서 자기의 귀한 보혈로 교회를 속량해 주시고 교회를 자기 신부로 삼으십니다. 우리가 그런 교회를 멸시한다는 것은 수치스러운 일입니다. 교회는 우리 눈에 사랑스러워야 합니다. 우리가 다른 누구보다 더 하나님의 백성을 사랑하기 때문입니다. 나의 영혼은 하나님의 교회에 대해서 다음과 같이 말할 수 있습니다.

> "나의 생명과 호흡이 있는 한
> 나의 영혼은 시온을 위하여 기도할 것입니다.
> 거기에 나의 가장 좋은 친구들이 살고
> 나의 친척들이 살고
> 나의 구세주, 나의 하나님이 그곳을 다스리기 때문입니다."

다음으로, 바울은 자기의 사역을 대단히 귀중하게 생각하고 있습니다. 그는 "모든 성도 중에 지극히 작은 자보다 더 작은 나에게 이 은혜를 주신 것은 측량할 수 없는 그리스도의 풍성함을 이방인에게 전하게 하시고"라고 말하고 있습니다. 그는 자기의 사역을 하나님이 주신 위대한 선물이요, 하나님이 주신 명예요, 하나님이 허락하신 은총이라고 생각했습니다. 그러나 나의 형제들이여, 사람들의 눈으로 볼 때, 그것은 결코 매력적인 일은 아니었습니다. 바울은 대주교도 아니었고 존경받을 권한도 갖고 있지 않았습니다. 봉급도 없었고 사람들의 충성도 받지 못했습니다. 그의 가장 큰 소득은 자신의 것을 잃어버린 것이며, 그의 명예는 그의 수치로부터 왔으며, 그의 영광은 그의 고난으로부터 온 것이었습니다. 모든 성읍에서 그는 매맞고 투옥당했습니다. 돌에 맞고, 파선하고, 강도의 위험, 배반자의 위험, 근심과 슬픔이 그의 몫이었습니다. 그는 그리스도를 위하여 버림받은 자가 되었습니다. 그의 유대 형제들은 변절한 바리새인인 바울을 향하여 분노하였습니다. 그는 그리스도를 위하여 모든 것을 잃어버렸습니다. 그는 "내가 그를 위하여 모든 것을 잃어버리고 배설물로 여김은 그리스도를 얻고 그 안에서 발견되려 함이니"(빌 3:8,9)라고 말했습니다. 만약에 바울의 직책을 얻을 수 있는 성직임명권이 개러웨이(Garraway) 경매장에서 입찰에 붙였다면 마술사 시몬의 현대의 모방자들은 입찰하지 않았을 것이며, 오히려 그 직책을 면하기 위해 많은 돈을 지불했을 것입니다. 바울은 그것에 대해서 직접 "만일 그리스도 안에서 우리가 바라는 것이 다만 이 세상의 삶뿐이면 모든 사람 가운데 우리가 더욱 불쌍한 자이리라"(고전 15:19)고 말했습니다. 그러나 그는 복음을 전하는 일에 대해서 너무나 만족하게 생각하고 있었기 때문에 그에 따르는 모든 고난과 비난에도 불구하고 그는 그것을 주님이 자기에게 허락하신 특별한 은총이라고 생각했습니다. 즉, 자기가 이방인들 사이에서 측량할 수 없는 그리스도의 풍성함을 선포할 수 있도록 허락되었다는 것을 주님의 특별한 은총이라고 생각했습니다.

　사도 바울은 자기에게 그토록 큰 영광이 주어졌다는 사실에 대해 놀랍고 감사한 마음으로 그의 손을 높이 들어올렸습니다. 그는 말하고 있습니다. "나에게, 즉 모든 성도들 중에서 지극히 작은 자보다 더 작은 나에게 이러한 은혜가 주어진 것은 박해하던 자요 협박하고 살해하던 자인 나로 하여금 이방인들 사이에서 복음을 전파하게 하려 함이었다"고 말하고 있습니다. 그는 그 사실에 대해서 놀라고 있습니다. 그는 그것을 이해할 수 없었습니다. 그 구절을 보면, 마치 그가 자기의 편지쓰기를 잠시 멈추고 주님께서 복음을 맡겨 주실 만큼 자기에게 지극히 큰 영광을 주신 것에 대해 감사의 찬양을 드리고 있는 것 같습니다. 그가 자기를 선택해 주신 사랑에 놀라고 있음을 나는 깊이 공감합니다. 나의 마음도 "주여, 왜 나 같은 것에게 복음을 맡겨 주셨나이까, 왜 나 같은 것에게 복음을 맡겨 주셨나이까?"라고 부르짖고 있습니다.

　사도 바울은 자기가 할 일을 분명하게 알고 있었음을 주목합시다. 그는 "이방인에게 전하게 하시고"라고 말하고 있습니다. 바울은, 이방인들에게 물을 뿌려주고, 은밀한 죄의 고백을 듣고, 그들의 음란한 사생활을 꼬치꼬치 캐묻고, 정해진 고해성사를 통해서 그들의 죄를 사해줌으로써 이방인들을 중생시키려고 하지 않았습니다. 그는 사제 역할에 대해서는 단 한 마디도 하지 않았습니다. 그는 아름다운 종교의식을 과시하게 하고 의식주의를 재건하게 하는 것을 자랑하지 않습니다. 그는 이방인을 기쁘게 하려고 십자가나 깃발을 들고 행렬을 지어 복도를 왔다 갔다 하는 것을 자랑하지 않고 있습니다. 그는, 죽일 수도 있고 살릴 수도 있으며 용서를 베풀기도 하며 어린아이를 중생시키기도 하는 일종의 신격화된 인물에 대해서는 한 마디도 말하지 않습니다. 바울은 복음을 전하는 일에 대단히 만족했습니다. 그리고 그것도 자기의 권한의 한도 내에서만 했습니다. 성령 하나님이 교회를 축복하기 위해 사역자를 파송할 때마다 그 사역자의 사명은 바로 그런 것입니다. 그는 이방인들 사이에서 측량할 수 없는 그리스도의 풍성을 전해야 합니다. 우리 주님이나 그의 사도들은 우리들에게 제단을 세우라고 명령하지 않았습니다. 위대한 명령은 "모든 사람들에게 복음을 전하라"는 것이었습니다. 영국교회의 사제들이여, 누더기를 벗어버리고 다른 사람들과 같이 일어서서 복음을 전합시다. 그들이 진실로 하나님의 사역자이고, 로마 교황을 위한 공병대들이 아니라면 일어나 복음을 전합시다. 하나님은 복음을 전파하시려고 사람들을 보내십니다. 그러나 그리스도의 직무를 침범하고 또 그리스도 안에서 제사장의 직무가 성취되었는데도 불구하고 산 자와 죽은 자를 위한 제사를 드리는 제사장으로 자처하라고 그들을 보내신 것이 아닙니다.

바울은 자기의 사명이 무엇인지를 알았고 그것을 지켰습니다. 그가 제사장 행세를 한 적은 한 번도 없었습니다. 그는 가는 곳마다 그곳에서 설교하고 가르치고, 설교하고 가르치고, 설교하고 가르치고 하였습니다. 그것이 그의 인생의 유일한 목적이었습니다. 다메섹에서나, 고린도에서나, 예루살렘에서나, 로마에서나 간에 그는 항상 설교하였습니다. 그가 아레오바고 사람들 사이에 있을 때 그는 왜 그들에게 가장 인기 있는 모습으로 예배의식을 거행하지 않았습니까? 그가 루스드라에서는 왜 하나님께 희생 제사를 드리지 아니하고 향로를 흔들지 않았습니까? 모든 재료들이 다 준비되어 있었는데도 그는 그렇게 하지 않았습니다. 그러나 그는 모든 곳에서 설교를 했습니다. 그가 로마에 억류되어 있을 때에도 합창단을 훈련시키지 않았고, 목회자들에게 성직자 체조법이나 교회에서 부인들이 쓰는 모자에 대해서도 가르치지 않았습니다. 그는 자기 주위에 모여든 모든 사람들에게 예수님을 가르쳤습니다. 그가 무릎을 꿇는 예배법이나 발성법에 대해 가르쳤다는 기록은 없습니다. 그러나 때를 얻든지 못 얻든지 말씀을 전했다는 기록은 많이 나옵니다. 우리들의 사역도 역시 그렇게 되어야 합니다. 교회는 설교를 통하여 사람들이 회심하도록 해야 하는 것입니다. 어리석은 설교를 통해서도 믿는 자를 구원하는 일은 하나님을 기쁘게 합니다. 나의 형제들이여, 이런 입장을 고수하면서 말씀을 전하십시오. 그리고 그 일이 여러분의 사역임을 완전하게 입증하십시오. 그리고 또 모든 사람들에게 예수님에 대한 진리를 가르치는 일을 멈추지 마십시오.

바울이 자기의 직무를 "은혜"라고 부르고 있음을 주목하십시오. 진정한 복음 설교자들은 자기가 복음을 설교할 수 있게 된 것을 하나님께 감사할 것입니다. 만약에 성경연구, 기도, 믿음, 그리고 설교가 가져다주는 기쁨이 없었다면 나의 영혼이 어떻게 유지되었겠습니까? 비록 직업적으로 거룩한 것을 친근하게 다루다 보면 그것들에 대해서 개인적으로 즐거움이 감소되는 것이 사실이지만 나의 경우에는 그렇지 않습니다. 나에게 있어서는 설교 준비를 하는 것이 대단히 큰 축복입니다. 나의 영혼에 대한 가장 좋은 은혜의 수단은 여러분의 영혼을 양육하는데 적합한 주제를 선택하기 위해 필요한 신음과 탄원과 명상과 하나님과의 교통입니다. 설교자들은 항상 은혜 가운데서 성장해야 합니다. 왜냐하면 그들의 소명이 그들에게 큰 유익을 가져다주기 때문입니다. 그러므로 그들은 성경을 연구하고 기도도 많이 해야 합니다. 복음을 전하는 일을 허락받은 것은 선택된 자리입니다. 나는 여러분 중에서도 그런 열망을 가진 사람이 많이 나오기를 바랍니다. 열심 있는 설교자들이 매우 부족하기 때문입니다. 지금 이곳에도 설교를 해야만 할 형제들이 몇몇 있습니다. 그들이 시도하기만 한다면 그들도 큰 권능으로 설교할 수 있을 것이라고 나는 믿습니다. 많은 사람들이 침묵을 지키는 것은 그들이 겸손해서가 아니라 비겁하기 때문입니다. 그들이 주님의 이름으로 말하지 않는 것은 수줍음 때문이 아니라 안일함을 더 좋아하기 때문입니다. 형제들이여, 이제 더 이상 그렇게 하지 맙시다.

이와 같이 바울은 자기 자신을 낮추고 형제들을 크게 여겼으며 자기의 사역을 귀중하게 생각하였습니다.

바울은 또한 그의 회중을 대단히 사랑스럽게 여겼습니다. 그는 자기가 이방인들 사이에서 설교하도록 허락받은 것을 대단히 큰 은혜로 생각했습니다. 베드로는 훨씬 더 존경받는 지위를 가지고 있었습니다. 왜냐하면 그는 할례 받은 자들의 사도였기 때문입니다. 그리고 그는 고대의 배타적인 사람들인 히브리 사람들에게 설교하였습니다. 그러나 바울은 이방인 개들에게 설교하도록 파송되어졌습니다. 그들은 유대인들에게서 할례 받지 못하고 깨끗하지 않은 자들이라고 멸시를 받았습니다. 우리 주 예수 그리스도께서도 이방인들에게 비참한 특성을 가진 자들이라고 하셨습니다. 예수님이 세속적인 것들을 말씀하실 때 마치 그들이 아주 천하고 육적이고 비천한 것을 추구하는 일에만 취해 있는 것처럼 "이는 다 이방인들이 구하는 것이라"(마 6:32)고 말씀하셨습니다. 그러나 바울은 이 세속적인 마음을 가진 이방인들에게 설교하는 것을 기쁘게 여겼습니다. 그는 기쁜 마음으로, 버려진 자들을 예수님께로 인도하였습니다. 그들은 무지한 자들이었습니다. 이들 이방인들은 참 하나님과 영원한 생명에 대해서 알지 못했습니다. 비록 그들 중에서 어떤 사람들은 그들 자신의 생각으로는 현명한 자들이었지만 그들도 역시 영적인 무지 가운데 빠져 있었습니다. 그들 가운데는 어리석은 학식을 자랑하는 헬라인들도 있었고, 짐승 같은 힘을 자랑하고 영적인 왕국은 멸시하는 로마인들도 있었으며, 야만스럽고 상스러운 스구디아 사람들도 있었고, 노예들도 있었습니다. 그들은 모두 다 죄악과 타락 가운데 빠져 있었습니다. 그러나 그들 사이에서 수고하기 위해 파송받은 바울은 그들을 다른 어떤 청중보다 더 좋아했습니다. 비록 그들이 무지했지만 바울은 그의 회중으로 인해 하나님께 감사하였습니다.

무지한 것보다 더 나쁜 것은 그들이 우상을 숭배하는 자들이었다는 사실입니다. 그들은 많은 신들을 가지고 있었습니다. 그리고 그들은 사악성을 지닌 의인화된 그 신들 앞에 머리를 숙였습니다. 그러나 바울은 기쁜 마음으로 우상 숭배자들에게 설교했습니다. 로마서 1장은 이방인들에게 그들의 끔찍한 죄악들에 대하여 무섭게 책망하고 있습니다. 그들은 부패의 끔찍한 수렁에 빠져 있었습니다. 그러나 바울은 이들 무지하고 이교적이며 비천하고 사악한 이방인들에게 측량할 수 없는 그리스도의 풍성을 전하게 된 것을 큰 특권으로 생각했습니다. 그리고 사실상 그것은 하나의 특권이기도 했습니다. 비천한 자들 중에서도 비천한 자들에게 설교하는 것은 대단히 큰 영광입니다.

사랑하는 형제 자매들이여, 우리가 어디에서 일하게 되든지 우리에게 일할 수 있는 특별한 장소를 주신 하나님께 감사해야 합니다. 나는 기독교 사역자들이 자기들의 일터와 사랑에 빠지는 것을 보기 좋아합니다. 예를 들면, 런던의 세븐 다이얼스(Seven Dials: 런던의 거리 이름)에서 일하는 형제들은 그들의 지역을 런던에서 가장 중요한 지역으로 생각합니다. 그리고 모든 도시의 전도자들은 그들이 성공하고자 한다면, 그 도시에서 자기가 맡은 특별한 지역을 자기에게 가장 좋은 곳이라고 생각해야 합니다. 나는 로버트 모펫(Robert Moffat: 19세기 아프리카 선교사)

이 베쿠아나스족(Bechuanas)과 호텐토트족(Hottentots)보다 더 중요한 사람이 없는 것처럼 말하는 것을 듣기를 좋아합니다. 자기의 관심의 대상이 되는 사람들을 다른 모든 사람들보다 더 좋아하지 아니하면서 그 사람들 가운데서 성공할 수는 없습니다. 목회자가 자기의 회중들을 멸시할 때 그 회중들도 그 목회자를 멸시하는 것입니다. 그러면 아무 일도 되지 않을 것이 분명합니다. 사람이 자기가 맡은 일을 하찮게 생각하고 자기 자신을 과대평가한다면, 그는 구름 위에 떠 있는 것과 같을 것입니다. 그런 사람들은 자기가 하는 일을 경멸할 것입니다. 어린이들을 가르치는 사람들이여, 어린이들을 사랑하십시오. 그렇지 않으면 그들을 가르칠 수 없을 것입니다. 만약에 여러분이 길거리에서 설교한다면 주위에 모여든 사람들과 공감대를 느끼십시오. 그렇지 못하다면 차라리 그만두는 것이 좋을 것입니다. 바울은 이방인들을 위해서 이방인과 같이 되었습니다. 비록 그가 바리새인이기는 했지만 우리는 그에게서 그 어떤 경문이나 가장자리가 넓은 겉옷을 찾아볼 수 없습니다. 그는 항상 육신의 혈족들을 사랑했습니다. 그리고 그들을 구원하기 위해서라면 기쁜 마음으로 죽기까지 했을 것입니다. 비록 자기가 유대인이었고 또 가장 강력한 유대적 편견에 사로잡힌 적도 있었지만, 그는 그 모든 것을 깨뜨리고 이방인들을 자기의 고객으로 삼았고, 그의 양 떼, 그의 자녀로 삼았습니다. 자기가 이방인들 사이에서 측량할 수 없는 그리스도의 풍성을 전하도록 임명되어졌다는 사실로 인해 그는 날마다 기뻐하였습니다.

　　좀 더 자세히 생각해보기로 하겠습니다. 측량할 수 없는 그리스도의 풍성함은 바울의 모든 주제들 중 가장 중요한 부분을 차지하고 있었습니다. 자기가 측량할 수 없는 그리스도의 풍성함을 전한다는 것은 그에게 가장 큰 축복이었습니다. 과거에는 자기가 박해했던 예수님의 영광이 그의 유일한 주제였습니다. 그가 이야기해야 했던 모든 것은 그리스도 안에 다 포함되어 있었습니다. 그가 목표한 모든 것은 그의 주님을 영광스럽게 하는 것이었습니다. 바울은 의식이나 정통이나 철학이나 교파나 파벌을 위하여 일하지 않았습니다. 그는 오직 그리스도 예수만을 높였습니다. 그리고 또 그는 유일한 주제에만 전념하는 것이 자기의 사상이나 설교를 제한했다고 생각하지 않았습니다. 왜냐하면 그는 자기의 주제를 완전한 풍성함, 즉 측량할 수 없는 풍성함으로 생각했기 때문입니다. 그는 자기가 선포해야만 하는 진리에 대해서 깊은 통찰력을 가지고 있었습니다. 그리고 그는 거기에서 결코 고갈되지 않는 사상의 맥을 보았으며, 결코 완벽하게 탐사할 수 없는 금광보다 더 귀중한 광맥을 보았습니다. 이와 같이 그는 복음에 매혹되었으며, 그 속에 몰입하였으며, 그 매력에 완전히 빠졌습니다.

이제 잠시 동안 측량할 수 없는 그리스도의 풍성함에 대해 묵상합시다. 바울의 경우와 같이 그리스도의 풍성함을 전하는 것은 우리의 기쁨이기도 합니다.

먼저, 사도 바울은 그리스도의 인격의 본질적인 풍성함에 대하여 깊이 생각하고 있습니다. 사랑하는 여러분, 그리스도 안에는 측량할 수 없는 풍성함이 있습니다. 그는 본질적으로 모든 것을 다스리시는 하나님이시며, 영원히 복된 분이시기 때문입니다. 어떤 사람들은 그분을 단순한 인간으로 생각하기도 합니다. 그러나 우리는 예수 그리스도 안에서 측량할 수 없는 신성의 풍성함을 봅니다. "그 안에는 신성의 모든 충만이 육체로 거하시고"(골 2:9). 그는 창조주이십니다. 그가 없었더라면 이 세상의 어떤 것도 창조되지 못했을 것입니다. 또 그는 만물을 보존해 주시는 분이시기도 합니다. 그리고 그에 의해서 만물이 존재하고 있습니다. 자기 자신의 능력의 말씀으로 온 우주를 창조하시고 보존하시는 분 안에는 많은 풍성함이 들어 있음이 틀림없습니다. 예수 그리스도 안에서 하나님의 모든 속성들이 나타나고 있습니다. 하나님의 지혜, 권능, 불변성, 진리, 진실성, 공의, 그리고 사랑이 모두 다 우리 주 예수 그리스도의 성품 안에서 발견됩니다. 그가 이 땅에 계시면서 죽을 육체를 입고 계실 때에도 신성은 베일을 통해서 빛나고 있었습니다. 바람도 그를 알아보고 침묵을 지켰으며, 물결도 그의 발에 입을 맞췄습니다. 천사들은 그를 섬겼고 마귀들은 그 앞에서 달아났습니다. 질병도 치유되었습니다. 그의 손길은 전능하셨기 때문입니다. 죽은 자도 살리셨습니다. 그의 음성은 전능하셨기 때문입니다. 인간의 눈으로 보기에는 그는 단지 목수의 아들이었지만 그는 하나님이셨습니다. 오늘날 그는 자기의 종의 옷을 벗어버리셨습니다. 그리고 자기의 제자들의 발을 닦아 주었던 수건도 버리셨습니다. 하늘과 땅의 모든 권능이 그에게 주어졌습니다. 그러므로 우리는 측량할 수 없는 그의 풍성함을 선포해야 합니다. 지금 그는 우주적 주권의 면류관을 쓰고 계십니다. 그 통치권이 그의 어깨 위에 있습니다. 그 이름은 "기묘자라, 모사라, 전능하신 하나님이라, 영존하시는 아버지라, 평강의 왕이라"(사 9:6)고 불리고 있습니다. 비할 데 없는 풍성하심이 우리들을 위해 가난하게 되신 그분에게 속해 있습니다. 그 풍성하심은 측량할 수 없습니다. 그는 하나님이시기 때문입니다. "하나님의 오묘함을 어찌 능히 측량하며 전능자를 어찌 능히 완전히 알겠느냐"(욥 11:7). 예수님이 바로 하나님이십니다. 그러므로 우리들은 그를 찬양하고, 그의 본성의 풍성함을 찬양하는 것입니다.

그리고 또 우리 주 예수님은 **사람**이십니다. 그의 어머니의 본질을 가지고 있고, 우리와 같이 뼈를 가진 사람이십니다. 여기에서 우리는 그 안에 있는 풍성한 사랑과 그의 형제들에게 드러내 보여주신 인간적 사랑에 대해 생각할 수 있습니다. 그는 그의 백성들에 대한 동정심으로 충만한 마음을 가지셨습니다. 그도 역시 그들과 마찬가지로 모든 점에서 유혹을 받았기 때문입니다. 그는 풍성한 분별력을 가지셨습니다. 그는 우리의 본성의 비밀을 잘 알고 계셨기 때문입니다. 그의 풍성한 사랑으로 인하여 그는 자기가 구원한 사람들을 형제들이라 부르는 것을 부끄럽게 여기지 아니하십니다. 예수님 안에 있는 순수한 인성의 풍성함은 놀라운 주제입니다. 그는 다른 어떤 사람의 아들들 가운데도 결코 없었던 풍성하고도 완벽한 인성을 가진 사람으로서 가르치셨고 말씀하셨고 행동하셨기 때문입니다. 그는 진정한 아담이었으며, 인성의 가장 훌륭한 영광의 총체였습니다. 그는 여호와의 손으로 만드신 모든 것을 다스리도록 되어 있었습니다. 이렇게 그의 신비스러운 인격을 형성하고 있는 두 가지 본성, 즉 사람의 아들이며 동시에 하나님의 아들인 그 인격 안에 측량할 수 없는 풍성함이 있었으며, 바울은 바로 그것을 전하였습니다.

나의 형제들이여, 지난 20년 동안 나는 그의 복된 인격 안에 있는 나의 주님의 측량할 수 없는 풍성함을 담대히 전하였습니다. 나는 여러분에게 단지 추상적인 개념으로가 아니라 진정한 그리스도를 설교하였습니다. 나는 마치 그가 신화적인 인물인 것처럼 그에 대해 말하지 않았습니다. 나는 항상 그를 실제적 인물로 말했습니다. 그는 사시다가 죽었고 부활하셔서 하늘로 올라가셨습니다. 그리고 그는 지금도 우리 가운데 영으로 계시며, 또 교회의 머리가 되시며 만물의 주님이라고 설교하였습니다. 나는 여러분에게 그리스도가 권능이나 영광에 있어서 제한되어 있다고 설교하지 않았습니다. 나는 나의 힘이 닿는 대로 그를 만왕의 왕이요 만주의 주라고 설명하였습니다. 여러분은 주님에 대한 설교를 기뻐하였으며, 나의 마음도 그토록 사랑스럽고 훌륭하고 친절하고 기꺼이 용서해주시고 신실하시고 강하신 분에 대해 이야기하는 것을 기뻐하였습니다. 한 마디로 나는 그의 인격의 풍성함을 전했습니다.

다음으로, 우리는 **그리스도가 되시는** 우리 주 예수님의 풍성함을 전해야 합니다. 다시 말하면 우리와 그분의 관계의 풍성함을 전해야 합니다. 이제 잠시 생각해 봅시다. 영원 전에, 이 세상이 생기기도 전에 그리스도의 측량할 수 없는 풍성함은 우리를 위하여 아버지와 언약하신 때부터 나타났습니다. 삼위일체 중 제2위가 되시는 예수님으로 하여금 그의 택한 백성들을 위하여 은혜의 언약의 보장이 되게 하신 것은 얼마나 큰 사랑이었습니까? 그런 언약 가운데 포함된 사랑의 풍성함은 측량할 수 없습니다. 그리고 그 언약을 계획한 지혜도 측량할 수 없는 풍성함이었습니다. 그것은 하나님만이 하실 수 있는 일이었습니다.

시간이 흘러감에 따라 그의 백성들이 한 사람씩 창조되고 그의 말씀과 보증을 근거로 그들은 한 사람씩 구원받았습니다. 그가 그의 피를 한 방울도 흘리기 전에 그리스도의 무조건적 계약 안에서 수많은 그의 택한 백성들이 구원받았다면 그의 대속에는 참으로 놀라운 풍성함이 있습니다. 만약에 구원하시겠다는 그의 약속으로 말미암아 수천 년 동안 수많은 사람이 죽음과 지옥으로부터 구원받기에 충분했다면 완성된 의와 완성된 대속에는 참으로 놀라운 풍성함이 있음에 틀림없습니다.

인간의 타락부터 그의 구원의 날까지 나타난 그리스도의 은혜의 풍성함에 대하여 생각해 보겠습니다. 그는 인간의 변덕스러움을 아셨고, 가장 좋은 상황에서 인간이 어떻게 할 것인지도 아셨습니다. 그러나 타락한 인간성의 비열함 때문에 그들에 대한 자기의 사랑을 바꾸지 않으셨습니다. 사람들이 배은망덕할 것이라는 것도 아셨습니다. 그러나 그는 자기 백성들을 구원하기로 결심하셨습니다. 그 기간 동안 그는 죽음의 고통이 무엇인가 추정할 수 있는 기회를 가졌으며, 자기가 잃어버린 자들을 찾아 구원할 때 반드시 지불해야 할 비용도 아셨습니다. 그러나 그 수천 년 동안 그의 무한하신 사랑의 풍성함 때문에 그는 결코 자기가 체결한 계약으로부터 등을 돌리지 않았습니다. 대신에 자기의 죽음을 통해서 사람들을 죄악에서 구원하고, 이 땅을 저주로부터 구할 때까지 밀고 나가기로 결심하셨습니다. 이 얼마나 풍성한 자비입니까. 이보다 더 큰 자비가 어디 있겠습니까?

주님은 베들레헴의 구유에 내려 오셨습니다. 그리고 강보에 싸여 그곳에 어린아이로 누워 계셨습니다. 영원하신 자가 성육신을 이룩하신 그 겸손한 사랑의 풍성함을 그 누가 형언할 수 있단 말입니까? 그는 사람의 아들들 사이에 머무르셨습니다. 그리고 이리저리 다니면서 착한 일을 하셨습니다. 사악하고 반대만 일삼는 사람들 사이에서 수년 동안 지내셨던 그의 관대한 마음의 풍성함을 생각해 보십시오. 이 땅에서의 예수님의 생애는 향기로운 은혜였습니다. 그러나 아, 자기의 손을 못에 박히게 내어주시고, 자기의 심장을 창에 찔리도록 내어주신 측량할 수 없는 사랑을 생각해 보십시오. 십자가 안에는 말로 표현할 수 없는 사랑이 집중되어 있습니다. 원수들을 위해서 죄인처럼 죽으시려고 계획하신 은혜는 얼마나 풍성한 은혜입니까? 우리들 중 그 누가 우리의 사랑하는 주님의 거룩한 생애와 고통스러운 죽음 가운데 있는 측량할 수 없는 공로의 풍성함을 상상이나 할 수 있겠습니까? 하나님의 아들이 스스로 죽으시려고 계획하셨다면, 불의한 자들을 위하여 의인이 죽으시려고 계획하셨다면, 그 죽음의 가치에는 한계가 있을 수 없습니다. 아버지가 보시기에 그것이 얼마나 귀한 일이었겠는가도 우리는 상상할 수 없습니다. 오, 피 흘리시는 구세주시여, 당신이 자신의 모든 영광을 버리고 가장 가난한 자가 되었을 때, 그것은 또한 사람의 아들들을 속량하기 위한 가장 부유한 자가 된 것이었습니다. 당신의 눈물과, 피와 같은 땀과, 고뇌와 죽음의 무한한 가치를 그 누구도 알 수가 없을 것입니다. 아무리 세월이 흘러도 그것을 완전하게 알 사람은 아무도 없을 것입니다.

보십시오, 그는 다시 부활하셨습니다. 무덤은 그를 가두어 둘 수 없었습니다. 그는 우리를 의롭다하시기 위하여 부활하셨습니다. 우리들은 구세주의 부활에서도 큰 풍성함을 찾아볼 수 있습니다. 그가 자기의 부활을 통해서 그의 백성들이 의롭다하심을 얻게 하셨고, 또한 그들에게 영생을 보장하셨고, 그들의 육체의 부활도 보장하셨기 때문입니다. 우리 주님은 잠자는 자들의 첫 열매입니다. 그의 부활을 통해서 그는 전체 복음의 모퉁잇돌이 되고, 영원한 축복의 확실한 보증이 되십니다.

그러나 그는 감람산 언덕을 오르셨습니다. 그리고 구름이 곧 그를 가리어 사람들의 눈에는 보이지 않게 되었습니다. 그가 승천하실 때 사람의 아들들에게 선물을 나누어 주셨습니다. 성령을 보내주신 것입니다. 그 성령은 선택된 사람들의 머리 위에 불의 혀 같이 임했습니다. 그는 그의 교회를 세우기 위하여 사도와 목사와 교사를 주셨습니다. 그는 지금도 계속해서 그 선물들을 주고 계십니다. "주께서 높은 곳으로 오르시며 사로잡은 자들을 취하시고 선물들을 사람들에게서 받으시며 반역자들로부터도 받으시니 여호와 하나님이 그들과 함께 계시기 때문이로다"(시 68:18). 인간의 생각으로는 승천하신 구세주의 풍성하심을 측량할 수 없습니다.

여러분들이여, 다시 보십시오. 하늘에 계신 그분을 다시 보십시오. 그는 그곳에서 그의 백성들을 대표하여 아버지 우편에 앉아 계십니다. 그 대표성 가운데 풍성한 위로가 있지 않습니까? 그는 자기 백성들을 위하여 통치하시려고 보좌에 앉아 계십니다. 거기에 위로의 또 다른 광맥이 있습니다. 그가 보좌에 앉아 계심은 우리도 그곳에 가게 된다는 것의 보증입니다. 이것 역시 풍성함으로 가득 차 있지 않습니까? 그는 영원한 보좌 앞에서 그의 모든 성도들을 위하여 중보의 기도를 하고 계십니다. 거기에도 놀라운 가르침과 기쁨의 또 다른 보화가 있습니다. 예수님은 영원히 하나님의 우편에 앉아 계십니다. 그의 사역은 이미 완성되었기 때문입니다. 그는 자기의 원수들이 발등상이 되기까지 기다리고 계십니다. 그는 우리에게 측량할 수 없는 보화이십니다.

그러나 그는 곧 다시 오실 것입니다. 죄악이 그 앞에서 사라지고, 무거운 짐 진 세상이 그 신음의 짐을 벗어버릴 때, 질려와 형극 대신에 백향목과 장미가 나올 때, 버림받은 자들이 기뻐하고 번영할 때, 광야가 즐거워하고 꽃이 만발할 때, 짓밟히고 피곤한 사람들이 눈을 들어 새로운 낙원을 바라볼 때, 또 그들이 이전에는 보지도 못하고 듣지도 못했던 영광을 누리고 그들 모두가 동참자가 된 찬란한 천년왕국의 축복을 누릴 때, 그 누가 그 때 나타날 풍성함을 말로 다 표현할 수 있겠습니까? 이 모든 것들은 주님이 다시 오심으로 말미암아 이루어질 것입니다. 살아 계시거나 죽으시거나 부활하시거나 하늘에 거하고 계시거나 다시 이 땅에 재림하시거나 간에 그리스도 안에는 언제나 측량할 수 없는 풍성함이 있습니다. 바울이 전했던 놀라운 주제를 보십시오, 우리도 그 주제를 전해야 합니다. 지난 20년 동안 우리의 유일한 주제는 주님의 백성들과 주님의 관계, 그의 영원한 사랑, 단번에 완전하게 드린 그의 희생, 아버지의 보좌 앞에서의 간구, 만물이 복종하게 될 왕국 등등의 내용에 드러나 있는 그리스도 예수였습니다. 이 모든 것들에 대하여 설교할 수 있는 특권을 가지게 된 것은 참으로 놀라운 하나님의 은혜입니다.

셋째로, 바울은 그의 백성들과 관련된 예수 그리스도의 측량할 수 없는 풍성함을 설교했습니다. 그는 그리스도께서 그들의 부채를 갚아주셔서 그들이 자유롭게 되었다는 사실을 알려 주었습니다. 바울은 그 내용을 아주 훌륭하게 묘사했습니다. "그러므로 이제 그리스도 예수 안에 있는 자에게는 결코 정죄함이 없나니"(롬 8:1). 우리는 이 말씀을 되풀이해서 살펴보기 위해 멈출 수 없습니다. 그러나 바울은 우리를 자유롭게 하였다는 점을 분명하게 말했습니다. 죄를 용서하시는데 있어서 그리스도의 풍성함은 측량할 수 없습니다. 그는 성도들에게, 그들이 지금 있는 곳과 천국의 문에 이르기까지의 필요한 모든 것을 공급해 주셨다고 말했습니다. "너희도 그 안에서 충만해졌으니"(골 2:10). "현재의 것이나 장래의 것이 모두 다 너희의 것이니." 바울은 넘쳐흐르는 은혜 속으로 깊이 뛰어들어가기를 기뻐했습니다. 그는 기쁨의 바다 속에서 수영한, 참으로 탁월한 수영선수였습니다.

그는 또한 성도들에게 믿음의 기도에 대한 응답으로 구하는 것은 무엇이든지 얻을 수 있다고 했습니다. 그는 다음과 같은 사실도 자주 말했습니다. 즉, "자기 아들을 아끼지 아니하시고 우리 모든 사람을 위하여 내주신 이가 어찌 그 아들과 함께 모든 것을 우리에게 주시지 아니하겠느냐"(롬 8:32)고 하였습니다. 시은좌에서는 참으로 풍성한 그리스도의 사랑이 나타나고 있습니다. 예수 그리스도를 통해서 하나님께 가까이 나아갈 줄 아는 사람은 그 안에서 풍성함의 큰 보고를 발견할 수 있습니다.

그는 그들에게 주님이 그들의 소유라는 것을 확신시켜 주었습니다. 오늘 모든 것이 너희 것이다. "너희는 그리스도의 것이요 그리스도는 하나님의 것이니라"(고전 3:23)고 말씀하셨습니다. 그는 그들에게 천국이 그들의 것이라고 하였습니다. 왜냐하면 그들은 그리스도 안에서 기업을 얻고, 영광을 향해서 가고 있는 중이며, 매 시간마다 더욱 가까워지고 있기 때문입니다. 만약에 여러분이 하나님에 대한 깊은 진리를 알기 원한다면 바울의 말에 귀를 기울여야 합니다. 그는 우리에게 영원한 그리스도의 사랑, 시작도 없고 끝도 없는 그리스도의 사랑에 대해서 말하고 있기 때문입니다. 오늘 우리에게 그 사랑의 불변성에 대해서 말하고 있습니다. "예수 그리스도는 어제나 오늘이나 영원토록 동일하시니라"(히 13:8). 그는 우리에게 그 사랑의 불변성을 말하고 있으며, 또 그것은 지식을 초월한다는 사실을 선언하고 있습니다. 사실 그는, 하나님 자신이 우리의 소유이며, 영원히 우리의 분깃이 된다는 사실을 말하고 있습니다. 오, 하나님의 자녀들이여, 만약에 여러분이 괴롭다면 여러분들은 사도 바울의 설교 때문에 괴로운 것이 아니라 자기 자신 때문에 괴로운 것입니다. 또한 감히 다음의 사실을 말씀드리겠습니다. 나는 나의 설교 가운데서 고의적으로 은혜의 언약의 축복을 제한하지 않았으며, 예수님이 그의 사랑하는 자들에게 주시는 은혜를 가볍게 말한 적이 없습니다. 나는 주님께서 그의 성도들에게 주신 것을 자세히 설명하였고, 또 주님이 그들을 위하여 제공해 주신 것들의 진수를 마음껏 누리라고 권하였습니다. 그와 같은 구세주를 소유한 사람은 참으로 행복한 사람입니다.

마지막으로, 바울이 설교하기를 가장 기뻐한 것은 이것입니다. 즉, 죄인들을 향한 우리 주님의 측량할 수 없는 풍성함입니다. 그는 자기가 이방인들, 즉 죄인들 사이에서 그리스도의 풍성함을 전했다고 말하고 있습니다. 죄인들에게 말로 다 할 수 없는 구세주의 풍성함에 대해서 말해 주는 것은 그 무엇보다 더 기쁜 주제입니다. 나는 이방인들 사이에서 이것을 전해 주기를 싫어하는 형제들이 있다는 사실에 대해 개탄하고 있습니다. 그들은 하나님의 백성들에게는 말해 줄 것이 많이 있습니다. 그러나 이방인들에게, 죄인들에게, 무감각하고 깨어 있지 못한 죄인들에게 할 말은 전혀 없습니다. 그들에게 전해 줄 말이 전혀 없다는 것입니다. 나는 "택함을 받은 사람들은 그것을 소유하고 있으며, 나머지 사람들은 장님들입니다"라고 말하면서 설교를 끝내는 자들이 있습니다. 그들은 죄악 가운데 죽어 있는 사람들에게 단 한 마디도 안하고 자리에 앉아 버립니다.

형제들이여, 우리들은 그리스도에게서 그렇게 배우지 않았습니다. 우리는 이방인들에게 측량할 수 없는 그리스도의 풍성함을 전하기를 기뻐해야 합니다. 그리고 모든 사람들이 그 신비스러운 교제가 어떤 것인지를 알게 해야 합니다. 우리는 이방의 죄인들에게 무엇을 말해야 합니까? 우리는 그들에게 우리 주 예수님은 너무나 은혜가 풍성하셔서 밤낮 문을 열어 놓고 있으며, "오라, 그러면 환영을 받을 것이다"라는 문구가 그의 왕궁의 대문 위에 써 있다는 사실을 말해 주어야 합니다. "원하는 자는 값없이 생명수를 받으라"(계 22:17). 우리는 이미 수백만 명의 죄인들이 찾아왔지만 잔칫상은 처음과 같이 풍성하다는 것을 그들에게 말해 주어야 합니다. 그는 1800년 전에 가지고 계신 것과 동일하게 많은 은혜와 자비를 나누어 주려고 가지고 계십니다. 주님은 처음으로 그의 자비의 사역을 시작하셨을 때와 마찬가지로 지금도 여전히 의롭다하심을 얻게 해주시고, 또 성화시켜 주실 수 있으며, 죄로부터 깨끗하게 해주실 수 있습니다. 주님께 찾아오는 사람들에 대한 그의 은혜에는 한계가 없습니다. 그에게 찾아오는 사람은 누구든지 영원한 구원을 얻을 것입니다. 나의 주님은 너무나 풍성하시기 때문에 부족한 것은 아무것도 없습니다. 여러분은 누더기를 걸치고 다닐 필요가 없습니다. 주님이 여러분을 머리에서부터 발끝까지 덮어 주실 것입니다. 곰팡이 핀 빵조각을 가지고 다닐 필요도 없습니다. 그가 여러분에게 천국의 빵을 주실 것이기 때문입니다. 여러분은 흠을 깨끗이 지워버리려고 노력할 필요가 없습니다. 그가 눈과 같이 희게 씻어 줄 것이기 때문입니다.

주님께서 우리에게 도움을 바라시겠습니까? 태양이 흑암에게 도움을 원할까요? 그리스도께서는 죄인들로부터의 도움을 원하지 않으십니다. 그들로 하여금 빈 손으로 벌거벗은 채로, 병든 채로, 절망적인 상태로 와서 그가 그들을 위해서 그들이 원하는 모든 것을 해주실 수 있다는 사실을 믿게 합시다. 나의 주님의 은혜의 풍성함은 측량할 수 없기에 큰 죄악도 용서하시고 잊어버리십니다. 죄악이 크면 클수록 그 은혜의 영광도 더욱 큽니다. 여러분의 빚이 산더미 같을지라도 주님은 그것을 다 해결하실 만큼 넉넉한 부자이십니다. 만약에 여러분이 지옥의 문턱에 있다고 해도 그는 여러분을 그 파멸의 입에서 구출하실 수 있습니다. 그의 자비는 너무나 강력하시기에 그의 권능으로 구원할 수 없는 경우는 전혀 없습니다.

나는 여러분에게 나의 사랑하는 주님에 대해 토론하기를 요청합니다. 여러분이 주님에 대하여 아무리 진지하게 생각한다 할지라도 여러분은 그가 실제로 얼마나 선하시고 사랑이 넘치는 분이신가를 다 알 수 없을 것입니다. 여러분이 상상할 수 있는 최대의 축복을 위해서 노력하고 희망한다 할지라도 주님이 여러분에게 주시려고 준비하신 축복에 대해서는 다 알 수 없을 것입니다. 입을 크게 벌리고 인간이 하나님께나 사람에게 요구할 수 있는 최대의 은총을 요구한다 할지라도 여러분은 주님이 여러분에게 주시려고 예비하신 것의 십분의 일도 요구할 수 없을 것입니다. 와서 시험해 보십시오. 여러분의 요구와 그리스도의 풍성함 사이에 레슬링 시합을 붙여 보십시오. 그리고 어느 것이 이기는가를 보십시오. 마치 아론의 지팡이가 애굽의 술객들의 지팡이를 삼켜버렸듯이 나의 주님의 자족하심이 여러분의 엄청난 필요와 모든 요구들을 삼켜버릴 것입니다. 와서 지금 시험해 보십시오. 여러분은 지옥의 문과 천국의 문 사이에서 필요한 모든 것을 그리스도 안에서 발견할 수 있을 것입니다. 그리고 여러분은 그 모든 것을 아무런 대가 없이도 얻을 수 있을 것입니다. 그리고 요구한 것은 다 얻을 수 있습니다. 여러분의 손을 펴고 그것을 잡으십시오. 그것이 주님이 여러분에게 요구하시는 모든 것입니다. 여러분은 그가 값없이 주시는 것을 믿음으로 받아들이기만 하면 됩니다. 그를 믿으십시오. 죽으시고 부활하시고 승천하시고 다스리시는 그를 믿으십시오. 그에게 의지하십시오. 그렇게 함으로써 여러분은 그의 안에 은혜의 측량할 수 없는 풍성함이 있다는 사실을 발견하게 될 것입니다.

이제 다음의 한 가지만 더 이야기하고 마치겠습니다. 만약에 그 풍성함으로부터 어떤 결과가 없다면 바울은 그리스도를 전하는 일에 대해서 그토록 기쁘게 생각하지 않았을 것입니다. 지금 20년째의 설교집을 끝내는 이 시점에서 내가 측량할 수 없는 그리스도의 풍성함을 전하는데 대한 나의 큰 기쁨은 그것으로부터 반드시 어떤 결과가 있을 것이라는 사실에 있습니다. 그 설교집을 보고 얼마나 많은 영혼들이 회심할 것인가는 나는 모릅니다. 이 설교집을 읽고 주님께로 돌아오는 사람들이 없는 날은 단 하루도 없고, 몇 년 간은 더욱 없고, 임종을 앞두고 있는 사람들까지도 이 설교집을 읽고 구원을 받으며, 집에서도 설교집을 읽고 구세주께로 인도되었다는 것을 나는 알고 있습니다. 나는 얼마나 많은 사람들이 이 교회를 통해서 다른 교회에 출석하거나 천국으로 갔는지 잘 모르겠습니다. 그 숫자는 남아 있는 사람들보다 결코 적지 않을 것입니다. 이 사람들은 지금 우리 교회에 출석하는 4700명의 영혼들과 함께 은혜의 권능 아래 있으며 하나님의 교회의 친교 가운데 있음이 확실합니다. 이것 역시 하나님께 크게 감사할 일입니다. 지난 20년 동안 이슬은 끊임없이 내렸으며, 교회는 마치 강가에 심어진 나무와 같았으며 시절을 따라 열매를 맺었습니다. 그리고 교회가 시도한 일은 그것이 무엇이든지 간에 형통했습니다. 그러므로 나는 기뻐합니다. 이 일에 대해서 미래에도 기뻐할 것입니다.

그러나 나는 한 번 더 생각합니다. 바울은 자기가 측량할 수 없는 그리스도의 풍성함을 전함으로 인해서 다른 사람들도 역시 그것을 전할 수 있는 용기를 얻었다는 사실에 대해서 특별한 기쁨을 느꼈음에 틀림없을 것입니다. 우리의 경우에도 그랬습니다. 우리 교회의 지체들과 학생들 중에서 오늘날 얼마나 많은 언어들로 그리스도를 전하고 있는지 나는 정확하게는 말할 수 없으나 그들의 숫자가 수백 명이 될 것이라는 사실은 분명합니다. 하나님께서 보시기에는 그 수가 열 배나 더 되는 것으로 보일 것입니다. 이 회중 가운데서 그리스도를 사랑하는 모든 사람들도 나가서 주님에 대해서 전하기를 바랍니다. 여러분 중에서 어떤 사람은 대단히 근면합니다. 나는 그들로 인해 하나님을 송축합니다. 나는 여러분 중에서 더 많은 사람들이 이와 같은 측량할 수 없는 그리스도의 풍성함을 무지하고 죄 많은 사람들에게 알려주기를 원합니다.

오늘은 일 년 중 마지막 안식일입니다. 우리들은 우리가 지난해에 보여준 것보다 더욱 큰 근면함으로 명년을 시작하면 좋겠습니다. 나는 예수님을 위해서 아무 일도 하지 않는 사람들이 있을까봐 두렵습니다. 이들은 타락한 사람들과 같습니다. 아무 고난에도 참여하지 않는 사람들은 군인들의 군용 행낭이요, 군대가 승리를 향해 행군하는 것을 방해하는 장애물일 뿐입니다. 분발합시다. 예수님을 의지해서 살아갑시다. 그리고 그리스도의 풍성함을 알지 못하는 사람들을 격려합시다. 그리고 마치 하나님께서 여러분에게 은혜를 베푸셨듯이 가서 이 사명을 완수하십시오. 그러면 여러분은 나와 같이, 그리고 옛날 사도 바울이 말한 것과 같이 "모든 성도 중에 지극히 작은 자보다 더 작은 나에게 이 은혜를 주신 것은 측량할 수 없는 그리스도의 풍성함을 이방인에게 전하게 하심이라"라고 말할 수 있을 것입니다. 주님께서 여러분을 축복해 주시기를 바랍니다. 아멘.

제
15
장
—

더욱 고귀한 또 다른 박람회

—

"이는 이제 교회로 말미암아 하늘에 있는 통치자들과
권세들에게 하나님의 각종 지혜를
알게 하려 하심이니" — 엡 3:10

시난 삼일 동안 온 세상은 국세 박람회의 개막을 축하하는 화려한 행렬에 대하여 이야기꽃을 피웠습니다. 수많은 군중들이 유니버설 아트 궁전에 모여들었습니다. 이 세상의 모든 나라의 대표자들이 그 놀라운 광경을 보기 위하여 단체로 여행을 왔습니다. 모든 왕국의 귀빈들이 그 화려한 현장에 나타났습니다. 그것은 모든 사람들의 눈에 대단한 광경이었는데 이전에는 그렇게 화려한 광경이 없었습니다. 앞으로 수년 동안은 그것에 비길 만한 것은 볼 수 없을 것입니다. 무슨 까닭으로 이 모든 사람들이 모였습니까? 너희 모든 나라들이여, 왜 모여들었는가? 너희 사람의 아들들이여, 무슨 까닭으로 이곳에 왔는가? 여러분은 분명히 다음과 같이 대답할 것입니다. 즉, 그들은 사람의 각종 지혜를 보기 위하여 모여들었다고 대답할 것입니다. 사람들이 그 큰 박람회장의 복도를 따라 걸어가면서 인간의 기술 이외에 무엇을 보겠습니까? 처음에는 이 부분을 보고, 다음에는 다른 부분을 보며, 잠시 동안은 장엄함을 보고, 다음에는 세밀한 것들을 보며, 또 잠시 동안은 우아한 장식품을 보고, 그 다음에는 유용하고 기술적인 상품을 봅니다. "각종 지혜," 즉 수많은 사람의 생각에서 나온 상품들, 여러 가지 기계들과 여러 가지 조각상 가운데 구현된 다양한 색깔의 사상을 봅니다. 그것들은 인간의 기술이 생산해 낸 것들입니다. 개막식에서 우리는 대주교의 엄숙한 기도와 계관시인의 찬송시 가운데에서 하나님을 올바로 인식하는 것을 배울 수 있습니다. 그러나 결국 큰 목적은 인간의 각종 지혜를 보기 위한 것이었습니다. 만약에 인간의 기술과 인간의 예술을 제거해버렸다면 거기에 무엇이 남아 있었겠습니까? 형제들이여, 이 박람회가 좋은 결과가 있기를 바랍니다. 하지만 우리는 이런 박람회나 다른 어떤 것이 복음전파의 지름길이 될 것이라고 기대해서는 안 됩니다. 또 그것이 범세계적인 평화를 가져올 것이라고 기대해서도 안 됩니다. 우리는 주 예수 그리스도의 재림을 위해 보류되어 있는 그 승리를 예술과 과학이 성취해 줄 것이라고 생각해서는 안 됩니다. 그러나 그것이 박애정신을 널리 선양하기를 기원합니다. 그것이 흩어진 아담의 후손들을 한데 묶어주는 계기가 되기를 바랍니다. 이 박람회가 바벨에서 널리 흩어진 사람들을 행복하고 복된 연합으로 인도해주기를 기원합니다. 복음이 땅 끝까지 전파되도록 그것이 예비해주고 문을 열어주는 기회가 되기를 기원합니다.

그러나 여러분의 관심을 1862년의 그 거대한 성당 주변을 빛나게 하고 있는 그 놀라운 박람회장으로 인도하려는 것은 아닙니다. 그것보다 나는 여러분을 초대하여 좀 더 고귀한 박람회로 갈 수 있기를 원합니다. 그곳에도 수많은 군중들이 모여들고 있습니다. 그러나 그 군중들은 죽을 운명의 영을 가진 군중들이 아니라 불멸의 영을 가진 군중들입니다. 그 성전은 예술과 과학으로 이루어진 것은 아닙니다. 그 성전은 은혜와 선함으로 이루어졌으며, 산 돌들로 지어졌고, 아름다운 색깔의 대속의 보혈로 지어졌습니다. "너희는 사도들과 선지자들의 터 위에 세우심을 입은 자라 그리스도 예수께서 친히 모퉁잇돌이 되셨느니라"(엡 2:20). 그 성전은 살아 계신 하나님의 교회요 "진리의 기둥과 터"(딤전 3:15)입니다. 이 위대한 궁전으로 하나님의 군대, 즉 "그룹과 스랍"들이 수만 명 씩 수만 번 모여듭니다. 그 뛰어난 지적 존재들은 다른 이름으로도 알려져 있는데 그것은 곧 "통치자(정사)와 권세"입니다. 그것은 불멸의 영들의 여러 가지 다른 계급을 나타내는 말입니다. 그들은 하나님께서 세우신 그 놀라운 건물을 주의 깊게 응시합니다. 교회의 복도, 즉 하나님의 섭리의 시대를 따라서 하나님의 은혜와 사랑을 상징하는 여러 가지 트로피들이 진열되어져 있습니다. 신자를 장식해주는 미덕과 은혜의 보석 상자들도 있고, 죄와 완악한 마음을 이긴 승리의 기념물도 있고, 유혹과 시련을 극복한 승리의 기념물도 있습니다. 그리고 그 천사들이 하나님의 작품으로 가득 찬 이 복도를 따라 걸어가면서, 때로는 오래 서서 자세히 보기도 하고 감탄하기도 하고 놀라기도 합니다. 그리고는 다시 하늘로 올라가 이전보다 더욱 큰 소리로 노래합니다. 이 땅의 하나님의 교회에서 그들이 보았던 각종 지혜의 주인이신 하나님께 할렐루야 찬양을 돌립니다.

사랑하는 친구들이여, 오늘의 본문은 조금 생소합니다. 여러분은 우리들과 비교해 볼 때 더 일찍 창조된 천사들은 수많은 세월 동안 하나님과 함께 있었다고 생각할 것입니다. 그리고 나도 그들이 다른 어떤 방법으로 "하나님의 각종 지혜"를 배웠다는 말을 들어보지 못했습니다. 그들은 하나님께서 하늘과 땅을 창조하실 때 같이 있었습니다. 아마 이 땅이 형성되고 있을 때, 즉 "태초에"와 "하나님이 천지를 창조하실" 때 사이의 긴 기간 동안 천사들은 자주 이 땅을 방문하여 오늘날 우리가 땅 속에서 파낸 화석에 나타나 있는 신비스러운 모습들이 영광 가운데 살아 있는 것을 보았을 것입니다. 분명히 "땅이 혼돈하고 공허하며 흑암이 깊음 위에"(창 1:2) 있던 그 때에도 천사들은 숨겨진 보물에 대해 알았을 것입니다. 그리고 하나님께서 "빛이 있으라 하시니 빛이 있었고"(창 1:3)라고 하셨을 때, 그리고 최초의 광선이 손가락과 같이 지구를 건드려 깨워서 아름답게 만들었을 때, 그 때에 천사들은 천국의 비파를 켜고, "새벽 별들이 기뻐 노래하며 하나님의 아들들이 다 기뻐 소리를 질렀느니라"(욥 38:7)고 기록되어 있습니다. 그러나 그들이 창조의 7일 동안 위대하신 창조자와 함께 있었을지라도, 또 그들이 "땅의 가축을 그 종류대로, 하늘의 새들을 그 종류대로" 창조하신 것을 보았을지라도, 그리고 바다의 고기와 모든 식물과 풀을 보았을지라도, 그 모든 것들로 인해 그들이 "하나님의 각종 지혜"를 알게 되었다는 말을 나는 보지 못했습니다. 더 나아가 창조주의 최후의 작품인 사람이 그의 아름다운 배우자와 함께 에덴 동산을 거닐고, 또 하나님을 경배하는 존재로 대단히 놀랍게 창조된 자이며, 그들의 몸과 마음은 그 어떤 것과도 비교할 수 없는 하나님의 지혜가 집약된 피조물이었을지라도 그 사람이 천사들에게 하나님의 "각종 지혜"를 알게 해주었다는 말이 없습니다. 그렇습니다. 그리고 한 걸음 더 나아가, 하나님이 다른 세상을 창조하시고 수많은 별들 속에 다른 사람들, 다른 종족들이 산다고 가정한다 할지라도, 그들이 천상의 영들에게 "하나님의 각종 지혜"를 전해 주었다는 사실은 발견할 수 없습니다. 더 나아가 교회와 멀리 떨어진 하나님의 모든 섭리적 경륜 시대 가운데서도, 그리고 또 눈이 가득한 그 놀라운 수레바퀴의(겔 10:12 참조) 신비스러운 대 변혁 가운데서도 교회와 상관 없이 하나님의 지혜가 완전히 천사들에게 알려진 적은 없었습니다.

아, 형제들이여, 다시 한 번 기억하십시오. 천사들은 피조물 가운데 가장 밝은 눈으로 보좌에 앉아 계신 분의 영광을 바라봅니다. 그리고 그 기쁜 광경을 보면서 "거룩하다 거룩하다 거룩하다 만군의 여호와여"(사 6:3)라고 외칠 때, 그들은 얼굴을 베일로 가리었습니다. 그들은 말하자면 태양 가운데 서 있는 자들이며, 피조물 중에서 가장 높은 지위에 있고, 또 영원한 보좌에 가장 가까이 있는 자들입니다. 그럼에도 불구하고 그들이 "하나님의 각종 지혜"를 알았다는 기록은 없습니다.

이것은 우리에게 교회의 중요성을 가르쳐주는 참으로 놀라운 견해입니다. 형제들이여, 우리들은 교회의 지체들 중에서 가장 비천한 자라도 경멸하지 맙시다. 가장 넓은 지역에 있는 피조물 가운데에서보다 교회 안에 더 많은 하나님의 지혜가 있기 때문입니다. 하늘의 아치들을 세우는 것에서보다 영혼을 구원하는 데에서 하나님의 지혜를 더 많이 찾아볼 수 있기 때문입니다. 하늘이 그 찬란함을 보여주는 것보다 교회가 더 하나님을 잘 보여주고 있기 때문입니다. 오, 우리들의 눈을 크게 뜨고 천사들도 보기를 원하는 그 거룩한 신비들을 놓치지 맙시다.

나는 앞에서 본문의 의미를 설명하였습니다. 그러므로 우리들은 천사들도 보기를 원하는 그 흥미로운 내용에 대해 여러분의 관심을 집중해야 합니다. 하나님의 창조와 교회에 대해 간략하게 살펴본 내용을 통해서 우리들은 그리스도의 피로 사신 교회 안에 나타난 하나님의 각종 지혜에 대해서 깨닫게 되도록 기도해야 할 것입니다.

1. 첫째로, 사랑하는 형제들이여, 통치자(정사)와 권세들, 즉 천사들이 교회 안에서 관심을 갖는 주된 대상은 하나님이 교회를 구원하시려는 계획입니다.

천사들이 그토록 찬양하고 놀라는 것은 바로 교회에 대한 하나님의 구원 계획입니다. 어떤 사람들이 그것에 대해 아주 잘 설명한 적이 있습니다. 만약에 국회에게 하늘과 땅의 모든 영혼들을 맡겨주었다면, 또는 불경건한 자를 의롭게 만드시는 하나님이 공의로우신 분이 되게 할 수 있는 계획을 수립하는 일을 총회에 맡겼다면 그들은 모두 그 일을 성취하지 못했을 것입니다. 의심할 여지 없이 고상한 지성을 가진 천사들은 그의 교회를 구원하시는 하나님의 방법 가운데서 하나님의 모든 속성들이 밝게 빛나고 있다는 사실을 기쁜 마음으로 고찰했을 것입니다. 하나님은 공의로우신 분입니다. 그들은 하늘에서도 그것을 알았습니다. 범죄한 루시퍼를 그의 처소에서 쫓아내실 때 루시퍼가 마치 번개처럼 떨어지는 것을 천사들은 보았던 것입니다. 하나님은 공의로우십니다. 그가 아침의 아들 루시퍼를 내쫓으셨을 때만큼, 그의 아들이 십자가에 달리셔서 불의한 자를 위해 의로운 피를 흘리시고 우리들을 하나님께로 인도하신 골고다에서도 똑같이 공의로우셨습니다. 천사들은 구원 안에서 서로 조화를 이루고 있는 공의와 화평의 놀라운 기적을 보았습니다. 하나님께서는 마치 자신 안에는 자비심이라고는 조금도 없는 것처럼 엄격하셨습니다. 그래서 그의 백성들의 죄 때문에 그의 아들을 있는 힘을 다해 때리셨습니다. 그리고 또 하나님은 마치 자신이 전혀 공의롭지 못한 것처럼 자비로우셨습니다. 그래서 마치 그들이 전혀 죄를 짓지 아니한 것처럼 그의 백성들을 안아 주셨습니다. 하나님은 그들을 큰 사랑으로 사랑해 주셨습니다. 비록 그들이 전혀 범죄하지 않았다 할지라도 그보다 더 큰 사랑은 받을 수 없었을 것입니다. 그들은 하나님께서 죄를 얼마나 증오하셨기에 자기의 독생자에게 보응하셨는지를 깨달았습니다. 하나님은 세상을 사랑하셨습니다. "하나님이 세상을 이처럼 사랑하사 독생자를 주셨으니 이는 그를 믿는 자마다 멸망하지 않고 영생을 얻게 하려 하심이라"(요 3:16). 마치 동양의 왕들의 왕관에서 가장 귀한 보석들이 빛나듯이 이 땅에서는 놀라움이요 하늘에서는 경이로움인 십자가의 모든 영광과 함께 하나님의 모든 무한한 속성들이 하나의 아름다운 후광으로 빛나고 있습니다. 그리스도의 대속으로 말미암아 하나님의 사랑과 공의를 동시에 충족시켜야 하는 이 난제가 그토록 기쁘고 완벽하게 해결된 것을 통해 천사들은 "하나님의 각종 지혜"를 보게 된 것입니다.

한 걸음 더 나아가, 이 위대한 계획에 의해서 죄악이 인류에게 가져다준 모든 파멸이 사라진 것을 천사들이 알았을 때, 그들은 하나님의 지혜에 또다시 놀라게 됩니다. 그리고 그들은 그 파멸을 제거하신 방법을 보고, 즉 인간의 무덤의 입구에서 돌을 굴려내 버리기 위해서 하나님께서 사용하신 그 신비스러운 방법을 보고 그들은 경외하는 마음으로 머리를 숙입니다. 우리는 아담 안에서 에덴을 잃어버렸습니다. 그러나 주 예수 그리스도께서 에덴보다 더 훌륭한 것을 우리에게 가져다주셨습니다. 우리들은 인간의 존엄성을 잃어버렸습니다. 그러나 오늘날 우리는 그리스도 안에서 그 존엄성을 다시 회복하였습니다. "만물을 그 발 아래에 복종하게 하셨기"(히 2:8) 때문입니다. 우리는 흠 없는 순수성을 잃어버렸습니다. 그러나 그리스도 안에서 그 순수성을 다시 회복하였습니다. 우리는 그의 의를 통해서 의롭다하심을 얻었고 그의 피로 씻음을 받았기 때문입니다. 전에 우리는 하나님과의 교통을 잃어버렸습니다. 그러나 이제는 하나님과 교통하게 되었습니다. 그것은 우리가 믿음으로 말미암아 우리의 자리에서 이 은혜로 가까이 가게 되었기 때문입니다. 우리들은 천국 그 자체를 잃어버린 자들입니다. 그러나 이제 천국은 또 다시 우리들의 것입니다. 우리는 그리스도 안에서 기업을 얻었고, 또 "빛 가운데서 성도의 기업의 부분을 얻기에 합당하게"(골 1:12) 되었기 때문입니다. 이제 모든 해악들이 사라졌습니다. 하나님이 모든 해악들을 정복하시고 그것들 스스로 파멸하게 하셨기 때문입니다. 용은 자기 침으로 자기를 찔렀고, 골리앗은 자기 칼로 죽임을 당했습니다. 죽음은 십자가에서 못 박히신 분의 죽음에 의해서 죽임을 당했습니다. 죄악은 십자가 위에서 자신의 몸으로 우리의 죄악을 담당하신 위대하신 속죄 제물에 의해서 제거되었습니다. 무덤은 그 자신의 희생물에 의해서 저주를 받았습니다. 그리스도께서 무덤 안에 붙잡혀 있었기 때문입니다. 이것은 사탄이 사탄을 쫓아낸 경우입니다. 우리는 사람에 의해서 넘어졌고, 사람으로 인해서 일어났습니다. "아담 안에서 모든 사람이 죽은 것 같이 그리스도 안에서 모든 사람이 삶을 얻으리라"(고전 15:22). 사탄이 승리했던 그 벌레가 이제 하나님이 영광을 받으시는 벌레가 된 것입니다. 사탄이 하나님을 수치스럽게 하려고 수단으로 사용한 것은 사람이었습니다. 그러나 하나님이 지옥의 모든 술책과 잔인함을 극복하고 승리하신 것도 사람을 수단으로 사용하셨습니다. 천사들은 그 일에 대해 놀랐습니다. 그것은 그들이 모든 해악에 대처할 그 구원 계획을 통해서 "하나님의 각종 지혜"를 보았기 때문입니다.

　　다음의 내용에 대하여서도 관찰해 봅시다. 하나님께서는 타락이 없었고 그래서 속량의 필요가 없었을 경우에 하나님이 받으셨을 영광보다 대속에 의한 구원의 위대한 계획을 통해서 더 큰 영광을 받으셨습니다. 천사들은 인류의 전 역사 가운데 나타난 "하나님의 각종 지혜"를 찬양합니다. 그리고 인류의 역사의 처음부터 끝까지 인간들이 전혀 범죄하지 않으므로 그들의 역사가 황금문자로 기록될 그때보다 하나님은 대속을 통하여 더욱 큰 영광을 받으신 것입니다. 오, 여호와여, 당신께서 잠시 동안 당신의 백성들로 잃어버린 양 같이 길을 잃어버리도록 허락하셨을 때 하늘에서는 침묵만 있었습니다. 그 때에는 하나님의 적들이 승리하고, 하나님이 사랑하는 자는 적들의 손에 넘겨졌습니다. 그리스도의 보석들이 잠시 동안 더러운 진흙과 타락의 폐허 사이에서 잃어버려졌을 때 여호와의 깃발이 거두어진 것 같았을 것입니다. 천사들에게 가장 높은 찬양을 받으시는 하나님께서 패배하는 것처럼 보였을 것입니다. 그러나 그리스도께서 "에돔에서 오는 이 누구며 붉은 옷을 입고 보스라에서 오는 이 누구냐"(사 63:1) 하시며, 과거에 적의 손에 있던 보석이 박힌 면류관을 그의 머리 위에 쓰시고 그리스도께서 외쳤을 때의 기쁨이 더 컸고, 목자가 산에서 그의 어깨 위에 길을 잃은 양을 메고 돌아올 때, 하늘에서는 잃어버리지 않은 많은 양들보다 잃어버린 양 하나를 찾은 기쁨이 더 컸습니다. 타락의 깊은 저음이 회복의 노래로 변할 것입니다. 타락으로 인해서 깊은 신음 가운데 있는 낮은 노랫소리가 영원한 노래의 위대한 음조의 한 부분을 이루게 될 것입니다. 전에는 신음소리였었으나 이제는 만군의 여호와 하나님의 보좌에까지 울려 퍼지는 노래가 되었습니다.

형제들이여, 만약에 여러분들이 하나님의 모든 사역에 대하여 잠시 생각해 본다면, 그리고 모든 선택받은 씨앗들이 보좌 주위에서 만나는 날까지 하나님은 미리 아시고 구원계획을 세우시고 실현하셨다는 것을 생각해 본다면, 여러분은 그 모든 영광 때문에 큰 충격을 받을 것입니다. 자기를 사랑할 피조물들을 창조하시고, 가장 가까이 자기에게 연결시킬 피조물들을 창조하시는 것은 하나님의 권능의 범주 안에 있는 일입니다. 그러나 나는 경외하는 마음으로 말씀드립니다만, 그리스도께서 우리를 위하여 죽으신 그 희생이 없이 어떻게 타락한 자를 구원받은 자로 창조하시어 하늘에 올리실 수 있는지, 하나님의 전능하심이라도 그 일이 가능할까 하고 생각해 봅니다.

형제들이여, 만약에 우리가 전혀 타락한 적도 없고 그래서 구원받은 적도 없다면, 우리들은 결코 구원의 은혜와 자기 몸을 드려 죽으신 그 사랑을 노래할 수 없을 것입니다. 우리가 할 수 없는 것은 천사들도 할 수 없습니다. 우리는 지식에 넘치는 그리스도의 사랑의 높이와 깊이와 길이와 너비를 알 수 없었습니다. 하늘의 양식으로 잔치를 벌일 때 우리들은 그의 넉넉하심을 찬양할 것입니다. 그러나 우리가 그리스도의 몸을 먹을 때에는 그보다 훨씬 더 크게 찬양할 것입니다. 천국의 포도송이에서 짠 포도주를 마시게 되었을 때 우리는 그 잔치를 베풀어 주신 분을 송축할 것입니다. 그러나 우리의 향기로운 포도주로 예수님의 보혈을 마실 때에는 더욱 감격하여 송축할 것입니다. 우리가 순수하고 거룩할 때, 우리는 주님을 찬양할 수 있을 것이며 또 그렇게 해야만 합니다. 그러나 우리가 "어린 양의 피에 그 옷을 씻어 희게"(계 7:14) 했을 때에는 지금처럼 그 정도의 찬양으로는 부족합니다. 하나님이 스스로 인성을 입지 않으셨다면, 그리고 말씀이 육신이 되어 우리 가운데 거하지 않으셨다면, 다른 어떤 방법으로 지금보다 더 하나님과 가까운 관계를 이룰 수 있는 방법이 있을런지 모르겠습니다. 설령 다른 방법이 있다 할지라도 죽을 인생들은 그 누구도 다른 계획을 고안해 낼 수 없습니다. 피조물이 완벽하게 자유롭게 되기 위해서는 가장 놀랍고, 가장 하나님답고, 가장 신성한 방법으로 되어져야 합니다. 범죄한 피조물이 대리인에게 부과된 징벌을 통해서 하나님의 공의를 발견하고, 또 그 대리인은 하나님 자신이라는 사실을 통해서 하나님의 사랑을 알게 되는 그 방법이라야 합니다. 이 피조물은 부자관계의 끈으로, 그리고 불꽃의 고통이라도 하나님의 사랑으로부터 떼어낼 수 없을 정도로 강력한 애정의 띠로 영원하신 분에게 묶여져 있습니다. 그리고 천국에서 이 피조물은 자기 자신의 공로로 된 것이 아무것도 없고, 자기 자신의 노력으로 된 것이 아무것도 없으며, 모든 것이 자기를 사랑하시고 또 자기를 그의 피로 값주고 사신 주님의 공로로 된 것이라는 사실을 느끼게 될 것입니다. 그러므로 이처럼 감사를 느끼는 존재는 다른 모든 고귀한 존재들이 추앙하는 더욱 우월한 존재를 따라 하나님을 찬양하게 될 것입니다.

오, 사랑하는 친구들이여, 만약에 우리가 몇 시간 동안만이라도 그 주제에 대해 연구한다면 우리들은 하나님이 행하신 그 어떤 일 가운데서도 속량하시는 사랑의 계획에서 만큼 그 지혜를 발견할 곳은 없다는 사실을 알게 될 것입니다. 오, 여호와의 천사들이여, 교회의 주위를 돌아보십시오. 교회의 보루를 주목해 보십시오. 그리고 교회의 탑들에 대해서 말하십시오. 교회의 궁전들에 대해서 생각해 보십시오. 언약의 확고부동한 힘을 보십시오. 선택하신 사랑의 크기와 너비를 보십시오. 하나님의 약속의 정확성과 진실성을 보십시오. 은혜의 완전성과 용서의 보혈의 효능을 보십시오. 하나님의 사랑이 인간에게 부어질 때 그 신실함과 확고함을 보십시오. 너희 영들이여, 모든 것을 찬양한 다음 되돌아와서 우리와 함께 연합하여 더욱 감미롭게 다음과 같은 노래를 부릅시다. "죽임을 당하신 어린 양은 능력과 부와 지혜와 힘과 존귀와 영광과 찬송을 받으시기에 합당하도다"(계 5:12).

2. 두 번째로, 하나님의 지혜는 교회가 지나온 여러 시대들 가운데서 천사들에게 분명하게 알려졌습니다.

처음의 교회는 정말로 적은 무리였습니다. 많은 사람들 중에서 선택되어진 소수였습니다. 곧 망하게 될 아람 사람 아브람과 그의 권속들 중 경건한 소수의 사람들이었습니다. 그리고 그 시냇물은 조금 더 넓어졌습니다. 거기서 열두 지파가 나왔습니다. 그리고 곧 시대는 더욱 분명해졌습니다. 모세가 일어났습니다. 그리고 아론도 일어났습니다. 그들은 하나님께서 택하신 자들이었습니다. 그 때 천사들은 그 고대의 상징적인 종교의식을 보기 원했습니다. 그들은 마치 그들이 그 황금 덮개가 감추고 있는 비밀을 보려고 하는 것처럼 날개를 벌리고 또 얼굴을 아래쪽으로 숙인 채 시은좌 위에 서 있는 것으로 묘사되어져 있었습니다. 의심할 여지도 없이 그들이 희생 제사를 보았을 때, 즉 그것이 번제든 화목제든 속죄제든 간에 그들이 그것을 보았을 때, 또 성막의 화려한 의식이나 그것보다 더 훌륭한 성전의 의식을 보았을 때, 비록 그것이 희미한 상징과 그림자에 지나지 않을지라도 그들은 하나님의 지혜를 찬양했습니다. 의의 태양이 그 날개 아래 치유책을 가지고 떠올랐을 때, 희생제사가 하나의 위대한 제물에 의해서 대체되는 것을 그들이 보았을 때, 영원히 하나의 희생 제사를 단번에 드리고 높으신 위엄 우편에 앉아 계시는 그 사람에 의해서 대제사장이 물러나는 것을 그들이 보았을 때, 그들은 더욱더 찬양하였음에 틀림없습니다. 신자들의 체험 속에서 진리들을 차례대로 깨닫게 되었을 때, 교리들이 성령의 조명에 의해서 그리스도의 교회에 차례대로 계시되어졌을 때 그들은 참으로 놀랐습니다. 오, 형제들이여, 천사들이 현재와 과거를 비교해 보고 또 과거를 현재와 비교해봤을 때, 그리고 유대의 감람나무를 선택하고 나머지 나무들은 버리며, 또 돌감람나무에서 나온 이방인들을 접붙이고 원래부터 있던 가지들은 쳐버리는 것을 보았을 때, 천사들은 하나님의 경륜 시대의 독특한 다양성을 찬양하였을 것입니다. 그 때 그들은 그의 은혜가 모든 시대에 동일하게 남아 있다는 사실을 알았을 것입니다.

높은 산을 오르거나 내려갈 때 경치가 급격하게 변하는 것을 보고 사람들은 놀랍니다. 여러분은 방금 전에 오른쪽을 보았습니다. 그리고 평야 지대에 있는 인구가 조밀한 도시를 보았습니다. 그러나 모퉁이를 돌아 숲 사이를 바라보면 넓은 호수를 보게 됩니다. 그리고 잠시 후에는 꼬불꼬불한 길이 나타나고 여러분들은 좁은 계곡과 저 너머에 있는 또 다른 산맥을 보게 될 것입니다. 모퉁이를 돌 때마다 여러분의 눈앞에는 새로운 광경이 펼쳐집니다. 천사들의 경우에도 역시 그랬을 것입니다. 그들이 교회가 서 있는 산, 곧 "우리 모두의 어머니인 위에 있는 시온 산"을 처음으로 올라가기 시작했을 때 그들은 아브라함이 그것을 보았던 것과 같이 그곳에 나타난 하나님의 지혜를 보았습니다. 그리고 그 길의 모퉁이를 돌았을 때 모세가 그것을 보았던 것과 같이 그 지혜를 보았습니다. 그리고 그들은 또한 다윗이 그것을 보았던 것과 같은 광경을 보았습니다. 그리고 또 그들이 더욱 분명한 빛을 향해 올라갔을 때, 그리고 산허리에 걸려 있는 안개가 흩어지고 또 은혜의 소나기가 쏟아질 때, 그들은 사도들이 감람산에 서 있었을 때 보았던 것과 같이 하나님의 지혜를 보았습니다. 그리고 주님께서 하늘로 승천하신 이후 18세기가 흘러가는 동안 교회의 모든 시련들을 통해서 그들은 끊임없이 새로운 광경을 보아 왔으며, 불변하시는 하나님의 끊임없이 다양한 각종 지혜의 새로운 모습을 보아 왔습니다. 그것은 교회를 다스리시는 하나님의 방법 가운데에도 나타나고 있습니다. 이와 같이 구원의 계획뿐 아니라 섭리 가운데에서도 천사들에게 "하나님의 각종 지혜"가 알려지게 되었습니다.

3. 셋째로, 각각의 요점을 요약해 보면
우리는 다음과 같은 결론에 이르게 됩니다.
천사들은 주로 그의 교회 가운데서,
다시 말하면 교회의 언약적 머리와 대리인 가운데서
하나님의 지혜를 봅니다.

오, 생명과 영광의 주님께서 육신을 입으시고 우리 가운데 거하게 되셨다는 것을 처음 들었을 때, 그들은 이 땅이 하늘로 올라갈 수 있게 하기 위하여 하늘이 이 땅으로 내려오시려는 그 계획을 찬양하였습니다. 구유에 누우신 아기께서 그들의 모든 노래를 지휘하셨습니다. 그들이 그 어린 아기가 자라서 어른이 된 것을 보고 또 그가 설교하시는 것을 들을 때 하나님이 자기 자신의 예언자가 되게 하기 위해서 하나님 자신을 보내신 그 지혜에 크게 놀랐을 것입니다. 천사들은 그 사람이 완전한 성결의 삶을 사는 것을 보았을 때, 인간의 모습을 입은 하나님 자신에게서 완전함을 보고 날개로 박수를 쳤습니다. 그러나 대속에 이르게 되어서 하나님의 백성들이 그리스도 안에서 십자가에 못 박혀야 한다는 사실을 알았을 때 그들은 얼마나 놀랐겠습니까? 그들에게는 다음과 같은 생각들이 떠올랐을 것입니다. 즉, 택함을 받은 모든 무리들이 한 사람을 통해서 피와 같은 땀을 흘려야 하고, 그들이 한 사람 안에서 채찍질을 당하고, 상처를 입고, 침 뱉음을 당하고, 한 사람의 어깨로 자기의 저주의 십자가를 옮겨야 하고, 그 한 사람은 그들 모두를 위해서 그런 고난을 당하고 그들 모두의 죄악의 짐을 대신 지고 십자가에 못 박히고, 또 그들 모두를 위하여 죽기까지 피를 흘려야 한다는 것 등등을 생각하였습니다. 오, 그들이 모든 택함을 받은 무리들의 죄악을 그의 어깨 위에 지고 가는 그 비천한 사람을 보았을 때, 그리고 그 외로운 사람이 바로 하나님 자신이라는 사실을 알았을 때, 그들은 진실로 하나님의 지혜에 대해서 크게 놀랐습니다. 그 승리의 사람이 "다 이루었다"(요 19:30)라고 외쳤을 때, 그리고 다른 선택받은 사람들이 마실 것이 한 방울도 남아 있지 않을 때까지 그 저주의 잔을 완전히 마셔버렸을 때, 그리고 그 사람이 무덤으로 내려가고, 신실한 모든 사람들이 그와 함께 매장되었을 때, 천사들은 참으로 놀랐습니다. 블레셋 사람들의 밧줄을 마치 불에 탄 새끼줄 같이 끊어버렸던 삼손처럼 두 번째 아담이 그의 수의를 찢고 죽음의 쇠사슬을 끊어버리는 것을 보았을 때 그들은 얼마나 놀랐겠습니까? 그들은 택함을 받은 자들이 그 영광스러운 분 안에서 부활했다고 생각하고 참으로 놀라워했습니다. 그리고 그 사람이 하늘로 올라가 구름이 그를 가리어 사람들의 눈에 보이지 않게 되었을 때 그들은 그가 승천하시는 모습을 보고 얼마나 기뻐했겠습니까? 우리도 역시 그 안에서 부활했고, 또 그 안에서 높은 곳으로 올라갔으며, 또 그 안에서 온 교회가 그들의 사로잡은 포로들을 이끌고 높은 곳으로 올라갔다는 생각을 하면서 참으로 기뻐해야 할 것입니다. 그 대리인이 측량할 수 없는 갈채를 받으면서 부활하여 아버지의 보좌를 향해 올라가 높은 곳에 계시는 두렵고 위엄 있는 분의 우편에 앉아 계실 때 그 영들의 감탄은 지극히 놀라웠을 것입니다. 그 때 그들은 그가 우리를 모두 다같이 부활하게 하시고, 또 그리스도 예수 안에서 천국에 앉게 해주셨다고 생각했습니다. 그리스도인들에게 이것보다 더 놀라운 교리는 없을 것입니다. 만약에 우리가 더 깊이 연구할 주제를 찾기 원한다면, 택하신 자들과 그리스도의 연합이라는 이 주제야말로 가장 심오한 내용이 될 것입니다.

"오, 거룩한 연합이여, 견고하고도 강력하도다.
그 은혜는 참으로 위대하고, 그 노래는 참 아름답도다.
이 땅의 벌레들이 성육신하신 하나님과 하나가 되었습니다.

그가 죽었을 때에도, 그가 부활했을 때에도,

　　그가 원수들에게 승리했을 때에도,

　　그가 하늘에 앉아 계실 때에도 하나였습니다.

　　천사들은 지옥의 완전한 패배를 노래하였습니다.

　　이 거룩한 끈은 모든 두려움을 금하십니다.

　　그가 가진 모든 것이 우리의 것이기 때문입니다.

　　우리의 머리 되시고 생명이 되시고 안전이 되시고

　　우리의 모든 것이 되시는 그와 더불어

　　우리는 모든 것을 함께 한답니다.”

　이와 같이 여러 가지 모양과 그림자 가운데 그리스도께서 택하신 자들의 언약적 머리와 대리인이 되시는 사건들을 통해서 “하나님의 각종 지혜”가 천사들에게 알려졌습니다.

　비록 이 주제가 좀 더 상세한 결론을 요하는 주제이기는 하지만 이 정도로 끝마치고 다른 주제로 넘어가야 하겠습니다.

4. 넷째로, 하나님의 각종 지혜는 하나님의 모든 자녀들의 회심 안에서 천사들에게 알려졌습니다.

　지금 이 위대한 박람회에는 대단히 독특한 기구들이 있습니다. 인간의 기술에 의한 놀라운 업적들입니다. 그러나 그곳에도 없는 것이 하나 있는데 그것은 살아 계신 하나님의 교회 안에서 찾아야 합니다. 그것은 돌 같이 딱딱한 것을 살 같이 부드러운 것으로 변화시키는 도구, 즉 마음을 녹이는 도구입니다. 화강암을 녹이는 발명품들도 있고, 부싯돌을 녹이는 발명품도 있습니다. 그러나 거기에는 오직 한 가지 발명품은 없습니다. 그것은 금강석 같이 견고한 인간의 마음을 녹이는 것인데 이 세상의 어떤 박람회에서도 찾아볼 수 없습니다. 그러나 주님은 불경스러운 사람이나 신앙심이 없는 사람이나 교만하고 독선적인 바리새인이나 혹은 키가 크고 허세를 부리는 경솔한 죄인들을 데려다가 그의 마음을 예수님의 보혈로 가득 찬 샘에 던져 넣자 그 마음이 녹아서 회개하기 시작했을 때 천사들은 비교할 데 없는 하나님의 지혜를 보게 됩니다. 그런데 박람회에는 마음을 치료하는 도구가 없습니다. 깨어진 마음을 묶어주고 그 부스러기들을 하나로 묶어주어 마음의 상처를 치료해 주는 발명품은 없습니다. 그러나 주님은 상한 마음을 치료해 주시기를 기뻐하십니다. 부싯돌처럼 단단한 것이라도 녹이는 그 보혈이 우리의 마음을 녹이신 다음에, 그는 절망과 낙심과 공포를 제거하시고, 그 불쌍한 양심에게 완전한 평화와 안식, 그리고 한없는 기쁨과 끝없는 자유를 주심으로써 비교할 데 없는 주님 자신의 기술을 보여주십니다. 교만한 사람이 무릎을 꿇고 고개를 숙이는 것을 천사들이 볼 때, 교만한 사람이 그의 조용한 골방에서 한숨과 신음 가운데 자기의 마음을 쏟아놓는 것을 그들이 들을 때, 그 천사들은 "잘 되었습니다. 위대하신 하나님, 잘 되었습니다"라고 말합니다. 그리고 그가 가벼운 발걸음과 기쁜 마음으로, 그리고 그의 죄가 모두 용서를 받았기 때문에 그의 신음이 모두 노래로 변하여 그 골방에서 나오는 것을 천사들이 볼 때에 그들은 "잘 되었습니다. 위대하신 하나님, 잘 되었습니다. 당신이 상처를 입히셨으나 당신이 치료해 주셨습니다. 당신이 죽이셨으나 당신이 살리셨습니다"라고 말합니다. 회심은 우리가 알고 있는 것들 중 가장 위대한 불가사의입니다. 만약 오늘날에는 그와 같은 기적은 없다고 말한다면 나는 눈도 없고 귀도 없는 그런 사람인 것입니다.

그러나 여러분은 "무엇이라고요? 기적이라고 했습니까?"라고 말합니다. 그러면 나는 대답합니다. 그것은 예언자의 지팡이로 치자 갈라져서 강물이나 바닷물을 쏟아내는 바위와 같은 기적이 아니라 거룩하고 천국적인 권능의 기적이라고 대답합니다. 나는 나의 짧은 인생 가운데서 모세가 행한 것보다 더욱 큰 기적들과 더욱 이상한 일들을 보았으며, 그리스도 예수께서 친히 살과 피로 완성한 위대하고 놀라운 일들을 보았습니다. 왜냐하면 오늘날 복음을 통해서 이루어지는 놀라운 일들은 주님의 기적들이기 때문입니다. 지금 지적해도 좋다고 한다면, 나는 이 예배당의 특별석과 마루에 앉아 있는 어떤 사람들을 지적할 수 있습니다. 그리고 그들에게 하나님께서 어떤 기적을 행하여 주셨는지, 그리고 오늘 하나님을 찬양하기 위해 이곳에 앉아 있는 것이 얼마나 행복한지를 물어볼 수도 있습니다. 그들은 과거에 모든 면에서 악한 자들이었습니다. 그러나 그들은 씻기어졌고 성화되었습니다. 지금 그들이 과거에 그토록 익숙해져 있던 술주정뱅이의 잔과 하나님의 이름을 함부로 부르며 욕설을 퍼붓는 사람들의 악행을 생각할 때, 그들의 눈에서는 눈물이 흐르기 시작합니다. 그리고 그들이 과거에 알았던 더럽고 음란한 소굴에 대해서 생각할 때에도 역시 그러합니다. 그러나 그들은 지금 주님을 사랑하고 또 찬양하면서 이곳에 있습니다. 오늘 이 예배당 안에는 그들이 말할 수만 있다면 자기들이야말로 지옥에서 나온 가장 큰 죄인들이며, 또 천국에서 나온 가장 강력한 기적의 결과물들이라고 말할 사람들이 있을 것입니다. 만약에 우리의 복음이 숨겨져 있다면 그것은 단지 고의적으로 복음에 대해 눈을 감아버리는 사람들에게만 숨겨져 있을 뿐입니다. 창녀들과 도둑들과 술주정뱅이들과 함부로 하나님의 이름을 부르며 욕설을 하는 사람들이 살아 계신 하나님의 성도들이 되는 것을 볼 수 있다면 복음이 그 능력을 잃어버렸다고 말하지 마십시오.

오, 선생들이여, 우리가 이런 권능을 볼 수 있는 한, 우리가 우리 자신의 영혼으로 그것을 느낄 수 있는 한, 날마다 회심하는 자들에 대하여 들을 수 있는 한, 영원한 불에서 구출된 사람이 없이는 한 주간도 그냥 흘러가지 않는 동안에는 기적이 없다고 하는 당신들의 말을 믿을 것이라고는 꿈도 꾸지 마십시오. 만약에 이 땅의 하나님의 교회가 이러한 회심자들에 대해 감탄하고 있다면, 죄악의 사악성에 대해서 우리보다 더 잘 알고 있고 또 거룩한 사랑에 대해서 우리보다 더 잘 알고 있으며 또 사람의 은밀한 마음에 대해서도 우리보다 더 잘 이해하고 있는 천사들은 얼마나 더 감격할까요? 그들은 각각의 구별된 회심 가운데 나타난 "하나님의 각종 지혜"를 기쁜 마음으로 찬양할 것입니다. 만화경이라 불리는 정교한 장난감은 항상 새롭고 아름다운 모습을 보여줍니다. 그와 같이 말씀의 전파에 의해 그리스도께 인도되어진 여러 종류의 회심자들은 모두 다 각각 서로 다른 모습을 하고 있습니다. 각각의 경우마다 다른 점이 있습니다. 이렇게 그 다양한 회심자들에 의해서 본문 말씀이 문자 그대로 입증되고 있습니다. 각각의 경우마다 하나님의 각종 지혜, 즉 하나님의 여러 가지 다양한 지혜가 나타나 있습니다. 나는 때때로 "각종"이라는 단어를 다음과 같은 귀한 보물에 비교되는 은혜라고 이해하였습니다. 즉 처음에는 이런 것, 그 다음에는 저런 것으로 여러 겹으로 포장된 보물입니다. 그 다음 것도 반드시 벗겨야 합니다. 그리고 여러분이 그 포장을 하나씩 벗길 때마다 귀중한 어떤 것을 발견하게 될 것입니다. 그러나 천사들이 살아 계신 하나님의 교회 안에서 하나님의 지혜를 보았듯이 우리가 최후의 포장을 벗기고 순수하게 빛나는 광채를 지닌 채 그 내부에 보존되어 있는 하나님의 지혜를 발견하기까지는 오랜 시간이 걸릴 것입니다.

5. 시간이 부족하여 내가 자세히 설명할 요점은 다음 기회로 미루어야 하겠습니다.

오늘날까지 천사들은 신자들의 시련과 체험 가운데서 하나님의 지혜를 연구하기에 좋은 기회를 발견하였습니다. 즉, 그들에게 시련을 당하게 하신 지혜와 그 시련 가운데서 그들을 격려하신 은혜와, 그들을 시련으로부터 구출해 내신 권능 가운데서 하나님의 지혜를 발견했습니다. 그리고 또 그들의 선을 위해서 그 시련을 지배하신 지혜와, 그 시련을 감당하기에 알맞은 것으로 만들어 주시거나 혹은 그 짐을 질 수 있도록 등을 강화시켜 주신 은혜 가운데서 하나님의 지혜를 발견했습니다. 그들은 마치 암사슴의 다리가 높은 곳에 서 있듯이 성도들의 다리가 곧게 서 있을 때 그 성도들의 형통함 가운데서도 하나님의 지혜를 보았습니다. 그들은 신자들이 가장 깊은 곳에서 "그가 나를 죽이시리니 내가 희망이 없노라"(욥 13:15)라고 말하면서 낙심할 때 하나님의 지혜를 보았습니다. 마치 매일 우리들에게 일용할 양식이 주어지듯이 하늘에는 날마다 놀라운 주제가 주어집니다. 그리고 천사들은 하나님의 백성들의 새로운 체험으로부터 새로운 지식을 축적하게 됩니다. 시련을 당하고 있는 신자 여러분, 천사들은 오늘도 천국의 성벽에서 여러분을 응시하면서 배우고 있습니다. 천사들은 마치 바벨론의 왕이 그랬던 것처럼 여러분의 풀무불 속을 들여다보고 있습니다. 그리고 그들은 여러분과 같이 있는 하나님의 아들 같아 보이는 네 번째 사람을 보고 있습니다. 오, 광야에서 헤매는 이스라엘의 자손이여, 천사들은 여러분을 추적하고 있습니다. 그들은 여러분들이 진을 치고 있는 장소들과, 또 여러분이 전진해 나아가는 그 땅을 바라보고 있습니다. 그들이 여러분을 인도하는 불기둥과 구름기둥을 보고, 또 선봉을 이끌고 후미를 받쳐주는 하나님의 군대의 천사를 볼 때에, 그들은 그 길의 모든 과정에서 하나님의 놀라운 지혜를 발견합니다.

**6. 마지막으로, 최후에 하나님의 백성이 받아들여질 때,
그리고 빛나는 천사들이 천국의 평원을 돌아다니고
구원받은 모든 영들과 대화할 때,
그들은 "하나님의 각종 지혜"를 볼 것입니다.**

천사로 하여금 잠시 동안 말하게 하십시오. 그는 다음과 같이 말합니다. "나는 여기에서 모든 나라들에서 온 사람들을 봅니다. 모든 족속과 모든 언어를 가진 사람들을 봅니다. 영국에서부터 일본에 이르기까지, 얼어붙은 북극에서부터 적도 밑에 있는 뜨거운 곳에 이르기까지 모든 나라에서 온 사람들을 봅니다. 여기에서

나는 모든 연령의 영혼들을 봅니다. 어머니의 태와 품에서 갓 태어난 어린아이들도 보고, 메뚜기가 짐이 될 만큼 기력이 없는 중풍에 걸린 노인들의 영혼도 봅니다. 여기서 나는 모든 시대의 사람들을 봅니다. 아담과 아벨로부터 시작해서 하나님의 아들이 하늘에서 내려올 때 살아 남아 있었던 사람들까지 모든 시대의 사람들을 봅니다. 여기에서 아브라함 시대의 사람들과 다윗 시대의 사람들과 사도 시대의 사람들과 루터와 위클리프 시대의 사람들과, 심지어 교회의 마지막 때의 사람들까지 봅니다. 여기서 나는 모든 계층의 사람들을 봅니다. 여기에는 왕이었던 사람도 있고, 또 그의 옆에는 노예선의 노를 젓던 노예들도 있습니다. 나는 자신의 부를 귀중하게 생각하지 않던 부유한 상인도 보고, 그의 옆에는 믿음에 부요하고 천국의 상속자였던 가난한 사람도 봅니다. 나는 실낙원과 복낙원에 대해 이 땅에서 노래하던 시인도 보며, 그의 옆에는 낫놓고 기역자도 모르지만 그 자신의 본성이라는 에덴 동산 안에서 그리고 또 그 자신의 마음이라는 동산에서 실낙원과 복낙원을 알았던 사람도 봅니다. 여기에서 나는 막달라 마리아도 보고 다소의 사울도 보며, 여러 종류의 회개한 죄인들과 여러 가지 다양한 종류의 성도들을 봅니다. 그리고 병환 중에 회심한 사람들과, 붉은 불꽃 가운데에서도 거룩하고 담대함으로 승리한 사람들과, 이 세상과는 어울리지 아니하는 가난하고 괴롭고 고통당하며 양 가죽과 염소 가죽을 입고 방랑하던 사람들을 봅니다. 세상을 흔들었던 수도사와 또 교리의 물결에 소금을 던져 그것을 건전하고 순수하게 만든 사람도 봅니다. 수백만 명의 사람들에게 설교하고 또 수만 명의 사람들의 영혼을 그리스도에게로 인도한 사람도 봅니다. 또 성경만이 진실하다는 사실을 알고 스스로 그리스도의 생명에 동참하였던 비천한 농부도 봅니다. 여기에 그들 모두가 있습니다. 그리고 그 영들이 처음에는 이것을 보고, 다음에는 저것을 보며 돌아다닐 때, 즉 처음에는 은혜의 트로피를 보고, 그 다음에는 다른 자비의 기념품을 보며 다닐 때, 그들은 모두 '오, 하나님, 당신의 작품들은 얼마나 종류가 많은지요. 당신의 지혜 가운데서 그들 모두를 창조하셨나이다. 하늘은 하나님이 사람의 아들들을 위해서 행하신 선하심으로 가득하나이다'라고 외칠 것입니다."

　　사랑하는 친구들이여, 이제 내가 여러분에게 다음과 같은 질문을 함으로써 설교를 마치고자 합니다. 첫째는 하나님의 자녀들을 위한 질문입니다. 그리고 그 다음은 하나님을 알지 못한 사람들을 위한 질문입니다.

　　먼저, 하나님의 자녀들에게 질문하겠습니다. 여러분과 나는 항상 천사들의 주시의 대상이며, 또 그들이 우리를 통해서 하나님의 지혜를 배우기를 원한다는 사실에 대해서 충분히 고찰했다고 생각합니다. 우리들의 자매들이 하나님의 집에서 그들의 머리 위에 무엇을 쓰는 것은 "천사들 때문"입니다. 사도 바울은 여인들은 천사들 때문에 머리 위에 무엇을 써야 한다고 말합니다(고전 11:10 참조). 왜냐하면 천사들도 그 모임에 참석하여 모든 무례한 언행을 보고 있기 때문입니다. 그러므로 천사들 앞에서는 모든 것을 품위 있고 질서 있게 행하여야 합니다. 그것에 대해서 생각해 보고 나서 오늘 오후에 그 문제에 대해 서로 이야기해 봅시다. 천국에서 온 방문자가 우리들로 인해서 슬퍼하지 않게 합시다. 우리가 회의를 할 때에는 저급한 주제를 가지고 토론하지 맙시다. 다만 진실로 덕이 되고, 알맞은 주제에 대해 토의하도록 합시다. 특별히 우리의 가정 안에서 우리는 지금보다 더 그리스도에 대하여 많이 이야기해야 하지 않겠습니까? 우리들은 천사들이 듣기를 원하는 것들에 대해서는 아무 이야기를 하지 않은 채 몇 날 혹은 몇 주를 낭비하고 있지는 않는지요. 형제들이여, 여러분들은 주목을 받고 있습니다. 여러분들은 여러분을 사랑하는 자들에 의해서 주목을 받고 있습니다. 천사들은 우리를 사랑합니다. 그리고 우리들의 발길이 돌부리에 걸리지 않도록 하기 위해서 그들의 손으로 우리를 보호합니다. 그들은 우리의 처소 주변에 진을 칩니다. 이처럼 귀한 손님들을 환대합시다. 그들은 우리가 먹는 빵을 먹을 수 없고 우리의 식탁에 앉아 좋은 음식을 먹는 일에 동참할 수 없기 때문에, 우리는 그들을 기쁘게 하는 주제에 대해서 그들이 만족할 방법으로 이야기해야 합니다. 우리가 그들과 같이 있을 때, 그 천사들(통치자들과 권세들)이 우리로 말미암아 하나님의 지혜를 알 수 있게 행동합시다.

마지막으로, 천사들이 여러분의 행동과 대화에 대해서 무엇이라고 말할 것 같습니까? 여러분들은 그것에 대해 그리 크게 신경을 쓰지 않고 있다고 생각됩니다. 그러나 여러분은 그것에 대해 관심을 가져야 합니다. 최후의 날에 천사들 외에 누가 추수하는 자가 되겠습니까? 천사들 이외에 그 누가 우리의 영혼을 호위하여 최후의 어두운 강을 건너게 하겠습니까? 천사들 이외에 그 누가 마치 나사로의 경우와 같이 우리의 영혼을 아버지의 품으로 인도해 주겠습니까? 우리들은 그들을 멸시해서는 안 됩니다. 여러분의 행동은 그동안 어떠했습니까? 아, 여러분, 그것에 대해서는 설교자가 이야기할 필요가 없습니다. 양심이 완벽하게 해결하도록 맡깁시다. 이곳에도 그들 때문에 낮이나 밤이나 눈물을 흘리게 되는 어떤 사람들이 있습니다. 여러분들은 그리스도인이 되도록 거의 설득되고 있습니다. 여러분의 양심은 갈등하고 있습니다. 그리고 여러분들은 "나는 성도들이 그랬던 것처럼 하나님께 반응할 것이다"라고 말합니다. 그러나 여러분은 아직 회신하지 않은 채 있습니다. 영이시여, 호위하는 영이시여, 거룩한 어머니의 이 아들을 주시하는 영이시여, 실망한 채 도로 하늘로 날아가지 말고 기다려 주십시오. 그의 마음이 누그러지고 있습니다. 누그러지고 있습니다. 이제 하나님의 성령이 그 안에서 역사하고 있습니다. "그렇게 될 것입니다. 그렇게 될 것입니다"라고 말합니다. "나는 회개하고 예수님을 믿습니다"라고 말합니다. 그러나 오, 영이시여, 당신은 그래도 실망할 것입니다. 왜냐하면 그가 "잠시 동안만 당신의 길을 가십시오. 좀 더 편리한 시기가 되면 나는 당신을 부르러 보내겠습니다"라고 말하기 때문입니다. 천사여, 당신은 아직도 실망할 것입니다. 그러나 만약에 그 영혼이 "지금 바로 이 기도의 집에서 나는 나 자신을 그리스도의 완성된 대속 사역에 맡깁니다. 나는 그가 나를 구원해 주실 것을 믿습니다"라고 말한다면, 영광스러운 천사여, 당신은 높이 날아가서, 탕자가 되돌아오고 하늘의 상속자가 태어난 사실을 보좌 위에 있는 그 그룹들에게 말해 줄 것입니다. 하늘에서 계속 축제가 열리게 합시다. 그리고 기뻐하면서 우리의 본향으로 들어갑시다. 죽었던 자가 다시 살고, 잃어버렸던 자를 다시 찾았기 때문입니다.

예수님으로 말미암아 하나님의 성령께서 이 일을 하시기를 기원합니다. 아멘.

제
16
장

—

하늘과 땅에 있는 성도들은 한 가족이다

—

"하늘과 땅에 있는 각 족속" — 엡 3:14

사별은 이 세상의 가장 혹독한 슬픔들 중 하나입니다. 하나님은 우리가 하나님이 우리에게 주신 사람들을 사랑하도록 허락하십니다. 그리고 우리의 마음은 열심히 그들에게 관심을 갖습니다. 그러므로 사랑하는 사람이 갑자기 죽으면 우리들의 여린 감정은 상처를 받습니다. 우리가 친구들의 사별을 슬퍼하는 것은 죄악이 아닙니다. 예수님께서도 우신 적이 있습니다. 만약에 우리가 떠난 사람으로 인해서 슬퍼하지 않는다면 그것은 부자연스럽고 비인간적입니다. 또 그렇게 한다면 우리는 들판에서 뛰노는 짐승들보다 감정이 없는 존재가 될 것입니다. 냉정한 사람들은 그리스도인이 아닙니다. 그리고 그의 정신은 온유한 마음을 지니신 예수님의 정신과는 거리가 멉니다.

냉정한 것이 위안이 되는 경우가 있다고 할지라도, 좋은 친구이면 좋은 친구일수록 그를 잃어버렸을 때 우리들의 슬픔은 더욱더 큽니다. 요시야를 위한 슬픔은 대단히 컸습니다. 그가 훌륭한 군주였기 때문입니다. 스데반도 성령으로 충만한 사람이었고 믿음을 위해서 담대한 사람이었기 때문에 경건한 사람들이 그를 매장지까지 운반하고 그를 위해서 크게 슬퍼했습니다. 도르가도 실제적으로 가난한 자들을 돌봐줬기 때문에 그녀가 죽었을 때 사람들이 울고 애통하게 여겼습니다. 그들은 진정한 성도들이었기에 그렇게 사랑으로 인한 슬픔의 눈물을 흘릴 수 있었습니다. 그러나 만약 그들이 사악한 사람들이었다면, 그렇게 슬퍼하지도 않았을 것입니다. 형제 여러분, 우리는 오늘 슬퍼하지 않을 수 없습니다. 왜냐하면 주님이 자매님을 데려가셨기 때문입니다. 그 자매님은 교회의 진실한 종이었고, 헌신적인 여인이었습니다. 주님은 다른 많은 사람들보다 그 여인을 영광스럽게 해주셨으며 수많은 기쁨의 면류관을 주셨습니다. 우리들은 다음과 같은 이유들 때문에 더 슬퍼합니다. 왜냐하면 이스라엘 안에서의 그토록 사랑스러운 어머니가 잠이 들었고, 그토록 유용한 생명이 종말을 맞이하였고, 그토록 열렬한 음성이 침묵 속에 사라지게 되었기 때문입니다. 나는 오늘 내 곁에서 가장 신실하고 열심 있고 유용한 나의 조력자들 중에서 한 사람을 잃어버렸습니다. 그리고 교회도 가장 유용한 지체 중의 한 사람을 잃어버렸습니다.

사랑하는 여러분, 우리들은 위로가 필요합니다. 이제 우리는 그 위로를 발견할 만한 곳에서 찾읍시다. 나는 우리가 우리의 육신의 눈으로서가 아니라 우리의 영적인 눈으로 이 슬픔을 바라볼 수 있기를 기도합니다. 외적인 것들은 육신의 눈을 위한 것입니다. 외적인 것들은 육신의 눈에 많은 눈물을 강요합니다. 왜냐하면 사람의 육직 생명은 슬픔의 후사이기 때문입니다. 그러나 내적이며 영적인 생명도 있습니다. 그것은 하나님이 신자들에게 주신 것입니다. 그리고 이 생명은 내적인 눈을 가지고 있습니다. 이러한 내적인 눈에는 감각들이 감지할 수 없는 다른 광경들이 보입니다. 이제 우리가 그런 영적인 시야를 갖도록 해야 합니다. 보이는 것들은 여러분에게 눈물을 강요하기 때문에 여러분의 눈을 감으십시오. 보이는 것들은 일시적이고 그림자에 지나지 않습니다. 영원하고 은밀하고 근본적인 진리들을 보십시오. 왜냐하면 바로 보이지 아니하는 것들이 실재적인 것이기 때문입니다. 보이지 아니하는 것, 그리고 또 본문 말씀을 자세히 보십시오.

본문 말씀은 우리에게 위로가 되는 내용을 제시하고 있습니다. 하늘에 있는 성도들은 비록 겉으로는 우리와 떨어져 있는 것처럼 보이기는 하지만, 실재로는 우리와 같이 있습니다. 비록 죽음이 하나님의 교회 안에서 틈을 만든 것 같아 보이지만 사실상 교회는 완벽히고 온전합니다. 비록 하늘의 기주자들과 이 땅 위의 신자들이 두 가지의 서로 다른 종류의 존재들 같아 보이지만 사실상 그들은 "한 가족"입니다.

> "땅에 있는 모든 성도들이여,
> 영광으로 들어간 자들과 함께
> 노래하게 합시다.
> 땅에서나 하늘에서 우리 왕의 모든 종들은
> 모두 다 하나이기 때문입니다."

시인은 이렇게 노래했습니다. 본문 말씀은 우리들에게 "가족"이 있다고 말씀합니다. 그것은 깨어진 가족이나 두 가족이라고 하신 것이 아니고 "하늘과 땅에 있는 온전한 가족"이라고 말씀합니다. 그것은 공동묘지를 가득 메우고 있는 모든 무덤들이 존재함에도 불구하고 결코 분리되어지지 않는 가족입니다. 여러분들도 위에 있는 성도들이 아래에 있는 성도들과 하나로 연결되어 있는 "하나의 공동체"라는 생각을 가지게 되기를 바랍니다. 나는 여러분이 우리를 앞서간 사람들과 한데 묶어주는 끈과, 또 하나의 거룩한 연합으로 우리를 묶어 주는 그리스도 안에서의 뗄 수 없는 친족관계에 대해 생각해 주기를 바랍니다.

1. 먼저 이 위대한 가족적 연합의 요점들에 대하여 생각해 봅시다.

어떤 면에서 하늘과 땅에 있는 하나님의 백성들이 하나의 가족입니까? 우리들은 여러 가지 면에서 한 가족이라고 대답할 수 있습니다. 왜냐하면 그들의 가족적 관계는 아주 오래된 것이고, 분명하고, 뛰어난 것이기 때문입니다.

먼저 주님께서 그들의 이름을 모두 하나의 족보 가운데 기록해 두실 만큼 사랑하신 하늘과 땅에 있는 사람들에 대해 생각해 보겠습니다. 눈으로 볼 수 없는 그 신비스러운 서류에는 그의 택하심을 받은 모든 사람의 이름이 들어 있습니다. 그들은 여러 가지 차이점을 지닌 채 태어났습니다. 그러나 그들은 동시에 선택되었습니다. 하나님의 섭리에 의해서 나머지 다른 인류들과는 구별되었으며, "그들은 나의 것이 될 것이다"라는 단 한 마디의 선포에 의해서 지존자에게 영원히 거룩한 자로 구별되었습니다. "찬송하리로다 하나님 곧 우리 주 예수 그리스도의 아버지께서 그리스도 안에서 하늘에 속한 모든 신령한 복을 우리에게 주시되 곧 창세 전에 그리스도 안에서 우리를 택하사 우리로 사랑 안에서 그 앞에 거룩하고 흠이 없게 하시려고 그 기쁘신 뜻대로 우리를 예정하사 예수 그리스도로 말미암아 자기의 아들들이 되게 하셨으니 이는 그가 사랑하시는 자 안에서 우리에게 거저 주시는 바 그의 은혜의 영광을 찬송하게 하려는 것이라"(엡 1:3-6). 우리는 우리들 가족의 족보를 보존하기를 좋아합니다. 우리들은 우리의 부모가 우리의 이름을 우리 형제 자매의 이름들과 함께 기록해 놓은 것을 되돌아보기를 좋아합니다. 우리들은 믿음으로 구원받은 모든 사람들의 이름이 영원토록 사람의 손길에 의해서 지울 수 없도록 기록되어 있는 위대한 생명책을 바라봅니다. 그리고 우리가 그 사랑하는 이름들을 읽을 때에 오직 하나의 기록만 만들어져 있다는 사실을 기억합시다. 현대의 신실한 자들도 구약 시대의 성도들과 같은 페이지에 기록되어 있습니다. 우리들은 바틀렛 여사(Mrs. Bartlett)의 이름도 여러분의 이름이 있는 동일한 서류에 있다는 것을 확신합니다. 나의 자매여, 비록 당신이 주님의 딸들 중에서 가장 연약한 자일지라도 당신의 이름도 그곳에서 발견될 것입니다. "너희가 부르심의 한 소망 안에서 부르심을 받았기"(엡 4:4) 때문에 여러분은 모두 다 은혜로 선택받은 가족 속에 들어 있습니다.

　위에 있는 성도들과 아래에 있는 성도들은 또한 언약 가운데 있는 하나님의 가족입니다. 그것은 그들의 유일하고도 위대한 공동의 머리가 되시는 주 예수 그리스도의 인격 가운데 그들과 더불어 맺으신 언약입니다. 그것은 또한 모든 것이 질서정연하고 확실한 언약입니다. 슬프게도 우리는 모두 다 우리의 최초의 아버지인 아담 안에 있는 인류의 구성원들입니다. 왜냐하면 우리는 모두 다 아담 안에서 타락했기 때문입니다. 우리들은 다같이 얼굴에 흘리는 땀과, 죄에 대한 같은 성향과, 다같이 죽게 될 운명에 의하여 하나의 공통적인 가족이 되었다는 사실을 인식하고 있습니다. 그러나 두 번째 아담이 있습니다. 그가 대표하시는 모든 사람은 복된 머리가 되시는 분 아래에 있는 가장 확실한 가족입니다. 주 예수께서 성취하신 것은 모두 그의 모든 백성들을 위해서 성취하신 것입니다. 그의 의는 그들의 것이며, 그의 생명도 그들의 것이며, 그의 부활도 그들의 부활의 보증이며, 그의 영생도 그들의 영원한 영광의 원천이요 보증입니다.

> "그들의 생명과 안전과 모든 것이
> 그들의 머리가 되시는 그와 함께 합니다."

　우리가 서로 얼마나 가까운지에 대하여 생각해 봅시다. 이 진리를 통해서 우리들은 지금 우리가 함께 살고 있는 불신앙의 사람들보다 하늘에 있는 성도들과 더 가까운 곳에 있음을 알 수 있습니다. 우리는 중생하지 못한 사람들이 아니고 완전하게 된 의인들과 더불어 언약의 머리되시는 분 안에 있습니다. 우리는 영광을 받은 자들과는 같은 동료 시민들입니다. 그러나 우리는 세속적인 자들 사이에서는 낯선 이방인입니다. 그리스도 예수께서는 영원 전에 영광을 받은 자들을 대표하셨던 그 시간에 우리를 대표하셨습니다. 그리고 언약이 서명되어진 과거에, 그리고 또 피 묻은 나무 위에서 그 언약의 규정들이 성취되어진 시간에, 그가 영화된 사람들을 대표해 주셨듯이 우리를 대표해 주셨습니다. 그리고 그가 그의 모든 택한 백성들의 이름으로 기업을 삼으시고, 또 그가 그의 유일한 교회를 위해서 예비한 영광 가운데 거하실 때에도 우리와 영화된 자들을 대표하고 계십니다.

하늘과 땅에 있는 모든 성도들이 동일한 인(印)에 의해서 보증된 약속들을 소유하고 있다는 사실을 기억한다는 것은 즐거운 일입니다. 여러분은 그 언약의 인을 알고 있습니다. 여러분의 눈길은 그 위에 머물기를 기뻐합니다. 그것은 피 흘리시는 어린 양의 희생입니다. 나의 형제들이여, 위에 있는 성도들의 보증의 근거는 무엇일까요? 오직 하나님의 아들의 피로 인치고 승인된 하나님의 은혜의 언약뿐입니다. 히브리서에서 완전해진 의인들의 영과 관련해서 예수님을 새 언약의 중보자로 말씀하시고, 또 뿌려진 피가 아벨의 피보다 더욱 훌륭한 것을 말하고 있다는 사실을 성령께서 언급하고 있는 것을 볼 때 우리들의 마음은 기쁩니다. 하나님께서 거짓말을 하신다는 것은 불가능한 일입니다. 하나님의 약속과 맹세, 그 두 가지 불변의 사실들은 모든 약속의 상속자들에게, 즉 "너희를 내 백성으로 삼고 나는 너희의 하나님이 되리니"(출 6:7)라는 말씀을 들은 모든 사람들에게 주어졌습니다. 그 백성들은 지금 전투 중에 있는 자나 승리한 자나 모두 다 포함됩니다. 하나님의 이름에 영광을 돌립니다. 하늘에 대한 우리들의 소망의 근거가 되는 그 피가 축복 가운데 거하게 될 완전한 사람들의 보장이 됩니다. 그들은 "사람들 중에서 구속받은 자"로서 그곳에 있습니다. 그리고 우리들도 역시 오늘 그 자리에 있습니다. 그들의 겉옷을 희게 만들어 주었던 동일한 피가 또한 우리를 모든 죄악에서 깨끗하게 해주었습니다.

우리 모두가 시간의 과정을 통해서 한 아버지의 소생이라는 사실을 기억한다면 하늘과 땅의 모든 가족들은 하나라는 사실이 명백해집니다. 하늘에 있는 모든 영혼들은 새로 탄생했습니다. 육으로 난 사람은 영적인 왕국을 상속할 수 없기 때문입니다. 그러므로 어머니의 태에서 방금 태어나 아직 실제로 죄를 범한 일이 없는 아기라도 중생을 통해서 하늘나라로 들어가게 되는 것입니다. 그들이 늙을 때까지 살았든지 혹은 어린아이 때 죽었든지 간에 그곳에 있는 모든 사람들은 죽은 자 가운데서 다시 살아나신 예수 그리스도의 부활에 의해서 다시 태어나 산 소망에 이르게 된 것입니다. 그리고 그들은 혈육에 따른 것도 아니요, 사람의 뜻에 따른 것도 아니요, 오직 하나님의 뜻에 따라 천국 백성의 신분으로 태어난 것입니다.

중생한 모든 사람들의 본질은 동일합니다. 왜냐하면 그들 모두 안에는 영원히 살아 있는 썩지 않는 씨가 있기 때문입니다. 위에 있는 성도들 안에 있는 본질과 아래에 있는 성도들 안에 있는 본질은 동일합니다. 그들은 하나님의 아들들이라고 일컬어집니다. 그리고 우리도 역시 그렇게 일컬어집니다. 그들은 거룩한 것을 기뻐합니다. 그리고 우리도 역시 거룩한 것을 기뻐합니다. 그들은 장자의 교회에 속해 있으며 우리도 그러합니다. 그들의 생명은 하나님의 생명이며 우리의 생명도 하나님의 생명입니다. 그들의 영뿐 아니라 우리의 영도 영원불멸한 생명입니다. 그러나 육신이 불멸의 존재가 되었다는 말은 아닙니다. 그러나 우리들은 우리의 진정한 생명에 대해 "무릇 살아서 나를 믿는 자는 영원히 죽지 아니하리니"(요 11:26)라고 말씀하신 분을 압니다. "너희가 정욕 때문에 세상에서 썩어질 것을 피하여 신성한 성품에 참여하는 자가 되게 하려 하셨느니라"(벧후 1:4)라고 기록되어 있습니다. 나는 하나님의 성품보다 더 고상한 성품은 없다고 믿습니다. 그리고 이 하나님의 성품이 아래에 있는 성도들에게도 주어졌다고 언급하고 있습니다. 천국에서의 새 생명은 더욱 발전되고 성숙한 생명입니다. 그 새 생명은 먼지를 털어내고 아름다운 겉옷을 입었지만 동일한 생명입니다. 어제 하나님을 향해 다시 태어난 죄인 속에도 위에 있는 영화된 사람들의 가슴속에서 불타고 있는 것과 동일한 불꽃이 있습니다. 그리스도께서는 완전한 자들 속에 계십니다. 그리고 그 그리스도께서 우리들 안에 계십니다. 우리들은 모두 하나이며 그가 우리를 모두 형제라고 부르시기 때문입니다. 같은 아버지에게서 태어났고, 같은 본성을 가지고 태어났으며, 같은 생명이 우리에게 불어넣어졌는데도 우리가 한 가족이 아니겠습니까? 아래에 있는 진정한 성도를 위에 있는 성도로 만드는 데에는 약간의 수정만 필요합니다. 그것은 너무 작은 변경이기에 즉각 이루어지는 일입니다. "몸을 떠나 주와 함께 있는 그것"(고후 5:8)입니다. 그 작업은 지금까지 진행되어 왔기 때문에 주님은 단지 최후의 손길만 가하시면 됩니다. 그러면 우리는 천국에서 살아 왔던 자들과 같은 자격으로 천년 동안 영광을 보게 되며 기뻐하면서 천국의 안식에 들어가게 될 것입니다.

우리들은 하나이며 더 나아가 같은 형제들입니다. 모든 성도들은 하늘에 있든지 땅에 있든지 동일하게 하나님의 사랑에 참여하였기 때문입니다. 하나님은 하늘에 있는 백성들뿐 아니라 이 땅에 있는 백성들도 다 아십니다. 하나님은 황금길을 걸어가며 밝은 노래를 부르는 자들뿐 아니라 가난한 가운데서 투쟁하는 하나님의 자녀들도 아십니다. "여호와의 눈은 의인을 향하시고 그의 귀는 그들의 부르짖음에 기울이시는도다"(시 34:15). 나는 겁 많고 소심하며 두려워 떠는 여인들에게 말합니다. 여러분의 구세주께 겸손하게 의지하십시오. 그러면 여러분은, 영광 가운데 주님의 식탁에 앉아 있는 아브라함과 이삭과 야곱과 같이 진실로 하나님의 사랑을 받게 될 것입니다. 그의 자녀들에 대한 하나님의 사랑은 그들의 위치에 영향을 받지 않습니다. 그래서 하나님은 하늘에 있는 자녀들은 더 사랑하고, 이 땅에 있는 자녀들은 덜 사랑하는 그런 일은 없습니다. 하나님은 그런 일은 금하십니다. 비록 악한 자라 할지라도 세상적으로 성공한 아들에게는 모든 사랑을 베풀어주고 가난한 다른 아들에게는 조금도 사랑을 베풀지 않을 만큼 편파적이지 않습니다. 우리의 위대한 아버지께서는 상상을 초월한 사랑으로 그의 택한 자들을 사랑하셔서 그들 각자에게 자기 자신을 주셔서 영원히 그들의 분깃이 되게 하셨습니다. 하나님께서 하늘에 있는 자들을 위해서는 무엇을 더 많이 해주시고, 땅에 있는 우리들을 위해서 더 적게 해주실 리가 있겠습니까? 예수님은 그의 손과 가슴 위에 구원받은 모든 사람들의 이름을 새겨 놓았습니다. 그리고 그들 모두를 완전하게 사랑하십니다. 만일 그들이 모두 주님의 마음의 사랑을 받는 자들로 하나님의 가슴 속에 거하고 있다면 그들은 진실로 하나의 가족이 아니겠습니까?

그들이 모두 동일한 사랑을 받고 있기 때문에 **동일한 약속의 상속자들이요** 동일한 축복의 상속자들입니다. 내가 그리스도 안에 있는 신자이기에 천국이 바울의 천국이나 베드로의 천국인 것과 같이 나의 천국도 된다는 것을 담대히 말할 수 있습니다. 그들은 그곳에서 천국을 향유합니다. 그리고 나는 그 천국을 얻기 위해서 기다리고 있습니다. 나는 그들과 동일한 자격을 가지고 있습니다. 나도 하나님의 상속자이기 때문에 예수 그리스도와 공동의 상속자입니다. 나의 유산은 그들의 유산만큼 광범위하고 확실합니다. 그들이 천국을 소유할 수 있게 된 유일한 권리는 그들로 하여금 예수 믿게 한 하나님의 은혜뿐입니다. 그리고 우리도 은혜에 의해서 예수 믿게 된 것이라면, 영원한 영광에 대한 우리의 권리는 그들의 권리와 동일하게 하나님의 은혜뿐입니다. 오, 하나님의 자녀여, 주님께서 그의 백성들 중에서 소수의 사람들만을 위해서 어떤 특별한 축복을 구별해 놓았다고 생각하지 마십시오. 모든 것이 다 여러분의 것입니다. 그 땅이 여러분 앞에 있습니다. 비록 여러분이 모든 성도 중에서 가장 작은 자보다 더욱 작은 자일지라도, 젖과 꿀이 흐르는 그 땅과 그 땅의 모든 것이 여러분의 것입니다. 그 약속은 모든 자손들에게 확실한 것입니다. 그리고 그 모든 자손들은 그 약속에 관심을 가지고 있습니다. 다음과 같은 복된 말씀을 기억하십시오. "자녀이면 또한 상속자 곧 하나님의 상속자요 그리스도와 함께 한 상속자니"(롬 8:17). 완전히 다 자란 자녀도 아니고, 잘 발육된 자녀도 아니고, 건강하고 근육이 발달된 자녀도 아닙니다. 그런 조건이 없이 그냥 "자녀이면"입니다. 그리고 그것으로 족합니다. 중생은 여러분이 상속자임을 입증합니다. 그들이 모두 다 하나님의 상속자이며 예수 그리스도와 함께 한 상속자라면 그 상속권은 아무 차이가 없기 때문입니다. 이스라엘에서 작은 자인 여러분들이여, 여러분은 이 사실에 대해서 생각해 보시렵니까? 가장 작은 지파인 베냐민 지파에 속한 여러분들이여, 여러분은 앉아서 이와 같은 사실을 생각해 보시렵니까? 여러분은 별처럼 영원히 빛나는 밝은 영들과 동일한 가족의 한 사람입니다. 그리고 비록 나이가 차지가 않았지만 그들의 유산은 여러분의 유산이기도 합니다. 그리고 마치 미성년자와 같이 가정교사와 관리자 밑에서 훈련을 받고 또 천국을 위해서 교육을 다 받을 때까지 기다려야 합니다. 여러분은 비록 어리지만 왕자입니다. 면류관은 쓰지 않았지만 구원자의 왕들과 제사장들 중의 한 사람입니다. 기다리고 또 기다리십시오. 그러나 유산은 보장되어 있습니다. 날이 밝아오고 그림자가 물러갈 때까지 기다리십시오. 아침이 되면 그토록 오랫동안 보존되었던 생명의 면류관이 주어지고, 예수님과 함께 그의 보좌에 앉게 될 것이라는 사실을 확신하십시오.

　　나는 계속해서 위에 있는 성도들과 땅에 있는 성도들이 친족이라는 사실에 대해 설명하겠습니다. 이것만 설명하면 충분할 것이라고 생각합니다.

　　그들은 모두 다 한 몸의 지체들입니다. 그리고 서로를 보완해주기 위해서 반드시 필요합니다. 히브리서에는 위에 있는 성도들과 우리의 관계가 다음과 같이 언급되어 있습니다. "우리가 아니면 그들로 온전함을 이루지 못하게 하려 하심이라"(히 11:40). 우리들은 마치 육체의 지체들과 같이 좀 더 낮은 지체들입니다. 그러나 육체는 우월한 지체들뿐 아니라 좀 더 열등한 지체들도 반드시 있어야 합니다.

육체 중에서 가장 작은 부분이 망가져도 그것은 완전한 육체일 수 없습니다. 그러므로 때가 되면 하나님께서 그리스도 안에서 하늘에 있는 것과 땅 위에 있는 만물을 하나로 불러 모으실 것이라고 선언되고 있습니다. 모든 축복을 누리고 있는 위에 있는 성도들은 우리가 큰 환난에서 벗어날 때까지 그들의 부활을 기다려야 합니다. 그들도 우리들과 같이 양자 입양, 즉 몸의 구원을 기다려야 합니다. 장자의 형상을 닮기로 예정된 모든 사람들이 다 그렇게 되기 전에는 교회가 완성될 수 없습니다. 우리들은 끊을 수 없는 끈으로 영화된 자들과 연결되어 있습니다. 우리들은 그들이 없으면 아무것도 할 수 없다고 생각합니다. 그것은 사실입니다. 그러나 그들도 역시 우리가 없으면 아무것도 할 수 없습니다. "몸은 하나인데 많은 지체가 있고 몸의 지체가 많으나 한 몸임과 같이 그리스도도 그러하니라"(고전 12:12). 이것은 우리를 아주 밀접하게 연결시켜 주는 말씀입니다. 우리들이 애도하는 그들은 멀리 떨어져 있는 것이 아닙니다. 왜냐하면 우리는 모두 다 "그리스도의 몸이며, 특별한 지체들"이기 때문입니다. 비록 어두울지라도 나의 손은 나의 머리가 멀리 있을 수 없다는 사실을 알며, 나의 발이 멀리 떨어질 수 없다는 것을 압니다. 귀와 눈과 손과 발과 머리가 모두 다 하나의 육체의 한계 안에서 결합되어 있습니다. 그러므로 비록 내가 나의 사랑하는 친구를 볼 수 없을지라도, 비록 내가 이 땅에서 그녀의 감동적인 음성을 들을 수 없을지라도, 비록 내가 그녀의 눈물을 볼 수 없을지라도, 나는 그녀가 멀리 떨어져 있지 않다는 사실을 확신합니다. 그리고 우리 사이를 묶고 있는 끈이 결코 끊어지지 않는다는 사실도 확신합니다. 왜냐하면 우리는 우리 주님의 몸의 지체들이기 때문입니다. 그러한 주님의 몸에 대해서 "그 뼈가 하나도 꺾이지 아니하리라"(요 19:36)고 하셨습니다.

지금까지 나는 나의 능력대로 이와 같은 가족적 연합에 대한 몇 가지 요점들을 설명했습니다. 우리가 그것을 깨달을 수 있도록 성령께서 도와주시기를 기원합니다.

2. 이제 그 연합의 불가분리성에 대하여 이야기해 봅시다.

"하늘과 땅의 온전한 가족" — 이것은 두 가족도 아니고 분리된 가족도 아닙니다. 그것은 하늘과 땅에 있는 전체적인 가족입니다. 그것은 언뜻 보기에는 죽음에 의해서 쉽게 나뉘는 것처럼 보입니다. 우리 중에서 어떤 사람은 열심히 일하고 있는데, 다른 사람은 잔디밭에서 자고 있다면 하나의 가족이라 할 수 있겠습니까? 어떤 소녀가 "선생님, 우리는 일곱 명이예요"라고 말했을 때 워즈워스 (Wordsworth)가 그 소녀의 입을 통해서 말한 문장에는 위대한 진리가 들어 있었습니다.

> "그러나 그들은 죽었습니다.
> 그들 중 두 사람이 죽었습니다.
> 그들의 영혼은 하늘에 있답니다.
> 그러나 그것은 그냥 하는 말일 뿐입니다.
> 왜냐하면 아직도 그 소녀는 자기의 뜻을 굽히지 아니하고
> '아니예요, 우리는 일곱명이예요'라고 말했기 때문입니다."

우리들도 하나님의 가족에 대해서 그렇게 말해야 합니다. 죽음은 분명히 하나님의 가족들을 분리시킬 힘이 없기 때문입니다. 우리들은 사도 바울과 같이 죽음이 우리를 하나님의 사랑으로부터 떼어낼 수 없다는 사실을 확신합니다. 무덤에 의해서 야기된 사별은 단지 외적인 일일 뿐입니다. 그것은 실제적인 것이 아닙니다. 가족은 여전히 단결되어 있습니다. 여러분의 아버지가 죽을 때 가족 중에서 상실이 있다고 생각하겠지만, 하늘에 계신 우리 아버지는 죽음으로 인해 갈라진다고 생각하시지 않습니다. 하늘에 계신 우리 아버지는 그의 자녀들 중 그 누구도 잃지 않으십니다. 우리들은 울면서 무덤으로 갑니다. 그러나 하나님은 그렇게 하지 않으셨습니다. 하나님의 자녀는 죽지 않았기 때문입니다. 오히려 그의 자녀는 더욱 가까이 와서 아버지의 품에 안겨 더 아름다운 애무를 받으며, 그의 무한하신 사랑을 더욱더 완전하게 알게 됩니다. 자녀가 가정으로부터 상실될 때 형이 슬피 웁니다. 왜냐하면 그는 형제 중 한 사람을 잃어버렸기 때문입니다. 그러나 우리의 형님 되시는 예수님은 사별을 당하지 않으십니다. 예수님은 그의 형제들 중에서 그 누구도 잃어버리지 않기 때문입니다. 아니, 오히려 그가 친히 구원한 자들을 자기 자신에게 더욱 가까이 데려오시는 것입니다. 그는 그가 사랑하는 자 안에서 완성되어진 그의 선한 사역을 보고 지극히 기뻐하십니다. 아버지께는 중단이 없습니다. 형님 되시는 예수님도 중단이 없습니다. 그러므로 어떤 중단이 있다고 생각하는 것은 우리의 잘못된 상상입니다. 죽음이 우리의 이스라엘을 갈라놓을 수 없습니다. 비록 요단 강으로 갈라져 있었지만 르우벤 지파와 갓 지파와 므낫세 지파

가 이스라엘의 나머지 지파들과 더불어 하나였습니다. 하늘과 땅에 있는 구원받은 가족은 **온전한** 가족입니다.

우리들은 죽음이 어떻게 실제적인 교통을 막고 있는지 이해하지 못합니다. 어떤 매력적이지만 전혀 가치가 없는 책들이 죽은 영혼들과 우리 사이의 연결을 밝혀주는 것인 양 거짓말을 하고 있습니다. 그러나 나는 여러분이 그런 미신으로 이끌리지 않을 것이라고 믿습니다. 하나님께서는 우리에게 그런 일들은 계시하지 않으셨습니다. 우리들은 그와 같은 일에 대해 몽상에 빠져서는 안 됩니다. 우리가 그런 몽상에 빠지게 되면 우리는 심각한 오류를 범하게 되기 때문입니다. 우리들은 영화된 사람들과 이 땅의 사람들과의 교제에 대해서는 아무것도 아는 바 없습니다. 그러나 우리는 떠나간 모든 성도들이 지극히 큰 복을 받고 있다는 사실과, 또 그들이 그리스도와 함께 있다는 사실에 대해서는 잘 알고 있습니다. 그리고 그들이 그리스도와 함께 있고, 우리가 그리스도와 함께 있다면, 우리들은 서로 멀리 떨어져 있는 것이 아닙니다. 우리가 그리스도 예수 안에서 하나님을 만날 때마다 우리들은 모든 시대의 성도들을 만납니다. 여러분은 예수님과의 교제 가운데서 살아 계신 하나님의 도성, 즉 하늘에 있는 예루살렘으로 들어가며, 무수한 천사들의 무리와, 이름이 하늘에 기록되어 있는 자들의 총회와, 장자의 교회와, 완전해진 의인들의 영들에게로 나아가는 것입니다. 교파나 인종이나 국가나 시간의 경계로 하나님의 백성들과 우리들의 교통을 제한하는 것은 불가능합니다. 왜냐하면 우리는 그들 모두와 더불어 하나이기 때문입니다. 형제들이여, 오십시오. 앞서간 성도들과 손을 잡읍시다. 그리고 머지않아 그 무리들 속에 들어가게 될 이 땅에 있는 성도들과도 동일한 사랑으로 손을 잡읍시다. 죽음이 가족 중의 일부를 윗 층으로 옮겼습니다. 그러나 우리들은 여전히 한 가족입니다. 두 개의 큰 부대가 있을 수 있으나 우리는 하나의 군대입니다. 우리들은 두 개의 목장에서 음식을 제공받고 있을 수 있습니다. 그러나 우리는 오직 하나의 양 떼입니다. 우리들은 잠시 동안 서로 구별된 처소에서 살고 있지만 머지않아 하나의 주택이 우리 모두를 받아들일 것입니다.

죽음으로 인하여 공간적으로 헤어지게 된다는 문제는 주님의 가족의 완전성을 해칠 수 없습니다. 영들이 장소의 제한을 받는다면 하늘의 성도들과 이 땅의 성도들 사이에는 거대한 거리가 있을 것입니다. 그러나 우리는 그 공간이 우리에게는 거대한 것처럼 보이지만 하나님이나 영적인 존재들에게는 상대적으로 크지 않다는 것을 기억해야 합니다. 공간은 하나님의 집일 뿐입니다. 하나님은 모든 공간을 품고 계십니다. 그러므로 공간은 단지 영원한 자의 품안일 뿐입니다. 영적인 존재들에게 공간은 거의 문제가 되지 않습니다. 우리들은 바로 이웃에 있는 사람들과 교제를 나눌 수 있는 것만큼 쉽게 대서양 건너편에 있는 사람들과도 사랑을 나누고 교제를 나눌 수 있습니다. 오스트레일리아에 있는 우리들의 친구들도 비록 그들이 세상의 반대편에 있을지라도 우리의 영적인 포옹을 위해서는 먼 거리에 있는 것이 아닙니다. 생각은 전류보다 더 빨리 날아갑니다. 영들은 공간을 무시하며 거리를 초월합니다. 우리는 영적으로 우리의 찬양의 노래들 가운데서 이미 고인이 된 사람들과 만날 수 있으며, 또 우리 주 예수 그리스도 안에서 그들과 같이 기뻐합니다. 공간은 아무것도 떼어 놓을 수 없습니다. 많은 저택들이 있지만 그것들은 모두 다 우리 아버지의 집안에 있습니다.

사랑하는 형제 여러분, 모든 분리시키는 것들 중 가장 큰 죄악조차도 우리를 분리시키지 못한다는 것은 큰 자비입니다. 우리는 그리스도의 피에 의해서 가까워졌기 때문입니다. 우리들이 보좌 앞에 있는 밝은 영들에 대해 생각할 때, 그들은 우리들보다 더 우월한 종족인 것 같아 보입니다. 그리고 우리는 그들의 발 밑에 머리를 숙이고 싶어집니다. 그러나 그러한 감정은 요한계시록에도 나와 있는 바와 같이 우리들 안에서 다음과 같은 음성으로 책망을 받습니다. "내가 그 발 앞에 엎드려 경배하려 하니 그가 나에게 말하기를 나는 너와 및 예수의 증언을 받은 네 형제들과 같이 된 종이니 삼가 그리하지 말고 오직 하나님께 경배하라"(계 19:10). 그들은 결국 우리들과 하나입니다. 왜냐하면 그들도 어린 양의 피로 그들의 겉옷을 씻고 희게 하였기 때문입니다. 그리고 우리들도 그렇게 하였습니다.

그리스도 안에서 사랑하는 여러분, 우리는 영화된 자들과 마찬가지로 그 사랑하는 자 안에서 이미 의롭게 되어지고 또 받아들여졌습니다. 성전의 휘장은 그들을 위해서 뿐 아니라 우리들을 위해서도 찢어졌습니다. 죄악이라는 분단의 산맥도 그들을 위해서 뿐 아니라 우리를 위해서도 무너졌습니다. 비록 우리가 죄인일지라도 우리는 예수님의 피로 하나님께 가까이 나아갔습니다. 그리고 우리는 기쁜 마음으로 보좌에 가까이 나아갑니다. 그들은 이미 완전함에 도달했습니다. 그리고 우리는 그들의 뒤를 따라가고 있습니다. 그들은 얼굴과 얼굴을 마주하고 주님을 바라봅니다. 그러나 마음이 청결한 우리도 하나님을 볼 수 있는 은혜를 얻었습니다. 대속의 피가 중간의 담을 허물었습니다. 그리고 우리는 그리스도 예수 안에서 하나입니다.

오류들과 실패들도 하나님의 가족을 분열시킬 수 없습니다. 그런 것들이 진실로 하나님의 가족을 분열시킬 수 있다면, 우리들 중에서 그 누가 같은 가족이 될 수 있겠습니까? 작은 어린아이는 수많은 실수를 합니다. 그리고 그의 형들은 때때로 미소를 짓습니다. 그러나 그들은 무지하고 유치하다고 해서 그가 그들의 형제라는 사실을 부인하지 않습니다. 사랑하는 형제 자매들이여, 설령 실수를 한다 해도 지금 우리는 거의 알지 못합니다. 우리 각자가 사도 바울과 같이 "내가 어렸을 때에는 말하는 것이 어린 아이와 같고 깨닫는 것이 어린 아이와 같고 생각하는 것이 어린 아이와 같았다"(고전 13:11)라고 말할 수 있을 것입니다. 지금 우리들은 어두운 거울을 통해서 보고 있어서 단지 부분적으로만 알 뿐입니다. 그러나 이것이 "얼굴과 얼굴을 맞대고" 보는 사람들과 우리들의 친족관계를 반박하는 것은 아닙니다. 우리들은 비록 좀 더 낮은 형태를 취하고 있기는 하지만 같은 학교에 소속되어 있습니다. 그리고 "네 모든 자녀는 여호와의 교훈을 받을 것이니"(사 54:13)라고 기록되어 있습니다. 그리고 그들이 아는 것은 우리들과 같은 선생님에게서 배운 내용입니다.

슬픔도 우리들을 갈라놓을 수 없습니다. 그들은 이제 눈물을 알지 못합니다. 그들의 슬픔은 끝이 났고 그들의 수고도 끝이 났습니다. 그러나 우리들은 잠시 동안 가혹한 인생의 전장에 머물러 있기에 싸우고 또 고난을 당해야 합니다. 그러나 우리들이 그들과 나뉘어 있는 것은 아닙니다. 우리들은 모두 "이는 큰 환난에서 나오는 자들"(계 7:4)이라는 한 문장 속에 언급되어 있기 때문입니다. 이미 도착한 사람들과 가고 있는 도중에 있는 사람들이 하나의 무리로 묘사되어 있습니다. 병든 자녀도 건강한 그의 형제들과 마찬가지로 동일한 가족에 속해 있습니다. 전쟁터에서 죽은 병사들도 월계관을 얻은 병사들과 같은 군대에 속해 있습니다. 전투 중에 있는 병사가 그 군대의 일부분이라는 사실을 부인하는 것은 큰 실수입니다. 그가 전투 중에 있기 때문에 그 군대에 속하지 않다고 하는 것은 매정하고 옳지 않은 일입니다. 전투 중에 있는 성도들도 승리한 성도들과 같은 무리에 속해 있습니다. 고난을 당하고 있는 사람들도 아름답게 된 사람들과 같은 무리에 속해 있습니다. 이런 것들 중 그 어느 것도 우리를 분리시킬 수 없습니다. 우리들은 여전히 그리스도 예수 안에서 한 가족입니다. 그 누가 우리를 나눌 수 있겠습니까?

3. 다음으로 우리가 다룰 주제는 대단히 흥미로운 주제입니다.
즉, 이 연합이 현재는 어떤 모양으로 나타나고 있는가 입니다.

우리가 가족이라는 것을 이야기했습니다. 그러나 그것은 단지 기쁘게 하려는 이론으로 보일 수도 있습니다. 그러므로 이제 우리의 연합의 실제적인 현상들에 대해 살펴보기로 하겠습니다.

첫째로, 이미 고인이 된 사람들의 봉사가 우리의 봉사와 혼합되고 있다고 생각합니다. 그들이 이 땅에 내려와 설교하고 가르치고 수고한다는 뜻은 아닙니다. 비록 그들은 죽었지만 여전히 말하고 있다는 뜻입니다. 그들의 봉사는 이생을 초월해서 투영되고 있습니다. 선한 사람은 그의 영향력 있는 삶과 하나님을 위한 진정한 봉사라는 관점에서 본다면 호흡이 그의 육신을 떠나는 순간에 죽은 것이 아닙니다. 그의 사역은 계속해서 이어지는 기념비와 같고 그의 영향력은 여전히 머물러 있습니다. "재 속에서도 그들의 불길이 살아나는 것입니다." 성령이 교회에 주신 권능 중에서 대단히 큰 부분이 이미 죽은 성도들의 증거와 모범으로부터 비롯된 영향력의 형태로 발전되어집니다. 오늘날에도 하나님의 교회는 바울과 베드로의 영향력을 느끼고 있습니다. 바로 이 순간에도 그 사도들의 업적은 모든 민족들에게 이야기하고 있습니다. 루터와 칼빈의 원기왕성한 영혼도 고동치는 생명력을 남겨 두었다는 사실이 확실하지 않습니까? 개혁자들은 그들이 살아 있을 때 활동한 만큼 지금도 활동하고 있는 것입니다. 그래서 모든 사람들은 그의 재능과 은혜에 따라서 다른 사람들의 손길이 그것을 사용할 수 있도록 그의 화살과 활 그리고 그의 칼과 방패를 뒤에 남겨 놓는 것입니다. 그러나 그가 죽기 전에 쏘았던 화살들은 여전히 공중을 날아가고 있으며, 죽음으로 그의 손이 마비되기 전에 그가 세게 던졌던 창은 아직도 적의 방패를 꿰뚫고 있습니다. 나의 사랑하는 자매인 바틀렛 여사(Mrs. Bartlett)의 영향력도 여러분이 살아 있는 한 여러분에게 작용할 것입니다. 그리고 여러분은 또 여러분의 계승자에게 전해줄 것입니다. 여러분 그리스도인들은 그녀의 빛나는 모범 때문에 더욱 열심 있는 성도가 될 것입니다. 그리고 여러분 죄인들은 그녀의 눈물어린 경고들을 기억할 때 죄악 가운데 사는 것이 참으로 어려운 일이라는 것을 발견하게 될 것입니다. 여러분 중에서 어떤 사람들은 그녀의 유복자가 될 것이라는 사실에 대해서도 나는 의심하지 않습니다. 그런 사람들은 그녀가 안식으로 들어간 후에도 그녀에게서 태어난 것입니다. 살아 있는 자들로 하여금 그들이 이 거룩한 전쟁에서의 유일한 승자라고 생각하지 말게 합시다. 왜냐하면 어느 모로 보나 완전해진 의인들의 영들이 그들과 나란히 서 있기 때문입니다. 그리고 그들의 전투는 먼저 간 사람들이 주조한 수많은 대포와 무기들을 가지고 수행되어지는 것입니다. 비록 건축자들이 육신적으로는 여기에 없지만 그들이 쌓아 놓은 금과 은과 보석들을 가지고 주님이 영원히 세울 것입니다.

우리들은 또한 하늘과 땅에서 하나의 가족입니다. 그것도 대단히 가시적인 가족입니다. 왜냐하면 하늘에 있는 성도들의 기도의 영향력이 여전히 우리와 같이 있기 때문입니다. 내 말을 오해하지 마십시오. 나는 위에 있는 성도들의 중재를 믿는 사람은 아닙니다. 나는 그들이 기도한다는 사실을 믿습니다. 그러나 나는 어떤 사람들에게 죽은 성도의 중재를 구하도록 촉구하는 것은 저주받을 오류라고 믿습니다. 내가 의미하고 있는 것은 전혀 다른 것입니다. 내가 말하는 의미는 다음과 같습니다. 즉, 그들이 이 땅에 있을 때에 드린 기도들, 그들의 생애 동안에 응답받지 못한 기도들이 아직도 여전히 교회의 기도의 보고 안에 남아 있다는 뜻입니다. 수많은 어머니들이 자기 자녀들을 구원하지 못한 채 죽었습니다. 그러나 그들이 계속적으로 드렸던 기도들은 그들이 죽은 후에도 유효할 것입니다. 수많은 목사들과 평신도들이 교회의 축복을 위해서 하나님께 간구하고 있습니다. 그리고 아마 기도의 응답을 아직 보지 못하고 있을 것입니다. 그러나 그 기도는 반드시 응답되어집니다. 그리고 50년 후에 교회는 그 기도의 결과를 거두어들일 것입니다. 오늘날 스코틀랜드는 존 녹스(John Knox)의 기도로 인해 더욱 훌륭하고 더욱 거룩해지지 않았습니까? 잉글랜드는 래티머(Latimer)의 기도로 더욱 밝아지지 않았습니까? 이미 영화된 존귀한 무리들은 직접 우리들과 함께 무릎을 꿇을 수는 없지만 사실상 같이 기도하고 있는 셈입니다. 그들은 다른 일을 하러 갔지만 그들이 이 땅에 있을 때 불을 붙여놓았던 향은 여전히 하나님의 교회를 향기로운 냄새로 가득하게 하고 있습니다.

더 나아가서 교회의 연합은 다음과 같은 점에서도 찾아볼 수 있을 것입니다. 즉, 그들의 위로부터의 증언은 우리들의 증언과 혼합되어 있다는 점입니다. 교회는 증인이 되어야 합니다. 나의 형제 여러분, 예수님의 경우에서와 같이 하나님께서 우리로 하여금 진리의 증인이 되도록 도와주실 때, 마치 위에 있는 성도들이 과거에 이 땅에서 그들의 삶과 죽음 가운데서 우리들에게 증언해 주었듯이 우리도 증인이 됩시다. 죽어가는 그리스도인들이 그들이 말을 할 수 없을 때에도 영혼의 완전한 안식을 느끼며, 희미한 눈빛으로 행하는 증언은 참으로 아름답습니다. 다른 사람들은 당연히 그것을 시기합니다. 그러나 그들은 가장 극심한 고통을 당할 때나 육체가 죽어가는 순간에도 증언하는 것입니다. 그러나 이제는 그들의 영들이 휘장 안으로 들어갔기 때문에 그들은 증언을 더 이상 하지 못하는 것인가요? 아닙니다. 그들의 음성을 들어보십시오. 그들은 "당신이 죽임을 당하심으로 당신의 피로 우리를 사서 하나님께 드렸나이다"라고 말하면서 어린 양에 대하여 증언하고 있습니다. 그들은 하늘에 있는 천사들과 통치자와 권세들에게 하나님의 각종 지혜를 알려주고 있습니다. 하나님께서 우리 주 예수 그리스도 안에서 의도하셨던 영원한 목적에 따라 성도들이 그렇게 하는 것입니다. 우리들도 그들과 함께 주님의 풍성한 자비와 충만함을 드러내고 있는 것입니다. 그들은 우리와 함께 그 일에 동참하는 동지들입니다. 그들은 빛나는 존재들입니다. 그리고 우리와 함께 예수님을 위한 증인들입니다. 그래서 우리와 그들은 하나입니다.

위에 있는 성도들이 주로 하는 일은 찬양입니다. 사랑하는 자들이여, 우리의 주된 일도 역시 찬양입니다. 그것을 다음의 시가 잘 표현해 주고 있습니다.

"그들은 위에서 어린 양을 찬송하고
우리는 아래에서 주님을 찬양하네."

그들의 음악은 우리의 음악보다 더욱 아름다우며 불협화음이 없고, 냉담하거나 혼돈이 없습니다. 그러나 주제는 동일합니다. 그리고 그 노래는 동일한 동기에서 우러나오는 것이며, 동일한 은혜에 의해서 가슴에서 이루어진 것입니다. 그러나 지금 내가 주님을 찬양하는 것보다 그들의 찬양이 더 낫다고 할 수는 없습니다. 나의 입은 나의 하나님 안에서의 나의 영혼의 넘치는 기쁨을 말로 다 표현할 수 없습니다. 하나님께서는 나를 무서운 구덩이와 더러운 진흙탕에서 끄집어내 주셨으며, 나의 발을 반석 위에 세워 주셨으며, 나의 가는 발걸음을 굳세게 하셨으며, 나의 입에 새 노래를 넣어 주셨습니다. 매일의 의무가 마치 나를 빚더미와 같이 짓누릅니다. 내가 영속적으로 공급받고 있는 필수적인 것들과 계속적으로 용서받고 있는 수많은 죄악들과 은혜롭게 도움 받고 있는 연약성에 대해 생각할 때 나는 나의 하나님을 찬양하지 않을 수 없습니다. 그렇습니다. 우리들은 한 가족입니다. 왜냐하면 거룩한 예배가 영원하신 하나님의 귀에 상달되고, 우리들의 찬양이 위에 있는 영화된 성도들의 찬양과 하나가 되기 때문입니다. 그래서 우리들은 하나입니다.

　형제 여러분, 나는 또 몇 가지 다른 점에서도 우리가 하나라고 믿습니다. 여러분은 죄인들이 돌아오는 일을 기뻐하지 않습니까? 탕자가 돌아올 때 그것은 이 땅에서 우리들의 축제가 아닙니까? "내가 진실로 너희에게 이르노니 회개한 한 사람의 죄인으로 인하여 하나님의 천사들이 있는 곳에 기쁨이 있으리로다." 여러분들은 죄악에 대항하여 울부짖어 보고 이 세상의 부조리 때문에 신음해 본 적이 있습니까? 제단 아래 있는 영혼들도 죄악에 대하여 똑같이 분개하면서 "오, 주여! 얼마나 오래 기다려야 합니까? 당신의 택한 자들을 위하여 신원하지 않으시렵니까?"라고 부르짖고 있습니다. 여러분은 날마다 주님이 다시 오실 것을 기대하지 않습니까? 그리고 기뻐하는 가운데 주님의 재림을 기다리지 않습니까? 그들도 역시 그렇게 기다립니다. 어떤 사람들은 하늘에는 소망이 없다고 하는데 도대체 누가 그런 말을 한다는 말입니까? 위에 있는 성도들은 우리들과 마찬가지로 복된 소망을 바라보고, 우리의 주님이시요 구세주이신 예수 그리스도의 영광스러운 재림을 기다립니다. 우리의 기쁨과 열망과 소망은 보좌 앞에 있는 자들의 그것과 동일합니다.

　이 모든 것들보다 더욱 중요한 것은 사랑을 받는 것이 하늘과 땅에 있는 성도들의 공통의 기쁨이라는 사실입니다. 무엇이 그들의 천국을 만들었습니까? 누가 그들의 모든 예배의 대상입니까? 누가 그들의 모든 노래의 주제가 되십니까? 그들은 누구 안에서 하루 종일 기뻐합니까? 누가 그들을 생수의 샘으로 인도해주고 또 그들의 눈에서 모든 눈물을 씻어줍니까? 사랑하는 여러분, 예수님은 위에 있는 성도들에게 모든 것이 되시는 것처럼 우리에게도 모든 것이 되시는 분입니다. 예수님, 우리는 당신을 압니다. 그리고 그들도 당신을 압니다. 예수님, 우리는 당신을 사랑합니다. 그리고 그들도 당신을 사랑합니다. 예수님, 우리는 당신을 포옹합니다. 그리고 그들도 당신을 포옹합니다. 예수님, 우리는 당신 안에서 우리 자신이 사라져 버립니다. 그리고 그들도 당신 안에서 그들 자신이 사라져 버립니다. 당신은 우리 영혼의 태양이십니다. 당신은 우리의 생명의 생명이십니다. 당신은 우리의 기쁨의 빛이십니다. 그들에게 당신의 의미와, 우리에게 당신의 의미는 동일합니다. 이 점에서 우리 모두는 하나입니다.

4. 마지막으로, 우리들에게는 머지않아 지금까지 생각해 보았던 어떤 것보다 더 밝은 이 가족적 연합의 미래적 모습이 나타날 것입니다.

　　우리들은 한 가족입니다. 그래서 우리는 다시 만나게 될 것입니다. 그들이 우리에게 올 수 없다면 장차 우리가 그들에게로 갈 것입니다. 이 회중 가운데 모두가 잘 알고 있는 그런 사람을 무덤으로 데리고 가는 일은 흔히 있는 일이 아니지만, 우리 교회의 회중 가운데서 한두 사람 혹은 두세 사람이 본향으로 돌아가는 일이 없는 주간은 거의 없습니다. 나는 여러분과 나 자신을 희미한 수많은 그림자처럼 생각해야 합니다. 그리고 내가 여러분을 만날 때 "다음에는 누가 갈 것인가?"라는 의문이 나 자신에게 생겨납니다. 자연히 나는 머리칼이 희어지고 또 70년의 세월을 보낸 어떤 사람들을 생각합니다. 형제 자매들이여, 여러분은 반드시 곧 가야 합니다. 그리고 나는 여러분이 그런 예상에 대하여 슬퍼하지 않을 것이라고 생각합니다. 그러나 늙은이들뿐 아니라 젊은이들도 본향으로 데려감을 당합니다. 그들의 골수가 윤택한 중년들도 늙어서 지팡이에 의지하고 있는 사람들처럼 데려감을 당합니다. 내가 먼저 여러분을 떠나게 될지 그 누가 알겠습니까? 나의 형제여, 당신이 부르심을 받아 떠나게 될지 누가 알겠습니까? 우리가 이 땅을 떠나게 되는 그 복된 날에 우리들은 아래에 있는 교회를 떠나 위에 있는 교회의 구성원이 된다는 사실을 알게 될 것입니다. 우리들 중 어떤 사람이 신자들의 총회로 들어갈 때마다 그들은 우리를 알아보고 환영해 줄 것입니다. 그와 같은 영접이 위에서 우리를 기다리고 있습니다. 우리가 그곳에 도착하게 될 때, 우리는 하늘에 있는 집에서 완전해질 것입니다. 여러분 중에서 어떤 사람들은 이 땅에서보다 하늘에 더 많은 친구들이 있습니다. 이미 위로 간 수많은 사람들과 비교해 볼 때 여러분의 친구들은 몇 사람 남지 않았습니다. 여러분이 천국으로 들어가는 날에는 교회가 하나의 가족이라는 것을 알게 될 것입니다. 그들이 진심으로 환영해주고, 형제요 친구로 맞아줄 것이기 때문입니다. 그리고 여러분은 그들과 함께 주님을 찬양할 것이기 때문입니다.

　　교회의 가족적 연합을 보게 될 날이 올 것이라는 사실을 기억하십시오. 그리고 그 때에는 나팔이 울리고 죽은 자들이 부활할 것입니다. 우리들은 모두 잠자던 자들의 무리에 속하게 될 것입니다. 그렇게 된다면 나팔이 울릴 때, 그리스도 안에서 죽었던 자들이 먼저 일어날 것이며, 우리들도 그 최초의 부활에 참예하게 될 것입니다. 그렇지 아니하고 만약 우리 주님께서 우리가 죽기 전에 오신다면 우리들은 살아 남게 될 것입니다. 그러나 우리는 죽은 자들이 부활하는 바로 그 순간에 변화를 체험하게 될 것입니다. 그래서 이 썩을 것이 썩지 아니할 것으로 변하게 될 것입니다.

우리들이 모두 다같이 부활할 때, 변화된 모든 사람들이 우리와 함께 서게 될 때, 같은 종족의 모든 사람들, 즉 중생한 모든 사람들이 모두 다 예수님의 의의 흰 옷을 입을 때, 우리는 참으로 훌륭한 가족이 될 것입니다. 참으로 아름다운 가족입니다! 참으로 즐거운 만남이 될 것입니다!

> "그리스도께서 그의 성도들을
> 죽음의 자리에서 일으키시어
> 영원한 세계로 인도하실 때
> 우리는 큰 소리로 즐겁게 노래하리라."

사랑하는 여러분, 나는 이 땅 위에 어떤 영광이 찾아올 것인지 상상조차 할 수 없습니다. 그러나 우리 주님이 이 땅 위에서 천년 동안 살면서 다스리시고, 마치 태양이 다른 별들보다 더 밝게 빛나듯이 다른 모든 군주국보다 더 밝게 빛날 위대한 왕국을 세우신다면, 우리들은 모두 거기에 참여하게 될 것입니다. 왜냐하면 그가 우리 모두를 왕과 제사장으로 만들어서 하나님께 드리실 것이기 때문입니다. 그러면 우리는 이 땅 위에서 그와 함께 다스릴 것입니다. 그리고 끝이 왔을 때 그는 그 왕국을 하나님 아버지께 넘겨드리고, 하나님은 모든 것의 모든 것이 되실 것이며, 우리들은 영원히 주님과 같이 있게 될 것입니다. 모든 택함받은 백성들이 하나님의 보좌 주변으로 모여올 때, 그것은 그 어떤 가족보다 더 큰 가족 모임이 될 것입니다. 그 일은 잠시만 지나면 곧 찾아오게 될 일입니다. 눈 깜짝할 사이에 그것은 사실로 판명될 것입니다. 우리들은 시간에 대해 이야기하면서 그것이 마치 멀리 있는 것처럼 말할 때가 많습니다.

나는 70년이 무엇을 의미하는지를 알고 있는 흰머리를 가진 사람들에게 호소합니다. 그 세월은 마치 밤의 한 경점처럼 지나가 버리지 않았습니까? 만약에 주님이 원하시면 그런 기다림은 만 년이라도 더 연장되어질 것입니다. 그러나 그 만 년도 끝이 날 것입니다. 그 때에는 우리가 영원히 예수님이 계시는 곳에서 하나의 가족으로 있게 될 것입니다. 이러한 소망이 우리를 즐겁게 해줍니다. 사망아 너의 쏘는 것이 어디에 있느냐? 무덤아 너의 승리가 어디에 있느냐? 우리들은 영원한 재결합의 소망으로 즐거운 마음을 가지고 있기 때문에 우리를 슬프게 만드는 너를 거부하노라. 우리들은 하나님이 작정하신 영광에 의해서 용기를 얻었기 때문에 살아 계신 하나님의 한 가족, 불가분리의 가족들을 분열시키려는 너의 헛된 시도를 비웃고 있노라.

실제적인 문제는 우리가 그 가족에 속해 있느냐는 것입니다. 나는 모든 사람의 마음에 영향을 미치게 될 이 적나라한 질문을 드립니다. 나는 그 가족에 속해 있습니까? 나는 하나님에게서 태어났습니까? 나는 예수님을 믿는 사람입니까? 만약에 그렇지 않으면 나는 하나님의 가족이 아니라 진노의 후사(상속자)입니다.

만약에 우리가 그 가족에 속해 있다면 그 가족의 모든 지체들을 사랑함으로써 우리들이 혈연관계임을 보여줍시다. 천국에 함께 갈 형제를 좋아하지 않고 그에게 불친절하게 대하여 후회하는 일이 없게 합시다. 형제의 길이 평탄케 되도록 도움을 주었어야 했는데, 그를 기쁘게 할 수 있었는데, 그렇게 하지 않았다고 후회하는 일이 없도록 합시다. 사랑하는 형제 여러분, 우리들은 천국에서 영원히 같이 살게 될 것입니다. 지금 여기에서부터 순수한 마음으로 열렬히 서로 사랑합시다. 여러분의 가난한 형제들을 도와주십시오. 낙심하고 있는 자매들에게 용기를 북돋아 주십시오. 자기 자신의 일만을 생각하지 맙시다. 우리 모두 다른 사람들의 일에 대해서도 생각합시다. 형제들이여, 형제답게 행하십시다. 자매들이여, 진정한 자매가 되어주십시오. 우리 모두 말로만 사랑하지 말고 행동과 진실함으로 사랑합시다. 우리들은 높은 곳에 있는 우리들의 아버지의 집에서 곧 함께 있게 될 것이기 때문입니다. 아멘.

제
17
장

—

바울의 송영

—

"우리 가운데서 역사하시는 능력대로 우리가 구하거나
생각하는 모든 것에 더 넘치도록 능히 하실 이에게
교회 안에서와 그리스도 예수 안에서 영광이
대대로 영원무궁하기를 원하노라 아멘" — 엡 3:20-21

이 3장은 그 자체가 하나의 완전한 예배입니다. 거기에는 분명한 설교가 들어 있습니다. 바울은 숨겨진 신비의 계시에 대해 열심히 설교하고 있습니다. 그래서 이방인들도 복음으로 그리스도 안에서 그 약속의 동참자가 되었다고 설교합니다. 이 장에는 기도도 들어 있습니다. 이 장 가운데는 "이러므로 내가 하늘과 땅에 있는 각 족속에게 이름을 주신 아버지 앞에 무릎을 꿇고 비노니"(엡 3:14-15)라고 기도가 시작됩니다. 바로 앞 절은 찬송, 곧 비길 데 없는 찬양의 찬송으로 끝나고 있습니다. 이 짧은 장 안에는 예배하는 자들에게 친숙하고 경건한 모든 행동들, 즉 설교와 기도와 찬양이 다 들어 있습니다. 그러므로 사도 바울이 본 장을 이와 같이 송영으로 끝내는 것은 당연한 일입니다. 여기에 나타난 송영은 본 장의 특성에서 비롯되어진 것입니다. 그 송영은 마치 백합꽃이 그 줄기에서 나오듯이 자연스러운 결과이며 전체의 면류관이 되며 본 장의 완성이고 장식이기도 합니다. 본 장은 마지막 찬양이 없었다면 불완전했을 것입니다. 그 의미가 불완전했다는 것이 아니라 영적인 내용의 전개가 불완전했을 것이라는 말입니다. 시온 산은 의심할 여지 없이 그 자체 안에 영광뿐 아니라 아름다움도 지니고 있었습니다. 그러나 그 꼭대기에 있는 성전이 그 산의 가장 신성한 매력입니다. 그와 마찬가지로 이 송영은 이 고귀한 장의 거룩한 클라이맥스이며, 나머지 모든 부분에 대해 영광과 거룩함을 더해주고 있습니다.

여러분이 본 장 전체를 읽어본다면, 사도 바울이 복음을 여러 종류의 사람들에게 여러 가지 방법으로 설명하고 있으며, 또 일반적으로 그것을 "에게(unto)"라는 단어로 시작하고 있음을 알게 될 것입니다. 5절에서 그는 그것을 사람의 아들들에게 나타내신 것으로 말합니다. 옛적에는 복음이 지금처럼 분명하게 계시되지 않았습니다. 그러나 지금은 성령에 의해서 거룩한 사도들과 선지자들에게 계시되었습니다. 우리들은 분명한 빛 가운데 살고 있습니다. 그로 인해 우리는 감사해야 합니다. 사람의 아들들과 복음의 관계는 깊이 생각해 볼 훌륭한 주제입니다. 그 다음 8절에서 사도 바울은 복음과 자기 자신의 관계에 대하여 말합니다. "모든 성도 중에 지극히 작은 자보다 더 작은 나에게 이 은혜를 주신 것은"이라고 말합니다. 복음이 다른 사람들과 어떤 관계가 있는가를 아는 것은 대단히 중요한 일입니다. 그러나 만약 우리들 각자 자기 자신과 복음의 관계를 입증할 수 없다면 그런 지식도 우리들에게 아무 소용이 없을 것입니다. 캘리포니아의 모든 금광도 자기가 가지고 있는 돈보다 가치가 적습니다.

사랑하는 청중들이여, 여러분은 각자가 자신과 복음에 대해서 "나에게 이 은혜를 주신 것은"이라고 말할 수 있습니까? 더 나아가 사도 바울은 천사들에 대해서도 말하고 있습니다. 그는 10절에서 "이는 이제 교회로 말미암아 하늘에 있는 통치자들과 권세들에게 하나님의 각종 지혜를 알게 하려 하심이니"라고 말하고 있습니다. 복음은 천사들과도 관계가 있습니다. 그들은 항상 복음과 관계를 맺고 있었습니다. 그들은 과거에도 그것을 보기 원했으며, 우리 주님에 대해서도 "천사들에게 보인 바 되었다"고 기록되어 있습니다. 우리는 천사들이 회개한 죄인들에 대해서도 기뻐한다는 것을 압니다. 그리고 또 구원받은 자들이 하늘에서 하나님의 어린 양에게 드리는 영광의 찬미에도 참여하고 있다는 사실을 압니다. 그러나 더 나아가 사도 바울은 "에게(unto)"라는 단어를 정확하게 사용하지는 않았지만 그가 설교한 사람들과 복음의 관계에 대해서도 설명하고 있습니다. 즉, 그는 주님께 "그의 영광의 풍성함을 따라 그의 성령으로 말미암아 너희 속사람을 능력으로 강건하게" 해주실 것을 기도했다고 말합니다. 이렇게 그는 인류와 복음의 관계, 영감받은 사람들과 복음의 관계, 자기 자신과 복음의 관계, 천사들과 복음의 관계, 그리고 그의 편지를 받은 성도들과 복음의 관계에 대해서 언급하고 난 후에, 그는 복음과 하나님 자신의 관계에 대해 살펴보고자 합니다. 그리고 이제 더 이상 그의 주제는 "통치자들과 권세들"에 대한 것이 아닙니다. 더 이상 "나에" 대한 것도 아니고, "거룩한 사도들과 선지자들에" 대한 것도 아닙니다. 그의 주제는 "그에게" 대한 것입니다. 나는 지금 성령 하나님께서 다음과 같은 나의 소망을 이루어 주시기를 기도합니다. 주님은 은혜로우시다는 사실을 맛본 우리들 모두가 전적으로 **주님을** 바라보게 되기를 원합니다. 그리고 모든 은혜의 원천이 되시는 주님을 경건한 마음으로 찬양하기 위해서 이 시간을 드리기 원합니다. 그리고 모든 영광을 그에게 돌리기 원합니다. "이는 만물이 주에게서 나오고 주로 말미암고 주에게로 돌아감이라"(롬 11:36)고 하셨기 때문입니다. 대대로 교회 안에서 주님께 영광을 돌려야 하므로 이 순간 이 교회도 주님께 영광을 돌려야 할 것입니다. 오, 주님이시여, 우리가 주님께 영광을 돌릴 수 있도록 우리를 도우소서!

본문에는 **경배가** 있습니다. 기도가 아닙니다. 사도는 경배로 끝을 맺습니다. "경배"는 찬양 이상의 완전한 의미의 찬양을 드리는 것입니다. 나는 이 경배라는 말을 어떻게 묘사해야 할지 잘 모르겠습니다. 찬양은 그 자체의 통로를 따라 기쁘게 흘러가는 강물입니다. 그것이 하나의 대상을 향하여 흘러가게 하기 위해서 다른 쪽에는 제방으로 막아져 있습니다. 그러나 경배는 같은 강물이지만 모든 제방을 넘쳐흐르는 강물입니다. 그것은 영혼 위에 범람하여 영혼의 전체 본성을 경배의 큰 강물로 뒤덮어 버립니다. 그 강물은 움직이고 출렁이는 것이 아니라 심오한 평온 가운데 가만히 있는 것입니다. 그리고 그것은 마치 여름의 태양이 유리 같은 바다를 비추듯이 영광을 비추어주고 있습니다. 그리고 그것은 하나님의 임재를 구하는 것이 아니라 말로 표현할 수 없는 정도로 하나님의 임재를 느끼고 있는 것입니다. 그러므로 경배는 마치 거룩하신 분의 발이 닿는 것을 느낀 갈릴리 바다의 물결과 같이 경외와 평안으로 가득 찬 상태입니다. "경배"는 완전한 찬양이며 높고도 깊은 찬양이며 길고도 폭넓은 찬양입니다. 나에게 있어서 경배는 별이 반짝이는 하늘과 같습니다. "언어도 없고 말씀도 없으며 들리는 소리도 없으나"(시 19:3). 그것은 항상 하나님의 영광을 선포하고 있습니다. 그것은 언어로 표현하기에는 너무나 충만해져 있는 영혼의 웅변적 침묵입니다. 겸손하게 땅에 엎드려 있으나, 엄숙한 생각으로 높이 솟아오르는 것, 아무것도 없는 상태로 가라앉았으나 하나님의 모든 충만으로 가득 채워지는 것, 아무 생각이 없으나 거기에 모든 생각이 있고, 하나님 안에서 여러분 자신이 사라져 버리는 것, 이것이 경배입니다. 새로운 마음을 가진 사람은 자주 이런 상태에 있어야 합니다. 우리는 이 거룩한 일을 위해서 더 많은 시간을 구별해 놓아야 합니다. 우리들은 그것을 무엇이라고 불러야 할까요? 행동입니까 아니면 상태입니까? 우리가 단지 하나님만을 의식하고 그의 지극히 큰 영광만을 의식할 때까지, 복된 성령께서 우리를 올바르게 인도해주시고, 또 우리 주변에 있는 모든 사소한 일들로부터 초월할 수 있게 해달라는 것이 우리의 매일의 기도가 된다면, 그것은 우리들에게 가장 큰 부요함이 될 것입니다. 오, 우리가 그의 광대하심 가운데서 자신이 사라지고, 또 다만 경이 가운데 "오, 깊도다. 오, 너무나 깊도다"라고 외칠 수 있을 때까지, 성령께서 우리를 하나님의 가장 깊은 바닷속으로 던져 넣어주시기를 기원합니다.

　　나는 그런 정신으로 본문에 접근하기를 바랍니다. 나는 여러분의 시선을 다른 모든 것에서 그에게 돌리기를 요구합니다. 전능하신 주 하나님과 어린 양에게 돌리기를 요구합니다. 복음을 안다고 하면서 그로 인해 하나님께 찬양을 돌릴 수 없다면, 나는 그 복음이 여러분을 위해서 무엇을 해주었는가를 상기하라고 요구하지 않겠습니다. 나는 인간들과 천사들과 관련된 복음에 대하여 묵상하라고 요구하지 않습니다. 다만 주님만을 생각하고, 우리의 온갖 구하는 것이나 생각하는 것에 넘치도록 축복해 주시고 부요케 해주시고 거룩하게 해주시는 능력으로 말미암아 주님께 영광을 돌리기를 요청합니다. 오직 주님만을 바라보십시오. 영과 진리로 그에게 가까이 나아갑시다.

1. 우리들이 첫 번째로 생각해야 할 점은,
우리의 마음이 주님의 영광스러운 성품 중 어떤 부분에 의존하여
안식을 누려야 하는가 입니다.

　　본문 말씀은 우리를 신적 능력으로 인도해 줍니다. "더 넘치도록 능히 하실 이에게." 그리고 본문은 축복해 주시는 신적 능력에 대해서도 말씀하고 있습니다. "우리 가운데 역사하시는 능력대로." 여기에서 우리가 생각할 주제가 바로 이것입니다.

　　사도는 그것에 대해 어떻게 말하고 있습니까? 그는 축복해 주시는 신적 능력은 우리가 구하는 것 이상이라고 선언하고 있습니다. 우리들은 지금까지 큰 일들을 구해 왔습니다. 우리가 "아버지여, 나를 용서하소서"라고 말할 때, 그것은 우리가 생각할 수 있는 것들 중 가장 큰 것 같아 보였던 때를 우리는 기억합니다. 우리의 모든 죄악에 대한 용서를 구했을 때 우리는 큰 일을 요구한 것이며, 성령 안에서 깨끗하게 해 달라고 요구할 때에도 역시 큰 일을 요구한 것입니다. 우리의 마음이 완악해지고 본성이 타락해진 것을 느꼈을 때, 돌 같은 마음이 새롭게 변하기를 기대한 것은 너무나 큰 은혜를 기대하는 것 같아 보였습니다. 그러나 우리는 은혜롭게 소생되기를 부르짖었고, 그 기도는 응답되었습니다. 우리는 깊은 고통 가운데 빠져 있었던 그 때 이후로 수도 없이 큰 구원을 얻기 위해 주님께 간구했습니다. 비천한 궁핍 가운데 처해 있을 때 우리는 큰 공급을 구했습니다. 그리고 무서운 궁지에 몰렸을 때 우리는 위대한 인도하심을 구했습니다. 그리고 우리는 그 모든 것에 대해 반복적으로 응답을 받았습니다. 구해서 얻은 축복들은 셀 수 없이 많았고, 그 크기도 작지 않았습니다.

우리 중에는 주님께 구하는 문제들로 기도의 한계를 시험하는 것 같은 사람들도 있습니다. 거룩한 대담성을 가지고 하나님께 나아가 큰 일을 구합니다. 오직 위대한 왕만이 그 기도를 들어줄 것 같은 그런 큰 문제를 가지고 나아가 기도합니다. 그러나 그 구하는 것은 너무나 작은 것이어서 하나님의 능력의 밑바닥까지 동원할 필요가 없는 것들입니다. 하나님은 우리가 구하는 것 이상으로 해주실 수 있습니다. 우리의 기도는 아무리 훌륭하고 아무리 대담하다해도 수많은 한계가 있습니다. 우리의 기도는 우리의 빈곤의식으로 인해 제한을 받습니다. 또 우리는 무엇이 필요한지를 거의 알지 못합니다. 우리는 우리가 무엇을 위해서 기도해야 할 것인가를 배워야 할 필요가 있습니다. 그렇지 않으면 우리는 올바르게 기도하지 못합니다. 우리는 자신이 처한 상황에 대하여 오해를 합니다. 우리는 자기의 궁핍이 얼마나 깊고, 얼마나 그 종류가 많은지를 알지 못합니다. 우리는 영혼의 굶주림에 대해서는 예민하지 못합니다. 죄악이 우리의 영적 욕구를 무디게 하여 버렸습니다. 그래서 우리는 기도를 많이 하지 않고 금방 끝내버립니다. 그러나 복되신 하나님은 우리의 빈곤의식에 제한받지 않으십니다. 하나님을 송축합니다. 하나님의 손님들은 떡과 물만 구합니다. 그러나 하나님은 살진 소를 잡고 풍성한 잔치를 베풀어 주십니다. "골수가 가득한 기름진 것과 오래 저장하였던 맑은 포도주로"(사 25:6) 잔치를 베풀어 주십니다.

우리는 우리의 궁핍 그 자체가 제한되어 있습니다. 우리는 모든 것을 원하지는 않습니다. 비록 텅 비어 있을 때에도 어떤 것이 약간만 있으면 가득 차게 됩니다. 그러나 하나님은 우리들에게 절대적으로 필요한 것 이상을 주십니다. 하나님은 자주 그렇게 하셨습니다. 하나님은 그의 구원받은 백성들에게 피조물로서 스스로 기쁘고 행복하게 하려고 요구한 것 이상의 더 많은 것을 주고 계십니다. 우리는 타락하지 않은 인간의 상태로 회복되었습니다. 그 결과로 죄를 범하기 전의 아담과 같이 되었습니다. 그러나 놀랍게도 주님은 그 이상의 것을 해주셨습니다. 우리를 하나님의 자녀가 되게 하시고 상속자로 삼아 주셨습니다. 우리를 하나님의 상속자, 예수 그리스도와 함께 한 상속자로 삼아 주셨습니다. 이것은 생활필수품을 공급해 주는 정도가 아닙니다. 그것은 명예와 존엄성과 지극히 큰 영광을 주신 것입니다. 비록 우리들의 궁핍이 대단히 끔찍하고, 충분하게 공급받는 일에 훨씬 미치지 못할지라도, 하나님은 우리가 실제로 필요로 하는 것보다 더 넘치게 주실 수 있으며, 또 그렇게 하십니다. 하나님은 마치 사람들이 연금 수령자를 대하듯이 그렇게 우리를 대하시지 않습니다. 사람들은 연금 수령자에게 근근이 먹고 살아갈 만큼만 주면서도 그것을 자기들의 관대한 행동이라고 생각합니다. 그러나 하나님은 우리들을 마치 왕이나 왕자처럼 대접하십니다. 그리고 우리가 필요로 하는 모든 것보다 더 넘치도록 주십니다. 하나님은 우리의 기도보다 훨씬 앞서 가시며, 우리들의 빈곤의식뿐 아니라 궁핍 그 자체를 훨씬 능가하시는 풍요로운 분이십니다.

우리들의 기도는 우리의 열망에 의해서 제한을 받습니다. 물론 사람은 자기의 열망 이상의 것을 위하여 기도하지 않습니다. 그리고 우리의 열망은 언제나 마땅히 있어야 할 만큼 그렇게 크지도 않습니다. 우리들은 때로는 좋은 것을 열망하는데 냉담할 뿐 아니라 더딥니다. 아래쪽의 샘물만 생각하고 위쪽의 샘물은 망각합니다. 우리들은 어리석은 이스라엘의 왕과 같이 우리가 우리의 화살통이 텅 비도록 다 쏘아야 하는데도 두 개의 화살만을 쏩니다. 우리들은 작은 컵을 가지고 우물에 갑니다. 그리고 아주 적은 양의 물만 집으로 가지고 옵니다. 우리의 입은 충분히 크게 열리지 않습니다. 우리의 마음이 우리의 입술을 닫고 있는 얼음을 녹일 만큼 따뜻하지 못하기 때문입니다. 그러나 하나님을 송축합시다. 하나님은 우리의 열망에 제한을 받지 않습니다. 하나님은 우리의 영혼이 원하는 것 이상으로 우리를 축복해 주실 수 있습니다.

또한 우리는 큰 것을 원해야 할 때 자주 우리의 믿음이 연약해집니다. 그래서 우리는 억제당합니다. 우리는 하나님이 형언할 수 없는 정도로 큰 축복을 주시는 분이라는 사실을 믿지 못합니다. 그래서 우리는 실패합니다. 그러기 때문에 우리는 참으로 많은 것을 잃어버리는 것입니다. 나는 그것을 생각하지 않을 수 없습니다. 우리의 불신이 우리를 허약하게 만듭니다. 그리고 믿음이 성장할 때에도 그 믿음의 크기는 약속의 높이에 도달하지 못하고 있습니다. 그 누구도 충분하게 하나님을 믿지 못했습니다. 그 누구도 하나님의 약속에 대해 절대적인 신뢰를 하지 못했습니다. 그 누구도 온전하게 하나님의 약속의 말씀 위에 큰 건물을 세우지 못했습니다. 형제 여러분, 우리들은 하나님이 우리의 작은 믿음 때문에 제한을 받지 않으신다는 것을 감사합시다. 그리고 또 우리가 하나님을 믿고 있는 그 이상의 것을 해주심으로 감사해야 합니다.

우리는 자주 기도하는 가운데 우리의 이해력의 결핍으로 제한을 받습니다. 우리는 하나님이 무엇을 의미하시는지를 이해하지 못합니다. 한번 물어보겠습니다. 그 모든 은혜의 언약 가운데서 하나님의 자녀가 완벽하게 이해할 수 있는 약속이 단 하나라도 있는가요? 우리는 언약의 약속들 속에 있는 넓이와 길이와 높이와 깊이를 측량할 길이 없습니다. 하나님은 스스로를 낮추셔서 인간의 언어를 사용하십니다. 그러나 하나님은 황금의 의미로 말씀하셔도 우리는 은으로밖에는 이해하지 못합니다. 하나님은 스스로 말씀하신 것보다 더 작은 것을 의미하는 경우가 없습니다. 하나님은 우리들이 생각하는 것보다 훨씬 더 많은 의미의 말씀을 하십니다. 이 일로 인해 주님을 찬양합시다. 우리를 축복하시는 그의 능력은 축복을 이해하는 우리의 능력에 의해서 제한을 받지 않습니다. 은혜의 크기는 그것을 받아들이는 우리의 능력에 따라 측정되는 것이 아니라, 은혜를 베푸시는 하나님의 자비하심에 따라 측정되는 것입니다. 나의 형제들이여, 하나님은 우리의 이해력을 확장시킬 수 있습니다. 하나님이 지금 그렇게 해주시기를 기원합니다. 기도는 우리의 마음을 넓히고, 우리의 가슴을 확장시켜 주는 훈련입니다. 주님께서 "네 입을 크게 열라 내가 채우리라"(시 81:10)고 하셨습니다. 우리들이 아무리 입을 넓게 열어도 하나님이 우리에게 주실 수 있는 것을 모두 담을 만한 그릇이 되지 못합니다. 우리는 아무리 기도해도 갈멜 산상의 엘리야의 기도 정도밖에 할 수 없습니다. 천국의 열쇠들이 여러분의 허리에서 흔들거리는 것 같아 보일 때까지 기도해도 전능하신 여호와 하나님 안에 있는 전능하심을 추월할 수 없습니다.

사도 바울은 계속해서 축복해 주시는 하나님의 능력은 우리가 생각하는 것 이상이라고 말하고 있습니다. 이제 우리는 우리가 기도하지 못한 어떤 것들에 대해서 생각할 수 있습니다. 생각은 자유롭습니다. 공간은 그 생각을 다 포용할 수 없습니다. 생각의 날개는 모든 가시적인 것들을 초월합니다. 그것은 불가능을 향해서도 날아갈 수 있습니다. 그러나 생각도 축복해 주시는 하나님의 능력에까지는 도달할 수 없습니다. 하나님의 능력은 측량할 수 없기 때문입니다. 여러분은 때때로 하나님이 해주실 일에 대한 생각으로 가득 차 있었던 적은 없습니까? 하나님이 그의 영광을 위하여 여러분을 어떻게 사용하실지에 대하여 상상해 본 적이 없습니까? 하나님은 여러분이 생각하는 것보다 더 많은 것을 하실 수 있습니다. 즐거운 공상들은 그만두고 열심히 기도하십시오. 그러면 그것이 주님을 기쁘시게 하여 여러분을 놀랄 정도로 유용하게 만들어 주실 것입니다. 그래서 여러분은 여러분이 성취할 일에 대해 놀라게 될 것입니다. 하나님께서 여러분에게도 그와 같은 일을 해주실 수 있을 것입니다. 여러분이 씻음을 받아 깨끗하게 되고, 죄에서 구원을 받고 하늘에서 하나님을 섬길 때 주님께서 여러분을 통해서 무슨 일을 이루어가실지에 대해 생각해 본 적이 없습니까? 그러나 여러분은 자신이 무엇이 될지를 모릅니다. 여러분이 최대한도로 생각할 때에도 여러분이 위에 있는 아버지의 집에서 얼마나 완전하고 순수하고 복된 자가 될 것인지, 그리고 언제 그가 여러분 안에서 그의 모든 선하고 기쁘신 뜻을 완성하실지 알지 못합니다. 여러분은 때때로 다음과 같이 노래합니다.

> "위에서 산다는 것은
> 도대체 어떤 것일까?"

　천국의 평온과 안전과 부와 즐거움과 완전한 만족을 상상하는 일에 여러분의 생각과 상상력은 대단히 깊이 들어갔습니다. 그러나 주님은 여러분의 생각보다 더 많은 것을 할 수 있습니다. 여러분의 상상력을 제한하는 굴레를 벗어버리고, 날개 달린 말과 같이 이 땅의 평원을 달려가며 구름 위로 날아가며 별들 위로 올라갑시다. 그러나 그 상상력이 가장 빠른 날개로 아무리 멀리 날아가도 하나님의 가능성의 경계선에도 미치지 못할 것입니다. 여러분의 생각이 아무리 훌륭하다고 해도 하나님의 생각과는 다릅니다. 하늘이 땅 위에 높이 떠있듯이 하나님의 생각은 여러분의 생각 위에 높이 떠있습니다. 이 주제는 참으로 놀라운 것입니다. 나의 어떤 말로도, 축복해 주시는 하나님의 능력을 정확하게 설명할 수 없습니다. 기도라는 독수리의 눈과 생각이라는 독수리의 날개로도 그 경계선을 발견하지 못합니다.

이제 여러분은 이 구절의 모든 단어 하나하나에 주목해 주시기를 바랍니다. 이 구절에 나오는 모든 단어들이 다 중요하기 때문입니다. "우리가 구하거나 생각하는 모든 것에 더 넘치도록 능히 하실 이!" 우리가 구하는 어떤 것이 아니라 "모든", 즉 모든 것에 더 넘치도록 능히 하신다고 말씀하십니다. 우리의 어떤 희미한 생각들이나 좀 더 저급한 우리의 생각들 중 어떤 것이 아니라 우리가 생각하는 모든 것보다 더 넘치도록 능히 하신다고 말씀하고 있습니다. 이제 여러분이 지금까지 구한 모든 것을 한데 합해 보십시오. 그리고 그것을 쌓아 올려 봅시다. 그리고 그 꼭대기 위에다 여러분이 지금까지 생각한 하나님의 모든 풍성한 은혜를 쌓아 봅시다. 그러면 그것은 마치 산처럼 높을 것입니다. 산 위에 산을 쌓은 것 같을 것입니다. 알프스 산 위에 알프스 산을 쌓아 놓은 것 같을 것이며, 별들을 향해 계단을 쌓거나 야곱의 사닥다리를 세워 놓은 것 같을 것입니다. 계속해서 쌓아 봅시다. 여러분이 세운 것은 바벨탑이 아닙니다. 그래도 그것의 꼭대기는 하늘에 닿지 못할 것입니다. 비록 기도와 묵상의 피라미드가 높이 쌓일지라도 축복해 주시는 하나님의 능력은 그것보다 더 높습니다. "우리가 구하거나 생각하는 모든 것에 더 넘치도록 능히 하실 이." 이 부분을 어떤 사람은 "우리가 바라거나 생각하는 것보다 훨씬 더 풍성하게 베풀어 주실 수 있는 분"으로 번역하기도 합니다. 그렇게 번역해도 괜찮을 것입니다. 하나님께서는 모든 것보다 더 넘치도록 우리에게 축복해 주실 수 있습니다. 다른 사람들이 우리에게 줄 수 있는 모든 축복보다 더 넘치도록 주실 수 있습니다. 그것은 작은 것입니다. 피조물들 속에 존재하는 모든 축복보다 더 넘치도록 주실 수 있습니다. 그것은 큰 것입니다. 그러나 그것도 하나님께서 하실 수 있는 것과는 비교할 수 없습니다. 우리들에게 유용하고 유익한 모든 피조물들이 우리에게 전달해 줄 수 있는 모든 축복보다 더욱 넘치도록 주실 수 있습니다. 하나님은 우리를 위해서 모든 좋은 것보다 더 넘치도록 주실 수 있습니다. 오, 주님이시여, 우리가 이 모든 것을 깨달을 수 있도록 우리를 도와주소서. 우리가 이것을 파악하고, 주님을 찬양할 수 있는 믿음을 주소서. 우리의 찬양은 주님의 선하심을 결코 따라갈 수 없사옵니다!"

이제 다른 단어에 대해 생각해봅시다. "우리가 구하거나 생각하는 모든 것에 더 넘치도록 능히 하실 이." 여기에서 말하는 우리는 우리 자신뿐 아니라 사도들도 가리키고 있습니다. 바울은 기도에 능력 있는 사람이었습니다. 본 장은 참으로 놀라운 기도가 들어 있습니다. 바울은 참으로 아름답게 기도를 끝맺고 있습니다. "하나님의 모든 충만하신 것으로 너희에게 충만하게 하시기를 구하노라." 나는 그 누구도 그 말의 의미를 완전하게 설명할 수 없다고 생각합니다. 바울이 그 기도를 했을 때, 그는 하나님께서는 바울이 생각한 것보다 훨씬 조월하실 수 있다고 생각했습니다. 나는 어떻게 해서 그렇게 되는지 알지 못합니다. 그러나 그는 그렇게 말했습니다. "우리가 구하거나 생각하는 모든 것에 더 넘치도록." 물론 이것은 그 자신도 포함하고 있습니다. 바울이 말한 "우리"라는 말은 사도들도 포함하고 있는 것으로 봐야 합니다. 여기에서 우리란 예수님의 곁에 가장 가까이 갔던 12명이며, 예수님으로부터 기도하는 방법을 직접 배운 사람들이며, 얼굴과 얼굴을 맞대고 주님을 본 사람들이며, 특별히 그의 성령이 임한 사람들입니다. "우리가 구하거나 생각하는 모든 것에 더 넘치도록 능히 하실 이!" 사도들은 영감을 받은 자들입니다. 그들에게는 하나님의 영이 비범하게 역사하고 있었으며, 그들의 생각은 우리의 생각보다 훨씬 더 컸습니다. 그러나 바울은 말했습니다. 하나님은 우리들, 즉 그리스도인들 중에서 가장 훌륭하고 가장 거룩하며 가장 신령한 주님의 사도들인 우리들이 생각하는 것보다 더 넘치도록 해주실 능력이 있다고 말했습니다. 그러므로 형제들이여, 나는 그가 우리들이 요구하는 것이나 우리들이 생각하는 것 이상으로 더욱 넘치게 해주실 수 있다는 것을 확신합니다. 왜냐하면 우리들의 요구나 생각은 사도들의 요구나 생각보다 훨씬 더 낮은 것이기 때문입니다. 하나님은 우리들과 같은 가련하고 보잘것없는 성도들의 요구나 생각보다 더 넘치도록 능히 하실 수 있음에 틀림없습니다.

　이제 사도 바울이 사용한 "넘치도록"이라는 말에 대해 주목해 봅시다. 그는 하나님께서 능히 우리들이 요구하는 것이나 생각하는 것보다 더 많은 것을 하실 수 있을 뿐 아니라 그것도 "넘치도록" 하실 수 있다고 말하고 있습니다. 우리들은 어떤 사람에 대해서 "그가 많은 것을 주었습니다. 그러나 그는 아직도 어떤 것을 남겨 두었습니다"라고 말할 수 있습니다. 만약에 그런 표현을 지존자에게 적용한다면 그것은 대단히 부족한 표현입니다. 그는 어떤 것을 남겨 두지 않으셨을 뿐 아니라 풍부한 것들 중 일부를 남겨 두지도 않았습니다. 우리들은 이미 하나님의 방법들 중에서 일부분을 이해하였습니다. 우리들은 그의 영광스러운 은혜의 자투리 부분만을 이해할 수 있었습니다. 그러나 하나님은 자기를 사랑하는 자들을 위해서 준비해 놓으신 것들, 즉 그 나머지 보류되어진 선하심은 우리들의 생각을 훨씬 초월합니다. 사도 바울은 "넘치도록"이라는 단어만을 사용하는데 만족하지 않고 또 다른 하나의 단어를 추가해서 "더 넘치도록"이라고 말하고 있습니다. 그는 여기에서 헬라어로 자기 자신만의 독특한 표현을 하였습니다. 사도 바울로서는 그 어떤 말로도 만족할 만큼 완벽하게 표현할 수 없었습니다. 내 말은 성령께서 사도를 통해서 말씀하고 계신다는 뜻입니다. 사도 바울은 그의 뜻을 나타내기 위해서 단어들이나 구절들을 자주 결합해서 사용했습니다. 그리고 여기에 나와 있는 것이 바로 그런 경우인데 "더 넘치도록 능히 하실 이", 즉 너무 풍부해서 측량하는 일이나 묘사하는 일을 초월하고 있다는 뜻입니다. 바다 위에는 배가 있습니다. 그리고 그 배의 무게가 몇 톤이 되더라도 바다는 그것을 지탱해 줄 수 있습니다.

　　나의 형제들이여, 그것은 놀라운 일이 아닙니까? 그러나 여러분은 놀라지 않습니다. 왜냐하면 여러분은 대양이 단지 그와 같은 한 척의 배뿐 아니라 해군의 함대도 뜨게 할 수 있다는 것을 알기 때문입니다. 그렇습니다. 여러분이 평생 계속해서 그 수를 헤아린다고 할지라도 바다는 그 이상의 군함들을 뜨게 할 수 있습니다. 망망대해는 그 가슴 위에 수많은 배들을 지탱할 수 있습니다. 바다는 "더 넘치도록" 배들을 지탱해 줍니다. 그와 같이 하나님은 큰 대양과 같습니다. 여러분이 하나님의 하신 일을 본 것은 마치 물 위에 떠있는 단 한 척의 범선을 본 것에 지나지 않습니다. 그가 하실 수 있는 것은 여러분이 요구하거나 생각하는 것보다 훨씬 "더 넘칩니다." 우리의 아름다운 강이 초원을 통해 흘러갑니다. 그리고 어린아이가 물을 마시려고 컵을 담가 충분히 마십니다. 그 어린아이가 마시고 싶은 만큼 충분히 물을 마셔도 남아 있는 강물은 그가 마신 것과는 비교도 안 되게 많이 남아 있습니다. 템스 강을 따라 목이 마른 수많은 사람들이 모여들어 사람과 가축이 배부르도록 실컷 마셔도 그들이 강에서 마신 모든 것과, 바다로 흘러들어간 물의 양을 비교해 본다면 그들이 마신 물은 작은 비율에 지나지 않을 것입니다. 보십시오. 나는 하나님의 충만하심을 향해서 몰려드는 구원받은 수많은 사람들을 봅니다. 나는 큰 물통의 물을 다 마시지 않으면 죽을 것 같이 꿇어 앉아 물을 마시는 사람들을 봅니다. 그러나 그들이 모두 마시고 난 후에도, 또 살아 있는 모든 피조물들에게 모두 다 공급해주고 난 후에도, 나는 하나님과 어린 양의 보좌로부터 흘러나오는 축복이 감소되는 것을 보지 못합니다. 하나님의 보좌에서 흘러나오는 축복은 "우리가 구하거나 생각하는 모든 것에 더 넘치도록 능히 하실 이"라는 말로써

만 설명될 수 있습니다.

이제 여러분이 주님을 찬양할 수 있도록 도와주고 싶습니다. 왜냐하면 그것이 오늘 아침 나의 설교의 목적이기 때문입니다. 여러분들이 그와 같이 충만하신 하나님을 모시고 있다는 것이 얼마나 복된 일인가를 생각해 보십시오. 큰 더미 속에서 무엇을 끄집어 낸다는 것, 그리고 여러분들이 받는 것은 다른 사람의 몫을 빼앗는 것이 아니라는 사실을 안다는 것은 즐거운 일입니다. 한 입씩 먹을 때마다 계산을 해야만 하는 식탁에 누가 앉고 싶겠습니까? 만약에 여러분이 많이 먹어버리면 다른 사람의 몫은 적어진다면 누가 그런 식탁에 앉고 싶겠습니까? 정확하게 음식의 양이 계산되어 준비된 식탁은 빈약한 잔치입니다. 여기 우리 하나님의 식탁에서는 그와 같은 절약이 필요 없습니다. "오, 친구들이여, 먹고 마시세요. 오, 사랑하는 자들이여, 실컷 마시세요." 그 잔치는 왕의 잔치이며, 그의 양식은 무한하기 때문입니다.

이와 같이 우리의 기도는 아무 제한이 없습니다. 여러분은 결코 일어서서 "아마 내가 너무 뻔뻔스러운 것 같아. 아마 나는 하나님이 주시고자 하시는 것보다 더 많은 것을 요구한 것 같아"라고 말할 필요가 없습니다. 형제들이여, 무릎을 꿇고 그런 생각을 하므로 하나님을 수치스럽게 한 것에 대해 하나님의 용서를 구하십시오. 하나님은 여러분이 요구하는 것보다 더 넘치도록 주실 수 있습니다.

이와 같이 하나님은 계속해서 **우리들을** 축복해 주실 수 있다는 사실을 배웠습니다. 이 세상의 종말이 찾아올 때까지 하나님은 우리를 축복해 주실 것입니다. 하나님이 사도 시대에 더 넘치도록 하셨다면 지금도 역시 그렇게 하실 수 있습니다. 그러므로 우리는 아무 두려움 없이 하나님께 나아갈 수 있습니다. 이제 나는 비록 나의 경우가 대단히 특별하다 할지라도 부족함에 대하여 두려워 떨거나 무서워할 필요가 없다는 것을 알게 되었습니다. 만약 내가 지극히 풍성한 은혜를 요구한다면 어떻게 될까요? 나는 그 은혜를 얻을 수 있을 것입니다. 만약 내가 지극히 큰 도움을 원한다 해도 나는 그것을 얻을 수 있습니다. 아, 내가 감히 요구하는 그 이상의 은혜를 필요로 한다 해도 나는 그것을 얻을 수 있습니다. 그렇습니다, 내가 생각하는 것보다 더 많은 것을 요구한다 해도 나는 그것을 얻을 수 있습니다. 나의 주님은 그것을 나에게 주실 수 있으며, 또 주님은 주실 수 있는 그것을 기꺼이 주실 것이기 때문입니다.

이것은 하나님으로부터 멀리 떨어져 있는 가련한 죄인들에게도 큰 위로를 줄니다. 주님은 가장 큰 죄악에 대해서도 가장 큰 용서를 주실 수 있습니다. 주님은 우리가 아직까지 생각해 보지도 못한 죄악들도 용서해 주실 수 있습니다. 오직 그리스도 예수 안에서 하나님께로 나오십시오. 그러면 여러분은 그가 완전하게 구원하신다는 것을 발견할 것입니다. 만약에 어떤 절망에 빠진 자가 이 작은 힌트를 이해할 수 있다면, 그것은 그에게 즉시 평화를 가져다줄 것입니다. 하나님이 용서하실 수 없다는 것은 결코 사실일 수 없습니다. 그리스도 예수 안에서 "그는 우리가 구하거나 생각하는 모든 것에 더 넘치도록 능히 하실 수 있으시기 때문입니다."

2. 두 번째로, 다음의 질문에 대답해 봅시다.
우리는 어떤 방법으로 이 능력을 알 수 있을까요?

우리는 전혀 모르는 것에 대해서는 합당하게 찬양할 수 없습니다. 사도 바울은 "우리 가운데서 역사하시는 능력대로"라고 말하고 있습니다. 우리는 하나님께서 우리가 요구하거나 생각하는 것 이상으로 더 많은 것을 주실 수 있다는 것을 압니다. 왜냐하면 하나님은 우리가 요구했거나 생각했던 것보다 더 많은 것을 주셨기 때문입니다. 우리들의 중생은 우리가 요구하기 전에 우리에게 주신 것입니다. 왜냐하면 기도는 이미 주어진 신생의 최초의 징표이기 때문입니다. 생명을 구하는 기도는 죽은 자의 능력이 아닙니다. 그러나 중생은 우리들에게 살아 있는 소망과 영적인 열망을 넣어줍니다. 생명의 첫째 원리는 우리로 하여금 더 큰 생명을 열망하게 하는 것입니다. 우리는 죄악 가운데 죽어 있었고, 또 하나님으로부터 멀리 떨어져 있었습니다. 하나님께서 먼저 자비를 베푸셔서 우리를 찾아주셨습니다. 우리들 안에서 다음과 같은 말씀이 이루어졌습니다. "내가 나를 찾지 아니한 자들에게 찾은 바 되었다"(롬 10:20). 이 경우에 있어서 하나님은 우리들이 요구했거나 생각했던 이상으로 해주신 것입니다.

이제 다시 속량에 대하여 생각하겠습니다. 그 누가 속량을 구한 적이 있습니까? 만약에 그것이 옛날부터 주어진 것이 아니었다면, 그 누가 감히 하나님께 그의 아들을 대속자로서 피를 흘리고 사람을 위하여 죽게 해달라고 요구할 수 있었겠습니까? 여러분, 하나님께서는 창세 전부터 우리들에게 대속자를 예비해 주심으로 이미 사람의 생각들이나 요구를 초월하셨습니다. 말로 다 할 수 없는 선물을 주심에 대하여 하나님께 감사를 드립니다. 하나님은 우리에게 그리스도를 주셨습니다. 그리고 나서 우리에게 그의 복된 성령도 주셨습니다. 그것은 인간들이 생각지도 못한 또 다른 놀라운 선물이었습니다. 그가 우리들이 결코 구하지도 않았고 생각하지도 못했던 것을 해주셨기에 기대하지 않았던 은혜로 우리를 놀랍게 해주실 수 있습니다.

더욱이 기도가 드려졌던 곳에서는 하늘에 계신 우리 아버지께서 우리들이 구하거나 생각했던 것 이상의 것을 해주셨습니다. 나는 내 영혼이 고뇌하고 있었을 때 하나님께 말씀드렸습니다. 하나님께서 나의 죄악들을 용서해 주신다면 나는 하나님의 집에서 가장 비천한 종이 되어도 만족하겠고, 일생 동안 감옥에 있어도 기쁘게 여기겠으며, 떡과 물만 먹고 살아도 기쁘게 여기겠다고 하였습니다. 그러나 하나님의 자비는 그와 같이 인색한 방법으로 나에게 찾아오지 않았습니다. 하나님은 나를 자녀로 삼아주셨고 상속자가 되게 하셨습니다. "나를 품꾼의 하나로 보소서"(눅 15:19)라는 기도는 아버지께서 듣지 않으시는 기도입니다. 하나님은 그의 자녀가 그렇게 말하기 시작할 때 그의 입을 손으로 막으시고 "제일 좋은 옷을 내어다가 입히고 손에 가락지를 끼우고 발에 신을 신기라"(눅 15:22)고 말씀하십니다. 우리는 돌을 구했으나 하나님은 우리에게 떡을 주셨습니다. 우리는 단지 떡을 구했으나 하나님은 천사의 음식을 주셨습니다. 하나님은 놋 대신에 은을 주셨고, 은 대신에 금을 주셨습니다. 우리는 한 방울의 물을 구했으나 비가 내려 연못을 가득 채웠습니다. 우리는 한 입의 음식을 구했으나 하나님은 좋은 것들로 우리에게 가득 채워 주셨습니다. 그러므로 우리는 미래에도 하나님께서 우리의 기도 이상의 것을 내려주실 것이라고 확신할 수 있습니다.

그 다음으로, 구원의 계획을 보십시오. 그 구원 계획은 우리를 위해서 더욱 많은 것을 해주시는 하나님의 능력이 어떻게 나타나는가를 암시해 줍니다. 우리를 선택하신 그분은 누구입니까? 우리를 산 소망으로 다시 태어나게 하신 그분은 누구입니까? 그분은 성부 하나님이십니다. 여러분이 하나님은 은혜의 사역에 손을 대신 분이라고 말할 때, 여러분의 소망의 문은 활짝 열린 것입니다. 그가 하실 수 없는 것이 무엇이 있겠습니까? 저 하늘을 별들로 가득 채우시고, 마치 씨 뿌리는 자가 곡식을 뿌리듯이 그 별들을 널리 흩으셨으며, 마치 사람이 말을 하듯이 쉽게 수많은 우주를 만드신 그분이 우리를 축복해 주시기 시작하셨습니다. 우리를 자비롭게 대해 주시는 그의 능력에 어떤 한계가 있을 수 있습니까? 그것은 도저히 불가능한 일입니다.

그 다음에는 그의 사랑하시는 아들을 보십시오. 하늘과 땅을 창조하신 분이 인간이 되셔서 구유에 누워 계십니다. 천사들도 순종하는 그분이 사람들에게 멸시를 받으시고 또 거절당하십니다. 불멸성을 가지신 그분이 나무에 달리셔서 피를 흘리시고 또 죽으십니다. 그 신음, 그 땀방울들, 그리고 그 상처들과 그의 죽음 안에는 상상도 할 수 없는 구원의 능력이 들어 있습니다. 임마누엘이 희생 제물이 되셨습니다. 그의 안에는 축복의 놀라운 능력이 들어 있습니다. 그는 우리들이 구하는 것이나 생각하는 것 이상으로 더 넘치도록 하실 수 있음에 틀림없습니다.

그리고 우리 안에 찾아와 거하시는 이분은 누구입니까? 거룩한 성령이십니다. 그렇습니다. 문자 그대로 이 죽을 육신 안에 거하십니다. 그리고 진흙의 장막을 그의 성전으로 삼으십니다. 그는 이미 우리의 정욕을 억제하셨으며, 이미 우리의 마음을 변화시켰으며, 우리로 하여금 신적 본성의 동참자가 되게 하셨습니다. 나의 형제들이여, 우리 안에서 역사하시는 성령의 사역에 어떤 제한이 있겠습니까? 우리는 다음과 같은 결론에 도달하게 됩니다. 즉, 하나님께서 친히 우리의 육신에 오셔서 그 안에 거하실 때 우리를 모든 죄악에서 구원하시고, 하나님이 아무 흠이 없으신 것처럼 우리도 아무 흠이 없게 만드실 것입니다. 그래서 결국에는 우리 안에서 "내가 거룩하니 너희도 거룩할지어다"(벧전 1:16)라는 명령이 성취될 것입니다.

그 계획을 보십시오. 그것은 놀라운 규모입니다. 우리 안에서 역사하시는 하나님의 사역 안에는 연합한 삼위일체가 나타나 있습니다. 그리고 그와 같은 강력한 능력의 역사를 통해서 우리에게는 상상할 수 없는 큰 가능성을 지닌 어떤 일이 일어난 것이 분명합니다. 사랑하는 친구들이여, 오십시오. 그리고 잠시 동안만이라도 실제적으로 여러분 안에 거하시는 권능에 대해서 생각해 보십시오. 만약 여러분이 그리스도인이라면 여러분은 자기 안에 있는 권능을 깨달아야 합니다. 만약 그 권능이 억제되지 않는다면 그것은 너무나 크기 때문에 여러분의 정신적 구조나 육체적 구조가 그것을 견딜 수 없을 것입니다. 여러분은 여러분 안에서 지극히 큰 짐과 고뇌와 고통과 더불어 모든 것을 잃어버린 것과 같은 말로 표현할 수 없는 괴로움을 체험해 본 적이 없습니까? 마치 지진과 같은 깊고도 끔찍한 고통을 체험해 본 적이 없습니까? 이런 고통들은 여러분 안에 숨어 계시는 하나님을 은연 중에 드러내 보여주고 있습니다. 그 하나님은 여러분의 새롭게 창조된, 그리고 점점 성장하는 영적 본성의 좁은 한계 안에 갇혀 있습니다. 여러분은 강한 욕망의 역사와 투쟁, 극심한 배고픔, 그리고 채워지지 아니하는 갈증을 느껴본 적이 없습니까? 여러분은 눌려진 스프링과 같이 영혼 안에서 역사하며, 또 공간과 분출구를 요구하며 그렇지 않을 경우에는 심장을 터지게 하겠다고 위협하는 신비스러운 힘을 느껴보지 못했습니까? 여러분 안에서 투쟁하고 있는 무한한 존재에 대해서 자각해 본 적이 없습니까? 여러분은 작은 알 속에 갇혀서 자유를 얻기 위하여 그 껍데기를 쪼아대는 작은 새와 같은 것을 느껴 본 적이 없습니까? 여러분이 미래에는 전혀 다른 사람이 될 것이라는 사실을 알지 못합니까? 때때로 말할 수 없는 기쁨으로 여러분을 스치고 지나가는 전능하신 힘을 느끼지 못합니까? 그 때 여러분은 "가만히 계셔주세요. 나의 주님이시여, 이 기쁨은 사람에 의한 것이 아닙니다. 그것은 내 안에서 이루어진 그리스도의 기쁨입니다. 만약에 그 기쁨이 더 길어지면 나는 반드시 죽을 것입니다. 이 육신으로는 그 기쁨을 견딜 수 없습니다"라고 말하지 않을 수 없을 것입니다. 이와 같은 황홀경도 있습니다. 그러나 우리는 여기에서 그것들에 대해 말하고자 하는 것은 아닙니다. 말로는 설명할 수 없는 대단히 신비스러운 기쁨들이 있습니다. 사람이 자기 자신을 초월하여 그의 창조주와 교통하는 감정적인 고조의 상태도 있습니다. 호렙 산의 떨기나무가 비록 하나의 나무였지만 타서 없어지지 않고 불에 타고 있을 때, 그것은 나무 이상의 것이었습니다. 그것은 신성과 함께 불타오르고 있었기 때문입니다. 여러분의 마음은 이와 같이 하늘에서 태어난 생명의 거룩한 신비에 대해 친숙하지 않습니까? 친숙하다면, 여러분은 사도 바울이 "우리 가운데서 역사하시는 능력대로 우리가 구하거나 생각하는 모든 것에 더 넘치도록 능히 하실 이"라고 말할 때 그가 의미하는 바를 추측할 수 있는 수단들을 가지고 있는 것입니다. 하나님은 우리가 이것에 대해 더욱 완전하게 알 수 있도록 허락해주십니다.

　우리가 세 번째로 생각할 것은 다음과 같습니다.

3. 그러면 하나님께 무엇으로 보답해야 할까요.

　"교회 안에서와 그리스도 예수 안에서 영광이 대대로 영원무궁하기를 원하노라." "하나님께 영광을!" 오, 나의 영혼아, 하나님께 경배하라. 그의 광채를 느껴보아라. 그의 지극히 큰 선하심이 네 위에 빛나게 하고, 그 빛으로 너를 활기차게 하라. 그리고 그 따뜻한 기운으로 하나님의 사랑을 찬양하라. 오, 나의 영혼아, 그의 선하심을 말하라. 그리고 그에게서 너에게 비치는 빛을 반사하라. 사람의 아들들에게 그가 너에게 나타내 보여주신 것을 나타내 보임으로써 그에게 영광을 돌려라. 나의 영혼아, 네 안에 있는 모든 것이 그의 한없는 선하심 가운데 잠기게 하라. 그리고 영원한 예배로 그에게 영광을 돌려라. 너의 힘을 굴복시키고 복종하게 하라. 그 힘으로 예수님이 타고 나아가 정복하시며 또 아담의 아들들을 구원하시는 그 강력한 병거의 멍에를 메라. 하나님은 지극히 높은 영광을 받으시기에 합당합니다. 그리고 하나님은 가장 현실적인 의미에서 영광을 받으시기에 합당합니다. 오, 나의 형제 자매들이여, 우리 모두 하나님께 힘써 영광을 돌립시다.

그러나 사도는 자기가 "나의 영혼 안에서 그에게 영광이 있기를 원하노라"고 말해서는 안 된다고 생각했습니다. 그는 그것을 원하였으나 그의 영혼은 너무 작은 공간이었습니다. 그래서 그는 "교회 안에서 그에게 영광이 있기를 원하노라"고 했습니다. 그는 모든 하나님의 백성들에게 그 거룩한 이름을 찬양하라고 요구했습니다. 나머지 모든 세상이 침묵을 지키고 있다고 할지라도 교회는 항상 하나님의 영광을 선포해야 합니다. 달과 별들과 태양과 바다가 더 이상 창조주의 위엄을 나타내지 않을지라도 주의 구원받은 백성들은 하나님을 찬양해야 합니다. 하나님이 원수의 손에서 구원하신 자들은 그를 찬양해야 합니다. 이스라엘 백성들이 홍해에서 춤추고 노래했듯이 하나님의 교회도 기뻐해야 합니다. 왜냐하면 그가 우리로 하여금 바다를 건너게 하시고 우리의 대적들은 물에 빠지게 하셨기 때문입니다. "물이 다시 흘러 병거들과 기병들을 덮되 그들의 뒤를 따라 바다에 들어간 바로의 군대를 다 덮으니 하나도 남지 아니하였더라"(출 14:28). 오, 예수님, 당신은 피로써 우리 영혼을 구원하셨나이다. 그리고 죄인들을 석방하셨습니다. 그리고 우리들을 제사장으로 삼아주셨습니다. 그러므로 주님의 교회는 쉬지 말고 주님을 찬양해야 합니다.

그러나 비록 교회가 하나님께 영광을 드릴 장소로 정해져 있기는 했지만 사도는 교회가 그 일을 하기에 적합하지 않은 것처럼 다음과 말하고 있습니다. 즉 "교회 안에서와 그리스도 예수 안에서"라고 말하고 있습니다. 주 예수님, 당신은 사람들 중에서 하나님의 영광을 표현하기에 가장 합당한 분이십니다. 은혜가 당신의 입술에 부어졌고, 당신만이 우리를 위해서 우리의 찬양을 선포할 수 있습니다. 형제들이여, 여러분은 우리의 복된 주님께서 그의 형제들 사이에서 그 거룩한 이름을 찬양하기로 맹세하신 것을 기억하십니까? 시편 22편을 읽어 보십시오. 그러면 여러분은 그가 어떻게 해서 악사장(chief musician)이 되시고, 또 그 복된 합창

단의 지휘자가 되셨는지를 알게 될 것입니다. 우리들의 찬양은 그리스도를 통해서 하늘로 올라갑니다. 그는 우리의 대변자이십니다. 그리고 무한히 위엄이 있으신 하나님이 보좌 앞에서 우리들을 위하여 통역자가 되시는 분이십니다. 오, 그리스도시여, 우리는 당신의 몸입니다. 그 몸의 모든 지체들이 하나님을 찬양합니다. 그러나 당신은 그 몸의 머리입니다. 당신은 향기를 풍기는 백합화 같은 당신의 사랑스러운 입술로 우리를 위해서 말씀하셔야 합니다. 당신은 우리의 찬양을 위대한 대제사장에게 드려야 합니다. 그러면 그 찬양들은 당신의 손에서 받아들여지게 될 것입니다.

　　그러나 사도 바울은 여기에서 만족하지 않았습니다. 그래서 그는 "교회 안에서와 그리스도 예수 안에서 영광이 대대로 영원 무궁하기를 원하노라"고 덧붙이고 있습니다. 헬라어도 정확하게 이것과 똑같습니다. 그 헬라어를 영어로 직역하면 "unto all the generations of the age of ages (세세무궁토록)" 이 됩니다. 아마 사도 바울은 세상이 영원히 지속될 것이라고는 생각하지 않았을 것입니다. 그는 그리스도께서 언제 다시 오실지 알지 못했기 때문에 그를 서서 기다렸습니다. 아무튼 그는 대대로 하나님의 영광을 드러내기를 원했으며, 그리고 더 이상 사람들의 뒤를 잇는 인류들이 없을 때에도 그는 그 시대 중의 시대, 황금 같은 시대, 하나님의 시대, 평화와 기쁨과 축복의 시대가 어떤 국면을 맞이하든지 간에 하나님의 영광을 높이는 일을 결코 멈추지 않기를 바랐습니다. 오, 사도의 말씀은 참으로 복되도다! 우리는 그 말의 의미를 완전하게 이해하지는 못합니다. 비록 우리가 이해한다 할지라도 그 의미는 하나님이 마땅히 받으셔야 할 것에는 크게 미치지 못할 것입니다.

> "내 평생 사는 동안에
> 　주 찬양 하겠네
> 　내가 죽을 때까지
> 　주 찬양 하겠네
> 　내 힘을 다해서
> 　주 찬양 하겠네
> 　생명이 있는 동안에
> 　주 찬양 하겠네
> 　영원토록 주를 찬양 하겠네."

우리들의 자녀들도 우리를 따라 주님을 찬양할 것입니다. 자자손손 주님을 찬양할 것입니다. 그리고 이 땅의 종말이 올 때에, 그리스도께서 하늘로부터 내려오셔서 만물을 새롭게 하실 것입니다. 그가 오실 때 성도들은 그를 찬양할 것입니다. 주께서 그의 적들을 치시고 그들은 질그릇 같이 깨뜨리실 때 성도들은 그를 찬양할 것입니다. 그리고 종말이 오고 또 그가 권능을 하나님 아버지께 넘겨주실 때에도 영원한 노래는 하나님과 어린 양을 향하여 올라갈 것입니다. 하나님께서 모든 것 중의 모든 것이 되실 때, 대대로 "그에게 영광을 돌립니다. 그에게 영원히 영원토록 영광을 돌립니다"라고 하는 것은 구원받은 모든 사람들의 영원한 축복이 될 것입니다.

4. 마지막으로, 우리는 무엇을 해야 하는가에 대하여 말씀드리겠습니다.

우리는 이 모든 것에 대하여 무엇이라고 말해야 합니까? 본문은 한 단어로 말합니다. 그것은 "아멘"으로 끝을 맺고 있습니다. 여러분 중에서 어떤 사람은 새롭게 하나님에게로 태어났습니다. 여러분은 나의 가족들 중에서 어린 아기들입니다. 나는 여러분이 오늘 아침에 그에게 영광을 돌리기를 원합니다. 그는 여러분을 위해서 여러분이 구하는 것이나 생각하는 것에 더 넘치도록 하실 수 있습니다. 우리가 그에게 영광을 돌리는 일에 동참하는 동안에 "아멘"이라고 말합시다. 나와 같이 혈기 왕성한 장년들이여, 인생의 절정기에 있으며 하나님을 위하여 일하는 나의 형제들이여, 우리 모두 진심으로 "아멘"이라고 말합시다. 우리가 과거에 가지고 있던 모든 은혜와 지금 지니고 있는 모든 은혜가 그에게서 왔기 때문입니다. 천국에 점점 더 가까워지고 있는 나의 존경하는 형제 자매들이여, 여러분의 음성은 우리들의 음성보다 더욱 부드럽습니다. 여러분들의 경험 가운데에 성숙함이 있기 때문입니다. 그러므로 여러분이 먼저 앞장서서 "교회 안에서 그에게 영광을 돌립시다"라고 말하십시오. 지금 그렇게 말하십시오. 모든 계층의 신자들이여, 오늘 아침 주 안에서 기뻐하는 자들이여, 슬픔 가운데서 고개를 숙이는 자들이여, 우리 모두 "아멘"이라고 말합시다. 비록 여러분이 지금은 기쁘지 않다 할지라도 기쁨을 기대하면서 "아멘"이라고 말합시다. 여러분 중에서 그 누구도 "세세토록 교회 안에서 그에게 영광이 있기를 바라나이다. 아멘"이라고 말하기를 주저하지 맙시다. 오, 이 땅에 있는 교회들이여, 예외 없이 그렇게 말합시다. 전투 중에 있는 너희 모든 사람들이여, 그렇게 말하십시오. 병상에 누워 있는 성도들이여, 죽음이 임박한 성도들이여, 여러분들은 "아멘"이라고 말합시다. 고난당하는 자들이여, 수고하는 자들이여, 씨를 뿌리는 자들이여, 수확하는 자들이여, 우리 모두 "아멘"이라고 말합시다. 이 땅에 있는 모든 교회가 "아멘"이라고 말할 때에 위에 있는 교회도 "아멘"으로 크게 화답합니다. 어린 양의 피로 겉옷을 씻은 승리한 자들이여, 나는 여러분에게는 "아멘"이라고 말하라고 부탁할 필요가 없습니다. 여러분은 더욱 큰 소리로 그렇게 말하고 있으며, 또 이 아래에 있는 성도들보다 더욱 아름답게 그렇게 말하고 있다는 것을 나는 알고 있기 때문입니다.

아직까지 그의 은혜를 맛보지 못한 죄인들이여, 나는 여러분에게 "아멘"이라고 말하라고 촉구합니다. 비록 여러분이 아직까지 자비를 얻지 못했다고 할지라도 그가 여러분에게 자비를 베푸실 수 있기 때문입니다. 여러분은 오늘 아침 마치 하갈처럼 목말라 하면서 이곳에 왔습니다. 그리고 하나님이 여러분을 보고 계십니다. 여러분들은 여러분의 물병을 채우기 위해 작은 양의 물을 찾고 있습니다. 보십시오. 저 쪽에 샘이 있습니다. 그 샘은 많은 양의 물이 넘치고 있습니다. 그것을 마시십시오. 마시고 또 마시십시오. 그리고 "아멘"이라고 말하십시오. 사랑 가운데서 여러분을 보고 계시는 주님을 송축하십시오.

아마 여러분은 그의 아버지의 나귀를 찾는 사울과 같이 어떤 사소한 것을 찾기 위해 이곳에 왔을 것입니다. 보십시오. 그는 여러분에게 왕국을 주십니다. 그는 여러분이 구하거나 생각하는 것보다 더 큰 것을 주십니다. 그는 그의 풍성한 은혜로 그것을 주십니다. 그것을 받으십시오. 그리고 "아멘"이라고 말하십시오. 오, 사망과 지옥에서 구원받은 여러분이여, 또 그렇게 되기를 희망하는 여러분이여, 우리 모두 한 마음 한 뜻으로 찬양합시다.

> "우리가 생각하거나 소원하는 것보다
> 더 많은 것을 주실 수 있으신 권능의 주님께
> 영원히 영광이 있기를 기원합니다.
> 모든 교회와 하나님의 아들 그리스도를 통해서
> 존귀와 영광이 아버지께 돌려지기를 바라나이다."

아멘, 아멘.

제
18
장

—

그리스도의 승천

—

"우리 각 사람에게 그리스도의 선물의 분량대로 은혜를 주셨나니 그러므로 이르기를 그가 위로 올라가실 때에 사로잡혔던 자들을 사로잡으시고 사람들에게 선물을 주셨다 하였도다 올라가셨다 하였은즉 땅 아래 낮은 곳으로 내리셨던 것이 아니면 무엇이냐 내리셨던 그가 곧 모든 하늘 위에 오르신 자니 이는 만물을 충만하게 하려 하심이라 그가 어떤 사람은 사도로, 어떤 사람은 선지자로, 어떤 사람은 복음 전하는 자로, 어떤 사람은 목사와 교사로 삼으셨으니 이는 성도를 온전하게 하여 봉사의 일을 하게 하며 그리스도의 몸을 세우려 하심이라"— 엡 4:7-12

우리의 복된 주님은 우리로부터 떠나가셨습니다. 무섭게 투쟁하는 가운데 그의 겉옷이 피로 물들었던 장소인 감람산에서 그는 승리하신 자로 그의 보좌로 올라갔습니다. 그의 사랑하는 제자들에게 40일 동안 자신을 보여주시고, 그들에게 자기가 진실로 죽은 자 가운데서 부활하셨다는 풍부한 증거들을 제시하시고, 그들에게 거룩한 권고의 말씀을 하신 후, 그는 들림을 받았습니다. 그들 모두가 보는 앞에서 천천히 올라가시면서 그들을 축복하셨습니다. 떠날 때 그의 열두 아들들과 후손들에게 축복해 주었던 착하고 늙은 야곱과 같이, 구름이 주님을 가리어 보이지 않게 되기 전에 주님은 사도들에게 축복하셨습니다. 위를 처다보고 있던 사도들은 그의 교회를 대표하는 자들이었습니다. 그는 가셨습니다! 지혜로운 그의 음성은 이제 우리들에게 들리지 않습니다. 식탁에 주님의 자리는 텅 비었습니다. 그 산 위에 있던 무리들은 이제 더 이상 그의 음성을 들을 수 없습니다. 그가 가서 서는 안 될 이유를 찾는 것은 대단히 쉬운 것이었을 것입니다. 만약에 그것이 우리가 선택할 수 있는 문제였다면 우리는 주님께 이 세상 끝까지 우리와 함께 하시라고 간청했을 것입니다. 만약에 은혜로 말미암아 "우리의 뜻대로 마옵시고, 당신의 뜻대로 하옵소서"라고 하지 않았더라면 우리는 "우리와 함께 머무르소서"라고 말하면서 주님께 졸라댔을 것입니다. 그들 자신의 사랑하는 스승이 가시적으로 그들과 함께 있다면 제자들에게는 큰 위로가 되었을 것입니다. 박해받는 무리들이 그들의 머리맡에서 그들의 지도자를 볼 수 있다면 그것은 얼마나 큰 위로가 되겠습니까? 그렇게 된다면 모든 어려운 문제들은 사라질 것이고, 해결될 것이며, 당혹감도 제거될 것이고, 시련들도 쉬워질 것이며, 유혹도 피할 수 있을 것입니다. 그들 자신의 사랑하는 목자이신 예수님께서 가까이 계신다면 양들은 안심하고 누워 있을 것입니다. 만약에 그가 이곳에 계신다면 우리는 "그들이 가서 예수님께 말했더라"라고 언급된 사람들 같이 어려운 일이 있을 때마다 그에게 찾아갈 수 있을 것입니다.

그가 머무르시면서 세상의 회심을 완성하는 것이 더 유리한 것처럼 보입니다. 그가 임재하여 계실 때에는 은혜로우신 말씀과, 사랑으로 나타나는 기적으로 말미암아 영혼을 얻게 하는 영향력을 발휘하였습니다. 만약에 그가 자기의 능력을 발휘하신다면 전투는 곧 끝났을 것입니다. 그리고 모든 마음을 지배하는 그의 권능도 영원히 확립되었을 것입니다. "왕의 화살은 날카로워 왕의 원수의 염통을 뚫으니 만민이 왕의 앞에 엎드러지는도다"(시 45:5). 강력한 궁수여, 전투장을 떠나지 마십시오. 모든 것을 정복하는 당신의 창을 멀리 던지십시오. 우리 주님이 죽은 자 가운데 부활하시기 전, 육신으로 계시던 때, 그는 말씀만 했는데 그를 잡으러 왔던 사람들이 땅에 쓰러졌습니다. 그가 우리 곁에 계셨더라면 박해의 손길이 우리를 사로잡지 못했을 것입니다. 그의 말 한 마디로 아무리 난폭한 적이라도 물러갔을 것입니다. 그의 음성은 죽은 자도 무덤에서 불러내셨습니다. 그가 지금도 교회 내에 계셨다면 그의 음성이 영적으로 죽은 자들을 깨웠을 것입니다. 그의 존재는 만 명의 사도들보다 우리들에게는 더 좋았을 것이라고 상상해 봅니다. 만약에 그가 가시적으로 우리 가운데 계셨다면 교회의 전진은 마치 승리한 군대의 행진과 같았을 것이라고 생각합니다.

이것은 혈과 육으로 상상해서 해 본 이야기입니다. 그러나 주님께서는 "내가 떠나가는 것이 너희에게 유익이라 내가 떠나가지 아니하면 보혜사가 너희에게로 오시지 아니할 것이요"(요 16:7)라고 선언하심으로 앞에서 생각했던 이유들을 잠잠케 하셨습니다. 하늘에 있는 성도들은 그의 장엄한 임재야말로 그들의 축복을 완성하시는 것이라고 기대하고 있다고 우리들에게 말씀하실 수도 있었습니다. 주님은 또한 자기가 그토록 오랫동안 나와 있었고 또 그토록 엄청난 일을 수행하시고 난 뒤에 자기의 보상을 받기 위해 하늘로 올라가는 것이 당연하다고 말씀하실 수도 있었습니다. 주님은 또한 사랑하시는 아버지의 품으로 되돌아가는 것이 마땅하다고 말씀하실 수도 있었습니다.

그러나 주님은 그의 떠나심을 두려워하는 제자들의 마음은 주로 그들 자신의 개인적 유익에 대한 두려움 때문에 야기된 것이라는 사실을 아시고 다음과 같이 위로의 말을 해주셨습니다. "내가 떠나가는 것이 너희에게 유익이라." 그리고 나서 그는 가셨습니다. 우리의 연약한 이해력이 그것을 이해하든지 못하든지 간에 예수님께서 이 땅에서 우리들 가운데 육체적으로 계시는 것보다 하나님의 우편에 계시는 것이 우리를 위해 더 좋은 일입니다.

그가 이 땅에 계신다면, 수많은 베다니 사람들이 그를 환대할 것입니다. 수많은 회당들이 그가 성경을 펴시는 것을 보고 기뻐할 것입니다. 우리들 가운데 있는 여인들은 그의 발에 입 맞출 것이고, 남자들은 그의 신발 끈을 푸는 것도 영광스럽게 생각할 것입니다. 그러나 그는 몰약의 산과 향기의 언덕으로 떠나가셨습니다. 그는 이제 더 이상 우리의 식탁에 앉아 계시지 않으며, 길거리에서 우리와 함께 걷지 않으십니다. 그는 지금 또 다른 양 떼들을 생수의 샘으로 인도하고 계십니다. 이 땅에 있는 그의 양들도 그가 떠나가심으로 인해서 자기들에게 손해라고 생각해서는 안 됩니다. 완전하신 지혜로 그가 가시는 것이 우리에게 유익하다고 선언하셨습니다.

오늘 아침, 갈릴리 사람들처럼 여기서 하늘만 쳐다보고 서 있거나 우리 주님을 잃어버렸다고 슬퍼하지 말고, 조용히 묵상하는 가운데 이미 지나간 이 큰 사실로부터 어떤 유익한 것을 깨달을 수 있는지 알아봅시다. 우리 주님이 승천하신 빛나는 길을 따라 묵상하면서 올라가 봅시다.

"이 낮은 하늘을 넘어 저 너머로
영원한 시간이 있는 곳으로 올라가 보세."

우리들은 성령의 도우심을 받아 실제적인 유익을 위하여, 첫 번째는 그의 승천의 사실에 대하여, 두 번째는 그 승천의 승리에 대하여, 세 번째는 그 승천의 선물에 대하여 생각하겠습니다. 그런 후에 우리들은 회개하지 않은 자들에 대한 승천의 의미를 살펴봄으로 결론을 맺겠습니다.

1. 첫째로, 승천의 사실에 대해 살펴보면서
우리는 열망하는 마음으로 위를 바라봅시다.

우리는 모든 논쟁이나 단순한 교리적 정의를 하려는 것이 아니고 위로와 교화와 영혼의 유익을 위해 승천을 묵상해 보고자 합니다. 이 땅의 낮은 곳으로 내려오신 주님이 이제는 "모든 하늘 위로 승천"하셨다는 것을 기억하는 것은 우리에게 지극히 큰 기쁨이 됩니다. 그가 내려오심은 천사들과 사람들에게 기쁨의 주제였습니다. 그러나 그것은 주님께 많은 수치와 슬픔을 주었습니다. 특히 시편 기자의 말과 같이 "땅의 깊은 곳에서 기이하게 지음을 받은"(시 139:15) 것이며, 육체를 입은 후에 그는 더욱더 이 땅의 밑으로 내려가셨으며 마치 죄인처럼 무덤 속에 잠들었습니다. 그가 이 땅에 내려오신 것은 우리들에게는 큰 기쁨이었지만 그에게는 고통과 수치와 비천함으로 가득 찬 것이었습니다. 그러므로 우리의 기쁨은 그것에 비례하는 것이어야 합니다. 수치는 영광 가운데 삼켜지고, 고통은 축복 가운데 잊혀지며, 사망은 영원한 생명 가운데 없어집니다. 그가 이 땅에 내려오셨을 때, 목자들이 노래했던 것과 같이 그의 부활을 모든 사람들이 노래하게 합시다. 전사는 영광을 받을 자격이 있습니다. 그는 죽을 힘을 다해 승리를 쟁취했기 때문입니다. 공의에 대한 사랑과 주님에 대한 사랑은 주님의 기쁨 안에서 우리로 기뻐하게 합니다. 주 예수님을 기쁘게 하는 것은 그것이 무엇이든지 그의 백성들을 기쁘게 합니다. 우리는 주님과 함께 깊은 공감을 느낍니다. 우리는 그가 당한 수치를 모든 재산보다 더 높이 평가하며, 그의 영광과 함께 가장 귀중하게 여깁니다. 우리는 주님과 더불어 죽었고, 또 세례를 통하여 그와 함께 매장되었고, 또 그를 죽은 자 가운데서 다시 살리신 하나님의 역사에 대한 믿음을 통해 그와 더불어 부활했고, 우리들은 천국에서 함께 앉게 될 것이고 기업을 얻게 될 것입니다. 하나님의 그리스도께서 그와 보좌로 되돌아왔을 때 천사들이 가장 아름다운 찬송을 하였다면 우리는 더욱더 그렇게 해야 하지 않겠습니까! 우리들과 비교할 때 천사들은 그날의 승리를 조금만 알 뿐입니다. 왜냐하면 그는 사로잡혔던 자들을 사로잡은 자였고, 보스라에서 승리하고 돌아온 자(사 63:1 참조)이며, 여인에게서 태어난 자였기 때문입니다. 우리들은 시편 68편에서 시편 기자가 말한 것과 같이 말할 수 있을 것입니다. "의인은 기뻐하여 하나님 앞에서 뛰놀며 기뻐하고 즐거워할지어다 하나님께 노래하며 그의 이름을 찬양하라 하늘을 타고 광야에 행하시던 이를 위하여 대로를 수축하라 그의 이름은 여호와이시니 그의 앞에서 뛰놀지어다(시 68:3-4). 그는 바로 우리의 뼈 중의 뼈요 살 중의 살이신 그리스도였습니다. 그는 그의 영광을 향하여 올라가신 두 번째 아담이었습니다. 오, 신자들이여, 여러분들은 승리하여 소리치는 자들처럼 기뻐하면서 그 강한 자와 함께 전리품을 나누어가지게 될 것입니다.

> "뱀의 머리는 상했고
> 지옥은 사라지고
> 죽음도 사라져 버렸네
> 그리스도께서 위로 올라가시면서
> 사로잡힌 자들을 데리고 가셨네
> 그의 모든 사역과 전투는 끝났네
> 그는 그의 천국으로 가셨네
> 지금은 아버지의 보좌 옆에서
> 자기 백성들을 위하여 간구하고 계시네
> 오, 하늘이여 노래하라! 오, 땅이여 기뻐하라!
> 영광 가운데 부활하시고 승천하신 구세주를 찬양하는
> 천사들의 비파소리와 인간들의 노랫소리가
> 그의 주변에서 높이 울리네."

우리 주님께서 세상을 떠나신 시간부터 이 세상은 우리에게 전혀 매력이 없게 되었습니다. 만약에 그가 이 세상에 계셨다면 우리를 더 강력하게 붙들어 줄 우주에는 전혀 흠이 없었을 것이지만, 그가 위로 올라가셨기 때문에 그는 위에서 우리를 끌어올리시는 것입니다. 꽃은 정원에서 사라지고, 첫 열매는 거두어졌습니다. 세상의 면류관은 그 찬란한 보석을 잃어버렸으며, 별들은 밤으로부터 사라졌고, 이슬은 아침으로부터 사라져 버리고, 태양은 낮에 빛을 잃었습니다. 우리들으, 친구나 사랑하는 자식을 잃었을 때 다시는 웃지 아니한 사람들의 이야기를 듣습니다. 그 어떤 것도 황량하게 텅 빈 그들의 가슴을 채울 수 없기 때문입니다. 그러나 우리들에게는 그 어떤 슬픔도 고통을 주지 못합니다. 왜냐하면 우리는 하나님의 뜻을 따르는 법을 배웠기 때문입니다. 그리고 "우리의 모든 것이 되시는 예수님이 하늘로 가셨다"는 사실은 우리의 영혼에 큰 위안이 됩니다. 이 세상은 이제 우리의 안식처가 되지 못하며, 우리를 만족시킬 수 있는 능력이 사라졌습니다. 요셉은 더 이상 애굽에 있지 않습니다. 지금은 이스라엘로 갈 시간입니다. 이 땅이여, 나의 보물은 너와 함께 있지 않도다. 나의 마음은 너에게 얽매이지 않는다. 오, 그리스도시여, 당신은 당신의 백성들의 풍요로운 보물이 되십니다. 당신이 떠나가셨기에 당신의 백성들의 마음도 주님과 함께 하늘로 올라갔습니다.

　　바로 이러한 사실에서 "우리의 시민권은 하늘에 있는지라 거기로부터 구원하는 자 곧 주 예수 그리스도를 기다린다"(빌 3:20)는 위대한 진리가 나옵니다. 형제들이여, 그리스도께서 가셨기 때문에 우리의 생명은 그와 더불어 하나님 안에 숨겨져 있습니다. 우리의 머리가 되시는 그리스도께서는 영광의 땅으로 가셨습니다. 그러므로 그 지체들의 생명도 그곳에 있습니다. 머리가 천국의 것들로 가득 채워졌기 때문에 그 몸의 지체들도 땅의 것들의 노예가 되어서는 안 됩니다. "그러므로 너희가 그리스도와 함께 다시 살리심을 받았으면 위의 것을 찾으라 거기는 그리스도께서 하나님 우편에 앉아 계시느니라 위의 것을 생각하고 땅의 것을 생각하지 말라"(골 3:1-2). 우리들의 신랑은 상아궁전으로 가셨습니다. 그는 그 형제들 가운데 살고 계십니다. 우리는 그와 더불어 교통하기 위하여 우리를 부르시는 그의 음성을 듣지 않습니까? "나의 사랑, 내 어여쁜 자야 일어나서 함께 가자"(아 2:10)는 그의 음성이 들리지 않습니까? 비록 우리의 육신은 잠시 이곳에 머물고 있을지라도, 우리의 영혼은 황금의 거리를 거닐게 하고 아름다운 왕을 바라보게 합시다. 오, 신실한 영혼들이여, 오늘 그 복된 일을 시작합시다. 여러분이 이 땅에 머물고 있는 동안에도 하나님을 찬양합시다. 비록 위에 있는 완전한 성도들과 동일한 예배의 형식은 아닐지라도 동일하게 순종하는 기쁨으로 그를 영광스럽게 합시다. "우리의 시민권은 하늘에 있습니다." 우리가 그 말의 의미를 완전하게 알게 되기를 기원합니다. 우리가 천국의 시민권을 가지고 천국의 시민으로서 우리의 특권과 직분을 행사하며, 또 죽은 자들로부터 살아나서 함께 일어나 그의 부활의 생명에 동참하게 된 사람들처럼 살아가기를 기원합니다. 가족의 머리가 영광 중에 있기 때문에 우리는 믿음을 통해서 우리가 그 머리에 얼마나 가까이 있는 존재들인가를 인식하고 기대하는 마음으로 그 기쁨과 그 권능 안에서 살아갑시다. 이와 같이 우리 주님의 승천은 우리에게 천국에 대해 일깨워 주며, 천국을 위해 준비할 성결에 대해 가르쳐 줍니다.

우리 주 예수 그리스도께서는 우리로부터 떠나가셨습니다. 그것을 다시 생각해 보겠습니다. 우리는 주님의 귀에 대고 말할 수 없습니다. 그리고 도마와 빌립에게 말씀하시던 그 다정한 말투로 응답하시는 그의 음성을 들을 수 없습니다. 그는 이제 더 이상 마리아와 마르다 그리고 나사로와 같이 사랑하는 친구들과 더불어 사랑의 잔칫상에 앉을 수 없습니다. 주님은 이 세상에서 떠나 아버지께로 가셨습니다. 그것은 무엇을 의미하는 것일까요? 주님은 그 일을 통해서 우리가 이제부터는 눈으로 보는 대로가 아니라 믿음으로 걸어가야 한다는 사실을 더욱 분명하게 가르쳐 주신 것입니다. 예수 그리스도께서 이 땅에 계신다면 넓은 의미에서 믿음의 생활에 영원한 방해가 되었을 것입니다. 우리는 모두 다 구원자를 보기를 원할 것입니다. 그러나 그가 사람으로 계신다면 편재하실 수 없기에 특정한 시간에 특정한 장소에만 계실 수밖에 없습니다. 그래서 우리는 그를 보려고 여행하는 것을 평생의 과제로 삼았을 것이며, 또는 그가 스스로 온 세상을 다니신다면 우리는 눈으로 직접 그를 보기 위해 군중들을 밀치며 들어가려고 싸웠을 것입니다. 그리고 어떤 사람이 주님과 직접 이야기할 수 있는 차례가 왔을 때, 서로 부러워했을 것입니다. 그러나 지금 우리가 육체를 따라 예수님을 보기 위해 서로 싸울 이유가 없으므로 하나님께 감사합니다.

비록 과거에는 주님의 제자들이 주님을 직접 보았었지만 지금은 우리가 주님을 더 이상 눈으로 볼 수 없습니다. 인간의 눈으로는 더 이상 예수님을 볼 수 없습니다. 믿음의 눈은 육체적인 눈이 하지 못하는 구원과 교훈과 변화를 가져다주기 때문에 오히려 잘된 것입니다. 만약에 주님이 이 땅에 계신다면 우리들은 보이는 것을 더 중하게 여겼을 것입니다. 그러나 지금 우리의 마음은 보이지 아니하지만 영원한 것들에 집중되어 있습니다. 오늘날 우리는 눈으로 볼 수 있는 제사장도 없고, 물질적인 제단도 없으며, 손으로 만든 성전도 없고, 감각을 만족시켜 줄 엄숙한 종교의식도 없습니다. 우리들은 외적인 것과는 끝났으며 내적인 것으로 기뻐하고 있습니다. 우리들은 이 산에서 아버지를 예배하는 것도 아니고, 저 산에서 예배하는 것도 아닙니다. 우리는 영이신 하나님께 영과 진리로 예배합니다. 우리는 지금 보이지 않는 분을 보이는 것 같이 생각하고, 전혀 본 적이 없는 분을 사랑하고 있습니다. 비록 지금은 우리가 볼 수 없지만 믿고 있는 그분 안에서 말할 수 없는 즐거움과 충만한 영광으로 기뻐합니다. 우리가 우리 주님을 향해 나아가는 것과 동일한 모습으로 그가 계시해 주시는 모든 것을 향해 걸어가고 있습니다. 우리는 눈으로 보면서 나아가는 것이 아니라 믿음으로 걸어갑니다. 광야에서 모형들과 그림자들을 통해서 가르침을 받은 이스라엘 백성은 우상 숭배로 기울어지는 경향이 있었습니다. 종교에 있어서 가시적인 것이 많으면 많을수록 영적으로 성취하는 데에는 더욱 어려움이 많습니다. 만약에 그것들이 주님 자신에 의해서 정해진 것이 아니었다면 세례와 성찬식도 포기하는 것도 좋았을 것입니다. 왜냐하면 육체가 그것들을 덫으로 만들게 되며, 미신이 세례적 중생과 성례전적 효능에 접목될 것이기 때문입니다.

그러므로 우리 주님께서 여기에 현존하신다면 비록 감각적으로는 즐거울지라도 믿음에는 어려움을 가져다주었을 것입니다. 그의 떠나가심은 믿음을 위한 분명한 영역을 남겨 주었습니다. 그것은 우리들로 하여금 필연적으로 영적인 생활을 영위하게 만들었습니다. 왜냐하면 우리들의 믿음과 소망과 사랑의 머리요, 영혼이요 중심이 되신 분이 이제 더 이상 우리의 육체적 기관의 범위 안에 계시지 않기 때문입니다. 그 손가락을 못자국에 넣어보아야 할 필요가 있는 것은 보잘것없는 믿음입니다. 그러나 보지 않고 믿는 자는 복이 있습니다. 우리들은 보이지 않는 구세주께 우리의 믿음을 고정시킵니다. 우리의 기쁨은 보이지 않는 구세주로부터 비롯됩니다. 우리의 믿음은 이제 바라는 것들의 실상이요, 보지 못하는 것들의 증거입니다.

이 교훈을 잘 배웁시다. 그리고 결코 다음과 같은 책망은 듣지 맙시다. "너희가 이같이 어리석으냐 성령으로 시작하였다가 이제는 육체로 마치겠느냐"(갈 3:3). 우리는 결코 감정과 증거를 따라서 살려고 하지 맙시다. 영혼이 육체 안에서 완전해질 수 있다는 모든 꿈을 버리고, 기사와 이적을 갈망하는 마음을 버립시다. 우리는 주님께서 일하실 때만 믿었던 이스라엘 자녀들과 같이 되지 맙시다. 만약에 우리의 사랑하시는 자가 스스로 우리의 눈에 보이지 않게 숨으신다면, 그리고 모든 것을 숨기시는 것이 그의 기뻐하시는 뜻이라면 우리도 그것을 기뻐합시다. 그가 단지 우리의 믿음에만 자기 자신을 계시한다면, 주님을 볼 수 있는 믿음의 눈은 모든 것을 볼 수 있습니다. 그리고 주님이 우리의 믿음을 보이는 것으로 변화시킬 때까지는 그의 언약적 축복들과 다른 모든 것을 믿음의 눈으로 보는 것으로 만족해야 할 것입니다.

사랑하는 자들이여, 더 나아가 예수님이 천국으로 들어가심으로 우리의 영원한 기업이 얼마나 안전하게 되었는가를 생각해 봅시다. 천국은 우리들에게 확고한 것이 되었습니다. 그것이 우리의 법적인 대리인의 실제적 소유 안에 있기 때문입니다. 그는 결코 그것을 결코 빼앗길 수 없습니다. 소유는 법률상 아홉 가지 요소를 가지고 있습니다. 그러나 복음 하에서 우리는 우리의 소유에 대하여 절대적이고 완전하게 확보하고 있습니다. 언약적 축복을 소유한 사람은 그것을 결코 잃어버리지 않을 것입니다. 왜냐하면 그 언약은 결코 변경될 수 없으며, 그 선물은 철회될 수 없기 때문입니다. 우리들은 실제적으로나 권리상으로 하늘의 가나안의 상속자들입니다. 최고법원에 의해서 임명되어진 우리들의 법적 대리인이 위대하신 아버지의 집에 있는 수많은 저택들을 소유하고 또 실제적으로 점유하고 있기 때문입니다. 그는 소유하실 뿐 아니라 우리들을 영접하여 영원히 거주하도록 하기 위해서 모든 준비를 하고 계십니다. 어떤 사람이 집에 대한 소유권에 대해 확신이 없다면, 그 집에 거주할 사람들을 위하여 준비할 수 없을 것입니다. 그는 모든 의문점들이 깨끗이 해결될 때까지 입주 준비를 하지 않을 것입니다. 그러나 우리의 좋으신 주님은 우리를 위해서 새 예루살렘 도성을 확실하게 소유하셨습니다. 주님은 날마다 우리를 위하여 입주 준비를 하고 계십니다. 그리하여 그가 계시는 곳에 우리도 같이 있게 될 것입니다. 만약에 내가 나의 도착 시까지 나를 위하여 나의 자리를 잡아줄 나와 같은 어떤 인간을 하늘로 보낼 수 있었다면 나는 나의 친구가 그 소유권을 잃어버릴까 두려워했을 것입니다. 그러나 하늘의 왕이시고 천사들의 주인이신 나의 주님께서 그의 모든 성도들을 대표하고 또 그들을 위해서 자리를 잡아놓으려고 그곳으로 가셨기 때문에 나는 나의 분깃이 안전하다는 사실을 압니다. 사랑하는 여러분, 사도 바울이 "우리도 그 안에서 기업이 되었으니"라고 썼을 때 그의 마음이 그랬던 것과 같이 기쁨으로 노래합시다.

더 나아가, 예수님이 영광으로 들어가셨으므로 우리는 성공적인 기도를 드릴 수 있게 되었습니다. 여러분이 법정에 탄원서를 보낼 때 그것이 성공적이기를 바랍니다. 그 탄원서가 적절한 양식으로 작성되고 또 영향력 있는 사람의 서명이 있기 때문입니다. 그러나 여러분을 위해서 탄원해 준 사람이 그 법정에 있고, 그가 탄원서를 제출한다면 여러분은 더욱 안전하게 될 것입니다.

　오늘날 우리의 기도는 우리 구세주의 승인을 받았을 뿐 아니라 그 자신의 요구인 것처럼 그 자신의 손으로 제출됩니다. "그러므로 우리에게 큰 대제사장이 계시니 승천하신 이 곧 하나님의 아들 예수시라"(히 4:14). "그러므로 우리는 긍휼하심을 받고 때를 따라 돕는 은혜를 얻기 위하여 은혜의 보좌 앞에 담대히 나아갈 것이니라"(히 4:16). 예수님이 촉구하시는 기도는 그 어떤 것도 다 들으시는 바 되며, 그가 변호해 주시는 사건은 안전합니다.

> "내 영혼아 즐거운 눈빛으로 위를 바라보아라.
> 위대하신 구세주께서 서 계신 곳을 보아라.
> 영광스러운 대언자께서 그의 손에 향로를 들고
> 높은 곳에 서 계시는 곳을 바라보아라.
> 그는 모든 비천한 신음소리를 사라지게 하시고
> 낙심하는 모든 자에게 기도하라 권고하시네.
> 오직 그에게만 소망을 두십시오.
> 그의 권능과 사랑은 낙심하지 말라 하시네."

　지루한 느낌이 들지라도 우리는 이 주제를 좀 더 깊이 생각해보아야 합니다. 우리가 승천하신 그리스도에 대해 묵상할 때, 그가 그의 모든 백성들의 예표가 된다는 생각으로 우리의 마음은 뜨거워집니다. 그가 과거에 이 땅에 계셨듯이 우리도 지금 이 땅에 있으며, 그가 지금 하늘에 계시듯이 우리도 장차 하늘에 있게 될 것입니다. 만약에 주님이 속히 오시지 않으신다면 우리들은 마치 주님이 죽으신 것과 같이 죽을 것입니다. 그리고 무덤이 잠시 동안 우리의 육신을 담아 둘 것입니다. 우리들을 위해서 동산에 무덤이 있거나 우리의 조상들의 막벨라 무덤에서 쉬게 될 것입니다(창 23:19 참조). 우리는 수의를 입게 될 것입니다. 그러나 우리는 주님처럼 사망의 끈을 끊어버릴 것입니다. 우리는 사망의 끈에 묶여 있을 수 없기 때문입니다. 우리들을 위해서는 부활의 아침이 있습니다. 우리 주님이 부활하셨기 때문입니다. 죽음은 그 머리와 지체들을 신속히 붙잡았으나, 감옥의 문들이 열리고 기둥과 빗장과 모든 것들이 제거될 때, 사로잡힌 자들이 모두 석방되었습니다. 천사장의 나팔 소리에 우리는 죽은 자 가운데서 부활하여 승천할 것입니다. 우리는 주님과 함께 공중에 들림을 받고 영원히 주님과 함께 있게 될 것이기 때문입니다. 형제여, 용기를 내십시오. 그리스도께서 밟으신 가장 높은 하늘을 향한 빛나는 길을 여러분도 밟고 가야 합니다. 그가 이룬 승리가 여러분의 것이 될 것입니다. 여러분도 여러분의 포로들을 데리고 가게 될 것이며 천사들의 환호 속에 영원히 복되신 아버지로부터 "잘 하였다"라는 칭찬을 받게 될 것입니다. 그리고 마치 예수님이 보좌에 계신 아버지와 함께 앉아 계신 것처럼, 우리도 보좌에 계신 예수님과 함께 앉아 있게 될 것입니다.

나는 여러분에게 묵상 그 자체보다는 묵상을 위한 암시를 제시하였습니다. 성령께서 여러분을 축복해 주시기를 기원합니다. 그리하여 여러분이 묵상 가운데 감람산에 앉아 푸른 하늘을 쳐다볼 때 하늘 문이 열리기를 기원합니다. 그리고 스데반과 같이 하나님 우편에 계신 인자를 보기를 기원합니다.

2. 이제 더 나아가 두 번째 요점에 대하여 살펴보겠습니다.
그 주제에 대해서는 간략하게 설명하겠습니다.
그 주제는 승천의 승리에 대한 것입니다.

시편 기자들과 사도들은 우리 주님이 승리하여 여호와의 산으로 승천하신 것에 대해 말하기를 기뻐하였습니다. 나는 그들이 말한 것 이상의 것을 언급하지는 않겠습니다. 시편 기자가 어떻게 환상 가운데 구세주의 승천을 보았는지 생각해 보십시오. 시편 24편에는 천사들이 다음과 같이 말한 것으로 나타나있습니다. "문들아 너희 머리를 들지어다 영원한 문들아 들릴지어다 영광의 왕이 들어가시리로다 영광의 왕이 누구시냐 만군의 여호와께서 곧 영광의 왕이시로다"(시 24:9-10). 그 광경은 가장 장엄하고 풍부한 시적 상상력으로 묘사되고 있습니다. 그리고 그것은 우리에게 다음의 사실을 분명하게 가르쳐 주고 있습니다. 즉, 우리의 구세주께서 사람들의 시야에서 벗어나실 때, 그는 하늘의 영적 존재들의 환영을 받는데, 그 무리들은 그가 우주 제일의 도성으로 들어갈 때 환호하며 그를 맞이하였고, 또 정중하게 그를 섬겼습니다. 언제나 사용되고 있는 그 광경에 대한 묘사는 너무나 아름다운 것이어서 더 개선할 여지가 없다고 생각합니다. 고대 로마 시대에도 장군들이나 왕들이 전쟁에서 되돌아왔을 때, 그들은 승리를 축하하였습니다. 그들은 영광스럽게 마차를 타고 수도 시가지를 두루 행진하였으며, 전리품도 함께 운반하였습니다. 주민들은 창문으로 몰려들었고, 길거리를 가득 채웠으며, 지붕에도 모여들었고, 또 그가 지나갈 때 그 승리의 영웅에게 환호와 꽃다발을 소나기처럼 던졌습니다. 우리 주님께서 천국의 보좌로 되돌아가셨을 때도 그와 같은 광경이었을 것이라고 생각할 수 있습니다. 시편 68편도 그것을 노래하고 있습니다. "하나님의 병거는 천천이요 만만이라 주께서 그 중에 계심이 시내 산 성소에 계심 같도다 주께서 높은 곳으로 오르시며 사로잡은 자들을 취하시고 선물들을 사람들에게서 받으시며 반역자들로부터도 받으시니 여호와 하나님이 그들과 함께 계시기 때문이로다"(시 68:17-18). 시편 47편도 역시 그러합니다. "하나님께서 즐거운 함성 중에 올라가심이여 여호와께서 나팔 소리 중에 올라가시도다"(시 47:5). 천사들과 영화된 영혼들이 다시 돌아오신 승리자에게 경의를 표했습니다. 그는 사로잡힌 자들을 사로잡으시고 우주적 환호 가운데서 중보자의 보좌에 앉으셨습니다. "통치자들과 권세들을 무력화하여 드러내어 구경거리로 삼으시고 십자가로 그들을 이기셨느니라"(골 2:15).

　우리 주님의 승천은 세상에 대한 승리였습니다. 주님은 세상의 유혹에 전혀 넘어가지 않고 그것을 통과하셨습니다. 주님은 죄에 대한 유혹도 받았습니다. 그러나 그의 겉옷은 아무런 흠이나 티가 없었습니다. 그에게 시도되지 않은 유혹은 없었으며, 세상의 화살통은 그에게 모든 화살을 다 쏘아 텅 비었습니다. 그러나 그 화살들은 그에게 아무런 해도 입히지 못하고 그의 갑옷을 빗나갔습니다. 그들은 그를 잔인하게 박해했습니다. 그는 생각할 수 있는 모든 잔인한 조롱을 다 당하셨습니다. 그러나 그는 불에 그을린 냄새도 없이 풀무 불에서 나오셨습니다. 그는 꺼지지 않는 사랑과 정복할 수 없는 용기로 죽음 그 자체도 견뎌내셨습니다. 그는 인내로 모든 것을 정복하셨습니다. 그가 부활하셨을 때 그는 그들의 손이 닿지 아니하는 무한히 높은 곳에 계셨습니다. 비록 그들이 이전보다 더 그를 증오했을지라도 그는 그들 가운데서 40일 동안 계셨습니다. 그리고 그 어떤 손길도 그를 체포하려고 나서지 못했습니다. 그는 여러 장소에서 공개적으로 자기 자신을 보여주었습니다. 그러나 감히 개 한 마리도 그 혀를 놀리지 못했습니다. 과거에 광야에서 시험을 받으셨던 그분이 맑은 하늘에서 살렘의 언덕들보다 훨씬 더 높은 곳에서 이 세상의 왕국들을 내려다보셨습니다. 그것은 사탄이 죄의 유혹을 하면서 제시했던 것이었는데 이제는 공로의 권리로 그 모든 것을 자기 자신의 것으로 삼으셨습니다. 그는 모든 것 위로 올라가십니다. 왜냐하면 모든 것보다 우월하시기 때문입니다. 세상이 유혹으로 그의 성품에 손상을 입힐 수 없었듯이, 이제 더 이상 세상은 그의 적의로써 그의 몸을 건드릴 수 없었습니다. 그는 이 사악한 세상을 완전히 이기셨습니다.

그는 또 거기에서 죄악을 사로잡아 묶어버렸습니다. 죄악은 그를 맹렬하게 공격하였으나 그를 더럽힐 수 없었습니다. 죄악의 짐이 그에게 지워졌습니다. 인간의 죄악의 무게가 그의 어깨를 짓눌렀습니다. 그 죗짐이 그를 짓눌러 으깼습니다. 그러나 그는 죽은 자 가운데서 살아나셨습니다. 그리고 그는 하늘로 승천하셨습니다. 그리하여 죗짐을 벗어버리고 무덤에 매장시켜버렸다는 것을 입증하였습니다. 그는 그의 백성들의 죄악을 제거하셨습니다. 그의 대속은 아주 효과적이어서 그에게 아무 죄악도 남아 있지 않습니다. 그리고 자기가 대리하였던 그 사람들에게도 아무 죄악이 남아 있지 않습니다. 비록 과거에는 구세주가 저주받은 자리에 있었지만 그는 그 징벌을 당하셨기 때문에 이제 의롭게 되었습니다. 그리고 그의 대속의 사역이 영원히 끝났습니다. 나의 형제들이여, 그가 승천하셨을 때, 죄악은 우리의 임마누엘의 병거의 수레바퀴에 사로잡혀 끌려갔습니다.

죽음도 역시 승리 가운데 끌려갔습니다. 죽음이 그를 구속하였으나 그는 죽음의 족쇄를 깨뜨리시고 죽음을 자신의 끈으로 결박하였습니다.

> "돌도, 파수꾼도, 봉인도 아무 소용 없었네,
> 그리스도께서 지옥의 문을 깨뜨리셨도다.
> 죽음도 그의 부활을 막을 수 없었네,
> 그리스도께서 낙원의 문을 활짝 열었도다.
> 우리의 영광스러운 왕이 다시 살아나셨네!
> 오, 사망아 너의 쏘는 것이 어디 있느냐?
> 우리의 영혼을 구원하시려고 그가 단번에 죽으셨네.
> 자랑하는 무덤아, 너의 승리가 어디 있느냐?"

이 땅의 낮은 곳으로 내려오실 때와 동일한 몸으로 우리 구세주께서 승천하신 것은 사망에 대한 완벽한 승리이기 때문에 모든 죽어가는 성도들이 영생에 대해서 확신할 수 있습니다. 또한 그의 몸이 영원히 무덤에 있을까 걱정하지 않고 몸을 무덤에 맡겨 둘 수 있습니다.

사탄도 완전하게 패배하였습니다! 사탄은 여자의 후손이 그의 발꿈치를 상했을 때 그를 이길 것이라고 생각했습니다. 그러나 보십시오. 그 정복자가 높이 올라가셨을 때, 그는 그의 발 밑에 용의 머리를 짓밟아 깨뜨리셨습니다. 여러분은 다윗의 집의 왕의 병거를 영원한 언덕 위로 끌고 가는 천국의 길을 보지 못하십니까? 흑암의 왕과 싸우셨던 그분이 오십니다. 보십시오. 그는 흑암의 왕을 쇠사슬로 결박하였습니다. 전능하신 왕에게 충성을 다하는 순수한 모든 영들이 비웃는 가운데 그가 어둠의 왕을 그의 병거에 매달고 끌고 가시는 것을 보십시오. 오, 사탄아, 그 때 너는 패배하였도다. 그리스도께서 그의 보좌로 승천하셨을 때 너는 하늘에서 번개처럼 떨어졌도다.

그리스도 안에서 형제 된 여러분, 그리스도께서는 우리를 속박하였던 모든 것을 사로잡으셨습니다. 그는 도덕적인 악도 쳐부수셨습니다. 그는 이 죽을 인생의 어려움들과 시련들도 실제적으로 극복하셨습니다. 지금도 여전히 우리들을 대적할 수 있다고 생각되는 것은 하늘이나 땅이나 지옥에도 없습니다. 그리스도께서는 모든 것을 제거하셨습니다. 그는 율법을 완성하셨습니다. 그는 저주를 제거하셨습니다. 그는 우리에게 불리한 율법 조문을 그의 십자가에 못 박으셨습니다. 그는 우리의 모든 적들을 공개적인 웃음거리로 만들었습니다. 이 승리는 우리들에게 참으로 큰 기쁨을 줍니다. 그를 믿는 믿음의 은사로 말미암아 그의 승리 안에서 얻게 되는 축복은 참으로 놀라운 것입니다!

3. 이제 승천의 선물들에 대하여 생각해 보겠습니다.

우리 주님은 승천하셨고 사람들에게 선물을 주셨습니다. 그가 하나님으로부터 받아서 사람들에게 준 선물들은 무엇입니까? 본문은 그가 만물을 충만하게 하시려고 승천하셨다고 하였습니다. 나는 이것이 그의 편재를 의미하는 것이라고 생각하지 않습니다. 그는 편재의 의미에서도 만물을 충만케 하시기도 합니다. 그러나 나는 간단한 비유로 그 말을 설명하겠습니다. 그리스도께서는 이 땅의 가장 낮은 곳으로 내려오셨습니다. 그리고 그렇게 함으로써 하나님을 찬양하는 위대한 성전의 기초를 놓았습니다. 그는 일생 동안 계속해서 일했습니다. 그리고 그렇게 함으로써 그의 성전의 벽을 세웠습니다. 그는 그의 보좌로 올라가셨습니다. 그리고 그는 환호성 가운데 머릿돌을 놓으셨습니다. 그 다음은 무엇입니까? 거기에 거주민을 공급하고, 그 거주민들의 안락함과 완전함을 위해 필요한 모든 것을 공급하는 일이 남았습니다. 그리스도께서는 그 일을 하시려고 위로 승천하셨습니다. 그런 의미에서 성령을 선물로 주신 것은 만물을 충만케 한 것입니다. 택하심을 받은 사람들을 데려다가 그들의 완전한 구원을 위해 필요한 모든 것을 공급해 주셨습니다. 승천을 통해서 우리에게 찾아온 선물은 다음과 같습니다. "이는 성도를 온전하게 하여 봉사의 일을 하게 하며 그리스도의 몸을 세우려 하심이라 우리가 다 하나님의 아들을 믿는 것과 아는 일에 하나가 되어 온전한 사람을 이루어 그리스도의 장성한 분량이 충만한 데까지 이르리니"(엡 4:12-13).

다음으로, 이 승천의 넘치는 축복이 모든 성도들에게 주어졌다는 사실에 대해 살펴보겠습니다. 본문의 처음 구절은 다음과 같이 말씀합니다. "우리 각 사람에게 그리스도의 선물의 분량대로 은혜를 주셨나니." 성령을 선물로 주신 것은 승천의 특별한 축복입니다. 그리고 성령은 진실로 중생한 모든 사람들에게 분량대로 주어집니다. 나의 형제들이여, 여러분들은 모두 각자 다른 분량의 성령을 소유합니다. 어떤 사람은 더 많고, 어떤 사람은 더 적게 소유합니다. 여러분이 어느 정도의 분량을 소유하고 있든지 그리스도께서 승천하셔서 사람들을 위하여 선물을 받으셨기 때문에 여러분에게 성령이 주어진 것입니다. 그리고 성령을 주신 목적은 여호와 하나님이 사람들과 함께 거주하시기 위함입니다. 자기의 분량대로 하나님의 선물을 소유한 모든 그리스도인은 그 은사를 전체적인 선을 위해 사용해야 합니다. 왜냐하면 몸 안에 있는 그 어떤 관절이나 지체도 그 자체를 위해서 존재하는 것이 아니라 전체의 몸을 위해서 존재하기 때문입니다. 형제들이여, 여러분은 은혜를 많이 받았거나 적게 받았거나 간에 여러분 안에서의 효과적인 역사를 따라서 몸의 성장을 위하여 맡은 역할을 다함으로 사랑 안에서 몸을 세워가야 합니다. 여러분은 자기에게 주어진 은사를 이와 같은 점에 비추어서 생각해야 합니다. 그리고 은사를 주신 그리스도의 목적을 위해서 사용해야 합니다.

그러나 어떤 사람들에게는 성령이 더욱 많이 주어졌습니다. 그리스도께서 하늘로 승천하심으로써 교회는 사도들을 얻었습니다. 그들은 자기들이 직접 구세주를 보았기 때문에 증인으로 선택된 자들이었습니다. 그리고 그 직책은 기적적인 능력이 사라졌기 때문에 반드시 없어져야 할 직책입니다. 그 직책은 일시적인 것이었고, 승천하신 주님께서 주신 훌륭한 유산이었습니다. 초대교회는 선지자들도 있었습니다. 그들은 과거의 영광들과 새 언약 사이의 연결고리로 필요했습니다. 그러나 예언의 은사는 구원자가 영광으로 승천하신 일을 통하여 성령으로부터 왔습니다. 우리들 사이에는 지금도 여전히 많은 은사들이 남아 있습니다. 나는 우리들이 그 은사들을 마땅히 소중하게 여기지 못할까봐 두렵습니다. 높은 소명을 받고 또 복음의 사역을 위해서 구별되어진 사람들에게는 대단히 풍성한 하나님의 은사들이 있습니다.

승천하신 우리 주님께서 모든 참된 **복음전도자들**을 보내주셨습니다. 이들은 여러 곳에서 복음을 전하며 또 그 가운데서 구원에 이르게 하는 하나님의 능력을 나타내는 자들입니다. 그들은 교회의 창설자들이며, 새로운 토양을 일구는 사람들이며, 선교적 사명을 가진 사람들입니다. 그들은 다른 사람들의 기초 위에 세우지 아니하고 그들 스스로의 힘으로 땅을 파는 사람들입니다. 우리들은 아직까지 복음의 메시지를 듣지 못한 곳에 새 소식을 전해주는 그와 같은 사람들이 많이 필요합니다. 교회는 영혼들을 구원하는 사람이 되는 법을 주님으로부터 배운, 열심 있고 지칠 줄 모르며 기름 부으심을 받은 하나님의 사람들을 보내주시는 것보다 더 큰 축복은 없을 것입니다. 우리들 중의 그 누가 조지 횟필드(George White-field)가 살았던 시대에 대한 그의 가치를 평가할 수 있겠습니까? 그 누가 존 윌리엄스(John Williams)나 윌리엄 니브(William Knibb)의 가치를 계산할 수 있겠습니까? 하나님의 손에 붙들린 횟필드는 지옥으로 직행하고 있던 그 당시 영국의 구원이었습니다. 윌리엄스는 식인종들로부터 바다의 섬들을 되찾았으며, 니브는 흑인들의 쇠사슬을 끊어버렸습니다. 그와 같은 복음 전도자들은 한없이 귀중한 은사를 받은 자들입니다.

그리고 곧이어서 **목사와 교사**가 나오는데 그들은 다른 형태로 한 가지 일을 하는 사람들입니다. 이들은 양 떼를 먹이려고 보내어졌습니다. 그들은 한 장소에 거주하면서 모여든 회심자들을 가르칩니다. 이것도 역시 예수 그리스도의 승천으로 인한 매우 귀중한 은사들입니다. 모든 사람들에게 목사가 되도록 하지 않았습니다. 그럴 필요가 없습니다. 모두 목자라면 양 떼는 어디에 있습니까? 특별히 이 은혜를 받는 사람들은 하나님의 백성들을 인도하고 가르치기에 적합합니다. 그리고 이와 같은 인도는 대단히 필요한 것입니다. 목사가 없다면 교회는 어떻게 되겠습니까? 목사가 필요 없다고 주장하는 사람들을 조심하시기 바랍니다.

목사나 복음 전도자들은 그들이 어디에 있든지 간에 하나님의 교회의 유익을 위해서 존재하는 것입니다. 그들은 그 목적을 위해서 일해야 합니다. 그들은 자기 자신의 개인적인 이익을 위해서는 결코 안 됩니다. 그들의 권능은 주님께서 주신 선물입니다. 그러므로 그것은 주님의 방식대로 사용되어야 합니다.

내가 말하고자 하는 요점은 다음과 같습니다. 사랑하는 친구들이여, 우리들은 신자들이기 때문에 어느 정도의 분량의 성령을 소유하고 있습니다. 그 은사를 사용합시다. 여러분 안에 있는 그 은사를 불러일으킵시다. 여러분은 겨우 한 달란트를 받아 수건 속에 감추어둔 비유 속에 나오는 사람과 같아서는 안 됩니다. 형제 자매들이여, 여러분이 몸 중에서 하나의 작은 관절에 지나지 않을지라도 태만이나 이기심으로 전체의 몸을 해롭게 하지 마십시오. 그리스도의 몸이 완전해지도록 여러분이 소유한 은사를 사용하십시오. 비록 여러분이 어떤 큰 개인적인 은사를 받지 못했을지라도 승천하신 주님께 더 많은 복음 전도자와 목사와 교사들을 우리에게 보내 달라고 기도함으로써 교회에 봉사하십시오. 오직 주님만이 일꾼들을 보내주실 수 있습니다. 주님과 관계 없이 찾아온 사람들은 그가 누구이든지 간에 사기꾼입니다. 여러분들이 기도해서는 안 되는 기도들도 있습니다. 여러분이 기도해도 좋은 것들도 있습니다. 그러나 여러분이 반드시 기도해야 하는 내용은 소수입니다. 그리스도께서 우리들에게 권유하신 기도가 있습니다.

그러나 주님은 그 기도를 좀처럼 듣지 못하십니다. 그것은 이것입니다. "그러므로 추수하는 주인에게 청하여 추수할 일꾼들을 보내 주소서 하라 하시니라"(마 9:38). 우리들은 복음전도자와 목사들이 크게 부족합니다. 내 말은 우리가 바보들이 부족하다는 뜻이 아닙니다. 그들은 강단을 점유하고 있으면서 교회의 의자는 텅 비게 합니다. 시장에는 많은 물건들이 넘쳐나지만, 우리들은 마음을 감동시키고 양심을 일깨워주고 교회를 세워주는 사람들이 부족합니다. 어디에서나 흩어진 양 떼들은 찾아볼 수 있습니다. 그들을 불러 모을 수 있는 사람들을 우리는 얼마나 많이 소유하고 있는가요? 이 시대에 그와 같은 사람은 오빌의 금보다 더 귀중합니다. 여왕은 국교회의 주교를 선임할 수 있습니다.

그러나 오직 승천하신 주님만이 참된 교회에게 감독을 보내주실 수 있습니다. 주교들, 교황들, 추기경들, 교구 신부들, 봉급을 받는 성직자, 대성당의 참사회원들, 사제장들 — 주님은 이런 직책들과는 아무 상관이 없습니다. 나는 그의 말씀 가운데서 그와 같은 직책의 이름을 찾을 수 없습니다. 그러나 주님이 임명하신 목사는 아무리 보잘것없어도 그가 승천하시면서 보내주신 영광의 선물입니다. 이

시점에서 나는 선교분야에서 일하는 사람들이 나이든 사람들이라는 사실을 개탄하는 바입니다. 더프(Duff: 19세기 인도에서 사역한 스코틀랜드 선교사)나 모펏(Moffat: 19세기 아프리카에서 사역한 스코틀랜드 선교사)과 같은 사람들이 활동의 무대에서 사라지고 있습니다. 그들의 후계자들이 어디에 있습니까? 내가 그런 말을 했을 때 메아리가 대답합니다. 그들의 후계자들이 어디에 있습니까?라고. 우리들은 인도를 위해서, 중국을 위해서, 그리고 이 세상의 모든 나라들을 위해서 복음전도자들을 원합니다. 비록 우리들 중에 믿음의 교사들이었던 경건한 조상들은 많이 있을지라도, 같은 시대의 우리의 모든 목회지에서 위대한 청교도적인 성직자라고 언급될 만한 사람들은 거의 없습니다. 만약에 목사의 역할이 연약해져서 교회가 목사를 통해서 풍성하게 받아야 할 은혜가 미약해진다면, 그 일로 인해 교회의 모든 조직 가운데 가장 중요한 부분이 경시되는 것입니다.

우리 교회가 목사들을 위해서 기도했을 뿐 아니라, 그와 같이 하나님의 부르심을 받은 자들을 돕고 또 하나님의 길을 더욱 완전하게 이해하도록 시간과 도움을 그들에게 제공함으로써 그 기도가 진실한 기도임을 입증하고 있는 사실에 대해 나는 하나님께 감사드립니다. 우리는 그리스도의 은사야말로 우리가 소중히 여기고 증진시켜야 하는 귀중한 것이라고 생각합니다. 우리의 대학도 예수님의 이름으로 200명 이상의 말씀의 사역자들을 받아들이고 또 파송했습니다. 여러분의 주변을 돌아보십시오. 그리스도의 승천의 선물을 받아들이는 일에 관심 있는 교회가 거의 없고, 또 목사들이 젊은이들로 하여금 설교하도록 격려하는 일이 거의 없습니다. 나는 언젠가 우리의 교회들이 너무 많은 목사들을 가지고 있다는 불평을 읽어보고는 말할 수 없는 두려움을 느꼈습니다. 그것은 그리스도의 승천의 선물들의 가치를 비난하는 거의 신성모독적인 불평입니다. 오, 하나님께서 그 자신의 뜻을 따라 열 배나 많은 수의 사람들을 우리들에게 보내주시기를 기원합니다. 그렇게 해도 그 때에는 많은 수의 사람들이 크게 부족할 것입니다.

그러나 그들은 현재의 강단에 비해서는 너무나 많다고 말합니다. 오, 불쌍한 영혼이여, 그리스도의 사역자가 봉사할 수 있는 강단을 가져야 하지 않겠습니까? 우리는 모두 다른 사람들의 터 위에 세워야 한다는 말인가요? 우리들 중에는 그들 자신의 양 떼들을 모을 수 있는 사람들이 아무도 없다는 말인가요? 이 도시와 같이 인구 300만이 넘는 도시에서 그리스도를 위한 사역자들이 너무 많다고 말할 수 있습니까? 의심할 여지 없이 빈둥거리는 사람은 너무나 많이 있습니다. 교회마저 그들을 쫓아낸다면 누가 그들을 동정하겠습니까? 침례교회가 없는 도시와 마을들이 수백 개나 되며, 다른 어떤 곳에는 전 지역에 복음이 없음에도 불구하고 우리들이 너무나 많은 복음전도자들과 교사들을 가지고 있다고 생각하는 것은 게으른 망상입니다. 그 어떤 사람도, 자기 자신이 모은 양 떼들을 목양하는 사람만큼 자기 일에 대해서 행복을 느끼는 사람은 없습니다. 진정한 목사들과 진정한 복음전도자들을 보내 달라고 주님께 기도합시다. 그리스도께서는 그의 승천을 통해서 그들을 선물로 주셨습니다. 우리는 이러한 사실을 잊지 맙시다. 십자가의 축복은 가질 만한 가치가 있는 것이지만 승천의 축복에 대해서는 무관심이나 의심으로 대해야 한다고 생각하면 어떻게 되겠습니까? 그렇게 해서는 안 됩니다. 하나님께서 그의 아들을 통해서 주신 선물들을 소중하게 여깁시다. 그리고 그가 우리에게 복음전도자들과 목사들을 보내주실 때 우리는 그들을 사랑하고 존경합시다. 모든 진실한 사역자들을 보내주신 그리스도께 영광을 돌립시다. 그 사람을 보지 말고 그 안에 계신 주님을 봅시다. 모든 복음의 성공의 공로를 승천하신 그리스도께 돌립시다. 더 많은 성공적인 사역자들을 보내 주시라고 그리스도를 바라봅시다. 주님이 선물로 보내 주신 사역자들이 올 때, 주님의 손에서 기쁨으로 받아들입시다. 그들이 올 때, 그들은 주님의 선물임을 알고 친절하게 대합시다. 그리고 주님께서 강력한 믿음의 승리자들을 시온으로 보내 주시라고 날마다 기도합시다.

4. 이제 우리는 죄인들에 대한 우리 주님의 승천의 의미에 대해 살펴봄으로써 결론을 내리겠습니다.

간단히 말씀드리겠습니다. 그러나 그것은 위로로 가득 차 있는 말입니다. 여러분은 시편 68편에 있는 내용을 주목해 보셨습니까? "주께서 높은 곳으로 오르시며 사로잡은 자들을 취하시고 선물들을 사람들에게서 받으시며 반역자들로부터도 받으시니"(시 68:18). 주님께서 그의 보좌로 되돌아가실 때, 그는 반역자들을 향한 사랑에 대해서도 생각하셨습니다. 교회의 영적인 은사들은 하나님과 화해한 사람들을 세워주기 위할 뿐 아니라 반역자들의 유익을 위한 것이기도 합니다. 죄인이여, 모든 진정한 목사들은 당신의 유익을 위해서 존재합니다. 그리고 교회의 모든 사역자들은 당신을 바라보고 있습니다.

주님께서 여러분을 향한 친절을 나타내 주는 우리 주님의 승천과 관련된 한두 가지 약속들이 있습니다. "내가 땅에서 들리면 모든 사람을 내게로 이끌겠노라"(요 12:32). 승천하신 구세주께서 여러분을 이끄십니다. 그의 뒤를 따르십시오. 여기에 주님에 대한 또 다른 말씀이 있습니다. "그는 높이 들림을 받으셨습니다." 이것이 저주를 받기 위해서 일까요? 아닙니다. "죄를 회개하게 하시고 용서하기 위함이었습니다." 그가 들어가신 그 영광을 바라보십시오. 그리고 회개와 용서를 구하십시오. 여러분을 구원하시는 그의 능력을 의심합니까? 여기에 또 다른 말씀이 있습니다. "그러므로 자기를 힘입어 하나님께 나아가는 자들을 온전히 구원하실 수 있으니 이는 그가 항상 살아 계셔서 그들을 위하여 간구하심이라"(히 7:25). 그는 분명히 성도들을 위해서 뿐 아니라 반역자들을 위해서 하늘로 가셨습니다. 여러분은 반드시 선한 마음을 가져야 합니다. 이 행복한 시간에 그를 믿으십시오.

　그를 멸시하는 것은 참으로 위험한 일입니다. 그를 멸시한 자들은 수치 가운데 멸망할 것입니다. 예루살렘은 피바다가 되었습니다. 왜냐하면 그것은 멸시받은 그 나사렛 사람을 거절했기 때문입니다. 왕이 위대한 능력을 가지고 있는데도 불구하고 그를 거절한다면 어떻게 되겠습니까? 하늘로 올라가신 그 예수님이 그가 하늘로 올라가신 것과 똑같은 방법으로 오실 것이라는 사실을 기억하십시오. 그의 재림은 확실합니다. 그리고 여러분들이 주님의 법정으로 호출되는 것도 확실합니다. 그러나 만약에 여러분이 그를 거절했다면, 여러분은 무슨 변명을 할 수 있겠습니까? 오, 와서 오늘 그를 믿으십시오. 그가 진노하지 않으시도록 그와 화해하십시오. 그의 진노가 조금이라도 불붙는다면 여러분은 멸망할 것입니다. 주님께서는 여러분을 축복하십니다. 그리고 여러분이 그의 승천에 동참하기를 허락하십니다. 아멘, 아멘.

제
19
장

—

성령을 근심하게 하는 것

—

"하나님의 성령을 근심하게 하지 말라
그 안에서 너희가 구원의 날까지
인치심을 받았느니라" — 엡 4:30

"하나님의 성령을 근심하게 하지 말라"는 이 훈계 속에는 대단히 감동적인 내용이 들어 있습니다. 그것은 "그를 화나게 하지 말라"고 말하지 않고, 좀 더 섬세하고 부드러운 용어가 사용되고 있습니다. 즉, "근심하게 하지 말라"고 말하고 있습니다. 어떤 사람들은 너무나 강한 성격을 가지고 있기 때문에 다른 사람을 화나게 만들어도 자기는 큰 고통을 받지 않습니다. 그리고 우리들 중에 많은 사람들은 다른 사람이 자기에게 화를 내고 있다는 사실을 알아도 아무렇지 않게 생각합니다. 그러나 마음이 아무리 완악하다 해도 우리들이 다른 사람을 근심하게 하였다는 것을 알았을 때에도 아무렇지 않겠습니까? 근심은 분노와 사랑의 아름다운 결합이기 때문입니다. 근심은 분노이지만 거기에는 원한이 없습니다. 사랑이 분노를 경감시키며 분노의 칼날을 사람을 향해서가 아니라 죄를 향해서 돌립니다. 우리는 모두 서로 모순되는 두 가지 용어를 사용하는 방법을 알고 있습니다. 내가 어떤 죄를 범했을 때 인내심이 적은 어떤 친구는 갑자기 그의 자제심을 잃고 나에게 분노합니다. 그러나 사랑하는 아버지가 같은 죄를 보았을 때 그는 근심합니다. 그의 가슴에는 분노가 들어 있습니다. 그러나 그는 분노해도 죄를 짓지 않습니다. 왜냐하면 그는 나의 죄에 대해서 분노하지만, 나를 향한 분노를 중화시키고 경감시키는 사랑이 있기 때문입니다. 아버지는 나의 죄에 대한 징벌로 내가 잘못되기를 원하는 대신에 죄 그 자체가 잘못된 것이라고 생각합니다. 그는 내가 범죄했다는 사실을 통해서 내가 이미 상처를 입었다고 생각하고 근심하십니다. 이것은 상인들이 파는 치료하는 기름보다 더욱 귀중한 천국의 의약품이라고 나는 생각합니다. "근심한다"는 이 아름다운 용어 속에는 몰약의 쓴 맛뿐 아니라 향기도 있습니다. 나의 청중들이여, 만약에 여러분이 다른 어떤 사람을 근심하게 했다고 생각한다면 여러분도 대부분 근심하게 될 것입니다. 여러분이 이유 없이 다른 사람을 화나게 했다고 할지라도 그것에 대해서 별로 신경을 쓰지 않을 것입니다. 그러나 비록 그것이 이유도 없고 또 그렇게 할 의도가 아니었다 할지라도 그가 근심하는 그 일로 말미암아 여러분은 마음에 고통을 느낄 것입니다. 그리고 여러분이 설명하고 사과하고 최선을 다해 그 고통을 덜어주고 그 근심을 제거해 줄 때까지 마음이 편치 않을 것입니다.

　우리는 다른 사람들이 분노하는 것을 볼 때에는 즉시 적의를 느끼기 시작합니다. 분노는 분노를 낳습니다. 그러나 근심은 연민을 낳습니다. 그리고 연민은 사랑과 아주 가까운 감정입니다. 그리고 우리는 근심을 끼쳤던 사람들을 사랑합니다. 그러므로 "성령을 근심하게 하지 말라"는 것은 대단히 아름다운 표현이라고 생각합니다. 물론 그 말은 사람들의 예를 따라 말한 것입니다. 하나님의 성령은 분노나 고통을 알지 못하십니다. 그럼에도 불구하고 여기에서 성령의 감정은 근심이라는 인간의 말로 묘사되고 있습니다. 성령께서 그의 종 바울에게 "성령을 근심하게 하지 말라." 즉, 그의 사랑의 분노를 불러일으키지 말고, 그를 귀찮게 하지 말고, 성령으로 하여금 애통하게 하지 말라고 우리에게 말하도록 지시하셨다는 것은 참으로 아름답고 감동적인 일입니다. 성령님은 비둘기이십니다. 성령께서 애통하게 하지 마십시오. 여러분이 그를 무례하게 대하고 배은망덕함으로 그를 슬프게 하지 마십시오. 오늘 아침 나의 설교의 요지는 성령을 근심하게 하지 말라는 것입니다. 그러나 나는 그것을 다음과 같이 나누어서 설명하겠습니다. 첫째로, 성령의 사랑에 대해서 이야기하겠습니다. 두 번째로는, 성령의 인치심에 대해 말하고, 그리고 세 번째로는, 성령을 근심하게 하는 것에 대해 말씀드리겠습니다.

1. 성령의 사랑에 대해서 이야기할 때
나는 여러분들이 성령을 근심하게 하지 않도록 격려하면서

나의 큰 목표를 향해 말씀을 전개해 나갈 것입니다.

우리는 다른 사람이 우리를 사랑한다는 것을 깨닫게 될 때, 그것은 그를 근심하게 하지 말아야 할 큰 이유가 됩니다. 성령의 사랑, 내가 그것을 어떻게 설명해야 할까요? 사랑은 그 사랑을 노래할 가수가 필요합니다. 사랑은 오직 노랫말로써만 이야기되어질 수 있기 때문입니다. 오, 성령님의 사랑이여! 나는 성령님께서 일찍이 우리를 사랑하셨던 일을 말씀드리겠습니다. 성령님은 영원 전부터 우리를 사랑하셨습니다. 내가 여러분에게 지난 주일에 이야기했듯이 성령 하나님은 영원한 은혜의 언약 가운데서 신적 계약이라는 고귀한 계약의 당사자들 중의 한 분이었습니다. 우리들은 성령님에 의해서 구원을 받았습니다. 아버지의 사랑에 대해 말할 수 있는 모든 것, 성자의 사랑에 대해서 말할 수 있는 모든 것은 성령의 사랑에 대해서도 똑같이 말할 수 있을 것입니다. 그 사랑은 영원합니다. 그 사랑은 무한합니다. 그 사랑은 최상의 것입니다. 그 사랑은 영속적인 것입니다. 그 사랑은 취소될 수 없는 사랑입니다. 그 사랑은 그 사랑의 대상이 되는 사람들에게서 제거될 수 없는 사랑입니다. 그러나 나는 여러분에게 그의 속성들보다 그의 행동에 대해서 이야기하겠습니다. 나는 여러분과 나에 대한 성령님의 사랑에 대해 말씀드리겠습니다. 오, 우리를 향해 나타내신 성령님의 사랑은 참으로 오래 전부터 있었습니다. 나의 형제들이여, 우리는 성령님이 우리와 얼마나 승강이하셨는지를 잘 기억합니다. 우리는 어머니의 태에서부터 거짓말을 하면서 잘못된 길로 빠졌습니다. 그러나 성령님은 참으로 일찍부터 우리의 양심을 일깨워주었고, 우리들의 어린 시절의 죄악으로 인해서 우리들을 얼마나 엄숙하게 교정시켜 주었습니까! 그때 이후로 성령님은 얼마나 자주 우리에게 구애를 하셨습니까! 그는 우리의 마음을 감동시키시려고 얼마나 강권적으로 역사하셨는지요. 눈물이 우리의 뺨을 타고 내렸습니다. 그리고 그는 우리의 귀에 대고 다음과 같이 감미롭게 속삭였습니다. "내 아들아, 나에게 너의 마음을 달라. 네 골방으로 들어가 방문을 닫고 너의 죄를 고백하여라. 그리고 구세주의 사랑과 보혈을 구하여라." 그러나 우리는 그렇게 말하기조차 부끄럽습니다. 우리들은 얼마나 자주 그를 멸시했습니까. 우리가 중생하지 못한 상태에 있었을 때, 우리는 얼마나 자주 그에게 저항하였던가요. 우리들은 성령을 소멸하였습니다. 성령님은 우리와 더불어 다투셨고, 우리도 성령님을 대적하여 싸웠습니다. 그러나 그의 사랑스러운 이름을 송축합니다. 그리고 그가 우리를 감동시키신 그 사랑에 대한 영원한 노래를 들으시고, 우리를 그냥 가게 내버려 두지 마시기를 기원합니다. 우리들은 구원받지 않으려고 했습니다. 그러나 성령님은 우리를 구원하시려고 했습니다. 우리들은 불 속으로 뛰어들려고 했습니다. 그러나 성령님은 우리가 불에 타지 않도록 끄집어 내려고 했습니다. 우리는 절벽에서 떨어지려고 달려갔습니다. 그러나 성령님은 우리와 씨름하시고 우리를 굳게 잡으셨습니다. 성령님은 우리로 하여금 우리의 영혼을 파괴하지 못하게 하셨습니다. 오, 우리는 참으로 성령님을 푸대접하였습니다. 오, 우리는 성령님의 권고를 참으로 무시하였습니다. 우리는 성령님을 조롱하고 비웃었습니다. 우리는 우리를 그리스도께 인도하려는 성찬식을 멸시하였습니다. 우리는 우리를 예수님과 그의 십자가에 친절하게 연결해 주려는 끈을 참으로 거칠게 끊어버리려고 했습니다. 나의 형제들이여, 나는 성령과 여러분의 끈질긴 싸움을 확실하게 기억합니다. 여러분은 그에게 감동을 받아 사랑해야 합니다. 여러분들이 무모하게 악의 길로 뛰어들 때, 성령님은 여러분이 죄를 짓지 못하게 막았습니다. 여러분이 선을 무시하려고 할 때, 성령님은 자주 여러분에게 선을 행하도록 강요하셨습니다. 여러분은 아마도 그 길에 있지 않으려고 했을 것입니다. 만약에 그 아름다우신 성령이 없었더라면 주님이 여러분을 만나지 못했을 것입니다. 성령님은 여러분이 신성모독자가 되지 못하게 막으셨습니다. 성령님은 여러분이 하나님의 집을 버리지 못하게 했습니다. 성령님은 여러분이 정기적으로 악의 소굴에 참석하지 못하게 했습니다. 성령님은 여러분을 제지하였으며, 말하자면 재갈과 굴레로 여러분을 묶어버렸습니다. 비록 여러분이 멍에에 익숙하지 못한 황소와 같을지라도 성령님은 여러분이 마음대로 하지 못하게 했습니다. 비록 여러분이 그에게 대들지라도 그는 여러분의 목에서 고삐를 풀지 않으셨습니다. 그는 "나는 그의 뜻에 반해서 행하도록 하겠다. 나는 그의 마음을 바꾸어 놓을 것이다. 나는 내가 그를 구원하는 나의 위대한 권능의 전리품으로 만들 때까지 그를 보내주지 않겠다"라고 말씀하셨습니다. 이제 성령의 사랑을 받는 나의 형제들에 대해 생각해 보십시오.

> "예수님이 당신을 만나주신
> 그 시간과 장소를 기억하시나요.
> 그가 처음으로 당신의 손을 잡아주시던
> 그 시간과 장소를 기억하시나요.
> 당신의 신랑의 사랑은 얼마나 달콤한 사랑인가요!"

아, 그 복된 시간에 여러분을 예수님께로 인도하신 분이 성령님이 아니었습니까! 여러분을 살리신 후에 여러분을 데리고 십자가에 달리신 예수님을 보여주셨을 때의 성령님의 사랑을 기억하십니까? 여러분의 먼 눈을 열어 죽어가는 구세주를 보게 하신 분은 누구였습니까? 여러분의 막힌 귀를 열어 용서의 사랑의 음성을 듣게 하신 분이 누구였습니까? 그 누가 여러분의 마비된 손을 벌려 구세주의 은혜의 표시들을 받게 하였습니까? 여러분의 단단한 마음을 깨뜨려서 구세주께서 들어가서 거할 수 있게 길을 열어주신 분이 누구였습니까? 오, 그분은 귀하신 성령님이십니다. 바로 그 성령님이십니다. 여러분이 그토록 멸시하던 성령님이십니다. 여러분이 육신을 좇던 시절에 저항하던 그 성령님이십니다. 그가 다음과 같이 말씀하지 않으신 것은 참으로 큰 자비입니다. 즉, "나는 나의 진노 가운데 그들이 나의 안식에 들어오지 못할 것이라고 맹세하노라. 왜냐하면 그들이 나를 괴롭혔음이라. 나는 영원히 그들로부터 떠나겠노라." 혹은 "에브라임이 우상과 연합하였으니 버려 두라"(호 4:17)고 말씀하시지 않으신 것은 얼마나 큰 자비입니까? 나의 형제들이여, 그 때 이후로 성령님은 여러분과 나에 대한 그의 사랑을 얼마나 아름답게 입증하셨는지요. 그의 최초의 노력뿐 아니라 그 후에도 계속해서 우리들은 그의 가르침에 큰 빚을 지고 있습니다. 우리는 우리 앞에 있는 분명하고 단순한 이 말씀에 대해 우둔한 학생들이었습니다. 그 말씀은 달려가면서도 읽을 수 있고, 읽은 사람은 누구나 이해할 수 있는 말씀이었습니다.

그러나 우리들의 기억 속에는 그 말씀 중에서 참으로 작은 부분밖에는 남아 있지 않습니다. 우리들은 하나님의 은혜를 연구하는데 거의 전진하지 못하고 있습니다. 우리들은 배우는 자들에 지나지 않습니다. 그것도 불안정하고 연약하고 미끄러지기 쉬운 자들입니다. 그러나 우리들은 참으로 복된 선생님을 모시고 있습니다. 그는 우리를 수많은 진리로 인도하셨습니다. 그리스도의 것을 취하여 우리에게 적용시켜 주셨습니다. 오, 내가 나의 어리석음을 생각할 때, 나는 성령님이 나를 포기하지 않으신 것이 경이로울 뿐입니다. 내가 바보였다는 사실을 생각할 때, 그리고 그가 나에게 하나님의 왕국에 대하여 가르치시려 했을 때, 어떻게 그런 인내심을 발휘하셨는지 놀라울 뿐입니다. 예수님이 아기가 되셨다는 것이 기적입니까? 살아 계신 하나님의 성령이 어린아이들의 스승이 되셨다는 것도 동일한 기적입니다. 예수님이 구유에 누우셨다는 것은 기적입니다. 성령께서 거룩한 학교의 안내원이 되시고, 바보들을 가르쳐서 그들을 현명하게 만드신 것도 동일한 기적입니다. 구세주를 십자가로 인도하신 것은 겸손이었습니다. 그러나 은혜의 강력한 성령을 아래로 내려 보내서 완고하고 다루기 힘들고 난폭한 망아지들과 함께 거하게 하고, 또 그들에게 천국의 신비를 가르쳐 주게 하고, 그들로 하여금 구세주의 사랑의 기적들을 알게 하신 것도 역시 동일한 겸손입니다.

　더 나아가 , 나의 형제들이여, 우리들이 성령의 위로에 대해서도 얼마나 큰 빚을 지고 있는가에 대해서도 잊지 마십시오. 그는 여러분이 질병 가운데 있을 때 품에 품어주시고, 여러분이 수고할 때 도와주시고, 여러분이 괴로움을 당할 때 여러분을 위로해 주시는 가운데서 여러분에 대한 그의 사랑을 참으로 많이 나타내 보여주셨습니다. 그가 나의 복된 위로자였다는 사실을 나는 입증할 수 있습니다. 다른 모든 위로가 실패했을 때, 약속 그 자체도 공허해 보였을 때, 사역이 힘이 없을 때, 나의 영혼에 풍부한 위로가 되시고 믿음 안에서 나의 가련한 가슴에 평화와 기쁨을 가득 채워 주셨던 분은 성령님이셨습니다. 만약에 성령께서 감싸주시지 않으셨다면 여러분의 마음은 얼마나 자주 상처를 받았을까요. 여러분의 스승이신 성령님은 참으로 자주 여러분의 의사가 되어 주셨습니다. 여러분의 피 흘리는 가련한 심령의 상처를 치료해주시고 붕대로 감아주시고 피를 닦아주셨으며, 다시 한 번 여러분에게 영적인 건강을 회복시켜 주셨습니다. 성령님이 위로자가 되신 것은 나에게는 참으로 놀라운 일입니다. 많은 사람들은, 실제로는 그렇지 않은데도 불구하고 교회 내에서 위로는 열등한 사역이라고 생각합니다. 가르치고 설교하고 권위를 가지고 명령하는 것은 참으로 많은 사람이 그 일을 하고 싶어합니다. 그것은 존경받는 일이기 때문입니다.

　그러나 연약한 사람과 함께 앉아 짐을 지고, 불신케 하려는 모든 술책을 대항하여 환난의 바다 가운데서 평화의 길을 찾는 것, 이것은 하나님과 같은 연민의 정입니다. 성령께서는 하늘에서 내려다보시면서 서글픈 심령들의 위로자가 되셨습니다. 성령님께서 어떻게 위로자가 되셨습니까? 성령님은 우리에게 새 힘을 주셨고, 병든 자녀들의 침상 곁에서 시중을 들어주시고, 고난 가운데 있는 자에게 쉬게 해주시고, 연약한 자를 보호해주시고, 계속적으로 생명의 호흡을 불어넣어 주시고, 교회의 봉사하는 종이 되셨습니다. 성령님은 불을 밝혀주는 램프가 되셨고, 우리가 의지하는 지팡이가 되셨습니다. 이러한 사실들이 우리의 마음을 움직여 성령님을 사랑하게 하십니다. 우리는 이 모든 것 가운데 우리를 사랑하시는 성령님의 풍부한 사랑의 증거를 가지고 있습니다.

사랑하는 여러분, 여기에서 멈추지 마십시오. 저 너머 더 넓은 들판이 있습니다. 이제 우리들은 성령의 사랑에 대해 말하겠습니다. 그가 우리의 연약함을 도우실 때, 얼마나 우리를 사랑하셨는가를 기억하십시오. 그는 우리의 연약함을 도우실 뿐 아니라 우리가 무엇을 기도해야 할지 알지 못할 때, 우리에게 기도하는 방법을 가르쳐 주십니다. 그리고 우리가 탄식할 때, 성령께서도 말할 수 없는 탄식으로 우리를 위하여 중재하십니다. 우리가 탄식할 수밖에 없어서 기도하지 못하고 침묵할 그 때, 성령님은 더욱 큰 소리로 우리를 위하여 탄식하심으로써 우리의 기도가 그리스도의 귀에 이르게 하시며, 또 그리스도의 아버지의 면전에 도달하게 하십니다. 우리의 연약함을 도우시는 것은 강력한 사랑의 증거입니다. 하나님께서 연약함을 극복하도록 도우시거나 연약함을 제거하실 때에 나타나는 하나님의 행동에는 대단히 고귀하고 위대하고 장엄한 어떤 것이 있습니다. 그가 연약함이 남아 있도록 허용하시고, 또 그 연약함 가운데 역사하시는 것은 진실로 부드러운 연민의 정으로 그렇게 하시는 것입니다. 구세주께서 절름발이를 낫게 하실 때 여러분은 그의 신성을 보게 됩니다.

그러나 그가 절름발이의 걷는 것을 도우시면서 함께 걸을 때, 그가 거지와 함께 앉아 계실 때, 그가 세리와 더불어 이야기하실 때, 그가 그의 가슴에 어린아이를 품어주실 때와 같이 연약함을 도와주시는 것은 타의 추종을 불허하는 주님의 사랑의 표현입니다. 그리스도께서 십자가에서 우리의 연약함을 대신 지신 것과 또 우리의 죄악을 그 자신의 몸으로 대신 지신 것을 제외하고는 "이와 같이 성령도 우리의 연약함을 도우시나니"(롬 8:26)라고 기록된 내용보다 더 크고 따뜻한 신적 사랑의 실례를 나는 알지 못합니다. 우리가 무릎을 꿇고 기도할 때, 성령님께 참으로 많은 빚을 지고 있는 것입니다. 나의 형제 여러분, 한 마디 말도 못하고 신음만 하며, 무슨 말을 하고 싶으나 생각이 나지 않고, 소원을 갖고 싶으나 무엇을 소원해야 할지 모르겠고, 그래서 내가 간절히 원하는 것은 내 마음에 소원이 일어났으면 하는 그러한 때의 무기력하고 절망적인 상태를 여러분은 아실 것입니다.

오, 여러분의 소원이 불붙을 때 여러분은 가끔 믿음의 손으로 그 약속을 붙잡기를 갈망하지 않았던가요? 여러분은 "오, 내가 그 약속을 주장할 수만 있었다면, 나의 모든 궁핍은 제거되고 나의 모든 슬픔은 진정되었을 텐데"라고 말합니다. 그러나 그 약속은 여러분의 손이 닿지 않는 저 먼 곳에 있었습니다. 만약에 여러분이 그 약속을 손가락 끝으로 건드리기만 하고 만다면 여러분은 원하는 대로 그것을 잡을 수 없고 그것을 주장할 수도 없습니다. 그 결과 축복을 얻지 못하고 떨어져 나오게 됩니다. 그러나 성령께서 우리의 연약함을 도와주실 때, 우리는 어떻게 기도하였던가요. 성령의 도우심으로 기도할 때는 때때로 여러분과 내가 자비의 대문의 문고리를 잡고 큰 힘으로 그것이 떨어지게 했을 때, 그것은 마치 대문 그 자체가 흔들리고 비틀거리는 것 같았습니다. 우리들이 기도로써 하늘나라를 정복하고 천사들을 붙잡을 수 있는 좋은 기회가 주어졌을 때, 만약에 하나님이 축복해 주시지 않으신다면 여호와 하나님을 가시게 하지 않겠노라고 선언한 적도 있지 않았습니까. 우리가 세상을 움직이는 팔을 움직였다고 말해도 그것은 신성모독적인 말은 되지 않을 것입니다. 우리들은 온 우주를 보는 눈길이 우리를 보시게 하였습니다. 우리들은 이 모든 일을 우리 자신의 힘으로가 아니라 성령의 힘과 권능으로 하였습니다. 비록 우리들이 자주 그에게 감사하는 것을 잊어버렸을지라도 성령님은 우리들에게 힘을 부여해 주셨다는 사실을 압니다. 비록 우리가 자주 그에게 모든 영광을 돌리는 대신에 우리들 자신이 영광을 취했음에도 불구하고 성령님은 은혜스럽게 우리를 도우셨다는 것을 압니다. 그럼에도 불구하고 우리들이 찬양하지 않고, 또 우리를 인쳐 주신 성령님을 근심하게 만드는 것은 무서운 죄악일 수밖에 없습니다.

성령의 사랑의 또 다른 징표가 있습니다. 즉, 그것은 성령님이 성도들 안에 내주하신다는 것입니다. 우리들은 다음과 같은 찬송을 부릅니다.

"성령님은 모든 성도들 안에 거하지 않으십니까?"

이 찬송에서 우리는 단 한 가지 대답밖에 없는 질문을 하고 있습니다. 그는 구원받고 피로 씻음받은 하나님의 모든 백성들의 마음속에 거하고 계십니다. 나의 형제여, 하늘들의 하늘도 수용할 수 없는 분이 당신의 마음속에 거하신다는 사실은 얼마나 놀라운 겸손입니까. 그 마음은 자주 분노로 뒤덮이고, 자주 걱정스러운 염려와 생각으로 뒤섞여 있고, 자주 죄악으로 더럽혀 있었습니다. 그럼에도 불구하고 성령님은 그곳에 거하고 계십니다. 성령께서는 작고 좁은 인간의 마음을 그의 궁전으로 삼으셨습니다. 비록 그 마음이 부정하고 더러운 오두막집에 지나지 않을지라도 성령께서는 자기 백성의 마음을 그의 계속적인 거주지로 삼으셨습니다. 오, 나의 사랑하는 친구들이여, 여러분과 내가 얼마나 자주 마귀를 받아들였는가를 생각할 때, 나는 성령이 우리들에게서 떠나지 않으신 것이 오히려 이상합니다. 성도의 최종적인 견인(堅忍 perseverance)은 가장 큰 기적들 중의 하나입니다. 사실상 그것은 모든 기적들의 총체입니다. 단 하루만이라도 성도가 견인할 수 있는 것은 수많은 자비의 기적적인 역사입니다. 성령께서는 부정한 것을 볼 수 없을 만큼 순수한 눈을 가지셨습니다. 그러나 그는 죄악이 자주 들어가는 마음속에 거주하고 계시며, 신성모독과 살인과 또 모든 종류의 악한 생각들과 정욕들이 나오는 마음속에 거주하신다는 사실을 생각할 때, 그가 근심하시면서 잠시 동안만이라도 거기서 물러나 떠나 계신다면 어떻게 되겠습니까? 그러나 날마다 이러한 악한 불청객들과 못된 배반자들이, 그가 임재하심으로써 영광스럽게 하신 그 작은 성전, 즉 인간의 마음이라는 성전으로 밀고 들어올 때, 성령님은 근심하시면서도 항상 그곳에 계신다는 사실은 기적입니다.

사랑하는 친구들이여, 우리들이 성령의 사랑에 대해서는 생각하지 않고 예수님의 사랑에 대해서만 이야기하는 습관에 너무 젖어 있지 않은가 염려스럽습니다. 나는 지금 삼위일체 중에서 다른 위보다 특별히 어느 한 위격을 높이려는 것은 아닙니다. 그러나 나는 다음과 같은 생각이 듭니다. 예수님은 우리의 뼈와 같은 뼈를 가지시고, 우리의 살과 같은 살을 가지신 사람이셨기 때문에, 그래서 그에게는 눈으로 볼 수 있고 손으로 만질 수 있는 실체가 있었기 때문에 우리들은 성령에 대해서보다 예수님에 대해서 더 많이 생각하며, 그에게만 우리의 사랑을 고정시키는 경향이 있습니다. 그러나 왜 그렇게 해야만 하는가요? 우리들은 예수님을 우리의 마음을 다하여 사랑합시다. 그리고 성령님도 똑같이 사랑합시다. 그를 위해서 노래하고 그에게 감사합시다. 우리들이 그리스도의 십자가를 잊지 않듯이 성령의 사역도 잊지 맙시다. 우리들은 예수님이 우리를 위해서 해주신 일을 잊지 않듯이 성령께서 우리들 안에서 해주신 일도 항상 기억합시다. 여러분들이 그리스도의 사랑과 은혜와 온유하심과 신실하심에 대해서는 이야기하면서도 성령에 대해서는 이야기하지 않는 이유가 무엇일까요? 그가 우리를 찾아오신 것은 그리스도의 사랑과 같은 사랑이 아니었습니까? 비록 우리가 계속적으로 나쁜 태도를 반복할지라도 우리들의 모든 나쁜 태도를 견디신다는 것은 그리스도의 자비와 같은 자비가 아니겠습니까? 수많은 죄악들도 성령님을 우리의 마음에서 쫓아낼 수 없다는 사실은 그리스도의 신실하심과 같은 신실하심이 아니겠습니까? 비록 안팎의 수많은 적들이 우리들에게서 그리스도인의 삶을 훔쳐갈지라도 우리들의 모든 불법을 이기시고 우리를 안전하게 인도하신다는 사실은 그리스도의 권능과 같은 권능이 아니겠습니까?

> "성령님의 사랑을 노래합니다.
> 　성령님으로 말미암아
> 　주님의 속량이 내게 적용되었습니다."

성령님께 영원히 영광을 돌립니다.

2. 이제 두 번째 요점을 이야기하겠습니다.
왜 우리가 성령을 근심하게 해서는 안 되는가에 대한
또 다른 이유가 있습니다. 우리들을 인치시는 분은 성령이십니다.
"그 안에서 너희가 구원의 날까지 인치심을 받았느니라"(4:30). 간략하게 말씀드리겠습니다. 성령은 인(印)으로 표현되어 있습니다. 그리고 성령은 우리의 유업의 보증이라고 직접적으로 언급되어 있습니다. 인은 세 가지 의미가 있습니다. 그것은 증명이나 확증의 인입니다. 나는 내가 신실로 하나님의 자녀인지를 알기 원합니다. 성령께서는 내가 하나님에게서 태어났음을 나의 영에게 증언하십니다. 나는 장차 올 유산의 권리증을 가지고 있습니다. 나는 그 증서가 유효한지 그 증서가 진실한 것인지 그 증서가 지옥의 늙은 서기가 작성한 모조품인지를 알기 원합니다. 내가 그것을 어떻게 알 수 있을까요? 나는 그 도장을 봅니다. 우리들이 하나님의 아들을 믿은 후에 아버지께서 성령의 은사로 우리들을 그의 자녀로 인쳐주십니다. "우리에게 기름을 부으신 이는 하나님이시니 그가 또한 우리에게 인치시고 보증으로 우리 마음에 성령을 주셨느니라"(고후 1:21-22). 성령의 인침을 받지 못한 믿음은 진정한 믿음이 아닙니다. 하나님의 성령으로 인쳐지지 아니한다면 그 어떤 사랑이나 소망도 우리를 구원할 수 없습니다. 성령의 인을 받지 못한 것은 그것이 무엇이든지 가짜이기 때문입니다. 인쳐지지 않은 믿음은 독약입니다. 그것은 추정에 지나지 않습니다. 그러나 성령에 의해서 인침을 받은 믿음은 진실하고 실제적이고 진짜입니다. 나의 사랑하는 청중들이여, 만약에 여러분들이 예수 그리스도의 부활에 의해서 죽은 자로부터 산 소망으로 태어났다는 성령의 내적 증거에 의해서 인쳐지지 않았다면 그리고 또 그것에 대해 확신할 수 없다면 결코 만족하지 마십시오. 사람이 자기가 하늘의 보증을 가지고 있다는 사실을 분명하게 알 수 있습니다. 그는 그렇게 되기를 희망할 수 있을 뿐 아니라 의심할 여지 없이 그것을 알 수 있습니다. 그는 다음과 같이 그것을 알 수 있습니다. 즉, 믿음의 눈으로 그 인, 다시 말하면 그 자신의 성품과 체험 위에 찍힌 성령의 큰 도장을 볼 수 있으므로 자기가 인침을 받은 사실을 알 수 있습니다. 그것은 증명의 인입니다.

다음으로 그것은 소유권의 인입니다. 사람들이 어떤 물건 위에 표시를 해두었을 때, 그것은 그 물건이 그 사람의 소유라는 것을 나타냅니다. 농부들은 다른 사람이 훔쳐가지 못하도록 자기의 연장에다 표시를 해 둡니다. 그러면 그 연장들은 그의 것이라는 표시입니다. 목동들도 자기의 양 떼라는 것을 알기 위해서 자기의 양에게 표시를 합니다. 왕도 자기의 모든 재산에다 굵은 화살촉 도장을 찍어둡니다. 이와 같이 성령께서도 그의 모든 백성들의 마음에다 하나님의 넓은 팔을 새겨 놓습니다. 성령님은 우리들에게 인쳐 주십니다. 여호와께서는 "나는 내가 정한 날에 그들을 나의 특별한 소유로 삼을 것이요"(말 3:17)라고 말씀하셨습니다. 그리고 성령께서는 우리가 하나님의 구별된 기업이라는 사실을 나타내 보여주기 위해서 우리에게 하나님의 인을 치십니다. 즉, 우리가 그의 기뻐하시는 특별한 백성이요, 분깃임을 나타내 보이시려고 인을 쳐 주십니다.

그리고 인은 또한 보존을 의미합니다. 사람들은 자기들이 보존하기를 원하는 것에 인을 칩니다. 그리고 어떤 서류에 도장을 찍으면 그 때부터 그것은 유효한 것이 됩니다. 그리스도인들에게 인쳐 주시는 분은 하나님의 성령입니다. 그는 구원의 날까지 보호되어지고 보존되어지고 인쳐집니다. 그리스도께서 그의 성도들을 죽은 자 가운데서 살리심으로 그의 성도들의 육신을 완전하게 구원할 때까지, 그리고 세상을 죄로부터 깨끗하게 하고 또 그것을 의(義) 가운데서 그의 왕국으로 만들 때까지 인쳐 주십니다. 우리들은 우리의 길을 지킬 것이고 구원을 받을 것입니다. 택하심을 받은 씨앗들은 잃어버릴 수가 없습니다. 그들은 결국에는 집으로 돌아와야 합니다. 그러나 어떤 방법으로 그렇게 될까요? 성령의 인침을 받음으로써 그렇게 됩니다. 그들은 멸망하지 아니합니다. 그들은 원상태로 회복됩니다. 최후의 불꽃이 타오를 때에 성령의 인을 받지 못한 모든 것들은 그 불에 타버릴 것입니다. 그러나 그 이마에 인을 받은 사람들은 보존될 것입니다. 그들은 "체질이 풀어지고 세상이 무너지는 가운데에서도" 안전할 것입니다. 그들의 영은 그 불꽃 위로 올라가서 영원히 그리스도와 더불어 거하게 될 것이고, 시온 산에서 그들의 이마에 동일한 인을 받은 자들과 함께 영원한 감사와 찬양의 노래를 부를 것입니다. 나는 이것이 성령을 사랑해야 하는 두 번째 이유이며, 동시에 성령을 근심하게 해서는 안 되는 두 번째 이유라고 생각합니다.

3. 이제 세 번째 요점을 말씀드리겠습니다.
성령을 근심하게 하는 것이 무엇인가를 말씀드리겠습니다.

우리가 어떻게 성령을 근심하게 합니까? 성령을 근심하게 한 슬픈 결과는 무엇입니까? 만약에 우리가 성령을 근심하게 한다면 어떻게 해야 성령님의 마음을 돌이킬 수 있을까요? 우리가 어떻게 성령을 근심하게 합니까? 나는 지금 주 예수 그리스도를 사랑하고 있는 사람들에 대해 말하고 있음을 주목하십시오. 하나님의 성령은 여러분의 마음속에 계십니다. 그리고 성령을 근심하게 하는 것은 대단히 쉬운 일입니다. 죄악은 그것이 사악한 만큼 쉬운 일이기도 합니다. 여러분은 불순한 생각들로 성령을 근심하게 할 수 있습니다. 성령은 죄악을 견딜 수 없습니다. 만약에 여러분이 음란한 표현을 즐기거나, 음란한 행동에 빠져드는 것을 상상하거나, 마음에 탐욕을 추구하거나, 악한 일에 마음을 둔다면 하나님의 성령은 근심할 것입니다. 성령님이 친히 다음과 같은 내용의 말씀을 하시는 것을 내가 들을 수 있기 때문입니다. "나는 이 사람을 사랑한다. 나는 그의 마음을 가지기 원한다. 그러나 그는 이 더러운 정욕을 즐기고 있다. 그의 마음은 나를 따르지 아니하고 그리스도를 따르지도 아니하고 아버지도 따르지 아니하고 오히려 정욕을 통하여 들어온 이 세상의 유혹을 좇는구나." 이렇게 될 때 성령님은 근심하게 됩니다. 성령님은 이것들이 우리의 영혼에 어떤 슬픔들을 가져다줄 것인지를 알기 때문에 그의 영혼 가운데서 슬퍼하십니다. 만약에 우리가 죄악의 외적 행위들에 탐닉한다면 우리는 성령을 더욱 근심하게 할 것입니다. 그 때 성령님은 너무나 근심하시면서 잠시 동안 떠나신 것처럼 보일 때가 있습니다. 만약에 우리가 우리의 마음에 썩은 고기들을 넣어둔다면 비둘기 같은 성령님은 그 속에 거하기를 꺼려하실 것입니다. 비둘기는 깨끗한 동물입니다. 그래서 우리는 비둘기가 자주 찾아가는 장소를 더러운 진흙으로 더럽혀서는 안 됩니다. 만약에 우리가 그렇게 한다면 그는 다른 곳으로 날아가 버릴 것입니다. 만약에 우리가 죄를 범한다면, 공개적으로 우리의 신앙을 멸시한다면, 만약에 우리가 나쁜 본보기로 다른 사람들을 부정한 곳으로

가도록 유혹한다면, 성령님은 근심하기 시작하실 것입니다. 그리고 만약에 우리가 기도를 게을리 한다면, 만약에 우리가 기도의 골방의 문에 거미줄을 치게 한다면, 만약에 우리가 성경읽기를 잊어버린다면, 만약에 우리가 게을러서 성경의 책장들이 한데 붙어있도록 한다면, 만약에 우리가 이 세상에서 결코 선한 일을 하려고 하지 않는다면, 만약에 우리가 그리스도를 위하지 않고 우리 자신만을 위해서 산다면, 성령은 근심하게 될 것입니다. 그가 다음과 같이 말씀하셨기 때문입니다. "그들이 생수의 근원되는 나를 버린 것과 스스로 웅덩이를 판 것인데 그것은 그 물을 가두지 못할 터진 웅덩이들이니라"(렘 2:13). 여러분들이 성경은 읽지 아니하고 소설만 읽고 앉아있을 때 나는 하나님의 성령이 근심하고 계시는 것을 보고 있는 것 같이 생각됩니다. 아마 여러분들은 어떤 여행에 관한 책을 끄집어 낼지도 모릅니다. 그러나 사도행전이나 여러분의 복된 주님의 이야기 가운데 더욱 귀한 여행 이야기가 있다는 것을 망각하고 있습니다. 여러분은 기도할 시간이 없습니다.

그러나 여러분이 세속적인 일에는 대단히 활동적이라는 사실을 성령님은 아십니다. 그리고 휴식이나 오락을 위해서 많은 시간을 낭비하고 있다는 것도 알고 계십니다. 그리고 그는 여러분이 성령님을 사랑하는 것보다 세속적인 것을 더욱 사랑한다는 것을 아시기 때문에 근심하십니다. 주님의 성령은 주님 안에서 근심하십니다. 성령이 여러분에게서 떠나가시지 않도록 주의하십시오. 왜냐하면 성령이 여러분에게서 떠나가신다면, 그것은 여러분에게 슬픈 일이 될 것이기 때문입니다. 배은망덕한 것도 성령을 근심하게 합니다. 어떤 사람이 다른 사람을 위해서 최선을 다하고 난 후에 배은망덕이나 모욕으로 되돌려 받는 것보다 더욱 마음을 아프게 하는 것은 없습니다. 비록 우리가 감사를 받기를 원하지 않는다 할지라도 적어도 우리가 은혜를 베풀어준 그 사람의 마음속에는 감사하는 마음이 있다는 것을 알기 원합니다. 성령이 우리의 영혼을 살피시고 그리스도에 대한 사랑이 거의 없다는 것을 알 때에, 그리고 또 그리스도께서 우리를 위하여 해주신 모든 일에도 불구하고 그에 대한 감사의 마음이 없다는 사실을 알 때에 성령님은 근심합니다.

다음으로, 성령은 우리의 불신 때문에 크게 근심하십니다. 우리가 성령께서 주시고 적용해 주신 약속을 믿지 않을 때, 그리고 우리의 복된 주님과 그의 사랑을 의심할 때에 성령은 혼자서 다음과 같이 말씀하십니다. "그들이 나의 신실함을 의심하는구나. 그들은 나의 능력을 믿지 못하는구나. 그들은 예수님이 땅 끝까지 구원할 수 없다고 말하는구나." 이와 같이 성령은 또다시 근심하는 것입니다. 오늘 아침 나는 여기에서 성령께서 나보다 더 훌륭하게 설명할 대언자를 가지게 되시기를 원합니다. 이 주제는 나의 능력의 한계를 벗어나는 것 같습니다. 내가 오히려 성령을 근심하게 하는 것 같습니다. 그러나 나는 여러분을 근심하게도 할 수 없으며 내가 느끼는 근심을 설명할 수도 없습니다. 나는 나의 영혼 가운데서 다음과 같이 말합니다. "오, 이것이 바로 네가 한 일이다. 너는 성령을 근심하게 하였다." 나는 여러분 앞에서 솔직하게 고백하겠습니다. 나는 여러분뿐 아니라 나도 너무 자주 성령을 근심하게 했다는 사실을 압니다. 우리들 안에 있는 많은 것들이 그 거룩한 비둘기로 하여금 슬피 울게 만들었습니다. 그러나 놀라운 것은 그래도 그가 우리에게서 날아가 버리지 않으시고, 우리를 완전히 우리 자신에게 맡겨 두지 않으셨다는 사실입니다.

만약에 성령께서 근심하신다면 우리에게는 어떤 결과가 나타나게 될까요? 성령께서 근심하시는 처음에는 우리의 소행을 참아 주십니다. 성령께서 거듭거듭 근심하실 때에도 여전히 그 모든 것에 대해 참아 주십니다. 그러나 마침내 그의 근심이 심해지게 되면, 성령님은 "나는 나의 역사를 중지할 것이다. 나는 떠나가 버릴 것이다. 나는 내 뒤에 생명은 남겨 놓을 것이다. 그러나 나는 실제적으로 떠나가 버릴 것이다"라고 말씀하십니다. 그리고 하나님의 성령이 그 영혼에게서 떠나시고 그의 모든 역사를 중지하실 때, 우리들은 매우 비참한 상태에 빠지게 됩니다. 그는 그의 가르침도 중지하십니다. 우리가 말씀을 읽어도 그것을 이해할 수 없습니다. 우리가 주석을 찾아보아도 그 주석이 우리에게 아무런 이야기를 해주지 않습니다. 우리가 무릎을 꿇고 가르침을 구해도 대답을 얻을 수 없습니다. 우리는 아무것도 배울 수 없습니다. 성령님은 위로도 중지하십니다. 우리는 다윗이 언약궤 앞에서 그렇게 했던 것처럼 춤을 추었습니다. 그러나 지금은 욥과 같이 재 위에 앉아서 우리의 헌데를 기와조각으로 긁고 있습니다. 성령님의 촛불이 우리 주변을 비추어주던 때도 있었습니다. 그러나 지금 성령님은 가버리셨습니다. 그는 우리를 어두운 흑암 가운데 버려 두셨습니다. 이제 그는 우리에게서 모든 영적인 권능을 가져가셨습니다. 과거에 우리는 모든 것을 할 수 있었습니다. 그러나 지금 우리들은 아무것도 할 수 없습니다. 우리들은 과거에는 블레셋 사람들을 죽여서 산더미처럼 쌓아 놓을 수 있었습니다. 그러나 지금은 들릴라가 우리를 속이고, 우리의 눈알은 빠지고 맷돌을 돌리게 되었습니다. 우리가 설교하러 가지만 그 설교

가운데 기쁨은 없습니다. 그리고 좋은 결과도 따르지 않습니다. 우리들은 전도지를 나누어주러 나가고, 주일학교에도 가지만 그냥 집에 있는 것이나 마찬가지입니다. 그런 곳에는 기계적인 행동은 있으나 사랑은 없습니다. 선을 행하려는 의도는 있으나 그 의도를 실행에 옮길 힘이 없습니다. 주님이 떠나시자 그의 빛, 그의 기쁨, 그의 위로, 그의 영적인 권능 등 모든 것이 사라져 버렸습니다. 그리고 우리들의 모든 은혜들도 시들어 버렸습니다. 우리의 은혜는 수국이라고 불리는 꽃과 같습니다. 물이 풍부할 때 그것은 꽃을 피웁니다. 그러나 습기가 없어지자마자 즉시 잎이 떨어집니다. 그와 같이 성령이 떠나실 때 믿음도 그 꽃을 닫아 버립니다. 향기도 내뿜지 않습니다. 그러면 우리의 사랑의 열매는 썩기 시작하고 나무에서 떨어집니다. 그러면 우리의 희망의 새싹들도 서리를 맞아 죽어버립니다. 오, 성령을 잃어버린다는 것은 얼마나 슬픈 일입니까!

나의 형제들이여, 여러분들은 무릎을 꿇고 하나님의 성령이 여러분과 같이 계시지 아니함을 깨달아 본 적이 한 번도 없으신가요? 신음하고 울부짖고 한숨짓는 것은 참으로 무서운 일입니다. 그러나 성령께서 또다시 가버리면 토굴에 틈새를 통해서 들어오던 빛마저 없듯이 약속들 위를 비추어주는 빛이 없어집니다. 그때 여러분은 버림받고 망각되어지고 내버려지며 절망에 빠지게 됩니다. 여러분은 쿠퍼(Cowper:18세기 영국 시인)와 같이 노래하게 됩니다.

> "나는 한때 참으로 평화로운 시간을 보내었다네
> 그 기억은 지금도 여전히 감미롭구나!
> 그러나 이제 온 세상으로도 메꿀 수 없는
> 고통스러운 공허함뿐일세
> 돌아오시오, 거룩한 비둘기시여,
> 돌아오시오, 아름다운 평화의 사자여,
> 나는 당신을 슬프게 하고
> 당신을 내 마음에서 몰아낸 죄악들을 증오합니다.
> 나는 가장 사랑스러운 우상을 알고 있네.
> 그 우상이 어떤 것이든 간에 나는 그것을
> 그의 보좌에서 깨뜨려 버리도록 도와주소서
> 오직 당신만을 예배하도록 나를 도와주소서."

　　성령이 우리에게서 떠나가게 하는 것은 참으로 슬픈 일입니다. 그러나 나의 형제들이여, 나는 가장 자비로운 어떤 것에 대해 말하고자 합니다. 그것은 아마 가혹하게 보일지도 모릅니다. 그럼에도 불구하고 나는 말하지 않을 수 없습니다. 오늘 나의 교회는 하나님의 성령을 근심하게 하는 위치에 있습니다. 성령께서는 개인들을 취급하시는 것과 똑같이 교회를 취급하십니다. 최근에 하나님께서는 그의 교회들 가운데서 거의 역사하지 않으셨습니다. 적어도 4,5년 전에는 거의 보편적인 마비상태가 전 영국에 걸쳐서 그리스도의 가시적인 몸을 덮쳤습니다. 작은 행동은 있었지만 그것은 발작적인 경련에 지나지 않았습니다. 거기에는 진정한 활력이 없었습니다. 참으로 적은 수의 죄인들이 그리스도에게로 인도되어졌습니다. 우리들의 예배당은 텅 비게 되었습니다. 우리들의 기도회는 점점 감소하다가 마침내는 아무것도 없게 되었습니다. 우리들의 교회의 모임들도 광대놀이에 지나지 않게 되었습니다. 여러분은 이것이 오늘날 수많은 런던 교회의 실정이라는 사실을 잘 알고 있습니다.

　　그리고 그런 사실에 대해 애통하지 아니하는 교회들도 있습니다. 그들은 그들의 익숙한 장소로 올라갑니다. 그리고 목사님은 기도하고 사람들은 그들의 눈을 감고 자거나 마음으로 잠이 듭니다. 그리고 그들은 예배를 끝내고 나갑니다. 그리고 결코 한 영혼도 구원을 받지 못합니다. 침례를 위한 물웅덩이는 거의 사용되지 않습니다. 그러나 모든 것 중에서 가장 슬픈 부분은 교회들이 그렇게 하면서도 대수롭지 않게 생각한다는 것입니다. 그들은 신앙부흥을 위해서는 열심이 없습니다. 우리들은 뭔가를 해왔습니다. 교회도 대체적으로 어떤 일을 해왔습니다. 나는 지금 죄악이 무엇이냐는 문제에 대해서는 말하지 않겠습니다. 그러나 하나님의 성령을 우리들에게서 몰아낸 어떤 것이 있었습니다. 성령은 근심하십니다. 그리고 성령은 가셨습니다. 그러나 성령은 지금 여기에 우리와 함께 계십니다. 나는 그의 이름으로 인해서 감사를 드립니다. 성령은 여전히 우리 가운데서 가시적으로 계십니다. 그는 우리를 떠나지 않으셨습니다. 비록 우리가 다른 사람들만큼 무가치한 자였을지라도 그는 오랫동안 우리들에게 그의 임재하심을 부어 주셨습니다. 지난 5년 동안 우리들은 이 지구상에 있었던 그 어떤 부흥보다 더욱 큰 부흥을 이루었습니다. 울부짖거나 소리지르는 일도 없이, 쓰러지거나 기절하는 일도 없이 하나님께서는 단계적으로 이 교회의 교인들의 숫자를 증가시켜 주셨습니다. 그래서 여러분의 목사는 하나님의 성령이 얼마나 명백하게 함께 하시는가를 생각할 때 심장이 기뻐 터질 것 같습니다. 그러나 형제들이여, 우리는 이것으로 만족해서는 안 됩니다. 우리들은 성령이 모든 교회들 위에 부어지는 것을 보기 원합니다. 성 바울 성당, 웨스트민스터 사원, 그리고 엑세터 대성당과 기타 다른 장소들에 모여든 큰 무리들을 보십시오. 그런데 아무런 좋은 일이 없었다니 어떻게 된 일입니까? 나는 염려스러운 눈으로 보았습니다. 그리고 나는 그날 이후 단 한 사람의 회심에 대해서도 들어본 적이 없습니다. 성 야고보 성당에서도, 다른 모든 곳의 예배에서도 그러했습니다. 그것은 이상하게 보입니다. 축복은 우리가 알고 있는 것보다 더 큰 양으로 임했을지 모릅니다. 그러나 하나님의 성령이 그 모든 목사들과 함께 하셨더라면 축복은 우리가 상상할 수 없을 정도로 임했을 것입니다.

오, 우리가 살아서 지금까지 보아왔던 것보다 더 큰 일들을 볼 수 있을까요? 그리스도의 교회의 신자들이여, 여러분의 집으로 돌아가서 겸손하게 하나님 앞에서 큰 소리로 부르짖으십시오. 그러면 하나님이 그의 교회를 방문하실 것이며, 하늘의 창문들을 열고 목마른 시온의 언덕 위에 그의 은혜를 부어주실 것입니다. 온 나라가 단 하루 만에 다시 태어날 것이고, 죄인들이 수천 명씩 구원을 받을 것입니다. 그 시온은 진통을 겪고, 자녀들을 낳을 것입니다. 오, 임박한 부흥의 징조들이 있습니다. 우리들은 최근에 성 자일스 빈민학교의 소년들 사이에서 있었던 선한 일에 대해 이야기를 들었습니다. 그로 인해서 우리의 영혼은 기뻤습니다. 아일랜드에서 온 소식, 먼 나라에서가 아니라 왕국의 자매 지역에서 온 좋은 소식이 우리들에게 찾아왔습니다. 우리 모두 성령님께 큰 소리로 부르짖읍시다. 성령께서는 분명히 그의 교회로 인해 근심하고 계십니다. 말씀과 건전한 교리와 반대가 되는 모든 것으로부터 우리들의 교회를 깨끗하게 합시다. 그러면 성령은 다시 돌아오실 것입니다. 그리고 그의 권능이 명백하게 나타날 것입니다.

이제 결론을 말씀드리겠습니다. 이곳에 있는 여러분 중에 어떤 사람들은 그리스도의 가시적인 임재를 상실했고, 또 어떤 사람은 실제적으로 성령을 근심하게 하여 성령이 떠난 사람도 있습니다. 그러나 하나님의 성령은 결코 최종적으로 그의 백성을 떠나지 않으신다는 것을 알게 하신 것은 자비입니다. 성령께서는 징계하시기 위하여 그들을 떠나시는 것이지 저주하기 위하여 떠나시는 것은 아닙니다. 성령께서는 때때로, 자기 자신의 약점을 앎으로 유익을 얻게 하기 위해서 그들을 잠시 떠나십니다. 그러나 성령께서는 그들을 최종적으로 버려서 멸망하게 하지는 않을 것입니다. 여러분은 타락과 냉담한 상태에 있습니까? 잠시 동안 나의 말을 들어보십시오. 하나님께서 그 말씀에 축복해 주십니다. 형제여, 그와 같이 위험한 상태에 잠시라도 머물지 마십시오. 성령이 없는 상태로 단 일 초도 있지 마십시오. 나는 여러분들이 성령께서 여러분에게 되돌아오게 할 수 있는 모든 수단을 다 사용하기를 부탁합니다. 다시 한 번 더 여러분들에게 그 수단들이 어떤 것이 있는가에 대해 분명하게 말씀드리겠습니다. 성령을 근심하게 하는 죄악들을 찾아보십시오. 그리고 그것을 포기하십시오. 그 죄악을 당장 죽이십시오. 눈물과 한숨으로 회개하십시오. 계속해서 기도하십시오. 성령께서 여러분에게 되돌아올 때까지 결코 만족하지 마십시오. 열심 있는 목사와 열심 있는 성도들을 자주 만나십시오. 그러나 무엇보다도 하나님께 많은 기도를 하십시오.

그리고 날마다 "돌아오시옵소서. 돌아오시옵소서. 오, 성령님이시여, 돌아오셔서 내 영혼에 거하시옵소서"라고 부르짖으십시오. 그 기도가 열납될 때까지 만족하지 마시기 바랍니다. 왜냐하면 여러분은 물처럼 연약해졌기 때문입니다. 성령께서 여러분을 떠나신 동안에는 힘없고 공허해졌기 때문입니다. 오, 오늘 아침 이 자리에도 지난 한 주간 동안 성령님과 더불어 싸운 사람도 있을 것입니다. 오, 성령님께 순종하십시오. 그에게 저항하지 마십시오. 그를 근심하게 하지 마십시오. 다만 그에게 순종하십시오. 성령께서는 지금 여러분에게 "그리스도에게로 돌아오라"고 말씀하시지 않으십니까? 그의 말을 들으십시오. 그에게 순종하십시오. 그러면 그가 여러분의 마음을 감동시키실 것입니다.

오, 성령을 멸시하지 마십시오. 여러분들은 수도 없이 성령을 거역했습니다. 다시는 그러지 않도록 주의하십시오. 왜냐하면 최후에는 성령께서 "나는 편히 쉬러 가야겠다. 나는 그에게 되돌아가지 않을 것이다. 그 땅은 저주를 받았다. 그 땅은 버려져 황폐해질 것이다"라고 말씀하실 날이 올 것이기 때문입니다. 오, 여러분들의 영혼이 떠나기 전에 복음의 말씀을 들으십시오. 성령께서는 여러분에게 다음과 같은 짧은 말씀으로 매우 효과적으로 말씀하십니다. "그러므로 너희가 회개하고 돌이켜 너희 죄 없이 함을 받으라 이같이 하면 새롭게 되는 날이 주 앞으로부터 이를 것이요"(행 3:19). 그리고 이 엄숙한 선포를 들으십시오. "믿고 세례를 받는 사람은 구원을 얻을 것이요 믿지 않는 사람은 정죄를 받으리라"(막 16:16). 주님께서 우리가 성령님을 근심하게 하지 않도록 도와주시기를 기원합니다. 아멘.

제
20
장

—

빛의 자녀와 어둠의 일

—

**"너희는 열매 없는 어둠의 일에 참여하지 말고
도리어 책망하라"** — 엡 5:11

죄악, 특히 더 중대한 죄악들은 "어둠의 일"입니다. 죄악들은 은밀한 것을 좋아합니다. 그것들은 드러나는 것을 싫어합니다. 그것들은 중생하시 못한 마음의 어두운 곳에서 번성합니다. 그것들은 영원히 복된 하나님에 대한 지식이 없는 영혼의 무지 가운데서 가장 완전하게 유지됩니다. 죄악들은 또한 어둠의 일들이기도 합니다. 그것들을 따르는 자들은 결국에는 슬픈 인생을 살아가기 때문입니다. 그것들은 지식에 대해서 어두울 뿐 아니라 위로에 대해서도 어둡습니다. 죄악 가운데는 진정한 빛도 없고 진정한 기쁨도 없습니다. "죄의 삯은 사망"입니다. 그리고 그것들은 더 어두워지는 경향이 있기 때문에 흑암의 일들이기도 합니다. 그것들을 따르는 사람들은 타락에서부터 더욱 깊은 흑암으로 나아갑니다. 그리고 결국에는 그의 몫은 소망의 빛으로도 깨어지지 않는 흑암이 될 것입니다. "영원한 흑암의 어둠"이 그들의 몫이 될 것입니다.

여러분은 흑암이 마귀의 권세를 상징한다는 것을 알고 있습니다. 빛은 하나님의 성결을 나타내는 상징입니다. 그리고 그의 무한하신 선하심과 깨끗하게 하시는 은혜를 나타내는 상징입니다. 빛의 자녀들인 우리들이 바쁘든 혹은 바쁘지 않든 간에 어둠의 자식들은 부지런히 일을 하고 있다는 것은 분명한 사실입니다. 그들은 항상 일을 합니다. 그들의 활동에는 휴식이 없습니다. 래티머 감독(Master

Latimer)은 영국에서 가장 부지런한 자는 마귀라고 말하곤 했습니다. 아무도 자기 교구를 심방하지 않는 때에도 마귀는 항상 그의 백성들을 부지런히 방문하기 때문입니다. 그의 쟁기는 그의 밭고랑에서 결코 녹스는 법이 없습니다. 그의 칼은 그의 칼집에 머물러 있는 날이 없습니다. 흑암의 권세들은 결코 그들의 나태함으로 인해 비난받을 일이 없습니다. 그들이 바쁘지 아니하고 활동적이지 않은 적이 한순간이라도 있습니까? 미지근한 것은 결코 흑암의 권세를 이길 수 없습니다. 밤의 일은 무섭게 계속되어집니다. 밤의 일은 정지하는 순간이 없습니다. 그러므로 낮에 속한 우리도 역시 쉬지 말고 일합시다. 하나님은 우리가 이 세상에서, 좀 더 훌륭한 생각과 감정을 생산해 내려는 우리 자신의 노력과 또 하나님의 은혜에 대한 지식을 전파하는 일을 통해서, 그리고 하나님에 대한 경외심과 사람들에 대한 사랑을 증가시켜 줄 모든 일을 통해서, 조용히 퍼져가는 죄악의 누룩의 일을 좌절시킬 수 있도록 도와주십니다.

본문은 어둠의 일에 대해 말하고 있습니다. 그리고 그것을 "열매 없는" 것이라고 부르고 있습니다. 어둠의 일은 열매가 없습니다. 왜냐하면 죄악은 열매를 맺을 수 없기 때문입니다. 죄악은 그와 유사한 것을 생산하고 죄악 자체를 증가시킵니다. 그러나 어떤 선한 열매, 사람들에게 유익을 주는 열매, 하나님이 열납해 주시는 열매, 그리고 여러분과 내가 열망해야 하는 열매에 비해서 죄악은 마치 사막의 모래땅과 같이 불모지입니다. 그것으로부터 선한 것은 아무것도 나올 수 없습니다. 우리들은 때때로 사람들이 다음과 같은 말을 하는 것을 듣습니다. "이 기회에 당신은 우리가 좀 더 고상한 형평법을 파기해야 한다는 사실을 알게 되었다. 왜냐하면 이러이러한 정책을 추구하는 것이 불가피하기 때문이다." 그러나 나쁜 일을 행하는 것은 개인이나 국가를 위해서 결코 옳지 못한 일입니다. 그리고 사람들과 국가를 위한 가장 유익한 정책은 빛을 드러낼 수 있는 것을 행하는 것입니다. 빛의 일은 유익하며 부요하고 향기로운 것이며, 거두어들이기에 적당한 일이며, 하나님이 기뻐하시고 사람들에게 유익한 것입니다. 그러나 어둠의 일은 열매가 없고 공허합니다. 그것들은 좋은 결과를 낳지 못합니다. 그것들은 소돔의 사과와 같습니다. 그것은 눈으로 보기에는 아름답지만 그 사과를 딴 사람은 자기가 아무것도 가지고 있지 않고, 다만 자기 손에 재만 가지고 있다는 것을 발견하게 됩니다. 오, 어둠의 일들을 행하는 자들이여, 여러분은 여러분이 행하는 모든 일로부터 아무런 유익한 열매도 얻을 수 없을 것이라는 사실을 알아야 합니다. 여러분은 모든 수고의 결과로서 가치 있는 것은 아무것도 얻을 수 없습니다.

내가 이러한 몇 마디 말로 방금 여러분에게 소개한 본문 말씀은 그리스도인들에게 위대한 실제적 교훈으로서 우리들이 주목해야 할 내용입니다. "너희는 열매 없는 어둠의 일에 참여하지 말고 도리어 책망하라." 여러분은 끔찍하고 입에 담을 수 없는 어둠의 일에 참여할 수 없습니다. 그러한 어둠의 일은 모든 인류에게 대단히 큰 영향을 미치는 악을 생산해 냅니다. 물론 여러분은 그런 일은 피할 것입니다. 그리고 또 그런 일에서 도망할 것입니다. 그러나 여러분은 명백하게 특색이 없는 듯이 보이고 또 특별하게 악한 결과를 가져오지 않는 어둠의 일들도 피해야 합니다. 여러분은 그리스도인으로서 엄숙하고 진지한 삶을 살아가야 합니다. 여러분에게 있어서는 "인생은 실제적이고 진지한 것입니다." 그리고 다른 것만큼 나쁘지 않은 것처럼 보이는 흑암의 일도 있습니다. 단지 사소하고 어리석고 시간 낭비처럼 보이는 것들도 있습니다. 그러나 그러한 일들에도 참여해서는 안 됩니다. 여러분은 지극히 불결한 것뿐 아니라 이와 같이 무익한 어둠의 일들도 피해야 합니다. 그리스도인들이여, 이 말에 귀를 기울이십시오. 그러면 여러분이 그 명령에 순종할 수 있도록 하나님께서 도와주실 것입니다.

본문에 대해 고찰하는 가운데 먼저, "무엇이 금지되어졌는가?"라는 질문을 해봅시다. 그것은 "열매 없는 어둠의 일에" 참여하는 일입니다. 두 번째는, "무엇을 명령하고 있는가?"입니다. "책망하라"는 것입니다. 그리고 세 번째는, "우리들은 왜 그렇게 행동해야 하는가?"에 대해서 고찰하겠습니다.

1. 첫째로, 무엇이 금지되어졌는가?

"열매 없는 어둠의 일에 참여하지 말고." 우리들은 여러 가지 방법으로 어둠의 일에 참여할 수 있습니다. 본문이 "사악한 자들과 사귀지 말라. 그리고 회개하지 않은 자들과 접촉하지 말라"고 말씀하지 않은 사실에 대해 주목하십시오. 왜냐하면 우리가 그렇게 하려면 세상 밖으로 나가야만 하기 때문입니다. 우리들 중 대부분은 일용할 양식을 벌어들이기 위해 우리들의 동료가 아닌 사람들과 날마다 접촉해야 합니다. 여러분 중에 많은 사람들은 듣기에 혐오스러운 말을 날마다 듣지 않을 수 없을 것입니다. 여러분은 여러분의 은혜로운 심령을 슬프게 하는 그런 삶의 양식과 접하게 됩니다. 우리의 구세주께서는 여러분이 세상 밖으로 나가게 해달라고 기도하지 않으시고, 다만 세상의 악에서 보호해 달라고 기도하셨습니다. 여러분이 자신의 믿음을 고백하는 그대로의 사람이라면 여러분은 이 세상의 소금입니다. 소금은 상자에 담아 놓으려는 것이 아닙니다. 고기 속에 잘 문질러 넣어 고기가 썩지 않게 하려는 것입니다. 우리는 오직 우리 자신의 향상과 즐거움을 추구하기 위하여 몇몇 선택된 사람들과만 교제하는 것으로 자신의 마음 문을 닫아버려서는 안 됩니다. 우리들의 의무가 요구하는 한 우리들은 불경건한 사람들과도 섞여서 살아야 합니다. 우리들은 그렇게 하지 않을 수 없습니다. 우리가 그렇게 하는 것이 주님의 뜻입니다. 우리들은 그들 사이에서 소금의 역할을 해야 합니다. 소금은 결코 그 맛을 잃어서는 안 됩니다. 무미건조한 세상이 하나님의 경건한 백성들의 짠맛을 없애지 못하도록 해야 합니다. 그러므로 우리들은 악한 사람들과도 교제를 나누어야 합니다. 그러나 우리는 그들의 일에 함께 참여해서는 안 됩니다. 이러한 악을 피하기 위하여 본문의 말씀에서 무엇을 금지하고 있는가를 살펴봅시다. "너희는 열매 없는 어둠의 일에 참여하지 말고."

　사랑하는 친구들이여, 첫째로, 우리들은 이렇게 묘사되어 있는 죄악을 개인적으로 범함으로 열매 없는 어둠의 일에 참여하게 됩니다. "스스로 속이지 말라 하나님은 업신여김을 받지 아니하시나니"(갈 6:7). 결국 사람은 그의 삶에 의해서 심판을 받아야만 합니다. 만약에 여러분이 거룩하고 의롭고 은혜로운 일을 한다면, 여러분은 거룩하고 의롭고 은혜로운 일에 참여하는 것입니다. 그러나 만일 여러분이 부정하고 부정직한 일을 한다면 여러분은 부정하고 부정직한 일에 참여하는 것입니다. 주님은 마지막 때에 우리를 우리와 가장 닮은 사람들 사이에 집어넣으실 것입니다. 그가 자기 앞에 모인 사람들을 분리할 때에 마치 목동이 양들을 염소들과 분리하듯이 할 것입니다. 양은 양들과 같이 있게 할 것이며, 염소는 염소들과 같이 있게 할 것입니다. 만약에 여러분이 악한 자들과 같이 살았다면, 여러분은 악한 자들과 같이 죽을 것입니다. 그리고 악한 자들과 같이 저주를 받을 것입니다. 자기들이 의로운 죽음을 죽을 것이라고 소망할 수 있는 사람은 오직 의로운 삶을 산 사람들뿐입니다. 나는 지금 여러분에게 나의 마음을 다하여 하나님의 은혜의 교리에 대하여 설교하고 있습니다. 나는 담대하게 여러분에게 하나님의 은혜는 삶 가운데에서 열매를 맺게 한다는 사실을 일깨워드렸습니다. 그리고 은혜는 진실로 마음 가운데 있으며, 또 그것이 존재하고 있음을 보여주는 삶 가운데 있을 것입니다. 만약에 여러분과 내가 술주정뱅이라면, 만약에 내가 부정직한 행동을 한다면, 만약에 우리가 거짓말하는 죄를 짓는다면, 만약에 우리가 탐욕스럽다면, (내가 여기에서 그 모든 악한 일들의 목록을 열거할 필요가 없을 것입니다) 우리는 그와 같은 행동들을 기뻐하는 사람들의 무리에 속하게 될 것입니다. 그리고 우리들은 그들과 함께 영원히 있어야 합니다. 우리들은 그들이 하듯이 행동함으로써 그들과 교제하게 됩니다. 그리고 우리들은 최후에 그들이 당하는 고난을 우리도 당함으로써 그들과 더불어 무서운 형벌을 당하게 될 것입니다. 하나님은 우리를 거룩하게 만드셨습니다. 예수님의 이름은 그가 자기 백성들을 그들의 죄로부터 구원하실 것이라는 사실을 의미하고 있습니다. 그는 자기 백성들에게 다른 사람들이 범하는 죄악들을 범하는 것을 중지시킴으로써 그들을 그들의 죄악으로부터 구원하십니다. 그 자신의 말씀도 "내가 거룩하니 너희도 거룩할지어다"(벧전 1:16) 하셨고, 또 "누구든지 이런 것에서 자기를 깨끗하게 하면 귀히 쓰는 그릇이 되어"(딤후 2:21)라고 하셨습니다. 부정한 사람들을 따르고, 또 그 부정한 것을 씻기를 거부하고 그들의 과거의 죄악들을 버리지 않기로 작정한 사람들을 따르는 것이야말로 주님을 가장 수치스럽게 하는 일입니다. 아무리 큰 죄인들이라도, 아니 지옥에서 온 가장 큰 죄인들이라고 해도, 그들이 죄에서 깨끗하게 되고 또 그 죄악으로부터 자유를 얻기 위해서 그리스도에게로 찾아오면 환영을 받을 것입니다. 그리스도는 모든 환자들을 받아들일 수 있는 병원을 가지고 계십니다. 그것은 그가 그들 모두를 치료하기 위한 것입니다. 그런데 사람들이 치료받기를 원하지 않고 그들의 질병을 아름답게 생각한다면, 그리고 그들이 죄악을 사랑한다면, 그 죄악들을 가슴에 꼭 끌어안고 있다면, 주님께서는 그들에게 "너희가 너희 죄 가운데서 죽으리라"(요 8:24)고 말씀하실 것입니다. 하나님은 이런 식으로 그의 모든 백성들을 어둠의 일에 참여하는 것으로부터 구원해 주십니다.

다음으로, 우리는 평범한 말이나 당연한 추론을 가지고, 잘못된 행동을 가르침으로써 열매 없는 일에 참여할 수 있습니다. 그의 가르침이 불경건한 경향이 있고 또 명백한 말이나 혹은 자연스러운 추정으로 직접 혹은 간접적으로 다른 사람들을 죄악으로 인도하는 사람은 그 죄악에 동참하는 사람입니다. 만약에 여러분들이 자녀들에게 그들이 결코 배워서는 안 되는 것을 가르친다면, 만약에 여러분의 동역자들에게 그들이 알지 못하는 것이 더 좋을 일을 가르친다면, 그리고 그들이 여러분의 가르침을 이용하고 또 여러분이 의도한 것 이상으로 나아간다면, 그리고 그들이 어리석어서 죄악으로 발전해 간다면, 여러분은 그들의 죄악에 동참하는 자가 됩니다. 그리고 여러분은 열매 없는 어둠의 일에 참여하는 것이 됩니다. 나의 말을 믿으십시오. 그리스도의 사역자들이 진리의 어떤 부분을 감추거나 하나님의 말씀의 교훈을 보류시킴으로써, 또는 죄악의 끔찍하고 영원한 결과를 부인함으로써 열매 없는 어둠의 일에 참여하는 것보다 더 무서운 일은 없습니다. 그리고 그런 사람이 맞이하게 될 종말은 참으로 무서운 것이 될 것입니다. 나는 유익한 진리를 감추거나 혹은 파괴적이고 잘못된 교리를 은연 중에 가르쳐서 그들의 영혼을 죽인 자라는 죄목으로 심판대 앞에 나아가느니 차라리 죽겠습니다. 차라리 사람들의 육체를 죽인 살인자로서 하나님의 심판을 받는 것이 더 나을 것입니다. 그렇습니다. 우리들은 그런 방식으로 쉽사리 어둠의 일에 참여할 수 있습니다.

더 나아가서, 어떤 사람들은 다른 사람들에게 죄를 짓도록 강요하고 명령하고 유혹함으로써 열매 없는 어둠의 일에 참여합니다. 생각이 부족해서 이와 같은 방식으로 얼마나 많은 해로운 일이 행해졌는지요. 여러분이 다른 사람에게 시킨 것은 여러분 자신이 한 것과 마찬가지입니다. 만약에 여러분이 나쁜 것이라는 것을 알면서도 다른 사람에게 그것을 하라고 명령한다면, 나는 그 다른 사람이 맹종하는 것이 옳다고 하지는 않습니다만 그런 명령을 한 자가 더 나쁜 것입니다. 아버지들과 주인들과 여주인들은 하나님이 명령하지 않은 것을 다른 사람들에게 하라고 명령해서는 안 된다는 사실을 알아야 합니다.

때때로 여러분이 실제적으로 명령하지는 않지만 사람을 유혹과 시험의 자리에 밀어넣어서 그 사람으로 하여금 잘못을 저지를 가능성이 있게 만드는 경우가 있습니다. 만약에 그랬다면 하나님이 보시기에는 여러분도 그 잘못의 죄에 동참한 것이 됩니다. 주인이 그의 종에게 그가 당연히 받아야 하는 것보다 더 적은 임금을 지불했을 때, 만약에 그 종이 도둑질을 했다면 나는 도둑질을 정죄합니다만 나는 그 종이 자기가 착취당한 것을 보상하기 위해서 더욱 많은 어떤 것을 훔치고 싶은 유혹을 받을 수밖에 없는 입장에 처하게 만든 그 주인도 깨끗하다고 볼 수 없습니다. 나는 도둑질을 한 종의 행동을 옹호하지는 않습니다. 그러나 나는 다른 사람이 부정직한 행동을 범하도록 그럴 가능성을 제공한 주인에 대해서도 눈을 감아줄 수 없습니다. 만약에 내가 인간의 본성이 어떠하다는 것과 또 그가 죄를 범할 것이라는 사실을 알면서도 범죄하기 쉬운 자리에 어떤 사람을 인도한다면, 나의 이익을 위해서 그런 자리에 사람을 인도한다면, 나도 그가 범한 그 죄악의 동참자가 되는 것입니다. 만약에 여러분이 보모라면 그리고 어린아이들을 데리고 나가 절벽 끝에 앉혀 놓아 그 아이들이 가장자리로 걸어가 떨어졌다면, 여러분은 그 일로 인해 비난을 면할 수 없습니다. 여러분은 그 어린아이들에게 절벽 끝으로 가까이 가지 말라고 말했을지도 모릅니다. 그러나 여러분은 그들이 어린아이들이기 때문에 그곳으로 갈 것이라는 것을 분명히 알면서도 그곳에 아이들을 놀게 했기 때문에 모든 책임이 여러분에게 있는 것입니다. 그와 같이 만약에 나는 서 있을 수 있으나 다른 사람은 서 있을 수 없는 곳으로 사람을 인도한다면 나는 그의 범죄에 동참하는 것이 됩니다. 어떤 사람은 "나는 나의 포도주를 마실 뿐입니다"라고 말합니다. 그렇습니다. 분명히 그것은 여러분에게 아무런 해를 끼치지 않습니다. 취하지도 않습니다. 그리고 오히려 감사를 느낍니다. 그러나 그렇게 행동할 수 없는 사람도 있습니다. 그런데 그가 여러분의 본을 보고 주정뱅이가 됩니다. 술 마시는 것이 여러분에게는 별 문제가 안 될 수도 있습니다. 그러나 만약에 그것이 다른 사람에게는 파멸적인 것이라면 그 사람과 같이 열매 없는 일에 참여하는 일이 되지 않도록 주의하십시오. 우리가 행동할 때에는 다른 사람들을 위해서 큰 주의가 필요하고 또 얼마간의 자기희생도 필요합니다. 우리가 밤에 자러 갈 때에 "만약에 오늘 어떤 사람이 잘못을 했다면 그것은 내가 본을 잘못보여서 그런 것입니다"라고 말할 수 있어야 합니다. 오, 우리는 다른 사람들의 죄악에 대해서도 회개해야 합니다. 여러분은 다른 사람의 죄에 내하여 회개해 본 적이 있습니까? 어떤 사람은 "나는 나 자신의 죄악들에 대해 충분히 회개했다"고 말합니다. 그러나 내가 지금 말하고 있는 죄악들은 다른 사람의 죄악일 뿐 아니라 당신의 죄악도 되는 것입니다. 만약 여러분이 다른 사람들을 죄를 빔하는 길로 빠지도록 인도했거나 혹은 그들로 하여금 죄를 범하도록 압력을 가했다면, 여러분은 열매 없는 어둠의 일에 참여한 것입니다.

때때로 사람들은 다른 사람들을 자극함으로써 그들의 죄악에 동참자들이 됩니다. 만약에 아버지가 자녀로 분노하게 하였다면 누가 그 죄에 대해서 주된 책임을 져야 할까요? 분명히 아버지가 져야 합니다. 그리고 사람들이 고의적으로 다른 사람들의 연약성을 이용해서 그들을 자극했을 때, 그 사람들은 범죄자들보다 더 큰 비난을 받아야 할 것입니다. 나는 확실히 그렇다고 믿습니다. 또한 진리를 벗어나려고 하는 다른 사람들의 잘못된 성향을 알고, 그들을 끌어 내려고 노력하는 어떤 사람들이 있습니다. 그들은 사람들이 거짓말하는 것을 즐기도록 인도하고 유혹합니다. 그와 같은 경우에 그들 두 종류의 사람들 중 누가 더 큰 죄인일까요? 나는 궤변가는 아닙니다. 이 두 가지 부류의 사람들의 행동 중 어느 쪽에 무게를 두려고 하는 것은 아닙니다. 그러나 나는 다음과 같은 사실은 확신 있게 말할 수 있습니다. 여러분이 다른 사람을 자극하여 분노케 하였다면, 그 분노는 부분적으로 여러분의 죄입니다. 만약에 여러분이 다른 사람으로 죄를 짓게 하거나, 혹은 다른 어떤 방법으로 그를 유혹하여 잘못된 일을 하게 함으로 그가 고의적으로 범죄하게 한다면 여러분 자신이 최후의 날에 고소를 당할 것입니다.

더 나아가, 우리들은 다른 사람들에게 상담해 줌으로써 열매 없는 어둠의 일에 참여하는 자가 될 수 있습니다. 어떤 사람들은 자기 자신은 나쁜 일을 행하려 하지 않으면서도 다른 사람들에게 나쁜 충고를 해주어서 그들로 하여금 불법을 행하도록 인도합니다. 우리들은 원숭이의 역할도 하고 고양이의 역할도 하는 사람들을 압니다. 그들은 어떤 다른 사람의 손을 이용해서 불 속에 있는 밤을 끄집어 냈습니다. 그들 자신은 불에 타지 않았지만 그들은 대리인을 통해서 실제로 그런 행동을 했습니다. 그들은 상담과 재치와 약삭빠름과 빈틈없는 계획을 통하여 악을 행했습니다. 비록 그들이 그 일에 표면적으로 나타나지는 않았지만 하나님은 그들을 보십니다. 그리고 심판의 날에 그들의 악한 행동을 참작하실 것입니다.

나는 조언을 해야 할 경우가 종종 있는데 그럴 때마다 나는 매우 조심스럽습니다. 어떤 사람은 "만약에 이런 경우에 내가 올바르게 행동한다면 나는 가난해질 것입니다. 그렇지 않다면 내 입장이 곤란해질 것입니다. 만약에 내가 나의 양심을 따른다면 누가 나를 보상해 주겠습니까?"라고 호소합니다. 또 다음과 같은 유혹이 있는 경우도 있습니다. "우리들은 실제적으로 이 불쌍한 영혼에 대한 우리들의 판단이 너무 혹독해져서는 안 된다. 우리들은 조언을 구하는 그 사람의 명백한 소망에 동의할 수는 없는가. 하나님의 법을 조금 완화시키거나 아니면 다른 어떤 방법으로 빠져나갈 길을 만들어 놓고 '그것은 옳지 않은 일입니다. 그러나 당신도 아시다시피 환경이 그러하니 어쩔 수 없겠네요' "라고 말하고 싶은 유혹이 느껴집니다. 나는 결코 그렇게 하지 않습니다. 왜냐하면 내가 잘못 생각해서 그런 조언을 했다면 나는 그 나쁜 일에 동참하는 자가 될 것입니다. 다른 사람들에게 조언을 해주도록 부르심을 받은 사람들, 나이가 많고 경험이 많다는 이유로 조언을 해야 할 입장에 있는 사람들은 항상 올바른 조언을 해주어야 합니다. 다른 사람들이 여러분에게서 술책을 배우게 하지 마십시오. 이 세상의 모든 일들 중에서 어떤 "현명한" 사람들에게는 권할 수 있으나 그리스도인에게는 결코 권해서는 안 되는 것이 있습니다. 곧, 큰 선을 얻기 위해서 작은 악을 행해도 좋다는 생각은 그리스도인에게는 어울리지 않습니다. 그리고 또 사실상 우리 자신이 하나님의 명령보다 더욱 현명하다고 생각하고, 비록 하나님이 그렇게 명령하셨을지라도 엄격한 진실과 성실과 정직은 결국 인간을 위한 최선의 것은 아닐 것이라고 생각하는 것도 그리스도인이 고려할 일은 아닙니다. 우리가 다른 사람들을 올바르게 인도해야만 우리가 열매 없는 어둠의 일에 참여하지 않게 될 것입니다.

또 다른 사람들에게 동의하고 묵과함으로써 열매 없는 어둠의 일에 참여할 수 있습니다. 예를 들면, 여러분은 큰 죄악이 계속되고 있는 집에 살고 있으면서도 여러분 자신은 그 죄악에 대해 깨끗할 수 있습니다. 그러나 여러분은 그 죄악에 대해 결코 항의하지 않습니다. 그 죄악에 대해 침묵을 지킵니다. 그저 입을 꾹 다물고 있었습니다. 그리고 때때로 사람들이 나쁜 유흥장에서 집으로 돌아와 그들이 즐겼던 "재미"에 대해 말할 때 여러분은 다른 사람과 더불어 웃습니다. 혹은 웃지는 않을지라도 확고하게 여러분의 불만을 표현하지 않습니다. 여러분은 악에 대해 불만을 가지고 있습니다. 은밀한 중에 악에 대항해서 기도하기도 합니다. 그러나 아무도 그런 사실을 알지 못합니다. 특히 잘못을 행하는 자들은 여러분이 기도한다는 사실을 전혀 알지 못합니다. 사실상 그들은 다음과 같이 생각합니다. 그들은 신앙을 위선이라고 생각하면서도 여러분이 신앙을 추구하는 것을 관대하게 봐주듯이, 여러분들도 마음속으로는 주변의 행동들이 악한 것이라고 믿고 있을지라도 그들이 죄악을 추구하는 것을 관대하게 봐주고 있다고 생각합니다. 주님은 우리들에게 죄악에 대해 묵과하지 말라고 명령하셨습니다. 그러나 무정함이나 위협이나 불친절한 마음으로 하지 말고 온유하고 부드러우나 강력하고 정직하게 책망하라고 명령하셨습니다. 특히 우리가 부모들이거나 주인들이거나 혹은 다른 사람들에게 많은 영향력을 행사할 수 있는 사람들이라면, "오, 이 가증스러운 일을 하지 마십시오. 나는 그것에 대해 침묵하거나 묵과함으로써 이 죄악에 참여할 수 없습니다"라고 말해야 합니다. 그리고 또 "나는 당신이 그 일을 포기하기를 바랍니다. 나는 당신에게 이 소돔에서 나와 당신의 생명을 위하여 도피하라고 권고합니다"라고 말해주어야만 합니다. 하나님을 위한 사랑하는 가정의 증거들이 몇 가지 있습니다. 남편이 회심하고 아들이 구세주께 인도되었다고 말할 사람이 과연 누구일까요? 그러나 그리스도인들 사이에 이와 같은 개인적인 증언들이 없기 때문에 나는 하나님의 교회가 마비되고 또 교회의 권능과 유용성이 사라지게 될까봐 두렵습니다. 우리들은 어떤 경우에도 죄를 묵과하거나 죄에게 눈짓을 하지 맙시다.

우리들은 또한 죄악을 권하거나 찬양함으로 또는 외면적으로 죄에 동의함으로써 열매 없는 어둠의 일에 참여하게 됩니다. 우리는 모든 사람들에게 다음과 같은 사실을 알려 주어야 합니다. 즉, 그들이 무엇을 하든지 병든 모양이 나타나면, 그것은 우리들을 병들게 하는 것이 됩니다. 그리고 우리는 그것을 견딜 수 없습니다. 만약에 우리가 다른 사람들의 죄악에 동참자가 되지 않으려면, 우리는 그것에 대항하여 항의해야 합니다. 오, 사랑하는 친구들이여, 나는 지금 교회에 크게 부족한 것은 거룩함이라고 생각합니다. 교회에 크게 부족한 것은 구별됨입니다. 내 말은 세상에 대한 구별됨을 의미합니다. 우리들은 청교도 시대의 엄격함으로 되돌아가려고 노력해야 합니다. 오늘날 모든 사람들이 너무나 자유롭고 관용의 폭이 넓어서 어떤 면에서는 어느 것이 교회이고 어느 것이 세상인지 구별하기가 불가능합니다. 나는 어떤 목사들이, 교회의 회중 간의 구별은 없어져야 하며, 모든 사람들이 가벼운 검증이나 회심의 고백도 없이 교인이 될 수 있어야 한다고 주장하는 것을 들었습니다. 그 말은, 오늘날 사람들은 일반적으로 선하기 때문에 무차별적으로 받아들여야 하며, 또 그들이 주 예수 그리스도를 위하여 훌륭한 교회를 만들 수 있을 것이라는 뜻을 지니고 있다고 생각됩니다. 그러나 그것은 그리스도의 뜻에 따른 것이 아닙니다. 그것은 그리스도의 가르침이 아닙니다. 이 시대에 대한 하나님의 요구는 이전의 모든 시대와 마찬가지입니다. "그러므로 너희는 그들 중에서 나와서 따로 있고 부정한 것을 만지지 말라 내가 너희를 영접하여 너희에게 아버지가 되고 너희는 내게 자녀가 되리라 전능하신 주의 말씀이니라"(고후 6:17-18)고 하셨습니다. 나의 형제 자매들이여, 의롭지 못하고 거룩하지 못한 모든 것에 대하여, 그리고 하나님을 닮지 못하고 그리스도를 닮지 못한 모든 것에 대하여 항의하십시오. 그리고 여러분의 삶이 그렇게 거룩하여져서 사람들이 여러분에게 하나님께 속해 있는지, 아니면 마귀에게 속해 있는지를 물어볼 필요가 없게 하고, 다만 그들이 보는 즉시 여러분은 영원하시고 복되신 하나님의 백성이라는 사실을 알게 하십시오.

바로 이런 것을 금지하신 것입니다. "열매 없는 어둠의 일에 참여하지 말라."

2. 나는 두 번째 질문에 대해서는 간략하게 말씀드리겠습니다.
무엇을 명령하고 있습니까? "책망하라"입니다.

이 세상에서 살아가는 동안 우리 그리스도인들이 해야 할 일들 중 하나는, 다른 여러 가지 의무들과 함께 열매 없는 어둠의 일을 책망하는 것입니다.

첫째로, 우리는 죄를 책망해야 합니다. 나는 여기에서 "책망하다"라고 번역된 단어가 성령님과 연관해서도 사용되고 있음을 발견했습니다. "그가 와서 죄에 대하여, 의에 대하여, 심판에 대하여 세상을 책망하시리라"(요 16:8). 그러므로 우리는 사람들의 양심에 빛을 비추어 주고, 또 그들의 죄를 책망할 수 있게 살아야 합니다.

그러나 우리는 또한 죄인들 스스로 자기들의 죄의 사악성을 볼 수 있도록 해주기 위하여 노력해야 하며, 또 하나님의 은혜로 죄악 위에 빛이 비추어지고 그들을 책망하여 그들로 하여금 죄를 깨닫도록 해야 합니다. 그리고 또 그들로 하여금 하나님의 백성들의 증언을 통해서 죄는 악하고 쓴 것이며 그들의 행동 방식은 악하다는 것을 느끼게 해주어야 합니다. 빛은 어둠에게 자신이 빛이라는 사실을 알게 하고, 하나님의 빛이 어둠을 이기고 흩어버린다는 것을 알게 하려고 이 세상에 온 것입니다. 우리는 우리의 빛을 꺼버려서는 안 되고, 어둠에 속한 다른 사람들과 섞여서도 안 됩니다. 우리는 우리의 등불의 베일을 벗겨서 그 안에 있는 빛이 밝게 빛나 어둠이 그 빛으로 인해 책망을 받게 해야 합니다.

형제 자매들이여, 나는 우리가 찌푸린 얼굴로 세상에 나가서 마치 죽은 사람처럼 냉혹하게 보이고 또 계속적으로 법을 선포하면서 "너는 이것을 해서는 안 된다. 또 저것을 해서도 안 된다"라고 말해야 한다는 것은 아닙니다. 오히려 우리가 우리 마음 가운데 하나님의 사랑을 가지고 기쁜 마음을 지니고 있을 때, 우리들은 사람들에게 가장 자유롭고 가장 행복한 생활은 성결의 생활이며, 하나님에 대한 헌신의 생활이라는 것을 입증해 줄 수 있을 것입니다. 그리고 또 입술의 신실한 증언으로 세상의 죄악을 책망할 수 있을 것입니다. 진실한 신자의 존재 그 자체가 불신에 대한 책망이 됩니다. 정직한 사람의 존재 그 자체가 부정한 행위에 대한 책망입니다. 경건한 사람의 존재 그 자체가 불경건에 대한 가장 훌륭한 책망입니다. 그러나 그러한 존재가 증언과 일관된 모범에 의해서 뒷받침되어질 때, 본문의 명령은 성취되어지는 것입니다. 왜냐하면 우리의 삶이 열매 없는 어둠의 일을 책망하고 있기 때문입니다.

3. 셋째로, 우리들은 왜 그렇게 행동해야만 하는가를 물어봅시다.

사랑하는 친구들이여, 왜 우리들은 죄악의 길을 따라 가지 않고 죄악을 책망하기 위하여 보내어졌습니까? 그 이유가 본 장에 나타나 있습니다.

　　첫째로, 우리들은 하나님의 사랑하는 자녀이므로 하나님을 닮아야 하기 때문입니다. 여러분 하나님의 자녀들이여, 여러분들은 열매 없는 어둠의 일에 참여하고 있습니까? 여러분 하나님의 자녀들이여, 여러분은 타락한 세상을 본받고 있습니까? 여러분 하나님의 자녀들이여, 여러분은 마귀의 영향력과 그의 더러운 무리들의 영향력에 복종하고 있습니까? 그런 것에서 멀어지십시오. 하늘의 아버지께, 그가 거룩하신 것과 같이 거룩하게 만들어 달라고 간구하십시오. 바로 그러한 목적 때문에 여러분은 이 세상에 태어나고 또 보내심을 받은 것입니다. 아버지께 여러분의 존재의 목적을 성취할 수 있도록 도와주시라고 간구하십시오.

　　다음으로, 신자들인 우리들은 하나님의 나라의 기업을 소유하고 있다는 사실을 기억하십시오. 우리들은 하나님의 상속자이며, 예수 그리스도와 함께한 상속자들입니다. 그런데도 불구하고 이 나라의 기업을 갖지 못한 사람들과 교제를 나눌 수 있겠습니까? 우리들이 방금 전에 읽은 말씀을 기억하십시오. "너희도 정녕 이것을 알거니와 음행하는 자나 더러운 자나 탐하는 자 곧 우상 숭배자는 다 그리스도와 하나님의 나라에서 기업을 얻지 못하리니"(엡 5:5). 이와 같이 하늘의 기업에 참여한 여러분이 그러한 사람들과 운명을 같이하겠습니까? 오, 그들에게서 멀리 떨어지십시오. 영광의 상속자들인 여러분이 진노의 상속자들과 같은 무리가 되시겠습니까? 그리스도와 함께 한 상속자들인 여러분이 주정뱅이의 벤치에 앉으며 음란한 자들과 더불어 부정한 노래를 부르겠습니까? 여러분들이 그들의 부정한 소굴에 드나드는 것이 적합한 일일까요? 여러분이 그들과 　함께 파멸하지 않으려면, 이와 같이 악한 사람들의 처소에서 멀리 떨어지십시오.

　　본 장을 조금만 더 내려가면 7절과 8절에 이르게 되는데, 그곳에서 우리는 다음과 같은 말씀을 읽어 볼 수 있습니다. "그러므로 그들과 함께 하는 자가 되지 말라 너희가 전에는 어둠이더니 이제는 주 안에서 빛이라." 무엇이라고요? 여러분에게 놀라운 변화가 생겼다고요? 여러분은 어둠에서 빛으로 변했으며, 예수 안에서 새로운 피조물입니까? 만약에 진실로 여러분이 거듭났다면, 만약에 여러분이 죽은 자들 가운데서 부활했다면, 만약에 여러분 안에 제2의 창조가 이루어졌다면, 어떻게 여러분이 이 죽은 사람들을 찾아가서 그들과 함께 살 수가 있으며, 또 하나님의 생명을 알지 못하는 사람들과 섞일 수 있겠습니까? 만약에 여러분의 신앙 고백이 코미디나 가짜가 아니라면, 여러분은 은혜로 말미암아 열매 없는 어둠의 일에서 나와야 하며, 또 그것들에 참여하기를 거부해야 합니다.

본문은 이와 같은 일을 열매 없는 일이라고 묘사하고 있습니다. 그리고 여러분은 9절에서 다음과 같은 말씀을 볼 수 있습니다. "빛의 열매는 모든 착함과 의로움과 진실함에 있느니라." 만약에 여러분이 성령의 열매를 맺고자 한다면, 여러분이 어떻게 열매 없는 어둠의 일에 참여할 수 있겠습니까? 이 두 가지 일은 서로 반대됩니다. 열매 맺는 나무들인 여러분들이여, 여러분은 잘려져서 불 속에 던져질 쓸모없는 나무들과 관계를 맺으려고 합니까? 여러분들은 잎은 무성하나 열매 없는 이 무화과나무들에게 여러분의 덩굴손을 감을 것입니까? 그 나무들에게는 열매가 맺히지 않을 것입니다. 왜냐하면 그런 나무들은 하나님의 저주 아래 있기 때문입니다. 절대로 그렇게 해서는 안 됩니다. 하나님의 백성들은 하나님을 섬겨야 합니다. 그리고 그를 섬기지 아니하는 사람들을 피해야 합니다. 그리고 하나님의 성전을 무너뜨리고 또 사람들의 아들들 사이에서 하나님의 이름과 영향력을 파괴하려는 노력을 하는 사람들을 피해야 합니다.

사도 바울은 우리가 열매 없는 일에 참여하지 말아야 하는 또 다른 이유를 제시합니다. "그들이 은밀히 행하는 것들은 말하기도 부끄러운 것들이라"(엡 5:12). 우리가 말하기조차 부끄러운 일에 참여할 것입니까? 그러나 나는 그 부끄러운 것을 말해야 하겠습니다. 비록 그것이 나에게는 슬픔과 두려움일지라도 나는 그것을 말해야 하겠습니다. 나는 내가 감히 생각지도 못한 일들에 참여한 자들도 압니다. 그들은 결국에는 발각되었습니다. 그들 중에서 어떤 사람들은 그들이 죽은 후에도 발각되지 않은 자들도 있습니다. 성만찬의 식탁에서 하나님의 백성들과 같이 앉아 있고, 또 다른 사람들에게 구원의 길에 대해서 이야기하면서도 은밀한 죄를 지으며 살아가는 인생은 어떤 인생입니까? 체포당할까봐 두려워하면서 살아가기보다는 오히려 즉시 감옥에 들어가는 것이 더 좋을 것입니다. 세상을 돌아다니면서 신앙을 고백하면서도 거짓말을 하고, 또 끊임없이 발각될까봐 두려워하면서 살아가는 것보다 즉시 감옥에 들어가는 것이 더 좋지 않겠습니까? 우리가 어떤 죄악에 빠질지라도 하나님은 우리들을 위선으로부터 구원해 주시고, 모든 일들 가운데서 우리를 정직하고 똑바르게 만들어 주십니다. 그런데도 불구하고 우리가 말하기조차 부끄러운 일에 참여할 것입니까? 결코 그렇게 해서는 안 됩니다.

나는 여러분에게 아무런 위로도 주지 못하는 것으로 생각되는 진리를 말하고 있지나 않은지 걱정이 됩니다. 그러나 형제 자매들이여, 나는 어찌할 도리가 없습니다. 나는 그것을 회피할 수 없습니다. 만약에 우리가 우리의 직분을 완전하게 증명하고 또 그 모든 진리를 설교하려면, 우리는 그것이 책망이든 위로이든 간에 때를 따라서 하나님의 말씀의 모든 구절을 다루어야 하지 않겠습니까? 이 주제에 대한 나의 생각이 바로 그러합니다. 나는 "주여, 나에게 자비를 베푸소서"라고 외쳤습니다. 나는 또다시 그리스도의 십자가로 달려갔습니다. 나는 내가 열매 없는 어둠의 일에 참여하지 않기 위해서 성령의 기름 부으심을 새로이 구했습니다. 만약에 나의 설교가 여러분에게 영향을 미쳤다면 그것은 여러분에게 큰 도움을 주었을 것입니다. 오, 우리의 외적인 생활이 더욱 철저하게 순수하고 진실해지기를 주님께 간구합시다. 나에게 진실로 인자하고, 헌신적이고, 정직하고, 경건한 사람들로 구성된 작은 교회를 주십시오. 나는 기꺼이 그들을 섬기겠습니다. 그리고 하나님께서 그들을 축복해 주실 것을 기대하겠습니다. 그러나 나에게 수천 명으로 구성된 큰 교회도 주십시오. 그런데 그 교회의 많은 사람들의 생활이 하나님의 사람을 싫증나게 하고, 또 그들의 생활이 하나님의 성령을 근심하게 한다면, 축복은 반드시 거두어질 것입니다. 우리들은 마음을 다해서 설교하고 죽기까지 모든 종류의 거룩한 봉사를 다 할 것입니다. 그러나 진영 속에 아간이 있을 때, 이스라엘은 승리를 얻을 수 없었습니다. 그러므로 나는 여러분에게 살펴보라고 부탁합니다. 목회지에서 한두 사람의 눈이나, 교회의 장로나 집사들의 눈들도 이와 같은 무리들을 감찰하기에 충분하지 않습니다. 주님께서 여러분을 감찰하십니다. 그리고 여러분은 상호간에 감독할 수 있습니다. 그리고 무엇보다 여러분 각자가 날마다 자기 자신의 마음과 생활을 감시할 수 있습니다. 그리스도 안에서 사랑하는 형제 자매들이여, 나는 하나님께서 그러한 일을 축복해 주시기를 기도합니다. 본문 말씀을 여러분이 깊이 묵상하시기를 바랍니다. "너희는 열매 없는 어둠의 일에 참여하지 말고 도리어 책망하라." 만약에 이 자리에 있는 어떤 사람이 그러한 열매 없는 어둠의 일에 참여하고 있다면, 나는 그들이 생명을 위해서 그 일들을 피하게 해 주시라고 기도합니다. 그들이 유일한 구원자이신 그리스도에게로 달려가서 그리스도의 상처를 통한 치유와, 그의 죽음을 통한 생명을 발견하고, 주님께 기도할 수 있도록 그들을 위해서 기도합니다. 그들이 거룩하고 은혜로운 생활을 영위하여 그들을 보혈로 씻어주신 주님의 영광에 이를 수 있도록 기도합니다. 여호와께서는 그의 사랑하는 아들로 말미암아 축복을 내려 주십니다. 아멘.

제
21
장

—

항상 그리고 범사에

—

"범사에 우리 주 예수 그리스도의 이름으로
항상 아버지 하나님께 감사하며" — 엡 5:20

에베소서 가운데 본문의 위치는 주목할 만한 가치가 있습니다. 그것은 신령한 노래를 해야 한다는 교훈의 말씀 뒤에 나오고 있습니다. 거기에서는 신자들에게 시와 찬미와 신령한 노래로 서로 화답하며, 너희의 마음으로 주께 노래하며 찬송하라는 명령이 나옵니다. 비록 그들이 항상 노래할 수 없다 할지라도 그들은 항상 노래의 영을 유지해야 합니다. 비록 그들이 찬양의 외적인 표현에 있어서는 중단될 수가 있겠지만, 내적인 감사는 억제해서는 안 됩니다. 사도 바울은 공적인 예배시의 찬양에 대해서 언급하고 난 후에 여기에서는 찬양의 필수적인 부분을 지적합니다. 그것은 고전 음악이나 장엄한 화음 가운데 있는 것이 아니라 마음의 멜로디 가운데 있습니다. 감사는 모든 훌륭한 찬양의 정수입니다.

그리고 본 구절 바로 뒤에는 일상생활의 평범한 의무들에 관해서 사도 바울이 신자들에게 권고하고 있는 내용이 따라 나오고 있습니다. 성도들은 항상 하나님께 감사해야 합니다. 그렇게 한 후라야 인간들에 대한 의무도 완수할 수 있게 됩니다. 사도 바울은 "그리스도를 경외함으로 피차 복종하라"고 쓰고 있습니다. 그리고 나서 그는 아내들과 남편들, 자녀들과 부모들, 그리고 종들과 주인들에 관련된 거룩한 행동에 대한 여러 가지 지엽적인 사실들을 덧붙이고 있습니다. 감사는 거룩한 생활의 얼굴이요, 순종의 기초요, 성화의 입구입니다. 하나님을 섬기려는 사람은 먼저 하나님을 찬양함으로써 시작해야 합니다. 왜냐하면 감사하는 마음은 순종의 주된 동기이기 때문입니다. 우리들은 순종의 희생 제사와 더불어 감사의 소금을 바쳐야 합니다. 우리들의 생활은 감사라는 귀중한 기름으로 기름 부어져야 합니다. 마치 군인들이 음악에 맞추어서 행군하듯이 우리들도 의의 길을 걸어가는 동안에 감사의 음률에 발을 맞추어야 합니다. 종달새들이 날아 올라가면서 노래하듯이 우리들도 하늘로 향한 우리의 길을 날아 올라갈 동안에 주님의 자비하심을 찬양해야 합니다.

본문 말씀은 추운 오늘 아침과 아주 잘 어울리는 말씀입니다. 오늘 아침 바람과 눈은 우리들의 안락함을 침해하려고 음모를 꾸미고 있습니다. 그 눈보라로 하여금 겨울 황무지에 핀 크로커스(crocus) 꽃의 황금빛 꽃봉오리를 더욱 돋보이게 합시다. 날씨가 비정상적으로 흐리고 우중충할 때 우리들은 작은 비바람에 대해서도 마음을 단단히 대비해야 합니다. 그리고 비록 우리의 몸은 떨릴지라도 적어도 우리의 마음은 따뜻하게 가지려고 결심해야 합니다. 우리들의 감사는 여름과 함께 가버리는 제비가 아닙니다. 우리의 가슴속에 있는 새들은 일 년 내내 노래합니다. 오늘과 같은 날씨에 그들의 노래는 더욱 아름답습니다. 감사의 불은 우리를 따뜻하게 해 줄 것입니다. 그리고 그것은 사랑스러운 기억의 큰 통나무들을 쌓아 올려줄 것입니다. 그 어떤 추위도 우리의 영혼의 따뜻한 흐름을 얼어버리게 하지 못할 것입니다. 시냇물과 강물이 얼음의 쇠사슬에 묶여 있을 때에도 우리들의 찬양은 흘러내릴 것입니다. 우리들은 나쁜 날씨 가운데서도 주 안에서 가장 큰 기쁨을 찾을 수 있습니다.

오늘 아침 나는 여러분에게 **명령된 즐거운 의무**에 대해 생각해 보기를 요구할 것입니다. 그런 다음, 나는 그 의무의 영적인 필요조건에 대해서 생각할 수 있도록 인도하겠습니다. 즉, 사람이 범사에 항상 감사를 드릴 수 있도록 도와주는 데에는 무엇이 필요한지에 대해 말씀드리겠습니다. 그리고 우리들은 그 의무의 뛰어난 탁월성, 즉 여기에서 묘사된 특권의 탁월성에 대해 고찰함으로 끝맺겠습니다.

1. 첫째로, 여기에서 명령하고 또 묘사하고 있는 즐거운 의무에 대해서 생각해 보겠습니다.

먼저 감사한다는 것은 무엇인지에 대해 생각해 봅시다. 이것은 노래나 감사의 말 또는 감사하는 모습으로 혹은 다른 어떤 방법으로 나타난 감사의 감정과 그 표현을 의미합니다. 그것은 말로 표현할 수 있는 것 이상입니다. 우리들은 때때로 하나님의 자비로 인해 하나님에 대한 경건한 감정에 의해 압도되어져 울지 않을 수 없는 경우가 있습니다. 우리들의 슬픔의 분출구를 제공해주는 동일한 통로가 우리의 기쁨을 분출하는 통로가 되기도 한다는 것은 참 이상한 일입니다. 그것이 자연스러운 일이라면 하나님을 찬양하기 위해서 울 수도 있다는 말이 됩니다. 우리가 모든 것을 포기하고 순종하면서 만족할 때뿐 아니라 하나님이 우리를 위해서 해주신 모든 것으로 인해 감사를 느낄 때, 우리는 마음속으로부터 감사를 드려야 합니다. 우리는 우리의 행동으로 이러한 감사를 나타내야 합니다. 왜냐하면 순종은 가장 진지하고 훌륭한 감사의 방법이기 때문입니다.

싫증나면서도 수고스러운 의무에 기쁜 마음으로 임하는 것이 하나님께 감사하는 것입니다. 질병과 고통을 인내하는 마음으로 견디는 것도 하나님께 감사하는 것입니다. 왜냐하면 그 질병과 고통들은 하나님의 뜻에 의한 것들이기 때문입니다. 예수님을 사랑하기 때문에 고난을 받는 성도들을 동정하는 것은 하나님을 송축하는 것입니다. 하나님의 거룩하신 뜻을 사랑하고, 그리스도를 위하여 그 뜻을 수호하는 것도 하나님께 감사하는 것입니다. 천사들도 그들이 하나님을 찬양할 때 "할렐루야! 할렐루야!" 노래할 뿐 아니라 "여호와의 말씀을 행하며 그의 말씀의 소리를 들음"(시103:20)으로써 순종합니다. 우리는 우리의 마음을 표현하고 때에 따라 적합한 모든 형태로 하나님께 감사해야 합니다. 그리고 비록 방법을 바꾸어시라도 우리는 하나님 아버지께 중단 없이 계속적으로 감사를 드려야 합니다.

사랑하는 자들이여, 하나님께서 우리에게 생명을 주셨고, 우리를 존재하게 하셨고, 예수 그리스도의 귀한 속량을 통하여 우리의 영혼을 구원해 주셨으며, 우리를 영원한 영광의 상속자로 삼아주셨기 때문에, 우리가 하늘에 계신 우리 아버지에게 우리의 보잘것없는 감사를 드리는 것은 작은 일에 불과합니다. 이 모든 귀중한 은총과 비교해 볼 때 우리의 감사는 참으로 보잘것없는 것이 아니겠습니까? 비록 우리가 하나님께 천 개의 생명을 드리고, 또 그 모든 생명을 영원한 순교의 제물로 드린다고 할지라도, 그것은 하나님께서 우리들에게 베풀어 주신 은혜에 대한 보답으로는 너무나 작은 것에 지나지 않습니다. 그러나 우리가 하나님께 감사를 드리는 것은 우리가 할 수 있는 가장 작은 일입니다. 그런데도 우리가 그 감사하기를 머뭇거릴 것입니까? 하나님은 우리에게 호흡을 주셨습니다. 우리가 우리의 호흡이 끝날 때까지 그를 찬양해야 하지 않겠습니까? 하나님이 우리의 입에 좋은 것으로 가득 채워 주셨는데도 우리가 그의 이름을 찬양하지 않겠습니까?

> "우리가 표현하는 말은 바람일 뿐이며,
> 언어는 진흙에 불과합니다.
> 그런데 하나님의 긍휼은 한이 없습니다."

우리가 말과 언어를 가지고도 감사를 못하겠습니까? 하나님은 감사하지 않는 것을 금하십니다. 우리들은 주님의 이름을 찬양할 것입니다. 그의 자비는 영원히 지속될 것이기 때문입니다. 우리는 용서의 기도를 드리는 것보다 감사를 드릴 것입니다. 아무리 가난하고 연약하고 아무리 은사가 적은 사람이라도 감사를 드릴 수 있습니다. 감사의 일은 말을 잘하는 사람들의 것만은 아닙니다. 왜냐하면 한 번에 두 단어밖에 말할 수 없는 사람도 감사를 드릴 수 있기 때문입니다. 그것은 또한 많은 소유를 가진 사람에게만 국한된 것도 아닙니다. 왜냐하면 동전 두 닢만을 가진 가난한 여인도 실질적인 감사를 드렸기 때문입니다. 꺼져가는 심지도 꺼지지 않음을 인하여 감사를 드리고, 상한 갈대도 꺾어지지 않음을 인하여 감사를 드릴 수 있습니다.심지어 벙어리도 감사를 드릴 수 있습니다. 그들의 표정이 미소를 지음으로써 시편을 노래할 수 있습니다. 죽어가는 사람도 감사를 드릴 수 있습니다. 그들의 평온한 눈빛이 찬송을 발산합니다. 그러므로 정직한 그리스도인이면 그 누구도 "나는 감사드리는 기쁜 특권을 행사할 수 없다"고 말할 수 없습니다. 우리들은 이 순간에 모두 하나가 되어 하나님 아버지께 감사드려야 합니다. 형제들이여, 우리 모두 그렇게 합시다.

지금까지는 우리가 무엇을 해야 하는가를 고찰하였기 때문에, 이제는 언제 그 일을 해야 하는가를 살펴보기로 합시다. 그 교훈의 핵심이 "범사에 항상"이라는 본문 가운데서 두 개의 "all(모든)" 가운데 들어 있기 때문입니다(always for all things). 우리는 항상 감사를 드려야 합니다. 이따금씩 감사를 드리는 것은 쉬운 일입니다. 바람이 불 때는 어떤 풍차방앗간이라도 곡식을 빻을 수 있습니다. 형제들이여, 포도와 기름이 풍족할 때는 감사하라는 권고를 할 필요가 없습니다. 풍족할 때는 감사하지 않을 수 없기 때문입니다. 만약에 우리가 기쁜 날에도 하나님께 감사하지 않는다면 우리는 타락한 사람보다도 더욱 나쁠 것이며, 오직 마귀들과 비교될 뿐입니다. 수확이 많고 마구간에 살진 가축들이 많고, 초원이 많은 짐승 떼로 덮여 있을 때에는 그 누구도 하나님께 감사를 드릴 수 있습니다. 무화과나무가 번성하고 포도나무에 열매가 열릴 때, 감람나무에 열매가 많고 들판에 소출이 풍성할 때에 감사를 드리는 것은 자연스러운 행동입니다. 건강하고 부유할 때 그 누가 "나는 하나님께 감사드립니다"라고 말하지 않겠습니까? 순풍이 불어 상인의 보물선을 고국으로 향하게 할 때, 하나님은 선하시다고 말하지 않을 사람이 있을까요? 그러나 하나님께 항상 감사한다는 것은 전혀 다른 일입니다. 어떤 바람이나 날씨 가운데서도 주님을 송축하고, 또 상실과 고통 가운데서도 그를 찬양하는 것, 그것은 전혀 다른 성격의 일입니다.

여러분은 "오, 우리들은 우리들의 입술로 항상 하나님께 감사를 드릴 수는 없습니다"라고 말합니다. 나는 이미 말로만 표현하는 감사는 본질적인 감사가 아니라고 말씀드렸습니다. 아마도 하나님을 찬양하는 가장 의심스러운 형태가 바로 혀로 하는 찬양일 것입니다. 그리고 감사를 드리는 가장 확실하고 진실한 방법은 평범한 생활의 행동들 가운데서 발견되는 것입니다. 그러나 우리들은 어떤 형태로든지 항상 하나님을 찬양해야 합니다. 그리고 마음은 항상 감사로 가득 차 있어야 합니다. 하루 종일 내내 감사한 마음을 지니고 있어야 합니다. 아침에 일어나서 가지는 최초의 생각도 "주님을 송축합니다"가 되어야 합니다. 우리가 잠자리에 들기 전에 가지는 최후의 생각도 "나의 지친 머리에 베개를 제공해 주시는 사랑의 하나님을 찬양합니다"가 되어야 합니다. 우리들은 살아 있는 동안 항상 하나님께 감사를 드려야 합니다. 젊을 때에도 하나님을 찬양해야 합니다. 하나님이 우리에게 경건한 부모들을 주셨고 또 일찍부터 은혜를 주셨기 때문입니다. 중년에도 우리는 감사해야 합니다. 우리에게 힘과 가정적인 기쁨과 또 하나님의 사랑의 체험을 주셨기 때문입니다. 잘 익은 황금빛 곡식과 같이 성숙한 나이든 성도들도 하늘의 즐거움을 맛보아야 하며 항상 감사해야 합니다. 우리들의 재산이 증가할 때에도, 그리고 그것이 없어졌을 때에도, 또 재산이 들어올 때에도 나갈 때에도, 우리들은 하나님께 감사를 드려야합니다. 우리들은 성공뿐 아니라 재난 가운데서도 그를 송축해야 합니다. 우리들은 건강이 나빠졌을 때에도 그에게 감사드려야 합니다. 육신의 장막이 낡아 쓰러질 때에도 감사해야 하고, 이 땅의 한숨이 천국의 노래에 파묻히게 되는, 숨을 거두는 순간에도 감사해야 합니다.

이곳에 서서 여러분에게 이렇게 말하는 것은 쉬운 일입니다. 그러나 그 의무를 실천에 옮기는 것은 쉽지 않다는 것을 항상 깨닫고 있습니다. 내가 이렇게 고백하는 것을 부끄럽게 생각합니다. 얼마 전에 지극히 큰 고통을 당하고 있던 한 그리스도인 형제가 나에게 "당신은 이런 일 때문에도 하나님께 감사합니까?"라고 말했습니다. 나는 인내심을 가지기를 원하며 또 그렇게 하면 회복하게 되어 감사하게 될 것이라고 대답했습니다. 그러자 그는 "그래요, 그것이 끝난 후에가 아니라 고통 가운데 있을 때에도, 그리고 그 극심한 고통으로 인해서 감사를 드릴 수 없을 때에도 모든 일에 감사를 드려야겠지요. 그러면 그 고통은 끝이 날 것입니다"라고 말했습니다. 나는 그 훌륭한 말 속에는 많은 의미가 들어 있다고 믿습니다. 그것은 아마 그 당시에는 이상하게 들렸을지도 모릅니다. 그러나 만약에 우리의 마음에 은혜가 있다면 우리들은 그 말이 옳다는 것을 인정하지 않을 수 없습니다. 우리는 그 말이 묘사하고 있는 마음의 거룩한 기쁨을 향해 힘쓰며 나아갑니다. 그리고 마침내 하나님의 은혜로 그 기쁨에 도달하게 됩니다. 이와 같이 우리는 하나님께 쉬지 않고 감사를 드리게 되는 것입니다. 우리들은 "나는 더 이상 하나님께 감사를 드리지 않겠다"고 말할 그런 상황에는 이르지 않게 될 것입니다. 결코 그런 일은 없을 것입니다. 몇천 번 물어봐도 그런 일을 결코 없을 것입니다. 절대로 그런 일은 없을 것입니다.

　　우리들은 감사를 드리는 일을 그만두는 것보다는 차라리 죽는 것이 더 나을 것입니다. 이 엄숙한 결심이 신자들로 하여금 올바르고 영광스럽게 살아가게 해 줍니다. 욥이 "주신 이도 여호와시요 거두신 이도 여호와시오니 여호와의 이름이 찬송을 받으실지니이다"(욥 1:21)라고 말한 것은 참 훌륭한 일이었습니다. 그가 슬픔에 젖어 그의 머리털을 밀어버렸을 때 그가 그렇게 말한 것은 참으로 장한 일이었습니다. 바울과 실라가 깊은 감옥에 갇혀 있을 때 찬양한 것은 참으로 고귀한 일이었습니다. 우리들은 그 누구도 로마의 지하 감방의 공기가 얼마나 더러운지, 그 음침한 지하실이 얼마나 뜨거운 열기로 가득 차 있는지, 물이 뚝뚝 떨어지는 벽들이 얼마나 축축한지, 돌바닥이 얼마나 더러운지 아무도 모릅니다. 그러나 이 가련한 두 사람은 그들의 등줄기에 피가 흐를 때까지 두들겨 맞고, 손발이 묶인 채 바닥에 눕게 되었을 것입니다. 그러나 그들은 한밤중에 너무나 큰 소리로 하나님을 찬양했기 때문에 간수들이 그 소리를 들었습니다. 한밤중에도 하나님을 송축하고, 등에 피를 흘리면서도, 손발이 묶여서도 송축하는 것이 하나님을 올바르게 찬양하는 것입니다. 우리가 생각할 수 있고 살아 있는 동안에는 삶과 죽음의 그 무엇도 우리가 하나님을 송축하는 일을 멈추게 하지 못할 것입니다. 이것이 바로 진정한 은혜입니다.

다음으로, 본문 말씀은 우리가 감사해야 할 이유를 말씀하고 있습니다. "범사에 … 항상 아버지 하나님께 감사하며." "범사에", 즉 우리에게 무슨 일이 일어날지라도 하나님께 감사해야 합니다. 최상의 순간에 있었던 일들로 인해서 우리는 항상 감사해야 합니다. 신생과 죄의 용서와 성령의 내주와 모든 언약적 자비와 십자가와 면류관의 모든 축복들로 인해서 감사해야 합니다. 사랑하는 친구들이여, 그리스도인은 감사에 대한 무한한 이유를 가지고 있습니다. 내가 처음으로 그리스도를 바라보고 깨우침을 받았을 때, 나는 비록 내가 나의 죄의 짐으로부터 구원받는 자비 이외에 다른 자비를 결코 받지 못한다고 할지라도 영원토록 하나님을 찬양하리라고 생각했습니다. 더러운 진흙에서 발을 빼내고 또 그 발이 영원한 반석 위에 서 있음을 느낀다는 것은 영원한 감사의 주제입니다.

사랑하는 형제들이여, 그러나 여러분은 오직 한 가지의 신령한 자비만을 받은 것은 아닙니다. 두 가지도 아니고 스무 가지도 아닙니다. 여러분은 여러분의 길에 풍성하게 뿌려져 있는 자비를 가지고 있습니다. 위에 있는 별들도 그보다는 수가 많지 않습니다. 아래에 있는 모래들도 그보다 더 수가 많지 않습니다. 매 시간 매 순간 그 자비의 날개 위에 은총이 내려졌습니다. 아래를 내려다보고 감사를 드리십시오. 왜냐하면 여러분은 지옥에서 구원받았기 때문입니다. 오른편을 보고도 감사를 드리십시오. 왜냐하면 여러분은 은혜로운 선물들을 풍부하게 받았기 때문입니다. 왼편을 보고도 감사하십시오. 왜냐하면 여러분은 치명적인 질병으로부터도 보호를 받았기 때문입니다. 위를 보고도 감사를 드리십시오. 왜냐하면 천국이 여러분을 기다리고 있기 때문입니다.

우리들은 위대하고 영원한 축복에 대해서 뿐 아니라 작고 일시적인 **축복들**에 대해서도 감사를 드려야 합니다. 집에 단 한 조각의 빵이 들어와도 감사해야 합니다. 난로에 한 덩어리의 석탄을 던져 넣을 때도 반드시 감사해야 합니다. 만약에 우리가 앉아서 경건하게 하나님을 송축하지도 아니하고 음식을 먹는다면 우리는 개와 같습니다. 만약에 우리가 일어나서 주님의 친절을 경건하게 인식하지 못한다면, 우리는 뱀과 같습니다. 우리들이 옷을 입을 때도 반드시 하나님을 찬양해야 합니다. 우리가 침대에서 휴식을 취하기 위해서 옷을 벗을 때도 하나님을 찬양해야 합니다. 호흡을 할 때마다 우리는 감사해야 합니다. 그리고 우리의 혈관의 피도 우리의 몸 전체에 감사를 순환시켜야 합니다. 만약에 우리가 항상 하나님께 감사한다면 우리들의 일시적인 혜택까지도 거룩해질 것입니다.

　우리는 감사하는 대신에 우리가 가지지 못한 것에 너무 많은 불평을 합니다. 우리들은 지금 하나님이 보시기에 우리들에게 가장 좋은 처지에 있는 것입니다. 현재의 일들뿐 아니라 영원한 일들을 고려해 보아도 우리가 지금 처해 있는 처지보다 더 좋은 처지를 가질 수 없습니다. 그러나 우리는 마치 하나님께서 우리들에게 가혹하게 대접하는 것처럼 불평합니다. 때때로 가장 가난한 자들이 크게 감사하고, 항상 병들어 있고 고통에서 벗어나지 못하는 사람들이 행복해하고 감사하는데도 불구하고, 부와 건강과 힘을 가진 사람들 그리고 모든 안락한 환경 가운데 있는 사람들이 자주 왜곡된 기질을 가지고 있어서 불평하고 또 가장 불쾌한 사람들이 된다는 것이야말로 모든 것 중에서 가장 나쁜 것입니다. 하나님께서는 그의 성도들인 여러분이 불평하는 마음으로 빠지는 것으로부터 구원하십니다. 불평하는 마음은 하나님이 인정하시는 것과는 명백히 반대가 됩니다. 범사에 항상 감사하십시오. 소금이 식탁 위에 엎어질 때마다 우리들은 그 가운데에서 우리의 대화가 감사로 양념되어져야 한다는 것을 배웁시다. 우리들이 감사의 소금을 아무리 많이 사용한다고 해도 지나치지 않습니다.

　우리들은 명백히 볼 수 있는 것뿐 아니라 우리가 볼 수 없는 자비들에 대해서도 하나님께 감사해야 합니다. 우리들은 알고 받은 자비들과 비교할 때 우리가 알지 못하고 받은 자비가 열 배나 더 많을 것입니다. 그 자비들은 밤에 부드러운 날개로 날아오며 우리가 자는 동안에도 축복으로 임합니다. 여러분은 이런 이야기를 들은 적이 있을 것입니다. 어떤 청교도가 그의 아들을 만났습니다. 그들이 서로 만나려면 둘 다 10마일(16km)이나 12마일(20km)을 여행해야 했습니다. 아들이 아버지에게, "아버지, 나는 내가 여행하여 여기에 오게 하신 그 놀라운 섭리로 인하여 하나님께 감사합니다. 내가 탄 말이 세 번이나 넘어졌으나 다치지 않았습니다"라고 말했습니다. 그 청교도가 말했습니다. "나의 사랑하는 아들아, 나는 내가 너에게 오는 길에 있었던 똑같이 놀라운 섭리로 인해 하나님께 감사드린다. 왜냐하면 내가 탄 말은 오는 도중에 한 번도 넘어지지 않았기 때문이다."

　만약에 우리가 철로에서 사고를 당했다면 우리는 사지가 부러지지 않았음을 감사해야 합니다. 그러나 사고가 없었을 때에도 감사해야 합니다. 이 두 가지 일 중 사고가 없는 것이 더 좋은 일이지 않습니까. 만약에 여러분이 가난에 빠졌다면,

그리고 어떤 사람이 사업상 여러분의 이전의 위치로 회복시켜 주었다면, 여러분은 대단히 감사하게 생각할 것입니다. 여러분은 자신이 가난하지 않은 것을 감사하게 생각하지 않습니까? 알지 못하는 사이에 주시는 하나님의 은혜로 인해서 하나님을 송축합시다. 여러분이 볼 수 없는 은총에 대해서 하나님을 찬양합시다. 범사에 항상 하나님께 감사합시다.

여기까지는 쉬운 편입니다. 좀 더 쓰라린 일들, 멸시받는 일 가운데 있는 축복들, 괴로운 일처럼 보이는 사랑의 징표들로 인해서 그에게 감사하는 것은 어려운 일입니다. 그러한 축복들은 십자가로 우리에게 찾아왔습니다. 그리고 그것들은 우리 아버지의 나라에서 온 것 중에서 일반적으로 가장 무거운 짐을 실은 마차들입니다. 우리들은 어두운 일들과 고통스러운 일들과 우리를 괴롭히는 일들과 우리의 정신을 혼란케 하는 일들로 인해서 감사해야 합니다. 왜냐하면 그와 같은 일들도 우리가 하나님을 찬양하고 송축해야만 할 범사들 가운데 속하는 일들이기 때문입니다. 만약에 우리의 눈이 마치 엘리야의 종의 눈과 같이 열려진다면 우리들은 우리에게 오는 시련도 아주 훌륭한 보물들이라는 사실을 알게 될 것입니다. 만약에 우리가 흐릿한 감각의 눈을 사용하지 아니하고 멀리까지 볼 수 있는 믿음의 눈을 사용한다면, 고난이 없이 지내는 것이야말로 치명적인 위험이며, 불과 같은 연단을 받는 것이야말로 우리에게 참으로 유익하다는 것을 발견하게 될 것입니다. 그러므로 우리는 환난 가운데서도 하나님께 영광을 돌려야 합니다. 그는 광야를 통해서 우리를 인도하시고, 우리들을 시험하사 결국에는 우리가 약속의 땅에 적합하게 만들어주시므로 우리는 하나님을 송축하고 찬양해야 합니다. "범사에 항상 감사하라."

나는 존 브래드포드(John Bradford)가 메리 여왕에 대해서 가졌던 마음의 자세를 하나님께 대해 가지고 싶습니다. 반역자라고 모략을 당했을 때 그 성도요 순교자는 "나는 여왕에게 이의를 제기하지 않겠습니다. 만약에 여왕이 나를 석방해 준다면, 나는 감사할 것이고, 여왕이 나를 투옥한다고 해도 나는 감사할 것입니다. 만약에 여왕이 나를 불에 태워 죽인다고 해도 나는 감사할 것입니다"라고 말했습니다. 우리들은 주님에 대해서 "하나님이 보시기에 좋으실 대로 하시옵소서. 만약에 하나님이 우리에게 건강을 주신다면, 우리는 감사할 것입니다. 병을 주신다고 해도 감사할 것입니다. 형통함을 주시거나 혹은 환난으로 연단하시거나 간에 성령께서 우리에게 힘을 주신다면 우리들은 살아 있는 한 결코 주님을 찬양하는 것을 중단하지 않을 것입니다”라고 말해야 합니다. 초대교회 성도들은 그들이 서로 만날 때마다 반드시 “하나님께 감사드립니다(Deo gratias!)”라고 말하고 나서야 헤어졌다고 아우구스티누스는 말하였습니다. 그들의 대화는 그들에게 닥친 박해에 관한 것이었을 것입니다. 그러나 그들은 “하나님께 감사드립니다”라는 말로 그들의 대화를 끝냈습니다. 때때로 그들은 원형경기장에서 짐승에게 잡아먹힌 사랑하는 형제들에 대해서도 말해야만 했을 것입니다. 그러나 그 때에도 그들은 “하나님께 감사드립니다”라고 말했습니다. 자주 그들은 이단의 출현에 대해서 애통해했습니다. 그러나 그것은 그들에게서 “하나님께 감사하라”고 하신 주님을 빼앗아가지 못했습니다. 우리들은 하루 종일 그렇게 감사해야 합니다. 그리스도인의 모토는 “하나님께 감사드립니다”여야 합니다. “범사에 항상 감사하십시오.”

그러나 본문에는 중요한 또 다른 단어가 있습니다. 이 감사를 누구에게 드려야 합니까? “범사에 … 항상 아버지 하나님께 감사하며.” 하나님께 감사를 드려야 합니다. 우리들이 사람들에게 감사할 때 그들이 우리에게 베풀어 준 은혜에 비례해서 감사합니다. 하나님께서는 우리가 하나님께 감사하기 위해서 사람들에게 배은망덕하기를 원하지 않으십니다. 첫 번째 식탁을 보존하려고 두 번째 식탁을 깨뜨릴 필요는 없습니다. 만약에 최고의 은인에게 합당한 감사를 드리고자 한다면 부모와 친구에게 드린 감사가 곧 하나님께 드리는 감사와 같다는 사실을 알아야 합니다. 더 낮은 감사를 경시하면 더 높은 감사도 망치게 될 것입니다. 그러나 우리는 사람들에 대한 감사로 끝나서는 결코 안 됩니다. 그것은 구름과 비를 보내주신 주님을 송축하는 대신에 비를 내려준 구름에게 감사하는 것과 같을 것입니다. 만약에 여러분에게 은인이 있다면, 하나님께서 그들의 마음을 여러분에게 향하도록 했다는 사실을 기억하십시오. 하나님께 감사하십시오. 왜냐하면 그는 선하시고 또 선을 베풀어 주시기 때문입니다. 하나님께 감사하십시오. 여러분의 감사가 자비의 강물의 원천에 미치지 못해서는 안 됩니다.

본문이 제시하고 있는 관계성, 즉 우리 아버지이신 하나님을 생각하십시오. 아버지로서의 하나님은 창조주이시라는 것을 기억하십시오. 우리들을 만드신 것은 우리 자신이 아니라 하나님이십니다. 하나님은 아버지로서 사람들을 지키시고 보존하시는 분이십니다. 하나님은 아버지로서 그의 백성들을 선택하셨습니다. 그리스도 예수 안에서 그의 백성들을 선택하신 분이 바로 아버지이시기 때문입니다. 하나님은 아버지로서 영적인 씨앗의 선조이십니다. 하나님은 예수 그리스도를 죽은 자 가운데서 부활하게 함으로써 우리들을 또다시 산 소망으로 낳아 주셨기 때문입니다. 그와 같은 여러 가지 면에서 하나님 아버지를 생각하십시오. 그러면 여러분은 하나님 아버지께 감사할 많은 이유를 가지게 될 것입니다. 아버지께 영광을 돌리지 않고 주 예수 그리스도께 감사하는 일이 있어서는 안 됩니다. 여러분은 예수님께 많은 빚을 지고 있습니다. 그러나 예수님이 여러분에게 은혜로우신 아버지를 만들어주신 것은 아닙니다. "아버지께서 친히 여러분을 사랑하셨기 때문에" 예수님은 그 사랑의 원인이 아니고 아버지의 사랑의 선물인 것입니다. 그러므로 아버지를 송축하십시오. 우리들로 하여금 빛 안에서 성도들의 기업의 동참자들이 되게 해주신 아버지께 영광을 돌리고 찬양하십시오.

다음과 같은 오래된 유대인의 전설이 있습니다. 하나님께서 이 세상을 만드시고 6일 간의 일이 끝났을 때, 하나님은 천사들에게 그것을 보라고 하셨습니다. 그것은 너무나 아름다워서 그들은 기쁜 노래를 불렀습니다. 그러나 하나님은 그들에게 자기가 손으로 만드신 이 작품에 대해 어떻게 생각하느냐고 물으셨습니다. 천사들 중 하나가 대답했습니다. 그것은 너무도 거대하고 완벽하기 때문에 하나님의 비교할 수 없는 축복으로 인해서 아름다운 소리로 밤이나 낮이나 창조주께 감사를 드려서 이 세상 구석구석까지 가득 채울 수 있는 분명하고 크고 음악적인 음성을 창조해야 한다고 대답했습니다. 우리들은 그 천사와 같은 마음을 가져야 합니다. 하나님의 창조가 있는 곳이면 그 어디에서든지 지적인 존재들인 그 천사가 원한 것과 같이 쉬지 않고 노래하는 음성이 되어야 하기 때문입니다.

그리고 또 본문은 이 의무에 대해 묘사하면서 우리들에게 감사를 드리는 방법에 대해 말하고 있습니다. 즉, "우리 주 예수 그리스도의 이름으로" 감사를 드려야 합니다. 여기에 우리가 항상 중보자를 통해서 우리의 찬양을 드려야 한다는 지침이 있습니다. 우리의 위대한 대제사장이신 예수님은 우리와 하나님 사이에 계십니다. 그래서 우리는 우리의 감사를 그의 거룩한 손에 가져다 놓아야 합니다. 그러면 그는 그 자신의 어떤 것, 즉 모든 것을 아름답게 만드는 귀한 공로와 함께 그것을 아버지 앞에 드립니다. 그러나 본문은 그 이상의 것을 의미합니다. 우리들은 예수님의 이름으로 아버지께 감사해야 합니다. 예수님이 우리에게 그렇게 하라고 명하셨기 때문이며, 우리는 그 명령을 받고 사명을 받았기 때문에 그렇게 해야 합니다. 우리들이 범사에 하나님을 송축하기 위해서는 그의 교훈뿐 아니라 그의 모범을 따라야 합니다. 나는 본문이 이것 이상의 것을 의미하고 있다고 생각합니다.

우리는 예수님이 전에 이 땅에 계실 때 "오, 아버지여, 감사드리나이다"라고 하신 것처럼, 예수님의 이름으로 감사드려야 합니다. 그리스도인들은 그리스도께서 이 세상으로 보내어진 것 같이 이 세상에 보내어진 자들입니다. 그리스도의 직무는 하나님을 영광스럽게 하는 것입니다. 그리고 예수님 때문에 예수님의 이름으로 행하는 우리의 직무도 하나님을 영광스럽게 하는 일입니다. 예수님께서 어떻게 감사를 드리셨는가를 생각해 보십시오. 예수님은 어떻게 하나님을 찬양했습니까? 경배받아야 할 성자 하나님은 어떤 정신으로 하나님을 찬양했습니까? 여러분은 예수님과 동일한 방법으로 하나님 아버지께 감사해야 합니다. 그것은 비천하기 짝이 없는 인간들이 차지하기에는 너무나 높은 자리입니다. 그러나 하나님께서 그의 은혜로 여러분을 그 자리로 부르셨다면, 천국에 봉사하는 일을 수행하는데 게으르지 마십시오.

　　우리가 가장 넓은 의미에서 우리의 본문을 성취할 날이 올 것입니다. 인간의 역사의 드라마가 끝을 맺을 때, 우리들은 타락 때부터 악인의 멸망 때까지 발생한 모든 것으로 인해 하나님께 감사하게 될 것입니다. 우리들은 지금은 그렇게 할 수 없습니다. 우리들의 눈은 거대한 악을 봅니다. 그래서 마치 끝없는 바다와 같이 모든 것 위에서 부딪쳐오는 압도적인 선(善)을 보지 못합니다. 우리가 악의 무서운 비밀을 생각할 때 두려워 떨지 않을 수 없습니다. 그러나 우리가 주 예수님과 함께 선택해 주신 사랑으로 인해서 하나님을 송축할 뿐 아니라 "오, 아버지여, 하늘과 땅의 하나님이시여, 나는 당신께 감사합니다. 당신은 이 일들을 현명하고 지혜 있는 자들에게는 숨기셨습니다"라고 말할 수 있는 날이 올 것입니다. 우리가 하나님의 작정의 가장 어두운 면과 또 하나님의 역사의 가장 심오한 깊이들을 감사하는 마음으로 찬양하게 될 날이 올 것입니다. 그리고 하나님의 섭리 가운데 가장 이해할 수 없는 부분이 더 이상 놀라운 주제가 되지 못하고, 말할 수 없는 기쁨의 주제가 될 날이 올 것입니다. 우리들은 하나님의 작정과 역사하시는 과정을 따라 완벽한 길을 걸어갈 것입니다. 그리고 비록 여호와의 길이 우리에게는 수수께끼 같아 보일지라도 우리들은 그의 공의, 그의 사랑, 그의 진리, 그의 신실하심, 그의 전능하심과 같은 그의 모든 속성들이 놀랍게 나타나심을 인하여 찬양할 것입니다. 그리고 그 속성들은 열 배나 더 찬란하게 드러날 것입니다. 천국에서 우리는 범사에 항상 하나님께 감사를 드릴 것입니다. 우리들은 우리 주 예수 그리스도를 통해서 예외 없이 그리고 영원히 그의 거룩한 이름을 찬양할 것입니다. 하나님의 성령이 우리를 도와주시는 오늘날, 최선을 다해서 하나님께 감사합시다. 이와 같이 나는 그 감사의 의무 자체에 대해서 상세하게 설명했습니다.

2. 이제 나는 여러분에게 이 즐거운 일을 수행하는데 필요한 영적인 전제조건들에 대해서 말씀드리겠습니다.

그리고 그 어떤 사람도 그가 새로운 마음을 갖게 되기 전에는 예수 그리스도를 통해서 항상 하나님께 감사를 드릴 수 없음을 엄숙히 기억하십시오. 옛 마음은 감사할 줄 모르는 마음입니다. 비록 어떤 사람이 중생하지 못한 본성으로 하나님께 감사를 드리려고 노력한다고 할지라도 그것은 마치 죽은 사람이 스스로 살아나려고 애쓰는 것과 같이 불가능한 일입니다. 그것은 이루어질 수 없습니다. 옛 마음은 오염된 샘입니다. 그것은 깨끗한 물을 쏟아낼 수 없습니다. 그것은 하나님과 반대가 됩니다. 그리고 그것은 하나님이 열납하실 수 있는 방법으로 하나님을 송축할 수 없습니다. 이 아름답고 사랑스러운 의무를 보십시오. 나는 감사의 삶을 실천하고자 하는 모든 사람들에게 "여러분은 다시 태어나야 합니다"라고 말하고 싶습니다. 만약에 여러분이 그리스도 예수 안에서 새로운 피조물이 되지 못한다면 여러분은 결코 범사에 항상 하나님께 감사를 드릴 수 없습니다.

다음으로, 나는 여러분에게 사람이 이 의무를 올바르게 이행하기 위해서는 하나님에 대한 인식이 있어야 한다는 것을 일깨워드리고자 합니다. 하나님께 올바로 감사를 드리기 위해서는 사람은 반드시 하나님이 계시다는 사실을 믿어야 합니다. 그리고 또 그 이상의 것으로 나아가야 합니다. 즉, 그는 하나님이 그가 받은 모든 선한 것들의 창조자라는 사실을 알아야 합니다. 그리고 더 나아가 사람이 하나님께 항상 감사하기 위해서는 외적인 재난 가운데서도 하나님의 사랑이 역사하고 있다는 사실을 믿어야 합니다. 그는 또 하나님이 그의 감사를 듣고 계신다는 사실도 믿어야 합니다. 그렇지 않으면 그는 감사를 드리는 일에 곧 싫증을 느끼게 될 것입니다. '하나님이 나를 보고 계신다'는 생각이 새로 태어난 마음에 새겨져야 합니다. 그렇지 않으면 하나님께 계속적으로 감사를 드릴 수 없습니다.

사랑하는 친구들이여, 나는 여러분이 하나님을 믿으며 잘 처신하고 있는지, 하나님을 믿는 마귀보다 더 훌륭하게 살아가는지 묻고 싶습니다. 마귀는 두려워 떱니다. 여러분도 그렇게 하나님 앞에서 두려워 떱니까? 그렇지 않은 사람들도 있습니다. 그러나 마귀들은 하나님을 사랑할 수도 없고 감사를 드릴 수도 없습니다.

여러분은 마귀와 같이 두려워 떠는 경지를 넘어서 감사를 드리고, 천국의 진실한 상속자로서 찬양을 드리는 경지에까지 나아갔습니까? 이 질문에 대해 대답해 보십시오. 여러분에게 있어서 하나님은 여러분의 아내나 자녀들과 같이 실제적인 분이십니까? 당신 자신만큼 실제적인 분이십니까? 하나님은 여러분에게 그와 같이 실제적인 분이 되어야 합니다. 그리고 또 여러분은 반드시 그가 여러분과 항상 같이 계신다는 사실을 알아야 합니다. 그렇지 않으면 여러분은 결코 계속적으로 그를 찬양할 수 없을 것입니다.

하나님께 범사에 항상 감사하는 사람은 하나님과 완전히 화해했다는 인식이 있어야 합니다. 하나님께서 "내가 네 허물을 빽빽한 구름 같이, 네 죄를 안개 같이 없이하였으니"(사 44:22)라고 말씀하시는 것을 듣기 전에는 결코 하나님을 송축할 수 없습니다. 용서받지 못한 마음에서 나온 감사들은 내용이 없고 거짓된 것입니다. 불신으로 인해 저주받은 영혼은 그의 감사가 받아들여질 수 없습니다. 어떤 한 가지 일로 저주받은 영혼은 다른 일도 받아들여질 수 없습니다.

오늘 아침 나는 수년 전의 어느 날 아침을 기억하게 됨을 매우 기쁘게 생각합니다. 그날도 오늘과 같이 눈이 내리고 몹시 추웠습니다. 나의 가족이 하나님의 집으로 올라갈 수 없다고 생각되었습니다. 그날도 지금과 같이 눈이 많이 쌓였고 내리고 있었습니다. 나도 역시 눈 때문에 우리 가족이 항상 가던 예배당에 갈 수 없어서 작은 감리교 예배당에 갔는데 그곳에서 나는 예수님에 대해서 듣고 하나님과 함께 있는 평화를 발견했습니다. 그때 이후로 나는 하나님의 이름을 송축하는 것을 배웠습니다. 그전에는 비록 내가 다른 사람들이 노래하듯이 노래를 부를 수는 있었지만 내 마음속에는 예수 그리스도로 말미암아 하나님께 감사를 드릴 줄 몰랐습니다. 나는 집으로 돌아오면서 하나님께서 이 추운 날 나를 하나님께로 부르셔서 이 춥고 눈 오는 날이 나에게는 기념할 만한 날이 되게 하셨음을 깨닫게 되었습니다. 그날 아침 그 감리교 예배당에서는 아주 훌륭한 일이 일어난 것입니다. 비록 그곳에는 소수의 사람밖에 없었지만 적어도 한 사람은 부르심을 받았습니다. 그리고 하나님은 그 한 사람을 수천 명의 그의 자녀의 영적인 부모로 삼아 주셨습니다. 나는 오늘 아침에 이 예배당이 이토록 가득 찬 것을 보고는 놀랐습니다. 그것은 여러분들이 복음을 듣기 좋아한다는 사실에 대한 분명한 증거입니다. 하나님께서 이곳에서 누군가를 구원하셔서 뛰어나게 유용한 일꾼으로 삼아 주실 것이라는 소망을 갖도록 나에게 용기를 주셨습니다. 우리들은 그것을 확신합니다. 그가 누구이든지 간에 만약에 그가 하나님의 사랑하시는 아들의 죽음을 통해서 하나님과 화해한다면 그는 진실로 하나님께 감사드리게 될 것입니다. 만약에 그 사람 외에는 아무도 그렇게 하지 않는다 할지라도, 그는 오늘부터 다음과 같이 노래할 것입니다.

> "나는 날마다 주님을 찬양하겠네
> 이제 하나님의 진노는 사라졌도다
> 피 흘린 희생 제물로 말미암아
> 나는 주 안에서 평안을 누리네."

만약에 우리가 그 중보자를 받아들이지 않는다면, 우리는 예수 그리스도를 통해서 하나님께 감사할 수 없습니다. 본문에서 명령하고 있는 모든 감사는 예수 그리스도를 통해서만 하나님께 드려야 합니다. 만약에 우리가 예수 그리스도를 거절한다면, 그리고 그를 또 다른 중보자와 같은 그런 중보자라고 생각한다면, 우리들은 하나님의 길을 거역하는 것입니다. 그리고 우리들은 하나님을 찬양할 수 없습니다. 동정녀 마리아나 성인이나 순교자도 결코 예수님의 경쟁자가 되어서는 안 됩니다.

하나님 곧 아버지를 찬양하기 위해서는 우리가 반드시 양자의 영의 감동을 받아야 한다는 것이 분명합니다. 자기가 아버지로 인식하지 않는 사람을 아버지로 찬양할 수 있는 사람은 없습니다. "예, 비록 내가 잘못했어도 나는 하나님의 자녀입니다. 나의 마음이 아버지라고 말합니다"라고 느끼는 사람만이 진실로 하나님을 찬양할 수 있습니다.

이 의무를 완전하게 이행하기 위해서는 우리가 하나님의 뜻에 복종해야만 합니다. 우리는 자기의 뜻대로 하려고 하지 말아야 합니다. 우리는 "내 뜻대로 마시고 아버지의 뜻대로 하시옵소서"라고 말하는데 만족해야 합니다. 나의 옛 자아가 없어지기 전에는 범사에 항상 하나님께 감사할 수 없습니다. 자아가 지배하고 또 마음속에 탐욕스러운 욕심이 있는 한 그것은 감사에 치명적인 방해가 됩니다. 자아와 불만족은 모자(母子) 관계입니다. 그러나 여러분이 마음속으로 "나는 하나님의 뜻에 완전히 맡겼습니다. 나의 뜻은 하나님의 뜻과 일치합니다"라고 말할 때에 여러분의 찬양은 계속적인 희생 제사와 같을 것이며, 여러분의 감사는 하나님 앞에 분향처럼 피어오를 것입니다.

3. 이제 하나님 곧 아버지께 계속적으로 감사를 드리는 일의 뛰어난 장점들에 대해서 말씀드리겠습니다.

첫째는, 감사가 하나님을 영광스럽게 한다는 것입니다. 감사하는 마음은 지존자를 영광스럽게 합니다. 하나님께서도 "감사로 제사를 드리는 자가 나를 영화롭게 하나니"(시 50:23)라고 말씀하셨습니다. 우리는 불평을 해도 하나님과는 아무 상관이 없다고 생각했습니다. 우리가 주변에 있는 작은 개미 떼들이 어떤 의견을 가지고 있는가 하는 것은 중요하게 생각하지 않을 것입니다. 그러나 하나님은 개미에 대한 우리들의 위치보다 무한히 더 우월하신 분이십니다. 하나님은 우리가 그를 찬양하고 송축하는 것이 그의 이름을 영광스럽게 하는 것이라고 생각하십니다. 그러므로 우리 모두 하나님께 무한한 영광을 돌립시다. 그리스도인들에게는 어떤 행동이나 미덕이 하나님을 영광스럽게 하는 것이라는 말을 듣는 것이야말로 그에게는 가장 큰 칭찬이 될 것입니다. 그것이 하나님의 영광을 가리는 것인가? 그러면 그는 비록 금광이 그를 유혹한다고 할지라도 그것을 피할 것입니다. 그것이 하나님을 영광스럽게 하는 것인가? 그러면 신자는 비록 그 길에 홍수와 불꽃이 있다고 할지라도 하나님을 영광스럽게 하는 일을 행하려고 달려들 것입니다. 감사하는 마음은 하나님을 영광스럽게 하는 복되고도 손쉬운 방법입니다. 감사는 우리에게 그 보답을 가져다주기 때문입니다. 자비를 베풀 때와 같이 그것은 두 배로 축복을 받는 길입니다. 감사를 드리는 우리에게는 축복이고, 받으시는 하나님께는 영광이 됩니다. 그리스도인으로 하여금 그가 풍성한 축복을 받고 있다는 사실을 알게 합시다. "범사에 항상 감사하라"는 말씀에 순종하는 것은 우리를 죄악으로부터 지켜 줄 것입니다. 대단히 잘하는 일입니다.

그런데 우리가 들어가서는 안 되는 어떤 장소들도 있습니다. 왜냐하면 그런 곳에서 하나님께 감사하는 것은 하나님을 모독하는 것이 될 것이기 때문입니다. 내가 해서는 안 될 어떤 일들도 있습니다. 왜냐하면 내가 그 일로 인해서 하나님께 감사를 드릴 수 없기 때문입니다. 예를 들어, 내가 가난한 자를 괴롭혔다고 가정해 봅시다. 내가 어떻게 그 가난한 사람들의 피 같은 돈을 빼앗았다고 해서 하나님께 감사를 드릴 수 있겠습니까? 내가 악한 거래를 해서 나의 생활비를 벌었다고 가정해 봅시다. 내가 어떻게 나의 가방 속에서 짤랑거리는 소리를 내는 그 황금으로 인해 하나님께 감사할 수 있겠습니까? 날마다 나의 번영이 다른 사람들에게 재난을 가져다준다고 가정한다면, 어떻게 내가 그것으로 인해서 감사를 드릴 수 있겠습니까? 죄악의 열매로 인해서 감사를 드리는 것은 실제적으로 거룩하신 하나님을 모독하는 것입니다. 그렇게 해서는 절대로 안 됩니다. 그리스도인이 항상 감사를 드려야 한다면, 그는 항상 감사를 드릴 수 있는 위치에 있어야 합니다. 그리고 만약 그가 범사에 하나님께 감사를 드려야 한다면, 그는 자기가 하나님께 감사를 드릴 수 없는 일에 손을 대서는 결코 안 됩니다. 나는 탐욕의 열매나 부정직한 소득이나 안식일을 범한 대가로 얻는 이득이나 억압의 결과를 움켜쥐어서는 결코 안 됩니다. 만약에 내가 그렇게 한다면, 나는 그것으로 인해서 하나님 앞에서 울며 통곡하게 될 것이며, 분명히 그것으로 인해 하나님께 감사를 드릴 수 없을 것입니다. 형제들이여, 우리가 본문을 잘 읽어본다면, 그것은 하나님의 성령의 권능으로 우리가 죄를 짓지 못하게 막아 주신다는 것을 알게 될 것입니다.

그러나 영속적인 감사의 정신의 가장 진정한 장점들 중의 하나는 다음과 같습니다. 즉, 감사는 우리가 기뻐할 때에 우리를 진정시켜 주고, 또 우리가 슬퍼할 때에 우리에게 용기를 북돋아 준다는 것입니다. 이것은 이중의 축복입니다. 그것은 들뜬 열기를 완화시키는 동시에 통렬한 냉기도 완화시킵니다. 만약에 어떤 사람이 부자인데, 하나님께서 그에게 감사의 정신도 주셨다면 그는 지나치게 큰 부자는 될 수 없습니다. 만약에 그가 하나님께 감사를 드린다면 그가 백만장자라 할지라도 사람들이 결코 그를 해롭게 하지 못할 것입니다. 반면에 어떤 사람이 하나님께 감사를 드릴 줄 아는데 가난하다면 그도 역시 지나치게 가난해질 수 없습니다. 그는 가혹한 궁핍 가운데서도 굴하지 아니하고 지탱해 갈 수 있을 것입니다. 부자는 범사에 하나님 찾기를 배워야 합니다. 가난한 자는 하나님 안에서 모든 것을 발견하도록 해야 합니다. 그러면 여러분이 그 두 가지 경우의 극단에 있다고 할지라도 큰 차이가 없을 것입니다. 하나님의 자녀는 그가 하나님께 감사하기를 만족하게 여긴다면, 그는 다른 사람들만큼 감사가 넘치고 기쁘고 행복하고 즐거울 수 있을 것입니다. 이러한 정신을 가진 사람을 이길 수 있는 것은 아무것도 없습니다.

성도들을 박해하는 자는 "나는 너희들을 추방해버릴 것이다"라고 말합니다. 그러나 성도는 "그러나 당신은 그렇게 할 수 없습니다. 왜냐하면 그리스도가 계시는 곳이면 그 어디든지 나의 집이기 때문입니다"라고 말합니다. "나는 너의 모든 재산을 빼앗아 갈 것이다"라고 박해자가 말합니다. "그러나 나는 아무것도 가지고 있지 않습니다. 그리고 당신이 내게서 그리스도를 빼앗아갈 수 없다면, 그리고 그리스도가 있는 한 나는 부자입니다"라고 성도는 말합니다. "나의 너의 아름다운 명예를 빼앗아 갈 것이다"라고 박해자가 소리칩니다. 그러자 그리스도인이 대답합니다. "나의 명예는 이미 사라졌습니다. 나는 그리스도를 위하여 만물의 찌꺼기로 여겨지는 것을 기쁘게 생각합니다"라고 대답합니다. "그러나 나는 너를 투옥시킬 것이다." "당신이 좋으실 대로 하십시오. 그러나 나는 항상 자유로울 것입니다. 그리스도가 계시는 곳에 자유함이 있기 때문입니다." "그러나 나는 너의 생명을 빼앗아 가 버릴 것이다"라고 박해자가 말합니다. "아. 네, 그렇다면 나는 천국에 있게 될 것입니다. 그것은 가장 진실한 생명입니다. 그러므로 당신은 나를 해칠 수 없습니다"라고 성도가 대답합니다.

이것은 적의 발 밑에 던져진 성도의 용감한 도전입니다. 자아가 물러나고 그 마음이 하나님의 뜻에 복종하기를 배웠을 때, 적의 능력으로는 하나님의 사람을 해칠 수 없습니다. 여러분들이 지존자의 뜻에 머리를 숙였을 때, 여러분은 위대하고 강하고 부유하고 능력이 있습니다. 여러분이 정복하기 위해서는 허리를 숙여야 합니다. 여러분이 승리하기 위해서는 고개를 숙여야 합니다. 지배권을 얻으려면 순종하십시오. 우리가 아무것도 아닐 때 우리는 모든 것이 됩니다. 우리들이 연약할 때, 우리는 강합니다. 우리가 자아를 완전히 상실하게 될 때, 하나님은 모든 것 중에서 모든 것이 되십니다. 그럴 때 우리는 하나님의 모든 충만함으로 가득 채워지게 됩니다. 성령께서 우리를 이와 같은 영속적인 감사로 인도해 주시기를 기원합니다.

나는 다음과 같은 한 가지 사실을 확신합니다. 즉, 우리들이 이러한 자신감을 많이 가지면 가질수록 우리들은 분명히 더욱더 유용해질 것입니다. 그리스도인의 계속적인 감사야말로 경솔한 사람들의 마음에 가장 지대한 영향을 미치는 것입니다. 때로는 강단의 설교보다 병실의 침상에서의 대화가 더욱 유익한 경우도 있습니다. 나는 20년 동안이나 같은 방에 갇혀 있는 여인을 압니다. 그녀의 주목할 만한 즐거운 마음은 온 지역의 화젯거리였습니다. 오두막에 있는 불쌍한 사라를 보기 위해서 찾아온 많은 사람들이 있었습니다. 그들은 그녀가 극심한 고통이 없이는 단 하루도 그냥 지나갈 수 없다는 것을 알았습니다. 그러나 그들은 그녀의 밝은 음성을 들었으며 아름다운 미소를 띤 얼굴도 보았습니다. 그리고 그녀에게서 경건의 실체를 보았습니다. 그녀의 소식을 듣고 침상에 누워 있던 그 지방의 모든 성도들이 힘을 얻었습니다. 많은 사람들이 하나님께로 돌아와 "그 성도로 하여금 항상 하나님께 감사드리게 한 것이 무엇이냐?"고 말했습니다.

사랑하는 자들이여, 우리들의 화를 잘 내는 성질과 불쾌한 얼굴 표정은 결코 복음전도자에게는 어울리지 않습니다. 그런 것들은 사탄의 사자는 될 수 있을 것입니다. 그러나 그것들은 결코 복음의 조력자들은 될 수 없습니다. 다른 사람들을 행복하게 만들어 주려고 노력하는 것은 그리스도인들이 항상 힘써야 할 위대한 일들 중 하나입니다. 작은 일로 걱정하고 안달하거나, 작은 어려움을 보지 마십시오. 그리고 다른 사람들에게서 결점들을 들추어내려고 애써서도 안 됩니다. 나는 결점만을 찾는 사람들에게는 모든 사람들이 결점 투성이로 보일 것이라고 믿습니다. 그러나 이 세상에는 여러분이 생각하는 것보다 훨씬 훌륭한 사람들도 있습니다. 여러분이 더 훌륭해지면 여러분은 그 훌륭한 사람들을 찾아낼 수 있을 것입니다. 만약에 여러분이 항상 하나님께 감사한다면, 여러분들은 훌륭한 사람들이 있음을 인해서 하나님께 항상 감사하게 될 것입니다. 만약에 여러분이 나쁜 사람들을 만났을 때도 감사한다면, 또 그들이 더 나쁜 사람이 아님을 감사하게 생각하고, 그들에게서 나쁜 점을 찾는 것이 아니라 좋은 점을 찾으려고 노력한다면 여러분은 여러분의 목적을 달성하기가 훨씬 더 쉬울 것입니다. 만약에 여러분의 목적이 그들에게서 좋은 점을 찾음으로써 하나님을 영광스럽게 하는 것이라면 더욱 좋은 점을 쉽게 찾을 수 있을 것입니다.

만약에 여러분이 파리를 잡기를 원한다면 꿀을 가지고 잡아 보십시오. 적어도 그들이 인간이라는 파리라면 그들은 식초보다도 꿀로써 잡을 때 더욱 쉽게 잡힐 것입니다. 여러분의 말에 쓴 맛보다 사랑을 집어넣으십시오. 그러면 확실한 효과가 있을 것입니다. 여러분들이 엘리야와 같이 엄격하게 말해야 할 시기도 있습니다. 또 가장 무서운 진리를 뒤로 감추지 말아야 할 시기도 있습니다. 그러나 그 모든 것에도 불구하고 여러분의 인생의 일반적인 흐름과 여러분의 존재의 자연스러운 발로가 하나님에 대한 감사가 되게 하십시오. 그러면 그것은 여러분으로 하여금 사람들을 사랑하게 만들어 줄 것입니다. 나는 이 방법을 확신하고 있습니다. 여러분이 예수님에 대해서 말하게 될 때, 그런 식으로 사랑하는 마음으로 말하면 더욱 주의를 기울여 줄 것입니다. 그리고 여러분의 체험을 간증할 때, 자기의 이야기로 복음을 증거할 수도 있을 것입니다.

사랑하는 자들이여, 하나님은 우리들에게 항상 감사하는 영을 주십니다. 그리고 우리가 서로 이야기할 때에도 대체적으로 영국 사람들이 하듯이 이것저것 불평을 하지 맙시다. 우리들은 하나님께 감사하고 또 그의 선하심을 증거합시다. 나는 농부들이 크게 불평하고 있다는 말을 들었습니다. 만약에 그들이 상인들보다 더 불평하는 경향이 있다면 그들은 너무 지나친 것입니다. 왜냐하면 내가 어디를 가든지 일반적으로 장사가 잘 안 된다는 말을 듣습니다. 내가 런던에 온 이래로 항상 그랬습니다. 상업은 끊임없이 파멸해가고 있었습니다. 나는 매달 손해를 본다고 말하는 어떤 사람을 압니다. 그런데 그는 매년 더욱 부자가 되었습니다. 도대체 어떻게 된 일입니까? 우리가 말하는 방법을 바꾸고, 또 재난에 대해서만 생각할 것이 아니라 은혜를 생각하는 것이 더 좋을 것입니다. 하나님이 우리에게서 가져가신 것보다 하나님이 우리에게 주신 것에 대해 더욱 많이 이야기합시다. 우리들의 이웃에 대해 욕을 하고, 우리들의 환경에 대해서 불평하기보다는 오히려 하나님을 송축합시다.

　　그러나 내가 이미 말씀드렸듯이, 내 말을 듣고 있는 사람들 중에서도 어떤 사람들은, 그들이 새로운 마음과 올바른 정신을 가지게 되고 또 예수 그리스도를 통해서 하나님과 화해하기 전에는 결코 이 의무를 이해할 수 없습니다. 이제 여러분에게 한 마디만 더 말씀드리겠습니다. 여러분이 죄를 짓고도 용서를 받지 못한다면 반드시 벌을 받습니다. 오늘 아침 여러분 앞에는 예수 그리스도의 인격 안에 있는 희생 제단이 있습니다. 거기에는 양쪽으로 향한 네 개의 뿔이 있습니다. 그리고 이 제단의 뿔을 잡는 자는 누구든지 영원히 살 것입니다. 예수 그리스도는 위대한 희생 제단입니다. 이 순간에 그를 붙잡으면 여러분은 구원을 얻을 것입니다. 믿으면 살리라는 것이 복음입니다. "예수께서 그리스도이심을 믿는 자마다 하나님께로부터 난 자니"(요일 5:1). 다시 말하면, 그리스도를 믿는 자마다 구원을 얻을 것입니다. 그의 피가 뿌려져 있는 제단으로 오십시오. 그리고 이제 그 뿔 위에 여러분의 손을 얹으십시오. 여러분은 그곳에서 결코 멸망하지 않을 것입니다. 좀 더 정확하게 말하자면, 여러분은 그곳에서 멸망할 수 없습니다. 다른 곳에서는 반드시 멸망할 것입니다. 그러므로 오십시오. 그리고 예수님을 믿으십시오. 그러면 하나님께서 그의 사랑하는 자의 이름을 위하여 여러분을 축복하실 것입니다. 아멘.

제
22
장

—

비길 데 없는 신비

—

"우리는 그 몸의 지체임이라" — 엡 5:30

나는 이 본문의 말씀이야말로 계시의 모든 영역 가운데 가장 놀라운 말씀들 중의 하나라고 주저하지 아니하고 말할 수 있습니다. 그것은 신비 중의 신비이며, 가장 고상한 신성의 정수를 나타내는 말씀입니다. 그것은 하나의 짧은 설교보다는 오히려 정성을 들인 백 가지의 설교에 더 적합한 주제입니다. 그것은 너무 심오한 의미를 지니고 있어서, 아무런 소리도 들리지 않으며 또 생각을 끝없는 묵상으로 빠지게 만드는 심연과도 같습니다. 그 내용을 다루고자 하는 자는 무엇보다도 먼저 하나님의 모든 풍성함으로 가득 채워져야 할 필요가 있습니다. 그러므로 우리는 반드시 그것을 다루어야만 할 때에도 그것을 다룰 만한 능력이 없음을 느끼게 됩니다. 이 본문의 내용은 우리들에게 너무나 크고 광대한 주제입니다. 우리들은 마치 어린아이가 그 손에 대양을 담을 수 없듯이 그것을 이해할 수 없습니다. 사랑하는 자들이여, 그것은 우리가 냉정한, 신학적 정통의 눈으로 바라보아서는 안 되는 본문입니다. 그것은 우리로 하여금 "예, 그것은 위대하고 중요한 진리입니다"라고 말하게 할 내용입니다. 그것은 하늘에서 내리는 만나와 같이 다루어야 할 본문입니다. 즉, 그것은 날마다 맛보고 먹고 소화시키고, 그것에 근거해서 살아가야 할 진리입니다. 그것은 또한 여러분의 고요한 묵상을 필요로 하는 본문입니다. 여러분은 조용히 앉아 그 진리를 되새기며 마음속으로 그것에 대해서 깊이 생각해 보아야 합니다. 여러분은 이 다이아몬드와 같은 진리, 이 계시의 보석 중의 보석의 면(面)들과 같은 내용을 오랫동안 그리고 사랑스러운 눈길로 바라보아야 합니다. 그것은 왕이 우리를 그의 잔치로 인도하시고 또 우리 위에 사랑이라는 그의 깃발이 나부끼는 그러한 잔치가 열리는 선택된 시간에 적합한 황금과 같은 문장입니다. 하늘과 땅 사이의 거리는 점점 줄어들어서 그 거리감이 거의 존재하지 않게 되었을 때에 적합한 황금과 같은 문장입니다. 우리의 안식이 되시는 그분이 우리로 하여금 그의 가슴에 기대게 하시고, 또 그의 사랑이 심장에서 진실하게 고동치는 것을 느끼고, 우리 주변에 있는 모든 것이 평온하고 고요한 시간에 적합한 황금과 같은 문장입니다.

그러므로 나의 형제들이여, 마치 여러분들이 여러분 자신의 골방에 혼자 있는 것처럼 그 주제에 적합한 마음의 자세를 갖도록 기도하기를 요구합니다. 그리고 또 내가 그 주제에 대하여 가장 훌륭하게 말할 수 있는 마음의 상태를 가지도록 나를 위해서 기도해 주시기 바랍니다. 우리의 생각으로 그 위대한 광경을 볼 수 있기 위해서는 우리의 생각을 집중시키는 일이 필요합니다. 마리아가 예수님의 발밑에 앉았던 그곳으로 가십시오. 그러면 이 본문은 여러분의 귀에 음악과 같이 들릴 것입니다. 내가 어떤 설명을 하지 않아도 그 주제는 그 안에 천국의 모든 음악을 지니고 있습니다. "우리는 그 몸의 지체임이라." 이 영광된 선언 가운데서 발견되어지는 정수를 앉아서 맛보고, 또 "그늘에서 잘 정제된 포도주"를 마시는 방법을 아는 영혼의 행복은 일곱 가지가 될 것입니다.

내가 그것에 대하여 설교하기 전에 우리가 반드시 해야 할 일이 한 가지 있습니다. 스코틀랜드에서는 성만찬을 하기 전에 "식탁에 둘러앉는" 어떤 방법이 있습니다. 다시 말하자면, 그 식탁에 참여할 자격이 없는 사람들에게 불법적인 침입의 죄를 피하라고 경고하는 것입니다. 즉, 그들이 죄를 먹고 마시는 것을 피하라고 경고하는 것입니다. 그들이 경솔하게 와서 자격이 없는 일에 참여하지 않도록 청중들에게 스스로 점검해 보라고 말합니다. 이제 본문 말씀도 풍성하게 차려진 성만찬의 식탁과 같습니다. 여러분이 목초가 풍부하고 푸른 곳에 있는 이 양 떼들에게로 올 때, 문을 통해서 들어오는 거룩한 방법을 배우지 못했다면 그곳은 여러분이 속한 곳이 아닙니다. 만약에 여러분이 길 되시는 그리스도를 통하여 들어온다면 환영을 받을 것입니다. 만약에 여러분이 그리스도를 신뢰한다면, 그의 사랑스러운 상처들이 여러분의 생명의 샘이라면, 그의 대속적 희생이 여러분의 유일한 평화라면, 여러분은 환영을 받을 것입니다. 왜냐하면 그렇게 믿는 여러분과 우리 모두는 "우리는 그 몸의 지체임이라"고 진실로 말할 수 있기 때문입니다. 그러나 만약 그를 믿는 자가 아니라면, 이 거룩한 구절은 여러분과 아무 관계도 없습니다. 그것은 "자녀들의 떡"입니다. 그것은 오직 자녀들에게만 속한 것입니다. 그것은 이스라엘의 만나입니다. 그것은 이스라엘을 위해서 내렸습니다. 그것은 이스라엘을 위하여 내리친 반석에서 솟아난 시냇물입니다. 그것은 에돔을 위해서도 아니고 아말렉을 위해서도 아니며 오직 선택된 씨앗들만을 위해서 흘러내린 것입니다.

그러므로 이 서신의 처음으로 되돌아가서 그가 "우리"라고 말했을 때, 사도 바울이 편지를 쓴 대상에 대하여 살펴봅시다. 이 "우리"라는 짧은 단어는 노아의 방주의 문과 같습니다. 그 문은 닫혀서 출입할 수 없습니다. 여러분은 그 문 안에 있습니까?

사도 바울은 그가 다음과 같이 말하는 사람들에게 그의 서신을 썼습니다. "찬송하리로다 하나님 곧 우리 주 예수 그리스도의 아버지께서 그리스도 안에서 하늘에 속한 모든 신령한 복을 우리에게 주시되 곧 창세 전에 그리스도 안에서 우리를 택하사 우리로 사랑 안에서 그 앞에 거룩하고 흠이 없게 하시려고"(엡 1:3-4)라고 하였습니다. 여러분은 이 질문에 대답하십시오. 이 본문을 즐거워하는 여러분은 여러분의 소명과 선택을 확신하고 있습니까? 여러분은 그 내용을, 마음속에서 정직하게 살펴보고 점검을 하여 결정한 확신의 토대라고 말할 수 있습니까? 여러분은 오래 전에 하나님이 여러분을 선택하셨듯이 하나님을 선택하게 되었습니까? 그리고 그것을 의심할 여지 없이 확신하고 있습니까? 그리고 또 그가 신택하신 모든 사람들에 대해서 "우리가 그 몸의 지체임이라"는 말이 적용되기 때문에 여러분도 그와 하나라는 확신이 듭니까?

사도 바울의 설명이 우리 앞에 있으므로 계속해서 읽어 보시기 바랍니다. "그 기쁘신 뜻대로 우리를 예정하사 예수 그리스도로 말미암아 자기의 아들들이 되게 하셨으니"(엡 1:5). 여러분은 양자에 대해서 아십니까? 여러분은 사탄의 가족에서 빠져나와 하나님의 가족에 등록되었습니까? 여러분은 양자의 영을 가지고 있습니까? 여러분은 하나님에 대해서 생각할 때 여러분의 영혼이 "아빠 아버지"라고 부르짖습니까? 여러분은 사랑스러운 자녀로서 하나님을 닮았습니까? 여러분은 여러분의 본성이 새로워진 것을 느낍니까? 그래서 여러분은 다른 사람과 같이 진노의 자식이었으나 지금은 하나님의 자녀가 되었음을 느낍니까? 이와 같은 일들을 판단해 보시고 분별해 보시기 바랍니다. 이런 질문에 대한 답변은 하나님 앞에서의 여러분의 상태에 달려 있습니다. 즉, 여러분이 그리스도와 연합했느냐, 혹은 그에게서 분리되어 있느냐에 달려 있습니다.

계속해서 읽어가면서 사도 바울의 말에 주목해 봅시다. "이는 그가 사랑하시는 자 안에서 우리에게 거저 주시는 바 그의 은혜의 영광을 찬송하게 하려는 것이라"(엡 1:6). 사랑하는 청중들이여, 여러분은 "그 사랑하시는 자 안에서"라는 말의 의미를 아십니까? 여러분은 여러분 자신 안에서는 결코 열납되어질 수 없습니다. 여러분은 사악하고 타락하고 무가치합니다. 그러나 여러분은 예수님의 사역과 피와 의에 찾아와 여러분 자신을 맡겼습니다. 그래서 여러분은 "그 사랑하시는 자 안에서" 열납되어졌습니다. 여러분은 열납되었다는 느낌을 즐거워하고 있습니까? 그래서 더 이상 저주 아래에 있는 종이 아니라 축복 아래에 있는 아들로서 하나님께 가까이 다가갈 수 있습니까? 만약에 그렇다면 본문으로 돌아가 봅시다. 그것은 모두 다 여러분의 것입니다.

그러나 그 다음 구절도 주목해 봅시다. "우리는 그리스도 안에서 그의 은혜의 풍성함을 따라 그의 피로 말미암아 속량 곧 죄 사함을 받았느니라"(엡 1:7). 오, 사랑하는 청중들이여, 여러분은 그의 피를 아십니까? 만약에 여러분이 그의 피를 알지 못한다면 나는 여러분이 무엇을 알고 있든지 간에 개의치 않겠습니다. 그리고 여러분이 무엇을 알지 못하는지에 대해서도 신경을 쓰지 않겠습니다. 여러분은 내가 하나님의 말씀에서 배운 것으로 생각되는 진리에서 나온 교리가 여러분이 알고 있는 교리와 아주 다르다고 생각할지 모릅니다. 그러나 여러분은 그의 피를 아십니까? 여러분은 그의 피로 씻음을 받았습니까? 여러분은 그의 피가 여러분이 살고 있는 집의 문설주와 인방에 뿌려져서 죽음의 천사가 그냥 지나가는 것을 본 적이 있습니까? 그리스도의 피가 여러분의 소망에 생명을 주는 피입니까? 하나님께서 나로 하여금 피 없는 신학의 설교를 하지 못하게 하시며, 여러분으로 하여금 피 없는 신학을 믿지 못하게 하십니다. 그것은 죽은 신학입니다. 그리스도를 제거하고 또 대속적 희생에 의한 속죄를 제거한다면 무엇이 남겠습니까? 그러나 우리가 그의 보혈을 통해서 구원을 얻는다면 그 때에 우리들은 "그 몸의 지체"가 됩니다.

사도 바울은 "그의 은혜의 풍성함을 따라 그의 피로 말미암아 속량 곧 죄 사함을 받았느니라"(엡 1:7)고 말씀하고 있습니다. 그리고 여기에서 나는 다시 한 번 우리 교회 교인들의 양심과 또 모든 그리스도의 교회의 교인들에게 질문하겠습니다. 여러분은 용서를 맛보았습니까? 여러분은 죄의 짐을 느낀 적이 있습니까? 여러분은 그 짐을 지고 십자가 밑으로 간 적이 있습니까? 하늘에 계신 아버지께서 여러분에게 "너의 죄가 용서되었느니라"고 말씀하신 적이 있습니까? 여러분들은 죄 사함을 믿습니까? 특히 여러분 자신과 관련해서 그 죄 사함을 믿습니까? 오, 만약에 그렇지 않다면 만족하지 마십시오. 아마 여러분의 죄악이 그냥 용서되어지겠지 하는 공허한 희망으로 뒤로 미루지 마십시오. 다음과 같이 말할 수 있는 복된 확신을 추구하십시오.

> "구세주의 보혈이 흘러내리는 것은
> 참으로 아름다운 광경이로다
> 그의 피로 말미암아 나는
> 하나님과 화목하게 되었음을 확신하노라."

그리고 만약에 여러분이 그 확신을 갖는다면, 죄 사함을 알고 소유하고 또 즐거워하십시오. 그러면 여러분은 "그 몸의 지체"가 될 것입니다.

오, 용서와 풍성한 은혜에 관한 이 마지막 문장은 참으로 나의 영혼을 소생하게 합니다. 결코 죄를 짓지 아니한 사람들 외에는 그 누구도 올 수 없다면, 죄로 물든 나의 영혼은 결코 하나님 가까이로 올 수 없었을 것입니다. 거의 죄를 범하지 아니한 사람들 외에는 아무도 올 수 없다면, 나는 분명히 제외되었을 것입니다. 그러나 주님의 용서는 대규모의 "죄 사함"입니다. 말씀을 읽어 보겠습니다. "그의 은혜의 풍성함을 따라 … 죄 사함을 받았으니"! 그것은 엄청난 용서입니다. 큰 죄에 대한 용서입니다. 큰 사랑으로 인한 용서입니다. 오, 사랑하는 청중들이여, 비록 여러분이 큰 죄인이었다고 할지라도 만약에 여러분이 "그의 사랑하시는 자 안에서" 받아들여졌다면, 그리고 또 "그의 피로 말미암아 속량"을 받았다면, 본문 말씀 속에 있는 모든 것이 여러분의 것이 될 것입니다. 그래서 나는 여러분으로 하여금 더 이상 현관에서 기다리게 하지 않을 것입니다. 문을 활짝 열고 "하나님의 축복을 받은 자여 들어오시오. 당신은 왜 밖에 서 있습니까?"라고 말하겠습니다. 나는 성령께서 여러분을 도와주시기를 기도합니다. 여러분이 이 고귀한 잔치에 들어올 수 있게 해주고, 또 여러분에게 거룩한 식욕을 주시며, 또 여러분으로 하여금 우리 앞에 있는 이 특별하고 향기로운 말씀을 이해하게 해 달라고 기도합니다.

먼저, 나는 본문이 무엇을 의미하고 있는지에 대해서 설명하고, 다음으로 본문이 무엇을 보증하고 있는지를 설명드리겠습니다. 그러나 나의 설명은 미약한 설명에 지나지 않을 것입니다.

1. 첫째로, 본문은 무엇을 의미하고 있습니까?

"우리는 그 몸의 지체임이라." 그것을 창세기 2장에 비추어서 읽어 보십시오. 거기에는 하와의 창조에 대한 명백한 암시가 있습니다. 바로 아담의 말이 그대로 인용되어 있습니다. 우리는 이 최초의 남자가 자기의 사랑하는 동반자요, 내조자로 창조된 최초의 여자를 보았을 때의 에덴 동산의 광경을 상상해 볼 수 있습니다. 아담이 한 말은 무엇을 의미하는 것일까요? 우리들의 영혼의 위대한 남편은 아담의 말과 동일한 것을 의미하였음에 틀림없습니다. 단지 좀 더 영적이고 강조적인 의미에서 말씀하셨을 뿐입니다.

그리고 첫째로, 여기에서는 **본성의 유사성**이 나타나 있습니다. 아담이 하와를 보았습니다. 그리고 그는 하와를 낯선 사람, 즉 다른 종류나 다른 본성을 지닌 피조물로 보지 않았습니다. 그는 "이는 내 뼈 중의 뼈요 살 중의 살이라"(창 2:23)고 말했습니다. 아담은 하와가 같은 종족이며 또 같은 본성을 가진 자라는 것을 표현했습니다. 그는 그녀가 자신과 같은 존재라는 사실을 인식했습니다. 그것은 본문의 좀 더 낮은 의미이기도 합니다. 그것은 여러 가지 의미 중 하나에 지나지 않습니다. 사랑하는 형제들이여, 이 진리에 대해서 잠시 동안만 생각해보십시오. 하나님의 아들 예수님은 하나님과 동등하게 되는 것이 약탈하는 것은 아니라고 생각했습니다. "하나도 그가 없이는 된 것이 없느니라"(요 1:3). 예수님은 "바로 하나님"이십니다. 그러나 그는 우리들에 대한 사랑으로 말미암아 스스로 우리의 본성을 입으셨습니다. 그리고 그것도 완전하게 입으셨습니다. 그래서 예수님은 죄는 없으시지만 인간의 모든 본성을 취하신 것입니다. 그리고 우리도 그와 같은 점에서 우리들 자신에 대하여 "그 몸의 지체"라고 말할 수 있습니다. 그리스도 예수께서는 우리가 입고 있는 본성을 이 땅에서 사람들 사이에서 입고 계셨습니다. 그리고 마침내 천국으로 가셨습니다. 여러분은 그의 신성을 믿습니다. 그의 신성과 그의 인성을 혼합시키지 않도록 주의하십시오. 그리스도는 신격화 된 인간도 아니었고 또 인간화 된 하나님도 아니었다는 것을 기억하십시오. 그는 완전한 하나님이셨습니다. 그리고 동시에 완전한 사람이셨습니다. 그리고 모든 면에서 그의 형제들과 같았습니다. 잠시 동안 이 진리에 대하여 생각해 보십시다. 왜냐하면 본문이 그것을 설명하고 있기 때문입니다. 그는 인간인 어머니에게서 태어났고 다른 어린아이들과 마찬가지로 강보에 싸여져 있었습니다. 그리고 그는 태어날 때부터 여러분과 같은 완전한 사람이셨습니다. 다음과 같은 점을 제외하고는 그는 어떤 면에서도 여러분과 다르지 않았습니다. 즉, 그는 결코 하나님을 떠나서 방황하지도 않았으며, 그의 계명들을 어기지도 않았습니다.

그리고 그는 인간들 속에 들어 있는 원죄라는 세습적 오점에 의해서도 더럽혀지지 않았습니다. 그는 여러분의 마음을 슬프게 하는 그런 우울함도 아셨습니다. 여러분의 본성의 유혹들이 그를 공격했습니다. 사람들과 마귀들이 그에게 영향을 끼치려고 했습니다. 그는 지구상의 모든 외적인 물리적 환경에 순응하셨습니다. 예수님 위에 소나기도 내렸고 그 소나기가 그의 옷을 적시기도 했습니다. 그의 위에 불타는 태양이 꺼지지 않는 열기를 퍼부었습니다. 외로운 산기슭에서 그의 거룩한 몸 위에 이슬이 내려 그의 머리가 젖었습니다.

그리고 그의 머리털에는 물방울이 맺혔습니다. 그에게도 가난과 배고픔과 갈증과 비난과 중상과 배신이 있었습니다. 바다는 우리들에게 그렇게 하듯이 주님이 타신 배를 흔들었습니다. 그리고 땅도 우리에게 그러하듯이 그에게도 가시와 엉겅퀴를 내었습니다. 그도 고난을 당하셨습니다. 그도 먹고, 수고하고, 쉬기도 하셨고, 울기도 하셨으며, 기뻐하셨습니다. 오직 죄악만을 제외하고 우리가 겪는 모든 것을 겪으셨습니다. 그는 진정한 우리의 인척이셨습니다. 허구가 아닌 실제적인 의미에서 인척이셨습니다. 여러분은 사람입니까? 예수님도 사람이셨습니다. 그것에 대해 의심하지 마십시오. 주님은 우리가 가까이 갈 수 없는 우월한 본성의 정상에 서 계신다고 생각하지 마십시오. 그는 여러분과 같은 살과 피를 가지고 있으며, 또 "위급한 때를 위하여 태어난" (잠 17:17) 형제로 생각하십시오. 그는 실제로 그러한 분입니다. 그는 여러분에게 오셔서 "나를 만져 보라 영은 살과 뼈가 없으되 너희 보는 바와 같이 나는 있느니라"(눅 24:39)고 말씀하십니다. 그는 여러분에게 믿음을 주셔서 못자국과 창 자국을 보게 하시고, 그가 죽은 자 가운데서 다시 살아나신 후에 구운 생선을 먹음으로써 그의 진정한 인성을 입증하시지 않으셨습니까? 그리고 바로 그 인성이 하늘로 갔습니다. 구름이 그 몸을 가리어 우리의 눈에는 보이지 않으나 그 몸은 거기에 있습니다.

"한 사람이 있었네, 진짜 사람이
그는 전에 골고다에서 죽었었네
그의 상처 입은 옆구리에서는
피와 물이 냇물처럼 흘러내렸네."

바로 그 거룩한 사람이 높이 오르셔서 그의 아버지의 보좌에 앉아 계십니다. 이것을 믿으십시오. 그러면 여러분은 그가 어떻게 여러분의 뼈 중의 뼈요 살 중의 살인지를 알게 될 것입니다.

그리고 그의 본성이 여러분의 본성과 같듯이 어떤 의미에서는 그가 여러분의 본성을 그의 본성과 같게 만드셨습니다. 왜냐하면 여러분은 다시 태어났으며, 고귀한 생명을 선물로 받았기 때문이라는 사실을 기억하시기 바랍니다. 여러분은 과거에는 육적이었습니다. 그러나 그가 여러분을 영적으로 만드셨습니다. 그의 성령이 여러분에게 임하기 전에는 여러분이 그의 잔을 마실 수 없었고, 그의 세례로 세례를 받을 수 없었습니다. 그러나 이제 여러분은 "신성한 성품에 참여하는 자들"이 되었습니다. 이 말은 참으로 강하지만 성경적인 표현입니다. "너희가 정욕 때문에 세상에서 썩어질 것을 피하여 신성한 성품에 참여하는 자가 되게 하려 하셨느니라"(벧후 1:4). "우리가 흙에 속한 자의 형상을 입은 것 같이 또한 하늘에 속한 이의 형상을 입으리라"(고전 15:49).

이제 여러분은 영적인 사람으로서 기도하는 중에 하나님께 부르짖습니다. 그리고 그가 이곳에 계셨을 때, 그도 그렇게 하셨습니다. 지금 여러분은 하나님과 함께 하려고 애쓰면서 고뇌 가운데 있습니다. 그리고 주님도 역시 그랬습니다. 그러나 피와 같은 땀은 그의 대속적 사역의 일부분이었습니다. 그는 이 사역을 감당하시면서 홀로 포도주 틀을 밟았습니다. 그의 양식은 자기를 보내신 분의 뜻을 행하는 것이었습니다. 그리고 그 양식은 여러분의 것이기도 하다고 나는 믿습니다. 하여튼 여러분이 주님의 것이라면 그렇게 되어야 합니다. 그는 하나님을 위해서 살았습니다. 그는 사람들을 사랑하기 위해서 살고 또 죽으셨습니다. 그리고 하나님과 사람들에 대한 동일한 사랑이 비록 미약하기는 하지만 여러분의 가슴속에서도 불타고 있습니다. 그러므로 여러분은 그의 은혜로 그의 도덕적 · 영적 성품에 참여하게 되었습니다. 그리고 여러분은 그의 모습을 닮기 전에는 결코 만족하지 않을 것입니다. 그러나 여러분이 그의 모습을 닮아서, 그가 여러분을 보시고 여러분이 그를 볼 때에는, 여러분은 "그 몸의 지체"가 될 것입니다.

> "우리를 위하여 하늘에서 내려오신 것은
> 당신의 놀라운 은혜였습니다.
> 당신은 혈육을 입으시고
> 우리의 모든 슬픔을 맛보셨습니다.
>
> 지금은 영광 가운데 승천하셨으나
> 여전히 우리와 하나이십니다.
> 그 어떤 생명이나, 죽음이나, 깊음이나, 높음도
> 당신과 성도들 사이를 갈라놓을 수 없습니다.
>
> 오, 주님이시여, 이 놀라운 신비를 알고
> 소유할 수 있도록 우리들을 가르치소서.
> 당신과 우리는 진실로 하나입니다.
> 그리고 우리는 당신과 더불어 하나입니다!
>
> 당신의 보좌에 앉을 영광스러운 날이
> 곧 다가올 것입니다.
> 놀라워하는 세상을 향하여
> 당신과 우리가 하나라는 것을 보여주실 것입니다."

그러므로 본성의 유사성은 본문이 가르치는 첫 번째 의미입니다.

형제들이여, 나는 여러분들이 엄숙한 마음가짐과 주의력을 집중하여 그 사다리의 좀 더 높은 단계를 주시하시기를 기도합니다. 본문의 내용은 둘째로, 친밀한 관계를 의미합니다. 만약에 아담이 그 여인이 사라져 버리거나 혹은 다른 사람의 아내가 될 것이라고 생각했다면, 그가 그토록 힘 있게 "이는 내 뼈 중의 뼈요 살 중의 살이라"(창 2:23)고 말하지 못하였을 것이라고 나는 생각합니다. 그녀가 자기의 내조자가 되고, 또 그들이 가장 친밀한 교제의 끈으로 함께 결합되어질 것이었기 때문에 그는 "그녀는 나와 같은 뼈와 살을 가졌을 뿐 아니라, 그녀는 나의 뼈 중의 뼈요, 나의 살 중의 살이다. 그녀는 나와 친밀한 관계가 있다"고 말했습니다. 우리들에게도 참으로 가깝고 사랑스러운 혼인관계가 주어져 있습니다. 그것은 사랑하는 아내들과 같이 사는 선량한 남자들이 그들이 살아 있는 한 날마다 하나님을 찬양할 만한 축복입니다. 결혼과 안식일은 낙원에서부터 우리들에게 내려온 태곳적 사랑의 두 가지 선택된 은혜의 선물들입니다. 결혼은 우리의 외적인 생활을 축복해 주며, 안식일은 우리의 내적인 생활을 축복해 줍니다. 하나님이 정해 주신 관계를 통해서 우리가 받은 기쁨과 또 진실하고 순수한 평화는 참으로 놀라운 것입니다. 우리가 우리들 자신의 분신인 사람의 사랑스러운 이름을 부를 때마다 우리들은 하나님을 송축하지 않을 수 없습니다. 결혼은 죽음이 우리를 갈라놓을 때에야 비로소 끝나는 관계입니다. 아, 그러나 그런 관계도 해소될 수 있습니다. 죄악이 여기에까지 침범해 들어옵니다. 어두운 범죄가 범해질 수 있습니다.

그러나 그런 예외가 있기는 하지만 결혼은 일생 동안 지속됩니다. 오직 죽음만이 갈라놓을 수 있습니다. 이제 그 결혼에 대해 생각해보십시오. 오, 여인들이여, 여러분과 여러분의 남편의 관계, 오, 남자들이여, 여러분과 여러분의 아내의 관계, 그와 같은 관계가 여러분들이 주 예수 그리스도를 믿는 신자가 될 때에도 이루어지는 것입니다. 그것은 우리가 생각할 수 있는 것 중에서 가장 가깝고, 가장 사랑스럽고, 가장 밀접하고, 가장 강렬하고, 가장 지속적인 관계입니다. 나는 우리들과 하나님의 관계가 자녀와 부모의 관계와 같음을 인하여 영원히 하나님을 사랑하고 송축합니다. 여러분은 다음의 말씀을 눈물 없이 읽어 본 적이 있습니까? 나는 결코 그런 적이 없습니다. "여인이 어찌 그 젖 먹는 자식을 잊겠으며 자기 태에서 난 아들을 긍휼히 여기지 않겠느냐 그들은 혹시 잊을지라도 나는 너를 잊지 아니할 것이라"(사 49:15). 아무튼 본문 중에서 선언된 관계 속에는 좀 더 밀접한 친밀감이 있습니다. 사도가 우리의 사랑하는 주님과 우리의 관계를 머리와 몸의 관계로 잘 표현한 그 말과 결혼한 부부의 관계는 서로 동질성이 있기 때문입니다. 어린아이가 갓난아이일 때에는 어머니의 감정을 알 수 없습니다. 갓난아이는 어머니의 감정에 훨씬 미치지 못합니다. 그러나 아내는 남편과 의사소통을 합니다. 그녀는 남편의 수준까지 올라갑니다. 그녀는 그의 근심과 슬픔, 기쁨과 성공에 함께 동참합니다. 그리고 그들의 부부의 결합에서 비롯되어진 친밀감은 가장 밀접한 것입니다. 이와 같이 부부의 관계와, 신자의 영혼과 주 예수님 사이에 존재하는 관계는 서로 동질성을 가집니다. 사랑하는 부부들이 서로 아름다운 말로 사랑을 표현하는 것은 아주 잘하는 일입니다. 노래의 가사를 인용하여 말하기도 합니다. "내게 입맞추기를 원하니 네 사랑이 포도주보다 나음이로구나"(아 1:2). 이 구절은 그녀가 원하는 관계를 말로 표현할 필요가 없는 것처럼 묘사되고 있습니다. 그러나 그녀는 그 사랑의 달콤함을 즐기기를 간절히 원하고 있었습니다. 나의 형제들이여, 나는 여러분들이 주님과 그러한 사랑을 누리기를 기도합니다. 비록 여러분이 이 세상에서는 가난할지라도, 비록 고아일지라도, 이 큰 도시에서 외로운 사람일지라도 여러분은 "나는 이제 더 이상 고아가 아니다, 나는 이제 더 이상 외롭지 않다, 나의 창조주가 나의 남편이다, 만군의 여호와가 그의 이름이며, 나의 구원자는 이스라엘의 강력한 분이시다. 그리고 나는 오늘부터 그의 뼈 중의 뼈요, 그의 살 중의 살임을 기뻐할 것이다"라고 느낄 수 있습니다. 이와 같이 본문 가운데에는 본성의 유사성과 친밀한 관계가 분명하게 나타나 있습니다.

그러나 나는 세 번째 깊은 의미를 분명하게 파악합니다. 그것은 아담의 말을 통해서 알 수 있듯이 참으로 신비스러운 추출(抽出)입니다. 아담은 자기가 자고 있는 동안에 그에게 생긴 일을 알지 못했을 것입니다. 그는 아무것도 알지 못했을 것입니다. 그러나 그는 자기에게 일어난 일에 대해서 추측할 수 있도록 신비스러운 깨우침을 받았던 것으로 보입니다. 내가 생각하기로는 그렇다는 뜻입니다. "이는 내 뼈 중의 뼈요" — 아담에게서 갈비 뼈 하나를 취했기 때문입니다. "살 중의 살이라" — 하와가 아담에게서 나왔기 때문입니다. 어쨌든 아담은 하와가 자기에게서 나왔다는 것을 알았던 것 같습니다. 그가 그것을 알든지 모르든지 간에 그리스도께서는 그의 배우자의 기원을 알고 계십니다. 그는 자기의 교회가 어디에서 왔는지를 알고 계셨습니다. 그의 옆구리에는 여전히 상흔이 있습니다. 그의 손바닥과 그의 발에도 기념의 상처가 있습니다. 이 새로운 하와, 모든 살아 있는 자들의 어머니가 어디에서 왔습니까? 두 번째 아담의 이 배우자는 어디에서 왔습니까? 그녀는 두 번째 아담에게서 나왔습니다. 그녀는 그의 심장에 가까운 그의 옆구리에서 나왔습니다. 여러분은 "한 알의 밀이 땅에 떨어져 죽지 아니하면 한 알 그대로 있고 죽으면 많은 열매를 맺느니라"(요 12:24)는 말씀을 읽어 본 적이 있으리라 믿습니다. 만약에 예수님이 죽지 않으셨다면 그는 홀로 있었을 것이며, 그의 내조자가 되고 그와 교제를 나눌 수 있는 사람도 없었을 것입니다. 그러나 그가 죽으셨기에 그는 많은 열매를 맺으셨습니다. 그리고 그의 교회가 그에게서 나왔습니다. 바로 그와 같은 의미에서 교회는 그의 뼈 중의 뼈요 살 중의 살입니다. 내가 말하는 교회란 무엇이냐고 누군가가 물어봅니다. 내가 졸업식에서도 설명했듯이, 교회란 하나님의 모든 백성들, 구원받은 모든 사람들, 그리고 모든 신자들을 의미합니다. 여러분은 내가 교회를 로마의 매춘부를 의미한다고 생각하십니까? 하나님은 그리스도께서 그런 교회와 교제하는 것을 금하십니다! 어떻게 그리스도께서 그런 교회를 혐오감이 없이 바라볼 수 있겠습니까? 그리스도께서 오늘날 사람들이 교회라 부르는 정치적으로 지원받는 단체를 교회라고 하신 것입니까? 아닙니다. 그들이 어디에 있든지 간에 그들이 어떤 이름으로 불리어지든 간에 그리스도께서 의미하시는 교회는 영적이고 깨어 있고 살아 있고 거룩한 사람들을 의미합니다. 이들은 마치 레위가 아브라함의 허리에서 나왔듯이 그리스도에게서 나온 사람들입니다. 그들은 그에게서 생명을 받았기 때문에 삽니다. 그리고 오늘날 그들은 그들 자신에 대해서 죽었습니다. 그들의 생명은 그리스도와 함께 하나님 안에 감추어졌습니다. 이와 같이 본문은 교회가 신비스럽게 그리스도에게서 추출된 것에 대해 깊이 묵상하도록 인도합니다.

　　시간이 너무 빨리 지나가고 있습니다. 그러나 나는 본문 중에는 이것 이상의 내용이 들어 있다는 것을 확신하며 우리는 그것을 살펴보아야만 한다고 생각합니다. 네 번째로, **사랑으로 말미암은 소유**의 개념이 있습니다. 그는 "이는 내 뼈 중의 뼈요, 살 중의 살이라"고 말했습니다. 그는 그녀가 그 자신에게 속해 있으며 오직 자기에게만 속해 있다고 생각했습니다. 아담은 에덴 동산에 있는 모든 것에 대해서 이차적인 소유자에 지나지 않았습니다. 그러나 그가 그녀를 보았을 때 그녀가 자기의 여인이라는 사실을 느꼈습니다. 말할 필요도 없이 그녀는 필연적인 결속에 의해서 그의 뼈요, 살이었습니다. 사랑하는 사람들이여, 이 시간 이 생각으로 인해서 여러분의 영혼이 기쁨으로 충만하게 되기를 바랍니다. 여러분은 예수님께 속한 자들입니다. 여러분은 완전히 예수님께 속해 있습니다. 보잘것없고 불분명한 세상의 것들을 사랑하지 마십시오. 여러분이 속해 있는 분에게 모든 사랑을 드리십시오. 여러분의 애정을 세상의 것에 두지 말고 그것을 모두 다 위의 것에다 두십시오. 왜냐하면 여러분은 완전히 여러분의 주님께 속해 있기 때문입니다. 여러분의 영과 혼과 육, 즉 여러분의 본성의 삼중의 왕국에 있는 모든 것을 그리스도께서 그의 보혈로 사셨습니다. 그의 배우자가 부분적으로는 어떤 다른 사람에게 속해 있다고 생각하는 것은 그 사람의 마음을 어지럽히는 어두운 생각입니다. 그런 일은 있을 수 없습니다. 여러분은 여러분의 주님의 질투심을 일으킬 것입니다. 여러분은 행동이나 말로써 그렇게 하시겠습니까? 아닙니다. 오히려 오늘 저녁부터 새로운 말을 하십시오.

> "위대한 계약이 이루어졌네
> 나는 주님의 것, 주님은 나의 것
> 거룩한 음성으로 사랑을 고백하며
> 주님은 나를 이끄시고, 나는 뒤에 따라가네.

> 높은 하늘도 그 엄숙한 맹세를 듣네
> 그 새로운 맹세를 날마다 듣네
> 이 생명 다하는 그 순간까지
> 아름다운 사랑의 결속을 노래하겠네."

"너희는 너희 자신의 것이 아니라 값으로 산 것이 되었으니"(고전 6:19-20). "우리는 그 몸의 지체임이라"(엡 5:30). 우리는 완전히 주님께 속해 있습니다.

간략하게 설명하였습니다만 이세 강해를 마치겠습니다. 그러나 한 가지 문제가 더 있는데 그것이 이 말씀의 의미의 본질입니다. 우리들과 그리스도 사이에는 생명적 결합이 존재하고 있습니다. 사도 바울은 아내가 남편과 하나이듯이 우리가 그리스도와 하나라는 것을 묘사할 때, 그는 그 비유가 많은 것을 나타내 주고 있기는 하지만 모든 것을 다 나타내지는 못한다고 느꼈습니다. 그는 우리들에게, 우리가 여인과 남편의 관계보다 더욱 밀접하게 예수님과 결합되어져 있다는 사실을 알려주려고 했습니다. 왜냐하면 부부라도 결국에는 개별적으로 분리되어지기 때문입니다. 그리고 그들은 자주 개별적으로 행동합니다. 그러나 그는 여기서 "우리는 그 몸의 지체"라고 말하고 있습니다. 여기에 상상할 수 있는 모든 것 중에서 가장 밀접한 생명적 결합이 있습니다. 그것은 엄밀하게 말해서 결합이 아니라 일체입니다. 그것은 결합되어지는 것 이상의 것입니다. 그것은 일부분이 되는 것이며, 전체에 없어서는 안 되는 필수불가결한 부분입니다. 여러분은 내가 본문을 왜곡하고 사실을 과장한다고 생각하십니까? 이 말을 들어 보십시오. 사도가 교회와 그리스도에 관해서 말할 때, 교회는 그리스도의 몸이며 "만물 안에서 만물을 충만하게 하시는 이의 충만함"(엡 1:23)이라고 말했습니다. 그 말의 장엄함에 주목해 보십시오. 교회는 그리스도로 충만해야 합니다. 그리고 그리스도의 충만함이 아닌 것은 충만이라고 할 수 없습니다. 그는 그의 백성을 소유해야 합니다. 그 백성들은 그리스도께는 필수적인 존재들입니다. 만약에 구성원들이 없다면 그는 몸이 없는 머리입니다. 그의 백성이 없다면 예수님은 신하가 없는 왕입니다. 그리고 양 떼 없는 목자입니다. 그리스도에 대해 생각할 때 그의 백성들에 대해서도 함께 생각하는 것이 필수적인 일입니다. 그 백성들은 들어와야 합니다. 그들은 우리 주 예수 그리스도와 모든 면에서 하나입니다.

그러나 우리가 어떻게 그리스도와 더불어 하나가 됩니까? 아, 형제들이여, 할 말은 많지만 내가 말로써는 다 설명할 수 없음이 안타깝습니다. 나는 여러분도 그것을 느끼고 다만 예수님과 그의 성도들의 생명적 결합의 사실로 인해 위로를 받기 바랍니다. 여러분은 주님께 대하여 다음과 같은 심정을 느껴 본 적이 있을 것입니다.

> "나는 나의 가슴으로 당신의 모든
> 한숨과 신음을 느끼나이다.
> 당신이 내게 가까이 계시고
> 또 나의 살이요, 나의 뼈가 되시기 때문입니다.
> 모든 고뇌로 인하여
> 당신의 머리는 아픔을 느낍니다.
> 그러나 그것들은 모두 다 필수적인 것들이며
> 헛된 것은 하나도 없나이다."

오, 이것을 아십시오. 여러분은 시련을 당하고 유혹을 당하는 사람들입니다. 여러분은 불쌍하게도 가난에 찌든 하나님의 백성들입니다. 비록 날씨가 나쁘기는 하지만 여러분은 오늘 밤 이곳으로 오지 않을 수 없었습니다. 여러분은 영적인 양식이 있어야 하기 때문에 여러분은 주님을 그토록 갈망했습니다. 지금 이 양식을 취하여 먹으십시오. 여러분은 그리스도와 더불어 하나입니다. 여러분은 "그의 죽으심과 합하여 세례를 받음으로 그와 함께 장사"(롬 6:4)되었습니다. 그리고 그와 더불어 부활했습니다. 여러분은 그와 더불어 십자가에 못 박혔습니다. 여러분은 그와 더불어 하늘로 올라갔습니다. 그가 우리를 함께 일으키시어 그리스도 예수 안에서 천국의 처소에 함께 앉도록 만들어 주셨기 때문입니다. 그리고 또 여러분은 반드시 그가 계신 곳에 그와 함께 실제적으로 있게 될 것이며, 그의 영광을 보게 될 것입니다. 여러분은 그리스도와 하나입니다.

이제 마치 꽃다발 속에 둔 다섯 송이의 아름다운 꽃들과 같이 이 다섯 가지의 진리들을 한데 묶어 봅시다. 향기로운 양념과 같이 그것들을 섞어 봅시다. 그리고 그것들을 한 묶음의 유향이 되게 하고 몰약이 되게 합시다. 밤새도록 여러분의 가슴에 품고 있어서 여러분에게 휴식을 제공해주고 또 여러분의 휴식을 향기롭게 만들어주도록 합시다. 여러분과 주님 사이에는 본성의 유사성이 있으며, 친밀한 관계성이 있습니다. 여러분은 주님에게서 신비스럽게 추출되어졌습니다. 그리고 그는 여러분을 사랑의 소유물로 만드셨으며, 또 여러분과 생명적 결합이 되었습니다.

이제 우리는 그의 왕국의 포도주가 어떤 것인가를 알아보기 위하여 포도주 틀에서 포도송이들을 밟는 동안에 에스골의 포도송이들에서 흘러나오는 즙을 취할 시간이 조금밖에 없습니다.

2. 둘째로, 본문의 말씀은 우리에게 무엇을 보증하고 있습니까?

첫째로, 본문은 그리스도와 더불어 하나가 된 모든 사람들의 영원한 안전을 보증해 줍니다. 여러분은 우리가 자주 사용하는 다음과 같은 비유를 알고 있습니다. 사람의 머리가 물에서 벗어나 있을 때에는 그의 발을 익사시킬 수 없다는 말이 있습니다. 그러므로 나의 머리가 되시는 그리스도께서 영광 중에 계시는 한, 비록 내가 그의 발에 지나지 아니하고 진흙 속에 밟힐지라도 나를 익사시킬 수 없습니다. "내가 살아 있고 너희도 살아 있겠음이라"(요 14:19)고 하셨습니다. 여러분들은 모두 다 그리스도와 더불어 하나입니까? 그의 몸의 지체들을 잃은 그리스도의 모습을 생각하면 기괴하고 또 동시에 무시무시합니다. 그가 마치 그의 지체를 잘라버리고 곧 새로운 지체를 생겨나게 하는 어떤 수상동물과도 같이 그의 지체를 바꾸실까요? 둘째 아담이신 그리스도께서는 그렇게 하지 않으십니다. 그가 그의 지체를 잃으실 수 있을까요? 그가 하나의 지체라도 잃을 수 있을까요? 혹은 그가 모든 지체를 잃을 수도 있을까요?

"만약에 그리스도의 양이

떨어져 나가는 일이 있을 수가 있다면
변덕스럽고 연약한 나의 영혼은
하루에도 수천 번 씩 떨어져 나갈 것입니다."

그러나 다음의 말씀 속에 우리의 안전이 있습니다. "내가 그들에게 영생을 주노니 영원히 멸망하지 아니할 것이요 또 그들을 내 손에서 빼앗을 자가 없느니라"(요 10:28). 나는 어떤 사람들이 이 복된 진리를 가지고, 그리스도인은 자기가 좋아하는 대로 멋대로 살아도 안전하다고 사악한 거짓말로 왜곡시키는 일이 있다는 것을 알고 있습니다. 성경 어디에서도 그와 같은 교리는 발견할 수 없습니다. 성도의 안전에 대한 교리는 그것과는 전혀 다른 것입니다. 진정한 교리는 다음과 같은 내용입니다. 즉, 거듭난 사람은 하나님이 기뻐하시는 대로 살 것이며, 그가 그의 주님의 복된 안전에 도달하고, 또 영광에서 영광으로 나아가 영원히 그 영광을 소유하게 될 그 형상으로 변화될 때까지 거룩함을 지키려고 노력하고, 또 그의 길을 고수하는 것입니다. 나는 그것을 알지 못하는 사람들이 불쌍합니다. 그러나 나는 그들을 비난하지는 않겠습니다. 나는 그리스도와 더불어 하나가 된 모든 영혼의 안전을 믿는 데에는 강력한 이유가 있다는 것을 압니다.

둘째로, 그러나 나는 여기에서 대단히 아름다운 생각을 발견합니다. 만약에 내가 그리스도와 하나라면 나는 무엇보다도 그의 사랑을 누리고 있습니다. 지난 토요일 저녁에 나는 여러분에게 설교하기 위해서 이 본문에 대해 깊이 생각하고 있었습니다. 그러나 나는 쓰라린 고통을 느꼈습니다. 나는 내가 설교를 할 수 없다고 느꼈습니다. 그래서 밤새도록 뜬 눈으로 지샜습니다. 그러나 본문에서 어떤 내용이 나를 위로해 주었는지 아십니까? 그것은 바로 가까이에 있는 다음의 구절이었습니다. "누구든지 언제나 자기 육체를 미워하지 않고"(엡 5:29). 나는 그 말씀을 붙잡았습니다. 그리고 나의 슬픈 마음은 "분명히 사람이신 그리스도 예수께서는 결코 그 자신의 육체를 미워하지 않으셨다"라고 소리쳤습니다. 만약에 우리가 그의 몸과 그의 살과 그의 뼈의 지체들이라면, 그는 징계하시고 교정하시고 세게 때리시고 날카로운 아픔을 주시고, 또 우리들로 하여금 울부짖게 만들 것입니다. 그는 우리를 불 속에도 밀어넣으시고 일곱 배나 더 뜨거운 풀무불로 뜨겁게 하실 것입니다. 그러나 그는 결코 자기 자신의 육신을 무시하거나 증오할 수 없습니다. 그의 마음속에는 여전히 사랑이 있습니다. 나는 나의 몸의 어떤 부분도 미워하지 않습니다. 심지어 그것이 아플 때에도 그러합니다. 나는 내 몸을 미워하지 아니하고 사랑합니다. 내 몸은 나 자신의 일부분입니다. 그리고 예수님께서도 그와 같이 그의 백성들을 사랑하십니다. 여러분들이 그의 백성이라고 불리어지기에 합당하지 않다고 느끼지만, 그럼에도 불구하고 그의 사랑이 여러분에게로 향하신다는 사실을 알아야 합니다. 불쌍한 죄인들이여, 여러분의 불완전을 경멸하십시오. 그러나 그는 세상에 있는 그 자신의 백성들을 사랑하셨으며, 끝까지 그들을 사랑하셨습니다. 그리고 그는 "아버지께서 나를 사랑하신 것 같이 나도 너희를 사랑하였으니 나의 사랑 안에 거하라"(요 15:9)고 말씀하셨습니다.

우리들의 주제에는 또 다른 매혹적인 내용이 있습니다. 사도 바울은 계속해서 말합니다. "누구든지 언제나 자기 육체를 미워하지 않고 오직 양육하여 보호하기를 그리스도께서 교회에게 함과 같이 하나니"(엡 5:29). 오, "양육하여"라는 이 말씀은 얼마나 아름다운지요! 여러분은 복음을 들을 수 없는 지역에서 살고 있습니까? 좋습니다. 그렇다면 복음의 주님에게로 가서 그에게 "주여, 당신 자신의 몸을 미워하지 마소서. 다만 나를 양육하소서"라고 말하십시오. 여러분은 잠시 동안이라도 그리스도의 방문을 받지 않고 지낸 적이 있습니까? 여러분은 그의 얼굴빛을 잃어버렸습니까? 양육되어지는 것으로 만족하지 마십시오. 더 나아가 보호를 요청하십시오. 사랑의 징표를 요구하십시오. 부드러운 말씀을 요구하십시오. 성도들만 알고 성도가 아닌 다른 사람들은 아무도 모르는 은밀한 보호의 수단을 요구하십시오. "여호와의 친밀하심이 그를 경외하는 자들에게 있음이여 그의 언약을 그들에게 보이시리로다"(시 25:14). 가서 이와 같은 두 가지 형태의 사랑을 간구하십시오. 그러면 여러분은 양육되어지고 보호를 받게 될 것입니다. 훌륭한 남편은 단지 많은 빵과 고기를 집으로 가지고 와서 그것을 던지며, "여기 있다. 이것이 너희들을 양육할 것이다"라고만 말하지 아니합니다. 거기에는 부드러운 말과 친절한 행동이 있는데, 그는 그것으로 양육하고 보호합니다. 그리고 여러분의 주님께서도 여러분에게 세상이 알지 못하는 먹을 양식을 가져다주실 뿐 아니라 그의 사랑에서 나오는 친절과 수많은 자비와 함께 여러분을 보호해 주실 것입니다. 그는 우리를 푸른 초장에 눕게 하시고 우리들을 잔잔한 물가로 인도하시며, 목자로서 그의 양 떼들을 부드럽게 돌보아 주십니다. 그러므로 여러분의 양육과 보호가 확실하게 보장되었음을 기뻐하십시오.

나는 내가 이것에 대해 많은 이야기를 함으로써, 여러분을 더 이상 오랫동안 붙잡아 놓지 않을 것입니다. 만약에 우리가 그 몸의 지체라면, 언젠가는 그가 우리들을 "티나 주름 잡힌 것이나 이런 것들이"(엡 5:27) 없게 해주실 것입니다. 왜냐하면 완전한 육체는 그렇게 되어야 하기 때문입니다. 아, 우리의 흠은 너무나 많습니다. 그리고 슬프게도 그것은 우리들의 아름다움을 망쳐 놓습니다. 형제들이여, 나는 나의 흠에 대해서 생각하기를 좋아합니다. 나는 내가 작은 반점까지도 가지고 있지 않기를 바랍니다. 아, 우리의 주름들, 그것들에 대해서 가볍게 이야기하지 맙시다. 사랑하는 사람에게 단 하나의 흠이 있어도 그것은 가장 슬픈 일입니다. 사람이 자기 자신의 주름을 보지 못하고 또 그가 그것들에 대해서 슬퍼하지 않을 때, 그것은 모든 것 중에서 가장 추악한 주름이 될 것입니다. 그러나 티와 주름들이 있습니다. 나는 우리가 "예, 그런 것들이 있습니다. 그리고 그런 것들은 그곳에 반드시 있어야 합니다"라고 말하지 않기를 바랍니다. 사랑하는 자들이여, 그런 것들은 그곳에 있어서는 안 됩니다. 우리들에게는 죄가 없어야 합니다. 반드시 있어야 할 것은 죄가 아닙니다. 만약에 우리가 주님을 올바르게 섬기려 한다면, 우리들은 결코 죄를 범해서는 안 됩니다. 우리들의 생활은 완전해져야 합니다. 그러므로 티와 주름이 여전히 나타날 것이라는 사실은 우리들의 매일의 짐입니다. 그러나 다음과 같은 사실이 우리들에게 위로가 됩니다. 즉, 그가 언젠가는 우리들에게 거룩하고 흠이 없으며 "티나 주름 잡힌 것이나 이런 것들이"(엡 5:27) 없게 해주실 것입니다.

> "오, 영광스러운 시간, 오, 복된 자리여
> 나는 하나님 가까이에 있을 것이고
> 하나님을 닮을 것입니다.
> 그의 완전한 형상을 더럽히는 티나 주름도
> 남아 있지 않을 것입니다."

이와 같은 상태, 즉 하늘의 형상을 입고 또 우리들의 신랑이 완전하듯이 우리들도 완전해지는 상태에 도달하는 것은 정말로 복된 일일 것입니다. 그러므로 우리들은 그리스도께서 가지고 계신 모든 영광에 참여하게 될 것입니다. 여러분은 전쟁도 하지 않고 그냥 되돌아온 전사를 존경할 수 없습니다. 그리고 또 그에게 "위대한 장군이여, 우리들은 당신을 존경합니다"라고 말하지도 않습니다. 그러나 자기 나라를 위해서 싸우고 또 승리한 사람에게는 진심으로 존경합니다. 그리고 주님께서 마지막에 그의 모든 사역을 끝마치시고, 또 그가 시도한 모든 싸움을 끝마치시고 승리하사 그의 완전한 기쁨으로 들어가실 때에, 우리들도 주님의 기쁨에 참여할 것입니다. 그가 보좌에 앉아 계십니까? 우리도 그의 보좌에 앉을 것이라고 말씀하셨습니다. 그가 승리하셨습니까? 우리도 역시 종려나무 가지를 들 것입니다. 우리들은 그가 가지신 것이면, 그것이 어떤 것이든지 그와 동참하게 될 것입니다. 우리들은 하나님의 상속자요, 예수 그리스도와 함께 한 상속자가 아닙니까? 우리들 안에서 나타날 영광에 대해서 생각하면 나의 영혼은 기뻐서 내 육신을 박차고 뛰쳐나올 것만 같습니다. 바울이나 베드로 안에서 뿐 아니라, 우리들 안에서도 나타나게 될 영광에 대해서 생각하면 그렇습니다. 날마다 연약함과 시련으로 어려운 투쟁을 하는 가련한 사람들이여, 여러분도 그가 계신 곳에 그와 더불어 같이 있게 될 것이며 영원히 그의 영광을 보게 될 것입니다. "그리하여 우리가 항상 주와 함께 있으리라 그러므로 이러한 말로 서로 위로하라"(살전 4:17-18).

> "그리스도와 우리가 하나인데
> 왜 의심하거나 두려워하리요.
> 그가 하늘에 그의 보좌를 정하셨다면,
> 그의 지체들도 그곳에 데려가실 것이네."

이와 같은 정신으로 성만찬의 식탁으로 오십시오. 그리고 그곳에서 여러분의 주님을 발견하십시오. 그러나 만약에 여러분이 그를 믿지 않는다면, 그의 피가 결코 여러분에게 있지 않다면, 여러분은 이미 저주를 받은 것입니다. 하나님의 아들을 믿지 않았기 때문입니다. 그리고 나는 여러분들이 "내가 일어나 아버지께 가서 이르기를 아버지 내가 하늘과 아버지께 죄를 지었사오니"(눅 15:18)라고 말하기 전에는, 오늘 밤 여러분의 침대가 돌처럼 차갑고 단단하며, 여러분의 눈이 잠을 잊어버리고, 여러분의 마음이 안식을 알지 못하기를 기도합니다. 그러므로 예수님을 중보자로 모시고 은혜의 보좌로 가까이 나아가십시오. 가서 그의 피와 공로를 간구하십시오. 그러면 여러분은 살 것입니다. 그러면 여러분도 역시 "우리가 그 몸의 지체"라고 말하는 성도들 속에 함께 참여할 수 있을 것입니다. 아멘. 아멘.

제
23
장

—

믿음의 방패

—

"모든 것 위에 믿음의 방패를 가지고 이로써
능히 악한 자의 모든 불화살을 소멸하고" — 엡 6:16

　　스파르타 사람들과 같이 모든 그리스도인들은 전사로 태어났습니다. 공격을 받는 것은 그의 운명이요, 공격을 하는 것은 그의 의무입니다. 그의 인생의 일부분은 방어적 전투로 채워집니다. 그는 성도들에게 단번에 주신 믿음을 열심히 방어해야 합니다. 그는 마귀의 간계에 대항해야 합니다. 그리고 그 모든 일을 마친 후에 여전히 일어서야 합니다. 그러나 만약에 그가 방어만 한다면 그는 가련한 그리스도인에 지나지 않을 것입니다. 그는 그의 원수들의 공격을 받을 대비를 해야 할 뿐 아니라 그들을 공격하는 자가 되어야 합니다. 그는 다윗과 같이 "나는 만군의 여호와의 이름 곧 네가 모욕하는 이스라엘 군대의 하나님의 이름으로 네게 나아가노라"(삼상 17:45)고 말할 수 있어야 합니다. 그는 혈과 육을 대항해서 싸우는 것이 아니라, 영적인 적대세력에 대항해서 싸워야 합니다. 그는 그의 전투를 위한 무기를 가지고 있어야 합니다. 그것은 육적인 것이 아니라 "성곽도 무너뜨리는 하나님의 능력"입니다. 그러나 비록 그가 그렇게 함으로써 잘 보호되어지고, 그의 처소가 큰 힘을 가진 요새라 할지라도, 그는 그 성채 안에 사는 것으로 만족해서는 안 됩니다. 그는 적의 성을 공격하러 나아가야 합니다. 그리고 그 성을 무너뜨리고 그 땅에서 가나안 족속들을 몰아내야 합니다. 그리스도인들은 여러 가지 방법으로 자기가 전사라는 특성을 망각하고 있습니다. 아, 그래서 비록 그들이 그리스도인이라 할지라도 우리의 구원의 대장께서 그의 제자들을 불러 모으시는 매일의 전투에 대해서 거의 알지 못하는 사람들이 많습니다. 다윗 왕에게 가장 가까이 가는 사람들은 전투에 대해서 가장 잘 알 수 있을 것입니다. 그들은 그가 수금을 연주하면서 사울의 궁전에 있었으며, 백성들 앞에서 출입하고, 또 신중하게 행동하였기에 "온 이스라엘과 유다는 다윗을 사랑하였으니 그가 자기들 앞에 출입하기 때문이었더라"(삼상 18:16)는 말을 들었을 때 그의 사람들은 그와 함께 있는 것으로 만족하지 않았습니다. 다윗이 법률적 지위를 박탈당했을 때, 그의 성품이 모든 교만한 자들의 코에 악취가 되었을 때, 그 당시 하나님으로부터 나온 것이 아니라 사람의 힘에 근거한 세속적 종교의 표상이었던 사울 왕이 다윗의 생명을 찾기 위해서 다윗을 추적할 때, 아둘람 동굴로 다윗과 함께 기꺼이 가기를 원했던 사람들입니다. 그러므로 불경건하고 비뚤어진 세대 중에서 그리스도를 따르려는 사람들은 즉시 그곳에서 나와 구별되어져야 합니다. 그들의 생활은 납달리 사람들의 생활과 같아져야 할 것입니다. 납달리 사람들은 평지의 산당에서 죽기까지 그들의 생명을 아끼지 않았습니다.

여러분은 요나단을 기억할 것입니다. 그는 하나님의 말씀 중에 나오는 가장 아름다운 사람들 중의 한 사람이었는데 그에 대해서는 별로 할 말이 없습니다. 그러나 그의 생활은 그가 다윗을 버린 바로 그 순간부터 영광스럽지 못했습니다. 그리고 그의 시체는 이슬도 내리지 않는 길보아 산 위에 블레셋 사람들의 시체들 사이에 있었습니다. 아, 불쌍한 요나단이여, 그는 다윗에게 그의 활을 줄 수는 있었습니다. 그러나 그는 다윗을 위하여 활을 당겨줄 수는 없었습니다. 그는 다윗에게 그의 겉옷과 갑옷까지도 줄 수 있었습니다. 그러나 그는 다윗을 위하여 그 갑옷을 입을 수는 없었습니다. 그에게 있어서 그의 아버지의 궁전의 매력은 너무나 큰 것이었습니다. 그래서 그는 그곳에서 머물렀습니다. 성령께서 다윗과 함께 아둘람 동굴에 있었던 용사들의 이름을 기록한 역대기 속에서 우리들은 요나단의 이름을 발견할 수 없습니다. 우리들은 다윗에게 한 잔의 베들레헴의 우물물을 가져다주기 위해서 블레셋 진영을 돌파한 용사들의 이름을 발견할 수 있습니다. 우리들은 겨울에 함정으로 내려가서 사자를 때려잡은 사람의 이름을 발견할 수 있습니다. 그러나 요나단은 하나님의 군대와 같이 위대한 군대의 목록에 기록되어지는 영예를 갖지 못했습니다. 그런데 오늘날에도 그와 같은 종류의 그리스도인들이 있습니다. 그들은 연약한 신앙을 가지고 있습니다. 그것은 역경을 회피하는 신앙입니다. 즉, 바람만 불어도 고개를 숙이는 갈대와 같은 신앙입니다. 폭풍 가운데서도 높이 서 있고 태풍 속에서도 승리의 기쁨으로 나뭇가지로 소리를 내는 백향목과 같은 신앙이 아닙니다. 그와 같은 사람들은 아둘람 동굴에서 다윗을 피해 달아난 사람들과 같이 영광에 참여하는 믿음이 부족합니다. 비록 구원을 받아도 그들의 이름은 위대하신 사령관을 위하여 기꺼이 모든 것을 희생하고 진영 밖으로 나가 싸운 용사들 사이에서는 발견되지 않을 것입니다. 세상에서 깨끗이 떠나고 또 교회를 세우는 일에 부지런히 참여하는 그리스도인들은 다른 사람들보다 더욱 많은 싸움을 해야 합니다. 여러분들은 느헤미야 시대에 유대인들이 예루살렘 성벽을 쌓을 때 그들이 어떻게 일을 했는지 기억하실 것입니다. 그들은 한 손으로는 미장이들이 사용하는 흙손을 들고 다른 한 손으로는 무기를 들었습니다. "건축하는 자는 각각 허리에 칼을 차고 건축하며"(느 4:18). 더구나 성벽을 따라서 숙련된 석공들이 있었으며, 모든 일꾼들이 실제로 참여했습니다. 또한 여러분들은 여기저기에 나팔을 불 준비를 하고 있는 파수병들도 볼 수 있습니다. 그들이 나팔을 불면 일꾼들은 전사가 되어 싸우러 달려 나가서 적군들을 쫓아냅니다. 그리스도의 교회에 대하여 부지런히 좋은 일을 하십시오.

그러면 여러분은 여러분의 대의명분을 주장할 이유를 알게 될 것입니다. 오직 여러분의 주님만을 열심히 그리고 부지런히 섬기십시오. 여러분의 일들 위에 주님의 축복이 깃들게 하십시오. 주님의 축복에는 사탄의 저주도 따라오며 하나님의 미소는 필연적으로 인간들의 미움을 사게 될 것입니다. 여러분이 세상과 조화를 이루지 않으려면 독특한 대담성이 있어야 합니다. 독특한 것이 올바른 것입니다. 예루살렘 성벽을 부지런히 건축하려면 여러분은 군사적 성격도 갖추어야 한다는 사실을 알아야 합니다. 본문은 비겁한 영혼들에 대해서보다 여러분에 대해서 더욱 크게 강조하고 있습니다. "모든 것 위에 믿음의 방패를 가지고 이로써 능히 악한 자의 모든 불화살을 소멸하고"(엡 6:16).

본문에 나타난 방패를 가장 필요로 하는 사람들의 성격에 대해서 지금까지 다루었습니다. 그러면 이제부터 우리 앞에 있는 말씀에 대해서 논의해 보기로 하겠습니다. 우리들은 다음과 같이 생각해 보겠습니다. 첫째로, 그 비유에 대해서 설명하겠습니다. 둘째로, 그 권고를 적용합시다. 셋째로, 지금 악한 자의 불화살로 특별한 공격을 받고 있는 두려워 떠는 죄인들에게 위로의 말을 해줍시다.

1. 첫째로, 그 비유에 대해서 설명하겠습니다.

여기에서 믿음은 방패로 비유되어져 있습니다. 네댓 가지 특별한 점에 있어서 믿음과 방패의 유사점을 찾아볼 수 있습니다.

그 비유의 표면에 나타나 있는 자연스러운 개념은, 믿음은 방패와 같이 우리들을 공격으로부터 보호해 준다는 것입니다. 고대인들은 여러 가지 종류의 방패를 사용했습니다. 그러나 본문 중에는 가끔씩 사용되어졌던 큰 방패에 대해서 특별히 언급하고 있습니다. 이곳에서 "방패"로 번역되어져 있는 단어가 때로는 문을 의미하기도 합니다. 그들의 방패는 문짝만큼 컸기 때문입니다. 그 방패들은 사람의 전신을 다 막아주었습니다. 여러분은 정확히 같은 개념들을 나타내주는 "여호와여 주는 의인에게 복을 주시고 방패로 함 같이 은혜로 그를 호위하시리이다"(시 5:12)라는 구절을 기억하실 것입니다. 마치 방패가 사람의 전신을 감싸주듯이 우리들의 믿음도 사람의 전신을 감싸주고, 또 그를 향해서 겨누어진 모든 화살들로부터 그를 보호해 준다고 생각합니다. 여러분들은 아들이 전투하려고 나아갈 때에 스파르타의 어머니가 자기의 아들에게 부르짖는 말을 기억할 것입니다. 그들은 "주의해서 네 방패를 꼭 가지고 돌아오너라. 그렇게 하지 않으려면 그 위에 얹혀서 돌아오너라"고 말했습니다. 그녀는 그가 죽어서 그의 방패 위에 얹혀서 돌아올 수 있다는 뜻으로 말했기 때문에 그들은 자주 죽은 사람의 관으로 사용할 만큼 충분히 큰 방패들을 사용했다는 사실을 보여주고 있습니다. 그래서 결과적으로 그 방패는 산 사람의 몸도 충분히 덮을 수 있을 만큼 대단히 큰 것이었다는 사실을 알 수 있습니다.

본문에서는 바로 그와 같은 방패를 의미하고 있습니다. 그것이 우리 앞에 있는 비유입니다. 믿음은 사람 전체를 보호해 줍니다. 사탄이 머리를 공격하게 합시다. 사탄이 불완전한 신학 개념으로 우리를 속이도록 놔둡시다. 사탄이 우리들 사이에서 진리로 받아들여진 것들을 의심하도록 우리를 유혹하게 합시다. 그러나 그리스도에 대한 완전한 믿음이 우리를 위험한 이단 사설로부터 보호해 줍니다. 또한 우리들로 하여금 우리가 받은 것, 우리가 깨달은 것, 우리가 가르침을 받은 것, 그리고 체험에 의해서 우리들 자신의 것으로 만든 것 등을 굳게 잡을 수 있도록 해줍니다. 불안정한 개념은 일반적으로 연약한 믿음에서 비롯되어집니다. 그리스도에 대한 강한 믿음을 가진 사람은 은혜의 교리를 움켜잡을 수 있는 손을 가졌습니다. 그래서 여러분들이 무엇을 하든지 간에 그 믿음을 놓칠 수 없습니다. 그는 그가 믿은 것을 알고 있습니다. 그는 자기가 받은 것을 이해하고 있습니다. 비록 사람들이 고안한 모든 계략들이 가장 교묘한 방법으로 그를 공격할지라도 그는 자기가 하나님의 진리로 알고 있는 것을 포기할 수 없고 포기하지도 않을 것입니다. 믿음은 머리를 보호해 주는 동시에 가슴도 보호해 줄 것입니다. 세상을 사랑하라는 유혹이 들어왔을 때, 믿음은 미래에 대한 생각들과 하나님의 백성을 기다리고 있는 보상에 대한 확신을 가지게 합니다. 그리고 그리스도인으로 하여금 그리스도로 인한 수모를 애굽의 모든 보화들보다 더 부요한 것으로 평가하게 해 줍니다. 그래서 마음이 보호되어지는 것입니다. 그러므로 그리스도인들이 미래의 봉사를 하지 못하도록 적이 그리스도인의 칼을 든 팔을 내리칠 때, 믿음이 방패와 같이 그 팔을 보호해 줍니다. 그래서 그는 그의 주님을 위해서 공적을 세울 수 있으며, 또 우리를 사랑하시는 분의 이름으로 나아가 정복할 수 있습니다.

화살이 그의 발을 겨누고, 적이 그의 일상생활에서 그를 걸어 넘어지게 하려고 시도하고 있고, 또 그의 올바른 걸음과 대화 가운데서 그를 오도하려고 노력하고 있다고 가정해 보십시오. 믿음이 그의 발을 보호해 주기 때문에 그는 미끄러운 곳에서도 굳게 섭니다. 그의 발이 미끄러지지 않으며 적이 그를 이길 수 없습니다. 아니면 화살이 무릎을 겨누고 있고, 사탄이 그의 기도 중에서 그를 연약하게 만들려고 하고 있으며, 사탄이 그에게 하나님은 그의 부르짖음에 귀를 막으시고 그의 탄원의 목소리를 결코 들어주지 않으실 것이라고 말한다고 가정해 봅시다. 그래도 믿음이 그를 보호해주며, 그는 믿음의 능력으로 자신 있게 하나님께 접근하며, 그의 시은좌로 가까이 나아갈 수 있습니다. 혹은 화살이 그의 양심을 겨누고 있으며, 어떤 최근의 죄악을 기억나게 함으로써 준동한다고 가정해 봅시다. 그래도 믿음은 양심을 보호해 줍니다. 왜냐하면 "그 아들 예수의 피가 우리를 모든 죄에서 깨끗하게 하실 것이요"(요일 1:7)라는 기쁜 말씀과 더불어 속죄에 대한 완전한 확신이 불화살을 소멸시키기 때문입니다. 그래서 사람의 모든 부분 중에서 안전하지 못한 부분은 없습니다. 비록 사탄이 모든 방향으로 그를 공격하려고 할 때, 그로 하여금 자기 마음대로 오게 하십시오.

> "하나님을 자기 피난처로 삼은 사람은
> 　가장 안전한 처소를 발견한 사람입니다."

믿음은 단지 사람만을 보호해 주는 것은 아닙니다. 여러분이 잠시 동안만 생각한다면 믿음은 그의 갑옷도 보호한다는 것을 암시하고 있습니다. 그는 여러 가지 사실들을 열거한 후에 "모든 것 위에"라고 말하고 있습니다. 하나님의 사람은 허리띠를 매고 호심경을 붙여야 합니다. 그리고 그는 신을 신고 투구를 써야 합니다. 그러나 비록 이것들이 모두 갑옷을 구성하고 있지만, 믿음은 그의 갑옷을 위한 갑옷입니다. 그것은 그를 위한 방어일 뿐 아니라 그의 방어물들을 위한 방어가 됩니다. 그래서 믿음은 사람을 보호해 줄 뿐 아니라 그의 은혜도 보호해 줍니다. 여러분은 이것이 어떻게 이루어지는가를 쉽게 알 수 있습니다. 사탄은 가끔 우리들의 성실성을 공격합니다. 사탄은 우리의 허리에 매여 있는 진리의 띠를 잘라버리려고 애씁니다. 그러나 믿음은 우리가 항상 성실성을 유지하게 해줍니다. 왕의 진노를 두려워하지 않고 애굽을 버리고 또 바로의 공주의 아들이라고 불리어지기를 거절한 모세와 같아져야 합니다. 또한 원수는 우리의 의에 대항하여 공격하고, 또 우리의 호심경을 부수려고 노력할 것입니다. 그러나 믿음이 개입하여 우리로 하여금 요셉과 같이 "내가 어찌 이 큰 악을 행하여 하나님께 죄를 지으리이까"(창 39:9)라고 소리칠 수 있게 해줍니다. 혹은 욥과 같이 우리들은 "죽기 전에는 나의 온전함을 버리지 아니할 것이라"(욥 27:5)고 외칩니다. 혹은 다윗과 같이 나쁜 중상모략 가운데서도 "주는 여호와시니 나를 사자의 입에서 구원해 주시고 곰의 발에서 구원해 주셨나이다. 여호와는 나를 이 블레셋 사람의 손에서도 구원해 주실 것이니이다"라고 외칠 수 있습니다. 여러분은 믿음이 어떻게 호심경을 보호하고 허리띠를 보호하는지를 압니다.

우리들의 모든 장점들은 그것들 스스로는 살아 있을 수 없습니다. 그것들은 보호해 주는 은혜가 필요합니다. 그리고 그 은혜는 믿음을 통해서 우리에게 주어집니다. 여러분은 유순합니까? 여러분의 유순함을 믿음으로 보호하십시오. 그렇지 않으면 여러분은 조급하게 말을 하게 될 것입니다. 여러분은 굳은 결심을 가지고 있습니까? 그렇다면 하나님을 신뢰함으로 여러분의 결심이 보호받게 하십시오. 그렇게 하지 않으면 여러분의 결심은 흔들리고 여러분의 확고한 마음은 무너질 것입니다. 여러분은 사랑과 온유의 정신을 가지고 있습니까? 그렇다면 믿음의 방패를 갖도록 유의하십시오. 그렇지 않으면 여러분의 온유는 분노로 바뀌고, 여러분의 사랑은 괴로움으로 변할 것입니다. 우리는 은혜들이 장식해 주는 본성뿐 아니라 은혜들 그 자체도 믿음으로 보호받아야 합니다. 머리뿐 아니라 투구도 보호를 받아야 하고, 발뿐 아니라 신발도 보호를 받아야 하며, 허리뿐 아니라 허리띠도 보호를 받아야 합니다. 이 모든 것들은 반드시 모든 것을 보호해 주는, 그리고 항상 승리하는 믿음의 방패에 의해서 보호되어야 합니다.

두 번째로, 믿음은 방패와 같이 그 사람 자신에게 가해진 타격들을 받아들입니다. 어떤 그리스도인들은 믿음이 그들로 하여금 타격을 피하게 해줄 것이라고 생각합니다. 그래서 그들이 믿음을 가지게 된다면 모든 것이 조용해지고 모든 것이 평화롭고 고요해질 것이라고 생각합니다. 나는 젊은 그리스도인들이 그렇게 생각하고 있다는 것을 압니다. 그들은 자기들이 최초로 자신의 죄악을 깨닫게 되고 또 구세주를 발견하자마자 자기들이 부드럽게 천국으로 올라가고, 또 올라가는 도중 내내 노래를 부르게 될 것이라고 생각합니다. 만약에 전투가 없다면 그들이 무엇 때문에 갑옷을 입습니까? 만약에 그들이 밭고랑을 끝까지 쟁기질 할 필요가 없다면 그들은 무엇 때문에 쟁기를 손에 잡고 힘들게 수고하여 그들의 얼굴에서 흘러내리는 땀을 닦습니까? 싸우지 않으려면 무엇 때문에 젊은이들이 군대에 가야 하나요? 좋은 환경의 군인, 즉 집에서 쉬면서 국비를 낭비하는 군인이 무슨 소용이 있습니까? 군인은 전쟁이 났을 때를 위하여 준비를 해야 합니다. 전투를 예상하는 것은 군인이라는 직업의 한 부분이요 필연적인 결과입니다.

믿음으로 무장하십시오. 그러면 그것이 타격을 막아 줍니다. 낡은 방패는 마치 폭풍에 노출된 작은 집과 같이 두들겨 맞고 부서집니다. 방패 위에 연속적으로 요란하게 타격이 가해지고 또 비록 죽음이 그 바로 옆으로 비켜 지나갈 때, 방패는 자르고 찌르는 소리를 듣지 않을 수 없습니다. 우리들의 믿음도 그렇게 해야 합니다. 그것은 잘라짐을 받아야 하고 타격을 받지 않을 수 없습니다. 어떤 사람들은 타격을 받아주는 믿음의 방패를 사용하는 대신에 비겁하게 숨어 버립니다. 그들은 그리스도를 수치스럽게 생각하여 신앙을 고백하지 않거나, 혹은 고백한다고 할지라도 그 고백 자체를 수치스럽게 생각합니다. 그들은 자기들의 독특한 색깔을 버리고 세상에 순응하여 숨어 버립니다. 아마 그들은 심지어 복음을 전하라는 부름을 들은 자들도 있을 것입니다. 그러나 그들은 부드러운 옷을 입고 왕궁에 있어야 하는 사람들과 같이 조용하고 점잖은 방법으로 그 일을 합니다. 그들은 세례 요한과는 달리 "바람에 흔들리는 갈대"와 같습니다. 그들에 대해서는 아무도 욕을 하지 않습니다. 왜냐하면 그들은 사탄의 왕국에 대해 아무런 해악도 끼치지 않았기 때문입니다. 사탄도 그들에게는 으르렁거리지 않습니다. 왜 그럴까요? 사탄은 그런 사람들을 두려워하지 않습니다. 그래서 그는 그들을 대항할 필요가 없습니다. 사탄은 "그들을 그대로 내버려 두라. 그와 같은 사람들은 수천 명이 있어도 나의 왕국을 결코 흔들지 못할 것이다"라고 말합니다. 이것은 믿음의 방패를 사용하는 것이 아닙니다. 다시 말하면 그것은 비열하게 숨는 것입니다.

다른 사람들은 추측이라는 방패를 사용합니다. 그들은 옳지 않은 것을 옳다고 생각합니다. 그래서 그들은 사탄의 공격에 대항하는 것이 아니라 우리의 영적인 전투의 무기들에 대항하여 싸우고 있습니다. 마치 뜨거운 화인을 맞은 것 같이 양심이 무디어져서 그들은 하나님의 율법의 책망을 두려워하지 않습니다. 그들은 사랑의 음성에도 둔감해져서 그리스도의 초대 앞에서도 머리를 숙이지 않습니다. 그들은 그 모든 일들을 전혀 개의치 아니하고 자기들의 방법대로 살아갑니다. 추측이 그들을 안전하게 만들어 준 것입니다. 어떤 사람들은 전혀 타격을 받지 않습니다. 그들의 방패는 평화가 없는 곳에서도 "평화, 평화"라고 말하면서 조용하게 세상을 지나갑니다. 그러나 믿음의 방패를 높이 들어올리고 피로 붉게 물든 십자가의 방패를 지니십시오. 여러분을 말에서 떨어뜨릴 준비를 하고 있는 지옥의 기사들이 많이 있습니다. 투사여, 떨어지지 마십시오. 당신과 함께 하시는 분의 이름으로 빕니다. 그 어떤 창도 그 방패를 뚫을 수 없습니다. 그 어떤 칼도 그것을 자를 수 없습니다. 그것은 모든 전투와 모든 싸움에서 여러분을 보호해 줄 것입니다. 여러분은 그 방패를 집으로 가지고 올 수도 있을 것입니다. 여러분은 그 방패를 통해서 이기고도 남을 것입니다. 그러므로 믿음은 방패와 같습니다. 왜냐하면 그것은 타격을 막아주기 때문입니다.

세 번째로, 믿음은 강해야 할 필요가 있기 때문에 방패와 같다 할 수 있습니다. 종이로 만든 방패를 가진 사람이 그의 적에 대항하여 그 방패를 들어올려도 적의 칼은 그것을 뚫고 지나가 그의 심장을 찌를 것입니다. 창이 겨누어져 있고, 또 그의 적이 그에게 달려들 때에도 그는 그의 방패가 자기를 보호해 줄 것이라고 생각합니다. 그러나 적은 창을 들고 달려들어 그 방패를 부숴버리고, 그 심장을 찔러, 그는 피를 흘리고 죽게 될 것입니다. 방패를 사용하려는 사람은 그것이 내구력을 가진 방패가 되도록 주의를 해야 합니다. 진정한 믿음, 하나님이 택한 자의 믿음을 가진 사람은 견고한 방패를 가지고 있는 것입니다. 그래서 그는 그의 적들이 칼로 칠 때마다 그들의 칼이 그 방패 위에서 산산조각이 나는 것을 보게 될 것입니다. 그리고 그들의 창은 이 방패에 닿는 순간 산산조각으로 깨질 것입니다. 아니면 그 성벽과 같은 방패에 그 창이 닿았을 때, 압력을 받아 창이 갈대와 같이 휘어질 것입니다. 그들은 그것을 뚫을 수 없습니다. 오히려 그것들이 소멸되어지거나 혹은 산산조각이 날 것입니다. 그렇다면 우리가 어떻게 해서 우리의 믿음이 올바른 믿음이며, 또 우리의 방패가 강력한 방패인지 아닌지를 알 수 있느냐고 물을 것입니다. 그것을 시험해 볼 수 있는 방법 중의 하나는 그 방패는 반드시 온전히 한 조각이어야 한다는 것입니다. 서너 조각으로 만들어진 방패는 아무런 소용이 없을 것입니다. 이와 같이 여러분의 믿음도 반드시 온전한 한 조각이어야 합니다. 그 믿음은 다 이루신 그리스도의 사역을 믿는 믿음이어야 합니다. 여러분은 여러분 자신과 다른 어떤 사람을 믿지 말고 오직 전적으로 그리스도만을 믿어야 합니다. 그렇지 않으면 여러분의 방패는 아무런 소용이 없을 것입니다. 그러므로 여러분의 믿음은 하늘로부터 온 것이어야 합니다. 그렇지 않으면 여러분의 방패는 여러분을 보호해 주지 못할 것입니다. 여러분은 사람의 영혼 안에서 역사하시는 성령의 사역에서 비롯되어진 하나님의 택한 백성의 믿음을 소유해야 합니다.

그리고 여러분은 여러분의 믿음이 오직 진리에 근거해야만 한다는 것을 알아야 합니다. 믿음을 형성하는데 있어서 어떤 오류나 잘못된 개념이 들어간다면 그것은 창이 꿰뚫을 수 있는 이음새가 될 것입니다. 여러분의 믿음이 하나님의 말씀에 일치하도록 주의해야 합니다. 여러분은 진실하고 실제적인 약속들과 확실한 증거의 말씀에 의존해야 하며, 사람의 허구와 공상과 망상을 의존해서는 안 됩니다. 그리고 무엇보다도 여러분의 믿음은 그리스도의 인격에 고정되도록 유념해야 합니다. "모든 것 위에 계시고 영원히 찬송을 받으시는 하나님"이신 그리스도의 신성에 대한 믿음, 그리고 하나님의 유월절 어린양으로서 우리들을 위해서 희생하셨을 때의 그의 인성에 대한 믿음만이 필요합니다. 다른 믿음은 여러분이 영적인 생활의 큰 전투에서 받는 무서운 충격과 수많은 공격에 대항할 수 없을 것입니다. 인생들이여, 여러분의 방패를 보십시오. 거기에 허식적인 하나님이 그려져 있다면 그것은 단단하지 못합니다. 거기에 아무런 힘도 없는 교만한 상징이 그려져 있다 해도 그것은 단단하지 못합니다. 여러분의 방패를 보십시오. 그것이 마치 그 왕이 태어나기도 전에 황금으로 만들어진 솔로몬의 방패와 같은지 살펴보십시오. 아니면 적어도 그 방패들이 가장 훌륭한 놋으로 만들어진 르호보암의 방패와 같도록 하십시오. 그렇게 하여야 여러분이 그 방패의 도움을 가장 필요로 할 때 여러분의 손에서 산산조각이 나는 나무 방패가 아닐 것입니다.

그러나 계속해서 다음으로 나아가겠습니다. 왜냐하면 우리는 어떤 한 가지 특별한 점에 대해서만 오랫동안 이야기할 수 없기 때문입니다. 믿음은 그것을 항상 손에 들고 있지 않으면 아무 소용이 없기 때문에 방패와 같습니다. 방패는 손에 들고 있어야 할 필요가 있습니다. 믿음도 역시 그러합니다. 전투에 나아갔을 때, 그가 방패가 있기는 있지만 집에 두고 왔다고 말하는 군사는 어리석은 군사입니다. 이와 같이 믿음을 가지고는 있으나 그것을 필요로 할 때 사용할 수 없는 어리석은 신앙 고백자들도 있습니다. 그들은 적이 없을 때에는 믿음을 가지고 있습니다. 그들에게 모든 일이 잘 되어갈 때에는 믿을 수 있습니다. 그러나 곤경에 처했을 때 그들의 믿음은 실패합니다. 믿음의 방패를 다루는 데에도 거룩한 기술이 필요합니다.

나는 그것을 다루는 방법에 대해서 여러분에게 설명하겠습니다. 여러분이 적의 공격에 대항해서 하나님의 약속들을 인용할 수 있다면 여러분은 믿음의 방패를 잘 다루고 있는 것입니다. 마귀는 "너는 언젠가는 가난하게 되고 굶주릴 것이다"라고 말합니다. 그러면 그의 방패를 잘 다루는 신자는, "내가 결코 너희를 버리지 아니하고 너희를 떠나지 아니하리라"(히 13:5)고 주님이 말씀하셨다고 대답합니다. 그리고 또 "너희에게 떡을 줄 것이며, 너희에게 확실히 물을 주겠다"고 말씀하셨다고 대답합니다. 사탄은 또, "그러나 너는 언젠가는 적의 손에 쓰러질 것이다"라고 말합니다. 믿음은 "내게 착한 일을 시작하신 이가 그리스도 예수의 날까지 이루실 것이라는 사실을 내가 확신하기 때문에 나는 쓰러지지 않는다"고 대답합니다. 사탄은 또 "그러나 적의 중상모략이 너를 넘어지게 할 것이다"라고 말합니다. 믿음은 "아니다. 그는 인간의 분노를 그에 대한 찬양으로 바꾸신다. 그는 나머지 분노들도 억제하신다"라고 대답합니다. 사탄은 또 다른 화살을 쏘면서 "너는 연약하다"고 말합니다. 믿음은 그의 방패를 사용하면서 "그렇다. 그러나 나의 힘은 연약한 가운데서 완전해진다. 그리스도의 능력이 내게 임하였기에 나는 오히려 나의 연약함 가운데서 기꺼이 영광을 돌릴 것이다"라고 대답합니다. 사탄은 "그러나 너의 죄는 너무나 크다"고 말합니다. 믿음은 약속을 가지고, "그러나 예수님은 그를 통해서 하나님에게로 오는 모든 사람을 구원하실 수 있다"고 대답합니다. 그러나 원수는 또다시 그의 칼을 빼서 무섭게 찌르면서 "하나님께서 너를 버리셨다"고 말합니다. 믿음은 "아니다. 그는 버리시기를 싫어하신다. 하나님은 자기 백성을 버리시지 않으신다. 그리고 그는 그의 유산도 버리시지 않으신다"라고 대답합니다. 사탄은 "그러나 결국에는 내가 너를 가질 것이다"라고 말합니다. 믿음은 원수의 턱에 방패의 끝부분을 들이대면서, "아니다, 그는 '내가 그들에게 영생을 주노니 영원히 멸망하지 아니할 것이요 또 그들을 내 손에서 빼앗을 자가 없느니라'(요10:28)고 말씀하셨다"라고 대답합니다. 이것이 바로 내가 말하는 방패를 다루는 방법입니다.

그러나 방패를 다루는 또 다른 방법이 있는데, 그것은 단지 약속을 사용하는 것이 아니라 교리를 사용하는 것입니다. 사탄은 "네가 구원을 받았다는 증거가 어디에 있느냐? 너는 불쌍하고 연약하고 비천하고 어리석다"라고 말합니다. 믿음은 방패를 교리적으로 사용해서, 이 경우에는 "하나님께서는 이 세상의 비천한 것들을 택하셨다. 그리고 하나님께서는 멸시받는 것들을 택하셨다. 그리고 보이는 것들을 멸하시려고 보이지 않는 것들을 택하셨다. 육을 좇는 현명한 사람들, 힘센 사람들, 고귀한 사람들을 부르시지 않으신다. 하나님은 이 세상의 가난한 자들, 믿음에 부요한 자들, 자기를 사랑하는 자들에게 약속하신 왕국을 상속할 자들을 선택하셨다"라고 말합니다. 사탄은 "비록 하나님께서 너를 선택하셨다고 할지라도 결국에는 분명히 멸망할 것이다"라고 말합니다. 그러자 그리스도인은 또다시 그의 믿음의 방패를 교리적으로 사용하여 "아니다, 나는 성도의 궁극적 견인을 믿는다. '의인은 그 길을 꾸준히 가고 손이 깨끗한 자는 점점 힘을 얻느니라'(욥 17:9)고 기록되어져 있지 않느냐'라고 말합니다. 또 "아버지께서 내게 주신 자들을 내가 지키고 그들 중 하나도 잃어버리지 않는다고 하셨다"고 대답합니다. 이와 같이 은혜의 교리들을 잘 이해하면 우리가 악한 자의 불화살을 대항하고 방어하는 데에 그 나름대로 쓸모 없는 교리는 하나도 없습니다. 그러므로 그리스도의 군사는 잘 관찰하여 믿음의 방패를 사용하여야 합니다. 원수는 "너의 신뢰는 헛된 것이다. 너의 희망은 곧 좌절될 것이다"라고 말합니다. 믿음은 "아니다. 내가 어려서부터 늙기까지 의인이 버림을 받는 것을 보지 못했다"(시 37:25 참조)라고 말합니다. 사탄은 "그렇다. 그러나 너는 죄악에 빠졌으므로 하나님께서 너를 버리실 것이다"라고 말합니다. 믿음은 "아니다. 왜냐하면 나는 다윗을 보았기 때문이다. 그도 걸려 넘어졌으나 여호와께서 분명히 그를 무서운 함정에서 건져내 주시고 또 더러운 진흙에서 구해내 주셨다"라고 대답했습니다. 이와 같이 관찰의 방법을 따라 이 방패를 사용할 때, 하나님께서 나머지 다른 백성들을 다루신 방법을 주목하는 것은 대단히 유익합니다. 왜냐하면 그가 어떤 한 사람을 다루신 그 방법을 따라서 나머지 다른 사람들도 다루실 것이기 때문입니다. 그리고 여러분은 이 사실을 가지고 적을 공격할 수 있습니다. "나는 하나님의 방법들을 기억하고 있다. 나는 과거의 하나님의 행적들을 기억한다. 그가 언제 그의 백성들을 쫓아내셨으며, 그가 언제 그의 택한 백성들을 하나라도 버리셨는가? 그가 결코 그렇게 하신 적이 없었기 때문에 나는 나의 방패를 용기 있게 들고 있다. 그리고 그가 결코 자기 백성을 버리지 않으실 것이라고 말씀하신다. 그는 변개치 않으신다. 그가 그 어떤 사람도 버리시지 않으셨기 때문에 나도 버리시지 않을 것이다."

그리고 방패를 사용하는 또 다른 방법이 있는데, 그것은 체험적으로 사용하는 것입니다. 여러분이 시편 기자와 같이 미살 산에서부터 요단과 헤르몬의 땅까지 되돌아볼 수 있을 때, 여러분이 과거를 되돌아볼 수 있으며, 또 밤의 노래를 기억할 수 있을 때, 여러분의 마음이 "내 영혼아 네가 어찌하여 낙심하며 어찌하여 내 속에서 불안해하는가 너는 하나님께 소망을 두라 나는 그가 나타나 도우심으로 말미암아 내 하나님을 여전히 찬송하리로다"(시 42:11)라고 말할 수 있을 때, 그 방패를 체험적으로 사용하는 것이 됩니다. 형제들이여, 우리들이 구원에 대해서 그토록 많은 말을 할 수 있으면서도, 어디서 시작하고, 어디서 끝내야 하는지를 알지 못하는 이유가 무엇입니까? 오, 하나님께서는 교회와 자기 백성인 우리들을 위해서 참으로 놀라운 일을 해주셨습니다. 하나님은 불과 물 가운데서도 우리를 인도해 주셨습니다. 사람들은 우리를 억압하였으나 지금까지 모든 것이 합력하여 선을 이루었습니다. 사람들이 우리에게 중상과 모략을 퍼부었지만 그 가운데서도 하나님의 영광은 나타났습니다. 그러므로 과거 경험의 규칙을 따라 우리의 방패를 사용합시다. 사탄이 우리들에게 하나님께서 결국에는 우리를 버리실 것이라고 말할 때, 우리들은 "지금 너는 거짓말을 하고 있구나. 나는 그것을 네 면전에서 너에게 말하겠다. 우리 하나님께서는 과거에도 계셨기 때문에 지금도 계시고 또 미래에도 계실 것이다. 그리고 영원히 동일하실 것이다"라고 대답합시다. 그리스도의 젊은 군사들이여, 여러분의 방패를 사용하는 기술을 잘 배웁시다.

마지막으로, 그 비유의 내용에 대해 생각해 보겠습니다. 고대에는 방패가 전사의 명예의 상징이었습니다. 그리고 그것은 특히 바울 시대보다도 더 후기의 시대에는 더욱 그러했습니다. 기사 시대에는 전사가 그의 방패에 문장(紋章)을 새겨 넣고 다녔습니다. 믿음은 방패와 같습니다. 왜냐하면 그것이 그리스도인의 영광이며, 그리스도인의 문장이며, 그리스도인의 문장이 그려진 방패이기 때문입니다. 그리고 그리스도인의 문장이란 무엇입니까? 훌륭한 조셉 아이언스(Joseph Irons)는 "십자가가 없이는 면류관도 없다"는 말과 함께 그리스도인의 문장이란 십자가와 면류관이라고 말하곤 했습니다. 그것은 대단히 복된 문장입니다. 그러나 그리스도인의 가장 훌륭한 문장은 그의 구세주의 십자가라고 생각합니다. 즉, 피로 붉게 물든 십자가, 항상 더럽힘을 당하나 결코 더러워지지 아니하는 십자가, 항상 피로 물들어 있으나 루비와 같이 밝게 빛나는 십자가, 항상 짓밟히지만 언제나 승리하는 십자가, 항상 멸시를 당하지만 항상 영광을 받는 십자가, 항상 공격을 받지만 항상 저항 없이 이기고도 남는 십자가입니다.

과거의 어떤 개혁자들은 "모루(anvil)가 많은 망치를 깨뜨렸다"는 표어와 더불어 모루를 그들의 문장으로 사용하고 또 중요한 것으로 여겼습니다. 그것의 뜻은 사람들이 그들을 망치로 쳐도 그들의 망치가 깨어질 때까지 여전히 버티고 있다는 뜻입니다. 다른 어떤 개혁자들의 과거의 문장은 수많은 적들이 모두 힘을 합해 불어서 꺼버리려고 노력하는 촛불이었습니다. 비록 그들이 있는 힘을 다하여 세게 불지라도 그 촛불은 더욱 밝게 타올랐습니다. 빛은 어둠으로부터 나왔으며, 또 빛은 그들의 모든 공격으로 인하여 점점 더 밝게 비추어졌습니다. 오늘 아침 여러분의 방패 위에 문장을 새겨 넣으십시오. 그리고 그것을 높이 들어올리십시오. 피묻은 십자가를 선택하십시오. 그러면 여러분의 전투가 끝났을 때 그들은 하늘에 여러분의 문장을 걸어놓을 것입니다. 그리고 과거의 문장들이 사라지고 또 사자와 호랑이와 그리핀(griffin: 그리스 신화에 나오는 독수리의 머리와 날개, 사자 몸뚱이를 한 괴물)과 다른 모든 이상한 것들이 기억에서 사라졌을 때에도, 수없이 두들겨 맞아 우그러진 십자가 곧 여러분의 방패는 하나님의 보좌 앞에서 수많은 승리와 더불어 영광을 받을 것입니다. 그러므로 무엇보다도 먼저 믿음의 방패를 가지십시오.

**2. 이제 나는 그 비유에 대한 설명을 서둘러 끝마치고,
그 권고를 적용하는 방법을 말씀드리겠습니다.**

"모든 것 위에 믿음의 방패를 가지고." 만약에 여러분이 어떤 종에게 심부름을 보낸다면, 여러분은 그에게 "이러이러한 일을 하여라. 그러나 무엇보다도 먼저 이러이러한 일에 대해서 살펴라"고 말할 것입니다. 그러면 그는 자기가 어떤 일도 소홀히 해서는 안 된다는 사실을 이해할 것입니다. 그러나 그는 자기의 사명

중의 어떤 한 부분은 특히 더 중요하다는 것을 이해할 것입니다. 우리들의 경우에도 그러합니다. 우리들은 우리의 성실성, 우리의 의, 우리의 평화를 무시해서는 안 됩니다. 그러나 무엇보다도 우리들의 믿음이 올바르고 그것이 진실한 믿음이 되어야만 하며, 또 그것이 우리의 모든 미덕을 공격으로부터 막아 준다는 사실을 가장 중요하게 생각해야 합니다. 본문은 진정한 믿음의 필요성에 대하여 명확하게 설명해 주고 있습니다. 여기에서 믿음은 소멸하는 능력을 가지고 있다고 언급되어 있습니다. 고대인들은 작은 화살들을 사용했는데 아마 가벼운 막대기에 독을 바른 화살이었을 것입니다. 그리고 그런 화살들은 불화살이라고 불리어졌을 것입니다. 왜냐하면 그런 화살이 몸에 닿거나 피부를 스치기만 해도 즉시 혈관 속에 맹독이 퍼지게 되었기 때문입니다. 때때로 그들은 불이 잘 붙는 알콜 성분을 적신 삼베로 싼 화살도 사용했는데 그들이 적의 텐트에 불을 붙이거나 포위한 성안의 집들을 태우기 위해서 그것을 공중에 쏘았을 때 그 화살들은 불이 붙어 있었습니다. 그런데 믿음은 소멸하는 능력이 있습니다. 믿음은 불화살의 힘을 제거하고, 또 믿음의 위로를 태워버리려고 독과 불을 품고 다가오는 유혹과 신성모독과 추파를 간파합니다. 믿음은 화살을 붙잡아서 그 화살의 쏘는 것을 제거하고 그것의 불을 소멸합니다. 하나님께서 때때로 그의 백성들이 마치 아무런 일도 없었던 것처럼 유혹과 환난 가운데서도 살 수 있게 해주신 것은 참으로 놀라운 일입니다. 순교자들이 불 속에서 탈 때에도 그들은 어떤 고통을 거의 느끼지 못했을 것이라고 나는 믿습니다. 왜냐하면 하나님께서 그들에게 주신 기쁨과 평화가 그들을 뜨거운 열에서 구원해 주셨기 때문입니다.

다음과 같은 경우도 있습니다. 때로는 모든 사람들이 우리들을 칭찬할 때도 있습니다. 그리고 우리들은 세상의 아첨 때문에 불행해집니다. 우리들은 "바로의 공주의 아들"이라고 불리는 것을 원하지 않습니다. 그러나 비록 모든 사람들이 욕을 할지라도 우리의 평화가 강과 같고, 우리들의 의가 바다의 물결과 같을 때도 있습니다. 그와 같은 때에는 우리들이 진실로 "지금 나는 적당한 곳에 있습니다. 이 곳이 내가 있어야 할 곳입니다. 그 진영 밖에는 그리스도의 책망이 있습니다"라고 말할 수 있습니다. 사람의 칭찬은 치명적이고 저주받을 만한 것입니다. 사람의 비난은 좋은 것이며 존엄한 것입니다. 그것을 받아들입시다. 그것은 수치를 가져다 줄 수 없습니다. 그것은 우리를 더욱 고상하게 해줍니다. 이와 같이 믿음은 공격의 불을 소멸하고, 더 나아가 공격을 위로로 바꾸어 줍니다. 쐐기풀에서 꿀을 추출해 내고, 쓴 쑥과 담즙에서 향기로운 기쁨을 추출해 냅니다. "모든 것 위에 믿음의 방패를 가지십시오."

　　본문에서 제시하는 또 하나의 추천의 내용은 다음과 같습니다. 즉, 모든 갑옷 중에서 오직 믿음만이 모든 화살을 소멸할 수 있다는 것입니다. 투구는 단지 머리를 겨냥한 것들만 막아 줄 수 있습니다. 신발은 발만을 보호합니다. 호심경은 가슴만을 보호합니다. 그러나 믿음은 모든 공격으로부터 보호합니다. 다른 모든 미덕들도 가지십시오. 그러나 무엇보다 먼저 믿음을 가지십시오. 믿음은 보편적인 것이기 때문입니다. 믿음은 모든 것을 치료해주며, 보편적인 구제책이며, 그것은 열기에도 오한에도 효과가 있습니다. 그것은 모든 것에 좋습니다. 겁 많은 사람들을 강하게 하는 데도 좋고, 지각없는 사람들을 현명하게 만드는데도 좋습니다. 그것은 의기소침한 사람들을 용감하게 만드는 데도 좋고, 지나치게 무모한 사람들을 분별 있게 만드는데도 좋습니다. 믿음은 모든 면에서 우리에게 유익합니다. 그러므로 여러분은 다른 모든 것을 버릴지라도 믿음만은 지키도록 주의하십시오. 비록 여러분이 다른 모든 것을 잊어버릴지라도 모든 것 위에 믿음의 방패를 가지도록 주의하십시오.

　　그리고 또 믿음은 모든 종류의 적들로부터 보호해 주기 때문에 우리들은 무엇보다도 먼저 믿음의 방패를 가져야 한다고 언급하고 있습니다. 악한 자의 불화살이란 무엇인가요? 그것은 사탄을 지칭하는 것일까요? 믿음은 사탄에게 대답합니다. 그것이 악한 자들을 지칭하는 것일까요? 믿음이 그들에게 대항합니다. 그것이 사악한 자아를 지칭하는 것일까요? 믿음은 그것을 이길 수 있습니다. 그것이 온 세상을 지칭하는 것일까요? "세상을 이기는 승리는 이것이니 우리의 믿음이니라"(요일 5:4). 그 원수가 누구인가는 아무런 문제가 되지 않습니다. 세상이 모두 다 손을 잡아도 이 믿음은 악한 자들의 모든 불화살을 소멸할 수 있습니다. 그러므로 모든 것 위에 믿음의 방패를 가지십시오. 나는 의심하는 것을 의무로 가르치고 있는 듯한 어떤 목사들을 알고 있습니다. 나는 그렇게 가르칠 수 없습니다. 모든 것 위에 믿음의 방패를 가지십시오. 고대 그리스의 무술시합에서 적의 목적은 방패를 제치고 가까이 다가가서 갑옷 아래를 찔러 죽이는 것이었습니다. 사탄도 그렇게 하기를 원합니다. 만약에 사탄이 방패를 쳐서 제치고 그 밑으로 들어갈 수 있다면 그는 우리를 도덕적으로 찔러 죽일 수 있습니다. 여러분의 방패를 주의해서 지키십시오. 계속적인 불신 가운데 살지 마십시오. 항상 낙심하지 마십시오. 여러분들이 다음과 같이 말할 수 있을 때까지 하나님께 기도하십시오. "나는 내가 믿는 그분을 압니다. 그는 내가 그에게 맡긴 것을 지켜 주실 수 있다는 것을 확신합니다." 옛날의 성도들은 항상 의심하지 않았습니다. 솔로몬도 "내 사랑하는 자는 나의 것이며, 나는 그의 것이다"라고 말했습니다. 다윗도 "내 영혼에게 나는 네 구원이라 이르소서"(시 35:3), "여호와는 나의 구원이시니", "여호와는 나의 목자시니"라고 말했습니다. 욥도 "나의 대속자가 살아 계신다는 것을 안다"(욥 19:25)고 말할 수 있었습니다. 바울도 여러 곳에서 대단히 자신 있게 말했습니다. 그런 사람들이 하나님과 그들의 영혼 사이에는 모든 것이 잘 되어 있다는 사실을 알고 또 확신한다고 말할 수 있는데, 우리가 왜 "나는 소망한다. 나는 믿는다"라고 말할 수 없습니까? 우리도 그렇게 되어야 합니다. 불신은 우리를 수치스럽게 만들고, 우리들을 연약하게 만들고, 우리들의 위로를 깨뜨리고, 우리들의 유용성을 방해합니다. 믿음은 우리를 행복하게 하고 우리들을 유용하게 할 것입니다. 그 모든 것 중에서 가장 좋은 것은 믿음이야말로 이 땅에서 우리들로 하여금 하나님을 영광스럽게 하게 하며, 또 우리들이 이 세상의 낮은 땅에 있을 동안에 그의 임재하심을 누릴 수 있게 해준다는 것입니다.

3. 마지막으로, 나는 그리스도에게 찾아오지만 악한 자의 불화살로 크게 괴롭힘을 당하는 가련한 죄인들에 대하여 결론적으로 한두 마디를 더 말씀드리겠습니다.

여러분은 존 번연의 「천로역정」에서 대문에 와서 두드리는 크리스천(Christian)과 자비(Mercy)와 어린아이들에 대해서 기억하실 것입니다. 그들이 문을 두드릴 때, 그 성 안에 살고 있던 원수가 큰 개를 내보냈습니다. 그 개는 그들을 향해서 크게 짖음으로 자비는 기절하고 크리스천만이 용기를 내어 다시 문을 두드렸습니다. 마침내 문이 열려 들어가게 되었을 때, 자비는 두려워 떨었습니다. 그와 동시에 그 성 안에 들어오는 모든 사람들에게 불화살을 쏘는 사람들이 있었습니다. 가련한 자비는 불화살과 개 때문에 무척 두려웠습니다. 이와 같이 일반적으로 어떤 영혼이 그리스도에게로 올 때에 마귀가 그에게 개처럼 짖을 것입니다. 그가 구세주의 필요성을 느끼고 그리스도를 믿으려고 할 때에 그는 마치 불쌍하게 귀신들린 아이와 같을 것입니다. 그가 다가올 때에 마귀가 그를 내던지고 또 그를 찢어놓을 것입니다. 가련한 죄인이여, 믿음 이외에는 여러분의 마음에 기쁨과 평화를 가져다줄 것이 아무것도 없습니다. 오, 오늘 아침 여러분이 이 방패를 사용하기 시작하는 은혜를 소유하기를 기원합니다.

"아, 선생님, 말씀드리고 싶은 것이 있습니다. 나는 내 속을 살펴보니 아무것도 선한 것이 없고 나의 경험들을 살펴봐도 아무개가 경험한 것처럼 그런 것을 느껴보지 못해서 두렵습니다." 이와 같이 말하는 것은 여러분 자신을 파멸시키는 것입니다. 여러분은 추운 겨울에 얼음판 위를 구르면서 따뜻한 기운을 얻으려고 애쓰며 "나는 다른 사람들과 같이 어떤 열기를 느낄 수 없습니다"라고 말하는 사람들과 같습니다. 그는 잘못된 장소에서 열기를 얻으려고 하고 있습니다. 만약에 여러분이 여러분 자신 안에서 어떤 것을 얻기를 기대한다면, 여러분은 바울이 얻은 것 이상을 기대해야 합니다. 왜냐하면 그는 주님과 오랫동안 교제한 후에 "내 속 곧 내 육신에 선한 것이 거하지 아니하는 줄을 아노니"(롬 7:18)라고 말했기 때문입니다. 여러분은 또다시 "오, 선생님, 나는 위대한 많은 일들을 하기 원합니다. 그러나 나는 할 수 없습니다. 그리고 내가 당연히 해야 할 일을 하려고 할 때에 내 자신의 가슴속에 어떤 저항이 있음을 발견합니다"라고 대답합니다. 그렇군요. 그것이 문제가 되고 있군요. 사도 바울도 그랬습니다. "선을 행하기 원하는 나에게 악이 함께 있는 것이로다"(롬 7:21). 이것은 여러분이 마음을 살펴볼 필요가 없다는 것을 가르쳐줍니다. 이렇게 마음을 살피는 일은 사탄에 대한 방패가 되지 못합니다. 그가 여러분의 경험에 관심을 가지는 것은 무엇 때문일까요? 그 경험들이 아주 무익한 것들이었기 때문에 마귀가 여전히 으르렁거리는 것입니다. 그가 두려워하는 것은 여러분의 믿음입니다. 그러므로 여러분에게 해가 되고 여러분 자신을 노출시키며 사탄이 여러분의 가슴을 공격하도록 적나라하게 내놓는 이런 것들을 버리십시오. 그리고 믿음의 방패를 붙잡으세요. 사탄은 여러분에게 무슨 말을 합니까? "너는 너무나 큰 죄인이어서 구원을 받을 수 없다"고 말합니다. 그러면 다음과 같은 본문을 인용하십시오. "내게 오는 자는 내가 결코 내쫓지 아니하리라"(요 6:37).

나는 이번 주간에 어떤 선한 그리스도인의 경험을 통해서 한 교훈을 얻었습니다. 그는 연약한 마음 때문에 깊은 낙심에 빠져 있었습니다. 나는 그와 같이 무서운 절망에 빠진 사람을 결코 만난 적이 없습니다. 그래서 나는 아주 당황해서 그에게 무슨 위로를 해줘야 할지를 몰랐습니다. 나는 그에게 별로 도움이 되지 못할 것 같았습니다. 그는 "나는 너무나 큰 죄인이기에 구원을 받을 수 없습니다"라고 말했습니다. 그래서 나는 "그러나 그의 아들 예수 그리스도의 피가 우리를 모든 죄악에서 깨끗하게 해줍니다"라고 말했습니다. 그는 "옳은 말씀입니다. 그러나 당신은 그 문맥 속에 있는 다음과 같은 말씀도 기억해야 합니다. 즉, '그가 빛 가운데 계신 것 같이 우리도 빛 가운데 행하면 우리가 서로 사귐이 있고 그 아들 예수의 피가 우리를 모든 죄에서 깨끗하게 하실 것이요'(요일 1:7)라는 말씀입니다"라고 말했습니다. 그는 또, "나는 빛 가운데서 행하고 있지 않습니다. 나는 어둠 가운데 행하고 있습니다. 그리고 나는 지금 하나님의 백성들과 사귀지 않고 있습니다. 그래서 그 말씀은 나에게 적용되지 않습니다"라고 말했습니다. 나는 "그러나 그는 그를 통해서 하나님에게로 오는 사람들을 최대한 구원하실 수 있습니다"라고 말했습니다. 그는 "그것은 내가 결코 지나쳐 버릴 수 없는 유일한 말씀입니다. 왜냐하면 그것은 '최대한'이라고 말하고 있기 때문입니다. 그리고 나는 그 범위를 넘어갈 수 없다는 사실을 압니다. 그러나 그것도 나에게 위로를 주지 못합니다"라고 말했습니다. 나는 "그러나 하나님께서는 당신이 그를 믿는 것 외에는 당신에게 아무것도 요구하지 않으십니다. 그리고 당신은 당신이 얼마나 연약한 믿음을 가지고 있는지를 압니다. 당신은 마치 어린아이와 같습니다. 그러나 어린아이의 연약한 손이라 할지라도 하나님의 은혜는 받을 수 있습니다. 그리고 그것이 그리스도인의 징표입니다. 우리는 그의 충만한 데서 받은 자들입니다. 당신의 손으로 받기만 하면 그것으로 충분합니다"라고 말했습니다. 그는 "옳습니다. 그러나 나는 손을 가지고 있지 않습니다. 나는 믿음의 손이 없습니다"라고 말했습니다. 나는 "좋습니다. 당신은 소망의 입을 가지고 있습니다. 만약에 당신이 손으로 받을 수 없다면, 입으로 간구할 수는 있습니다"라고 말했습니다. 그는 "아닙니다. 나는 입도 없습니다. 나는 기도하지 않습니다. 나는 기도할 수도 없습니다. 나는 소망의 입을 가지고 있지 않습니다"라고 말했습니다. 나는 "그러면 필요한 모든 것은 텅 빈 장소, 즉 텅 빈 공간입니다. 하나님이 그곳을 채우실 수 있습니다"라고 말했습니다. 그는 "아, 선생님. 당신은 나를 그곳으로 데려다 주셨습니다. 나는 큰 공간을 가지고 있습니다. 나는 아픈 진공, 즉 허공을 가지고 있습니다. 만약에 이 세상에 텅 빈 죄인이 있다면 그것은 바로 나입니다"라고 말했습니다. 나는 "좋습니다. 그리스도께서 그 공간을 채워 주실 것입니다. 그리스도께서는 텅 빈 죄인을 채워 주실 만큼 충만하십니다"라고 말했습니다.

지금 나는 여러분에게 내가 그 가련한 사람에게 말했던 것과 동일한 말을 하겠습니다. 하나님께서 원하시는 모든 것은 텅 빈 공간입니다. 여러분은 텅 빈 공간을 가지고 있습니다. 이것은 많은 것을 갖고 있는 것이 아닙니다. 단지 텅 비어 있고, 바짝 마르도록 퍼내어지고, 또 여러분 안에 아무것도 가지고 있지 않은 상태입니다. 그러나 주님은 "주리는 자를 좋은 것으로 배불리셨으며 부자는 빈 손으로 보내셨습니다"(눅 1:53). 하나님이 원하시는 모든 것은 땅바닥에 누워 있는 것입니다. 그것은 어려운 일이 아닙니다. 앉아 있는 것도 아니고 서 있는 것도 아니고 무릎을 꿇고 있는 것도 아닙니다. 다만 그 발 밑에 누워 있는 것입니다. 그리고 그가 그 앞에 얼굴을 위로 하고 드러누운 영혼을 보실 때, 그는 그에게 자비를 베푸실 것입니다.

　　영혼들이여, 믿음의 방패를 가지십시오. 그리고 사탄에게 "나는 하나님의 이름을 담대히 믿노라"고 말하십시오. 그러면 사탄은 "너는 큰 죄인이다"라고 말합니다. "그렇다. 그러나 나는 그가 크신 구세주이심을 믿는다." "그러나 너는 모든 소망을 능가하는 범죄를 저질렀다." "아니다, 그에게는 용서가 있다." 그러나 사탄은 "너는 문 밖에서 못 들어가게 될 것이다"라고 말합니다. 여러분은 "아니다. 비록 그가 나를 죽일지라도 나는 그를 믿을 것이다"라고 말합니다. "그러나 너의 병은 오래 되었다." 그러나 여러분은 "그렇다. 그러나 내가 그의 옷깃을 만지기만 해도 깨끗하게 될 것이다"라고 말합니다. 그러나 사탄은 또다시 말합니다. "어떻게 네가 감히 그렇게 말할 수 있느냐? 너는 너무 뻔뻔스럽지 않느냐?" 여러분은 "비록 내가 멸망할지라도 나는 그리스도를 믿을 것이다. 나는 오직 그곳에서 멸망할 것이다"라고 말합니다.

　　여러분은 여러분의 영혼 속에 다음과 같은 생각을 확고하게 지니고 있어야 합니다. 즉, 어떤 경우에도 여러분이 그리스도를 믿을 것이고, 또 여러분이 그와 같은 죄인이든 아니든 간에 그리스도를 믿을 것이고, 또 사탄의 참소가 사실이든 거짓이든 간에 여러분은 사탄에게 그리스도를 믿겠다는 대답을 확고하게 해야 합니다. 아, 영혼이여, 그럴 때 당신은 다른 어떤 것과도 비교할 수 없는 기쁨과 평화를 가지게 될 것입니다. 지금 당장 예수님을 믿으십시오. 당신의 감정들, 당신의 행위들, 당신의 고집을 버리고 그리스도를 믿으십시오. 어떤 사람은 "나는 감히 그렇게 할 수 없습니다"라고 말합니다. 과감하게 그렇게 하십시오. 주님께서 여러분에게 그렇게 명령하셨기 때문에 여러분이 잘못되어질 수는 없습니다. 여러분은 하나님이 보내신 예수 그리스도를 믿어야 한다는 것이 계명입니다. "오, 그러나 비록 내가 그렇게 할지라도, 나는 버림을 받을지도 모릅니다." 아닙니다. 만약에 여러분이 믿지 않는다면 여러분은 버림받을 것입니다. 왜냐하면 "믿지 아니하는 자는 저주를 받을 것이기" 때문입니다. "그러나 나는 내가 믿을지라도 정죄를 받을까 봐 두렵습니다." "믿지 아니하는 자는 이미 정죄를 받았느니라."

여러분은 대문 앞에 있는 불쌍한 나병환자와 같습니다. 여러분은 죽어갑니다. 그리고 여러분은 "우리가 가서 아람 군대에게 항복하자 그들이 우리를 살려두면 살 것이요 우리를 죽이면 죽을 것이라"(왕하 7:20)고 말합니다. 벤하닷이 아합 왕에 대하여 "우리가 들은즉 이스라엘 집의 왕들은 인자한 왕이라 하니 만일 우리가 굵은 베로 허리를 동이고 테두리를 머리에 쓰고 이스라엘의 왕에게로 나아가면 그가 혹시 왕의 생명을 살리리이다"(왕상 20:31)라고 말한 것과 같이 말하십시오. 하나님께 다음과 같이 말하십시오. "나는 당신이 인자하시다는 말을 들었습니다. 만일 지옥에 있어야 마땅한데도 불구하고 아직 지옥 밖에 있는 불쌍한 사람이 있다면 내가 바로 그 죄인입니다. 만약에 지구가 그를 향하여 격동하고, 땅이 그를 삼키려 하고, 하늘이 그에게 격동하고, 소리지르며, 번개가 번쩍거리며 그를 멸하려 하고, 바다가 그를 익사시키려 하고, 별들이 그를 전염병으로 치고, 태양이 그를 태우고, 달이 그를 시들게 하고, 곰팡이가 그의 시체를 삼키려 하고, 열기가 그의 생명의 끈을 끊어버리려고 한다는 사실을 느끼는 사람이 있다면, 즉 지옥 밖에서 그와 같은 불쌍한 사람이 있다면, 그것은 바로 나입니다"라고 말하십시오. 그리고 하나님께 다음과 같이 말하십시오. "나는 당신의 자비를 믿습니다. 나는 당신의 약속을 믿습니다. 나는 당신의 아들 예수님을 믿습니다. 나는 그의 보혈을 믿습니다. 그리고 나는 여기에 있습니다. 당신이 보시기에 좋으실 대로 하십시오"라고 말하십시오. 이와 같이 말하면 여러분은 자비와 용서와 평화를 얻을 것입니다. 나의 사랑하는 청중들이여, 내가 이것을 여러분을 위해서가 아니라 나 자신을 위해서 말하는 것이겠습니까? 아닙니다. 다만 오늘 아침 여러분 중에서 수많은 사람들이, "나를 믿는 자는 결코 부끄러움을 당하지 아니하리라"(롬 9:33)라고 말씀하신 그분에게로 인도되어져, 그를 믿게 되도록 하나님께서 허락해 주시기를 기원하는 바입니다.

빌립보서

빌립보서

제
1
장
—

성도의 견인

—

"너희 안에서 착한 일을 시작하신 이가 그리스도 예수의
날까지 이루실 줄을 우리는 확신하노라" — 빌 1:6

영적인 삶에는 무서운 위험이 따릅니다. 그리스도인의 삶은 기적의 연속입니다. 넓은 대양의 한가운데서 타오르는 불꽃을, 허공에 매달려 있는 돌멩이를, 나환자 마을에 넘쳐흐르는 건강미를, 그리고 더러운 강물에 나래를 펴고 있는 눈 같이 흰 백조를 생각해 보십시오. 그러면 그리스도인의 삶의 모습을 그려볼 수 있습니다. 그 새로운 본성은 죽음의 계곡에서도 살아 있으며, 즉각적인 멸망으로부터도 하나님의 능력으로 그 생명이 유지되는 것입니다. 하나님의 능력이 아니고는 그 어떤 능력에 의해서도 그 새로운 본성은 존속될 수 없습니다. 가르침을 받은 그리스도인이 자기 주위를 돌아보게 된다면, 그는 자신이 수많은 화살의 겨냥을 받으며 무방비 상태로 보금자리로 날아가는 한 마리의 비둘기 같음을 알게 됩니다. 그리스도인의 삶은 이 비둘기의 불안한 비행과도 같습니다. 죽이려고 날아오는 원수의 화살 사이를 요리조리 피하고 나아가며, 계속되는 기적으로 말미암아 상처 하나 입지 않습니다. 깨달음이 있는 그리스도인은 자신이 높이 솟은 산등성이의 좁은 정상에 서 있는 여행자와 같음을 알게 됩니다. 이 산등성이의 좌우편에는 깊이를 알 수 없는 심연이 입을 크게 벌리고 그가 멸망하기를 고대하고 있습니다. 하나님의 은혜로 그의 발은 사슴의 발 같이 되어 높은 곳에 서 있을 수 있게 되었습니다. 그러지 않았다면 그는 이미 오래 전에 영원한

멸망의 자리에 떨어지고 말았을 것입니다. 아, 형제들이여, 그러나 슬프게도 신앙을 고백하던 많은 사람들이 이렇게 멸망해 버리는 것을 우리는 보아왔습니다. 그리스도의 교회에서 그렇게 많은 사람들이 배교자가 되고 있는 것은 교회가 안고 있는 크나큰 슬픔이며, 그것도 계속되고 있는 슬픔입니다. 그런 사람들은 참되게 교회에 속하지 않았던 것이 사실이지만, 교회가 미리 이런 사실을 간파한다는 것은 불가능합니다. 교회의 지극히 밝은 별들 중에서 적지 않은 별들이 밤의 어둠에 삼킨 바 되어 사라지고 말았습니다. 그리스도의 포도원에서 풍성한 열매를 맺을 나무로 크게 기대가 되던 나무들이 땅만 버리고, 온 주위에 독을 퍼뜨리는 독 나무들이었다는 것이 드러나고 말았습니다. 그래서 어린 그리스도인은, 그가 사려 깊은 자라면, 친구들의 축하 속에 번쩍거리는 갑옷을 입고 전쟁터에 나가 수치스러운 패배를 당하고 돌아오게 될까봐 염려합니다. 그는 화려하게 꾸민 기사처럼 번쩍이는 갑옷을 입고 있다고 해서 뽐내지 않습니다. 도리어 투구를 조여매고 검을 꽉 부여잡습니다. 그는 망가진 방패와 먼지투성이로 더럽혀진 깃 장식을 한 채 진영으로 되돌아오게 될까 염려합니다.

영적인 위험들을 의식하고, 그런 위험들에게 압도당할까 염려하는 자에게 본문의 말씀은 지극히 풍성한 용기를 불어넣어 주고 있습니다. 만약 우리가 성도의 궁극적 견인의 교리를 이해하고 그 진리를 영혼에 확증시키기 위해 그 진리를 설명해 달라는 요구를 받는다면 우리는 충심으로 기뻐할 것입니다. 이는 이 진리가 여러분을 기쁘게 하고, 강하게 하고, 감사하게 만들 것이기 때문입니다. 사도 바울이 확신한 그 문제를 상세하게 설명하기 위해서 이제 본론으로 들어가, 먼저, 사도 바울의 표현들을 해설해 보겠습니다. 둘째로는, 좀 더 깊은 논의를 통해 그 확신을 뒷받침하도록 하겠습니다. 그리고 셋째로는, 본문이 확실하게 가르쳐주고 있는 그 교리로부터 아주 유용한 교훈들을 찾아내도록 하겠습니다.

1. 첫째로, 사도 바울의 표현들을 해설하도록 하겠습니다.

그는 "그리스도 예수 안에서 빌립보에 사는 모든 성도"라는 말로 시작된 표현 가운데서 착한 일에 대해 말하고 있습니다. 이 착한 일이란 성령의 사역으로 영혼에 이루어진 은혜로운 일을 가리키는 것입니다. 이것은 뛰어나게 착한 일입니다. 왜냐하면 그 성령의 사역이 착한 일의 근거가 되는 마음속에 역사하기 때문입니다. 한 사람을 어둠에서 빛으로 옮겨놓는 것은 선한 일입니다. 또 그를 본성적인 타락의 속박에서 구원하여 주께 속한 자유인이 되게 하는 것은 분명히 착한 일입니다. 이것은 그 자신과 사회와 하나님의 교회와 하나님 자신의 영광을 위해서 선한 일입니다. 그것은 너무나 선한 일이기 때문에 그것을 믿는 사람은 모든 선의 상속자가 되고, 더 나아가 더 나은 선의 대변자와 조성자가 됩니다. 이 선은 사람이 받을 수 있는 것 중에서 가장 좋은 것입니다. 어떤 사람을 육체적으로 건강하게 하고 재산을 부유하게 해주며 그의 지성을 교육하고 그의 재능들을 훈련시키는 것들은 모두 선한 일입니다. 그러나 영혼의 구원과 비교해 볼 때, 그런 것들은 아무것도 아닙니다. 성화의 사역이야말로 가장 고차원적인 의미에서의 착한 일입니다. 왜냐하면 그것은 사람들에게 착한 일을 하게 하며, 착한 사람들 사이에서 살게 하며, 착한 천사들과 교제하게 하고 결국 선하신 하나님을 닮도록 해주기 때문입니다.

뿐만 아니라 내적인 생명도 착한 일입니다. 왜냐하면 그 내적인 생명은 하나님의 순수한 선하심으로부터 생겨나고 시작되기 때문입니다. 은혜를 베푸는 것이 항상 선한 일이듯이, 하나님의 편에서 죄 많고 타락한 사람들을 그 창조하신 하나님의 형상을 따라 새롭게 하기 위해 그들에게 역사하는 것은 탁월하게 선한 일입니다. 이 은혜로운 일은 성부의 거룩한 선하심에 그 뿌리를 두고 있으며, 성자의 자기 부인적 선하심으로 말미암아 심어졌고, 성령의 선하심을 좇아 매일 물뿌려지고 있습니다. 그것은 선을 좇아 생겨나며 선으로 인도되기에 모두 선합니다. 사도는 그것을 "일" 이라고 부릅니다. 가장 심오한 의미에 있어서 그것은 진실로 한 영혼을 회심시키는 일입니다. 만약 나이아가라 폭포를 이전처럼 높은 암벽을 타고 아래로 쏟아지지 않게 하고 갑자기 그 물줄기를 위로 솟아오를 수 있게 한다고 해도, 그것은 사람들의 완악한 뜻과 맹렬한 감정들을 변화시키는 그런 이적에는 미치지 못하는 것입니다. 에티오피아 사람의 피부를 희게 만들거나 표범의 반점들을 없애는 것은 속담 그대로 불가능한 일입니다.

그러나 이런 것들은 외관상의 일들에 불과합니다. 인간의 중심을 새롭게 하고 인간의 심령을 사로잡고 있는 죄를 벗겨버리는 것, 그것은 하나님의 손가락만으로 할 일이 아니라 하나님의 팔을 드러내실 일입니다. 회심은 세상을 창조하는 일에 비견될 만한 일입니다. 천지를 창조하신 하나님도 혼자만으로는 새로운 성품을 조성하실 수 없습니다. 그것은 다른 것과 비교될 수 없는 일입니다. 그것은 독특하고 비할 데 없는 일입니다. 그것은 성부 성자 성령께서 같이 역사하셔야 하는 일인 까닭에 독특하고 비할 데 없이 놀라운 일입니다. 왜냐하면 그리스도인 속에 새로운 성품을 심기 위해서는 영원하신 아버지의 섭리와, 영원히 복되신 성자의 죽으심, 그리고 찬양받으실 성령의 충만한 역사가 있어야 하기 때문입니다. 그것은 진실로 같은 하나의 일입니다. 헤라클레스의 과업들(사자들과 히드라를 죽이고 아우게이아스 왕의 마구간을 소제하는 것. 30년간 한 번도 소제하지 않은 것을 헤라클레스가 강물을 끌어들여 소제하였다고 함)도 이 일과 비교해 볼 때, 너무나 하찮은 일에 불과합니다. 헤라클레스의 그 모든 과업은, 타락한 인간의 본성에 올바른 영혼을 새롭게 심어주는 것과 비교한다면 어린애 장난에 불과할 것입니다.

사도가 이 착한 일이 하나님으로 말미암아 시작되었다고 한 사실을 주목하십시오. 어떤 학자들은 그 놀랄 만한 능력을 인간의 자유의지 탓으로 돌리는데 사도 바울은 분명히 그렇게 믿지 않았습니다. 그는 에베소인들의 그 현대판 아데미(Diana)(행 19:28 참조)를 숭배하는 자가 아니었습니다. 그는 그 착한 일이 하나님으로 말미암아 시작되었다고 선포합니다. 이런 사실을 통해 나는 간절한 기도와 겸손한 믿음의 향기로운 꽃으로 활짝 피어나는 가장 희미하면서도 은근한 소원도 하나님의 역사임을 알게 됩니다. 그렇습니다. 죄인들이여, 여러분은 결코 하나님을 앞서가지는 못할 것입니다. 탕자와 그 아버지 사이에 분리된 간격을 없애버리는 첫 발걸음은 아들에 의해서 취해지는 것이 아니요, 아버지에 의해서 시작되는 것입니다. 한밤중에는 결코 태양을 찾지 못합니다. 그러나 만약 오랜 시간이 걸려서 어둠이 그 자체 내에서 빛의 근원을 발견하고, 하데스(Hades)가 천국의 씨앗을 싹터서 자라게 하거나, 게헨나(Gehenna)가 그 불꽃 속에서 영원한 영광의 요소들을 발견한다고 합시다. 그런 일이 있다손 치더라도 타락한 성품이 그 자체로부터 새롭고 영적인 생명의 씨앗을 발아시키거나, 성결이나 하나님을 사모하는 그런 일은 결코 일어나지 아니할 것입니다. 저는 최근에 아주 서글픈 이야기를 들었습니다. 어떤 설교자들이 회심은 개발해 내는 것이라는 말을 하고 있다는 것입니다. 그렇습니까? 그렇다면 회심은 인간의 영혼 속에 숨겨진 하나님의 은혜를 개발하는 것에 불과하다는 말입니까? 그렇지 않습니다. 그 이론은 완전히 거짓말입니다. 인간의 심령 속에는 영적인 선의 조그마한 흔적도 전혀 없습니다. 인간은 모든 선과는 조화를 이루지 않으며, 무감각하고 죽은 상태에 있으며, 자기 밖에서 그리고 위로부터 오는 대리자가 없이는 하나님께로 돌이킬 수 없습니다. 만약에 여러분이 인간의 심령 속에 있는 그 어떤 것을 개발시킬 수 있다면 여러분은 마귀를 만들어 내는 결과를 초래할 것입니다. 왜냐하면 마귀는 불순종의 아들들 가운데서 역사하는 영이기 때문입니다. 하나님과 원수 되는 육신의 마음을 개발해 보십시오. 그러면 하나님과 결코 화목될 수 없으며 그 결과는 지옥입니다. 사실상 신령한 생명은 본래의 인간에게서 떠나갔습니다. 인간은 죄 가운데 죽어 있고 생명이 그 생명을 주시는 분으로부터 인간에게 찾아와야만 합니다. 그렇지 않으면 영원토록 인간은 죽은 상태에 머물러 있게 되는 것입니다. 참된 그리스도인의 영혼 속에 이루어지는 그 일은 자기 자신이 시작하는 것이 아니요, 주께서 시작하시는 것입니다.

　본문은 그 일을 시작하신 이가 반드시 그 일을 성취하신다는 의미를 내포하고 있습니다. "너희 안에서 착한 일을 시작하신 이가 … 이루실 줄을 우리는 확신하노라." 난외주의 설명대로(우리말 성경에는 난외주가 없음) 완성하실 것이고 마치실 것입니다. 사도 바울은 그리 많은 말을 하지는 않습니다만 결국 그런 의미를 내포하고 있습니다. 그런 말이 있는 것은 아닙니다만 하나님께서 그 일을 실행하셔야지 그렇지 않으면 그 일은 이루어지지 않는다는 뜻입니다. 죄에서 천국으로, 돼지 같은 삶에서 곧장 영광을 받은 영혼들이 노래를 부르고 춤을 추는 잔치 자리에까지 우리는 하나님의 은혜로 걸어갈 수 있게 되는 것입니다. 그리스도인 속에 있는 모든 선한 것은 예수 그리스도를 통한 하나님의 양육의 은혜로 말미암아 시작되고 향상되며 완성됩니다. 그리스도인의 손가락이 낙원의 황금 빗장을 잡고, 그의 발이 벽옥 문턱에 서 있을지라도 거기까지 그를 오게 했던 그 은혜가 그의 순례길을 완전하게 마칠 수 있게 돕지 않는다면 그는 천국에 들어가기 위한 그 마지막 발걸음을 내딛지 못할 것입니다. 구원은 하나님의 일이지 인간의 일이 아닙니다. 이것은 요나가 깊은 바다라는 종합대학 중 큰 물고기라는 단과대학에서 터득했던 신학입니다. 오늘날 우리 신학자들 중에 많은 사람들이 이 대학에 보냄을 받으면 좋겠습니다. 왜냐하면 인간의 학식은 종종 인간의 자기만족의 생각에 사로잡혀 우쭐대기 때문입니다. 그러나 심오한 경험의 대학에서 교육과 훈련을 받고 자신의 심령이 사악함을 알게 된 자는 인간이 상상할 수 있는 방들을 유심히 들여다볼 때, 구원은 처음부터 끝까지 "원하는 자로 말미암음도 아니요, 달음박질 하는 자로 말미암음도 아니요, 오직 긍휼히 여기시는 하나님으로 말미암는다"(롬 9:16)는 것을 고백하게 될 것입니다.

그러나 본 절에서 말하는 사도의 요지는 하나님을 믿는 신자들 속에서 시작되고 오직 하나님으로 말미암아 이루어질 수 있는 이 착한 일이 아주 확실하게 이루어진다는 것입니다. 여러분은 그가 이 진리를 확신하고 있다고 선포하는 것을 주목하고 있습니다. 왜 바울은 그렇게 적극적으로 이 일을 "확신한다"고 기록할 필요가 있었을까요? 분명히 그는 영감을 받은 사람으로서 "너희 안에서 착한 일을 시작하신 이"라고 단순하게 기록할 수도 있었지만 그는 성령의 영감 너머에 있는 어떤 것, 즉 자신의 개인적인 믿음의 결과로서 그의 속에 일어났던 확신을 우리에게 전해주고 있는 것입니다. 그는 큰 긍휼을 힘입어 그때까지 살아왔고 개인적으로 은총을 받아 하나님과 주 예수 그리스도의 성품에 대해 분명한 견해를 갖게 되었으며, 따라서 하나님께서 자기의 일을 끝내지 않은 채 내버려 두시기를 원치 않는다는 사실을 확신한 것입니다. 자기 백성 속에서 착한 일을 시작하신 하나님께서 때가 되면 분명히 그 일을 이루실 것인데, 그는 다른 사람이 무엇이라고 하든지 그 마음속에 이 진리를 느끼고 확신했으며, 전력을 다해 이 진리를 고수하고 수호하겠다고 생각했던 것입니다.

사랑하는 친구들이여, 진실로 사도의 말 속에는 훌륭한 논거가 있습니다. 만약 주께서 그 착한 일을 시작하셨다면, 어씨 그가 그 일을 이루시지 않거나 마치시지 않겠습니까? 만약에 주께서 그 손을 멈춘다면 무슨 이유 때문일까요? 어떤 사람이 일을 시작하고 반쯤 하다가 내버려 둔다면, 그것은 흔히 힘이 부족해서 그렇습니다. 사람들은 준공되지 못한 망대를 보고 "이 사람이 공사를 시작하고 능히 이루지 못하였다"(눅 14:30)고 말합니다. 미리 짐작하지 못했거나, 능력이 부족해서 그 공사가 중단된 것임이 분명합니다. 그러나 여러분은 전능자 여호와께서 극복할 수 없는 어려움을 미리 내다보지 못해서 그 일을 중단하게 된다고 생각할 수 있겠습니까? 그는 그의 팔이 짧아진 것이 아닙니다. 그에게 어려운 일이란 아무것도 없습니다. 하나님께서 어떤 일을 시작하고서 적당한 때에 복된 결말을 맺지 못할 것이라고 생각하는 것은 하나님의 지혜와 능력을 하찮은 것으로 여기는 일입니다. 하나님이 깊이 생각하거나 고려하지 않고 어떤 사람의 영혼 속에 그 일을 시작하신 적이 없습니다. 비록 하나님께서 인간의 심령이 완악한 것과 인간의 사랑이 변덕스럽다는 것을 미리 아시고서 영원 전부터 사람이 처하여야 할 그 환경을 준비하신 것입니다. 만약 그때 하나님이 그 일을 시작하신 것이 지혜롭다고 여기셨다면, 그의 결심을 바꾸고 변경하실 이유가 없습니다. 하나님께서 그 일을 그만두실 이유가 전혀 없습니다. 시작하실 때의 그 동기는 변함이 없습니다. 그는 동일한 하나님이십니다. 그러므로 똑같은 결과가 있게 마련입니다. 다시 말해서, 지금까지 해 오셨던 그 일을 계속하신다는 뜻입니다.

하나님께서 어떤 일을 시작하시고 완성하지 않은 채 내버려 둔 그런 일은 없습니다. 반쯤 만들다가 포기하고 던져 버리신 것들이 있으면 저에게 한 번 보여주십시오. 윤곽을 세우고 흙은 반쯤 굽고 완전한 모양을 갖추지 못한 채, 그 위대한 토기장이의 녹로로부터 내팽개쳐진 그런 우주가 있으면 저에게 보여주십시오. 그와 같은 별, 태양, 위성이 있으면 저에게 가르쳐 주십시오. 아닙니다. 좀 더 낮은 차원에서 생각해봅시다. 뭔가 미완성인 것 같은 모습을 띠고 있는 식물이나 개미 또는 미량의 먼지라도 있으면 저에게 가르쳐 주십시오. 사람이 완성하는 모든 것은 아무리 품위 있게 마무리지을지라도 현미경 아래 두고 보면 그 모든 것이 거칠게 끝났음을 알게 됩니다. 왜냐하면 사람은 단지 어떤 단계에까지 이를 뿐이요, 그 단계를 넘어설 수 없기 때문입니다. 인간의 미약한 눈에는 완성된 것 같지만, 그것은 절대적인 완성이 아닙니다. 그러나 하나님의 모든 일들은 놀라운 배려와 더불어 마무리시어져 있습니다, 하나님이 나비의 날개에 붙은 분말을 정확히 만드셨듯이, 고요한 밤을 즐겁게 해주는 저 거대한 천체들도 정확하게 만드셨습니다.

그러나 형제들이여, 어떤 사람들은 영혼을 구원하는 이 위대한 일이 하나님으로 말미암아 시작되고, 그런 후에 내던져지며 그것이 미완성의 상태에 있다고 주장하기도 합니다. 또 한때 성령의 성화의 능력을 맛보고 구속주의 보혈을 힘입으며 영원하신 아버지의 흡족한 사랑의 눈길을 받았던 영혼들이 멸망을 당하기도 한다고 말합니다. 저는 그러한 일은 전혀 있을 수 없다고 믿습니다. 그런 믿음을 주장하는 것은 저의 간담을 서늘하게 하고 공포에 젖어들게 합니다. 그런 말들은 너무나 신성모독적으로 들립니다. 주께서 시작하시는 곳에서는 주께서 완성하시는 것입니다. 만약에 주께서 그 오른손을 어떤 일에 대신다면, 가령 그 일이 재앙으로 바로 왕을 치는 일이든지, 바로의 기병대를 홍해에 빠지게 하는 일이나, 자기 백성을 양 떼같이 광야를 지나도록 인도하고, 그들을 결국 젖과 꿀이 흐르는 땅으로 들어가게 하는 일이든지, 그 어떤 것을 막론하고 그 일이 완전히 끝나기 전에는 하나님께서 멈추지 아니하실 것입니다. 그 어떤 것에 대해서도 하나님은 자신이 정하신 그 뜻을 돌이키지 않으십니다. "어찌 그 말씀하신 바를 행하지 않으시며 하신 말씀을 실행하지 않으시랴"(민 23:19). "나 여호와는 변하지 아니하나니 그러므로 야곱의 자손들아 너희가 소멸되지 아니하느니라" (말 3:6). 사도가 사용하고 있는 이 평범한 말씀 속에는 수많은 논의의 주제가 들어 있습니다. 그는 하나님의 성품에 대해서 어떻게 기록해야 할 것을 알고 있었으며 성도들 가운데서 착한 일을 시작하신 하나님께서 그리스도의 날까지 그 일을 이루실 줄을 확신하고 있습니다.

본문에서 언급하고 있는 시간에 대해서 유의해 보십시오. 그 착한 일이 그리스도의 날에 완성될 것이라고 했는데, 그것은 우리 주님의 재림을 가리킨다고 생각됩니다. 주 그리스도께서 호령과 천사장의 나팔소리와 하나님의 음성과 더불어 천국에서 강림하실 때까지는 그리스도인이 온전하게 되지 못할 것입니다. 그러나 목사님, 주의 재림 전에 죽은 자들에 대해서는 어떻게 말씀하시겠습니까? 그들은 그런 점에서 어떻게 됩니까? 저는 이렇게 대답하겠습니다. 그들의 영혼은 분명히 온전하게 되었고, 빛 가운데서 성도들의 기업을 함께 누릴 자들이 되었다고 하겠습니다. 그러나 성경은 그 영혼이 온전하게 되었다고 해서 그 사람을 온전하다고는 하지 않습니다. 그의 육신도 그 사람 자신의 일부로 보기 때문입니다. 육신은 주 예수님의 재림 때까지 무덤에서 다시 살아나지 못할 것이기 때문입니다. 우리의 인성이 온전하게 된 모습으로 나타나고, 주님께서도 나타나시게 될 그 재림의 날이 하나님께서 시작하신 그 일이 마쳐지는 날이 되는 것입니다. 그때 몸과 혼과 영은 흠이나 점 혹은 그와 같은 것이 전혀 없이 기쁨으로 하나님의 얼굴을 뵙게 될 것이요 하나님의 우편에 있는 복락을 영원토록 즐거이 누리게 될 것입니다. 우리는 다음과 일들을 고대하고 있습니다. 회개하라고 가르치셨던 하나님께서 우리를 완전히 성화시키실 것이요, 쓰라린 눈물을 흘리게 하셨던 하나님께서 그 눈의 모든 눈물을 닦아 주실 것이며, 베옷과 재로 회개의 허리띠를 매게 하셨던 하나님께서 우리에게 성도의 의라는 정결하고 흰 세마포를 입혀 주실 것이고, 우리로 하여금 십자가로 이끄셨던 하나님께서 우리를 면류관의 자리로 인도하실 것입니다. 우리가 찌른 자를 우리로 하여금 바라보게 하시고, 그로 인하여 통곡하게 하시던 하나님께서 영광의 왕과 멀리 떨어져 있는 그 땅을 바라보게 하실 것이요, 치셨다가 나중에는 치료하셨던 그 사랑의 손이 훗날에 우리를 껴안아 주실 것이며, 우리가 죄 가운데 죽어 있을 때, 우리를 내려다보시고 우리를 영적인 생명 가운데로 부르셨던 하나님께서 더 이상 죽음이나 슬픔이나 한숨이 없는 곳에서 우리의 생명이 완성될 때까지 우리를 은총 기운데서 계속 돌보실 것입니다. 본문은 우리에게 이러한 진리들을 분명하게 가르쳐주고 있습니다.

본 주제에서 다소 벗어나는 것이지만, 제가 꼭 말씀드리고 싶은 한 가지 사실이 있습니다. 그것은 다음과 같습니다. 궁극적인 견인의 교리를 지지하면서도 여전히 영국 국교회에 남아 있는 그리스도인 형제들이 있는데, 저는 그분들에 대해서 놀라움을 금치 못합니다. 왜냐하면 그들이 그렇게 남아 있는 것이 견인의 교리를 주장하는 신앙과 전적으로 모순되기 때문입니다. 여러분은 "어째서요? 영국 국교회의 신조에도 그 견인의 교리가 가르쳐지고 있지 않습니까?"라고 말할 것입니다. 확실히 그렇습니다. 그러나 그것은 교리문답에서 가르쳐 주고 있는 것과는 명백하게 모순됩니다. 교리문답과 예배모범의 여러 부분에서 우리는 분명하게 어린아이들이 세례를 통해서 중생을 받고, 그리스도의 지체가 된다고 배웠습니다. 중생을 받는 것, 혹은 거듭나는 것은 확실히 영혼 속에서 일어나는 착하고 신령한 일의 시작입니다. 그리고 본문과 궁극적 견인의 교리에 의하면 이미 시작된 이 신령한 일이 그리스도의 날까지 아주 확실히 이루어질 것입니다. 그런데 기도서에 따르면 유아가 소위 유아세례를 받을 때, 그 속에서 그 착한 일이 시작된다고 하는데, 그 착한 일이 그리스도의 날에 틀림없이 온전하게 된다고 주장할 만큼 무모한 사람은 아무도 없을 것입니다. 왜냐하면 슬프게도 이렇게 중생했다는 사람들이 술 취하고 거짓말하고 욕을 하며 온갖 종류의 죄를 범하여 투옥이 되고 심지어 어떤 사람은 교수형을 당하기도 하는 것을 우리는 알고 있기 때문입니다. 그들은 성직자의 손을 통해 물이 뿌려지는 모든 사람들에게, 즉 아무것도 모르는 유아에게도 은혜의 사역이 시작된다고 가르칩니다. 제가 복음주의 목사요 궁극적인 견인의 교리를 믿는다면, 그와 같이 용납할 수 없는 거짓말을 가르치는 교회는 즉시 부인해야 합니다. 그런 일은 시작되지도 않고 그 결과 그 일은 이루어지지도 않습니다. 영국 국교회에서 시행되고 있는 유아세례의 용도는 성경을 곡해한 것이며, 하나님께 대한 모독이며, 진리를 웃음거리로 만들고, 사람의 영혼을 속이고 있는 일입니다. 주님을 사랑하고 악을 미워하는 모든 분들은 이렇게 점점 배교의 길을 걸어가고 있는 그런 교회에서 나오시기를 바랍니다. 이는 그분들이 그런 교회가 재앙을 받는 그날에 함께 형벌을 받지 않게 하려 함입니다.

**2. 둘째로, 성도의 궁극적 견인의 교리를 믿는
우리의 신앙에 대하여 좀 더 확고한 근거를 말씀드리겠습니다.**

우리의 첫째 근거는 성경의 분명한 가르침입니다. 그러나 사랑하는 교우들이여, 성도가 자기의 갈 길을 굳게 붙잡아야 한다는 성경의 모든 구절들을 인용한다면 상당히 많은 부분을 인용하게 될 것입니다. 왜냐하면 성경은 이 진리로 가득하기 때문입니다. 만약에 어떤 사람이 성경은 신자의 견인에 대해서 가르치지 않는다고 하면서 그 사실을 저에게 납득시킬 수 있다면, 성경은 평범한 사람에게는 알 수 없는 교훈이요, 이해할 수 없는 책이기에 나는 성경 전체를 즉시 거부할 것이라고 말한 적이 있습니다. 왜냐하면 이 교리는 모든 교리 중에서 표면상 가장 두드러진 교리이기 때문입니다. 욥기 17장 9절 말씀에서 그 족장의 증거를 들어보십시오. "그러므로 의인은 그 길을 꾸준히 가고 손이 깨끗한 자는 점점 힘을 얻느니라"고 했습니다. "의인은 구원을 얻을 것이니 마음대로 하라"(우리는 결코 그렇게 믿지 않았고 앞으로도 그렇게 믿지 않을 것입니다)가 아니고 "의인은 그 길(성결의 길, 헌신의 길, 믿음의 길)을 꾸준히 행할 것이니라" 입니다. 의인은 그 길을 고수할 것이요, 한편으로는 성장할 것입니다. 왜냐하면 손을 깨끗하게 한 자는 히브리인들이 그랬던 것처럼 "힘에 힘을" 더하든지, 아니면 우리의 번역대로 "점점 강하여 갈" 것이기 때문입니다. 시편 125편 1절과 2절에 보면, "여호와를 의지하는 자는" ― 이 표현은 신자에 대한 특별한 묘사인데 ― "시온 산이 흔들리지 아니하고 영원히 있음 같도다. 산들이 예루살렘을 두름과 같이 여호와께서 그의 백성을 지금부터 영원까지 두르시리로다"고 했습니다. 이 말씀은 구약에서 발견되는 풍성한 곡식 단 중에서 표본이 되는 두 개의 이삭이라 하겠습니다. 신약에서는 그리스도께서 요한복음 10장 28절에서 하신 말씀은 참으로 단정적인 말씀입니다. 거기에서 주님은 "내가 그들에게 영생을(죽을 수 있는 일시적인 생명이 아님) 주노니 영원히 멸망하지 아니할 것이요 또 그들을 내 손에서 빼앗을 자가 없느니라"고 하셨습니다. 사도 바울은 로마서 11장 29절을 통해 "하나님의 은사와 부르심에는 후회하심이 없느니라"고 말씀하셨습니다. 즉, 하나님께서 무슨 은사를 주시든지 그 은사를 되돌려 받고 싶을 만큼 후회하는 일은 결코 없다는 말씀입니다. 하나님께서는 어떤 사람을 부르시든지 간에 결코 그 소명을 철회하시지 않고 꾸준히 고수하십니다. 하나님의 자비는 기분 내키는 대로 하는 그런 일이 결코 없습니다. 그의 은사와 소명은 후회하심이 없습니다.

히브리서 6장에서 아주 많은 의문들을 야기했던 그 난해구절을 여러분이 읽게 된다면, 얼핏 보기에 이 말씀을 기록한 사도가 신자들이 하나님을 떠나버릴 수 있음을 가르쳤던 것 같이 보입니다. 그러나 여러분이 9절과 10절을 보면 그 사도가 그런 개념을 거부하고 있음을 알게 됩니다. 그는 "사랑하는 자들아 우리가 이같이 말하나 너희에게는 이보다 더 좋은 것 곧 구원에 속한 것이 있음을 확신하노라 하나님은 불의하지 아니하사 너희 행위와 그의 이름을 위하여 나타낸 사랑으로 이미 성도를 섬긴 것과 이제도 섬기고 있는 것을 잊어버리지 아니하시느니라"고 말하고 있습니다. 성도들에게 많은 위로를 주기보다는 위선에 대해 아주 단호하게 취급하던 사도 베드로도 베드로전서 1장 5절에서는 성도의 궁극적 견인에 대해 아주 강력하게 주장하고 있습니다. 그는 그곳에서 하나님의 예지에 따라 택함을 받은 모든 자들에 대해서 "너희는 말세에 나타내기로 예비하신 구원을 얻기 위하여 믿음으로 말미암아 하나님의 능력으로 보호하심을 받았느니라"고 했습니다.

형제들이여, 하나님의 자녀들이 버림을 받고 하나님께서 그 미리 아신 자들을 버리실 수 있다는 것이 사실이라면 제가 오늘 아침 여러분이 듣도록 봉독한 이사야서 54장은 거의 이해할 수 없을 것입니다. 이 이사야서 54장은 성도의 견인에 대한 내용이 좀 더 많이 기록되어 있기 때문입니다. 하나님의 불변하시는 사랑이 부인된다면, 성경은 그 내장이 꺼내어진 것과 같고 그 생명을 빼앗긴 것과 같이 됩니다. 만약에 여러분이 하나님의 말씀 중에서 "의인의 길은 돋는 햇살 같아서 크게 빛나 한낮의 광명에 이르거니와"(잠 4:18)라는 계속적이고 끊임없는 가르침을 빼내어 버린다면, 이 하나님의 말씀은 타작마당에서 쭉정이만 남고 알곡은 날아가 버린 셈이 됩니다.

더 나아가 성경의 분명한 증거들 외에 부가적인 사실들을 통해 이 교리를 입증하겠습니다. 먼저 하나님의 모든 속성들을 생각해 볼 필요가 있습니다. 만약에 그리스도를 믿는 자들이 구원을 받지 못한다면 하나님의 모든 속성들이 도전을 받을 것이기 때문입니다. 만약 하나님이 자신의 일을 시작해놓고 끝마치지 못한다면 그의 모든 성품이 불명예스럽게 됩니다. 그렇게 된다면 그의 지혜가 어디에 있다는 말입니까? 끝마칠 의향도 없는 일을 어찌 시작하셨겠습니까? 그의 능력이 어디에 있습니까? 악한 영들이 항상 "그가 하지 않은 것은 할 수 없어서 그랬다"고 말하지 않을까요? 하나님이 그 일을 시작해놓고 멈추셨다는 것은 온 지옥에 끊임없이 퍼질 조롱거리가 아니겠습니까? 인간의 죄악의 완고함이 하나님의 은혜보다 더 크고, 인간의 심령의 완악함이 너무 심해서 하나님께서 그 단단한 마음을 녹일 수 없었다고 그들이 말하지 않게 될까요? 은혜롭고 전능하신 하나님께 치욕을 남기게 되지 않겠습니까? 만약 하나님께서 그 사랑하시는 자들을 버리신다면, 그의 불변성에 대해 우리가 무슨 말을 하겠습니까? 그가 변하시지 않는다고 어떻게 보증할 수 있겠습니까? 사랑한 후에 미워한다면, 그 사람이 그 마음속에 하나님을 어찌 불변하시는 분으로 생각할 수 있겠습니까?

형제들이여, 두 가지 불변하는 것으로 반복해서 약속하시고 맹세로 보증하고 인치신 약속들에 대한 하나님의 신실함이 어디에 있겠습니까? 하나님은 거짓말을 하실 수 없는 분입니다. 만약 하나님께서 자기를 신뢰하는 자들을 버리신다면, 또 사랑의 물을 한 모금이라도 더 먹이고 싶어 그렇게 애태우신 다음에 우리에게 생명 샘의 물을 마시지 못하게 하신다면, 그의 은혜가 도대체 어디에 있다는 말입니까? 만약 하나님의 약속이 잊어버린 바 될 수 있고, 그의 마음이 변할 수 있다면, 우리가 하나님을 신뢰한다는 것은 모두 무익합니다. 만약 하나님이 그의 자녀들을 버리신다면, 장래에 대하여 우리에게 위로해 주었던 전날의 그 에벤에셀을 이야기할 필요가 없게 되는 것입니다. 왜냐하면 과거의 일이 하나님께서 장래에 어떻게 할 것인가에 대한 그 어떤 보장도 되지 못하기 때문입니다. 그러나 자기 약속에 대한 하나님의 진실성, 목적하신 바에 대한 신실성, 그 성품상의 불변성, 그 본질상의 사랑, 이 모든 것들은 하나님께서 자비롭게 여기셨던 그 영혼을 그 큰 일이 이루어질 때까지 떠나실 수 없고, 떠나시지 않는다는 사실을 입증하고 있는 것입니다.

더 나아가, 만약 여러분이 속죄의 교리를 생각해 본다면, 의인이 궁극적으로 타락하고 멸망한다는 것이 어찌 가능하겠습니까? 우리가 성경을 통해서 믿어야 하고 확고하게 붙잡아야 할 속죄의 교리는 다음과 같습니다. 예수 그리스도께서 자기 백성의 죄를 위하여 하나님의 공의에 대해 지불해야 할 것을 지불했다는 것, 즉 예수께서 죄인들의 모든 것을 대신하여 형벌을 받으셨다는 것입니다. 그가 그렇게 하셨고 우리가 그것을 믿는다면, 그가 진실로 우리를 대신하여 하나님을 만족시키는 희생제물이 되셨다면, 하나님의 자녀가 어찌 지옥에 던져질 수 있겠습니까? 왜 그리스도께서 지옥에 던져져야만 했을까요? 하나님의 자녀의 죄가 그리스도께 전가되었는데 무엇이 그를 정죄하겠습니까? 그리스도께서 그를 대신하여 정죄를 받으셨습니다. 천지는 없어질지라도, 반드시 시행될 영원한 공의의 이름으로 그리스도의 피 뿌림을 받은 사람이 하나님 앞에서 어찌 죄인으로 여겨질 수 있습니까? 그리스도께서 그의 죄를 짊어지시고 그를 대신해서 형벌을 받으셨는데 말입니다. 믿는 자는 궁극적으로 영화롭게 되는 것이 확실합니다. 속죄가 그것을 요구합니다. 또한 거룩한 생활을 견인해 나가지 않으면 영광에 이르지 못하기 때문에 반드시 견인하여야 합니다. 그렇지 않으면 그 속죄는 전혀 효력이 없습니다.

다음으로, 칭의의 교리가 성도의 견인을 증명합니다. 예수를 믿는 사람은 모든 것으로부터, 즉 모세의 율법을 통해서는 의롭다 함을 받을 수 없는 것으로부터 칭의를 받습니다. 사도 바울은 의롭게 된 사람이 고발당할 가능성으로부터 완전히 자유하게 됨을 말하고 있습니다. 여러분의 귀에는 거룩한 자부심으로 가득 찬 사도의 우렁찬 외침, 즉 "누가 능히 하나님께서 택하신 자들을 고발하리요"(롬 8:33)라는 외침이 들려오지 않습니까? 그들을 고발할 구실이 없고, 고소할 자가 아무도 없다면 누가 그들을 정죄하겠습니까? 만약에 하나님께서 자기의 사랑하는 아들로 말미암아 신자들을 정당하고 의롭다고 여기신다면, 그리고 신자들이 그 아들의 아름다운 겉옷을 두르고 깨끗하고 흰 구세주의 의의 세마포를 입게 된다면, 그들을 대항하여 정죄할 여지가 어디에 있겠습니까? 그들이 고발도 당하지 않고, 정죄도 받지 않는다면, 그들은 자기의 길을 굳게 지키고 구원받았음에 틀림없습니다.

사랑하는 형제들이여, 그 다음으로, 천국에서의 그리스도의 간구가 그를 의뢰하는 모든 자들의 구원을 위한 보증이 됩니다. 베드로의 경우를 생각해 보십시오. "시몬아, 시몬아, 보라 사탄이 너희를 밀 까부르듯 하려고 요구하였으나 그러나 내가 너를 위하여 네 믿음이 떨어지지 않기를 기도하였노니"(눅 22:31-32)라고 주님은 베드로에게 말씀하셨습니다. 그리스도의 기도가 베드로를 지켜주었고, 그래서 베드로는 죄에 빠진 후에 비통하게 울며 회개하게 되었습니다. 우리들을 항상 살피시는 우리의 목자가 그와 같은 간구를 그의 모든 택한 백성들을 위해 계속 드리고 있습니다. 밤낮으로 그는 하나님의 보좌 앞에서 우리의 대제사장으로서 가슴에 흉패를 붙이고 간구를 드립니다. 만약 그가 자기 백성을 위해 간구한다면, 그 간구가 진실로 그 권위를 잃지 않는 한, 어찌 그들이 멸망하겠습니까?

더 나아가, 모든 신자는 "그리스도와 하나"인 사실을 기억하지 못하십니까? 사도는 "이는 너희가 그의 몸, 그의 살과 그의 뼈의 지체이라"고 하였습니다. 여러분은 지체들이 썩어서 떨어지는(손과 발 그리고 눈이 썩어가고 있어서 새로운 지체로 대체할) 그런 몸에 붙어 있는 머리이신 그리스도를 상상할 수 있겠습니까? 그렇게 할 수 있다면 여러분의 생각이 잘못된 것입니다. 그런 은유는 너무 나쁜 것이어서 나는 그것을 더 이상 설명하지 않겠습니다. "이는 내가 살아 있고 너희도 살아 있겠음이라"(요 14:19)는 말씀은 그리스도의 몸의 모든 지체에 해당하는 불멸성을 가리키는 말씀입니다. 의인이 다시 죄를 짓고 옛날의 타락한 상태에 빠지게 되는 것을 보고 너무 두려워할 필요는 없습니다. 왜냐하면 그리스도 안에 있는 거룩함이 성령의 생명력을 힘입어 그 영적인 몸의 전 조직에 뚫고 들어가서 가장 작은 지체라도 그리스도의 생명에 의해 보존되기 때문입니다.

그리스도인의 내적인 생명은 그가 다시 죄 가운데로 되돌아가지 않을 것이라는 보증이 됩니다. "너희가 거듭난 것은 썩어질 씨로 된 것이 아니요 썩지 아니할 씨로 된 것이니 살아 있고 항상 있는 하나님의 말씀으로 되었느니라"(벧전 1:23)는 성경 구절을 상고하시기 바랍니다. 만약 이 씨가 썩지 아니할 씨요, 살아 있고 항상 있는 씨라면, 여러분 중에 어떤 분이 의인이 타락하고 은혜로부터 떨어진다고 어찌 말할 수 있겠습니까? 주님의 말씀을 들어보십시오. 주님께서는 "내가 주는 물은 그 속에서 영생하도록 솟아나는 샘물이 되리라"(요 4:14)고 말씀하셨습니다. 그러므로 예수님께서 주시는 이 물이 마르고 더 이상 흐르지 않는다고 어찌 말할 수 있겠습니까? 또 주님의 다른 말씀을 들어보십시오. "살아 계신 아버지께서 나를 보내시매 내가 아버지로 말미암아 사는 것 같이 나를 먹는 그 사람도 나로 말미암아 살리라 …이 떡을 먹는 자는 영원히 살리라"(요 6:57-58)고 하셨습니다. 예수님께서 자기 백성의 심령에 심어 놓은 그 생명은 그 자신의 생명과 연합되어 있습니다. "이는 너희가 죽었고 너희 생명이 그리스도와 함께 하나님 안에 감추어졌음이라 우리 생명이신 그리스도께서 나타나실 그 때에 너희도 그와 함께 영광 중에 나타나리라"(골 3:3-4)고 하셨습니다. 성령께서 우리 가운데 거하십니다. "너희 몸은 성령의 전인 줄을 알지 못하느냐"(고전 6:19)고 하였습니다. 사랑하는 여러분이여, 하나님의 생명은 영원하고 그리스도께서 우리에게 주신 생명은 그 영원한 생명이므로 그리스도인이 죽는다면 하나님께서도 죽는다는 것이 되므로 이런 것은 도저히 있을 수 없는 것입니다. "내가 그들에게 영생을 주노니 영원히 멸망하지 아니할 것이요 또 그들을 내 손에서 빼앗을 자가 없느니라"(요 10:28)고 주님은 말씀하셨습니다.

하나님의 말씀이 여러분의 손에 있으므로 그 교리를 이해하는 문제는 이쯤에서 마치겠습니다. 성령께서 여러분의 영혼에 역사하셔서 그 교리가 진실됨을 확신시켜주기를 바랍니다. 그리스도를 믿는 사람은 구원을 얻게 될 것이니 그가 하고자 하는 대로 내버려 두라는 것이 그 교리가 아니요, 그것은, 즉 예수님을 믿는 사람은 성결의 영을 받게 될 것이요, 점점 더 힘을 얻어 거룩한 삶을 살아가게 되고, 마침내 하나님의 사랑하는 아들이 강림하실 때, 하나님께서 우리 속에 이루실 완전한 자리에까지 나아간다는 교리입니다.

3. 마지막으로, 우리는 이 교리에서 어떤 유용한 결론을 끌어내야 합니다.

첫 번째 결론은 다음과 같습니다. 이 진리는 현재 어둠 가운데 행하며 빛을 보지 못하고 있는 하나님의 자녀에게 큰 위로를 주고 있습니다. 오래 전에 주께서 친히 여러분에게 자신을 계시하셨던 사실을 여러분은 알고 있습니다. 여러분은 그 약속들이 특별히 달콤했던 때를, 즉 그리스도의 인격이 여러분의 영적인 시야에 영광스럽게 계시되었던 때를 기억하고 있을 것입니다. 그런데 사랑하는 자들이여, 일시적인 영혼의 침체가 지금 여러분을 감싸고 있다면, 어떤 무거운 개인적인 시련이 여러분에게 닥쳐왔다면, 여러분은 "나 여호와는 변하지 아니하나니"(말 3:6)라는 말씀을 들으십시오. 하나님께서 그 얼굴을 감추신다고 해도 그는 여전히 여러분을 사랑하신다는 사실을 믿으십시오. 겉으로 보이는 섭리들을 보고 하나님을 판단하지 말고, 그의 말씀의 교훈을 가지고 그를 판단하십시오. 거룻배의 사공들이 운하에서 배 뒤쪽을 밀어서 그 배가 앞으로 나아가게 하는 것처럼 여러분도 그렇게 하십시오. 과거로부터 위로를 취하십시오. 오늘의 희생 제물에 불을 붙이기 위해서 어제의 제단으로부터 위로라는 불붙은 관솔가지를 끄집어내십시오.

"구원하시기로 결심하신 주님이

그대들의 길을 감찰하시네.
사탄의 눈먼 종이었을 때,
그대들은 사망과 더불어 어울렸었네.
주께서 그대들에게 자기 이름을 의뢰하게 하시려고
그대들에게 수치를 당하게 하신 것일세."

이 교리는 모든 그리스도인들에게 끝까지 인내하도록 하기 위해서 꾸준한 근면의 필요성을 제시합니다. 어떤 사람은 "그 교리로 얻어낼 수 있는 결론이 그것입니까? 저는 그 반대로 생각했습니다. 신자가 그의 길을 확고히 붙잡고 나아간다면 무엇 때문에 근면이 필요합니까?"라고 말하기도 합니다. 그 반대하는 사람이 오해하고 있다는 것을 말씀드리겠습니다. 신자가 그 생명이 끝날 때까지 성결을 유지하려면 분명히 성결을 지킬 필요가 있습니다. 그가 성결을 유지해야 한다는 교리는 바람직한 결과를 가져오는 가장 좋은 수단들 중의 하나입니다. 만약 여러분 중에 어느 분이 어떤 사업을 할 때에 큰 돈을 벌 수 있을 것이라고 확신한다면 그 확신 때문에 여러분은 그 사업을 그만둡니까? 하루 종일 이불 속에서 빈둥거리거나 자기가 맡은 자리를 전부 내어버립니까? 아닙니다. 여러분이 부지런하면 성공할 것이라는 확신은 여러분을 더 근면하게 할 것입니다. 사도 바울은 과거의 그리스의 운동경기 중에서 어떤 실례를 들어서 설명하곤 하였는데 서도 그런 이야기 하나를 비유로 들어보겠습니다. 만약 경기장에서 말을 타고 경주를 하는 어떤 기수가 자기가 승리하게 될 것이라고 확신한다면, 그 때문에 속도를 늦추겠습니까? 나폴레옹은 자신이 운명을 지배하는 사람이라고 믿었습니다. 그것이 그의 활동력을 제지하였습니까? 어떤 일이 확실히 이루어진다고 해서 그 일을 하는 사람이 그 일을 더 이상 추구하지 않는 것이 아니라, 도리어 그 일을 활기차게 한다는 것을 설명하기 위해서 저의 일화 하나를 여러분에게 말씀드리겠습니다. 제가 열 살쯤 되었을 때의 일입니다. 제게 행복하고 영광스러운 추억을 안겨주신 분에 대한 이야기입니다. 그리스도를 위해 열심 있는 일꾼이셨던 리처드 닐(Mr. Richard Knill) 목사님께서 저의 할아버지 집에서 저를 자기 무릎 위에 앉히시고 마음에 그런 감동이 있었는지 모르겠습니다만 저의 가족과 제가 마음에 간직한 다음과 같은 말씀을 하셨습니다. "이 아이는 복음을 전파하게 될 것입니다. 우리 시대의 가장 많은 청중들에게 복음을 전하게 될 것입니다"라고 말했습니다. 그분이 왜 이런 말을 했는지 저는 모르겠습니다. 저는 그분의 예언조의 말씀을 믿었습니다. 오늘 제가 이 자리에 서게 된 것도 부분적으로는 그러한 믿음에 기인된 것입니다. 제가 많은 청중들에게 복음을 전하게 될 것을 믿었다고 해서 그것이 자신을 연마하는 일에 부지런하지 않게 하였던 것은 아닙니다. 전혀 그렇지 않았습니다. 도리어 그 예언적인 말은 그 예언을 이루도록 촉진하였습니다. 저는 제 앞에 있었던 이 베들레헴의 별을 항상 지니도록 기도하고 찾고 애썼습니다. 제가 복음을 전하게 될 날이 오도록 저는 노력하였습니다.

이와 같이 우리가 언젠가 온전하게 될 것이라는 믿음도 참된 신자를 결코 게으르게 하지는 않습니다. 도리어 그로 하여금 육체의 타락과 싸우고, 하나님의 약속을 따라 인내하도록 최대한 자극합니다. 어떤 사람은 "글쎄요, 하나님이 어떤 사람에게 궁극적인 견인을 보증하신다면, 무엇 때문에 그가 그것을 위하여 기도할 필요가 있겠습니까?"라고 말합니다. 여보세요. 선생님, 하나님께서 궁극적인 견인을 보장하지 않으셨다면, 그가 어찌 감히 그것을 위해서 기도하겠습니까? 저는 약속되지 않은 것을 위해서는 감히 기도하지 못하겠습니다. 그러나 약속된 것이라면 언제든지 즉시 그것을 위해 기도합니다. 하나님의 말씀 가운데 그것이 있음을 알게 될 때, 저는 그것을 얻으려고 노력합니다. 어떤 사람은 "당신 하고 싶은 대로 말씀하세요. 당신은 모순이 있군요"라고 말합니다. 아, 글쎄요. 사랑하는 교우 여러분, 우리는 할 수 있는 대로 설명을 아주 잘해야 합니다.

그러나 전혀 이해하지 못하는 사람들에게 꼭 이해시킬 필요는 없습니다. 곁눈질하여 사팔뜨기가 된 눈에 사물을 똑바로 보게 한다는 것은 어려운 일입니다. 사람들이 자세히 알려고 하지 않기에 진리를 알 수 없는 일도 가끔은 있습니다. 그러나 실제적인 것이 가장 중요합니다. 실제적인 논증을 통해 그 교리가 우리의 것이 되게 합시다. 이는 은혜로부터 실족할 수 있다고 생각하는 자들이 무서운 위험을 감행하고 실족하는 반면에, 진실하게 믿기만 하면 은혜로부터 떨어질 리 없다는 것을 아는 자들은 아주 조심스럽고 용의주도하게 행하려 한다는 것을 입증하기 위해서입니다. 저는 저의 구원이 마치 저 자신에게 달려 있는 듯이 살려고 애를 쓰다가 전혀 제게 달려 있지 않음을 알고서 주님께로 돌아가곤 하였습니다. 우리는 칼빈의 교리와는 정반대인 것 같은 삶을 삽니다만, 사실상 정확하게 칼빈주의적 교리대로 살고 있는 것입니다. 다시 말해서, 목표에 대한 열심과 가장 큰 영향력을 가진 하나님의 은혜에 대한 감사, 우리 주 예수 그리스도로 말미암아 보장된 우리의 구원으로 말미암은 하나님께 대한 감사 등등, 이런 것들로 이루어진 생활을 하게 된다는 것입니다.

본문에서 배울 수 있는 또 하나의 내용은 다음과 같습니다. 즉, 본문에서 견인(堅忍)하는 방법을 배웁시다. 형제들이여, 빌립보 교인들이 견인하게 될 것이라고 사도 바울이 믿었던 이유는 그들이 착하고 열심 있는 사람들이었기 때문이 아니라, 하나님께서 그 일을 시작하셨기 때문이라는 것입니다. 여러분은 그런 사실을 살펴볼 수 있을 것입니다. 따라서 우리가 견고하게 서 있을 수 있는 근거는 하나님께 대한 우리의 믿음 때문입니다. 오늘 아침 이 자리에는 현재는 본 교회의 교인이시나 과거에는 한때 다른 교파의 교인이셨던 사랑하는 형제 한 분이 앉아 계십니다. 그가 아주 어리고 또 회심한지 얼마 되지 않았던 어느 날 밤, 그는 기도하기 위하여 무릎을 꿇었습니다. 그런데 그는 자신이 차갑고 죽은 것처럼 느껴졌습니다. 그래서 그는 몇 분도 기도하지 못하고 잠자리에 들고 말았습니다. 어둠의 공포가 그 위에 내리자 그는 곧 이렇게 중얼거렸습니다. "나는 은혜에서 떨어졌어"(갈 5:4 참조). 그는 참으로 선한 영혼을 지녔고 현재도 그렇습니다. 그는 잠자리에서 일어나 기도하기 시작했습니다. 그러나 더 이상 나아지지 못했습니다. 아침 5시에 그는 자기 성경 공부 반 리더를 찾아가 문을 두드리고 소리쳤습니다. 그 리더가 창문을 열고 무슨 일이냐고 물었습니다. "오, 내가 은혜에서 떨어졌어"라고 그는 대답했습니다. 그 리더는 "그래? 은혜에서 떨어졌다면 집으로 가서 주님을 신뢰해야지"라고 말했습니다. 저의 친구는 "그런데 이전부터 계속 그런 상태란 말이야"라고 대답했습니다. 그런데 만약에 그가 이전에 그 위대한 진리를 알았더라면, 은혜로부터 떨어졌다고 하는 그와 같은 터무니없는 생각에 사로잡히지 않았을 것입니다.

"은혜에서 떨어졌다고요? 그러면 가서 오직 주님만을 신뢰하십시오." 옳습니다. 우리가 은혜로부터 실족했든지 안 했든지 간에 주님을 신뢰하는 일은 우리 모두가 반드시 해야 할 일입니다. 우리는 십자가에서 죽은 그 사랑의 그리스도를 항상 의지해야 합니다. 주님, 만약 제가 성도가 아니고, 제가 성도의 자격과는 아무 상관이 없으면, 주님 저는 아직 죄인입니다. 주님께서는 죄인들을 구원하시기 위하여 죽으셨습니다. 제가 그 사실을 붙들겠습니다. 오, 보혈. 제가 만약 주님의 성결의 능력을 체험하지 못했다면, 지금까지 제가 비통한 고통과 죄악의 속박 가운데 처해 있다면, "믿고 세례를 받는 사람은 구원을 얻을 것이요"(막 16:16)라는 그 위대한 십자가의 옛 복음이 아직도 유효합니다. 주님, 만약 이전에 결코 믿지 못했다면, 오늘 제가 믿습니다. 나의 믿음 없는 것을 도와주소서. 이것이야말로 견인의 참된 이론입니다. 그것은 궁극적으로 자신은 아무것도 아니요 그리스도가 가장 중요한 것이 되게 한다는 것입니다. 그리스도 예수 안에 있는 능력을 전적으로, 그리고 단순하게 끝까지 의지하는 것입니다.

마지막으로, 이 교리에는 회심하지 않은 자들에게 들려주는 음성이 있습니다. 이 교리가 저에게도 그 음성을 들려주었습니다. 만약 이 세상에서 처음으로 저로 하여금 그리스도인이 되게 하려고 만든 것이 있다면, 그것은 성도의 궁극적인 견인의 교리였습니다. 저는 소년 시절 나의 친구들이 나보다 낫다고 생각했습니다. 그들은 저보다 모든 면에서 뛰어난 모범적인 아이들이라고 생각되었습니다. 그들은 큰 도시에서 견습공이 되거나 독립해서 어떤 일을 시작하게 되었습니다. 그런데 얼마 지나지 않아 그들의 도덕적 탁월성이 사라지고 말았습니다. 그들은 모범적인 사람들이 되지 못하고 도리어 어린아이들이 그들의 지독한 악습을 보고 본받지 못하게 경고로 삼아야 할 사람들이 되었습니다. 이 일을 생각할 때, 저에게 이린 마음이 떠올랐습니다. "수년이 지나면 내 성품도 저렇게 될지 몰라. 앞으로도 거룩한 성품을 확실하게 지킬 수 있는 방법이 있을까? 젊은 사람이 주의해서 부정과 죄악에서 자신을 지킬 수 있는 길이 있을까?" 그런 다음 저는 제가 그리스도를 신뢰하면 나의 길을 확고하게 붙잡고 점점 더 힘을 얻게 될 가망성이 있음을 알았습니다. 물론 결코 참된 신자가 될 수 없는 것은 아닐까? 그 가망성이 내 자신에게 현실적으로 이루어질 수 있을까 하는 두려움이 있었습니다. 왜냐하면 저는 무가치한 존재였기 때문입니다.

그러나 아름다운 그 약속의 음성은 항상 나를 매혹시켰습니다. "오, 내가 만약 그리스도께 나아가 한 마리의 비둘기처럼 그의 상처 속에 숨을 수만 있다면, 나는 안전할거야. 내가 만약 그분으로 하여금 내게서 내 과거의 죄를 씻게 할 수만 있다면, 그의 영이 나로 하여금 앞으로는 죄를 짓지 않도록 나를 지키실 것이요 나는 끝까지 보존되리라."

이 사실이 여러분의 관심을 끌지 않습니까? 오, 이와 같은 구원 사역으로 인해 그 마음이 감동되는 분들이 있게 되기를 바랍니다. 우리는 여러분의 무게를 지탱하지 못할 힘없이 흔들거리는 복음을 전하지 않습니다. 그것은 차축이 뚝

부러지거나 그 바퀴가 벗겨질 그런 약한 병거가 아닙니다. 이것은 홍수가 날 때 무너질 그런 모래 기초가 아닙니다. 언약과 맹세를 통해 친히 보증하시는 영원한 하나님이 계십니다. 하나님은 자기의 율법을 여러분의 심령에 기록할 것이요, 그래서 여러분은 하나님을 떠나지 않게 될 것입니다. 하나님이 여러분을 지키실 것이요, 따라서 여러분은 죄 가운데서 방황하지 않을 것입니다. 만약 여러분이 잠시 동안 길을 잃는다면 하나님이 여러분을 의의 길로 다시 돌아가게 해주실 것입니다. 오, 젊은 청춘 남녀들이여, 이곳으로 방향을 돌리십시오. 그리스도와 그의 백성들과 함께 운명을 같이하십시오. 그를 신뢰하고, 신뢰하고, 신뢰하십시오. 그러면 이 보배로운 진리가 여러분의 것이 될 것이며, 그 진리의 체험이 여러분의 생애 속에서 실증될 것입니다.

> "나의 이름은 영원히
> 주님의 손바닥에서 지울 수 없네.
> 주의 심령 위에 새겨진 나의 이름은
> 지울 수 없는 은혜의 흔적 속에 남아 있도다.
> 보증금이 주어진 것처럼 확실하게
> 나는 끝까지 견디리라.
> 천국의 영광스러운 영혼들,
> 그들은 우리보다 더 복되지만,
> 그러나 그들만이 더 안전한 것은 아니라네."

제
2
장

—

바울의 간구

—

"너희의 간구와 예수 그리스도의 성령의 도우심으로"
— 빌 1:19

사도 바울은 감옥에서 그의 생명이 크게 위태로웠습니다. 처음에는 순수한 마음으로 예수 그리스도를 전파하기 시작하다가 나중에는 순수하지 못한 마음으로 전파하는 많은 사람들로 인하여 바울은 큰 괴로움을 당했습니다. 뿐만 아니라 매일 그에게 닥쳐오는 모든 교회에 대한 염려로 인해 자주 마음이 침울해졌습니다. 그러나 그가 자기 주위를 둘러싼 악들을 똑바로 직시하게 되었을 때, 그는 그 악들 너머에 있는 어떤 사실, 즉 그의 모든 시련의 결과가 진실로 영원한 선을 이루게 될 것임을 믿을 수 있었습니다. 그는 자기가 감옥에 있는 것이 유익하며, 비록 그곳에서 죽는다 할지라도 그것은 유익하고, 비록 어떤 사람들이 악한 뜻으로 그리스도를 전하더라도 전파되는 것은 그리스도요, 그 결과는 나쁜 것이 아니기 때문에, 되도록 많은 사람들이 그리스도를 전파하는 것은 좋은 일이라고 확신했던 것입니다. 그리고 또 교회가 당한 어려움과 시련들도 유익하다고 확신했습니다. 왜냐하면 그들이 하나님의 영광을 위해 억압을 받고 있었기 때문입니다.

모든 일들을 처음부터 마지막까지 지켜보시는 주님을 생각하면서 교훈을 얻도록 합시다. 우리가 현재 당하고 있는 고통의 싹은 전혀 아름답지 아니합니다만, 그 싹에서 궁극적으로 피어날 꽃은 아름다울 것입니다. 구름이 우리의 머리 위에 무겁게 걸려 있습니다만 어린아이들처럼 그 검은 색깔을 보고 두려워하지 말고 그것들은 "자비를 품고 있기에 크고, 우리들 머리 위에 축복을 내리기 위해 흩어지게 된다는 사실"을 기억합시다.

주의 참된 종에게 무슨 일이 일어나든지 그것은 복음의 진보가 될 것입니다. 그러므로 우리는 환난 중에도 기뻐하며, 하나님의 뜻이라면 그것이 무엇이든지 받아들여야 할 것입니다.

그러나 사도는 그 어떤 것에서든지 기도를 떠나서 선한 것이 생길 것이라고는 기대하지 않았다는 사실을 주목하십시오. 그는 빌립보에 사는 그의 사랑하는 교우들의 기도와 성령의 도우심으로 말미암아 그에게 일어나는 모든 일이 그의 구원과 영적인 진보, 그리고 그리스도의 사역자로서의 성공을 촉진하기 위하여 역사할 것이라고 믿었습니다. 그는 가장 저질의 금속을 가장 순수한 순금으로 바꿀 수 있는 천국의 거룩한 연금술을 통해 악이 선으로 바뀌게 되기를 기대하였습니다. 그러나 그는 이런 일이 하나님이 정하신 방법들과 일반적인 은혜의 제도들과는 상관 없이 일어나리라고는 기대하지 않았습니다. 그는 두 개의 큰 요인들, 즉 기도와 성령의 도우심이 역사하고 있음을 알았기 때문에 그 결과를 헤아려보고 있었던 것입니다. 원인 없는 결과를 찾는 사람은 말할 것도 없이 어리석은 사람입니다. 사도는 그와 같은 마음의 소유자가 아니었습니다.

오늘 아침 저의 설교는 주로 저 자신과, 함께 사역을 하는 저의 동료들을 위한 말씀이 될 것입니다. 우리는 다른 사람들을 위해서 아주 많은 설교를 하기 때문에 가끔씩 자신들을 위한 설교도 해야 합니다. 그리고 우리가 구하고 있는 것이 진실로 우리에게 속한 사람들의 유익과 그리스도의 목적을 위하여 좋은 것이므로, 우리 스스로 책임을 지고 좀 더 담대하게 그것을 구하게 되는 것입니다.

제가 말씀드리는 실제 주제는 "형제들아 우리를 위해 기도하라"는 말씀입니다. 제가 추구하고자 하는 목표는 여러분을 자극하여 저와 그리스도 예수의 모든 사역자들을 위해 여러분들이 많이 기도함으로써, 광범위하게 발생하는 일이거나, 우리 중 어떤 사람에게 개인적으로 일어나는 일을 막론하고, 그 모든 일이 "여러분의 기도와 성령의 도우심으로 말미암아" 아주 유익하게 되도록 하는 것입니다.

먼저 교회의 기도에 대해서 이야기하고, 그 다음에 성령의 도우심에 대해 말씀드리겠습니다. 이 두 가지 문제는 서로 밀접하게 연관되어 있는 것으로 분리시킬 수 없습니다.

1. 첫째로, 교회의 기도에 대해서 말씀드리겠습니다.

　사도는 분명히 성도들이 자기를 위해 기도한다고 생각했습니다. 그는 빌립보에 사는 그의 형제들이 자기를 위해 기도한다고 확신했습니다. 사도는 이미 빌립보 교인들이 많이 기도하고 있다는 것을 알았기 때문에 그들에게 별도의 기도 요청을 하지 않았습니다. 모든 목사들이 자기가 담당하고 있는 성도들의 기도를 계속적으로 받고 있다는 것을 확신할 수 있게 되기를 바랍니다. 우리들 중 어떤 분들은 이 점에 있어서 매우 부요합니다. 그리고 이것은 우리의 기쁨이요 위로이며, 우리 수고의 보답이자 우리의 사역에 힘이 됩니다. 그것은 우리가 성도들의 심령 속에 살아 있는 명백한 증거입니다. 그러나 저는 자기에게 속한 사람들의 도고가 있다는 것을 듣지 못해서 그 마음이 슬프고, 성도들의 기도가 없어서 약해지며, 시은소에서 자기들의 심령과 관계를 맺고 있는 성도들의 사랑을 얻지 못해서 성공하지 못하는 그런 사역자들이 많을까 염려됩니다. 자기에게 속한 사람들이 자기를 위해서 기도하고 있다는 것을 당연하게 여기지 못하는 사역자는 불행합니다.

　바울은 성도들의 기도를 높이 평가했습니다. 그는 사도였으나 빌립보에 사는 그 보잘것없는 회심자들의 도고가 없이는, 아무것도 할 수 없다고 느꼈습니다. 그는 루디아와 그녀의 가정의 기도를 소중히 생각했고, 간수와 그의 가족의 기도를 귀하게 여겼습니다. 그는 유오디아와 순두게 그리고 글레멘드와 그 외의 사람들(아마도 그들 대부분은 세상적으로 높거나 특별한 사회적 지위가 있는 사람들이 아니었던 것 같습니다)이 기도해주기를 원했습니다. 그는 그들의 간구를 비할 데 없이 귀한 것으로 여겼으며, 그는 자기에게 필요한 것을 빌립보 교인들이 여러 번 공급해주어서 그 선물에 대해 감사했을 뿐 아니라, 그에 못지않게 그들의 기도를 고맙게 여겼던 것입니다. 만약 사도가 그 형제들의 간구에 대해서 이렇게 은혜를 입었다고 느꼈다면, 사도에 비해 훨씬 부족한 우리가 더 이상 무슨 말을 하겠습니까!

　그는 교회의 기도를 통해 큰 결과들이 일어날 것을 기대하였습니다. 본문을 살펴보면 그것이 확실하게 드러납니다. 그는 악이 선하게 변할 것을 기대했고, 자신이 도움을 받아 계속 신령한 삶을 살 것을 기대하였습니다. 사랑하는 여러분들이여, 저의 심령은 기도가 성령님 다음으로 이 우주에서 가장 유효한 영적인 동력임을 확신합니다. 성령님은 전능하시고 그의 뜻대로 행하십니다. 그러나 내재하시는 성령님의 전능성에 버금가는 것은 기도의 힘입니다. 주님은 "구하라 그러면 너희에게 주실 것이요 찾으라 그러면 찾아낼 것이요 문을 두드리라 그러면 너희에게 열릴 것이라"(눅 11:9)라고 하셨습니다. 예수 그리스도의 교회의 이 위대한 헌장은 거의 전능한 능력을 교회에게 수여합니다. 만약 어떤 교회가 기도를 하게 된다면, 그것은 천국 아래 두 번째로 유능한 그 능력을 가동시키는 일이 될 것입니다. 사도 바울은 기도의 능력을 알고 있었습니다. 우리도 기도의 능력을 알고 있습니다. 그리고 그 기도의 능력이 좀 더 많이 증명되기를 바라고 있습니다.

바울은 빌립보 교인들이 자기를 위해 좀 더 많이 기도해주기를 고대하였습니다. 이는 그때 그가 당하는 고통이 평소보다 훨씬 더 심했기 때문입니다. 그는 이 일이 그들의 동정심을 불러일으키고, 그래서 그들로 하여금 좀 더 간절히 기도하게 될 것이라고 확신했습니다. 진실로 하나님의 사람들이 그들의 사역자들을 위해서 기도해야 할 때가 있다면, 바로 이러한 때일 것입니다. 왜냐하면 그리스도의 사자가 온갖 종류의 수많은 악들에 휩싸여 있고, 또 그는 계속되는 반대를 무릅쓰고 그 길을 헤쳐나가야 하기 때문입니다. 결빙이 시작되고 바다가 단단한 철판처럼 되며, 파도는 빙산을 이루어 배의 항로를 봉쇄할 때, 북극 바다에 떠 있는 한 척의 배처럼 교회는 지금 항해를 계속하고 있습니다. 오늘날은 지나간 그 어떤 시대보다 더 악한 시대입니다. 그러므로 우리는 교회를 향해 더 많이 기도하라고 절박한 심정으로 권고합니다. 이는 교회의 기도가 이전보다 더 많이 필요한 때이기 때문입니다.

지금까지 말씀드린 주제의 요지는, 첫째로, 사역자들이 마땅히 자기들의 교우들에게 기도해 달라고 요청해야 한다는 것입니다. 모든 그리스도인들은 서로를 위해 기도해 주어야 합니다. 우리는 각자 다른 사람들에게 사랑에 가득 찬 도고를 요구해야 합니다. 그리스도의 몸의 지체들은 서로에 대하여 관심을 보여야 합니다. 그러나 특별히 사역자는 자기 성도들의 기도를 받아야 합니다. 저는 사역자들의 직무가 힘들다는 이야기를 자주 듣습니다. 그러나 그 말은 적절한 표현이 못 됩니다. 사역자가 종사하는 그 일은 인간의 능력의 한계를 훨씬 넘어서는 일입니다. 사역자는 하나님의 사자로서 죽은 자를 소생시키기 위해서 보냄을 받은 것입니다. 그 죽은 자들 속에서 그가 무슨 일을 할 수 있겠습니까? 그의 교우들의 기도로 말미암아 하나님의 성령께서 그와 함께 하지 않으면 그는 아무것도 할 수 없습니다. 그는 무리들에게 영적인 양식을 가져다주기 위해 보냄을 받았습니다. 그는 떡과 물고기를 사람들에게 전해주기 위해 보냄을 받은 것입니다. 그것이 아무리 적다고 해도 그 양식으로 수천 명의 무리를 먹여야 합니다. 이것은 참으로 불가능한 사명입니다. 그는 그 일을 수행할 수 없습니다. 하나님의 도움을 떠난 그리스도의 사역자의 일은 조롱거리밖에 되지 않습니다. 영원하신 성령의 능력을 떠나서 설교자가 해야 할 일이 있다면, 그 일은 그가 마치 해와 달을 하나로 만들고 새로운 별들을 반짝이게 하고, 사하라 사막을 화원으로 만드는 것보다 더 어려운 자기 능력의 한계를 완전히 넘어선 것이 되는 것입니다. 우리는 해야 할 어떤 일에 대해서 종종 "누가 이 일에 적합한가?"라고 소리칩니다. 만약 우리가 이 일을 시작하되 여러분의 기도가 없고, 그래서 그 결과로 성령님의 도우심이 없다면, 우리는 모든 사람들 중에서 가장 비참한 자가 되고 마는 것입니다.

　특별한 의무 외에 사역자는 놀라운 책임을 짊어지고 있다는 사실 또한 기억하시기 바랍니다. 모든 그리스도인들이 그들의 은사와 기회에 대해서 책임이 있습니다만, 말씀을 선포하는 설교자에게는 특별한 책임이 있는 것입니다. 하나님께서는 "파수꾼이 백성에게 경고하지 아니하므로 그들이 멸망할 것이나 그들의 피를 내가 파수꾼의 손에서 찾으리라"(겔 33:6 참조)고 하셨습니다. 바울이 밤낮 수고하고 울고 기도하고 간구하고 자기 사역에 그 영혼을 온통 쏟아 부은 사실을 생각해 볼 때, 그의 모범된 삶이 너무나 고상해서 저는 그 자리에까지 도달할 수 없다고 생각합니다. 그러나 저는 그 표준에 미달한다는 사실에 결코 안주하지 않겠습니다. 봉사의 영역과 능력에 따라 어떤 사역자에게 주어진 책임은 다른 사역자에게 주어진 책임과 그 비중이 똑같습니다. 오, 우리가 불충한 자로 나타난다면(죄인들 중에 괴수요, 불멸하는 영혼들을 죽이는 자로 나타난다면) 또 우리가 순수한 복음을 전파하지 않는다면, 우리는 불행한 사람들이 되고 맙니다. 우리는 사람들의 양식, 그들의 영혼이 필요로 하는 양식에 온통 독을 뿌리는 자들이 되는 것입니다. 만약 우리가 하나님께 대하여 진실하지 않다면 사탄의 조종을 받는 종들인 것입니다. 자신을 그리스도의 대사라고 부르면서 사람들의 영혼에 대하여 불충성하는 사람은 지옥의 자식 가룟 유다보다 더 나을 것이 없는 사람입니다. 형제들이여, 우리들에게 부과된 책임들이 심각하기 때문에 여러분이 많이 기도해 주시기를 간청합니다.

또한 사람들의 영혼에게로 보냄을 받은 모든 그리스도의 신실한 사역자는 독특하고 개별적인 체험을 가지고 있다는 사실(이것은 잘 알려지지는 않지만)을 기억하십시오. 우리의 육체에 생기기 쉬운 질병들을 다루는 의사는 그가 치료하는 병을 개인적으로 걸려 볼 필요는 없습니다. 그러나 영혼들의 의사는 그 자신이 비슷한 상처를 입어보지 못했으면, 그런 상처를 결코 잘 다루지 못합니다. 진실로 양 떼를 먹이는 참된 목자들은 자신들이 친히 그 양 떼들의 경험들을 겪어본 자들일 것입니다. 마르틴 루터의 생애에 대한 글을 읽어보신 적이 있습니까? 여러분이 그 생애에 대한 글을 읽어보셨다면 그 사람을 마구 흔들어 놓았던 정신적인 격정과 영적인 격동을 알 수 있을 것입니다. 만약 그가 자기 친구들의 온갖 슬픔과 갈등들을 자신이 친히 내면적으로 느껴보지 못했다면, 그는 그들과 함께 고통을 나누지 못했을 것입니다. 여러분이 먼저 말씀의 두루마리를 먹고 그 말씀이 여러분의 배 속에서 담즙같이 쓰기도 하고, 또 어떤 때는 꿀같이 달게 여겨지기 전에는 여러분은 하나님의 살아 있는 그 말씀을 다른 사람들에게 가져다줄 수 없습니다. 주님의 포도원에서 성공한 모든 성공적인 농부는 먼저 자신이 그 열매를 맛보았던 자요, 각양 실과를 맛보았음에 틀림없습니다. 따라서 종종 이런 일이 있습니다. 즉, 의기소침해진 심령을 위로하기 위해서는 우리 자신이 반드시 의기소침해 본 적이 있어야 하고, 풀이 꺾이고 절망에 빠진 영혼을 위로해 주기 위해서는 우리도 역시 반드시 절망해 본 적이 있어야 하며, 어찌 할 바를 모르는 사람들을 지도하기 위해서는 우리도 직접 궁지에 몰린 적이 있어 보아야 하는 것입니다. 폭풍우 가운데 있는 자들을 돕기 위해서 하나님의 사자처럼 회오리바람을 타고 오려면, 우리도 직접 큰 폭풍으로 인해 시달리고 위로받지 못했던 적이 있어야 합니다. 만약 다윗이 모든 사람들의 생애의 축소판이라고 할 만한 그런 삶을 살지 않았더라면, 인간의 마음속에 일어나는 갖가지 변화들을 거울처럼 반향하는 시편을 그는 쓸 수 없었을 것입니다. 하나님께서 자기의 사역자로 하여금 자기 백성의 영혼들을 실제적이고 효과적으로 먹이기 위해 자격을 제한하시는데, 그 자격을 부여하시는 정도에 따라, 그 사역자는 하나님의 백성의 모든 경험을 반드시 겪어 보아야 합니다. 저는 그러한 경우에 그 사역자가 하나님의 교회에 기도를 요청할 필요가 없는지, 또는 그런 기도를 해서는 안 되는지를 여러분에게 묻고 싶습니다.

공적인 사역을 통해 하나님을 섬기는 자들이 직면하게 되는 유혹들은 미묘하고 그 수가 많으며 또한 특별하다는 사실을 기억하십시오. 어떤 사람이 수많은 사람의 시선을 집중시키며, 자기의 말을 듣게 하고 큰 기관들을 성공적으로 지휘하며 사람들의 영혼들을 그리스도께 인도하고 믿음의 가정에 덕을 세우게 할 때, 교만하게 하는 유혹이 그의 영혼을 가로질러 지나가지 않는다고 생각할 수 있겠습니까? 정상의 자리에 있는 사람들이 그 생각이 바뀌고 타락하여 자신들에게는 수치요 교회로서는 슬픈 일이 되어버리는 그런 경우를 여러분은 보신 적이 없습니까? 그것을 보고 여러분은 이상하게 생각하십니까? 여러분이 그렇게 생각하신다면, 여러분은 사람들 속에 들어 있는 것이 무엇인지를 모르고 있는 것입니다. 사역자들이 그 봉사에 점점 형식화 되어버리려는 유혹을 종종 받는데, 여러분은 그것이 이상하게 보입니까? 자, 보십시오. 저는 일 년에도 여러 차례 그러한 유혹을 받습니다.

제가 말씀을 전하는 것이 합당하든지 그렇지 않든지 간에 반드시 와서 여러분에게 전해야 합니다. 그런데 심지어 날씨 때문에 여러분의 신경과 두뇌가 영향을 받을 때에도 세가 어떻게 항상 똑같이 열심을 낼 수 있겠습니까? 여러분은 언제나 열심히 말씀을 듣고 있습니까? 설교자는 가끔씩 열심히 말씀을 전하는 것이 쉽지 않다는 것을 압니다. 그가 느끼지 못했던 것을 감히 전한다면, 그는 자신이 몹시 싫어질 것이요, 피 흐르는 예수님의 심장에 젖어 있는 그 비길 데 없이 귀중한 진리들을 그가 감히 차갑고 냉담한 입술로 전한다면, 그는 자신을 저주 받은 자로 생각할 것입니다. 따라서 여러분은 이러한 설교자의 모습을 보고 이상하게 생각할 것입니다. 다른 사람들을 가르치려는 우리들은 높은 수준의 영적인 삶을 살도록 해야 합니다. 그러나 우리가 거룩한 일들에 익숙하다는 사실로부터 찾아오는 유혹으로 인해, 우리들의 봉사가 기계적이 되고, 우리들의 첫 사랑의 그 신선함과 열정이 상실되어져 가는 것입니다. 우리들에게 독특한 수많은 유혹들을 저는 실례로 들 수 있습니다. 그러나 그것들을 나열한다는 것은 여러분에게 아무 유익이 되지 못할 것입니다. 그런 것이 있다는 것을 말하는 것으로 족합니다. 원수 마귀에게 아주 특별하게 공격을 받은 사람을 여러분이 방치해 둔다고 합시다. 그것은 아주 비열한 행동입니다. 특별한 기도로 그를 계속 돕지 않고 내버려 둘 만큼 여러분은 비열해져서는 안 됩니다. 여러분의 지도자를 저버리지 마십시오. 여러분의 지도자에 대해 무관심하지 마십시오. 씩씩한 도고자들의 호위를 받게 하십시오.

만약 어떤 사람이 하나님의 교회에서 지도자로서 인도한다면, 그는 원수의 주요 공격목표가 된다는 것을 유념하십시오. 그리스도인 개개인은 다소간의 박해를 당할 것입니다만, 사역자는 훨씬 더 많은 박해를 당할 것이라고 예상해야 합니다. 그의 말들은 악한 것으로 오도되고 곡해되기도 하며, 그의 행동들은 중상모략의 주제가 될 것입니다. 만약 그가 사람을 두려워하지 않고 오직 하나님을 근심하게 할까 염려하면서 솔직하고 용감하고 바르게 말한다면, 그는 지옥의 개집들을 휘저어 놓는 것이 되어 사탄의 모든 사냥개들이 울부짖으며 뒤쫓아올 것입니다. 만약 그가 그렇게 된다면 그는 스스로 복된 자라고 생각해도 좋을 것입니다. 이 사악한 세대는 하나님의 진리에 대해서는 전혀 관심이 없고, 자기에게 속한 교회, 즉 적그리스도와 손을 잡고 복음과 우상 숭배 사이에서 타협을 하는 교회를 세웁니다. 이런 악한 세대와 우호적으로 지내고자 하는 사람은 결국 이 나라를 로마교의 심연 속으로 끌어들이는 것입니다. 이 음란한 세대로부터 영광을 얻고자 하는 사람이 누구입니까? 만약 어떤 사람이 그의 신실함 때문에 이 세대의 분노를 불러일으킨다면 그는 자신의 믿음을 지키기 위해 그와 함께 신앙 생활하는 자들의 기도를 필요로 합니다. 우리를 향해 심하게 화살을 쏘아대고 우리를 슬프게 하는 궁수들이 많이 있습니다. 그러므로 여러분은 우리가 힘차게 활시위를 당기고, 야곱의 전능하신 하나님으로 말미암아 우리 손의 무기가 강하게 되도록 기도해 주시기 바랍니다.

또 한 가지 간청이 더 있지만 나의 논증의 요점들에 더 이상 첨가시키지는 않겠습니다. 사역을 할 때 가장 심한 시련들 중의 하나는 사역에 대한 낙심입니다. 지금 말씀드리는 것은 바깥 세상으로부터 오는 낙심에 대해서 말씀드리는 것이 아닙니다. 우리는 세상으로부터 오는 반대는 예상하고 있기 때문에, 그 반대로 인해 낙심하지는 않습니다. 만약 세상이 우리를 미워한다면, 우리는 세상이 우리를 미워하기 전에 세상이 주님을 미워했다는 것을 압니다. 그러나 우리의 가장 슬픈 낙심들은 교회와 교인들 안에서 생겨나는 것입니다. 회심하였으리라 기대했던 사람들이 과거의 죄 가운데로 되돌아가 우리를 실망시키기도 하며, 상당히 감화를 받았던 사람들이 그들 본래의 냉담한 상태로 다시 떨어져버리기도 합니다. 우리가 올바른 마음으로 살기를 바라지만, 그럼에도 불구하고 변덕스럽게 살고 있는 사람들이 있습니다. 많은 사람들이 예수님으로부터 너무 멀리 떨어져서 살아가고 있다는 것이 우리를 슬프게 합니다. 전에도 종종 말씀드린 바 있습니다만, 위대한 내용들을 신앙으로 고백하고 하나님의 교회와 연합한 자들이 이제는 그리스도의 십자가의 원수가 되었다는 것을 눈물을 흘리면서 말하지 않을 수 없습니다. 그들은 우리들을 부끄럽게 만듭니다. 그들은 세상 사람들로 하여금 "이것이 당신들의 종교란 말이요?"라는 말을 하게 만듭니다. 그들은 무신론자들과 이단자들, 그리고 온갖 종류의 불경건한 사람들의 입을 열게 하여 그리스도께 대항하게 만듭니다. 그 결과 그리스도께서 자기 친구들의 집에서 상처를 받고, 마땅히 그리스도의 뜻과 그의 나라의 확장을 위해 그 삶을 내어놓아야 할 자들에 의해 도리어 공개적으로 수치를 당하는 처지가 되어버리는 것입니다. 오, 만약 여러분들이 주의 양 떼의 목자로 부름을 받고 여러분의 가슴에 하나님의 교회와 그리스도의 대의를 품고 마음과 목숨을 다하여 그것을 위해서 산다면, 여러분은 마음에 많은 상처를 받으며 수많은 날들을 보내게 될 것입니다. 그래서 여러분은 하나님의 백성의 기도의 응답으로 오는 성령의 도우심을 크게 필요로 하는 것입니다.

지금까지 제 자신뿐 아니라 저의 모든 교우들을 위해시 말씀드렸고 부탁도 했습니다만, 그 요구되어지는 기도는 온 교회가 해야 할 기도입니다. 여러분 중의 어떤 분들은 혹 어떤 수고로운 일에서 면제될 수도 있습니다만, 이 기도의 봉사에서는 그 어떤 개인도 제외될 수 없습니다. 사도는 "너희 간구"라고 말하고 있는데, 그것은 모든 믿는 자들이 기도한다는 뜻입니다. 저의 형제, 저의 동역자, 주일학교에 속한 여러분, 복음전도 단체에 속한 여러분, 또 가가호호를 방문하며 축호전도를 하는 여러분, 저는 여러분 모두의 기도를 필요로 합니다. 형제여, 여러분은 우리와 동참할 수 있습니다. 여러분은 기도하는 방법을 알고 있습니다. 그러므로 여러분은 똑같은 전투에서 단련된 손으로 우리를 지지해 줄 수 있습니다. 여러분은 어떤 사회적으로 인정받는 재능을 지닌 일꾼들이 아니요, 어떤 능력이나 기회가 있다고 느끼지 않는 분들이지만 저는 여러분의 기도를 원합니다. 우리들 가운데 기도할 수 있는 사람들은, 일하는 사람들을 위해서 갑절의 기도를 해주시기를 부탁드립니다. 그러면 어느 정도 그 일하는 사람들 자신의 힘의 부족을 메울 수 있습니다. 만약 여러분이 실제적인 봉사를 하지 못하고, 그래서 아무 짝에도 쓸모없는 육신이나 지탱해야 하겠다는 생각이 든다면, 전쟁을 하러 가는 자들을 위해서 여러분의 기도가 갑절이나 위로 올라가게 하십시오. 만약 여러분이 아무것도 할 수 없다면, 기도의 손을 높이 드시기를 바랍니다.

우리는 우리의 사역으로 말미암아 유익을 얻는 모든 분들의 기도를 요청합니다. 만약 여러분이 말씀으로 양육된다면, 우리가 다른 사람들도 양육할 수 있도록 하나님께 기도해 주시기 바랍니다. 여러분의 심령이 우리가 전하는 말씀으로 인해 기쁘게 된다면, 우리 위에 하나님의 능력이 더 많이 임하도록 우리를 위해 간구해 주시기 바랍니다. 여러분이 유익을 얻지 못한다하더라도 여러분에게 동일한 부탁을 드립니다. 우리는 여러분이 기도하기를 간청합니다. 그러면 여러분이 유익을 얻게 될 것입니다. 우리가 여러분을 가르치기에 합당하지 않다면, 우리가 합당하게 되도록 주님께 기도해 주십시오. 우리의 사역을 망쳐 놓는 부족함이나 결점을 여러분이 발견하신다면, 온 사방에 퍼뜨리지 마시고 주님께 아뢰십시오. 여러분은 더 많은 유익을 끼칠 것이며, 그리스도의 마음을 본받아 더 많은 일을 행하게 될 것입니다. 여러분에게 별 재미가 없고 그렇게 많은 유익이 없는 목회사역도 여러분이 그 사역에 관해 기도하실 때, 여러분에게 큰 축복이 될 것입니다.

여러분 중에 어떤 분들은 우리들에 의해 하나님께로 태어난 영적 자녀들입니다. 우리가 여러분의 손을 꽉 붙잡고 "형제들아, 자녀들아, 우리를 위해 기도하라"고 할 필요는 없습니다. 우리와 여러분 사이에는 생명도 죽음도 끊을 수 없는 끈이 있습니다. 우리는 그것을 영원토록 인지할 것입니다. 아버지, 어머니, 남편, 그리고 아내 등등, 이 모든 인간적인 관계는 잊어버린 바 될 것이나, 영적인 아버지와 그의 자녀들 사이에 존재하는 관계는 지속될 것입니다. 그러므로 여러분이 그 끈을 느낄 때, 부드럽게 끄는 그 끈에 따라가며 여러분의 목사님을 위해 뜨거운 마음으로 기도해 주십시오.

나이가 지긋한 남자 분들과 중년 부인들, 경험이 많으신 여러분, 하나님과 함께 하는 능력을 지니신 여러분, 개인적인 기도의 씨름을 통해 능력을 소유하신 여러분, 저희들은 여러분의 기도를 원하고 있습니다. 새로운 열심을 갖고 영적인 삶의 신선함과 활기 속에 젖어 있는 젊은 그리스도인 여러분, 우리는 여러분의 간구도 원하고 있습니다. 소년 소녀들로서 교회의 일원이 된 어린이 여러분, 여러분의 도고보다 더 귀한 도고는 없답니다. 여러분들이 "하늘에 계신 우리 아버지여"라고 말할 때, 여러분의 목사님을 잊지 마십시오. 하나님께서는 자기를 사랑하는 어린아이들의 간청을 들으실 것입니다.

오늘 아침 이 자리에 안 계시고, 또 여기에 오실 수 없었던 그런 분들에게는, 저의 목소리가 출판물을 통해서 그분들에게 전달될 것입니다. 그러므로 저는 그런 분들에게도 말씀드리겠습니다. 여러분은 하나님의 집에 올라올 수 없고 다만 고통의 침상에서 몸을 뒤척이며 누워 계실 수밖에 없는 경우도 있을 것입니다. 하지만 저희들은 여러분들에게도 역시 중보의 기도를 부탁합니다. 여러분은 교회를 섬기는 일에 특별히 이 기도의 봉사로 그 일익을 담당하게 됩니다. 만약 여러분이 대중 집회에 오실 수 없다면 여러분은 은밀한 기도의 씨름을 통해 그 집회에 능력이 임하게 하실 수 있는 것입니다. 여러분은 고통 때문에 눈 한 번 붙이지도 못한 채, 그 지루한 밤을 지새우기도 하실 것입니다. 그 지루한 시간을 보내더라도 기운을 내십시오. 하나님의 교회와 우리들을 위해 기도하셔서 우리를 위한 유익한 시간이 되게 하십시오. 아마도 이런 목적 때문에 성도들 가운데는 병든 분들이 항상 있는 모양입니다. 그래서 밤 시간을 지키는 기도의 파수꾼들이 끊어지지 않습니다. 고통 때문에 잠 못 이루는 사람들은 시은소 앞에서 번갈아가면서 파수를 합니다. 이는 기도함으로써 밤중의 한 시간이라도 경건치 않은 시간이 되지 않도록 하기 위함일 것입니다. 한 시간이라도 거룩하지 못한 시간이 있게 되면, 세상은 그 시간에 무서운 하나님의 진노 아래로 빠져 들어갈 것입니다. 이스라엘의 제단 위에 불이 꺼지지 않게 하였듯이, 이와 같이 기도도 계속되어야 합니다. 우리는 기도의 띠로 세상을 묶고 졸라매야 합니다. 병든 사람들은 거룩한 사역에 큰 몫을 담당하고 있습니다. 저는 합심기도의 능력을 믿습니다만 개인기도도 반드시 필요합니다. 풀잎마다 맺힌 이슬방울이 햇빛을 받아 증발되지 않으면 구름이 생기지 않을 것입니다. 수증기가 되어 올라가는 물방울은 다시 축복의 소나기가 되어 쏟아짐으로 가뭄을 일소해 버립니다. 형제들이여, 여러분 각 사람을 감동시키는 은혜도 기도로 증발되어야 합니다. 그러면 축복이 하나님의 교회 위에 임하게 될 것입니다.

잠시 화제를 돌려서, 목회사역을 돕는 하나님의 백성들의 기도가 여러 가지 형태로 반드시 드려져야 한다는 사실을 말씀드리겠습니다. 저는 그것이 매일의 과제가 되어야 한다고 생각합니다. 저는 며칠 전 우리 교우 가운데 한 분이 개인 기도 시간에 반드시 저를 위해서 기도하고, 아침이나 저녁에 무릎을 꿇을 때마다 목사님의 목회사역을 위하여 기도한다는 말을 듣고 몹시 기뻤습니다. 제가 확신하는 바로는 이 사람뿐 아니라 많은 사람들이 그렇게 기도하리라고 믿습니다. 우리 모두가 그렇게 해야 하겠습니다.

그 외에 만약 우리가 목회사역을 통해 우리 가족들에게 축복이 임하기를 기대한다면, 우리는 한 가족처럼 그 사역을 축복해 달라고 하나님께 구해야 합니다. 우리가 가정 제단을 쌓기 위해 둘러앉을 때, 여러 가지 간구 중에서도 이 기도(우리의 영혼들을 먹이기로 세움받은 자가 천국의 양식을 친히 받을 수 있도록 드리는 기도)를 결코 잊어서는 안 됩니다.

그리고 도고를 위해서 공적으로 모이는 기도모임이 있습니다. 사랑하는 여러분들이여, 저는 우리들의 기도회를 아주 자랑스럽게 생각합니다. 왜냐하면 그와 같이 해가 바뀌어도 끊임없이 계속 모이는 기도회를 다른 어떤 곳에서도 본 적이 없기 때문입니다. 제가 우리의 기도모임을 자랑스럽게 여기고 있습니다만, 여러분 모두가 기도회에 참석하실 수 있었는지 잘 모르겠습니다. 왜냐하면 제가 요즘 여러분들을 둘러볼 때에, 안식일에 만나는 몇몇 얼굴들을 월요일 저녁 기도회에서는 기쁜 마음으로 뵐 수 없었기 때문입니다. 혹 그렇지 않고 제가 만나 뵐 수 있었다면, 그것은 제가 아주 잘 기억할 것입니다. 이는 그것은 제 마음에서 쉽사리 사라질 그리 흔한 일이 아니었기 때문입니다. 오실 수 없었던 분들이 다소 있는 것으로 알고 있습니다만, 만약 그분들이 기도모임에 참석하지 않는 것은 가족에 대한 의무를 저버린 셈이 되는 것입니다. 그들은 직무나 직업으로 인해 기도모임에 빠지게 됩니다. 동시에 좀 부드러운 어투로 말씀을 드려야 할 분들이 계시는군요. 어떤 사람들의 습관과 같이 열심 있는 기도회 모임을 저버리지 마십시오.

그 기도회 모임 외에 이런 목적으로 시간을 정해 놓고 기독교 신우회 같은 모임을 자주 갖도록 해야 할 것입니다. 그런 사람들이 모일 때, 기도함으로 많은 유익을 얻을 수 있는데 쓸데없는 이야기로 시간을 낭비해 버리는 사람들이 종종 있습니다. 두 사람의 그리스도인이 합심기도를 드리기 위해 함께 모일 때, 여러 가지 간구들 중에서 주께서 영국을 축복하셔서 영국 전역에 예수님의 복음이 전파될 수 있게 해달라는 기도가 있어야 하겠습니다. 오, 친애하는 교우들이여, 우리는 다른 어떤 것보다 복음이 능력 있게 전파되는 것을 원하고 있습니다. 최선을 다하고 있을지도 모르는 사람들을 우리가 비판하려는 것은 아닙니다만, 복음 전파가 참으로 활기가 없다는 것을 실감합니다. 우리는 효과적이고 보람 있는 사역을 하고 싶습니다. 우리는 좌우에 날선 칼과 같이 자르며, 심령 속에 파고들어가는 그런 사역을 하고 싶습니다. 성령의 검으로 무장되고 은혜의 근육을 이어받고 하늘나라의 무기를 사용할 수 있는 용맹을 지닌 많은 사람들을 하나님께서 보내주시기를 기원합니다. 정해진 시간에만 아니고 형편이 되는 대로 언제든지 그런 사람들을 위해서 자주 기도하십시오.

그런데 말씀드리고 싶은 게 또 있습니다. 설교자가 주의 전에 올라가기 전과 그곳에 도착했을 때, 또 예배가 시작되기 전에 모든 그리스도인들은 그 목사님을 위하여 특별한 기도를 하지 않아도 되겠습니까? 많은 사람들이 예배 장소에 들어오면서 모자를 벗을 때마다, 그 모자를 만든 사람의 이름을 보기 위하여 모자 안쪽을 들여다보는 습관을 가지고 있습니다. 그것이 일종의 바리새적 형식주의든지 혹은 유행하는 위선이든지 간에 그들은 스스로 최고의 재판관 흉내를 내고 있는 것입니다. 그런 행동에는 형식주의가 가미되어 있습니다. 우리는 외형적인 형식에 대해서는 관심을 가지지 않습니다. 그러나 예배를 드리기 전에 예배를 위해서 은밀한 기도를 드리는 것보다 더 나은 시작이 무엇이겠습니까? 그렇다면 예배를 드리는 중에는 설교자를 위해서 "주님, 그를 도우셔서 진리를 숨김없이 발하게 하시고, 주의 능력을 그 진리 속에 부으셔서 듣는 자들의 마음과 양심에 깊은 깨달음이 있게 하소서"라는 기도를 얼마나 많이 해야 하겠습니까? 회중 가운데 어떤 사람을 특별히 지목하여 "주님, 그 말씀이 그에게 복이 되게 하소서"라고 기도하는 것도 좋습니다. 여러분은 종종 하나님께서 여러분의 그런 기도를 들으신다는 사실을 깨닫게 될 것입니다. 모든 예배가 끝난 후 간절한 기도로 이미 뿌려진 그 좋은 씨앗에 흙을 덮는 것보다 더 좋은 일이 무엇이겠습니까?

이 점에 대해서는 이쯤 말씀드리도록 하겠습니다. 다만 하나님의 교회의 기도가 어떤 일의 유익을 위해서는 항상 참된 기도여야 한다는 것을 덧붙여 두겠습니다. 만약 그 기도가 참된 기도라면 일관된 삶이 수반하게 될 것입니다. "저는 교회와 목사님을 위해서 기도합니다"라고 말하고는 사기를 치면서 사업을 하거나 남이 모르는 어떤 악을 저지르는 사람은 흥하고 있는 것이 아니라 자멸하고 있는 것입니다. 더러운 손을 가지고 드리는 기도를 하나님이 들어주시겠습니까? 일관된 삶이 반드시 따라야 합니다. 그렇지 않다면 그 기도는 헛된 일이 될 것입니다.

또한 꾸준한 노력이 필요합니다. 하나님께서 교회를 축복하시기를 제가 원하고 있다면, 반드시 축복이 임하도록 저의 은사와 저의 재능을 바치고 하나님의 영광을 위해 저의 시간을 투자하면서 노력해야 하는 것입니다. 왜냐하면 기도는 이렇게 하고 행동은 저렇게 하는 것은 위선적이기 때문입니다. 마차의 바퀴가 진흙탕에 빠져 있을 때, 그 마차를 끄집어 내는 것을 도와달라고 하나님께 기도하고는 어깨를 바퀴에 대지도 않는다면, 그것은 지극히 높으신 분을 조롱하는 일입니다. 우리는 기도해야 할 뿐 아니라 행동해야 합니다. 그리고 우리는 행동해야 할 뿐 아니라 믿어야 합니다. 우리는 반드시 복음을 믿는 믿음을 가져야 하고 기도에 대한 믿음도 있어야 합니다. 사랑하는 교우들이여, 이와 같은 기도가 본 교회로부터 위로 올라간다면, 우리는 지난 수년 동안 누려왔던 그런 부흥 발전을 계속 누리게 될 것입니다. 또한 우리가 소망 가운데 우리 교회가 더욱 성장하기를 바랄 수 있을 것입니다. 때때로 내가 교회 성장을 기대할 수 없다고 고백해야만 할 때라도, 하나님께서 우리를 너무나 축복하셔서 우리가 그것을 보았을 때 기뻐했고 놀라워했으며, 지금도 하나님의 손이 여전히 우리 교회를 향하여 내밀어져 있기 때문에 우리는 우리 교회의 성장을 기대할 소망이 있습니다.

2. 사도는 여러분의 기도와 관련시켜 성령의 도우심에 대해 말씀하고 있습니다.

그가 "예수 그리스도의 영"을 말하고 있는 것입니까? 예, 물론입니다. 우리가 원하고 있는 그 영은 예수 그리스도께 있는 영이요, 예수님의 사역에 능력을 주었던 그 영이기 때문입니다. 주님께서는 "주의 성령이 내게 임하셨으니"(눅 4:18)라고 말씀하셨던 것입니다. 지상에 그리스도를 드러내시는 그 영, 바로 그 성령이 우리에게 필요합니다. 이는 예수님께서는 이미 가셨지만, 그 성령께서 주의 대리자로서 우리와 함께 거하시기 때문입니다. 성령님은 예수님의 뜻대로 행하시며, 인간의 생각과 마음과 뜻에 역사하시어 그 모든 것을 하나님께 복종케 하십니다. 이제 성령님은 모든 진실한 사역자에게 반드시 필요한 분이십니다. 우리는 그분을 소유해야 합니다. 학식 없이도 설교자는 영혼들을 구원할 수 있습니다. 다만 그가 좋은 교육을 받지 못한 것이 애석한 일입니다만, 그것이 없이도 그는 유익한 사람이 될 수 있습니다. 그 설교자가 유창한 말을 하지 못해도 영혼들을 구원할 수 있습니다. 그가 유창하다면 좋겠지요. 하지만 더듬거리는 입술을 통해서도 하나님으로부터 생명의 말씀이 전달될 수 있는 것입니다.

그러나 하나님의 사람은 성령이 없이는 아무것도 아닙니다. 하나님으로부터 말미암은 사역의 필수 조건은 이 성령님이십니다. 성령님의 능력 안에서 그 사역이 이루어져야 합니다. 설교자는 자기가 먼저 성령의 가르침을 받아야 합니다. 그렇지 않고서야 어찌 말씀을 전할 수 있겠습니까? 가르침을 받은 설교자는 각 경우에 맞는 적절한 주제가 무엇이든지 간에 성령의 인도를 받아야 합니다. 왜냐하면 참된 사역의 능력 중 많은 부분이 하나님의 말씀을 청중의 처지에 맞도록 하는 것이기 때문입니다. 따라서 청중은 그 사역으로 말미암아 그 시간에 설교자의 체험이 알려지고 그 체험과 만나게 된다는 사실을 깨닫게 됩니다. 하나님의 성령은 우리에게 반드시 진리를 가르치십니다. 그런 후에 전해야 할 진리에 관해서 우리를 지도하십니다. 그 다음에 성령님은 그 사역자에게 반드시 불이 타오르게 하십니다. 불을 가지지 못한 사람, 어찌 그가 하나님으로부터 보내심을 받은 자이겠습니까? 결코 불이 타오르지도 않은 사람, 그를 성령세례 혹은 불세례를 받은 자라고 그 누가 알겠습니까? 그러므로 성령의 도우심을 받도록 기도하십시오. 성령이 없이는 모든 사역이 그 미묘한(저는 말로 표현할 수 없는 것을 이야기하는 것입니다) 것, 즉 기름 부음이라는 이름으로 알려진, 그 어떤 것이 빠진 것입니다. 아무도 이 기름 부음이 무엇인지 말할 수 없습니다. 목회자는 하나님의 성령께서 그것을 주신다는 것을 알며, 그 기름 부음이 설교 속에 있을 때와 없을 때를 압니다. 기름 부음은 사실상 하나님의 능력입니다.

로마교에는 다음과 같은 옛 이야기가 하나 있습니다. 어떤 유명한 설교자가 어떤 기회에 설교를 하기로 되어있었습니다만, 길을 잃어버려서 너무 늦고 말았습니다. 이런 사실을 안 마귀가 그 설교자의 모양을 하고 그 사람 대신에 그 자리를 차지하고 사람들에게 설교를 했습니다. 그런데 청중들은 자기들이 고대했던 바로 그 유명한 신학자의 말씀을 듣고 있다고 생각했던 것입니다. 마귀는 지옥에 대해 설교를 했는데, 그는 지옥에 대해 아주 잘 알고 있었기 때문에, 아주 놀라운 설교를 했습니다. 마귀는 그 설교를 통해 장차 올 진노를 피하라고 훈계했던 것입니다. 그가 설교를 마쳤을 때, 오기로 한 그 설교자가 들어왔습니다. 그러자 마귀는 본래의 모양으로 되돌아가지 않을 수 없게 되었습니다. 그때, 그 거룩한 사람이 마귀에게 물었습니다. "네가 어찌 사람들에게 지옥을 피하라고 경고하면서 설교를 하지?" 마귀는 "오, 내게는 기름 부음이 없기 때문에 그것이

나의 왕국에 조금도 해를 끼치지 못하지요"라고 말을 했다는 것입니다.

물론 이것은 터무니없는 이야기입니다만, 진리가 그 속에 담겨 있습니다. 똑같은 설교가 행해지고 똑같은 말씀이 선포될 수 있지만 기름 부음이 없는 그곳에는 아무것도 없습니다. 거룩한 자의 기름 부음은 참된 능력입니다. 그러므로 형제들이여, 우리는 여러분의 기도를 필요로 합니다. 이는 우리가 우리의 사역에 대한 성령님의 도우심을 얻기 위함입니다. 왜냐하면 그렇지 않을 때, 기름 부음이 빠지게 될 것이요, 그 결과 마음과 뜻이 없는 설교가 되는 것입니다. 그것은 죽은 설교사역이 될 것입니다. 죽은 설교가 어찌 하나님의 백성에게 도움이 될 수 있겠습니까?

성령의 도우심은 하나님의 교회에 덕을 세우는데 반드시 필요합니다. 만약 그 목회사역이 지금까지 있어 왔던 것 중 가장 훌륭하고 그 사역의 형태와 격식이 정통적이고 열정적이라면 얼마나 좋겠습니까? 그 사역이 꾸준한 지속성을 가지고 있다면 얼마나 좋겠습니까? 그러나 교회는 성령이 없이는 결코 세워지지 아니할 것입니다. 교회를 세우기 위해서는 생명이 요구됩니다. 우리는 살아 있는 성전의 산 돌들입니다. 하나님의 기운으로 말미암지 않는 생명이 어디에 있습니까? 교회를 세우기 위해서는 빛이 필요합니다. 그러나 "빛이 있으라"고 말씀하신 그분으로 말미암지 아니한 빛이 그 어디에 있겠습니까? 교회를 세우기 위해서는 사랑이 요구됩니다. 왜냐하면 사랑은 산 돌들을 함께 묶는 접합제이기 때문입니다. 그러나 예수님의 사랑을 심령에 밝게 비추어주는 그 성령님으로 말미암지 아니하고 참되고 순수한 사랑이 어디에서 오겠습니까? 교회를 세우기 위해서는 우리에게 반드시 성결이 있어야 합니다. 왜냐하면 거룩하지 못한 교회는 마귀의 소굴이 되고 하나님을 위한 전이 될 수 없기 때문입니다. 그러나 성령님으로 말미암지 않고 성결이 어디에서 올 수 있겠습니까? 또 반드시 열정도 있어야 합니다. 왜냐하면 하나님은 차가운 집에는 거하지 아니하실 것이기 때문입니다. 하나님의 교회는 사랑으로 따뜻해야 합니다. 그러나 그것이 천국으로부터 오는 불이 아니라면, 그 불이 어디에서 올 수 있겠습니까? 우리는 반드시 성령님을 소유해야 합니다. 이는 교회를 세우기 위해서는 기쁨이 있어야 하기 때문입니다. 하나님의 전은 반드시 항상 기쁨이 있어야 합니다. 그러나 하나님만이 홀로 천국의 기쁨의 열매를 맺게 하십니다. 교인들에게는 반드시 영성이 있어야 합니다. 그러나 만약 하나님의 성령께서 계시지 않는다면, 우리는 영적인 사람들을 얻을 수 없습니다. 그리고 성도의 덕을 세우기 위해서 그 무엇보다도 먼저 우리에게는 반드시 성령의 도우심이 있어야 합니다.

　　형제들이여, 우리는 죄인들을 구원하기 위해서 성령님의 도우심을 반드시 받아야 합니다. 여기에는 실로 격렬한 쟁탈전이 있습니다. 소경의 눈을 누가 밝게 할 수 있습니까? 귀머거리의 귀에 영적인 소리가 늘릴 수 있게 할 자가 누가 있겠습니까? 그렇습니다. 영원하시고, 깨닫게 하시고, 소생케 하시는 성령님 외에 그 누가 죽은 영혼을 소생시킬 수 있겠습니까? 우리 앞에는 뼈들이 가득 찬 광대한 골짜기가 놓여 있습니다. 우리의 사명은 그것들을 죽은 자들 가운데서 일으켜 세우는 일입니다. 우리가 그것을 할 수 있습니까? 아닙니다. 우리 스스로는 결코 할 수 없습니다. 그러나 우리는 그 마른 뼈들을 향해 "살아나라"고 말해야 합니다.

　　형제들이여, 여러분들이 우리를 위해 기도하지 않고, 성령님의 도우심이 우리에게 없다면, 우리의 사명은 어리석은 일이 되고 웃음거리가 될 것입니다. 그렇지 않고 여러분이 우리를 위해 기도해 주고, 그래서 우리에게 성령님의 도우심이 함께 한다면, 그 뼈들은 제자리를 찾아가게 될 것이요, 해골은 형태를 갖출 것이며, 뼈로 된 골격 위에 살이 덮일 것이요, 성령께서 생기 없는 그 육신 위에 불어닥치면, 생기가 그곳에 있게 될 것이요, 군대가 되어 그 납골당에 주둔하게 될 것입니다. 성령님을 간절히 의지합시다. 그 능력으로 사역을 감당해 나아갑시다. 그러면 우리는 놀라운 일들을 행하게 될 것이요, 나라와 세상은 예수님의 복음의 능력을 느끼게 될 것입니다. 그러므로 우리는 반드시 성령을 소유해야 합니다.

　　오, 우리는 바로 지금 하나님의 성령을 소유해야 한다고 확신합니다. 복음의 진보와 진리의 승리를 위해서는 성령님이야말로 필수적입니다. 지금 복음은 시련 가운데 있습니다. 복음 이전에도 시련을 당했고, 용광로에서 금이 불로 제련되어 나오는 것처럼 복음도 이 시련 가운데서 나왔습니다. 그러나 사람들은 지금 사방팔방에서 그 구식의 복음은 나약하다고 말합니다. 저는 출판물을 통해서 제 자신에게 "최후의 청교도(Ultimus Puritanorum)"라는 명예스러운 직함이 붙여진 것을 알았습니다. 제가 청교도 중에서 최후의 사람이요, 거의 사라져 버린 한 교파의 마지막 설교자이며, 사라진 신조의 단순한 메아리요, 고풍스러운 설교자들을 배출한 교파의 마지막 생존자라는 것이었습니다.

아, 나의 형제들이여, 그렇지 않습니다. 그런 사람들은 생겨나고 또 생겨납니다. 힘 있는 무리가 되어 미래 시대에 이 진리의 영향을 미치기 위해 자꾸 생겨날 것입니다. 심지어 우리들 가운데도 이 진리를 고수하고 전파하는 사람들이 있습니다. 그러나 우리는 도처에서 오류를 범하고 있는 자들의 냉소를 대하게 됩니다. 그들은 푸르고 붉은 갖가지 색깔로, 고운 세마포로 몸치장을 합니다. 저는 그 옷감들이 무엇인지도 모르겠습니다. 그들은 엄격하고 말라버린 우리들의 종교시대는 이미 지나갔다고 말합니다. 지혜 있는 자들, 철학자들, 사상가들, 교양을 갖춘 사람들이 우리를 향해 비웃습니다. 우리가 취하고 있는 이러한 복음 전파는 200년 전에 그 빛을 잃어버렸는지도 모르겠습니다(그것이 아마도 횟필드나 웨슬리 그리고 그들의 뒤를 이은 감리교도들에게는 필요했을지 모르겠습니다만). 현재 이 개명된 19세기에 살고 있는 우리는 그것을 더 이상 원치 않는다는 것입니다. 이러한 모욕을 들을 때, 우리들은 하늘에 계신 하나님께 간구합니다.

오, 하나님, 이스라엘의 하나님이여, 당신의 진리에 대한 모욕을 갚으소서. 당신은 그 능력의 망치로 바위들을 산산조각 낼 수 있습니다. 당신은 당신의 망치를 바꾸지 아니하셨나이다. 당신 앞에 놓인 신들을 치시고 무너지게 하소서. 당신의 거룩한 불, 변함없는 그 불이, 당신의 말씀 가운데서 계속 불붙게 하옵소서. 당신께서는 우리들에게 당신의 제단에 다른 불을 드리는 것을 금하셨나이다. 우리는 그렇게 하지 않았고 믿음을 지켰고 진리를 수호하였나이다. 우리가 아버지께 간구하오니 그것을 인정해 주옵소서. 그것이 복되신 하나님의 복음임을 입증해 주옵소서. 이 큰 나라 가운데 당신 앞에 지금 놓여 있는 제물이 하늘에서 내려오는 불로 소멸되게 하시고, 그 불로 응답하시는 하나님이 참 하나님이심을 나타내시옵소서.

사실상 교회는 오직 그 교회가 행하는 일로써 사람들에게 존중히 여김을 받습니다. 만약 교회가 죄인들을 회심시키지 않으면 교회의 존재 이유는 전혀 없습니다. 복음을 입증하는 일이 이론이나 문제들, 그리고 교리문답이나 신조 혹은 성경의 본문 속에만 나타나 있는 명제들 가운데서 발견되어지는 것이 아닙니다. 복음의 증거는 그 복음이 무엇을 하느냐 하는 그 행위 속에 있는 것입니다. 만약 그 복음이 의기소침해 있는 자들을 일으키지 못하고 죄인들을 구원하지 못하면, 땅의 어두운 곳에 빛을 보내지 않고, 죄인들이 성도가 되게 하거나 사람들의 성품을 변화시키지 못한다면, 당신은 그것을 쓰레기통에 집어던져 버리든지 없애 버리십시오. 만약 소금이 그 맛을 잃으면 아무 쓸모가 없기 때문입니다. 그러나 우리는 우리의 소금의 맛이 계속 짜고, 침투의 능력과 절이는 능력이 계속되도록 하나님께 부르짖습니다.

저는 복음이 그렇게 될 수 있도록 여러분에게 기도를 요청합니다. 하나님께서 그 옛 복음, 즉 휫필드와 칼빈과 바울의 교리들, 그리고 그리스도의 그 옛 복음을 확연하게 드러내시고, 신성모독과 비방이 만연한 이 시대에, 살아 계신 하나님의 복음을 헐뜯고 우리로 하여금 그 복음을 우리들 등 뒤로 던져버리게 할지도 모르는 그런 자들에게 성령의 초자연적인 역사로 말미암아 단번에 응답하시도록 기도해 주십시오. 결코 변하지 않는 하나님의 이름으로 말미암아 우리의 복음은 결코 변하지 아니할 것이며, 하늘에 올라가신 그리스도의 이름으로 우리에게는 그리스도와 그리스도의 십자가에 못 박히신 것 외에는 전파할 것이 없습니다. 우리 가운데 거하시는 영원하신 성령의 이름으로, 친히 성령께서 계시하신 것 외에는 우리가 아는 것이 아무것도 없습니다. 사랑하는 형제들이여, 여러분이 무릎을 꿇고 또 꿇으시면, 우리는 승리하게 될 것입니다. 우리는 비록 약하고, 어떤 다른 분야에서도 대적자들에 잘 대처할 수는 없지만 우리는 기도의 능력에 의하여 하나님의 성령의 도우심으로 그 대적들을 이길 것입니다.

사랑하는 성도 여러분, 이 문제를 여러분에게 맡깁니다. 여러분의 기도와 성령의 도우심으로 말미암아 만사가 형통하게 될 것입니다. 아멘.

제
3
장

—

그리스도와 함께 영원히

—

"그리스도와 함께 있는 것이 훨씬 더 좋은 일이라"
—빌 1:23

사도는 로마 근위대의 감옥에 갇혀 있었습니다. 그의 좌우편에는 군사와 함께 사슬에 매여 있었을 것입니다. "내가 그 둘 사이에 끼었으니"라는 표현이 그의 이러한 처지를 대변해주고 있다고 볼 수 있습니다. 문자적으로 그는 두 개의 물리적 힘에 의해 억류되어 있었고, 정신적으로도 똑같은 상태에 있었습니다. 즉, 두 개의 상한 욕망, 두 가지 주된 감정에 의해 영향을 받는 그런 처지에 있었습니다. 그래서 그는 어느 것을 따라야 할지 몰랐습니다. 그는 "내가 그 둘 사이에 끼어 어쩔 줄 모르겠다"고 말하고 있습니다. 혹자들은 이것을 "나는 두 가지 것들에 눌려 괴롭힘을 당하고 있다"로 표현하기도 하는데, 그렇게 해석해도 좋을 것입니다. 여러분 자신이 잔인한 폭군 네로의 손아귀에 사로잡힌 자가 되어 네로에게 아부하던 모든 추종자들 중에 가장 혐오스러운 그 악명 높은 집정관 티겔리누스(Tigellinus)의 감시를 받으며 음침한 지하 감옥에 갇혀 있다고 생각해 보십시오. 여러분 자신이 곧 끌려 나가 사형을 당하게 될 것이라고 생각해 보십시오. 아마도 그 사형 방식은 잔인하고 기괴하게 고안된 무시무시한 사형방식일 것입니다. 가령 한 가지 예로 역청 원료로 새까맣게 칠하고 그 폭군의 정원에서 불태워 죽이는 일도 있었습니다. 그것은 축제일을 장식하기 위한 것이었습니다. 여러분 같으면 이럴 때, 어떤 마음이 들겠습니까? 여러분이 그리스도인이 아나라면, 저는 여러분이 죽음의 공포로 인해 두려워 떨 것이라고 생각합니다. 여러분이 신자라 할지라도, 그런 일을 예상하고 온 몸이 두려움에 질려 움츠러든다 해도, 저는 조금도 이상하게 생각하지 않을 것입니다. 그러나 바울은 그런 감정과는 전혀 상관이 없는 사람이었습니다. 그에게는 순교의 두려움이 조금도 없었습니다. 그는 그 예상된 죽음을 떠남이라고 부르고 있습니다. 다시 말해서, 해안에 배를 묶어둔 밧줄을 풀고 대양을 향해 나아간다는 것이었습니다. 그는 죽음을 두려워하기는 고사하고 충분히 준비된 자세를 취하고 있으며, 자기가 변화하게 될 그때를 인내하며 기다리고, 심지어 기쁨으로 고대하고 있었습니다. 반면에 여러분이 어떤 비참한 감옥에서 처참한 꼴을 한 채, 무례한 군사의 모욕을 자주 받고 있다면, 여러분은 아마도 빨리 죽고 싶은 마음에 사로잡히게 될 것이라고 쉽사리 상상할 수 있습니다. 선한 사람들은 그런 감정이 복받쳐 오르는 경우가 많았습니다. 엘리야는 "내 생명을 거두시옵소서. 나는 내 조상들보다 낫지 못하니이다"(왕상 19:4)라고 말했습니다. 욥은 무덤 속에 숨기어진다면 좋겠다고 했습니다. 사도 바울보다 고난을 덜 받으면서도 선한 사람들은 종종 "하나님께서 이 생명이 다하게 하시고 이 비참한 일들을 끝나게 하신다면 좋겠다. 나는 지치고 지쳤다. 사망이 언제 나를 놓아줄까?"라고 말했던 것입니다.

　그러나 사도 바울에게서는 그런 감정을 전혀 찾아볼 수 없습니다. 그는 그 쇠사슬이 힘에 부치지도 않습니다. 그에게 참지 못하는 기색이라고는 전혀 없습니다. 그는 그리스도와 함께 있을 것이 훨씬 더 좋다고 생각하며 또 기쁘게 인정하고 있습니다만, 깊이 생각해보니 이 세상에 머물러 있을 이유를 알게 된 것입니다. 그래서 그는 주의 뜻이라면 무엇이든지 기쁜 마음으로 순종합니다. 그는 선택을 하지 않습니다. 그의 마음은 하나님으로 꽉 차 있고, 자아로부터 자유롭게 된 상태에 있어서, 그는 선택을 할 수 없는 것입니다. 이 얼마나 축복된 심령 상태입니까? 어떤 사람은 바울이 가졌던 마음의 자유를 맛보기 위해서 손목에 바울이 찬 쇠사슬을 기꺼이 차고 싶어할지 모르겠습니다. 그러나 주께서 자유롭게 하신 그 사람이 진정한 자유자입니다. 네로 황제라도 그런 사람은 종으로 삼을 수 없습니다. 네로는 그런 사람을 그 군대의 감옥에 감금할 수는 있을지 모르나, 그의 영혼은 자유롭게 온 땅을 가로질러 지나갑니다. 그렇습니다. 그는 별들 사이에도 올라갑니다. 바울은 삶에 지치거나 죽는 것을 두려워하기보다는 마치 어떤 다른 사람의 입장에 있는 듯이 진실로 조용하게 자리에 앉아 자신의 처지를 냉철하게 생각하고 있습니다. 그가 그것을 얼마나 소중하게 생각하고 있는지 여러분은 느낄 수 있습니까? 그는 곰곰이 생각해 본 결과 떠나 그리스도와 함께 있는 것이 훨씬 더 좋다고 말합니다. 그러나 그가 세워 놓은 수많은 교회들을 생각할 때, 그 교회들이 많은 위험들 앞에 미약한 상태로 드러나 있어서 그가 관심을 기울일 필요가 있다고 생각하게 된 것입니다.

그래서 그는 또 다른 한편으로 "내가 육신으로 있는 것이 너희를 위하여 더 유익하리라"(24절)고 말합니다. 그는 떨리지 않는 손으로 저울을 쥐고 있으며, 그 천칭은 평형을 유지한 채 고요히 한들거리고 있습니다. 한 쪽이 올라갔다가 그 다음에는 다른 한 쪽이 올라갑니다. 교대로 부드럽게 그의 심령을 요동시키고 있습니다. 그는 둘 사이에 끼여 축복된 곤경에 처해 있습니다. 그는 자기가 그 두 가지 중에 어느 것을 피할 것인가 혹은 반대할 것인가를 몰랐다고 하지 않습니다. 도리어 그의 마음은 사는 것이나 죽는 것, 그 어느 것도 똑같이 바람직하게 여겨지는 그런 상태에 있었습니다. 그래서 그는 "무엇을 택해야 할는지 나는 알지 못하노라"(22절)고 말하고 있습니다. 사람들이 판단하는 바로는 감옥에서 사는 것을 선택하는 것도 어리석은 선택이요, 죽는 것을 택하는 것도 역시 어리석은 일입니다만, 사도 바울은 그 둘 다 선택할 만한 좋은 것이라고 여깁니다. 그는 어느 것을 선택해야 할지 모르고 있습니다. 그는 마치 그 일에 대해서 전혀 걱정을 하지 않는 듯이 냉철하고 고요하게 심사숙고합니다. 진실로 그가 그 일에 대해서 전혀 걱정하지 않았다고 말하는 것이 타당합니다. 그는 자기 자신에게 관계되는 그 어떤 일보다도 더 고차원적인 관심에 그 마음이 쏠려 있었던 것입니다. 이는 그의 주된 목적이 하나님의 영광이었기 때문입니다. 그가 그리스도와 함께 있기를 원했을 때에도 그는 하나님의 영광을 갈망했고, 그리스도의 백성들과 함께 남아 수고하게 될 것을 기꺼이 원했을 때에도 똑같이 하나님의 영광을 갈망했습니다.

우리가 살펴본 바와 같이, 그의 마음은 둘 사이에 평형을 이루며 걸려 있었습니다만, 한 가지 문제에 대해서는 아주 분명합니다. 다시 말해서, 자신의 유익만을 생각해 본다면, 떠나서 그리스도와 함께 있는 것이 자기의 행복을 위해서는 좋다는 것입니다. 그가 앞에서 "죽는 것도 유익하다" 고 선포했는데 그것도 똑같은 의미의 말이었습니다. 그는 육체로부터 벗어나 예수께로 날아가는 것이 그에게는 큰 은혜라고 확신했습니다. 이제 그 확신에 대해서 말씀드리겠습니다.

**1. 제가 여러분의 주의를 환기시키고자 하는 첫째 사실은
영육이 분리되는 상태에 관하여 사도가 가진 확신입니다.**

"떠나서 그리스도와 함께 있는 것이 훨씬 더 좋은 일이라 그렇게 하고 싶으나." 사도는 특별히 양심적인 사람이었습니다. 그가 유대인의 선생이었을 때, 그는 아주 양심적이었습니다(그는 진실로 그리스도인들을 박해하는 것이 하나님을 섬기는 것이라고 생각했습니다). 그의 전 경력과 생애의 모든 사건 속에서 그는 특별히 양심에 의해 인도받은 사람이었음을 주목하게 됩니다. 만약 그가 어떤 일이 옳다고 믿으면 그는 그 일에 정성을 다했습니다. 만약 어떤 일이 그르다고 생각되면 그는 그 누구와도 타협하지 않았습니다. 그는 자기가 옳고 참되다고 충분히 믿지 않는 것은 행하거나 말하지 않았습니다. 이런 유(類)의 증인을 만난다는 것은 아주 기분 좋은 일입니다. 왜냐하면 그런 사람의 증언들은 믿을 수 있기 때문입니다. 그런 사람이 알고 있는 범위까지 그가 확증하는 것을 우리가 확신하는 것은 당연한 일입니다.

더구나 사도는 특별히 냉철한 사람이었습니다. 그는 균형이 잡힌 이성의 소유자였습니다. 그의 재능 가운데 논리학은 아주 뛰어났을 것이라 생각됩니다. 요한은 따뜻하고 열렬한 심령을 가지고 있습니다. 사람들은 요한이 조직적인 교리를 드러낸 사람이라기보다는 예수님의 따뜻한 사랑을 가진 자라고 해도 놀라지 않습니다. 베드로는 충동적입니다. 그래서 그가 서신을 기록할 때, 박력 있게 기록합니다. 그러나 논리적인 호소력은 약합니다. 바울은 조용하고 침착합니다. 그가 이성을 잃고 흥분하는 모습은 결코 발견할 수 없습니다. 그는 규칙적이고 정확하며 헬라의 철학자처럼 논리적입니다. 그는 격앙할 정도로 열정적이지만 자신을 잘 통제합니다. 그는 상상의 나래를 얼마든지 뻗을 수 있지만 강한 손으로 항상 그것을 잡고 있으며, 그것의 방향을 바꾸는 방법이나 자기가 원하면 그것을 그대로 멈추어 둘 수도 있는 방법을 알고 있습니다. 참되다고 믿고 있는 바를 말할 만큼 양심적이고, 진실로 사실인 것에 관하여 분명한 판단을 하기 위해서는 조용하고 논리적인 사람의 증거를 받아들이는 것은 대단히 좋은 일입니다.

이 사람 바울은 신자들에게 내세의 상태가 있다고 확신시켰습니다. 그는 그것에 관해 완전히 확신했습니다. 그는 그 내세의 상태는 의식이 있는 상태요, 신자들이 죽는 순간 시작되고, 말할 수 없을 정도로 복된 상태라고 믿었습니다. 그는 신자들의 영혼이 반드시 통과한다고 하는 연옥의 불에 대해서는 믿지 않았습

니다. 어떤 사람들이 만들어 놓은 현대의 가증스러운 이단은 육신과 성도의 영혼도 부활 때까지 죽는다고 말합니다. 바울은 결코 그렇게 믿지 않았습니다. 그는 "육신을 떠나 주와 함께 있다"는 말에 익숙해져 있습니다. 여기서 그는 떠남에 관해 말할 때, 이 떠남이 재림의 나팔이 그를 깨울 때까지 차가운 망각의 그늘 속에 잠을 자거나 누워 있는 것으로 말하지 않고, 떠나 즉시 그리스도와 함께 하는 것으로서 더욱 좋은 일이라고 말하고 있습니다. 무엇 때문에 이렇게 매우 양심적이고 몹시 침착한 사람이 이런 결론을 내리게 되었을까요? 이 질문에 대해서는 주 예수 그리스도를 만남으로 회심했다고 그가 먼저 대답할 것이라고 생각합니다. 예수의 종교를 필사적으로 반대하며 다메섹 도상에 있을 때, 주님께서 친히 그에게 나타나셨고, 그래서 그는 자기의 두 눈으로 예수님을 똑똑히 보았고 주님의 음성도 들었습니다. 그 광경과 그 소리에 대해 그는 추호도 의심하지 않았습니다. 그는 자기가 주 예수님을 보았고, 주 예수님의 음성도 들었다고 확신했습니다. 그는 이것을 확신했기 때문에 아주 높은 사회적 지위도 버려야 했고, 크게 귀하게 여겼던 자신의 명성도 잃고, 특별한 애국심을 가지고 그가 사랑했던 자기의 동포들에게 버림을 받으며, 그가 증인으로 전할 그 진리 때문에 계속되는 죽음의 위험을 무릅써야 하는 지경에까지 이르게 되었던 것입니다. 한때 멸시를 받았던 구세주, 그러나 이제는 하늘의 창문을 통해 은총 가운데 그를 내려다보시는 그분에 대한 사랑 때문에 만물의 찌꺼기가 된다고 해도 그는 만족했습니다. 예수 그리스도께서 세상의 그 어떤 한 장소에 오셨고, 이제는 또 다른 어떤 장소로 되돌아가셨다는 사실을 그는 확신했습니다. 그는 사람이신 예수 그리스도께서 거하시는 어떤 장소가 분명히 있음을 확신했고, 그 장소가 어디든지 간에 그곳은 행복과 영광에 찬 장소일 것이라고 확신했습니다. 그는 요한이 기록한 주 예수님의 기도, "아버지여 내게 주신 자도 나 있는 곳에 나와 함께 있어 아버지께서 창세 전부터 나를 사랑하시므로 내게 주신 나의 영광을 그들로 보게 하시기를 원하옵나이다"(요 17:24)라는 기도를 회상하면서 성도들이 죽으면, 곧 그들의 영광스러운 주 예수님이 계시는 곳에 있게 될 것이요, 주님의 영화로움을 함께 누리게 될 것이라고 확신했습니다.

이 현명하고 정직한 증인이 다른 경우에도 영육이 분리된 상태를 나타내는 분명한 증거를 가지고 있다고 우리들에게 말하고 있음을 또한 기억하십시오. 그는 우리들에게 그가 셋째 하늘에 이끌려가서 거기서 사람이 가히 이르지 못할 말을 들었다고 알려주고 있습니다. 그는 자기가 어떻게 그곳에 갔는지는 모르지만, 그 사실은 확실하다고 말합니다. 그의 육신은 여전히 지상에 살아 있으되 그의 영혼이 천국에 이끌려갔던 것입니다. 그는 자기가 몸 안에 있었는지 몸 밖에 있었는지 그것이 의문이 되었습니다. 저는 감히 꼼꼼하게 따지기를 잘하는 그의 마음이 그 난제를 해결해 보려고 자주 노력했을 것이라고 생각합니다. 그의 영혼은 육체가 살아 있도록 그의 육체 속에 남아 있었음이 틀림없습니다. 그렇다면 어떻게 그 영혼이 천국에 올라갈 수 있었을까요? 그러나 그로서는 자기가 천국에 들어간 것이 명확했습니다. 결국 사도는 자기가 몸 안에 있었는지 몸 밖에 있었는지 자기는 말할 수 없고, 하나님만이 아신다는 결론에 이르게 되었던 것입니다. 그러나 그는 자기가 낙원 혹은 셋째 하늘에 이끌려갔다는 사실은 확신했습니다.

그러므로 낙원은 분명히 있었고 그는 가히 이를 수 없는 말을 들었습니다. 영광스러운 말들을 듣고, 말하는 그런 곳이 있었습니다. 그는 육체와 분리된 영혼들이 가서, 자기들의 주 예수님과 함께 하는 곳이 있다는 사실은 단순히 신앙의 문제로서 뿐 아니라 직접 목격한 것으로 확실히 믿었습니다. 그리고 주님과 함께 있는 것은 참으로 좋은 일입니다. 그러나 성도가 이 땅에서 일을 계속하는 것보다, 죽어서 부활할 때까지 잠자는 것이 훨씬 더 좋은 것은 아닙니다. 성도들이 망각 속에 잠자고 있는 상태로 있느니보다 그리스도께서 오실 때까지 계속 살아 있는 것이 분명히 더 나은 일일 것입니다. 그러나 그는 성도들이 떠나는 것도 좋은 일이라고 말합니다. 그가 그렇게 판단을 내리는 근거는 참된 행복과 놀라운 기쁨이 있는 곳이 있어서 육체와 분리된 영혼이 육체 속에 이 땅에 머물러 있는 것보다 그곳에 가는 것이 훨씬 더 좋은 일이라는 사실을 보았기 때문입니다. 이것에 관해서 바울은 추호도 의심하지 않았습니다. 아주 큰 기쁨이 있는 그런 상태에 있게 되기 때문에, 가장 큰 사도들 중의 한 사람이요, 성도들에게 가장 유익한 사람이며, 가장 큰 영예와 주님의 축복이 함께 하는 이 사람에게도, 떠나서 그리스도와 함께 하는 것이 훨씬 더 좋은 일이었을 것입니다.

그는 자기가 떠나면 곧 대단히 행복한 상태에 들어간다는 것을 조금도 의심하지 않고 있다는 사실을 주목하시기 바랍니다. 그러나 그는 "내가 그리스도와 함께 할 것을 확신한다면, 죽는 것이 확실히 더 낫겠다"고 말하지 않았다는 것입니다. 그러나 이 자리에 계신 어떤 분들은 그런 말을 할까 염려가 됩니다. 오, 정말 그는 그 문제에 대해서 조금도 우물쭈물하지 않았습니다. 사랑하는 교우들이여, "진실로 이런 영광들이 나를 위한 것이라면, 내가 떠나는 것이 좋겠구나!" 이렇게 말을 하신다면, 그것은 불행한 일입니다. 영원한 복락이 자기의 것일까에 대해 그는 결코 의심하지 않았습니다. 그는 그것을 확신했습니다. 그렇다면 우리라고 왜 확신하지 못하겠습니까? 그가 그렇게 자신 있게 말하는 곳(장소)을 우리는 왜 주저합니까? 바울은 우리가 가지지 못한 어떤 확신의 근거를 가지고 있었습니까? 여러분은 바울이 자기의 많은 노력이나 열심 있는 사역, 그리고 그의 큰 성공 때문에 구원을 받을 것이라고 생각했다고 여기십니까? 여러분은 바울이 그렇게 생각했다고 추측하십니까? 결코 그렇지 않습니다. 여러분은 그가 친히 한 말 "내게는 우리 주 예수 그리스도의 십자가 외에 결코 자랑할 것이 없으니"(갈 6:14)라는 말을 모르십니까? 그는 자기가 한 어떤 일에 대해서도 율법에 속한 자신의 의가 아니요, 믿음으로 하나님께 속한 의로써 그리스도 안에서 발견되어질 것을 신뢰한다고 선포했습니다. 이제 바울이 세운 곳 위에 우리가 건축합니다. 만약 우리가 똑바로 세운다면 우리의 소망은 그리스도의 의와 하나님의 은혜, 그리고 하늘에 계시는 아버지의 약속에 그 기초를 두고 있는 것입니다. 사도들 중에 으뜸가는 사도라고 할 수 있는 그라고 해서 소망의 기초와 본질에 관해서는 우리들 중 그 어떤 사람보다 조금이라도 월등했다고 결코 말씀드릴 수 없습니다. 오직 자비, 은혜, 속죄의 피, 고귀한 약속, 이런 것들 위에 그는 건축했습니다. 다른 기초는 놓을 수 없기 때문입니다. 만약 바울이 영원한 지복(至福)을 확신했다면, 저도 역시 그것을 확신할 것입니다. 여러분도 그래야 합니다. 왜냐하면 진실로 여러분이 주 예수를 믿으신다면, 여러분도 사도가 가졌던 확신의 근거와 똑같은 근거를 가지고 있기 때문입니다. 하나님은, 아마도, 만약에, 그러나 등과 같은 불확실성의 하나님이 아니요, 하게 하실 하나님이요, 반드시 하실 하나님이며, 신실한 진리와 영원한 진실성의 하나님이십니다. "이를 믿는 자는 영생을 얻었고 심판에 이르지 아니하나니"(요 5:24)라고 하셨고, "그러므로 이제 그리스도 예수 안에 있는 자에게는 결코 정죄함이 없나니"(롬 8:1)라고 하셨으며, "믿고 세례를 받는 사람은 구원을 얻을 것이요"(막 16:16)라고 하셨습니다. "누가 능히(무엇이? 사도 바울이?) 하나님께서 택하신 자들을 고발하리요"라고 하였습니다. 여러분이 원하시는 대로 그들 모두를, 아니면 그들 중에서 어떤 분들을, 골라보십시오. 그들이 아무리 비천하고 눈에 띄지 않는다 할지라도 그들은 모두 예수님 안에 안전합니다. 예수님께서는 우리로 하여금 자기 안에서 의가 되게 하시려고 우리를 위해 죄가 되셨습니다. 우리는 각자 "내가 믿는 자를 내가 알고 또한 내가 의탁한 것을 그 날까지 그가 능히 지키실 줄을 확신함이라"(딤후 1:12)고 외칠 수 있게 된 것입니다. 우리는 지금까지 영육이 분리된 상태와 그 상태에서 누릴 행복 및 머지않아 그런 행복을 누리게 될 것이라는 사도 바울의 확신에 관해 자세히 살펴보았습니다.

2. 그 상태에 관한 사도의 생각을 살펴보는 것은 매우 흥미롭습니다.

그는 "그리스도와 함께 있는 것"이라고 말합니다. 이것은 한 쪽으로 치우친 개념이요, 그 상태를 한 마디로 표현한 것입니다. "그리스도와 함께 될" 것을 말하고 있습니다. 저는 바울이 그때까지 살았던 사람들 중에서 가장 지적이고 가장 박학한 그리스도인으로서 육체와 분리된 영혼들의 상태에 관해 폭넓은 견해를 가지고 있었다고 확신합니다. 그가 이렇게 말했을 것임이 분명합니다. "예, 성도들 간에는 교제가 있습니다. 우리는 천국에서 아브라함과 이삭과 야곱과 함께 앉을 것입니다. 이 세상에서 우리가 서로 교제를 하는 것과 마찬가지로 천국에서도 반드시 그렇게 교제할 것입니다." 천국은 우리가 현재 가지고 있는 지식보다 훨씬 더 분명한 지식을 소유할 수 있는 장소라고 바울은 확신하였습니다. 그는 전에 이렇게 말했습니다. "지금은 거울로 보는 것 같이 희미하나 그 때에는 얼굴과 얼굴을 대하여 볼 것이요 지금은 내가 부분적으로 아나 그 때에는 주께서 나를 아신 것 같이 내가 온전히 알리라"(고전 13:12). 어떤 그리스도인들은 자기들이 하나님께서 지으신 우주의 저 먼 곳에서 하나님의 갖가지 사역들을 응시하게 될 것이요, 하나님의 각종 지혜를 바라보면서 무한한 행복을 누리게 될 것이라는 그런 개념을 받아들였습니다. 만약 그것이 그들을 기쁘게 한다면 그것은 아주 그럴 듯한 이야기입니다. 개연성이 큰 이야기입니다. 아마도 바울은 그 모든 것을 믿었을 것입니다만, 그가 그렇게 믿었는지 아니었는지 우리는 모르겠습니다. 본문에서 바울은 우리에게 한 가지 개념만을 전해 주고 있음이 분명합니다. 그는 위대한 지성을 지녔고 아주 많은 것을 알고 있는 사람이었습니다. 그러나 그는 본문에서 우리에게 오직 한 가지 개념만을 소개하고 있습니다. 저로서는 이 한 가지가 저의 마음에 꼭 맞습니다. 그리고 저는 이 한 가지 개념이 모든 신자의 심령을 매혹시키고 그들의 마음을 충만하게 한다고 생각합니다. 그는 영육이 분리된 상태를 "그리스도와 함께 있는 것"이라고 묘사합니다. 이 얼마나 배타적인 개념입니까? 아니 매우 포괄적인 개념이라고 할까요? 이 한 가지 개념은 최고의 지성을 가진 사람이 표현할 수 있는, 천국 전체를 대변하는 말이기 때문입니다. 아주 많은 것들이 생략된 것처럼 보입니다만, 바울이 그런 것들은 잊어버려도 별 상관이 없는 사소한 것들이라고 생각했을 것임이 분명합니다.

그리스도와 함께 있는 것은 아주 굉장한 일이기 때문에 그는 그것만을 언급한 것입니다. 저는 그의 사랑이 그리스도게 집중되어 있어서, 천국 가는 것과 관계되는 이외의 다른 것에 대해서는 전혀 생각할 필요가 없었기 때문에 이 말을 제일 먼저 했다고 생각합니다. 여기에 가령 어떤 부인 한 사람이 있다고 합시다. 그녀의 남편은 인도에서 관직 생활을 하게 되었습니다. 그는 오랫동안 떨어져 있게 되었고, 그가 어쩔 수 없이 떠나 있게 된 그 세월들이 그녀에게는 지루하기만 했습니다. 그녀는 그에게서 받은 사랑으로 가득한 글들과 친절한 편지들을 가지고 있었습니다만, 종종 한숨도 쉬었습니다. 그녀의 마음은 창문 밖으로 뻗어 동쪽을 향해 바라보며, 남편이 돌아오기만을 고대하였습니다. 그러나 이제 그녀가 편지 한 통을 받았는데, 남편에게서 오라는 간청이었습니다. 지체하지 않고 그녀는 가기로 결심했습니다. 이럴 때 여러분이 그녀에게 무엇 때문에 인도에 가냐고 물으신다면 그녀는 "제 남편에게 가려고 합니다"라고 대답할 것입니다. 그러나 그곳에는 그녀의 남동생도 있습니다. 그렇습니다. 그녀는 그를 보게 될 것입니다. 그러나 그녀는 그런 사실을 여리분에게 이야기하지 않습니다. 그녀의 주된 생각은 자기가 남편에게 가려고 한다는 것입니다. 그곳에는 친구들과 동료들이 있습니다. 그러나 그녀가 그 먼 땅으로 가게 되는 것은 그 친구들을 보고 싶어서가 아니요, 자기의 사랑하는 사람 때문에 바다를 건너는 것입니다. 남편은 그곳에 멋진 소유지를 갖고, 부자이며 가구가 잘 꾸며진 집과 많은 종들을 거느리고 있습니다. 그렇습니다. 그러나 그녀는 결코 "나는 나의 남편의 집이나 혹은 그와 같은 어떤 것을 보기 위해 갈 작정입니다"라고 말하지 않습니다. 그녀는 자기 남편에게 가려고 합니다. 그것이 온통 자기의 마음을 사로잡고 있는 주된 목적입니다. 여행을 하기는 하는데 다른 요인들이 작용할 수도 있습니다만, 자기의 사랑하는 사람과 함께 있게 될 것이라는 사실이 여행을 하게 하는 주된 목적입니다. 그녀는 자기가 전심으로 사랑하는 사람에게 갈 작정입니다. 그녀는 그 나라가 어떤 나라이든지 간에 자기의 남편이 그곳에 있기 때문에 그곳에 몹시 가고 싶어합니다. 그리스도인도 역시 그러합니다. 정도 면에 있어서는 그 부인의 경우보다 열 배는 더 높습니다. 그는 "나는 천사들의 노랫소리와 거룩한 자들의 영원한 성가를 듣기 위해 가려고 하네"라고 말하지 않고 "나는 예수님과 함께 있고자 하네"라고 말합니다. 만약 후자가 첫째이자 가장 높은 생각이 아니라면, 그것은 그리스도께 대하여 정절을 지키지 못하고 있다는 것을 나타내는 일이 될 것입니다.

앞에서 말씀드린 그 비유를 다시 이야기해 봅시다(그것은 그리스도께서 친히 인정하실 만한 비유입니다. 왜냐하면 주님도 자기 자신과 영혼을 관계시켜 계속적으로 결혼 비유를 사용하기 때문입니다). 만약 그 여자가 동쪽을 향해 여행하는 그 여행을 통해 첫째 문제로 삼는 것이 다른 어떤 사람을 만나거나 단순히 부귀를 누리고 재산을 소유하기 위해서라면, 그것은 그 여자가 자기 남편을 거의 사랑하지 않고 있다는 것과 그 여자가 아내로서의 마땅한 자세를 취하고 있지 않음을 나타내는 일이 될 것입니다. 만약 그리스도인이 이와 같이 되어서 그리스도와 함께 있는 것보다 다른 생각을 더 많이 품고 그리스도와 함께 하는 그날에 약속하신 다른 어떤 것에 더 욕심을 내게 된다면, 그것은 그가 그리스도의 소유요, 그리스도만의 소유인데도 자신을 정결한 처녀로 내어놓지 못하는 것이 될 것입니다. 그러므로 저는 바울이 영육이 분리된 상태를, 왜 그리스도와 함께 있는 것이라고 하는지 알고 있습니다. 이는 그가 너무나 많이 자기의 주님을 사랑하고 있었기 때문입니다.

의심할 바 없이, 다른 여러 가지 이유 가운데에서 이것이야말로 가장 중요한 이유입니다. 그는 만약 그리스도께서 계시지 않는 천국이 있다면, 그것은 천국일 수 없다고 확신했습니다. 오, 그리스도 없는 천국은 생각할 수도 없습니다. 그것은 지옥을 생각하는 것과 똑같은 일입니다. 그리스도 없는 천국이라니요! 그것은 태양이 없는 낮이요, 생명이 없이 존재하는 것이요, 음식이 없는 잔칫상이며, 빛이 없이 보는 것과 같습니다. 그것은 용어상으로도 모순됩니다. 그리스도 없는 천국, 그것은 터무니없는 일입니다. 그것은 물 없는 바다요, 들판이 없는 땅이며, 별이 없는 하늘입니다. 그리스도 없는 천국은 있을 수 없습니다. 그리스도는 지복(至福)의 총체이고, 천국의 근원이요, 천국을 구성하는 요소입니다. 그리스도는 천국이요, 천국은 그리스도입니다. 여러분이 그 말들을 앞뒤로 바꾸더라도 그 의미는 아무런 차이가 없습니다. 예수님이 계시는 곳에 함께 있다는 것은, 상상할 수 없는 큰 축복입니다. 하나님의 자녀에게는 예수님을 떠나서, 지복이라는 것을 생각할 수도 없습니다. 여러분이 어떤 혼인 예식에 초대를 받는다면, 또 여러분 자신이 신부라면, 그런데 그곳에 신랑이 없다면, 그런 잔치는 저에게 말씀하지 마십시오. 무익하게 그들은 교회 종탑이 흔들릴 때까지 종을 치고 있습니다. 음식 담은 접시들 위로 김이 무럭무럭 올라가고, 붉은 포도주는 거품이 일지만, 이것도 무익합니다. 주위를 둘러보고 신랑을 볼 수 없다면, 그 산해진미도 그녀의 슬픔을 조롱하고, 주위 사람들의 기뻐하는 즐거움도 그녀의 비참한 처지를 모욕하는 일이 될 것입니다. 성도들에게 있어서 그리스도가 계시지 않는 천국은 이와 같은 것입니다. 여러분이 온갖 기쁨을 다 모을 수 있다 해도 그리스도께서 안 계신다면, 그의 사랑하는 사람들에게는 천국이 있을 수 없을 것입니다. 따라서 천국은 그리스도께서 함께 하시는 곳입니다.

> "그리스도와 함께 거하고, 그리스도의 사랑을 느끼는 것,
> 그것이 천상에서 누릴 온전한 천국입니다.
> 지금 그 나라를 생각하며 달콤한 기대를 품으니
> 그것은 이제 막 여명이 밝아오는 지상천국입니다."

사랑하는 성도 여러분, 그리스도와 함께 있는 바로 그곳이 천국입니다. 그것이 순수한 알맹이입니다. 제가 다음과 같은 말씀을 드려도 양해해 주시기 바랍니다. 저는 다만 그 의미를 좀 더 강하게 하고 싶을 뿐입니다. 알맹이의 것, 즉 그리스도와 함께한다는 것, 그것이 신자가 원하는 천국의 전부입니다. 천사들은 자기들이 원하는 대로 있어도 좋고 없어도 무방합니다. 황금 면류관과 금 거문고도 있어도 좋고 없어도 무방합니다. 그리스도와 함께한다면, 저는 그리스도의 눈 속에서 천사들을 발견할 것이요, 그의 머리카락 매 가닥 속에서 면류관을 보게 될 것입니다. 나에게 있어서 황금 길은 그리스도와 함께 교제를 나누는 일일 것이요, 주의 목소리는 거문고 타는 목소리로 여겨질 것입니다. 단지 그의 곁에 있다는 것, 그와 함께 있다는 것, 이것이 우리가 바라는 전부입니다. 사도는 "천국에 있는 것이 더욱 좋다"고 말하지 않고 "그리스도와 함께 있는 그것이 더욱 좋다"고 말합니다. 그는 더 이상 설명은 붙이지 않습니다. 그는 그 생각들을 아주 단순하게 그냥 그대로 내버려 두고 있습니다. "그리스도와 함께 하는 것이 더 좋

은 일"입니다.

그러나 사랑하는 성도 여러분, 그리스도와 함께 있다는 것은 무엇을 의미합니까? 어떤 면에서는 지금 우리가 그리스도와 함께 있습니다. 왜냐하면 그리스도께서 우리에게 오셨기 때문입니다. 우리는 그리스도께 대하여 전혀 낯선 자들이 아닙니다. 심지어 우리가 이 육체에 있는 동안에도 우리는 예수님과 영적 교제를 나눕니다. 그러나 좀 더 고차원적인 교제가 장차 있게 될 것이 확실합니다. 이는 사도가 우리가 육체에 있을 때에는 주님과 떨어져 있다고 말하기 때문입니다. 우리가 이 세상에 있는 한 어떤 면에서는 우리가 주님과 떨어져 있습니다. 어떤 훌륭한 성도는 자기의 생일을 당할 때마다 자기가 너무도 오랜 세월동안 그리스도와 떨어진 유배생활을 해오고 있다고 말을 하곤 했다는 것입니다. 저 상아 궁전과 이렇게 멀리 떨어져서 이 낮은 땅에 산다는 것은 아무리 좋게 표현한다고 해도 그것은 유배생활입니다. 우리가 이 세상에서 그리스도에 대하여 볼 수 있는 모든 것은 거울을 통해 희미하게 보는 것입니다. 얼굴과 얼굴을 대하는 것이 참으로 그리스도의 곁에 있는 것입니다. 우리는 아직 그 정도에까지는 이르지 못했습니다.

그렇다면 그리스도와 함께한다는 것은 무엇일까요? 그것은 무엇보다도 그 말 그대로입니다. 즉, 그와 함께하는 것입니다. 저는 이 말을 되풀이해야 하겠습니다: 그리스도와 함께하는 것만이 천국입니다. 그것은 단순히 그리스도와 함께 함으로 인해 파생되는 그 어떤 것이 아닙니다. 그와 교제하는 것 자체가 천국입니다. 예수님이 육체에 계실 때, 그를 보았다는 것은 특권이었습니다.

> "그 아름다운 옛 이야기를 읽으면서
> 나는 생각하였네.
> 예수께서 사람들 가운데 계실 때,
> 어린 자녀들을 양 떼처럼
> 그의 우리로 인도하셨네.
> 나 그때 그와 함께하였더라면
> 그의 손 내 머리 위에 얹고
> 그의 팔로 나를 감싼
> 그런 때가 있었더라면

'어린 자녀들아, 내게로 오라' 말씀하실 때
주의 인자한 얼굴 나 뵈올 수 있었으리.”

저는 그 거룩한 모습을 바라보는 가운데서 작은 천국을 발견하였으리라 생각합니다. 그러나 우리 본문은 다른 모습의 그리스도와 함께함에 대해서 말하고 있습니다. 왜냐하면 육체로는 그리스도와 가까이 있으면서도, 영으로는 그에게서 너무 멀리 떨어져 있는 사람들이 있었기 때문입니다. 본문은 영으로 그리스도와 함께하는 것에 대해서 이야기하고 있습니다. 그때에 영혼은 혈과 육에서 벗어나 자유로이 움직이는 상태가 되어, 그 모든 것들을 허물 벗듯이 벗어버리고, 예수님의 영광을 맛보고 예수님의 품성에 참여하기 위해 모든 사람의 주가 되시며, 하나님이시자 사람이신 중보자, 그분 곁에 그분과 함께 거하기 위해 무엇보다도 곧장 그분에게로 가게 될 것입니다.

그러나 이렇게 그리스도 곁에 있게 되면, 여러 가지 온갖 일들이 부수적으로 뒤따르게 될 것입니다. 우리는 제일 먼저 그리스도를 아주 똑똑하게 보게 될 것입니다. 우리는 아직까지 그분을 보지 못했습니다. 그분을 보는 우리의 시야는 너무나 희미해서 본다고 할 만한 가치도 없습니다. 믿음의 눈은 망원경을 통해 멀리서 그분을 보았고 그분을 알았습니다. 그것은 매력적인 광경이었습니다. 그러나 영혼의 눈들이 실제로 그분을 보게 될 때, 다른 사람이 아닌 바로 그분을 봅니다. 우리 대신 다른 사람이 그분을 보는 것이 아니라 우리가 직접 그분을 보게 됩니다. 이 얼마나 놀라운 광경입니까! 그것을 생각한다는 것은 참으로 즐거운 일입니다. 그의 육체를 바라보는 것은 우리의 기쁨이 될 것입니다. 그의 상처는 여전히 선명하고, 고통을 겪었던 사랑의 흔적들은 여전히 생생하게 남아 있을 것입니다. 그의 영혼을 우리가 알아본다는 것, 또한 우리의 큰 즐거움이 될 것입니다. 왜냐하면 우리의 영혼이 그의 영혼과 교통할 것이요, 그리고 이것이 교제의 정수이기 때문입니다. 창조된 우리의 영혼이 그리스도의 신성을 볼 수 있다는 것은 엄청난 기쁨이 될 것입니다.

그리고 우리는 그리스도에 대하여 훨씬 더 분명한 지식을 갖게 될 것입니다(이 세상에서는 우리가 부분적으로 알고 있습니다). 우리는 그리스도의 직분의 명칭들을 알고 있습니다. 그가 이루어 놓으신 사역을 알고 있습니다. 지금도 그가 우리를 위해 일하시는 그 사역이 무엇인지를 압니다. 그러나 그곳에서는 그러한 직분들이 화려하게 빛을 발할 것이며, 우리는 그리스도께서 우리를 위해 행하셨던 모든 일들을 그 실제의 비중과 가치대로 보게 될 것이며, 그 높이와 깊이를 이해하게 될 것입니다. 그리고 우리는 지금 이 시간에도 그리스도의 사랑을 잘 모르고 있습니다만, 지식으로는 이해되지 아니하는 그리스도의 사랑을 그 때에는 알게 될 것입니다.

　그런 일과 더불어 좀 더 친밀한 교제가 있게 될 것입니다. 우리의 영혼은 그리스도의 가슴에 그 머리를 기댈 것이요, 우리의 마음은 그리스도의 마음과 연합하고 그리스도의 상처 속에 숨을 것입니다. 우리의 영혼이 그리스도를 향하고, 그리스도의 영이 우리의 영을 향해 막힌 담이 없이 대화하며 영적인 깊은 교제를 갖게 될 것이니, 이 얼마나 놀라운 일이겠습니까! 우리는 창 밖의 그리스도를 보는 것이 아니라, 우리가 무덤 이편에서 누릴 수 있는 그 어떤 교제보다도 훨씬 더 친밀한 교제를 나누며, 그리스도의 팔에 안겨 안식을 취하게 될 것입니다. 저는 지금도 저를 가두고 있는 이 육신의 장막의 창살을 통해 그를 보고 있습니다. 저의 심령은 이 육신으로부터 기꺼이 벗어날 자세가 되어 있습니다. 주의 왼손이 저의 머리 위에 얹히고 주의 오른손이 저를 감싸게 될 때, 무슨 일이 일어나게 될까요?

　사랑하는 성도 여러분, 우리가 그리스도와 함께하게 될 때, 그때는 온전한 교제가 이루어질 것입니다. 그의 아름다움을 못 보게 우리의 눈을 어둡게 하거나, 그의 사랑으로부터 우리를 유혹하여 끌어낼 죄는 전혀 없을 것입니다. 기쁘게도 그곳에는 우리를 세상의 일터로 불러내는 월요일 아침은 없을 것이요, 우리의 거룩한 안식일이 영원히 계속될 것입니다. 의심과 타락과 영적인 냉담함은 그때에는 영원히 사라져 버릴 것입니다. 우리는 더 이상 "내 마음으로 사랑하는 자를 너희가 보았느냐"(아 3:3)라고 외치지 아니할 것이요, 대신에 우리는 그리스도를 붙들고 결코 가게 하지 않을 것입니다. 영혼이 잠들어버릴 수도 없으며, 그래서 영혼의 기쁨이 중단되는 그런 일도 없을 것입니다. 예수님과의 끊임없는 교제를 통해, 영혼은 참된 안식을 찾게 될 것입니다. 이 세상에서도 항상 예수님과 교제하며 살 수 있습니다. 그것이 가능합니다. 그러나 오, 이런 교제를 나누는 사람들은 참으로 적습니다. 그러나 그곳에서는 우리 가운데 가장 낮은 자라도 모두 그와 같은 교제의 자리에 이르게 될 것이며, 우리는 영원토록 주님과 함께 있게 될 것입니다.

그때 우리는 주의 영광을 보게 될 것입니다. 비록 제가 이것을 우리가 주님을 친히 보게 될 것이라는 사실 다음에 다루겠습니다만, 주님께서는 그것을 아주 소중하게 여기신다는 것을 기억하십시오. 주님은 "아버지여 내게 주신 자도 나 있는 곳에 나와 함께 있어 아버지께서 창세 전부터 나를 사랑하시므로 내게 주신 나의 영광을 그들로 보게 하시기를 원하옵나이다"(요 17:24)라고 기도했습니다. 우리는 주께서 당하신 수치를 이미 보았고 주의 복음에 퍼부어지는 치욕에 함께 참여하는 자가 되었습니다. 그러나 그때에는 우리가, 한때 흙투성이가 되었던 그 발에 은빛 신발을 신으시고, 또 가시관을 쓰셨던 그 이마에 면류관을 쓰신 주님을 뵙게 될 것입니다. 주의 양손은 에메랄드를 박은 금 고리로 번쩍일 것이요, 우리는 그런 주님의 모습을 보게 될 것이며, 이전에 주님께서는 흉악한 범죄자처럼 양손이 끔찍하게 나무에 못 박혔지만, 그때에는 그런 모습을 한 주님을 더 이상 볼 수 없게 될 것입니다. 그때 우리는 다음과 같이 노래할 것입니다.

"그의 몸은 아로새긴 상아에
청옥을 입힌 듯하구나
나리는 순금 받침에 세운
화반석 기둥 같구나" (아 5:14-15).

주의 얼굴을 바라볼 때, 우리는 "생김새는 레바논 같으며 백향목처럼 보기 좋고 입은 심히 달콤하니 그 전체가 사랑스럽구나"(아 5:15)라고 노래한 솔로몬의 노래를 깨닫게 될 것입니다. 누구든지 영광 가운데 있는 주님을 뵙기 위해 이 육체로부터 속히 벗어나고 싶어하리라 생각됩니다.

사랑하는 성도 여러분, 우리는 그 영광을 함께 나누게 될 것입니다. 왜냐하면 그의 기쁨이 우리의 기쁨이 될 것이요, 그의 영광이 우리의 영광이 될 것이기 때문입니다. 이 땅에서 힘들게 씨름하고, 외부의 수많은 원수들과 또 내부에서 솟아나는 의심과 두려움에 대항하여 싸워야 했던 우리의 영혼들은 모두 다 홀가분하게 될 것이며, 희락과 기쁨에 잠기며 하나님께서 주시는 생명으로 충만해지고 황홀한 지복에 싸여 빛나게 될 것입니다. 때가 되면 주께서 우리로 하여금 이런 것을 알게 하실 것입니다. 만약 우리가 진실로 주 예수님을 믿는 신자라면, 그렇게 될 것입니다. 이렇게 여러분은 바울이 가졌던 한 가지 생각은, 오직 예수님과 함께 있는 것임을 알게 되었고, 그것이 전부였고, 그는 그 외의 다른 것에 대해서는 전혀 관심이 없었다는 사실을 알 수 있습니다.

3. 아주 간략하게 이 영육이 분리된 상태에 대한 바울의 평가를 고찰해보겠습니다.

그는 "그리스도와 함께 있는 것이 훨씬 더 좋은 일이라"고 말하고 있습니다. 여기의 헬라어에는 삼중비교급이 있습니다. 영어로는 "훨씬 더 좋다(far more better)"라는 말은 사용하지 않습니다만 그것도 꽤 좋은 번역이라고 생각됩니다. 그러므로 우리는 그 말을 "그것은 훨씬 더 바람직하다(It is far rather preferable)"라고 읽든지, 이 세상에서 거하는 것보다 육신을 벗어나 그리스도와 함께 있는 것이 매우 좋다고 읽을 수도 있을 것입니다. 그런데 바울이 영육이 분리된 상태를 신자의 가장 고상한 상태 혹은 자기 희망의 극치라고 주장하지 않았음을 기억해야 합니다. 그것은 그것 그대로 완전한 상태입니다. 즉, 그 영혼은 온전합니다.

그러나 육체가 무덤 속에 남아 썩어져 가고 있는 동안 온전한 인간이라고는 말할 수 없습니다. 성도의 반쪽이 무덤 속에 남아 썩어져 흙이 되고 벌레가 우글거립니다. 그러나 우리 몸의 구속이 완전히 이루어질 때, 우리의 전체, 즉 영과 육이 나타나는 장엄한 최후의 날이 올 것입니다. 우리의 영광이 충만하게 되는 것은 부활입니다. 왜냐하면 부활할 때 우리의 육체가 우리의 영혼과 연합하게 될 것이요, 이 연합과 더불어 완전하게 될 것이기 때문입니다. 현재 예수님과 함께 있는 성도들은 육체 없는 존재로 순결한 영혼들입니다. 그들의 인성은 그 점에 있어서는 부족한 상태입니다. 그들의 인성의 반만 그리스도와 함께 있습니다. 이렇게 온전한 인간을 이루지 못하고 반만 그리스도와 함께 있게 되는 것도 온 몸을 가지고 최상의 상태로 이 세상에 있는 것보다 훨씬 더 나은 일입니다. 자, 보십시오. 사도는 그리스도와 함께 있게 되는 것이 이 세상에 부자로 젊고, 건강하고, 유명하고, 위대하고, 혹은 학식이 많은 것보다 훨씬 더 낫다고 말하지 않습니다. 바울은 그리스도와 함께하는 것을 그 어떤 시시한 것들과 비교하고 대조해 보려는 생각조차 하지 않습니다. 그는 그 모든 것을 초월한 상태에 있었습니다. 그는 쇠사슬에 묶인 채 토굴 속에 갇혀 있었고, 로마 황제의 통치권 아래에서 가장 가련한 사람이라고 할 수 있었습니다. 자신을 가리켜 "나이가 많은 나 바울"(몬 1:9)이라고 할 만큼 그는 연로해졌고, 특별히 드로아에 남겨 둔 낡은 겉옷에 관해 글을 쓴 것으로 보아 그는 온 몸이 쑤시는 류머티즘의 고통을 종종 느꼈으리라 생각되어집니다. 그는 만약 누릴 수 있는 부와 안락한 생활을 원했더라면, 그렇게 할 수 있었을 것입니다만, 그는 그 귀한 생명이 부와 안락한 수많은 유혹들에 이끌려서는 안 된다고 생각했던 것입니다. 그는 그 모든 것들을 포기했습니다. 그는 그런 것들은 예수님을 위해 전혀 언급할 필요가 없고 무의미하고 하찮은 것으로 생각했습니다. 그는 이 세상의 저속한 기쁨에 대해서는 말하고 있지 않습니다. 그는 그런 것은 전혀 생각하지 않고 있습니다. 오히려 그리스도와 함께하는 것이 그리스도인의 모든 기쁨 중에서 가장 큰 기쁨임을 시사하고 있습니다.

대부분의 그리스도인들이 그리스도와 천국의 기쁨, 그리고 천국의 일들에 관해서 알고 있는 그 어떤 것은 그리스도와 함께하는 것과 비교해 볼 때 매우 보잘것없습니다. 그러나 그는 그 이상의 것을 의미하고 있습니다. 즉, 가장 많이 배운 신자가 이 세상에서 소유할 수 있는 가장 고귀한 기쁨도 그리스도와 함께하는 것에 비하면 훨씬 못하다는 것을 의미한 것입니다. 왜냐하면 바울은 전혀 비천한 신자가 아니었고 그리스도를 따르는 사람들 중에서도 지도자였기 때문입니다. 그가 "항상 우리를 그리스도 안에서 이기게 하시고 우리로 말미암아 각처에서 그리스도를 아는 냄새를 나타내시는 하나님께 감사하노라"(고후 2:14)고 말하지 않았습니까? 그는 성령의 은혜를 알았고 그 은혜를 풍성히 받았습니다. 그는 그리스도인 중에서 가장 뛰어난 자였습니다. 그는 이 땅에서 어느 누구보다 더 고상한 체험을 하였고, 그것을 그리스도와 함께있는 것과 비교하였습니다. 그런 후 그는 이 세상에서 맛볼 수 있는 천국의 것들 중에서 최고의 것이라도 그리스도와 함께 있는 것과는 비교되지 않는다고 말했습니다.

그리스도와 함께하는 그것이 훨씬, 훨씬, 훨씬 더 좋았습니다. 형제들이여, 참으로 그렇습니다. 나그네 길에 베푸는 갖가지 은혜들, 만나를 내려주시고 냇물이 흐르게 하시는 하나님께 감사드립니다. 오, 만나가 가득 찬 광야라도 젖과 꿀이 흐르는 땅과 비교해보면, 아무것도 아닙니다. 광야 길이 은혜로 포장되게 하십시오. 그러나 그 길은 그 길이 끝나는 수많은 궁궐이 있는 하나님의 집만큼 그리 아름답지는 못합니다. 전투 중에 우리의 머리에 투구가 씌워져 있고 천사들의 날개가 우리를 보호하며, 하나님의 성령께서 친히 우리가 검을 사용하도록 용기를 북돋아 줄 것이 확실합니다. 그러나 승리가 전투보다 더 낫지 않다고 누가 말할 수 있겠습니까? 가장 큰 승리를 거두신 용사께서 그 칼이 칼집에 꽂히며 승리가 영원히 확보되는 가장 기쁜 날이 이루어지게 될 것이라고 여러분에게 말씀하실 것입니다. 그리스도와 영혼의 사랑의 속삭임, 이것은 매우 아름답습니다. 우리는 그리스도와 우리 사이에 맺어진 사랑으로 인해 말로 다할 수 없는 기쁨을 누리게 되었습니다. 황제들과 여러 왕들이 그 면류관을 우리에게 준다 해도, 우리는 그 기쁨을 그것들과 바꾸지 아니할 것입니다. 그러나 혼인예식의 날은 이것보다 훨씬 더 좋은 것입니다. 이 날에 우리 영혼의 가장 고귀한 욕망이 영광스럽게 채워지고 우리는 우리가 가장 사랑하는 그분이 계시는 곳에 그분과 함께 있게 될 것입니다. 사도 바울은 그것이 더 좋다고 했습니다. 그것이 그에게 훨씬 더 좋았던 것입니다.

그는 "우리의 환경이 더 나아질 것입니다. 그곳에는 가난도 질병도 없을 것입니다"라고 말할 수 있었을 것이지만, 그러나 그렇게 말하지 않았습니다. 저는 여러분에게 이런 사실을 다시 주지시키고 싶습니다. 그는 "우리의 성품이 더 나아질 것입니다"라고 말할 수도 있었을 것이지만, 그렇게 말하지 않았습니다. 그곳에는 죄나 타락이나 약한 것이나 유혹이 없을 것입니다. 또 그는 "우리는 훨씬 좋은 곳에서 일하게 될 것입니다"라고 말할 수 있었지만 그렇게 말하지 않았습니다. 이 세상에서 죄인들 사이에 있거나 때때로 차가운 마음을 지닌 성도들 가운데 있느니보다 주님 곁에서 주님께 수종드는 것이 훨씬 나을 것이 확실합니다. 또 그는 "우리는 그곳에서 훨씬 나은 사회를 이루게 될 것입니다"라고 말할 수 있었지만, 그렇게 말하지 않았습니다. 사실을 말하자면, 불완전한 자들과 함께 있는 것보다 완전한 자들과 함께 있는 것이 훨씬 나을 것입니다. 그 기초는 벽옥이요, 어린 양의 임재의 빛으로 빛나는 성읍을 우리가 보게 될 것입니다만, 그는 그곳에서 더 아름다운 광경을 보게 될 것이라고도 말하지 않았습니다. 그러나 그는 "그리스도와 함께한다"고 말했습니다. 그는 그 말로 모든 것을 요약해 버렸습니다. 오직 그리스도와 함께하는 것이 훨씬 더 좋은 일입니다. 그렇게 될 것입니다. 우리의 영혼이 그것을 사모하고 있습니다.

그럼에도 불구하고 그는 다른 방향에서 자기를 끌어당기는 것이 있음을 느꼈다고 말했는데, 여러분은 그 점에 주목하시기 바랍니다. 그에게는 하늘을 향해 나아가도록 끌어당기는 것이 있었을 뿐 아니라, 지상에 머물게 하도록 잡아

당기는 것도 있었습니다. 왜냐하면 그는 "육신으로 있는 것이 너희를 위하여 더 유익하리라"고 말했기 때문입니다. 바울은 자기 앞에 놓인 천국을 소유하게 되었을 때에도 교회를 몹시 생각했습니다. 그런 바울을 저는 매우 사랑합니다. 앤서니 파린던(Anthony Farindon)은 바울의 처지는 마치 문 밖에 서 있는 한 불쌍한 걸인 여자와 같다고 말합니다. 그녀는 문 밖에 서서 울고 있는 아이를 데리고 있는데, 누군가가 그녀에게 와서, "당신은 잔치에 참여하셔도 됩니다만, 아이는 밖에 두어야 합니다"라고 말합니다. 그 여자는 몹시 배가 고프고 잔치에 들어가고 싶지만 그 아이는 버려 두고 싶지는 않습니다. 그래서 그 여자는 이 두 가지 사이에서 곤란한 처지에 있게 됩니다. 또 그는 다시 이렇게 말합니다. 그것은 마치 5,6명의 어린 자녀를 거느리고 있는 부인과 같다는 것입니다. 그녀의 남편이 여행 중에 있는데, 갑자기 편지가 와서 남편이 그녀를 오라고 한다는 것입니다. 그녀는 남편에게 가야 하지만, 그녀는 자기 생각에 좋을 대로 행동할 수 없습니다. 그녀는 그 남편에게 몹시 가고 싶지만, 어린 막내둥이와 나머지 가족을 누가 돌보겠습니까? 따라서 그녀는 그 두 사이에 끼어 어찌할 바를 모릅니다. 그녀는 남편을 사랑하고 그 나머지 가족들도 사랑합니다. 바울은 바로 이런 처지에 있었습니다. 그리스도를 사랑하고, 그리스도를 위해 불쌍한 영혼들을 너무 사랑해서 천국 가는 것을 잠깐 보류하고 싶을 만큼 사랑에 가득 찬 이런 사람에 대해 생각하는 것은 복된 일입니다. 그는 "오, 나는 천국 가는 것이 더 유익하다. 나로서는 죽는 것이 훨씬 더 좋아. 그러나 내가 불러내야 할 불쌍한 죄인들과 위로해야 할 두려움에 떨고 있는 가련한 성도들이 있구나. 어느 것이 최상의 선택인지 나는 모르겠구나"라고 말하고 있습니다. 사도는 어쩔 줄 모르고, 어떻게 해야 할지 모르고 있습니다. 우리도 그런 경우에 어떻게 할 수 없습니다. 우리 자신도 그와 똑같이 복된 낭패에 빠지게 되기를 바랍니다.

　마지막으로 드릴 말씀은 다음과 같습니다. 우리에게서 떠나간 우리들의 사랑하는 친구들에 대해 우리는 소망 없는 자들처럼 슬퍼하지 아니합니다. 우리는 결코 슬퍼하지 아니합니다. 만약 우리가 어쩌다가 슬퍼할 경우는 우리가 그런 친구들을 잃어버렸다는 슬픔이지만, 그들로서는 그렇게 되는 것이 훨씬 더 좋은 일입니다. 우리가 손쉽게 그들을 이 땅에 되돌아오게 할 수 있다 해도, 그것은 그들로 하여금 이 고해와 같은 세상의 고통을 다시 짊어지게 하는 것이 되는 고로 이 일만큼 더 잔인한 행위도 없을 것입니다. 그들은 완전한 상태에 있습니다.

우리는 그들에게 갈 것입니다. 우리가 그들을 우리들에게로 되돌아오게 하고 싶지는 않습니다.

그렇다면 우리 자신들에 관해서 생각해 봅시다. 우리가 예수님을 믿어왔다면 우리는 고향집을 향해 여행 중에 있는 것입니다. 죽음에 대한 모든 공포는 이제 사라져 버린 것입니다. 사도가 죽음에 관해서는 일언반구도 언급하지 않고 있음을 여러분은 알고 있습니다. 그는 죽음에 관해서는 언급할 가치조차 없다고 생각했습니다. 사실상 그리스도인에게는 죽음은 아무것도 아닙니다. 저는 사람들이 죽음의 고통을 두려워한다는 이야기를 들었습니다. 죽음의 고통은 없습니다. 살아 있으니까 고통을 느끼는 것입니다. 죽음은 고통의 끝입니다. 그것은 다 끝난 것입니다. 비난해야 할 것을 비난하십시오. 죽음 때문에 생기는 일도 아닌데 죽음을 비난하지 마십시오. 고통을 가져다주는 것은 생명입니다. 신자에게 있어서 죽음은 모든 악을 종식시키는 일입니다. 죽음은 끝없는 희락의 관문입니다. 그런데도 우리가 그곳에 들어가기를 두려워하겠습니까? 아닙니다. 우리가 죽음을 두려워하지 않게 됨을 하나님께 감사합니다.

이러한 사실들은 우리가 이 세상에 있는 동안 무한한 복락의 근원이 무엇인가를 우리들에게 지적해 줍니다. 왜냐하면 천국은 그리스도와 함께하는 것이요, 따라서 우리가 이 세상에서 그리스도께 더 가까이 나아가면 갈수록 우리는 천국의 기쁨을 만드는 그런 일에 더 많이 참여하는 것이 될 것이기 때문입니다. 우리가 이 땅에 있는 동안 천국의 복된 진미들을 맛보고 싶으면, 그리스도와 온전한 교제를 하면서 살아갑시다. 그렇게 되면 우리는 두 개의 천국을 소유하게 될 것입니다. 하나는 이 땅에서의 작은 천국이요, 또 하나는 우리가 본향으로 돌아가게 될 때, 거하게 될 무한한 하늘의 천국을 말합니다. 오, 여러분들은 지금 그리스도와 함께하려는 길목에 서 있는 분들이기를 바랍니다. 만약 여러분들이 그리스도와 함께 가고 싶지 않다면 어디를 향해 갈 수 있겠습니까? 이 질문에 대답하십시오. 그리고 이제 겸손한 믿음을 가지고 예수님께 나아가십시오. 그러면 예수님께서 "내 아버지께 복 받을 자들이여 나아와 창세로부터 너희를 위하여 예비된 나라를 상속받으라"(마 25:34)고 말씀하실 것입니다.

제
4
장

—

겸손의 골짜기로 내려가신 우리의 주님

—

"사람의 모양으로 나타나사 자기를 낮추시고
죽기까지 복종하셨으니
곧 십자가에 죽으심이라" — 빌 2:8

바울은 빌립보에 사는 성도들을 사랑의 거룩한 끈으로 묶고 싶어합니다. 이런 일을 하기 위해서 그는 그들을 십자가로 인도합니다. 사랑하는 여러분, 십자가에는 모든 영적인 질병을 치료하는 치료제가 있습니다. 구세주께는 모든 영적인 미덕을 발휘하는데 필요한 재료가 있습니다. 우리가 아무리 여러 번 그분께 나아간다 해도 너무 자주 나아간다고는 할 수 없습니다. 주님은 결코 마른 샘이 아니요, 모든 포도송이를 다 따버린 포도나무가 아닙니다. 우리는 주님을 충분히 귀하게 여기지 않고 있습니다. 우리는 십자가를 둘러싸고 있는 황금나라에 가지 못하는 고로 불쌍한 자들입니다. 우리는 십자가의 별자리로부터 빛나고 있는 밝은 빛을 보지 못해서 종종 슬퍼합니다. 그 별자리로부터 오는 빛들은 우리가 만약 그것들을 알아채기만 한다면, 우리들에게 즉각적인 기쁨과 안식을 베풀어 줄 것입니다. 사람들의 영혼을 사랑하는 어떤 사람이 그 영혼들을 위해서 할 수 있는 최선의 봉사를 한다면, 그는 그들을 끊임없이 그리스도에게로 가까이 인도할 것입니다. 바울은 항상 그렇게 하였습니다. 그는 본문에서도 그렇게 하고 있습니다.

일치단합하기 위해서는 여러분이 먼저 마음을 낮출 필요가 있다는 것을 사도는 알았습니다. 사람들은 자기들의 야망이 사라져 버렸을 때는 다투지 아니합니다. 각자가 가장 낮은 자가 되기를 즐거워하고, 모든 사람이 자기의 동료들을 자기보다 높이고 싶어할 때에, 편파적인 마음은 없어지고 분열과 불화도 모두 사라지게 되는 것입니다. 이제 마음을 낮추기 위해서 바울은 하나님의 성령의 가르침을 따라 그리스도의 낮아지심에 관해서 말했습니다. 그는 우리가 낮아지기를 원합니다. 그래서 그는 우리로 하여금 우리 주님의 낮아지심을 보게 하려는 것입니다. 영광의 주님께서 겸손한 모습으로 걸어가셨던 그 가파른 계단들, 그 계단 아래로 사도 바울은 우리를 인도하고 있습니다. 그는 우리들에게 잠시 멈춰 서게 하고는 본문 말씀을 통해 겸손하신 그리스도에 대해서 다음과 같이 지적하고 있습니다. "사람의 모양으로 나타나사 자기를 낮추시고 죽기까지 복종하셨으니"라고 했습니다.

바울은 이렇게 기록하기 전에 예수님의 처음부터 높으심에 대해서 한두 마디 말로 지적하고 있습니다. 그는 예수님에 대해서 "그는 근본 하나님의 본체시나 하나님과 동등됨을 취할 것으로 여기지 아니하시고"라고 말합니다. 여러분과 저는 하나님과 동등하다는 것이 얼마나 높고 또 얼마나 영광스러운지를 알 수 없습니다. 그러므로 우리가 아무리 생각해도 예수님의 처음부터 높으심을 이해할 수 없는데 어찌 그리스도의 낮아지심을 측량할 수 있겠습니까? 그리스도께서 낮아지신 그 깊이는 우리가 도달한 그 어떤 지점보다 헤아릴 수 없을 정도로 아래에 있습니다. 또 그의 높으심은 우리의 가장 고상한 생각으로도 도저히 상상할 수 없을 정도로 높습니다. 예수님께서 잠시 동안 제쳐 두셨던 그 영광을 잊지 마십시오. 예수님은 바로 하나님이심과 가장 높은 천국에서 성부 하나님과 함께 계셨다는 사실을 기억하십시오. 그러나 예수님께서 이렇게도 무한히 부요하셨지만 우리들을 위해서 가난하게 되셨는데 이는 그의 가난함을 인하여 우리를 부요케 하려 하심임을 또한 기억하십시오.

사도는 예수님이 어떤 분이신가를 먼저 언급한 후에 주님이 인성을 입으셨다는 사실을 설명하고 있습니다. 그는 주님에 관해서 "오히려 자기를 비워 종의 형체를 가지사 사람들과 같이 되셨고"라고 말합니다. 영원하신 하나님께서 우리의 인성을 입으시고 베들레헴에서 탄생하시고, 나사렛에서 사시고, 우리를 위해

골고다에서 죽으신 사건, 이 성육신의 사건은 놀랍고 경이로운 일입니다.

그러나 우리의 본문은 그리스도께서 사람이 되심에 대한 비하(卑下)에 대해 말하고 있다기보다는 그가 친히 우리의 인성을 입으신 후에 취하신 비하에 대해서 말하고 있습니다. "사람의 모양으로 나타나사 자기를 낮추시고"라고 했습니다. 그는 가장 낮은 자리, 죽기까지 복종하실 만큼 그 낮아지심에 멈춤이 없어 보입니다. 그리고 그 죽음은 모든 죽음 중에서 가장 수치스러운 죽음 "십자가에 죽으심" 입니다. 여러분이 그분께서 내려오신 그 높이를 알 수 없기에 그 낮아지신 깊이를 측량할 수 없다는 사실을 제가 바르게 설명했는지 모르겠습니다. 그의 영광의 천국과 그의 치욕스러운 죽음 사이에 벌어져 있는 그 무한한 간격이 여러분이 감사할 공간이라 할 수 있습니다. 여러분은 기쁨의 날개를 타고 솟아오를 수도 있고, 자아부정의 심연 속에 뛰어들 수도 있습니다. 그러나 그 어떤 경우에도 여러분을 땅에서 천국으로 데려가시기 위해 천국에서 땅에 내려오신 여러분의 주님, 그 주님의 체험에까지는 이르지 못할 것입니다.

하나님께서 나에게 능력을 주사 실천적인 내용을 여러분에게 알려주게 하시기를 원합니다. 제가 여러분에게 말씀드리고 싶은 것은, 첫째, 우리 주님의 낮아지심의 사실들을 생각하는 것이며, 둘째로, 그런 면들을 생각할 때 그것들로부터 유용하고 실제적인 교훈을 배우게 되기를 바랍니다.

1. 무엇보다 먼저 우리 주님의 낮아지심의 사실들을 생각해 보십시오.

바울은 먼저 주님이 낮아지시고 또 계속 낮아지시는 그 사실을 말하고 있습니다. "사람의 모양으로 나타나사 자기를 낮추시고"라고 하였습니다. 은혜로우신 나의 주님, 당신은 그 계시는 곳에 머무르지 아니하시고 이 먼 곳으로 내려오셨나이다. 주께서는 하나님의 모양이셨으나 이제는 사람의 모양이십니다. 그것은 말로 형용할 수 없는 비하입니다. 그런데도 주께서는 여전히 자신을 낮추시려 하시나이까? 그렇습니다. 본문은 그렇다고 말합니다. "사람의 모양으로 나타나사 자기를 낮추시고"라고 말하고 있습니다. 그러나 확실히 어떤 사람은 주께서 충분히 낮아지셨다고 생각했을 것입니다. 주님은 창조자였습니다. 이제 우리는 이 세상에서 주님을 피조물과 같은 모습으로 보게 됩니다. 천지를 지으신 창조자, 지은 것이 하나도 그분 없이는 된 것이 없다고 했습니다. 그런데 그분이 처녀의 태 속에 잉태되시고, 출생하시고, 소들이 먹이를 먹는 구유에 누이신 것입니다. 창조자께서 또한 피조물이 되신 것입니다. 하나님의 아들이 사람의 아들이 되셨습니다. 이 얼마나 기묘한 결합입니까! 무한하신 분께서 어린아이가 되시고, 전능자께서 연약한 신생아가 되셨다는 것만큼 더 낮은 낮아짐이 있을 수 있겠습니까?

그러나 이것이 전부가 아닙니다. 만약 생명과 영광의 주께서 어떤 피조물과 반드시 연합을 해야 하고, 지존하시고 전능하신 분께서 친히 피조물의 모양을 취하여야 한다면, 왜 하필이면 인간의 모습을 하셨을까요? 별들보다 더 빛나는 존재들, 아침의 아들들이요 영원한 보좌에 시립하여 있는 천사들인 스랍들과 그룹들이 있었는데, 왜 그분이 그들의 형체를 취하시지 않았을까요? 만약 그가 어떤 피조물과 연합해야 한다면, 어찌하여 천사들과 연합하지 않았을까요? "이는 확실히 천사들을 붙들어 주려 하심이 아니요 오직 아브라함의 자손을 붙들어 주려 하심입니다"(히 2:16). 사람은 벌레에 불과하고 수많은 약점들을 가진 피조물입니다. 인간의 이마에는 무서운 죽음의 그림자가 드리워져 있습니다. 인간은 타락하기 쉽고 또 반드시 죽습니다. 그래서 그리스도께서 그와 같은 형체를 취하시고 그도 역시 고통을 당해야 하고 죽어야만 했던 것인가요? 그렇습니다. 그렇게 해야만 했습니다. 그러나 그는 더 깊은 경지에까지 나아가셨습니다. 그래서 우리는 더 이상 나아가시지 말라고 붙잡으려는 느낌을 받습니다. 이 비하는 낮아질 대로 낮아지신 것이 아닌가요? 본문은 그렇지 않다고 말하고 있습니다. 왜냐하면 "사람의 모양으로 나타나사 자기를 낮추시고"라고 말하기 때문입니다.

성부 하나님으로 말미암아 자신을 우리에게 내어주신 바 되셨던 그리스도께서 우리를 위해 무엇인들 하지 않으시겠습니까? 그의 사랑은 측량할 길이 없습니다. 여러분은 그의 은혜를 이해할 수 없습니다. 오, 우리가 그를 사랑하고 섬기는 것은 참으로 마땅한 일입니다. 그가 우리를 구원하시기 위해 낮아지시면 낮아질수록 우리는 그를 경외하고 섬기면서 그를 더욱더 높여야 하는 것입니다. 그의 이름은 복된 이름입니다. 그는 낮아지시고, 낮아지시고, 또 낮아지셨습니다. 그가 우리 인간의 차원에까지 낮아져 사람이 되실 때에도 그는 낮아지고 낮아지며 또한 더 낮고 깊게 낮아지셨습니다. "사람의 모양으로 나타나사 자기를 낮추셨던 것입니다."

다음으로 그가 사람이 되신 후, 낮아지신 방법에 대해서 살펴봅시다. "자기를 낮추시고"라고 했습니다. 우리는 그가 우리 인간만큼 낮게 비하하셨다고 생각해야 합니다. 그러나 인간이 되신 그분이 태어나실 때, 멋진 요람에 뉘어졌을 것이라고 생각하지는 말아야 합니다. 그는 대리석으로 된 대저택에서 태어나 호화찬란한 자줏빛 비단옷을 입는 사람들 중에 끼일 수도 있었을 것입니다. 그러나 그는 그렇게 하기를 원치 않았습니다. 만약 그렇게 하는 것을 그가 기뻐했더라면, 그는 한 사람의 성인 남자로 태어나셨을 것이요, 어린아이로 태어나지 않았을 것입니다. 그는 어린아이, 청년기, 청년기에서 장년기로 넘어가는 점차적인 발육 기간을 뛰어넘을 수도 있었을 것입니다. 그러나 그는 그렇게 하지 않았습니다. 나사렛 동네의 한 가정에서 목수의 아들로서 목수의 일을 배우며, 그 부모에게 순종하고 여느 다른 아이들과 같이 잔심부름을 하는 그를 한 번 생각해 보십시오. 그러면 여러분도 본문이 말하고 있는 바와 같이 "그가 자기를 낮추셨다"고 말하게 될 것입니다. 그는 그곳에서 그의 양친과 함께 가난하게 살았고, 일하는 소년으로 그의 생애를 시작하였습니다. 저는 그가 개구쟁이 친구들과 함께 놀기 위해 밖으로 달려가는 모습도 그려봅니다. 이 모든 것은 매우 놀랍습니다. 외경 복음서는 그가 어린아이일 때 특별한 일들을 행했다고 기록하고 있습니다만, 정경복음서에는 우리들에게 그의 유년 시절에 내해서는 거의 말해주고 있지 않습니다. 그는 자기의 신성을 유년 시절에는 나타내지 않았습니다. 그가 예루살렘에 올라가 율법학자들의 말을 들을 때, 비록 그가 그 질문과 대답을 통해 그들을 놀라게 한 직이 있었습니다만, 그는 부모와 함께 집으로 갔고 그들을 순종하며 받들었습니다. 이는 "그가 자기를 낮추셨기" 때문입니다. 그는 심술궂고 조숙한 아이처럼 나서기를 잘하고 건방진 아이가 결코 아니었습니다. 그는 자기를 잘 자제했습니다. 이는 그가 사람의 모양으로 나타나시고 자기를 낮추려고 작정했기 때문입니다.

그는 성장하였고, 사람들 앞에 나타날 시간이 되었습니다. 그러나 저는 그의 30년이라는 침묵의 세월을 결코 간과할 수 없습니다. 이는 이 세월이야말로 그가 자기를 낮춘 놀라운 실례가 되기 때문입니다. 저는 2,3년 정도의 교육기간이 자기들에게는 너무 긴 세월이라고 생각하는 젊은이들을 알고 있습니다. 그들은 즉시 나가서 설교하고 싶어합니다. 그것은 잘못입니다. 저는 가끔씩 그들이 계란의 껍질을 벗고 갓 태어나 그 껍질들이 머리에 아직 붙어 있는 병아리들 같다고 말을 하곤 합니다. 그들은 자기들의 갑옷을 단단히 채우기도 전에 싸우러나가고 싶어합니다. 그러나 그리스도는 그렇지 않았습니다. 30년의 긴 세월이 그냥 지나갔습니다. 그러나 산상설교와 같은 설교 한 번 없었습니다. 그가 자신을 세상에 나타내실 때, 그가 자기를 얼마나 낮추었는가를 생각해 보십시오. 그는 대제사장들의 대문을 두드리거나 뛰어난 랍비들과 학식 많은 서기관들을 찾지 않았습니다. 그러나 우리가 그를 단순히 평범한 사람으로 여겼다 해도 그는 호숫가에서 어부들과 아주 보잘것없는 자들을 자기의 친구로 삼았던 것입니다. 그는 고결한 신선함이 물씬 풍겼고 마음의 활기가 충만했습니다. 비록 그가 그 사람들의 약한 점들을 긍휼히 여겨 그 걸음을 늦추었지만, 그들은 그를 도저히 따라갈 수 없었습니다. 그는 비천한 사람들과 어울리는 것을 더 좋아했습니다. 이는 그가 자기를 낮추었기 때문입니다.

　　그가 말씀을 전하러 나갔을 때, 그의 모습은 지식인들을 모으겠다는 목적을 가진 그런 모습이 아니었습니다. 그는 특별하게 교양 있는 소수의 사람들에게만 말씀을 전한 것이 아니었습니다. "그 때에 모든 서기관들과 바리새인들이 말씀을 들으러 가까이 나아오니." 제가 지금 성경을 정확하게 인용하고 있습니까? 아닙니다. "모든 세리와 죄인들이 말씀을 들으러 가까이 나아오니"(눅 15:1)라고 했습니다. 그들은 예수님께서 집에 계실 때에 말씀을 들으리 왔습니다. 그들이 그의 주위에 모여들고 어린아이들이 그의 말씀을 듣기 위해 서 있었을 때, 그는 그의 심령에 가득한 말씀을 쏟아내었습니다. 이는 그가 자기를 낮추었기 때문입니다. 사랑하는 교우 여러분, 이것이 주 예수님의 지극한 겸손입니다. 그는 마귀가 자기를 시험하도록 허락하였습니다. 저는 종종 그렇게 순결하고 거룩한 마음을 지니신 분이, 또 의롭고 왕의 성품을 지니신 분이 어둠의 권세자요, 거짓말쟁이인 사탄과의 충돌을 어떻게 참을 수 있었는지 몹시 궁금하였습니다. 그리스도께서 사탄으로 하여금 자기를 시험하게 하셨던 것입니다. 흠 없는 순결이 더러운 악행의 접근을 견디어내야 했습니다. 예수님이 이기셨습니다. 이는 이 세상의 권세자가 와서 예수님에게 아무것도 얻어내지 못했기 때문입니다. 그러나 그는 광야에서, 성전의 꼭대기에서, 그리고 높은 산 위에서 마귀로 하여금 세 번 자기를 공격하도록 허락했을 때, 자기를 낮추셨던 것입니다.

　　그 육체로 약함과 배고픔과 목마름을 친히 겪으셨으며, 그 마음으로 비난과 수치와 중상모략을 당했습니다. 그는 계속해서 슬픔의 사람이었습니다. 배교한 교회의 지도자가 "죄인"이라 불릴 때에 그것은 그가 항상 죄를 짓고 있기 때문이며, 그리스도가 "슬픔의 사람"이라 불릴 때에 그것은 그리스도께서 늘 슬퍼하셨기 때문임을 여러분은 압니다. 그가 우리 인간의 평범한 슬픔들을 겪기 위해서 자기를 낮추셨다는 것은 아주 놀라운 일입니다만, 그는 그렇게 하셨습니다. "사람의 모양으로 나타나신" 그는 믿을 수 없고, 술에 취한 자요, 포도주를 탐하는 자라는 소리를 듣기도 했고, 바알세불의 도움으로 이적을 행한다는 말도 들으며, 또 사람들로부터 "그가 귀신 들려 미쳤거늘 어찌하여 그 말을 듣느냐"(요 10:20)라는 이야기도 들었지만, 그 모든 것을 묵인했던 것입니다.

"그는 자기를 낮추셨습니다." 그의 마음속에는 자주 큰 갈등이 있었습니다. 그 갈등들 때문에 그는 기도하였습니다. 그는 심지어 하나님의 임재의 자각조차 잃어버렸습니다. 그래서 그는 격렬한 고통 가운데서 "나의 하나님, 나의 하나님, 어찌하여 나를 버리셨나이까?"라고 부르짖었습니다. 이 모든 것은 그가 자기를 낮추었기 때문에 생긴 것이었습니다. 이 놀라운 주제에 대하여 저는 여러분에게 어떻게 말해야 좋을지 모르겠습니다. 제가 여러분에게 말씀드립니다만, 성령께서 여러분을 도우셔서 여러분이 이 놀라운 신비에 대하여 올바른 생각을 갖게 되기를 기도합니다. 그리스도께서 사람의 모양으로 나타나신 것이 충분히 낮아지신 것이라고 저는 이미 말씀드린 바 있습니다. 그러나 그 후에도 그는 자기를 점점 더 낮추심으로써 낮아진 사람의 계단 아래로 계속 내려가셨습니다.

그러나 그의 낮아짐의 규칙을 살펴보십시오. 그것은 살펴볼 가치가 있습니다. "자기를 낮추시고 … 복종하셨으니"라고 하였습니다. 자기의 의지로 자신을 낮추려고 애쓰는 사람들이 있습니다. 제가 어떤 수도사의 방 안에 있었는데 마침 그때 그 수도사는 밖으로 나가고 없었습니다. 저는 그가 매일 잠자리에 들기 전에 자기를 때린다고 하는 회초리를 보았습니다. 저는 그가 그렇게 고통을 받는 것은 지극히 당연할지도 모른다고 생각했습니다. 그래서 저는 그 일에 대해서 조금도 눈물을 흘리지 않았습니다. 그것은 수없이 채찍질을 가함으로써 자기를 낮추는 자기 나름대로의 방법이었던 것입니다. 자발적으로 자신을 낮추는 연습을 하는 사람들이 있습니다. 그들은 줄곧 루시퍼만큼이나 교만함에도 불구하고 아주 겸손한 언어로 대화를 나누고 말로는 자신들을 책망했던 것입니다. 우리 주님이 자기를 낮추신 방법은 순종에 의한 것이었습니다. 그는 자기를 우스꽝스럽게 만드는 방법을 고안해 내지 않았습니다. 그는 자기의 가난함에 관심을 끌게 하도록 어떤 특이한 의상을 입지 않았습니다. 그는 단순히 그의 아버지께 복종했습니다. 순종만한 겸손이 없음을 유의하십시오. "순종이 제사보다 낫고 듣는 것이 숫양의 기름보다 낫습니다"(삼상 15:22). 순종하는 것은 어떤 특별한 옷을 입거나 겸손하다고 여길 만한 어떤 특별한 형식의 말을 하는 것보다 더 낫습니다. 여러분이 자신을 예수님의 발 앞에 내어놓고, 여러분이 행하는 것이 하나님의 뜻이라는 것을 알 때만 여러분의 뜻을 행하도록 하는 것이 최고의 겸손입니다. 이것이 참으로 겸손하게 되려는 노력입니다.

그러면 주 예수 그리스도께서 어떤 방법으로 그의 생애를 통해 순종하셨습니까? 그에게는 항상 성부 하나님에 대한 순종의 영이 있었다고 저는 대답합니다. 그는 "내가 왔나이다. 나를 가리켜 기록한 것이 두루마리 책에 있나이다. 나의 하나님이여 내가 주의 뜻 행하기를 즐기오니 주의 법이 나의 심중에 있나이다"(시 40:7-8)라고 말씀하셨습니다. 그는 이 세상에 계시는 동안 항상 자기를 땅에 보내신 성부의 위대한 목적에 맞춰서 사셨습니다. 그는 자기를 보내신 하나님의 뜻을 행하고 자기의 사역을 끝마치기 위해 오셨습니다. 그는 그 뜻이 무엇인가를 부분적으로는 성경으로부터 알았습니다. 여러분은 줄곧 그의 어떤 행동에 대해서 "성경을 이루려 하심이니"라는 말씀을 대할 수 있을 것입니다. 그는 자기에 관해서 선포되었던 예언들로 그의 생애를 구현하였습니다. 이렇게 그는 하나님의 뜻을 행하였습니다.

또한 그의 안에는 그를 인도하고 지도하시는 하나님의 성령이 계셨습니다. 그래서 그는 "나는 항상 그가 기뻐하시는 일을 행하므로"(요 8:29)라고 말할 수 있었습니다. 또한 그는 기도를 통해 끊임없이 하나님을 섬겼습니다. 기도를 하지 않아도 우리보다 무한히 더 잘하실 수 있는데도 그는 우리보다 더 많이 기도했습니다. 우리보다 훨씬 덜 필요한 터인데도, 그는 기도를 통해 우리가 가진 기쁨보다 더 큰 기쁨을 가졌습니다. 이렇게 그는 사람으로서 하나님의 뜻을 깨달았고, 그 뜻을 행하였으며, 빠뜨리거나 조금이라도 범하는 일이 없었습니다.

그는 또한 순종하시면서 하나님의 뜻을 행하였습니다. 자기를 보내신 하나님 아버지의 계획이 무엇인가를 알고 그것을 철저히 행하였습니다. 그는 잃어버린 자들을 구원하기 위하여 보냄을 받았습니다. 그는 그들을 찾고 구원하시면서 그 구원의 사역을 부지런히 수행하셨습니다. 오, 사랑하는 교우들이여, 우리가 하나님과 연합하고 하나님의 소원이 우리의 소원이 되면, 우리가 하나님의 마음에 가득 찬 위대한 목적을 위해 살고, 우리의 소원들과 우리의 변덕스러운 생각들을 제쳐두고, 심지어 합당한 우리의 욕망들까지라도 버리게 될 때, 우리는 하나님의 뜻만을 행하게 되고 하나님의 영광만을 위해 살며, 그래서 우리는 참으로 우리 자신을 낮추게 되지 않겠습니까?

이와 같이 저는 여러분에게 예수님께서 사람이 되신 후 낮아지셨다는 사실을 말씀드렸으며, 그가 낮아지신 방법과 규칙에 대해서도 여러분에게 말씀드렸습니다. 이제 두렵고 경외하는 마음으로 그가 내려가신 심연에 대해서 살펴봅시다. 그가 그렇게 두려울 정도로 내려가시면서 결국 어디에 이르렀습니까? 심연의 바닥은 무엇이었습니까? 그것은 죽음이었습니다. "자기를 낮추시고 죽기까지 복종하셨으니 곧 십자가에 죽으심이라"고 하였습니다. 우리 주님은 기꺼이 죽으셨습니다. 주님께서 속히 오시지 않는다면, 여러분과 저는 원하든지 원치 않든지 간에 죽게 될 것입니다. "한번 죽는 것은 사람에게 정해진 것이요"(히 9:27)라고 했습니다. 그는 죽을 필요가 없었습니다. 그러나 그는 기꺼이 자기의 생명을 내어놓으셨습니다. 그는 "나는 버릴 권세도 있고 다시 얻을 권세도 있으니, 이 계명은 내 아버지에게서 받았노라"(요 10:18)고 말했습니다. 그는 기꺼이 죽으셨습니다. 그러나 그는 자신의 손으로 죽지 않았습니다. 그는 자살하는 자처럼 자기의 생명을 그렇게 취급하지 않았습니다. 그는 복종하시면서 죽었습니다. 그는 자기의 때가 올 때까지, "다 이루었다"고 말할 수 있을 때까지, 그래서 고개를 숙이시고 그 영혼이 떠나게 될 때까지 기다렸습니다. 그는 자기를 낮추셨습니다. 그래서 결국 기꺼이 죽었던 것입니다.

이사야가 말한 바 "털 깎는 자 앞에서 잠잠한 양 같이 그의 입을 열지 아니하였도다"(사 53:7)라는 말씀처럼 온유한 순종을 통해 그는 죽기까지 순종하셨다는 것을 입증하셨습니다. 그는 제사장이나 서기관, 유대의 통치자나 로마의 군병에게 단 한 마디 싫은 말도 하지 않았습니다. 여인들이 눈물을 흘리며 통곡할 때, 그는 그들에게 "예루살렘의 딸들아 나를 위하여 울지 말고 너희와 너희 자녀를 위하여 울라"(눅 23:28)고 하였습니다. 그는 너무나 온유했습니다. 그는 자기를 죽이는 자들을 향해 거친 말 한 마디도 하지 않았습니다. 그는 하나님의 뜻을 불평하거나 자기의 대적들의 잔혹함에 대해서 원망하지 않고, 친히 죄를 짊어지고 가는 자로서 자신을 내어놓았습니다. 그가 얼마나 인내하셨는지요! 만약 그가 "내가 목마르다"라고 말씀하신다면, 그것은 병든 사람이 열이 나서 성급하게 부르짖는 그런 부르짖음이 아닙니다. 그리스도께서 그런 말씀을 하시는 데에는 왕의 위엄이 깃들여 있습니다. 비록 그가 이루 형용할 수 없는 고통과 쓰라림으로 "엘리, 엘리, 라마 사박다니"라고 부르짖어도 그 부르짖음 속에는 참지 못하는 흔적이 내포되어 있는 것이 아닙니다. 오, 그리스도의 죽음이야말로 그 얼마나 엄청난 죽음이었는지요! 그는 죽음을 통해 순종하셨습니다. 그는 죽기까지 복종하셨을 뿐 아니라, 그 최후의 무서운 순간에도 순종하셨습니다. 그의 순종의 생애는 그가 떠나는 순간까지 순종으로 장식되었습니다.

　그러나 마치 죽음이 충분한 겸손이 아닌 것처럼 사도는 "십자가에 죽으심이라"고 하였습니다. 그것은 가장 나쁜 형태의 죽음이었습니다. 그것은 일종의 폭행치사였습니다. 예수님은 여느 선한 사람들이 종종 그렇듯이 그 종말이 평화롭게 고요한 가운데 잠들지 못했습니다. 아니, 그는 살인자들의 손에 의해 죽었습니다. 유대인들과 이방인들이 합하여 잔인한 손으로 그를 잡았고 십자가에 못 박아 그를 살해하였습니다. 그것은 또한 그 아픔이 오래가는 지극히 고통스러운 죽음이었습니다. 신경이 가장 많은 신체의 일부분들에 거친 쇠못이 박혔습니다. 몸 전체의 무게가 가장 부드러운 신체에 의해 지탱되게 되었습니다. 그가 나무에 매달려 있을 동안에 못들은 끔찍하게 그 살을 찢어놓았을 것입니다. 손이 베이면 종종 파상풍에 걸리거나 죽기까지 합니다. 그러나 그리스도의 양손은 십자가에 못 박혔습니다. 그는 육체와 영혼이 가장 격렬한 고통을 당하면서 죽었습니다. 그것은 또한 가장 수치스러운 죽음이었습니다. 강도들이 그와 함께 십자가에 달렸습니다. 그의 대적들이 서서 그를 조롱했습니다. 십자가의 죽음은 노예들과 중죄인들 중에서 가장 극악한 자들을 위해서 마련된 사형제도였습니다. 로마 시민은 땅과 하늘 사이에 매달려 죽는 그런 방식으로는 죽이지 않았습니다. 그러나 예수님은 마치 땅도 하늘도 그를 용납하지 않고, 사람에게는 버림을 당하고 하나님에게서는 멸시를 받은 것 같은 그런 죽음을 당했던 것입니다. 그것은 또한 형벌을 받은 죽음이었습니다. 그는 전투에서의 영웅이나, 자기 친구들을 불이나 물 가운데서 구원하면서 죽어가는 그런 사람처럼 죽지 않았습니다. 그는 한 사람의 죄수로서 처형을 당했습니다. 그는 골고다 십자가 위에 매달렸습니다. 그것은 또한 저주받은 죽음이었습니다. 하나님께서 친히 그것에 대해 이렇게 말씀하셨습니다. "나무에 달린 자마다 저주 아래에 있는 자라"(갈 3:13). 그는 우리를 위해 저주를 받았습니다. 그의 죽음은 가장 고귀한 의미의 형벌이었습니다. 그는 "친히 나무에 달려 그 몸으로 우리 죄를 담당"(벧전 2:24)하셨습니다.

겸손의 골짜기에 내려가신 우리 주님에 관한 이와 같은 놀라운 주제를 여러분에게 똑바로 말할 수 있는 정신력과 육체적인 힘, 더 나아가 영적인 능력이 제게는 없습니다. 저에게 그리스도를 가리킬 유약한 어린아이의 손가락이라도 있었으면 좋겠다고 여긴 적이 여러 번 있었습니다. 저는 사람의 말을 듣지 않고서도 그리스도를 바라보는 가운데서 만족할 만한 것들을 충분히 발견하였습니다. 저는 오늘 밤 여러분이 그렇게 되기를 바랍니다. 저는 여러분이 자리에 앉아, 죽기까지, 심지어 십자가에 죽기까지 복종하신 여러분의 주님을 바라보게 되기를 권면합니다. 그는 자신의 겸손을 완전히 이루기 위해 이 모든 일들을 행하셨습니다. 그는 모든 것 중에서 가장 낮은 자리, 곧 "십자가에 죽기까지" 자기를 낮추셨던 것입니다.

2. 만약 여러분이 여러분의 눈앞에
이런 모습을 선명하게 그려볼 수 있다면,
이제 두 번째로, 여러분이 우리 주님의 겸손에서
몇 가지 교훈들을 실제적으로 배우게 되기를 바랍니다.

첫째는 희생 제물에 대한 확고부동한 믿음을 갖게 됩니다. 만약 주께서 사람이 되시기 위해 낮아지시고, 또 거기까지 낮아지실 뿐 아니라, 더욱더 낮아져, 죽기까지 낮아지서서 십자가에 죽기까지 낮아지셨다면, 그 죽음에는 반드시 어떤 효능이 있으며 그것이야말로 내가 필요로 하는 전부라는 사실을 느끼게 됩니다. 예수님은 죽으심으로 율법과 공의를 만족시키셨습니다. 형제들이여, 만약 하나님께서 그의 사랑하는 아들을 통하여 죄를 벌하셨다면, 그것은 우리를 지옥에 보내지 않으시겠다는 의도입니다. 피 흘림이 없으면 죄 사함이 없습니다. 그러나 그의 피가 뿌려졌고, 그래서 죄 사함이 있게 된 것입니다. 그의 상처를 통해 생명의 피가 흘러나왔습니다. 하나의 큰 상처가 그의 마음을 향해 나아갈 길을 열어놓았습니다. 그 일이 있기 전에 그의 전 육체는 피가 뚝뚝 떨어지는 핏덩어리가 되셨습니다. 즉, 동산에서 쏟아진 그의 땀은 땅에 떨어지는 큰 핏방울 같았습니다.

나의 주님, 제가 당신의 희생을 고찰해 볼 때, 하나님은 너무나 "의로우시며 또한 예수 믿는 자를 의롭다 하시는 분"(롬 3:26)이심을 알게 됩니다. 믿음은 그리스도의 십자가에서 생겨납니다. 우리는 믿음을 십자가로 가져갈 뿐 아니라 그곳에서 믿음을 발견합니다. 저는 한 인간의 육체 속에 있는 이 모든 슬픔을 나의 하나님이 짊어지시고 십자가에서 죽으셨다는 것을 상상조차 할 수 없습니다. 오히려 의심스러울 정도입니다. 그런데 십자가가 눈앞에 보일 때, 믿음보다는 의심한다는 것이 더 어렵게 됩니다. 그리스도께서 십자가에 못 박혔다는 사실이 우리들 가운데서 분명하게 설명되어질 때, 우리 각자는 "주여, 내가 믿나이다. 이는 당신의 죽음이 나의 불신을 사라지게 하였나이다"라고 부르짖어야 할 것입니다.

　　그리스도의 겸손으로부터 여러분이 배우게 되기를 바라는 두 번째 교훈은 다음과 같습니다. 즉, 죄를 크게 미워하는 마음을 길러야 한다는 것입니다. 죄가 그리스도를 죽였습니다. 그리스도께서 죄를 죽이게 합시다. 죄는 그리스도를 아래로, 아래로, 아래로 내려가게 했습니다. 이제는 죄를 끌어내리십시오. 죄가 여러분의 심령의 왕좌를 차지하지 못하게 하십시오. 만약 죄가 여러분의 심령에 살게 된다면, 구멍이나 구석으로 몰아내십시오. 죄가 완전하게 쫓겨나기 전에는 결코 마음을 놓지 마십시오. 여러분의 발로 죄의 목덜미를 밟아버리십시오. 완전하게 죽이십시오. 그리스도께서 십자가에 못 박히셨습니다. 여러분의 욕심들을 십자가에 못 박으십시오. 모든 잘못된 욕망을 중죄인이 달리는 나무 위에서 그리스도와 함께 못 박으십시오. 바울이 그리했다면, 여러분도 "내게는 우리 주 예수 그리스도의 십자가 외에 결코 자랑할 것이 없으니 그리스도로 말미암아 세상이 나를 대하여 십자가에 못 박히고 내가 또한 세상을 대하여 그러하니라"(갈 6:14)고 말할 수 있습니다. 바울이 그럴 수 있었다면, 여러분도 "이 후로는 누구든지 나를 괴롭게 하지 말라 내가 내 몸에 예수의 흔적을 지니고 있노라"(갈 6:17)고 외칠 수 있을 것입니다. 그리스도의 낙인이 찍힌 종은 주께 속한 자유자입니다.

　　또 다른 한 가지 교훈을 배우십시오. 그것은 순종입니다. 사랑하는 성도 여러분, 만약 그리스도께서 자기를 낮추시고 순종하시게 되었다면, 여러분과 제가 순종하는 것이 너무나 당연한 일이 아니겠습니까? 그것이 주님의 뜻이라는 것을 일단 우리가 알게 될 때에는, 우리는 반드시 무엇이든지 다 하려고 뛰어들어야 합니다. 여러분과 제가 그리스도께 순종하는 일에 있어서 의문을 제기하거나 조금만 더 지체하겠다고 요청한다는 것은 매우 이상한 일입니다. 만약 그 어떤 일이 주님의 뜻이라면, 행하도록 하십시오. 즉시 실행하십시오. 그것이 어떤 좋은 관계를 분열시키고 또 눈물의 홍수를 이루게 한다 할지라도 그렇게 하십시오. 그리스도께서는 자기를 낮추시고 순종하셨습니다. 순종이 나를 비천하게 만들까요? 그것이 나의 사람됨의 가치를 떨어뜨릴까요? 그것이 나를 조롱거리로 만들겠습니까? 그것이 나의 명예로운 이름을 욕되게 하겠습니까? 내가 그리스도께 순종한다면, 내가 칭찬을 받아온 사회로부터 밀려나겠습니까? 주님, 이것은 질문할 가치조차 없는 것들입니다. 제가 기쁘게 주의 십자가를 집니다. 또 주의 성령의 능력으로 완전하게 순종할 수 있도록 은혜를 구하옵니다.

다음에 또 다른 교훈을 배우십시오. 그것은 자기부인입니다. 그리스도께서 자기를 낮추셨습니까? 성도 여러분, 그와 동일한 거룩한 과업을 실천합시다. 저는 다음과 같은 말을 들은 적이 있습니다. "나는 모욕을 받아오고 있다. 나는 적절한 존경을 받지 못하고 있다. 나는 국내외 출입을 하지만 주목을 받지 못하고 있다. 나는 뛰어난 봉사를 해오고 있지만, 신문에는 나에 관한 기사가 한 줄도 없다." 친애하는 성도 여러분, 여러분의 주님께서 자기를 낮추셨습니다. 저에게는 여러분이 스스로 높아지려 하고 있다고 여겨집니다. 진실로 여러분은 잘못된 길을 들어서고 있는 것입니다. 그리스도께서 아래로, 아래로, 아래로 내려가셨는데, 우리가 항상 위로, 위로, 위로 올라가려고 하는 것은 잘못되어가고 있는 것입니다. 하나님께서 여러분을 높이실 때까지 기다리십시오. 하나님은 자신의 가장 적당한 때에 그 일을 행하실 것입니다. 반면에, 여러분은 이 세상에 있는 동안에 자기를 낮추려고 최선을 다해야 합니다. 여러분이 이미 겸손한 어떤 처지에 있다면, 그 처지에 대해서 만족해서는 안 됩니다. 왜냐하면 그리스도께서 자기를 낮추셨기 때문입니다. 여러분이 현재 주목받지 못하는 장소에 있고, 또 그곳이 여러분에 대해서는 거의 생각해주지 않는 곳이라 할지라도, 여러분은 그곳에 대해서 만족하십시오. 예수님께서는 여러분이 계시는 바로 그곳에 찾아오셨습니다. 여러분은 지금 계시는 그곳에 머무시는 것이 좋습니다. 하나님께서 여러분을 그곳에 두신 것입니다. 예수님께서는 여러분이 계시는 곳에 내려오시기 위해서 자신을 낮추셔야 했고, 수고를 해야만 했습니다. 그 겸손의 골짜기는 온 세상에서 가장 아름다운 곳들 중의 하나가 아닐까요! 천성으로 가는 위대한 안내자인 존 번연은 그 겸손의 골짜기는 새들이 노니는 기름진 곳이요, 그래서 우리 주님께서 이전에 그곳을 거주지로 삼으시고, 그 상쾌한 공기 때문에 그 푸른 초장을 거닐기를 좋아하셨다고 여러분에게 말하지 않습니까? 형제여, 그곳에 머무십시오. 어떤 사람은 "나는 유명해지고 싶어. 대중 앞에 내 이름이 알려지기를 원한다"라고 말합니다. 글쎄요, 여러분이 그런 운명에 처해 있고 제가 느끼는 대로 여러분도 그대로 느끼신다면, 여러분은 유명해지지 않기를 위해 기도할 것이며, 여러분의 이름이 사람들의 이목을 끌지 않기를 위해 기도할 것입니다. 왜냐하면 그런 것에는 참된 즐거움이 없기 때문입니다. 만약 하나님께서 우리에게 그렇게 하시기를 기뻐하신다면, 저에게 있어서 유일한 복된 길은 아무에게도 알려지지 아니하고, 나그네와 행인같이 이 세상을 빠져나가 우리의 참된 가족이 거주하고 있는 곳을 향해 가며, 거기에서 우리들이 주님의 참된 제자들로 나타나게 되는 것입니다.

또한 저는 우리가 우리 주님의 겸손에서, 인간의 영광을 경시한 우리 주님의 모습을 배워야 한다고 생각합니다. 사람들이 여러분에게 와서 이르기를 "우리가 당신을 왕으로 삼겠습니다"라고 말한다고 가정해 봅시다. 여러분은 "여러분이 그렇게 하신다고요? 나의 주님께 여러분이 씌운 모든 면류관은 가시 면류관이었어요. 나는 여러분에게서 왕관을 받지 않겠어요"라고 대답할 것입니다. "우리가 당신을 칭송하겠습니다." "뭐라고요? 사랑의 주님의 얼굴에 침을 뱉던 여러분이 나를 칭송하겠다고요? 나는 여러분의 칭송을 조금도 받고 싶지 않아요." 그리스도인에게 있어서는 찬사를 받는 것보다 중상모략을 받는 것이 더 큰 영예입니다. 저는 그런 것이 어디에서 오든지 개의치 않습니다. 저는 이렇게 말할 것입니다. 만약 어떤 사람이 그리스도를 위해 헐뜯는 말과 욕을 듣는다면, 그의 영예를 위한 송시나 그를 칭송하기 위한 글이 없을지라도, 그것이 진정으로 그를 영예롭게 하는 것입니다. 전투에서 상처를 입은 채, 사랑하는 주님을 위해 입은 상흔을 간직하고서 본향으로 되돌아가는 것이 십자가의 참된 기사가 되는 것입니다. 멸시를 당하고 있는 분들이여, 인간의 영광은 금이 아니라 변색되고 부식해 버리는 것으로 생각하십시오. 그것은 여러분의 주님께 속한 것이 아니기 때문입니다.

사랑하는 성도 여러분, 저는 우리가 자신을 낮추신 그리스도에 관한 이야기를 묵상할 때에, 아주 뜨겁게 우리 주님을 사랑해야겠다는 마음을 가져야 된다고 생각합니다. 우리는 우리가 마땅히 주님을 사랑해야 할 분량의 절반 정도도 사랑하지 않고 있습니다. 반쯤은 카톨릭 신자이지만 참된 성도라 할 수 있는 베르

나르(Bernard)의 글들을 제가 읽을 때, 저는 제가 주님을 사랑하는 일을 시작도 하지 않은 것 같은 느낌을 갖게 됩니다. 러더퍼드(Rutherford)의 편지들을 살펴보고, 주님을 향한 그의 불타는 심령을 대하게 될 때, 저는 마땅히 살과 같은 마음을 가져야 할 터인데도, 돌과 같은 심령을 가지고 있다는 생각이 들어 저의 가슴을 쳤습니다. 조지 허버트(George Herbert)가 자기의 사랑하는 주님에 대한 사랑이 가득 담긴, 기묘하고 이상한 시를 읊는 소리를 여러분이 듣게 되면, 여러분은 자신들이 사랑의 학교에서 초보자라고 생각하게 될 것입니다. 아, 만약 여러분이 맥체인(McCheyne)의 심령을 여러분 속에 갖게 된다면, 여러분은 가정으로 돌아가서 머리를 감싸고 "나는 이런 노래, '나의 영혼을 사랑하시는 예수님'을 부를 자격이 없어, 왜냐하면 나는 마땅히 해야 할 바대로 그의 사랑에 보답하지 못하고 있다"라고 말하게 될 것입니다. 오서서 주의 상처들을 찾으십시오. 그리고 여러분의 심령이 상처를 입게 하십시오. 자, 피와 물을 다 쏟으신 주의 심장을 보십시오. 그리고 난 뒤에 여러분의 심장을 주께 바치십시오. 이제 여러분 전체를 만능의 효과가 있는 감미로운 주님의 향료 가운데 놓으십시오. 불타는 애정으로 모두 불붙게 하십시오. 그 애정의 향기가 마치 향처럼 주 앞에 상달되게 하십시오.

마지막으로, 그리스도를 영화롭게 하려는 강렬한 욕망이 불타오르도록 합시다. 그리스도께서 자기를 낮추셨으니 우리는 그리스도를 영화롭게 합시다. 매순간 그리스도는 그의 면류관을 벗어 던지시는 것 같은데, 우리는 그 면류관을 그의 머리 위에 씌워드립시다. 매순간 주님은 욕을 들으시는데(사람들은 지금도 주님을 계속해서 욕합니다), 우리는 용감하게 그를 변호합시다.

> "오, 인간들이여,
> 수많은 원수들을 대적하면서
> 주님을 섬기십시오.
> 모든 위험 가운데에서
> 그대들은 용기를 내어
> 힘을 다해 원수들을 대적하시오."

그리스도를 믿는다고 고백하는 교회가 그리스도와 그의 진리를 대하는 태도를 보고, 가끔씩 여러분은 분개하지 않습니까? 그들은 그리스도를 계속 밖에 세워두어, 그리스도의 머리는 밤이슬에 젖고, 그의 머리털 역시 이슬방울이 맺히게 하고 있습니다. 그리스도의 거짓된 친구들 앞에서, 그리스도가 왕이심을 선포하십시오. 그를 증명하십시오. 그의 말씀은 오류가 없는 진리요, 그의 보혈만이 죄로부터 깨끗하게 할 수 있다고 말하십시오. 더욱더 용감하게, 끝까지 버티십시오. 이는 유다와 같은 사람들이 너무도 많이 그리스도를 다시 배반하기 위해, 무저갱으로부터 튀어 올라오려는 것 같기 때문입니다. 다른 사람들이 겁쟁이들과 같이 등을 돌려 도망하는 날에 화강암 성벽처럼 견고하여 흔들리지 마십시오.

주께서 여러분을 도와, 자기를 낮추시고 십자가에 죽기까지 복종하신 주님을 여러분이 영화롭게 하기를 바랍니다. 주께서 저의 이 보잘것없는 말들을 용납하시고, 이 말씀이 주의 백성에게 복이 되게 하시며, 그 말씀이 가련한 죄인으로 하여금, 그리스도께 나오게 하고, 그리스도를 신뢰하게 하는 수단이 되게 하시기를 기원합니다! 아멘.

제
5
장

—

그리스도의 높아지심

—

"이러므로 하나님이 그를 지극히 높여 모든 이름 위에 뛰어
난 이름을 주사 하늘에 있는 자들과 땅에 있는 자들과 땅 아
래에 있는 자들로 모든 무릎을 예수의 이름에 꿇게 하시고
모든 입으로 예수 그리스도를 주라 시인하여 하나님 아버지
께 영광을 돌리게 하셨느니라" — 빌 2:9-11

제가 오늘 아침 감히 이 강단에 서게 된 것이 유감스럽습니다. 그 까닭은 제
가 여러분의 유익을 위한 설교는 전혀 할 수 없다고 생각되기 때문입니다. 저는
지난 두 주간 동안의 고요하고 평온한 시간으로 인해, 그 끔찍한 사건의 영향이
사라져 버렸다고 생각했었습니다. 그러나 제가 다시 같은 자리에 되돌아와 특별
히 이 자리에 서서 여러분에게 말씀을 전하고자 하니, 이전에 저를 거의 엎드러
지게 했던 그 고통스러운 감정들을 다소나마 느낄 수 있습니다. 그러므로 제가
그 심각한 사건을 언급하지 않거나, 또 아주 조금밖에 언급하지 않더라도, 여러
분은 양해해 주시기 바랍니다. 저는 그 사건과 조금이라도 연결되어야 하는 주
제에 관해서는 여러분에게 전할 수 없습니다. 어쩔 수 없이 제가 그 끔찍한 현장
가운데 서 있어야 했지만 그 무서운 광경을 다시금 상기해야 한다면, 저는 침묵
할 수밖에 없습니다. 하나님께서 분명히 그런 생각을 억제하게 해주실 것입니
다. 그것은 어떤 사람들이 주장하는 바와 같이 사람들의 원한에 의한 것이 아니
었을지도 모르겠습니다. 그것은 아마도 단순한 심술이었을지도 모릅니다(회중

을 소란케 하려는 의도였을 것입니다). 그러나 확실히 아무 생각 없이 그 불쌍한 사람들을 살인하는, 그런 끔찍한 범행을 저지를 수는 없을 것입니다. 하나님께서 그 무시무시한 행위를 선동한 선동자들을 용서해 주시기를 기원합니다. 저는 영혼 깊은 곳에서부터 그들을 용서하고 있습니다. 그렇지만 그 사건은 우리를 멈추게 하지 못할 것입니다. 우리는 그 일 때문에 결코 기가 꺾이지 아니합니다. 저는 그곳에서 다시 설교를 할 것입니다. 하나님께서 그곳에서 우리들에게 영혼들을 부쳐주실 것입니다. 사탄의 나라는 이전보다 더 두려워 떨게 될 것입니다. "만일 하나님이 우리를 위하시면 누가 우리를 대적하겠습니까?"(롬 8:31) 제가 택한 본문은 제게 위로를 주었고, 오늘 저를 이 자리에 올 수 있도록 크게 힘을 주었습니다. 이 본문은 한 번만 생각해도 나의 의기소침해진 영혼에 위로를 주는 힘이 있었습니다. 본문을 다같이 봅시다. "이러므로 하나님이 그를 지극히 높여 모든 이름 위에 뛰어난 이름을 주사 하늘에 있는 자들과 땅에 있는 자들과 땅 아래에 있는 자들로 모든 무릎을 예수의 이름에 꿇게 하시고 모든 입으로 예수 그리스도를 주라 시인하여 하나님 아버지께 영광을 돌리게 하셨느니라"(빌 2:9-11).

　이 본문에 대해서는 설교를 하지 않겠습니다. 제 마음에 떠올랐던 몇 가지 생각만을 말씀드리겠습니다. 왜냐하면 제가 요즈음에는 설교를 할 수 없었기 때문입니다. 저는 거의 연구를 할 수 없었습니다. 그러나 저는 몇 마디만 할지라도, 오늘 아침에는 여러분이 용납해 주실 것이라고 생각했습니다. 저는 여러분이 사랑에 가득 찬 심령으로, 그 말씀에 대해서도 양해하시리라 믿습니다. 오, 하나님의 성령이여, 주의 종의 약함을 주의 강하심으로 채우시고, 그 영혼이 그 속에서 낙망할지라도 종으로 하여금 주를 영화롭게 하게 하옵소서.

　여러 가지 재난으로 인해 그 마음이 아무리 이리저리 흔들린다 해도, 어떤 한 문제에 대해서 그 마음을 집중해서 쏟게 되면 이전에 품었던 마음을 반드시 다시 회복하게 됩니다. 여러분은 다윗의 경우에서 그런 사실을 깨달았을 것입니다. 그의 군사들에 의해 전쟁이 승리로 끝났을 때, 그 군사들은 승리로 인해 의기양양하여 돌아왔습니다. 다윗의 마음은 그동안 여러 가지로 심히 시달렸을 것입니다. 그는 승리와 패배의 결과 모두를 두려워했습니다. 그러나 한순간에 그의 마음이 그의 사랑하는 애정의 대상에게로 쏠려버렸다는 것을 알 수 있지 않습니까? 그는 자기의 사랑하는 아들이 무사하기만 하다면, 그 외의 다른 것은 어떻게 되든지 아무 상관이 없는 듯이 "소년 압살롬이 잘 있느냐(안전하냐)?"고 말했던 것입니다.

사랑하는 성도 여러분, 그것은 그리스도인에게도 똑같이 해당됩니다. 재난 가운데에서, 열국이 패망하고, 제국이 붕괴되며, 혁명이 일어나고, 전쟁의 화를 당하는 일 등, 그 무엇이든지 간에 그리스도인이 스스로 질문하고, 또 남들에게도 질문해야 할 가장 큰 질문은 바로 이것입니다: "그리스도의 나라가 안전하냐?" 개인적으로 고통을 당하면서도 그리스도인의 주된 염원은 그 나라의 안전입니다. 하나님이 영광을 받으시게 될까? 그 일로 인해 하나님께서 더욱 영광스럽게 되실까? 만약 그렇게 된다면, 그는 이렇게 말하게 됩니다. 비록 나는 꺼져 가는 심지라 할지라도, 태양이 희미해지지 않는다면, 나는 기뻐할 것이다. 비록 나는 상한 갈대라 할지라도, 성전의 기둥들이 부러지지 않는다면, 나의 갈대가 상한들 무슨 상관이 있겠는가? 그는 그가 지탱하고 있는 그 모든 것들이 산산이 부서지는 와중에서도 그리스도의 보좌가 든든하고 확고하게 서 있고, 비록 땅이 자기의 발 아래서 흔들린다 해도 그리스도께서 결코 흔들릴 수 없는 반석 위에서 계신다는 것을 생각하면, 그것이 그에게 충분한 위로가 됩니다. 저는 이와 같은 감정이 어느 정도 우리들의 마음을 거쳐 지나갔다고 생각합니다. 심한 소동과 마음을 어지럽히는 갖가지 생각들이 일어나는 가운데에서도, 우리들의 영혼은 우리들이 바라는 사랑스러운 대상에게로 돌아왔고, 우리는 결국 "우리가 어떻게 되든지 간에 그것은 문제가 아니다. 하나님이 그를 지극히 높여 모든 이름 위에 뛰어난 이름을 주사 … 모든 무릎을 예수의 이름에 꿇게 하셨다"고 말할 수 있게 된 것은 적은 위로가 아님을 알게 되었습니다.

이 본문은 천국의 모든 상속자에게 따뜻한 위로를 베풀어 주었습니다. 그것의 위로에 대해 여러분에게 간단히 말씀드리겠습니다. 첫째로, 그리스도의 높아지심이라는 이 사실 속에는 참된 그리스도인에게 주는 엄청난 위로가 담겨져 있습니다. 둘째로, 그리스도의 높아지심의 정당성 안에는 많은 위로가 있습니다. "이러므로 하나님이 그를 지극히 높였다"고 했습니다. 다시 말해서, 그가 이전에 낮아지셨기 때문에 높아지셨다는 말입니다. 셋째로, 그리스도를 높이신 분을 생각해 볼 때, 하나님이 내려 주신 위로가 크다는 것입니다. 이러므로 하나님이(비록 사람들은 그를 멸시하고 그를 배척하였어도) 그를 높였습니다. "이러므로 하나님이 그를 지극히 높여"라고 했습니다.

**1. 첫째, 그리스도의 높아지심이라는 사실 속에는,
모든 참된 그리스도인에게 베풀어 주시는,
아주 엄청난 위로가 담겨져 있습니다.**

여러분 중에서 영적인 일들에 전혀 관계가 없고, 그리스도에 대한 사랑이 없으며, 그의 영광을 위한 염원도 없는 많은 사람들은, 마침내 그리스도께서 영광을 받으신다는 이 사실이 기진맥진한 그리스도인의 입술에 생기를 주는 순수한 강장제라고 말한다면, 웃을 것입니다. 그렇게 웃는 여러분에게는 그것이 전혀 위로가 되지 못합니다. 이는 여러분이 이 본문을 통해 그 영혼에 즐거움을 맛볼 수 있는, 그런 마음의 상태가 되어 있지 않기 때문입니다. 여러분에게는 그 본문 속에 기뻐할 것이라고는 전혀 없습니다. 그 본문은 여러분의 마음을 감동시키지 않습니다. 그것은 여러분의 생활에 유쾌함을 주지 못합니다. 왜냐하면 여러분이 그리스도의 뜻에 합하지도 않고, 여러분이 경건하게 그를 영화롭게 하려고도 하지 않는다는 이유 때문입니다.

그러나 참된 그리스도인의 마음은 여러 가지 슬픔과 유혹으로 인해 낙담할 때에라도, 그리스도께서 높아지셨다는 사실을 기억할 때에, 기쁨으로 가득 차게 됩니다. 왜냐하면 그런 사실을 기억할 때에, 그는 자기의 마음에 위로를 주는 약속을 그 속에서 넉넉히 발견하기 때문입니다. 사랑하는 성도 여러분, 그리스도인의 성품 안에는, 그리스도의 높아지심이 자기에게 큰 기쁨거리가 되는, 어떤 특징들을 가지고 있다는 사실을 인식하십시오.

첫째, 그는 그 자신의 감정만 가지고 있는 것이 아니라, 실제로 그리스도와 관계를 가지고 있습니다. 그러므로 그는 자기와 친밀한 분의 성공에 관심을 가집니다. 여러분은 아들이 차츰차츰 부자가 되고, 명성이 높아지는 것을 보고, 기뻐하는 아버지를 보았을 것입니다. 여러분은 자기의 딸이 자라서 아름다운 여인의 자태를 하고 있을 때, 기쁨으로 반짝이는 어머니의 눈빛을 보았을 것입니다. 여러분은 이들이 왜 그런 관심을 가지는지 질문해 보았을 것이고, 또 그에 대한 대답도 들어보았을 것입니다. 그 까닭은 그 젊은이가 그의 아들이고, 그 소녀가 그녀의 딸이기 때문이지요. 그들은 자기들의 그 어린 자녀들과 친밀한 관계라는 사실 때문에, 그 어린 자녀들이 잘되는 것을 보고 기뻐했던 것입니다. 아무런 관계가 없었더라면, 그들이 왕이 되고, 황제가 되고, 여왕이 된다 할지라도, 거의 기쁨을 느끼지 못했을 것입니다. 그러나 한 가족이라는 사실 때문에, 그 걸음걸

이 하나하나에 깊고도 애끓는 관심을 기울이게 되는 것입니다. 그리스도인에게도 역시 그러합니다. 그는 "땅의 임금들의 머리"가 되시는 예수 그리스도가 자기의 형제라고 느낍니다. 그는 그리스도를 하나님으로 경외하는 동시에, 그는 그분을 뼈 중의 뼈요, 살 중의 살이며, 사람이신 그리스도로 찬양하며, 예수님과의 고요하고 평화로운 교제의 시간을 기뻐합니다. 그리고 그리스도를 향해 "오, 주님, 주님은 저의 형님이십니다"라고 말하며, "내 사랑하는 자는 내게 속하였고, 나는 그에게 속하였도다"(아 2:16; 6:3)라고 노래하게 됩니다. 그리스도께서 "죄인들과 피로 하나가 되신다"라고 노래를 부르는 것이 그의 즐거움입니다.

이는 그리스도께서 우리들과 같이 사람이시기 때문입니다. 그는 우리보다 더 못하지도 않고, 더 낮지도 아니한 우리와 똑같은 사람입니다. 오직 죄가 없다는 사실을 제외하고는 모두 같습니다. 확실히 우리가 그리스도와 관련을 맺고 있다는 사실을 느낄 때, 그의 높아지심은 우리 영혼에 가장 큰 기쁨의 근원이 됩니다. 우리의 가족 중의 한 분이 높아지신 까닭에, 우리는 그 높아지심을 보고 기뻐합니다. 그리스도는 천지간에 있는 하나님의 대가족 중에서 맏형이라고 할 수 있습니다. 우리 모두는 이 맏형과 관련되어 있습니다.

그리스도인은 그리스도와 밀접한 관계를 가지고 있다고 느낄 뿐 아니라, 뜻에 있어서도 일체가 되었다는 감정을 가집니다. 그는 그리스도께서 높아지실 때, 자기도 어느 정도 높아진다고 느낍니다. 이는 그가 이 세상에서 하나님의 경륜과 영광이 증진되기를 원하는 염원을 가지고 있기 때문입니다. 웰링턴 공작의 곁에 서 있었던 모든 병사들은, 그 지휘관이 전쟁의 승리로 인해 사람들에게 찬사를 받을 때, 자기들도 역시 영광스러움을 느꼈으리라 확신합니다. 왜냐하면 병사들은 각자 이렇게 말했기 때문입니다. "나는 그를 도왔습니다. 나는 그를 보조했습니다. 내가 한 것은 미미한 역할에 불과했어요. 나는 나의 위치밖에 지키지 못했습니다. 나는 적군의 포화만을 견뎌냈을 뿐입니다. 그러나 이제 승리했습니다. 나는 그 승리를 명예롭게 생각합니다. 왜냐하면 그 승리를 쟁취하기 위해 나도 어느 정도 일조를 했기 때문입니다." 그리스도인도 역시 그렇습니다. 그가 주님이 높아지신 것을 볼 때, 다음과 같이 말합니다. "높아지신 분은 대장이시다. 그의 모든 군사들이 그의 높아지심에 함께 참여한다. 나는 그의 곁에 서 있었다. 내가 한 것은 보잘것없는 일이었다. 그를 섬기기 위해 내가 소유했던 힘은 너무 빈약했다. 그러나 나는 꾸준히 수고하며 도왔다." 영적인 지위가 가장 낮은 병사라도 그가 다음과 같은 말씀을 읽을 때는, 자신도 어느 정도 높아지는 것을 느끼게 됩니다. 즉, "이러므로 하나님이 그를 지극히 높여 모든 이름 위에 뛰어난 이름(모든 이름 위에 있는 명성)을 주사 …모두 무릎을 예수의 이름에 꿇게 하시고"라는 말씀을 읽을 때, 그런 감정을 느끼게 되는 것입니다.

　　더 나아가 그리스도인은 그리스도와 그의 백성 사이에는 뜻의 일치뿐 아니라, 실제적인 연합이 있음을 압니다. 이것은 상세하게 나타나 있지는 않지만, 많은 생각을 하게 하는 계시의 교리입니다. 즉, 그리스도와 그의 지체들은 모두 하나라는 교리입니다. 사랑하는 성도 여러분, 그리스도의 교회의 모든 지체는, 그리스도의 지체임을 알지 못하십니까? 우리는 그의 살과 그의 뼈에 속한, 그의 신비한 몸의 일부분들입니다. 우리들의 머리에 면류관이 씌워진다는 말씀을 읽을 때 기뻐합시다. 여러분은 그의 지체, 곧 그의 발이요 그의 손입니다. 비록 면류관이 여러분 위에 없어도, 여러분의 머리 되시는 분의 위에 있기에, 여러분은 그 영광을 함께 나누는 것입니다. 이는 여러분이 그와 하나이기 때문입니다. 성부 하나님의 우편에 앉아 계시는 그리스도를 바라보십시오. 그는 여러분을 영화롭게 하실 보증이 되십니다. 그는 여러분을 받으신다는 보증이 되십니다. 더구나 주님은 여러분의 대표자이십니다. 그리스도는 천국에서 신적 위격을 가지신 분으로서, 자기의 권리로 그 영광의 자리를 차지하고 계실 뿐 아니라, 또한 그의 온 교회의 대표자로서 그 자리를 차지하고 계십니다. 이는 그가 우리 모든 성도들을 앞서 가시는 분이시기 때문입니다. 그는 그들 모든 사람들의 대표자로서 영광 중에 앉아 있습니다. 오, 성도여, 그대의 주님이 무덤에서 높이 올리어, 천국에까지 높아지신 것을 볼 때에 기뻐하십시오. 주님이 빛의 계단들을 올라가시고, 천사들의 눈도 미칠 수 없는 높은 보좌에 앉아 계신 것과 (수많은 스랍들의 찬송소리를 들으면서) 구원받은 수백만 성도들의 우렁찬 합창 교향곡을 듣게 될 때를 생각해 보십시오. 그대가 그리스도의 일부분인 까닭에, 그리스도 안에서 그대로 높아진다는 것을 생각하십시오. 그대가 교리로서 뿐 아니라 달콤한 체험으로써 이것을 안다면, 그대는 복된 자입니다. 그리스도께 연합하여 그리스도의 신부가 되고 그리스도에게까지 자라가며, 그리스도 자신의 일부분이 되는 우리는 감격으로 인해 육신의 심장이 두근거리는 체험을 가지게 됩니다. 머리가 영광스럽게 될 때, 우리는 함께 찬미하게 됩니다. 그가 영화롭게 되신 것이 우리를 영화롭게 한다는 것을 우리는 느낍니다.

아, 사랑하는 성도 여러분, 그리스도와의 일체감을 느껴 보신 적이 있습니까? 그리스도와 소망이 일치하는 것을 느껴 본 적이 있습니까? 그렇다면, 여러분은 이것이 여러분에게 풍성한 위로를 준다는 것을 알게 될 것입니다. 그러나 그렇지 않다면, (여러분이 그리스도를 모르신다면) 그리스도께서 높아지셨다는 것이 여러분에게 기쁨을 주기보다는 도리어 슬픔의 원인이 될 것입니다. 왜냐하면 여러분은 그가 여러분을 궤멸시키고, 여러분을 심판하고, 정죄하며, 이 세상에서 죄를 쓸어버리고, 저주를 뿌리째 뽑아버리려고, 높아지셨다는 것을 반드시 생각해야 할 것이기 때문입니다. 만약 여러분이 회개하지 아니하고, 마음이 완고하여져서, 하나님께 돌아오지 않는다면, 여러분이 그런 재앙을 당하게 될 것입니다.

또 다른 하나의 감정이 있는데, 그것은 그리스도께서 높아지셨다는 이 진리를 아주 크게 즐거워하는데, 절대적으로 필요한 감정입니다. 그것은 그리스도를 영화롭게 하는 위대한 사역에 자신의 전체를 온전히 드리겠다는 감정입니다. 오, 저는 그렇게 하기 위해 전력을 다해 왔습니다. 제가 그런 위치에까지 도달할 수 있다면, 얼마나 좋을지 모르겠습니다. 저는 요즈음 저의 모든 기도를 한 가지 기도 제목에 집중시키고 있습니다. 그 한 가지 기도는 내가 내 자신에게는 죽고, 그리스도께는 온전히 살게 되는 것입니다. 그리스도 외에는 아무런 소원도 생각도 욕망도 갖지 않는 것, 그리스도를 위한 죽음이라면, 죽는 것도 큰 축복이라고 여기는 것, 가난과 슬픔과 조롱과 멸시, 그리고 고통 가운데 산다 할지라도, 그리스도를 위한 것이라면 즐겁게 여기는 것(자신이 어떻게 되든지 그것은 문제가 되지 않으며, 그리스도의 높아지심에만 관심을 갖는 것, 비록 마른 나뭇잎처럼 여러분이 한 줄기 바람에 날아가 버린다 할지라도 주의 손이 주의 뜻을 따라 여러분을 인도하고 있다고 느끼는 한, 어디로 가든지 그것에 대해서는 전혀 개의치 않겠다고 생각하는 것)은 사람이 오를 수 있는 가장 높은 단계라고 여겨집니다. 혹은 여러분이 다이아몬드처럼 반드시 깎여야 한다고 생각하고, 여러분이 얼마나 정교하게 깎이는가에 대해서는 개의치 않으며, 그래서 여러분이 그의 면류관에 박히는 빛나는 보석이 되기에 합당하게 되며, 여러분이 그를 영화롭게만 한다면, 여러분에게 어떤 일이 일어나든지 조금도 염려하지 않게 된다면 얼마나 좋겠습니까? 여러분 중에 어떤 분이 자기부정에 대한 그와 같은 아름다운 감정에까지 도달했다면, 여러분은 그리스도가 마치 태양인 듯이, 그리스도를 바라보게 될 것입니다. 그리고 여러분은 스스로 다음과 같이 말하게 될 것입니다. "오, 주님, 제가 당신의 빛을 보나이다. 저는 제 자신이 당신의 빛 속에 삼키어진 어둠이라고 느낍니다. 제가 가장 간절하게 구하는 것은 당신이 제 속에 살아, 제 육체 속에 살고 있는 그 생명은 저의 생명이 아니고 제 속에 당신의 생명이 살게 되는 것입니다. 그래서 바울이 말했던 바, '내게 사는 것이 그리스도'(빌 1:21)라고 말할 수 있게 되는 것입니다."

이런 자리에까지 도달한 사람은 이 세상의 비평에 대해서 결코 염려할 필요가 없습니다. 그는 이렇게 말할 것입니다. "당신들이 나를 칭찬합니까? 당신들이 나에게 아첨하고 있습니까? 당신들의 아첨은 도로 가져가십시오. 당신들의 손에서 나는 그런 아첨을 구하지 않습니다. 나는 나의 주님을 찬미하려고 애썼습니다. 당신들은 찬미를 나의 집 문 앞에 놓아두었어요. 나의 문앞에 두지 마시고 주님의 문앞에 두십시오. 당신들은 나를 모욕하고 있습니까? 당신들은 나를 경멸합니까? 여러분이 주님을 모욕하지 않으며, 멸시하지 않고, 내가 대신 그것을 짊어져야 한다면, 나는 크게 복된 자가 아니겠습니까?'

여러분이 그를 모욕하거나 멸시할지라도, 그는 여러분의 모욕을 전혀 받지 않으신다는 사실을 기억하시기 바랍니다. 그러므로 그 대장 때문에 그의 군사를 치십시오. 때리고, 때리십시오. 그러나 여러분은 그 왕을 건드릴 수 없습니다. 그는 지극히 높이 계시기 때문입니다. 여러분이 승리를 거두었다고 생각하더라도 여러분은 그 군대의 군사 한 명을 겨우 패배시킨 것에 불과합니다. 그 주력부대는 승리했습니다. 한 명의 군사가 맞아서 먼지 바닥에 쓰러진 것처럼 보이나, 대장께서 승리한 군대를 이끌고 오고 있습니다. 오셔서 거짓된 승리로 의기양양해하는 여러분을 그 승리의 발 아래 짓밟으실 것입니다. 우리들 속에 소량의 이기심이 남아 있는 한, 그것은 그리스도에 대한 우리의 달콤한 즐거움을 망쳐 놓을 것입니다. 우리가 그것을 제거하기 전에는 우리는 결코 계속적인 기쁨을 간직하지 못할 것입니다. 저는 슬픔의 뿌리가 자아라고 생각합니다. 만약 우리가 일단 자아를 제거한다면, 슬픔이 변하여 기쁨이 될 것이며, 질병이 건강이 되고, 서러움이 유쾌함이 되며, 빈궁이 부요가 될 것입니다. 물론 우리들의 느낌으로 그런 변화를 체험하게 될 것입니다. 그런 것들이 바뀌지 아니할 수도 있습니다만, 그런 것들 아래에 깔린 우리의 감정은 굉장히 달라질 것입니다. 여러분이 행복을 찾고 싶으면, 여러분의 이기심의 뿌리를 제거하는데서 행복을 찾으십시오.

여러분의 이기심을 근절하십시오. 그러면 여러분은 행복하게 될 것입니다. 저는 제가 칭찬을 받을 때, 조금이라도 기뻐하게 되면, 그때마다 제 자신이 유약하고 힘없게 되며, 원수의 화살을 쓰라리게 받을 처지가 되어버린다는 것을 깨달았습니다. 그래서 제가 사람들의 칭찬을 들었을 때, "이 무슨 무가치한 일을 한다는 말이요"라고 말하였습니다. 그때 저는 그들을 경멸하였습니다. "자, 보세요. 제가 칭찬을 보냈던 그곳으로 여러분 모두를 보내드리겠습니다. 여러분은 함께 가도 좋습니다. 서로 싸우십시오. 하지만 저에게는 여러분의 화살이 제 갑옷에 부딪치지 않게 하십시오. 그 화살들이 제 몸에 닿아서도 안 되고 또 그렇게 되지도 않을 것입니다." 만약 여러분이 하나에게 길을 내어주면 다른 것에게도 길을 내어주어야 할 것입니다. 여러분은 반드시 그리스도를 위해서 살려고 전적으로 노력해야 하며, 그렇게 사는 방법을 배워야 합니다. 그것은 그리스도께서 비방을 받으시고 수치를 당하는 것을 여러분이 보게 될 때, 슬퍼하는 것이요, 그가 높아지는 것을 볼 때, 기뻐하는 것입니다. 그렇게 될 때, 여러분은 계속적으로 기뻐할 근거를 가지게 될 것입니다. 비방을 받고 가난하고 멸시를 받으며 유혹을 받는 자여, 앉으십시오. 앉아서 그대의 눈을 들어 보좌에 계시는 그분을 바라보십시오. 그리고 속으로 이렇게 발씀하십시오. "나는 비록 보잘것없지만 나는 그리스도와 연합된 것을 압니다. 그는 나의 사랑이요, 나의 생명이며, 나의 기쁨입니다. '주께서 통치하신다'라는 말씀이 기록되어 있는 한 무슨 일이 일어나든지 나는 상관하지 않겠습니다."

2. 이제 두 번째 요점에 대해서
간략하게 살펴보겠습니다.

그리스도께서 높아지신 이유를 살펴볼 때, 여기에도 역시 기쁨의 근원과 원천이 있음을 알 수 있습니다. "이러므로 하나님이 그를 지극히 높여 모든 이름 위에 뛰어난 이름을 주사"라고 했습니다. 왜 그렇습니까? 그 이유는 "그는 근본 하나님의 본체시나 하나님과 동등됨을 취할 것으로 여기지 아니하시고, 오히려 자기를 비워 종의 형체를 가지사 사람들과 같이 되셨고 사람의 모양으로 나타나사 자기를 낮추시고 죽기까지 복종하셨기" 때문입니다. "이러므로 그를 지극히 높이셨던" 것입니다. 이것은 물론 사람이신 예수 그리스도와 관계가 있습니다. 하나님이신 그리스도께서 전혀 높아지실 필요가 없었습니다. 그는 가장 높은 자보다 더 높은 자요, "만물 위에 계셔서 세세에 찬양을 받으실 하나님"(롬 9:5)이십니다. 그러나 그의 영광의 상징들이 잠시 동안 희미해졌고, 그의 신성이 죽을 육신 속에 감추어졌습니다. 그의 신성과 더불어 그의 육신은 위로 올라갔고, 수치와 슬픔과 불명예를 당하기 위해 낮아지신 그리스도 예수, 사람이자 하나님이신 그분이 지극히 높아져서 "모든 통치자와 권세의 머리"(골 2:10)가 되셨습니다. 그래서 그는 온 세상의 권세 잡은 자의 왕국까지 다스리게 된 것입니다. 잠시 그리스도께서 낮아지신 비하의 깊이에 대해서 생각해 봅시다. 사랑하는 성도 여러분, 그러면 그런 이유 때문에 사람이신 그분이 지극히 높아지셨다는 사실을 생각한다는 것은 여러분에게 큰 기쁨을 줄 것입니다. 여러분은 그 사람, 즉 "자기 원수들 앞에서 겸손한 그 사람, 지치고 슬픔에 가득 찬 그 사람을" 아십니까?

　　그가 말씀하실 때 그를 주목해 보셨습니까? 그의 입에서 흘러나오는 놀라운 감동을 주는 말씀을 주목하십시오. 많은 무리가 그에게 얼마나 주의를 기울이고 있는가 보이십니까? 그런데도 여러분은 멀리서 들려오는 중상과 비방의 아우성을 듣고 있습니까? 그를 고소하는 자들의 말들을 들어보십시오. 그들은 그가 "먹기를 탐하고 포도주를 즐기는 사람이요 세리와 죄인의 친구로다"(마 11:19), "그가 귀신 들려 미쳤다"(요 10:20)고 말하고 있습니다. 온갖 종류의 욕설들이 그에게 몽땅 쏟아지고 있습니다. 그는 비방을 당하시고, 욕을 들으시며, 박해를 받으십니다. 잠시 생각해 봅시다! 여러분은 그가 이런 일 때문에 쓰러뜨림을 당하시고, 지위가 낮아진다고 생각하십니까? 아닙니다. 바로 이런 이유 때문에 "하나님께서 그를 지극히 높이셨습니다."

　　저 슬픈 사람의 얼굴에 가해지는 침 뱉음과 수치를 생각해보십시오. 잔인한 손으로 그분의 머리채를 잡아당기는 것을 보십시오. 그들이 그분을 얼마나 조롱하고, 얼마나 괴롭히고 있습니까? 여러분은 이것이 그리스도께 명예롭지 못한 것이라고 생각합니까? 분명히 그렇습니다. 그러나 이 말씀을 들어 보십시오. "자기를 낮추시고 죽기까지 복종하셨으니", 이러므로 "하나님께서 그를 지극히 높여." 아, 수치와 침 뱉음을 당하는 것과 스랍들이 무릎을 꿇는 것 사이에는 놀라운 연관성이 있습니다. 중상모략을 당하는 것과 찬양하는 천사들의 위로 섞인 합창 사이에는 이상하고 신비한 고리가 연결되어 있습니다. 하나는 또 다른 하나의 씨앗이었습니다. 이상한 일입니다만, 검고 쓴 씨앗이 영원토록 만발하는, 향기롭고 영광스러운 꽃을 만들어 냈습니다. 그는 고난을 당하셨습니다. 그리고 그는 통치하셨습니다. 그는 이기기 위해 낮아지셨습니다. 그는 낮아지셨기 때문에 승리하셨습니다. 그는 승리하시고, 높아지신 것입니다.

그분에 대해 좀 더 생각해 봅시다. 저기 십자가에 못 박히신 모습을 상상하시면서 그분을 주목하고 있습니까? 오, 여러분의 눈은 진한 눈물을 흘리면서 연민에 가득 차 있습니다. 오, 그분의 뺨 위로 마구 흘러내리는 저 물과 피를 보십시오. 그분의 손과 발에서 흘러내리는 피, 온통 피투성이가 되어버린 그분을 여러분은 바라보고 있습니까? 그분을 바라보십시오. 바산의 힘센 소들이 그를 둘러싸고, 개들이 그를 괴롭히며 죽이려고 하지 않습니까? "엘리, 엘리, 라마 사박다니"라고 부르짖는 그의 음성을 들어보십시오. 땅이 두려움에 젖어 놀라고 있습니다. 하나님께서 십자가 위에서 신음하고 계시다니요! 얼마나 놀라운 일입니까? 이것이 그리스도를 수치스럽게 하였습니까? 아닙니다. 그것은 그를 영화롭게 합니다. 가시 하나하나가 영광의 왕관에 박히는 빛나는 보석이 됩니다. 못들이 왕의 홀(笏)로 변하고 그의 상처들은 자줏빛 제왕의 옷으로 덮이게 됩니다. 포도주 틀을 밟아서 그의 옷자락이 더럽혀졌지만(계 14:19-20), 모욕과 수치의 오점은 아니었습니다. 그 오점들은 그리스도의 왕의 예복에 새겨진 영원한 장식의 색채가 됩니다. 포도주 틀을 밟으니 그의 옷은 제왕이 입는 자줏빛 옷으로 변했습니다. 그는 영원히 우주의 주인이십니다. 오, 그리스도인이여, 그대의 주님이 땅에 있는 산들 위에서 천국에 오르신 것이 아니라, 그 골짜기에서 올라오셨다는 사실을 곰곰이 생각해 보십시오. 그는 지상에 있는 가장 높은 복락의 고지에서 영원한 복락으로 걸어가신 것이 아니라 슬픔의 심연에서부터 영광의 자리에 오르셨습니다. 하나님이시며 사람이신 그리스도, 그분이 영광스럽게 올라가실 때, 무덤에서 지존자의 보좌에까지 단숨에 오르신 그 능력의 발걸음은 참으로 놀라운 발걸음이었습니다. 그러나 상기하십시오. 그가 고난을 당하셨기 때문에 높아지셨다는 것은 참으로 신비로운 진리입니다. "사람의 모양으로 나타나사 자기를 낮추시고 죽기까지 복종하셨으니, 곧 십자가에 죽으심이라. 이러므로 하나님이 그를 지극히 높여 모든 이름 위에 뛰어난 이름을 주셨다"고 했습니다.

성도여, 만약 그대가 그것을 붙잡기만 한다면, 여기에 그대를 위한 위로가 있습니다. 만약 그리스도께서 그의 낮아지심을 통해 높아지셨다면, 그대도 그렇게 될 것입니다. 위로 올라가는 그대의 발걸음은 승리를 향해 올라가는 발걸음이 아니요, 아래로 내려가는 발걸음이 승리를 향한 발걸음임을 기억하십시오.

천국으로 가는 길은 내리막길입니다. 영원히 영화롭게 되기를 원하는 자는 반드시 자신에 대한 평가를 낮추어야 하고, 종종 자기의 동료들에게서 낮은 평가를 받아야 합니다. 오, 자신의 겸손한 생각들과 친구들의 아첨을 가지고 천국을 향해 올라가서, 안전하게 낙원에 도착할 것이라고 판단하는 저기 저 어리석은 사람에 대해서는 생각도 하지 마십시오. 그가 의지하는 것은 깨어지고, 그것은 떨어져 산산조각이 나고 말 것입니다. 그러나 고난의 갱도로 내려가는 사람은, 그곳에서 무한한 부요를 발견하게 될 것입니다. 슬픔의 심연 속으로 뛰어드는 사람은, 그 동굴 속에서 영원한 생명의 진주를 발견하게 될 것입니다.

그리스도인이여, 그대가 수치를 당할 때 높임을 받는다는 것을 기억하십시오. 그대의 원수들의 중상모략을 의인들의 찬사로 여기십시오. 악한 사람들의 희롱과 조롱을, 경건한 사람들의 칭찬과 영예로 여기십시오. 그들의 비난과 책망을 찬사로 여기십시오. 또한 그대의 몸이 박해를 받게 된다면, 그것은 그대에게 수치가 아니요, 그 반대라고 생각하십시오. 만약 그대가 순교의 피로 붉게 물든 면류관을 쓸 수 있는 특권을 입게 된다면(그대는 아마 그렇게 될 수도 있습니다), 죽는 것을 수치스럽게 여기지 마십시오. 교회에서 가장 영광스러운 자들은 "순교자의 거룩한 군대"임을 기억하십시오. 그들이 당한 고통이 크면 클수록 그들의 "영원한 영광의 비중"은 더 크다는 것을 생각하십시오. 그리고 그대 자신에 대해서도 그렇게 하십시오. 만약 그대가 그런 치열한 싸움터에 서 계신다면, 그대는 영광의 자리에 서 있게 될 것을 상기하십시오. 만약 그대가 가장 힘든 짐을 지고 있다면, 그대는 가장 달콤한 축복을 누리게 될 것입니다. 만약 그대가 가는 길목에 홍수나 화재, 죽음, 지옥과 같은 것이 놓여 있다면, 그것을 통과하여 계속 나아가십시오. 두려워하지 마십시오. 그리스도께서 낮아지셨기 때문에 그리스도를 높이신 분께서, 그대를 영화롭게 하실 것입니다. 왜냐하면 그가 그대를 잠시 동안 견디게 하신 후에, 그대에게 "시들지 아니하는 영광의 관"(벧전 5:4)을 주실 것이기 때문입니다.

**3. 사랑하는 성도 여러분, 이제 마지막으로
여러분을 위한 또 하나의 위로가 있습니다.**

그리스도를 높이신 그분에 대해서 주목할 필요가 있습니다. "하나님이 그를 지극히 높여"라고 했습니다. 온 러시아 제국을 통치하는 황제는 스스로 왕위에 오릅니다. 그는 독재군주이며, 자기가 자기 머리 위에 왕관을 올려놓습니다. 그러나 그리스도는 그러한 어리석은 교만을 조금도 가지고 있지 않았습니다. 그리스도는 스스로 왕좌에 오르지 않았습니다. "이러므로 하나님이 그를 지극히 높여"라고 했습니다. 그 면류관이 하나님에 의하여 그리스도의 머리에 놓이게 되었던 것입니다. 저는 이 말씀을 전할 때, 매우 감미로운 묵상 — 그리스도의 머리 위에 면류관을 씌우셨던 그 손이 언젠가 우리들의 머리 위에도 면류관을 씌워 주시리라는 묵상 — 에 젖게 됩니다. 그리스도에게 면류관을 씌워, "만왕의 왕이요, 만주의 주"가 되게 하신 전능하신 그분께서 우리들을 그 앞에 영원토록 왕과 제사장이 되게 하실 것입니다. 바울은 "나를 위하여 의의 면류관이 예비되었으므로 주 곧 의로우신 재판장이 그 날에 내게 주실 것이라"(딤후 4:8)고 말했습니다.

이제 이 생각, 곧 그리스도께서 친히 면류관을 쓰신 것이 아니라 성부께서 그에게 면류관을 씌워 주셨고, 그리스도께서 친히 그 존귀한 보좌에 오르신 것이 아니라 성부께서 그를 보좌에 올리시고 앉히셨다는 것을 잠시 고찰해 보기로 하겠습니다. 인간은 결코 그리스도를 지극히 높이지 않았다는 사실을 상기하십시오. 그리고 이런 사실을, "이러므로 하나님이 그를 지극히 높여"라는 말씀과 대조해 보십시오. 인간은 그를 비난하고 경멸하고 조롱하였습니다. 말로는 만족할 줄 몰랐습니다. 그래서 그들은 돌을 던지려고 했습니다. "유대인들이 다시 돌을 들어 치려 하였습니다"(요 10:31). 그런데 돌로는 부족하여 그들은 대못을 사용하였습니다. 그는 십자가에 못 박혀야 했습니다. 그가 죽음의 십자가 위에 매달려 있을 때, 희롱과 경멸과 모욕이 퍼부어졌습니다. 인간은 그를 높이지 않았습니다. 그 어두운 광경을 그곳에 그대로 두십시오. 그리고 난 뒤에 그 광경 옆에 나란히 이 영광스럽고 빛나는 장면을 놓아 보십시오. 한편의 것이 다른 편의 것과 비교가 될 것입니다. 인간은 그리스도를 수치스럽게 만들었습니다. "이러므로 하나님이 그를 지극히 높였습니다." 성도여, 모든 사람들이 당신을 향해 악한 말을 한다면, 당신의 머리를 들고 이렇게 말하십시오. "인간은 나의 주님을 높이지 않았습니다. 나는 그리스도께서 나를 높이지 않음을 인해 그분께 감사드립니다. 종이 주인보다 크지 못하고 보냄을 받은 자가 보낸 자보다 크지 못합니다"(요 13:16).

> "사랑하는 주의 이름을 위해
> 내 얼굴 위에 수치와 모욕이 임한다 해도
> 주께서 나를 기억하실 것이기에
> 나 그 모욕을 환호하며
> 나 그 수치를 환영하리라."

사람이 비록 나를 팽개쳐 버린다 해도 하나님께서 나를 기억하실 것이요, 궁극적으로 나를 지극히 높여주실 것입니다.

그리스도께서 친히 높아지지 않았다는 사실과 반대되는 개념에 대해 다시 한 번 생각해 보십시오. 가련한 그리스도인이여! 당신은 스스로 높아질 수 없다는 것을 느끼고 있습니다. 가끔씩 여러분은 의기소침한 심령 상태를 벗어날 수 없을 때가 있을 것입니다. 그럴 때 어떤 사람들은 여러분에게 "오, 이렇게 해서는 안 됩니다"라고 말할 것입니다. 또 그들은 여러분에게 "오, 그런 말을 해서는 안 되고, 그런 생각을 해서도 안 됩니다"라고 말할 것입니다. 그러나 아, "마음의 고통은 자기가 알고 마음의 즐거움도 타인이 알지 못합니다"(잠 14:10). 저는 한 마디 덧붙이겠습니다. 친구도 참여하지 못하는 것입니다. 다른 사람이 당연히 느끼고 행동해야 할 바에 대해서 말해 주는 것은 쉬운 일이 아닙니다. 우리의 마음은 여러 가지 상태로 다르게 이루어져 있으며, 어떤 경우에는 쉽게 상처를 받습니다. 또 결코 서로 같을 수 없습니다. 우리는 모두 각자가 각기 다릅니다만, 우리 모두가 깊이 슬퍼할 때, 다시 말해서 어찌할 수 없다는 생각을 하게 될 때는, 우리가 붙잡아야 하는 한 가지 것이 있다는 사실을 저는 확신합니다. 그것은 우리 주님의 경우를 깊이 생각하고 의지하는 것입니다. 우리는 스스로 높아질 수 없다고 생각합니다. 우리 주님께서 그와 같이 느꼈다는 점을 기억하십시오.

제가 깨닫고 있는 것이 정확하다면, 시편 22편은 십자가에 달리신 그리스도의 아름다운 독백임이 틀림없습니다. 그런데 이 시편 22편에서 그리스도께서는 "나는 벌레요, 사람이 아니라"고 말하고 있습니다. 마치 그가 너무나 상하고 또 버림을 받아 자기가 사람보다 더 나은 존재라고 느끼기보다는 잠시 동안 사람보다 못하다고 느꼈던 것입니다. 스스로 면류관을 쓰시기 위해 손가락을 들어올릴 수 없을 때, 승리의 생각을 조금도 하지 못했을 때, 그의 눈이 승리를 바라보며 희미하게라도 반짝일 수 없을 때, 그때 그의 하나님은 그에게 면류관을 씌우고 있는 중이었습니다. 그리스도인이여, 당신은 이렇게 산산조각이 난 상태가 되었습니까? 당신이 영원히 버림을 받는다고 생각하지 마십시오. 이는 "이러므로 하나님께서" 스스로 높아지지 아니한 "그를 지극히 높이셨기" 때문입니다. 이것은 그가 당신을 위해 하실 상징이며 예언이기도 합니다.

사랑하는 성도 여러분, 저는 이 본문에 대해서는 더 이상 할 말이 없습니다. 다만 여러분이 이 본문을 묵상하고, 생각하도록 잠시 권고의 말씀을 드리겠습니다. 오, 여러분의 눈을 들어 위를 보십시오. 하늘의 푸른 베일을 향해 갈라지라고 명하십시오. 하나님의 능력을 구하십시오. 저는 그 베일 속을 들여다보도록, 위로부터 오는 영적인 능력을 의미합니다. 저는 여러분에게 황금의 거리를 보라고 하지 않습니다. 벽옥의 성벽이나 진주 문을 보라고도 하지 않습니다. 저는 여러분에게 눈을 들어 영원토록 큰 소리로 할렐루야를 노래하는 흰옷 입은 무리들을 보라고도 하지 않습니다. 나의 친구들이여, 여러분의 눈을 들어 저기 그분을 보십시오.

> "저기 사람의 모습으로 구세주 앉아 계시네
> 하나님이신 그분, 참으로 밝게 빛나고 있네
> 무한한 기쁨이 퍼져나가
> 모든 복된 마음에 이르게 되네."

여러분은 주님을 보고 있습니까?

> "전에 가시관을 쓰신 그 머리에
> 이제 영광의 면류관이 놓였네
> 능력 있는 승리자의 이마는
> 왕관으로 장식되었네.
>
> 더 이상 피 흘리는 면류관은 없고
> 십자가도 못도 없으리
> 지옥도 그의 위엄 앞에 진동하고
> 온 하늘도 그를 경배하도다."

그를 바라보십시오! 그의 모습을 상상해 볼 수 있겠습니까? 그의 초월적인 영광을 보십시오. 왕들의 위엄은 모두 사라져 버립니다. 제국들의 화려함도 그 태양 앞에서는 아침의 안개처럼 사라지고 맙니다. 집결된 군대들의 번쩍임도 희미해집니다. 그는 태양보다 더 밝고, 깃발을 펄럭이는 군대들보다 더 무시무시합니다. 그를 보십시오! 그를 바라보십시오! 군주들이여, 그대들의 얼굴을 가리십시오. 이 좁은 땅의 영주들이여, 당신들의 화려함을 던져버리십시오. 주님의 나라는 끝이 없습니다. 그의 광대한 제국은 무한히 펼쳐지고 있습니다. 만물이 그의 소유이며, 그는 만물 위에 있습니다. 그의 아래에는 수많은 천사들이 오고 갑니다. 그들도 역시 그에게 속해 있습니다. 그들은 그들의 면류관을 그의 발 앞에 내어 놓습니다. 그들과 함께 그의 택한 백성들, 구속받은 백성들이 서 있습니다. 그들의 면류관 역시 그의 소유입니다. 이 낮은 땅에는 그의 성도들이 있습니다. 그들도 그의 소유입니다. 그들은 그를 경배합니다.

땅 아래 악마들이 적개심으로 울부짖는 지옥에서도, 놀라움 대신에 경배가 있습니다. 그곳에는 잃어버린 영혼들이 슬피 울며, 그들의 처지를 영원토록 애통해하며 이를 갈고 있습니다. 심지어 그런 곳에서도, 그리스도의 신성이 인정되고 있습니다. 비록 그곳에서는 그리스도가 하나님이시라는 것을 고백함으로써 고통의 불길이 더 심하게 타오르지만, 그렇게 시인되고 있는 것입니다. 하늘과 땅 그리고 지옥에서 모든 무릎이 그 앞에 꿇게 되고 모든 입술이 그가 하나님이심을 고백합니다.

지금이 아니라면, 장차 다가올 시간에 이런 일이 일어날 것입니다. 그때에 하나님이 지으신 모든 피조물이 하나님의 아들을 향해 "만물 위에 계셔 세세에 찬양을 받으실 하나님이십니다. 아멘"이라고 시인하게 될 것입니다. 오, 나의 영혼은 그 복된 날을 고대하고 있습니다. 그날에 온 땅이 창조주이신 하나님 앞에 그 무릎을 꿇게 될 것입니다. 나는 나의 왕이요, 주인이신 그분 앞에 꿇지 않는 무릎이 하나도 없는 복된 시대가 도래하고 있다고 믿습니다. 저는 그 시간을 기다리고 있습니다. 그날의 영광을 고대하고 있습니다. 그때에 왕들이 선물을 가져올 것이요, 여왕들이 교회를 양육하는 유모가 될 것이며, 스바의 금과 다시스의 배, 아라비아산 낙타가 그의 것이 될 것이고, 모든 언어의 열국과 족속이 다음과 같이 노래할 것입니다.

> "가장 아름다운 노래로
> 그의 성호를 찬양할 것이요,
> 아이들이 일찍이
> 그의 거룩하신 이름으로 받은
> 축복들을 선포하리라."

　저는 가끔씩 그 행복이 가득한 시대를 살아서 맞이하고 싶은 소원이 있습니다. 이 세상에 거하는 거민들의 횡포로 슬픔과 눈물로 심히 억눌려버린, 이 세상에서 장차 맞이할 평화로운 시대, 저는 그때를 보고 싶습니다. 그때에는 "외치라, 목자장께서 통치하는 고통이 없는 그의 나라가 이제 임하셨도다"라는 소리가 들리게 될 것입니다. 그때에 온 땅은 찬미하는 거대한 관현악단이 될 것이요, 모든 사람이 왕 중의 왕께 영광스러운 할렐루야 찬송을 부르게 될 것입니다. 그러나 그런 시대를 기다리고 있는 지금에도, 나의 영혼은 모든 무릎이 어쩔 수 없이 주님 앞에 무릎을 꿇게 된다는 사실 때문에 기뻐하고 있습니다. 비웃는 자가 높은 천국에 대해 조롱할 때, 그는 자기가 하나님을 모욕하고 있다고 생각할까요? 그는 그렇게 생각할 것입니다. 그러나 그의 모욕은 별들이 있는 곳 절반도 못가서 사라져 버립니다. 그가 악한 꾀로 그리스도를 대항하여 칼을 갈고 있을 때, 그의 무기가 힘을 쓸 것이라고 생각할까요? 만약 그가 그렇게 생각한다면, 저는 하나님께서 그 무모한 반역을 보시고 웃으시리라고 생각합니다. 하나님을 대항하여 멸시하는 이 사람도, 하나님의 위대한 경륜을 이루어가고 있는 것입니다. 그가 그 무모한 패역을 행하는 중에서도 영원 전부터 신비로운 방법으로 정해진 궤도를 따라 움직여가고 있습니다.

　어떤 사람은 "지구라는 거친 군마는 그 재갈을 끊어버리고 고삐는 마부의 손에서 벗어나 버렸습니다"라고 말하기도 합니다. 그러나 그렇지 않습니다. 그렇게 보일지라도 그 군마들은 전능자의 손 안에서 예전에 달려가던 그 길을 계속해서 가고 있는 것입니다. 세계는 혼돈 속으로 뛰어들지 않았습니다. 우연이 하나님의 역할을 하는 것이 아닙니다. 하나님이 여전히 주인이십니다. 사람들이 자기 마음대로 행동하도록 내버려 두십시오. 그들로 하여금 우리가 지금 자랑스럽게 여기고 있는 진리를 미워하도록 내버려 두십시오. 그들은 결국 하나님의 뜻을 행하게 될 것이요, 그들의 그 무서운 패역함도 그들이 알든지 모르든지 간에 하나님의 뜻을 그대로 이루어드리는 표본에 불과하다는 사실이 드러나게 될 것입니다.

그러나 여러분은 "그러면 하나님이 어찌하여 허물하시느냐 누가 그 뜻을 대적하느냐"(롬 9:19)라고 할 것입니다. 하지만 "이 사람아 네가 누구이기에 감히 하나님께 반문하느냐 지음을 받은 물건이 지은 자에게 어찌 나를 이같이 만들었느냐 말하겠느냐 토기장이가 진흙 한 덩이로 하나는 귀히 쓸 그릇을, 하나는 천히 쓸 그릇을 만들 권한이 없느냐 만일 하나님이 그의 진노를 보이시고 그의 능력을 알게 하고자 하사 멸하기로 준비된 진노의 그릇을 오래 참으심으로 관용하시고 또한 영광 받기로 예비하신 바 긍휼의 그릇에 대하여 그 영광의 풍성함을 알게 하고자 하셨을지라도 무슨 말을 하리요"(롬 9:20-23)라고 성경은 말씀합니다. 누가 하나님을 비난하겠습니까? 자기를 지으신 자로 더불어 다투는 자에게 화가 있을 것입니다(사 45:9). 그는 하나님이십니다. 땅에 있는 거민들과 만물은 결국 하나님의 뜻에 봉사한다는 것을 아십시오.

저는 루터가 그의 용감한 찬송시 속에 기록한 내용을 좋아합니다. 그는 예정론을 싫어하는 자들이 단언하는 곳에서도 "여호와께서 만방을 다스리시고, 만물이 그의 능력을 좇아 행한다"는 사실을 알았고 또 그 사실을 용감하게 선포하였습니다. 예정론을 싫어하는 자들이 어떻게 행동을 하든지 간에 결국 하나님이 통치하십니다. 비방하는 자여, 계속해서 비방하십시오. 하나님께서는 당신이 비방하는 모든 것을 노래로 바꾸는 방법을 알고 계십니다. 당신이 원한다면, 계속해서 하나님을 대항하여 싸우십시오. 그러나 이런 사실을 아셔야 합니다. 당신이 하나님의 교회를 박해하는 자를 도와줄 때, 당신의 검은 하나님을 찬미하는데 소용이 되고, 그리스도를 위한 영광을 새기는데 도움이 될 것입니다. 당신은 꺼꾸러뜨림을 당하게 될 것입니다. 왜냐하면 하나님께서 점치는 자들을 미치게 하여(사 44:25) 그들이 "지혜 있는 자가 어디 있느냐 선비가 어디 있느냐"(고전 1:20)라고 말하게 하실 것이기 때문입니다. 확실히 "하나님이 그를 지극히 높여 모든 이름 위에 뛰어난 이름을 주셨습니다."

사랑하는 성도 여러분, 이제 마지막으로, 그리스도께서 그렇게 높아지셨기 때문에 모든 무릎이 그에게 꿇게 된 것이 사실이라면, 오늘 아침 우리가 우리의 무릎을 그의 위엄 앞에 꿇어야 하지 않겠습니까? 여러분이 원하든, 원하지 않든 간에 언젠가는 여러분은 무릎을 꿇어야 합니다. 오, 쇠와 같은 완고한 죄인이여,

이제 무릎을 꿇으십시오. 그대는 무릎을 꿇어야 할 것입니다. 번개가 치고 천둥이 크게 소리치는 그날에 사람들은 무릎을 꿇게 될 것인데, 그대도 그때는 무릎을 꿇어야 할 것입니다. 오, 지금 무릎을 꿇으십시오. "그의 아들에게 입맞추라 그렇지 아니하면 진노하심으로 너희가 길에서 망하리니 그의 진노가 급하심이라"(시 2:12). 만군의 주여, 사람들의 무릎을 꿇게 하십시오. 우리로 하여금 모두 즐거이 주의 은혜를 입은 신하들이 되게 하옵소서. 이는 이후에 우리가 어쩔 수 없이 지옥에 임하는 재앙의 쇠사슬에 질질 끌리는 공포의 종이 되지 않게 하려 함입니다. 지금 땅 위에서 즐거이 그 무릎을 꿇게 되기를 원하오니, 이는 그들이 지옥에 내려가 "땅 아래 있는 자들로 모든 무릎을 그 앞에 꿇게 하시고"라는 말씀이 그들에게 이루어지게 될까 두렵기 때문입니다.

사랑하는 성도 여러분, 하나님께서 여러분들을 복주시기를 기원합니다. 저는 그것밖에 더 이상 드릴 말씀이 없습니다. 하나님께서 부디 그리스도를 위하여 여러분을 복주시기를 원합니다. 아멘!

제
6
장

—

"너희의 구원"

—

"너희의 구원" — 빌 2:12

오늘 아침에는 본문으로 "너희의 구원"이라는 말씀을 선택하였습니다. 이 말씀이 특이해서 이 부분만 택한 것도 아니요, 이 본문이 간단하기 때문에 여러분을 놀라게 하려는 매우 얄팍한 바람에서 택한 것도 아닙니다. 다만 만약 이 두 낱말만 선포한다면, 우리가 다룰 주제가 좀 더 분명해질 것이기 때문에 이 부분만을 택하게 된 것입니다. 만약 제가 명목상으로 본 절 전체를 택했더라면, 저는 현재 제 마음에 중요하다고 생각하고 있는 주제로부터 여러분의 관심을 흐트러트리지 않고 그 구절 전체를 설명하려고 할 수 없었을 것입니다. 성령께서 여러분 각 사람의 심령에 역사하셔서 "너희의 구원"이 말할 수 없이 중요하다는 것을 깨닫게 해주시기를 기원합니다.

저는 청중들이 말씀을 듣기 위해서 오는데, 제가 그들에게 관심이 없는 주제들에 관해서 이야기한다는 말을 들은 적이 있습니다. 오늘은 여러분이 이런 불평을 할 수 없을 것입니다. 왜냐하면 저는 오직 "너희의 구원"에 대해서만 말할 것이며, 그 어떤 것도 이보다 여러분의 관심을 끌 수는 없기 때문입니다. 설교자가 자주 너무나 비실제적인 주제들을 택한다는 이야기를 가끔씩 들었습니다. 오늘은 그런 반감이 일어날 수 없을 것입니다. 왜냐하면 이것보다 더 실제적인 것은 있을 수 없으며, 여러분으로 하여금 "너희의 구원"을 알도록 촉구하는 것보다 더 필요한 것이 아무것도 없기 때문입니다. 목사님들이 난해한 주제들, 역설적인 교의들, 이해하기 어려운 신비들에 대해서 설교하기를 좋아한다는 말을 들었습니다만, 확실히 우리는 오늘 아침 분명한 항해를 하게 될 것입니다. 그 어떤 고상한 교리들이나 심오한 의문들이 여러분을 당황하지 않게 할 것입니다. 여러분은 오직 "여러분 자신의 구원"만을 상고하게 될 것입니다. 이것은 매우 소박하고 단순한 주제이지만, 그럼에도 불구하고 여러분 앞에 내놓을 수 있는 가장 비중이 큰 주제입니다. 저는 주제의 단순성과 명백성에 맞추어 쉬운 단어들과 평이한 문장으로 말씀을 전하겠습니다. 그러므로 여러분은 설교자의 언어에는 신경 쓰지 않아도 되겠습니다. 오직 이 유일한 한 가지 문제, "너희의 구원"에 대해서만 생각하도록 초점을 맞추겠습니다. 저는 여러분 모두가 평정심을 잃지 않고, 또 자신을 소홀히 하지 않는 이성적인 사람들로서 저에게 여러분의 진지한 관심을 기울여주시기를 부탁드립니다. 여러분 마음에 떠오르는 허망한 생각들을 떨쳐버리시고 각자 "자기 자신의 구원"에 대하여 생각하도록 합시다. 성령께서 여러분 각 사람을 정신적인 고독에 처하게 하시고, 여러분 각자에게 홀로 자신의 상태에 관한 진리를 직면할 수 있게 해주시기를 기원합니다. 남자는 남자대로 여자는 여자대로 부모와 자식 간에도 각기 별도로, 이제 여러분이 엄숙한 생각을 하며, 주님 앞에 나오게 되기를 바라며, "너희의 구원"이라는 이 주제에만 관심을 집중할 수 있게 되기를 바랍니다.

1. 첫째로, 구원에 대하여 살펴봄으로써 오늘 아침의 묵상을 시작하겠습니다.

구원이라는 말은 위대한 단어입니다. 그러나 항상 이해되고 있는 단어는 아닙니다. 종종 편협하게 이해되고 그 핵심 되는 내용이 간과되기도 합니다. 구원! 이것은 오늘 아침 이 자리에 계시는 모든 분들에게 해당되는 말입니다. 우리는 우리의 첫 조상 안에서 모두 타락했습니다. 우리는 모두 개인적으로 범죄했습니다. 구원을 발견하지 못하면, 우리는 모두 멸망할 것입니다. 구원이라는 단어는, 그 속에 우리가 과거에 지은 죄로부터 해방을 받는다는 의미가 포함되어 있습니다. 우리는 다소간에 각자 명백한 범죄를 저질렀습니다. 우리는 모두 각자 다른 길이기는 하지만, 타락의 길에 내려가 방황했습니다. 구원은 과거의 범죄로부터 우리를 깨끗하게 하고, 범죄 행위로부터 해방시키고, 모든 죄책을 일소시킵니다. 그래서 우리는 대재판장 앞에서 용서받고 서 있게 되는 것입니다. 용서가 말할 수 없이 바람직한 축복이라는 것을 온전한 정신을 가진 사람이라면, 그 누가 부인하겠습니까?

　그러나 구원은 그것 이상의 의미를 가지고 있습니다. 구원은 죄의 세력으로부터의 해방이라는 의미를 내포하고 있습니다. 천성적으로 우리는 모두 악을 좋아합니다. 우리는 게걸스럽게 악을 추구합니다. 우리는 죄의 종들이요, 속박을 사랑하고 있습니다. 이것은 가장 나쁜 특징이라 할 수 있습니다. 그러나 구원이 찾아올 때, 그 구원은 사람을 죄의 세력으로부터 해방시킵니다. 그는 그것이 악하다는 것을 배우고 또 그렇게 여깁니다. 그것을 싫어하고 자기가 그것에 빠져 사랑하였다는 것을 회개하고, 그것으로부터 등을 돌립니다. 그리고 하나님의 성령으로 말미암아 자기의 욕망을 다스리게 되고, 육신을 자기의 발 아래 두고, 하나님의 자녀가 누리는 자유의 세계로 솟아오르게 되는 것입니다. 아, 그러나 슬프게도 이런 일을 좋아하지 않는 사람들이 많이 있습니다. 만약 이런 것이 구원이라면, 그들은 지극히 작은 수고도 하려 하지 않을 것입니다. 그들은 자기들의 죄를 사랑합니다. 그들은 악을 행하기를 좋아하며, 타락된 생각을 품기를 즐거워합니다. 나쁜 습관과 더러운 욕망들, 육적인 정욕으로부터의 해방은 구원에 있어서 대단히 주요한 부분입니다. 만약 우리가 그러한 해방의 상태에 있지 않다면, 우리는 구원을 누리지 못하고 있는 것입니다. 사랑하는 성도 여러분, 여러분은 죄로부터 구원을 받았습니까? 여러분은 이 세상에서 욕망으로 말미암는 타락을 피하고 계십니까? 만약 그렇지 않다면 여러분은 구원과 아무 관계가 없는 것입니다. 사악한 생각을 지닌 것에서 구원받아 의로운 마음을 지닌 사람이 되는 것은, 모든 축복 중에서 가장 위대한 축복일 것입니다. 여러분은 그것을 어떻게 생각하십니까?

　구원은 구원받지 못한 사람의 생애의 매 순간, 그의 위에 임하여 있는 하나님의 현재적 진노로부터의 해방이라는 의미를 내포하고 있습니다. 용서받지 못한 모든 사람은 하나님의 진노의 대상입니다. "하나님은 매일 악한 자들에게 분노하십니다. 사람이 회개치 아니하면 그가 그 칼을 가십니다"(시 7:11-12). "그를 믿지 아니하는 자는 하나님의 독생자의 이름을 믿지 아니하므로 벌써 심판을 받은 것이니라"(요 3:18)고 했습니다. 저는 자주 이 말이 집행유예와 같은 상태를 가리키는 말이라는 이야기를 듣습니다. 이것은 큰 실수입니다. 이는 우리의 집행유예의 시간이 지나간 지 이미 오래 되었기 때문입니다. 이미 우리가 죄인임이 입증되었고 무가치한 자임이 드러났습니다. 이미 "저울에 달아 보니 부족함이 보였다"(단 5:27)인 것입니다. 여러분이 예수님을 믿지 않았다면 정죄가 여러분 위에 머물러 있는 것입니다. 여러분은 잠시 동안 형 집행이 연기되어 있을 뿐, 여러분이 정죄받은 사실은 기록되어 있는 것입니다. 구원이란 사람을 하나님의 진노의 구름 아래서 끄집어내어, 그에게 하나님의 사랑을 나타내 보여주는 것입니다. 그때 그는 "여호와여 주께서 전에는 내게 노하셨사오나 이제는 주의 진노가 돌아섰고 또 주께서 나를 안위하시오니 내가 주께 감사하겠나이다"(사 12:1) 할 것입니다. 죄인이 마땅히 두려워해야 할 유일한 것은 지옥이 아닙니다. 현재 하나님의 진노가 그 위에 머물러 있는 것입니다. 지금 하나님과 화목하지 않은 상태에 있는 것이 두려운 일입니다. 하나님의 화살이 이 순간에도 여러분을 향하고 있습니다. 비록 아직까지 그 화살이 시위를 떠난 것은 아니지만, 이것은 무시무시한 일입니다. 여러분이 여호와의 진노의 표적이라는 사실을 알게 될 때, 즉 "활을 당겨 나를 화살의 과녁으로 삼으심이여"(애 3:12)라는 말씀을 깨닫게 될 때, 그것은 여러분으로 하여금 머리부터 발끝까지 두려워 떨게 하기에 충분합니다. 하나님의 아들의 피로 말미암아 하나님과 화목하지 못한 모든 영혼은 쓰디쓴 담즙 가운데 있는 것입니다. 구원은 즉시 우리를 이러한 위험하고 소외된 상태로부터 자유하게 합니다. 우리는 더 이상 "다른 이들과 같이 진노의 자식"이 아니요, 하나님의 자녀가 되었으며, 그리스도 예수와 연합한 상속자가 되었습니다. 그 무엇이 이것보다 더 귀한 것이 있겠습니까?

그 다음으로, 무지한 자들이 첫 번째로 생각하고, 구원의 전부로 여기는 그 구원을 우리는 최종적으로 받게 됩니다. 우리가 죄책으로부터, 그리고 죄의 세력과 하나님의 현재적 진노로부터 건짐을 받은 결과로, 우리는 하나님의 미래적 진노로부터도 건짐을 받게 되는 것입니다. 사람들의 영혼이 구원받지 못한 채 이 세상을 떠나면, 육신을 남겨두고 그 지으신 분의 심판대 앞에 서게 될 때, 하나님의 진노가 철저하게 그 위에 임하게 될 것입니다. 구원받지 못한 채 죽는다는 것은, 저주받는 곳으로 들어가는 것입니다. 우리가 죽어서 가는 그곳에는 심판이 기다리고 있습니다. 심판이 기다리고 있는 그곳에는 영원이라는 시간이 우리를 영원토록 붙잡아 놓을 것입니다. "더러운 자는 그대로 더럽고"(계 22:11)라고 했습니다. 더럽기 때문에 형벌을 받아 비참하게 된 그는 절망적으로 비참한 상태에 계속 있게 될 것입니다. 구원은 영원히 지옥의 구덩이에 빠지게 될 것을 건져

내 줍니다. 의롭게 된 우리는 더 이상 형벌을 받지 않게 됩니다. 이는 우리가 더 이상 죄에 대한 책임을 지지 않게 되었기 때문입니다. 그리스도 예수께서 하나님의 진노를 담당하셨습니다. 이는 우리로 하여금 결코 하나님의 진노를 당하지 않게 하려 하심입니다. 그는 모든 신자들의 죄를 위하여 하나님의 공의에 만족할 만한 충분한 속죄를 하셨습니다. 믿는 자를 고소할 만한 죄의 기록은 하나도 남아 있지 않습니다. 신자가 지었던 죄들은 말끔히 지워졌습니다. 이는 그리스도 예수께서 허물을 없이하셨고, 죄를 그치게 하셨으며, 영원한 의를 우리에게 입혀 주셨기 때문입니다. 그러기에 이 "구원"이라는 단어만큼 포괄적인 말이 또 어디에 있겠습니까? 그것은 죄책으로부터, 죄의 지배로부터, 죄의 저주로부터, 죄의 형벌로부터, 그리고 궁극적으로 죄의 현존으로부터 승리하는 구원을 의미합니다. 구원은 죄의 죽음, 곧 죄를 장사지내고, 죄를 멸절시키는 것을 말합니다. 그렇습니다. 심지어 죄에 대한 기억까지 지워버리는 것입니다. 왜냐하면 주께서 "그들의 죄와 그들의 불법을 내가 다시 기억하지 아니하리라"(히10:17)고 말씀하셨기 때문입니다.

　　사랑하는 성도 여러분, 이것은 제가 여러분 앞에 제시할 수 있는 가장 비중이 큰 주제입니다. 그러므로 여러분이 이 주제를 확고하게 파악하고 있다는 것을 제가 알기 전까지는 만족할 수 없습니다. 여러분은 모든 주제들 중에서 가장 긴급한 이 주제에 대해 진지한 관심을 기울여 주시기를 바랍니다. 저의 목소리와 저의 말씀이 여러분의 관심을 충분히 끌 수 없다면, 저는 차라리 벙어리가 되는 것이 더 낫겠습니다. 그래서 어떤 다른 분이 지혜로운 말로 여러분의 관심을 끌어, 여러분이 이 문제에 깊이 상고하기를 원합니다. 제가 구원의 본질이 무엇인가에 대해 생각해 볼 때, 구원이야말로 그 무엇보다 가장 중요한 것으로 여겨집니다. 이런 이유 때문에 저는 먼저 여러분 앞에 구원의 중요성을 설명하였던 것입니다. 그러나 성부 하나님께서도 구원을 소중한 것으로 여기신다는 사실을 생각한다면, 여러분은 구원의 가치를 더 귀중하게 여기게 될 것입니다. 구원의 문제는 창세 전부터 하나님의 심중에 있었습니다. 하나님은 구원을 귀하게 여기십니다. 왜냐하면 그가 거역하는 죄인들을 구원하시기 위해, 자기 아들을 주셨기 때문입니다. 하나님의 독생자 예수 그리스도는 구원을 가장 중요하게 여기십니다. 이는 그가 구원을 성취하시기 위해 피를 흘리셨고 죽으셨기 때문입니다. 그리스도께서 자기 생명을 값으로 지불하신 그 일을, 어찌 우리가 하찮은 것으로 여길 수 있겠습니까? 그가 천국에서 땅에 오셨다면, 땅에서 천국을 바라보는 일을 제가 어찌 지체할 수 있겠습니까? 구세주께서 뜨거운 생명을 바치시고, 고통의 죽음을 당하신 그 일을 어찌 대수롭지 않은 일로 여길 수 있겠습니까?

겟세마네에서 피와 땀을 흘리신 것과 골고다의 상처를 인하여 저는 여러분에게 간청합니다. 구원은 여러분이 가장 깊고도, 가장 열렬하게 생각할 가치가 있는 일임을 확신하십시오. 성부와 성자께서 평범한 희생을 치르신 것이 아닙니다. 구원을 위해 성부께서는 자기 아들을 주셨고, 성자께서는 친히 자기 몸을 주셨는데, 그 구원이 시시하고 하찮은 일일 수가 있겠습니까? 성령께서는 구원을 사소한 일로 여기지 아니하십니다. 왜냐하면 성령께서는 구원을 이루시기 위하여, 새로운 창조의 일을 하시려고, 계속적으로 낮아지시고 있기 때문입니다. 그는 종종 안타까워하시고 슬퍼하기도 하십니다. 그러나 그는 많은 아들들을 영광의 자리로 이끄시기 위하여 계속적으로 수고하고 계십니다. 성령께서 높이 평가하시는 것을 멸시하지 마십시오. 이는 여러분이 성령님을 무시하지 않게 하기 위함입니다. 성삼위 하나님께서 구원을 귀중하게 여기십니다. 우리가 그것을 무시해서는 절대로 안 됩니다. 구원을 하찮게 여겨온 여러분이라면, 여러분에게 설교를 해야 하는 제가 그 구원 문제를 결코 하찮게 여기지 않는다는 사실을 기억하시기 바랍니다.

제가 오래 살면 살수록 하나님께서 저를 충성스러운 목사로 삼으시지 않으신다면, 태어나지 않았으면 더 나았으리라는 생각을 하게 됩니다. 여러분의 영혼에게 경고하는 파수꾼인 제가 여러분에게 똑바로 경고해주지 않음으로 인해 여러분의 피가 저의 문(門)에 묻어 있게 된다면, 제가 어찌 참된 파수꾼이라고 생각할 수 있겠습니까? 제가 받을 저주는 참으로 무시무시할 것이요, 게다가 여러분의 피가 저의 옷자락에 묻어 있지 않겠습니까! 하나님께서 자기의 사역자들에게 은혜를 베푸셔서 그들 중 한 사람도 사람의 영혼에 대해서 죄책을 지고 나타나는 자들이 없게 되기를 바랍니다. 복음을 전하는 사람은 누구나 다 다윗처럼 "하나님이여 나의 구원의 하나님이여 피 흘린 죄에서 나를 건지소서"(시 51:14)라고 부르짖어야 할 것입니다.

무관심한 성도들이여, 하나님의 교회가 구원을 사소한 문제로 여기고 있다고 생각하십니까? 수없이 많은 신실한 남녀 성도들이 다른 사람들의 구원을 위해, 밤낮으로 기도하고 있습니다. 또한 그들은 수고하고 희생을 아끼지 아니합니다. 그들은 어떤 방편을 통해 사람들을 예수님과 예수님께서 베푸시는 구원의 자리로 데려올 수만 있다면, 더없이 많은 희생과 수고를 마다하지 않고 있습니다. 만약 은혜로운 사람들과 지혜로운 사람들이 구원을 그렇게 소중하게 생각하는 것이 분명하다면, 지금까지 구원을 소홀하게 생각해 왔던 여러분께서는 그 문제에 대한 여러분의 생각을 바꾸어, 여러분 자신의 유익을 위해 좀 더 큰 관심을 갖고 행동하여야 합니다.

　　천사들도 구원을 중요한 일로 생각합니다. 그들은 자기들의 위치에서 허리를 굽히고 회개하는 죄인들이 있는가를 지켜봅니다. 그들은 죄인 하나가 하나님께 돌아왔다는 소리를 들을 때, 자기들의 황금 거문고를 다시 꺼내 하나님의 보좌 앞에서 신선한 음악을 연주합니다. 왜냐하면 "죄인 한 사람이 회개하면 하나님의 사자들 앞에 기쁨이"(눅 15:10) 되기 때문입니다. 귀신들도 역시 구원을 큰 문제로 생각하는 것이 분명합니다. 왜냐하면 마귀는 삼킬 자를 찾으러 두루 다니기 때문입니다. 그것들은 사람들을 멸망시키는 일을 추구하는데 지칠 줄 모르기 때문입니다. 그들은 구원이 얼마나 크게 하나님께 영광이 되는지, 영혼들의 멸망이 얼마나 무서운 일인가를 알고 있습니다. 그러므로 그들은 사람들의 영혼을 멸망시키기 위해서라면, 바다와 육지를 가리지 않고 두루 돌아다닙니다.

　　오, 무관심한 성도들이여, 여러분의 잔인한 원수 마귀가 여러분을 얼마나 사로잡고 싶어하는지, 그것이 얼마나 무서운 것인지를 잘 알 수 있도록, 여러분이 지혜롭게 되기를 기도합니다. 또한 지옥에 떨어진 영혼들이 구원을 중요하게 생각한다는 사실을 기억하십시오. 부자가 이 세상에 있을 때에는 자기의 곳간과 농산물 창고 외에는 아무것도 귀중하게 생각하지 않았지만, 그가 고통받는 장소에 들어가게 되었을 때, 그는 "아버지 아브라함이여, 나사로를 내 아버지 집에 보내소서. 내 형제 다섯이 있으니 저희에게 증언하게 하여 저희로 이 고통받는 곳에 오지 않게 하소서"(눅 16장 참조)라고 부르짖었던 것입니다. 지옥에 떨어진 영혼들은 이 세상에서 자기들을 현혹시켰던 빛과는 다른 빛 속에서 사물들을 봅니다. 그들은 이 세상에서 우리가 내리는 평가와는 다른 비율로 사물들을 평가합니다. 사실상 이 세상에서는 죄악 된 쾌락들과 세상적인 보화가 마음의 눈을 흐리게 하는 것입니다. 따라서 나는 여러분에게 호소합니다. 찬양받으실 삼위일체 하나님과 거룩한 사람들의 눈물과 기도, 천사들과 영화롭게 된 영혼들의 기쁨, 그리고 마귀의 궤계와 죽은 자들의 절망적인 외침을 생각하면서 여러분에게 부탁합니다. 잠자는 상태에서 일어나십시오. 그리고 이 중요한 구원에 대해서 무관심하지 마십시오.

여러분의 행복과 관련된 것이라면, 그 무엇이든지 경시하지 않을 것입니다만, 나는 여러분 중 그 어떤 분에게든지 구원만큼 중요한 것이 없다는 사실을 꾸준히 강조할 것입니다. 아무쪼록 여러분은 건강하셔야 합니다. 만약 여러분이 병이 들면 의사를 불러야 하겠지요. 음식 조절도 하고, 운동도 하고, 위생 규칙을 모두 지켜야 할 것입니다. 여러분의 체질과 그 특징들을 지혜롭게 살펴보아야 합니다. 그러나 여러분의 영혼이 망할 것 같으면, 건강한 육체를 소유한다는 것이 무슨 소용이 있겠습니까? 부유함? 좋지요. 여러분이 부에만 마음을 쏟으면 그것도 헛된 일로 드러날 것이라는 사실을 알게 되겠지만, 그것을 꼭 소유해야 한다면 좋습니다, 소유하십시오. 이 세상에서의 번영, 여러분이 공정하게 돈을 벌 수 있다면 그것도 좋습니다. 그러나 "사람이 만일 온 천하를 얻고도 자기 목숨을 잃으면 무엇이 유익하리요"(막 8:36). 저주받은 영혼에 대해 보상해 줄 보잘것없는 보상이 있다면, 그것은 금으로 만든 관(棺)일 것입니다. 그러나 하나님의 목전에서 쫓겨나는 그 영혼을 태산 같은 보화로써 달랠 수 있겠습니까? 그 비참한 지기 한때 백만장자였고, 그래서 그의 부가 열국의 정치에 영향을 끼칠 수 있었다는 사실을 회고함으로써, 둘째 사망의 고통이 덜어질 수 있겠습니까? 아닙니다. 건강과 부 속에는 구원과 비교할 만한 것이 아무것도 없습니다. 명예와 명성이 구원과 비교될 수 없습니다. 참으로 그런 깃들은 값싼 것들에 불과합니다. 그런 것들이 사람의 아들들을 이상하게 매혹하지만, 그럼에도 불구하고 그런 것들은 무가치한 것들입니다.

아, 여러분, 이 세상에서의 거문고 줄이 여러분의 영광을 더 높이고 모든 나팔이 여러분의 명성을 선포하였다 해도, 장차 큰 소리가 있어 여러분을 향해 "저주를 받은 자들아 나를 떠나 마귀와 그 사자들을 위하여 예비된 영원한 불에 들어가라"(마 25:41)고 하실 때, 그 모든 것이 무슨 소용이 있겠습니까? 구원! 구원! 구원이 중요합니다. 세상에 있는 그 어떤 것도 이 구원과 비길 수 없습니다. 왜냐하면 구원이라는 상품은 은보다 더 낫고 그 수익은 정금보다 더 낫기 때문입니다. 온 우주를 소유한다 해도 그것은 한 영혼이 지금까지 받아온 그 무서운 손상과 또 영원토록 받을 손상에는 도저히 비교될 수 없습니다. 온 세상에 있는 것들을 다 끌어 모아 저울의 한쪽 편을 채우십시오. 그렇습니다. 별처럼 많은 온갖 세상의 것들을 가져와서 그것들을 저울의 한쪽 편에 쌓아올리라는 것입니다. 그리고 다른 한쪽 편에는 불멸의 은총을 입은 한 영혼을 올려놓으십시오. 그러면 그 영혼이 나머지 전체보다 더 무거울 것입니다. 구원! 그 어떤 것도 구원과 비길 수 없습니다. 우리가 구원의 말할 수 없이 귀한 가치를 깨닫고, 그래서 구원을 충만하게 소유하게 될 때까지, 구원을 구하게 되기를 바랍니다.

2. 그러나 이제 우리는 두 번째 문제를 생각해야 하겠습니다.

저는 성령 하나님께서 이 두 번째 문제를 우리들에게 잘 가르쳐 주시기를 기도합니다. 그것은 구원이 누구의 문제인가입니다. 이제 그 구원이 누구의 문제인가를 생각해 보십시오. "너희의 구원"이라고 했습니다. 여러분 모두가 이 개인적인 문제에 집중해 주시기를 바랍니다. 저는 성령께서 여러분의 마음을 이 한 가지 점에 집중시켜 주시기를 기도합니다.

만약 여러분이 구원을 받았다면, 그것은 "여러분의 구원"이 될 것이요, 여러분이 그 구원을 누리게 될 것입니다. 만약 여러분이 구원을 받지 못했다면 여러분이 지금 짓고 있는 죄는 여러분 자신의 죄요, 여러분이 의식하는 죄책은 여러분 자신의 죄책입니다. 여러분이 현재 온갖 불안과 공포, 혹은 냉담함과 나태함이 있는 정죄 아래 살고 있다면, 그 정죄는 여러분 자신의 것입니다. 그 모든 것이 여러분 자신의 것입니다. 여러분이 다른 사람들의 죄에 동참할 수도 있고, 다른 사람들이 여러분의 죄에 참여하기도 합니다만, 그 어떤 사람도 손쉽게 만질 수 없는 한 가지 짐이 여러분 자신의 등에 놓여 있습니다. 하나님의 책 속에는 여러분 자신의 죄가 다른 동료들의 죄와 뒤섞이지 않고 기록되어 있는 페이지가 있습니다.

사랑하는 성도 여러분, 여러분은 이 모든 죄에 대하여 개인적인 용서를 받아야 합니다. 그렇지 않으면 여러분은 영원히 멸망하게 됩니다. 여러분을 대신해서 다른 사람이 그리스도의 피로 씻음을 받을 수 없습니다. 여러분의 믿음을 대신하여 다른 사람이 믿어줄 수 없고, 혹 있다고 할지라도 그런 믿음은 효력이 없습니다. 종교에서 다른 사람을 대리하는 보호자가 될 수 있다는 가설은 참으로 터무니없는 것입니다. 여러분 자신이 회개해야 하고, 여러분 자신이 믿어야 하며, 여러분 자신이 피의 씻음을 받아야 합니다. 그렇지 않으면 여러분에게는 용서도, 받아들여짐도, 양자됨과 중생도 없습니다. 그것은 철저히 개인적인 문제입니다. "너희 자신의 구원"이라고 하였습니다. 반드시 그렇게 되어야 합니다. 그렇지 않으면 여러분 자신이 영원히 멸망하게 될 것입니다.

여러분은 반드시 개인적으로 죽는다는 사실을 깊이 생각하십시오. 아무도 다른 사람이 자기를 대신해서 죽을 수 있다고 생각하지 않습니다. 어떤 사람도 자기의 형제를 대신해서 하나님께 속전을 지불할 수 없습니다. 반드시 나 홀로 그 철문을 지나가야 하며, 여러분 모두가 반드시 그렇게 해야 합니다. 죽는다는 것은 개인적인 일임에 틀림없습니다. 그 죽음 속에서 우리는 개인적인 위로를 얻거나 개인적으로 실망하게 될 것입니다. 죽음의 관문을 통과한 후에도, 구원은 여전히 "우리들 자신의 구원"이 됩니다. 왜냐하면 내가 구원을 받았다면, 나의 "눈은 왕을 그의 아름다운 가운데에서 보며 광활한 땅을 눈으로 볼"(사 33:17) 것이기 때문입니다. 나의 눈이 그를 보게 될 것이지, 나를 대신하여 다른 사람이 보는 것이 아닙니다. 그 어떤 형제의 머리에 여러분의 면류관이 씌워지는 일은 없을 것이며, 다른 사람의 손에 여러분의 영광스러운 종려나무 가지가 흔들리게 될 일도 없고, 그 어떤 자매의 눈이 여러분을 대신하여 행복에 겨운 광경을 보게 되지도 않을 것이며, 여러분을 대신해서 그 어떤 후원자의 마음에 황홀한 축복이 가득 차지도 않을 것입니다. 주 예수 그리스도를 개인적으로 믿는 신자에게 개인적인 천국이 있습니다. 여러분이 만약 "여러분 자신의 구원"을 소유하고 있다면, 반드시 그렇게 됩니다. 그러나 만약 여러분이 자신의 구원을 소유하고 있지 않다면, 여러분 자신에게 저주가 있을 것이라는 사실을 다시 한 번 상기하십시오. 아무도 여러분을 대신해서 정죄를 받지 못할 것입니다. 그 어떤 사람도 여러분을 대신해서 뜨겁고도 무시무시한 여호와의 진노를 담당할 수 없습니다. 여러분이 "바위야 우리를 가리우라, 산들아 우리를 덮으라"(눅 23:30 참조)고 말할 때에 아무도 나서지 아니할 것이요, "너희가 더 이상 저주를 받지 않겠고 내가 너희를 대신하여 저줏거리가 되리라"고 말하지도 않을 것입니다. 오늘날 믿는 모든 사람들을 위해 오직 한 분의 대속자가 계십니다. 하나님께서 정해주신 대속자입니다. 그분은 하나님의 그리스도이십니다. 그러나 만약 여러분이 그 대속을 받아들이지 않는다면, 그 밖에 다른 분이 결코 있을 수 없습니다. 여러분은 오직 버림을 받아, 여러분 자신의 영혼과 육체가 영원토록 개인적으로 고통을 당하게 될 것입니다. 따라서 이런 것을 생각할 때에 구원의 문제를 심각한 일로 여기지 않을 수 없습니다. 오, 지혜 있는 자가 되시기 바랍니다. 그래서 "여러분의 구원"에 대해서 잘 살펴보시기 바랍니다.

　　여러분은 다른 사람들에 대한 생각으로 인하여 유혹을 받아 자신의 구원문제는 잊어버리기가 쉽습니다. 우리는 모두 이 문제에 대해 먼 곳을 바라보면서 가까운 곳을 보지 못할 가능성이 아주 많습니다. 부탁하건대 여러분은 가까운 곳을 바로보시기 바랍니다. 여러분으로 하여금 자신의 포도원을 소홀하게 만드는 모든 것을 역으로 이용하십시오. 그것들을 통하여 여러분은 가까운 곳에서 시작하십시오. 그리고 "여러분의 구원"을 살펴보십시오. 아마도 여러분은 하나님의 성도들 가운데 거하고 있을 것입니다. 물론 저로서는 "어머니의 백성이 나의 백성이 되고 어머니의 하나님이 나의 하나님이 되시리니"(룻 1:16)라는 말씀처럼, 그 성도들이 제가 함께 살고 싶고 제가 함께 죽고 싶은 그런 분들이지만, 여러분은 그들에게서도 결점을 쉽게 찾아볼 수 있을 것입니다. 그러기 때문에 여러분이 성도들 가운데 살고 있다고 할지라도 "여러분의 구원"을 살펴보는 것이 마땅한 일일 것입니다. 여러분이 진실로 성도들의 무리에 속해 있는지, 단순히 교회의 교적부에 이름만 기록되어 있는 교인이 아니라, 그리스도의 손바닥에 실제로 여러분의 이름이 새겨져 있는지를 살펴보십시오. 거짓된 고백자가 아니라 참된 고백자인지, 단순히 그리스도의 이름만 가지고 있는 자가 아니라, 그리스도의 성품에 참여하고 있는 자인지를 살펴보시기 바랍니다. 만약 여러분이 은혜로운 가정에 살고 있다면, 여러분이 그분들과 영원토록 헤어지는 신세가 되지 않도록 주의하십시오. 기독교 가정에서부터 고통받는 장소로 가게 된다면 여러분이 어떻게 견딜 수 있겠습니까? 성도들의 갈망이 여러분의 갈망이 되게 하십시오. 그들의 기도로 인하여 여러분도 기도하는 자가 되도록 하십시오. 그들의 본보기가 여러분의 죄를 책망하게 하고, 그들의 기쁨이 여러분을 그들의 구세주께로 이끌어가게 하십시오. 오! 이 일에 주의를 기울이십시오. 그러나 아마도 여러분은 불경건한 자들 가운데 살고 있을 것입니다. 불경건한 자들은 이생의 하잘것없는 것들과 허망한 것들, 그리고 악행을 생각하는데, 여러분이 그런 사람들과 가까이 지내다보면 여러분도 그들의 생각을 닮게 됩니다. 그렇게 되지 않도록 조심하십시오. 도리어 "오, 하나님 제가 비록 이 사람들 가운데 있지만, 내 영혼을 죄인과 함께, 내 생명을 살인자와 함께 거두지 마소서. 나로 하여금 그들이 빠지는 죄에 빠지지 않게 하시고, 그들의 회개치 않음을 피하게 하소서. 오,

나의 하나님이여, 나를 구원하소서. 그들이 범하는 행악으로부터 나를 구원하소서"라고 말하십시오.

아마도 오늘 몇몇 분들의 마음은 이미 잠들어버린, 죽은 자들에 대한 생각으로 꽉 차 있을지도 모르겠습니다. 이미 죽었지만 마음속에 남아 있는 어린아이나 어버이가 있을 수도 있겠지요. 오, 여러분이 이미 천국에 가신 그분들을 위해서 울 때 "여러분의 구원"에 대해서도 생각하십시오. 그리고 여러분 자신을 위해서 우십시오. 왜냐하면 여러분이 구원받지 못하면 그분들과 영원히 떨어져 있게 될 것이기 때문입니다. 여러분은 그 사랑하는 분들에게 "안녕!"이라고 작별인사를 했을 것입니다. 만약 여러분 자신이 예수님을 믿지 않으면 영원한 작별이 될 것입니다. 여러분 중에 어떤 분이 죄 가운데 살다가 불경스럽게 죽었고, 그래서 망하게 된 사람들의 이야기를 들었다면, 저는 여러분이 그런 사람들에 대해서 무관심하게 생각하지 않기를 바랍니다. 이는 여러분도 역시 그러한 운명에 처할 가능성이 있기 때문입니다. 구세주께서 뭐라고 말씀하셨습니까? "이 사람들이 다른 죄인들보다 죄가 더 있는 줄 생각하느냐?" "아니라, 너희도 회개치 아니하면 다 이와 같이 망하리라"고 말씀하셨습니다. 제게는 마치 땅 위에 있는 모든 것들과 하늘에 있는 모든 것들, 그리고 땅 아래에 있는 모든 것들과 하나님 자신조차도 여러분에게 "여러분의 구원"을 첫째로, 가장 먼저, 모든 일들 중에서 제일 먼저 추구하라고 강권하는 것처럼 보입니다.

이 주세를 강조하여 들려 주어야 할 사람이 누구인가에 대해 말씀드리는 것이 유익하리라 생각합니다. 기탄없이 말씀드리겠습니다. 저와 같은 사람이나, 저의 형제들, 집사님들과 장로님들과 같이 공적인 직분을 가진 그리스도인들에게 이 문제를 강력하게 권유하는 것이 대단히 필요합니다. 미혹을 받기 쉬운 어떤 분들이 있다면, 그분은 그 직분상 타인들에게 목자처럼 행동하라는 권고를 받는 사람들일 것입니다. 오, 성도 여러분, 저는 제가 목사이고 또 거룩한 일들을 다루어야 하기 때문에, 그래서 무사하다고 생각할 가능성이 참으로 많습니다. 저는 제가 결코 그러한 망상에 빠지지 아니하고, 예수님의 피를 믿는 불쌍하고 곤고한 한 사람의 죄인으로서, 항상 십자가를 붙들게 되기를 기도하고 있습니다. 목사님들, 교회 일에 동역하는 일꾼들, 공적인 직분자들은 자기의 직분이 자기를 구원하리라고 생각하지 마십시오. 지옥의 아들이라고 할 수 있는 가룟 유다는 직분상 우리들보다 훨씬 위대한 사도였습니다. 그러나 이 시간 그는 엄청난 멸망 가운데 처해 있습니다. 여러분들이 이스라엘의 지도자들 중에 있다고 해서 자신들이 구원을 받았다고 생각할까 삼가 조심하십시오.

　　비실제적인 교리를 주장하는 자들은, 자기 자신의 구원을 살펴보라고 경고를 받을 필요가 있는, 또 다른 부류의 사람들입니다. 그들은 어떤 설교를 들을 때, 조금의 실수를 하기만 하면, 물어버릴 자세를 갖추고 입을 벌린 채 앉아 있습니다. 그들은 어떤 한 사람을 한 마디의 말 때문에, 범죄자로 만들어 버립니다. 왜냐하면 그들은 자기들이 정통의 표준이라고 결론을 짓고, 마치 자기들이 위대한 왕 대신 임명받은 대리 재판관들인 양, 설교자가 말을 할 때, 몹시 냉담하게 그 설교자에 대해 생각하기 때문입니다. 오, 성도 여러분들이여, 여러분 자신을 살펴보십시오. 지성과 신앙에 있어서 건전하다는 것은 훌륭한 일입니다. 그러나 심령상 건전한 것은 더 훌륭한 일입니다. 저는 정통과 이단 사이를 세세하게 구별할 수 있지만, 그 문제에 대해 전혀 관심이 없습니다. 여러분은 매우 건전한 칼빈주의자이거나, 혹은 또 다른 방향에 놓여 있는 건전한 것을 생각하는 자일 수도 있을 것입니다. 그러나 어쨌든 진리의 능력을 체험하지도 못하고 중생하지도 못했다면, 그것은 아무것도 아닙니다. 쓸데없는 것에 불과합니다. 학문에 있어서는 지혜롭지만 성령을 모시지 못한 분들이여, "여러분 자신의 구원"을 살펴보시기 바랍니다.

　　또한, 항상 어떤 이상한 사색을 하는 사람들 역시 경고를 받을 필요가 있습니다. 그들은 성경을 읽을 때, 자기들이 구원을 받았는가, 그렇지 않은가를 깨닫기 위해 성경을 읽는 것이 아니라, 천년왕국이 언제 시작될 것인가? 지금 우리가 셋째 대접, 혹은 넷째 대접의 재앙 아래에 있는가? 아니면 아마겟돈 전쟁이 무엇인가를 알기 위해서 성경을 읽습니다. 아, 성도 여러분, 여러분에게 시간이 있고 능력이 있다면, 이런 모든 것들에 대해 연구하십시오. 하지만 먼저 여러분 자신의 구원에 대해 살펴보십시오. 계시록을 깨닫는 사람은 복된 자입니다. 그러나 그가 무엇보다도 먼저 "믿고 세례를 받는 사람은 구원을 얻을 것이요"(막 16:16)라는 말씀을 깨닫지 못하고 있다면, 그는 복된 자가 아닙니다. 계시록의 상징들과 신비들을 가장 잘 해석하는 최고의 학자일지라도, 그가 그리스도께로 나오지도 않고, 우리의 위대한 대속주의 구속 사역에 그 영혼을 의뢰하지도 않는다면, 가장 무지한 자들처럼 그는 분명히 버림을 당할 것입니다.

　　저는 자신들의 구원을 살펴볼 필요가 아주 많은 사람들을 알고 있습니다.

제가 말씀드리고자 하는 사람들은 다른 사람들을 비평하고 있는 분들입니다. 그들은 예배당에 올 때, 반드시 그들의 이웃 사람들의 옷이나 행동을 살피지 않는 법이 없습니다. 그들의 입에 오르내리지 않는 사람은 아무도 없습니다. 그들은 신랄한 심판자들이며, 예리한 관찰자들입니다. 흠 찾기를 일삼고, 고자질하기를 좋아하는 사람들이여, "여러분 자신의 구원"에 대해 살펴보시기를 바랍니다. 여러분은 며칠 전, 있지도 않은 그럴듯한 어떤 잘못을 들어서 목사님 한 분을 정죄하였습니다. 그러나 그 목사님은 주님 곁에 가까이 사시는 하나님의 사랑스러운 종이십니다. 그와 같은 분을 송사하는데 혀를 사용하시는 그대들은 도대체 누구입니까? 전에 어떤 가난하고 비천한 그리스도인 한 분이 여러분의 험담과 비방의 대상이 되기도 했습니다. 그것이 그녀의 마음에 큰 상처가 되었습니다. 오, 성도 여러분, 자신을 살펴보십시오. 여러분 자신에 대해 살펴보시기 바랍니다. 이렇게 날카롭게 밖을 내다보는 그런 눈들이 가끔씩 안을 들여다본다면, 자기들을 어둡게 하는 광경을 두려움에 가득 차서 바라보게 될 것입니다. 만약 그런 공포 때문에 그들이 그 눈들을 새롭게 하고, 그 눈들로 자기의 구원을 보게 하시는 구세주께로 돌아서게 된다면, 그 공포는 복된 공포입니다.

개인적인 구원에 대해 살펴보면서, 어떤 거대한 공적인 학설을 주장해 온 사람들과 토론해 볼 필요가 있다고 봅니다. 저는 그 어떤 사람 못지않게 열렬한 개신교 신자입니다만, 로마교보다 전혀 낫지 않은 극단적인 개신교도들을 아주 많이 알고 있습니다. 왜냐하면 옛날에는 로마교도들이 개신교도들을 불태워 죽였습니다만, 오늘날은 개신교도들이 할 수만 있다면 로마교도들을 묵인하지 않으려 하기 때문입니다. 그 점에 있어서 저는 그 두 부류의 완고한 사람들 사이에서 타결책을 발견할 수 없습니다. 열렬한 개신교도들이여, 저는 여러분들에게 동의합니다. 그러나 저는 이 문제에 대한 여러분의 열정이 여러분을 구원하지도 않을 것이요, 도리어 개인적인 경건의 자리를 빼앗아가고, 그 자리를 차지하게 될 것이라고 경고합니다. 수많은 정통적 신교도들이 대재판장의 왼편에 나타나게 될 것입니다. 이런저런 대중적인 문제를 야기하여, 많은 사람을 혼란케 하고 있는 여러분들에게 저는 다음과 같은 말씀을 드리고 싶습니다. "여러분 자신의 내적인 현명함이 든든한 터전 위에 정착될 때까지 그대로 내버려 두십시오"라고 말입니다. 여러분은 과격한 개혁자들입니다. 여러분은 우리 모두의 잘못을 바르게 하고 모든 사람을 공정하게 다루는 교회정치의 체제를 우리들에게 소개할 수 있었습니다. 그런데 저는 여러분이 자신의 잘못을 고치고 자신을 개혁하며, 예수 그리스도의 사랑에 자신을 복종시키기를 부탁합니다. 그렇지 않고 비록 여러분이 얼굴의 사건들을 조정하고, 사회 모든 계급의 배열을 조절하는 방법을 알고 있다 할지라도, 여러분이 주님의 타작마당에서 쭉정이 같이 날아가 버린다면, 무슨 소용이 있겠습니까? 따라서 우리가 무슨 일에 전념하든지 간에, 그 일을 알맞은 상태로 유지하기 위해, 하나님께서 우리들에게 은혜 베푸시기를 원하며, 우리를 부르시고 택하신 것이 분명하게 드러나기를 바랍니다.

3. 이제 셋째로, 저는 몇 가지 반론들에 대해서 답변하고자 합니다.

하나님께서 은혜를 베푸셔서 올바르게 말씀드릴 수 있게 되기를 원합니다. 저는 어떤 분이, "그런데 당신은 예정론을 믿지 않습니까? 무엇 때문에 우리가 우리 자신의 구원을 살펴볼 필요가 있습니까? 그것은 모두 정해진 것이 아닙니까?"라고 말하는 것을 들었습니다. 여러분이 그런 말씀을 하신다면, 저는 여러분이 어리석은 사람이라고 대답할 수밖에 없습니다. 여러분이 이 자리에 오실 때에 비에 젖든지 젖지 않든지, 두 가지 중에 한 가지는 결정될 것이 아니었겠습니까? 그런데 어째서 여러분은 여러분의 우산을 가지고 오셨습니까? 음식을 먹고 영양 섭취를 하는지, 아니면 굶주리게 되든지 둘 중 하나가 결정될 것이 아닙니까? 그런데 왜 여러분은 집에 가서서 저녁 식사를 하시는 겁니까? 여러분이 내일 죽든지, 아니면 살든지 둘 중 하나일 것입니다. 그렇다고 해서 여러분은 여러분의 목을 자를 것입니까? 아닙니다. 여러분은 "여러분 자신의 구원" 이외의 어떤 것에 관해서도 하나님의 예정 때문에 그렇게 사악하고 어리석은 이의를 제기하지는 않습니다. 여러분은 그것이 합리적인 생각이 아니요, 그냥 해본 말이라는 것을 잘 알 것입니다. 이것이야말로 제가 여러분에게 드리는, 여러분이 받을 만한 유일한 해답입니다.

또 다른 사람은 이렇게 말합니다. "저는 우리 자신을 살펴보라는 이 일에 관해서 어려움이 있습니다. 목사님은 온전한 확신이라는 것이 있다고 믿지 않습니까? 조금도 의심하지 않고 자기들이 구원받았음을 아는 분들은 있습니까?" 예, 그런 분들이 있습니다. 하나님께 찬양을 드립니다. 이 자리에도 그런 분들이 많이 있기를 바랍니다. 그러나 저는 당신이 이런 분이라고는 말씀드리지는 않겠습니다. 이런 사람들은 자신을 점검하기를 두려워하는 분들이 아닙니다. 만약 제가 "나는 나 자신을 더 이상 살펴볼 필요가 없어요. 나는 구원받았음을 압니다. 그래서 더 이상 조심할 필요가 없어요"라고 말하는 어떤 분을 만난다면, 저는 과감히 그 사람에게 "선생님, 선생님께서는 이미 잘못된 생각을 하시는군요. 선생님께서 가진 그런 망상 때문에 선생님은 거짓을 믿고 있습니다"라고 말할 것입니다. 온전한 확신을 가진 사람들만큼 신중한 자들은 아무도 없습니다. 믿음의 확신을 가진 사람들만큼 하나님을 거역하는 것을 두려워하는, 그런 거룩한 경외심을 가진 사람들은 아무도 없습니다. 그렇게 상냥하고 신중하게 처신하는 사람들은 아무도 없습니다. 어림짐작은 확신이 아닙니다. 그러나 슬프게도, 많은 사람들이 그렇게 생각하고 있습니다. 그것은 확신이 아닙니다. 그 어떤 확신에 찬 신자도 자기 자신의 구원의 중요성을 상기해야 한다는데 반대의견을 제시하지 않을 것입니다.

그러나 세 번째 반론이 있습니다. 어떤 사람은 "이것은 너무 이기적입니다. 목사님은 우리들에게 우리 자신을 살펴보라고 지금까지 계속해서 훈계하셨는데, 그것은 완전히 이기적인 일입니다"라고 말합니다. 그렇습니다. 여러분의 말씀이 맞습니다. 그러나 그것은 여러분이 비이기적이 되기 위해서 절대적으로 필요한 종류의 이기심이라는 것을 말씀드립니다. 구원의 한 부분은 이기심으로부터 해방되는 것입니다. 저는 이기심으로부터 해방되고자 하는 강한 욕망이, 이기적일 만큼 가득합니다. 만약 여러분 자신이 구원을 받지 못했다면, 여러분이 다른 사람들에게 어떻게 유익이 될 수 있겠습니까? 어떤 사람이 물에 빠져 죽어가고 있고, 저는 런던 다리 위에 있다고 합시다. 제가 만약 다리 난간에서 뛰어내려 수영을 할 수 있다면, 그 사람을 구할 수 있을 것입니다. 그러나 제가 수영을 못한다고 가정해 봅시다. 제가 갑자기 뛰어든다고 해서, 물에 빠져 죽어가는 사람에게 어찌 도움을 베풀 수 있겠습니까? 제가 그렇게 할 만한 능력을 가지기 전에는 그를 도울 만한 자격이 없는 것입니다. 저기 학교가 있습니다. 선생님이 되고자 하는 사람은 반드시 가장 먼저 "내가 입으로 가르치고자 하는 것을 내 자신은 알고 있는가?"라는 질문을 던져보아야 합니다. 여러분은 그런 자문을 이기적이라고 부르십니까? 확실히 그것은 상식적으로 생각해 볼 때도 가장 이타적인 이기심입니다. 진실로 "나는 선생으로 행동할 만한 자격을 갖추고 있는가?"라고 자문할 만큼 이기적이지 않은 사람은 수행할 자격이 없는 일에 자신이 뛰어들었다고 생각하면서, 자기의 사특한 이기심에 죄책감을 느끼게 될 것입니다. 어떤 무식한 사람이 학교에 찾아가서, "내가 여기에서 선생이 되겠습니다. 급료를 지불해 주십시오"라고 하는데 그가 어린아이들에게 글을 읽고 쓰는 법을 가르칠 수 없다고 생각해보십시오. 자기가 적합한지 아닌지 깨닫지 못하는 그 사람이야말로 아주 이기적인 사람이 아니겠습니까? 그러나 어떤 사람이 그에게 "아니야, 네가 먼저 공부하러 학교에 가야 해. 그렇지 않고 네가 어린아이들에게 무언가를 가르치려고 하는 것은 그들을 조롱하는 일이야"라고 말하는 것은 분명히 이기심이 아닙니다. 우리가 우리 자신의 구원을 똑바로 바라보게 하는 것은 이기심이 아닙니다. 왜냐하면 그것은 우리가 다른 사람들에게 유익을 주기 위한 기초이기 때문입니다.

4. 지금까지 반론들에 대하여 답변하였습니다.
이제 지극히 선한 일을 힘쓰고자 하는 자들에게
다소간 도움을 주도록 해 보겠습니다.

여기에 계시는 어떤 분이 자기 자신의 구원에 대해 진지하게 임한다면, 성령님은 기뻐하실까요? 교우 여러분, 제가 여러분에게 두 가지 질문에 대해 도와드리겠습니다. 첫째는 "나는 구원을 받았는가?"라고 자문해 보십시오. 저는 여러분이 그 질문에 즉시 대답하도록 도와드리고 싶습니다. 오늘 아침 여러분이 구원받은 자라면, 그것은 여러분 속에서 이루어진 일에 의한 것입니다. 이는 본문이 "너희 구원을 이루라. 너희 안에서 행하시는 이는 하나님"이라고 말씀하고 있기 때문입니다. 여러분은 여러분 속에 그 구원을 이룰 수 없습니다만, 하나님께서 그 일을 여러분 속에서 행하실 때, 여러분은 그 일을 이루게 됩니다. 여러분의 영혼 속에 성령의 사역이 있습니까? 인간의 도움이 미칠 수 없는 어떤 것을 여러분은 느끼고 있습니까? 여러분 속에 위로부터 말미암은 어떤 변화의 역사가 있었습니까? 그렇게 했다면 여러분은 구원을 받았습니다. 다시 묻겠습니다. 여러분의 구원이 전적으로 그리스도께 기초하고 있습니까? 십자가가 아니고 다른 어떤 곳에 의존하고 있는 자는, 자기를 미혹하는 것을 의지하고 있는 것입니다. 만약 여러분이 그리스도 위에 서 있다면, 여러분은 반석 위에 서 있는 것입니다. 그러나 여러분이 그리스도의 공로를 부분적으로 신뢰하고, 또 여러분 자신의 공로를 부분적으로 신뢰하고 있다면, 여러분은 한 쪽 발은 반석 위에 두고, 다른 한 쪽 발은 무너질 모래 위에 두고 있는 것입니다. 차라리 여러분이 두 발을 다 모래 위에 두는 것이 더 나을지도 모르겠습니다. 왜냐하면 그 결과는 마찬가지일 것이기 때문입니다.

> "오직 예수님만, 오직 예수님만,
> 무력한 죄인들에게 도움이 되시네."

그리스도가 여러분의 영혼에서 가장 귀중한 분이요, 알파와 오메가이며, 시작과 끝이며, 처음과 나중이 아니라면, 여러분은 구원받지 못했습니다. 다시 한 번 더 이 일을 생각해 보십시오. 여러분이 구원받았다면 여러분은 이미 죄에게서 등을 돌린 것입니다. 그러나 여러분은 아직 죄짓는 것을 벗어나지 못했습니다. 우리가 하나님을 향하여 그렇게 해야 하는 만큼은 아직 벗어나지 못했습니다. 그러나 여러분은 죄를 사랑하는 일에서는 벗어났습니다. 여러분은 고의적으로 죄를 짓지는 않습니다. 연약해서 죄를 짓습니다. 여러분은 하나님과 거룩함을 간절히 추구합니다. 여러분은 하나님을 경외하며, 하나님을 닮고 싶어합니다. 여리분은 몹시 하나님과 함께 있고 싶어합니다. 여러분의 일굴은 천국을 향하고 있습니다. 여러분은 적도를 여행하는 사람과 같습니다. 여러분은 천국의 열기와 빛의 따뜻한 영향력을 점점 더 강하게 느끼고 있습니다. 당신의 생의 행로기 육체를 좇아 행하는 것이 아니라, 성령올 좇아 행하며, 성결의 열매를 맺는 그런 삶이라면, 여러분은 구원받은 자입니다. 여러분 자신의 영혼에 아주 정직하고 솔직하게 주어지는 질문에, 여러분이 대답하시기를 바랍니다. 너무 편파적인 판단을 하는 자가 되지 마십시오. 겉모양이 멋지다고 해서 모든 것이 좋다는 결론을 내리지 마십시오. 우호적인 결정을 하기 전에 깊이 생각하십시오. 남에게 판단을 받기 전에 여러분 스스로 판단해 보십시오. 자신이 죄가 없다고 하다가 결국에는 자신의 실수가 드러나는 것보다는, 자신을 정죄하고 하나님의 용서를 받는 것이 훨씬 낫습니다.

그러나 그 자리에 계시는 어떤 분들이 그 질문에 부정적인 답변을 해야 한다고 생각해 봅시다. 그런 일이 있을까 두렵습니다. 그때는 자기들이 구원받지 못했다고 고백하는 자들이 또 다른 한 가지 질문, 즉 "어떻게 하면 구원을 얻을 수 있습니까?"라는 질문에 대한 답을 듣도록 해줍시다. 아, 친애하는 성도 여러분,

저는 여러분에게 구원을 소개하기 위해 거대한 책이나, 한 아름되는 서책을 가져온 것도 아니요, “구원을 깨닫는데 여러분이 몇 달이나 몇 년이 걸릴 것이라”고도 말하지 않습니다. 그렇습니다. 구원의 길은 간단합니다. 그 방법은 단순합니다. 만약 여러분이 믿기만 한다면, 그 순간에 구원을 얻게 될 것입니다. 구원이라는 하나님의 일은, 그 시작과 본질에 관한 한 즉각적입니다. 예수님이 그리스도라는 것을 믿으면, 하나님으로부터 난자가 됩니다. 만약 여러분이 지금 영으로 십자가 밑에 서서, 성육신하신 하나님께서 고난을 받으시고, 피를 흘리시며, 그곳에서 죽어가고 있는 모습을 그려본다면, 그리고 여러분이 그분을 바라보게 될 때, 여러분의 영혼이 그분을 자신의 구세주로 받아들이고, 전적으로 그분에게 그 영혼을 맡기게 된다면, 여러분은 구원을 받은 것입니다. 제가 처음 예수님을 믿었던 그 순간을 저는 너무나도 생생하게 기억하고 있습니다. 그것은 저의 마음에 일어난 가장 단순한 행위였습니다만, 가장 놀라운 일이었습니다. 왜냐하면 성령께서 저의 속에서 역사하셨기 때문입니다. 내 자신을 의지했던 것과, 예수님 외에 다른 것을 믿던 나의 믿음을 다 끊어버리고, 오직 예수님과 예수님이 행하신 일을 일심으로 믿게 되었던 것입니다. 저의 죄는 그 순간에 사함을 받았고 서는 구원을 받았습니다.

　사랑하는 성도 여러분, 여러분 또한 주 예수님을 믿는다면, 여러분도 역시 그렇게 될 것입니다. “여러분 자신의 구원”은 오직 믿음으로라는 한 가지 사실을 통해서 얻게 될 것입니다. 앞으로는 믿음으로 말미암아 구원에 이르는 하나님의 능력을 힘입어, 여러분은 성결(거룩함)의 길을 걸어가게 될 것이요, 영원한 복락 가운데 예수님이 계시는 곳에 이르게 될 때까지, 여러분의 걸음은 계속될 것입니다. 한 영혼이라도 구원받지 못한 채 이 예배 처소를 나가는 일이 없도록, 하나님께서 주장하여 주시기 바랍니다. 심지어 여기에 참석한 어린아이들, 젊은이들, 소년들이여, 여러분은 어린 시절에 “여러분의 구원”에 대해 관심을 가지기 바랍니다. 믿음은 어른들만이 누리는 은혜가 아닙니다. 여러분의 아버지나 어머니의 것만도 아닙니다. 만약 여러분 어린 심령들이 어린 시절에, 그 거룩한 예수님을 바라보게 된다면, 만약 여러분이 예수님에 대해서 조금이라도 알고, 그분을 믿기만 한다면, 구원은 여러분의 것이 될 것입니다. 바라기는 여러분이 젊은 시절에 “여러분의 구원” 문제를 구속주의 손에 맡겨서, 그것이 여러분에게 기쁨이 되기를 원합니다.

이제 말씀을 맺겠습니다. 그러나 한두 가지 생각이 저를 억누르고 있습니다. 제가 자리에 앉기 전에 그 생각을 말씀드려야 하겠습니다. 여기에 계시는 각 사람이 자기 자신의 구원이라는 이 문제를 알게 되기를 강권합니다. 꼭 그렇게 하기를 바랍니다. 왜냐하면 아무도 여러분을 대신해서 그 일을 할 수 없기 때문입니다. 성도 여러분, 저는 여러분의 영혼을 위해 기도해 왔습니다. 저는 여러분에 대해 평안의 응답을 얻게 되기를 기도합니다. 그러나 여러분이 기도하지 않는다면, 저의 기도는 헛수고입니다. 여러분은 여러분의 어머니의 눈물을 기억하고 있습니다. 아, 여러분은 그때 이후로 대양을 건넜습니다. 여러분은 죄의 심연 속에 들어가기도 했습니다. 그러나 여러분은 여러분의 어머니의 무릎에서 기도하곤 했을 때, 어머니께서 사랑스럽게 "아멘"이라고 말씀하시며, 아들에게 입 맞추고 아들에게 축복하시며, 어머니의 하나님을 아들도 알게 되기를 기도하시던 그때를 회상합니다. 그 기도들이 여러분을 위하여 하나님의 귓가에 지금도 울리고 있습니다. 그러나 "보라, 그가 기도하는구나" 하는 말이 여러분을 가리키는 말씀이 되지 못하면, 여러분은 구원받을 수 없습니다. 여러분이 어머님의 성결한 생활을 본받지 않으면, 어머니의 거룩한 생활은, 여러분의 고의적인 사악함을 정죄하기 위해 심판하는 입장으로 나타나게 될 뿐입니다. 여러분이 아버지의 간절한 훈계를 순종하여, 예수님을 생각하며 그를 신뢰하지 않는다면, 그 훈계가 단지 심판자의 공정한 선언을 확증하게 될 뿐입니다.

여러분에게는 오직 한 가지 소망이 있는데, 그 소망을 잃어버리면 영원히 사라지고 만다는 것을 상기하시기 바랍니다. 어떤 전투에서 패배한 지휘관은 다른 전투를 개시하면서, 그 싸움에서 이기게 되기를 바랍니다. 여러분의 생애도 한편의 전투입니다. 그러나 만약 이 전투에서 여러분이 지고나면, 영원히 지고 마는 것입니다. 어제 파산한 사람은 다시 용기를 가지고 사업을 시작합니다. 그리고 성공하기를 바랍니다. 그러나 이 죽을 생명의 사업장에서 여러분이 파산한다면, 여러분은 영원토록 파산하게 되는 것입니다. 그러므로 제가 살아 계신 하나님으로 말미암아 여러분에게 강권하는 것은, 여러분이 여러분 자신의 구원을 살펴보라는 것입니다. 저는 살아 계신 하나님 앞에서, 다음 날 태양이 빛을 발하기 전에 오늘 이 설교 내용을 여러분이 실행에 옮기기를 강권합니다.

하나님께서 여러분을 도우셔서 여러분이 사망에서 생명으로 옮겨졌다는 것을 성령의 증거하심으로 여러분이 알게 될 때까지, 쉬지 않고 여러분이 하나님을 찾게 되기를 바랍니다. 지금, 바로 지금, 지금 당장에 그것을 확인하십시오. 바로 오늘 이 순간에 경고의 목소리가, 하나님으로부터 여러분 가운데 어떤 사람들에게 특별히 강하게 임하고 있습니다. 이는 여러분이 그것을 크게 필요로 하고 있기 때문이며, 여러분이 생존해 있을 시간이 얼마 남지 않았기 때문입니다. 이번 주간에도 얼마나 많은 사람들이 영원 속으로 사라져갔는지 모르겠습니다. 다음 안식일이 되기 전에 여러분 자신도 살아 있는 자들의 땅에서 사라져 버릴지도 모릅니다. 확률적인 계산에 따르면 이 청중 가운데서 한 달 안에 죽을 분들도 몇몇은 되리라 생각합니다. 저는 지금 억측을 하고 있는 것이 아닙니다. 생각하건대 이 수많은 사람들이 다음에도 모두 함께 모이겠다는 마음을 가진다해도 그렇게 될 수는 거의 없습니다. 그렇다면 우리들 가운데서 누가 그 알지 못하는 곳으로 부름을 받게 될까요? 하나님의 일을 비웃기 잘하던 젊은 여자 성도님들, 여러분이 그렇게 될까요? 신앙에 대하여 투자할 시간이 충분히 없다는 상인이 그 대상일까요? 외국인 친구여, 휴일을 보내기 위하여 대양을 건너온 그대가 해당되지는 않겠습니까? 그대가 시신이 되어 돌아가지는 않을까요?

　여러분은 모두가 자신을 생각하게 되기를 기원합니다. 런던에 살고 계시는 여러분은, 콜레라가 우리 거리를 휩쓸고 지나가서, 우리들 가운데 어떤 분들은 콜레라에 걸리기도 하고, 마치 눈에 보이지 아니하는 무서운 화살에 맞은 듯이, 우리 주위에서 수많은 사람들이 쓰러져갔던 수년 전의 일을 기억하실 것입니다. 그 질병이 또다시 이곳으로 번져오고 있다는 소문이 들립니다. 폴란드에서 시작되어 온 대륙을 휩쓸고 있다는 소문입니다. 만약 그 병이 찾아와서 여러분 가운데 몇 사람에게 엄습한다면, 여러분은 떠날 준비가 되어있는가요? 심지어 그러한 죽음의 형태가 우리의 도시를 괴롭히지 않는다 해도(그런 무서운 일이 없기를 저는 기도합니다만) 우리 문 안에는 항상 죽음이 도사리고 있으며, 전염병이 매일 밤 어둠 가운데 지나가고 있습니다. 그러므로 여러분의 길을 깊이 생각해 보시기 바랍니다. 여호와께서는 "이스라엘아 네 하나님 만나기를 준비하라"(암 4:12)고 말씀하시는데, 저도 그 말씀으로 본 설교의 결론을 삼아야 하겠습니다. "성도 여러분, 하나님 만나기를 준비하십시오."

제
7
장

—

세상의 빛이 되는 신자들

—

"모든 일을 원망과 시비가 없이 하라 이는 너희가 흠이 없고
순전하여 어그러지고 거스르는 세대 가운데서 하나님의 흠
없는 자녀로 세상에서 그들 가운데 빛들로 나타내며 생명의
말씀을 밝혀 나의 달음질이 헛되지 아니하고 수고도 헛되지
아니함으로 그리스도의 날에 내가 자랑할 것이 있게 하려
함이라"— 빌 2:14-16

만약 우리기 기독교의 교훈들이 그 의미가 다소 변질되어 왔다고 생각한다
면, 우리는 진리에서 아주 멀리 떨어져 있다고 생각할 수 있습니다. 만약 우리가
복음의 교훈들이 오늘의 시대보다는, 사도 시대에 더 엄격했다고 생각한다면,
우리는 전반적으로 대단히 위험한 망상에 젖어 있는 것입니다. 이교의 가증스러
운 굴레에서 갓 벗어난 초대교회의 회심자들은 더 엄격한 규례보다는, 자연히
관대한 규례 아래에 있게 되었을 것입니다. 만약 복음에 어떤 변화가 있을 수 있
다면, 사도는 처음에는 가장 쉬운 교훈들을 주었을 것이며, 오늘날과 같이 더 나
아진 시대에는 완전한 계시가 드러나고 좀 더 엄격한 교훈들이 선포되었을 것입
니다. 그러나 복음이 계시에 있어서 점진적이라는 것은 복음의 정신에 적합하지
않기 때문에, 그리고 그것이 모두 즉시 계시되었기 때문에 우리는 바울에 의해
서 주어진 교훈들을 우리의 시대에 맞추기 위해, 완화시키고 희석할 수 있다고
생각해서는 안 됩니다. 성도 여러분, 다시 말씀드립니다. 이교의 가증스럽고 음

탕하고 사악한 흑암의 구덩이에서 갓 벗어난 이 사람들이 가장 고귀한 성결 생활을 하라는 권고를 받았다면, 우리가 그리스도인의 완전한 상태, 즉 매우 높은 상태에 도달하고 하나님을 아주 가까이하며 그리스도를 온전히 본받는 자가 되도록 힘쓰는 것이 너무나 당연한 의무가 아니겠습니까! 하나님께서 오늘 아침 바울이 빌립보 교회에 주신 그 말씀을 우리도 듣도록 도와주시기를 기원합니다. 그 충분한 의미가 우리의 생활 속에서 구현될 수 있기를 기원합니다.

　　사도는 "모든 일을 … 하라"고 말합니다. 이 말을 통해 그는 기독교 교회의 활동을 가르치려고 하는 것 같습니다. 왜냐하면 기독교의 신앙은 단순한 사색이나 감정이 아니라 하나님을 위해 행동하고 일하는 것이기 때문입니다. "모든 일을 … 원망 없이 하라." 하나님의 섭리를 따라서 원망 없이 하라고 하십니다. 원망하는 것은 이교도의 일반적인 악덕이었습니다. 그들은 종종 자기들의 묘비 위에, 신이 자기들의 사랑하는 자들을 빼앗아갔다고 해서 신을 대항하여 항변하는 글을 기록했고, 신이 자기들의 친척들을 앗아갔다고 하여, 그 신을 잔인하고 무정한 자라고 욕했습니다. 또 "서로 모든 일을 원망과 시비가 없이 하라"고 했습니다. 여러분의 사랑이 정성이 어리고 참되게 하셔서, 여러분보다 더 부유하고 더 재능이 많은 형제들을 시기하지 않도록 하십시오. 여러분 가운데 반드시 존중을 받아야 하는 자들에 대해서, 저질적인 험담이 여러분 회중 가운데서 오르내리는 일이 없도록 하십시오. 여러분이 무슨 일을 하든지 원망이 섞이지 않게 하시고, 즐겁게 수고하시며, 인내하며 견디십시오. 불경건한 세상에 대해서도 원망하는 일이 없도록 합시다. 만약 불경건한 세상 사람들이 부당하다면, 그들의 그 불의를 조용히 견디십시오. 항상 불평을 늘어놓는 일이 없도록 하십시오. 여러분이 할 말은 많겠지만, 아론처럼 여러분이 평안한 마음을 가지는 것이 더 낫습니다. 침묵하는 가운데 참는 것은 여러분을 더욱 존엄하게 만들고 평범한 사람보다 훨씬 더 위대하게 만들어 줄 것입니다. 왜냐하면 그렇게 함으로 여러분은, 자기를 송사하는 자들 앞에서 그 입을 열지 아니했던 주님을 닮아가게 될 것이기 때문입니다.

　　사도는 계속해서 "시비"가 없이 모든 일을 하라고 합니다. 하나님과 더불어 시비하지 마십시오. 하나님 보시기에 좋은 일을 행하도록 하십시오. 여러분의 동료인 그리스도인들과 시비하지 마십시오. 그들에 대해서 비방하는 송사를 일으키지 마십시오. 칼빈은 루터가 자기에 대해 좋지 않게 말했다는 소문을 들었을 때, 그는 "루터가 나를 마귀라고 부르고자 한다면 그렇게 하도록 내버려 두십시오. 저는 그가 여호와의 가장 사랑스럽고 용감한 종이라는 말 이외에, 그에 대해서 결코 아무 말도 하지 않겠습니다"라고 말했습니다. 논쟁함으로 일이 꼬이게 하지 마십시오. 여러분의 칼을 사용해야 할 대적들이 있다는 사실을 기억하십시오. 여러분이 동료의 갑옷을 내리침으로써 여러분의 칼을 무디게 하지 마십시오. 심지어 세상과도 시비하지 마십시오. 이교의 철학자들은 항상 논쟁할 기회를 찾는 자들입니다. 그러나 여러분은 하나님께서 여러분에게 말씀하신 것을 증언할 기회를 찾으십시오. 논쟁을 하려고 하지 마십시오. 성도들에게 일단 전해진 그 믿음에 대해서 열정적으로 주장하는 것을 부끄러워하지 마십시오. 그러나 결코 논쟁하는 정신으로는 하지 마십시오. 이는 여러분이 승리를 얻으려고 하는 것이 아니라, 오직 하나님께서 여러분에게 나타내라고 명하신 것을 여러분은 말해야 하기 때문입니다.

"이는 너희가 흠이 없고"라고 했습니다. 사람들은 여러분들을 비난할 것입니다. 그러나 여러분은 그리스도인다운 삶을 추구하여 비난받을 만한 여지를 주어서는 안 됩니다. 다니엘을 고소했던 사람들은 다니엘에 대해 말하기를, "이 다니엘은 그 하나님의 율법에서 근거를 찾지 못하면 그를 고발할 수 없으리라"(단 6:5)고 했습니다. 여러분들도 세상 사람들이 여러분을 향해 그런 말을 하도록 행하시기 바랍니다. 에라스무스(Erasmus)는 그를 크게 반대하던 루터에 대해 글을 쓰기를, "심지어 루터의 직들조차도 그가 좋은 사람이라는 사실만은 부인할 수 없다"고 했습니다. 교우들이여, 마음에 들지 않는 세상으로부터도 이런 찬사를 받을 수 있도록 하십시오. 테르툴리아누스(Tertullian) 시대의 사람들은 그리스도인들을 향해, "아무개는 그리스도인이지만 참 좋은 사람이야"라고 말했다는데, 오늘날 여러분도 그러한 삶을 사시기를 바랍니다. 이교도들은 그리스도인들을 가장 나쁜 사람들이라고 생각했습니다. 그러나 그들은 가장 좋은 사람들이라고 고백하지 않을 수 없었습니다. 그 사람들이 그리스도인들인데도 말입니다.

사도는 "흠이 없고 순전하라"고 말합니다. 이 말에 해당되는 헬라어는 "뿔이 없는"이라는 말로도 번역될 수 있습니다. 이는 마치 여러분이 해를 끼치는 피조물이지만 어떤 해도 끼칠 수 없게 된 자들이 되었음을 가리키는 말인 듯합니다. 즉, 어떤 것을 게걸스럽게 먹지도 아니할 뿐 아니라, 게걸스럽게 먹을 수도 없는 양과 같은 피조물이라는 것입니다. 왜냐하면 그렇게 하는 것은 그들의 본성과는 정반대이기 때문입니다. 그들에게는 물어뜯을 수 있는 이빨도 없고, 찌를 수 있는 송곳니도 없으며, 죽일 수 있는 독도 없습니다. 여러분이 화살을 가지고 계신다면, 그것들을 사랑 속에다 담그십시오. 여러분이 검을 지니고 있다면, 하나님의 말씀으로 성령의 검을 삼으십시오. 그렇게 하여 어디에서든지, 심지어 여러분에게 해를 끼칠지 모르는 사람들 가운데서도, "거룩하고 악이 없고 더러움이 없고 죄인에게서 떠나 있는"(히 7:26) 자들이 되도록 하십시오.

"하나님의 … 자녀로." 사도 바울은 우리의 하나님과의 관계의 존엄성 때문에 존엄한 처신을 해야 한다고 말합니다. 옛날의 한 철학자는, "안티고노스여, 그대는 왕의 아들이라는 사실을 기억하시오"라고 말한 바가 있었습니다. 그리스도인들이여, 여러분은 만왕의 왕이신 하나님의 친자녀임을 기억하십시오. 곧 천상의 거문고를 연주할 그 손가락을 더럽히지 마십시오. 장차 영광의 왕을 바라볼 그 눈들을 욕망의 창이 되게 하지 마십시오. 장차 황금 길을 거닐게 될 그 발을 진창에 더럽히지 마십시오. 얼마 있지 아니하여 천국으로 가득 차고 무한한 희락이 넘치게 될 그 심령을 교만과 고통으로 채우지 마십시오. 여러분은 "하나님의 자녀들"이기에 모든 눈들이 여러분을 향하고 있으며, 다른 사람들에게서보다 여러분에게 더 큰 기대를 가지고 있음을 기억하십시오. 이는 여러분이 지존자로부터 나서 좀 더 고상한 신분을 가지고 있으며, 그래서 세상에서 가장 고상하고 훌륭한 자들이기 때문입니다.

사도는 또다시 "흠 없는" 자들이 되라고 합니다. 세상이 책망할 수 없는 사람들이 되라는 것입니다. 똑바로 서서 원수들이 실제로 흠을 찾을 수 없는 자가 되고, 바리새적인 외식이 없이, 욥이 말한 바와 같이, "주께서는 내가 악하지 않은 줄을 아시나이다"(욥 10:7)라는 말을 할 수 있는 사람들이 되라는 것입니다. 성도 여러분, 세상 사람들이 여러분을 비방하기 위해서는 반드시 거짓말을 지어내야 할 정도로 여러분은 흠 없는 자들이 되기를 바랍니다. 여러분은 눈 같이 흰 옷에 더러운 것이 묻지 않게 되기를 바랍니다. 그렇게 할 때, 중상모략은 받을 것이나, 결코 책망받지는 않을 것입니다. 사랑하는 여러분들이여, 바울이 한 말을 상기해 봅시다. "너희가 흠이 없고 거스르는 세대 가운데서 하나님의 흠 없는 자녀가 되라."

저는 바울이 전한 말씀을 상세하게 설명하였습니다. 저는 여러분에게 이제까지 줄곧, 바울은 우리들에게 어떤 목적을 위한 수단으로서 이 일을 하라고 말씀하고 있다는 사실을 상기시켜드려야 하겠습니다. 그렇다면 그 목적이란 무엇일까요? 그것은 바로 우리가 "어그러지고 거스르는 세대 가운데서 하나님의 흠 없는 자녀로 세상에서 그들 가운데 빛들로 나타나는 것"입니다. 그 수단 자체도 고귀합니다. "거룩하고, 악이 없고, 더러움이 없다"는 것은 그 자체가 영광스러운 것입니다. 그러나 그렇게 빛나는 것이 단지 수단일 뿐이라면, 그 목적은 얼마나 더 탁월하겠습니까? 여러분과 저, 그리고 예수님의 이름을 부르는 우리 각 사람이, "세상에서 빛들로 나타내며 생명의 말씀을 밝힌다"는 것은 그 얼마나 바람직한 일이겠습니까?

이런 이유 때문에 저는 오늘 아침 여러분의 심령에 이와 같은 주제를 인상 깊게 새겨드리기를 원한 것입니다. 이 자리에 계시는 모든 신자들, 본 교회의 교인이든지 아니면 그리스도의 가족의 일원으로서 어느 곳에 속하는 분이든지, 이 세상의 어두운 가운데서 빛을 비추며, 자기의 영향권 안에 들어오는 사람들에게 빛을 주는 자가 되고 있는지, 자신을 잘 살펴보시기 바랍니다. 제가 말씀드리는 것이 좋을 것으로 생각되는 것이 네 가지가 있습니다. 첫째는 널리 알릴 필요성이 있습니다. 알리지 않으면 빛을 발할 수 없습니다. 둘째는 의도적인 유용성이며, 셋째는 지정된 위치인데, "어그러지고 거스르는 세대 가운데서"라고 하였습니다. 넷째는 이 주장의 요지에 대해서 생각해 보겠습니다. 그것은 바로 그리스도의 날에 헛되이 달음박질하지도 않았고, 무익하게 수고하지 않았음을 알고, 즐거워하기 위해서입니다.

1. 첫째로, 널리 알릴 필요성에 대하여 생각해 봅시다.

본문에는 그들이 빛이어야 한다고 말하고 있습니다. 그런데 그들이 나타내지 않고서 어찌 빛일 수 있으며, 그들이 보이지 아니하는 빛이라면 무슨 소용이 있겠습니까? 저는 그런 일이 있을 수 있다고 말씀드릴 수 없습니다. 그러므로 그들은 빛나야 합니다. 그런데 그들에게서 나오는 광채가 없다면, 어찌 그들이 빛날 수 있으며, 또 그들이 은밀한 가운데 살고, 그들이 그리스도인이라는 것이 알려지지 않는다면, 어찌 이와 같은 일이 있을 수 있겠습니까? 본문에서는 그들이 어디에서 그 빛을 비추어야 한다고 말합니까? 그들의 집안에서입니까? 아닙니다. "세상에서"라고 하였습니다. 사실상 그들은 자기 가정에서도 빛이 되어야 합니다. 그러나 만약 그들이 마땅히 도달해야 할 충분한 표준에까지 오르게 된다면,

더욱더 그들은 세상에서 빛이 되어야 합니다. 이 세 가지 단어, 즉 빛과 비추는 빛, 그리고 세상에서의 빛이라는 말들은 그리스도인은 반드시 어느 정도 널리 알릴 필요가 있으며, 또 그가 그리스도인이라는 것을 전혀 모르게 숨어서 은밀하게 산다면, 그는 그리스도인의 참된 성격을 결코 나타낼 수 없음을 아주 명확하게 가르쳐주고 있습니다. 자기들의 신앙을 나타내고 싶어하지 않는 겁 많고 유약한 심령을 가진 자들이 있습니다. 그들은 마치 니고데모가 모범이라기보다는 경고라는 사실을 모르는 것처럼, 니고데모를 이야기하고 있습니다. 전투에서 마땅히 최전방에 서 있어야 할 자가 뒷전에서 얼쩡거린다고 해서, 그의 허약한 정신을 짓누르거나, 그의 소심성을 비웃고 싶은 생각은 없습니다. 그러나 만약 제가 성경의 말씀들을 가지고, 그리스도인은 뒤로 물러나려고 해서는 안 되며, 끝까지 버티고 주님을 믿는다는 것을 공공연히 고백해야 한다는 사실을 인식시켜 줄 수만 있다면, 또 만약 제가 그 유약한 사람으로 하여금 기꺼이 그리스도를 증언할 수 있도록 설득할 수만 있다면, 저는 정말로 기뻐할 것입니다.

옛날에 바리새인들은 자기를 널리 알려지게 하려고 애를 썼습니다. 그들은 길거리에서 반 푼 어치도 남에게 줄 사람들이 아니었지만, 모든 사람들이 자기들의 근사한 자선행위를 볼 수 있도록 나팔을 불어댔습니다. 그들은 골방에서는 기도하지 않고, 길모퉁이를 찾아가서, 지나가는 모든 사람들이, 이 사람은 길거리에서조차 기도할 만큼 훌륭한 사람이라고 칭찬해 주기를 바랐던 것입니다. 세상은 이런 속임수를 간파하였습니다. 가정에서는 일을 하지 않으면서, 파티 같은 곳에서는 열심히 일을 하는 척하는 여인네들에 대해서 우리는 곧잘 이야기를 합니다. 우리는 분명히 길거리에서는 기도하지만 다른 곳에서는 전혀 기도하지 않는 사람들에 대해서 생각해 보아야 합니다. 또 자기들이 보여주어야 할 모든 것을 보여주면서, 공공연하게 자선을 베푸는 사람들에 대해서도 생각해 보아야 합니다. 오늘날 겉만 번지르르한 종교는 곧 그 실상이 폭로되고, 그 알맹이가 드러나고 맙니다. 그러나 우리가 바리새인의 교만에 대해 경고를 받는 것이 마땅하지만, 또 한편으로는 우리가 또 다른 극단으로 달려가지 않도록 조심해야 합니다. "나는 항상 은밀하게 하나님을 섬겨야하지 않겠는가, 다른 사람들이 나를 교만하다고 말할까 두려우니, 그리스도를 위한 선한 말을 결코 하지 말아야 할까?" 하는 이러한 극단을 조심해야 한다는 것입니다. 그 문제에 있어서 여러분 자신의 양심이 여러분의 길잡이가 될 것입니다. 만약 여러분이 여러분 속에 여러분 자신을 영화롭게 할 욕망이 있다는 사실을 깨닫게 된다면, 그때에는 여러분이 여러분의 신앙을 밝히는 것은 잘못된 일이 될 것입니다. 반면에 여러분이 여러분 자신을 위해 좀 더 쉬운 길을 얻기 위해서 뒤로 물러나 있게 된다면, 그때에 여러분은 자신의 신앙을 숨기려 하는 심각한 잘못을 저지르고 있는 것이 분명합니다.

하나님께서 골방에서 여러분에게 말씀하신 것을 여러분이 지붕 꼭대기에서 선포하는 것이 하나님의 영광을 위한 것이라면, 그리고 다른 사람들이 길거리에서 할 것을 오직 골방에서 하는 것이 그리스도의 영광을 위한 것이라면, 그렇게 하십시오. 여러분이 허세를 부려 행동하려 할 때나, 또 반면에 여러분이 소심하게 될 때에는, 여러분의 양심이 그리스도를 아는 양심이라면, 그 양심이 항상 여러분을 가르쳐줄 것입니다. 저는 이런 진퇴양난의 상황을 헤치고 나아가는 데는 어려움이 없다고 생각합니다. 조금이라도 지혜가 있는 사람이라면, 그가 마땅히 해야 할 일을 곧 분별하게 될 것입니다. 그러나 바리새인과 같은 교만을 피하기 위하여 소심하게 되었다고 변명하지 않게 되기를 바랍니다. "위선자들이 너무 많기 때문에 나는 공공연히 고백하고 싶지 않습니다"라고 말하지 마십시오. 여러분이 고백해야 하는 더 큰 이유는 정직한 사람들이 있기 때문입니다. "오, 사람들이 나를 교만하다고 생각하는 것이 싫어요"라고 말하지 마십시오. 왜 여러분은 여러분을 미혹하는 사람들을 두려워해야 합니까? 여러분의 두려움이 사람보다 하나님을 순종하기 위한 것이어야 하지 않겠습니까?

저는 그리스도께서 하신 "너희는 세상의 빛이라 산 위에 있는 동네가 숨겨지지 못할 것이요"(마 5:14)라는 말씀과, "이같이 너희 빛이 사람 앞에 비치게 하여 그들로 너희 착한 행실을 보고 하늘에 계신 너희 아버지께 영광을 돌리게 하라"는 말씀과, 또 "입으로 주 예수 그리스도를 시인하고 그 마음에 믿으면 구원을 얻을 것이라"(롬 10:9-10 참조)는 말씀을 이해할 수 없습니다. 다시 말해서, 만약 여러분이 여러분의 믿음을 결코 공공연하게 고백하지 않고, 여러분의 신앙을 은밀하게 감추어 두었다가 몰래 천국에 간다면, 저는 주님께서 하신 말씀들을 이해할 수 없다는 것입니다. 그렇다면 그리스도인이 얼마나 공공연한 표현을 해야 하는 것일까요? 그리스도인은 자기의 믿음을 공공연히 공언하는 것이 당연한 일입니다. 그는 세상 가운데서 나와 자기가 주님의 편에 있다는 것을 선포해야 합니다. 하나님께서 친히 제정하신 의식이 있습니다. 그것은 신앙을 고백하는데 적절한 방법입니다. 즉, 성부와 성자와 성령의 이름으로 침례를 받는 것입니다. 물에 잠김으로 세상에 대해서는 우리가 죽고, 물에서 나옴으로 죽은 자들 가운데서 부활하신 그리스도의 부활의 결과로서 우리가 새로운 삶을 살게 될 것을 소망하게 되었다는 사실을, 공적으로 보여주는 것입니다. 여러분이 이 고백의 형식은 달리 할지라도 고백은 이루어져야 합니다. 만약 여러분이 정직하고 진실하려면, 여러분은 "누가 주님의 편에 있을 것인가?"라는 주의 부르심에 응답하여야 합니다. 나오서서 "주여, 내가 여기 있나이다. 나는 주의 종이니이다. 나는 끝까지 주를 섬기리이다"라고 고백해야 합니다.

여러분은 또한 그리스도인들과 꾸준하게 연합해야 합니다. 고백이라는 한 가지 행위만으로는 족하지 않습니다. 가시적인 그리스도의 교회와의 연합이 지속되어야 합니다. 우리는 사도 시대에 회심했던 사람들이 교회에 참여했다는 사실을 알 수 있습니다. "그들이 먼저 자신을 주께 드리고 또 하나님의 뜻을 따라 우리에게 주었도다"(고후 8:5)라고 기록되어 있습니다. 기독교는 여러분이 그리스도와 연합한 자들과 함께 연합하기를 요구합니다. 그리스도의 교회가 예수님의 신부라면, 여러분은 무형 교회와 유형 교회에 모두 지체가 되려고 해야 합니다. 특별히 최근에 회심하신 분들은 더욱더 그렇게 해야 합니다. 왜냐하면 여러분이 교회 안에 있는 것이 여러분의 유익을 위해서 좋고, 교회의 위로를 위해서도 대단히 중요하기 때문입니다. 베드로와 요한에게 병 고침을 받았던 그 사람이 그들의 곁에 서 있었습니다. 베드로와 요한을 송사하던 사람들이 고침을 받은 그 사람이 베드로와 요한 곁에 서 있는 것을 보고, 송사할 말이 없었다고 했습니다. 복음 사역자를 지지해 주기 위해 회심자들이 함께 모인다는 것은 진리의 전파에 대단히 큰 도움이 됩니다. 예수님의 경우에도 그러하였습니다.

그리스도인들과의 이런 연합 이외에도, 여러분은 자신의 삶 속에서 자신의 기독교 신앙을 매일 수행해 나아가야 합니다. 빛을 발한다고 말하는 것이 전부가 아닙니다. 다시 말해서, 한 줄기 빛, 한 번의 번쩍임, 한 번의 불꽃놀이가 전부가 아니라 우리 속에 계시는 그리스도를 매일 진실하게 밖으로 드러내는 행위가 있어야 합니다. 고용인은 다른 이들보다 더욱 일 잘하는 자가 됨으로 자기의 기독교 신앙을 입증하고, 주인은 다른 어떤 주인들보다 더욱 관대함으로 자신의 기독교 신앙을 입증하도록 하십시오. 부자는 그의 관대함으로 빛을 발하고, 가난한 자는 인내를 통해 빛을 발하십시오. 각자는 모든 영역에서 그리스도 안에 있지 않은 자들보다는 탁월하도록 노력하십시오. 그래서 모든 사람이 똑같은 직장에서 일하는 세상 사람들보다는, 우리의 태도를 보고 우리를 더 좋아하게 하십시오. 또 우리가 예수님과 함께하는 자들이며, 예수님에 대하여 알고 있는 자들임을 깨닫게 하십시오.

그러나 빛으로 빛나기 위해서는 반드시 우리의 말로 공공연하게 증언하여야 하는 일이 덧붙여져야 합니다. 만약 여러분이 그 문제에 관하여 입을 다물고 계신다면, 나는 여러분의 신앙을 위해 그 일을 모른 체할 수 없습니다. 여러분이 침묵을 한다면 나는 여러분이 확실한 신앙을 가지고 있다고 믿을 수 없습니다. 본래 마음에 있는 것은 대부분 입으로 쏟아내기 마련입니다. 여러분들은 무지한 자들을 가르치고, 부주의한 자들을 경고하고, 타락한 자들을 회개케 하고, 방황하는 자들을 십자가로 이끄는 일을 힘쓰면서 여러분은 여러분의 말을 통해 끊임없이 그리스도를 증언해야 합니다. 여러분은 활동하는 모든 영역에서 수많은 기회를 가지게 될 것입니다. 그 모든 기회들을 활용하십시오. 그렇게 되면 여러분은 세상에서 빛들로서 빛나게 될 것입니다.

여러분이 그리스도를 위해 매우 용감하고 단호한 결정을 내리지 않으면, 빛을 발할 수 없는 그런 때도 있을 섯입니다. 베스파시아누스 황제 때 로마의 한 나이든 원로원 의원이, 원로원에는 들어갈 수 있으나 침묵을 지켜야 한다는 황제의 말을 들었을 때, 그는 이렇게 대답했다고 합니다. "원로원 의원인 저는 원로원에 들어갈 수밖에 없으며 또 원로원에서 원로원 의원으로서 양심이 지적하는 바를 말하는 것이 나의 임무입니다." 그때 베스파니아누스가 "그래요, 만일 그대가 말을 한다면 죽게 될 것이오"라고 말했습니다. 그는 "황제 폐하, 저는 결코 죽지 않기를 바라지도 않았고, 저의 마음에 있는 바를 말하지 않고 살고 싶지도 않습니다"라고 말했다는 것입니다. 이 얼마나 용감한 로마 시민입니까? 우리도 역시 용감한 그리스도인이 되어야 하겠습니다. "그리스도인으로서 말하는 것이 제가 할 일입니다. 내가 가진 모든 것과 심지어 내 목숨까지 내어주는 한이 있더라도, 나는 결코 죽지 않겠다는 생각을 하지 않았습니다. 하나님께서 저의 심령에 새겨주신 것을 말하지 않는다면, 죽고 싶습니다"라고 말할 수 있는 용감한 그리스도인들이 되어야 하겠다는 것입니다. 만약 우리가 머뭇거리거나 지체하면, 즉시 배도자가 되어버리는 때가 있습니다. "여러분의 존재가 위태로운 이러한 위기"에 직면하면 즉시 여러분의 주님을 따르도록 삼가 조심하십시오.

널리 알리는 것은 대단히 필요한 일이라고 나는 생각합니다. 즉, 공공연한 신앙 고백, 그리스도의 교회와의 끊임없는 연합, 계속적인 경건생활, 그리고 경건생활의 공개적인 선포, 때에 따라 깊이 생각하고 내리는 결단 등이 있어야 합니다. 성도 여러분, 그리스도인들은 **군병들**입니다. 만약 우리의 군병들이 자기들은 결코 눈에 띄어서는 안 되겠다고 생각한다면, 아주 위험한 사태가 벌어지고 말 것입니다. 그들이 열병 행진을 피하고 전투를 무서워한다면 무슨 가치가 있겠습니까? 군복을 벗고 짐을 꾸리는 것이 나을 것입니다. 우리는 항상 나무 뒤에 웅크리기만 하고, 아군이나 적군에게 자신을 감히 내어놓지 못하는 자들을 원하지 않습니다.

그리스도인들은 또한 **경주자들**입니다. 아무도 모르게 비밀리에 달리는 사람들은 어떤 부류의 경주자들일까요? 사도는 그렇게 말하지 않습니다. 우리에게는 "구름 같이 둘러싼 허다한 증인들"(히 12:1) 있다고 말하면서 "모든 무거운 것과 얽매이기 쉬운 죄를 벗어버리라고 권고합니다. 경주 시합에 관중이 없다니요! 아! 대장군께서 여러분을 맞이하실 것입니다. 승리하신 그분이 여러분을 환영할 것입니다. 그는 여러분에게 관중들을 의식하지 말라고 부탁하십니다. 원로원 의원들이여, 여러분의 자리를 떠나십시오. 제국의 기사들이여, 경기에서 떠나십시오. 대중 여러분 물러나 앉으십시오. 그렇지 않으려면 여러분의 눈을 가리십시오. 여기에 너무나 고상하여 쳐다볼 수조차 없는 한 경주자가 오고 있습니다. 그는 결코 평범하지 않은 눈으로 자세히 살펴보아야 할 걸음 빠른 경주자입니다. 그가 빨리 달리지 않으면, 기력을 잃고, 그의 면류관을 잃게 될 것입니다. 하하하하, 군중들이 웃고 있습니다. 그들은 "아! 이들은 검투사들처럼 싸우지 못하는 사람들이야. 이 소심한 바보들은 유아실에서 아이들과 함께 노는 게 더 낫겠어. 그들은 남자들의 경기에는 적합하지가 않아"라고 말을 합니다. 여러분들은, 그리스도인들이 경주장의 코스에 들어가기 전에 (그들이) 경주장의 장애물을 제거해야 한다는 사실을 생각하십시오. 이제 하나님의 자녀들이여, 모든 구경꾼들을 무시하십시오. 그대 천사들, 사람들, 악한 영들이여, 자리를 차지하고 바라보시오. 그대들이 보고 싶은 대로 보시오. 그리스도인과는 아무 상관이 없습니다. 이는 그리스도인은 예수님을 바라보고 있으며, 여러분을 위해 달려가는 것이 아니고, 상 받기 위해 달려가고 있기 때문입니다. 그대들이 보든지 보지 않든지 간에, 그의 열정과 열의는 변함이 없습니다. 왜냐하면 그리스도께서 그의 안에 있고, 그는 여전히 그리스도를 바라보고 달려가야만 하고, 또 달려갈 것이기 때문입니다.

2. 둘째로, 본문에 나타난 유용성에 대하여 생각해 보겠습니다.

어떤 사람은 "내가 그리스도인이라는 사실이 알려진다고 해서 그게 무슨 소용이 있을까요?"라고 말합니다. 제가 그 유용성에 대해서 여러분에게 알려드리겠습니다. 먼저 한 가지 사실을 말씀드립니다. 여러분이 훌륭한 그리스도인이 되면 될수록 여러분은 더 많이 알려지게 될 것입니다. 그러나 사람들은 여러분을 그리 대수롭지 않게 여길 것입니다. 여러분은 밤에 어떤 별 하나를 쳐다본 적이 있을 것입니다. 그 별은 달에 비교하면 아주 보잘것없이 깜빡거립니다만, 별로서는 아주 밝습니다. 모든 사람들이 "당신은 그 별을 봅니까?"라고 말합니다. 네, 그러나 달이 있습니다. 어째서 모든 사람들이 "보시오. 얼마나 아름다운 달입니까?"라고 말하지는 않는 것입니까? 그들은 그 별을 먼저 봅니다. 이는 그렇게 반짝이는 별을 보는 것이 흔히 있는 일이 아니기 때문입니다. 그러나 점점 달빛이 빛나는 밤이 깊어갈 때, 여러분은 사람들이 "이 얼마나 아름다운 달인가?"라고 말하는 것을 듣게 됩니다. 대낮에 사람들은 "이 얼마나 아름다운 태양인가?"라고 말하지 않습니다. 전혀 그렇게 말하지 않습니다. 도리어 "이 얼마나 아름다운 풍경인가? 이 얼마나 아름다운 경치인가? 태양이 비치고 있는 저 나무들의 푸른 색깔을 보라"라고 말합니다. 미미한 그리스도인은 자기의 좁은 영역에서 빛나는 별과 같습니다. 조금 나은 다른 사람들은 달과 같습니다. 그들은 자신들에게 칭찬과 관심을 갖게 합니다. 그러나 그리스도의 형상을 완전히 본받아야 할 성숙한 그리스도인은 그렇지 않습니다. 그는 태양같이 달이나 별보다 더 밝은 빛을 비추지만, 자기를 그것들 절반 정도도 바라보지 않게 할 것입니다. 왜냐하면 사람들이 그를 바라보기보다는 그가 비추는 사물들을 바라볼 것이기 때문입니다. 사람들은 그가 어떻게 말씀을 가르치는가를 바라보기보다는, 그가 가르친 말씀을 바라봅니다. 사람들은 그의 생애 자체를 바라보기보다는, 그의 생애의 교훈을 바라보게 될 것입니다. 따라서 제가 만약 여러분에게 더욱더 많은 공표를 촉구한다면, 그것은 여러분을 위한 것이 아니라 진리가 훨씬 더 분명하게 보여지고, 여러분은 점점 잊혀지게 하려 함입니다.

그러나 빛의 용도는 무엇입니까? 빛으로서의 그리스도인의 효용성은 무엇입니까? 그 답은 여러 가지입니다. 우리는 밝게 드러내기 위해 빛을 사용합니다. 그리스도인은 그의 삶 속에서 빛을 발하므로, 그에게 가까이 나오는 자들이 그의 삶 속에서 자기들 자신의 성격을 알 수 있고, 자기들의 죄를 알 수 있으며, 자기들의 잃어버린 신분을 알 수 있습니다. 그는 다른 어떤 사람이 복음을 모르고, 그와 더불어 일주일도 살 수 없을 정도로 그러한 삶을 살아야 합니다. 그의 대화는 그의 주위에 사는 모든 사람이 천국 가는 길을 완전히 이해할 수 있는 그러한 대화여야 합니다. 그가 없이는 사람들이 알지도 못하고, 알 수도 없는 일들이, 그가 있는 곳에서는 항상 아주 명백하게 드러나야 합니다. 사람들은 가끔씩 그들의 성경을 읽습니다. 그러나 그들은 성경을 깨닫지 못하기에 빛을 원합니다. 빌립처럼 우리는 병거 위에 올라 앉아, 그 여행객을 가르치고, 하나님의 말씀의 의미와 하나님의 말씀의 능력, 구원의 길, 경건의 생활, 그리고 진리의 능력들을 밝혀주기를 즐거워해야 합니다. 여러분 각자에게 한 가지 질문을 해보겠습니다. 여러분은 사람들이 복음을 더 잘 이해하도록 해본 적이 있습니까? 어떤 사람은 "아, 그런 일은 목사님께 맡겼지요"라는 말을 합니다. 그렇다면 여러분은 여러분의 의무를 태만히 하셨습니다. 여러분의 큰 죄를 회개하십시오. 여러분에게 오는 모든 사람들에게 그들의 죄와 구세주를 알게 하도록 도와달라고 이제 하나님께 간구하십시오.

　빛의 또 다른 용도는 안내하는 일입니다. 선원은 이것을 이해합니다. 우리 선원들이 수년 전에 노어(Nore) 등대를 세우게 되었을 때, 놀라울 정도로 발전하고 있다고 생각하였습니다. 그러나 모래톱인 마우스(Mouse), 매플린(Maplin), 스윈미들(Swin Middle) 등등, 기타 여러 곳에 등대들을 세우게 되었을 때, 이전보다 훨씬 더 쉬운 항해를 하게 되었던 것입니다. 모든 그리스도인들은 생애라는 항해의 어떤 부분에 빛을 비추어야 합니다. 빛이 없는 항로가 있어서는 안 됩니다. 북극성은 참으로 복된 별입니다! 그 별은 참으로 많은 노예들을 남부의 습지대와 채찍으로부터 자유의 나라로 인도하였습니다. 그리스도인인 여러분, 만약 여러분의 빛이 어떤 영혼을 예수님께로, 다시는 차꼬를 매지 않는 자유의 땅으로 인도하였다면, 여러분은 복된 자들입니다. 여러분은 사람들이 그리스도께로 나아가는 길을 전혀 모를 때, "보라, 하나님의 어린 양이로다"라고 말함으로써 그 길을 그들에게 가리켜 주는 사람들이기를 바랍니다.

　빛은 또한 경고의 목적으로 사용되기도 합니다. 바위가 있고 모래톱이 있는 곳에는 반드시 등대가 세워져야 합니다. 그리스도인들은 세상 곳곳에 거짓된 빛들이 수없이 많이 있다는 것을 알아야 합니다. 사탄에게 속한 약탈자들이 불경건한 자들을 즐거움이라는 이름 아래 죄를 짓게 유혹하면서 도처에 항상 널려 있습니다. 그들은 잘못된 빛을 높이 달아 올립니다. 모든 위험한 암초 위에 참된 빛을 올려놓고, 모든 죄를 지적해 내며, 죄의 결과가 무엇인가를 말해 주는 것이, 여러분과 제가 할 일입니다. 그렇게 되면 우리는 모든 사람들의 피에 대하여 깨끗할 수 있고, 세상에서 빛들로서 빛을 발하게 되는 것입니다.

빛은 또한 용기를 주는 영향력을 크게 행사합니다. 그리스도인들도 그러합니다. 어느 날 밤 우리는 런던 교외에서 멀리 떨어지지 않은 어느 공원에서 길을 잃은 적이 있었습니다. 우리는 길을 쭉 걸어가면서 우리가 어디에 있는지 몹시 궁금했습니다. 우리는 "저기 불빛이 보이네"라고 말했습니다. 오두막 집 창가에 있던 그 촛불이 우리에게 얼마나 큰 위로가 되었는지 여러분은 짐작조차 할 수 없을 것입니다. 저는 어느 어두운 밤에 3등 열차를 타고 여행을 한 적이 있습니다. 그때 그 열차의 끝에 있던 한 여인이 성냥을 켜서 촛불을 켰을 때, 모든 사람들이 그 빛을 보려고 얼굴을 돌렸고 그들의 얼굴은 참으로 큰 만족감으로 빛나고 있었습니다. 빛은 진실로 큰 위로를 줍니다. 만약 여러분이 그렇지 않다고 생각한다면, 어두운 곳에 한두 시간만 앉아 있어 보십시오. 그리스도인은 반드시 위로자가 되어야 합니다. 입술의 친절한 말과, 마음의 동정심을 가지고, 슬픔에 잠긴 사람들에게 용기를 주는 말을 건네 주어야 합니다.

빛은 또한 죄를 책망하는데 그 용도가 있습니다. 저는 거리의 가스등들이 우리의 가장 훌륭한 경찰관들이라 생각합니다. 만약 그 등들이 꺼진다면 열 배도 더 되는 야경꾼이 필요할 것입니다. 훨씬 더 많은 범죄가 일어날 것입니다. 도둑들이 왜 빛을 싫어할까요? 이는 그들의 어두운 행위가 어둠 속에서만 가능하기 때문이지요. 그리고 왜 불경건한 사람들이 그리스도인들을 좋아하지 않을까요? 이는 그리스도인들이 자기들을 질책하기 때문입니다. 빛이 도시를 안전하게 지키고 도둑질과 범죄를 막아주듯이, 그리스도인들이 국가에 영향을 미칠 수 있는 충분한 숫자로 늘어날 때, 범죄를 훨씬 줄이게 할 것입니다. 확실히 그들은 범죄의 흉한 모습을 밤의 그림자 아래로 쫓아내버릴 것입니다. 그렇지 않았다면 대낮에도 범죄가 버젓이 활개를 쳤을 것입니다. 그러나 그리스도인은 아주 특별한 의미에서 빛입니다. 그는 그 속에 생명을 가지고 있는 빛입니다. 죽은 사람의 얼굴에 손전등을 비추어 보십시오. 조각된 대리석 같은 차갑고 흰 모습의 얼굴을 볼 수 있을 것입니다. 그 빛을 그의 눈에 비추어 보십시오. 그는 보지도 못합니다. 여러분은 그 어떤 인간의 빛의 능력으로도 그를 살릴 수 없습니다. 그러나 신자는 성령이 충만히 임재하는 하나님의 손전등입니다. 우리의 증언을 통해 하나님께서 죽은 자들의 눈에 그들을 살리는 빛을 투사하는 일이 종종 있습니다. 그렇게 되면 하데스(Hades)의 어둠이 영광의 광채 앞에 굴복하고, 칠흑 같은 영의 어둠이 의의 태양 앞에서 도망치게 됩니다.

우리는 빛의 이러한 용도들에 대해서 장시간 동안 충분히 상고해 보았습니다. 그 점에 대해 결론을 맺으면서, 저는 세상에 그렇게 유익을 주지 않는 그리스도인이 무슨 소용이 있겠는가 하는 의문이 생깁니다. 그것은 보화를 가지고 있으나 감추어 둔 것입니다. 구두쇠들이 살아 있을 때, 그들은 무슨 유익을 남에게 줄 수 있습니까? 그들은 먹기만 하는 돼지와 같습니다. 그들은 죽기까지 아무 쓸모가 없습니다. 그런 후 그들은 죽게 될 것이고, 그들의 재산은 이리저리 흩어질 것이고 어느 정도의 돈은 정육점 주인이 차지하게 될 것입니다. 돈을 모아놓고 있는 가련한 사람은 한심스럽습니다. 그러나 빵을 저장하고 있는 사람은 어떨까요? 세상은 기아에 허덕이고 있습니다. 그런데 그들은 생명의 떡을 저장하고 있습니다. 그것은 만나와 같습니다. 그것을 벌레들이 먹고 있습니다. 자기들이 그것을 다 먹을 수 없지만 다른 사람들에게 주려고 하지 않습니다. 다른 사람들에게 축복이 되지 않는 종교는 나에게도 축복이 되지 않는 법입니다. 내가 나 자신을 위해 부패물 덩어리를 쌓고 있는 것입니다. 그것은 결코 나의 영혼에 유익을 주지 못할 것입니다. 그러므로 다른 사람들에게 유익을 주도록 했어야 했을 것입니다. 또 그들은 물, 즉 생명의 물을 저장하고 있습니다. 그들은 자기 자신들이 넉넉하게 쓰려고 개울을 둑으로 막고 있습니다. 그렇게 되면 개울은 어떻게 되어 갑니까? 무성한 잡초로 뒤덮이게 됩니다. 독소를 만들어 냅니다. 더럽게 변합니다. 갖가지 더러운 생물들이 그 속에 생기게 됩니다.

그런데 더 어리석은 자들이 있습니다. 다른 사람들에게 자기들이 가진 빛을 나누어 준다면, 자기들이 빛을 더 적게 가질 것처럼 빛을 비축하려고 하는 자들이 있습니다. 비축한 것이 너무 빈약한 양인 것처럼 빛을 비축해 보십시오. 불명예스러운 자들이여, 악마와 같은 자들이여, "만일 누구든지 주를 사랑하지 아니하면 저주를 받을지어다 우리 주여 오시옵소서"(고전 16:22)라는 바울 사도의 말씀보다 더 강한 어조가 있었으면 좋겠습니다. 저는 그 무서운 저주가 영혼들을 사랑하지 않는 자들, 그래서 그리스도도 사랑하지 않는 자로 입증되는 자들에게 해당되는 말씀이라고 생각합니다. 왜냐하면 만약 그들이 그리스도를 사랑한다면, 그들은 마땅히 죄인들을 사랑할 것이요, 그들이 예수님을 사랑한다면, 그의 왕국을 확장시키려 할 것이요, 예수님의 영혼들을 위한 노고를 알고자 할 것이기 때문입니다.

**3. 그러나 이제 시간이 많지 않으므로 계속해서
세 번째 문제인 지정된 위치,
즉 어디에서 빛을 발해야 하는가에 대해 간단하게
살펴보기로 하겠습니다.**

어떤 사람은 "그러나 저는 빛을 비출 수 없습니다. 그것에 관하여 이야기한다는 것은 소용없는 일입니다. 저는 어떤 선한 일을 할 만한 위치에 있지 않습니다"라고 말합니다. 사도는 여러분에게 기대를 걸고 있으며, "어그러지고 거스르는 세대 가운데서"라고 말합니다. 또 어떤 사람은 "제가 만약 이곳에서 벗어나기만 한다면, 주의 뜻을 따를 것입니다만, 지금의 처지로서는 그렇게 할 수 없습니다"라고 말합니다. 그러나 사랑하는 성도 여러분, 여러분은 그곳을 벗어나면 안 되고, 여러분이 계시는 그곳에서 여러분의 주님을 위하여 증언하여야 합니다. 어그러지고 거스르는 세대 가운데서 여러분은 빛들로 세상에서 빛을 비추어야 합니다. 여러분의 처지는 여러분에게 세 가지 사실을 가르쳐 주고 있습니다.

첫째, 그 처지는 여러분에게 자극제가 됩니다. 여러분 주위의 사람들이 나쁘면 나쁠수록, 그들에게는 여러분의 노력이 더 많이 필요합니다. 만약 그들이 어그러진 자들이라면, 여러분이 그들을 똑바로 해주어야 할 필요성이 더 큽니다. 그들이 거스르는 자들이라면, 그들의 교만한 마음을 진리에로 돌이켜야 할 필요성이 더욱더 크다는 것입니다. 여러분의 처지가 나쁘면 나쁠수록 여러분이 몸담고 있는 그 처지에 대해 더 많이 감사하셔야 합니다. 병자들이 많은 곳에 의사가 필요한 것입니다. 군인이 가장 치열한 전장을 떠나 어디에서 명예를 얻겠습니까? 만약 여러분이 무익한 종이라면, 여러분의 처지를 탓하지 마시고 여러분 자신을 탓하십시오. 만약 여러분이 있는 곳에서 선을 베풀기가 어렵다는 것을 안다면, 다른 곳에서는 더 어려울 것입니다. 자기가 있어야 할 처지를 벗어나 방황하는 사람은 둥지를 떠난 새와 같습니다. 게으른 일꾼들은 연장과 고용주를 탓합니다. 만약 여러분이 좀 더 많은 열매를 맺게 하기 위해 나무를 옮겨 심는다면, 아마도 성공할 것입니다. 그러나 자칫하면 그 나무를 죽이게 됩니다.

다시 말씀드립니다. 여러분이 그러한 처지에 있을 때, 그 처지를 여러분에 대한 경고로 삼으십시오. 그들은 어그러진 세대이며 거스르는 자들입니다. 그래서 만약 그들이 여러분의 빛을 미워하고 그 빛을 꺼버리려 한다면, 이상하게 생각하지 마십시오. 그들이 불필요한 공격을 하지 않도록 좀 더 열심을 내십시오. 여러분의 선함이, 그들이 여러분에게서 발견할 수 있는 유일한 흠이 되게 하십시오. 여러분의 등불의 심지를 여러분을 위해 잘 정리해 주시도록 주님께 간구하십시오. 그들의 사악한 입김을 막아 달라고 주님께 간청하십시오. 그리스도와 좀 더 친밀하게 되려고 더 많은 열심을 내십시오. 이는 어그러진 세대가 여러분을 그리스도에게서 떨어지도록 유혹해 낼 것이기 때문입니다. 사람들을 기쁘게 하려고 애쓰지 마십시오. 이 세대의 여론을 여러분의 규범으로 삼지 마십시오. 왜냐하면 그것은 매우 어그러진 것이기 때문입니다. 만약 여러분이 한 쪽 방향으로 고개를 돌려 그들의 어그러진 곳에 비위를 맞추지 않고, 다른 쪽 방향으로 나아간다면, 여러분은 그들을 기쁘게 하지 못할 것입니다. 바로 지난 주간에는 칭찬하다가 이번 주간에는 똑같은 일을 두고 공공연히 욕하는 것을 발견하고 재미있어 하는 사람들도 있습니다. 가끔씩 여러분은 똑같은 신문 기사에서 여러분이 어떤 일을 한다고 해서 여러분을 반박하다가, 다음에는 그 일을 하지 않는다고 여러분을 비방하는 내용을 발견할 것입니다. 이 세대는 어그러지고 거스르는 세대입니다. 사람을 기쁘게 하려는 사람은 지극히 복잡한 미로에 갇히고 말 것입니다. 그는 일생 동안 비참한 기회주의자가 될 것이며, 죽을 때까지 가증스러운 위선자가 될 것입니다. 그런 사람은 어설픈 미소를 짓기 위해 항상 압박당하는 사람 같습니다. 그는 오른편에서 부딪쳐오는 위험들과, 왼편에서 다가오는 대항을 피하기 위해 계속 웅크리는 생활을 해야 할 것입니다. 그는 결국 학대를 받으며 괴로워하다가 비참한 최후를 맞이하게 될 것입니다. 조심하십시오. 그러나 특별히 사람을 너무 지나치게 조심하지 않도록 하십시오. 주님을 기쁘시게 하십시오. 사람들은 제멋대로 행동하도록 내버려 두십시오.

다시 한 번 더 말씀드립니다. 거스르는 사람들의 눈이 여러분에게 자극제가 되고 경고가 된다는 것과, 모든 성도들이 다 그와 같은 시련을 통과했다는 사실을 통해 풍성한 위로를 얻게 되기를 바랍니다. 여러분이 어그러진 사람들 가운데 있습니까? 바울도 그러했고 빌립보에 있는 교회도 그러했습니다. 모든 성도들도 역시 마찬가지였습니다. 그들이 결코 원하지 않은 싸움에서 승리를 얻었듯이 여러분도 승리해야 한다는 사실을 기억하십시오. 그들은 편안한 곳에 있다가 천국으로 옮김을 받은 것이 아니었습니다. 여러분은 그들보다 더 쉬운 여행을 할 것이라고 기대해서는 안 됩니다. 그들은 죽기까지 목숨을 걸고 고지에서 싸워야 했습니다. 여러분은 예수 그리스도의 좋은 군사로서 고난을 다 겪고 난 후에 면류관을 쓰게 될 것입니다. 여러분의 순례의 길이 사도들과 선지자들이 걸어간 그런 길이라면, 그 길은 평탄하지 않을 것입니다. 부드러운 옷, 섬세한 보살핌, 고급스러운 음식, 사치스럽고 안락한 생활은 땅에 있는 궁궐들에 속한 것입니다. 그런 것들은 머무를 곳도 없이 주님의 연단을 받는 사람들과는 무관합니다. 주의 종들과 특히 본교회의 성도 여러분들에게 권고합니다. 견고하게 서십시오. 기다리시고, 보시고, 힘써 싸우십시오. 견고하며 흔들리지 말고, 항상 주의 일에 더욱 힘쓰는 자들이 되십시오.

4. 결론적으로, 이 주장의 요지에 대하여 생각해 보기로 하겠습니다.

이것은 제가 사랑하는 교우 여러분에게 적용하고자 하는 애정어리고 감동적인 내용입니다. "나의 달음질이 헛되지 아니하고 수고도 헛되지 아니함으로 그리스도의 날에 내가 자랑할 것이 있게 하려" 함입니다. 사도 바울은 빌립보 교회를 세운 사람이었습니다. 그는 심고 물을 주는 사람의 모든 염려로 그들을 돌보았습니다. 그들이 부흥하기를 고대하였습니다. 그러므로 그는 자기를 향한 그들의 애정에 호소하였습니다. 사도는 "모든 사람들이 구경하고 주시하는 가운데 나는 달렸습니다. 그들 중에 많은 사람들이 나를 미워하고 비웃고 있었습니다. 나는 전력을 다해 달렸습니다. 여러분은 나로 하여금 헛되이 달리게 하려 합니다. 나는 수고하였습니다. 나는 그 모든 사람들보다 더 많이 수고하였습니다"라고 주장하고 있습니다. 사도는 "여러분은 나로 하여금 무익한 수고를 하게 하렵니까?"라고 말할 수 있었습니다. 그는 그들이 자기에게 줄 대답이 무엇인가를 알았습니다. "아닙니다. 사랑하는 바울 사도여, 우리는 당신이 달린 것에 대하여 상을 받고 당신이 수고한 것에 대하여 열매를 거두는 것을 보기 원합니다." 사도는 주장합니다. "그래요. 그러나 여러분이 세상에서 빛들로 비추기 전에는 그렇게 될 수가 없습니다. 만약 여러분이 거룩하지 않고 그리스도를 증언하는 믿음이 깊은 증인들이 되지 않으면, 여러분은 나의 소망을 헛되게 하고, 내 손에서 상을 빼앗아가고, 나에게 고통을 가득 채우게 될 것입니다."

저는 똑같은 주장을 여러분에게 말씀드리려고 합니다. 오늘 이 자리에 처음 나오신 분들에게는 그것이 아무런 효과가 없을 것입니다. 그러나 여러분 중의 많은 분들에게는 그것이 강력한 주장이 될 것이라고 생각합니다. 이 회중 가운데 수없이 많은 사람들이 저의 입술을 통하여 처음으로 예수님에 대하여 배웠습니다. 여러분 가운데 많은 분들이 이 자리나 파크 스트리트(Park Street), 서리 가든즈(the Surrey Gardens) 혹은 엑세터 홀(Exeter Hall)에서 설교를 통해, 그리스도에게로 나아왔습니다. 지금처럼 서투른 말로 하나님의 말씀이 자유롭게 전파되었습니다. 그러나 하나님께서는 그것을 인정해주셨습니다. 수십 명이 아니라, 수백 명, 수천 명에게, 여러분에게만 아니라 모든 땅과 모든 족속의 사람들에게, 하나님의 말씀은 전파되었던 것입니다. 주께서는 하늘의 별과 같이 많은 사람들을 저의 영적인 자녀들이 되게 하셨습니다. 출판된 설교집이나 직접적인 설교를 통해 성령님의 역사하심으로 말미암아 수없이 많은 회심자들이 계속적으로 생겨나고 있다는 이야기를 들을 때, 저는 기쁩니다. 기뻐하고 말고요, 하나님께서는 우리와 함께 하십니다. 그는 한 말씀도 땅에 떨어지지 않게 하십니다. 그러나 만약 여러분이 하나의 교회로서 나태하다면, 어떻게 되겠습니까? 만약 여러분들이 그리스도를 증언하기 위한 열심과 믿음이 부족하다면, 그것이 말이 되겠습니까? 그렇게 되면, 어떻게 되겠습니까? 그렇게 되면 저의 가장 큰 기대들이 무너지고, 저의 생애는 실패요, 제가 행한 모든 것이 땅에 떨어지고 마는 셈이 됩니다. 저는 거대한 무리가 병사들처럼 이곳에 계속적으로 기거하고, 그래서 그 후에 주께서 여러분을 세계 각처로 보내어 그리스도를 가르치고 증언하며, 또 그리스도를 위해 살며 수고하며, 그리스도를 대변하게 되기를 저의 마음속에 그려왔고, 또 그 일을 위해 저는 간절히 저의 하나님께 기도하고 있습니다. 성도 여러분, 여러분이 스스로 이런 일을 확실히 원하게 되기를 바랍니다. 저는 그 일을 위해 기도하고 있습니다. 여러분도 저와 함께 그 일을 바라고 기도하는 일에 연합하기를 바랍니다.

최근에 특별히 저는 하나님의 손길을 분명하게 볼 수 있는 일이 있었습니다. 저의 경험상 요즈음과 같이 아주 활발한 영적인 활동은 본적이 없습니다. 이런 일이 기독교 교회의 모든 지역에서 일어나고 있는 현상입니다만, 특별히 제가 맡고 있는 이 지역에서 더욱더 두드러지게 나타났습니다. 지금까지 8년 동안 영어, 웨일스어, 네덜란드어, 독일어, 스웨덴어(사실상 모든 개신교 국의 언어) 등으로 설교가 전파되었습니다. 처음에 수없이 많은 회심자들이 있었습니다. 지금도 역시 마찬가지입니다. 저는 설교에 정규적으로 참석하는 사람들은 설교자의 교리를 받아들이기 시작한다는 사실을 알게 되었습니다. 그리스도에게로 돌아선 자들은 성장하여 진리의 명백한 견해들을 갖게 됩니다. 세례의 문제에 있어서도 아주 많은 사람들이 신자들만이 세례를 받아야 하는 것이 가장 성경적이라는 것을 확신하고 있습니다. 매우 많은 사람들이 이 자리에 찾아 나왔고, 저는 저 아래 연못에서 그리스도의 이름으로 그들에게 세례를 베풀었습니다. 우리 교파가 늘어나고 있는 것은 아닙니다. 그런 일에 저는 큰 관심이 없습니다. 물론 교파 확장이 현재로서는 멈추어버린 상태로서, 그리 좋아할 일은 아닙니다만, 우리의 말씀이 놀라울 정도로 퍼져가고 있기 때문에, 그래서 이 문제에 대해 저는 아주 기뻐합니다.

이리한 결과로 저는 계속해서 다음과 같은 편지들을 받았습니다. "목사님, 저는 복음이 전파되지 않는 마을에 살고 있습니다. 교회가 있는 것은 사실이지만, 퓨지주의(Puseyite: 영국국교회의 의식중시 고교회파) 성직자가 한 분 있습니다. 목사님께서 우리를 위해 무엇인가를 하실 수 없겠습니까? 목사님께서는 목회를 할 젊은이들을 훈련시키셨습니다. 저의 응접실에서 설교할 분을 한 사람 보내주실 수 없는지요?" 또 다음과 같은 내용의 편지도 있습니다. "목사님, 저의 마을에서는 오랫동안 예배당 문이 닫혀 있는 상태입니다. 오셔서 저희들을 도와주실 수 없을까요?" 이와 같은 종류의 편지가 수없이 쇄도하고 있습니다. 두 사람의 그리스도인이 그리스도의 이름으로 세례를 받고 싶다고 편지를 보내왔습니다. 그들은 왔다가 세례를 받고 돌아갔습니다. 한 달 안에 같은 마을에서 네 명이 더 있었습니다. 저는 거의 그들을 잊어버립니다만, 그들은 저를 잊지 아니합니다. 얼마 있지 않아 그 여섯 명이 편지를 보내 올 것입니다. 이것은 보통 있는 일입니다. 그들은 "우리가 교회가 될 수는 없을까요? 우리는 방을 한 칸 얻을 것입니다. 우리에게 설교할 분을 보내주시겠습니까?"라고 부탁합니다. 이런 일이 매주 일어납니다. 여러분의 목사는 그에게 사람이 있는 한, "내가 당신을 위해 그 일을 하리이다"라고 말을 하고, 또 자신의 자금이 있는 한, "오, 그래요. 내가 당신을 위해 그 일을 하겠습니다"라고 말할 것이라고 생각합니다. 그러나 가끔씩 그는 좀 더 큰 일을 히기 위하어 자기 곁에 있어 줄 사람들이 있으면 좋겠다고 느낄 때가 있는 것입니다. 기쁜 마음으로 여러분은 매주 여러분의 젊은 목사님들을 돕고 있습니다. 저는 우리의 친구들이 이 일을 계속하리라 생각합니다.

어쨌든 주께서 준비하실 것이며, 멀리 있는 친구들은 우리를 돕겠다는 마음의 감동이 일어나게 될 것입니다. 저는 더 많은 도움을 필요로 합니다. 왜냐하면 밭은 무르익었고, 우리에게는 추수할 일꾼들이 더 많이 필요하기 때문입니다. 일거리는 점점 더 커져가고 있습니다. 그것은 매일 증가되고 있습니다. 그것은 작은 눈덩이같이 시작했다가, 눈사태같이 그 엄청난 힘으로 알프스 산맥의 양쪽 사방을 휩쓸어가고 있습니다. 여러분은 여러분의 시대에 하나님께서 우리를 교회로 부르신 그 일에 무가치한 자가 되지 않기를 바랍니다. 지난 일 년 동안 우리 지역의 요지에 그리스도의 교회가 네 개씩이나 생겼습니다. 내년에도 계속해서 늘어날 것입니다. 성령께서 우리와 함께 계신다면, 그 다음 해에도, 또 그 다음 해에도 그렇게 될 것입니다.

이제 완즈워스(Wandsworth)에 내해 특별한 관심을 쏟아야 할 것을 말씀드리겠습니다. 그곳을 위해 특별헌금을 하는 것이 좋겠습니다. 제가 3년 전인가 아니면 좀 더 오래 전인가 잘 모르겠습니다만, 몹시 몸이 좋지 않아서 기력을 회복하기 위해 완즈워스 동네를 거닐며 산책을 한 적이 있었습니다. 그때 저는 이런 생각을 하게 되었습니다. '이곳에는 예배당에 출석하는 사람들이 너무 적구나. 교회는 제법 있는데… 그러나 우리의 신앙과 규칙을 가르칠 수 있는 큰 여지가 있어', 또 '여기에 사람을 보내어 설교를 시작하게 한다면, 틀림없이 좋은 일이 일어날 것이다'라고 생각했습니다. 다음 날 그 도시 출신인 네 사람이 저를 만나기 위해 찾아 왔습니다. 한 사람은 세례교인이고, 다른 세 사람은 세례를 몹시 받고 싶어하는 사람들이었습니다. 저는 "제가 그곳에 가서 교회를 세울까요?"라고 제안하고, 우리는 선술집에서 넓은 장소를 빌렸습니다. 그리고는 줄곧 그곳에서 설교가 행해졌습니다. 네 사람으로 시작된 그 교회는 150명으로 불어났습니다. 저는 계속해서 그곳에서 설교도 하고, 그 사역자를 돕는 일을 계속함으로써 관심을 크게 기울였습니다. 이제 얼마만큼의 아름다운 대지도 구입되었습니다. 예배당이 세워지게 될 것입니다. 매우 강한 운동이 일어나게 되리라 저는 확실히 믿고 있습니다. 많은 교회들이 일어나고 있습니다만, 이 교회는 기도를 절실히 필요로 하는 그런 시점에 이르게 되었습니다.

제가 여러분에게 이렇게 도움을 요청하지 않았으면 좋겠습니다만, 그들이 예배드리고 있는 장소에서 요즈음은 계속해서 토요일 저녁마다 음악회가 열리고 있고 주일날도 여의치 않다고 합니다. 저로서는 다른 곳에서와 마찬가지로 어떤 한 장소에서 예배드리기를 원합니다만, 현재 새 예배당으로 옮기는 문제는 많은 어려움이 있을 것이라 생각합니다. 여러분이 예배당을 옮기는 문제에 대하여, 그들을 도와주기를 바랍니다. 여러분이 저의 영혼의 수고에 힘을 합하여, 생명의 말씀을 굳게 붙드시고, 그리스도의 나라가 임하게 하고, 그의 뜻이 이루어지게 하시기를 바랍니다.

주님을 영화롭게 할 마음이 없는 여러분, 그의 나라의 확장에 전혀 관심이 없는 여러분, 머리를 숙이고 그리스도를 자랑하지 않으며, 영광스럽게 하지 않는 상태에 만족하고 있는 여러분, 뒤에 서서 우리를 돕지는 않지만 그의 나라를 돕고 싶어하는 여러분, 주님의 이름을 사랑하는 여러분, 그의 은혜에 빚지고 있는 여러분, 모든 곳에서 주님을 위한 운동을 도우십시오. 오늘 그 일을 도우십시오. 그리스도를 위하여, 그 일을 여러분에게 요청합니다. 저의 말을 거절하지 마시기 바랍니다.

제
8
장

—

비용을 계산하라

—

"그러나 무엇이든지 내게 유익하던 것을 내가 그리스도를 위하여 다 해로 여길뿐더러 또한 모든 것을 해로 여김은 내 주 그리스도 예수를 아는 지식이 가장 고상하기 때문이라 내가 그를 위하여 모든 것을 잃어버리고 배설물로 여김은 그리스도를 얻고 그 안에서 발견되려 함이니 내가 가진 의는 율법에서 난 것이 아니요 오직 그리스도를 믿음으로 말미암은 것이니 곧 믿음으로 하나님께로부터 난 의라" — 빌 3:7-9

제자가 되기를 원했던 자들에게 우리의 구세주께서 주신 충고는 "그 비용을 계산하라"(눅 14:28 참조)는 말씀입니다. 주님은 어떤 사람이 주님의 사역을 감당하는데 필요한 조건을 알지 못하는 상태에서, 그 군대의 명부에 이름을 올리는 것을 원치 않았습니다. 주님께서는 거듭해서 신앙을 고백하는 회심자들을 테스트하셨습니다. 또 자주 사람들에게 자기 스스로를 시험해 보도록 권면하셨습니다. 이는 그들이 고백을 하고나서 그 신앙 고백을 유지하지 못할까 하는 것 때문이었습니다. 참된 신앙은 열정의 문제이기도 하지만, 동시에 그 진리와 계율의 가장 혹독한 시험에도 견디어냅니다. 복음에 대한 우리의 판단력은 훈련되어야 할 필요가 있습니다. 그렇습니다. 그 일이 필요합니다. 많은 사람들이 열정적인 말로 말씀이 전파되는 모임 가운데서 그리스도께 나오는 것이 사실입니다.

그러나 어떤 사람들은 자기의 서재나 사무실에서 펜을 손에 잡고 앉아 아주 냉정한 태도로 계산하듯이 그리스도에 대해 생각할 수도 있습니다. 만약 그가 성령님의 인도 아래 진실하게 생각하게 된다면, 그는 주 예수 그리스도의 주장이 가장 가치 있고 가장 좋다는 결론에 이르게 될 것입니다. 어떤 사람들이 생각하듯이 신앙은 생각이나 계산이나 판단이나 평가나 숙고와는 전혀 관계가 없는 미친 것 같은 열광으로 이루어져 있다고 생각하지 마십시오. 왜냐하면 그러한 생각은 진리와는 상반된 것이기 때문입니다. 열성, 열정, 열광 등은 바람직한 것입니다. 그러나 너무 지나치게 많이 가져서는 안 됩니다. 동시에 제가 이미 말했듯이 가장 조용한 논리, 가장 인내성 있는 심사숙고를 통해서도 우리가 그리스도에게 속할 수 있다는 것을 우리는 입증할 수 있습니다. 우리는 일시적인 것들과 영원한 것들을 세밀하게 살펴보면서, 오랜 시간이 걸려 신중한 평가를 내리기도 합니다. 그리고 예수 그리스도의 제자가 되는 것이 온 세상에서 가장 지혜롭고 가장 나은 일이라는 것을 선포하면서, 그런 사실에 대하여 반박하는 자들에게 도전하게 됩니다.

본문에서 사도는 "계산하다"(count. 개역개정에는 "여기다"로 번역)라는 말을 세 번 이상이나 사용하고 있습니다. 그는 영적인 계산법에 능숙한 사람이었고, 그는 계산을 하는데 아주 신중했습니다. 그는 신중하게 계산을 했고, 부지런히 눈을 돌리며, 자신의 이익과 손실에 대하여 살펴보았습니다. 그는 계산하는 가운데 예상되는 손실이나, 실제로 일어나는 어떤 손실에 대해서도 소홀하지 않았습니다. 반면에 그는 축복된 소득을 얻기 위해서는, 놀라울 정도로 손해를 봐도 괜찮다는 사실을 한시도 잊지 않고 있습니다. 바울은 본문에서 장사하는 사람의 마음을 가지고 있는 듯이 보입니다. 아주 침착한 마음의 결정을 통해, 더하고 빼고 또 계산을 하고 결산을 하는 장사하는 사람 같다는 말입니다. 저는 본문 말씀을 장사하는 분들에게 권합니다. 저는 그분들이 사도 바울의 모범을 따르게 되기를 권고합니다. 그들이 영원한 것들에 대하여 가장 좋은 결정을 내리고, 자리에 앉아 이전에 했던 대로 펜을 잡고 숫자를 쓰며, 자기 자신과 그리스도, 그들 자신의 일과 믿음의 의에 관하여 내린 평가와 계산을 기록해 보면 좋겠다고 생각합니다.

오늘 아침에 말씀드리고자 하는 주제는 첫째로, 바울의 계산이요, 둘째는, 우리 자신의 계산입니다. 즉, 이 두 번째 부분에서는 우리가 사도의 모범을 좇아 내리는 평가에 대하여, 우리 자신에게 던지는 질문에 대해 살펴볼 것입니다.

1. 첫째로, 시도의 계산에 대해서 생각해 보겠습니다.

여러분은 본문을 살펴볼 때에 그가 세 가지 특징 있는 계산을 하였다는 사실을 알게 될 것입니다. 그 계산은 모두 같은 결론에 이르게 됩니다만, 다소 차이점을 나타냅니다. 다시 말해서, 그 말들이 계속 이어지면서 그것들은 각각 결과적으로 점점 더 강조적인 의미를 담고 있다는 것입니다. 그 결과는 같았습니다. 그러나 그것은 점점 더 강하게 표현되었습니다.

첫째, 그리스도인으로서의 생애의 시작에 대한 그의 계산에 대해 생각해 봅시다. 그가 신자가 되었을 때, 그는 자신에 대하여 "무엇이든지 내게 유익하던 것을 내가 그리스도를 위하여 다 해로 여겼다"고 말합니다. 다시 말해서, 그가 사울이었고 랍비였으며, 열렬한 바리새인이었던 상태에서 회심한 바울이 되고, 한때 그가 없애려 했던 그 신앙을 전파하는 자가 된 초창기 시절에는, 그에게 전에는 매우 화려하고 유익한 것으로 여겼던 그런 것들을 모두 하나의 커다란 해로운 대상으로 여기게 되었다는 것입니다. 그때 그는 한 가지 계산을 했을 때, 그에게 가장 유익하게 여겨졌던 것이, 그리스도와 관련해서는 진실로 그에게는 명확한 손실이요, 방해거리라는 신중한 생각을 하게 되었다고 말을 합니다. 유익하던 것이 오히려 해가 되었다는 것입니다.

여러분께서는 그가 이 첫 번째 계산에서 각각의 내용 하나하나에 명백한 차이를 두면서 역설하고 있다는 사실을 깨닫게 될 것입니다. 그가 육신적으로 영광스럽게 여겼던 일들, 즉 "나는 팔일 만에 할례를 받고 이스라엘 족속이요 베냐민 지파요 히브리인 중의 히브리인이요 율법으로는 바리새인이요 열심으로는 교회를 박해하고 율법의 의로는 흠이 없는 자라"(빌 3:5-6)는 기록은 마치 어떤 목록 같다는 느낌이 들게 합니다. 이런 것들은 그에게 유익하던 것들이었고, 그 기록은 출생부터 시작해서 할례 받은 것과, 그가 회심한 시기까지 전부 다 포함하는 매우 포괄적인 내용입니다. 그는 아주 큰 관심을 가지고, 그가 유대인으로서 유익하던 것들의 항목에 대해 설명하고 있습니다. 그것들은 한때 그에게는 고귀한 진주와 같았습니다. 그가 그것들을 아낌없이 버리면서, 그는 그것들이 한때는 자기가 애지중지하던 귀한 것들이었다는 사실을 회상하고 있습니다. 그것들이 그의 긍지였고, 귀족사회의 특권이었고 매일의 자랑거리였습니다. 그는 자신이 이런 점에 있어서는, 그 어떤 사람보다 가장 뛰어나다고 자부했습니다. 그는 자신이 사랑하는 동족들 중에서도 단연 으뜸가는 인물이라고 자부했습니다. 왜냐하면 지금도 그는 "만일 누구든지 다른 이가 육체를 신뢰할 것이 있는 줄로 생각하면 나는 더욱 그러하리니"라고 말하고 있기 때문입니다. "내가 팔일만에 할례를 받고." 그에게 행해진 이 의식은 하나님께서 아브라함에게 주신 외형적인 언약으로, 율법에 정해진 대로 정확하게 행해졌습니다. 그는 개종자들처럼 그의 생애 중에서 나중에 할례를 받은 자도 아니었고, 건강이 나쁘거나 여행 혹은 부모의 태만 때문에 정한 시간이 지나서 할례를 받은 자도 아니었습니다. 그는 모세의 의식법이 요구하는 바 그 시간에, 아기로서 이스라엘의 무리 가운데 들어왔던 것입니다. 다음에 그는 "이스라엘의 족속"이었습니다. 그는 이스라엘 사람의 믿음을 갖기로 하고 개종한 자이거나, 기브온 족속의 후예, 또는 개종한 부모들의 자손이 아니라, 분명한 혈통을 타고난 순수한 이스라엘 족속으로서 하나님과 겨루어 이긴 족장 이스라엘에게까지 그 족보를 거슬러 올라갈 수 있는 사람이었습니다. 그는 이 혈통을 자랑스럽게 여겼습니다. 그가 그렇게 한 것은 당연한 일이었을 것입니다. 왜냐하면 모든 유대인은 고귀한 혈통을 타고나기 때문입니다. 이스라엘의 자손과 겨루어 비교해 볼 수 있는 오래된 가계가 있으면 어디 한 번 말씀해 보십시오. 만약 어떤 가문이 이들 가문보다 더 낫다고 한다면, 그들의 가문이 이 우주상에서 가장 나은 가문입니다.

바울은 또한 그가 "베냐민 지파"였음을 자랑하였습니다. 그 지파는 모세가 여호와의 사랑을 입은 자라고 불렀던 지파요(신 33:12), 그 지역 내에 성전이 섰던 지파이며, 여종에게서 난 아들들이 아니요, 야곱이 사랑하는 아내 라헬로 말미암은 지파였습니다. 베냐민 지파에서 이스라엘 초대 왕이 뽑혔는데, 바울은 그와 똑같은 이름을 가졌으므로 유대인 형제들에게는 그 이름이 널리 알려져 있었던 것입니다. 그러므로 바울은 여호와께서 친히 애굽에서 불러내신 포도나무에서 가장 우량한 가지에 속해 있었습니다.

그 다음에 그는 "히브리인 중의 히브리인"이라는 사실을 덧붙이고 있습니다. 그는 선택된 나라와 선민 중에서도 가장 훌륭하게 택함을 받은 백성이었습니다. 만약 아브라함의 씨인 히브리인으로서 누리는 어떤 유익이 있다면, 그는 가장 많은 유익을 누릴 수 있었습니다. 그리고 그는 출생과 국적의 강점에다가 가장 정통적이고 경건하다고 하는 어떤 특별한 종파에 가입하였다는 점을 덧붙여 설명하고 있습니다. 이는 그가 "율법으로는 바리새인"이라고 했기 때문입니다. 그는 율법 중의 지극히 작은 항목까지도 귀중하게 여기고 박하와 회향과 근채의 십일조를 드리는 종파에 속해 있었습니다. 그에게 더 이상 무엇을 바랄 수 있었겠습니까? 가톨릭으로 말하자면, 그는 예수회의 일원이었고, 극단주의자들 중에서도 가장 극단으로 흘러간 자요, 믿음의 가장 깊은 비밀들을 전수받은 자들 중의 한 사람이라고 하겠습니다. 개인적인 성격에 관해서 말한다면 천성적으로 좋은 성품을 가졌다고 생각했습니다. 왜냐하면 그는 열정적으로 복음을 전파하였고, 모세의 율법을 거슬러 말하는 자들을 그의 원수로 여겨, 그는 힘을 다하여 그들을 박해했기 때문입니다. "열심으로는 교회를 박해하는 자"라고 말했습니다. 그는 철저한 자기의 의를 가지고 이런 일을 진심으로 행하였던 것입니다. 그는 자기가 율법의 모든 세부사항, 사소한 의식 문제, 특별한 법규에 대해서도 완전히 흠이 없었다는 사실을 말함으로써, 자기의 과거 이야기를 끝맺고 있습니다. 이것들은 소중한 것들이었지만, 진리에 비해서는 아무것도 아니라고 말했습니다. 이것들은(헬라어에서도 복수가 사용됨) 모두 그가 유익하다고 생각했던 것들입니다. 그가 그것들 각각에 대해서 이야기할 때, 다소 미련이 있는 것 같은 태도로 그것들을 설명하였다고 생각합니다. 그가 그렇게 하는 것도 당연한 일입니다. 왜냐하면 그것들이 이전에는 그에게 아주 귀한 것들이었고, 이런 특권들은 그 본질상 가치 없는 것들이 아니었기 때문입니다.

　　그러나 이제 다른 한 편에는 무엇이 놓여 있습니까? 한 쪽 편에는 기록된 내용이 길게 나열되어 있는데, 반대편에는 어떤 것이 놓여 있습니까? 그는 "무엇이든지 내게 유익하던 것을 내가 그리스도를 위하여 다 해로 여겼다"고 말합니다. 무엇이라고요? 다른 한 쪽 편에는 오직 한 가지 항목 외에는 아무것도 없지 않습니까? 한 가지, 오직 한 가지라고요? 반대편에는 수없이 많은 특권들이 있지 않았습니까? 천칭(天秤)의 이편 접시에는 오직 한 사람, 한 이름밖에 없고, 다른 접시에는 유익한 것들이 많지 않습니까? 어떤 사람은 그 저울은 바울이 이스라엘 족속 등의 내용을 기록한 그 쪽 편에 기울어질 것이라고 생각합니다. 그러나 그렇지 않습니다. 하나가 그 많은 것들의 무게보다 더 무겁습니다. 여기에서 저는 바울이 기독교나 교회 혹은 정통적인 믿음을 위하여, 그것들을 해로 여겼다고 말하고 있지 않다는 사실을 여러분에게 주지시키는 바입니다. 그러한 진술 속에는 진리가 스며 있을 것입니다. 그러나 그 진리의 중심은 여기에 있습니다. 즉, 그가 그리스도를 위하여, 주 예수 그리스도를 위하여, 이러한 것들을 해로 여겼다는 것입니다. 그는 하나님의 거룩한 자, 그 이름이 복된 자, 베들레헴에 태어나사 사람이 되신 우리 영혼의 형제, 자기 백성을 속량하시는 분을 생각하였습니다. 그분은 살아 계셔서 사랑을 베푸시고 또 피 흘려 죽으시고, 장사지낸 바 되셨다가, 살아나시고, 승천하사, 영화롭게 되신 그리스도이십니다. 이분은 사도 바울이 대차대조표의 다른 한 쪽에 두었던 그 영화로우신 분이십니다.

이제 그 결과를 보십시오. 그는 "무엇이든지 내게 유익하던 것을 내가 … 다 해로 여겼다"고 말합니다. 참으로 희귀한 결과입니다. 한 쪽 편의 것을 다른 쪽 편 것의 아래에 두고 뺄셈을 해보니, 육체적으로 유익하던 모든 것들이 그리스도보다 못하다는 것을 알았을 뿐 아니라, 더 나아가 전에 유익하던 그 모든 것들이, 실제로는 손해로 바뀌어졌다는 것을 알게 된 것입니다. 저 쪽에 더해진 것들을 좌우 양편을 맞추기 위해 이 쪽에도 더해야 하는데 그렇지 않았습니다. 그것들은 마이너스라는 실제적인 결손이 되었습니다. 그는 육체적으로 유익하던 것들을 그리스도와 관련시켜 바라보았을 때, 그것들이 손실인 것을 깨달았습니다. 유익하다고 생각했던 것들이 그가 그리스도를 알게 되었을 때, 자기에게 유익하기보다는 도리어 자기에게 불리하게 작용했던 것임을 알았습니다.

교우들이여, "히브리인 중의 히브리인"이라는 것이 그 자체로 손해라는 그런 뜻은 아닙니다. 또 이스라엘의 족속이라는 것도 해라는 것도 아닙니다. 왜냐하면 그런 것들에는 선천적으로 유리한 점이 있기 때문입니다. 그는 다른 곳에서 "그런즉 유대인이 나음이 무엇인가?"(롬 3:1)라고 질문한 후 "범사에 많다"고 대답하고 있습니다. 그러나 선천적으로 유리했던 그런 것들이 그리스도와 연관해서는 불리한 것이 되었다는 의미입니다. 이는 그것들의 성향이 그로 하여금 그리스도를 믿지 못하게 하였고, 또 그리스도에 대한 단순한 믿음을 저버리도록 유혹했기 때문입니다. 그는 이렇게 독백하고 있는 것 같습니다. "아, 내가 이스라엘의 족속이라는 사실을 영광스럽게 여겼기 때문에, 나는 하나님의 그리스도를 거부하였고, 율법의 의로는 흠이 없는 자라고 자랑스럽게 여겼기 때문에, 나는 믿음으로 말미암는 예수 그리스도의 영광스러운 의를 거부하였다. 이런 유리한 것들은 나로 하여금 나의 주님의 아름다움을 보지 못하게 한 내 눈에 덮인 비늘이었다. 이런 특권들은 내가 비천하고 가련하고 궁핍한 죄인으로서 예수님의 속죄의 희생을 붙들고 예수님께 나아오는데 있어서, 나의 길을 막았던 걸림돌이었도다."

　　사랑하는 성도 여러분, 고결한 삶을 살게 된다는 것은 훌륭한 일입니다. 그러기에 계속해서 도덕적인 길을 벗어나지 않게 된 것은 하나님을 찬양할 만한 일입니다. 그러나 만약 우리가 우리 주 예수님의 의에 대항하여 우리의 도덕적인 미덕을 내세우고 우리에게 구세주가 필요 없다는 생각을 품게 한다면, 이런 축복은 우리 자신의 어리석음으로 말미암아 우리에게 저주가 됩니다. 만약 우리가 생각하기에 우리의 성품이 너무 좋아서 우리 스스로 괜찮다고 생각하는 옷을 입게 되면, 우리는 그리스도의 의의 옷을 거부하게 될 것입니다. 따라서 우리가 우리의 성품이 넝마와 같다고 고백한다면, 차라리 그것이 우리에게는 더욱 나은 일일 것입니다. 왜냐하면 그렇게 되면 우리는 하나님께서 자비의 손길로 마련해 주신 옷을 기꺼이 입으려 할 것이기 때문입니다. 그렇습니다. 이 문제에 관한 한 드러난 죄인이 되는 것이 더 낫습니다. 교만하게 되는 유혹을 쉽사리 받지 않기 때문이지요. 그 이유는 그가 너무 사특하고 심한 타락 상태에 있어서 도저히 하나님 앞에 의로운 체할 수 없기 때문입니다.

　　다시 말씀드리면, 사도는 이런 것들이 유익하지 않은 것이라고 말하는 것이 아니라, 그리스도를 위하여 유익하지 않다고 말하는 것입니다. 그가 그리스도의 빛 가운데서 그런 것들을 바라볼 때, 그것들이 유익하기보다는 도리어 해로 여겨진 것입니다. 제가 만약 오늘 제 자신의 의를 가지고 있다면, 그 냄새가 제 손에 많이 배게 될까봐 두려워하면서, 나의 그 의를 공중에 날려버릴 것입니다. 제가 비록 드러난 죄를 한 가지도 짓지 않았다 할지라도, 만약 한 가지라도 은밀한 죄를 마음으로 짓게 된다면, 나의 의는 더러운 넝마같이 되어 버릴 것입니다. 또한 나의 교만한 영이 그런 쓸모없는 넝마와 같은 의에 매달릴까봐 두려워 떨게 될 것입니다. 아담은 한 가지 죄로 말미암아 타락했고, 낙원을 잃어버렸고, 우리 모두를 잃어버린 자가 되게 하였습니다. 따라서 하나의 죄는 가장 순수한 의를 철저하게 가증스러운 것으로 만들기에 족합니다. 그러므로 자아와 율법적인 의를 의지하는 일을 내어버리십시오.

　　그러나 이제 바울이 우리에게 주는 현재 상태에 대한 그의 평가, 곧 그의 두 번째 계산에 대해 계속해서 생각해 보겠습니다. 그는 "또한 확실히 … 여긴다(count=계산하다)"고 말했습니다. 앞에서는 그가 "내가 여겼다"고 말했는데, 여기서는 그렇지 않습니다("여긴다"고 현재형을 사용함). 그래서 그는 "또한 모든 것을 해로 여김은 내 주 그리스도 예수를 아는 지식이 가장 고상하기 때문이라"고 했습니다. 우리는 항상 어떤 사람이 겪은 일에 관하여 털어놓는 이야기를 몹시 듣고 싶어합니다. 열의를 가지고 시작한다는 것은 아주 좋은 일입니다. 그러나 그가 경험하고 난 후에 내놓은 모험적인 답변은 어떤 것이었습니까? 20년이 넘는 세월을 보내며 경험을 한 바울은 그의 계산이 옳았는지, 그렇지 않은지를 살펴보며 그 자신의 평가를 음미해 보고, 그의 대차대조표를 수정할 수 있는 기회를 갖게 되었습니다. 그가 가장 늦게 착수한 조사의 결과는 무엇이었습니까? 그의 마지막 재고조사에 어떤 문제가 생긴 것입니까? 그는 아주 특별하게 강조하는 어조로 다음과 같이 외칩니다. "또한 [확실히] 모든 것을 해로 여김은 내 주 그리스도 예수를 아는 지식이 가장 고상하기 때문이라"고 말입니다. "또한 확실히"라는 그 두 단어는(KJV임. 개역개정에는 없음) 매우 강한 확언입니다. 그는 현재의 확고한 확신과 흔들림이 없는 판단에 관하여, 아주 명확하게 말하고 있습니다. 거룩한 생활을 어느 정도 하고 열심 있는 봉사 때문에 고난도 당한 후 오늘 이와 같은 평가를 내리고 있는 그를 다시 한 번 생각해 보십시오.

여러분은 그가 이전에 유익했던 것들을 잊어버리지 않았다는 사실을 알 수 있습니다. 왜냐하면 우리가 이미 보았듯이 그는 그런 것들을 기록한 상세한 목록을 우리들에게 제시하였기 때문입니다. 이 두 번째 경우에서는 그가 그 목록을 되풀이하지 않고 있습니다. 그 이유는 부분적으로는 그렇게 할 필요가 없었기 때문이기도 하고, 또 한편으로는 그런 항목에 대하여 관심이 없었기 때문이기도 합니다. 하지만 주된 이유는 그 중에 어떤 것이라도 빠뜨릴까 하는 염려 때문이었다고 할 수 있습니다. 그래서 그는 그 모든 것을 간결하게 "모든 것"이라는 말로 요약해 버립니다. 그는 다음과 같이 말하였다고 생각할 수 있습니다:예, 확실합니다. 저는 한때 유익하다고 여겼던 출생, 국적, 그리고 스스로 의롭다 하는 것 등 모두를 해로 여겼습니다. 제가 만약 이스라엘 족속인 것을 자랑스럽게 여겼다는 내용을 빠뜨렸다면, 그 목록 속에 써 넣어 주시기 바랍니다. 왜냐하면 제가 그리스도를 위하여 모든 것을 해로 여긴다고 말할 때, 그 모든 것이 다 포함되기 때문입니다.

바울이 앞에서는 복잡하게 기록을 늘어놓았습니다만, 이번에는 그렇게 하지 않았는데 그 근본 요지는 조금도 변하지 않았고, 이전과 다름없는 평가를 내리고 있다는 사실을 여러분은 아실 것입니다. 유익하던 것은 여전히 "해"일 뿐입니다. 단지 우리는 그가 다른 한편의 것을 표현하기를 더 기뻐하여 좀 더 길고, 명백하게 설명하고 있음을 알 수 있습니다. 왜냐하면 이제 그는 단순히 "그리스도"라는 말만을 사용하지 않고 좀 더 충분한 표현인 "내 주 그리스도 예수를 아는 지식이 가장 고상하기 때문이라"는 말을 사용하고 있기 때문입니다. 이제 그는 이전에 신뢰하던 그리스도를 알기에 이르렀습니다. 그는 이전에 그리스도에 대해 말할 때, 그를 인하여 유익하던 것을 해로 여겼다고 말했는데, 이제 그는 그리스도 안에 있는 너무나 엄청난 미덕을 깨닫고, 심지어 그를 아는 것이 탁월한 축복이 된다고 여깁니다. 우리의 거룩하신 주님을 알면 알수록 더 많이 사랑하게 되는 것입니다. 우리의 조사가 치밀하면 치밀할수록, 주의 성품의 고상함이 좀 더 명백하게 드러나게 됩니다.

사도 바울이 사용하고 있는 단어들은 그가 그런 점들에 대해 충분한 지식을 가지고 있었다는 사실을 우리들에게 보여주고 있습니다. 그는 주님을 하나님으로부터 보내심을 받고, 하나님의 기름 부음을 받은 그리스도 또는 메시야로 알았습니다. 우리 주님으로부터 다른 동료들보다는 월등하게 기름 부음을 받은 그는 우리 주님의 기름 부음의 충만, 능력, 그리고 탁월한 효험 등에 대하여 처음보다 훨씬 더 완벽하게 알게 되었습니다. 그는 주님이 약속된 여자의 후손으로 오실 그분이요, 약속된 이스라엘의 빛이요, 하나님이 정하신 속량자요, 사람들의 구세주임을 알았습니다. 그는 주님의 놀라운 성품을 보고 주께서는 온전한 자격을 갖추고 있다는 것을 알았습니다. 그는 주님이 제사장과 왕으로 기름 부음을 입은 자라는 것을 알았습니다. 그는 성령이 주님 위에 임재하여 있는 것과, 아론의 머리로부터 그 옷자락에 흘러내리는 거룩한 기름처럼, 성령이 주님으로부터 그의 백성에게 임하는 것을 보기를 기뻐하였습니다. 주의 기름 부으신 자의 옷은 몰약과 침향과 육계의 향기가 있는데(시 45:8 참조), 그분을 아는 지식은 너무나 고상하다는 것도 알았습니다. 그러나 이것이 전부가 아니었습니다. 왜냐하면 그는 그분을 예수, 그리스도 예수라고 계속 부르고 있기 때문입니다. 성경에는 "이름을 예수라 하라 이는 그가 자기 백성을 그들의 죄에서 구원할 자이심이라"(마 1:21)고 기록되어 있습니다. 바울은 그분이 기름 부음을 받은 구세주이심을, 자기를 구원하신 확실한 구세주, 곧 그를 신성모독과 박해의 미친 짓에서 구원하사, 다른 사람들을 구원하는 구원의 도구로 삼으신 분임을 알았습니다. 구세주라는 명칭을 아는 자라면 그 명칭을 좋아하듯이, 바울은 구세주라는 명칭을 좋아했습니다. 예수의 이름은 그 얼마나 아름다운 노래인지요! 그 기름방울이 튀는 곳에서 그 향기는 얼마나 아름다운지요! 이런 점에 있어서 우리 주님을 아는 것은 진실로 고상한 일입니다.

사도 바울이 다음에 사용하는 "내 주"라는 말, 즉 단순히 "주"가 아니라 "내 주"라는 말은 참으로 아름다운 표현입니다. 그의 지식은 독점하고 싶은 마음이 있는 지식이었습니다. 그는 속량자 예수님을 자기를 위해 기름 부음을 받은 자로, 자기를 구원하신 분으로, 처음부터 끝까지 자기를 위한 주님이요, 이제 자기를 향하신 주님으로 알았습니다. 그 문장의 진수는 "내"라는 말 속에 들어 있습니다. 그 말이 여러분의 마음에는 어떻게 생각될지 모르겠습니다만, 저로서는 이 죽을 수밖에 없는 입술로 사용할 수 있는 말 중에서 "내 주 그리스도 예수를 아는 지식"이라는 말이 가장 아름다운 말들 중 하나라고 생각합니다. 그분이 여러분의 주님이든지 아니든지 간에, 그분은 확실히 저의 주님이십니다. 그분이 사람들에게 주님으로 영접을 받든지 아니 받든지 간에, 저는 그분을 기꺼이 나의 주님이요, 내 영혼의 주인이며, 나의 전 인격의 유일한 통치자임을 고백합니다. "내 주 그리스도 예수"라고 고백합니다. 그 다음에 여러분은 바울 사도가 얼마나 참되게, 충만하게, 실제적이고, 개인적으로 주님을 알고 있었는지를 살펴볼 수 있습니다.

본문은 그가 예수님을 **믿음으로** 알았다는 사실을 넌지시 비추어주고 있습니다. 그는 과거에는 예수님을 육체를 따라 알았습니다. 그러나 그때에는 주님을 영광스럽게 하지 못했습니다. 그러므로 그가 이제는 믿음으로 하나님께로부터 난 의가 자기에게 전가되기를 소원하며, 믿음의 문제만을 존중하게 되었습니다. 믿음의 지식만큼 은혜로운 지식은 없습니다. 이는 사람이 자연적인 방식을 따라 많은 것을 안다 해도 멸망을 당하지만, 믿음으로 말미암은 지식은 구원의 역사를 일으키기 때문입니다. 만약 어떤 사람이 그리스도를 머리로만 알고 마음으로 신뢰하지 않는다면 그가 가진 지식이 무슨 유익이 있겠습니까? 그것은 그를 구원하기보다는 오히려 멸망시킬 것입니다. 따라서 여러분의 영혼 전체를 그리스도에게 의지하기 위하여 주 예수 그리스도를 아는 것, 주 예수 그리스도를 믿어 평강을 체험하기 위해 그를 아는 것, 그가 여러분의 구원의 전부요, 여러분의 소망의 전부여서 날이면 날마다 그를 더욱 의뢰할 수 있다는 것을 깨닫기 위해 그를 아는 것, 이런 것은 진실로 그를 아는 지식입니다.

그러나 바울은 또한 체험으로 주님을 알았습니다. 왜냐하면 그가 주님과 "그 부활의 권능"을 알고 있다고 말하기 때문입니다. 어떤 사실의 능력이 우리 속에서 인식되고 우리 생활 속에서 나타난다면, 이것은 참으로 놀라운 지식입니다. 우리가 우리 죄로 인한 사망으로부터 일으킴을 받고, 우리가 실제로 그러하다는 것을 알게 될 때, 그야말로 부활하신 그리스도에 관한 우리들의 지식은 참으로 고귀한 것입니다. 우리로 하여금 영적인 일들을 하도록 자극하는 새로운 생명이 우리 속에 있다는 것을 우리가 느끼고, 이것이 우리 주님의 부활로 말미암아 일어나는 것이요, 또 이 일이 죽은 자들로부터 부활하신 예수 그리스도의 무한한 능력으로 말미암아 우리 속에서 일어났다는 것을 알게 될 때, 그때 우리는 진실로 우리 주 예수 그리스도를 아는 지식의 고상함을 기뻐할 수 있는 것입니다.

바울은 그것보다 더욱더 그리스도에 관한 그 어떤 것을 알고 있었고, 그분을 닮아감으로써 더욱더 그리스도를 알려고 했습니다. 그래서 그는 "내가 그리스도와 … 그 고난에 참여함을 알고자 하여 그의 죽으심을 본받는다"고 말합니다. 그는 어느 정도 주의 고난에 참여했습니다. 그는 박해도 받았고, 사람들에게 멸시도 받았습니다. 주님과 똑같은 이유 때문에 그러한 고난을 많이 맛보았던 것입니다. 그는 어느 정도 그리스도께서 가졌던 그런 동기, 사람들에 대한 그리스도의 사랑, 그리스도의 자기희생, 진리를 위해서는 기꺼이 죽겠다는 그리스도의 각오 등, 이런 것들을 체험하였습니다. 이것은 진실로 고상한 지식입니다. 바울은 당연히 그것을 다른 모든 합법적 특권보다 가장 고귀한 것으로 존중하였습니다. 그는 그것을 고상한 지식이라고 말했습니다. 왜냐하면 그런 생각이 그의 의도하는 바이고, 그는 또 그것을 가장 귀한 것으로 생각하였기 때문입니다. 사랑하는 성도 여러분, 세상에는 지금 제가 묘사하고자 애쓴 예수 그리스도에 대한 지식에 비교할 만한 지식이 없습니다. 그 이유는 이 지식이 가장 고상한 대상(하나님의 아들)에 관한 지식이기 때문입니다. 자연과학을 알고 암석에 대해 정통하며 별들의 세계를 관찰하고 그 밖의 모든 것들을 다 이해한다 해도, 그것은 우리가 주 예수님의 인격 속에서 하나님을 아는 것이 무엇인가 생각하는 것과 비교해 볼 때 비교적 사소한 것입니다. 하나님의 신성의 풍성함이 육체로 거하시는 그분은 알 만한 가치가 가장 큰 분입니다. 천사들이 그와 같은 생각을 하는데 일치합니다. 그리스도에 관한 한 가지 진리는 다른 모든 지식의 총체보다 더 고귀합니다. 이것은 어떤 사람도 성령께서 주시지 않으면 가질 수 없는 지식입니다. 그래서 이 지식은 고상합니다. 우리는 그리스도를 아는 모든 사람들에게 "이를 네게 알게 한 이는 혈육이 아니다"(마 16:17)라고 말하게 됩니다. 하나님께서 가르쳐 주셔야만 그리스도에 대하여 배울 수 있습니다. 이 학문은 학교에서 얻을 수도 없고, 학식이 많은 교수들에게서 전수받을 수도 없으며, 수년 동안의 부지런한 연구 활동을 통해 수집되는 것도 아닙니다. 성령으로 말미암아 새롭게 된 심령에 성령님 자신을 통해 주 예수께서 계시되는 것입니다. 이는 어떤 사람도 성령으로 아니하고서는 예수 그리스도를 주라고 말할 수 없기 때문입니다. 그것은 각 사람에게 하나님께서 친히 전달하시는 최상의 지식입니다.

만약 여러분이 이 지식의 고상함을 보시려면, 그 결과를 보십시오. 어떤 지식은 사람을 거만하게 만듭니다만, 이 지식은 우리를 겸손하게 만듭니다. 우리가 그 지식을 많이 가지면 가질수록, 우리는 우리 자신에 대해 보잘것없다고 생각합니다. 이 지식은 거룩하게 하고, 정하게 하고, 죄를 사랑하는 자리에서 건져 냅니다. 그것은 영혼을 구원합니다. 현재의 죄와 영원한 저주로부터 구원해 냅니다. 이 지식은 동기를 고상하게 하고 감정을 부드럽게 하고, 모든 삶에 고결함을 부여해 줍니다. 왜냐하면 그리스도를 아는 사람은 그리스도에 대해 무지한 사람들보다는 좀 더 고상한 생활 규칙을 따라 살기 때문입니다. 사랑하는 여러분, 이 지식은 진실로 고상합니다. 이는 이 지식은 결코 잃어버릴 수 없는 지식이기 때문입니다. 그것은 심지어 영원한 세계에까지 계속해서 진보하는 지식입니다. 죽을 수밖에 없는 자들이 이 세상에서 연구하는 과제들의 대부분은 오는 세상에서는 잊어버린 바 될 것입니다. 그런 것들 중에서 가장 심오한 것이라도, 너무 시시해서 천사들의 연구의 대상이 되지 않을 것입니다. 고전적이고 수학적인 업적들의 영예는 천국의 영광 가운데에서는 전혀 그 빛을 발하지 못할 것입니다. 그러나 그리스도 예수에 관한 지식은 무한한 가치가 있을 것입니다. 그 지식 때문에, 그 지식을 소유한 자들은 해같이 빛나게 될 것입니다. 그리스도를 아는 자는 그리스도의 발 아래 앉아 계속해서 배우게 될 것이요, 그가 배울 때에 그가 예수 그리스도의 인격 속에 감추어진 수많은 하나님의 지혜를 통치자들과 권세자들에게 말하게 될 것입니다. 사랑하는 여러분, 사도는 주 예수 그리스도에 대한 지식으로 인하여, 한때 자랑스럽게 여겼던 그 모든 것들을 해로 여겼다는 사실을 유념하십시오. 이것은 그가 서신을 쓰고 있을 때 판단한 계산이었습니다. 그것은 단순히 그의 젊은 시절의 평가가 아니라, 그 당시에 새롭게 확신한 판단이었던 것입니다. 성도 여러분, 우리도 그런 평가를 내리고 있습니까?

대 사도는 우리들에게 그의 전 생애의 평가라 할 수 있는 세 번째의 계산을 우리들에게 제시하고 있습니다. 그것은 과거의 것만도 아니고, 현재의 것만도 아닌, 과거와 현재를 다 포함하여 내린 계산입니다. 그래서 그는 "내가 그를 위하여 모든 것을 잃어버리고 배설물로 여김은 그리스도를 얻고 그 안에서 발견되려 함이라"고 했습니다. 사랑하는 성도 여러분, 여러분은 그의 평가가 사실상의 시험과, 실제적인 증명과 함께 제시되고 있음을 봅니다. 그는 지금 로마에 있는 집정관의 감옥에 죄수의 몸으로 손목에 쇠고랑을 차고 앉아 있다고 생각됩니다. 그는 얼룩지지 아니한 종이가 필요했을 것입니다만, 그의 차꼬의 녹가루가 그의 서신의 종이에 묻어 있었을 것입니다. 그는 도대체 가진 것이라고는 아무것도 없습니다. 그는 그의 옛 친구들을 모두 잃었습니다. 그의 친척들도 그와의 인연을 끊은 상태입니다. 그의 동포들은 그를 몹시 싫어합니다. 심지어 그의 그리스도인 형제들조차도 종종 그를 괴롭힙니다. 그 어떤 사람도 다소의 사울이라는 이름만큼 유대인들로 하여금 악의에 가득 차서 이를 갈게 한 적이 없었습니다. 그는 변절자들 중에서 가장 나쁜 자로 지목되었습니다. 그는 사회적 신분도 잃어버렸습니다. 자랑스럽게 여길 만한 모든 바탕을 다 잃어버렸습니다. 그는 더 이상 자신의 의를 내세우지 않게 되었습니다. 기대할 만한 소망의 조각들은 남김없이 다 빼앗겼습니다. 그리스도가 그의 전부요, 그는 그 외에 아무것도 가지고 있지 않습니다. 그에게는 세상적인 재산이라고는 하나도 없습니다. 가장 기본적인 생필품마저도 없습니다. "내가 그를 위하여 모든 것을 잃어버렸다"는 사도의 말은 참으로 사실이었습니다. 감옥에 들어가서 그 훌륭한 사람에게 개인적으로 질문을 던져봅시다. 바울 사도님, 당신은 믿음 때문에 철저히 궁핍하게 되셨고 고적하게 되셨습니다. 이제 이 일에 대하여 어떻게 생각하십니까? 이론은 그렇지만 실제로 그것을 견디어 내는 것은 다르지 않습니까? 바다는 유리처럼 잔잔해 보이지만 항해를 실제로 하는 것보다는 그 항해를 이야기하는 것이 더 즐겁지 않습니까? 승선은 멋진 광경이겠지요. 하지만 풍우대작할 때의 바다의 항해에 대하여 어떻게 생각하십니까? 바울 사도님, 지금은 어떻습니까? 이런 질문에 그는 "나는 솔직히 모든 것을 잃어버렸어요"라고 말합니다. 바울 사도님, 그것에 대하여 깊이 후회하고 있습니까? "후회라니요, 나의 바리새주의, 나의 할례, 내가 이스라엘의 족속이라는 존귀성, 이런 것을 잃었다고 후회할까요? 후회라니요, 당치도 않은 말씀입니다." 그는 또 말합니다. "이 모든 것이 사라진 것을 저는 기뻐하고 있습니다. 왜냐하면 저는 이 모든 것으로부터 벗어나는 것을 구원이라고 여기기 때문입니다."

그는 첫째와 둘째 계산에서는 이전에 유익했던 것을 해라고 불렀습니다만, 여기서는 그것들을 "배설물"이라고 규정하고 있습니다. 그는 이보다 더 격렬한 말을 사용할 수 없었습니다. 그는 육체 가운데서의 그의 모든 자랑거리들을 단순한 찌꺼기(없애버려야 할 어떤 것, 없어졌을 때 손해라기보다는 그에게서 제거된 고로 축하할 만한 어떤 요인)라고 부르고 있습니다. 이 말은 무가치한 것을 의미하며, 포도주를 마시고 난 뒤에 컵 속에 남아 있는 찌꺼기들, 또 과일즙을 마실 때 바닥에 깔리는 찌꺼기들, 금속의 불순 부스러기들, 곡식의 겨와 그루터기 등을 표현하는데 사용하는 말입니다. 사실상 이 말의 어근은 개들에게 던져지는 것들(개들의 먹이, 먹다버린 뼈들, 상에서 떨어진 빵부스러기들과 짓이겨지고 상한 음식 찌꺼기들, 몹시 없애버리고 싶은 그러한 것들)을 뜻하는 말입니다. 사도는 그가 과거에 헤아려 보았던 그 멋진 것들 전부를 배설물과 다름없는 것이라고 규정해 버립니다. "이스라엘 족속이요 베냐민 지파요 히브리인 중의 히브리인"인 그는 그 모든 신분을 내던져 버리고, 그리스도를 위하여 그 모든 것에서 벗어나는 것을 기뻐하고 있습니다.

이 말씀을 대할 때 저는 폭풍의 한가운데 있는 한 척의 배를 생각하게 됩니다. 선장이 항구를 떠날 때는 갑판 위에 소중히 여기는 짐들을 싣습니다. 그러나 항해 중에 심한 폭풍이 불어닥칠 때, 너무 무거운 짐을 실은 그 배는 항해가 곤란해지게 됩니다. 배가 그 폭풍우를 뚫고 나가지 못할까 크게 두려워하면서, 선원들이 그 배를 가볍게 하는데 얼마나 많은 열의를 쏟을 것인지 한번 생각해보십시오. 그들은 조금 전까지만 해도 자랑스럽게 여겼던 바로 그것들을 힘을 다해 배의 짐칸에서 꺼내어 바다에 내던집니다. 그들에게는 그 짐들을 바다 속에 내던지는 것이 기뻐할 일입니다. 이 짐들을 내버리지 않고, 취하고 싶어하는 사람들은 아무도 없습니다. 밀가루 통, 쇠막대기, 가공된 상품들을 모두 다 내던집니다. 아주 가치 있는 상품, 짐짝들도 배 밖으로 내던집니다. 그대로 둘 만한 가치가 있는 것은 아무것도 없는 것 같습니다. 이런 형편에 대해서 어떻게 생각하십니까? 이 물건들이 좋은 것이 아닙니까? 좋습니다. 하지만 배를 가라앉게 하기 때문에 그것들은 좋은 것이 아닙니다. 생명을 구하고 그 폭풍우를 뚫고 나가기 위해서는 어떤 것이라도 버려야 합니다. 이와 같이 사도는 그리스도를 얻고 그 안에서 발견되기 위하여 그가 사랑하고 믿던 그 모든 짐들을 내던져 버렸고, 그것들이 마치 배설물에 불과한 것처럼, 그것들을 없애는 것을 기뻐했다고 말합니다. 그는 그리스도를 얻기 위해 이렇게 했던 것입니다. 또 이 사실은 다른 한 가지 광경을 생각나게 합니다.

옛날 한 영국 전함이 대양을 순항하면서 인도에서 금을 가득 싣고 돌아오는 한 척의 스페인 대 범선을 발견하고 멀리서 그 배를 감시합니다. 선장과 해군들은 그 배를 사로잡겠다는 결정을 내립니다. 왜냐하면 그들은 포획할 전리품에 눈독을 들이고 있었기 때문입니다. 그러나 자기들의 배는 육중하게 항해를 하고 있었습니다. 그 배가 짐 때문에 잘 움직이지 못한다면 어떻게 하겠습니까? 그들은 만약 자기들이 그 스페인 배를 사로잡을 수만 있다면, 그들이 잃어버리는 모든 것을 보상하고, 또 충분히 남고도 남을 전리품을 거두어들일 것을 알고, 자기들의 손에 잡을 수 있는 모든 것을 바다에 몽땅 집어 던졌습니다. 더 큰 것을 얻기 위해 더 작은 것을 잃어버리는 그들의 열심 있는 행동이 이상하게 생각되십니까? 선원 여러분, 어째서 그 유용한 것들을 배 밖으로 던져 버리십니까? "오, 그것들은 저기 보이는 전리품하고 비교하면 아무것도 아니지요. 우리가 만약 그 배에 나란히 붙어 갑판 위에 올라가기만 한다면, 현재 우리가 바다에 던지고 있는 모든 것을 보상하고도 남을 것입니다"라고 대답할 것입니다. 그리스도를 얻고 또 그리스도 안에서 발견되기를 몹시 원하는 사람도 이와 마찬가지입니다. 할례와 바리새주의, 율법의 의로는 흠이 없는 것, 그리고 그와 같은 모든 것을 내어버립니다. 왜냐하면 그는 자기가 버리는 그 어떤 의보다도 더 나은 의를 그리스도 안에서 발견할 것을 알고 있기 때문입니다. 그렇습니다. 현재 그는 주를 위하여 모든 것을 용광로의 쇠 찌꺼기로 여기고 있으나, 모든 것을 그리스도 안에서 발견하게 될 것을 알고 있기 때문입니다.

사랑하는 성도 여러분, 바울이 이전보다 얼마나 더 그리스도께 가까워졌는가를 생각해 보십시오. 왜냐하면 그는 그의 두 번째 평가에서는 그리스도를 아는 것에 대해서 말했습니다만, 여기서는 그리스도를 쟁취하는 것에 관해서 말하고 있기 때문입니다. 이 말은 "얻다(gain)"라는 뜻이요 또 그렇게 번역되어야 합니다. 따라서 이 부분은 "내가 그리스도를 얻고자"라고 표현되어야 합니다. 이는 사도가 줄곧 변함없이 장사할 때 쓰는 말을 사용하기 때문입니다. 여기 이 말의 뜻은, 내가 그리스도를 얻고 또 그를 나의 것으로 알아 그를 소유하고 그를 붙잡으며, 이 신랑과 더불어 "내 사랑하는 자는 내게 속하였다"(아 6:3)고 노래하게 된다는 뜻입니다. 이런 이유 때문에 우리는 지혜롭게 주 예수 그리스도를 영원토록 소유하기 위하여, 모든 것들을 배설물에 불과한 것으로 여기게 되는 것입니다.

다음에 바울은 "그 안에서 발견되려 한다"는 말을 덧붙이고 있습니다. 그는 예수 안에 감추어지고, 새가 공중에 있고, 물고기가 바다에 있는 것처럼, 예수 안에 거하기를 몹시 원하고 있습니다. 그는 그리스도와 하나 되기를 갈망하고 있습니다. 몸의 한 지체와 같이 그리스도 안에 있는 자가 되기를 열망하고 있습니다. 그는 자기가 숨을 수 있는 장소인 그리스도를 자기의 피난처로 삼아 그리스도 안에 들어가기를 원하고 있습니다. 그는 그리스도 안에 들어가기를 열망할 뿐이지, 그리스도 밖으로 나오는 것을 결코 바라지 않습니다. 따라서 누구든지 바울을 찾을 때마다, 그 사람은 바울이 예수 안에 있다는 것을 발견하게 됩니다. 또 모든 사람을 심판하시는 대 재판장께서 마지막 날에 그를 부르실 때, 그가 그리스도 안에 있다는 것이 드러나게 될 것입니다. 에덴 동산의 나무 아래에서 무화과 잎으로 몸을 가리고 떨고 있던 아담처럼, 그런 처지에서 발견된다는 것은 아주 좋지 않은 일이 될 것입니다. 그러나 하나님의 의의 옷을 입고 생명나무 아래에서 발견되는 것, 이것은 진실로 큰 축복일 것입니다. 그리스도 밖에서 우리는 잃어버린 바 된 자들입니다만, 그리스도 안에서는 찾은 바 됩니다. 목자장을 처음 만나게 될 때, 우리는 그의 곁에서 발견됩니다. 그러나 우리가 그의 사랑의 울타리 안에 안전하게 거하게 되면, 우리는 그의 안에서 발견됩니다.

바울이 자기가 앞에서 이야기했던 그 말을 얼마나 견고히 붙들고 있는지를, 다시 말해서 육체 가운데서 그가 자랑스럽게 여겼던 것을 다 벗어버리고 그리스도로 옷 입는다는 말에 얼마나 집착하고 있는지를 잘 주목하십시오. 그는 그리스도 안에서 발견되기를 원하고 있으나, "내가 가진 의는 율법에서 난 것이 아니요"라는 말을 덧붙이고 있습니다. 그렇습니다. 그는 그런 의와는 아무 상관이 없습니다. 그는 이미 그것을 해로 여기고 무시했습니다. 그것을 찌꺼기로 여기고 던져 버렸습니다. 앞으로는 그런 것을 갖지도 않을 것이요, 혹은 그것을 자기의 것이라고 말하지도 않을 것입니다. 어떤 사람이 "내 자신의 것을 가지고 있지 않다"고 말한다면 이상할 것입니다만, 바울은 자신이 그렇다고 말합니다. 그는 다른 사람들이 자기 자신의 죄를 내버리듯이, 열심을 다해 자기 자신의 의를 내버립니다. 그는 그리스도께서 우리를 위해 이루어 놓으신 그 의를 높이 평가합니다. 그 의는 믿음으로 우리의 것이 됩니다. 그는 그것을 "믿음으로 하나님께로서 난 의"라고 부릅니다. 그는 그것을 대단히 소중하게 생각합니다. 그렇습니다. 이것이 바울 사도가 바라고 있는 전부입니다.

성도 여러분, 이것이 우리가 마땅히 추구해야 할 일입니다. 우리가 그리스도를 소유하고 있다는 사실을 좀 더 깊이 자각하고 그리스도 안에서 계속 거하며, 심지어 그의 고난과 죽음까지도 닮으려고 애쓰며, 우리 속에서 그의 부활하신 생명의 충만한 능력을 느끼기를 힘써야 합니다. 하나님께서 우리에게 은혜를 베푸서서 우리가 이 일을 하게 되기를 바랍니다. 우리가 그것을 더 많이 하면 할수록, 모든 것을 하찮은 것으로 평가하는 사도의 마음을 닮게 될 것입니다. 이 문제는 저울과 같습니다. 저울의 한 쪽 접시가 내려가면 다른 한 쪽의 것은 반드시 올라가기 마련입니다. 그리스도의 영향력이 무거워질수록 세상과 자기의 의는 가벼워질 것입니다. 그리스도가 전부가 될 때, 세상과 자아는 없어지게 될 것입니다.

2. 마지막 대지, 우리 자신의 계산에 대해서는
짧게 말씀드림으로써 여러분을 지루하게 하지 않겠습니다.

첫째로, 여러분은 바울이 내린 최초의 평가에 대해 동의하고 있습니까? 그는 그의 영적인 생애를 시작할 때에, 자기 자신의 생득적 이점들과 장점들을 돌아보고, 그것들을 그리스도를 위하여 해로 여겼습니다. 이 자리에 계시는 신실한 모든 그리스도인들도 또한 이전에 믿었던 그 모든 것을, 그것이 무엇이든지 간에 아무 가치가 없는 것으로 여기고, 예수님께로 돌아왔던 그때를 기억하고 있을 것이라 믿습니다. 그러나 저는 결코 그렇게 한 적이 없는 분들에게 말씀을 드리고 있는 것입니다. 성도 여러분, 여러분은 이 시간 여러분이 그 어떤 사람에게도 아무 해도 끼치지 않았다는 것을, 즉 여러분의 생애가 친절하고 고결했으며, 여러분 자신은 정의로웠고, 자비로웠고, 친절했으며, 그래서 이 모든 것이 여러분으로 하여금 천국에 가게 하는데 확실한 자격이 된다고 믿고 있습니다. 여러분은 여러분의 타고난 미덕들을 아주 크게 유익한 것으로 여기고 있습니다.

저는 삼일 전에 팔순이 넘은 노인 한 분에게 말씀을 드린 적이 있습니다. 그분이 자신의 고령에 대해서 말할 때에, 저는 "어르신께서 돌아가실 때, 천국에 가시게 되기를 바랍니다"라고 말했습니다. 그때 그분은 "아, 목사님, 나는 천국 외에 다른 곳에 갈 만한 일은 그 어떤 것도 결코 하지 않았습니다"라고 말했습니다. 그 나이 많은 농부께서 이렇게 솔직하게 말했지만, 그분처럼 그렇게 드러내 놓고 말하는 것은 아니나 심중의 의도는 똑같이 그런 신념을 믿고 있는 사람들이 많이 있습니다. 아, 사랑하는 성도 여러분, 여러분은 그런 망상에서 벗어나야 합니다. 이 모든 도덕적 장점들과 미덕들은 여러분에게 반드시 해가 되고, 그리스도의 의만이 여러분에게 유익할 것입니다. 성령께서 여러분에게 이 입에 쓴 진리의 의미를 가르쳐 주시기 바랍니다. 여러분의 심령이 다음과 같은 노래를 부르게 되기를 원합니다.

> "나의 하나님,
> 나는 이제 더 이상
> 내가 행했던 의무들을 자랑하지 않겠습니다.
> 전에 내가 붙잡았던 소망들을 버리고
> 오직 주님의 공로만을 의지하겠습니다.
>
> 옳습니다. 예수님을 위해 모든 것을 해로 여기고
> 또 그렇게 하겠습니다.
> 오, 나의 영혼이 예수님 안에서 발견되어지기를 원하며
> 그의 의에 참여하게 되기를 원합니다."

여러분은 율법에 의하여 의롭다함을 얻을 것으로 기대하는 모든 소망들을 다 잃어버리기 전에는 구원을 얻지 못할 것입니다.

이제 둘째로, 여러분 가운데 수많은 사람들이 신앙을 고백한 후, 수년이 지났습니다. 그런데 여러분은 여전히 계속해서 똑같은 마음을 가지고 있으며, 똑같은 평가를 내리고 있습니까? 말씀드리기가 송구스럽습니다만, 신앙 고백을 한 분들 가운데서, 점차로 그리스도보다는 다른 어떤 것에 안주해 버리는 사람들을 저는 알고 있습니다. 사랑하는 성도 여러분, 여러분은 회심한 후 수년 동안 계속해서 분명한 진보를 나타내고 있습니까? 여러분은 은혜로운 모임에 규칙적으로 참여

하는 것에 의존하기 시작하십니까? 여러분의 개인기도나 여러분이 베푼 어떤 것, 혹 여러분의 설교나 그 외의 어떤 일에 의존하기 시작합니까? 아, 그것은 아무 소용이 없을 것입니다. 우리는 "또한 모든 것을 해로 여김은 내 주 그리스도 예수를 아는 지식이 가장 고상하기 때문이라"고 말하면서 우리가 처음에 섰던 그 자리에 계속 서 있어야 합니다. 그리스도인들이여, 자 만약 여러분이 되돌아가신다면 십자가에서 시작하시겠습니까? 만약 여러분이 오던 길을 되돌아가신다면, 여러분은 그리스도를 의지하고, 그리스도를 여러분의 전부로 삼고, 다시 시작하겠습니까? 제가 여러분에게 대답해드리겠습니다. 저에게는 다시 시작할 수 있는 또 다른 기초가 없습니다. 저는 저의 주님을 반드시 의지해야 합니다.

> "내가 만약 주님에게서 돌아선다면
> 누구에게로, 어디로 가겠나이까?"

내 영혼에 유일한 피난처, 가련하게 난항(難航)을 하고 있는 내 범선의 유일한 항구인 주님께 나 오늘 피하나이다. 이전에 결코 그런 적이 없었다면, 혹은 이전에 그런 적이 있었다 해도, 나 새로이 당신께 피하나이다. 성도 여러분, 주님께 피하시지 않으시렵니까? 저는 여러분이 그렇게 하시리라고 확신합니다.

다음에 여러분은 바울 사도의 세 번째 계산, 즉 "내가 그를 위하여 모든 것을 잃어버렸다"는 말씀에는 참여할 수 없고, 또 그런 말씀은 하실 수 없을 것입니다. 그러나 저는 여러분에게 다음과 같은 질문을 하겠습니다. 만약 여러분이 그리스도를 위해 모든 것을 잃어버릴 필요가 있었다면, 여러분은 그렇게 하실 수 있었다고 생각하십니까? 여러분이 유배를 당하든지, 아니면 구세주를 부인하든지 둘 중에 하나를 택하여야 하는 그런 시점에 이르렀다면, 여러분은 유배를 선택하시겠습니까? 여러분의 재물을 버릴 것인지, 그렇지 않을 것인지, 그것이 선택의 문제라면 여러분은 여러분의 주님을 부인하느니 그 모든 재물을 버리시겠습니까? 여러분의 선조들은 그렇게 하셨습니다. 시대적 성격이 좀 더 엄격하던 그때에 성령께서 그들 가운데서 역사하신 것처럼, 여러분 가운데서도 역사하시리라 확신합니다. 그러나 저는 여러분에게 좀 더 실제적인 질문을 하겠습니다. 여러분이 모든 것을 잃어버리는 고통을 당하지 않았기 때문에, 모든 것을 하나님의 뜻에 맡기는 것입니까? 여러분은 하나님을 위하여 편안함과 명예를 버릴 준비가 되었습니까? 여러분은 진리를 위해 사회적인 시련을 겪으면서 가장 멸시받는 자들과 함께할 수 있습니까? 인기와 영합하는 신조에 붙어다니는 명예와 지위를 버릴 수 있습니까? 종교가 더 이상 은빛 덧신을 신고 행하지 않고 맨발로 진흙탕을 지나게 될 때, 여러분은 멸시받은 구속주와 운명을 같이할 수 있습니까? "사람들에게 멸시를 받고 싫어버림을 당한" 자들과 함께 그 고통을 나눌 수 있겠습니까? 만약 여러분이 그렇게 할 수 있다면, 여러분은 또한 모든 것을 잃어버릴 수도 있을 것입니다. 꼭 그렇게 실천할 수 있기를 바랍니다.

또 다른 한 가지 질문을 하겠습니다. 여러분은 모든 것을 잃어버리지 않았습니다. 하나님께서 여러분에게 세상의 즐거움들을 남겨 두셨습니다. 여러분은 그 모든 것을 하나님을 위해 사용하셨습니까? 이의를 제기할 수 있는 데도 모든 것을 하나님의 뜻에 맡겼습니까? 여러분은 이 질문에 다음과 같이 말할 수 있기를 바랍니다. "예, 나는 그렇게 하기를 바랍니다. 세상이 판단하고 있으므로 나는 더욱 그렇게 할 것입니다. 왜냐하면 나는 전심으로 다음과 같이 말하고 있기 때문입니다."

"꼭 의무는 아닐지라도
내가 어떤 것들을 비축해 두어야 한다면,
나는 하나님을 너무 사랑하기에
나의 모든 것을 하나님께 드리겠나이다."

자, 그렇다면 여러분 또한 사도 바울이 내렸던 평가와 똑같은 평가를 내릴 수 있습니다. 비록 여러분이 실제적으로 모든 것을 잃어버리지 않았다고 할지라도, 여러분은 그리스도를 위하여 그 모든 것들을 배설물로 여기는 것입니다.

그러나 또 다른 한 가지 질문을 하겠습니다. 사랑하는 성도 여러분, 그리스도가 여러분에게 그렇게 귀중한 분이시므로, 그리스도와 모든 것을 비교할 때, 만물이 찌꺼기 같고 배설물 같다면, 여러분은 여러분의 자녀를 위해 그리스도를 원하지 않으시겠습니까? 여러분은 여러분의 친구를 위해 그리스도를 바라지 않으시겠습니까? 여러분은 여러분의 모든 친척들이 그를 소유하기를 원하지 않으십니까? 사람이 자기 자신에 대해 귀중하게 여기는 것은 다른 사람들에 대해서도 귀중하게 여기는 것입니다. 여러분은 여러분의 직업이 아주 좋은 것이라고 믿는다면, 여러분은 여러분의 자녀가 그 직업을 이어받기를 원합니다. 그러나 그 어떤 삶의 위치가 그리스도 안에서 발견되는 것과 같을 수 있겠습니까? 하늘 아래에서 그 무엇을 쟁취한다고 해도, 그리스도를 쟁취하는 것과 비교될 수 있겠습니까?

　여러분은 타인들의 구원을 열망하는 정도에 따라, 여러분 자신의 신실성을 판단할 수 있습니다. 여러분은 주 예수 그리스도를 아는 지식의 고상함을 타인들에게 말해주기 위해서는, 옛날로 돌아가서는 안 된다는 것을 간절히 부탁드립니다. 또 그들에게 그리스도 안에서 발견되어야 하는 것이 절대적으로 필요하다는 것을 전해 주는데 둔감하지 않기를 바랍니다. 여러분 자신의 의를 가지겠다는 생각은 버리고, 여러분의 믿음을 다하여 예수 그리스도의 의를 붙잡으십시오. 저는 여러분 그리스도인들이, 여러분의 자아 전체를 그리스도께 드리기를 권고합니다. 그래서 오늘부터 앞으로 여러분이 영과 혼과 몸으로 그리스도를 섬기게 되기를 바랍니다. 왜냐하면 결국 여러분이 그리스도로부터 나오지도 않고, 그리스도를 위해 사용되지도 않고, 그리스도 안에서 발견되는 것도 아니라면, 여러분의 생애는 살아갈 가치가 없고, 여러분이 생명을 잃는다 해도 단 한 방울의 눈물을 흘릴 가치가 없으며, 또는 생명을 얻는다 해도 단 한 번의 미소를 지을 만한 가치도 없기 때문입니다. 그리스도가 전부입니다. 그리스도께서 여러분의 전부가 되시기를 바랍니다. 아멘.

제
9
장

—

무한한 가치가 있는 상

—

"그리스도를 얻고" — 빌 3:8

사도 바울은 구세주를 너무도 고귀한 분이라고 생각하는데, 그의 그런 평가가 그리스도를 얻는 것에 관해서 설명할 때 매우 분명하게 나타나 있습니다. 이것은 올림픽 경기의 경주자가 월세관을 생각하듯이 바울이 구세주를 그렇게 생각하였다는 사실을 보여주는 대목입니다. 경주자는 그 월계관을 얻기 위해서라면, 결승지점에서 쓰러져 죽는 한이 있더라도, 모든 신경과 근육을 긴장시킵니다. 바울은 그리스도를 잃는 길이라면 전력을 다해서 달리고자 했고, 그리스도를 얻기 위해서는 영과 육을 다 기울이고, 그런 수고는 할 만한 가치가 있는 것이라고 생각하였습니다. 그는 그리스도를 상급처럼 몹시 얻고 싶어했는데, 이렇게 그가 그리스도를 상으로 말함으로써 그리스도에 대한 자기의 가치 평가를 드러내고 있습니다. 그는 전쟁에 승리한 병사가 사용하던 단어를 사용합니다. 병사는 피 묻은 옷을 입고 어지러운 아우성과 자욱한 연기 가운데에서도 승리의 함성을 듣는다면, 다른 모든 것은 하찮게 여기게 됩니다. 바울은 바로 이런 때에 사용하던 단어를 사용하고 있습니다. 이와 같이 바울은 그리스도를 산더미 같은 전리품보다 더 영광스럽고 탁월하게 생각하고, 비록 고통을 당하고 피로 몸을 적신다 해도 줄곧 싸울 만한 가치가 있는 상으로 여겼습니다. 그리스도는 죽기까지 싸워서 얻을 만한 가치가 있는 분이십니다. 바울은 그리스도가 그의 소망의 절정이요, 그의 열망의 정점임을 느끼고 있는 것처럼 그리스도에 대하여 말하고 있습니다. 만약 그가 그리스도만 얻을 수 있다면, 그는 완전히 만족할 것입니다. 그러나 만약 그가 그리스도를 얻을 수 없다면, 다른 무엇을 소유한다고 할지라도 그는 여전히 불행한 상태에 있을 것입니다.

여러분이 모두 그와 같이 느끼게 되기를 바랍니다. 이 자리에 모이신 모든 성도들, 그리고 진실로 온 세계의 많은 사람들의 소원이 이처럼 그리스도를 얻고자 하는 것이 되기를 바랍니다. 만약 그들이 그리스도를 얻고자 하는 자들에게 그리스도께서 베푸시는 기쁨과 축복을 이해한다면, 그들 역시 이 한 가지 소망(그리스도를 얻는 것)을 위해 다른 모든 것을 버릴 것입니다. 저의 몇 마디 적은 말에라도 성령 하나님께서 축복하셔서 지금 이 자리에 모인 회중의 마음속에 그러한 소원을 일으켜 주시기를 기원합니다. 그러면 어떻게 말씀을 시작하는 것이 좋을까요?

1. 여러분이 그리스도를 소유하고 있지 않는 한,
여러분은 매우 병든 상태에 있는 것입니다.
이것이 여러분으로 하여금 그리스도를 열망하게 해야 하지 않습니까?

사랑하는 성도 여러분, 아직도 그리스도 없이 이 자리에 앉아 계시는 자기 자신을 생각해 보십시오. 여러분의 모습과 처지를 생각해 보십시오. 여러분은 죄인입니다. 여러분은 그런 사실을 알고 있습니다. 그리스도 없는 여러분은 용서받지 못한 죄인이요, 정죄받은 죄인입니다. 그리고 머지않아 여러분은 심판받고 선고받아 지옥에 던져지고 말 것입니다. 여러분은 그런 사실을 모르고 있습니까? 여러분은 병든 죄인입니다. 죄는 여러분 속에 있는 문둥병입니다. 그리스도 없는 여러분은 의사도 없이 병이 들어 있습니다. 길르앗에 여러분을 위한 치료 제도 의사도 없습니다(길르앗의 유향은 약초로 쓰였는데, 유명하여 격언에 인용된다. 렘 8:22). 여러분의 병은 죽을 병입니다. 분명히 여러분은 멸망을 당하게 될 것입니다. 왜냐하면 여러분에게는 구세주가 없기 때문입니다. 여러분은 죽어야 할 사람입니다. 여러분은 그것을 의심할 수 없습니다. 여러분은 곧 죽을 것입니다. 여러분은 그리스도 없이 죽는다는 것이 어떤 것인지 말할 수 있습니까? 어두운 골짜기에서 의지할 막대기도 없고, 여러분을 위로할 지팡이도 없이, 격리된 영혼들의 영역에 들어가는 것이 무엇인지 그것에 대해 생각해 보신 적이 있습니까? 인간인 여러분은 불멸의 존재입니다. 여러분도 그것을 알고 있습니다. 죽는다

해도 여러분이 없어지는 것이 아닙니다. 다시 살 것입니다. 그러나 그리스도 없이 다시 산다는 것은 어떤 삶이 되겠습니까? 그것은 하나님의 진노로 말미암아 시들고, 하나님의 공의의 빛으로 말미암아 상해를 당한, 정죄받은 영혼의 삶을 사는 것을 의미합니다. 여러분은 실의에 젖지 않고 그런 생각을 할 수 있겠습니까?

> "죄인이여, 그대의 심령은 평안한가?
> 그대의 가슴에는 두려움이 없는가?
> 그대는 죄책으로 마음이 짓눌리지 않는가?
> 양심이 그대의 귓전에 속삭이지 않는가?
> 이 세상이 그대에게 무한한 행복을 줄 수 있는가?
> 세상이 그대의 우울함을 몰아내 줄 수 있는가?
> 세상은 겉모양일 뿐, 거짓되고, 헛된 것,
> 세상이 당할 운명을 생각하며 두려워하라."

지는 지금 여러분을 알 수 있다고 생각합니다. 여러분은 게네사렛 호수 위에서 풍랑에 시달리는 그 배와 같습니다. 바람이 이 배 위에 세차게 불어닥치고 있습니다. 나무로 된 모든 것들은 삐걱거리며 소리를 내고, 돛은 갈기갈기 찢어졌으며, 돛대는 부러져 배 밖으로 나올 지경입니다. 여러분을 위해 풍랑으로 걸어오셔서 "내니 두려워 말라"(요 6:20)고 말씀하시는 구세주가 없습니다. 배의 고물에서 주무시다가 일어나셔서 풍랑을 향해 "잔잔하라. 고요하라"(막 4:39)고 말씀하시는 구세주가 계시지 않습니다. 여러분은 여러분을 구해줄 자가 아무도 없이, 폭풍 가운데 있는 한 척의 배입니다. 이는 여러분에게 구세주가 계시지 않기 때문입니다. 마귀가 여러분의 배에 구멍을 뚫었습니다. 여러분의 영혼의 소망과 확신에는 속속들이 구멍이 뚫렸습니다. 그 배는 머지않아 말할 수 없는 저주의 심연 속으로 가라앉고 말 것입니다.

다시금 여러분을 생각해 봅니다. 무덤 속에 있는 나사로와 같습니다. 지금쯤 여러분은 썩어 냄새가 나는 상태입니다. 왜냐하면 여러분은 죽은 지 30년 혹은 40년이 되었고 속속들이 썩어 문드러졌기 때문입니다. 그렇습니다. 여러분에게는 "돌을 옮겨놓으라"(요 11:39)고 말씀하시는 구세주가 없습니다. 여러분에게는 "나사로야, 나오라"(요 11:43)고 말씀하시는 구세주가 없습니다. 여러분의 친구들에게 여러분을 풀어놓아 다니게 하라고 명하시는 구세주가 여러분에게는 없습니다. 다시 한 번 더 여러분을 생각해 봅니다. 여러분은 이제껏 죽어가던 강도를 칭송하였습니다. 종종 그 사람을 노래합니다. 여러분은 그 강도처럼 죽어갈 것입니다. 다만 한 가지 다른 것은 십자가 위에 달려 있는 그리스도가 없어서 여러분은 "오늘 네가 나와 함께 낙원에 있으리라"(눅 23:43)는 말씀을 들을 수 없을 것입니다.

제가 여러분을 무엇에 비유하겠으며 무엇과 비교하겠습니까? 그리스도 없는 영혼! 만약 여러분이 계속 그와 같은 상태에 머물러 있게 된다면, 여러분은 차라리 나지 않았더라면, 더 좋았을 것입니다. 여러분의 목에 연자 맷돌을 달아 바다에 빠뜨림을 당하는 것이 더 나을 뻔했습니다. 그렇게 하는 것이 여러분의 끝이라면 말입니다. 그리스도가 없는 현재의 여러분보다 과거의 여러분이 더 행복했을 것입니다. 왜냐하면 그리스도 없는 자는 세상에서 하나님도 소망도 없기 때문입니다. 당신은 산 속에서 길을 잃은 한 마리의 양입니다. 여러분은 여러분을 찾는 목자가 없습니다. 여러분은 캄캄한 어둠 속에서 방황하는 영혼입니다. 여러분의 방황하는 발걸음을 인도해 줄 등불이 없습니다. 여러분은 곧 처량한 영혼이 될 것입니다.

한 가닥 위로의 빛도 없고, 집도 없이, 캄캄한 어둠 속에 영원히 갇혀 버리는 여러분! 그것이야말로 여러분으로 하여금 그리스도를 간절히 사모하게 하는 일이 아니겠습니까? 내가 말해야만 하는 것을 여러분들로 하여금 깨닫게 할 수 있으면 좋겠습니다. 저는 눈에 보이는 여러분의 외형적인 귀에만 말을 전할 수 있지만, 나의 주님께서는 여러분의 심령을 다루십니다. 저는 전능하신 성령님을 의지하여, 여러분들이 그리스도가 없는 비참한 처지에 있다는 것을 깨닫게 해주시기를 주님께 기도합니다. 그래서 여러분들이 주님을 찾아 그분을 붙잡고 그분에게 "내게 축복하지 아니하면 가게 하지 아니하겠나이다"(창 32:26)라고 말하기 전에는 오늘 밤 잠자리에 들지 않기를 기도합니다.

그리스도 밖에 있는 영혼들이여, 나는 잠시 동안 생각하면서, 멈추어 서서 눈물을 흘릴 수는 있으나, 더 이상 할 말은 없습니다. 그러나 나는 말씀을 드리지 않을 수 없습니다. 살아 계신 하나님을 힘입어 여러분에게 부탁합니다. 여러분이 조금이라도 여러분의 영혼을 사랑한다면, 그리스도에게로 피하십시오. 주님을 찾으십시오. 그를 붙잡으려고 노력하십시오. 왜냐하면 현재의 여러분의 모습은 극도로 위험한 처지에 놓여 있기 때문입니다.

　　　"죄인들아 와서 비둘기처럼
　　　예수님의 상처에 피하라.
　　　지금은 환영받는 복음의 시대
　　　거저 주시는 은혜가 풍성한 때로다.

　　　하나님은 교회를 사랑하셔서
　　　그의 아들을 보내사
　　　진노의 잔을 마시게 하셨도다.
　　　예수님은 말씀하신다.
　　　믿음으로 예수님께로 나아오는 자
　　　아무도 내쫓지 않으시겠다고."

2. 이제 어조를 바꾸어서 말씀드리겠습니다.
그러나 주제는 변함이 없습니다.
이 세상에 있는 모든 것들이 그리스도 없이는 헛되다는 점을 기억하십시오.
세상의 좋은 것들, 곧 재산, 부귀, 일락(逸樂), 허영, 명성 등 이 모든 것들이 그리스도가 없다면 무슨 의미가 있다는 말입니까? 그런 것들은 지옥에 들어가기 위해 채색된 실속 없는 겉치레입니다. 그것들은 불멸의 영혼을 조롱하는 것들입니다. 그것들은 여행자들을 현혹하고, 그의 간절한 소망에 대해 근본적인 기쁨을 조금도 주지 못하는, 사막의 신기루입니다. 이 세상에는 그 신기루를 잡으려고 한 사람들이 많이 있습니다. 그들은 "그것은 북처럼 속이 텅 비어 있기 때문에 소리가 나는구나, 소리가 나는구나, 소리가 나는구나"라고 말합니다. 그것은―

　　　"잔잔하고 속이는 바다처럼 거짓되고
　　　씽씽 부는 바람처럼 텅 비어 있습니다."

그 속에는 아무것도 없습니다.

> "명예란 한 바탕의 소란스런 입김일 뿐이고
> 소득이란 한 무더기의 황토일 뿐일세."

심지어 권세조차도 걱정과 염려를 제거하고 나면 무엇이겠습니까? 솔로몬은 그의 전성기에 세상을 알았고, 세상에 대하여 "헛되고 헛되며 헛되고 헛되니 모든 것이 헛되도다"(전 1:2)라는 평가를 내렸습니다. 죄인들이여, 그리스도 없이는 이 세상에 만족이 없다는 것을 알게 될 것입니다. 여러분은 전성기 때에, 세상에서 만족을 찾으려고 해보지만 여러분은 돌아서서 "나는 속았다. 나는 바람을 먹었다. 나는 배부르지가 않아. 나는 꿈속에서 잔치에 참여하고 깨어나 배고파하는 사람 같구나! 정말 배가 고프구나!"라고 말하게 될 것입니다. 그리스도가 없는 여러분은 이 세상이 편안한 곳인지 그렇지 않은 곳인지조차도 모를 것입니다. 아마도 우리가 생각하기에 행복의 수단들이라고 할 수 있는 것들에 둘러싸여 있는 자들만큼 불행한 자들도 없을 것입니다. 저는 이런 사실을 알고 있습니다. 제가 만약 가장 비참한 처지를 알아보기 위해 가야 할 곳이 있다면, 저는 빈민굴에 가지 않고, 부유한 장식들로 둘러싸여 있는 사람들 가운데 가야 합니다. 그러면 여러분은 고통으로 인해 상한 심령들과, 말할 수 없는 슬픔으로 뒤틀린 영혼들을 만나게 될 것입니다. 오, 그렇습니다. 세상은 쭉정이 더미입니다. 유일하게 견고한 보화는 그리스도 안에서 발견되는 것입니다. 만약 여러분이 그분을 무시한다면, 가질 만한 가치가 있는 모든 것을 무시하는 것입니다.

그리고 또 이 세상의 모든 것은 반드시 순식간에 사라지고 맙니다. 그것이 어떻게 사라져 버리는지를 보십시오! 그렇지 않고 그것이 여러분에게서 사라져 버리지 않는다면, 여러분이 이 세상의 모든 것으로부터 사라져야 합니다. 저기 배가 가라앉고 있습니다. 그 배는 한 시간 전까지만 해도 즐겁게 떠다녔는데, 침몰당하여 사라지고 있습니다. 이제 상인이여, 당신은 어떻게 하실 것입니까? 당신의 배가 갑판 위에 보화를 가득 실은 채 가라앉고 있어요. 당신은 무일푼의 신세가 되지 않겠습니까! 오, 그리스도 안에 보물을 쌓는 자들은 복이 있습니다. 왜냐하면 그들은 난파를 두려워할 필요가 없기 때문입니다. 그러나 오!

> "이 세상은 한갓 헛된 꿈이어라. 텅 빈 겉치레일 뿐일세."

이 세상은 불멸의 영혼이 만족할 수 없는 곳입니다.

사랑하는 성도 여러분, 이것보다 더 여러분에게 상기시키고자 하는 것이 있습니다. 만약 여러분이 그리스도를 소유하고 있지 않다면, 아무것도 여러분에게 유용하지 않을 것이라는 사실입니다. 신앙고백은 여러분의 죽은 영혼을 덮어 줄 일종의 그럴듯한 천이 될 뿐입니다. 아니, 그 신앙고백 안에 그리스도가 없다면, 그것은 여러분을 정죄하기 위해 여러분을 거스르는 신속한 증언이 될 것입니다. 여러분 속에서 그리스도가 영광의 소망이 아니라면, 무슨 권리로 그리스도의 제자라고 공언하겠습니까? 만약 여러분이 그리스도를 모시지 않는다면, 설교자의 말씀에 귀 기울여 온 것이 여러분에게 아무 소용이 없을 것입니다. 아, 애통하게도! 우리의 가련한 설교들이 무엇을 할 수 있겠습니까? 우리의 기도, 우리의 찬송, 그것들은 도대체 무엇이란 말입니까? 여러분이 그리스도를 소유하지 않는다면, 그것들은 쓸데없이 내뱉는 숨결일 뿐입니다.

여러분이 믿음으로 구세주를 붙잡지 않는다면, 여러분의 세례와 성찬이 무슨 소용이 있겠습니까? 이런 의식들은 하나님께서 친히 제정하신 것들이지만, 그런 것이 우리들로 하여금 그 모든 것들의 총체요 본질이 되시는 그리스도에게로 인도하지 않는다면, 그것들은 물 없는 샘이요, 비 없는 구름입니다. 여러분이 규칙적으로 개인기도를 드리고, 가난한 사람들을 선대하며, 교회에서는 풍성한 헌금을 하고, 하나님의 은혜를 받는 외면적인 방편에 꾸준히 참석하는 등, 이 모든 것들이 여리분에게 아무런 쓸모가 없을 것입니다. 앞에서 말씀드렸듯이 여러분이 그리스도를 모시지 않고 있다면, 이 모든 것들은 여러분의 영혼을 지옥에 들어가게 하기 위해 채색된 실속 없는 겉치레입니다. 여러분은 비종교적인 길을 따라서 지옥으로 가듯이, 종교적인 길을 따라서 지옥에 내려갈 수도 있습니다. 여러분이 그리스도를 소유하고 있지 않다면, 여러분이 무엇을 가지고 있든지 간에 여러분에게는 구원이 없습니다.

"저에게 그리스도를 주십시오. 그렇지 않으면 저는 죽습니다!"라는 기도가 주야로 부르짖는 여러분의 기도가 되어야 합니다. 왜냐하면 만약 여러분에게 구세주가 계시지 않는다면, 모든 것들이 여러분을 멸망시키기 때문입니다.

사랑하는 성도 여러분, 여러분의 회개가 여러분으로 하여금 그리스도에게로 인도하지 않는다면, 그 회개 또한 회개할 필요가 있다는 것을 말씀드립니다. 여러분의 믿음이 그리스도의 속죄에 바탕을 두고 있지 않다면, 그것은 하나님의 택하신 자들의 믿음이 아니라 다른 믿음입니다. 죄에 대한 여러분의 모든 뉘우침, 즉 여러분을 놀라게 하였던 모든 환상들, 여러분을 성가시게 했던 모든 공포들은, 여러분이 그리스도를 소유하고 있지 않는 한 무언가 더 악화시키는 전주곡에 불과합니다. 하나의 문이 있습니다. 만약 여러분이 그 문을 지나가지 않고 다른 길로 올라간다면, 비록 그렇게 하는 것이 지름길일지라도, 그것은 여러분의 방향과는 다른 길입니다. 여러분의 영혼이 아래와 같이 노래할 수 없다면, 여러분은 온갖 수고와 만 가지 회개와 온갖 믿음을 가진 후에 지옥으로 내려가고 말 것입니다.

> "이 몸의 소망 무엔가
> 우리 주 예수뿐일세
> 우리 주 예수 밖에는
> 믿을 이 아주 없도다
> 굳건한 반석이시니
> 그 위에 내가 서리라
> 그 위에 내가 서리라."

　오, 여러분이 모든 것을 그리스도와 비교하여, 그 모든 것이 무가치하다고 생각될 때, 여러분이 그리스도를 갈망하게 되는 것은 너무도 당연한 일입니다. 여러분에게 그리스도가 없다면, 여러분이 어떤 상태에 있는 것인가를 생각해 보시기 바랍니다. 사랑하는 성도 여러분, 제가 말씀드린 내용을 여러분도 똑같이 느낄 수 있도록 하기 위해, 제가 얼마나 간절한 마음을 가지고 있는지 여러분이 다 알 수는 없다 해도, 다음과 같은 한 가지 사실을 여러분에게 주저하지 않고 상기시키는 바입니다.

**3. 그것은 여러분이 그리스도를 잃어버린다면,
그 어떤 것도 그 상실에 대한 보상이 되지 않는다는 것입니다.**

　저는 그것에 관해 여러분 중의 몇몇 분들은 어떤 태도를 취하고 있는지 알고 있습니다. 여러분은 그리스도를 좇을 수 없다고 말합니다. 여러분의 장사, 즉 여러분의 사특한 장사를 여러분은 포기하여야 할 것입니다. 왜냐하면 그것은 불경건한 직업이 될 수 있기 때문입니다. 자, 여러분 잠시 동안만 말씀드리겠습니다. 거지로 천국 가는 것과 공작으로 지옥 가는 것 중 어느 것이 더 낫겠습니까? 자, 보세요. 텅 빈 호주머니로 천국에 가는 것과 가득 찬 주머니로 음부로 내려가는 것, 어느 것이 더 낫겠습니까? 아, 돈을 섬기고 있는 여러분, 여러분이 어떻게 대답할 것인지 저는 알고 있습니다. 하지만 땅 위에 영혼을 가지고 있는 여러분, 저는 여러분이 "어떤 형태의 재물로도 잃어버린 우리들의 영혼을 보상할 길이 없다"고 대답하기를 바랍니다. 사람들은 임종 시에 가서야 자기들의 돈 가방을 자기들에게 가져오게 하고 그것을 심장에 대게 한 후 "이것은 쓸모가 없어"라고 말할 줄 알게 됩니다. 또 다른 것을 집어들고 팔딱거리는 심장에 대고 "이것도 소용이 없어"라고 말하게 되는 것입니다. 오, 그렇습니다. 그것은 심장의 고통을 치유할 수 없습니다. 그것이 영원한 영혼을 위해 무엇을 할 수 있겠습니까? 불의한 소득으로 부자가 된 채 죽어가는 사람들을 시중드는 것은 고통스러운 일입니다. 그들이 자기들의 부 때문에 나아진 것이 무엇입니까? 그들은 죽을 때, "그 사람은 돈 많이 벌고 죽었어"라는 이야기를 들을 뿐입니다. 그것이 전부입니다. 그러나 그들은 똑같은 흙 속에 잠들고, 똑같은 벌레가 그들의 시신을 갉아먹습니다. 그들은 이미 이 세상을 하직하였으므로 유산을 나눌 유족들 사이에는 무덤가에서부터 더 큰 싸움이 벌어지며, 그들의 죽음을 더욱 기뻐합니다. 반면에 가난한 사람이 죽을 때는 비록 자녀들이 관을 구입하기 위해 없는 돈을 모아야 했고, 무덤조차도 선친의 좋은 유덕을 기억하는 어떤 사람들의 자선에 의해 마련되었다 할지라도, 시신이 담긴 관 뚜껑 위에는 그 자녀들의 진정한 슬픔의 눈물이 떨어지는 것입니다. 오, 하나님께서 여러분에게 은혜를 베푸셔서 여러분은 여러분이 가질 수 있는 모든 부귀가, 그리스도를 잃어버리는 것을 결코 메꿀 수 없다는 사실을 깨닫게 되기를 바랍니다.

어떤 사람은 명예를 위하여 그리스도를 잃어버립니다. 그리스도인이 되는 것은 유행을 좇는 일이 아닙니다. 그리스도인이 된다는 것은 이 세상 풍속을 따르는 것이 아니라, 신약 성경의 방식을 따르는 것입니다. 많은 사람들이 "글쎄, 그것은 유행하는 것이 아니라니까"라고 말합니다. 그들은 유행을 따릅니다. 많은 사람들이 다른 방식으로 똑같이 행동합니다. 왜냐하면 젊은 사람들이 하나님의 집에 간다고 해서 웃음거리가 되고, 젊은 여자들이 자기들의 친구로부터의 비웃음과 조롱과 농담 때문에 유혹을 받아, 은혜 받는 곳에 참석하는 것을 꺼리기 때문입니다. 그들은 여러분들이 지옥에 떨어질 때 웃을 수는 있으나, 지옥에서 벗어나면 웃지 않을 것입니다. 또 그들의 농담이 지옥문을 닫아 가둘 수는 있으나, 결코 그 문을 다시 열게 할 수 없다는 사실을 기억하십시오. 오, 이것이 전부입니까? 여러분은 어리석은 자의 웃음을 피하기 위해 여러분의 영혼을 파시렵니까? 그렇다면 여러분 자신은 너무 어리석은 자입니다. 여러분은 여러분이 주 예수님의 제자인가를 묻는 질문을 견딜 수 없을 만큼 신경과민한 자들입니까? 아, 여러분은 장차 올 세계에서는 여러분의 그 신경과민 때문에 더 큰 고통을 받을 것이요, 그때에는 여러분이 그다지도 심히 두려워하고 있는 수치가 여러분의 영원한 몫이 될 것입니다. 오, 여러분은 사람들의 찬사 때문에 어찌 그리스도를 팔 수 있겠습니까? 어리석은 자들의 비웃음 때문에 그리스도를 버릴 수 있겠습니까?

어떤 사람들은 세상의 일락(쾌락) 때문에 그리스도를 버립니다. 그러나 이생의 잠시 동안의 현기증 나는 춤이 장차 올 세계의 고통을 받을 만큼 가치가 있습니까? 오, 헤아리십시오. 지혜로운 사람들 같이, 장사꾼들이 자기들의 물건을 돈에 맞추어 헤아려 보듯이, 여러분의 영혼을 이 세상 일락과 대조해서 계산해 보십시오. 오, 일락이 어디에 있습니까? 심지어 새로운 즐거움을 찾고자 세상을 샅샅이 뒤진 후 결국 쓸쓸한 섬에 있었던 티베리우스가, 자기가 알게 된 모든 환희를 우리에게 줄 수 있을지는 몰라도 영혼을 버릴 만한 가치가 있는 것을 우리에게 말해 줄 수는 없을 것입니다. 이 진주는 너무 값이 비싸서 세상은 그것을 살 수 없습니다. 부디 지혜로워져서 이 상실에 대해 보충해 줄 수 있는 것이 아무것도 없다는 사실을 알게 되기를 바랍니다. 예수님을 찾으시고 오늘 밤 주님을 만나게 되기를 바랍니다.

4. 네 번째로 살펴볼 내용에 대해서는
상세하게 말씀드리지는 않겠습니다만, 바로 다음과 같습니다.

즉, 여러분이 그리스도를 위해서 잃어버리는 것은 무엇이든지 틀림없이 여러분을 위한 축복된 손실이라는 점입니다.

기독교 교회의 유명한 교부였던 나지안주스의 그레고리우스(Gregory Nazianzen)는 자기가 아테네 철학에 능통하다는 사실을 아주 기뻐했습니다. 그가 그것에 대해서 왜 기뻐했을까요? 그가 그리스도인이 되었을 때, 그는 그 모든 것을 버려야 했기 때문입니다. 그는 "던져 버릴 수 있는 철학이 있어서 하나님께 감사드립니다"라고 말했습니다. 그는 구세주를 발견했을 때, 그런 잡다한 학문을 잃어버리는 것을 해로 여기지 않고 유익하게 생각했습니다. 어떤 노 신학자는 이렇게 말합니다. "만약 태양을 살 수 있다면, 별들이 가득 찬 하늘 전체를 포기하기를 마다할 자가 누구이랴? 그리스도를 그렇게 헐값으로 얻을 수 있다면, 그 누가 이생의 모든 위로를 포기하기를 거절하겠는가?" 초대 교부들 중의 한 사람인 그 유명한 이그나티우스(Ignatius)는 "나를 불태우고 나무에 달고 지옥의 모든 고통을 나에게 가하라. 만약 내가 그리스도를 소유하기만 한다면, 그 대가로 그 모든 것을 기꺼이 만족하며 맞이하리라"고 말했다는 것입니다. 우리도 그렇게 될 수 있기를 바랍니다.

순교자들은 옛 보너(Bonner)의 축축한 탄광 속에 앉아 노래를 불렀고, 그들 중의 어떤 사람은 "이 낙원에는 나와 함께 여섯 명의 용감한 동료가 있다. 우리는 하루 종일 어둠 속에 앉아 노래를 부른다"라는 글을 남기기도 했는데, 저는 여러분들에게 그런 사람들에 대해서 전에도 말씀드린 적이 있습니다. 그들은 전혀 실패자가 아니었습니다. 러더퍼드(Rutherford)가 자기의 한 쪽 눈이 있다고 하자 그의 원수들이 그 눈을 뽑아버렸습니다. 왜냐하면 그 한 쪽 눈이 복음을 전파하고 하나님의 영광을 나타내는 데 사용되었기 때문입니다. 또 그의 원수들이 그를 애버딘(Aberdeen)에서 말 못하게 하여, 그는 말 한 마디 못하고 침묵으로 일관된 안식일을 보내면서 이를 슬퍼했습니다. 그러나 그때 그는 "하지만 그들은 너무나 큰 실수를 저질렀도다. 그들은 나를 토굴에 밀어 넣은 것으로 생각했지만, 그리스도는 나에게 너무나 고귀하신 분이기에, 나는 그곳이 왕의 거실이요 하나님의 낙원이라고 생각했다"라고 말했다는 것입니다. 렌윅(Renwick: 17세기 스코틀랜드 맹약자 중 마지막 순교자)이 스코틀랜드의 산중 늪지대의 이끼 긴 곳에 있었을 때, 하나님의 별들이 반짝거리며, 그 소수의 회중을 내려다보았습니다. 그 소수의 사람들은 주교들이 성당에서 누렸던 것보다 혹은 그들 자신들이 좀 더 밝은 시대, 평화롭게 하나님께 예배하였던 그때, 예배당에서 누렸던 것보다, 훨씬 더 많이 하나님과의 교제를 가졌다고 하지 않았습니까? 의회의 기병대들과 찰스 2세의 통일령은, 청교도적이고 언약을 믿는 우리의 선조들의 기쁨을 억누를 수 없었습니다. 그들의 경건성은 아주 깊은 근원에서 그 기쁨을 끌어냈기 때문에, 왕도 그 근원을 막을 수 없었고, 박해도 그것을 말릴 수 없었습니다. 그리스도의 성도들은 그리스도께 그들의 모든 것을 드렸습니다. 그들은 모든 것을 바쳤을 때, 자기들의 빈곤 때문에 더 부유한 자가 되었고, 그들의 슬픔 때문에 더 행복한 자가 되었다고 느꼈습니다. 그들이 그리스도를 위해 고독하게 되었을 때, 그들은 좋은 친구를 얻게 되었다고 느꼈습니다. 왜냐하면 그리스도께서 그들과 함께 하셔서 그들의 힘과 기쁨이 되셨기 때문입니다. 여러분은 어느 정도의 대가를 지불하여야, 그리스도를 모시게 되는 것입니다. 그러나 아주 싼 값에 그리스도를 얻게 될 것입니다.

사랑하는 성도 여러분, 여러분에게 권고합니다. 만약 여러분이 여러분의 집과 가정을 희생시켜야 할 지경에 이른다면, 여러분의 품의 아내가 여러분의 원수가 되고, 여러분의 자녀들이 자기들의 아버지의 마음을 알고자 아니하거나, 아버지에게 대항하고자 한다면, 여러분이 여러분의 나라에서 추방을 당하고, 여러분의 목에는 멍에가 메어지고, 여러분의 시신을 묻을 무덤조차 없게 되더라도, 여러분은 나의 주님, 나의 주인을 모심으로써 이익이 많이 남는 장사를 하시게 되기를 바랍니다. 이는 사람들이 여러분을 버리는 그날에 그분은 여러분을 맞이하실 것이기 때문입니다. 그가 오시는 날에는 그를 위해 고난을 당하는 자들만큼 빛날 자가 아무도 없을 것이기 때문입니다.

> "자기들의 대장과 함께 싸움에서 승리한 자들
> 영원 영원토록 흰 옷을 입고 있겠네."

그렇습니다. 만약 여러분이 주님과 함께 고난을 당한다면, 여러분은 그와 함께 영광을 얻게 될 것입니다. 이것이 진리임을 깨닫고, "그리스도를 얻고 그 안에서 발견"될 수 있는 한 그 어떤 희생도 치를 수 있게, 하나님께서 여러분에게 은혜를 베푸시기를 기원합니다.

**5. 만약 여러분이 그리스도를 소유하신다면,
여러분은 그가 온전히 유익하고 손해가 아님을 알게 될 것입니다.**

사도는 "그리스도를 얻고자"라고 말합니다. 그것은 전부 얻는 것이지 잃는 것이 아닙니다. 왜 그럴까요? 여러분이 그리스도를 얻게 되면, 여러분은 생명을 얻게 될 것이기 때문입니다. 그가 그를 소유하는 자들에게 생명과 영원불멸을 주시지 않겠습니까? 그렇습니다. 그는 "나를 믿는 자는 죽어도 살겠고"(요 11:25)라고 말씀하셨습니다. 여러분이 그리스도를 얻게 되면, 빛을 얻게 될 것입니다. 그는 "나는 세상의 빛이니 나를 따르는 자는 어둠에 다니지 아니하고"(요 8:12)라고 말씀하셨습니다. 의의 태양이 여러분을 향해 떠오를 것입니다. 그리스도를 얻으십시오. 그러면 여러분은 건강을 얻게 될 것입니다. 여러분의 영혼은 모든 질병을 육체로 계실 때 병을 친히 짊어지셨던 그분에게 맡기게 될 것입니다. 그리스도를 얻으십시오. 그러면 여러분은 부요하게 될 것입니다. 즉, "측량할 수 없는 그리스도의 풍성함"(엡 3:8)을 얻게 될 것입니다. 여러분은 외적으로는 가난할지도 모르겠습니다만 부요하게 될 것이요, 또 다른 많은 사람들을 부요하게 할 수 있습니다. 믿음에 있어서 부요하게 하고, 하나님께 영광을 돌리게 할 수 있는 것입니다. 그리스도를 얻으십시오. 형통함이 여러분에게 해가 되지 않을 것입니다. 여러분의 발이 사슴과 같이 되고, 높은 곳에 서게 될 것입니다. 그리스도를 얻으십시오. 그러면 그가 쓰디 쓴 마라(Marahs)를 달콤한 엘림(Elims)으로 바꾸어 줄 것입니다. 그는 쓴 물을 단 물로 만드시는 나무이십니다. 그리스도께서 우리와 함께 하실 때, 고난은 더 이상 고난이 아닙니다. 그리스도께서 그 타오르는 풀무불 위로 걸어가실 때, 그 풀무는 열만 가지고 달아오르는 것이 아니라 황금 빛 광선, 즉 현재의 영광을 발하며 작열하게 됩니다.

사랑하는 성도 여러분, 그리스도를 얻으십시오. 그리하면 여러분의 영혼이 바랄 수 있는 모든 소원을 얻게 되는 것입니다. 이제 여러분이 가지고 있는 능력을 최대한 활용하십시오. 신성한 욕망과 거룩한 욕심을 가지고 할 수 있는 한 다 원하십시오. 여러분의 입을 넓게 여십시오. 왜냐하면 그리스도께서 채우실 것이기 때문입니다. 여러분의 소원을 넓혀 보십시오. 그러나 그리스도의 무한한 풍성은 여러분의 소원이 아무리 많고 아무리 넓어도 그 모든 것을 채워 주실 것입니다. 그리스도를 얻으십시오. 그러면 여러분은 땅에서 천국을 가지게 되고, 또 영원한 천국을 얻게 될 것입니다. 그리스도를 얻으십시오. 그러면 천사들이 여러분의 수종자들이 될 것이며, 하나님의 섭리의 수레바퀴가 여러분을 위해 돌아갈 것이요, 계시록의 이상 속에 예언된 사건을 일으키는 하나님의 병거가 여러분에게 기쁨과 평강을 가져다줄 것이고, 여러분은 시간과 영원 속에서 다음과 같은 말을 듣게 될 것입니다.

"이것은 의로운 샘과 함께 함이라."

그리스도를 얻으십시오. 그러면 여러분은 두려워할 것은 아무것도 없게 되고 소망하는 모든 것을 얻게 됩니다. 그리스도를 얻으십시오. 그러면 죄가 예수님의 피의 홍해 속에 장사되고, 여러분은 주 예수 그리스도(의로우신 여호와 자신)의 흠 없는 의의 옷을 입게 됩니다. 그리스도를 얻으십시오. 그러면 제가 더 이상 할 말이 무엇이 있겠습니까? 축복의 바다에서 헤엄을 치게 되고, 심지어 이 지상에서조차도 거룩한 기쁨을 맛보는 지복(至福)의 들판을 거닐게 됩니다. 그리스도를 얻으십시오. 그러면 여러분은 천사들을 부러워할 필요가 없게 됩니다. 그리스도를 얻으십시오. 그러면 여러분 자신은 부활하여 그리스도와 함께 천국 보좌에 함께 앉게 될 자로 여기게 될 것입니다.

확실히 이 모든 것은 죄인으로 하여금 그리스도를 얻고 싶은 강렬한 욕구가 생기게 합니다. 그것 때문에 죄인은 그리스도를 얻기 전에는 그 심령에 고통을 겪게 됩니다. 그것 때문에 그리스도를 취하기 전에는 그의 영혼이 배고프고 목마름을 느끼게 됩니다. 그것 때문에 죄인은 뒤로 물러서지 않고 결국 십자가에 못 박히신 그분을 견고히 붙잡겠다는 결심을 하게 되는 것입니다.

6. 제가 마지막으로 말씀드리고 싶은 것은 우리는 조만간에 곧 이 모든 것을 훨씬 더 잘 깨닫게 될 것이라는 점입니다.

휘장이 하나 있습니다. 그러나 그것은 걷히고 있습니다. 걷히고 있는 중입니다. 걷어치우는 중입니다. 그것이 걷힐 때 제가 무엇을 보겠습니까? 영의 세계를 볼 것입니다. 그 휘장을 걷어 올리는 것은 죽음입니다. 그 휘장이 걷혀질 때, 이 현재의 것들은 사라질 것입니다. 왜냐하면 그것들은 그림자에 불과한 것들이기 때문입니다. 영원한 실제의 세계는 그때 보여질 것입니다. 저는 그 휘장을 지나갔던 영들로 구성된 위원회를 소집하고 싶습니다. 그런 위원회를 연다면, 위원들은 그리스도를 얻을 만한 가치가 있는가에 대한 의문에 대하여 길게 논쟁하고 싶어하지 않을 것입니다. 여러분이 위원회를 어디에서 뽑으시든지 간에(지옥에서 정죄받은 자들 가운데서 뽑으시든지, 아니면 천국에서 복락을 누리고 있는 분들 중에서 뽑으시든지 간에) 저는 조금도 개의치 않습니다. 그들로 하여금 자리에 앉게 하시고 심지어 지옥에 있는 자들까지도 자리에 앉게 하여 그 문제를 판단하게 하십시오. 그리고 그들이 단 한 번 정직하게 말을 할 수 있다면, 그들은 여러분에게 그리스도를 멸시하는 것은 무서운 일이라고 말할 것입니다. 이제는 자기들이 그 사실들을 참된 빛 가운데서 보게 되었다고 말할 것입니다. 그들은 영원히, 영원히, 영원토록 멸망한 자들입니다. 그들은 유익한 지식과 감정을 너무 늦게 깨달아 멸망한 것입니다. 그들은, "과거에 진리와 복음이 선포되던 때, 귀를 기울일 걸" 하고 후회하는 자들입니다.

만약 그들이 올바른 정신을 다시 가질 수 있게 된다면, 그들은 "오, 한 번 더 안식일이 있었으면! 오, 설교 말씀이 비록 서툴고 세련되지 못해도 정직한 설교자의 말씀을 다시 한 번 더 들을 수 있다면, '은혜의 날이 계속되는 동안 예수께로 오라' 고 하는 음성을 다시 한 번 더 들을 수 있다면! 혼인예식에 오라는 강권함을 다시 한 번 받을 수 있다면!"이라고 하면서 안타까이 부르짖게 될 것입니다. 일요일들을 그렇게 경시하고 설교를 기분 전환으로만 생각하여, 주말 저녁에 바이올린을 연주하는 사람의 음악을 듣기 위해 오듯이 설교 말씀을 듣기 위해 이 자리에 오시는 여러분, 그런 분들에게 저는 말씀드립니다. 지옥에 있는 잃어버린 자들은 이런 일들을 아주 다른 차원에서 생각합니다. 머지않아 여러분도 여러분의 임종의 자리에 앙상한 손가락을 가진 다른 사람이 설교자로 찾아와 말하게 될 때, 여러분 역시 지옥에 있는 그런 자들과 같은 생각을 하게 될 것이라는 사실을 저는 여러분에게 말씀드립니다. 안타깝게도! 저는 진지했는데 여러분은 농담으로 받아들였다는 것을 그때 가서야 여러분은 알게 될 것입니다. 제가 여러분에게 말씀드린 것은 진지하였고, 즉각적인 관심을 요구하였습니다. 여러분은 관심을 기울인다고 하면서도 여러분 자신의 영혼에 대해서는 너무 거짓되게 처신하였고, 영적인 자살 행위를 하였으며, 도살자 앞의 황소처럼 마음대로 행동하여 여러분은 여러분 자신의 영혼을 죽이는 자가 되었다는 것을 그때는 깨닫게 될 것입니다.

그러나 제가 천국으로부터 내려온 빛나는 영들로 구성된 심의 위원회를 소환했다고 가정해 봅시다. 그들은 깊이 생각할 필요도 없을 것입니다만, 그들이 여러분에게 어떤 말을 한다면, 이구동성으로 "너희는 여호와를 만날 만한 때에 찾으라, 여호와와 그의 능력을 찾으라, 여호와와 그의 얼굴을 항상 찾으라, 예수님을 믿으라, 이는 그가 무엇보다도 가장 사랑스럽기 때문이다"라고 말할 것입니다. 저는 그럴 것이라고 확신합니다. 여러분도 이렇게 하시고 다음과 같은 노래를 부르게 되기를 바랍니다.

> "오, 나에게 주님의 향기를 부어 주소서
> 그 어디에도 없는 그 아름다운 향기를
> 주님을 노래하는 자들이 모이는 곳에
> 나도 들어가 함께 노래할 때까지."

그런 기도를 드리십시오. 여러분을 구원해 달라고 주님께 구하십시오. 부디 주께서 여러분을 축복해 주시기를 기원합니다! 아멘.

제
10
장

—

그리스도의 부활의 권능

—

"내가 그리스도와 그 부활의 권능과 … 알고자 하여"
— 빌 3:10

바울은 본문 앞에 있는 몇 구절의 말씀 속에서, 신중한 태도로 자기의 개인적인 의를 내버렸습니다. "그러나 무엇이든지 내게 유익하던 것을 내가 그리스도를 위하여 다 해로 여길 뿐더러 또한 모든 것을 해로 여김은 내 주 그리스도 예수를 아는 지식이 가장 고상하기 때문이라 내가 그를 위하여 모든 것을 잃어버리고 배설물로 여김은 그리스도를 얻고 그 안에서 발견되려 함이니 내가 가진 의는 율법에서 난 것이 아니요"라고 했습니다. 오늘날에는 믿음으로 말미암는 신앙 때문에 사람들이 착한 행위에 대한 관심이 적고, 또 그런 믿음이 착한 행위를 갖겠다는 열심을 막는 진정제 역할을 하며, 따라서 사람들이 성결에 대한 열심을 전혀 보이지 않으려는 경향이 있는 것 같습니다. 그러나 사도 바울의 경우에서는 이와는 완전히 반대되는 현상을 보게 됩니다. 또 율법의 의를 버린 사람들의 경우에도 그렇습니다. 그들은 "그리스도를 믿음으로 말미암은 의, 곧 믿음으로 하나님께로부터 난 의"를 옷 입은 자들입니다. 바울은 육체를 신뢰하던 때에, 그가 유익하게 어겼던 것들을 나열했습니다. 그런 것들은 아주 대단한 것들이었습니다. 그러나 그는 그리스도를 위하여 그 모든 것들로부터 등을 돌렸습니다. 그리스도를 그의 모든 것으로 받아들였습니다. 그렇다고 해서 그가 자만에 빠지고, 개인의 성품은 아무것도 아니라고 생각하였을까요? 결코 아닙니다. 고상한 야망이 그의 영혼을 불붙게 하였습니다. 그는 그리스도를 간절하게 알고 싶어했습니다. 그의 부활의 권능과 그의 고난에 참여함을 알려 하여, 그의 죽으심을 본받고자 했습니다. 어떻게 하든지 그는 죽은 자 가운데서 부활에 이르려 했습니다. 그는 거룩한 보행자이며, 천국의 경주자가 되었습니다. 이는 그가 그리스도 예수 안에서 본 그 어떤 것 때문이었습니다.

　여러분이 여러분 자신의 의를 낮게 평가하면 할수록, 더욱더 많이 참된 성결을 추구하게 될 것이며, 여러분 자신의 아름다움을 덜 생각하면 할수록, 여러분은 주 예수 그리스도를 닮고 싶은 마음을 더욱더 간절하게 갖게 될 것입니다. 이런 사실을 확실하게 아시기를 바랍니다. 자기 자신의 선한 행위로 구원을 받는다고 꿈꾸는 자들은, 보통은 언급할 가치가 있는 선한 행위를 전혀 하고 있지 않는 자들입니다. 반면에 진실로 자신들의 공로에 의하여 구원을 얻는다는 소망을 모두 내다 버린 사람들에게는, 하나님께 칭찬받을 만한 온갖 미덕이 풍성합니다. 이것은 이상한 일이 아닙니다. 왜냐하면 사람이 자기 자신을 하찮게 생각하면 할수록, 그리스도를 더 귀하게 생각할 것이요, 그리스도를 닮고자 하는 욕망이 더 커질 것이기 때문입니다. 자기 자신의 과거의 선행을 낮게 평가하면 할수록, 은혜를 인하여 그리스도의 의로 말미암아 구원 얻은 사실에 대하여 그 감사한 마음을 더욱 열렬하게 내보일 것입니다. 믿음은 사랑으로 역사하고, 영혼을 깨끗하게 하고, 우리의 마음이 그리스도 예수 안에서 우리를 부르신 그 고귀한 부르심의 상을 위하여 좇아가게 합니다. 따라서 믿음은 정하게 하고 활기를 주는 원리입니다. 믿음은 어떤 사람들이 생각하는 것과 같이 활발치 못한 것이 결코 아닙니다.

　그렇다면 사도 바울이 품었던 그 열심의 큰 목적은 무엇이었습니까? 그것은 "그리스도와 그 부활의 권능을 알려 함"이었습니다. 바울은 이미 믿음으로 주 예수님을 알았습니다. 그는 주 예수에 대해 다른 사람들에게 가르칠 수 있을 만큼 아주 많이 알고 있었습니다. 그는 예수님을 믿었고 예수님의 죽음의 능력을 알고 있었습니다. 그러나 그는 그의 믿음의 시야가 체험을 통해 훨씬 더 분명하게 드러나게 되기를 바랐던 것입니다. 여러분은 어떤 사람을 알고 그 사람이 유능하다고 생각할 수 있습니다. 그러나 그를 알고 그의 능력을 안다는 것은, 한층 더 차원 높은 단계입니다. 여러분이 어떤 사람의 이력과 그의 성품을 알기 위해서 그 사람에 관한 글을 읽을 수 있습니다. 그러나 그가 여러분 자신에 대하여 미치는 그의 개인적인 영향력에 대해서는 알 수가 없습니다. 바울은 주 예수님을 아주 친밀하게 알고 싶었습니다. 모든 점에서 예수님의 능력을 느끼고, 예수님께서 그의 생애 속에서 이루셨던 모든 것, 죽음과 부활의 효력을 알 수 있을 정도로 그는 주님과의 개인적인 교제를 갖고 싶었던 것입니다. 그는 예수님이 죽었다는 것을 알고 있었습니다. 그런데 그는 자기 자신의 영혼의 이력 속에서 그 역사를 재현하고 싶었습니다. 그는 예수님과 함께 세상에 대해서는 죽기를 원했습니다. 그는 예수님이 장사지낸 바 되셨다는 것을 알았습니다. 그는 "그리스도의 죽으심과 합하여 세례를 받으므로 그리스도와 함께 장사된 바" 되기를 원했습니다. 그는 예수님의 부활을 알았습니다. 그의 간절한 소망은 예수님과 함께 새로운 생명 가운데 다시 살아나는 것이었습니다. 그렇습니다. 그는 그의 주님이 보좌에 오르신 것을 기억하였고, 기뻐하면서 "그리스도 예수 안에서 함께 하늘에 앉히신다"(엡 2:6)고 말했습니다. 그의 큰 소원은 자신 속에서 예수님의 생애를 재현하여, 예수님과 같이 되어봄으로써, 예수님에 관한 모든 것을 아는 것이었습니다. 가장 훌륭한 그리스도의 생애는 어떤 유명한 규례나 어떤 유명한 사람에 의해 구현되는 것이 아닙니다. 그것은 성령님으로 말미암아 성도의 체험 속에 기록되어지는 것입니다.

　　바울이 몹시 알고 싶어했던 모든 것은, 항상 우리 주님과 연관되어 있었다는 점을 먼저 기억하시기 바랍니다. 그는 "내가 그리스도와 그 부활의 권능을 알려 한다"고 말합니다. 예수님이 첫째요, 그 다음이 그의 부활의 권능입니다. 모든 것의 핵심인 주 예수를 떠나서 교리, 교훈, 혹은 체험들을 연구하게 될까 조심하십시오. 그리스도 없는 교리는 그리스도의 빈 무덤에 지나지 않을 것입니다. 그리스도와 함께 한 교리는 그 왕이 앉아 계시는 영광스러운 높은 보좌입니다. 그리스도 없는 교훈들은 불가능한 명령들입니다만, 예수님의 입술에서 흘러나오는 교훈들은 심령을 살리는 효능을 가지고 있습니다. 그리스도 없이 여러분은 아무것도 할 수 없습니다. 그러나 그리스도 안에 거하게 되면, 여러분은 많은 열매를 맺게 됩니다. 설교를 하거나 말씀을 들을 때, 항상 개인의 구세주를 바라보도록 하십시오. 이것은 설교를 할 때 대단히 중요합니다. 목사님은 그 자체로는 건전한 교리를 전하는데 완전히 기름 부음이 없는 설교가 될 수도 있습니다. 그러나 복된 주님의 인격과 연관된 교리를 전하는 자들은 오직 하나님만이 주실 수 있는 기름 부음을 받게 됩니다. 성령으로 말미암는 참된 사역의 향기는 그리스도입니다.

오늘 아침 우리는 우리들의 생각을 한 가지 주제에 한정시키고, 부활의 **권능**과 관계된 우리 주님에 대해서 몹시 알고 싶어했던 사도 바울처럼, 우리도 이 주제에 대해서 알아보도록 하겠습니다. 주 예수님의 부활은 그 자체가 경이로운 권능의 표명이었습니다. 우리 주님의 죽은 시신을 무덤으로부터 일으킨다는 것은 창조와 같은 크나큰 사역이었습니다. 성부, 성자, 성령 삼위께서는 각각 가장 위대한 이 기적을 일으키는데 역사하셨습니다. 우리 주님의 부활은 죽은 자들 가운데서 양들의 대 목자장을 다시 일으키신 성부로 말미암음이며, 또 주님께서는 성령으로 말미암아 소생함을 입었고, 뿐만 아니라, 그 큰 사역이 주 예수 자신으로 말미암아 일어났다는 사실이 성경 말씀 곳곳에 언급되어 있습니다. 구태여 그 실례들을 인용하거나 언급할 필요가 없습니다. 분명한 것은 이 거룩한 말씀은, 우리 주 예수 그리스도 그분을 죽은 자들 가운데서 다시 일으키는데, 삼위일체께서 영광스럽게 동역하셨다는 사실을 보여주고 있습니다.

그러나 그것은 우리 주님 자신의 능력을 나타내는 특별한 실증이었습니다. 주님은 "너희가 이 성전을 헐라. 내가 사흘 동안에 일으키리라"(요 2:19)고 말씀하셨습니다. 그는 또한 그의 생명에 관해서, "나는 버릴 권세도 있고 다시 얻을 권세도 있으니"(요 10:18)라고 말씀하셨습니다. 제가 저의 생각을 여러분에게 잘 전달할 수 있는지 잘 모르겠습니다. 그러나 저의 마음에 강하게 부딪쳐 오는 것은 이렇습니다. 즉, 자기 무덤을 향해 가는 사람치고 그 어떤 사람도 "나는 나의 생명을 다시 얻을 권세가 있다"라고 말할 수 없다는 것입니다. 생명이 떠나고 나면 사람은 반드시 무력해지고 맙니다. 스스로 다시 살아날 수 없습니다. 향유를 발라놓고, 세마포로 싸 놓은 예수님의 거룩한 몸을 보십시오. 봉인되고 군사가 지키고 있는 무덤 속에 놓여 있습니다. 어찌 다시 살아날 수 있겠습니까? 그러나 예수님은 "나는 나의 생명을 다시 얻을 권세도 가지고 있다"고 말씀하셨고, 그것이 사실임을 입증하셨습니다. 이 얼마나 놀라운 능력입니까? 음부를 거니시고 영원한 영광의 자리로 오르셨던 그의 영혼은, 다시 돌아와 동정녀의 몸에서 탄생되었던 그 거룩한 몸 속으로 들어가며, 썩음을 당하지 않았던 그 육체를 소생시키는 능력이 있었던 것입니다. 죽어 장사지낸 바 되신 분께서 친히 살아나셨습니다. 이것이야말로 경이로운 일입니다. 사망이 그를 이기는 것 같았지만, 그가 사망을 이기셨습니다. 그는 포로 된 자로서 무덤에 들어가셨지만, 정복자로서 그 무덤을 떠나셨습니다. 그는 사망의 속박에 둘러싸였지만, 그 속박에 붙잡힌 바 될 수 없었습니다. 그는 자기 몸을 쌌던 수의를 입은 채 살아나셨고, 그를 둘러 감쌌던 모든 것을 벗어버리셨습니다. 굳게 봉해 두었던 무덤에서 자유롭게 나오셨습니다. 그렇게 극도로 약해지신 상태에서, 만약 그가 그 무덤에서 밖으로 나오고 다시 살아날 수 있는 능력이 없었더라면, 그가 지금 무엇을 성취할 수 있겠습니까?

그러나 저는 바울이 본문에서 부활의 사건 속에 나타난 그 권능을, 그 부활로 말미암아 생기는 권능, 즉 "그의 부활의 권능"과 똑같이 생각하고 있다고는 보지 않습니다. 사도는 그의 부활의 권능을 깨달아 알기를 원했습니다. 이것은 매우 광범위한 주제입니다. 저는 그 주제 전체를 다룰 수 없습니다. 그러나 네 가지 대지로 나누어 많은 것들을 말씀드리겠습니다. 우리 주님의 부활의 권능은 증거를 나타내는 권능이요, 의롭게 하시는 권능이요, 생명을 주시는 권능이며, 위로를 베푸시는 권능입니다.

1. 첫째, 우리 주님의 부활의 권능은
증거를 나타내는 권능입니다.

그것은 어떤 문서를 확실하게 하기 위해 찍은 날인에 비유될 수 있습니다. 죽은 자들로부터 부활하신 우리 주님의 부활은, 그가 메시야였다는 증거와 그가 성부의 일을 이루기 위해 오셨고, 하나님의 아들이셨으며, 여호와께서 그와 맺으신 언약이 비준되고, 확정되었다는 것을 나타내는 증명이었습니다. 우리 주님은 "성결의 영으로는 죽은 자들 가운데서 부활하사 능력으로 하나님의 아들로 선포되셨습니다"(롬 1:4). 바울은 안디옥에서 "조상들에게 주신 약속 … 곧 하나님이 예수를 일으키사 우리 자녀들에게 이 약속을 이루게 하셨다 함이라 시편 둘째 편에 기록한 바와 같이 너는 내 아들이라 오늘 너를 낳았다 하셨다"(행 13:32-33)라고 말했습니다. 우리 주님의 부활을 증언하던 사람은 그의 신성을 조금도 의심할 수 없었고, 우리 주님의 지상 사역이 영원하신 하나님으로 말미암은 것이었다는 사실을 의심할 수 없었습니다. 하나님께서 죽은 자 가운데서 살리신 이는 생명의 주이심을 베드로와 요한이 잘 선포하였습니다. 우리 주님은 자기의 흠을 찾으려는 바리새인들에게 이것, 즉 요나가 깊은 곳에서 삼일 동안 지내다가 나온 것처럼, 그가 친히 땅 속에 누워 계시다가 삼일 만에 죽은 자들 가운데서 다시 살아나실 것이라는 사실을 하나님의 표적으로 주셨던 것입니다. 그의 부활은 그가 하나님으로부터 보내심을 받았고, 하나님의 능력이 그와 함께 했다는 사실을 입증했습니다. 우리 주님은 만세 전에 성부와 언약을 맺으셨고, 그때 그는 인간의 죄를 위해 자신이 친히 구속과 속죄를 담당하시기로 약속하셨습니다. 그가 이렇게 하셨다는 것이 그가 죽은 자들로부터 부활하심으로 말미암아 확증되었습니다. 그 부활은 둘째 아담으로서의 우리 주님의 역할에 대한 성부의 입증이었습니다. 물론 그 역할은 영원한 언약 가운데 이미 약속된 것이었습니다. 그의 피는 영원한 언약의 피입니다. 또 그의 부활은 그것을 인친 것입니다. 영원하신 하나님께서 아들의 영광에 대한 증인이시기 때문에, "그리스도께서는 그 아버지의 영광으로 말미암아 다시 살아나셨던"(롬 6:4 참조) 것입니다.

　그 부활은 우리 주님의 사명에 대한 큰 증거가 됩니다. 따라서 부활이 없이는 그 모든 것이 수포로 돌아갑니다. 만약 우리 주 예수님께서 죽은 자들 가운데서 부활하지 않았더라면, 그에 대한 우리의 믿음은 그 기초가 되는 모퉁잇돌을 잃어버리는 일이 되고 말았을 것입니다. 바울은 아주 명확하게 이렇게 이야기합니다. "그리스도께서 만일 다시 살아나지 못하셨으면 우리가 전파하는 것도 헛것이요 또 너희 믿음도 헛것이라"(고전 15:14). 바울은 사도들이 거짓 증인으로 발견될 것이라고 선언하고 있는데, 그 이유로 그는 "우리는 하나님이 그리스도를 다시 살리셨다고 증언하였습니다. 만약 죽은 자가 다시 사는 것이 없으면 …" 이라고 말합니다. "그리스도께서 다시 살아나신 일이 없으면 여러분의 믿음도 헛되고 여러분이 여전히 죄 가운데 있을 것입니다"(고전 15:17). 예수님의 부활은 우리의 거룩한 믿음의 아치형 문의 종석(宗石)입니다. 만약 여러분이 부활을 제거해버리면, 그 건조물 전체는 와르르 무너지고 맙니다. 그리스도의 죽음은 비록 죄 용서에 대한 우리의 믿음의 근거이기는 하나, 만약 그가 죽은 자들 가운데서 다시 살지 못하였더라면, 그러한 기초는 갖추어질 수 없었을 것입니다. 그가 여전히 죽은 자 가운데 있다면, 그의 죽음은 여느 다른 사람의 죽음과 같았을 것이요, 받아들일 만한 그 어떤 확신도 우리에게 주지 못했을 것입니다. 성경의 온갖 아름다움을 다 갖추었던 그의 생애는 행위의 완전한 귀감은 되었을 것입니다만, 만약 요셉의 무덤에 장사지낸 바 된 그것이 모든 것의 끝이었다면, 그의 생애는 우리의 의가 될 수 없었을 것입니다. 그가 죽은 자들로부터 다시 사는 것은 그의 생애와 교훈, 그의 죽음과 고난을 확증하는데 반드시 필요했습니다. 만약 그가 다시 살지 못하고 여전히 죽은 자들 가운데 있다면, 여러분이 우리들을 향해 교묘하게 만든 허탄한 이야기를 전하는 자들이라고 해도 아무런 할 말이 없습니다. 그의 부활의 능력을 보십시오. 그것은 성도들에게 단번에 주어진 그 믿음을 명확하게 입증합니다. 절대 확실한 증거로 뒷받침을 받는 그리스도의 부활은 하나님의 아들, 나사렛 예수의 권위와 능력과 영광을 절대적으로 확실하게 입증하는 증거가 됩니다.

저는 여러분에게 이 증거가 사도들의 마음에 큰 능력을 주었고, 그래서 그들은 아주 용감하게 말씀을 전했다는 것을 주지시켜 드리고 싶습니다. 이 선택된 증인들은 부활하신 주님을 보았습니다. 그들 중의 한 사람은 그의 손가락을 그의 못자국에 넣어 보기도 했으며, 다른 사람들은 주님과 함께 먹고 마시기도 했습니다. 그들은 자기들이 속고 있지 않음을 확신했습니다. 그들은 주님이 죽었다는 것을 알았습니다. 왜냐하면 그들은 주님이 장사된 곳에 있었기 때문입니다. 그들은 주님이 다시 살아나셨다는 것을 알았습니다. 이는 그들이 주께서 말씀하시는 것을 들었고, 구운 생선 한 조각과 떡 조각을 잡수시는 것을 보았기 때문입니다. 그 사실은 그들에게 놀라울 정도로 분명했습니다. 베드로와 그 나머지 제자들은 지체하지 않고 "이 예수를 하나님이 살리신지라 우리가 다 이 일에 증인이로다"(행 2:32)라고 선포했습니다. 그들은 골고다 언덕에서 죽었던 그 사람이 다시 살아나셨다는 것을 확신했습니다. 그들은 듣고 본 바를 증언하지 않을 수 없었습니다. 그 믿음의 원수들은 그들이 담대하게 말하는 그 담대함을 보고 놀랐습니다. 그들의 말은 확신에 찬 어투였습니다. 왜냐하면 그들은 확실하게 알고 있던 것을 증언했기 때문입니다. 그 증거의 배경에는 추호라도 의심할 만한 것이 없었습니다. 그들은 예수님이 죽은 자들로부터 부활했다는 것을 확신하였습니다. 이 의심할 수 없는 확실성은 그들로 하여금 예수님이 진실로 메시야이고, 그들의 구세주임을 확신하게 하였습니다. 이런 사실을 믿는 자들에게 이 사실이 끼치는 능력은 놀랍습니다. 그러나 그것을 본 목격자들에게 미치는 능력은, 상상할 수 없을 정도로 굉장하였을 것임에 틀림없습니다. 저는 그들이 반박, 박해, 심지어 죽음까지 문제삼지 않았다는 것을 이상하게 생각하지 않습니다. 그들이 그렇게 확신했던 것을 어찌 불신할 수 있었겠습니까? 사도들과 그 첫 제자들에게서 우리는 역사에 기록된 그 어떤 사실보다 더 확고하게 입증된 사실에 대한 수많은 증거들을 찾을 수 있습니다. 그리고 그 사실은 우리의 종교가 진리임을 나타내는 증거입니다. 숫자상으로도 충분하고도 남을 그 정직한 증인들은, 골고다에서 죽으시고, 아리마대 요셉의 무덤 속에 장사지낸 바 되셨던 예수 그리스도께서 죽은 자들 가운데서 다시 살아나셨다는 것을 선포하고 있습니다. 수많은 증인들의 입을 통해서 그 사실이 기정사실이 되었고, 확립된 이 사실은 다른 축복된 사실들을 입증하고 있습니다.

사람들은 구름 같이 허다한 증인들이 있다 할지라도 그것만으로는 충분치 않은 것 같다고 하겠지만, 저는 구름이 지는 해에 붉게 물들듯이 그 증인들의 구름이 진홍색으로 물든 것을 압니다. 살아서 구름 같이 허다한 증인들이 되었고, 죽어서 구름 같이 허다한 순교자들이 되었습니다. 그 제자들은 예수님이 무덤에서 살아나셨다는 사실을 계속 주장하다가, 잔인한 죽음을 맞이하였습니다. 그들과 그들을 따르는 자들은, 이 진리에 대해 조금도 의심하지 않았으며, 이 진리를 전하기에 "자기들의 생명을 귀한 것으로 여기지 아니하였습니다"(행 20:24 참조). 그들은 모든 것을 잃었고 추방을 당했으며, 만물의 찌끼 같이 여김을 받았습니다. 그러나 그들은 자기들의 믿음을 부인할 수 없었고, 또 그렇게 하려고도 하지 않았습니다. 그들은 십자가에 못 박혔고, 화형을 당했습니다. 그러나 그들의 확신에 대한 열정은 결코 흔들리지 않았습니다. 수 세기에 걸쳐 줄을 잇고 있는 순교자들의 행렬을 보십시오! 그들이 주님의 영원한 생명을 확신한 연고로 복음에 대하여 얼마나 크게 확신하고 있는지를 보십시오! 이것이야말로 "그리스도의 부활의 능력"을 나타내는 훌륭한 증거입니다. 「순교자들의 책」(존 폭스)은 그 능력에 대한 기록입니다.

그리스도의 부활은 **복음의 실재성과 진실성을 증명함**으로써 복음을 한층 더 빛나게 합니다. 이 세대에는 진리를 왜곡시키는 경향이 있습니다. 그렇게 함으로써 진리와 그 정신을 다 잃어버립니다. 이 사악한 시대에는, 사실이 꾸며낸 이야기로, 진리가 개인적인 견해로 변합니다. 우리 주님의 부활은 문자 그대로 사실입니다. 그가 죽은 자들 가운데서 부활하셨을 때, 유령이나 귀신이나 환영이 아니었습니다. 그가 십자가에서 잔인한 죽음을 당하셨을 때, 진실로 사람이었던 것처럼, 그가 자기 몸에 십자가의 흔적을 지니시고, 죽은 자들로부터 다시 살아나셨을 때도 역시 사람이었습니다. 그를 잘 아는 사람들에게 그가 나타나신 것은, 그들에게 있어서 밤중의 어떤 꿈이나 열정적인 마음의 흥분된 상상이 아니었습니다. 왜냐하면 주님은 자신의 실제적 현존과, 그가 온전한 인격으로 그들 가운데 실제로 있었다는 사실을 그들에게 확신시켜 주려고, 여러 가지로 수고를 많이 하셨기 때문입니다.

> "한 사람이 있었습니다. 참 사람이,
> 전에 골고다에서 죽으셨던 분,
> 그리고 죽음에서 일어나신 복된 그 사람,
> 죽음의 흔적을 그의 옆구리에 지니신
> 바로 그분입니다."

우리 주님께서 죽으시고 장사지낸 바 된 것이 실제적인 일이었던 것처럼, 우리 주님의 부활 역시 실제로 일어난 사건이었습니다. 여기에는 조금도 꾸민 것이 없습니다. 이 문자적인 사실은, 우리 주님으로 말미암고, 주님에 의해 생겨나는 모든 것에 실재성을 부여합니다. 칭의는 단순한 양심의 평온이 아닙니다. 그것은 그 영혼을 의 가운데 실제로 내놓는 것입니다. 하나님의 가족으로 입양되는 양자됨은 어떤 공상이 아니라, 참으로 진짜 아들의 자격을 부여하는 것을 말합니다. 복음의 축복들은 실재하는 것이요, 난순한 신학적인 견해가 아닙니다. 죽은 자들 가운데서 다시 사신 우리 주 예수 그리스도의 부활이 명백히 눈으로 볼 수 있는 어떤 사건이었던 것처럼, 죄의 용서와 영혼의 구원은 실제로 체험하는 문세들이요, 종교적인 상상의 산물이 아닙니다.

성도 여러분, 그리스도의 부활의 권능은 이렇게 증거를 나타내는 권능이므로 모든 다른 주장이 여러분의 믿음을 약하게 할 때, 여러분은 이 확실한 사실 속에서 안전한 정박지를 발견할 수 있습니다. 의심의 물결은 여러분을 불신의 암초로 끌고 갑니다. 그러나 여러분의 닻이 그 어떤 다른 피난처를 발견하지 못할 때, 그 닻은 죽은 자들 가운데서 다시 사신 그리스도의 부활의 사건을 단단히 붙잡아야 됩니다. 이것은 틀림없는 사실입니다. 증인들의 수가 너무 많아서 우리는 기만을 당할 수 없습니다. 자기들의 신앙 때문에 죽은 그들의 인고(忍苦)의 죽음은 그들이 정직한 사람들이었을 뿐 아니라, 생명보다 진리를 더 고귀하게 여겼던 자들이라는 사실을 입증하였습니다. 우리는 예수님이 죽은 자 가운데서 다시 사신 것을 압니다. 우리가 어떤 의심을 강요받든지 간에, 그 점에 대해서는 의심할 여지가 없습니다. 우리가 여러 가지 다른 말씀들에 관해서는 바다 위의 배처럼 요동하기도 합니다만, 다시 해안을 향하여 나아가듯이, 이 의심할 수 없고 확고한 진리, 즉 "주께서 진실로 살아나셨다"는 진리 속에서 육지를 발견하게 되는 것입니다. 오, 여러분 중에서 표류하고 있는 분들이 이 사실로 말미암아 안식처로 돌아오게 되기를 바랍니다. 만약 여러분이 용서의 가능성을 의심하고 있다면, 이 사실은 여러분이 믿음을 가질 수 있도록 도와 줄 것입니다. 이는 예수님이 살아 계시기 때문입니다.

저는 며칠 전 어떤 사람에 관한 이야기를 읽었습니다. 그 사람은 과거에 크게 타락하여 주님을 몹시 부끄럽게 했지만, 그가 죽은 자 가운데서 다시 사신 그리스도의 부활에 관한 설교를 듣고, 그 설교를 통해 그가 새롭게 되었다는 것입니다. 비록 그가 이전에 그 진리를 알고 믿었지만 그것을 결코 생생하게 깨닫지 못했던 것입니다. 예배 후에 그는 목사님께, "우리 주님이 죽은 자들 가운데서 다시 사셨고 지금도 살아 계신다는 것이 사실입니까? 그렇다면 그는 저를 구원하실 수 있습니다"라고 말했다는 것입니다. 과연 그렇습니다. 살아 계시는 그리스도께서는 여러분을 향해 "너희 죄가 사하여졌느니라"라고 확실하게 말씀하실 수 있습니다. 그는 지금 여러분 속에 영원한 생명을 불어넣어 주실 수 있습니다. 주님은 진실로 살아나셨습니다. 이 사실 속에서 온전하게 구원하시는 그의 능력의 증거를 보십시오. 부활이라는 이 첫 번째 견고한 돌에서부터 한 걸음 한 걸음씩 의심의 냇물을 건너서 저 건너편에 상륙하여, 그리스도 예수 안에 있는 여러분의 구원을 완전히 확신하게 되기를 바랍니다.

이렇게 우리 주 예수 그리스도의 부활에는 증거를 나타내는 권능이 있습니다. 여러분이 지금 그것을 느끼게 되기를 기원합니다. 거룩한 확신은 아무리 많이 가져도 지나치지 않습니다. 아무리 확신해도 지나치는 법은 없습니다. 여러분을 위해 죽으셨던 그분은 살아 계셔서 죄인들을 위해 중보의 기도를 하고 계십니다. 그것을 확고하게 믿고 생생하게 깨달으십시오. 그리하면 여러분은 심령의 평안을 넘치도록 누리게 될 것이며, 여러분의 주님의 이름으로 용감하게 증언하게 될 것입니다. 본래 소심한 사람들도, 부활 사건이 구속주의 사명과 권능을 나타내는 놀라운 증거로 그들에게 새겨질 때, 사자처럼 용감하게 증언하게 될 것입니다.

2. 다음으로 그리스도의 부활의 의롭게 하시는

권능에 대해서 생각해 보겠습니다.

첫째 대지에서는 저는 부활을 날인에 비교했습니다. 이 둘째 대지에서는 그 것을 사면장, 혹은 영수증에 비유하겠습니다. 죽은 자들 가운데서 다시 사신 주님의 부활은, 공의의 고등법정에서 그가 우리를 위해 떠맡으신 모든 채무를 완전히 이행한 것을 증명하는 사건이었습니다.

먼저, 우리 주님께서 죄로 인한 형벌을 완전히 다 받으셨다는 사실을 주목하십시오. 그는 공의의 요구를 다 채우셨기 때문에 방면되셨습니다. 율법이 요구할 수 있는 모든 것은, "죄지은 영혼은 반드시 죽는다"는 선고를 다 이행해야 한다는 것입니다. 그런 운명에서 결코 벗어날 길은 없습니다. 범죄에 대해서는 반드시 생명을 그 대가로 지불해야 합니다. 그리스도 예수는 우리의 대속자요, 희생 제물입니다. 그는 율법의 정당함을 입증하기 위해 세상에 오셨고, 자신을 제물로 내놓으심으로 그것을 성취하셨습니다. 그는 죽어 장사지낸 바 되었고, 완전히 죽임을 당했기 때문에 죽은 자들 가운데서 다시 살아나셨습니다. 이루어져야 할 것은 더 이상 남아 있지 않습니다.

성도 여러분, 이것을 생각하시고 여러분의 심령에 기쁨이 충만하게 하십시오. 율법을 범함으로 말미암아 여러분에게 임했던 형벌은 그 대가가 모두 지불되었습니다. 저기에 그 영수증이 있습니다. 부활하신 여러분의 주님을 바라보십시오. 율법이 영화롭게 되고 하나님의 권위가 입증될 때까지 그는 여러분을 대신한 인질이었습니다. 그 일이 이루어지도록 한 천사가 보좌에서 내려와 그 무덤의 돌을 굴려내어, 그 인질 되신 분을 자유롭게 하셨습니다. 그의 안에 있는 모든 자들(그를 믿어 그의 안에 있는 모든 자들)은 그가 무덤의 감옥으로부터 자유하게 되셨기 때문에 해방된 것입니다.

> "그가 나무 위에서
> 나를 위해
> 속전을 지불하셨도다.
> 이제 죄인과 그 보증인이
> 모두 자유롭게 되었도다."

우리 주님은 우리에게 불리한 기록을 말끔히 지웠습니다. 그것도 가장 의로운 방법으로 하셨습니다. 예수님의 사역을 통하여 하나님은 공의로우시고, 믿는 자를 공의롭게 하시는 분이심이 드러났습니다. 예수님은 우리의 죄를 위해 죽었습니다만, 우리를 의롭다 하시기 위하여 다시 살아나셨습니다. 일출이 어둠을 사라지게 하듯이, 그리스도의 부활은 우리의 죄를 사라지게 하셨습니다. 그리스도의 부활의 권능은 모든 신자를 의롭게 하시는 사역 속에서 찾아볼 수 있습니다. 왜냐하면 대표자의 칭의는 사실상 그 대표자가 대표하는 모든 자의 칭의이기 때문입니다.

우리 주님이 죽은 자들로부터 다시 살아나셨을 때, 그가 성취하시기 위해 오신 그 의가 이루어졌다는 사실이 입증되었던 것입니다. 이루어져야 될 것이 무엇이 남았습니까? 모든 것이 성취되었습니다. 그러므로 그는 성부의 우편에 오르셨습니다. 반쯤 완성된 일을 끝마치기 위해, 그는 그곳에서 수고하고 있을까요? 아닙니다. "오직 그리스도는 죄를 위하여 한 영원한 제사를 드리시고 하나님 우편에 앉아"(히 10:12) 계십니다. 우리의 의는 이루어진 의입니다. 왜냐하면 예수님이 겸손의 자리를 떠나 상급의 자리로 오르셨기 때문입니다. 그는 십자가상에서 "다 이루었다"라고 부르짖으셨는데, 그 말씀이 사실이었습니다. 성부께서 그를 죽은 자들 가운데서 일으키심으로써 그의 그 부르짖음을 지지하셨습니다. 그러므로 믿음의 사람들이여, 이 비길 데 없는 완전한 의의 옷을 입으십시오. 이 옷은 왕이 입은 옷 그 이상이며, 하나님이 주시는 옷입니다. 여러분을 위해 이렇게 가장 좋은 옷이 마련되어 있습니다. 이 옷을 입고 기뻐하십시오. 그리스도 예수 안에서 여러분은 모든 것으로부터 의롭게 되었다는 것을 기억하십시오. 여러분은 하나님 앞에서 마치 여러분이 율법을 다 지킨 것 같이 의롭습니다. 왜냐하면 여러분의 언약의 머리 되시는 분께서 그 율법을 다 지키셨기 때문입니다. 여러분은 마치 여러분이 죽기까지 복종하신 것 같이 의롭습니다. 왜냐하면 그가 여러분을 위해 그 율법에 복종하셨기 때문입니다. 여러분은 "모든 믿는 자에게 의를 이루기 위하여 율법의 마침"(롬 5:4 참조)이 되신 그리스도로 말미암아 이제 의롭게 되었습니다. 그가 무덤에서 해방되었기 때문에 우리가 심판에서 해방되어 의로운 사람들로 나타나게 된 것입니다. "그러므로 우리가 믿음으로 의롭다 하심을 받았으니 … 화평을 누립니다"(롬 5:1). 우리가 예수님이 죽은 자들 가운데서 일어나셨다는 것을 알게 될 때, 하나님의 평온하심과 같은, 깊고도 심오한 평화가 우리의 모든 심령 위에 임하게 되기를 바랍니다.

그의 부활은 우리의 용서받음과 칭의를 입증했을 뿐 아니라, 우리가 충분히 열납됨을 입증했습니다. "하나님은 그의 사랑하시는 자 안에서 우리를 열납하셨습니다"(엡 1:6 참조). 그리스도는 결코 자기 백성과 분리되지 않으십니다. 그러므로 그리스도가 어떻게 되든지 간에 그의 백성은 그의 안에 있습니다. 그는 머리이십니다. 그가 머리이기 때문에 그들은 지체들입니다. 우리들 앞에 시신이 한구 누워 있다고 생각해 봅시다. 자, 머리가 살아납니다. 눈을 뜨게 되고, 몸을 일으켜 땅 바닥에서 일어나 식탁으로 움직입니다. 저는 여러분에게 팔과 다리, 몸 전체가 반드시 그 머리와 함께 움직인다고 말씀드릴 필요가 없습니다. 머리는 살아나는데 몸의 지체들은 여전히 죽은 상태에 있는 그런 일은 있을 수 없습니다. 하나님께서 저의 머리 되신 분을 열납하셨다면, 나를 열납하신 것입니다. 하나님께서 저의 머리 되신 분을 영화롭게 하셨다면, 저의 대변자를 통해 저를 그 영광의 참여자로 삼으신 것입니다. 성부께서 독생자를 무한히 기뻐하신다는 것은, 그 독생자의 신비한 몸의 모든 지체들을 무한히 기뻐하신다는 것입니다. 이런 점에 있어서 여러분이 그의 부활의 권능을 느끼고, 여러분이 주 하나님께 열납되고 사랑을 받고 기뻐하심을 받았다는 것을 확신하고, 기쁨이 흘러넘치게 되기를 기원합니다. 부활이 여러분에게 보장하고 있는 용서와 칭의와 열납됨을 충분히 아신다면, 부활은 여러분의 심령으로 기뻐 춤추게 할 것입니다. 오, 성령께서 그리스도의 부활로 인한 그런 일들을 가지고 칭의의 능력으로 우리들에게 적용하시게 되기를 바랍니다!

3. 셋째로, 이제 생명을 주시는
그리스도의 부활의 권능에 대하여 살펴보겠습니다.

이것은 우리 주님이 그 자신 속에 생명을 가지고 계신다는 사실을 안다면, 이해될 수 있는 일입니다. 저는 지금까지 여러분에게 그가 스스로 죽은 자들 가운데서 살아나셨다는 사실을 통해, 이것을 설명해드렸습니다. 그는 자기가 내버린 생명을 다시 취하셨습니다. 그에게만 본질적이고 근원적인 불멸이 있습니다. 어떻게 그가 "나는 부활이요 생명이니"(요 11:25)라고 말씀하셨는지를 생각해 보십시오. "나는 그리스도를 믿고 생명을 갈구한다"라고 말하지 마십시오. 여러분은 생명을 가지고 있습니다. 그리스도와 생명은 두 가지 다른 것이 아닙니다. 그는 "나는 부활이요 생명이다"라고 말씀하십니다. 여러분이 예수 그리스도를 소유하고 있다면, 여러분은 부활을 소유하고 있습니다. 오, 부활이요 생명이신 그분에게 어떤 능력이 있는지를 여러분이 깨닫게 되기를 바랍니다. 그리스도 안에 있는 모든 능력은, 자기 백성을 위하여 있는 것입니다. "아버지께서는 모든 충만으로 예수 안에 거하게 하시고"(골 1:19), "우리가 다 그의 충만한 데서 받았습니다"(요 1:16). 그리스도는 그 자신 속에 생명을 가지고 있습니다. 그는 "내가 살아 있고 너희도 살아 있겠음이라"(요 14:19)라는 자신의 말씀을 따라 자기의 신비한 몸의 각 부분에 그 생명이 흐르게 하십니다. 그러므로 여러분은 한 사람의 신자로서 여러분의 영광스러운 언약의 머리 되시는 분 속에 본래부터 있는 그 생명을 오늘 여러분이 소유하고 있음을 크게 기뻐하십시오.

더 나아가 우리 주님은 그가 원하시는 자들을 소생시킬 수 있는 능력을 가지고 계십니다. 만약 주 예수 그리스도께서 오늘 아침 이 회중 가운데 있는 가장 냉랭한 심령에게 말씀하신다면, 그 심령은 천국의 생명의 빛을 발하게 될 것입니다. 영혼들의 구원이 설교자에 의해서 좌우된다면, 아무도 구원받을 수 없을 것입니다. 그러나 설교자의 주인께서 설교자와 함께 찾아오실 때, 아무리 그의 말이 힘이 없다 할지라도, 살아 있는 자들은 빛을 발하고, 죽은 자들은 살아납니다. 마른 뼈들이 어떻게 결합되는지를 보십시오. 신령한 바람이 불어올 때, 그것들이 발로 서서 얼마나 엄청나게 큰 군대를 이루는가를 보십시오. 다시 사신 우리의 구속주는 주님이시며, 생명을 주시는 분이십니다. 기독교 사역자들은 생명을 주시는 부활의 권능 속에서 크나큰 기쁨을 발견합니다. 예수님의 권능은 사망의 권세를 뚫고 들어가 죽은 나사로를 자유롭게 합니다. 오늘 아침 주님은 어디에 계십니까? 주님을 부르십시오!

이 생명은 그것이 언제 부여되든지 간에 새로운 생명입니다. 사복음서를 읽어보시는 가운데, 여러분은 부활 후의 예수님과 부활 전의 예수님 사이에 차이점이 있음을 인식하지 못했습니까? 어떤 프랑스 신학자가 "영광 중에 있는 예수 그리스도의 생명"이라는 제목의 책을 썼습니다. 제가 그 책을 샀을 때, 그 주제가 무엇인지를 거의 알지 못했습니다. 그러나 저는 곧 그 책은 예수님께서 죽은 자들 가운데서 다시 살아나신 후 지상에서 나타내신 생명에 대한 내용을 담고 있음을 알았습니다. 그것은 진실로 영광스러운 생명이었습니다. 그는 더 이상 고통이나, 약함, 피곤함, 치욕, 혹은 빈곤함을 느끼지 아니하십니다. 그는 더 이상 사람들에게 흠 잡히지도 않고 대적함을 당하지도 아니하십니다. 그는 세상에 계십니다. 그러나 손으로 만질 수는 없습니다. 결코 그렇게 할 수는 없습니다. 그는 또 다른 세계에 속해 있었고, 그가 분명히 속하지 아니한 이 지구상에는 잠시 동안 머무셨을 뿐이었습니다. 우리가 예수님을 믿을 때, 우리는 새로운 생명을 받고, 좀 더 고상한 차원에 이르게 됩니다.

영적인 생명은 자연적인 생명의 도움을 조금도 받지 아니합니다. 이 영적인 생명은 다른 근원으로부터 오며, 다른 방향으로 나아갑니다. 옛 생명은 땅에 속한 첫째 아담의 형상을 닮고 있습니다만, 두 번째 생명은 하늘에 속한 둘째 아담의 형상을 닮습니다. 옛 생명은 남아 있으나 우리들에게는 일종의 죽음이 됩니다. 하나님께서 주시는 생명은 참된 생명이요, 그것은 새로운 창조의 일부이며, 우리를 하늘에 속한 신령한 자들에게 연결시켜 줍니다. 이 새 생명은 옛 생명과 크게 대립됩니다. 그러나 그 악한 생명이 이기지 못합니다. 새로운 출생으로 말미암아 일어나는 변화는 놀랍습니다. 이전에 여러분 속에 있던 재능들은 깨끗해지고 고양됩니다. 그러나 동시에 새로운 영적인 재능들이 부여됩니다. 새로운 마음과 바른 정신이 우리에게 부어집니다. 이런 일(부활하신 그리스도께서 우리들에게 전적으로 새로운 생명을 주실 수 있다는 것)은 놀라운 일입니다. 이런 점에 있어서 여러분들이 그리스도의 부활의 권능을 알게 되기를 바랍니다! 다시 사신 여러분의 주님, 그분의 평화와 안식과 능력을 알게 되기를 바랍니다. 여러분은 그분과 같이 세상에서 나그네가 되고, 떠나 성부에게로 나아갈 것을 고대하기 바랍니다. 우리 주님은 죽기 전에 심한 고통을 받으셨습니다. 이는 그의 사역이 완성되지 않았기 때문입니다. 그는 죽으신 후에는 편안하셨습니다. 이는 그의 사역이 이루어졌기 때문입니다. 성도 여러분, 우리는 그의 안에서 완전해졌기 때문에 그의 안식에 들어가게 될 것입니다. 우리 주님께서 성부를 위해 40일 동안 계셨던 것처럼, 우리는 우리 주님을 위해 일하고 있습니다. 그리스도 안에서 우리는 열납되어졌고, 의로워졌고, 안식을 얻습니다.

또한, 그리스도의 부활은 현재에도 하나님의 말씀을 똑바로 듣는 모든 자들을 소생시키는 능력으로 역사하고 있습니다. 이런 사실을 다시 한 번 더 여러분에게 주지시킵니다. 태양은 식물계에 위대한 소생자입니다. 이 4월의 태양은 그 빛 속에 생명을 머금고 솟아오릅니다. 우리는 그 결과를 압니다. 싹들이 트고 있습니다. 나무들은 그들의 여름옷을 입고 있는 중이며, 꽃들은 미소를 짓고 있습니다. 심지어 흙 속에 파묻혀 있는 씨앗들조차 생기를 주는 온기를 느끼기 시작하는 중입니다. 그것들은 낮을 주관하는 것이 무엇인지를 모르고 있으나, 그것의 미소를 느낍니다. 회전하는 태양은 거대한 지역에 걸쳐 계속적으로 작용하고 있습니다! 그것이 저도를 통과하여 낮이 길어질 때, 그 효력은 더욱더 강력합니다! 다시 사신 그리스도가 그와 같습니다. 무덤에 계실 때에 그는 동지 때의 태양 같았습니다. 그러나 부활을 통하여 적도를 지났습니다. 그는 우리들에게 봄의 모든 소망들을 가져다주셨고, 지금도 우리들에게 여름의 기쁨들을 가져다주고 계십니다. 그는 이 시간에도 수많은 사람들을 소생시키고 있습니다. 앞으로도 무수한 사람들을 소생시키실 것입니다. 이것은 선교사가 씨를 뿌리기 위해 나갈 때 가지고 가는 능력입니다. 이 능력 속에서 설교자는 편안한 마음으로 계속해서 말씀의 씨를 뿌립니다. 다시 사신 그리스도는 크나큰 수확을 하게 하시는 분이십니다. 사람들은 죄 가운데 죽었으나 그리스도의 부활의 능력으로 말미암아 그 죽음에서 일어나 영생으로 옮기어졌습니다.

저는 영생에 대해 말씀드렸습니다. 왜냐하면 예수께서 생명을 주시는 곳에는 어디든지 영원한 생명이 있기 때문입니다. "그리스도께서 죽은 자 가운데서 살아나셨으매 다시 죽지 아니하시고 사망이 다시 그를 주장하지 못합니다"(롬 6:9). 우리가 그의 부활을 본받아 부활하게 된 것처럼, 우리는 사망이 더 이상 주장하지 못하는 생명 안으로 들어가게 된 것입니다. 우리는 다시 죽지 아니할 것입니다. 그러나 예수님이 우리에게 주신 그 물은 우리 속에서 영생하도록 솟아나는 샘물이 될 것입니다.

저는 감히 이 비밀스러운 능력을 덮은 베일을 좀 더 벗겨서, 여러분에게 우리 주님의 부활의 권능을 좀 더 충분하게 드러내 보이고 싶습니다. 그것은 성령의 능력입니다. 그것은 가르칠 때나 설교할 때 여러분이 반드시 의지해야 할 능력입니다. "성령의 능력이 그리스도 안에서 역사하사 죽은 자들 가운데서 다시 살리신"(엡 1:20) 그 능력을 따라서 모든 것이 이루어져야 합니다. 저는 여러분이 오늘 그 능력을 체험하게 되기를 원합니다. 저는 여러분이 가슴속에서 영생의 박동을 느끼고, 영광과 불멸을 차고 넘치게 해드리고 싶습니다. 여러분은 낙담하고 있습니까? 여러분의 주위가 납골당의 주위와 같습니까? 여러분이 되돌아가실 때, 불경스러움과 음란한 것의 썩고 부패한 상태를 견디어 내야 할 가정으로 가시는 것 같습니까? 여러분의 치료책은 여러분에게 흘러넘쳐 여러분으로 하여금 이 사악한 영향력을 벗어나게 하는 영생 안에 있습니다. 여러분이 영생을 소유할 뿐 아니라 좀 더 풍성하게 소유하여 이 사악한 세대의 유해한 영향력을 벗어버리기에 충분할 만큼 활기차게 되기를 바랍니다.

4. 마지막으로 드릴 말씀은 위로를 베푸시는 그리스도의 부활의 권능입니다.

위로를 베푸시는 이런 권능은 죽은 모든 성도들을 생각하면서 체험되어져야 합니다. 우리는 종종 본 교회 소속의 슬픔에 찬 가정에 부름을 받습니다. 왜냐하면 한 주일에 사랑하는 사람들 중 한두 사람이 돌아가시지 않은 때가 거의 없기 때문입니다. 여기에 우리에게 주시는 위로가 있습니다. 예수님은 "주의 죽은 자들은 살아나고 나의 시체와 함께 그들이 일어날 것이라"(사 26:19 참조)고 말씀하십니다.

> "우리의 구세주이신 주님께서
> 일어나심과 같이
> 그를 따르는 모든 자들도
> 반드시 일어나게 되리이다."

그는 죽은 자들 가운데 첫 열매이십니다. 무덤들이 즐비하고 고귀한 흙이 켜켜이 쌓여 있습니다. 그러나 예수님이 요셉의 무덤으로부터 살아나심과 같이 확실하게 주님 안에 있는 모든 자들도 일어날 것입니다. 시체들이 불살라지거나, 가루가 되고, 식물들에게 흡수되고, 동물들의 먹이가 되며, 또는 수천 번 변화의 과정을 겪었다 해도, 하나님께는 어려움이 조금도 없습니다. 우리가 가진 것이 아무것도 없었을 때, 우리들에게 몸을 주셨던 하나님은 그 몸들이 가루가 되어 사방으로 흩어질지라도, 그것들을 원형대로 회복하실 수 있습니다. 우리는 소망 없는 자들과 같이 슬퍼하지 아니합니다. 우리는 경건한 자들의 영혼이 있는 곳을 압니다. 그 영혼들은 "항상 주와 함께" 있습니다. 우리는 마지막 나팔 소리가 죽은 자들을 깨울 때, 그 몸들이 어디에 가게 될 것인지를 압니다. 무덤이 그 속에 들어 있는 것들을 내놓을 것입니다. 예수님의 빈 무덤이 우리에게 주는 위로는 향기롭습니다. "하나님이 주를 다시 살리셨고 또한 그의 권능으로 우리를 다시 살리실"(고전 6:14) 것입니다.

또한 우리의 내부의 죽음에 대한 위로가 있습니다. 우리가 그리스도의 부활을 알기 위해서는, 그의 죽음에 이르기까지 닮아야 합니다. 우리에게는 죽어야 할 많은 것들이 있습니다. 여러분은 자신을 신뢰하지 못하게 하는, 스스로에 대한 사망 선고를 느껴 본 적이 없습니까? 여러분의 모든 환상적 아름다움이 허물어지고 있는 것을 보신 적은 없었습니까? 여러분의 모든 힘이 "깊어가는 가을 숲속의 나뭇잎처럼" 시들어 버린 것을 경험하신 적은 없습니까? 여러분의 육적 모든 소망들이 사라지지 않았습니까? 여러분의 모든 결심이 먼지로 변하지 않았습니까? 여러분 중에 어떤 분들이 그런 과정을 겪고 있다면, 성령의 검이 여러분을 찔러 쪼갤 때까지, 여러분이 그 과정을 통과하게 되기를 바랍니다. 왜냐하면 여러분이 죽은 자들 가운데서 일으킴을 받을 수 있기 전에 반드시 죽어야 하기 때문입니다. 오랫동안 질질 끌면서 고통을 주는 죽음인 십자가의 처형의 과정을 그리스도와 더불어 내면적으로 겪고 있다면, 이것이 부활로 나아가는데 반드시 필요한 길임을 기억하십시오. 여러분이 여러분의 주님의 죽음을 알지 못하고서야 어찌 그의 부활을 알 수 있겠습니까? 여러분은 주님과 더불어 다시 살기 위해서 주님과 함께 장사지낸 바 되어야 합니다. 이것이 쓰라린 체험을 따뜻이 위로하는 부드러운 위로가 아니겠습니까?

그리고, 그리스도를 위하는 것이 나쁜 처지에 빠지는 것처럼 여겨지는 까닭에 슬퍼하는 그런 자들을 위해 크나큰 위로가 주어진다고 생각합니다. 저는 원수를 향해 "이제는 너희 때요 어둠의 권세로다"(눅 22:53)라고 말할 수도 있습니다. 슬프도다! 저는 그 거룩한 여인과 함께 "사람들이 주님을 무덤에서 가져다가 어디 두었는지 우리가 알지 못하겠다"(요 20:2)고 부르짖습니다. 수많은 설교 강단에서 보혈이 더 이상 전해지지 않고 있습니다. 설교자들은 심령에서 대속의 교리를 앗아가 버렸고, 우리들에게 그 이름만 남겨 두었습니다. 그들의 거짓된 철학이 복음을 덮어버렸고, 그들과 관계된 복음의 생명을 없애버렸습니다. 그들은 우리가 무력한 것을 좋아하고 있습니다. 우리의 항거는 멸시를 당하고, 오류가 판을 치고, 진리의 본거지를 장악합니다. 그러나 우리는 실망하지도 않고 두려워하지도 않습니다. 만약 그리스도의 대의(大義)가 죽어 장사지낸 바 되고, 지혜롭다고 하는 자들이 돌로 막고 봉인하며, 정한 시간에 따라 정한 파수꾼을 세운다 할지라도, 주님의 진리는 다시 살아나게 될 것입니다. 저는 궁극적인 결과들에 대해서 불안한 마음을 가지고 있지 않습니다. 그 해악이 잠시 동안 저를 슬프게 합니다.

그러나 주께서는 그에게 밤낮 부르짖는 자기의 택한 백성들의 원한을 들어 주실 것입니다. 만약 사람들이 예수님을 죽인다면, 예수님은 반드시 부활합니다. 그들이 그를 장사할지라도 그는 반드시 살아납니다. 여기에 우리의 위로가 있습니다.

이 진리는 박해받는 성도들에게 가장 좋은 위로를 베풀어줍니다. 바울 시대에 그리스도인이 된다는 것은 값비싼 대가를 치러야 하는 문제였습니다. 감옥에 투옥당하는 것은 그리스도인이 당하는 가장 가벼운 시련이었습니다. 그들은 매질과 온갖 종류의 고통을 당했습니다. "그리스도인들을 사자들에게로!"라는 구호는 원형극장에서 들리는 외침이었습니다. 하나님의 성도들은 머리부터 발끝까지 역청이 칠해지고, 화형을 당했는데, 그 포악한 군중들은 이런 모습을 구경하는 것을 가장 좋아했습니다. 그리스도인들은 스스로 자기들을 세상의 빛이라고 부르지 않았던가요? 그것은 로마인들의 야만적인 놀림감이었습니다. 그러나 여기에도 성도에게 주시는 위로의 내용이 있습니다. 즉, 그들은 다시 살아날 것이요, 영원토록 주님의 영광에 참여하게 될 것입니다. 비록 그들이 사자의 밥이 되었다 할지라도 그들은 멸망하지 아니할 것입니다. 심지어 그들의 몸까지도 다시 살아날 것입니다. 왜냐하면 그들이 믿었던 예수, 심지어 십자가에서 죽었던 그분이 다시 살아나셨기 때문입니다.

사랑하는 성도 여러분, 이 본문은 꿀이 뚝뚝 떨어지는 벌통과 같습니다. 그 속에는 장차 올 여러 세대들을 위한 위로가 담겨 있습니다. 이 죽은 시대를 위하여, 살아 있는 한 가지 결과가 있게 될 것입니다. 철길을 따라 증기를 뿜으며 달리는 기차를 보십니까? 자, 그 기차가 저기 산허리 동굴 속으로 들어갑니다. 그 기차는 여러분의 시야에서 사라져 버렸습니다. 그것이 없어졌습니까? 천사의 날개를 타고 그 산 언덕의 꼭대기 위로 날아올라서 그 반대편을 내려다본다고 합시다. 그곳에는 그 기차가 증기를 내뿜으며 그 터널에서 나와 정해진 종착역을 향해 여전히 짐을 싣고 달리는 모습을 보게 될 것입니다. 이와 같이 언제든지 하나님의 교회가 겉보기에 재난의 동굴이나, 패배의 무덤 속으로 뛰어들어가는 것을 볼 때마다, 시대의 정신이 교회를 말끔히 삼켜 버렸다고 생각하지 마십시오. 하나님을 믿으십시오. 진리는 이길 것입니다.

"방해하는 것들아 다 오라

그날에 세상은 알게 되리라
의인들의 능력과, 능력을 가진 의인들을
온 세상이 보게 되리라."

　사람들이 반대함으로 하나님의 목적이 절망적으로 묻혀 버리게 될 동굴과 같은 것이라고 생각하는 자들이 있을런지 모르겠으나, 우리 주님의 부활로 인해 절망이 소망으로 바뀌고, 또 죽음 자체를 뚫고 지나가는 길이 됨을 보게 됩니다. "큰 산아 네가 무엇이냐"(슥 4:7). 알프스 산맥과 같은 것들이 뚫립니다. 하나님의 길이 분명해집니다. 그는 모든 어려움을 이기고 승리의 개가를 부르십니다. "여호와의 영광이 나타나고 모든 육체가 그것을 함께 보리라 이는 여호와의 입이 말씀하셨느니라"(사 40:5) 함과 같습니다.

　그것이 제가 말씀드리는 결론입니다. 여러분이 부활의 권능을 느끼게 되기를 바랍니다. 경건의 구절들은 많이 알고 있으나, 경건의 능력은 모르고 있는 사람들이 많이 있습니다. 외적인 것에 대해서는 완고하게 주장하나, 능력은 알지 못하는 의식주의적인 그리스도인들이 있습니다. 우리들에게는 도덕적 종교주의자들이 수없이 많이 있습니다. 그들 또한 능력을 모르고 있습니다. 우리는 인습적이고 규례적인 교인들 때문에 시달리고 있습니다. 오, 그렇습니다. 확실히 우리는 그리스도인들입니다. 그러나 우리는 열광자들이나 광신자들도 아니요, 이렇게 완고한 자들도 아닙니다. 그런 사람들은 살아 있다는 이름은 가지고 있으나 실상은 죽은 자들입니다. 그들은 경건의 모양은 있으나 경건의 능력은 부인합니다. 성도 여러분, 여러분이 어떤 진리의 능력을 느끼기 전에는 그 진리에 대해서 만족하지 마시기를 부탁합니다. 여러분 앞에 차려진 영적인 양식을 칭찬만 하지 마시고, 영양이 되는 그 양식의 능력을 알 때까지 그것을 먹어야 합니다. 여러분이 예수님의 구원의 능력을 알 때까지는, 예수님에 대해서 말하지도 마십시오. 하나님께서 은혜를 베푸셔서 여러분이 장차 올 세상의 권능들을 알게 되기를 간절한 마음으로 기원합니다. 아멘.

제
11
장

—

앞으로!

—

"형제들아 나는 아직 내가 잡은 줄로 여기지 아니하고 오직
한 일 즉 뒤에 있는 것은 잊어버리고 앞에 있는 것을 잡으려
고 푯대를 향하여 그리스도 예수 안에서 하나님이 위에서
부르신 부름의 상을 위하여 달려가노라" — 빌 3:13-14

그리스도인이 하나님께 받아들여짐을 받는 문제에 관한 한 그가 믿는 순간
에 그리스도 안에서 완전하게 됩니다. 자신을 주 예수님의 손에 맡긴 자들은 구
원을 받습니다. 그들은 그 문제에 대해서 거룩한 확신을 가지게 됩니다. 왜냐하
면 그들이 그렇게 하는 데에는 하나님의 보증이 있기 때문입니다. "그러므로 이
제 그리스도 예수 안에 있는 자에게는 결코 정죄함이 없습니다"(롬 8:1). 사도는
이 구원에는 이미 도달하였습니다. 우리를 위한 그리스도의 사역은 완전하고 그
것에 무엇을 보탤 수 있다고 생각하는 것은 무례한 일입니다. 그러나 우리 안에
거하시는 성령님의 사역은 완성된 것이 아니며, 날마다 계속적으로 이루어지고
있고, 우리의 전 생애를 통해서 계속될 필요가 있습니다. 우리는 "그리스도의 형
상을 본받아 가고" 있습니다. 그 과정은 진행 중이며, 우리는 영광을 향해 나아
가고 있습니다. 신자는 항상 진보하고 있는 모습을 보여야 합니다. 신자의 좌우
명은 "앞으로, 그리고 위를 향하여!"가 되어야 합니다. 성경 속에서 그리스도인
을 묘사하는데 사용된 대부분의 비유는 이런 의미를 내포하고 있습니다. 우리는
주의 밭의 식물들입니다. 그러나 우리는 자라도록 씨 뿌림을 받았습니다. 즉,

"처음에는 싹이요 다음에는 이삭이요 그 다음에는 이삭에 충실한 곡식입니다"(막 4:28). 우리는 하나님의 가정에 태어났습니다. 그러나 그리스도 예수 안에는 아기들이 있고, 어린아이들이 있으며, 청년들, 그리고 아버지들이 있습니다. 그렇습니다. 그리스도 예수 안에서 완전하거나 충분히 자라난 사람들은 극히 소수입니다. 계속 성장합니다. 그리스도인은 순례자로 묘사되어지고 있습니다. 그는 한 곳에 정착하여 있는 순례자가 아닙니다. "그들은 힘을 얻고 더 얻어 나아갑니다"(시 84:7). 그리스도인은 전사나 씨름하는 자, 혹은 각종 경기에서 경기하는 자로 비유됩니다. 이 비유는 더 이상 할 것이 없음을 가리키는 상태와는 정반대입니다. 이것은 대적들을 무찌르기 위해 에너지가 있어야 하고 힘을 모아야 하며, 힘을 집중시켜야 하는 것을 뜻합니다. 그리스도인은 또한 달리기를 하는 경주자로 비유됩니다. 이것은 우리의 본문 속의 비유입니다. 사람은 단순히 자기 자리만 지키고 자기 위치에 만족하는 그런 경주자가 되어서는 안 된다는 것이 분명합니다. 그는 오로지 매 순간 목표에 다가서도록 똑바로 달려야 합니다. 진보한다는 것은 그리스도인이 건강한 상태에 있다는 말입니다. 그는 은혜 가운데 자라가며, "믿음에 덕을 더하고," "주를 알기 위해 계속 좇아가며," 그리스도 예수 안에 저장된 풍성함으로부터 은혜 위에 은혜를 매일 받는 동안에만 자신의 가장 나은 상태를 깨닫게 됩니다.

사도는 이 진보에 대하여 우리에게 권고하고 있습니다. 아니 그는 권고 이상의 것을 말하고 있습니다. 그는 우리를 부추기고 있습니다. 그는 우리들 가운데 서 있습니다. 그는 자기 제자들보다 훨씬 높은 위치에 있는 학식이 많은 선생처럼 권위를 가지고 우리들에게 강론하는 것이 아니라 자신을 친히 우리의 위치에 둡니다. 사도들 중에서 가장 으뜸가는 자로서 조금도 손색이 없는데도, 그는 "형제들아, 나는 아직 내가 잡은 줄로 여기지 아니한다"고 말합니다. 그는 우리들에게 자신의 결점들과 부족한 부분들을 상세하게 말하고 있는 것은 아니지만, 그는 한 마디 말로 그 결점들을 개괄적으로 고백하고 있습니다. 그 다음에 그는 완전해지기 위한 뜨거운 열심에 불탔고, 그래서 자기 소망의 가장 큰 목적 곧 그리스도 예수 안에서 위에서 부르신 부름의 상을 위하여 좇아가는 것이 그의 영혼의 한 가지 열망이었다고 선포하고 있습니다. 우리는 우리들과 공감하고 있는 사람보다 더 나은 교사를 찾을 수 없습니다. 이는 그가 겸손히 자기 자신을 우리들과 똑같은 수준에 속한 자로 생각하고 있기 때문입니다. 사도는 우리들에게 달리라고 가르치면서 친히 달려가고 있습니다. 그는 우리의 거룩한 열망에 불을 붙이기를 원하며, 그의 영혼 속에 불타고 있는 똑같은 열망을 증거하고 있습니다. 그래서 저는 이 본문으로부터 모든 신자는 신령한 생명 가운데서 진보하기를 간절히 사모해야 한다는 사실을 말씀드립니다.

본문 가운데 나타난 바울의 진술을 통해 우리는 그를 네 가지 측면에서 바라볼 수 있습니다. 첫째는, 자신의 현재적 상태를 공정하게 평가한다는 점에서, "형제들아 나는 아직 내가 잡은 줄로 여기지 아니하고", 둘째는, 자신의 과거를 적절한 위치에 둔다는 점에서, "뒤에 있는 것은 잊어버리고", 셋째로, 좀 더 영광스러운 미래를 향하여 간절히 동경한다는 점에서, "앞에 있는 것을 잡으려고", 그리고 넷째로, 자기가 소원했던 것을 얻기 위해 실제적으로 진력한다는 점에서, "푯대를 향하여 그리스도 예수 안에서 하나님이 위에서 부르신 부름의 상을 위하여 달려가노라." 우리는 이상의 내용을 살펴볼 수 있습니다.

1. 첫째, 자신의 현재적 상태를 공정하게 평가하고 있는 우리들의 사도를 칭찬하십시오.

그는 신자의 심령 상태를 사소한 문제라고 생각하는 그런 사람들 중의 한 사람이 아니었습니다. 그는 자기의 영적 상태에 관하여 무관심하지 않았습니다. 그는 마치 재고 조사를 마치고 조심스러운 평가를 내리며 어떤 결론에 도달한 자처럼 "나는 … 여기지 아니한다"라고 말합니다. 그는 "나는 그리스도를 믿는 신자입니다. 그러므로 나의 내적인 감정이나 체험이 어떠하든지 그것은 별 문제가 되지 않습니다"라고 말하는 자가 아닙니다. 그렇게 말하는 사람은 심령을 부지런히 움직이는 것이 영감(靈感)의 권고이며, 조심 없이 걷는 것은 아주 슬픈 종국에 이르게 된다는 사실을 반드시 기억해야 합니다. 사도 바울은 계산을 해 봤습니다. 그러나 그는 계산했을 때 만족하지 않았습니다. "나는 아직 내가 잡은 줄로 여기지 아니한다"고 말했습니다. 그러나 후회하는 것이 아니었습니다. 그것은 참된 은혜의 표시였고 성도들이 자신을 올바르게 판단한다면 항상 도달하게 되는 결론입니다. 크리소스톰(Chrysostom)이 한 말, "모든 것을 가졌다고 생각하는 사람은 아무것도 가지고 있는 것이 아니다"라는 말은 몹시 무게 있는 말입니다. 바울이 자기가 달성한 것들에 대해 만족했더라면 좀 더 나아지려고 애쓰지 않았을 것입니다. 대부분의 사람들은 자신들이 충분히 이루었다고 생각할 때에는 "그만"이라고 외칩니다. "내가 … 달려가노라"라고 정직하게 기록할 수 있었던 그 사람은 얻을 수 있는 모든 것을 다 잡지 못했다고 여긴 사람이었음을 여러분도 알 수 있을 것입니다. 자만은 진보에 종지부를 찍는 죽음의 종소리를 울리게 합니다. 현재까지 이룬 업적에 대해서 조금도 만족해서는 안 됩니다. 그렇지 않으면 차원 높은 것들을 추구하지 않을 것이기 때문입니다.

　　사랑하는 여러분, 본문에서 우리들에게 스스로 아직 붙잡지 않았다고 말하고 있는 그 사람은 우리들 중의 그 어떤 사람보다도 훨씬 더 우위에 있는 사람임을 감지하시기 바랍니다. 여자에게서 태어난 사람들 중에 사도 바울보다 더 위대하게 살다간 사람은 아무도 없었습니다. 그는 그리스도를 위한 고난에 있어서 일등급의 순교자였고, 그리스도를 위한 사역에 있어서도 가장 으뜸가는 사도였습니다. 계시에 대해 말한다해도 제가 어디에서 그런 사람을 찾을 수 있겠습니까? 왜냐하면 그는 삼층천에 끌려 올라간 적이 있었고, 거기에서 그가 가히 이를 수 없는 말을 들었기 때문입니다. 성품에 있어서도 그와 견줄 만한 사람을 어디에서 찾을 수 있겠습니까? 놀라울 정도로 균형 잡힌 성품이요 죽을 수밖에 없는 인간에게서 더 이상 기대할 수 없을 정도로 주님의 성품을 거의 닮은 그런 성품이었습니다. 그러나 이 뛰어난 성도는 이 문제를 충분히 생각한 후에 "나는 아직 내가 잡은 줄로 여기지 아니한다"고 말했습니다.

　　우리같이 보잘것없는 자들이 잡은 줄로 여길 만큼 자만한다면, 이 얼마나 부끄러운 일이겠습니까! 바울은 스스로 "내가 이미 얻었다 함도 아니요 온전히 이루었다 함도 아니라"고 말씀하셨는데 자신의 영적인 상태를 기뻐하고 있는 사람이 있다면 그 사람의 볼썽사나운 자만심을 부끄러워하게 해주십시오. 자만심이 사람에게 미치는 상처는 측정하기 힘들 것입니다. 그것은 사람의 영적 발육을 저해하는 가장 쉬운 길입니다. 그리고 또 그것은 사람을 약하게 하는 가장 확실한 방법이기도 합니다. 자기가 잡았다고 생각하는 사람에게 설교를 해야 한다면, 저는 진실로 안타깝게 생각할 것입니다. 왜냐하면 은혜 가운데 자라가는 그의 진보가 바로 그 순간부터 방해를 받기 때문입니다. 어떤 사람이 "나는 그것을 가지고 있다"고 말한다면, 말하는 그 순간부터 그는 그것을 얻으려고 더 이상 애쓰지 아니할 것입니다. "그것으로 충분해!"라고 외치는 순간 그는 더 많은 것을 얻으려고 힘쓰지 아니할 것입니다.

　　그러나 형제들이여, 저는 최근에 마치 자기들은 잡은 것처럼 말하는 자들과 너무 자주 마주쳤습니다. 이 형제들은 자신들의 입술로 자기들을 칭찬하고 저의 식성에는 너무 메스꺼울 정도로 기름을 칠해가며 자기들의 은혜의 풍성함을 설명하는 자들이었습니다. 저는 그들을 정죄하려 하는 것은 아닙니다. 하지만 그들을 책하려 하지 않는다고 말할 수는 없습니다. 왜냐하면 저는 그런 자들이 마땅히 책망을 받아야 한다는 필요성을 절감하고 있어서 그들을 책하겠다는 생각을 가지고 있기 때문입니다. 이런 친구들은, 자기들이 은혜의 고상한 자리에 이르렀고, 현재는 놀라운 영적 상태에 있다는 것을 우리들에게 자신 있게 말합니다. 만약 그것이 사실이라면 그것을 안다는 것은 대단히 기뻐해야 할 일입니다. 그러나 저는 그들이 스스로 자신들을 위한 증인 노릇을 하고 있다는 이야기를 들을 때, 심히 슬픈 마음이 듭니다. 왜냐하면 저는 그들의 증언이 사실이 아님을 알고 있기 때문입니다. 만약 그것이 사실이었다면 그들은 결코 그것을 크게 떠벌리지 않았을 것입니다. 자신들의 탁월한 영광스러움이 다른 사람들이 보기에는 그리 분명하지가 않으나 자신들에게는 아주 분명한 형제들이 도처에 많이 있습니다. 그런 형제들의 대부분은 아주 보잘것없는 것들을 붙잡고 있는 것이 분명합니다. 그들은 우리들과 같은 혈육을 가진 성정을 가지고 있는 사람들이 아니라, 반신반인으로서 구름을 뚫고 나오는 천둥처럼, 작은 사람들 사이에서 그들에게 강론하는 거인처럼, 우리들에게 말합니다. 그들이 그렇게 우월하다는 것이 사실이라면, 저는 기뻐하고 기뻐할 것입니다. 그러나 그들이 영광 받는 것이 선하지 않으며 그들이 드러내는 정신은 그들에게 덫으로 입증될 것이라는 생각이 듭니다.

저는 가끔씩 자신들의 영적인 상태에 만족감을 느끼고 있는 형제들과 만납니다. 그들은 자기들의 만족스러운 성품이 자신들로 인한 것이 아니라 하나님의 은혜로 말미암았다고 생각합니다. 그러나 그럼에도 불구하고, 자기들은 마땅히 갖추어야 할 성품을 갖추고 있지만 다른 사람들은 그렇지 않다고 생각합니다. 그들은 자신들의 속에 선한 것, 칭찬받을 만한 것이 많이 있고, 다른 사람들의 찬사를 받을 만하여 높이 쳐들 수 있는 장점이 굉장히 많이 있다고 생각합니다. 그들은 "좀 더 높은 차원의 삶"에 이르렀습니다. 그들은 그런 것을 우리들에게 이야기하는 것과 스스로 만족해야 하는 현 상황에 대해 설명하는 것을 몹시 좋아합니다. 바울은 "내 속 곧 내 육신에 선한 것이 거하지 아니한다"(롬 7:18)는 말을 할 수밖에 없었지만 그들의 육신은 더 나은 특성을 가지고 있는 것 같습니다. 바울은 영적인 갈등을 가졌고 밖으로는 싸움이요 안으로는 두려움이 있다는 것을 알았지만, 이 우월한 양반네들은 이미 그들의 발 아래 사탄을 짓밟았고 전리품을 나누는 것 이외에 다른 것과는 아무 상관이 없는 위치에 이르렀다는 것입니다.

형제들이여, 우리가 자기들의 개인적 성품에 대해 기뻐할 수 있는 사람들을 만날 때마다, 혹은 우리 스스로 자만의 상태에 빠질 때마다, 그곳에는 전체적으로 악한 냄새가 풍기고 있음을 알아야 합니다. 그것이 여러분에게 어떤 감명을 줄지 모르겠습니다만, 저는 어떤 형제가 자신에 대해서 이야기하고, 또 자신이 얼마나 성령이 충만한가 하는 것과 그와 같은 모든 이야기를 하는 것을 들을 때마다, 저는 그 사람에 대해서 근심스러운 마음을 금할 길이 없습니다. 저는 "하나님이여 나는 다른 사람들과 같지 아니함을 감사하나이다"(눅 18:11 참조)라고 말했던 그 근엄한 고백자의 음성을 듣고 있다고 생각합니다. "하나님이여, 불쌍히 여기옵소서. 나는 죄인이로소이다"라고 말하고 앞의 사람보다 의롭다 하심을 얻고 집으로 내려간, 또 다른 한 사람의 음성을 듣고 싶습니다. 저는 어떤 사람이 자신에 대해 자랑스럽게 말하는 이야기를 들을 때, "모두 주를 버릴지라도 나는 결코 버리지 않겠나이다"(마 26:33)라고 큰소리치던 베드로의 단언이 생각나고, 또 다른 새벽 닭울음 소리를 듣는 듯합니다.

자기도취는 영적 타락의 어머니입니다. 다윗은 "나의 산이 견고히 서 있으니 내가 결코 요동치 아니하리로다"라고 말했습니다만, 머지않아 하나님의 얼굴은 가리운 바 되었고, 그는 근심에 싸이게 되었습니다. 자신의 업적에 대해 기뻐하는 공언자 앞에서 우리는 "선 줄로 생각하는 자는 넘어질까 조심하라"(고전 10:12)는 경고의 말씀을 기억합니다. 여러분이 어디에 계시든지, 위대한 나! 위대한 나!라고 말한다면 여러분은 반드시 넘어지고 맙니다. 위대한 나는 언제나 위대하신 그리스도를 대적합니다. 세례 요한은 예수님에 대해 "그는 흥하여야 하겠고 나는 쇠하여야 하리라"(요 3:30)는 말을 할 때, 이 진리를 알았던 것입니다. 이 세상에는 하나님의 영광과 사람의 영광을 함께 둘 곳이 없습니다. 아무것도 아닌 자가 하나님을 높입니다. 그러나 "나는 부자라 부요하여 부족한 것이 없다"(계 3:17) 하는 자는 하나님을 욕되게 하며 자신은 "벌거벗고 가난하고 가련"합니다.

우리는 가장 훌륭한 사람들은 자기들의 업적에 대하여 말하지 않는다는 사실을 살펴보았습니다. 그들의 어조는 자만이 아니고 자신을 낮춥니다. 우리는 뛰어나게 훌륭한 몇몇분들을 알고 있습니다. 그분들은 지금은 천국에 있습니다. 우리가 그들의 삶을 회고해 볼 때, 그들은 결코 우리 모두가 그들에 대해서 생각했던 대로 자신들에 대해 생각하지 않았다는 사실을 깨닫습니다. 모든 사람들이 그들의 아름다운 성품을 볼 수 있었습니다. 그러나 그들 자신은 자신들의 성품에 대해서 그렇게 생각하지 않았습니다. 우리는 그들 가운데 있었던 하나님의 은혜를 보고 찬미했습니다만, 그들은 자기들의 결점들에 대해 애통해했습니다.

저는 그리스도의 사역자 한 분을 기억하고 있습니다. 그는 지금 하나님과 함께 있습니다. 저는 그의 이름을 거명하지 않겠습니다. 제가 그분의 이름을 댄다면, 그 이름은 일상적인 말처럼 여러분의 귀에 낯익은 이름일 것입니다. 그가 나이 많아 그의 사역에서 물러나게 되었을 때, 우리들 중의 어떤 사람들이, 그에게 송별하고 그에 대한 우리의 존경심을 표하기 위한 모임을 열자고 제안하였습니다. 그런 우정어린 행위를 하는 것은 저의 의무였습니다. 그러나 제가 그의 벌겋게 달아오른 얼굴을 보았을 때, 저는 주저하였습니다. 그는 일어나 그런 것은 생각조차 하지 말라고 간청했는데, 이는 그가 자신은 주님의 모든 종들 중에서 가장 무가치한 사람이라고 생각했기 때문입니다. 그때 저는 그 일을 중지하고 말았습니다. 그날 그 자리에 모였던 모든 목사님들은 우리의 존경스러운 동료께서 우리 모두보다 훨씬 우월하다는 것을 깨달았습니다. 그러나 그는 자기 자신을 낮은 자들 중에 가장 낮은 자로 평가했던 것입니다. 그는 많이 희생했습니다만, 저는 그가 자기 희생에 대해서 한 번도 말하는 것을 듣지 못했습니다. 그는 끊임없이 하나님과 교제하는 삶을 살았습니다. 그러나 저는 그런 사실을 알리는 것을 결코 들은 적이 없습니다. 그는 또 그것을 조금도 뽐내지 않았습니다.

얕은 개울물은 시끄럽게 소리를 내며 흘러갑니다만, 깊은 바다는 소리 없이 흐릅니다. 저는 세상을 떠난 모든 성도들이 남긴 업적을 아끼며 그들을 매우 존경하여 왔습니다. 저는 주제넘게 자신을 칭찬하던 그런 사람은 기억하지 않습니다. 그러나 자신을 칭찬하다 보니 손해를 보았던 몇몇 가련한 영적 유아들을 생각해 낼 수는 있습니다. 참된 성도들이 자기들을 통하여 하나님께서 하신 일을 말한다면, 그들은 여러분이 생각하기에 자기들에 관해서 이야기하고 있는 것이 아니라, 어디 멀리 수백 마일 떨어져 있는 어떤 사람에 대해서 이야기하고 있는 것 같은 그런 겸손한 방법으로 말을 합니다. 그들은 주도면밀하게 모든 면류관들을 구세주의 발 앞에 내려놓았습니다. 말로만이 아니라 마음으로 그렇게 하였습니다. 제가 그 위대한 고인들의 거룩한 이름들을 기억할 때, 저는 개인의 성결과 고상한 명성에 대해 비(非)영적이고 부정하게 뽐내는 이 시대에 만연해가는 그릇된 풍조를 보고 끓어오르는 마음을 참을 길이 없습니다. 북이 많은 잡음을 낼 때가 있는데 북을 살펴보면 우리는 그 북이 그런 소리를 내는 것은 그 북에 공기가 꽉 차지 않아서 그렇게 됨을 알게 됩니다.

　또한, 우리는 가장 거룩해진 순간에 처하게 될 때, 자기도취의 감정을 갖게 되지 않는다는 사실을 살펴보았습니다. 우리가 하나님께 가까이 나아갈 때마다, 그리고 진실로 하나님과의 교제 안으로 들어갈 때마다 우리가 느끼는 감정들은 자축의 감정과는 정반대입니다. 이런 점에 있어서 욥은 모든 신자의 예표였습니다. 그는 하나님을 볼 때까지 자신의 무죄를 변호했고 자기 친구들의 고소에 자기를 변호했던 것입니다. 그러나 여호와께서 친히 그에게 나타나셨을 때, 그는 "이제는 눈으로 주를 뵈옵나이다 그러므로 내가 스스로 거두어들이고 티끌과 재 가운데에서 회개하나이다"(욥 42:5-6)라고 말했습니다. 우리는 우리 자신의 추한 모습을 깨닫지 않고서는 그리스도의 아름다움을 결코 알 수 없습니다. 우리가 기도와 자성(自省)을 게을리할 때, 우리는 점차로 아주 무익한 제자가 되어버립니다. 그러나 우리가 개인적인 경건과 심령의 성찰을 하며, 하나님께 가까이 하는 삶을 살 때, 우리는 우리 자신을 빛내는 장신구들을 벗어버립니다. 우리는 하나님의 얼굴의 광채 가운데서 우리들의 수많은 결점들과 부족들을 깨닫게 되고 "나는 깨끗하다"고 말하는 대신에 우리는 "화로다 나여 망하게 되었도다"(사 6:5)라고 부르짖게 되는 것입니다. 만약 우리가 이런 체험을 하게 된다면, 우리는 자신을 존중히 여기는 자들은, 빛 가운데 거하는 모든 자들을 겸손케 하는 그런 계시의 빛을 거의 모르고 있는 것이 틀림없다는 추론을 해볼 수 있습니다.

　저는 개인적인 성품에 대해서 다소 폭넓게 살펴보았습니다. 저는 다른 사람들보다 더 거룩하다고 큰소리로 공언하는 사람들에 대해 크게 우려하고 있다는 사실을 증언하지 않을 수 없습니다. 불행히도 저는 한두 번 정도 그런 경우를 대한 적이 있습니다. 즉, 저는 우리들 대부분보다 그 생각이 훨씬 뛰어나고 인간의 약함을 거의 극복한 너무나 훌륭하게 보이는 형제들을 알았던 적이 있었습니다. 제가 그들을 속속들이 알 때까지는 저는 그들의 뛰어난 착함을 보고 제 자신의 미천함을 크게 깨닫고 있었음을 고백합니다. 그들은 완전한 성화, 결코 흔들리지 않는 믿음, 완전히 죽은 옛 성품 등에 대해 말했습니다. 그래서 저는 그들을 보고 놀라움을 금치 못했습니다. 그러나 그들이 그렇게 하면서 속은 썩었고, 가장 높은 영성을 자랑하면서도 평범한 의무들은 무시하며, 비교적 사소한 문제들 때문에 다른 사람들을 정죄하면서도 자기들은 더 비도덕적이라는 사실을 알게 되었을 때 저는 더욱 놀랐습니다. 저는 이제 자화자찬하는 사람들에 대해 거의 믿지 않게 되었습니다. 저는 우리들의 칭찬을 몹시 받고 싶어하는, 종교적으로 세련된 자들과는 달리 차라리 다소 초라하고 소심하고 두려움이 있으며 방심하지 않고 자신을 낮추는 그리스도인을 저의 친구로 삼았으면 좋겠습니다. 그렇게 높이 나는 큰 날개를 지닌 독수리들이 부정한 새로 판명될까 두렵습니다. 지나치게 화려한 종교성이 과도하게 푸른빛을 내고 있다면, 그것은 종종 무시무시한 위선의 늪을 가리고 있는 것입니다.

스스로 만족하는 것이 어떤 형태를 취하고 있든지 ─ 자만은 수없이 많은 모양을 띠고 있습니다. ─그것은 근본적으로 군병과 같이 고통을 겪어야 하는 그리스도인의 고통을 회피하는 일에 불과하다는 것을 덧붙여 말씀드립니다. 군병 같은 그리스도인은 날마다 죄와 더불어 싸워야 합니다. 만약 그가 하나님의 사람이고 하나님의 영이 그 속에 있다면, 그는 자기가 가지고 있는 모든 힘을 필요로 하며, 자신의 입장을 지키고 신령한 삶에 진보를 가져오기 위해서 더 큰 힘이 필요하다는 것을 알게 될 것입니다. 자만이라는 것, 그것이 어떻게 생기든지 간에 그것은 싸움을 회피하는 일입니다. 어떤 사람들은 자기들이 필요로 하는 성화는 전가되어 자기들의 것이 되었다고 믿음으로써 경계심, 회개, 그리고 거룩한 염려들을 기피합니다. 그들은 주 예수님의 사역이 그들 속에 있는 성령 사역의 필요성을 밀어내 버릴 수 있는 것처럼 주 예수의 사역을 자기들을 위해 사용합니다. 그들은 개인적인 성결에 대한 말은 듣지 아니할 것입니다. 당연한 일입니다. 만약 그들이 "거룩하지 않으면 아무도 하나님을 볼 수 없다"는 말씀이나 "스스로 속이지 말라 하나님은 업신여김을 받지 아니하시나니 사람이 무엇으로 심든지 그대로 거두리라"(갈 6:7)는 말씀을 대하게 된다면, 그들은 곧 그 말씀을 억지로 다르게 해석하거나 그것을 모두 잊어버립니다. 또 다른 부류의 사람들은 그들이 육신 안에서 완전하게 되었다고 믿습니다. 반면에 또 다른 사람들은 자기들의 모든 죄들을 믿음으로 이겼다고 생각하는데, 그들은 그런 승리의 개념으로 자만의 상태에 이르기도 합니다. 이것은 마치 싸움은 승리해야 한다고 믿기만 하고 있는 것과 실제로 싸움에서 승리하는 것을 같다고 보는 개념입니다. 그들이 믿음이라고 부르는 이것을 저는 감히 게으르고 스스로 속이는 것이라고 말하겠습니다. 그들은 자기들의 죄가 죽었다고 확신하지만, 그들의 육체적 욕망은 활발하게 살아 있습니다. 그들의 죄의 잔재는 그들이 자만심으로 인해 파멸의 길을 걸어가도록 길을 열어 주고 있을 뿐입니다.

여러분은 수없이 많은 방법으로 자만의 자리에 이를 수 있습니다. 저는 완전히 흥분에 도취해서 그런 자리에 이른 열광주의자들을 알고 있습니다. 또 도덕률폐기론자(반율법주의자)들을 알고 있는데 그들은 율법이 폐기되었다고 생각하고 불신자들 속에 있는 그런 죄가 성도들 속에는 없다고 생각함으로 자기만족의 상태에 빠집니다. 죄로 인한 모든 비난들을 운명의 탓으로 돌려버림으로써 마음에 거짓 평안을 주는 이론도 있습니다. 또 어떤 사람들은 타락한 인간성을 가지고 하나님이 요구하시는 표준에 도달하려고 그 표준을 낮추기도 합니다. 어떤 사람들은 예수님에 대한 죽은 믿음이 자기들을 구원할 것이라고 착각합니다. 그들이 하고 싶어하는 대로 내버려 두십시오. 또 다른 사람들은 자기들이 이미 필요한 수준에 완전히 이르렀다고 생각하기도 합니다.

많은 사람들은 또 다른 오류를 통해 똑같은 상태에 빠집니다. 왜냐하면 그들은 "글쎄요. 우리는 모든 죄를 극복할 수는 없습니다. 그러므로 우리는 그렇게 하려고 애쓸 필요도 없습니다. 우리들의 어떤 죄는 구조상의 죄요, 결코 제거될 수 없을 것입니다"라고 말하기 때문입니다. 이런 나쁜 사상을 가지고 있는 그들은 주저 앉아 "좋아, 내 영혼아 너는 탁월한 상태에 있구나. 계속 앉아서 너의 안식을 누려라. 더 이상 할 것이라고는 거의 없어. 더 이상 노력할 필요가 없어"라고 말합니다. 이 모든 것은 극히 사악합니다.

저는 신학적인 어휘는 거의 사용하지 않았습니다. 이는 우리가 정통이냐 이단이냐를 불문하고 자만에 빠지는 방식이 문제가 아니라 어떤 경우이든 자만은 해가 되기 때문입니다. 나의 형제 여러분, 주님은 우리가 죽을 때까지 안과 밖에 있는 죄와 싸우라는 고귀한 소명을 주셨습니다. 우리는 그 문제를 점잖게 말할 수 없습니다. 만약 우리가 주도권을 잡으려면 반드시 싸워야 합니다. 우리는 죽을 때까지 우리들의 죄와 더불어 반드시 싸워야 합니다. 아마도 임종 시까지 싸워야 할 것입니다. 그러므로 우리는 매일 우리 주위와 우리 속에 있는 죄에 대하여 경계 자세를 취해야 합니다. 영적인 아편으로만 작용하여 불건전한 망상을 야기시키는 자질구레한 이론들에 대해서 우리는 착각해서는 안 됩니다. 죄는 우리 각자가 가지고 있는 실제의 것입니다. 매일 이 죄와 더불어 싸워야 합니다. 우리 속에는 불신앙의 악한 심령이 있고 우리 밖에는 마귀가 있습니다. 우리는 경성해야 하고, 기도해야 하고, 힘있게 부르짖어야 하며, 애쓰고 힘써 우리가 아직 잡지 못한 것을 소유해야 합니다. 만약 우리가 이미 목표 지점에 도달했다고 생각한다면, 우리는 상을 받지 못할 것입니다. 다른 것으로 가득 차 있는 영혼은 달콤한 꿀단지도 싫어하는 법입니다. 자아로 가득 찬 사람은 더 이상 아무것도 바라지 않습니다. 교우들이여, 이 나태한 속박들을 떨쳐 버리십시오. 담대한 사람들처럼 처신하십시오. 여러분은 다른 사람들과 같이 약한 사람들입니다. 또 죄짓기 쉬운 자들입니다. 그러므로 경성하시고 기도하십시오. 이는 여러분이 유혹에 빠지지 않기 위해서입니다.

사람들이 자만하게 되는 근본적인 이유가 무엇일까요? 그것은 무엇보다 먼저 하나님의 율법의 경외로운 거룩성을 잊어버리기 때문일 것입니다. 십계명이라는 율법을 문자적으로만 이해한다면, "나는 잡았다"고 스스로 판단하며, 또 그렇게 말하는 사람이 있을 것이라고 생각합니다. 그러나 우리가 그 율법이 영적이라는 것을 알 때, 어찌 자만할 수 있겠습니까? 사랑하는 교우들이여, 여러분이 그 완전한 고지에 도달했다고 생각하신다면, 저는 여러분이 다음과 같은 말씀을 듣게 되기를 부탁합니다. "네 마음을 다하며 목숨을 다하며 힘을 다하며 뜻을 다하여 주 너의 하나님을 사랑하고 또한 네 이웃을 네 자신 같이 사랑하라"(눅 10:27). 여러분은 심령을 살피시는 하나님의 목전에서 "내가 그 모든 것을 지켰나이다"라고 말할 수 있습니까? 여러분이 그렇게 할 수 있다고 한다면, 저는 여러분에 대해서 마음에 심히 미심쩍어 할 뿐 아니라, 여러분이 거짓을 믿는 강한 망상의 희생물이 되었다고 생각할 것입니다.

스스로에 대해서 기뻐할 수 있는 형제들은 죄의 가증스러움을 잊어버렸음에 틀림없습니다. 아무리 작은 죄라도 그것은 치명적인 악이요, 하나님의 보좌에 도전하는 것이며, 천국의 위엄을 모욕하는 일입니다. 금단의 열매를 따먹은 단순한 행위가 우리에게서 낙원을 앗아갔습니다. 모든 범죄에는 죄의 무저갱이 있으며, 모든 불법에는 지옥이 따릅니다. 우리가 행위의 죄들을 피하고, 우리들의 혀가 재갈이 물려 조급하고 분별이 없는 말을 피할지라도, 우리는 우리들의 생각과 상상, 우리들의 보는 것과 마음의 소원들 속에 무한한 악이 도사리고 있음을 알아야 합니다. 죄는 오직 하나님의 아들의 죽음으로 말미암아서만 씻음을 받을 수 있으며, 지옥의 불꽃은 한 가지 죄조차 속량할 수 없다는 것을 배운 어떤 사람이 "나 자신에 대해 만족한다"라고 말할 수 있다면, 그는 자기 자신의 성품에 관하여 치명적인 실수를 하고 있는 것이며, 두려운 일입니다.

그런 경우는 기독교적 삶의 가장 고상한 표준을 오해한 실수입니다. 만약 우리가 우리들 가운데서 우리 자신을 살펴본다면, 여기 계시는 많은 신자들이 자신에 대해서 상당히 만족해할지도 모르겠습니다. 여러분은 다른 그리스도인들 못지않게 많은 헌금을 할 것입니다. 다른 대부분의 신앙 고백자들만큼 기도도 많이 하고 여러분의 이웃들 못지않게 선한 일에 열심을 내기도 할 것입니다. 현재 여러분이 세속적이기는 하지만, 대부분의 신앙 고백자들보다는 덜 세속적이라면, 여러분은 스스로 그 표준에 그렇게 많이 미달된 것이 아니라고 판단할 것입니다. 그러나 그 표준은 얼마나 높은지 모릅니다. 좀 더 나아지도록 노력합시다.

형제들이여, 우리 사역자들이 맥체인(M'Cheyne)의 생애와 같은 그런 전기를 읽어본다는 것은 대단히 유익한 일입니다. 여러분이 사역자라면, 그런 전기를 통독하십시오. 그러면 그것은 여러분의 허풍 섞인 많은 말들을 터뜨려버릴 것입니다. 여러분은 여러분 자신이 아주 심하게 좌절됨을 알게 될 것입니다. 인디언들에게 사역한 브레이너드(Brainerd)의 생애나 리처드 백스터(Richard Baxter)의 전기를 읽어보십시오. 조지 허버트(Geoge Herbert)의 성결생활, 플레처(Fletcher)의 경건생활, 휫필드(Whitefield)의 열심 등을 생각해 보십시오. 여러분이 그런 분들의 전기를 읽어보신 후에 여러분은 어디쯤 와 있다고 판단하게 될까요? 여러분은 여러분의 미미함을 감출 장소를 찾지 않을까요?

우리가 난쟁이들과 섞일 때, 우리는 스스로 거인이라고 생각합니다. 그러나 우리가 거인들 사이에 있을 때, 우리는 난쟁이가 되어버립니다. 우리가 고인이 된 성도들을 생각할 때, 그리고 고난 중에서도 그들의 인내와, 수고하는 가운데 기울였던 그들의 부지런함과 그들의 열정, 그들의 자아부정, 그들의 겸손, 그들의 눈물, 그들의 기도, 그들의 밤중의 부르짖음, 다른 영혼들을 위한 그들의 도고, 그리스도의 영광을 위해 하나님 앞에 그들이 마음을 쏟는 것 등을 회고해 볼 때, 우리는 온 몸을 움츠릴 수밖에 없으며, 우리의 혀로 자랑할 말이 한 마디도 없음을 알게 됩니다. 우리가 유일하게 완전한 삶을 사신 사랑하는 우리 주님의 생애를 조망해 본다면 그의 아름다운 모습 때문에 우리의 얼굴은 온통 부끄러움으로 붉게 물들 것입니다. 그는 백합화요 우리는 가시들입니다. 그는 온전히 선하시나 우리는 온통 악합니다. 그의 앞에서 우리는 먼지 가운데 그에게 절하며 우리의 죄를 고백합니다. 그의 신발끈을 풀기에도 감당치 못할 자들이라고 여기게 되는 것입니다.

기독교 교회의 일각에서 독선의 기만적인 형태가 나타나 선한 사람들까지도 자신을 과대평가하게 하는데 이것은 두려워할 일입니다. 그것은 육신을 몹시 기쁘게 하고 매혹시키는 일종의 유행적 광신주의의 형태입니다. 그것은 또한 몹시 지독합니다. 많은 사람들이 자기들이 생각하는 것만큼 진실되게 하나님을 가까이 하는 삶을 살지 않고 있습니다. 그들은 또한 자기들이 생각하는 것만큼 거룩하지도 않습니다. 성경읽기, 회의, 감정을 고양시키는 모임, 그리고 자아 존중이라는 허풍으로 자신을 채우는 등, 이런 일을 자주 한다는 것은 아주 쉬운 일입니다. 항상 호언장담하며 사는 그런 유의 그리스도인들과 몇 마디 경건한 듯한 말을 나누다 보면, 여러분도 곧 호언장담하고자 하는 유혹을 받게 될 것입니다. 그러나 진실로 사랑하는 교우들이여, 여러분은 가련하고 무가치한 벌레요, 아무것도 아닙니다. 여러분이 땅 위 1인치 높은 곳에 오르면, 여러분은 너무 높은 곳에 오르게 되는 것입니다. 여러분은 어떤 상황에서 시련을 당해 보지 아니한 고로 그 점에 대해서 아주 강하다고 생각할 수 있다는 사실을 기억하십시오. 아무도 우리들을 성가시게 하지 않을 때에는, 우리들 중의 많은 사람들은 극히 부드러운 성격을 발휘합니다. 어떤 사람들은 놀라울 정도로 인내심이 강합니다. 이는 그들은 체질이 강하고, 또 괴로움을 줄 만한 고통을 겪지 않고 있기 때문입니다. 또 어떤 사람들은 아주 관대합니다. 이는 그들은 자기들이 필요로 하는 그 이상의 돈을 가지고 있기 때문입니다. 배의 진가는 그 배가 바다로 나가보기 전에는 결코 분명하게 드러나지 않습니다. 중요한 것은 시련의 날에 살아 계시는 하나님 앞에서 흠이 없이 나타나는 일입니다. 여기 계시는 모든 신자들이 그 높은 말 위에서 내리시고, 그리스도를 떠나서는 "벌거벗고 가련하고 비참하다"는 것과, 예수 그리스도 안에서만 어느 정도 가치가 있는 존재가 된다는 것을 기억하시고, 또 자신이 아무것도 아닐 때 자신이 대단한 존재라고 생각한다면, 그것은 자신만을 속이는 것이고, 하나님을 속일 수 없는 것임을 기억하게 되기를 기원합니다.

2. 둘째, 자신의 과거를 참으로 적절하게 조망하고 있는 바울을 생각해 봅시다.

그는 "뒤에 있는 것은 잊어버리고"라고 말합니다. 그 말이 무슨 의미일까요? 그가 누렸던 하나님의 은혜를 잊어버렸다는 뜻이 아닙니다. 결코 그렇지 않습니다. 그는 자기를 겸손하게 하는 죄들을 항상 기억했을 것입니다. 우리는 반드시 그가 사용하는 상징적인 의미를 캐내어야 하고, 그래서 그의 진의를 이해해야 합니다. 헬라의 경기에서 어떤 사람이 경주를 할 때, 만약 그가 절반쯤 달려 다른 경주자들을 거의 다 앞서고, 그래서 몸을 돌려 뒤돌아보고 그가 이미 앞선 그 거리 때문에 기뻐했다면, 그는 그 경주에서 패하고 말았을 것입니다. 그가 자찬하는 노래를 부르기 시작하고, "나는 언덕 아래로 골짜기를 따라 내려갔고, 이쪽 편 둔덕에 올라왔다네. 저기 하나, 둘, 셋, 넷, 다섯, 여섯 명의 경주자가 나의 훨씬 뒤에 따라오는구나"라고 말했다고 가정해 봅시다. 그는 그렇게 자찬하는 동안에 그 경주에서 패하고 말 것입니다. 그 경주자에게 있어서 유일한 소망은 자기 뒤에 있는 것은 잊어버리고, 앞에 놓여 있는 거리의 분량만을 온전히 생각하는 것이었습니다. 아주 많이 달렸더라도 그것에 대하여서는 생각하지 마십시오. 여러분은 여러분과 목표지점 사이의 거리를 생각하고, 여러분은 다른 곳에 생각을 두지 말고 전력을 기울여야 합니다. 우리가 이긴 모든 죄에 대해서도 역시 이와 같습니다. 아마도 여러분이 이 순간에 정직하게 "나는 아주 흉포한 기질을 억제했다" 혹은 "나는 타고난 게으른 정신을 극복했다"라고 말할지도 모르겠습니다. "그런 일을 인하여 하나님께 감사드립니다"라는 말을 하기 위해서는 충분한 시간을 내시되 마치 어떤 위대한 일이 이루어진 것처럼 자화자찬하기 위해 시간을 뺏기는 일이 없도록 하십시오. 왜냐하면 그렇게 자화자찬하는 순간 그 일은 이루어지는 것이 아니기 때문입니다. 여러분이 기질을 억제했다고 하면서 기뻐하는 그 순간 그 기질은 은밀한 곳에 숨어 있던 사자처럼 여러분에게 다시 뛰어오르게 될 것이요, 여러분은 "나는 네가 죽어 장사된 줄 생각했더니 여기서 네가 다시 나를 향해 으르렁거리고 있구나"라고 말하게 될 것입니다. 옛 부패한 것들을 다시 살리는 가장 쉬운 일은 그것들의 무덤 앞에 우리가 그것들을 이겼다는 전승 기념비를 세우는 일입니다. 그렇게 되면 그것들은 즉시 그 고개를 들고 "우리는 아직 살아 있다"라고 고함칠 것입니다. 어떤 죄악된 습관을 끊어버리는 것은 훌륭한 일입니다. 그러나 그것에 대해 계속해서 경계태세를 취할 필요가 있습니다. 왜냐하면 여러분이 승리의 자화자찬을 하고 있는 한, 여러분은 아직 승리한 것이 아니기 때문입니다. 똑같은 이치로 우리는 우리가 가진 모든 은혜에 대해서도 그렇게 생각해야 합니다.

저는 기도의 능력이 있는 사랑하는 친구 몇몇을 알고 있습니다. 저의 영혼은 그들의 간구에 연합하기를 기뻐합니다. 그러나 저는 그들이 자기들의 기도에 대해서 자찬하는 말을 하는 것을 들을 때, 못내 섭섭해집니다. 우리는 어떤 형제를 사랑할 때, 그의 관용성 때문에 사랑하기도 합니다. 그러나 우리는 그가 자기는 관대하다는 것을 남들에게 결코 말하지 않기를 바라고 있습니다. 또 어떤 사랑하는 친구는 아주 겸손합니다. 그러나 만약 그가 그 겸손을 자랑한다면, 그것으로 끝일 것입니다. 자만심은 미덕의 옷을 갉아먹는 좀입니다. 자화자찬이라는 날파리들, 그러한 시시한 파리들은 죽어 없어져야 합니다. 왜냐하면 그것들이 여러분의 기름병 속에 들어가면 기름 전체를 못쓰게 할 것이기 때문입니다. 과거를 잊으십시오. 여러분으로 하여금 그렇게 기도 잘하게 하시는 하나님께 감사하십시오. 여러분을 친절하고 온유하고 겸손하게 만드신 하나님께 감사하십시오. 여러분으로 하여금 관용을 베풀게 하시는 하나님께 감사하십시오. 그러나 여러분이 소유해야 할 땅이 아직도 많이 있기에 그 모든 것을 잊어버리고 앞으로 나아가십시오!

우리가 예수님을 위해 행한 모든 일에 대해서도 역시 그러합니다. 어떤 사람들은 자기들이 수행한 일에 대해 아주 좋은 추억들을 가지고 있는 것 같습니다. 그들은 젊었을 때, 놀랍게 하나님을 섬겼습니다. 그들은 일찍이 그 일을 시작했고 열심에 가득 찼습니다. 그들은 그 일에 관한 모든 것을 크게 기뻐하며 여러분에게 말해줄 수 있습니다. 중년에 그들은 놀라운 일들을 행했고 대단히 경이로운 일들을 이루었습니다. 그러나 이제 그들은 잠시 쉬고 있는 형편이며, 자신들을 두드러지게 할 수 있는 기회를 다른 사람들에게 주고 있습니다. 그들의 영웅적 시대는 끝났습니다.

사랑하는 교우들이여, 여러분이 이 세상에 살고 있는 한 여러분이 과거에 이미 행한 것은 잊어버리십시오. 또 다른 봉사를 하기 위해 앞으로 나아가십시오! 과거에 얽매여 사는 것은 옛날 교회들이 저지른 실수들 중의 하나입니다. 가령 교회로서의 우리는 하나님께서 우리를 통하여 행하신 위대한 일들에 대해 자화자찬하기 시작할지 모르겠습니다. 비록 우리가 그 큰 일들을 행했다고 말하지는 않는다 해도 우리는 분명히 아름다운 모양 속에 그것을 담아 놓을 것이기 때문입니다. 이렇게 우리가 자화자찬하고 난 후에는 더 이상의 축복을 얻지 못할 것이요, 조금씩 쇠퇴해갈 것입니다. 교파에 대해서도 똑같은 원리가 적용됩니다. 우리 선조들이 행한 일들이 언급될 때, 얼마나 큰 찬사를 듣게 되는지요! 오, 캐리(Carrey), 닙(Knibb), 그리고 풀러(Fuller) 등의 이름을 높입니다! 우리 침례교인들은 이제 이층에 올라가 잠자리에 드는 것밖에 아무것도 할 일이 없다고 생각합니다. 왜냐하면 우리는 이 훌륭한 사람들의 이름을 통하여 영원한 영광을 달성했기 때문입니다. 웨슬리파 신자들은 웨슬리, 플레처, 넬슨, 그리고 기타 유명한 사람들에 대해 귀찮을 정도로 이야기합니다. 그들을 인하여 하나님께 감사하십시오. 그들은 위대한 인물들이었습니다. 그러나 올바른 것은, 과거를 잊고 그 일을 수행할 또 다른 부류의 다른 사람들을 위해 기도하는 일입니다. 우리는 결코 만족해서는 안 됩니다. "계속, 계속, 계속"이 우리의 외침이어야 합니다. 사람들은 나폴레옹에게 왜 계속해서 전쟁을 하느냐고 질문을 했을 때, 그는 "나는 전쟁의 자녀라오. 승리는 현재의 내가 되게 하였소. 또 승리는 반드시 나를 지탱해 준다오"라고 대답했다는 것입니다. 기독교 교회는 영적인 전쟁의 자녀입니다. 교회는 오직 싸울 때에, 그리고 승리하며 앞으로 달려가고, 또 승리하기 위해 나아갈 때에 살아 있습니다. 어떤 일이 일어날지라도 하나님께서 자화자찬적 정신으로부터 우리를 건져내 주시기를 바라며, 우리로 하여금 좀 더 나은 것을 간절히 사모하게 하시기를 기원합니다!

3. 이제 세 번째 문제점에 대하여 말씀드리겠습니다.

현재와 과거에 대하여 잘 설명하고 난 바울은 미래가 영광스럽게 되기를 간절히 동경하며 그 미래를 향해 나아갑니다. 왜냐하면 그는 "앞에 있는 것을 잡으려고"라고 말하기 때문입니다. 그는 여기에서 우리에게 한 경주자의 모습을 보여주고 있습니다. 그는 잡으려고 나아갑니다. 빠르게 달려가고 있는 그 사람은 거의 비스듬히 앞쪽으로 몸을 내밀고 있습니다. 그의 눈은 이미 목표지점에 가 있습니다. 그의 손은 그의 발보다 훨씬 앞에 있고, 그의 몸 전체는 앞으로 기울어져 있습니다. 그는 자기 발이 자기를 경주의 목적지에 옮겨다 놓기 전에 그곳을 향해 자신을 던져 놓은 것처럼 달리고 있습니다. 그것이 바로 그리스도인이 취해야 할 태도입니다. 그가 이미 도달한 것보다 더 나은 것을 향해 항상 자신을 내던지고 현재 나아가고 있는 속도에 만족하지 말아야 하며, 그의 영혼은 육체의 보조보다는 훨씬 빠른 속도로 나아가야 합니다.

존 번연은 우리들에게 말 등에 올라 탄 어떤 사람에 대한 비유를 들려주고 있습니다. 그는 의사를 불러오기 위해 급히 말을 타고 가라는 주인의 명령을 받게 됩니다. 그러나 그 말은 딱하게도 힘이 없는 늙은 말입니다. 번연은 "글쎄, 하지만 그의 주인이 말 등에 올라탄 그 사람이 채찍을 휘두르고 박차를 가하고 고삐를 잡아당기며 전력을 다해 애쓰고 있는 것을 본다면, 그 주인은 그 사람이 갈 것이라고 판단합니다"라고 말합니다. 그것이 그리스도인이 항상 취해야 할 자세입니다. 그리스도인은 할 수 있는 한 경건하고 부지런하고 또 유익한 자가 되기를 힘써야 할 뿐 아니라 좀 더 나은 것을 소망하고, 이 옛 육체에 박차를 가하고 할 수 있는 한 이 느림보 영을 대항하여 싸워야 합니다.

형제들이여, 우리는 마땅히 예수님 같이 되기 위해 앞으로 나아가야 합니다. "나는 이렇고 이런 사람이야, 그것으로 충분해"라고 결코 말하지 마십시오. 나는 예수님과 같습니까? 나 자신이 완전하게 예수님과 같습니까? 만약 그렇지 아니하다면, 내가 현재 훌륭한 인물이라는 것, 혹은 과거에 그러했다는 등의 생각은 버리십시오. 버리십시오. 발끔히 버리십시오. 내가 나의 주님을 닮기 전에는 쉴 수가 없습니다. 그리스도인의 목표는 온전해지는 것입니다. 만약 그리스도인이 전혀 온전하지 않은 어떤 것이 되려고 한다면, 그는 하나님께서 그의 앞에 두신 목표보다 더 낮은 차원의 내상을 지향하고 있는 것입니다. 모든 죄를 이기고, 모든 미덕을 소유하고, 또 그 미덕들을 나타낸다는 것 — 이것이 그리스도인의 야망입니다. 위대한 예술가가 되려고 하려는 사람은 저급한 모범을 따라서는 안 됩니다. 그 예술가는 모방할 만한 완전한 모델을 가지고 있어야 합니다. 만약 그가 그 수준에 이르지 못한다 해도 그가 열등한 모범을 가지고 노력했을 그런 경우보다는 훨씬 더 나은 수준에 이르게 될 것입니다. 어떤 사람이 일단 자기 자신을 이상적인 상태라고 인식하게 될 때에는, 그때는 모든 것이 끝나버린 것입니다.

어떤 훌륭한 화가가 그림 하나를 완성했습니다. 그런데 그는 눈물을 흘리며 그의 아내에게 "나는 모든 것이 끝났어요. 나는 결코 다시 그림을 그리지 못하게 될거요. 나는 망했어"라고 말했습니다. 그의 아내가 "왜요?"라고 물었습니다. 그는 "왜냐하면 그 그림이 나에게 만족을 주고 있기 때문이오. 그것은 내가 반드시 그려야 할 나의 이상적 그림이 어느 정도인가를 여실히 보여주고 있어요. 그러므로 나는 나의 능력이 다 되었음을 확신하고 있소. 왜냐하면 그 능력은 내가 도달할 수 없는 이상들을 가지고 있을 때 생겨나기 때문이오. 물론 그 이상은 내가 추구하고 있는 나로서는 넘을 수 없는 어떤 것이요"라고 말했다는 것입니다. 우리들 중의 그 어떤 사람도 "나는 나의 이상에 도달했다. 나는 현재 마땅히 되어야 할 그런 자가 되었다. 내가 넘을 수 없는 것은 아무것도 없다"라고 말하지 않게 되기를 바랍니다.

교우들이여, 하나님께서 우리를 도와주셔서 우리가 완전함, 절대적 완전함을 추구하게 되기를 바랍니다. "하늘에 계신 너희 아버지의 온전하심과 같이 너희도 온전하라"(마 5:48)는 말씀이 우리의 귀감입니다. 어떤 사람은 "우리가 그런 자리에 이르게 될 수 있을까?"라고 말합니다. 천천만 성도들이 그런 자리에 이르렀습니다. 그들은 하나님의 보좌 앞에 있습니다. 그들의 옷은 씻은 바 되고 어린 양의 피로 희게 되었습니다. 우리도 그렇게 될 것입니다. 오직 하나님의 선한 도우심으로 말미암아 그런 일을 위하여 힘쓰도록 합시다. 모든 신자는 일상생활의 모든 분야, 즉 모든 생각과 말과 행동에서 전력을 기울여 하나님께 영광을 돌려야 합니다. 이것이 마땅히 우리의 목표가 되어야 합니다. 만약 우리가 그것에 도달하지 않고 있다면 우리는 반드시 그것을 향해 좇아가야 합니다. 아침에 해가 돋을 때부터 저녁에 어둠이 깔릴 때까지 우리는 하나님께로 나아가는 삶을 살아야 합니다. 우리는 먹든지 마시든지 무엇을 하든지 주 예수의 이름으로 그 모든 것을 해야 합니다. 이것이 우리가 추구해야 할 바입니다. 영과 혼과 몸이 전적으로 거룩해지도록 성령 안에서 항상 기도해야 하는 것입니다. 어떤 사람은 "그것은 놀라울 정도로 높은 표준이야"라고 말합니다. 교우들이여, 여러분은 제가 그 표준을 낮추기를 원하십니까? 제가 저 자신을 위해 그 표준을 낮추어야 한다면, 몹시 유감스럽게 생각할 것입니다. 성경의 높은 표준이 우리들 중 어떤 이들에게 부인된다면, 그것은 큰 재난이 될 것입니다. 주님과 같이 완전하게 되는 것이 그리스도인의 기쁨이 아닐까요? 누가 그 수준에 미치지 못한 채 머물러 있기를 원하겠습니까? 어쩔 수 없이 가장 작은 죄의 세력 아래에서 항상 살게 되는 것도 무서운 일일 것입니다. 아니, 우리는 완전의 자리에 이르지 못한 채 결코 만족해할 수 없습니다. 우리는 앞에 있는 그 표준을 향해 앞으로 나아가야 할 것입니다.

4. 이제 넷째로, 사도는 우리의 귀감입니다.

이는 그가 자기가 소원하는 것에 도달하기 위해 실제적으로 전력을 기울이기 때문입니다. 그는 "오직 한 일"이라고 말합니다. 마치 그는 다른 모든 것은 포기해 버리고 한 가지 목표 — 예수 그리스도와 같이 되는 것 — 에만 전념하듯이 이 말을 하고 있는 것입니다. 바울이 시도할 수도 있었을 기타 많은 일들이 있습니다. 그러나 그는 "오직 한 일"이라고 말합니다. 아마도 바울은 달변가는 아니었을 것입니다. 그런데 어째서 그는 수사학자가 되려고 하지 않았을까요? 아니, 그는 원래 말이 뛰어난 자가 아니었을 것입니다. 그러나 여러분은 저에게 "바울은 장막 만드는 일에 분주했잖아요"라고 말할 것입니다. 저는 그가 어떤 사람인지 알고 있습니다. 장막도 만들고 설교도 하고 방문도 하고, 밤낮 자지 않고 갖가지 일들을 많이 했습니다만, 이 모든 일들은 그 한 가지 일을 추구하는데 부수적인 일부였습니다. 그는 주님을 섬기기 위해, 또 자신을 온전한 번제물로 바치기 위해서 완전한 수고를 하고 있었습니다. 그리스도의 보혈로 구원을 받은 모든 영혼이 이 한 가지 일을 위해 온 힘을 모으고, 은혜를 인하여 감정을 갈고 닦으며 성결해지기 위한 간절한 소망을 갖게 되기를 권고합니다. 아, 만약 우리가 마땅히 심겨야 할 바대로 하나님을 섬길 수만 있다면, 또 우리가 마땅히 취해야 할 바 하나님의 백성으로서의 태도, 즉 거룩한 말과 경건을 갖추게 된다면, 우리는 교회에서 하나의 신기원을 보게 될 것입니다. 오늘날 교회의 가장 큰 결핍은 성결입니다.

바울은 어떻게 그러한 응집된 목적을 가지고 성결생활을 추구할 수 있었을까요? 이는 그가 하나님께서 자기에게 그런 생활을 명하신다고 느꼈기 때문입니다. 그는 그를 부르신 부름의 상을 향해 나아갔습니다. 하나님은 바울로 하여금 죄에 대항하여 싸워 이기는 챔피언이 되게 하시려고 그를 세우셨습니다. 여호와께 속한 승자가 된 그는 남자답게 행동해야 한다고 느꼈습니다. 더구나 그를 선택하신 이가 "그리스도 예수 안에 있는 하나님"이셨습니다. 사도 바울이 고개를 들고 구속주의 온화한 얼굴을 보고 슬픔의 왕이신 주의 가시관을 주목했을 때, 그는 자기가 마땅히 죄를 이겨야 한다고 깨달았습니다. 그는 한 가지 악이라도 그 속에 살아 있게 할 수가 없었습니다. 그는 아직 잡은 것은 아니었지만, 그리스도 안에서 하나님이 그를 불러 목표로 삼게 하신 그것을 잡을 때까지 달려가야 한다고 느꼈습니다.

더구나 사도는 자기의 면류관, 시들지 아니하는 생명의 면류관이 그의 눈앞에 밝게 빛나며 걸려 있는 것을 보았습니다. 그는 이렇게 말했을지도 모릅니다. "저 천성의 면류관을 목적 삼아 가는 길로부터 나를 유혹할 것이 무엇이 있겠는가? 황금 사과를 나의 길에 놓아 보십시오. 나는 그것들을 거들떠볼 수가 없으며, 그것들을 발로 차 버리기 위해 멈추어 설 수도 없습니다. 요정들이 사방에서 노래 부르도록 해보십시오. 그래서 그 악한 아름다움으로 나를 유혹하여 거룩한 길에서 떠나도록 해보시지요. 그러나 나는 이 길을 버려서도 안 되고 그렇게도 하지 않을 것입니다." 천국! 천국! 천국! 이것은 사람으로 하여금 이 길을 달려가게 하기에 족한 것이 아니겠습니까? 그 결국이 영광스러운데 경주가 수고스럽다 한들 어떻습니까? 상이 주어질 터인데 누가 애쓰고 힘쓰기를 마다하겠습니까? 바울은 그리스도 예수 안에서 위에서 부르신 부름의 상을 위하여 좇아갔습니다. 그는 구원받은 자임을 절실히 느끼고 있었습니다. 그는 구원의 은혜로 말미암아 거룩한 사람이 되고자 했습니다. 그는 면류관을 받기를 사모했고, 그의 인생행로가 끝나는 날 주님으로부터 상을 받으며 "잘하였도다. 착하고 충성된 종아"라는 말을 듣기를 소원했습니다.

　형제 자매 여러분, 제가 저 자신과 여러분을 촉구하여 우리 모두 은혜스럽고 일관성 있는 경건한 삶을 사모하고, 또 탁월하고도 견고하게, 또 철저하게 헌신된 삶을 갈구하게 되기를 바랍니다. 만약 여러분이 일관성이 없는 처신을 하게 되면 그것은 성령님을 근심하게 하는 일이 될 것입니다. 또 그것은 여러분을 사신 주님을 수치스럽게 하는 일이 될 것이요, 교회를 약하게 하는 일이 될 것이며, 여러분 자신을 수치스럽게 하는 일이 될 것입니다. 비록 여러분이 "불 가운데서 구원을 얻은"(고전 3:15 참조) 것 같이 된다할지라도, 하나님으로부터 어느 정도 벗어나 있다는 것은 악하고 가증스러운 일입니다. 그러나 항상 앞으로 나아가는 것, 결코 자만하지 않는 것, 좀 더 나은 그리스도인이 되고자 힘쓰는 것, 가장 거룩한 자리에 이르기를 목표로 삼는 것, 이것은 여러분의 영예요, 교회의 위로이며, 하나님의 영광이 될 것입니다. 주께서 여러분을 도우셔서 여러분이 하나님을 두려워하는 가운데 성결생활을 온전히 이루게 되기를 바랍니다. 아멘.

제
12
장

—

천국의 시민권

—

"그러나 우리의 시민권은 하늘에 있는지라 거기로부터
구원하는 자 곧 주 예수 그리스도를 기다리노니" — 빌 3:20

높이 치솟아 날고 있는 스랍과 땅에 기어 다니는 벌레는 서로 비교할 수 없습니다. 그리스도인들은, 자기들과 세상 사람들 사이에 비교라는 말을 한다는 것은 쓸데없는 일이라고 할 만한 그런 삶을 살아가야 합니다. 비교가 아니라 대조가 되어야 합니다. 정도의 차이여서는 안 됩니다. 신자는 비(非)중생자와 뚜렷하고 분명하게 대조가 되어야 합니다. 성도의 삶은 전체적으로 초월적이어야 하며, 죄인의 삶의 모습에서 벗어나야 합니다. 우리는 우리를 평하는 자들이 마지못해, 도덕군자들은 선하고 그리스도인들은 조금 더 낫다는 고백을 하도록 해서는 안 됩니다. 세상은 어둠이지만 우리는 분명하게 드러나는 빛이어야 합니다. 세상은 악한 자 안에 있으나 우리는 분명히 하나님께 속해 있어야 하며 그 악한 자의 유혹을 물리쳐야 합니다. 생명과 죽음, 빛과 어둠, 건강과 질병, 청결과 죄, 영적인 것과 육적인 것, 신령한 것과 육체적인 것 등은 두 극점이 동떨어져 있는 것처럼 정반대입니다. 만약 우리가 고백하는 그대로의 사람이 되어야 한다면, 에티오피아 사람들의 공동체 속에 있는 백인처럼 이 세상 가운데서 특징 있는 사람이 되어야 합니다. 염소 떼 속에서 양을 발견하거나 늑대들 중에서 어린 양을 찾아내는 것보다 세속적인 이 세상에서 그리스도인을 간파하는 것이 더 쉬워야 합니다. 안타깝게도 교회는 너무나 불순하게 되었기 때문에 우리는 우리의 영광스러움을 감소시켜야 하는 처지에 이르렀고, 우리가 원하는 만큼 교회의 성격을 드높일 수 없게 되었습니다. "순금에 비할 만큼 보배로운 시온의 아들들이 어찌 그리 토기장이가 만든 질항아리 같이 여김이 되었는고!"(애 4:2), "우리의 시민권이 하늘에서 있게 될"(빌 3:20) 때가 올 것이요, 그 신은 배요, 그 결국은 멸망인 자의 무지한 삶이, 경건하고 이타적인 우리들의 성품에 의해 책망을 받게 될 때가 올 것입니다. 세상 사람과 그리스도인은 지옥과 천국, 멸망과 영생의 차이만큼 엄청난 차이가 있어야 합니다. 회개하지 않은 자들의 파멸로부터 우리를 분리시켜 놓는 큰 구렁이 있게 될 것이라는 사실을 우리가 기대하고 있듯이, 이 세상에서도 우리와 불경건한 자들 사이에는 깊고도 넓은 구렁이 끼어 있어야 합니다. 사람들이 우리의 성품의 순결함을 보고 우리는 좀 다른 사람이요, 고상한 사람이라는 것을 알 수 있어야 합니다. 하나님이 우리들에게 점점 더 큰 은혜를 베푸셔서 우리는 아주 분명하게 택하신 족속이요, 왕 같은 제사장이요, 거룩한 나라요, 특별한 백성임이 드러나게 하시고, 그래서 우리가 우리를 어둠에서 하나님의 놀라운 빛 가운데로 불러내주신 주님을 찬양하게 되기를 바랍니다.

형제들이여, 저는 오늘 밤 여러분에게 성결 생활을 권고합니다. 이 성결은 율법의 계율에 의해서나, 시내 산의 천둥에 의해서나, 여러분이 경건하지 않으면 여러분에게 임할 위험이나 징벌에 의해서가 아니요, 여러분이 이미 누려온 특권들에 의해 이루어져야 합니다. 은혜로운 영혼들은 은혜로 말미암은 주장에 의해서만 촉구되어야 합니다. 채찍은 어리석은 자들의 등을 위해서 마련된 것이요, 천국을 유업으로 받을 자들을 위한 것이 아닙니다. 여러분에게 주어진 영광스러운 시민권이 있으므로, 저는 여러분들이 천국의 시민권을 가진 자답게 행동하기를 간청합니다. 또 저는 여러분에게 잘 알려진 논지를 따라 잘 처신하게 되기를 촉구하는 바입니다. 즉, 주 예수 그리스도께서 임하시니, 우리는 주님을 부지런히 섬기고 그를 기다리는 사람이 되어야 한다는 것입니다. 그렇게 되면 그가 오실 때, 그는 여러분에게 "잘 하였도다. 착하고 충성된 종들아"라고 말씀하실 것입니다. 저는 여러분 속에 있는 은혜로 말미암아 여러분이 그러한 탄원에 기꺼이 부응하게 될 것이라 생각합니다.

제 생각에 오늘 이 본문은 "우리의 시민권은 하늘에 있는지라"라고 번역한 것이 좋다고 생각합니다. 프랑스 번역본은 "우리로 말하자면, 우리의 시민권은 하늘에 있다"라고 되어있습니다. 도드리지(Doddridge)는 그것을 "그러나 우리는 우리 자신이 새 예루살렘의 시민이며, 땅에서는 나그네요 행인이라고 생각을 하면서 하늘의 시민으로서 처신한다"고 의역을 했습니다.

1. 본문을 상고해 볼 때, 본문이 제시하는 첫째 개념은 다음과 같습니다.

즉, 만약 우리의 시민권이 하늘에 있다면, 우리는 이 세상에서 외국인이라는 사실입니다. 다시 말해서, 우리는 땅에서는 나그네요, 이방인이요, 순례자요, 체류자라는 것입니다. 성경 말씀에 "우리가 여기에는 영구한 도성이 없으므로"(히 13:14)라고 하였고, 그러나 "더 나은 본향을 사모하니 곧 하늘에 있는 것이라"(히 11:16)고 하였습니다. 우리의 처지를 설명해 봅시다. 어떤 젊은이가 자기 가족을 위해 장사하라고 아버지로부터 먼 곳으로 보냄을 받았습니다. 그는 미국에 보내어졌습니다. 그는 이제 뉴욕에 살고 있습니다. 아주 다행스러운 것은 그를 위해 그의 시민권이 영국에 있다는 것입니다. 비록 그가 미국에 살고 거기에서 장사를 하고 있지만, 그는 외국인이요, 그 고생스러운 나라에 속한 자가 아닙니다. 왜냐하면 그는 대서양 이 쪽에 있는 우리들과 더불어 그의 시민권을 보유하고 있기 때문입니다.

그러나 그에게 안식처를 제공해 주고 있는 그 나라에 대해서 그가 마땅히 해야 할 일련의 행동이 있습니다. 그가 그런 행동을 하는데 결코 잘못하는 일이 없어야 합니다. 우리는 외국인이기 때문에 외국인으로서 마땅히 처신해야 할 바대로 처신해야 한다는 사실을 기억해야 합니다. 또 우리는 의무를 다 감당하지 못하는 일이 없도록 해야 합니다. 우리는 우리가 현재 몸담고 있는 나라로부터 영향을 받습니다. 어떤 사람이 런던의 시민이지만 뉴욕이나 보스턴에서 거래를 할 때, 그는 자신이 미국의 거래법에 따라야 한다는 사실을 알게 될 것입니다. 그가 머물고 있는 도시의 상인들이 어려움을 당할 때, 자기도 그들과 함께 어려움을 당한다는 것을 알게 될 것입니다. 그들의 금융시장의 침체가 그의 사업에 영향을 미칠 것입니다. 상업상의 불경기는 그의 사업의 발전을 저해할 것입니다. 그러나 다행히 경기가 회복되면 그들 상인들의 금고가 가득 차 갈 때, 그의 사업도 나아지며, 다행히 거래가 활발해지면 그 자신의 장사도 활기가 돌게 될 것이라는 사실을 알게 됩니다. 그는 그 나라에 속한 자가 아니지만, 경기가 변동될 때마다 그가 영향을 받게 될 것입니다. 그 나라가 융성할 때 그도 번창할 것이며, 그 나라가 어려울 때 그도 어려움을 당하게 될 것입니다. 다시 말해서, 그는 그 나라의 시민으로서가 아니라, 장사하는 사람으로서 영향을 입게 된다는 말입니다.

이 세상에 있는 우리도 그와 같아서 비록 우리가 이 땅 위에서는 나그네요, 외국인이지만, 육신의 모든 불편한 것들을 모두 공유하는 것입니다. 인성의 공통된 상태를 벗어난 어떤 특별한 것이 예외적으로 우리들에게 주어지는 법이 없습니다. 우리는 다른 사람들처럼 고난을 당하도록 태어났습니다. 우리는 다른 사람들과 같이 환난을 당합니다. 기근이 올 때 굶주립니다. 전쟁이 맹위를 떨치게 될 때, 우리는 위험에 처합니다. 똑같은 기후 조건을 맞이합니다. 똑같이 작열하는 더위를 견디고, 결빙의 추위를 맞이합니다. 땅에 속한 시민들이 모든 악조건들을 알고 있듯이 우리도 그 모든 것을 압니다. 하나님께서 은혜 가운데 그 양 손으로 그의 섭리의 은총들을 풍성하게 내리실 때, 우리는 우리의 몫을 차지합니다. 비록 우리는 외국인이지만, 땅의 선한 것을 누리고 살며, 섭리의 하나님의 온유한 은혜들을 함께 나눕니다. 따라서 우리는 그런 것에 대해서 어느 정도 관심을 가져야 합니다.

그 선한 사람은 비록 외국인이지만 자기가 거하고 있는 이국땅의 그 이웃들 가운데서 한 주간을 살아도 반드시 유익을 베푸는데 힘쓰는 삶을 살 것입니다. 선한 사마리아인은 사마리아 민족의 유익을 추구했을 뿐 아니라 유대인의 유익을 추구했습니다. 그들 사이에는 아무런 혈족 관계가 없었습니다. 우리가 종종 잘못된 말을 들은 것처럼, 사마리아인들은 유대인들의 친 사촌이나 친척이 아니었고, 사마리아인들의 피 중에는 유대인의 피가 한 방울도 흐르고 있지 않았습니다. 그들은 앗시리아에서 온 이방인들이었고 아브라함과는 아무런 관계가 없었습니다. 그러나 선한 사마리아인은 여리고와 예루살렘 사이를 여행하는 가운데 그 유대인에게 선을 베풀었습니다. 이는 그가 유대에 있었기 때문이었습니다. 여호와께서 자기 종 예레미야를 통해 자기 백성을 이렇게 책망하셨습니다. "너희는 내가 사로잡혀 가게 한 그 성읍의 평안을 구하고 그를 위하여 여호와께 기도하라 이는 그 성읍이 평안함으로 너희도 평안할 것임이라"(렘 29:7). 우리는 이 세상에 있기 때문에 이 세상의 유익을 추구해야 합니다. "오직 선을 행함과 서로 나누어 주기를 잊지 마십시오"(히 13:16). "너희는 원수를 사랑하고 선대하며 아무 것도 바라지 말고 꾸어 주라 그리하면 너희 상이 클 것이요 또 지극히 높으신

이의 아들이 되리니 그는 은혜를 모르는 자와 악한 자에게도 인자하시니라"(눅 6:35)고 했습니다. 우리는 이 세상에 있는 동안에 사람들을 그리스도에게로 인도하고, 그들로 하여금 그들의 악한 길에서 벗어나게 하고, 그들을 영생으로 인도하며, 그들로 하여금 우리와 함께 이 세상과는 다른 훨씬 더 좋은 나라의 시민이 되게 하는데 최선을 다해야 합니다. 왜냐하면 우리는 사실 천국을 향해 가는 신병들을 모집하는 자로서 이 세상에 존재하기 때문입니다. 즉, 우리는 이 세상에서 사람들이 천국 군대에 가입하는데 드는 비용을 마련해 주며, 구세주 군대의 붉은 핏빛 깃발을 그들에게 매달아 주고, 그들로 하여금 왕 되신 예수를 알게 하여, 그들이 그 왕의 전투에 참전한 후 얼마 있지 않아 그 왕의 승리를 함께 나누는 자가 되게 하는 것입니다.

우리는 외국인으로서 그 나라의 유익을 추구하지만 또한 외국인은 **침묵**을 지켜야 한다는 것을 반드시 기억해야 합니다. 외국인은 어떤 사업을 하든지 그 정부를 거스르는 음모를 꾸미지 못하며, 그들이 시민권을 가지고 있지 않은 그 나라의 정책에 참견하지 못합니다. 뉴욕에 살고 있는 영국인은 말이 없는 것이 상책입니다. 만약 그가 장군들의 용기, 신문 기사의 정확성, 대통령의 천재성을 비평한다면, 그는 다소 거친 대우를 받게 될 것입니다. 그가 만약 미국을 미국 사람들이 하는 대로 내버려 두지 않는다면, 그는 실로 분별력이 없는 자일 것입니다. 이와 같이 우리도 이 땅에 살면서 저와 여러분이 나그네일 때, 우리는 반드시 법을 지키는 체류자이어야 하며, 권세를 가지고 있는 자들에게 순복하며, 질서 있고 평화로운 삶을 살아야 하고, 사도의 가르침을 따라 "뭇 사람을 공경하며 … 하나님을 두려워하며 왕을 존대하라"(벧전 2:17). "인간의 모든 제도를 주를 위하여 순종하면서"(벧전 2:13) 성령님의 명령을 따라 살아가야 하는 것입니다. 저는 정치하시는 그리스도인들을 좋아한다고 말할 수는 없습니다. 저는 당파 싸움이 신자들에게 심각한 시련이 될까 염려스럽습니다. 저는 우리의 천국 시민권을 연설회장의 음모와 투표장의 소동과 조화시킬 수 없습니다. 여러분은 여러분 자신의 판단을 따라야 할 것입니다만, 저로서는 영국에서조차도 외국인입니다. 따라서 그런 입장에서 행동도 그렇게 해야 한다고 생각합니다. 우리는 단순히 이 땅을 통과하고 있습니다. 우리는 이 세상을 통과할 때에 이 세상을 축복해야 하지만, 결코 이 세상의 일에 얽매여서는 안 됩니다. 영국인이 스페인에 가 있기도 합니다. 그는 수많은 것들이 좀 다르게 바뀌어졌으면 좋겠다는 마음을 갖습니다. 그러나 그는 그런 일들에 힘을 쏟지 않습니다. 그는 "만약 내가 스페인 사람이라면 이 정부를 바꾸어 놓기 위해 내가 할 수 있는 일이 무엇인지 알고 싶어 할 것입니다. 그러나 영국 사람인 나로서는 스페인 사람들이 자기들의 문제를 자기들 스스로 알아서 하도록 내버려 둘 뿐입니다. 나는 얼마 있지 않아서 나의 모국으로 되돌아갈 것입니다. 그 일이 빠르면 빠를수록 더 좋습니다"라고 말하게 됩니다. 이 세상에 살고 있는 그리스도인 역시 마찬가지입니다. 그들은 땅의 질그릇들이 서로 싸우도록 내버려 둡니다. 그들의 정책은 그들 자신의 나라의 문제이므로 그들은 다른 어떤 정책에 관해서는 관심이 없습니다. 인간으로서 그들은 자유를 사랑하고, 최소한이나마 자유를 누리기를 원합니다. 그러나 영적인 면에서 볼 때, 그들은 영적인 분별력이 있는 사람들입니다. 시민으로서의 그들은 그들이 속해 있는 하나님의 나라에 관심이 있습니다. 그리고 그들은 자기들이 유배 생활하는 곳의 법률을 참고 견디며, 영광 중에 통치하시는 자, 만왕의 왕이요, 만주의 주께서 좀 더 은혜롭게 통치하시는 때가 도래하기를 기다립니다. 여러분의 힘이 미치는 데까지 모든 사람들과 평화를 유지하며 사시고, 여러분의 날과 세대에 이바지하십시오. 그러나 여러분의 영혼의 처소를 이 세상에 채우지 마십시오. 왜냐하면 이 세상의 모든 것이 심판의 날에 반드시 멸망될 것이기 때문입니다.

　　외국인으로서 우리는 의무뿐 아니라 특권도 가지고 있다는 것을 기억합시다. 악의 권세자들이 우리를 그들의 군대에 끌어들일 수 없습니다. 우리는 사탄의 일을 하도록 강요당하지 않습니다. 이 세상의 왕은 자기의 신하들로 하여금 자기를 섬기게 합니다. 그러나 그는 외국인들을 징용하지 못합니다. 그는 자기의 군대를 향해 이런 악행이나 저런 비열한 임무를 명령합니다. 그러나 하나님의 자녀는 사탄의 모든 명령으로부터 제외되는 권리를 가지고 있습니다. 악한 처세술의 권위를 인정하는 사람들은 그 처세술에 얽매여 살아가도록 내버려 두십시오. 우리는 자유로우며, 공중 권세 잡은 자에게 속해 있지 않습니다. 저는 이 세상의 사람들이 우리가 반드시 체면을 유지해야 하고, 존경도 받아야 하며, 다른 사람들이 하는 대로 해야 하며, 조류에 따라 헤엄을 쳐야 하고, 군중과 더불어 움직여야 한다고 말한다는 사실을 압니다. 그러나 참된 신자는 그렇지 않습니다. 그는 "아니오, 내가 당신들의 행위와 습관에 젖을 것이라고 기대하지 마십시오. 나는 로마에 있습니다만, 로마인들이 하는 대로 하지는 않을 것입니다. 나는 외국인이라는 사실과 심지어 이 이국땅에서조차도 나는 외국인으로서의 권리를 가지고 있다는 사실을 여러분이 아시기 바랍니다. 나는 여러분의 싸움에 가담할 의무도 없으며, 여러분의 북소리에 맞춰 행군도 하지 않을 것입니다"라고 말합니다. 형제들이여, 우리는 그리스도의 군병들입니다. 우리는 그의 군대에 이름이 올라 있습니다. 이 세상에서 외국인인 우리는 악의 군대에 속박당해서는 안 됩니다. 세상의 임금들과 땅들이 그 하고 싶은 대로 하도록 내버려 두십시오. 우리는 자유롭습니다. 왜냐하면 그리스도가 여전히 우리의 주인이시기 때문입니다. 하나님께서 남겨 두신 7천명은 바알에게 무릎을 꿇지 아니할 것입니다. 오, 세상아, 너는 우리가 너의 신들을 섬기지도 아니하고, 네가 세운 우상에게 경배하지도 아니한다는 사실을 알기 바란다. 우리는 하나님의 종들이요, 사람들을 향해 얽매이는 자들이 되지 아니할 것입니다.

우리는 이 땅 국가의 징병으로부터 자유로운 자들이기 때문에 또한 우리는 이 세상 국가의 영광을 누리기에 적합한 자들이 아님을 반드시 기억해야 합니다. 저는 여러분이 그것은 특권이 아니라고 말할 것이라 생각합니다. 그러나 여러분이 똑바로 바라본다면, 그것은 큰 은혜임을 알게 될 것입니다. 뉴욕에 있는 영국 사람은 가시방석 같은 대동령의 자리에는 부적격한 사람입니다. 저는 그가 매사추세츠 주 혹은 그 어떤 다른 주의 주지사도 될 수 없다고 생각합니다. 실로 그는 어려움도 영예도 다 버려야 할 것입니다. 이와 같이 이 세상에 살고 있는 그리스도인도 이 세상의 영광스러움을 누리는 데에는 적합하지 않습니다. 세상이 칭찬의 박수를 보내고, 그리스도인을 향해 "잘했어!"라고 말할 때, 그 소리를 듣는다는 것은 아주 나쁜 징조입니다. 그는 자기의 위치에 관심을 쏟기 시작할 것이고, 불의한 자들이 그를 인정하게 될 때, 그는 이제껏 잘못한 것이 없었다고 생각하게 됩니다. 소크라테스는 "저기 저 악한 사람이 방금 나를 칭찬했는데, 내가 무슨 잘못을 저질렀지?"라고 말했다고 합니다. 그리스도인도 이렇게 말할 수 있습니다. "아무개가 나를 칭찬했는데 내가 무슨 잘못을 행했지? 왜냐하면 내가 옳게 행동했다면 그가 나를 칭찬하지 않았을 거란 말이야. 그는 선을 칭찬할 만한 사리분별력을 갖고 있지 않아. 그는 자기 입맛에 맞는 것에만 박수갈채를 보낼 수 있을 텐데…"

그리스도인들이여, 여러분은 결코 세상의 평가를 탐내어서는 안 됩니다. 이 세상을 사랑하는 것은 하나님을 사랑하는 것과 일치하지 않습니다. "누구든지 세상을 사랑하면 아버지의 사랑이 그 안에 있지 아니하다"(요일 2:15)고 했습니다. 세상의 미소를 세상의 위협처럼 조용히 무시하면서 처신하십시오. 인정을 받기보다 도리어 멸시받기를 더 좋아하시고, 그리스도의 십자가를 외국의 모든 보화보다 더 큰 재물로 여기십시오. 오! 창기와 같은 세상을 내가 좋아한다는 자가 된다는 것은 지독한 치욕입니다. 너 이세벨아! 머리를 꾸미고 얼굴에 화장을 한다한들 너는 우리의 친구가 아니요, 우리 또한 너의 공허한 사랑을 바라지도 아니할 것이다. 이 세상의 사람들이 우리들을 명예스러운 그들의 자리에 앉히려고 한다는 것은 미친 짓입니다. 왜냐하면 우리는 외국인이요, 다른 나라에 속한 시민이기 때문입니다.

　교황이 한 유명한 개신교 정치가에게 몇 개의 은잔을 선물로 보냈습니다. 그런데 그는 다음과 같은 회신과 함께 그 선물들을 되돌려 보냈습니다. "취리히의 시민들은 재판관으로 하여금 그들이 외국의 인사들로부터 선물을 받지 않겠다는 맹세를 일 년에 두 차례씩 하게 합니다. 그러므로 그 선물들을 되돌려 보냅니다." 그리스도인은 일 년에 두 차례 이상, 자기가 이 세상의 미소를 받아들이지 않겠으며 그 영광에 경의를 표하지 않겠다는 결의를 다져야 합니다. "그리스 사람들이 선물을 가지고 있을 때, 그들을 두려워하라"는 속담이 있습니다. 옛 트로이의 사람들처럼, 무기를 통해 정복을 당하지 않을지라도 선물에 속을 수 있습니다. 따라서 이 덧없는 시대의 장엄함과 영화로움을 단연코 끊어버리십시오. 어떤 교만한 추기경이 죽는 순간에 "세상의 헛된 화려함과 영광아, 나는 너를 미워하노라"고 말했다는 것입니다. 여러분은 살아 계실 때, 그런 말을 하시기 바랍니다. 허영의 도시의 허영들을 매매하지 말고 그 도시를 통과하십시오. "무엇을 사시겠소?"라는 그들의 물음에 답하여, "우리는 진리를 산다"라고 외치십시오. 순례자의 노래를 붙들고 그 노래를 항상 부르십시오.

> "영원한 것들을 나 추구하네,
> 　본성으로 보고 느끼는 것을
> 　천하게 찾는 자들의
> 　시야 저 너머에 있는
> 　행복을 추구하네.
> 　영광과 부와 일락

내게는 그런 것들이 없고
나 또한 바라지도 않네

땅 위에 있는 그 어떤 것도
나의 것이라 부르지 않으니
나는 세상이 모르는 이방인이네.
나는 세상의 모든 것 부럽지 않고
나는 세상의 모든 기쁨을 무시하며
보이지 않는 나라, 하늘에 있는 나라를
나 구하고 있다오."

더 나아가 외국인으로서 우리는 세상의 보화를 저장하지 아니합니다. 뉴욕의 환시세를 알고 있는 신사 여러분, 여러분은 미국의 화폐를 많이 저장하고 싶으십니까? 저는 그렇게 생각하지 않습니다. 주조 화폐 대신에 활개를 치고 있는 도장 찍힌 그 지폐를 저는 조금도 모으고 싶지 않습니다. 불이 그것들을 태워버릴지도 모릅니다. 그렇지 않으면 그것들은 점차로 닳아 떨어져 얼마 있지 않아 한 푼도 남지 않을 수도 있습니다. 대영제국에 속한 거래업자는, "아니 선생, 나는 외국인이요. 나는 이런 종이쪽지로 지급 받고 싶지 않아요. 그것들은 당신에게는 아주 좋겠지요. 당신 나라에서는 통용이 될 것이지만, 나의 재산은 영국에서 재산이 되어야 합니다. 왜냐하면 나는 곧 그곳에서 살기 위해 갈 것이기 때문입니다. 옛 영국 파운드화인 순금이어야 합니다. 이것 외에는 그 어떤 것도 나를 부요하게 할 수 없습니다"라고 말하게 되는 것입니다. 형제들이여, 우리도 역시 마찬가지입니다. 만약 우리가 외국인이라면, 이 세상의 보화는 종이쪽지와 같고 우리들의 평가로는 아무 가치가 없는 것들입니다. 우리는 우리의 보물을 하늘에 쌓아 두어야 합니다. "거기는 좀이나 동록이 해하지 못하며 도둑이 구멍을 뚫지도 못하고 도둑질도 못합니다"(마 6:20). 이 세상의 돈은 낙원에서는 통용이 되지 않습니다. 우리가 그 낙원의 복된 강가에 도달하게 될 때, 후회라는 것이 있을 수 있다면, 그때 우리는 우리 선조가 먼저 간 나라, 하늘 저편에 있는 영광스러운 그 나라에 좀 더 많은 보화를 쌓아둘 걸 하는 마음이 들게 될 것입니다. 여러분의 보화를 이 세상보다 훨씬 안전한 나라로 보내십시오. 사람 앞에서보다 하나님께 대하여 부요한 자가 되십시오.

어떤 목사님이 예배당을 짓기 위한 기부금을 모으기 위해 어떤 부자 상인을 찾아 갔더니 후하게도 50파운드를 내어 놓았습니다. 그 목사님은 그 부자의 기부금에 대해 기뻐하면서 집 밖으로 나오려던 참이었습니다. 그때 그 상인이 편지 한 통을 뜯어서 읽고는 "잠시 기다리십시오. 이 편지를 읽어보니 오늘 아침 제가 600파운드 가치의 배를 잃었습니다"라고 말했습니다. 그 가련한 목사님은 온 몸에 한기가 드는 듯했습니다. 왜냐하면 그는 그 다음 말이 "50파운드 수표를 되돌려 주십시오"일 것이라고 생각했기 때문입니다. 그런데 그런 말 대신에 "그 수표 잠시만 되돌려 주십시오"라고 하는 것이었습니다. 그리고는 펜을 집어들고 500파운드라고 기입한 수표를 그에게 주었습니다. 그리고 하는 말이 "제 돈이 너무 빨리 없어지고 있으니 이렇게 하는 것이 좋겠어요. 그 돈을 확실히 손에 넣기 위해서는 하나님의 은행에 넣어야겠어요"라고 말했다는 것입니다. 그 목사님이 그런 일을 겪고 몹시 놀라서 돌아갔으리라는 것은 여러분도 능히 짐작할 수 있을 것입니다. 그러나 진실로 이런 태도야말로 이 세상에서 외국인이요, 그 보물이 저 하늘 너머에 있는 사람이 반드시 취해야 할 태도입니다.

> "아름다운 나의 집, 나의 분깃이 있는
> 　영원한 나의 본향에
> 나의 보화, 나의 마음이 그곳에 있네.
> 나를 위한 나의 큰 형님
> 그곳에 계시고
> 천사들이 날 오라고 손짓을 하며
> 예수님도 날 오라고 명하신다네."

**2. 우리가 땅 위에서 외국인이지만,
우리는 천국의 시민이라는 사실을
상기하는 것은 우리의 위로입니다.**

우리가 천국의 시민이 된다는 것은 무슨 의미일까요? 먼저, 우리가 천국의 통치 아래 있다는 뜻입니다. 천국의 왕이신 그리스도께서 우리의 심령 속에서 통치하고 계십니다. 영광의 법들은 양심의 법들입니다. 우리가 드리는 매일의 기도는 "주의 뜻이 하늘에서 이루어진 것 같이, 땅에서도 이루어지이다" 입니다. 영광의 보좌에서 흘러나오는 선포를 우리들은 거저 받으며, 위대하신 왕의 법령들을 우리는 기꺼이 순종합니다. 우리는 그리스도에 대하여 율법 없는 자들이 아닙니다. 하나님의 성령이 죽을 우리의 육신 속에서 다스리시고, 은혜가 의로 말미암아 가득히 임하게 됩니다. 그래서 우리는 예수님의 쉬운 명에를 메게 되는 것입니다. 솔로몬이 그 황금 보좌에 앉은 것처럼, 하나님께서 왕으로 우리의 심령에 좌정하신다면, 이 얼마나 복된 일입니까! 우리도, 예수님도, 우리가 가진 모든 것도 다 하나님의 것입니다. 하나님께서는 대적의 방해를 받지 않으며 통치하십니다.

새 예루살렘의 시민으로서 우리는 천국의 영화를 공유합니다. 축복받은 성도들에게 속한 영광이 우리들의 것이기도 합니다. 왜냐하면 우리는 이미 하나님의 자녀요, 왕자가 되었고, 우리는 예수님의 의라는 흠 없는 옷을 입고 있으며, 우리는 천사들을 우리들의 수종자로 삼고 있고, 우리들에게는 성도들이 우리들의 동료이며, 그리스도가 우리들의 형님이요, 하나님이 우리들의 아버지이며, 우리들의 상급으로는 불멸의 면류관이 있기 때문입니다. 우리는 하늘의 시민권의 영화를 함께 누립니다. 왜냐하면 우리는 이미 그 이름들이 천국에 기록된 장자들의 총회와 교회에 들어왔기 때문입니다. "사랑하는 자들아 우리가 지금은 하나님의 자녀라 장래에 어떻게 될지는 아직 나타나지 아니하였으나 그가 나타나시면 우리가 그와 같을 줄을 아는 것은 그의 참모습 그대로 볼 것이기 때문이니"(요일 3:2)라고 하였습니다.

시민으로서 우리는 천국의 모든 소유에 대해서 공유의 권리를 가지고 있습니다. 우리가 이제 막 노래했던 그 광활한 평원은 우리들의 것입니다. 황금 거문고와 영광의 면류관이 우리들의 것이요, 진주 문들과 감람석(橄欖石 chrysolite) 벽이 우리들의 것이며, 촛불이나 태양빛이 필요 없는 그 성읍의 담청색 빛이 우리들의 것입니다. 생명수의 강과 사시사철 맺는 열두 가지 과일도 우리들의 소유입니다. 천국에 있는 것 치고 우리들의 소유가 아닌 것이 없습니다. 왜냐하면 우리의 시민권이 그곳에 있기 때문입니다. "지금 것이나 장래 것이나 다 너희의 것이요 너희는 그리스도의 것이요 그리스도는 하나님의 것"(고전 3:22-23)입니다.

이렇게 우리가 천국의 통치 아래에 있으며, 천국의 영화를 함께 누리고 그 소유를 함께 나눌 자들이지만, 우리는 현재에도 천국의 기쁨을 맛보고 있습니다.

천국에 있는 자들이 하나님께로 난 죄인들 ― 돌아온 탕자들 ― 을 인하여 기뻐할까요? 우리도 그렇게 합니다. 그들이 승리에 찬 은혜의 영광스러움을 찬송할까요? 우리도 똑같이 그렇게 합니다. 그들이 자기들의 면류관을 예수님의 발 아래 내어 드립니까? 우리가 가지고 있는 그와 같은 영화들을 우리 또한 그곳에서 내놓습니다. 그들은 예수님을 인하여 기뻐합니까? 우리 또한 그렇게 합니다. 그들은 주의 재림을 기다리면서 승리의 개가를 부르고 있습니까? 믿음으로 우리는 똑같이 승전가를 부릅니다. 그들은 오늘 밤 "어린 양은 … 합당하도다"(계 5:12)라고 노래하고 있습니까? 그들이 발성해 내는 영광스러운 그런 음률은 아니더라도, 우리 또한 전심으로 같은 가락을 노래하였습니다. 음유시인의 노래와 같이 화려하지는 못해도 진심어린 노래가 되기를 소원하고 있습니다. 이는 성령께서 우리들에게 우리가 가지고 있는 그 음악을 주셨고, 또 성령께서는 그들을 하나님의 보좌 앞에서 큰 소리로 찬미하게 하셨기 때문입니다. "우리의 시민권은 하늘에 있습니다."

성도 여러분, 우리가 천국의 시민이 된 그 결과로, 아니면 천국의 시민이 된 이유 때문이라고 해야 좋을지 모르겠습니다만, 어쨌든 우리의 이름이 천국 시민의 명부에 기록되어 있다는 사실을 안다는 것은 기뻐할 일입니다. 최후의 날 그 명부가 낭독될 때, 우리의 이름 역시 불리어지게 될 것입니다. 이는 바울과 베드로가 있는 곳, 다윗과 요나단이 있는 곳, 아브라함과 야곱이 있는 그곳에 우리 또한 나타나게 될 것이기 때문입니다. 우리는 그들과 함께 하나님의 계획 속에 세신 바 되었고, 그들과 함께 십자가의 공로를 힘입었으며, 그들과 함께 복받은 자들의 식탁에 영원토록 앉게 될 것입니다. 작은 자들과 큰 자들이 다 함께 시민이요, 같은 집에 속해 있습니다. 아기들과 성숙한 어른들이 같은 생명책에 기록되어 있으며, 죽음이나 지옥이 그 이름을 하나라도 지울 수 없습니다.

우리의 시민권은 하늘에 있습니다. 그런 생각을 확대해석할 시간이 없는 것이 아쉽습니다. 칼빈은 이 본문에 대해 다음과 같이 말했습니다. "이것은 많은 권고의 말씀의 풍성한 원천입니다. 누구든지 이 본문에서 풍성한 권고의 말씀을 끌어내기가 쉽습니다." 우리는 모두 다 칼빈과 같은 위대한 사람들일 수 없습니다. 그래서 우리의 보잘것없는 능력으로는 이 주제는 쉽사리 속속들이 규명할 수는 없으나, 이것은 심오한 기쁨이 가득한 주제입니다.

**3. 이제 우리는 세 번째 주제,
즉 우리의 시민권이 하늘에 있다는 사실을 다루어 보겠습니다.**

우리의 처신과 우리의 행위는 천국 시민으로서의 존엄성과 일치해야 합니다. 옛 로마인들 가운데에서는 어떤 비겁한 행동을 제안할 때는, 그 제안은 "나는 로마인이다"라는 사실을 완전히 거부하는 것으로 여겼습니다. 만약 우리가 영원한 도성의 시민이라는 것을 주장한다면, 그것은 모든 선한 일을 장려하는 강한 자극제가 되어야 합니다. 우리들의 삶이 우리의 시민권의 영광과 일치하도록 합시다. 천국에 있는 자들은 거룩합니다. 따라서 우리도 거룩해야 합니다. 우리의 시민권이 단순한 가식이 아니라면, 우리도 역시 거룩해야 하는 것입니다. 천국에 있는 자들은 행복합니다. 이와 같이 우리도 주를 인하여 기뻐해야 합니다. 천국에 있는 자들은 순종을 잘합니다. 우리도 역시 그래야 합니다. 하나님의 뜻의 가장 미미한 권고라도 우리는 따라야 합니다. 천국에 있는 자들은 활동적입니다. 우리도 역시 활동적이어야 하며, 주야로 하나님을 찬송하고 섬겨야 합니다. 천국에 있는 자들은 평화롭습니다. 우리도 역시 그리스도 안에서 안식을 발견하고, 지금도 평안 가운데 있어야 합니다. 천국에서는 그들이 그리스도의 얼굴을 보는 것을 기뻐합니다. 이렇게 우리도 항상 그리스도에 대해 묵상하고, 그의 아름다움을 연구하며, 그가 우리에게 가르쳐 주신 진리들을 탐구하고 싶어해야 합니다. 천국에는 사랑이 충만합니다. 이렇게 우리도 형제로서 서로서로 사랑해야 합니다. 천국에 있는 자들은 서로 간에 달콤한 영교를 나눕니다. 우리도 그렇게 해야 합니다. 우리는 비록 그 수가 많지만, 한 몸이요 각기 다른 지체들입니다. 보좌 앞에 있는 자들은 시기나 투쟁, 악의와 질투, 경쟁, 거짓, 노하는 것 등과는 전혀 상관이 없습니다. 우리 역시 그래야 합니다. 사실상 우리는 좋은 선조들이 물려준 이 땅의 풍습들과 관습들을 잘 지키며, 또 그렇게 하기를 힘써야 합니다. 그래서 영국 사람들이 파리에 있을 때에는 파리 사람들이 "저기 전형적인 영국 사람이 가고 있구나"라고 말할 수 있도록 해야 합니다. 이와 같이 이 세상 사람들이 우리를 향해 "저기 천국시민이 가고 있구나. 그는 우리와 함께 있고, 우리 가운데 있지만 우리에게 속한 자는 아니야"라고 말할 수 있어야 하는 것입니다. 우리의 말은 우리의 시민권이 어디에 있는지를 간파할 수 있게 해주어야 합니다. 우리의 신분이 무엇인지를 사람들에게 드러내지 않은 채, 어떤 집에 오랫동안 살아서는 안 됩니다.

저의 친구 중에 한 사람이 한때 미국에 건너간 적이 있었습니다. 제가 생각하기로는 그가 보스턴에 상륙했으리라 여겨집니다. 그는 아는 사람이 하나도 없었습니다만, 누군가가 그 해안에서 어떤 통을 떨어뜨렸을 때, 어떤 사람이 "거 조심하시오. 그러지 않다가는 일 그르치겠어요"라고 말하는 소리를 들었습니다. 그는 "당신, 에섹스(영국 남동부의 주) 사람인 것 같구려. 왜냐하면 그런 말은 에섹스 지방 외에는 사용하지 않는 속담이니까요. 어디 인사나 나눕시다"라고 말했습니다. 그리고 그들은 즉시 친구가 되었다는 것입니다. 이와 같이 우리의 말과 대화에는 참된 바탕의 울림이 있어야 합니다. 그래서 어떤 형제가 우리를 만날 때, "제가 알기로는 당신은 그리스도인이군요. 왜냐하면 그리스도인 이외에는 그 어떤 사람도 그렇게 말하거나 그렇게 행동하지 않으니까요"라고 말할 수 있어야 하는 것입니다. "당신도 나사렛 예수와 함께 있었도다. 당신 말소리가 당신을 나타낸다"라는 말을 들어야 할 것입니다.

우리의 성결은 일종의 조합원끼리의 우애와 같이 작용해야 합니다. 그래서 생소한 사람에게 성결하게 되는 방법을 알리는 것이지요. 물론 생소한 사람이라고 했을 때, 진짜 생소한 사람이 아니라 우리와 함께 살고 있는 우리 이웃의 시민이요, 또 믿음의 가정에 속한 자이기도 하겠지요. 사랑하는 성도 여러분! 우리가 어디에서 방황하고 있든지 간에 우리는 우리가 사랑하는 곳을 결코 잊어서는 안 됩니다. 지구의 반대편에 있는 오스트레일리아나 희망봉, 혹은 우리가 어디에서 떠돌이 생활을 하든지, 영국 사람의 눈은 반드시 이 아름다운 조국을 향해야 합니다. 이 나라는 많은 결점들이 있지만, 우리는 언제나 조국을 사랑해야 하는 것입니다. 마찬가지로 우리가 어디에 있든지 우리의 눈은 천국을 향하도록 합시다. 이 행복한 나라는 결점의 그림자로 오점이 있는 나라가 아닙니다. 우리는 이 나라를 계속 사랑하며, 또 점점 더 많이 사랑합니다. 또 우리의 유배생활이 끝나는 때가 오기만을 위해 기도하고 있습니다. 우리는 영원토록 거주하기 위해 믿음의 조상들이 앞서간 그곳에 들어가게 될 것입니다. 셴스톤(Shenstone)은 "우리의 고국 땅에 대해서 더 큰 사랑을 느끼게 하는 적절한 방법은 타국에서 얼마간 거주해 보는 일이다"라고 말했습니다. 우리는 "메섹에 머물며 게달의 장막 중에 머무는 것이 내게 화로다"(시 120:5)라고 외치며, 또 이에 덧붙여, "내게 비둘기 같이 날개가 있다면 날아가서 편히 쉬리로다"(시 55:6)라고 말할 것이라 확신합니다.

4. 본문은 "우리의 시민권이 하늘에 있는지라"고 되어 있는데,
저는 이 말씀을 "우리들의 사업이 하늘에 있다"라고도
읽을 수 있다고 생각합니다.

우리들은 땅 위에서 장사를 하고 있습니다. 그러나 우리의 장사가 대부분 천국을 상대로 하는 것입니다. 우리는 이 땅에서 하찮은 것들을 거래합니다. 그러나 우리의 금과 은은 하늘에 있습니다. 우리는 천국과 영교를 합니다. 어떻게 합니까? 우리의 거래는 묵상을 통해 천국을 상대로 합니다. 우리는 종종 우리 아버지 하나님을 생각하고 우리의 형님이신 그리스도를 생각합니다. 위로자 성령님으로 말미암아 우리는 무한한 기쁨 가운데 그 이름들이 천국에 기록된 장자들의 총회와 교회에 들어왔습니다. 성도 여러분, 우리가 그 축복된 나라와 거래를 할 때, 가끔씩 우리 속에서 그 나라에 대한 우리의 생각들이 소멸되어지지 않도록 하십시오. 내가 이해와 고찰의 배들을 황금이 가득한 오빌의 땅으로 보내고, 또 상대편이 갖가지 값비싼 것들을 가득 실어 보냈을 때, 나의 생각은 풍성하게 되었고 나의 영혼은 그 좋은 나라로 여행하고 싶은 소망을 가졌습니다. 어둡고 폭풍이 부는 너 사해 바다야, 나는 너를 지나 황금 가루가 가득한 하월라 땅에 이르고 싶구나. 그리스도인은 자기의 마음을 그 좋은 나라로부터 결코 오랫동안 멀어져 있게 하지 않을 것이라 생각합니다. 우리는 가끔씩 우리들의 찬송 속에서 천국과 거래하고 있다는 것을 여러분은 아십니까? 사람들은 우리들에게 외국에 주둔하고 있는 스위스 군내에 관한 이야기를 들려줍니다. 군악대가 연주할 수 없는 금지곡이 하나 있는데 이는 그 노래가 그들에게 고국의 산허리에 노니는 소 떼들의 목에 단 워낭소리를 연상시키기 때문이라고 합니다. 만약 그 사람들이 그 소리를 들으면, 그들은 반드시 탈영을 할 것입니다. 왜냐하면 그 사랑스러운 옛 노래가 그들의 눈앞에 나무로 된 스위스 산 중의 시골집과 소 떼들 및 웅장한 알프스의 초원을 연상케 합니다. 그래서 그들은 몹시 도망하고 싶어합니다. 우리의 찬송 중에도 우리로 하여금 본향을 그리워하게 하는 것을 멈출 수 없게 하는 찬송이 있습니다. 우리의 시인은 다음과 같이 노래했습니다.

> "기쁨에 충만하고, 환희에 찬 나의 영혼
>   더 이상 머물 수 없어라.
>   우리 주위에 굽이쳐 오는

　　요단 강의 파도를 뚫고
　　겁 없이 우리는 나아갑니다."

웨슬리는 다음과 같이 말하였습니다.

　　"이제 우리의 인도자를
　　볼 수 있으면 좋으련만!
　　오! 말씀이 주어진다면 좋으련만!
　　만군의 여호와여 강림하셔서
　　파도를 가르시고
　　우리 모두를 천국으로 인도하소서."

　저는 웨슬리의 이런 마음에 공감하고 있습니다. 기쁨으로 가득한 고상하고 거룩한 천상의 화음이 울려 퍼질 때, 천사들의 노래가 우리에게 내려와 우리들의 노랫소리와 함께 예수 그리스도로 말미암아 하나님의 보좌로 되돌아가는 것 같습니다.

　우리는 천국과 더불어 거래하고 있습니다. 저는 또한 그런 일이 묵상과 생각, 노래에 의해서 뿐 아니라, 소망과 사랑에 의해서 이루어지기를 바랍니다. 우리의 사랑은 그 나라에 대한 사랑입니다. 독일인들이 자기들의 선조의 땅에 대해서는 매우 진심어린 찬가를 부를 것입니다만, 독일인의 애국심을 가지고 영국을 예찬할 수는 없습니다. 영국 사람이 자기의 조국을 생각할 때, 그 심령에 우러나오는 따뜻한 감정을 독일인이 꺼버릴 수 없습니다. 스코틀랜드 사람 역시 그가 어디에 있든지 "갈색의 황무지와 잔솔의 숲이" 우거진 그 땅을 기억합니다. 아일랜드 사람도 어디에 가서 있든지 간에 여전히 첫째가는 바다의 보석, "아일랜드"를 생각합니다. 애국자들이 자기의 나라를 사랑하는 것은 옳은 일입니다. 우리의 사랑이 천국을 향해 맹렬하게 불타고 있습니까? 우리가 그것에 대해서는 충분히 말할 수 없다고 생각합니다. 이 점에 있어서는 정확합니다. 과장이 있을 수 없기 때문입니다. 우리가 에스골 골짜기에 대하여 이야기를 나눌 때, 우리의 입은 그곳의 과일 송이들을 맛보고 싶어 침이 흐릅니다. 이미 다윗처럼 우리는 그 성문 안에 있는 샘물을 마시고 싶은 갈증이 생깁니다. 우리는 그 땅의 좋은 곡식에 대해 허기를 느낍니다. 우리의 귀는 세상의 불협화음들과는 관계를 끊어 버리고 싶어합니다. 그래서 그들은 천국의 화음에 귀를 엽니다. 우리의 혀는 곡조가 아름다운 소네트를 몹시 부르고 싶어합니다. 이 노래는 천국에서 찬란한 빛을 발하고 있는 자들이 부르는 노래입니다. 그렇습니다. 우리는 천국을 사랑합니다. 이렇게 우리는 우리의 거래가 더 나은 나라를 상대로 하고 있음이 분명합니다.

형제들이여, 외국에 살고 있으면서 항상 자기 나라를 사랑하고 고국에서 보내오는 편지들을 받고 기뻐하는 사람들 같이, 우리들이 천국과 더불어 많은 영교를 나누게 되기를 바랍니다. 우리는 우리의 기도를 편지처럼 성부 하나님께 보냅니다. 우리는 그의 말씀인 이 축복된 책을 통해 해답을 받습니다. 여러분이 오스트레일리아인 정착 오두막에 들어가 보시면, 그곳에서 신문을 발견할 것입니다. 어디에서 온 신문이겠습니까? 프랑스 남부에서 온 정기 간행물이나 미국에서 온 잡지일까요? 아닙니다. 그것은 영국에서 온 신문입니다. 그의 노모의 필적이 보입니다. 노모가 그에게 보내준 신문일 것입니다. 또 한쪽 구석에는 영국 여왕의 얼굴이 찍힌 우표도 붙어 있습니다. 그는 그것을 좋아합니다. 비록 그것이 도자기를 만드는 작은 시골 마을에서 온 것이요, 그 속에 별다른 뉴스가 없다 해도 그는 그것을 타임스 지보다 더 좋아합니다. 이는 그 신문이 그가 살았던 마을에 관하여 말해주기 때문이며, 결과적으로 그의 영혼의 하프 가운데 특별한 줄을 팅겨주기 때문입니다. 천국에 내해서도 이와 같습니다. 이 책, 성경은 천국의 신문입니다. 그러므로 우리는 그것을 사랑해야 합니다. 전파되는 설교들은 머나먼 나라에서 오는 좋은 소식들입니다. 우리가 부르는 찬송은 우리가 성부 하나님께 현세에 누리고 있는 우리들의 행복에 대해 노래하는 악보입니다. 성부께서도 이 악보를 통해 우리들에 대한 끊임없는 사랑을 우리들의 영혼 속에 속삭이십니다. 이 모든 것들이 우리들에게 기쁨이 되며, 또 반드시 그래야 합니다. 왜냐하면 우리들의 거래는 천국을 상대로 하기 때문입니다. 또한 우리들이 아주 많은 것들을 본향에 보내게 되기를 바랍니다. 젊은 사람들이 광산에서 일하기 위해 집을 떠나 살 때, 집에 계시는 어머니를 생각합니다. 저는 그런 젊은이들을 한 번 만나보고 싶습니다. 그들은 "아버지께서 돌아가신 후, 어머니께서 우리들을 양육하시기 위해 갖은 고생을 다 하셨습니다. 우리를 이주시키기 위해 있는 돈, 없는 돈을 다 긁어 모으셨지요"라고 말합니다. 존과 톰은 똑같이 다음과 같이 생각합니다. '우리가 광산에서 제일 먼저 얻게 될 금은 고향에 게시는 어머니께 보내드리자.' 과연 그렇게 합니다. 여러분이 아주 많은 거금을 고향에 보내드리기를 바랍니다.

　사랑하는 성도 여러분, 우리는 이 세상에서 외국인이기 때문에, 우리의 보물들을 이곳에 쌓아 두지 않기를 바랍니다. 이 세상에서는 잃어버릴 염려가 있기 때문입니다. 그 보화를 꾸려서 우리가 할 수 있는 대로 즉시 우리들의 나라에 보내도록 합시다. 그렇게 하는 데에는 여러 가지 방법이 있습니다. 하나님은 많은 은행을 가지고 계십니다. 그 모든 은행들은 다 안전합니다. 우리는 오직 그의 교회를 섬기든지, 그리스도께서 자기 피로 사신 영혼들을 섬겨야 합니다. 가난한 자들을 돕고, 벌거벗은 자들을 입히며, 주린 자들에게 먹을 것을 주어야 합니다. 우리의 보물을 안전한 배에 실어 바다 건너편에 있는 나라로 보내야 하고, 그래서 우리는 하늘나라와의 거래를 지속해야 하는 것입니다.

5. 시간이 많이 지났습니다. 시간이 너무 빨리 가는 것 같습니다.
우리가 이 세상에서 외국인과 이방인처럼 살아야 하는
아주 큰 이유가 있습니다.

　그것은 그리스도께서 곧 임하시기 때문입니다. 초대교회는 이 사실을 결코 잊지 않았습니다. 그들은 승천하신 주님의 재림을 사모하고 열망하였습니다! 열두 지파처럼 그들은 주야로 메시야를 고대하였습니다. 그러나 교회는 이제 이런 소망에 대해 점점 지쳐가고 있습니다. 그리스도의 강림에 대해 거짓말로 이야기하는 거짓 선지자들이 많이 있었습니다. 그래서 교회는 그리스도께서 결코 오시지 않을 것이라 생각하고, 그리스도의 강림을 부인하기 시작했으며, 주께서 천국에서 재림하신다는 이 복된 교리를, 표면에 나타내지 않게 되었습니다. 저는 많은 거짓 선지자들이 우리들로 하여금 우리 주님의 참된 말씀을 의심하게 하려고 존재하여 왔다고는 생각하지 않습니다. 이런 실수가 빈번하게 일어나고 있다는 것은 근저에 진리가 있다는 것을 보여주는 것입니다. 여러분에게 병든 친구가 있는데, 의사는 그 친구가 오래 살 수 없다고 했다 합시다. 그는 반드시 죽는다는 것입니다. 여러분은 병원을 수차례 드나들면서 그 친구가 죽은 것은 아닐까 하는 생각을 하게 됩니다. 그러나 그는 아직도 여전히 살아 있습니다. 의사들의 빈번한 오진이 여러분의 친구가 조만간에 혹은 아주 빠른 시일 내에 죽지 않을 것이라는 사실을 증명하는 것은 아닙니다. 이와 같이 거짓 선지자들이 그리스도가 "여기 있다" 혹은 "저기 있다"라고 말했었지만, 아직까지 그리스도는 오시지 않았습니다. 그러나 그것이 그리스도께서 영광스러운 모습으로 결코 임하지 않을 것이라는 증거는 되지 못합니다.

여러분이 알다시피 저는 선지자가 아닙니다. 저는 1866년에는 무슨 일이 일어날지 모릅니다. 내가 분명히 아는 것은 금년 1862년에 마음을 쏟고 해야 할 일이 많다는 것만으로도 충분합니다. 저는 다니엘이나 에스겔의 묵시를 잘 모릅니다. 저는 다만 마태, 마가, 누가, 요한, 그리고 바울 서신 등에서 발견할 수 있는 쉬운 말씀만을 가르쳐도 족하다고 생각합니다. 아마겟돈 전쟁의 진기한 이야기와 다른 여러 가지 멋진 것들에 대한 논문을 통해서 많은 영혼들이 하나님께로 돌아왔다는 사실을 찾아볼 수 없습니다. 저는 예언하는 것이 아주 유익하다는 사실을 의심하지는 않습니다. 그러나 그 예언들이 설교자들과 출판업자들에게 유익한 만큼, 일반 청중들에게도 유익할 것인지 다소 의심스럽습니다. 종교적인 사람들 가운데서 어떤 교사들은 예언에 대하여 잘못된 설명을 하기도 했습니다. 그 잘못된 설명이 비종교적인 사람들 사이에서, 소설 및 공상소설 등에서 추구하고 있는 어떤 갈방을 해소시켜 수기도 한다고 생각합니다. 사람들은 미래에 대하여 몹시 알고 싶어합니다. 어떤 성직자들은 이런 타락한 취미에 맞추어 사람들에게 예언을 해주기도 하고 장차 무슨 일이 일어날 것인지 그들에게 알려 주기도 합니다.

저는 미래에 대해서 모릅니다. 또 주제넘게 알려고도 하지 않습니다. 그러나 이 말씀은 전합니다. 그리스도께서 임하실 것이라는 사실은 알고 있기 때문입니다. 왜냐하면 그리스도께서는 자신의 강림에 대해 성경에서 수없이 많이 말씀하고 있기 때문입니다. 바울 서신들은 그리스도의 강림에 대한 말씀으로 가득 차 있고, 베드로 서신도 역시 마찬가지이며, 요한의 편지들도 강림에 대한 내용으로 가득 차 있습니다. 성도들 중에서도 가장 훌륭했던 사람들은 이 강림의 소망 위에서 살았습니다. 에녹은 인자의 강림을 예언했습니다. 인자의 강림을 항상 예비하며, "속히 오시옵소서"라고 말하는 에녹과 같은 인물들이 또 있었습니다. 저는 오늘 밤 그 강림이 전천년인지 후천년인지 혹은 다른 어떤 것인지에 대해 논의함으로 문제를 일으키고 싶지 않습니다. 저로서는 "주께서 임하실 것이라"는 것만으로 족합니다. "생각하지 않은 때에 인자가 오리라"(마 24:44)고 했습니

다. 오늘 밤 우리가 이 자리에 있을 때 그가 오실지도 모릅니다. 도둑이 오지 않
으리라 생각할 때 집을 뚫고 오는 것 같이, 인자의 임함도 그러할 것입니다. 그
러므로 우리는 항상 깨어 있어야 합니다. 여러분이 가지고 있는 금과 은은 그가
강림하실 때 무가치하게 될 것입니다. 그가 임하실 때에는 여러분의 땅과 재산
들이 녹아 증발해 버릴 것입니다. 또 그때에 의로운 자들이 부요해질 것이요, 경
건한 자들이 크게 될 것이기 때문에 여러분의 보물을 이 세상에 쌓아 두지 마십
시오. 왜냐하면 그것은 없어지고 사라질 것이기 때문이며, 그리스도께서 언젠가
는 오실 것이기 때문입니다.

　　교회는 마치 그리스도께서 오늘 당장 임하실 것처럼, 항상 그러한 삶이 되
도록 하는 것이 좋다고 생각합니다. 그리스도께서 1866년 이전에는 오시지 않을
것이라고 생각하는 것처럼 교회가 그렇게 일하고 있다면, 그것은 잘못된 행동입
니다. 이는 그리스도께서 그 이전에 임하실 수도 있고 바로 이 순간에 임하실지
도 모르기 때문입니다. 그리스도께서 지금 임하실 것처럼, 교회가 항상 그렇게
살고, 주님의 목전에서 행하며, 기도하는 일에 깨어 있어야 합니다. 마지막 대접
재앙에 대하여 결코 신경 쓰지 마십시오. 향기로운 향으로 여러분의 대접을 채
우시고, 그것을 주님 앞에 내놓으십시오. 아마겟돈에 관해서는 여러분이 좋아하
는 대로 생각하십시오. 그러나 믿음의 선한 싸움을 싸워야 한다는 것은 잊지 마
십시오. 적그리스도가 멸망당할 정확한 시대에 대해서는 추측하지 마시되, 나가
서 여러분이 친히 그 적그리스도를 물리치시고, 매일 그것에 대항하여 싸우십시
오. 그러나 인자의 강림을 고대하시며, 그의 강림을 재촉하십시오. 이것 ― 구세
주께서 곧 천국에서 강림하실 것이라는 것 ― 을 인하여 여러분이 위로를 받으
시고, 또 이것을 근면함의 자극제로 삼으시기 바랍니다.

　　이 세상에 대하여 외국인이신 여러분(이 세상에 대하여 참된 외국인이라 할
수 있는 사람들이 수없이 많아지기를 바랍니다), 여러분은 자신이 어떤 황량한
섬에 표류하고 있는 불쌍한 선원, 즉 배가 파선되어 건진 것이라고는 거의 없고,
손수 통나무 오두막집을 짓고, 고향을 그리워하는 것 이외에는 위로거리라고는
거의 없는 그런 선원과 같다고 느껴야 합니다. 매일 아침 그는 바다를 봅니다.
언제 그 섬을 빠져나갈 수 있을 것인지를 생각합니다. 배를 찾기 위해 그 넓은
대양을 살펴보는 동안 그는 수없이 손을 흔들고 손뼉을 쳤습니다. 그리고 실망
에 젖어 눈물을 흘리기도 했습니다. 매일 밤 그는 불꽃이 타오르게 불을 붙입니

다. 그리하면 배가 지나가다가 그 불쌍한 선원에게 구조대를 보낼 것이기 때문입니다. 아! 이런 삶이야말로 우리가 마땅히 살아야 할 그런 삶입니다.

매일 아침 일어날 때마다 창문을 열고 그리스도께서 임하셨는가를 보고자 한 어떤 성도에 관한 이야기를 우리는 들은 적이 있습니다. 그것은 광신적인 신앙일지 모르겠습니다만, 땅의 것들을 생각하는 것보다 이렇게 열정적인 것이 훨씬 더 낫겠습니다. 우리는 매일 밤 깨어 기도의 불을 밝혔으면 좋겠습니다. 이는 만일의 경우에 천국으로 가는 배들이 지나가다가 외국인이요 나그네인 우리들이 절실하게 필요로 하는 축복들을 우리들에게 줄 것이기 때문입니다. 주님의 호위함이 다가와 우리를 갑판 위에 올려놓고, 그래서 우리가 그리스도의 통치의 영광스러움과 화려함 속에 들어갈 때까지 참고 기다립시다. 이 통나무집을 항상 느슨하게 잡으시고, 우리의 소유가 있고 우리 하나님 아버지께서 살고 계시며, 우리의 보화가 있으며, 우리의 모든 형제들이 거하고 있는 그 좋은 나라에 이르게 될 때를 사모합시다. 우리의 시인은 이렇게 아주 잘 노래했습니다.

"복된 광경이 있나니,
　거칠고 폭풍이 있는 바다를 뚫고
　나 당신을 향해 나아가나이다."

사랑하는 성도 여러분, 제가 여러분을 천국에서 만나게 되리라는 생각은 제가 알고 있고 변함없는, 가장 즐거운 생각들 중의 한 가지라는 사실을 여러분에게 보장할 수 있습니다. 여러분 가운데 대다수가 본 교회의 교인이십니다. 그런데 저는 여러분 대부분의 교우들과 일 년에 한 번 정도 악수하기도 힘이 듭니다. 그러나 천국에서는 그렇게 할 수 있는 시간이 충분히 많이 있을 것입니다. 여러분은 여러분의 목사를 지금 여러분이 알고 있는 것보다 천국에서는 훨씬 더 잘 알게 될 것입니다. 저는 현재 여러분을 사랑하고 있고, 여러분도 저를 사랑합니다. 우리는 그때에는 하나님의 은혜에 대한 체험을 재음미하고, 함께 하나님을 찬양하고, 노래하고 주님에 대해 함께 기뻐할 수 있는 시간이 많을 것입니다. 이는 우리가 그의 도움을 받아 심어지고, 씨 뿌려지고, 또 그로 말미암아 자라났기 때문입니다.

"나는 소망합니다.
　날과 해가 지나서
　우리 모두 천국에서 만나기를,
　마침내 우리 모두
　천국에서 만나기를,
　우리 모두 천국에서 만나기를."

　그러나 우리가 모두 영광 중에 만나지는 못할 것입니다. 모두는 아닐 것입니다. 여러분이 회개하지 않으면 만나지 못할 것입니다. 여러분 중에 어떤 사람들이 그리스도를 믿지 않는다면, 그들은 반드시 멸망을 당할 것입니다. 그러나 왜 나뉘어져야 한다는 말입니까? 오! 어찌해서 모두 천국에 있게 되는 것은 아니란 말입니까? "주 예수 그리스도를 믿으십시오. 그리하면 구원을 얻을 것입니다." "믿고 세례를 받는 사람은 구원을 얻을 것이요 믿지 않는 사람은 정죄를 받을 것입니다"(막 16:16). 죄인들이여 그리스도를 신뢰하십시오. 그러면 천국은 여러분과 저의 것입니다. 우리는 영원토록 안전합니다. 아멘.

제
13
장

—

오늘을 위한 표어: "굳게 서라"

—

"그러나 우리의 시민권은 하늘에 있는지라 거기로부터 구원
하는 자 곧 주 예수 그리스도를 기다리노니 그는 만물을 자
기에게 복종하게 하실 수 있는 자의 역사로 우리의 낮은 몸
을 자기 영광의 몸의 형체와 같이 변하게 하시리라. 그러므
로 나의 사랑하고 사모하는 형제들, 나의 기쁨이요 면류관
인 사랑하는 자들아 이와 같이 주 안에 서라" — 빌 3:20-21;
4:1

하나님의 말씀의 모든 교리는 실제적인 의미를 가지고 있습니다. 나무가 각
기 그 종류대로 씨를 맺듯이 하나님의 모든 진리도 실제적인 효능을 발휘합니
다. 그래서 여러분은 사도 바울이 "그러므로"라는 말을 아주 많이 사용하고 있음
을 알 수 있을 것입니다. 그의 "그러므로"는 하나님의 진리의 어떤 진술로부터
끌어낸 결론들입니다. 저는 그 탁월한 성경 번역자들이 이유가 거의 없다고 생
각되는 부분에서 새로운 장(章)을 만들어 냄으로써 본 내용의 논지와 그 결론을
서로 나누어 놓은 까닭이 무엇인지를 잘 모르겠습니다.

지난 주일 저는 확실하고도 분명한 우리 주 예수님의 부활에 관하여 여러분
에게 말씀드렸습니다. 그 진리 속에는 어떤 실제적인 힘이 깃들어 있는데, 그것
이 바로, "그의 부활의 권능"의 일부라고 생각합니다. 주님이 부활하셨고, 또 확
실하게 재림하실 것이며, 재림 시에 자기 백성의 육신들을 일으키실 것이기 때

문에, 우리는 기다릴 만하며, 또 그것을 기다리면서 경고해야 할 이유가 되는 것입니다. 우리는 우리의 주요 구세주이신 예수 그리스도께서, 하늘로부터 강림하시기를 고대하고 있습니다. "그는 우리의 낮은 몸을 자기 영광의 몸의 형체와 같이 변하게 하실 것입니다." 그러므로 우리는 이러한 영광을 우리들에게 확실하게 가져다줄 그 위치에 굳게 서 있도록 합시다. 우리의 대장께서 오셔서 파수꾼을 쉬도록 풀어 놓으실 때까지 우리는 우리의 처소를 지킵시다. 그 영광스러운 부활이 우리가 주님을 위한 전투에서 겪어야 하는 그 모든 수고와 고통에 대해, 우리들에게 풍성하게 보답해 줄 것입니다. 나타날 영광이 지금도 우리들의 길에 빛을 던져주며 우리들의 심령에 햇빛이 비치게 합니다. 이런 복된 것에 대한 소망이 우리로 하여금 주 안에서, 그리고 주의 능력 안에서, 강한 자가 되게 합니다.

바울은 자기가 애써서 천국의 소망을 불붙게 해준 자들이 그리스도의 강림 때까지 신실하게 보존되기를 충심으로 갈망했습니다. 그는 그들 중 어떤 사람이 뒤돌아서서 주님을 배반하는 자로 나타날까 두려워 떨었습니다. 그는 자기가 얻었다고 생각한 것을, 그들이 믿음을 저버림으로 인해 잃어버릴까 두려워했습니다. 그래서 그는 그들에게 "(굳게) 서라"고 간청하고 있는 것입니다. 그는 1장 6절 말씀에서 그들 속에 착한 일을 시작하신 이가 이루실 줄을 확신한다고 했습니다. 그러나 그는 자기의 애끓는 사랑으로 인해 "나의 사랑하고 사모하는 형제들아 … 주 안에 (굳게) 서라"고 그들에게 권고하게 되었던 것입니다. 그런 권고들에 의해 궁극적 견인이 촉진되고 확보됩니다.

바울은 용감하게 싸웠습니다. 빌립보 회심자들의 경우에 있어서 그는 승리를 획득했다고 믿고 있습니다. 그는 승리를 잃어버릴까 두려워하고 있습니다. 그는 저에게 대영제국의 영웅, 곧 퀘벡 고지에서 치명적인 상처를 입었던 울프 (James Wolfe)의 죽음을 연상케 합니다. 적군이 도망가고 있던 그 순간, 적들이 달려가고 있다는 사실을 알았을 때, 미소가 그의 얼굴에 번졌고, 그는 "나를 일으켜 세워라. 나의 용감한 병사들이 내가 쓰러진 것을 보지 못하게 하라. 승리는 우리의 것이다. 계속해서 싸워라"고 외쳤던 것입니다. 그의 유일한 염원은 승리를 확실하게 확보하는 것이었습니다. 전사들은 이렇게 죽어갔고, 바울도 그런 식으로 살았습니다. 그의 영혼은, "우리는 승리를 얻었다. 계속 싸워라"라고 부르짖는 것 같습니다. 오, 사랑하는 성도 여러분, 저는 여러분 중에 많은 분들이

"주 안에" 있다고 믿습니다. 그러나 저는 여러분이 "주 안에 굳게 서기"를 간청합니다. 또한 여러분의 처지에서 여러분은 승리를 얻었을 것입니다만, 계속해서 싸우십시오. 오늘 아침 제가 여러분에게 말씀드려야 하는 모든 내용 중에 핵심이 있습니다. 성령 하나님께서 그것을 여러분의 심령 위에 기록해 주시기를 기원합니다! 지금까지는 모든 것을 다 잘해오셨습니다만, 저는 여러분이 유다의 명령 "하나님의 사랑 안에서 자신을 지키라"(유 1:21)는 명령에 순종하시고, 홀로 우리를 타락에서 지켜 보호하실 수 있고 우리를 흠 없이 큰 기쁨 가운데 하나님의 보좌 앞에 내놓게 하실 수 있는 주님을 저와 함께 찬미하게 되기를 여러분에게 간청합니다. 주님께 영광이 세세토록 있기를 기도합니다. 아멘.

여러분의 생각을 살펴보면서, 저는 다음의 순서에 따라 말씀을 상고할까 합니다.

첫째로, 제가 이 본문을 볼 때는, 사도는 이 빌립보 교인들이 올바른 위치에 있다는 것을 알고 있었던 것 같습니다. 즉, 그들이 "주 안에" 있었고, 사도는 그들에게 주 안에 "굳게 서라"고 명령할 수 있을 정도의 그런 위치에 있었던 것입니다. 둘째로, 그는 그들이 자기들의 올바른 위치를 유지하게 되기를 사모했습니다. "나의 사랑하고 사모하는 형제들아, … 주 안에 (굳게) 서라"고 했습니다. 그리고 그 다음에 셋째로, 그는 그들이 그 위치를 지켜야 할 가장 좋은 동기들에 대해 역설했습니다. 이 동기들은 본문 말씀 3장 20-21절 두 절 가운데 나타나 있는데, 좀 더 상세하게 다루겠습니다.

1. 바울은 그의 사랑하는 회심자들이 올바른 위치에 있다는 것을 알았습니다.

우리가 시작을 잘해야 한다는 것은 참으로 중요한 일입니다. 시작이 전부는 아닙니다만, 대단히 큰 몫을 차지합니다. 옛 속담에 "시작이 반이다"라는 말이 있습니다. 그것은 하나님의 일에 있어서도 확실히 그러합니다. 좁은 문으로 들어가는 것이 절대적으로 중요합니다. 다시 말해서, 올바른 지점에서 천국 여행을 출발한다는 것이 아주 중요하다는 말입니다. 신앙을 고백한 자들 가운데 많은 사람들이 미끄러지고 실족하고 배교하는 것은 그들의 시작이 옳지 않았다는 사실에 기인한다고 확신합니다. 그 기초가 모래 위에 있었기 때문입니다. 집이 마침내 무너졌을 때, 그것은 이미 예상된 일이었을 것입니다. 기초에 틈이 있으면 반드시 그 건물에도 금이 가기 마련입니다. 여러분은 좋은 기초 위에 있도록 삼가 힘쓰십시오. 회개하는 그 자체를 회개할 필요가 있는 회개는 차라리 하지 않는 것이 더 낫고, 거짓된 믿음을 갖는 것보다는 믿음을 갖지 않는 것이 더 나으며, 거짓된 신앙 고백을 하는 것보다는 신앙 고백을 안 하는 것이 더 낫습니다. 하나님께서 우리에게 은혜를 베푸셔서 우리가 경건의 초보를 배우는데 실수를 범하지 않게 되고, 또 그 외의 다른 많은 것들을 배우는 데에도 실책을 범하거나 오류를 더해가는 일이 없기를 기원합니다. 우리는 처음부터 은혜와 공로 사이의 차이점, 하나님의 계획과 인간의 의지 사이의 차이점, 하나님을 신뢰하는 것과 육체를 의지하는 것의 차이점을 배워서 알아야 합니다. 만약 우리가 올바르게 출발하지 못하면, 우리가 멀리 가면 갈수록 우리는 바라던 목표와는 더 멀리 떨어져 있게 될 것이며, 우리 자신이 철저한 잘못 속에 더 깊이 빠져 있다는 것을 알게 될 것입니다. 그렇습니다. 우리의 새로운 출생과 우리의 첫 사랑은 틀림없는 진짜여야 한다는 것은 제일 중요한 일입니다.

그러나 우리가 올바르게 시작할 수 있는 유일한 위치는 "주 안에" 있는 것입니다. 이곳이야말로 우리가 안전하게 나아갈 수 있는 출발점입니다. 이곳은 필수적인 지점입니다. 그리스도인들이 교회 안에 있다는 것은 대단히 좋은 일입니다. 그러나 만약 여러분이 주 안에 있기 전에 교회 안에 있다면 여러분은 올바른 자리에 있는 것이 아닙니다. 거룩한 일에 참여하는 것은 좋은 일입니다. 그러나 만약 여러분이 주 안에 있기 전에 거룩한 일 가운데 있다면, 여러분은 그 일에 마음을 쏟지도 못할 것이요, 주께서 그 일을 열납하시지도 않을 것입니다. 여러분이 이 교회 혹은 저 교회 안에 있는 것은 본질적인 것이 아닙니다. 여러분이 "주 안에" 있는 것이 본질적인 문제입니다. 여러분이 주일학교 안에 있어야 하는 것이나 무슨 전도회나 선교회 등에 가입하는 것이 필수적인 것은 아닙니다. 여러분은 반드시 주 안에 있어야 합니다. 사도는 회심한 빌립보 성도들에 대해 기뻐하였습니다. 이는 그들이 주 안에 있다는 것을 그가 알고 있었기 때문입니다. 그들은 사도가 원했던 자리에 머물러 있었습니다. 그러므로 그는 "주 안에 굳게 서라"고 말하였던 것입니다.

어떤 것이 "주 안에" 있는 것일까요? 형제들이 우리가 회개와 믿음을 통해 주 예수께 피하고 그를 우리의 피난처와 은신처로 삼을 때, 우리는 참으로 그리고 분명하게 주 안에 있다고 할 수 있습니다. 여러분은 그러합니까? 여러분은 자아로부터 도망쳐 나왔습니까? 여러분은 주님만을 신뢰하고 있습니까? 여러분은 골고다에 나아오셔서 여러분의 구세주를 바라보셨습니까? 비둘기들이 바위틈에 그 보금자리를 짓듯이 여러분은 이와 같이 예수 안에 여러분의 안식처를 꾸미셨습니까? 죄 있는 영혼에게는 예수님의 상처 외에는 안식처가 없습니다. 여러분은 그곳에 가셨습니까? 여러분은 그의 안에 있습니까? 그렇다면 계속 그곳에 계십시오. 여러분은 결코 더 나은 피난처를 얻지 못할 것입니다. 사실상 다른 피난처란 없습니다. 천하 인간에 구원을 얻을 만한 다른 이름이 우리에게 주어진 바가 없습니다. 여러분이 그곳에 있지 않다면, 저는 여러분에게 주 안에 굳게 서 있으라고 말씀드릴 수가 없습니다. 따라서 저의 첫 번째 질문은 이렇습니다. 여러분은 그리스도 안에 있습니까? 그리스도가 여러분이 유일하게 신뢰하는 분이십니까? 그의 생애, 그의 죽음, 그리고 그의 부활 사건 속에서 여러분은 여러분의 소망의 근거들을 발견하십니까? 그리스도 자신이 여러분의 구원의 전부이며, 소망의 전부입니까? 만약 그렇다면 주 안에 굳게 서십시오.

다음에, 그리스도를 피난처로 삼아 그리스도께 피신한 이 사람들이 이제는 그들의 일상생활에서 그리스도 안에 있는 자들이 되었습니다. 그들은 그리스도께서 하신 말씀, "내 안에 거하라"는 발씀을 늘었습니다. 그러므로 그들은 매일 그리스도로 인하여 즐거워하고, 그를 의지하며 그에게 순종하고 그의 모범된 삶을 닮으려고 열심을 내는 삶을 살았습니다. 그들은 그리스도인들이었습니다. 다시 말해서, 그들은 그리스도라는 이름이 붙은 사람들이었습니다. 그들은 그리스도의 죽음과 부활의 권능이 거룩하게 하는 능력과, 자기들의 죄를 죽이고, 자기들의 선행을 촉진시키는 권능이 있는지 그것을 깨닫고자 애쓰고 있었습니다. 그들은 자기들 속에 그리스도의 형상을 재현하기 위해 힘쓰고 있었습니다. 이는 이로 인하여 그들이 그리스도의 이름에 영광을 돌리게 하려 함이었습니다. 그들의 삶은 구세주의 영향권 안에서 이루어졌습니다. 사랑하는 성도 여러분, 여러분도 그러하십니까? 그렇다면 굳게 서십시오. 여러분은 그보다 고상한 귀감을 결코 발견할 수 없을 것입니다. 여러분은 결코 여러분의 주 그리스도 예수의 영보다 더 신령한 영에 잠기지 못할 것입니다. 우리가 먹든지 마시든지 무엇을 하든지 주 예수의 이름으로 모든 일을 합시다. 그리고 그 안에 삽시다.

더 나아가 이 빌립보 성도들은 자기들이 그리스도와 실제적이고 생명적 연합을 함으로써 그리스도 안에 있다는 사실을 깨달았습니다. 그들은 하나의 모델을 본받는 분리된 각 개체가 아니라 그리스도를 자기들의 머리로 삼고 있는 한 몸의 지체들이라고 느끼게 되었습니다. 그들은 살아 있고 사랑이 넘치고 지속적인 연합을 통해 그들의 언약의 머리 되시는 그리스도께 결속되었습니다. 그들은 “누가 우리를 그리스도의 사랑에서 끊으리요”(롬 8:35)라고 말할 수 있었습니다. 나뭇가지의 생명이 주로 그 줄기 속에 있는 것과 같이 여러분 속에 있는 생명이 일차적으로 그리스도 안에 있고, 또 계속해서 그리스도로부터 흘러나오고 있다는 것이 어떤 것인지 여러분은 알고 있습니까? 사도 바울은 “이제는 내가 사는 것이 아니요 오직 내 안에 그리스도께서 사시는 것이라”(갈 2:20)고 했습니다. 이것이 바로 그리스도 안에 있는 것입니다. 여러분은 이런 의미에서 그리스도 안에 있습니까? 저의 강경한 질문을 양해하시기 바랍니다. 만약 여러분이 저에게 긍정적인 답변을 하신다면, 저는 여러분에게 그의 안에 “굳게 서라”고 간청할 것입니다. 영적인 생명은 그의 안에서, 그리고 그의 안에서만 유지됩니다. 또 그리스도를 통해서만 영적인 생명을 받을 수 있습니다. 그리스도 안에 접붙임을 받는 것이 구원입니다. 그러나 그리스도 안에 거한다는 것은 그 구원을 충분히 누리는 것입니다. 그리스도와 참된 연합이 영생입니다. 그러므로 바울은 이 빌립보 사람들로 인하여 기뻐했습니다. 이는 그들이 한마음으로 주님께 연합했기 때문입니다.

　“그리스도 안에”라는 이 표현은 아주 짧은 표현이지만 충분합니다. 새들은 공기의 힘을 입어 공중에 떠오르고, 또 날아다닐 수 있는데 우리가 그리스도 안에 있다는 것은 그와 같은 의미가 아니겠습니까? 물고기가 바다에 있듯이 우리는 그리스도 안에 있습니까? 우리 주님은 우리의 일부가 되셨고, 우리 생명의 중추기관이요, 모든 주거환경이 되셨습니다. 우리는 그의 안에 살며, 기동하며 있습니다. 그는 우리 안에 계시고, 우리는 그의 안에 있습니다. 우리는 하나님의 충만하심으로 가득 차 있습니다. 이는 그리스도 안에 모든 충만이 있으며, 우리는 그리스도 안에 거하고 있기 때문입니다. 우리에게 있어서 그리스도는 전부입니다. 그는 만물 안에 계십니다. 그리고 그는 만물보다 귀하신 분이십니다. 우리에게 있어서 예수님은 가장 소중한 분이십니다. 그가 없이는 우리는 아무것도 할 수 없으며, 우리는 또한 아무것도 아닙니다. 이렇게 우리는 반드시 그의 안에 있어야 합니다. 만약 여러분이 이러한 위치에 이르렀다면, 그 안에 “굳게 서십시오.” 만약 여러분이 지존자의 장막의 은밀한 곳에 거하고 있다면, 전능자의 그늘 아래 거하십시오. 여러분은 그의 식탁에 앉아 그의 진미들을 맛보고 있습니까? 그렇다면 그 방문의 시간을 연장하시고, 떠나겠다는 생각은 하지도 마십시오. 여러분의 영혼 속에 이렇게 말하십시오.

> "여기에 나 안주하겠네.
> 다른 이들 오고 간다고 해도
> 이제는 더 이상
> 나는 나그네도 객도 아니라네
> 집 찾아온 아이와 같이."

예수님께서 여러분을 그의 푸른 초장으로 인도하셨습니까? 그렇다면 그 풀밭에 누우십시오. 더 이상 다른 곳으로 가지 마십시오. 왜냐하면 여러분은 이보다 더 나은 양식을 결코 얻을 수 없을 것이기 때문입니다. 밤이 아무리 길지라도 여러분의 주님과 함께 머무십시오. 왜냐하면 여러분은 그의 안에서만 아침의 소망을 가질 수 있기 때문입니다.

여러분은 이 사람들이 마땅히 있어야 할 자리 — 주 안에 있는 것 — 에 있었다는 사실을 알 수 있을 것입니다. 바로 이런 이유 때문에 사도 바울은 그들에 대하여 기뻐하였던 것입니다. 4장 1절을 읽어보시고 그가 얼마나 그들을 사랑하고 있는지, 또 그들에 대하여 얼마나 기뻐하고 있는지를 살펴보십시오. 그는 사랑한다는 말을 몇 번씩이나 사용하고 있습니다. 어떤 사람들의 말은 식초에 담근 것 같기도 합니다만, 바울의 말은 꿀에 적신 것 같습니다. 여기서 우리는 향기로운 말들을 대하게 됩니다. 더구나 그 말들은 어떤 의미를 담고 있습니다. 다시 말해서, 그의 사랑이 진실하고 열렬하다는 것입니다. 바울의 그런 심정이 본절 속에 대략적으로 기록되어 있습니다. "그러므로 나의 사랑하고 사모하는 형제들, 나의 기쁨이요 면류관인 사랑하는 자들아, 이와 같이 주 안에 서라." 그들이 그리스도 안에 있었기 때문에, 무엇보다 그들은 바울의 형제들이었습니다. 이것은 새로운 관계였습니다. 땅에 속한 관계가 아니요, 하늘에 속한 관계였습니다.

다소에서 온 이 유대인이 빌립보 사람들을 어떻게 알았을까요? 그들 중에 많은 이들이 이방인들이었습니다. 그는 그들을 개들이라고 부르며 할례받지 못한 자들이라고 멸시한 적이 있었습니다. 그러나 이제 그는 "나의 형제들"이라고 말합니다. 불행하게도 그 말이 요즈음에는 아주 진부해졌습니다. 우리는 형제 우애의 사랑을 특별하게 많이 가지고 있지 않으면서, 형제들에 대해 이야기를 나눕니다. 그러나 참된 형제들은 아주 이타적이고, 칭찬할 만한 사랑을 상호간에 나눕니다. 이와 같이 진실한 그리스도인들 사이에는 부인하지도 않고 과장하지도 않고 잊어버리지도 아니하는 형제애가 있습니다. 우리 주님께서는 "이런 이유 때문에 그들을 형제라 부르기를 부끄러워 아니하신다"고 했습니다. 확실히 그들은 상호간에 형제라 부르는 것을 결코 부끄러워할 필요가 없습니다. 아무튼 바울은 그 간수, 자기 발에 차꼬를 채웠던 그 간수를 생각하고 있습니다. 그 간수의 가족도 생각하고 있습니다. 루디아와 다른 많은 사람들을 생각하고 있습니다. 사실상 그는 자기가 빌립보에서 모았던 그 무리 전체를 생각하고 있는 것입니다. 그는 사랑의 마음으로, 그들을 "나의 형제들"이라고 하면서 그들에게 문안하고 있습니다. 그들의 이름이 같은 생명책에 기록되어 있었을 것입니다. 이는 그들이 그리스도 안에 있었고, 그들이 하늘에 계신 유일하신 성부를 모셨기 때문입니다.

　　사도는 그들을 "나의 사랑하고 사모하는 형제들"이라고 부릅니다. 본 절은 거의 이 말로 시작해서 이 말로 끝납니다. 그 말을 반복한 것은 "나의 갑절로 사랑하는 자들"이라는 뜻입니다. 그러한 사랑은 그리스도의 모든 진실한 종들이 그리스도에 대한 믿음으로 말미암아 중생한 자들을 향하여 가지게 되는 사랑입니다. 오, 그렇습니다. 만약 여러분이 그리스도 안에 있으면, 그 사역자들이 반드시 여러분을 사랑합니다. 우리가 여러분을 그리스도께로 데려온 도구가 된 이상 우리들의 심령 속에 여러분을 향한 애정이 어찌 결핍될 수 있겠습니까? 우리는 위선적인 말투나 과장된 표현을 하지 않고 여러분을 "사랑하고 사모하는 자들"이라고 부릅니다.

　　사도는 그들을 자기의 "사모하는 자들", 즉 자기의 가장 보고 싶어했던 자들이라고 부릅니다. 그는 먼저 그들이 회심한 모습을 보고 싶어했습니다. 회심한 후에는 그들이 세례받는 모습을 보고 싶어했습니다. 그 다음에, 그는 그들이 그리스도인의 모든 은혜들을 드러내는 모습을 보고자 했습니다. 그가 그들 속에서 성결생활의 모습을 보았을 때, 그들을 방문하여 그들과 교제를 나누고 싶었던 것입니다. 그들의 끊임없는 친절 때문에 사도는 이제 그들과 함께 얼굴과 얼굴을 대하며 말하고 싶은 강한 욕망이 생겼습니다. 그는 그들을 사랑했고, 그들과의 교제를 사모했습니다. 이는 그들이 그리스도 안에 있었기 때문입니다. 이렇게 그는 그들을 자기가 사모했던 자들이라고 말합니다. 그들을 생각하고 또 그들을 방문할 소망 가운데 있는 것이 그의 기쁨이었습니다.

그 다음에 그는 "나의 기쁨이요 면류관"이라는 말을 덧붙이고 있습니다. 바울은 그들의 구원을 위해 수고하였습니다. 그가 그 복된 결과를 생각했을 때, 그는 자기가 당한 모든 일들에 대해 결코 후회하지 않았습니다. 이 고귀한 영혼들이 그의 상급이었기 때문에 그가 이방인들 가운데서 당한 모든 박해들을 진실로 가볍게 여겼습니다. 그는 비록 그리스도를 위하여 가련하게 갇힌 자가 되었지만, 그는 왕과 같이 위엄 있는 태도로 말합니다. 그들이 자기의 면류관이라는 것입니다. 그들은 그의 상급이었습니다. 또는 그의 생애를 통한 경주에 상급으로 부여된 면류관이었습니다.

헬라인들 중에서 이 면류관은 보통 승자의 이마에 씌워지는 화관이었습니다. 바울의 면류관은 결코 시들지 아니할 것입니다. 그는 마치 자기 이마에 시들지 아니하는 꽃들이 많이 꽂혀 있는 것처럼 느끼면서 본문 말씀을 기록하고 있습니다. 지금 그는 빌립보 성도들을 자기의 영광스러운 화관이라고 생각하고 있는 것입니다. 그들은 그의 기쁨이었고 면류관이었습니다. 그는, 영원토록 천국에서 복된 상태에 있는 그들을 바라보고, 또 자기가 그들을 그리스도께 인도함으로써 그들이 그 복된 자리에 이르게 하는데 기여했다는 것을 알게 되리라고 생각했을 것입니다.

오, 사랑하는 성도 여러분, 우리가 헛되이 달리지도 않았고, 무익하게 수고하지도 않았다는 것은 진실로 우리들의 가장 큰 기쁨입니다. "불 가운데서 급하게 끄집어 낸 나무토막" 같이 세상에서 들림을 받고 나온 여러분, 그래서 이제는 우리 주 예수 그리스도를 찬양하는 삶을 살고 계시는 여러분, 여러분은 우리의 상급이요, 우리의 면류관이며, 우리의 기쁨입니다.

이 회심자들이 바울에게 바로 그러한 존재였습니다. 이는 그들이 "그리스도 안에" 있었다는 단순한 이유 때문입니다. 그들의 시작도 좋았고, 또 그들은 마땅히 있어야 할 자리에 있었습니다. 그래서 바울은 그들을 인하여 기뻐했던 것입니다.

2. 그러나 둘째로, 이런 이유 때문에
그는 그들이 자기들의 위치를 유지하게 되기를 사모하였습니다.

그는 그들에게 굳게 서라고 간청했습니다. "그러므로 나의 사랑하고 사모하는 형제들아 … 주 안에 굳게 서라"고 했습니다. 믿음의 시작이 믿음의 전체는 아닙니다. 여러분은 경건의 총체가 하루 이틀 혹은 일주일 아니면 몇 달, 심지어 몇 년 동안의 경험 속에 담겨진다고 생각해서는 안 됩니다. 회심에 수반되는 감정들은 고귀합니다. 그러나 회개, 믿음, 그리고 기타 등등 이런 것들은 순간적인 것이요, 그리고 나면 모든 것이 다 이루어진다고 생각하지 마십시오. 저는 "모든 것이 이제 끝났어요. 나는 필요한 변화를 다 체험했어요. 나는 장로님들과 목사님들도 만나 보았고, 세례도 받았으며, 교회에 가입하였으니 이제 모든 것이 영원히 좋아요"라고 은연중에 말하는 사람들이 있을까 염려됩니다. 그것은 여러분이 여러분의 상태를 잘못 본 것입니다. 회심할 때 여러분은 경주를 출발한 것입니다. 여러분은 코스를 끝까지 달려야 합니다. 여러분이 그리스도를 고백할 때, 여러분은 여러분의 농기구들을 포도원에 가지고 온 것입니다. 이제 일과가 시작됩니다. "끝까지 견디는 자는 구원을 얻으리라"(마 24:13)는 말씀을 기억하십시오. 경건은 필생의 과업입니다. 주께서 친히 여러분 속에서 역사하시는 구원의 과업은 어떤 시간에 한정된 문제도 아니요, 생의 제한된 기간의 문제도 아닙니다. 구원은 우리가 이 세상에 있는 동안 내내 계속 진행되는 것입니다. 우리는 계속적으로 회개하고 믿습니다. 심지어 우리 회심의 과정도 우리가 우리 주님의 형상으로 점점 바뀌어 가는 동안 계속됩니다. 궁극적 견인은 참된 회심을 나타내는데 반드시 필요한 증거입니다.

우리가 회심자들에 대해서 기뻐하는데 비례하여 어떤 자들이 우리를 실망시키고 단순히 일시적으로 따라다니는 사실이 드러날 때, 우리는 몹시 쓰라린 고통을 느끼게 됩니다. 싹은 속히 돋아나지만, 뿌리가 없거나 흙이 깊지 못해서 곧 시들어버리는 씨앗에 대해 우리는 한숨을 쉽니다. 우리는 "천국의 종이 울린다"는 말을 하려고 했지만, 천국의 종은 울리지 않았습니다. 이는 이 사람이 그리스도에 관해서 이야기했고, 그들이 그리스도 안에 있다고 말했지만, 그것은 모두 기만이었기 때문입니다. 잠시 후에 이런저런 이유로 그들은 되돌아갔습니다. "그들이 우리에게서 나갔으나 우리에게 속하지 아니하였나니, 만일 우리에게 속하였더라면 우리와 함께 거하였으려니와 그들이 나간 것은 다 우리에게 속하지 아니함을 나타내려 함이니라"(요일 2:19)고 했습니다. 자기들의 신분을 저버리고 세상으로 되돌아가거나 남이 모르는 혼자만의 길을 걸어 천국에 가는지 우리가 통 소식을 알 수 없는, 그런 사람들이 아주 많아서 우리들의 교회는 심각하게 고통을 당하고 있습니다. 우리의 기쁨은 실망으로 바뀌고 우리의 월계관은 시들어버린 잎사귀만 남은 고리에 불과하며, 또 그것을 기억할 때, 우리는 기진맥진해집니다. 그러므로 우리는 경주를 시작하시는 여러분을 향해 간절한 마음으로 이렇게 부탁합니다. "여러분의 코스를 계속 달리십시오. 상을 얻을 때까지 옆으로 치우치지 마시고 경주의 속도를 늦추지도 마십시오."

저는 어제 저를 몹시 기쁘게 하는 어떤 말을 들었습니다. 저는 무슨 일이든지 계속하는 것은 어렵다는 말을 했습니다. 그때 저의 친구가 "그래 맞아. 계속하는 것을 계속한다는 것은 더 어렵지"라고 대답했습니다. 과연 그렇습니다. 그 말 속에는 우리를 꼬집는 내용이 담겨 있습니다. 출발할 때는 놀랄 만한 그런 사람들을 저는 많이 알고 있습니다. 그들은 얼마나 급하게 돌진하는지요! 그런데 그들에게는 지구력이 없습니다. 그들은 곧 숨이 차서 헐떡거립니다. 가짜 그리스도인과 진짜 그리스도인의 차이점은 이 지구력을 통해 알 수 있습니다. 참된 그리스도인은 그 속에 결코 죽을 수 없는 생명, 살아 있고 항상 있는 씨앗을 가지고 있습니다. 그러나 가짜 그리스도인은 유행을 좇아 시작합니다만, 시작하자마자 곧 끝이 납니다. 그는 성도로 여김을 받습니다만 위선자임이 밝혀집니다. 그는 잠시 동안은 멋진 모습을 보입니다만, 곧 성결의 길을 버리고 자기 자신을 확실한 저줏거리가 되게 합니다. 사랑하는 교우들이여, 배교처럼 보이는 그런 것으로부터 하나님께서 여러분을 구원해 내시기를 바랍니다. 따라서 저는 전심으로 여러분에게 이 중요한 두 단어 "굳게 서라"는 말씀을 역설하고 싶습니다.

저는 이렇게 권고할 것입니다. "교리적으로 굳게 서라." 이 세대의 물 위에 떠 있는 모든 배들은 그들의 닻을 끌어 올리고 있습니다. 즉, 그 배들은 조수에 밀려 표류하고, 바람이 부는 대로 움직이고 있다는 말입니다. 여러분은 더 많은 닻을 내리는 것이 현명합니다. 저는 이물의 큰 닻이 제자리에 내려가 있는지를 살펴보았을 뿐 아니라, 고물로부터 네 개의 닻을 내려 예방 조치를 취했습니다. 저는 어떤 사람 때문에 그 옛 교리를 조금이라도 움직이지는 아니할 것입니다. 이제 큰 회오리바람이 세차게 불어와 수없이 많은 벽들이 넘어지고 울타리들이 휘청거립니다. 그 유일한 기초 위에 세워진 자들은 견고히 서 있음으로써 반드시 그 가치를 입증합니다. 우리는 주 예수님의 가르침 외에는 그 어떤 가르침이든지 그것에 귀를 기울이지 아니할 것입니다. 만약 여러분이 어떤 진리가 하나님의 말씀에 속한 것임을 알게 되면, 여러분의 믿음으로 그것을 꽉 잡으십시오. 만약 그것이 인기가 없는 것일지라도 쇠갈고리로 하듯이 그 진리를 여러분에게 꽉 걸어 고정시키십시오. 만약 여러분이 그것을 붙잡고 있다고 해서 바보처럼 멸시를 받는다면, 그것을 더 세게 잡으십시오. 참나무처럼 뿌리를 더 깊이 내리십시오. 이는 바람이 여러분을 여러분이 있는 곳으로부터 뽑아내려 하기 때문입니다. 비난과 비웃음을 무시하십시오. 그러면 여러분은 그것을 이미 정복하신 것입니다. 옛 시대의 대영제국의 강력한 진영처럼 굳게 서십시오. 맹렬한 공격이 그들에게 임했을 때, 모든 사람은 바위로 변하는 것 같았습니다. 좀 평화로운 시기에는 군대가 진군하는 것처럼, 사방에 자라고 있는 매혹적인 꽃들에 눈길을 돌리느라, 우리는 정 위치에서 다소 벗어나 거닐지도 모릅니다. 그러나 지금 우리는 적군이 우리를 둘러싸고 있음을 압니다. 우리는 엄격하게 행군대열을 지키며, 조금도 배회하지 아니합니다. 만군의 하나님께서 내리신 현대의 표어는 "굳게 서라"입니다. 성도들에게 일단 주어진 그 믿음을 붙잡으십시오. 건전한 말씀의 형식을 굳게 붙잡으시고 그곳에서 조금이라도 벗어나지 마십시오. 교리적으로 굳게 서십시오.

또한 실제적으로, 공의롭고 참되고 거룩한 가운데 굳게 거하십시오. 이것이 가장 중요합니다. 방벽(장벽)들이 부서져 버렸습니다. 사람들은 교회와 세상을 융합하려 합니다. 심지어 교회와 연극 무대를 융합하려 합니다. 하나님과 마귀를 한꺼번에 섬기려는 시도가 제안되고 있습니다. 그리스도와 벨리알을 한 무대 위에 올려놓으려는 것입니다. 확실히 지금은 사자가 소처럼 짚을 먹을 때입니다. 그것도 더러운 짚을 먹을 때입니다. 사람들은 그렇게 말합니다만, 저는 이런 말을 여러분에게 되풀이합니다. "너희는 그들 중에서 나와서 따로 있고 부정한 것을 만지지 말라"(고후 6:17). 여러분의 제단 위에 뿐 아니라 말방울에도 "여호와께 성결"이라고 쓰십시오. 모든 것을 살아 계신 하나님 앞에 하듯이 하십시오. 만사를 행하실 때, 성결과 덕을 세우기 위해 하십시오. 그리스도의 제자다운 순결을 유지하도록 힘쓰십시오. 십자가를 지고 그리스도의 치욕을 견디시면서 거짓 없는 태도로 나아가십시오. 주님을 위하겠다는 결정이 이미 여러분 나름대로 서 있다면, 그대로 그렇게 하십시오. 굳게 서십시오. 시대의 방종에 동요하지 마시고, 시대의 조류에도 영향을 받지 마시며, 스스로 이렇게 다짐하십시오. "그리스도께서 내게 명하시는 대로 나는 나의 능력껏 행하겠다. 어린 양이 어딜 가시든지, 나는 그를 따라가겠다." 그렇게 하면 세속과 불결함, 방종, 과실이 많은 이 세대 가운데서, 그리스도인은 자신의 옷자락을 여미게 되고, 자신의 발과 옷을 자기 주위에 온통 깔린 온갖 오염으로부터 깨끗이 지키게 됩니다. 우리는 이전보다 좀 더 청교도적이어야 하고 엄격해져야 합니다. 오, 은혜를 인하여 굳게 서기를 바랍니다.

또한 체험적으로 굳게 서도록 하십시오. 여러분의 내적인 체험을 통해서 여러분이 여러분의 주님께 밀접하게 붙어 있으십시오. 그의 앞을 떠나 길을 잃어버리는 일이 없도록 하십시오. 육체 가운데서 완전하겠다고 꿈꾸는 자들과 함께 위로 오르지 마시고, 현재 구원의 가능성을 의심하는 자들과 함께 엎드리지도 마십시오. 주 예수 그리스도를 여러분의 유일한 보화로 삼으시고, 여러분의 심령은 항상 주님과 함께 하도록 하십시오. 그의 속죄에 대한 믿음과, 그의 신성에 대한 믿음과, 그의 강림에 대한 확신 안에 굳게 서십시오. 저는 내 영혼 속에서 그의 부활의 권능을 알고 싶은 마음이 간절합니다. 그리고 또 주님과 끊어질 수 없는 교제를 하고 싶습니다. 성부 및 성자와의 영적인 교통 속에 굳게 서십시다. 그 심령과 영혼, 애정과 지성이 다른 어떤 사람에게서가 아니라, 그리스도 예수 안에 감싸인 바 된 자는 승리할 것입니다. 여러분의 내적인 생명, 여러분의 은밀한 기도, 하나님과의 동행 등에 관한 시대적 표어가 여기에 있습니다. "굳게 서라."

아주 분명하게 말씀드립니다만, 다른 어떤 것을 신뢰하려 하지 마시고, "주 안에 굳게 서십시오." 그리스도 안에 있는 소망 외에 그 어떤 다른 소망을 갖고 싶어하지 마십시오. 구세주를 믿는 여러분의 믿음에 또 다른 믿음을 결합해야 한다는 제안을 받아들이지 마십시오. 구세주를 믿는 죄인의 믿음 외에 또 다른 유형의 믿음을 갖고 싶어하지 마십시오. 복음 속에 있는 것으로 우리 앞에 제시되었고, 또 주 예수님으로 말미암아 우리에게 주어진 바 된 소망 이외의 다른 모든 소망은, 고상하고 화려한 것 같으나 독이 있으며, 하늘의 양식으로 양육된 자들은 결코 맛보아서는 아니 될 것들입니다. 우리는 예수님 이외에 더 이상 무엇이 필요합니까? 은혜의 길 이외에 우리가 어떤 구원의 길을 찾는다는 말입니까? 그리스도의 보혈 이외에 보장받을 것이 무엇이 있다는 말입니까? 굳게 서십시오. 주 예수님 이외에 그 어떤 다른 구원의 반석도 바라지 마십시오.

　　다음으로, 우리의 말을 주저하지 말고 신뢰하시고 견고히 서십시오. 여러분을 성가시게 하는 것이라 생각됩니다만 양해하십시오. 예수님만이 여러분을 구원하실 수 있다는 것을 아십시오. 더 나아가 예수님께서 여러분을 구원하셨다는 것을 아십시오. 여러분 자신을 그의 손에 맡기십시오. 그러면 여러분은 여러분의 구원을 여러분의 실존만큼이나 확신하게 됩니다. 예수 그리스도의 피가 오늘날 우리를 모든 죄로부터 깨끗하게 합니다. 그의 의가 우리를 감싸고, 그의 생명이 우리를 소생시켜 새로운 생명감에 잠기게 합니다. 의혹이나 불신이나 의심 등을 허용하지 마십시오. 그리스도를 철저히 믿으십시오. 저로서는 예수님이 저를 구원하시지 않는다면, 영원히 망하고 말 것입니다. 제게는 또 다른 대책이나 제2의 희망의 문, 혹은 물러설 길도 없습니다. 저는 주님의 진리 때문에 수없이 많은 위험을 감당할 수 있었습니다. 그러나 조금도 위험스럽다고 느끼지는 않았습니다. 또 다른 것을 신뢰하고 싶어하지 마시고, 또 여러분이 가진 신뢰에서 흔들리지 마시고 굳게 서십시오.

　　더 나아가 죄 가운데 빠져 방황하지 말고 굳게 서십시오. 여러분은 이리저리 유혹을 받고 있습니다. 굳게 서십시오. 내적인 정욕들이 일어나고 있습니다. 육체의 욕망들이 고개를 쳐듭니다. 마귀는 그런 욕망들을 무서울 만큼 세차게 유발시킵니다. 여러분 가정의 식구들이 여러분을 유혹합니다. 굳게 서십시오. 그리하면 여러분은 죄악의 격류로부터 보존을 받게 될 것입니다. 여러분의 주님의 모범과 그 정신을 밀접하게 따르시고, 모든 일을 행하고 난 후 고요하게 서십시오.

　　방황하지 말고 굳게 서라는 말씀을 드렸습니다만, 다음에 지치지 말고 굳게 서라는 말씀을 드려야 하겠습니다. 여러분은 약간 지쳐 있습니다. 과도히 신경 쓰지 마시고 다소 쉬시면서 다시 가다듬으십시오. 여러분은 "오, 이 수고는 너무 단조로워요"라고 말할 것입니다. 그것을 좀 더 잘하십시오. 그러면 그것이 바뀌게 될 것입니다. 여러분의 구세주께서는 이런 불평을 하지 않으시고, 그 생애를 사셨고 수고도 하셨습니다. 이는 열정이 그를 삼켜 버렸기 때문입니다. 여러분은 "아! 나는 결과를 알 수 없습니다"라고 부르짖습니다. 개의치 마십시오. 농부가 그 고귀한 땅의 소산들을 기다리듯이 결과를 기다리십시오. "오, 목사님 나는 꾸준히 노력합니다만, 진전이 없어요." 염려하지 마십시오. 여러분은 여러분 자신에 대해서 평가를 잘 못합니다. 계속 노력하십시오. 이는 여러분이 피곤치 아니하면, 때가 되어 거두게 될 것이기 때문입니다. 인내를 이루십시오. 여러분에게 믿음의 역사와 사랑의 수고가 있다면, 소망의 인내를 더하심으로써 삼중주를 온전히 이루어야 한다는 것을 기억하십시오. 이 마지막의 것이 없어서는 안 됩니다. "견실하며 흔들리지 말고 항상 주의 일에 더욱 힘쓰는 자들이 되십시오. 이는 여러분의 수고가 주 안에서 헛되지 않은 줄 알기 때문입니다"(고전 15:58).

저는 크리스토퍼 렌 경(Sir Christopher Wren)을 기억하고 있습니다. 그는 자기의 화려한 건축물을 짓기 위한 장소를 마련하려고, 오래된 성 바울 성당 건물을 말끔히 치워버린 인물입니다. 그는 거대한 벽들을 무너뜨리기 위해 어쩔 수 없이 성벽 파괴용 대형 망치를 사용해야만 했습니다. 일꾼들은 계속해서 쳐서 부셨습니다. 거대한 힘이 그 벽에 밤낮으로 가해졌습니다. 그러나 그것은 그 옛 건조물에 조금도 영향을 주는 것 같지 않았습니다. 하지만 그 위대한 건축가는 자기가 어디쯤 와 있다는 것을 알고 있었습니다. 그는 그 일꾼들에게 하던 일을 계속하라고 명했습니다. 성벽을 부수는 망치가 그 암벽에 자꾸만 내리쳤습니다. 마침내 그 전체 덩어리는 붕괴되었고 따로따로 떨어지게 되었습니다. 마침내 매번 내리친 그 타격은 효력을 발휘하기 시작했던 것입니다. 한 번 칠 때 진동하는 것 같았고, 두 번 칠 때 진동이 왔고, 또 치니 눈에 보일 정도로 움직였으며, 그 다음에는 먼지를 흩날리며 무너졌습니다. 이 마지막에 내리친 타격들이 효력이 나타났습니다. 여러분은 그렇게 생각하십니까? 아닙니다. 그것은 처음 친 타격부터 마지막 내리친 것까지 모두 연합하여 이루어진 일이었습니다. 성벽 파괴용 대형 망치를 가지고 일을 계속하십시오. 저는 죽을 때까지 계속하기를 바라고 있습니다. 저는 죽을 것이고 그 일이 이루기까지 시간이 얼마나 걸릴지 모르겠습니다만, 그리스도 안에서 잠자는 것으로 만족할 것입니다. 왜냐하면 이 일이 결국은 성공할 것이라는 사실을 확실히 기대하고 있기 때문입니다. 제가 만약 개인적으로 희미하게나마 그 결과를 알 수 있다면, 저는 그 일에서 제가 할 몫을 다했다는 사실로 인해 기뻐할 것입니다. 주님, 주의 일을 주의 종들에게 나타내소서. 주의 영광이 우리들의 자녀들을 위해 보존되는 것으로 우리는 만족하겠습니다. 형제들이여, 계속되는 수고에도 굳게 서십시오. 이는 그 결과가 확실하기 때문입니다.

그런 점에 있어서 굳게 서 있을 뿐 아니라, 구부러지지 말고 굳게 서십시오.

목재가 다소 녹색일 때는 이리저리 구부러지기 쉽습니다. 영적인 날씨가 지금 푸른 나무에게 아주 나쁩니다. 미신에 축축하게 젖어 있는 날도 있고, 의심으로 인하여 바짝 마르는 날도 있습니다. 합리주의와 의식주의가 다 같이 활개치고 있습니다. 저는 여러분이 구부러지지 않기를 기도하고 있습니다. 똑바로 서십시오. 진리, 곧 온전한 진리를 고수하십시오. 진리 외에는 그 어떤 것에도 착념하지 마십시오. 이는 우리가 주님의 이름으로 "주 안에 굳게 서라"고 여러분에게 명하고 있기 때문입니다.

굳게 서십시오. 이는 반드시 그렇게 할 필요가 있기 때문입니다. 제가 종종 여러분에게 말씀드렸던, 그리고 지금도 여러분에게 눈물을 흘리며 말씀드리는 사람들 중에는 그리스도의 십자가의 원수 노릇을 하고 있는 사람들이 많이 있습니다.

바울은 그들에게 굳게 설 것을 촉구하고 있습니다. 이는 그 자신의 경우에 있어서도 영적인 삶은 일종의 투쟁이었기 때문입니다. 바울조차도 "내가 이미 얻었다 함도 아니요"라고 말했습니다. 그는 앞으로 좇아가고 있었습니다. 그는 성령의 능력을 힘입어 전력투구하고 있었습니다. 그는 푹신한 가죽 침상에 누워 천국에 이르게 되기를 기대하지 않았습니다. 그는 투쟁하고 있었고, 고뇌에 차 있었습니다. 사랑하는 여러분들이여, 여러분도 그와 같이 행해야 합니다. 바울, 그는 우리 모두에게 정말 훌륭한 견인의 귀감이 되었습니다. 아무것도 그를 견고함에서 유혹해 내지 못했습니다. 그는 "이것들 중에 그 어떤 것도 나를 움직이지 못한다. 나는 또한 나의 생명을 내게 귀한 것으로 여기지 아니한다"고 말했습니다. 그는 자기의 안식에 들어갔습니다. 이는 그의 주 하나님께서 그가 끝까지 굳게 서도록 도와주셨기 때문입니다. 이 사실을 좀 더 진지하게 전할 능력이 제게 없는 것이 아쉽습니다. 하지만 저의 마음은 그렇게 하려고 힘쓰고 있습니다. "나의 사랑하고 사모하는 형제들이여, 주 안에 굳게 서십시오."

3. 셋째로, 사도는 그들이 굳게 서야 할 지극히 좋은 동기들에 대해 역설하였습니다.

그는 "여러분의 시민권을 인하여 굳게 서라"고 합니다. 3장20절을 읽어 보십시오. "그러나 우리의 시민권은 하늘에 있는지라"고 했습니다. 현재 여러분이 고백하고 있는 그대로의 신분이라면, 즉 여러분이 그리스도 안에 있다면, 새 예루살렘의 시민들입니다. 사람들은 마땅히 자기들의 시민권에 따라 처신해야 합니다. 그리고 자기들의 성읍을 수치스럽게 해서는 안 됩니다. 옛날 아테네의 시민들은 자기들은 마땅히 용감해야 한다고 생각하였습니다. 크세르크세스(Xerxes) 왕이 "이 아테네인들은 왕들에 의해 통치를 받지 않고 있는데, 어떻게 그들이 싸울까?"라고 말했습니다. 그때 어떤 자가 "아니올시다. 왕들에 의해 통치를 받고 있는 것은 아니지만, 모든 사람은 법을 존중하고 각자는 자기 나라를 위하여 죽을 각오가 되어 있다고 합니다"라고 말했습니다. 크세르크세스는 법에 대한 그 같은 순종심과 존중심이 스파르타인들을 지배하고 있다는 것과, 또 이들이 스파르타에 속한 자들이기 때문에 모두 사자 같이 용감하다는 사실을 일찍이 알았어야 했습니다. 그는 레오니다스(Leonidas)와 그의 소수 군대에게 무기를 버리라는 전갈을 보냈습니다. "와서 그 무기들을 빼앗아 보시지"라는 용감한 응답이 되돌아왔습니다. 그 페르시아 왕에게는 자기 곁에 수없이 많은 군사가 있었습니다만, 레오니다스 곁에는 오직 300명의 스파르타인들밖에는 없었습니다. 그러나 그들은 그 길목을 지켰고, 그 동방의 군주는 그 길을 통과하기 위해서 수없이 많은 군사들을 희생시켜야 했습니다. 스파르타의 아들들은 그들의 위치를 버리기보다는 차라리 죽음을 택했습니다. 스파르타의 모든 시민들은 굳게 서야 한다고 느끼고 있었습니다. 항복하는 사람이 될 수 없다고 느꼈습니다.

저는 "두려움도 없고 비난도 개의치 않는 기사" 베이야드(Bayard: 중세의 용맹스러운 기사)의 정신을 좋아합니다. 그는 두려움을 모르는 사람이었습니다. 그는 마지막 전투에서 그의 등뼈가 부러졌을 때, 자기 주위에 둘러선 자들에게 이렇게 말했습니다. "나를 나무에 기대게 해다오. 그래서 내가 앉아서 원수들을 보면서 죽을 수 있도록 말이다." 그렇습니다. 만약 우리들의 등이 부러지고 우리가 더 이상 방패를 들 수 없고 검을 사용할 수 없다면, 우리는 마땅히 새 예루살렘의 시민으로서 우리들의 얼굴이 원수를 향하게 하고 죽어야 할 것입니다. 우리는 항복해서는 안 됩니다. 우리가 만약 그 위대하신 왕의 성읍에 속한 자라면 결코 항복해서는 안 됩니다. 순교자들이 우리를 향해 굳게 서라고 외치고 있습니다. 하늘나라에서 허다한 증인들이 그 보좌로부터 몸을 굽히고 우리에게 굳게 서라고 간청하고 있습니다. 빛을 발하고 있는 천군들이 우리를 향해 "굳게 서라"고 외치고 있습니다. 하나님과 진리와 성결을 위해 굳게 서십시오. 여러분의 면류관을 다른 사람이 취하지 못하게 하십시오.

　　바울이 역설한 그 다음의 논의는 그들의 조망에 대한 것이었습니다. "우리의 시민권은 하늘에 있는지라 거기로부터 구원하는 자 곧 주 예수 그리스도를 기다리노니"리고 했습니다. 형제들이어, 예수님은 다시 오십니다. 그는 지금 오시는 중입니다. 여러분은 믿기지 않을 것 같은 소식을 우리들에게서 들었습니다. 그러나 그 말씀은 진리입니다. 머지않아 확실하게 이루어질 것입니다. 주님은 진실로 다시 오십니다. 그는 죽기 위해 오겠다고 약속했었고 그는 자기의 약속을 지켰습니다. 그는 이제 다스리기 위하여 오시겠다고 약속하셨습니다. 그가 자기 백성과 만날 약속을 지키실 것이라고 확신합니다. 그는 오십니다. 믿음의 귀는 그의 병거 바퀴의 소리를 들을 수 있습니다. 섭리의 매 순간, 매 사건을 통해 그는 점점 가까이 오고 계십니다. 그가 오실 때 자지 않고 있는 종들은 복 됩니다. 또 의무의 자리를 떠나지 않고 방황하지 않는 자들도 복이 있습니다. 주께서 보실 때 충성스럽게 깨어 있는 자들과 또 그 마지막 날에 굳게 서 있는 자들은 복될 것입니다.

　　사랑하는 성도 여러분, 그는 심판자나 멸망케 하는 자로서가 아니라 구세주로서 우리들에게 오십니다. 우리는 구주이신 주 예수 그리스도를 기다리고 있습니다. 이제 우리가 그를 기다리고 있다면, "굳게 섭시다." 죄에 빠져서도 안 되고, 교회의 교제를 멀리해서도 안 되며, 진리를 떠나서도 안 되며, 경건 생활이 흐트러져서도 안 되고, 두 마리의 토끼를 좇는 그런 생활을 해서도 안 됩니다. 마음을 오로지 하나로 하여 굳게 섭시다. 그렇게 되면 주께서 오실 때에 우리는 "어서 오시옵소서. 환영합니다. 하나님의 아들이시여!"라고 말하게 될 것입니다.

　　가끔씩 저는 큰 위로를 받음으로 지루한 세월을 견디며 기다리고 있습니다. 언젠가 어떤 항구 밖에 배 한 척이 있었습니다. 풍랑이 심한 바다에서 그 배는 굉장히 흔들리고 있었습니다. 짙은 안개 때문에 구명보트와 빛이 전혀 보이지 않았습니다. 선장은 결코 배의 타륜을 떠나지 않았습니다. 그는 배가 항구로 나아갈 것을 명할 수 없었습니다. 수로 안내인이 오랫동안 그에게 올 수 없는 상태였습니다. 성급한 승객들은 선장에게 용기를 갖고 나아가자고 독촉했습니다. 그는 "아니오. 그렇게 큰 위험을 무릅쓰는 것이 저의 의무가 아닙니다. 수로 안내인이 지금 필요합니다. 내가 일주일 동안 기다려야 한다면 나는 그를 기다릴 것입니다"라고 말했습니다. 가장 참된 용기는 겁쟁이라고 놀릴 때, 그것을 참을 수 있는 용기입니다. 여러분이 짙은 안개 속에서 경적을 들을 수 없고 배가 나아가는데 수로 안내인이 없으며, 여러분의 배가 암초에 좌초할 형편이라면, 기다리는 것이 훨씬 더 현명합니다. 사리 분별력이 있는 그 선장은 자기의 때를 기다렸고, 마침내 그는 흉용하는 바다를 지나 수로 안내인의 배가 자기에게 다가오는 것을 보았습니다. 수로 안내인이 자기의 일을 시작했을 때, 그 선장의 안타까운 기다림은 끝이 났습니다. 교회는 그 배와 같습니다. 교회는 폭풍과 어둠 가운데서 앞뒤로 흔들리고 있습니다. 수로 안내인이 아직 오시지 않았습니다. 날씨는 매우 험악합니다. 어둠 주위에 드리워진 모든 것은 휘장처럼 걸려 있습니다. 그러나 예수님은 머지않아 물위로 걸어서 오실 것입니다. 그는 그 사모하던 항구로 우리를 데려가실 것입니다. 인내하며 기다립시다. 굳게 서십시오! 굳게 서십시오! 이는 예수님은 오시고, 그의 안에 우리의 참된 소망이 있기 때문입니다.

더 나아가 또 다른 동기가 있었습니다. 한 가지 기대가 있었습니다. "그가 우리의 낮은 몸을", 혹은 "우리의 비천한 몸을" "변하게 하시리라"고 했습니다. 사랑하는 교우들이여! 이 사실을 생각하십시오. 더 이상 두통이나 고민이 없습니다. 약함이나 실신하는 일도 더 이상 없을 것입니다. 더 이상 속으로 종양이나 폐병도 없을 것입니다. 오직 주께서 우리의 이 비천한 몸을 그의 영광스러운 몸과 같이 변하게 하실 것입니다. 우리의 신체는 현재 소멸해가는 본질로 이루어져 있습니다. 땅에서 났으니 흙에 속합니다. "우리는 흙이니 흙으로 돌아가야 합니다." 이 육신은 괴로워하며 고통을 당하고, 병에 걸리게 되며 죽습니다. 그러나 하나님의 축복을 받게 된 이 육신은 놀랍게 변할 것이며, 그렇게 되면 더 이상 죽음이나 슬픔이나 울부짖음이 없을 것이요, 더 이상 고통도 없게 될 것입니다. 이 몸의 타고난 욕구 때문에 슬프게도 죄를 짓는 성향을 갖고 있습니다. 이런 점에서 이 몸은 "낮은 몸"입니다. 앞으로는 계속 그렇지 않을 것입니다. 크나큰 변화가 일어나 이 몸을 괴악하고, 육욕적인 모든 것에서 구원해 낼 것입니다. 주님의 몸과 같이 순결해질 것입니다. 그리스도의 몸이 현재 어떠하든지 간에 우리도 그와 같이 될 것입니다. 여러분이 아시다시피 우리는 그것에 대해 지난 주일에 말씀을 나누었습니다. 그가 "나를 만져보라"고 하시는 말씀을 우리는 상고해 보았습니다. 그가 본질과 실체로 가졌던 그대로 우리도 역시 실체인 유형적 신체를 가지게 될 것입니다. 그의 몸과 같이 아름다움과 건강이 넘쳐날 것이요, 온전히 강하게 될 것입니다. 악에서 벗어날 특별한 면역성을 가지게 될 것이요, 선에 대하여는 특별한 적응력을 가지게 될 것입니다. 그와 같은 일이 저와 여러분에게 일어날 것입니다. 그러므로 굳게 섭시다. 영광과 영생을 바라보는 우리의 기대를 제멋대로 내버려 두지 맙시다. 무엇이라고요? 부활을 포기한다고요? 영광을 버린다고요? 부활의 주님을 닮기를 포기한다고요? 오, 하나님. 그와 같은 무서운 배교를 하지 않도록 우리를 지켜주소서! 그와 같은 크나큰 어리석음을 범하지 않도록 우리를 건져수소서! 전쟁의 날에 우리는 뒤놀아서지 않게 하소서! 이는 그렇게 하는 것이, 시들지 아니하는 생명의 면류관으로부터 우리의 등을 돌리는 것이 되기 때문입니다.

마지막으로, 사도는 우리들의 자원 때문에 우리들에게 굳게 설 것을 역설하고 있습니다. 누군가가, "어떻게 우리의 이 몸이 그리스도의 몸처럼 될 때까지 변형되고 변모될 수 있습니까?"라고 질문합니다. 저는 그 과정에 대해서는 여러분에게 그 어떤 것도 말씀드릴 수 없습니다. 세상의 종말을 알리는 나팔소리가 울려 퍼질 때, 그 모든 것은 눈 깜짝할 사이에 이루어질 것입니다. 그러나 저는 여러분에게 어떤 힘으로 그런 일이 이루어지는지 말씀드릴 수 있습니다. 전능하신 주께서 팔을 걷고서, "만물을 자기에게 복종하게 하실 수 있는 자의 역사로" 자기의 능력을 행하실 것입니다. 오, 성도 여러분, 우리는 굳게 설 수 있습니다. 이는 우리에게는 우리 뒤에 무한한 힘이 뒷받침하고 있기 때문입니다. 주님은 온 힘을 다하시며, 심지어 만물을 정복하시는 힘으로 우리와 함께 하십니다. 그 힘은 그의 원수들까지 복종시키실 것입니다. 어떤 원수는 너무 강해서 그리스도의 팔이 감당하지 못한다고 상상하지 마십시오. 만약 그가 만물을 자기에게 복종하게 하실 수 있다면, 그는 확실히 우리들로 하여금 모든 반대를 다 견디게 하실 수 있습니다. 그가 그 눈을 한번 슬쩍 돌리기만 해도, 모든 대적들을 시들게 하십니다. 아니면 그보다 더 나은 일도 일어날 것입니다. 그래서 그의 입술에서 한 마디 말이 떨어지면 그들이 친구로 변할 수도 있는 것입니다. 주님의 군대는 예비된 강한 군대입니다. 이 예비된 군대는 아직까지 완전히 소집된 적이 없습니다. 전장에 있는 우리는 단지 작은 부대로서 요새를 지키고 있습니다. 그러나 우리 주님은 그의 등 뒤에, 적의 요새를 공격할 천군만마를 거느리고 계십니다. 우리 구원의 대장께서 전선에 나타나실 때, 그는 자기의 하늘의 군대를 대동하실 것입니다. 우리의 과업은 그가 현장에 나타나실 때까지 파수를 보는 일입니다. 왜냐하면 그가 오실 때, 그의 무한한 자원이 행군대열에 투입될 것이기 때문입니다.

저는 웰링턴 장군(그는 워털루 전투에서 아주 침착했습니다)의 말을 좋아합니다. 어떤 장교가 "대장군 각하에게 내가 움직이도록 해달라고 전하게. 나는 나의 고지를 더 이상 고수할 수 없어. 나의 군사들은 숫자가 너무 줄었어"라는 전갈을 보내왔을 때, 그 장군은 "그에게 전하게. 그는 반드시 그 자리를 지켜야 돼. 오늘 모든 영국인은 그가 서 있는 자리에서 죽어야 한다. 죽지 않으려면 승리를 쟁취해야 한다"고 말했던 것입니다. 그 장교는 자기 위치를 고수하라는 명령을 받았고, 승전의 나팔이 울려 퍼질 때까지 자기 자리를 지켰습니다. 지금이 바로 그러한 때입니다.

사랑하는 성도 여러분, 우리는 원수들에게 항복하느니보다는 우리가 있는 자리에서 죽어야 합니다. 만약 예수님께서 지체하신다면, 우리는 우리가 맡은 자리를 떠나서는 안 됩니다. 웰링턴은 프로이센의 군대의 선두가 곧 보이게 될 것이요, 승리가 확실할 것임을 알았습니다. 이와 같이 우리는 믿음으로 우리 주님의 군대가 가까이 다가오고 있다는 것과, 그의 천사들이 열린 천국을 지나 빽빽한 대열로 날아오고 있음을 깨달을 수 있습니다. 공중은 그들로 가득 차게 될 것입니다. 저는 그들의 은 나팔 소리를 듣습니다. 보시오! 그가 구름을 타고 오십니다. 그가 오실 때 그는 맹렬한 전투 가운데 굳게 섰던 모든 지들에게 풍성하게 보상하실 것입니다. "요새를 지켜라. 주께서 오시는 중이다"라고 힘차게 노래합시다.

제
14
장

—

항상 기뻐하라

—

"주 안에서 항상 기뻐하라 내가 다시 말하노니 기뻐하라"
— 빌 4:4

기쁨 속에는 놀라운 치료의 능력이 들어 있습니다. 대부분의 약들은 쓴 맛이 납니다만, 모든 약들 중에서 가장 좋은 이 약은 맛이 달콤하고 심령에 위로를 주니다. 우리는 본문 말씀을 읽어 보는 가운데, 빌립보 교회의 두 자매 사이에 약간의 사소한 다툼이 있었다는 사실을 간파할 수 있습니다. 저는 우리가 그 다툼이 어떤 것이었는지 모른다는 사실이 기쁩니다. 저는 보통 우리가 그러한 과제들에 대해 알지 못한다는 사실에 대해 감사합니다. 그러나 그 불일치의 치료책으로서 사도는 "주 안에서 항상 기뻐하라"는 말을 하고 있습니다. 아주 행복한 사람들, 특히 주 안에서 행복한 사람들은 다른 사람들을 화나게 하거나, 또 자신이 화를 내는 그런 일이 별로 없습니다. 그들의 마음은 좀 더 고상한 것들로 가득 차 있기 때문에, 그들은 우리와 같이 불완전한 인생들 가운데서 자연히 일어나는 사소한 문제들에 의해 쉽사리 동요되지 않습니다. 주 안에서 기뻐하는 것은 모든 불화의 치료책입니다. 반드시 그렇습니다. 이 기쁨은 오직 영혼의 일치, 심령의 일치를 가져다주는 기쁨이요, 천국의 기쁨이 서려 있는 기쁨입니다. 그러므로 주 안에서 기뻐하는 것은 땅의 불화를 일소시킵니다.

더 나아가 형제들이여, 사도는 "주 안에서 항상 기뻐하라"고 말한 후, 주 안에서 기뻐하는 것은 이생의 갖가지 시련들에 대한 가장 좋은 대비책들 중 하나라는 의미를 나타내면서, 빌립보 성도들에게 아무것도 염려하지 말라고 명령했다는 사실을 주지하시기 바랍니다. 염려에 대한 치료책은 주 안에서 기뻐하는 것입니다. 그렇습니다, 나의 형제들이여, 주님이 여러분에게 그의 기쁨을 가득 채워 주신다면 여러분은 계속해서 초조해하지 않을 것이요, 나의 자매들이여, 여러분은 걱정으로 더 이상 자신을 지치게 할 필요가 없을 것입니다. 여러분의 하나님으로 만족하신다면, 아니 만족 그 이상으로, 주님으로 인한 기쁨이 흘러 넘친다면, 여러분은 스스로 "내 영혼아 네가 어찌하여 낙심하며 어찌하여 내 속에서 불안해 하는가 너는 하나님께 소망을 두라 그가 나타나 도우심으로 말미암아 내가 여전히 찬송하리로다"(시 42:5)라고 말하게 될 것입니다. 땅 위에 단 5분 동안이라도 안달하게 할 만한 가치가 있는 것이 도대체 무엇이 있겠습니까? 어떤 사람이 염려하는 하루를 보냄으로써 제왕의 관을 얻는다 할지라도, 그것 때문에 더 큰 염려를 불러일으킬 것을 생각한다면, 그것은 너무 비싼 대가인 것 같습니다. 그러므로 감사합시다. 주 안에서 기뻐합시다. 주 안에서 기뻐함으로써 우리가 이 땅에서 천국을 시작하는 것이 가장 지혜로운 일들 중의 하나라고 저는 생각합니다. 그렇게 하는 것이 가능하고, 그렇게 하는 것은 유익하며, 또 우리는 그렇게 하라는 명령을 받고 있습니다.

이제 본문, "주 안에서 항상 기뻐하라. 내가 다시 말하노니 기뻐하라"는 말씀을 살펴보겠습니다.

1. 우리가 지금 이 시간 첫째로 할 일은 이 기쁨의 은혜, 즉 우리에게 명하는 그 은혜에 대해 생각해 보는 일일 것입니다.

첫째로, 이것은 아주 즐거워할 일입니다. 우리가 섬기는 하나님은 얼마나 은혜로우신 분이신지요. 하나님께서 기쁨을 의무로 삼게 하시며, 우리를 향해 기뻐하라고 명하시지 않습니까? 그와 같은 명령에 우리는 즉시 순종해야 하지 않겠습니까? 그것은 우리가 행복하여야 한다는 뜻입니다. 그것은 우리가 즐거워해야 한다는 의미의 계율입니다. 즐거워하는 것 이상으로 감사해야 한다는 뜻이요, 또 감사하는 것 이상으로 기뻐해야 한다는 뜻입니다. 저는 "기뻐하라."(rejoice)는 이 단어가 프랑스어라고 생각합니다. 그것은 기쁨이라는 말일 뿐 아니라, 반복하는 기쁨, 다시 기뻐한다(re-joice)는 말입니다. 여러분은 보통 다시(re)라는 말이 어떤 일을 또다시 취해서 반복한다는 뜻이라는 것을 알고 있습니다.

우리는 기뻐해야 하고 그 다음에 또다시 기뻐해야(rejoice) 합니다. 우리는 기쁨을 재음미해야 합니다. 우리는 본 절에서 진미의 본질을 끄집어 낼 때까지, 그 구절을 우리의 입 안에서 음미해야 합니다. "다시 기뻐하십시오." 기쁨은 즐거운 일입니다. 성도 여러분, 아무리 행복해도 지나치지 않는 법입니다. 아니 여러분이 기쁨으로 충만하기 때문에 자신에게 무언가 잘못된 것이 아닌가 하고 생각하지 마십시오. 하나님의 지혜로운 말씀에, "그 길은 즐거운 길이요 그의 지름길은 다 평강이니라"(잠 3:17)라는 말씀을 여러분은 알고 있습니다. 그것이 주 안에서의 기쁨이라면, 아무리 많이 가진다해도 지나치지 않습니다. 파리는 꿀이나 혹은 달콤한 용액에 뛰어들어 빠져 죽습니다. 그러나 이 천국 용액인 기쁨은 여러분의 영혼을 익사시키지도 아니할 것이요, 여러분의 심령을 흥분시키지도 아니할 것입니다. 그것은 여러분에게 유익을 줄 것이요, 여러분의 생애의 모든 날 동안 해를 끼치지 아니할 것입니다. 하나님은 우리에게 해가 되는 일을 하라고 명령하신 적이 결코 없습니다. 그가 우리에게 기뻐하라고 명하실 때, 우리는 이것이 즐겁고 안전하다는 것을 확신할 수 있습니다. 자, 성도 여러분, 저는 지금 여러분에게 아주 즐거운 의무를 부과하고 있습니다. 바울이 성령의 가르침을 받고 있던 빌립보 성도들에게, "주 안에서 항상 기뻐하라. 내가 다시 말하노니 기뻐하라"고 말씀하셨듯이 저도 여러분에게 주님의 이름으로 이런 당부를 드리는 것입니다.

둘째로, 이것은 표현되어야 하는 의무입니다. "주 안에서 기뻐하십시오." 말을 하지 않고 조용히 기뻐하는 그런 기쁨이 있을 수 있습니다. 그러나 저는 오랫동안 말을 하지 않은 채 기뻐할 수 있다고는 생각하지 않습니다. 기뻐하십시오! 기뻐하십시오! 그 기쁨 자체를 표현하십시오! 그것은 어두운 방 안에 빛을 발하는 촛불과 같습니다. 여러분은 나팔을 울릴 필요도 없고 "이제 빛이 왔다"고 말할 필요도 없습니다. 그 촛불은 그 자신의 빛으로 자신을 선포합니다. 기쁨이 어떤 사람 속에 들어올 때, 그것은 그 사람의 눈 밖으로 빛을 내며, 그 사람의 얼굴에서 반짝입니다. 그 사람의 온 몸에는 잘 조율된 하프와 같이 줄이 질서 있게 조율되었음을 나타내는 그 무언가가 있게 됩니다. 기쁨, 그것은 골수를 새롭게 하고 혈관에 흐르는 피의 흐름을 소생시킵니다. 그것은 모든 점에서 건강한 것입니다. 그것은 말에 나타나는 것이요, 겉으로 표현되는 것입니다. 저는 주 안에서의 기쁨은 말로 표현되어야 한다고 생각합니다. 자매들이여, 주께서 여러분에게 고난을 보내실 때, 여러분은 일반적으로 큰 소리로 불평을 합니다. 사랑하는 나의 형제들이여, 주께서 여러분을 연단하실 때, 여러분은 보통 그 일에 대해 너무 급하게 말을 합니다. 도리어 주께서 여러분에게 그의 자비를 풍성하게 베푸실 때, 그 자비에 대하여 말씀하십시오. 그 일에 대하여 노래하십시오. 저는 어린 시절 이후 신문의 칼럼에서 영국의 사업에 번창하는 것에 관해 감사하거나 기뻐하는 글을 읽어 본 기억이 없습니다. 제가 처음 신문을 읽을 수 있었던 때부터, 굉장히 많은 세월이 흘러갔습니다만, 기나긴 세월 동안 모든 사람들에게 세상 형편이 좋아지고 있고 부유해지고 있다고 말한 그런 글은 읽어 본 적이 없는 것 같습니다. 그러나 사업이 조금이라도 침체되면, 농사와 다른 모든 것들의 이익에 악영향을 미치는 지극히 어려운 시기에 대해서는 애처로울 정도의 논설들이 얼마나 자주 실리곤 했는지 모릅니다. 오, 나의 사랑하는 성도 여러분, 제가 여러분을 알지 못하는 사람이었다면, 여러분이 불평하고 있는 소리를 듣고 저는 여러분이 모두 망했다고 생각했을 것입니다. 여러분의 경제 사정이 좋지 않을 때, 저는 그분들 중의 몇 사람을 알고 있었습니다. 지금은 아주 좋아졌습니다. 그런데 그것은 망한 사람들 치고는 잘되어 가고 있다는 것을 알아야 합니다. 어떤 사람들이 말한 대로 여러분은 모든 사람들이 파산하고 몰락의 길을 가고 있다고 생각할지 모르겠습니다. 그렇지 않습니다. 우리가 좀 더 나은 시기를 만날 때 우리 주님께 찬양을 돌리지 않는다면, 참으로 가련한 일입니다. 만약 우리가 당하고 있는 현재의 재난에 대하여 큰소리를 치고 열변을 토한다면, 어찌 우리는 하나님께서 이전에 우리들에게 베풀어 주셨던 축복들에 대해서는 감사함으로 큰 소리하거나 열변을 토할 수 없었을까요? 아마도 망각 속에 묻혀버린 자비가 하늘나라에 올라가 우리들에 대해 주님께 고소하고, 그래서 주님께서 우리들에게 슬픔을 보내셨을 것입니다. 참된 기쁨, 그것이 주 안에서의 기쁨일 때, 그것에 대해 표현하십시오. 침묵해서는 안 됩니다. 그 기쁨으로 인하여 주의 이름을 찬양해야 합니다.

셋째로, 이 기쁨의 복된 은혜는 전염성이 강합니다. 제가 생각하기에 참으로 행복한 사람, 은혜롭게 행복한 사람을 만난다는 것은 큰 특권입니다. 저의 마음은 이 순간 수년 전 자주 우리와 함께 하곤 했던 사랑하는 하나님의 사람을 회상하게 됩니다. 우리는 그분을 "드랜스필드의 나이 드신 아버지"라고 불렀습니다. 그 사람은 한 줄기 햇빛과 같은 사람이었습니다. 저는 그가 있는 자리에서는 결코 침울한 적이 없었습니다. 그를 보기만 해도 즐거웠습니다. 왜냐하면 그의 기쁨은 전적으로 그의 하나님 안에 있는 기쁨이었기 때문입니다. 수많은 세월을 보내신 노인이었습니다만 그의 나날이 행복에 찬 나날이었습니다. 항상 여러분에게 용기를 줄 수 있는 그런 말을 간직하고 있었습니다. 그는 끊임없이 우리가 다시 하나님을 찬양할 만한 어떤 새로운 은혜를 찾아내곤 했습니다. 오, 사랑하는 성도 여러분, 주 안에서 기뻐합시다. 그러면 우리는 다른 사람들을 기쁘게 할 수 있습니다. 슬픔에 찬 영혼은 가정에 우환을 가져옵니다. 항상 비참한 마음을 갖고 있는 사람에게는 그가 어디에 가든지 모든 새들의 노랫소리를 멈추게 할 것처럼 보입니다. 그러나 새들이 서로 입을 맞추어 노래하듯이, 또 아침에 한 마리의 새가 다른 모든 새들에게 생기를 주고 숲속을 온통 화음으로 울려 퍼지게 하듯이, "주 안에서 항상 기뻐하라. 내가 다시 말하노니 기뻐하라"는 본문의 명령에 순종하는 사람의 행복하고 즐거운 영혼도 그렇게 될 것입니다. 이 기쁨의 은혜는 전염성이 있습니다.

사랑하는 교우들이여, 넷째로, 주 안에서의 기쁨은 유익을 끼치는 영향력이 있습니다. 저는 꾸준하게 기뻐하는 영혼은 강력한 영향력을 가지고 있다고 확신합니다. 어린아이들이 행복한 사람의 태도에 의해 얼마나 많은 영향을 받는지 보십시오. 어떤 특별한 삶의 형식에서보다도 삶의 색깔 속에 더 귀한 것이 많이 내포되어 있습니다. 그 삶이 아주 가난한 자의 삶일 수도 있습니다만, 즐거워하는 영혼에 의해서는 그 가난도 금빛으로 찬란하게 도금되어 버립니다. 그 삶이 학식이 풍부하고 교육을 많이 받은 자의 삶일 수도 있습니다만, 만약 성결의 아름다움과 기쁨의 아름다움이 그 학식에 더해진다면, 아무도 그가 재미없고 지루한 "학식을 뽐내는 여류 문학가" 또는 "책벌레"라고 말하지는 아니할 것입니다. 오, 아닙니다. 거룩한 기쁨에는 매력이 있는 법입니다. 저는 우리가 그런 기쁨을 더 많이 가지게 되기를 바랍니다. 식초보다도 꿀에 잡히는 파리가 훨씬 더 많습니다. 슬픔에 잠긴 그리스도인들보다도 기뻐하는 그리스도인들에 의해 그리스도에게로 인도함을 받는 죄인들이 훨씬 더 많습니다. 우리가 살아 있는 한 주님께 노래합시다. 죄악으로 가득한 일락의 헛됨을 깨달은 지친 죄인은 스스로 "결국 이 그리스도인들의 기쁨에는 실제로 뭔가가 있는 게 틀림없어. 내가 가서 그것을 가질 수 있는 방법을 배워야 하겠다"라고 말할 것입니다. 그리고 그가 와서 여러분이 기뻐하는 얼굴 빛 속에서 그것을 보게 될 때, 하나님께서 그를 도와주셔서 그는 쉽사리 그것을 배우게 될 것이요, 그것을 결코 잊어버리지 아니할 것입니다. 사도는 "주 안에서 항상 기뻐하라"고 말합니다. 왜냐하면 기쁨은 가장 영향력이 있는 은혜요 모든 하나님의 자녀는 그것을 아주 많이 소유해야 하기 때문입니다.

사랑하는 성도 여러분, 저는 여러분에게 이 기뻐하는 것이 **명령**이라는 사실을 주지시키는 바입니다. 그것은 여러분의 선택의 문제가 아닙니다. 여러분 앞에 놓여 있는 그것은 여러분이 그것 없이 지낼 수도 있는, 갖고 싶은 그런 정도의 것이 아닙니다. 그것은 주 안에 있는 모든 자들에게 내리신 성령의 단호한 명령입니다. "주 안에서 항상 기뻐하라"고 하였습니다. 주 안에서 기뻐하는 것은 우리로 하나님을 닮게 하는 것이기 때문에 우리는 이 명령에 순종해야 합니다. 그는 기뻐하시는 하나님이십니다. 그가 사시는 환경은 무한한 기쁨이 있는 곳이요, 그는 자기 백성으로 하여금 기뻐하기를 원하십니다. 바알을 섬기는 자들이 칼과 단창으로 자기의 몸을 상하게 하도록 내버려 두시고, 그들이 원한다면 괴상한 소리를 지르더라도 내버려 두십니다. 그러나 여호와의 종들은 수염의 털끝도 상하게 해서는 안 됩니다. 심지어 여러분이 금식을 한다면, 여러분들의 머리에 기름을 바르고 그 얼굴을 씻어서 사람들에게 금식하고 있는 모습을 보이지 않도록 해야 합니다. 이는 기뻐하시는 하나님께서 기뻐하는 백성을 원하시기 때문입니다.

형제들이여, 여러분은 기뻐하라는 명령을 받고 있습니다. 이는 이것이 여러분에게 유익하기 때문입니다. 거룩한 기쁨이 여러분의 생애라는 기계의 수레바퀴에 기름을 쳐 줄 것입니다. 거룩한 기쁨은 여러분이 매일 하는 일에 힘을 더해 줄 것입니다. 거룩한 기쁨은 여러분을 아름답게 해줄 것입니다. 또 제가 이미 말씀드렸듯이 여러분은 다른 사람들의 삶에 대해서 영향력을 끼칠 것입니다. 무엇보다도 제가 주장하고 싶은 것은 우리가 주 안에서 기뻐하라는 명령을 받고 있다는 점입니다. 여러분이 복음을 말할 수 없다면, 여러분의 즐거운 삶을 통해 복음을 실천하십시오. 복음이란 무엇입니까? 큰 기쁨의 즐거운 소식입니다. 그것을 믿는 여러분은 그것이 여러분의 큰 기쁨의 즐거운 소식이 된다는 것을 여러분 자신에게 미치는 그 복음의 효과를 통해서 보여주어야 합니다. 하나님의 사람은 시련과 어려움과 고난을 받을 때 견디어 내며, 거룩한 묵종 가운데 인내로 감수하고 하나님 안에서 계속 기뻐하는 사람입니다. 이런 사람은 말로 표현될 수 있는 것보다 더 강한 호소력으로 복음을 전하는 참된 복음의 전파차라고 생각합니다. 그런 호소력은 이전에 다른 논증을 거부했을 사람들의 심령에 은밀하고도 고요하게 파고들어갈 것입니다. 본문에 귀를 기울이십시오. "주 안에서 항상 기뻐하라"는 이 말씀은 하나님으로부터 말미암은 명령이기 때문입니다.

저는 여기에서 잠시 멈추어서 본 교회의 교우 여러분 모두에게, 그리고 그리스도의 참된 지체인 여러분 모두에게, 이 명령을 전달해드리는 바입니다. 여러분은 주 안에서 항상 기뻐하라는 명령을 받고 있습니다. 여러분은 자리에 앉아 초조해하고 노를 발해서는 안 됩니다. 여러분은 불평을 하고 신음소리를 내어서도 안 됩니다. 슬퍼하고 있는 여러분, 여러분은 재 대신에 화관을, 슬퍼하는 대신에 희락의 기름을 바르라는 명령을 받고 있습니다. 이런 목적 때문에 여러분의 구세주께서 오셨고, 주의 성령이 이 목적을 위하여 구세주 위에 머물러 계신 것입니다. 이는 그가 여러분을 기뻐하게 하려 함입니다. 그러므로 여러분은 선지자와 더불어 "내가 여호와로 말미암아 크게 기뻐하며 내 영혼이 나의 하나님으로 말미암아 즐거워하리니 이는 그가 구원의 옷을 내게 입히시며 공의의 겉옷을 내게 더하심이 신랑이 사모를 쓰며 신부가 자기 보석으로 단장함 같게 하셨음이라"(사 61:10)고 노래하십시오.

2. 이제 둘째 대지를 생각해 보겠습니다. 간단히 말씀드리겠습니다. 여기에서 말씀하는 기쁨은 구별된 기쁨입니다.

"주 안에서 기뻐하라" 하였습니다. "주 안에서 기뻐하라"는 이 기쁨의 영역을 살펴보시기 바랍니다. 우리는 성경에서 자녀들은 "주 안에서" 그들의 부모에게 순종해야 한다는 내용을 읽을 수 있습니다. 우리는 남녀가 "주 안에서만" 결혼해야 된다는 내용도 읽습니다. 사랑하는 성도 여러분, 하나님의 자녀는 "주 안에서"라는 고리를 벗어나 밖으로 나가서는 안 됩니다. 여러분은 주 안에 있으며, 또 그곳에 있어야 합니다. 반드시 그곳에 있어야 합니다. 여러분이 그 고리 밖으로 나간다면, 참으로 기뻐할 수 없습니다. 그러므로 여러분이 "주 안에서" 할 수 없는 것은 아무것도 할 수 없습니다. 여러분은 주 안에 있는 기쁨이 아닌 기쁨을 찾으려고 하지 마십시오. 만약 여러분이 이 세상의 독이 든 쾌락들을 찾아 나선다면, 저주가 여러분에게 임할 것입니다. 죄로 가득한 것들을 결코 기뻐하지 마십시오. 이는 그런 모든 기쁨은 악하기 때문입니다. 그것으로부터 피하십시오.

그것은 여러분에게 아무 유익도 주지 못합니다. 여러분이 하나님과 함께 나눌 수 없는 그런 기쁨은 여러분을 위한 올바른 기쁨이 아닙니다. "주 안에서"라는 것이 여러분의 기쁨의 영역입니다.

그러나 저는 사도가 또한 하나님이 여러분의 기쁨의 큰 대상이 되어야 한다는 뜻으로 말했다고 생각합니다. "주 안에서 기뻐하십시오." 천국에 계신 사랑이 많으시고 온유하시고 변함이 없으신 하나님 아버지를 기뻐하십시오. 또한 여러분의 구속주요, 여러분의 맏형이요, 여러분의 영혼의 남편이시며, 여러분의 선지자, 제사장, 왕이신 성자 하나님을 기뻐하십시오. 뿐만 아니라 여러분을 소생케 하는 자요, 여러분의 위로자이며, 영원토록 여러분과 함께 거하실 성령님을 기뻐하십시오. 아브라함과 이삭과 야곱의 하나님, 한 분 하나님을 기뻐하십시오. "또 여호와를 기뻐하라. 그가 네 마음의 소원을 이루어 주시리로다"라는 말씀처럼 여호와를 기뻐하십시오. 여호와를 기뻐하는 이 기쁨은 아무리 많이 가져도 지나치지 않습니다. 이는 위대하신 여호와가 우리의 놀라운 기쁨이기 때문입니다. 여기에서의 "여호와"가 주 예수님을 뜻한다면, 저는 여러분이 주 예수님을 기뻐할 것을 권고하고 설득하고 명령하겠습니다. 그는 여러분과 같이 육신을 입으신 분이요, 여러분의 죄를 위해 죽으셨고, 여러분의 칭의를 위해 부활하셨고, 여러분의 승리를 보장하시기 위해 영광 가운데 들어가셨으며, 여러분을 위해 중보의 기도를 하시려고 하나님의 보좌 우편에 앉아 계시며, 여러분을 위해 온 세상을 다스리시고, 여러분을 자기의 영광 가운데 들어올리시고, 영원토록 자기와 함께 있게 하시려고, 그는 장차 곧 오실 것입니다. 주 예수님을 기뻐하십시오. 이것은 기쁨의 바다입니다. 이 기쁨의 바다의 가장 깊은 심연 속으로 뛰어드는 자들은 복됩니다.

성도 여러분, 때때로 여러분은 다른 어떤 것에 대해서는 기뻐할 수 없지만 주님에 대해서는 기뻐할 수 있습니다. 그렇다면 온전히 주님을 기뻐하십시오. 여러분의 일시적 번영에 대해 기뻐하지 마십시오. 왜냐하면 부(富)라는 것은 날개를 달고 날아가 버리기 때문입니다. 하나님의 사역을 감당하는 중에 여러분이 거둔 큰 성공에 대해서조차도 기뻐하지 마십시오. 70인의 제자들이 예수님께 돌아와 어떻게 했는지를 상기해 보십시오. 그들은 "주여, 주의 이름으로 귀신들도 우리에게 항복하더이다"라고 말했습니다. 그때 예수님은 "귀신들이 너희에게 항복하는 것으로 기뻐하지 말고 너희 이름이 하늘에 기록된 것을 기뻐하라"(눅

10:20)고 대답하셨습니다. 여러분의 특권도 기뻐하지 마십시오. 여러분이 이런 저런 특권이나, 혹은 어떤 의식을 특별히 좋아하여, 그것을 여러분의 삶의 큰 기쁨으로 삼지 마시고 하나님을 기뻐하십시오. 하나님은 변하지 않으십니다. 주께서 여러분의 기쁨이라면, 여러분의 기쁨은 결코 없어지지 아니할 것입니다. 다른 모든 것들은 잠시 동안만 있을 것입니다만, 하나님은 영원토록 계십니다. 하나님을 여러분의 기쁨으로, 기쁨의 전부로 삼으십시오. 그 다음에 이 기쁨이 여러분의 모든 생각을 흡수하게 하십시오. 이 기쁨 속에 잠기십시오. 하나님 안에 있는 이 무한한 환희의 바다에 뛰어드십시오.

3. 셋째로, 이 기쁨을 위하여 정해진 시간에 대해 생각해 보겠습니다.

"주 안에서 항상 기뻐하라"고 했습니다. "항상"이라고 했습니다. 그렇다면 그 시작은 지금 즉시입니다. 그러므로 우리는 지금 즉시 주 안에서 기뻐하기 시작합시다. 만약 여러분 중 어떤 분들이 신앙에 대해 침울한 견해를 가지고 계셨다면, 저는 여러분이 그 어두운 견해를 지금 즉시 내버릴 것을 간청합니다. "주 안에서 항상 기뻐하십시오." 그러므로 지금 주 안에서 기뻐하십시오. 제가 나이 어린 그리스도인으로서 예수 그리스도를 믿은 지 얼마 되지 않았을 당시, 저는 다소 의기소침한 신앙을 가지고 있었다고 생각됩니다. 주님께서 "나를 믿는 자는 영생을 가졌나니"라고 말씀하신 대로 나는 그를 믿어 영생을 가졌다고 생각했으며, 또 어떤 나이 많은 그리스도인에게 지극히 큰 기쁨과 즐거움과 열정을 가지고 그렇게 말하기도 했습니다. 그때 그는 저에게 "어림짐작이 아닌가 조심하라. 많은 사람들이 영생을 가지고 있다고 생각은 하지만 실제로는 가지고 있지 않아"라고 말했습니다. 그 말은 사실이었습니다. 그럼에도 불구하고 하나님의 약속을 믿기보다는 의심하는 무례함을 더 많이 범하는 것은 아닐까요? 이런 일들이 이러하다 저러하다고 하면서 지체하고 의심하는 큰 무례함을 범하고 있는 것은 아닐까요? 하나님이 말씀하시면 나의 감정과는 관계 없이 그 말씀은 진리입니다. 신자로서 하나님의 순수한 말씀을 받아들이고, 그것을 신뢰하는 것이 나의 의무입니다. 거래하는 일에서 계산을 하는 어떤 사람이 "우리는 수표를 현금같이 여긴다"라고 말했습니다. 보증 수표는 현금같이 여겨야 합니다. 하나님의 약속도 그것이 아직 성취되지는 않았지만, 축복 그 자체와 같습니다. 왜냐하면 하나님은 거짓말하실 수 없고, 그가 이행하지 않으실 것을 약속하실 수도 없기 때문입니다. 그러므로 기뻐하는 것을 두려워하지 말고, 만약 우리가 지금까지 참된 신앙에 대해 침울한 견해를 가졌었고 기뻐하는 것을 두려워했다면, 지금 즉시 기뻐하기를 시작합시다.

그렇다면 언제 우리가 기뻐해야 합니까? "주 안에서 항상 기뻐하라"고 했습니다. 다시 말해서, 여러분이 하나님 외에 그 어떤 것이나 그 어떤 사람에 대해 기뻐할 수 없을 때에라도 기뻐하라는 것입니다. 무화과나무가 무성치 못하며, 포도나무에 열매가 없으며, 우리에 가축이 없으며, 모든 것이 시들고 쇠하여 죽어가며, 조롱박 뿌리에 벌레가 먹어 그것이 죽어갈 때, 여호와를 인하여 기뻐하십시오. 낮이 어두워 저녁이 되고, 저녁은 밤중이 되며, 밤중은 칠흑같이 캄캄하고 무서운 공포에 싸이게 될 때, 여호와를 인하여 기뻐하십시오. 그 어둠이 밝아지지 않고 더 짙은 애굽의 밤같이 되며, 밤은 밤으로 이어지고 태양도 달도 별들도 나타나지 않을 때, 그때도 여전히 여호와로 인하여 기뻐하십시오. 이런 말씀을 하신 바울은 깊음의 심연 속에서 하루 밤과 하루 낮을 보내기도 했으며, 돌에 맞기도 했고, 거짓 형제들로부터 고난을 당하기도 했고, 생명의 위험 가운데 처하기도 했습니다. 이런 그가 매우 적절하게도 그의 입을 열어 우리들을 향해 "주 안에서 항상 기뻐하라"고 외치고 있습니다. 위험 속에서도 순교자들은 이 말씀을 이행하였고, 그들은 태우는 불꽃 가운데에서도 손뼉을 쳤던 것입니다. 그러므로 여러분이 그 어떤 다른 것을 인하여 기뻐할 수 없을 때에라도 주 안에서 기뻐하십시오.

그러나 또한 여러분이 기뻐할 만한 다른 것들을 가지고 있을 때에도 주 안에서 기뻐해야 한다는 사실을 잊지 마십시오. 주께서 여러분의 상에 좋은 것들을 잔뜩 차려놓아서 여러분의 잔이 축복으로 흘러넘칠 때, 그것들보다 주를 더 기뻐하십시오. 여러분의 목자이신 여호와께서 푸른 초장이나 잔잔한 물가보다 더 낫다는 사실을 잊지 말고, 푸른 초장이나 잔잔한 물가보다는 여호와로 인하여 더욱 기뻐하시기 바랍니다. 우리들이 좋아하는 것들을 가지고 결코 신들(gods)을 만들지 맙시다. 하나님께서 우리들에게 주신 것들을 하나님의 자리에 올려놓지 맙시다. 남편이 아내에게 보석을 주었다면, 아내는 자기에게 보석을 준 남편보다 그 보석을 더 사랑해야 되겠습니까? 그런 사랑이 있다면 그것은 악한 사랑이거나, 전혀 사랑이라고 할 수 없습니다. 그러므로 우리는 먼저 하나님을 사랑합시다. 날이 가장 밝을 때, 주께서 우리들에게 가지라고 허락하신 다른 기쁨들이 수없이 많을 때, 우리는 주 안에서 항상 기뻐합시다.

　“주 안에서 항상 기뻐하십시오.” 다시 말해서, 만약 여러분이 이전에는 기뻐하지 않았다면, 이제는 즉시 기뻐하기를 시작하라는 말입니다. 또 여러분이 오랫동안 기뻐해 오셨다면, 그 기쁨을 계속 간직하라는 말이기도 합니다. 만사가 아주 형통할 때, 저는 “이런 성공에는 방해거리가 있을 거야, 있을 것이라고 나는 생각해. 일들이 이렇게 항상 기분 좋게 계속될 리가 없어”라고 말한 적이 있었습니다. 그런 때가 가끔씩 있었다고 생각합니다.

> “큰 폭풍우가 머리 위에
> 　불어닥치는 것보다
> 　믿을 수 없는 고요함을
> 　나는 더 두려워한다네.”

　사람들은 어떤 악한 것이 올 것이라고 염려함으로써 자기의 기쁨을 쉽사리 망쳐버립니다. 이제 이 말씀 “그는 흉한 소문을 두려워하지 아니함이여 여호와를 의뢰하고 그의 마음을 굳게 정하였도다”(시 112:7)라는 말씀에 귀를 기울이십시오. “주 안에서 항상 기뻐하십시오.” 근심거리를 예상하지 마십시오. “한 날의 괴로움은 그 날로 족하니라”(마 5:34)고 했습니다. 하나님께서 여러분에게 제공하시는 좋은 것들을 취하시고, 그것을 인해 기뻐하실 뿐 아니라 그것을 주시는 하나님을 인하여 기뻐하십시오. 그렇게 되면 여러분은 두려움이 없이 그것을 누리게 될 것입니다. 왜냐하면 하나님의 손에서 취하여 먹는 이 음식에는 좋은 소금이 가미되어 있기 때문입니다.

　“주 안에서 항상 기뻐하라.” 다시 말해서, 여러분이 사람들과 교제를 나눌 때, 그 때에도 주 안에서 기뻐하라는 말입니다. 여러분들이 기뻐하는 것을 다른 사람들이 보는 것을 부끄러워하지 마십시오. 여러분이 혼자 있을 때에도 주 안에서 기뻐하십시오. 여러분 중의 어떤 분들에게는 일요일 밤에 무슨 일이 일어나는지 저는 알고 있습니다. 여러분은 복된 안식일을 맞이하셨고 여러분의 입으로 향기로운 천국의 양식을 맛본 후 주님의 식탁을 떠나셨습니다. 그런 후 여러분 중의 어떤 분들은 만사가 여러분을 거스르는 가정으로 돌아가야 했습니다. 남편이 여러분의 기쁨에 공감하면서 여러분을 영접하는 것이 아닙니다. 아버지가 여러분의 즐거움에 조금이라도 동참하면서 여러분을 환영하는 것도 아닙니다. 자, 하지만, "주 안에서 항상 기뻐하십시오." 여러분이 그 어떤 사람으로 하여금 여러분과 더불어 기뻐하게 할 수 없을 때에도, 여전히 계속 기뻐하십시오. 만사에는 그것을 관찰하는 방법이 있기 마련인데, 그 방법으로 보면 아무리 궂은 일에도 밝은 희망이 있다는 것을 알게 될 것입니다. 모든 것을 하나님의 빛으로 보는 방법이 있습니다. 다른 방법으로 보면 담즙처럼 쓰디쓸 것이지만, 이 방법으로 보면 그 쓰디쓴 것도 달콤한 것으로 바뀌게 될 것입니다. 여러분 중에 가정에 소태나무로 된 컵을 가지고 계시는지 모르겠습니다만, 여러분이 가지고 계신다면 여러분이 알다시피 그것은 나무로 만들어진 것입니다. 여러분이 그 그릇에 물을 부으면, 그 물을 마시기 전에 그 물은 곧 쓴 물로 바뀌어 버립니다. 여러분이 좋아하는 한 여러분은 이 컵을 계속 간직할 수 있습니다만, 그것은 그 속에 담는 물을 항상 쓰게 만들어 버립니다. 제가 알기에 어떤 사랑하는 형제 자매들은 이 컵들 중의 하나를 가까이에 두고 있는 것 같습니다. 이제 그 컵 대신에 무엇이든지 모든 것을 달콤하게 만드는 다른 종류의 컵을 여러분이 구입하게 되기를 바랍니다. 하나님께서 부어 주시기를 기뻐하시는 섭리의 그릇 속의 것은 무엇이든지 여러분의 컵 속에 늘어올 것인데, 하나님 안에서 여러분이 만족하고 기뻐함으로 그 모든 것을 달콤하게 변하게 할 것입니다. 사랑하는 교우들이여, 하나님께서 축복하셔서 이 거룩한 기쁨을 많이 내려 주시기를 기원합니다.

4. 이제 넷째 대지를 생각함으로써 말씀을 마치려고 합니다.

이 넷째 대지는 그 명령에 주어진 강조점을 다루고 있습니다. "주 안에서 항상 기뻐하라. 내가 다시 말하노니 기뻐하라"고 했습니다. "내가 다시 말하노니 기뻐하라"는 말은 무슨 의미일까요?

이것은 첫째, 빌립보 성도들에 대한 바울의 사랑을 보여주는 것입니다. 그는 그들이 행복하기를 원했습니다. 그들은 그에게 아주 친절했었고, 그들은 그를 아주 기쁘게 해주었기 때문에, 그는 "오, 사랑하는 형제들아, 기뻐하라. 사랑하는 자매들아, 기뻐하라. 기뻐하라. 기뻐하라는 말을 나는 너희에게 반복해서 말한다. 이는 내가 너희들을 아주 사랑하는 고로 나는 너희들이 다른 모든 것보다도 먼저 주 안에서 항상 기뻐하게 되기를 간절히 바라고 있기 때문이다"라고 말했던 것입니다.

저는 또한 그가 그 말을 두 번씩이나 한 것은 계속적으로 기뻐하는 것이 어렵다는 것을 암시하는 것이라고 생각합니다. 어떤 사람들이 생각하는 것과 같이 항상 기뻐한다는 것은 그리 쉬운 일이 아닙니다. 젊고 아픈 곳이 없고 허약한 곳이 없는 사람들은 항상 기뻐할 수 있을 것입니다. 편안한 환경 가운데서 염려나 어려움이 없는 사람들도 기뻐하는 것은 다소 쉬운 일일 것입니다. 그러나 항상 주 안에서 기뻐해야 하는 데에는 하나님의 큰 은혜가 필요한 사람들이 있습니다. 사도는 그것을 알고 있었습니다. 그래서 그는 "내가 다시 말하노니 기뻐하라"고 말했던 것입니다. 그는 마치 "나는 그것이 어려운 일인 줄 안다. 그래서 나는 더욱 간절하게 그것을 강권한다. 내가 다시 말하노니 기뻐하라"고 말하는 듯이 그 명령을 되풀이하고 있는 것입니다.

저는 또한 그가 그 말을 두 번씩이나 한 것은 그것의 가능성을 역설하기 위해서라고 생각합니다. 이것은 마치, "나는 너희에게 주 안에서 항상 기뻐하라고 말했다. 너희들은 놀라서 나를 바라보았다. 그러나 '내가 다시 말하노니 기뻐하라'는 것은 가능하다. 실천할 수 있다. 나는 생각 없이 말하지 않았다. 나는 너희들이 결코 할 수 없는 것을 말하지 않았다. 깊이 생각하고 나는 너희들에게 '내가 다시 말하노니 기뻐하라'는 글을 써 보낸다. 너희들은 기뻐할 수 있다. 성령 하나님께서는 이 보잘것없는 육신과 세상과 마귀에게서 너희들을 높이 들어올리실 수 있다. 너희들은 하나님의 얼굴의 광채를 받으며 하나님의 산에서 살 수 있다. '내가 다시 말하노니 기뻐하라'"고 말하는 것 같았습니다.

여러분은 이 말이 또한 그들에게 그렇게 해야 할 의무의 중요성을 깊이 새겨 주기 위한 것이라고 생각하지 않으시는지요? "내가 다시 말하노니 기뻐하라." 여러분 중 어떤 분들은 계속 이렇게 말할 것입니다. "나는 내가 기뻐하든지 기뻐하지 않든지 그것이 큰 문제가 된다고 생각하지 않는다. 믿기만 하면 내가 아무리 침울하다고 해도 나는 천국에 이르게 될 거야." 바울은 "아니오. 그런 말은 맞는 말이 아니오. 나는 당신이 그렇게 말하는 것을 허용할 수 없어요. 자, 나는 당신이 기뻐하도록 해야겠어요. 나는 진실로 그것이 그리스도인의 마땅한 의무라고 생각하오. 그래서 '나는 다시 당신에게 기뻐하라고 말합니다'"라고 말할 것입니다.

그러나 여러분은 또한 바울이 그 명령을 되풀이한 것은 특별한 개인적 증거의 여지를 두기 위해서라고 생각하지 않으십니까? "내가 다시 말하노니 기뻐하라. 그리스도를 위하여 극한 고난을 당한 자요, 이제는 쇠사슬에 묶인 사신이요, 굴 속에 갇힌 자 된 나 바울이 너희에게 말하노니 기뻐하라." 바울은 심한 시련을 당한 사람이었습니다만, 그는 복되고 행복한 사람이었습니다. 우리들 중에는 바울이 처했던 환경들을 기꺼이 변화시키고 싶지 않은 분들은 한 분도 없을 것입니다. 그러나 만약 우리가 기록된 그의 생애의 전체를 살펴보고 시대를 거슬러 올라가, 그가 당했던 환난의 모든 장면들을 오늘 밤 살펴보게 된다면, 그는 우리들에게 "형제들아, 주 안에서 항상 기뻐하라. 내가 다시 말하노니 기뻐하라"고 말할 것입니다.

여러분은 빌립보 성도들에게 보낸 이 서신이 얼마나 기쁨에 충만해 있었는가를 인식하셨습니까? 이 기쁨에 차 있는 편지를 살펴보기 위해 잠시 동안만 본 서를 대충이라도 쭉 읽어 보시지 않겠습니까? 1장4절에서 그는 "간구할 때마다 너희 무리를 위하여 기쁨으로 항상 간구함은" 이라고 말했습니다. 현재 그는 정상적인 기분 상태에 있습니다. 그는 하나님께서 빌립보 교인들에게 행하신 일을 인하여 몹시 기뻐하고 있습니다. 그가 그들을 위해 기도할 때, 그의 기도 속에는 기쁨이 섞여 있습니다. 17절과 18절에서 그는 자기와 맞서기 위해 그리스도를 전파한 자들의 반대 속에서조차 기쁨을 발견했다고 선포합니다. 그의 말씀을 들어보십시오. "그들은 나의 매임에 괴로움을 더하게 할 줄로 생각하여 순수하지 못하게 다툼으로 그리스도를 전파하느니라. 그러면 무엇이나 겉치레로 하나 참으로 하나 무슨 방도로 하든지 전파되는 것은 그리스도니 이로써 나는 기뻐하고 또한 기뻐하리라."

1장을 이것으로 끝내지 아니하고 25절에 가서, 또 그는 자기가 곧 천국에 가지 않고 이 사람들의 유익을 위해 잠시 더 살게 될 것이라는 기대 속에서 기쁨을 찾았다고 선포합니다. "내가 살 것과 너희 믿음의 진보와 기쁨을 위하여 너희 무리와 함께 거할 이것을 확실히 아노니, 내가 다시 너희와 같이 있음으로 그리스도 예수 안에서 너희 자랑이 나로 말미암아 풍성하게 하려 함이라"고 했습니다. 여러분이 알다시피 그것은 기쁨, 기쁨, 기쁨, 기쁨입니다. 바울은 마치 자기가 계속적인 기쁨의 방법을 통해 네로의 감옥 굴로부터 천국으로 올라가고 있는 듯이, 빛의 계단을 한 계단씩 딛고 올라가는 것 같습니다. 그래서 그는 2장2절 이하에서 "마음을 같이하여 같은 사랑을 가지고 뜻을 합하며 한마음을 품어 … 나의 기쁨을 충만하게 하라"고 기록합니다. 16절에서 그는 '나의 달음질이 헛되지 아니하고 수고도 헛되지 아니함으로 그리스도의 날에 내가 자랑할 것이 있게

[KJV:기뻐할 것이 있게] 하려 함이라"고 했습니다.

그러나 제가 이 서신을 이렇게 천천히 한 절 한 절 읽어가다 보면 여러분이 지루해할까 염려됩니다. 그가 3장을 어떻게 시작하고 있는지를 살펴보십시오. "끝으로 나의 형제들아 주 안에서 기뻐하라"고 했습니다. 이 말은 가끔씩 "안녕히 가시오!(farewell)"라는 말로도 표현됩니다. 그가 "기뻐하라"고 말할 때, 그것은 "어서 오십시오!"라는 말과 비슷한 말이기도 합니다. 우리는 우리 집에 찾아오는 사람들에게, "반갑습니다(salve)!" "어서 오십시오!"라고 말합니다. 또 그가 떠날 때는, "떠나는 손님의 성공을 빌고" 또 "안녕히 가십시오!"라고 말하는 것이 예의입니다. 바울이 여기서 말하고 있는 것이 바로 이런 의미입니다. "끝으로 나의 형제들아 주 안에서 기뻐하라. 주 안에서 기뻐하라"고 했습니다. 저는 오늘 이 안식일 밤에 "끝으로 나의 형제들아 주 안에서 기뻐하라"는 말씀을 드림으로써 저의 설교를 마치는 것이 가장 좋겠다고 생각합니다.

> "평안하소서! 언제까지나!
> 언제까지나 안녕하십시오!"

여러분의 처지가 그렇게 되고 그래서 여러분이 하나님과 동행하시고 천사와 같이 평강 가운데 있게 되기를 바랍니다. 여러분이 천사들의 음식, 하나님의 사랑의 만나를 먹게 되기를 바랍니다. 여러분의 음료가 깨끗하게 흘러나오는 그 반석의 샘물이기를 바랍니다! 그래서 여러분이 하나님의 산에 이르게 될 때까지, 먹고 마시게 되기를 바랍니다! 그곳에서 여러분은 주의 얼굴을 마주 대할 것이요, 그의 놀라운 광채 가운데 서서 그의 영광을 알게 될 것이며, 구원받은 자들과 함께 영광스럽게 될 것입니다. 그날까지 기뻐하십시오.

> "그 놀라운 지복을 생각하노라면
> 그 생각으로 인해 계속해서 기뻐하겠네."

기뻐하십시오. 현재의 상태가 적막할지라도 그것은 곧 끝날 것입니다. 오, 잠시만 지나면 우리는 이 낮은 자리에서 저 높은 보좌로 옮기게 될 것입니다. 우리는 고통으로 찡그린 얼굴을 하고 있는 곳에서 그 머리에 면류관을 쓰게 될 곳으로 갈 것이며, 피로에 지친 손이 있는 곳에서 그 손에 승리의 종려나무 가지를 쥐게 될 곳으로 갈 것이요, 실수와 오류와 죄와 계속되는 슬픔이 있는 곳에서 흠 없는 하나님의 보좌 앞으로 가게 될 것인데, 이는 우리가 어린 양의 피로 우리의 옷을 씻어, 그 옷이 희게 되었기 때문입니다. 자, 그렇다면, 우리 함께 하나님의 이름으로 연합하고 언약을 맺읍시다. 그리고 그 이름을 "기뻐하는 자들의 동업 조합"이라고 부릅시다. 이는 다음과 같은 이유 때문입니다.

> "천국의 임금의 총애를 받는 자들은
> 자기들의 기쁨을 널리 알릴지어다!"

그렇습니다. 그들은 반드시 자기들의 기쁨을 널리 알려야 합니다. 우리도 성령님의 도우심을 받아 항상 기쁨을 널리 알리도록 합시다. 아멘.

제
15
장

—

염려를 치유하는 기도

—

"아무 것도 염려하지 말고 다만 모든 일에 기도와 간구로,
너희 구할 것을 감사함으로 하나님께 아뢰라 그리하면 모든
지각에 뛰어난 하나님의 평강이 그리스도 예수 안에서 너희
마음과 생각을 지키시리라" — 빌 4:6-7

우리는 앞일을 미리 준비하는 재능을 가지고 있습니다. 그러나 우리의 모든
재능과 같이 이 재능도 타락하였고 자주 오용되고 있습니다. 사람이 거룩한 염
려를 하고, 자기 생애의 모든 일들 하나하나에 대해 적당히 주의를 기울인다는
것은 좋은 일입니다. 그러나 안타깝게도, 그 염려가 거룩하지 못한 염려로 바뀌
고, 하나님께 속하고, 우리에게 속하지 아니한 섭리의 소임을 하나님의 손으로
부터 억지로 얻어내려고 하는 일이 자주 일어나고 있습니다. 루터는 새들에 관
해서, 그리고 하나님께서 그 새들을 돌보는 방법에 관해서 자주 이야기하기를
좋아했습니다. 그가 걱정으로 가득 찼을 때, 그는 항상 새들을 부러워했습니다.
이는 새들은 아주 자유롭고 행복한 삶을 영위했기 때문입니다. 그는 참새 박사
에 관해서 이야기합니다. 개똥쥐빠귀 박사와 다른 박사들이 종종 찾아와서는 루
터 박사에게 이야기하며, 또 그에게 좋은 이야기를 많이 들려줍니다. 형제들이
여, 여러분이 아시다시피 하나님의 돌보심을 받고 저 바깥 공중에 마음대로 날
아다니는 저 새들은 사람이 돌보는 새들보다 훨씬 더 낫습니다. 시골에 내려간
한 런던의 소녀가 이렇게 말했습니다. "엄마, 저 불쌍한 작은 새 좀 보아요. 저 새

는 새장을 가지고 있지 않아요!" 제게는 그 말이 그 새가 무언가를 잃어버린 상태에 있다는 말로 들리지 않습니다. 만약 저와 여러분에게 우리들의 새장이 없고 먹이통과 물그릇이 없다면, 그래서 우리가 겸손히 하나님을 의지하는 영광스러운 삶의 자유 속으로 내던져지게 된다면, 그것은 큰 손실이 아닙니다. 육체라는 새장, 그리고 우리가 채우기 위해 항상 수고하고 있는 먹이통, 그것은 이 죽을 인생을 근심하게 하는 것입니다. 그러나 날개를 펴고 높이 솟아오르며, 하나님을 신뢰하여 확 트인 들판으로 날아갈 수 있는 은혜를 간직한 자는 하루 종일 노래하며 다음과 같은 가사에 곡조를 붙여 노래할 것입니다.

> "하나님께서 내일을 예비하시니
> 수고와 슬픔을 그쳐라
> 죽을 인생들이여!"

따라서 "아무것도 염려하지 말고"라는 말씀은 우리에게 교훈이 되는 말씀입니다. "염려한다"는 단어는 성경이 번역될 당시의 의미를 정확하게 드러내지 못하고 있습니다. 적어도 이 단어는 성경 번역자들에게 전달되었던 의미와는 다른 의미로 전달되고 있습니다. 저는 우리가 마땅히 염려해야 한다고 말씀드리고 싶습니다. "주의(염려)하라(Be careful)"는 것은 소년들과 젊은이들이 인생을 출발할 때, 그들을 위한 좋은 교훈입니다. 그러나 번역자들은 이 단어를 "염려로 가득 찬"(care-ful)이라는 뜻으로 이해하였습니다. "염려한다"는 이 단어가 번역자들의 시대에 이해되었던 그런 의미대로는 행동해서는 안 되는 것입니다. 다시 말해서 우리는 염려로 가득 차서는 안 됩니다. 본문은 걱정하지 말라는 의미입니다. 이 죽을 인생의 필요한 것들에 관해서 계속적으로 생각하지 말라는 뜻입니다.

제가 그 단어를 약간 늘려서 다시 읽겠습니다. 그러면 여러분이 그 단어를 이해할 수 있을 것입니다. "아무 것에 대해서도 염려에 차지 마십시오(Be care-ful for nothing.)." 오, 하나님께서 이 땅에서 우리에게 금하고 있는 악을 피하는 방법과, 기독교적인 삶의 아름다움인 거룩한 무사태평의 삶을 사는 방법을 가르쳐 주셔서 우리의 모든 염려가 하나님께 맡겨지게 되고, 우리는 하나님의 섭리적 보호 속에서 기뻐하고 또 기뻐할 수 있게 되기를 바랍니다!

어떤 사람은 "아, 저는 염려하지 않을 수가 없어요"라고 말합니다. 자, 오늘 밤 이 주제가 여러분이 염려하는 것을 떨쳐 버리도록 도와줄 것입니다. 첫째, 염려를 대신하는 단어를 생각해 봅시다. 아무것도 염려하지 마십시오. 그러나 모든 것에 대해 기도하십시오. "기도와 간구", 이것은 염려의 대용어(代用語)입니다. 둘째로, 염려의 대용어인 이 기도의 특별한 성격에 대하여 유념합시다. "모든 일에 기도와 간구로 너희 구할 것을 감사함으로 하나님께 아뢰라." 다음에는, 우리가 잠시 시간을 내어서, 그 시간에 이 기도의 감미로운 효과에 대해 생각해 보겠습니다. 즉, "모든 지각에 뛰어난 하나님의 평강이 그리스도 예수 안에서 너희 마음과 생각을 지키시리라"는 말씀을 생각하겠습니다.

1. 먼저 염려의 대용어에 대해 생각해 보겠습니다.

저는 사실상 우리들의 염려가 여러 가지라고 생각합니다. 만약 여러분이 일단 염려하고, 걱정하고, 안달하게 되면, 비록 여러분이 여러분의 머리카락을 셀 수 있을지 모르나, 여러분의 염려는 결코 셀 수 없을 것입니다. 그리고 염려는 염려에 찬 사람들에게는 더 많이 늘어나는 경향이 있습니다. 여러분의 생각이 온통 염려로 가득 차 있다 할지라도, 여러분 주위의 일들이 또 다른 종류의 염려가 되어 무리지어 자라날 것이 분명합니다. 걱정이라는 이런 악습에 빠지게 되면, 이것이 삶을 지배하게 됩니다. 그래서 마침내 삶은 우리가 가지고 있는 그 염려 때문에 살 만한 가치가 없어집니다. 염려는 여러 가지입니다. 그러므로 여러분의 기도의 수도 그만큼 많아지게 하십시오. 염려하는 모든 것을 기도로 바꾸십시오. 여러분의 염려를 여러분의 기도의 원재료로 삼으십시오. 연금술사들이 납을 금으로 바꾸고 싶어하듯이 여러분도 거룩한 연금술을 통해 그렇게 하십시오. 본래 염려였던 것을 기도의 틀 속에서 영적인 보화로 실제로 바꾸십시오. 모든 걱정을 성부와 성자와 성령의 이름으로 깨끗하게 하여, 그것을 축복으로 만드십시오.

그 무언가 얻기 위한 염려를 하고 있습니까? 그 염려가 여러분을 붙잡지 않도록 조심하십시오. 소득을 얻고 싶습니까? 여러분의 소득을 얻음으로써 얻는 것보다 잃는 것이 더 많지 않도록 주의하십시오. 여러분이 기도로 바꾸는 염려의 양보다 얻기 위해서 염려하는 것이 더 많지 않도록 하시기를 바랍니다. 여러분이 달라고 하나님께 감히 구할 수 없는 것은 가지고 싶어하지 마십시오. 영적인 표준을 통해 여러분의 욕망들을 측량해 보십시오. 그러면 여러분은 탐욕과 같은 것을 삼가게 될 것입니다. 많은 사람들은 무언가를 잃어버렸을 때, 염려하게 됩니다. 그들은 자기들이 얻었던 것을 잃어버린 것입니다. 보십시오. 이 세상은 잃어버리는 경향이 있는 세상입니다. 밀물 뒤에 썰물이 따라옵니다. 겨울은 여름 꽃들을 짓이겨 놓습니다. 다른 사람들이 잃어버리듯이 여러분이 잃어버리는 것을 이상하게 여기지 말고, 대신에 그 잃어버린 것들을 가지고 기도하십시오. 그것들을 가지고 하나님께 나아가십시오. 초조해하는 대신에 주님을 섬기는 기회로 삼으시고, 이렇게 말씀하십시오. "주신 이도 여호와시요 거두신 이도 여호와시오니 여호와의 이름이 찬송을 받으실지니이다(욥 1:21) ⋯ 내가 하나님께 아뢰오리니 나를 정죄하지 마시옵고 무슨 까닭으로 나와 더불어 변론하시는지 내게 알게 하옵소서(욥 10:2). 주께서 나로 하여금 잃어버리게 하는 것이 무엇이든지 간에 주의 종으로 불평하지 말게 하옵소서!"

아마도 여러분은 여러분의 염려가 소득이나 손실에 관한 것이 아니라, 일용할 양식에 관한 것이라고 말할지도 모르겠습니다. 아, 여러분이 아시는 바와 같이 여러분은 일용할 양식에 대한 약속을 가지고 있습니다. 여호와께서는 "땅에 머무는 동안 그의 성실을 먹을거리로 삼을지어다"(시 37:3)라고 하셨습니다. 그는 우리에게 감미로운 위로를 베푸시며 말씀하시기를 "들풀도 하나님이 이렇게 입히시거든 하물며 너희일까보냐 믿음이 작은 자들아"(마 6:30)라고 하십니다. 주 예수님은 우리들에게 공중의 새들이 심지도 않고 창고에 모아들이지도 않는데, 천부께서 그것들을 기르시는 것에 대해 생각해 보라고 명하십니다. 그렇다면 여러분의 모든 염려를 가지고 여러분의 하나님께 나아가십시오. 여러분이 대가족을 거느리고 있고 보잘것없는 수입이라서 수입 지출을 맞추느라고 애쓰고 있으며, 모든 사람 앞에서 정직하게 일하고 있다면, 여러분에게는 하나님의 문을 두드릴 만한 이유가 아주 많아진 것입니다. 은혜의 보좌 앞에 서야 할 이유가 훨씬 더 많아진 것입니다. 여러분들은 그 모든 것들을 잘 이용하시기 바랍니다. 저는 어떤 친구와 더불어 해야 할 일이 있을 때, 그를 찾아가야 하겠다는 생각을 자유롭게 합니다. 여러분이 찾아가야 할 필요가 아주 강력하게 일어난다면 담대하게 찾아가십시오. 그 염려거리 때문에 조금도 염려하지 말고, 그 대신에 그것을 즉시, 새로이 기도할 제목으로 삼으십시오.

어떤 사람은 "아! 하지만 나는 어쩔 수 없는 상태에 있어요. 나는 어떻게 해야 할지 모르겠어요"라고 말합니다. 사랑하는 성도 여러분, 여러분이 오른쪽 길로 가야 할지, 왼쪽 길로 가야 할지, 아니면 똑바로 가야 할지, 혹은 되돌아가야 할지, 그것을 알 수 없을 때, 여러분은 확실히 기도해야 합니다. 진실로 여러분이 짙은 안개 속에 싸여서 바로 곁에 있는 등불도 볼 수 없을 때, 그때가 바로 기도해야 할 때입니다. 그 길은 여러분 앞에 아주 갑자기 환하게 드러날 것입니다. 저 자신도 종종 어떤 계획을 세우기 위해 애를 써야 할 때가 있었습니다. 제가 저 자신을 믿었을 때, 저는 엄청나게 어리석은 바보였지만, 제가 하나님을 신뢰하였을 때, 그때는 하나님께서 저에게 바로가는 길로 곧 저를 인도하셨으며, 그 길에는 조금도 실수가 없었습니다. 그런 사실을 저는 간증할 수 있습니다. 하나님의 자녀들은 어려운 문제들에 대해 큰 실책을 저지르기보다는 단순한 문제들에 대해 더 큰 실수를 종종 범한다고 생각합니다.

　　여러분은 기브온 사람들이 이스라엘 백성에게 찾아왔을 때, 이스라엘 사람들이 그들에 대해 어떻게 처신했는가를 여러분은 알고 있을 것입니다. 그 기브온 사람들은 낡은 신을 신고 다 떨어진 옷을 입고 있었으며, 곰팡이가 핀 빵을 보여주면서, 솥에서 만들어 꺼낼 때는 그 빵들이 신선한 것들이었다고 말했습니다. 이스라엘 자손들은 '이것은 분명한 사실이다. 이 사람들은 낯선 사람들이다. 그들은 먼 나라에서 왔다. 우리는 그들과 동맹을 맺을 수 있다'고 생각했습니다. 그들은 자기들의 눈에 보이는 그 증거가 이 사람들이 가나안 족속이 아님을 입증하는 것이라고 확신했습니다. 그래서 그들은 하나님께 의논하지 않았습니다. 그 모든 문제는 아주 명백한 것 같았기 때문에 그들은 기브온 사람들과 동맹을 맺었습니다. 그 후 그 일이 말썽거리가 되었습니다. 우리가 만사를 행할 때, 기도하는 가운데 하나님께 나아간다면, 우리들의 난처한 일들 때문에 우리가 실수를 저지르는 일은 거의 없을 것입니다. 오히려 우리는 단순한 일들 때문에 더 많이 실수를 범합니다. 가능한 일들이나 어려운 일들을 막론하고 우리는 지존자의 인도하심을 받아야 합니다.

　　아마도 어떤 친구는 "하지만 나는 미래에 관해서 생각하고 있어요"라고 말할지도 모릅니다. 여러분이 그렇게 하고 있습니까? 좋아요. 먼저 저는 여러분이 미래와 무슨 관계가 있는지 묻고 싶군요. 하루 동안에 무슨 일이 일어날지 여러분은 아십니까? 여러분은 노인이 될 때, 여러분에게 무슨 일이 일어날 것인가에 관해 지금까지 생각하고 계십니다. 그러나 여러분은 노인이 될 때까지 살 수 있을지 장담할 수 있습니까? 저는 어떤 그리스도인 여자 성도를 알고 있었는데, 그 분은 자기가 죽어 어떻게 묻히게 될 것인가에 관해 자주 염려하곤 하는 분이었습니다. 제가 볼 때는 그 문제는 결코 걱정거리가 아니었습니다. 그와 같이 우리 가 염려할 필요가 없는 다른 문제들도 많이 있습니다. 여러분은 개를 때릴 수 있는 막대기를 언제든지 발견할 수 있습니다. 마찬가지로 여러분이 염려를 원하신 다면, 여러분은 여러분의 영혼을 때릴 만한 염려를 언제나 발견할 수 있습니다. 그러나 그것은 여러분 누구에게나 어리석은 일입니다. 그렇게 하지 마시고 염려 거리가 될 수 있는 모든 것들을 기도의 제목으로 바꾸십시오. 머지않아 여러분 에게 염려거리가 없어질 것입니다. 따라서 머지않아 여러분의 기도제목도 없어 질 것입니다. "염려"라는 말은 삭제하시고, 그 말 대신에 "기도"라는 말을 기록하 십시오. 그렇게 되면 비록 여러분의 염려가 많을지라도 여러분의 기도 또한 그 수가 많아질 것입니다.

사랑하는 성도 여러분, 부당한 염려는 하나님의 섭리에 대한 침해입니다. 그것 은 여러분을 가정의 어린아이가 되게 하는 대신에 아버지가 되게 합니다. 그것 은 여러분을 종이 되게 하는 대신에 주인이 되게 합니다. 왜냐하면 주인이 종을 위해 그 양식을 마련해주기 때문입니다. 이제 그렇게 하지 마시고 여러분의 염 려를 기도로 바꾸신다면, 권리를 침해하는 일은 없을 것입니다. 왜냐하면 여러 분은 무례하다는 비난을 받지 않고, 기도하면서 하나님께 나아갈 수 있기 때문 입니다. 하나님은 여러분에게 기도하라고 권하십니다. 이 본문에 하나님은 그의 종을 통해 여러분에게 "오직 모든 일에 기도와 간구로 너희 구할 것을 감사함으 로 하나님께 아뢰라"고 명하십니다.

다시 한 번 더 말씀드립니다만, 염려는 우리들에게 아무런 소용이 없습니다. 오 히려 그것은 우리에게 큰 손상을 입힙니다. 여러분이 아무리 염려한다 해도 여러분 은 그 키를 한 자나 더할 수 없습니다. 혹은 여러분의 머리카락을 자라게 할 수 도 없고, 머리터럭 하나도 희게 하거나 검게 할 수 없습니다. 구세주께서는 우리 에게 그렇게 말씀하십니다. 또 그는 질문하십니다. 아무리 염려한다고 해도 사 소한 일도 해결할 수 없다면, 염려가 좀 더 고상한 섭리의 문제들에 있어서는 무 엇을 할 수 있겠습니까? 그것은 아무것도 할 수 없습니다. 한 농부가 들판에 서 서 이렇게 말했습니다." "우리 모두에게 무슨 일이 일어날지 나는 모른다. 만약 이 비가 계속 내린다면 곡식은 죽고 말 것이다. 우리가 다소 쾌청한 날씨를 보지 못하면 우리는 조금도 수확하지 못할 것이다.” 그는 양손을 잡고 비틀고 안달을 하며, 온 가족을 불안하게 하면서 왔다 갔다 했습니다. 그러나 그는 그의 모든 염려로 인해 한 줄기의 햇빛조차 만들어 내지 못했습니다. 그는 그의 모든 언짢은 언사를 통해 구름 한 조각도 불어 날려 보낼 수 없었고, 그의 그 모든 불평들을 통해 빗방울 하나도 멈추게 할 수 없었습니다.

　　여러분이 염려를 가지고 아무것도 얻을 수 없다면, 그것이 무슨 소용이 있으며, 어찌해서 여러분은 여러분의 심장을 계속 갉아먹게 해야 한다는 말입니까? 게다가 그것은 스스로를 북돋우는 우리들의 힘을 미약하게 만듭니다. 그리고 특히 하나님을 영광스럽게 하려는 우리의 힘을 약화시킵니다. 염려에 가득 찬 심령을 가지고서는 수많은 일들을 올바로 판단할 수 없습니다. 저는 종종 망원경을 가지고 예화로 사용하곤 했습니다. 망원경에다 우리의 걱정이라는 뜨거운 입김을 불어서 그것을 우리 눈에다 갖다대고 하는 말이, 우리는 구름밖에 아무것도 안 보인다고 합니다. 물론 우리가 망원경에다 입김을 불어넣으면 볼 수도 없습니다. 결코 보지 못할 것입니다. 만약 우리가 고요하고 조용하며 침착하다면, 우리는 올바른 일을 하게 될 것입니다. 우리는 어려운 때에, “나는 올바른 정신 상태다”라고 말하고 또 그래야 합니다. 그런 사람은 하나님이 임재하시는 침착한 마음을 기대할 수 있습니다. 여러분은 우리가 기도하기를 잊어버린다면, 어찌할 바를 모르고 걱정하게 된다는 것이 이상합니까? 기도하기를 잊어버린다면, 우리는 무엇을 해야 할 것인가를 알기까지 기다리지 않고, 또 하나님의 목전에서 하듯이 믿음으로 행하지 않고 제일 먼저 발생하는 일을 하게 되는데, 그것은 가장 나쁜 일입니다. 염려는 해롭습니다. 그러나 만약 여러분이 염려를 기도로 바꾸신다면, 모든 염려는 여러분에게 유익을 줄 것입니다.

　　기도는 영적인 건조물을 세우기 위한 놀라운 자재입니다. 우리의 기도로 덕성이 계발되고, 기도로 말미암아 은혜 안에서 자라납니다. 그리고 우리가 간구를 하면서 하나님께 나아가기만 하면 우리는 속히 자라가는 그리스도인들이 될 것입니다. 저는 오늘 아침 어떤 성도에게 “저를 위해 기도해주십시오. 기도가 필요한 때입니다”라고 말했습니다. 그 여자 성도께서는 “저는 잠이 깬 이후에 목사님을 위한 기도 외에는 아무것도 하지 않았어요”라고 대답했습니다. 저는 몇몇 다른 분들에게 똑같은 부탁을 드렸습니다. 그분들은 자기들이 저를 위해 기도해오고 있다고 말했습니다. 저는 아주 기뻤습니다. 그들의 기도로 유익을 얻은 저 자신뿐 아니라, 그들을 위해서도 기뻤습니다. 이는 그들이 기도를 통해 분명히 자라고 있기 때문입니다. 작은 새들이 그 날개를 파닥거릴 때, 그들은 나는 법을 배우고 있는 것입니다. 근육이 더 튼튼해질 것이며, 그 새들은 머지않아 둥지를 떠나 날아오르게 될 것입니다. 그 날개의 파닥거림은 일종의 교육입니다. 기도하는 영혼이 기도하려 하고, 신음을 하고 한숨을 쉬고 부르짖는 것은 그 자체가 일종의 축복입니다. 따라서 상처를 주는 염려하는 이 악습을 떨어버리고, 부요케 하는 기도의 습관을 가지십시오. 여러분이 어떻게 이중의 소득을 얻게 되는지를 보십시오. 첫째로는 손실을 피함으로써, 둘째는 여러분과 다른 사람들을 진실로 유익하게 하는 이중의 소득을 얻습니다.

또 염려는 그리스도께서 우리 가까이 계신다는 것을 잊어버린 결과입니다. 여러분은 본문의 문맥이 어떻게 연결되어 있는지를 살펴보셨습니까? "주께서 가까우시니라. 아무것도 염려하지 말라"고 했습니다. 주 예수 그리스도께서는 다시 오신다고 약속하셨습니다. 그는 오늘 밤 오실 수도 있습니다. 어떤 순간에도 그는 나타나실 수 있습니다. 그래서 바울은 "주께서 가까우시니라. 아무것도 염려하지 말고 오직 모든 일에 기도와 간구로 너희 구할 것을 감사함으로 하나님께 아뢰라"고 기록합니다. 오, 만약 우리가 단순히 그림자 위에 서 있는 것처럼 집착하지 않고 이 땅 위에 서 있으려면, 그리고 이 가련하고 덧없는 인생과는 곧 청산할 자들처럼 살 수 있으려면, 또 우리가 땅의 모든 것에 미련을 두지 않으려면, 우리는 염려, 근심, 안달을 하는 대신에 기도해야 합니다. 이는 우리가 실제적이고 본질적인 것을 붙잡아야 하고 마침내 영생이라는 보이지 않는 것 위에 우리의 발을 두어야 하기 때문입니다. 오, 사랑하는 성도 여러분, 제가 거듭 여러분에게 읽어드린 본문 말씀이 마치 조약돌이 산 속의 호수 속에 떨어지듯이 여러분의 심령 속에 떨어지고, 그것이 들어갈 때에 여러분의 영혼의 수면 위에 위로의 소리를 발하게 하십시오.

2. 둘째로, 이제 우리는 이 기도의 특별한 성격에 대해서 살펴보기 위해 본문을 좀 더 면밀하게 고찰해 보기로 하겠습니다.

어떤 종류의 기도가 우리를 염려로부터 벗어나게 할 수 있는 기도일까요?

먼저, 그것은 **모든 것을 다 다루는** 기도입니다. "모든 일에" "너희 구할 것을 감사함으로 하나님께 아뢰라"고 했습니다. 여러분은 가장 작은 일부터 큰 일까지

다 기도할 수 있습니다. 여러분은 성령을 주시라고 기도할 수 있을 뿐 아니라 여러분의 새 신발 한 켤레를 위해서도 기도할 수 있습니다. 여러분은 먹는 빵, 마시는 물, 입는 옷에 대해서도 기도할 수 있습니다. 여러분은 모든 것에 대해서 하나님께 기도해도 됩니다. 한계를 조금도 긋지 마십시오. "이제까지 하나님의 돌보심 아래 있다"고 말하십시오. 그렇다면 여러분은 나머지 생애에 대해서 어떻게 하시렵니까? 무신론이라는 시들어 죽게 하는 병 아래에서 사시렵니까? 절대로 안 됩니다. 오, 우리 존재 전부가 하나님 아래에서 살게 되기를 바랍니다. 이는 우리의 존재는 나누어질 수 없는 그런 것이기 때문입니다. 우리의 몸과 혼과 영이 하나입니다. 하나님께서 우리를 이 세상에 남겨 놓으시며 그래서 우리 육신의 조건 때문에 필요로 하는 것들이 있다면, 그 필요로 하는 것들을 기도로 하나님께 가지고 가야 합니다. 그러면 여러분은 위대하신 하나님께서 이런 문제들에 대해 응답해 주신다는 사실을 알게 될 것입니다. 그런 것들은 하나님께는 너무 시시한 것들이기 때문에 돌아보시지 않는다고 말하지 마십시오. 모든 것이 하나님과 비교해 보면 시시합니다. 위대하신 하나님이 어떤 분이신가를 생각할 때에, 우리들의 이 하잘것없는 이 세상이 우주의 바닷가에 놓인 미미한 모래알 하나요, 전혀 눈여겨 볼 가치가 없는 것처럼 보입니다. 이 땅 전체는 이 거대한 자연계에서 점 하나에 불과합니다. 만약 하나님께서 자신을 낮추어 그것을 생각하신다면, 허리를 상당히 숙이시고 우리를 생각하셔야 할 것입니다. 그런데 하나님은 그렇게 하십니다. 왜냐하면 하나님은 "너희에게는 머리털까지 다 세신 바 되었나니"(마 10:30)라고 말씀하셨기 때문입니다. 그러므로 모든 일에 여러분이 구할 것을 하나님께 아뢰십시오.

　염려로부터 우리를 구해 내는 기도의 종류는 반복되는 기도입니다. "모든 일에 기도와 간구"라고 했습니다. 하나님께 기도하십시오. 그리고 또다시 기도하십시오. "기도와 간구로"라고 했습니다. 만약 주께서 처음에 응답해 주시지 않는다면, 다시 기도할 수 있는 좋은 이유를 가지게 되었다고 크게 감사하십시오. 만약 그가 여러분의 구하는 것을 두 번째에도 들어주시지 않는다면, 하나님께서 여러분을 몹시 사랑하셔서 여러분의 목소리를 다시 듣고 싶어한다고 믿으십시오. 만약 여러분이 하나님께 일곱 번 나아갈 때까지 여러분으로 하여금 기다리게 하신다면, 스스로 이렇게 말하십시오. "이제 나는 내가 엘리야의 하나님을 섬기고 있음을 안다. 왜냐하면 엘리야의 하나님은 그 축복을 주시기 전에 엘리야로 하여금 일곱 번 다시 오게 했으니까." 천사와 더불어 씨름하는 것을 영광으로 여기십시오. 이것은 하나님께서 자기의 왕자들을 만드시는 방법입니다. 야곱이 그 처음 간구에서 천사로부터 축복을 받았다면, 결코 이스라엘이 되지 못했을 것입니다. 그러나 그가 이기기까지 계속 씨름해야 했을 때, 그때 그는 하나님의 왕자가 되었던 것입니다. 염려를 없애는 기도는 계속적으로 귀찮게 조르는 기도입니다.

다음으로, 그것은 이성적인 기도입니다. "너희 구할 것을 하나님께 아뢰라"고 했습니다. 저는 어떤 이슬람교도에 관한 이야기를 들었습니다. 그는 매일 기도로 여섯 시간을 보낸다고 했습니다. 잠이 들지 않도록 배 위에서 똑바로 서고 밧줄을 가로질러 칩니다. 이는 그가 그 밧줄에 기대기 위함이었습니다. 만약 그가 잠이 들면 그는 떨어지고 말 것입니다. 그의 목적은 그가 기도라고 부르는 것을 여섯 시간 동안 계속하는 것이었습니다. 그 사람을 알고 있고, 그가 나일 강 위의 자기 배 위에 있는 것을 본 어떤 분에게 저는 "도대체 그것은 어떤 종류의 기도였어요?"라고 물었습니다. 저의 친구는 "글쎄요. 그는 '알라 외에는 하나님이 없다. 마호멧은 알라의 선지자이다'라는 말을 자꾸자꾸 되풀이하더군요"라고 대답했습니다. 저는 "그가 무엇을 구하지는 않던가요?"라고 물었습니다. "오, 아닙니다." "그가 하나님께 무엇을 달라고 빌던가요?" "아닙니다. 그는 마치 마술사가 주문을 외우듯이 단순한 말만을 계속적으로 되풀이하더군요." 여러분은 그런 종류의 기도에 무언가가 있다고 생각하십니까? 만약 여러분이 무릎을 꿇고 앉아 단순히 어떤 판에 박힌 말만을 되풀이한다면, 그것은 오로지 입 안에만 가득 찬 말일 것입니다. 하나님께서 그와 같은 종류의 기도에 어떤 관심을 보이실까요? "너희 구할 것을 하나님께 아뢰라"고 했습니다. 그것이 참된 기도입니다. 여러분이 구할 것이 무엇인지 하나님은 아십니다. 그러나 여러분은 마치 그가 모르고 계시는 것처럼 기도해야 합니다. 여러분은 여러분이 요청하는 내용을 알게 해야 합니다. 이는 주께서 모르시기 때문이 아니라, 아마도 여러분이 모르고 있기 때문일 것입니다. 그리고 본문이 말하는 바와 같이, 여러분이 여러분의 구할 것을 하나님께 아뢸 때, 여러분 자신도 그것들을 좀 더 분명하게 알게 될 것입니다. 여러분이 구하는 것이 무엇인지를 알고 또 왜 그것을 구하고 있는지를 알면서 이성적으로 구할 때, 여러분이 기도를 멈추고 스스로, "아니야, 나는 결국 그것을 구해서는 안 되겠다"라고 말하게 될 수도 있습니다. 가끔, 여러분이 어떤 것에 대해 계속해서 기도를 했으나 하나님께서 그것을 여러분에게 주시지 않을 때, 여러분의 마음에 자신이 바른 길에 서 있지 않다는 확신이 마음에 찾아올 수도 있습니다. 그러므로 여러분의 기도의 결과는 본질상 여러분에게 유익을 주며 여러분에게 축복이 될 것입니다.

그러나 여러분은 여러분이 구할 것을 하나님께 아뢰면서 기도해야 합니다. 다시 말해서, 분명한 말로 여러분이 원하는 것을 말씀하십시오. 왜냐하면 이것이 참된 기도이기 때문입니다. 홀로 여러분이 원하는 것을 주님께 말씀하십시오. 여러분의 심령을 주님 앞에 쏟아 부으십시오. 하나님께서는 멋진 말은 원하시지 않는다고 생각하지 마십시오. 그렇다고 해서 기도서를 찾으러 이층 서재에 뛰어올라가거나 특별 기도문을 의지할 필요는 없습니다. 만약 여러분이 진실로 기도하고 있다면, 여러분에게 맞는 기도문을 찾는데는 많은 시간이 걸릴 것입니다. 마치 여러분이 여러분의 어머니나 가장 친한 친구에게 여러분이 필요로 하는 것을 이야기하듯이 여러분이 원하는 것에 대해 기도하십시오. 그런 형식으로 하나님께 나아가십시오. 왜냐하면 그것이 참된 기도이고, 여러분의 염려를 몰아 내 줄 그런 종류의 기도이기 때문입니다.

사랑하는 성도 여러분, 또한 염려로부터 자유하게 하는 그런 종류의 기도는 하나님과의 **교통**입니다. 만약 여러분이 하나님께 말씀드려 본 적이 없다면, 여러분은 참으로 기도한 것이 아니었습니다. 어린아이들은 편지를 부친다고 하면서 밖에 나가 하수구 통을 열고 그 속에 던져 넣는 일이 있습니다(여러분들의 자녀들도 그랬을지도 모릅니다). 물론 그런 방식으로 부쳐진 편지에 답장이 있을 리가 없습니다. 만약 그 편지가 우체통 속에 들어가면 그 편지는 수신인 앞으로 가게 됩니다. 그러므로 기도는 하나님과의 진정한 교통입니다. 여러분은 하나님의 존재를 인식해야 하며, 하나님은 부지런히 찾는 자들에게 상을 주시는 분이라는 사실을 깨달아야 합니다. 그렇지 않다면 여러분은 기도할 수 없습니다. 그는 반드시 여러분에게 실체, 즉 살아 계신 실체여야 합니다. 또 여러분은 그가 기도를 들으신다는 것을 믿어야 합니다. 그 다음에 여러분은 그와 더불어 말씀을 나누어야 하며, 여러분이 그에게 구한 간구에 대해 받게 된다는 사실을 믿어야 합니다. 하나님은 믿음의 기도를 영화롭게 하지 않으신 적이 없었습니다. 그는 여러분을 잠시 동안 기다리게 할지도 모릅니다. 그러나 지체하는 것이 거부하는 것은 아닙니다. 그는 종종 은을 구하는 기도에 금을 주심으로써 응답하십니다. 그는 땅의 보화를 거부하시기도 합니다. 그러나 그는 수천 배의 가치가 있는 천국의 보화를 주십니다. 간구하는 자는 그 바꿔진 응답에 대해 큰 만족을 하게 될 것입니다. "여러분의 구할 것을 하나님께 아뢰십시오." 여러분이 어려움 중에 있을 때, 저는 여러분이 어떻게 하는지 알고 있습니다. 여러분은 여러분의 이웃에게 갑니다. 그러나 여러분의 이웃은 그런 일로 여러분을 자주 보고 싶어하지 않습니다. 아마도 여러분은 여러분의 형제에게 찾아갈 것입니다. 그러나 여러분의 재앙의 날에 형제의 집을 찾아가지 말라고 경고하는 말씀이 있습니다. 여러분이 곤란을 당할 때, 여러분은 자주 친구를 방문할 것입니다. 그는 여러분을 보고 즐거이 맞이할 것입니다만, 여러분의 형편을 듣고 난 뒤에는 좋아하지 않을 것입니다. 그러나 여러분이 여러분의 하나님께 나아간다면, 그는 결코 여러분에게 쌀쌀하게 대하지 않을 것입니다. 그는 결코 여러분이 너무 자주 찾아온다고 말하지 않을 것입니다. 오히려 여러분이 그에게 충분히 자주 찾아오지 않는다고 꾸짖으실 것입니다.

제가 방금 단어 하나를 그냥 지나쳤는데 그 이유는 그 단어에 대해 나중에 살펴보려고 합니다. "기도와 간구로 너희 구할 것을 감사함으로 하나님께 아뢰라"고 하였습니다. 이것이 무슨 의미일까요? 그것은 염려를 없애는 기도는 즐겁고 기쁘게 감사하면서 구하는 기도라는 뜻입니다. "주여, 저는 가난합니다. 저의 빈곤함을 인하여 주를 찬양하게 하옵소서. 오, 주님, 주께서 저의 모든 필요를 채워 주시지 않으시럽니까?" 기도하는 방법이 바로 그리해야 합니다. "주님, 저는 아픕니다. 이 고통을 인하여 저는 주님을 찬양합니다. 왜냐하면 저는 그것이 저에게 좋은 일이라는 것을 확신하고 있기 때문입니다. 이제 주께 간구하오니, 원하시오면 저를 고쳐주옵소서." "주님 저는 큰 어려움 중에 있습니다. 그러나 저는 그 어려움을 인하여 주님을 찬양합니다. 왜냐하면 그것이 비록 겉으로는 나쁜 것 같아도 그 속에 축복이 들어 있다는 것을 저는 알고 있기 때문입니다. 주여, 이제 제가 그 어려움을 극복하도록 도와주소서!" "감사함으로 드리는 간구" 그것이 바로 염려를 없애는 기도입니다. 이 두 가지 것들을 잘 조화시키십시오. 한 드라크마, 아니 기도의 두 드라크마, 즉 기도와 간구, 그리고 감사의 한 드라크마를 잘 섞으라는 말입니다. 그것들을 잘 혼합시키십시오. 그러면 그것들은 염려에 대한 축복된 치유책을 만들어 낼 것입니다. 주께서 우리들을 가르치셔서 약사의 이 거룩한 기술을 실천하게 되기를 바랍니다!

3. 이제 셋째 대지로, 이 기도의 감미로운 효과에 대해 말씀드림으로 설교를 마칠까 합니다.

이 효과에 대해서는 "그리하면 모든 지각에 뛰어난 하나님의 평강이 그리스도 예수 안에서 너희 마음과 생각을 지키시리라"고 했습니다.

만약 여러분이 악한 걱정에 빠지는 대신에 이런 형식으로 기도할 수 있다면, 그 결과로 진귀한 평강이 아무도 모르게 여러분의 마음과 생각에 찾아올 것입니다. 그 평강을 진귀하다고 하는 것은 "하나님의 평강"이기 때문입니다. 하나님의 평강이란 어떤 것일까요? 그것은 무한한 기쁨 가운데 계시는 하나님의 조용한 평온함이요, 절대적인 만족 가운데 거하시는 하나님의 영원한 평정입니다. 이것이 여러분의 마음과 생각을 차지하게 될 것입니다. 바울이 그것을 어떻게 묘사하고 있는지 주목해 보십시오. "모든 지각에 뛰어난 하나님의 평강"이라고 했습니다. 다른 사람들은 그것을 이해하지 못할 것입니다. 그들은 여러분이 어떻게 그렇게 평안할 수 있는지 이해할 수 없을 것입니다. 더구나 여러분조차도 그들에게 설명할 수 없을 것입니다. 왜냐하면 만약 그것이 확실히 모든 지각을 뛰어넘는 것이라면, 분명히 모든 표현을 능가하는 것이기 때문입니다. 더욱더 놀라운 것은 여러분 자신도 그것을 이해할 수 없을 것이라는 점입니다.

이 평강은 여러분에게 있어서 심원하고도 헤아릴 수 없는 평강일 것입니다. 순교자들 중 한 사람이 그리스도를 위하여 화형을 당하게 되었을 때, 그는 자기를 장작더미 위에서 불태우라고 명령을 내리는 그 재판관에게 "이리 오셔서 저의 가슴에 손을 얹어보시겠습니까?"라고 말했습니다. 그 재판관은 그렇게 했습니다. 그 순교자는 "심장이 빠르게 뛰고 있습니까?"라고 물었습니다. "두려워하는 어떤 표시라도 제가 보이고 있습니까?" 그 재판관은 "아닐세"라고 말했습니다. "이제 당신의 손을 당신의 심장 위에 얹으시고 당신이 저보다 더 흥분하고 있는지 알아보십시오." 그 하나님의 사람을 생각해 보십시오. 그는 그날 아침 화형에 처하기로 되어있었는데도 너무 달콤하게 잠들어 있어서 사람들이 그를 흔들어 깨워야 할 정도였습니다. 그는 일어나 화형을 당해야 했고 또 그렇게 될 것을 그는 알고 있었습니다만, 그는 하나님을 신뢰하고 있었기 때문에 달콤하게 잠들어 있었던 것입니다. 이것이 "모든 지각에 뛰어난 하나님의 평강"입니다.

옛날 디오클레티아누스 황제의 박해 시, 순교자들이 원형 경기장에 들어가 맹수들에게 찢김을 당했을 때, 또 어떤 사람은 벌겋게 달아오른 철 의자 위에 앉허지고, 또 다른 사람들은 몸에 꿀을 바르고 말벌들과 꿀벌들에게 쏘여 죽어갈 때, 그들은 조금도 피하지 않았습니다. 굽는 석쇠 위에서 불에 타 죽어가면서 자기를 박해하는 자들에게 "이쪽 편을 구웠는데 이제 저를 돌려서 다른 쪽 편을 구워야지요"라고 말했습니다. 그 용감한 사람을 생각해보십시오. 그러한 환경 하에서 어떻게 이런 평강이 있었을까요? 그것은 "모든 지각에 뛰어난 하나님의 평강"이었습니다. 오늘날 우리는 그와 같은 일을 당할 필요가 없습니다. 그러나 만약 그와 같은 어떤 일이 일어난다면, 그리스도인이 누리는 평강은 놀랍습니다. 큰 폭풍우가 휘몰아치고 있었을 때, 주님이 뱃머리에 서서 바람을 향해 "잔잔하라"고 했더니 "아주 잔잔하여 지더라"고 했습니다. 우리는 그런 사실을 성경에서 읽을 수 있습니다. 여러분은 이런 경험을 하신 적이 있습니까? 만약 여러분이 모든 일에 여러분의 구할 것을 하나님께 아뢰는 이 거룩한 기술을 배운다면, 여러분은 오늘 밤 그런 체험을 하게 될 것이요, 모든 지각에 뛰어난 하나님의 평강이 예수 그리스도로 말미암아 여러분의 마음과 생각을 지키실 것입니다.

이 축복된 평강은 우리들의 마음과 생각을 지킵니다. 그것은 보호자적인 평강입니다. 헬라어는 이 말이 수비대라는 뜻을 가지고 있습니다. 군사적인 용어가 여기에서 사용되고 있고, 또 그것이 마음과 생각에 대해 수호자로 작용하는 평강이라니 이상한 일이 아닙니까? 그것은 하나님의 자녀를 보호하기 위한 하나님의 평강입니다. 이상하지만 이 얼마나 아름다운 비유적 표현입니까! 저는 두려움이 그리스도인의 집을 지키는 지킴이라는 이야기를 들은 적이 있습니다. 글쎄요, 두려움이 개들을 접근하지 못하게 하는 보호자일 수 있습니다만, 찬장에 음식을 가득 채우는 자일 수는 없습니다. 그러나 평강은 비록 그것이 약하게 보일 수는 있지만 힘의 본질입니다. 그것이 우리를 지켜주면서 우리를 먹여주고 우리의 모든 필요를 채워 줍니다.

그것은 또한 우리를 그리스도에게로 연결시켜 주는 평강입니다. "모든 지각에 뛰어난 하나님의 평강이 너희 마음과 생각을 지키시리라"고 했습니다. 다시 말해서, 여러분의 애정, 사상, 욕구, 지성을 지켜 주셔서 여러분의 마음은 두려워하지 않을 것이요, 여러분의 생각은 당황이라는 것을 조금도 모르게 될 것입니다. "하나님의 평강이 예수 그리스도로 말미암아 여러분의 마음과 생각을 지키실 것이기" 때문입니다. 그것은 모두 "그리스도 예수로 말미암아" 이루어집니다. 그러므로 그것은 우리들에게 갑절로 향기롭고 고귀합니다.

사랑하는 여러분, 여러분 중의 어떤 분들은 목요일 저녁에도 이 자리를 찾아옵니다. 여러분은 이 하나님의 평강에 관해서는 조금도 모르고 있습니다. 여러분들은 우리 그리스도인들이 왜 이렇게 우리들의 신앙에 대해서 야단법석을 하는지 이상하게 생각할지 모르겠습니다. 그러나 여러분이 그 사실을 알게 된다면, 여러분은 그것에 관해 우리들보다 더 야단스러울 것입니다. 왜냐하면 내세에서는 기도하면서 하나님께 나아가는 이 축복이 없어질 것이라고 생각할 것이기 때문입니다. 우리는 이 복된 습관이 계속될 것이라고 알고 있습니다. 그러나 우리는 모든 염려를 다 하나님께 맡겨버림으로써, 이생에서도 대단히 즐겁게 살아가는 것입니다. 우리는 세속주의를 믿지 않습니다. 그러나 만약 우리가 믿는다면, 이렇게 하나님을 향한 삶과 하나님 안에서의 삶을 위해 준비된 그런 것들이, 세속주의에는 결코 없다는 사실을 알아야 합니다. 만약 여러분이 가짜 신을 모시고 있으면서 단순히 교회나 예배 처소에 가고, 기도서나 찬송가를 들고 다닌다고 해서 여러분 자신이 그리스도인이라고 생각하신다면, 여러분은 자신을 속이고 있는 것입니다. 그러나 만약 여러분이 하나님을 모시고 있고 하나님과 참된 교제를 가지며, 습관을 삼아 계속적으로 전능자의 날개 그늘 아래 산다면, 여러분은, 다른 사람들은 여러분을 기이하게 생각하고, 여러분 자신도 놀라는 그런 평강을 누리게 될 것입니다. 사랑하는 성도 여러분, 부디 하나님께서 여러분에게 "모든 지각에 뛰어난 하나님의 평강"을 내려주시기를 기원합니다! 아멘.

제
16
장

—

하나님의 평강

—

"그리하면 모든 지각에 뛰어난 하나님의 평강이 그리스도
예수 안에서 너희 마음과 생각을 지키시리라" — 빌 4:7

"평강"이라는 단어는 천국에 속한 말입니다. 우리 주님께서 탄생할 당시 천
사들이 사람들 가운데에서 찬양하기 위해 밤중에 내려왔을 때, 그 노래의 후반
부 가사가 "땅에서는 평화"였습니다. 발칸 반도에 사는 사람들이 그 곡조를 듣고
그들 주위에 지금 드리워져 있는 그 무시무시한 전운을 쫓아버릴 때까지, 천사
들이 다시 한 번 그 노래를 부른다면 참 좋겠습니다. 전쟁을 경험한 자들, 혹은
전쟁의 피비린내 나는 행군의 자취를 가까이 접해본 자들은 평화를 인하여 하나
님께 감사할 것입니다. 모든 것이 최악인 상태에서 최선의 것을 찾을 수만 있다
면, 가장 나쁜 평화라도 이제껏 치러진 가장 좋은 전쟁보다 더 낫다고 말한 사람
이 있는데, 저는 그런 사람의 생각과 공감합니다. 종교가 평화의 그늘에 자리 잡
고, 하늘을 향해 기쁜 맹세를 할 때, 평화는 가장 즐거운 것입니다. 땅의 권세자
들에게 박해받을 염려가 없이, 우리 양심에 가장 만족스러운 그런 형식을 좇아
하나님께 경배하기 위해 우리가 함께 모일 수 있다면, 우리는 참으로 감사해야
합니다. 우리는 의회의 기병대가 오는지 살펴보기 위해 산꼭대기에 파수꾼을 세
우지 않습니다. 경관이 와서 예배드리는 자와 목사를 체포해가며, 그래서 그들
이 투옥을 당하거나 벌금을 내는 일이 있을까 하여, 망보기 위해 우리들의 비밀
집회 장소의 문 앞에 사람들을 세워둔 적도 없습니다. 우리는 무제한의 자유 속

에서 하나님께 경배합니다. 우리는 이런 특권에 대해 크게 기뻐해야 하며 지금보다 더 많이 감사해야 합니다. 우리는 각자 자기의 포도나무와 무화과 나무 아래에 앉아 있지 않습니까? 우리는 두렵게 하는 자가 없습니다. 우리가 평강과 평온 속에서 공적으로 하나님께 예배하며 우리가 하고 싶은 대로 큰 소리로 지존자를 찬양한다면, 우리가 거하고 있는 땅과 우리가 살고 있는 날들은 복됩니다. 크신 평강의 하나님, 주께서는 우리들에게 이 평강을 주셨고, 박해받던 우리들의 선조들을 기억하면서 우리는 전심으로 주님을 찬양합니다!

　오늘 밤 우리는 평강의 복음을 들으려고 함께 모였습니다. 우리들 중의 많은 사람들이 앞으로도 평강을 축하하는 이 거룩한 축제에 찾아오며, 하나님과 사람 사이에 큰 평화를 만들어 내는 이 기념관에 끊임없이 찾아올 것입니다. 그러나 이 자리에 계시는 모든 신자들이 모두 평강 가운데 있는 것은 아닐 것입니다. 오늘 오후 평안하지 못한 가운데 여러분의 가족을 떠나 이 자리에 오신 분도 있을 것입니다. 불화는 사랑하는 마음들 사이에서조차도 생깁니다. 안타깝게도! 안식일이 가끔씩 평안하지 못할 때가 있습니다. 왜냐하면 악한 기질들이 억제되지 못하여 평강을 유지하지 못하고 이 좋은 안식의 날에도 방종하기 때문입니다. 그리스도인들은 자기들의 마음에 성난 감정들이 일어나는 것을 허용해야 할까요? 만약 그들이 그렇게 한다면, 저는 그들이 가정에서 하나님의 집에까지 오는 중에도 혼란스러운 마음을 가지고 온다고 확신합니다. 참으로 사소한 문제들이 우리의 마음의 평강을 망쳐 버립니다. 여러분이 앉는 의자까지 가는데 생기는 시시한 어떤 문제, 예배 시작 시간을 기다리면서 여러분이 개입되는 어떤 사소한 사건은, 여러분의 눈에 먼지와 같이 지극히 큰 고통을 야기할 것입니다. 우리는 이렇게 연약한 인생인지라 말 한 마디 표정 하나를 통해서도 마음의 평화를 잃어버립니다. 완전한 고요와 안정의 형태를 취하고 있는 평화는 아주 미묘하고 민감한 것이며, 베네치아의 유리보다도 더 조심스럽게 다룰 필요가 있습니다. 우리들 마음의 바다는 고요하고도 거울 같이 잔잔한 상태로 오랫동안 지속되기가 어렵습니다. 어린아이의 숨결에 의해서도 요동되고 물결칩니다. 여기 계시는 형제 자매들 중의 많은 분들이 하나님과 가까이 동행하시지 못한 것 같습니다. 만약 그렇다면 그들의 평강은 온전치 못할 것입니다. 성도 여러분, 여러분은 지난 주간 동안 여러분의 본래 상태에서 뒷걸음질치지는 않았습니까? 만약 그렇다면 여러분의 평강은 달아나 버렸습니다. 여러분의 심령은 괴로움에 싸여 있습니다. 비록 여러분이 그리스도를 믿어 구원을 얻었고 그래서 안전하지만, 그럼에도 불구하고 여러분의 내적인 안식은 깨뜨려진 것입니다. 그러므로 저는 그 과제를 기도로 바꾸고, 저 자신과 예수 그리스도를 믿는 모든 신자들을 위해 기도하여, 모든 지각에 뛰어난 하나님의 평강이 이제, 그리스도 예수로 말미암 아 우리의 마음과 생각을 지키게 된다면 좋겠습니다. 여러분 모두가 체험적으로 이 본문 말씀을 알게 되기를 바랍니다. 이 말씀을 기록한 자는 그것을 체험했습니다. 그것을 읽는 우리도 그것을 체험하게 되기를 바랍니다. 바울은 토굴의 어둠 속에서 평강의 광채를 자주 누렸습니다. 그는 갑작스럽고 잔인하게 죽임을 당할 것을 내다보면서도 생생한 평강을 체험했습니다. 그는 평강을 사랑했고, 평강을 전했으며, 평강 가운데 살았고, 평강 가운데 죽었습니다. 그는 평강의 즐거움 속으로 들어갔고, 하나님의 보좌 앞에서 평강 가운데 거하고 있습니다.

본문을 보고 또 우리가 이 본문을 우리의 유익을 위해 어떻게 다루는 것이 가장 좋을 것인가를 생각해 볼 때, 무엇보다 먼저 **말로 다할 수 없는 특권**을 살펴보는 것이 좋겠다고 생각합니다. "모든 지각에 뛰어난 하나님의 평강"이라고 했기 때문입니다. 그 다음에 둘째로, 본문의 문맥상 그 특권에 이르는 **방법**을 생각해 보겠습니다. 왜냐하면 본문 앞에 있는 문장들이 "그리하면"이라는 말로써 우리의 본문과 연결되어 있기 때문이며, 그 말이 우연한 접속사가 아니라, 어떤 목적을 가지고 거기에 사용되었기 때문입니다. 바울은 만약 우리가 4,5,6절에서 그가 명한 그 명령을 실천하면, 그 다음에 하나님의 평강이 우리의 마음과 생각을 지키실 것이라는 뜻으로 말하고 있습니다. 우리가 그 문제를 잠시 살펴보면서, 셋째로, 여러분이 그 특권이 작용할 때 나타나는 **능력**에 대해 주의 깊게 관찰하시기를 바랍니다. 왜냐하면, 하나님의 평강이 "너희 마음과 생각을 지키시리라"고 했기 때문입니다. 그 다음 마지막 넷째로, 그 특권이 작용하는 **영역**, 즉 "그리스도 예수 안에서"라는 말씀을 살펴보겠습니다. 평강의 영이신 성령께서 우리를 본문 말씀의 핵심이 되는 깊은 곳으로 인도하시기를 기원합니다.

1. 첫째로, 말로 다할 수 없는 특권에 대해 생각해 보겠습니다.

이것은 설명하기 어려운 것들 중 하나입니다. 왜냐하면 그것은 모든 지각에 뛰어난 것이며, 여러분이 잘 아시는 바와 같이 그것은 도저히 제대로 설명할 수 없는 내용이기 때문입니다. 그것은 설명을 들어서 알기보다는 체험을 통해서 훨씬 더 쉽사리 알 수 있는 것들 중의 하나입니다. 이런 점에 대해서 조셉 스텐넷 (Joshep Stennett)이 한 말이 있는데 그의 말이 옳다고 생각합니다.

> "느끼지 못하는 자는 알 수 없는
> 　그 달콤한 안식을
> 　천국으로부터 끌어내 오시오."

　　우리는 내적인 안식에 관하여 말하며, 하나님의 평강에 대해서 상세히 설명 하고, 그 평강을 누리는 세부적인 것을 설명하기 위해서 가장 좋은 표현을 고릅 니다만, 우리는 그 지식을 간접적으로 다른 사람들에게 전달할 수 없습니다. 그 들도 느껴 보아야 합니다. 그렇지 않으면 그들은 이해할 수 없습니다. 제가 만약 어린아이들에게 말한다면, 우리의 선교지에서 일어난 한 소년에 관한 이야기를 통해 제가 말씀드리고자 하는 것을 설명하고 싶습니다. 교사 한 사람이 어떤 소 년에게, 어느 날 학교에서 정제 설탕 한 덩어리를 주었습니다. 그 소년은 이전에 그렇게 달콤한 것을 맛본 적이 없었습니다. 그는 집으로 돌아와 그의 아버지에 게 아주 달콤한 어떤 것을 먹었다고 말했습니다. 그의 아버지는 "이 과일만큼 달 콤하던?"라고 말했습니다. "그것보다 훨씬 더 달았어요." "이런저런 음식만큼 달 던?"라고 물었습니다. "그것보다 아주 더 달았어요. 하지만 아버지, 저는 설명할 수가 없네요"라고 그 소년은 말했습니다. 그는 집에서 달려 나와 학교로 되돌아 가서 설탕 한 덩이를 달라고 했고, 그것을 가지고 되돌아와서 "아버지, 맛보세 요. 그러면 그것이 얼마나 단지 알 수 있을 거예요"라고 말했습니다. 송구스럽습 니다만, 저도 그런 간단한 예화를 사용해서 "하나님의 평강이 좋다는 것을 맛보 십시오"라고 말씀드립니다. 왜냐하면 진실로 그것은 사람들과 심지어 천사들의 말로도 도저히 설명할 수 없는 것이기 때문입니다.

　　하나님의 평강이란 무엇입니까? 물론 그것은 먼저 하나님과의 화평, 양심의 평화, 속죄의 희생으로 말미암은 지존자와의 실제적인 평화라고 말할 수 있습니 다. 화목, 용서받음, 은총에로의 회복이 반드시 있어야 합니다. 그리고 또 그렇 게 된 영혼은 그것을 깨달아야 합니다. 예수 그리스도의 피와 의로 말미암은 칭 의를 믿음으로 얻게 되는데 그 칭의를 떠나서는 하나님의 평강이 있을 수 없습 니다. 죄의식을 가지고 있는 사람은 자기가 용서받았다는 의식을 갖게 되기 전에는 결코 하나님의 평강을 알 수 없습니다. 용서받았다는 의식이 죄 의식만큼 강하고 생생해질 때, 그때 그는 모든 지각에 뛰어난 하나님의 평강 안으로 들어가 그 평강을 누리게 될 것입니다.

그리스도 안에 있는 사랑하는 성도 여러분, 예수님을 믿는 여러분, 이제 여러분과 하나님 사이에는 완전한 평화가 있습니다. "그러므로 우리가 믿음으로 의롭다 하심을 받았으니 … 하나님과 화평을 누리자"(롬 5:1)고 했습니다. 여러분의 죄는 불화의 근원이었습니다만 이제 사라져 버렸습니다. 그것은 중지되었고, 지워졌고, 바다의 심연 속으로 던지어져 버렸습니다. 동이 서에서 먼 것같이 그는 우리의 죄를 우리에게서 제거하였습니다. 우리의 거룩한 희생양은 우리의 죄악을 지고 광야로 달려 갔습니다. 우리의 주님께서는 우리의 범죄를 그치게 하셨고, 죄를 없이하셨으며, 우리를 영원한 의 가운데로 데리고 가셨습니다. 범죄의 원인이 사라졌습니다. 영원히 사라졌습니다. 예수님이 우리의 죄를 짊어지셨고 우리 대신에 고난을 당하셨으며 훼손된 율법을 온전히 보상하셨고, 공의를 온전히 충족시키셨습니다. 이제 우리들에 대하여 하나님의 진노를 일으킬 만한 것이라고는 아무것도 없습니다. 왜냐하면 우리의 죄는 제거되었고, 우리의 허물은 가리어졌기 때문입니다. 우리는 그리스도 예수로 말미암아 하나님과 화목하게 되었고 사랑하는 자 안에서 받아들여졌습니다.

이제 이 실제적인 화목으로 말미암아 심령에 심원한 평강을 느끼게 됩니다. 여러분 모두가 이런 평강을 알았으면 좋겠습니다. 또 그것을 알고 있는 자들은 좀 더 충분히 알게 되기를 바랍니다. 영혼들이여 기억하십시오. 만약 그리스도께서 진실로 여러분을 위해 고난을 당하시고 여러분을 위해 저주가 되셨다면, 공의는 결코 여러분의 손에서 여러분의 보증인이 지불하신 그 형벌을 요구할 수 없습니다. 왜냐하면 형벌을 요구한다는 것은 그의 희생을 아무 효과가 없는 것으로 만들어 그것을 욕되게 하는 일이 될 것이기 때문입니다. 예수님께서 여러분의 대속자가 되었고 하나님께서 자기의 율법을 지키시려고 요구하신 것을 그가 담당하셨다면, 여러분은 분명히 모든 위험을 벗어나게 되었습니다. 영원히 벗어났습니다. 그리고 주 안에서 구원받아 영원한 구원을 누리게 되었습니다. 만약 그렇지 않다면, 어찌하여 대속자를 보내셨겠습니까? 하나님께서 효과가 없는 대속을 허락하심으로써 인류를 애타게 하실 의도를 가지셨을까요? 그의 대속의 죽음이 대속의 대상이 된 자들을 구원하지 못한다면, 대속자께서는 결국 무엇을 성취하셨다는 말입니까? 유효한 속죄를 나타내지 않는다면, 그 복음은 무슨 의미가 있겠습니까? 그러나 진실로 주 예수님은 우리를 위해 죄가 되셨고, 그가 징계를 받으므로 우리가 평화를 누리고, 그가 채찍에 맞음으로 우리가 구원을 받았습니다. 여기에서 영혼은 안식을 누리게 됩니다. 다른 어떤 곳에서도 발견할 수 없는 평화를 십자가 밑에서 발견합니다. 여러분 중에 많은 분들이 이제 다음과 같은 노래를 부르게 되기를 바랍니다.

> "예수께서 내 대신 형벌을 받으셨네.
> 나의 보증인이 나의 허물을 속하시려고
> 무고한 피를 흘리셨도다.
> 하나님이 친히 땅에 거하심이여,
> 고통받는 인생들에게 무한한 도움이 되셨도다.
>
> 그는 반역자들을 위해 내려오셨네.
> 천국의 왕이 성육신하셨네.
> 자기의 원수들을 위해 생명을 버리셨네.
> 성부의 공의로운 진노가 몰려오니
> 온 땅이 경악하도다.
> 우리가 감당할 수 없는 그 진노를
> 예수께서 담당하셨도다."

그곳에서 여러분은 충분한 평강을 누리십시오. 왜냐하면 이 희생으로 말미암아 화평의 언약이 이제 여러분과 여러분의 하나님 사이에서 확립되었기 때문입니다. 그것은 속죄의 피로 날인되었습니다.

"모든 지각에 뛰어난 하나님의 평강"은 또 하나의 부수적인 면모를 보여줍니다. 다시 말해서, 하나님의 평강으로 말미암은, 그 결과로 작은 심령 왕국에 평강이 깃든다는 것입니다. 우리가 용서받았고 하나님과 화평을 누리고 있다는 것을 알게 될 때, 우리 속에 있는 것들이 갑작스럽고 즐거운 변화를 맞이하게 됩니다. 본질상 우리의 내적인 본체 속에 들어 있는 모든 것들은 스스로 불화하는 상태에 있습니다. 그것은 악한 짐승들이 서로 물고 뜯는 일종의 짐승의 우리입니다.

인간은 무질서 속에 빠져 있습니다. 하나님과 우주, 그리고 자신에 대해서도 정상적인 상태를 벗어나 있습니다. 인간이라는 기계는 심각한 혼란에 빠져버렸습니다. 그것은 톱니바퀴와 큰 바퀴가 조화롭게 작동되지 않습니다. 접촉도 안 되고 돌아가지도 않습니다. 감정은 이성의 지배를 받지 않고 종종 기세를 떨칩니다. 또 이성은 하나님께서 그의 말씀을 통해 전달하시는 지식에 의해 지도받는 대신에 타락한 상상력을 따르고 싶어하고 독단적인 세력이 되고자 하며, 하나님을 판단하고자 합니다. 우리 본성의 재능 중에서 하나님을 거스르지 않는 것이 하나도 없습니다. 결과적으로 우리 신체의 나머지 부분도 혼란의 상태에 빠졌습니다. 잔인한 내부의 전쟁이 우리의 정신적 능력과 동물적 본능, 그리고 도덕적 재능 사이에서 치열하게 일어나고 고통과 두려움과 불행을 일으킵니다. 이것에 대해서는 회복케 하는 은혜 이외에는 치료책이 없습니다. 인간인 여러분은 먼저 하나님과 바른 관계를 가지기 전에는 여러분의 심령을 바르게 할 수 없고, 여러분의 양심을 바르게 할 수 없으며, 여러분의 지각을 바르게 할 수 없고, 여러분은 갖가지 재능들을 올바로 사용할 수 없으며, 그것들을 참으로 조화롭게 작용하게 할 수 없습니다. 왕 되신 그리스도께서 반드시 그 보좌를 차지하셔야 합니다. 그 후에야 인간의 영혼의 상태도 안정이 될 것입니다. 최고의 권위를 지니신 분께서 당연히 차지할 탁월한 위치를 차지하기 전에는 거역과 소동이 계속될 것입니다. 주께서 어떤 사람의 속에 평강을 불어넣으시고, 성령께서 그 영혼 속에 거하시기 위해 비둘기처럼 강림하실 때, 그곳에 평화가 있게 됩니다. 모든 것이 혼돈되었던 그곳에 질서가 나타납니다. 그 사람은 새롭게 창조되었고 그리스도 예수 안에서 새로운 피조물이 됩니다. 비록 거역적인 욕망들이 지배권을 얻으려고 애쓰지만, 그러나 이제 지배하는 능력이 있어 그 사람을 지켜 줍니다. 따라서 그 사람 속에는 "모든 지각에 뛰어난 하나님의 평강"이 머물게 됩니다.

이것은 외적인 환경과 관련된 모든 것이 평강에 이르게 합니다. 이는 하나님께서 그 모든 환경들을 올바르게 정돈하시고, 그 모든 것들을 우리의 유익을 위해 배열하신다고, 우리가 확신하고 있기 때문입니다. 예수님을 믿고 하나님과 화목한 사람은, 외적으로 그가 두려워할 것이 아무것도 없습니다. 그가 가난합니까? 그는 그리스도께서 가난한 자들을 부요케 하신다는 것을 기뻐합니다. 그는 번창하고 있습니까? 그는 자기의 번창함에 자신이 빠져들지 아니하도록, 그것을 신성하게 하는 은혜가 있음을 기뻐합니다. 그의 앞에 큰 문제가 놓여 있습니까? 그가 사는 날 동안 강하게 될 것이라는 하나님의 약속을 믿고 하나님께 감사합니다. 그는 친구들을 잃어버릴까 염려합니까? 그는 그 시련을 피할 수 있기를 기도합니다. 왜냐하면 기도하라고 그런 일이 그에게 허락되었기 때문입니다. 다윗도 자기의 아이의 생명을 위해 기도했습니다. 그러나 그가 그렇게 기도하면서, 하나님을 좀 더 충분히 신뢰하고 확신을 갖도록 하기 위해서 세상의 친구들을 데려간다는 사실을 깨달았습니다. 그는 속히 죽을지도 모른다는 생각을 합니까? 부활에 대한 소망은 죽어가는 자에게도 평강을 줍니다. 그는 자기의 구속자가 살아 계신 것을 알며, 그의 육신이 잠시 동안 무덤에 머물러 있게 될 것에 대해서도 만족스러워합니다. 그는 성경을 통해 모든 심령이 그 모습을 드러낼 심판의 날을 생각하고 있습니까? 그는 그 두려운 신비와 그 신비를 둘러싸고 있는 모든 것에 대해서도 평안을 누립니다. 왜냐하면 그는 자기가 믿었던 분을 알고 있으며, 그분이 그 심판의 날에 자기를 보호하실 것을 알기 때문입니다. 그 신자를 놀라게 하거나 근심하게 할 만한 것 중에서 그 무엇이 닥친다 해도 그의 영혼 깊은 곳에서는 요동함이 없을 것입니다. 이는 그의 하나님이 폭풍우를 개의치 않으시는 전능하신 그 손으로 키를 잡으시고, 뱃머리에 서 계신 것을 보고 있기 때문입니다. 모든 것이 황량한 모습을 띠고 있는 이와 같은 시대에, 이 믿음은 특별히 유익합니다. 폭풍을 알리는 신호 깃발이 펄럭이고 있으며 구름이 몰려오고 있고, 번갯불이 번쩍이고 천둥소리는 멀리서부터 우리 가까이로 들려옵니다. 여러분이 신문을 읽어보신다면, 전쟁과 전쟁의 소문이 줄을 잇고 있다는 것을 알 수 있습니다. 여러분의 시선은 기근과 가뭄을 알리는 기사 위에 머뭅니다. 여기 저기서 재난이 생기고 경기가 침체된다는 글을 읽게 됩니다. 또 여러 곳에서 가난과 기근이 심하여 사람들이 굶어 죽어간다는 기사도 읽을 수 있습니다. 장차 어두운 시대가 있을 것이요, 얼굴은 창백해지고 손은 맥이 풀리게 될 시절이 있을 것이라는 공포가 여러분에게 엄습해옵니다.

성도 여러분, 신자는 그런 경우에 조금도 당황하지 아니합니다. 왜냐하면 우리 하나님께서 천국에 계시기 때문입니다. 그는 그 보좌를 내버리지 않으십니다. 그의 목적들은 성취될 것이며, 악으로부터 선을 이끌어 낼 것입니다. 왜냐하면 바로 이때에 하나님께서는 왕들의 회의실에 앉으시고 자신의 뜻의 계획에 따라 만물을 명하시기 때문입니다. 우리는 아버지가 바다로 나가고, 보호자 없이 집에 남겨진 자녀들이 아닙니다. 우리는 "내가 너희를 고아와 같이 버려두지 아니하고 너희에게로 오리라"(요 14:18)는 말씀을 읽으며, 그 은혜로운 말씀을 믿습니다. 하나님은 우리와 아주 가까운 곳에 계시며, 우리는 아주 안전합니다. 우리가 미래를 알 수 없고 운명의 책의 닫혀진 장들을 엿보고 싶지만, 과거에 그렇게 분명했던 하나님의 신실성과 모순되는 것이 아직 열리지 아니한 미래의 페이지 위에 하나도 기록되어 있지 않음을 우리는 절대적으로 확신합니다. 하나님이 사랑하시는 자들, 그 뜻대로 부르심을 입은 자들의 유익을 위해 만물이 움직이고 있음을 우리는 확신합니다. 그러므로 외부적인 모든 환경과 관련해서 우리의 영혼은 모든 지각에 뛰어난 하나님의 평강에 안주하며, 또 그 평강을 누립니다.

이것이 전부가 아닙니다. 하나님은 자기의 모든 명령과 관련하여 자기 백성에게 평강 주시기를 기뻐하십니다. 그 영혼이 중생하지 아니할 때는 하나님의 생각과 뜻을 거스릅니다. 만약 하나님께서 금하신다면, 중생치 못한 심령은 하나님이 금하신 것을 하고 싶어합니다. 만약 하나님께서 명령을 내리신다면, 인간의 본성적 마음은 바로 그 이유 때문에 그것을 행하기를 거부합니다. 그러나 변화가 생기고 우리가 독생자의 죽음을 통해 하나님과 화목하게 될 때, 사랑하는 성도 여러분, 그때 우리는 하나님이 원하시는 자리에 들어서게 되고, 우리의 가장 큰 소원은 하나님과 충분히 조화를 이루는 것입니다. 그의 뜻이 우리의 기쁨이 되고, 우리의 유일한 슬픔은 우리가 온전히 그 뜻을 따르지 못하는 일입니다. 하나님의 계명 중에서 은혜로운 심령에 슬픔을 주는 것은 하나도 없습니다. 그의 율례들은 우리 순례자의 길의 숙소에서 우리들의 노래입니다.

우리는 또한 하나님의 섭리적 행위와 관련된 완전한 평강을 자각합니다. 이는 그 섭리적 행위들이 우리로 하여금 하나님과 순응하게 하고 있다고 믿기 때문입니다. 그리고 그것은 우리가 바로 원하고 있는 바입니다. 오, 차후로 우리는 주를 거역하는 생각이나 소원을 결코 갖지 않았으면 좋겠습니다. 우리는 지금 주를 사랑하며, 그의 길을 사랑하고, 그의 백성들을 사랑하고, 그의 날을 사랑하며, 그의 약속, 그의 계명들을 사랑합니다. 우리는 모두 그의 풍성한 은혜로 말미암아 그와 화합합니다. 이런 의미에서 우리는 하나님을 향하여 모든 지각에 뛰어난 하나님의 평강을 누리고 있습니다.

이 평강에 대한 묘사는 참으로 놀랍습니다! "모든 지각에 뛰어난" 것이라고 했습니다. 보통의 지각으로는 알 수 없는 것일 뿐 아니라 모든 지각을 넘어서는 것입니다. 어떤 사람들이 그 말은 불경건한 사람들은 이해할 수 없다는 뜻이라고 말했습니다. 그 진술은 사실입니다. 그러나 그것은 전체적 의미의 일부에 불과합니다. 왜냐하면 그 평강을 누리고 있는 사람들조차도 그것을 이해할 수 없기 때문입니다. 그것은 좀 더 깊고, 좀 더 넓고, 좀 더 달콤하고, 기쁨에 찬 성도가 말할 수 있는 것보다 훨씬 천국에 속한 것입니다. 그는 자기가 이해할 수 없는 것을 누리고 있습니다. 그런 일이 가능하다니, 이 얼마나 큰 은혜입니까! 왜냐하면 그렇지 않다면 우리의 기쁨은 진실로 제한된 것이 되기 때문일 것입니다. 이성으로서는 그 기쁨을 도저히 알 수 없습니다.

참으로 이 평강은 불경건한 자들과 불신자들의 눈에는 감추어진 것입니다. 그것은 그들의 시야보다 훨씬 위에 있고, 또 그 시야 밖에 있습니다. 지금 세상에는 불경건한 사람들이 이해할 수 있는 여러 가지의 평화가 있습니다. 스스로 무감각 수련을 하던 스토아 학파가 있었습니다. 그들은 느낌을 좋아하지 않았고 그래서 무감각한 평강에 도달하였습니다. 그들의 비밀은 쉽게 드러납니다. 그것은 지각을 넘어선 것이 아닙니다. 가장 위대했던 어떤 스토아 금욕주의자는 스스로 무감각하게 만들어 창에 찔리고 불에 데도 신음하지 않게 되었다고 합니다. 그런데 수많은 북미의 인디언들도 그런 위대한 금욕주의자만큼이나 무감각해졌습니다. 아니 아마도 그를 능가했을 것입니다. 어떤 사람들은 이렇게 자신을 통제하기도 했습니다. 그래서 그들이 고통을 받거나 받지 않거나 그것은 완전히 무관심한 문제처럼 여겨졌습니다. 그러나 기독교는 우리들에게 금욕주의를 가르치거나 그런 방향으로 나아갈 것을 지시하지도 않습니다. 기독교는 민감성을 개발시키되 무감각을 연마시키지 아니합니다. 기독교의 영향력은 우리를 무감각하게 만들기보다 민감하게 합니다. 또 우리에게 가장 예민한 감정과 일관성 있는 평강을 줍니다. 그렇습니다. 다른 사람들이 알고 있는 것보다 더욱 강렬하게 민감한 평강을 줍니다. 이는 기독교는 우리의 양심을 더욱 부드럽게 만들고, 하늘이 조금만 찌푸려도 그 마음이 심한 고뇌에 싸입니다. 우리의 평강은 무감각의 평강이 아니고 훨씬 고상한 종류의 평강입니다. 다른 사람들은 세상이 쉽사리 이해할 수 있는 경박한 평강을 지향했습니다. 그들은 흐릿한 염려를 몰아내는 것을 가장 지혜로운 일들 중의 하나라고 생각합니다. 무슨 나쁜 일이 일어나든지 그것에 대한 생각을 흘려버리고, 또 그것에 대해 웃음을 보냅니다. 그들의 영혼이 비참하게 삼켜버린 바 되고 있는데도 즐거워합니다. 그리스도인들은 그런 방식으로 인생의 시련을 제거하려 하지 않습니다. 그러므로 세상은 신자의 평강을 이해할 수 없습니다. 이는 그가 무감각하거나 경망스럽지 않기 때문입니다.

이 평강은 어디에서 옵니까? 수없이 많은 세속적인 사람들은 의기양양하게 "그것은 어떤 열광적인 망상에서 오지요"라고 대답합니다. 그러나 진실로 우리는 망상에 젖어 있는 것은 아닙니다. 그리스도인의 평강의 근거는 합리적이고 논리적입니다. 또 그 근거가 충분합니다. 그 근거들은 상식적으로 정당화됩니다. 지금까지 부채가 있고, 지금도 부채가 있는 사람은 평강을 누릴 수 없습니다. 그러나 완전히 마음 편한 상태에 있는 사람이 있다고 생각해 봅시다. 만약 그가 "내 부채가 다 청산되었기 때문에 편안한 마음을 가질 권리가 있다"고 말할 수 있다면 누가 그를 비난할 수 있겠습니까? 아무도 그런 주장에 대해서 이의를 제기할 수 없습니다. 하나님의 공의에 대해 마땅히 치러야 할 것을 그리스도께서 자기 대신에 다 담당하셨다고 믿는 사람은 자신이 평강을 누리고 있다는 주장을 얼마든지 할 수 있으며, 그가 원하는 곳이면 어디에서든지 그 주장을 내세울 수 있습니다. 하나님께서 그리스도 때문에 그의 모든 죄악을 사해 주셨는데, 어찌 그가 평강을 누리지 못한다는 말입니까? 진실로 그것이 사실이라면, 그리스도인은 하나님의 자녀가 된다는 것이 사실이라면, 그가 평안을 누리는 것은 당연한 일입니다. 성부 하나님께서 그의 유익을 위해 모든 것을 다스리신다면, 그는 당연히 평강을 누리지 않겠습니까? 영원한 죽음에 대한 위험이 그에게 조금도 남아 있지 않다면, 그에게 영광스러운 부활이 준비되어 있다면, 그리고 그가 궁극적으로 그리스도와 더불어 영원한 영광 가운데 빛을 발하게 된다면, 어찌 그 사람이 평강을 간직하고 있지 않겠습니까? 그가 걱정 가운데 있다면, 그의 태도가 옳지 않다고 책망할 수 있을지라도, 그가 기뻐하기 때문에 그것을 인해 그를 비난할 수는 없다고 저는 생각합니다. 우리는 망상의 희생물이 아니요, 다만 인간이 가장 큰 은총을 입게 되는 때가 언제인가를 밝혀주는 진리의 말씀, 엄숙한 말씀을 드리고 있는 것입니다. 어리석음과 광신주의는 하나님과 영원을 무시하고 죄에 대하여 조소하는 자들과 함께 합니다.

따라서 세속적인 사람들은 우리들의 평강을 이해하지 못하며, 종종 그것을 비웃습니다. 이는 그가 그것을 잘 알지 못하기 때문입니다. 심지어 그리스도인조차도 가끔씩 자기 자신의 평화스러움에 놀라기도 합니다. 때때로 심령의 의기소침으로 인한 고통이 무엇인지 저는 압니다. 그러나 생명이 동전 한 푼의 가치도 없다고 여겨졌던 그 순간에, 저는 그보다 더 큰 모든 일들에 관해서는 완전히 태평스러운 상태에 있었던 것입니다. 마음의 표면은 폭풍우에 시달릴 수는 있으니, 가장 내면적인 의식의 동굴 속으로 내려가보면, 아주 고요합니다. 이것을 저는 체험적으로 알고 있습니다. 이 지구상에는 지진이 많이 일어납니다. 그러나 우리의 지구는 그 궤도를 그대로 유지하고 있습니다. 이와 같은 원리가 적용됩니다. 가끔씩 그리스도인은 자신이 그 기쁨을 표현할 수 없을 정도의 즐거운 평강에 잠기게 된다는 것을 느낄 것입니다. 그는 자기의 목소리가 그 평강의 매력을 깨뜨릴까봐 노래하기를 두려워할 지경에 있는 것입니다. 그러나 그는 스스로 다음과 같이 말합니다.

> "자, 너 침묵이여 그것으로 충분하다.
> 이제 주를 찬미할 일을 생각하라."

사탄은 그 마음속에 이렇게 속삭였습니다. "그것은 사실이기에는 너무 좋다." 그러나 하나님의 신실하심을 확고하게 믿고 있는 그 영혼은 그런 낌새를 알아차리고 그를 물리칩니다. 그리고 하나님의 진실하심, 영원한 언약, 완성된 그리스도의 사역, 그리스도 예수 안에서 자기 백성을 향해 확증된 하나님의 사랑을 믿었습니다. 이것이 하나님의 평강입니다. "그러므로 여호와께서 그의 사랑하시는 자에게는 잠을 주시는도다"(시 127:2)라고 했습니다. 그것은 강조해야 할 안식이며, 예수님께서 "수고하고 무거운 짐 진 자들아 다 내게로 오라 내가 너희를 쉬게 하리라"(마 11:28)고 말씀하셨을 때, 언급된 그런 의미의 안식입니다. 우리가 그 단어에 가장 귀한 의미를 부여할 수 있는 안식입니다. 아니 그 이상입니다. 그것은 이해할 수 없는 것입니다만, 경험할 수 없는 것은 아닙니다. 여러분은 그것을 알고 있습니까? 여러분 스스로 그 질문에 대답할 수 있도록 기도하십시오. 이제 저는 처음 말씀으로 되돌아가겠습니다. 그것은 묘사할 수 없는 것입니다. 그것은 맛보아야 알 수 있는 것입니다.

**2. 사랑하는 교우들이여, 이제 둘째로, 아주 간단하게
이 평강을 얻게 되는 방법을 말씀드리겠습니다.**

사도는 오직 주 예수님을 믿는 신자들에게만 말씀을 하고 있었다는 사실을

유의하시기 바랍니다. 그래서 저는 여러분이 그 한계성에 대해 유의하라고 부탁해야겠습니다. 저는 지금 불신자들에게 말씀하고 있는 것이 아닙니다. 저는 그리스도인들에게만 말씀드립니다. 여러분은 비록 항상 평강을 의식하고 있지 않는다 해도 여러분은 항상 하나님과 더불어 화평을 누리고 있습니다. 그러나 여러분이 그것을 깨닫고 싶으시다면, 여러분은 어떻게 해야 하겠습니까? 본문의 문맥이 여러분에게 그 답을 말해주고 있습니다. 4절에서 바울은 "주 안에서 항상 기뻐하라 내가 다시 말하노니 기뻐하라"고 말합니다. 만약 여러분이 마음의 평강을 가지고 싶다면, 하나님을 여러분의 기쁨으로 삼고, 여러분의 모든 기쁨을 하나님 안에 두십시오. 여러분은 여러분 자신을 기뻐해서는 안 되며, 하나님을 기뻐해야 합니다. 여러분은 여러분의 환경을 인하여 기뻐해서는 안 됩니다. 왜냐하면 환경은 자주 변하기 때문입니다. 그러나 주님은 결코 변하시지 않습니다. "주 안에서 항상 기뻐하십시오." 만약 여러분이 세상의 것들을 기뻐하고 있다면, 그것에 빠지지 않도록 절제해야 합니다. 그러나 주 안에서 기뻐하는 것은 얼마든지 괜찮습니다. 왜냐하면 사도는 "내가 다시 말하노니 기뻐하라." 기뻐하라, 그리고 또 기뻐하라고 덧붙여 말하고 있기 때문입니다. 주 안에서 즐거워하십시오. 누가 여러분이 모시고 있는 그런 하나님을 모시고 있다는 말입니까? "그들의 반석이 우리의 반석과 같지 아니하니 우리의 원수들이 스스로 판단하도다"(신 32:31)라고 했습니다. 여러분이 섬기는 여러분의 하나님 여호와 같은 그런 친구, 그런 아버지, 그런 구세주, 그런 위로자를 누가 섬기고 있다는 말입니까? 하나님을 우리의 놀라운 기쁨이라고 생각하는 것은, "모든 지각에 뛰어난 하나님의 평강"을 발견하게 하는 것입니다.

5절을 계속 읽어보십시오. 사도는 "너희 관용을 모든 사람에게 알게 하라"고 말씀하십니다. 다시 말해서, 여러분의 모든 기쁨이 하나님 안에 있을 때, 세상의 모든 것들을 조심스럽게 다루고, 만약 어떤 사람이 여러분을 칭찬하면, 너무 크게 기뻐하지 말라는 말인 것입니다. 반대로 여러분이 비난을 받는다면, 여러분의 심령이 침울해지지 않게 하십시오. 만약 여러분이 형통한다면, 그것을 인해 하나님께 감사하시고 그것이 계속될 것이라고 자신만만해하지는 마십시오. 여러분이 형통한다면, 그 형통함을 여러분의 것으로 삼으십시오. 그러나 그것을 여러분의 보화로 삼거나 여러분의 마음의 주된 관심사가 되게는 하지 마십시오. 여러분이 역경을 맞이하고 있습니까? 도와 달라고 하나님께 기도하십시오. 그러나 실망에 이를 만큼 좌절하지는 마십시오. 땅의 잔들은 한 모금씩만 마시십시오. 달콤한 것에 빠져 죽는 파리처럼 어리석게 굴지 마십시오. 시간을 남용하지 마시고 잘 사용하십시오. 이 세상의 위로라는 위험한 바닷속으로 걸어 들어가지 마십시오. 하나님께서 여러분을 위해 마련하신 좋은 것들을 취하십시오. 그러나 그것에 대해 "그것은 지나가는 것"이라고 말하십시오. 왜냐하면 진실로 그것은 일시적인 필요에 따라 일시적으로 공급된 것이기 때문입니다. 여러분의 좋은 것들이 결코 여러분의 신(神)이 되게 하지 마십시오. 하나님만을 기뻐하십시오. 그 밖의 모든 것은 오고가고 일어서기도 하고 넘어지기도 하는 것이기 때문에, 그것을 여러분의 근심거리나 기뻐할 근거로 삼지 마십시오. 일들을 고요하고 조용하게 처리하십시오. 여러분이 그렇게 하신다면, 여러분은 평강을 얻게 될 것입니다. 여러분이 세상의 좋은 것을 우상시 한다면, 여러분의 평강은 떠나 갈 것입니다. 그러나 세상을 여러분의 발 아래 두신다면, 하나님의 평강이 여러분의 마음과 생각을 지키실 것입니다.

세 가지 규칙이 사도에 의해서 부연되었는데, 여러분은 그것들을 분명히 기억하실 것입니다. 그는 우리들에게 아무것도 염려하지 말 것과, 모든 일에 대하여 기도할 것, 그리고 무슨 일에든지 감사하라고 말씀하십니다. 이 세 가지 규칙을 다른 두 가지와 함께 지킬 수 있는 사람은 평화로운 마음을 갖게 될 것입니다.

"아무 것도 염려하지 마십시오." 그것은 여러분의 염려를 하나님께 맡겨버리라는 말입니다. 만사를 모든 사람들 앞에서 정직하게 행하기 위해 최선을 다하시고, 무슨 일이든지 염려하는 생각으로 근심하거나 불안해하지 마십시오. 도리어 여러분의 짐을 주님께 맡기십시오.

다음에, 모든 일, 즉 큰 일뿐만 아니라 작은 일도, 슬픈 일뿐만 아니라 기쁜 일에 대해서도 기도하십시오. "모든 일에 기도와 간구로 여러분의 구할 것을 하나님께 아뢰십시오." 여러분의 기도의 제목이 악한 것이라면, 여러분이 그것에 대해 기도함으로 그 독침을 뽑아 버릴 것이요, 선한 것이라면 그 아름다움이 거룩해질 것입니다. 여러분이 기도의 제목으로 삼으시는 환난이 기뻐할 만한 과제로 바뀌지 않을지라도 견딜 만하게 될 것입니다. 기도의 제목으로 삼는 어떤 문제는 그 시체에 꿀이 있는 죽은 사자이기도 합니다.

우리는 아무 일에든지 감사하라는 명령을 받고 있습니다. 이는 사도가 "모든 일에 … 너희 구할 것을 감사함으로 하나님께 아뢰라"고 말씀하기 때문입니다. 감사는 평강을 증진시킵니다. 그것은 안식의 어머니요 유모입니다. 우리의 평강이 종종 깨어지기도 합니다. 이는 우리가 하나님으로 말미암은 은혜들을 감사하지 못한 채 그 은혜들을 받기 때문입니다. 찬양을 소홀히 하는 것은 불안한 조짐입니다. 우리가 주님께 감사의 향기로운 향내를 돌려드린다면, 우리는 우리의 영혼이 하나님의 달콤한 평강에 잠기게 되는 것을 알게 될 것입니다.

그 다음에 문맥상 나타나 있는 대로 그 다섯 가지 사실들을 취하십시오. 여러분의 모든 기쁨을 하나님의 거룩한 보고 안에 쌓으시고 주 안에서 기뻐하십시오. 그런 후 여러분이 할 수 있는 대로 많이 이 세상의 것들을 그대로 내버려 두시고, 그것들을 무시해 버리십시오. "너희 관용을 모든 사람에게 알게 하라"고 했습니다. 그런 후 아무것도 염려하지 말고 기도를 많이 하십시오. 그리고 아침부터 저녁까지 찬양하십시오. 귀한 꽃들과 과일들이 햇볕이 쨍쨍 내리비치는 하늘 아래 급수가 잘되는 정원에서 만발하듯이 평강이 그런 환경 속에서 자라게 될 것입니다. 성령께서 우리 속에서 이런 일들을 역사하셔서 우리로 하여금 안식하게 하시기를 기원합니다.

3. 셋째로, 우리들의 심령에 미치는
이 축복된 특권의 작용에 대해 생각해 보겠습니다.

하나님의 평강이 우리의 마음과 생각을 지키시리라고 하였습니다. 이 말의 헬라어는 "프루레오"(phroureo)인데 수비대가 무엇을 지키듯이 호위한다는 뜻입니다. 따라서 하나님의 평강이 완전하고도 효과적으로 우리의 마음과 생각을 지킨다는 뜻입니다. 자, 이제 우리의 마음은 지켜져야 할 필요가 있습니다. 침체되지 않도록 지켜져야 합니다. 왜냐하면 우리의 어리석은 영혼들은 작은 시련에서도 쉽사리 약해지기 때문입니다. 또한 우리의 영혼은 방황하지 않도록 지켜져야 할 필요가 있습니다. 왜냐하면 영혼들은 쉽게 기만당하기 때문입니다. 아주 보잘것없는 매력들이 우리들로 하여금 온전히 사랑스러운 분에게서 멀어지게 합니다. 우리의 마음은 지켜져야 할 필요가 있습니다. 바르게 보호받을 필요가 있습니다. 본문에 따르면 마음을 지키는 길은 그 마음에 모든 지각에 뛰어난 하나님의 평강을 채우는 것입니다. 평온한 영혼, 조용히 안식하며, 기쁨에 찬 영혼은 침체하거나 방황하지 않는 영혼입니다. 어떻게 그럴 수 있습니까? 하나님의 평강이 여러분 속에 있다면, 무엇이 여러분으로 하여금 근심하게 할 수 있겠습니까? 여러분은 바닷가에 매어놓은 채, 가라앉지 않고 떠 있는 거대한 구명부표와 같은 것입니다. 폭풍이 심하게 몰아친다 해도 그것이 문제가 되지 않습니다. 그것은 항상 물 위에 떠 있으니까요. 단단히 묶인 채, 평강과 더불어 떠 있는 우리들의 영혼은 다른 사람들이 그것을 보고 그 길을 알게 되는 확고한 부표와 같을 것입니다. 더구나 마음에 평강이 가득 차 있는 사람은 방황하는 경향이 없습니다. 이는 그가 스스로 "내가 무엇 때문에 방황해야 하겠는가? 내가 나의 주님 안에서 맛본 그와 같은 감미로움을 어디에서 찾을 수 있겠는가? 내 어찌 다른 곳을 찾겠는가?"라고 말하기 때문입니다. 여러분이 어떤 사람을 여러분의 사역에 머물러 있게 하는 가장 좋은 방법은 그가 머물러 있을 만한 가치를 만들어주는 것입니다. 만약 그가 너무 행복하고 너무 만족스럽기 때문에 이 이상 더 좋을 수 없다고 느낀다면, 여러분은 쉽게 그를 오랫동안 머물러 있게 할 수 있는 것입니다. 우리의 주님께서는 우리가 그보다 더 좋을 수 없을 정도로 우리를 위해서 일하셨습니다. 그가 그의 종들 중에서 몇몇 사람들에게 "너희도 가려느냐?"라고 말씀하셨을 때, 그들은 "우리가 누구에게로 가오리이까?"라고 대답했습니다. 진실로 우리가 누구에게로 갈 수 있겠습니까? 눈들아, 너희들은 빛을 떠나 짙은 어둠을 향해 가겠느냐? 귀들아, 너희들은 예수님의 아름다운 음성을 듣지 않겠다고 돌아서겠느냐? 심령들이여, 너희는 신실한 연인을 떠나 속이는 자에게 가겠느냐? 지각이여, 너는 오래되고 확실하고 만족할 만한 진리를 발견했을 때, 진기한 것들을 찾아 멀리 떠나겠느냐? 양심아, 너는 이전의 짐을 스스로 다시 지겠느냐? 내가 그리스도의 사역과 인격에 대해 완전히 만족하게 될 때, 내가 현재 있는 그 곳에 머물지 않겠느냐?

오, 그렇습니다. 심령에 모든 지각에 뛰어난 하나님의 평강이 가득 차게 될 때, 그 심령은 부드럽고도 강한 끈에 묶이게 됩니다. 여러분 젊은이들은 유혹을 잘 받는다고 생각합니다. 또한 우리 가운데 그렇지 않은 자 누가 있겠습니까? 세상은 여러분을 매혹시킬 만한 수많은 매력들을 갖고 있습니다. 그러므로 저는 여러분이 그리스도 안에서 행복하고, 주 안에서 즐거움을 유지할 수 있도록 주님께 기도하기를 권고합니다. 왜냐하면 여러분의 심령이 여러분의 주님과 관련된 상태에서 벗어난다면, 그것은 마귀가 여러분을 꾀어내어 주님께 대하여 고집을 부리고, 주님에 대한 충절을 버리도록 유혹해 낼 것이기 때문입니다. 그러나 여러분의 마음이 항상 평화롭다면, 악한 자가 유혹하는 것에 항거할 수 있는 강한 힘을 가지게 될 것입니다. 평강이라는 큰 못은 그리스도인의 충성심을 단단히 붙들어 매어 놓는 좋은 기구입니다. 그리스도인이 불안한 상태에 있다는 것은 아주 심각한 상태입니다. 그렇게 되면 그는 어떤 중요한 시점에서는 약해지기 때문입니다. "너희는 위로하라 내 백성을 위로하라"(사 40:1)는 말씀은 선지자들을 향한 하나님의 말씀입니다. 이는 하나님께서는 우리가 위로를 잃어버리거나 평강을 잃어버리게 될 때, 우리의 갑옷을 구성하는 부분들 중에서 가장 귀중한 것 하나를 잃어버리는 것이라는 점을 알고 계시기 때문입니다.

그러나 본문은 이 평강이 우리의 마음뿐 아니라 우리의 생각도 지키실 것이라고 부연하고 있습니다. 모든 시대를 통하여 그리스도인의 생각이 쉽게 교란되어 왔고, 또 생명의 진리에 대해서 끝없는 논쟁을 벌여 왔다는 것을 우리는 알고 있습니다. 저는 가끔씩 이 시대는 오류 때문에 어둡게 된 가장 나쁜 시대라고 생각합니다. 기독교 강단을 계속 차지하고 있으면서 성경의 영감설을 부인하고 우리가 귀중하게 생각하는 모든 교리들을 위험천만하게 다루는 목사들, 그리스도를 고백한다고 하는 목사들의 변절을 볼 때, 저는 근심에 싸이고 큰 실망에 빠집니다. 역사를 회고해 볼 때, 그런 일이 항상 있었다는 것을 알 수 있습니다. 가룟 유다의 시대로부터 지금까지 배도자들이 계속 이어졌고, 속이고자 하는 마음으로 할 수만 있으면 택한 자들이라도 복음에 대하여 단순한 생각을 갖지 못하도록, 멋진 말과 미묘한 사상을 함께 사용했던 말 잘하고 생각이 민첩한 사람들이 있어 왔습니다. 그러나 어찌해서 택한 자들은 속지 않습니까? 대체로 그 이유는 그들이 평강을 누리고 있기 때문입니다. 그들이 받았던 진리 속에서 완전한 평강을 발견하기 때문에 미혹자들은 그들을 그 평강에서 돌아서게 하려고 헛되이 애쓸 뿐입니다. 안식을 누리는 그 신자는 "아, 나는 복음을 버릴 수 없다. 그것은 나의 생명이요, 나의 힘이요, 나의 위로이며, 나의 전부이다. 그것은 임종 시의 나의 어머니에게 위로가 되었고, 나의 늙으신 아버지의 가장 중요하게 의지하던 것이었다. 그 진리는 나를 구세주의 발 아래로 인도하였고, 그것에 머물 수 있는 은혜를 내게 준다. 그것은 시련의 시기에 거듭해서 나를 도와주었다. 나는 그것의 위로를 원한다. 그러므로 나는 결코 그 진리와 떨어질 수 없다"라고 부르짖습니다.

그래서 그는 그 진리에 대하여 의심을 던지는 사람, 특히 그 의심하는 자가 성직자 계급에 속한 자요, 기독교 사역에 봉사하는 체하는 자라면 그 사람에 대해서 분개하게 됩니다. 성도 여러분, 우리는 성령님께서 우리의 영혼 속에 가르쳐 심어 주신 그 진리에 대해 조금이라도 흔들려서는 안 됩니다. 그것만이 오직 지각에 뛰어난 하나님의 평강을 마음속에 가져다줄 수 있는 진리입니다. 주께서 그 자신의 진리를 그의 능력으로 우리의 생각 속에 심어 주시고, 그것의 달콤한 향기를 우리의 몸 전체에 퍼지게 하시며, 우리가 말로 다 할 수 없는 기쁨과 평강으로 가득 찰 때까지, 그 진리를 우리에게 주셔서 마시게 하셨을 때, 그때 우리는 그런 자리에서 떠날 수 없습니다. 사람을 통해 배운 진리는 우리가 잊어버릴 수 있습니다만, 성령께서 우리의 가장 깊은 마음속에 새겨주시는 진리를, 우리는 벗어날 수 없습니다. 하나님께서 이렇게 우리를 도와주시기 때문에, 우리는 그것 때문에 죽는 한이 있더라도 반드시 그것을 고수해야 합니다.

　　평강의 언약의 좋은 것들 대신에 사람들이 우리들에게 주려고 창안해 낸 것들은 무엇일까요? 그것들은 공기 같이 가볍고 시시한 것들입니다. 그것들이 설령 사실이라 할지라도, 널리 보급시킬 가치가 없는 것들입니다. 즉, 사람들에게는 실제적인 가치가 없는 시시한 것들입니다. 그것들은 우리들에게 견고한 평안에 대한 새로운 근거들 혹은 새로이 발견된 거룩한 기쁨에 대한 이론들을 가져오지 못합니다. 부정적인 신학은 인간에게 아무런 축복도 약속하지 않습니다. 그것은 우리들에게서 모든 위로를 빼앗아가되 아무 것도 되돌려주지 않는 빈 손의 약탈자입니다. 만약 현대의 사상이 옳다고 입증될 수 있다면, 반드시 그 다음에 될 일은 세상을 비통에 잠기게 하는 일뿐일 것입니다. 이는 그와 같이 헛되고 헛된 것이 사람들의 마음을 기쁘게 했던 그 진리의 자리를 차지해 버렸기 때문입니다. 은혜의 교리들이 결국 하나의 망상이라고 한다면, 그것은 가장 슬픈 일일 것입니다. 그러나 그렇지 않습니다. 또 그럴 수 없습니다. 그 교리들은 그 속에서 스스로 증명합니다.

　　우리들 중의 어떤 사람은 크리스천이 무신론자에게 답변하였듯이 그렇게 말할 수 있습니다(존 번연의 「천로역정」 중에서). 무신론자가 "돌아가십시오. 돌아가십시오!"라고 말했을 때, 크리스천은 "우리는 천상에 속한 성읍을 찾아가고 있어요"라고 대답했습니다. 무신론자는 "오, 하지만 나는 여러분들 중 그 누구보다도 더 멀리 가보았소. 나는 여러분에게 그런 장소는 없다고 말할 수 있어요. 나는 그 모든 문제를 연구하는 학식 많은 사람들을 많이 만나 보았어요. 그것은 모두 망상입니다. 돌아가시오. 돌아가십시오"라고 말했습니다. 그때 크리스천은 "무엇이라고요? 하늘나라에 속한 성읍이 없다고요? 우리가 목자들과 함께 명백산(明白山) 꼭대기에 있으면서 망원경을 통해 그곳에서 그 성읍을 바라보지 않았습니까?"라고 말했습니다.

우리도 그렇게 말할 수 있습니다. 속죄가 없다고요? 우리가 양심을 달래주는 평강을 체험하지 못했다고요? 중생이 없다고요? 우리 자신이 그리스도 예수 안에서 새로운 피조물이 되었다는 살아 있는 증거가 아닙니까? 기도에 대한 응답이 없다고요? 우리는 정신이 말짱할 뿐 아니라 감각도 건강합니다. 궁극적 견인이 없다고요? 그렇다면 오늘까지 우리를 지켜준 것은 무엇입니까? 성령의 사역이 없다고요? 무엇이라고요? 우리는 지금 잠든 상태입니까? 심지어 우리의 존재도 망상입니까? 아닙니다. 우리가 우리의 눈을 비버볼 때, 우리는 꿈꾸는 것이 아님을 압니다. 도리어 다른 사람들이 졸고 있고 노망한 것임을 확신하게 됩니다. 그리고 우리는 자비로우신 하나님께서 그들의 꿈이 끝나게 하시고, 모든 지각에 뛰어나고 그래서 우리의 마음과 생각을 지키시는 그 하나님의 평강으로 우리를 채우는 영광스럽고 본질적인 진리들을 그들로 하여금 알게 하시기를 기도합니다. 우리는 영원히 십자가에 속박되어 있으며, 그리스도와 더불어 영원히 나무에 못 박혔습니다. 속죄의 붉은 깃발들은 우리 배의 높은 돛대 위에 단단히 묶여 있습니다. 이는 우리의 배가 반드시 가라앉게 된다면, 그렇게 될 때까지 그곳에서 펄럭이게 하려고 그렇게 높이 달아 놓은 것입니다. 비록 사람이나 마귀, 제사장, 혹은 철학자, 어떤 유능한 인물이 우리 배를 불태운디 해도, 우리 배는 격침을 당하지 않습니다. 우리는 변하지 아니합니다. 우리는 예수님께서 우리들에게 가르쳐 주셨던 그것을 충성스럽게 고수합니다. 우리는 젊은 시절에 그의 발 아래 앉아 있었고, 그분은 지금도 계속해서 우리들을 가르쳐 주십니다. 그의 평강이 우리의 마음과 생각을 지킵니다. 그러므로 우리는 마음과 생각을 다하여, 어떻게 해서든지 그의 진리를 지키게 될 것입니다.

4. 마지막으로, 하나님의 평강이 작용하는 영역에 대해서 살펴봅시다.

본문은 "그리스도 예수 안에서"라고 말합니다. 사랑하는 성도 여러분, 이제 이 말씀에 관심을 가지고 주목하시기를 간청합니다. 사도는 결코 너무 자주 예수님의 이름을 들먹이지는 않습니다. 그가 예수님의 이름을 함부로 다룬다고 말할 수 없습니다. 그는 그가 할 수 있는 한 자주 언급하고 있습니다. 왜냐하면 그는 그 이름의 소리만 들어도 기쁘기 때문입니다. "그리스도 예수 안에서" — 이 말씀은 우리 본문의 모든 부분과 관련됩니다. 우리는 지금 우리 자신에 대해 말하고 있습니다. 우리는 그리스도 예수 안에 있습니다. 우리의 믿음을 통해 그리스도의 거룩한 인격과 연합하고 있음을 깨닫습니다. 그는 우리의 머리요, 우리는 그의 지체들입니다. 그는 모퉁잇돌이요, 우리는 그 위에 지어져 있습니다. 우리 자신에게는 그를 떠나서는 생각할 만한 가치가 있는 것은 아무것도 없습니다. 우리가 그런 생각을 버리는 것, 그것이 좋을 것입니다.

우리가 하나님의 평강 위에 거하고 있다면, 우리는 계속 우리의 주 예수님을 생각합니다. 왜냐하면 그 모든 것이 그의 안에 있기 때문입니다. 그리스도 밖에서는 평강을 찾을 수가 없습니다. 우리가 그리스도를 잊어버리면 그 어떤 평강도 우리의 마음을 위로해 주지 못합니다. "그는 우리의 평강이십니다." 사랑하는 성도 여러분, 여러분이 평강을 얻기 위해 율법이나, 여러분 자신의 경험, 여러분 자신의 과거의 업적들, 혹은 심지어 여러분의 믿음에게조차도 나아가지 마십시오. 여러분의 모든 평강은 예수님 안에 있습니다.

본문에 언급된 우리의 마음과 생각은 모두 예수님 안에 있어야 합니다. 예수님을 사랑하고 또 사랑받는 마음이어야 합니다. 생각도 그를 믿고 의지하는 생각이어야 하며, 그 모든 재능들도 그를 위해 사용해야 합니다. 모든 것이 예수님 안에 있습니다. 이 마지막 생각을 여러분에게 전하면서 저의 설교를 마치는 것이 좋을 것 같습니다. 다시 말해서, 평강을 얻고, 또 여러분의 마음과 생각이 보호를 받기 위해서 가장 필요한 것은 그리스도 안에 있는 일입니다. 죽으시고, 부활하시고, 다스리시는 주 안에 있어야 한다는 말입니다. 항상 주님이 여러분의 생각 위에 자리 잡게 하십시오. 그의 식탁이 이제 차려졌습니다. 그와 교제하기 위해 이리로 오십시오. 여러분의 주인과 함께 하고, 여러분의 주인을 뵙고, 그의 식탁에서 영적인 방식으로 그의 살을 먹고 그의 피를 마시기 위해 이리로 오십시오.

우리 주님을 모르시는 분들에게 한 마디 말씀을 드리겠습니다. 여러분이 그분을 알게 되기를 저는 몹시 원합니다. 여러분이 그리스도를 소유할 때까지는 여러분은 결코 평강을 소유할 수 없습니다. 여러분이 오늘 밤 그리스도를 찾으신다면, 여러분의 영혼에 너무나 복된 안식을 맞이하게 될 것입니다. 그를 찾기 위해 너무 멀리 갈 필요가 없습니다. 그는 우리들 중에 그 누구와도 멀리 떨어져 있지 않습니다. 눈을 감으시고 기도의 숨을 그를 향해 내쉬십시오. 저 밖의 기둥 뒤에 서시든지 거리로 나가시든지 하셔서 마음으로 "구세주여, 나는 평강을 원합니다. 제가 주님을 찾을 때까지 결코 평강을 가질 수 없습니다. 보소서 제가 주를 믿나이다. 이 순간 저에게 나타나시고, 저의 영혼에 '나는 너의 구원이다'라고 말씀해 주십시오"라고 기도하십시오. 하나님께서 은혜를 베푸셔서, 여러분이 그렇게 기도하게 되기를 바랍니다. 우리가 다른 사람들을 설득해서 그들로 하여금 자신들의 관심사를 생각하게 하고, 그들 자신들을 돌아보게 해야 할 필요가 있다는 것은 아주 이상한 일입니다. 다른 일들에 있어서 그들은 소위 "제일 좋은 것"을 추구하기에 아주 민감합니다. 그러나 가장 엄숙한 관심거리, 가장 큰 축복, 그리고 가장 순수한 행복을 얻을 수 있게 될 때, 그들은 너무나 어리석어서 주 예수보다도 그 외의 다른 것들에 눈길을 돌립니다. 주께서 무한한 자비를 베푸셔서 여러분 모두를 구원하시기를 기원합니다. 아멘.

제
17
장

—

만족

—

"어떠한 형편에든지 나는 자족하기를 배웠노니" ― 빌 4:11

사도 바울은 아주 많이 배운 사람이었습니다만, 학문을 통해 그가 얻은 갖가지 학식 중에서 이것 ― 그가 자족하기를 배운 것 ― 은 결코 사소한 것이 아닙니다. 이 지식은 학교에서 배우는 많은 것들보다도 훨씬 더 나은 것입니다. 학교에서 익히는 학문들은 부지런히 과거를 회고합니다. 그러나 고대의 유물들을 연구하는 사람들은 현재에 관해서는 별로 관심이 없는 경우가 많습니다. 또 흔히 일상생활의 실제적인 의무는 무시해 버립니다. 그들의 학식은 사람들에게 죽은 언어를 소개하고 사람들은 그 죽은 언어로부터 결코 생생한 유익을 얻어내지 못할 것입니다. 사도의 지식이 훨씬 더 낫습니다. 그것은 항상 현재에 유용한 것이고, 모든 세대의 사람들에게 다같이 유익한 것이며, 가장 귀한 것 중의 하나이고, 가장 바람직한 업적 가운데 하나입니다. 저는 좀 진부한 방식이지만 우리 케임브리지 대학의 수석 합격자나, 가장 학식이 풍부한 사람들을 이 학식 많은 사도와 비교해 봅니다. 왜냐하면 확실히 사도는 인문학에 있어서는 사람이 도달할 수 있는 최고의 정상에 이르렀기 때문입니다. 아무튼 그는 많이 배워서 그의 처지에 대해 자족할 만한 정도에까지 이르렀습니다. 여러분이 본문을 읽어보면 즉시 아시겠지만, 모든 상태에 대해 만족한다는 것은 인간 본래의 성향이 아닙니다. 나쁜 잡초가 빨리 자랍니다. 탐욕, 불만, 그리고 불평하는 소리들은 땅에 가시가 돋듯이 인간에게 있어서 본래적인 것입니다. 여러분은 가시와 들장미 씨앗을 뿌릴 필요가 없습니다. 그것들은 아주 자연스럽게 싹이 틉니다. 그것들은 저주가 임한 땅에서 원래부터 잘 자라는 것들이기 때문입니다. 이와 같이 여러분은 사람들에게 불평을 가르칠 필요가 없습니다. 사람들은 어떤 교육을 받지 않아도 얼마든지 불평합니다. 그러나 땅의 귀한 것들은 반드시 재배되어야 합니다. 만약 우리가 곡식을 얻고 싶으면, 우리는 반드시 경작을 하고 씨를 뿌려야 합니다. 우리가 꽃들을 원한다면 정원이 있어야 하고 정원사가 극진히 돌보아야 합니다. 만족은 천국의 꽃들 중 하나입니다. 만약 우리가 그것을 갖고 싶다면, 그것을 재배해야 합니다. 그것은 자연적으로 우리 속에서 자라나지 않을 것입니다. 새로운 성품만이 그것을 만들어 낼 수 있습니다. 따라서 우리는 하나님이 뿌려 놓으신 은혜를 유지하고 가꾸기 위하여 특별히 관심과 주의를 기울여야 합니다. 바울은 한순간에 자족하는 법을 알 수 있게 된 것이 아니라는 것을 "내가 자족하기를 배웠노니"라는 말로 표현하고 있습니다. 그는 그 위대한 진리의 신비에 도달하기 위해서 상당한 수고를 했습니다. 확실히 그는 자기가 배웠다고 생각했지만, 그 다음에는 풀이 죽어 주저앉곤 했습니다. 또한 자주 학교에서 공부하는 소년들처럼 그는 스스로 질책을 하기도 했습니다. 그는 이 과목이 쉬운 학문이 아님을 깨달았습니다. 마침내 그가 그 자리에 도달하여 "어떠한 형편에든지 내가 자족하기를 배웠노니"라고 말할 수 있게 되었을 때, 그는 죽음을 눈앞에 두고 있는 백발의 노인이었고, 로마의 네로 황제의 감옥에 갇힌 가련한 죄수였습니다.

성도 여러분, 만약 우리가 어떤 수단을 통해서든지 그러한 만족 상태에까지 도달하려면, 바울이 당한 그런 어려운 점들을 기꺼이 감수하고, 그와 더불어 차가운 감옥 생활의 괴로움을 함께 나누는 것이 지당할 것입니다. 여러분 가운데 누구든지 배우지 않고 만족할 수 있다거나, 훈련 없이 배울 수 있다는 어리석은 생각에 빠지지 마십시오. 그것은 자연적으로 작용되는 일이 아니요, 점차적으로 배우게 되는 것입니다. 본문의 말씀은 우리가 그것을 경험을 통해서는 알 수 없다는 뜻으로 이런 사실을 제시하고 있는 것 같습니다. 우리는 불평을 터뜨리는 법을 배울 필요는 없습니다. 그러나 우리는 우리 하나님의 뜻과 그 기뻐하시는 선한 계획을 묵묵히 순종하는 법을 배워야 합니다.

사도가 이런 말씀을 할 때, 그는 즉시 그 말씀에 대해 주석을 달았습니다. 12절 말씀을 읽어보십시오. "나는 비천에 처할 줄도 알고 풍부에 처할 줄도 알아 모든 일 곧 배부름과 배고픔과 풍부와 궁핍에도 처할 줄 아는 일체의 비결을 배웠노라"고 했습니다.

먼저 사도는 자기가 비천에 처할 줄도 안다고 말한 것을 유념하십시오. 이것은 놀라운 지식입니다. 모든 사람들이 우리에게 명예를 줄 때, 우리가 만족하는 것은 당연합니다. 그러나 사람들은 우리를 향해 경멸의 손가락질을 하고 우리의 성품이 악평을 받고 사람들이 길에서 우리에게 야유를 보낼 때, 인내하고 기뻐하면서, 그것을 견딜 수 있기 위해서는 많은 복음의 지식을 필요로 합니다. 우리가 점점 흥해지고 신분과 명예가 높아지며, 사람들로부터 더 많은 존경을 받게 될 때, 만족한다는 것은 쉬운 일입니다. 그러나 우리가 세례 요한처럼 "나는 쇠하여야 하리라"고 말한다든지, 다른 어떤 종이 우리보다 나은 자리를 차지하고, 우리가 몹시 쥐고 싶어했던 종려나무 가지를 다른 사람이 지니게 될 때, 조용히 앉아 모세처럼 조금도 시기하지 않는 감정으로 "여호와께서 그의 영을 그의 모든 백성에게 주사 다 선지자가 되게 하시기를 원하노라"(민 11:29)고 말한다는 것은 쉽지 않습니다. 여러분의 희생으로 다른 사람이 칭찬받는 것을 듣고, 여러분 자신의 장점들은 어떤 새로운 경쟁자의 우월한 탁월성을 돋보이게 하는 것밖에 되지 않는다는 사실을 알게 될 때, 기쁨과 감사로 그것을 감수하고 하나님을 찬양할 수 있다는 것은 인간의 본성으로서는 불가능하다고 생각합니다. 자기의 모든 명예를 기꺼이 높이듯이, 그 모든 명예를 즐거이 내버릴 수 있는 사람의 마음에는 고상한 무언가가 있는 게 틀림없습니다. 자기를 높여 보좌에 앉히듯이 자기를 낮추기 위해 기쁘게 그리스도께 복종할 수 있을 때, 그런 일이 가능합니다. 그러나 성도 여러분, 만약 우리가 사람들 가운데서 명예를 얻고 존경을 받을 때 그리스도를 영화롭게 하듯이, 수치와 모욕과 책망을 받을 때에도 그리스도께 영광을 돌릴 자세가 되어 있지 않다면, 우리 중 아무도 사도가 알았던 것을 배우지 못한 것입니다. 우리는 반드시 그리스도를 위해 모든 것을 버릴 준비가 되어 있어야 합니다. 그리스도의 이름이 높아지고, 그 이름이 사람들 가운데에서 더 잘 알려지고 영광을 받도록, 우리는 기꺼이 낮아질 준비가 되어 있어야 합니다. 사도는 "내가 비천에 처할 줄도 안다"고 말합니다.

그의 지식의 두 번째 부분인 "내가 풍부에 처할 줄도 안다"는 말씀 역시 귀중한 말씀입니다. 아주 많은 사람들이 비천에 처할 줄은 조금 알지만, 풍부에 처할 줄은 전혀 모르고 있습니다. 그들은 요셉처럼 구덩이에 던져질 때, 고개를 들고 위를 쳐다보며 별처럼 반짝이는 약속들을 생각하고 피할 수 있게 되기를 고대합니다. 그러나 그들이 최정상에 오르게 될 때, 그들의 머리는 현기증을 일으키고 그들은 막 떨어지려고 합니다. 그들이 가난했을 때는 그 가난과 싸우는데 익숙했습니다. 이런 사실에 대해 우리나라의 대표적 시인들 중의 한 사람이 다음과 같이 노래하였습니다.

> "생각할 수 없던 많은 일들이
> 궁핍하게 되니 다 이루어졌네.
> 영혼의 용감성도 거기에서 나오고
> 기민한 기지와 적극적인 근면성
> 순간적인 사려분별력과 불굴의 정신
> 다 거기에서 나오니,
> 참고 견디면 우리의 삶은 나아지리라."

그러나 그와 같은 사람들이 그들의 갈등들을 성공적으로 해소시키고 난 뒤에 어떻게 하는지를 주목해 보십시오. 그들의 문제는 사라졌습니다. 그들은 부유하며 재산이 많아졌습니다. 아무것도 없던 사람이 부유하게 되었을 때, 얼마나 돈 자랑을 많이 하고, 허영으로 들뜨고 꼴불견인지, 여러분은 그런 경우를 종종 보지 못했습니까? 그 사람이 이전에 조그만 상점을 경영하던 사람이라고 아무도 생각하지 못할 것입니다. 여러분은 그 사람이 과거 언젠가 일 파운드짜리 양초를 팔던 사람이라고는 믿지 못할 것입니다. 그는 스스로 아주 위대한 사람이라고 여깁니다. 그래서 그 사람은 그의 혈통에 모든 제왕의 피가 흐르는 것이라고 생각할 것입니다. 그는 자기의 옛 친지들을 모른 체합니다. 그는 이제 이전의 친한 친구에 대해서 겨우 안면이 있다는 표시로 고개만 까딱하고 그냥 지나쳐 버립니다. 그 사람은 풍부에 처하는 법을 모르고 있는 것입니다. 그는 교만해져 버린 것입니다. 그는 굉장히 의기양양합니다. 교회에도 잠시 동안 크게 인기를 모았던 사람들이 있었습니다. 그들은 성공적으로 설교를 했고, 어떤 대단한 일을 해냈습니다. 이런 이유 때문에 사람들은 그들을 존경하였고, 또 그렇게 하는 것이 당연한 일이었습니다. 그러나 그 다음에 그들은 폭군이 되어버립니다. 그들은 권위에 대한 욕망을 가졌고, 마치 다른 사람들은 작은 난쟁이 족이요, 자기들은 거대한 거인들인 양 모든 사람들을 경멸적으로 멸시합니다. 그들의 행위는 꼴사나웠고 그들은 곧 그 높은 자리에서 내동댕이침을 당했습니다. 이는 그들이 풍부에 처하는 법을 몰랐기 때문입니다.

　한때 조지 휫필드(George Whitefield)의 설교단에 다음과 같은 내용을 알리는 종이쪽지 하나가 올라온 적이 있었다고 합니다. "최근에 많은 재산을 상속받은 한 젊은이가 성도들의 기도를 요청하고 있습니다"라는 내용의 글이었습니다. 그런 기도를 요청한 것은 아주 잘한 일입니다. 왜냐하면 우리가 산언덕에 올라가면 침착성을 유지하게 해 달라고 기도할 필요가 있기 때문입니다. 운명의 언덕 아래로 내려가면, 그곳에서는 걸려 넘어질 염려가 거의 없습니다. 그리스도인은 비천에 처해 있을 때보다 풍부에 처해 있을 때 훨씬 더 자주 자기의 신앙 고백을 부끄럽게 만듭니다. 또 다른 위험, 곧 점점 세속화 될 위험이 있습니다. 어떤 사람이 자기의 재산이 늘어가는 것을 알게 될 때, 이상스럽게도 돈이 그 사람의 손가락에서 떨어지지 않는 것입니다. 이제 막 충분히 가진 그 사람은 만약 자기가 필요로 하는 것보다 더 많이 가진다면, 굉장히 많은 선심을 쓸 수 있을 것이라고 생각하게 되었습니다. 지갑에 돈이 적었을 때, 마음은 풍성했습니다만, 이제 지갑에 돈이 두둑이 차니까 마음은 도리어 좁아졌습니다. 그는 그 돈이 착 달라붙어 있고 그 돈을 떼어버릴 수 없다는 사실을 알게 됩니다. "돈 거미(money-spinner)"라고 불리는 거미에 대한 얘기를 여러분은 들어보셨을 입니다. 그 거미가 왜 그렇게 불리는지는 모르겠습니다만, 다만 여러분의 손가락에서 떼어 낼 수 없는 그런 종류의 거미라고만 알 뿐입니다. 그것은 여러분의 한 쪽 손에 올라가고, 그 다음에는 다른 쪽 손으로, 그리고 여러분의 소매 위로 올라갑니다. 그것은 여기저기 기어 다닙니다. 그것은 완전히 짓눌려 죽여 버리기 전에는 그것을 제거할 수 없습니다.

　풍부에 처한 많은 사람들이 이와 같습니다. 돈은 사용될 때 좋은 것입니다. 힘이 되고 사업자금과 자선사업의 자금이 됩니다. 그러나 마음속에 들어 있으면서 "더럽게 부식시키는 녹"이 슬게 될 때, 그것은 나쁜 것입니다. 돈은 지지기반이 되면 좋은 것입니다만 그것이 도리어 허리 주변이나 머리 위로 올라가면 나쁜 것입니다. 사람을 생매장하는데 사용되는 것은 귀한 흙이라 할지라도 그것은 귀한 것이 아닙니다. 오, 자기의 재산 때문에 망해 버린 것처럼 보였던 그리스도인들이 참으로 많았습니다. 하나님의 자비와 너그러움을 통하여 영혼이 무기력해지고 영적인 일들에 무관심해지는 것은 안타까운 일이 아닙니까? 그러나 이것이 불가피한 문제는 아닙니다. 왜냐하면 사도 바울은 자기가 풍부에 처하는 법을 알았다고 우리들에게 말하고 있기 때문입니다. 그는 많이 가지고 있었을 때, 그것을 사용하는 법을 알고 있었습니다. 그는 자기가 겸손한 자세를 계속 취할 수 있도록 하나님께 기도했습니다. 그가 순탄한 항해를 할 때, 아주 많은 짐을 실을 수 있게 해 달라고, 그의 잔이 넘쳐흐를 때 그 잔이 넘쳐 허비되는 일이 없게 해 달라고, 그가 풍성한 가운데 있을 때 그것들을 궁핍한 자들에게 기꺼이 줄 수 있게 해 달라고, 그리고 충성스러운 청지기로서 주님의 뜻에 따라 자기가 가진 모든 것을 지키게 해 달라고 하나님께 기도했습니다. "내가 비천에 처할 줄도 알고, 풍부에 처할 줄도 안다"고 했습니다. 사도는 계속해서 "모든 일에 배부르며, 배고픔과 풍부와 궁핍에도 일체의 비결을 배웠노라"고 말합니다. 풍부에 처하는 법을 안다는 것은 신령한 학습입니다. 왜냐하면 이스라엘 자손은 한때 풍성한 가운데 있었고 또 고기가 그들의 입에 있을 때, 하나님의 진노가 그들 위에 임했기 때문입니다. 기록된 바 "백성이 앉아서 먹고 마시며 일어나서 뛰놀더라"(출 32:5; 고전 10:7)는 말씀과 같이 자기들 마음의 욕망을 채우기 위해 은혜를 구하는 사람들이 수없이 많았습니다. 양식이 가득 차면 종종 혈기가 왕성해졌고, 또 그것은 영혼의 방종을 불러일으켰습니다.

사람들이 하나님의 은혜를 너무 많이 받게 될 때 — 우리가 이런 말을 해야 한다는 것이 이상합니다만, 사람들이 하나님의 섭리적 은혜를 많이 받는다면, 그것은 귀한 일입니다 — 그들이 하나님의 은총을 거의 간직하지 못하고 그들이 받은 그 은총들에 대해서 거의 감사하지 않는 그런 일이 종종 생깁니다. 그들은 넉넉해서 하나님을 잊어버립니다. 땅의 것에 만족하며, 천국 없이도 만족하며 삽니다. 사랑하는 성도 여러분, 확실히 배고픔에 처하는 법을 알기보다 풍부에 처하는 법을 알기가 더 어렵습니다. 배고픔에 처하는 법을 안다는 것은 살이 에이는 것 같은 학습입니다. 그러나 결국 풍부에 처하는 법을 안다는 것이 더 어렵습니다. 인간의 본성은 교만해지고자 하는 성향과 하나님을 잊어버리려는 성향을 가지고 있는데, 그런 성향은 아주 고약합니다. 우리가 갑절의 만나를 취하여, 그것을 저장하기 시작하면, 그것은 곧 벌레들이 되고 하나님의 코에 불쾌한 악취를 풍기게 됩니다. 풍부에 처하는 법을 가르쳐 주시라고 하나님께 기도로 간구하십시오.

　　사도는 더욱이 풍부와 배고픔이라는 그 두 극단을 몸소 체험하는 방법을 알 았습니다. 그것은 참으로 엄청난 시련이었습니다. 하루는 은혜가 뒤덮인 길을 걷고, 또 다음 날은 갖가지 위로가 메마른 땅을 맞이했습니다. 저는 자신의 가난 에 대해 자족하는 가난한 사람을 쉽사리 상상할 수 있습니다. 왜냐하면 그 사람 은 그 가난에 익숙해졌기 때문입니다. 그는 새장 속에서 태어나 자유가 무엇을 뜻하는지도 모르는 한 마리의 새와 같습니다. 그러나 이 세상의 좋은 것들을 많 이 가져보고 그래서 풍부에 처해 본 사람으로서 극한 가난에 빠진 자는 한때 높 이 날았지만 이제는 새장 속에 갇힌 새와 같습니다. 여러분이 가끔씩 새를 파는 가게에서 보시는 가련한 종달새들은 항상 위를 쳐다보고 싶은 것처럼 보입니다. 그 새들은 날개를 펴고 날아가고 싶어하며 철망을 계속 쪼아댑니다. 은혜가 보 호해 주지 않는다면 여러분도 그와 같을 것입니다. 여러분이 이전에 부유했고 이제 가난한 자리에 처하게 되었다면 여러분은 "배고픔에 처하는 법"을 알기가 힘들 것입니다.

　　사랑하는 성도 여러분, 그것은 분명히 뼈아픈 학습입니다. 우리는 가끔씩 가난한 사람들이 투덜거리는 것에 대해 불평합니다. 아! 만약 그들의 그런 운명 이 우리들에게 임하였다면, 우리는 그들보다 훨씬 더 많이 투덜거렸을 것입니 다. 먹을 것이라고는 아무것도 없는 식탁에 대여섯 명의 어린 자녀들이 둘러앉 아 빵을 달라고 울고 있는 모습은 그 아버지를 가슴 아프게 합니다. 반대로 남편 을 먼저 여읜 여인이 있다고 합시다. 그녀는 침울한 분위기에 휩싸인 가정을 둘 러보고 자기의 신생아를 가슴에 꼭 껴안습니다. 다른 사람들도 가장 없이 생계 를 꾸려가고 있다는 것을 생각하면서 쓸쓸한 마음으로 그들을 바라봅니다. 오, 배고픔에 처하는 법을 알기 위해서는 반드시 많은 은혜가 필요합니다. 직장을 잃어버리고 또 다른 직장을 구하기 위해서 런던 거리를 다 다녀본 — 아마도 천 마일 정도는 되겠지요 — 어떤 사람에 대해 생각해 봅시다. 그가 그렇게 애쓰지 만 직장을 구할 수 없고 가정으로 돌아옵니다. 그가 아내의 얼굴을 대할 때, 그 녀의 첫 질문이 "빵 좀 가져오셨어요? 뭔가 할 일을 구하셨어요?" 일 것이며, 자 기는 그녀에게 "아니오. 아무도 나에게 일자리를 제공하지 않았소"라고 말해야 한다는 사실을 알고 있습니다. 배고픔을 인정하고 그것을 인내하고 감수한다는 것은 힘든 일입니다. 저는 본 교회 교인들 중에서 뜻밖에 재산을 다 잃어버렸다 는 소식을 들었는데, 그 후에 대처해 나간 그들의 이야기를 듣고 그분들을 칭찬하고 존경의 눈길을 보낸 적이 있습니다. 그들은 그 누구에게도 말하지 않았고, 또 저에게도 찾아오지 않았습니다. 그러나 그들은 고통을 남몰래 감수했고, 모든 어려움과 위험들을 늠름하게 밀어 헤치고 나갔으며, 그래서 넉넉히 이긴 자들로 밝혀졌습니다. 아! 성도 여러분, 여러분이 그것을 책에서 보게 될 때는 쉬운 학습같이 보입니다. 그러나 여러분이 그것을 실제로 겪게 될 때, 그것은 그리 쉽지 않습니다. 풍부에 처하는 법을 아는 것은 어렵습니다. 그러나 배고픔에 처하는 것을 안다는 것은 참으로 뼈아픈 고통입니다. 사도는 그 둘 — 풍부에 처하는 법과, 궁핍을 견디는 법 — 을 모두 배웠습니다.

　본문 말씀을 상세하게 설명하는 가운데 바울 사도 자신의 주석을 해석하면서 본 구절 자체에 주의를 기울여 보겠습니다. 그가 어떤 연구 과정을 통해서 이런 평화로운 심경을 얻게 되었는가?라고 여러분은 질문하실 것입니다. 우리는 한 가지 사실, 즉 그런 심경은 극기라는 금욕주의적 과정을 통해 얻은 것이 아니라, 오직 그리고 절대적으로 하나님의 아들에 대한 믿음으로 얻은 것임을 확신할 수 있는 것입니다.

　사치스러운 주거 환경에 살지만 과학적인 발견을 목적으로 외국의 곳곳을 여행하거나, 자기 나라를 위하여 군사적 원정대를 지휘할 목적으로 해외에 나가는 어떤 귀족을 여러분은 쉽사리 상상할 수 있습니다. 이 두 가지 경우 중 어떤 경우에서든지 그는 자기의 급료에 대하여 만족해야 하며 불평할 것이라고는 아무것도 없다고 생각합니다. 그러면 왜 그럴까요? 이는 그것이 그의 신분이나 재산, 혹은 국내에서의 자신의 사회적 위치에 맞는 것이기 때문이며, 더 나은 것을 기대할 권리가 없기 때문입니다. 우리의 사도 역시 그렇습니다. 그는 "우리의 시민권은 하늘에 있다"고 말했습니다. 나그네와 행인같이 땅을 지나 여행하는 그는 여행자들이 받는 급료에 대해서 만족했습니다. 혹은 전쟁터에 나가면서 그는 가끔씩 위험들과 근심거리들이 자기의 길을 둘러싸는 일에 대해 불평할 근거가 없었습니다. 반면에 다른 때, 휴전 시에 그는 다소 평화롭고 만족스러운 기간을 보냈던 것입니다.

　다시 본문으로 돌아가서 여러분이 이탤릭체로 기록된 "그것으로(therewith, 개역개정에는 없음)"라는 단어를 대할 수 있습니다. 우리가 그 말을 생략하지 않을지라도, 번역상 그 말을 강조할 필요는 없습니다. 배고픔과 목마름, 혹은 헐벗음, 위험 등에는 우리에게 만족을 줄 만한 것은 아무것도 없습니다. 우리가 그런 환경 아래서 만족하고 있다면, 그것은 조건 자체가 제공하는 것이 아니라, 좀 더 고상한 동기로부터 오는 것임이 틀림없습니다. 혹독한 궁핍 가운데 처하게 될 때, 배고픔은 찌르는 가시입니다. 그러나 사람이 거리낌 없이 기꺼이 금식할 때에는, 수십 시간 동안 자발적으로 배고픔을 견딜 수 있습니다. 비난은 쓰라린 독이빨을 가지고 있습니다만 저의 입장이 정의롭다는 감정으로 활기를 얻게 될 때에는, 그 비난을 용기 있게 견딜 수 있습니다. 바울은 자기에게 임한 모든 나쁜 것들이 주님을 섬기다가 부수적으로 일어나는 일이라고 여겼습니다. 그래서 그는 예수님의 이름을 위하여 종으로서의 고초를 겪는 일과, 스스로 삼가는 절제의 생활을 가볍게 감당하였고, 마음으로 기뻐하면서 견디었습니다.

바울이 만족했던 다른 이유가 있습니다. 그것을 설명하겠습니다. 많은 경험을 쌓은 나이 많은 노병(老兵)들은 과거 생애의 위험들과 고난들을 되새겨 보는 것을 큰 즐거움으로 삼습니다. 그는 만족감에 젖어 과거를 회상합니다. 자기의 영웅적인 경력 속에 담긴 무서운 위험들과 근심거리들을 돌아보고 때때로 자찬하기도 합니다. 자기의 이야기를 할 때, 그 눈에 빛나는 미소와 주름 잡힌 이마에 서리는 교만함 같은 것이, 바울이 지금 묘사하고 있는 그 장면 가운데는 전혀 없었습니다. 위험들은 이미 지나갔고 두려움도 사라졌으며, 그의 과제는 이미 끝났고 그의 열정이 불꽃으로 타올랐기 때문입니다. 그러나 바울은 우월한 위치에 서서 "모든 일에 우리는 이기고도 남는다"라고 말했습니다. 로마를 향해 가는 그의 항해를 바라보십시오. 그가 탄 배가 폭풍에 사로잡혀 시달리며 어둠이 하늘을 뒤덮고, 해도 별도 수일 동안 보이지 않았을 때, 그래서 모든 사람의 마음에 소망이 끊어졌을 때, 그는 홀로 남자다운 용기를 가지고 굴하지 않았습니다. 왜 그랬을까요? 하나님의 천사가 그의 곁에 서서 두려워 말라고 말했기 때문입니다. 그의 믿음은 예정론적인 믿음이었습니다. 그래서 환난이 끝났을 때와 같이 그 환난이 계속되는 동안에도, 그의 가슴에는 평화로운 만족감이 가득 차 있었습니다.

이제 저는 본문의 교훈을 부자들에게는 아주 간단하게, 가난한 사람들에게는 좀 더 자세하게 권고를 드리고 싶으며, 그 다음에 병든 자들 — 고통으로 그 인격에 심한 피곤을 느끼고 있는 분들 — 에게는 동병상련의 마음으로 권면과 충고를 드리고 싶습니다.

먼저 부자들에게 말씀드리겠습니다. 사도 바울은 "어떠한 형편에든지 나는 자족하기를 배웠노니”라고 말하고 있습니다. 여러분의 환경에 관한 한 여러분 중의 어떤 분들은 마음으로 바랄 수 있는 모든 것을 가지고 있습니다. 하나님께서 여러분을 좋은 위치에 두서서 여러분은 여러분의 손으로 수고를 하지 않아도 되며, 여러분의 얼굴에 땀을 흘리지 않아도 생활비를 벌 수 있게 된 것입니다. 여러분은 여러분을 향한 만족하라는 충고가 불필요하다고 생각할지 모르겠습니다. 하지만 안타깝게도! 나의 형제들이여, 사람은 비록 아주 부유하다해도, 아주 불만족할 수 있다는 것입니다. 보좌에 앉아 있으면서도 마치 나무 의자 — 오두막집에 있는 등받이가 부러진 볼품 없는 의자 — 위에 앉아 있는 것처럼 불평한다는 것입니다. 사람의 만족은 그의 소유의 정도에 있는 것이 아니라 그의 생각 속에 있다는 것을 기억하십시오. 온 세계를 자기의 발 아래 두었던 알렉산더는 정복할 다른 세계를 달라고 외칩니다. 그는 자기의 의기양양한 권력을 뻗치고 자기 부하들의 피를 흘리며 용맹스럽게 진군하고 그칠 줄 모르는 야망의 갈증을 해소시킬 만한 다른 나라가 없어서 안타까워합니다. “자족하기를 배우라”는 훈계를 가난한 사람들에게도 반드시 해야 하겠지만 부유한 여러분들에게도 이 훈계를 드려야 하겠습니다. 재산이 많은 여러 부자들이 만족할 줄을 모릅니다. 이는 마치 이스라엘 왕이 자기 궁궐 곁에 있는 땅을 나물 밭으로 삼으려 했으나 그렇게 하기 어려웠던 나봇의 포도원처럼 모퉁이 땅이 그 이웃에게 조금이라도 속해 있기 때문입니다. 그는 “내가 나봇의 포도원을 가질 수 없다면 이 모든 땅을 가진들 무슨 소용이 있으리요”라고 말합니다. 확실히 왕이 그 가난한 사람의 세습재산인 보잘것없는 그 땅을 탐낸다는 것은 부끄러워해야 마땅한 일입니다. 그러나 말을 타고도 다 돌아볼 수 없을 정도의 광대한 토지를 가진 사람들도 그 마음속에 “다오, 다오! 좀 더, 좀 더!”라고 항상 부르짖으며 욕심이 가득합니다. 그들은 적게 가졌을 때는 일만 파운드만 있으면 족하겠다고 생각했습니다. 그들은 그 돈을 가지고 있습니다. 그들은 이제 이만 파운드를 원합니다. 그 돈을 가지면 여전히 더 원할 것입니다. 그렇습니다. 여러분이 그 돈을 가졌다면, “조금만 더”라고 할 것입니다. 계속 그렇게 할 것입니다. 여러분의 소유가 불어나면 재산을 더 얻겠다는 욕망도 늘어납니다. 따라서 우리는 “여러분의 처지에서 자족하기를 배우라”는 훈계를 부자들에게 강조해야 하겠습니다.

　게다가 종종 부자를 기다리는 또 다른 위험이 있습니다. 그가 충분한 부와 재산을 가졌을 때에라도, 항상 충분한 명예를 누리고 있는 것은 아닙니다. 만약 여왕이 그를 어떤 지역의 치안판사로 임명한다면, 그분은 얼마나 영광스럽겠습니까? 그 일이 이루어지고 나면, 그는 자기가 기사의 작위를 받을 때까지는 결코 만족하지 않을 것입니다. 그리고 그가 기사가 되면 그는 남작이 되기까지는 결코 만족하지 않을 것이며, 또 그 다음에 백작이 되기까지는 결코 만족하지 않을 것이요, 또한 공작이 될 수 없다면, 그는 결코 만족하지 않을 것입니다. 더 나아가 그는 자기가 다스릴 왕국이 어디에도 없다면, 그는 만족하지 않을 것이라고 저는 생각합니다. 사람들은 명예에 대해 쉽사리 만족하지 않습니다. 세계가 어떤 사람의 발 아래 절을 합니다. 그 다음에 그는 그 세계가 다시 절하기를 요구하고, 이렇게 계속해서 영원토록 절하기를 원할 것입니다. 왜냐하면 명예에 대한 욕망은 만족을 모르기 때문입니다. 사람은 반드시 존경을 받아야 합니다. 아하수에로 왕이 하만을 제국에서 첫째가는 자로 세우지만, 대궐문에 있는 모르드개가 그에게 절하지 않는 한, 이 모든 것이 소용이 없습니다. 오! 형제들이여, 여러분이 어떠한 형편에 있든지 자족하기를 배우십시오.

본 교회의 장로님들과 집사님들께 말씀드리겠습니다. 형제들이여, 스스로 높아지려고 어떤 높은 명예를 부러워하지 마시고 여러분의 현재의 직위에 대해 만족하는 법을 배우십시오. 저는 저 자신을 돌아보고 저의 사역을 돌아보며 그리스도의 교회 안에서의 우리들의 신분과 계급을 따라 우리 모두에게 눈길을 돌려봅니다. 우리는 하나님께서 기쁘게 우리들에게 부여하시는 그 명예에 대해 만족해야 합니다. 아니, 명예에 대해서는 전혀 중요하게 생각하지 말고, 그것은 결국 한순간의 입김임을 알면서 그것을 몽땅 포기하더라도 만족합시다. 기꺼이 교회의 종들이 되어 아무런 보상 없이 성도를 섬깁시다. 만약 우리에게 성도들이 보내주는 감사의 보답이 없다면, 우리는 마침내 주 예수 그리스도의 입술에서 흘러나오는 정당하고도 선한 선포의 말씀을 받게 될 것입니다. 우리는 어떤 형편에 처하든지 자족하기를 배워야 합니다.

가난한 사람들에게 좀 더 많은 충고를 드리겠습니다. 사도는 "어떠한 형편에 든지 나는 자족하기를 배웠노니"라고 말하고 있습니다.

여기에 계시는 회중의 대다수가 힘들게 노동하시는 분들이요, 또 아마도 가난한 사람들의 명부에 기명될 사람들일 것입니다. 이 분들은 근근이 살아가는 사람들이며, 때로는 아주 궁핍한 처지에 처하기도 합니다. 친애하는 교우들이여, 가난한 여러분들이여, 세상에는 두 종류의 가난한 사람들이 있음을 기억하십시오. 주께 속한 가난한 자들이 있고, 마귀에게 속한 가난한 자들이 있습니다. 마귀에게 속한 가난한 자들에 대해 말하자면, 그들은 그들 자신의 게으름과 악덕과 사치로 말미암아 곤궁하게 될 것입니다. 오늘 밤 그분들에게는 할 말이 없습니다. 또 다른 한 부류가 있는데, 주께 속한 가난한 자들입니다. 그들은 섭리의 연단을 받는 가운데 가난합니다. 그들은 가난하지만 부지런합니다. 모든 사람의 목전에서 만사를 정직하게 처리하려고 노력합니다. 그러나 여전히 그들은 이해할 수 없는 섭리로 인하여 가난한 자들과 궁핍한 자들의 수에 계수됩니다. 형제 자매들이여, 만족하라는 훈계에 대하여 여러분은 양해하시리라 믿습니다. 그러나 여러분을 분발시켜 순수하고 사랑스럽고 평판이 좋은 모든 것을 하도록 하는 것이 저의 임무 중의 일부분인 이상, 제가 무엇 때문에 그 일에 꼭 양해를 구해야 할까요? 여러분의 초라한 영역에서 만족을 배양하시기를 간청합니다. 게으르지 마십시오. 할 수 있다면, 뛰어난 기술과 꾸준한 인내와 근검절약으로써 여러분의 처지를 일으켜 세우려고 힘쓰십시오. 전혀 애쓰지도 않고 조심하지도 않는 삶을 살 정도로 사치하지 마십시오. 왜냐하면 조심스럽게 앞날을 생각하면서 자기 가정을 부양하지 않는 사람은 이방인이나 세리만도 못한 자이기 때문입니다. 그러므로 만족해하면서 하나님께서 여러분을 두신 그곳, 그 처지를 아름답게 꾸미려고 노력하십시오. 하나님께 감사하고 그의 성호를 찬양하십시오. 여러분이 그렇게 해야 할 몇 가지 이유를 말씀드리겠습니다.

여러분이 이 세상에서 가난하다면, 여러분의 주님도 그러하셨다는 것을 기억하십시오. 그리스도인은 그리스도와 교제를 갖는 신자입니다. 그러나 가난한 그리스도인은 그의 가난 속에서 그를 향해 크게 열린 그리스도와의 교제의 혈관을 가지고 있습니다. 여러분의 주님은 시골사람의 옷을 입으셨고, 투박한 신발을 신으셨습니다. 그의 동료들은 힘써 일하던 어부들이었습니다. 그는 자색 옷과 고운 베옷을 입고 날마다 호식하는 분이 아니었습니다. 그는 배고픔과 목마름이 무엇인지 아셨습니다. 아니, 그는 여러분보다 더 가난하셨습니다. 왜냐하면 그는 머리 둘 곳조차 없었기 때문입니다. 이런 사실을 통하여 여러분이 위로를 받으십시오. 어찌 제자가 그 선생보다, 종이 그 상전보다 나을 수 있겠습니까? 더 나아가 여러분의 가난 속에서 여러분은 그리스도와 교통할 수 있습니다. 여러분은 "그리스도께서 가난하셨는가? 나는 그와 함께 그의 가난에 공감할 수 있다. 그는 지쳐서 우물가에 앉으셨던가? 나도 역시 지쳐 있으니 그 이마에서 닦아내신 그 땀을 인해 나는 그리스도와 교제할 수 있다"라고 말할 수 있습니다. 여러분의 형제들 중에 어떤 분들은 여러분이 갈 수 있는 정도까지 갈 수 없습니다. 그들은 의도적으로 가난하게 되려고 한다면 그것은 잘못입니다. 왜냐하면 자발적인 가난은 자발적인 악행이기 때문입니다. 그러나 하나님께서 여러분을 가난하게 하신 까닭에 다른 사람들이 할 수 없는 곳에서 여러분은 그리스도와 동행할 수 있는 편의를 가지고 있습니다. 여러분은 근심과 비통의 모든 심연을 지나면서 그와 함께 동행할 수 있고, 여러분의 빵이 없음으로 인해 곤궁과 어려움에 처해 있을 때, 유혹의 광야로 그를 따라 들어갈 수 있습니다. 이 모든 것을 인하여 여러분은 항상 즐거워하시고 위로를 얻으십시오. 또 가난 가운데서 기뻐하십시오. 이는 여러분의 주님은 여러분을 구원하실 수 있을 뿐 아니라 여러분을 동정하실 수 있기 때문입니다.

여러분은 만족해야 합니다. 그렇지 않으면 여러분은 여러분의 기도를 거짓으로 만들고 말 것이기 때문입니다. 이런 사실을 여러분께 거듭해서 상기시켜 드리는 바입니다. 여러분은 아침에 무릎을 꿇고 "주의 뜻이 이루어지이다!"라고 기도합니다. 그리고는 일어나서 여러분 자신의 뜻을 원하고 천부의 섭리를 거스른다고 가정해 봅시다. 여러분은 여러분 자신을 위선자로 만드는 것이 아닙니까? 여러분의 기도의 말은 여러분의 마음의 감정과 모순됩니다. 여러분은 하나님께서 두신 곳에 여러분이 있다는 사실을 항상 생각하시고 그것에 대해 만족하십시오. 불붙는 배의 갑판 위에서 죽어간 영웅적인 한 소년의 이야기를 여러분은 들어보셨습니까? 그의 아버지가 그에게 그 배의 어떤 곳에 서 있으라고 말했을 때, 그는 그의 아버지가 명하기 전에는 움직이려 하지 않았고, 그 배가 불붙고 있을 때에도 여전히 서 있었습니다. 위험하다는 경고를 받았지만, 그는 물러서지 않았습니다. 그의 아버지가 그에게 움직이라고 말할 때까지, 그곳에 있을 생각이었습니다. 그 배는 폭파되었고 그는 자기의 신의를 지킴으로써 생명을 잃었던 것입니다. 우리가 하늘에 계신 우리 아버지께 신실한 것보다 한 어린아이가 땅의 아버지에 대하여 더 신실해야 하겠습니까? 하나님께서는 우리의 유익을 위해 모든 것을 명령하셨습니다. 그렇다면 하나님께서 우리를 잊어버릴 수 있겠습니까? 그분이 우리에게 정해 주신 것이 무엇이든지 간에 그것이 최고로 좋은 것이라고 믿읍시다. 우리의 뜻보다 그분의 뜻을 택합시다. 하나는 가난이 있는 곳이요, 또 하나는 부와 명예가 있는 곳, 이 두 곳이 있는데 내가 만약 선택할 수 있는 처지라면, "내 뜻대로 마옵시고 아버지의 뜻대로 하옵소서"라고 말하는 것이 나의 특권입니다.

또 다른 면에서 생각을 하여 봅시다. 만약 여러분이 가난할지라도 여러분은 여러분의 처지에 대해 충분히 자족해야 합니다. 이는 틀림없이 그 처지가 여러분에게 가장 알맞기 때문입니다. 여러분의 운명은 한 치의 오차도 없이 제자리에 놓여 있습니다. 만약 여러분이 부자였다면, 여러분은 여러분이 현재 누리고 있는 그 큰 은혜만큼 큰 은혜를 누리지 못했을 것입니다. 하나님께서 여러분을 가난하게 만드시지 않았더라면, 여러분을 결코 천국으로 가게 하지 못할 것이라는 사실을 아마도 하나님은 아셨을 것입니다. 그래서 하나님께서 여러분을 여러분이 현재에 처해 있는 상태에 있게 하셨습니다. 하나님께서 여러분을 그곳으로 인도하신 것입니다. 강으로 올라와야 할 큰 배 한 척이 있는데 그 강에는 얕은 곳이 있다고 가정합니다. 그러면 누군가 "어째서 선장은 그 배를 운하의 가장 깊은 곳으로 통과하도록 조정합니까?"라고 질문하겠지요. 선장은 "이는 내가 만약 이 수로를 따라 배를 운항하지 않으면 나는 결코 이 배를 항구에 정박시키지 못하기 때문입니다"라고 대답할 것입니다. 만약 여러분의 신령하신 선장께서 여러분으로 하여금 가장 깊은 수로를 따라 가게 하지 않으시고 또 가장 물살이 빠른 곳으로 가게 하지 않으셨다면, 아마도 여러분은 좌초하여 파선하였을 것입니다. 어떤 식물들은 햇빛에 너무 많이 노출시키면 죽습니다. 아마도 여러분은 여러분이 원하는 만큼 많은 햇빛을 받을 수 없는 정원의 다소 그늘진 곳에 심겨진 것일 것입니다. 그러나 여러분은 그의 공정한 식목(植木)에 의해 심겨진 식물로서 그곳에 있게 된 것입니다. 그곳에서 여러분은 완전히 열매를 맺게 될 것입니다. 여러분이 현재 처해 있는 상태보다 더 나은 상태가 여러분에게 있을 수 있었다면, 하나님께서 여러분을 그곳에 두셨을 것이라는 사실을 기억하십시오. 여러분은 하나님으로 말미암아 가장 적절한 곳에 놓여 있습니다. 만약 여러분이 여러분의 운명을 30분이라도 마음대로 하였다면, 여러분은 되돌아와 "주여, 저를 위해 선택해 주십시오. 왜냐하면 저는 결코 가장 좋은 것을 택하지 못했기 때문입니다"라고 말했을 것입니다.

여러분은 아마도 이솝의 우화 가운데서 사람들이 각자의 짐 때문에 제우스에게 불평을 늘어놓았고, 그래서 그 신은 화가 나서 그들 모두의 짐을 없애라는 명령을 내렸으며 각자의 가장 좋아하는 것을 택하게 하였다는 이야기를 들어보셨을 것입니다. 그들은 모두 와서 그렇게 하기를 제안하였습니다. 한 쪽 다리를 저는 사람이 있었는데 그는 한 쪽 눈이 안 보이는 것이 훨씬 나을 것이라고 생각하였습니다. 한 쪽 눈이 먼 사람은 눈이 보이고 가난을 겪는 것이 더 낫겠다고 생각했습니다. 반면에 가난한 사람은 가난은 모든 나쁜 것들 중에서 가장 나쁜 것이라고 생각하였습니다. 그래서 그는 재산을 가지기만 한다면 부자가 앓고 있는 병도 개의치 않겠다고 생각하였습니다. 그래서 그들은 모두 바꿔 가지게 되었습니다. 그러나 그 우화는, 한 시간도 채 못되어 그들은 모두 되돌아와서 그들 본래의 짐을 달라고 간청했다고 합니다. 이는 그들이 그들의 본래의 짐들이 자기가 선택한 짐보다 더 가볍다는 것을 알게 되었기 때문이라는 것입니다. 여러분도 그런 사실을 깨닫게 될 것입니다. 따라서 자족하십시오. 여러분은 여러분의 운명을 개선할 수 없습니다. 여러분의 십자가를 지십시오. 여러분은 여러분이 지금 겪고 계시는 것보다 더 나은 시련을 겪을 수 없습니다. 그것이 여러분에게 가장 좋은 것입니다. 그것은 여러분에게 좋은 것을 가장 많이 제공해 줍니다. 그것은 여러분에게 가장 큰 유익을 줄 것이며, 여러분으로 하여금 모든 좋은 말과 좋은 일을 통해 하나님께 온전히 영광을 돌려드리는 가장 효과적인 방법임이 드러날 것입니다.

　　친애하는 성도 여러분, 진실로 제가 여러분이 자족해야 하는 이유에 대해 또 한 가지 주장을 덧붙일 필요가 있다면, 다음과 같은 내용일 것입니다. 여러분의 문제가 무엇이든지 간에 그것은 오래가지 않을 것이라는 사실입니다. 여러분은 세상에 재산이 없습니다만, 천국에는 많은 재산이 있습니다. 아마도 하늘나라에 있는 그 재산은 여러분이 낮은 곳에서 당해야 했던 가난 때문에 훨씬 더 많을 것입니다. 여러분은 여러분의 머리를 둘 집 한 칸조차 제대로 없습니다. 그러므로 여러분의 하늘의 대저택 ― 손으로 짓지 아니한 집 ― 이 있습니다. 여러분의 머리는 종종 베개를 베지 못할 때도 있습니다만, 장차 언젠가 면류관을 쓰게 될 것입니다. 여러분의 손은 수고로 인해 물집이 생겼습니다만, 금 거문고 줄을 퉁기게 될 것입니다. 여러분은 종종 푸성귀만 차려놓은 저녁 식사를 하기 위해 가정으로 돌아가야 할 때도 있을 것입니다. 그러나 그곳 천국에서는 빵을 먹게 될 것이요, 어린 양의 혼인잔치 자리에 앉게 될 것입니다.

　　　"그 길은 험난하나 결코 멀지 않네

> 소망과 용기를 갖고 노래하며
> 그 길을 평탄케 하리라."

잠시 후에 그 고통스러운 갈등은 끝나게 될 것입니다. 용기를 내십시오. 동료들이여, 용기를 내십시오. 승리자들을 위해 빛나는 옷이 예비되어 있습니다. 용기를 내십시오. 형제들이여, 용기를 내십시오. 여러분은 곧 여러분이 꿈꾸고 있는 것보다 더 부유해질 것입니다. 아마도 여러분과 여러분의 기업 사이에는 한 계단밖에 남아 있지 않을 것입니다. 여러분은 혹시 삼월의 바람 때문에 후들후들 떨며 본향으로 돌아갈지 모르겠습니다만, 아침의 동이 트기 전에 여러분은 주님의 가슴에 안겨 있을 것입니다. 그러므로 여러분의 운명에 대해 끝까지 견디십시오. 그것을 참고 받아들이십시오. 별들 너머에 재산을 가지고 있는 왕의 자녀가 다른 사람들처럼 투덜거려서는 안 됩니다. 결국 여러분은 아무 소망이 없는 자들과 같이 가난한 자들이 아닙니다. 여러분이 비록 가난한 것처럼 보이지만 여러분은 부자입니다. 여러분의 가난한 이웃이 여러분을 볼 때 서글픈 마음이 들도록 해서는 안 되며, 그들이 여러분 속에서 거룩한 평온, 감미로운 체념, 은혜로운 복종을 보게 하십시오. 그것은 가난한 사람을 보배로운 관을 쓴 자보다 더 영광스럽게 만들며, 흙의 자녀를 그 초라한 거처에서 들어올려 천국 혈통의 왕손들 가운데 앉힙니다. 기뻐하십시오. 형제들이여, 만족하고 자족하십시오. 여러분이 어떤 형편에 있든지 하나님께서는 여러분이 자족하기를 배우게 하실 것입니다.

이제 고난당하는 분들에게 말씀드리겠습니다. 모든 사람들은 슬픔을 당하기 위해 태어납니다. 그러나 어떤 사람들은 갑절의 슬픔을 당하기 위해 태어납니다. 나무들 가운데에서처럼 사람들 가운데에도 각기 다른 계층이 있습니다. 사이프러스 나무(편백나무 과(科)의 상록 침엽수; 상(喪)·애도의 상징으로서 묘지에 심음)는 특별히 무덤가에 서 있으면서 애곡하는 자가 되기 위해서 지음을 받은 것 같습니다. 울기 위한 목적으로 태어난 것 같은 사람들이 남녀 간에 다소 있습니다. 그들은 우리 민족의 예레미야와 같은 사람들입니다. 그들은 종종 고통에서 단 한 시간도 자유롭지 못할 때도 있습니다. 그들의 지친 가련한 육신들은 비참한 생활로 인해 질질 끌려왔습니다. 심지어 태어날 때부터 병들었을지 모르겠습니다. 그들은 슬프게도 병약하여 고통을 당해 왔을 것이고, 그것은 그들로 하여금 젊은 시절의 쾌활함과 즐거움조차 모르게 할 것입니다. 그들은 슬퍼하기 위해 성장하고 있습니다. 매년 당하는 고통은 그 고통의 모습으로 하여금 그들의 이마에 더 깊은 주름이 생기게 합니다. 그들은 투덜거리며, "나는 왜 이러한가? 나는 다른 사람들처럼 생의 즐거움을 누릴 수 없다. 왜 그런가?"라고 말할 가능성이 많습니다. 누가 그들을 비난할 수 있겠습니까? 어떤 가련한 자매는 "오, 결핵이 나를 엄습했어요. 그 무서운 질병이 나의 뺨을 창백하게 만들었어요. 나는 하나님의 집에 올라오려면, 숨이 차서 견딜 수 없고 이 자리에 앉고 나면, 붐비는 교회당의 열기 때문에 기진맥진해지고, 집으로 돌아가면 나에게 너무 벅찬 일거리가 나를 기다리고 있으며, 침대는 편안하지 못하며, 밤에는 환영 때문에 깜짝깜짝 놀라고, 악몽으로 공포에 젖게 되니, 이것이 무엇 때문인가요?"라고 말을 합니다. 만약 이러한 형제와 자매들이 슬퍼하고 있다면, 저는 우리가 그들을 비난하는 사람들이 아님을 말씀드립니다. 왜냐하면 우리가 병들 때, 우리는 그 병을 잘 견디지 못하기 때문이며, 그들보다 더 많이 투덜거리게 될 것이기 때문입니다. 저는 인내를 칭찬합니다. 이제 제 자신이 스스로 인내할 수 없다고 느끼기 때문입니다. 제가 어떤 사람이 고통당하는 것을, 그것도 용감하게 고통을 견디는 것을 볼 때, 저는 종종 제가 그 앞에서 왜소해지는 것을 느낍니다. 고통을 견딜 수 있고, 그 고통을 하찮다고 말할 수 있는 사람에 대해 저는 경의를 표하며 칭찬하고 사랑합니다. 본래 건강하고 튼튼한 우리들이 고통당할 때, 우리는 그것을 견디기가 대단히 어렵습니다. 카이사르와 같은 사람과 가장 강한 사람들도 그들이 파멸에 처하게 될 때에는 병든 소녀같이 웁니다.

그러나 반면에 항상 고통을 당하고 있는 사람들은 그 고통을 영웅들 —고통을 당하나 불평하지 아니한 순교자들 — 처럼 견딥니다. 요한 칼빈은 일생 동안 병이 그친 적이 없는 질병의 희생물이었습니다. 그는 온갖 질병을 다 가지고 있었습니다. 각기 다른 그의 초상화를 가지고 판단해 보건대 젊은 시절 그의 용모는 쇠잔해가는 모습을 여실히 보여줍니다. 그가 다소 오래 살기는 했지만 그는 마치 항상 내일이라도 당장 죽을 사람처럼 보였습니다. 쓰라린 척추의 고통과 격렬한 질병의 고통으로 인한 극심한 고난 가운데 그가 발설할 줄 아는 유일한 부르짖음은 "주여, 언제까지 계속하시렵니까? 주여, 얼마나 오랫동안? 주여, 얼마나 오랫동안?"이었습니다. 그는 결코 불평하는 표현을 쓰지 않았습니다. 아! 그러나 우리는 투덜거리고 불평을 늘어놓으면서, 안달하고 스스로를 해칩니다. 성도 여러분, 여러분에게 드리는 훈계는 만족하라는 것입니다. 여러분의 고통은 극심합니다. 그러나 "그가 치심은 여러분의 범죄보다 그 수가 적고 여러분의 죄보다 경합니다." 그리스도께서는 여러분을 지옥의 고통으로부터 건지셨습니다. 살아 있는 사람이 어찌 불평하겠습니까? 여러분이 지옥 밖에 있는 한, 감사가 여러분의 신음에 섞여야 합니다.

게다가 이 모든 고난들은 주님의 고난에 비해 아무것도 아니라는 사실을 기억하십시오. "여러분은 여러분의 주님을 한 시간 동안만이라도 바라볼 수 있겠습니까?" 그는 그 몸에 세상의 모든 불행을 짊어지시고 나무에 달려 있습니다. 여러분은 여러분에게 닥치는, 이보다 훨씬 가벼운 불행을 견딜 수 없습니까? 이 모든 징계는 여러분의 유익을 위해 움직이고 있다는 점을 기억하십시오. 그것들은 여러분을 준비시키고 있습니다. 성부께서 그 막대기로 치시는 그 모든 때림은 우리를 완전한 자리로 점점 더 가까이 나아가게 하시는 것입니다. 불꽃이 여러분을 상하지 못합니다. 단지 여러분을 정결케 합니다. 또한 여러분의 고통과 질병은 너무나 축복된 것이기에 여러분은 결코 거역해서는 안 된다는 사실을 기억하십시오. "고난 당한 것이 내게 유익이라 이로 말미암아 내가 주의 율례들을 배우게 되었나이다"(시 119:71).

여러분이 건강할 때 천국에 대하여 알 수 있었던 것보다 병듦으로 말미암아 천국에 대하여 더 많이 알게 되는 것입니다. 우리는 건강할 때는 진흙으로 만든 오두막집에 있는 사람들과 같이 많은 빛을 볼 수가 없습니다. 그러나 질병이 찾아와 그 오두막집을 흔들어 흙더미를 때려 부수고 벽 속에 박힌 나무 막대기를 흔들리게 할 때, 한두 곳에 틈이 생기고 하늘의 햇빛이 그곳을 통과하여 새어 들어옵니다. 병든 사람들은 사람들이 건강할 때 볼 수 있는 영광보다 훨씬 더 많은 영광을 볼 수 있습니다. 우리들의 이 단단한 마음이 휘저어지는 일이 없을 때 점점 더 무디어집니다. 우리들의 거문고 줄이 모두 다 느슨해져 있을 때, 단단히 아주 잘 조여져 있을 때보다 더 아름다운 곡조의 소리를 냅니다. 우리들이 캄캄한 방 안에 갇혀 있을 때에는 우리들에게 찾아오지만, 그렇지 않을 때는 결코 우리들에게 찾아오지 않는 천국의 선율이 있습니다. 포도주가 만들어지기 전에 포도는 짓이겨져야 합니다. 우리를 세상에서 필요한 자로 만들기 위해서는 용광로의 작용이 반드시 필요합니다. 우리가 가끔씩 병들지 않았다면, 우리는 가장 비참한 존재가 되었을 것입니다. 아마도 종종 피곤하여 자주 고통받는 여러분은 여러분의 믿음의 시련이 없었더라면, 그리스도의 포도원에서 아무 쓸모가 없는 존재였을 것입니다. 여러분은 세밀하게 다듬어지고 있습니다. 그러나 만약 여러분이 잘 다듬어지지 않는다면 여러분은 주인의 쓰시기에 합당한 도구가 되지 못했을 것이며 아주 녹슬어 버렸을 것입니다. 만약 그가 여러분을 매번 고통에서 자유롭게 하셨더라면, 여러분은 영혼들의 의사 되시는 주님이 그의 연약한 환자들에게 투약하시는 그 달콤한 강장제를 종종 공급받지 못했을 것입니다.

그런즉 자족하십시오. 그러나 저는 이 말씀을 드리기가 매우 불편하게 생각됩니다. 이는 제 자신이 병든 상태에 있지 않기 때문입니다. 제가 한때 고통의 방에서 나와 창백하고 허약하고 병들어 아픈 몸으로 여러분에게 왔을 때, 그 말씀은 멀리 미국에 계시는 어떤 분들에게도 복된 말씀이 되었던 "너희가 이제 여러 가지 시험으로 말미암아 잠깐 근심하게 되지 않을 수 없으나"(벧전 1:6)라는 말씀으로 여러분에게 전했던 일이 생각납니다. 그때는 "어떠한 형편에든지 자족하십시오"라는 말을 당연히 거리낌 없이 할 수 있었습니다만, 지금은 제가 고통을 겪지 않고 있기 때문에 그때만큼 그렇게 용감하게 말할 수 없다는 생각이 듭니다. 그럼에도 불구하고 성도들이여, 어떠한 형편에든지 자족하십시오. 여러분이 할 수 있다면 그렇게 하도록 힘쓰시고, 사랑하는 이 바울 사도의 모습을 본받으십시오. "어떠한 형편에든지 나는 자족하기를 배웠노니"라고 했습니다.

말씀을 마치기 전에 다음과 같은 또 하나의 말씀을 선포해야 하겠습니다. 그리스도를 사랑하지 않는 여러분, 여러분은 세상에서 가장 비참한 사람이라는 것을 상기하십시오. 여러분이 스스로 행복하다고 생각하실지 모르지만 여러분 중에 가장 나은 분들과 그 처지를 바꾸고 싶어하는 분이 우리들 중에는 아무도 없습니다. 우리가 심하게 병들어 있고 아주 가난하고 죽음을 눈앞에 두고 있을 때 여러분이 우리들에게 오셔서 "자, 내가 당신 처지와 바꾸겠어요. 당신은 나의 금, 나의 은, 나의 재산과 나의 건강 혹은 그와 같은 것들을 다 차지하시오"라고 말할지라도 살아 있는 그리스도인이라면, 한 사람도 여러분의 처지와 바꾸고 싶어하지 않을 것입니다. 우리는 그 문제를 심사숙고하기 위해 머뭇거리지도 아니할 것입니다. 우리는 즉시 여러분에게 대답할 것입니다. "아니오, 여러분의 길이나 가십시오. 여러분이 가진 것에 대해 기뻐하십시오. 그러나 여러분의 모든 보화는 덧없는 것들입니다. 그것들은 곧 사라질 것입니다. 우리는 우리들의 고통을 계속 감당하렵니다. 여러분은 여러분의 그 번지르르한 장난감들이나 보존하십시오."

　성도들에게는 지옥이 없습니다만, 이 세상에서는 고통을 겪습니다. 죄인들은 이 가련하고 소란스러운 세상에서는 가지는 것이 있을지 모르나 그들에게는 천국이 없을 것입니다. 우리는 현재 고통을 당하나 장차 영광을 얻습니다. 그러나 여러분은 이 세상에서 여러분의 영광을 가지고 있으나 장차 영원토록 고통을 당하게 될 것입니다. 하나님께서 여러분에게 새로운 마음과, 올바른 정신과, 살아 계시는 예수님을 믿는 산 믿음을 주서서, 제가 다른 분들에게 말씀드렸듯이 여러분들에게도 같은 말씀을 전할 수 있기를 원합니다. 즉, 어떤 형편에서든지 자족할 수 있게 되기를 바랍니다.

제
18
장

—

내게 능력주시는 자 안에서

—

“내게 능력 주시는 자 안에서
내가 모든 것을 할 수 있느니라” — 빌 4:13

　　본문 말씀의 상반절을 해석하지 않은 채 하반절만 선포한다면, 그 선포는 무모하고 경솔한 선언이 될 것입니다. 그런 마음으로 “나는 모든 것을 할 수 있다”고 말하면서 헛되이 뽐내던 사람들이 있었습니다. 그들의 패망은 확실했고, 또 바로 가까이에 있었습니다. 느부갓네살이 그 큰 도시의 중앙을 거닐고 있습니다. 그는 구름을 뚫고 솟아오른 그 거대한 탑을 봅니다. 그는 장엄하고 웅장하게 세워진 모든 건물들을 바라봅니다. 그리고 그 마음속으로 “내가 건설한 이 큰 바벨론을 보라. 나는 모든 것을 할 수 있다”고 말합니다. 몇 시간도 채 못 되어 그는 아무것도 할 수 없게 됩니다. 금수보다 못하게 됩니다. 그는 소처럼 풀을 먹으며, 그의 머리털은 독수리 털과 같아졌고 그의 손톱은 새의 발톱과 같아졌습니다. 또한 페르시아의 그 군주(크세르크세스 ― 역주)를 보십시오. 그는 헬라를 향해 백만 대군을 이끌고 진군합니다. 그는 자기가 전능하다고 믿고 있는 권세를 휘두릅니다. 그는 바다를 후려치고 파도를 향해 쇠사슬을 집어 던지며, 그 파도에게 자기의 종이 되라고 명합니다. “나는 모든 것을 할 수 있다.” 이것은 그 얼마나 어리석은 무언극인지요! 그의 군세는 사그라져버렸고 헬라인들의 용감성은 그가 감당하기에 너무 벅찹니다. 그는 수치스럽게 고국으로 귀환합니다. 혹은 여러분이, 통치를 위해 태어났고 또 가장 낮은 신분에서 제국의 가장 높은 자리에까지 그 길을 헤쳐 나갔던 근대의 한 인물을 실례로 든다면, 나폴레옹을 회상할 수 있을 것입니다. 그는 성난 큰 물결 가운데 있는 반석과 같이 서 있습니다. 열국이 그에게 충돌하고 패주합니다. 그는 친히 오스트리아의 태양을 내쫓고, 프로이센의 별이 지도록 명합니다. 그는 감히 땅의 모든 열국을 향해 전쟁을 선포하고 자신이 백 명의 대적들을 한꺼번에 물리칠 백개의 손을 가진 브리아레오스(Briareos:그리스 신화에서 손이 100개, 머리가 50개인 거인) 같은 자가 될 것이라고 믿습니다. 그는 그의 깃발에 "나는 모든 것을 할 수 있다"는 말을 새겼을지도 모릅니다. 그의 독수리 떼가 그 전투 가운데서 날카롭게 부르짖는 소리도 바로 이 소리였을 것입니다. 그는 러시아로 진군합니다. 그는 기후조건을 무시합니다. 그는 눈밭을 통과하여 진군하며 화염 속에 휩싸인 고대 군주의 궁궐을 상상합니다. 그는 불타오르는 크레믈린 궁전을 생각하면서 '나는 모든 것을 할 수 있다'고 생각합니다. 그러나 나폴레옹, 그대는 홀로 그대의 나라로 되돌아올 것이요. 그대는 얼어붙은 평원을 죽은 병사들로 뒤덮어 놓을 것이며, 그대는 완전히 쇠퇴하고 망하게 될 것입니다. 그대가 "내가 계획하고 또한 성패도 내게 달려 있다"고 하는 까닭에 여호와께서 그대를 처리하시고, 그대가 스스로 사람들 가운데서 전능하다고 하였기 때문에, 하나님께서 그대를 그대의 자리에서 옮기십니다.

몸집은 작고, 말은 더듬고, 풍채는 보잘것없으며, 언변도 시원찮은, 우리의 사도께서 앞으로 나서서 "내가 모든 것을 할 수 있다"고 자랑할 때, 우리가 그를 향하여 무슨 말을 할 수 있겠습니까? 이 얼마나 뻔뻔스럽고 외람된 태도입니까! 바울, 당신은 무엇을 할 수 있습니까? 황제의 칙령으로 말미암아 사형에 처해질 사람들, 그 미움받는 무리의 지도자가 아니시던가요! 당신은 십자가에 죽은 한 사람이 영혼들을 구원하실 수 있고, 그래서 그는 실제로 천국의 왕이요, 사실상 지상에서도 왕이라는 터무니없는 교리를 감히 가르치는 분이시지요! 당신은, "나는 모든 것을 할 수 있다"고 말합니다. 정말입니까! 가말리엘 선생이 당신을 대적하는 모든 자들을 꺾을 수 있는 그런 웅변술을 당신에게 가르쳐 주던가요? 정말로요? 당신이 그렇게 끈질기게 주장하는 견해들로부터 당신이 돌아설 수 없도록, 당신의 고난이 당신에게 그렇게 확고한 용기를 주었단 말입니까? 당신이 신뢰할 만한 것이 당신 자신 속에 있습니까? 아닙니다. 그는 "내게 능력 주시는 자 그리스도로 말미암아 나는 모든 것을 할 수 있다"고 말합니다. 그는 자기 주위를 용감하게 둘러보면서 자기 믿음의 눈을 그의 하나님과 구세주 예수 그리스도께로 겸손히 향하고, 불경건하거나 오만하지 않고 경외하는 마음과 굽힐 줄 모르는 용기를 가지고, "나는 내게 능력 주시는 그리스도로 말미암아 모든 것을 할 수 있다"고 말합니다.

성도 여러분, 바울이 이러한 말들을 했을 때, 그는 참으로 그 말의 의미를 나타내려고 했습니다. 진실로 그는 지금 현재 단언하고 있는 그 약속의 능력을 이미 아주 많이 입증했습니다. 사도 바울이 당한 시련들이 얼마나 다양했으며, 그의 업적이 얼마나 많았던가를 생각해 보신 적이 있습니까? 갑작스럽고 기적적인 방법을 통해 은혜로 말미암아 부름을 받은 그는 즉시, 혈육과 상의하지 아니하고, 그가 새로이 받은 그 복음을 전파하려고 시도합니다. 곧바로 그는 하나님의 말씀을 좀 더 충분하게 이해할 수 있기 위해 잠시 물러납니다. 그가 허리를 동여매고 묵상과 개인적인 절제 생활을 통해 힘을 북돋은 아라비아 사막으로부터 돌아왔을 때, 그는 사도들과 상의하지도 않고, 그들의 지도나 그들의 재가를 요청하지 않고, 복음 전선에 나섭니다. 그러나 동시에 특별한 용기를 갖고 예수님의 이름을 선포하며 자기 자신 또한 그리스도의 사도라고 주장합니다. 이런 일이 있은 후, 그는 수많은 어려운 일들을 시도했다는 사실을 여러분은 기억하실 것입니다. 그는 베드로와 정면충돌하기도 했습니다. 베드로 같이 용감하고 탁월한 사람에게 그렇게 한다는 것은 쉬운 일이 아니었을 것입니다. 베드로는 기회주의자였지만 바울은 결코 그렇지 않았습니다. 바울은 베드로를 면전에서 책망합니다. 그는 "내가 수고를 넘치도록 하고 옥에 갇히기도 더 많이 하고 매도 수없이 맞고 여러 번 죽을 뻔하였으니 유대인들에게 사십에서 하나 감한 매를 다섯 번 맞았으며 세 번 태장으로 맞고 한 번 돌로 맞고 세 번 파선하고 일 주야를 깊은 바다에서 지냈으며 여러 번 여행하면서 강의 위험과 강도의 위험과 동족의 위험과 이방인의 위험과 시내의 위험과 광야의 위험과 바다의 위험과 거짓 형제 중의 위험을 당하고 또 수고하며 애쓰고 여러 번 자지 못하고 주리며 목마르고 여러 번 굶고 춥고 헐벗었노라 이 외의 일은 고사하고 아직도 날마다 내 속에 눌리는 일이 있으니 곧 모든 교회를 위하여 염려하는 것이라"(고후 11:23-28)고 자신에 대해 서술하고 있는데, 여러분은 그의 업적을 살펴보시기를 바랍니다. 아! 용감한 언변과 사랑받는 바울, 당신의 말은 헛된 자랑이 아니었습니다. 당신은 진실로 당신의 생애 속에서 본문에 대한 한 편의 설교를 전하셨습니다. "나는 내게 능력 주시는 그리스도로 말미암아 모든 것을 할 수 있다"는 말씀을 당신은 당신의 생애를 통하여 실현하셨습니다.

사랑하는 교우들이여, 저는 저에게 능력을 주시는 그리스도를 바라보면서 본문 말씀을 세 가지 대지로 말씀드리겠습니다. 첫째는, 그 능력의 정도에 대해서, 둘째는, 그 능력의 방식에 대해서, 그리고 셋째는, 그 능력이 전하고자 하는 메시지에 대해 말씀드리겠습니다.

1. 그 능력의 정도에 대해 생각해 봅시다.

그 정도는 굉장히 넓습니다. "내가 모든 것을 할 수 있다"고 했기 때문입니다. 물론 우리는 오늘 아침에 그 "모든 것"을 다 언급할 수는 없습니다. 왜냐하면 그 주제는 그 범위가 너무나 광범위하기 때문입니다. "나는 내게 능력 주시는 그리스도로 말미암아 모든 것을 할 수 있다"고 했습니다.

그러나 바울은 여기서 그가 모든 시련들을 견딜 수 있었다는 점을 나타내고자 했다는 것을 깨닫게 되시기 바랍니다. 그를 박해하는 자들이 무슨 고통을 그에게 가하든지 간에 그것은 문제가 되지 않습니다. 그는 하나님의 은혜로 말미암아 그 고통을 견딜 수 있다고 느꼈습니다. 바울은 거의 모든 로마 감옥 안의 사정은 거의 다 겪어보았지만, 그는 그 어떤 감옥 안에서도 두려워 떤 적이 전혀 없었습니다. 네로가 그리스도인들에게 고통을 주기 위해 고안한 장치들에 대해 그는 잘 알고 있었지만, 그는 분명히 자기의 감방에서 몸에 역청이 칠해진 채 네로의 축제를 빛나게 하기 위해 네로의 뜰에서 화형을 당한 자들에 대한 이야기도 들었고, 네로의 고문대와 쇠사슬과 뜨거운 쇠 집게에 대한 이야기를 들었지만, 그는 그 고문대와 쇠 집게, 끓어오르는 역청이 자기의 믿음을 깨뜨리기에 족할 만큼 강하지 않다는 것을 확신하고 있었습니다. 그래서 그는 "나는 그리스도를 위하여 모든 것을 견딜 수 있다"고 말합니다. 그는 매일 자기도 끌려 나가 죽을 것이라는 기다림 속에 지냈습니다. 그렇게 죽음을 매일 기다린다는 것은 죽음 그 자체보다 더욱더 고통스러운 일입니다. 죽음이란 무엇입니까? 그것은 그저 고통에 불과하고 곧 끝나버립니다. 그러나 그 죽음을 매일 예상한다는 것은 무서운 일입니다. 사람이 죽음을 두려워한다면 하나의 죽음을 두려워하면서 천 개의 죽음을 느낍니다. 그러나 바울은 "나는 매일 죽노라"라는 말을 할 수 있었습니다. 그는 매순간 고통스러운 죽음을 예상하면서도 여전히 견고하며 흔들리지 않았습니다. 그는 주님을 위하여 바쳐지고 희생 제물이 될 준비가 되어 있었습니다. 하나님의 모든 자녀는 믿음으로 "나는 모든 것을 견딜 수 있다"라고 말하게 됩니다. 지금 우리는 작은 고통도 두려워하는데 과연 그럴 수 있을까요? 지극히 가볍게 쓰는 고통이 우리를 놀라게 하지만 만약 순교자의 시대가 되돌아온다면, 순교자 정신도 순교자들의 시련과 함께 되돌아올 것이라고 저는 확신합니다. 다시 한 번 스미스필드(Smithfield: 화형장)의 불길이 희생자들을 필요로 한다면, 수많은 희생자가 생기게 될 것입니다. 순교자들에 대한 대학살이 자행되어 진리의 성소 앞에 바쳐지게 될 것입니다. 어떤 유혹이나 고난에도 용기를 가집시다. 우리는 그리스도를 위해 고난을 견디라는 명을 받고 있습니다. 왜냐하면 우리는 우리에게 능력 주시는 그리스도로 말미암아 모든 것을 할 수 있기 때문입니다.

바울은 또한 자기가 모든 의무들을 이행할 수 있었다는 사실을 나타내고자 했습니다. 그가 전도하라는 소명을 받았습니까? 그는 그리스도의 능력으로 말미암아 그 일을 충분히 감당했습니다. 그가 교회 안에서 다스리고 치리하라는 소명을 받았습니까? ─ 소위 무리를 보살피는 순회 감독자와 주교의 소명을 받았습니까? 그는 그리스도께서 확실히 주신 능력 때문에 그에게 부여된 의무에 대해서 자기는 충분히 자격을 갖춘 자라고 생각했습니다. 사랑하는 성도 여러분, 만약 여러분이 오늘 새로운 어떤 의무에 부름을 받는다면, 숨어있지 말고 사도처럼, "나는 내게 능력 주시는 그리스도로 말미암아 모든 것을 할 수 있다"라고 말씀하십시오. 저는 자기의 가장 큰 희망에 대해 낙담을 한 어떤 착한 사람을 본 적이 있습니다. 그는 전투의 첫 번째 공격에서 승전을 하지 못했습니다. 그는 무기를 버리고 "나는 이 세상에 아무런 유익을 줄 수 없다고 생각한다. 나는 노력했지만 패배가 나를 기다리고 있다. 아마도 가만히 있으면서 더 이상 아무것도 하지 않는 것이 더 나을지도 모르겠다"라고 말했습니다. 저는 역시 그 사람이 얼마 동안 낙담하여 힘없는 상태에 있는 것을 보았습니다. 그가 "나는 많이 뿌렸지만 조금밖에 거두지 못했어. 나는 씨앗을 많이 뿌렸는데, 여기저기서 소중한 곡식 이삭 한두 포기밖에 거두지 못했어"라고 말하는 것을 보았습니다. 비겁한 사람이 되지 마십시오. 남자답게 행동하십시오. 그리스도께서 오늘 그 손을 여러분의 허리에 얹으시고 "분발하여라"고 말씀하십니다. 그러면 여러분은 "예, 주님, 제가 행동하겠습니다. 왜냐하면 제가 제게 능력 주시는 그리스도로 말미암아 모든 것을 할 수 있기 때문입니다"라고 대답하십시오. 저는 그리스도인이 그가 행할 수 없는 부적절한 임무에 부름을 받는 일은 없을 것이라고 확신합니다. 그의 주님께서 그에게 다스리는 자리를 정해 주신다면 그는 잘 다스릴 것이요, 혹은 주님께서 그에게 종의 일을 하라고 명하신다면, 그는 종들 중에서 가장 일 잘하는 종이 될 것입니다. 모든 곳에서 그리고 어떤 의무를 맡게 되든지 여호와 하나님께서 그리스도인과 함께 하신다면 그는 언제나 충분히 능력 있는 사람입니다. 그리스도 없이 그는 아무것도 할 수 없습니다. 그러나 그리스도와 함께 그는 모든 것을 할 수 있습니다.

이것은 또한 타락으로 인한 그리스도인의 내적인 갈등에도 해당됩니다. 제가 알기로 바울은 "오호라 나는 곤고한 사람이로다 이 사망의 몸에서 누가 나를 건져내랴"(롬 7:24)라고 말했습니다. 그러나 바울은 거기에 머물지 않았습니다. 그의 음악이 항상 단조인 것은 아니었습니다. 그는 곧 좀 더 높은 화음으로 올리며 "우리 주 예수 그리스도로 말미암아 우리에게 승리를 주시는 하나님께 감사한다"(고전 15:57)고 노래합니다. 본래 격렬한 기질을 가지신 분들에게 말씀드립니다만, 여러분은 그 기질을 억제할 수 없다고 말합니다. 여러분은 "우리에게 능력 주시는 그리스도로 말미암아 모든 것을 할 수 있습니다." 특별히 기질이 약하다고 느끼시는 분, 약하신 분, 소심하고 굽히기를 잘하는 성향이 있다고 느끼시는 분들에게 말씀드립니다. 형제들이여, 여러분은 여러분의 주님을 부인하지 않을 것입니다. 왜냐하면 여러분에게 능력 주시는 그리스도로 말미암아 비둘기가 독수리의 역할을 감당할 수 있으며, 어린 양같이 소심한 여러분이 사자처럼 강하고 용감해질 수 있기 때문입니다. 그리스도인이 극복할 수 없는 약점이나 악한 성향은 아무것도 없습니다. 제게 오셔서, "나는 나의 본래의 게으름을 극복해 보려고 많이 노력했지만 그렇게 할 수 없었습니다"라고 말하지 마십시오. 형제들이여, 저는 만약 그리스도께서 여러분에게 능력을 주신다면, 여러분은 그것을 할 수 있다고 공언합니다. 저는 천성적으로 저 자신보다 더 게으른 사람이 하늘 아래 그 어디에도 존재하지 않는다고 믿습니다. 제가 만약 제 의지대로 한다면, 분발할 수 없을 것입니다. 그러나 저는 그 누구보다 더 많은 일을 하고 있다고 생각합니다. 저는 저의 게으름과 더불어 싸워야 합니다만, 제게 능력 주시는 그리스도로 말미암아 저는 그것을 극복합니다. 여러분은 심한 노력을 기울이기에는 육체적으로 무력하다고 말하지 마십시오. 형제들이여, 여러분은 무능하지 않습니다. 여러분은 능력 주시는 그리스도로 말미암아 모든 것을 할 수 있습니다.

　　용감한 심령을 가진 사람은 게으른 자의 삶을 정복할 수 있습니다. 저는 종종 "나는 나의 기질이 너무 소심하거나 너무 성급하지 않기를 바라고 또 게으르지 않기를 바랍니다만, 나는 내 자신의 변덕스러움을 발견합니다. 나는 어떤 일을 끈기 있게 해낼 수가 없습니다"라고 말하는 형제들을 종종 만납니다. 나의 형제들이여, 여러분은 할 수 있습니다. 여러분은 능력 주시는 그리스도로 말미암아 모든 것을 할 수 있습니다. "다른 사람은 이것을 할 수 있지만 나는 할 수 없어요. 사실 나는 이런 잘못을 자주 저지릅니다. 원래부터 그렇게 만들어졌어요. 그것은 제거될 수 없어요. 내가 할 수 있는 것은 내가 그것을 잘 이용해야 한다는 것뿐입니다"라고 앉아서 자신을 변명하지 마십시오. 형제들이여, 여러분은 그것을 제거할 수 있습니다. 모든 가나안 땅에는 여러분이 쫓아낼 수 있는 헷 족속이나 여부스 족속이 있습니다. 여러분은 자신 스스로는 아무것도 할 수 없습니다. 그러나 그리스도께서 여러분과 함께 계시면 여러분은 심지어 여리고 성의 벽처럼 높은 벽도 납작하게 무너뜨릴 수 있습니다. 여러분은 흔들거리는 벽 위로 올라서서 아낙 자손을 물리칠 수 있습니다. 비록 그들이 여섯 손가락과 여섯 발가락을 가진 거인들처럼 강한 사람들이라 해도 여러분은 모든 사람을 다 상대할 수 있는 자들이 될 것입니다. 여러분에게 능력 주시는 그리스도로 말미암아 여러분이 극복할 수 없는 타락이나 악한 성향, 약함은 하나도 없습니다. 죄를 짓게 하는 그 어떤 유혹도 여러분에게 능력 주시는 그리스도로 말미암아 여러분은 이길 수 있습니다.

　　이번 주 어느 날, 병들고 불쌍한 노인과 동석한 적이 있었는데, 그 여자 분이 자기는 가끔씩 사탄의 유혹을 받는다고 했습니다. 또 그 여자는 "나는 약간 두렵습니다. 그러나 나의 그런 사실을 다른 사람들이 알지 못하게 합니다. 이는 그들로 하여금 그리스도의 제자들은 사탄을 상대하지 못한다고 생각하지 않게 하려 함입니다"라고 말했습니다. 또 그 여인은 "목사님, 사탄은 쇠사슬에 매인 원수이지요? 그렇지 않습니까? 그는 예수님께서 허락하시는 범위보다 더 가까이 저에게 다가설 수 없는 것이지요? 혹은 그가 아주 큰 소리로 으르렁거리지만 나는 그에 대한 어떤 공포심으로 두려워하지 않습니다. 왜냐하면 나는 그것이 단지 으르렁거림에 불과하다는 사실을 알기 때문입니다. 그는 하나님의 백성을 삼킬 수 없습니다"라고 말했습니다. 사탄이 여러분에게 어떤 유혹을 가지고 찾아올 때마다, 혹은 여러분의 동료들이나 여러분의 사업, 또는 여러분의 환경이 죄를 짓게 할 때에, 여러분은 겁에 질려, "나는 이것에 굴복해야겠다. 나는 이 유혹을 버티고 이겨낼 만큼 충분히 강하지 못해"라고 말해서는 안 됩니다. 여러분은 여러분의 본래의 상태에 있는 것이 아닙니다. 그런 사실을 상기하십시오. 저는 여러분의 개인적 약점을 부인하지 않습니다. 그러나 여러분은 능력 주시는 그리스도로 말미암아 여러분에게 임할 가능성이 있는 그 모든 유혹을 이기기에 충분히 강합니다. 여러분은 욕망을 이긴 요셉처럼 처신할 수 있습니다. 여러분은 다윗처럼 처신해서는 안 됩니다. 여러분은 죄를 대항하여 견고히 설 수 있습니다. 여러분은 노아처럼 그런 일이 일어나도록 해서는 안 됩니다. 롯처럼 수치 가운데 내던져져서는 안 됩니다. 여러분은 하나님의 돌보심을 받을 수 있으며, 또 그렇게 될 것입니다. 오직 하나님의 능력을 붙잡으십시오. 세상, 육신, 그리고 마귀가 매일 여러분을 둘러싸고 포위할지라도 여러분은 옛 트로이 성에 대한 포위만큼이나 기나긴 세월의 포위에 대해서도 버틸 수 있을 뿐 아니라, 70년 간의 포위라도 버텨낼 수 있을 것이며, 여러분은 마침내 원수들이 허둥지둥 도망치게끔 몰아낼 수 있을 것이요, 여러분은 그들에게서 빼앗은 전리품으로 인해 부요케 될 것입니다. "나는 내게 능력 주시는 그리스도로 말미암아 모든 것을 할 수 있습니다."

비록 본문에서 말하는 능력의 정도에 대해서 다 설명할 수는 없지만, 모든 내용의 십분의 일이나마 설명할 수 있도록 한 가지 사실을 분류하여 다루어 보겠습니다. 사도는 특별히 자신의 모든 처지에서 하나님을 섬길 수 있는 자임을 알게 되어 그 사실을 나타내고자 하였습니다. "나는 비천에 처할 줄도 알고 풍부에 처할 줄도 알아 모든 일 곧 배부름과 배고픔과 풍부와 궁핍에도 처할 줄 아는 일체의 비결을 배웠노라"고 했습니다. 어떤 그리스도인들은 갑작스러운 변화를 맞이하게 됩니다. 저는 그런 변화로 말미암아 파멸한 사람들을 많이 보았습니다. 저는 특별한 영적인 상태의 마음을 소유한 어떤 가난한 사람을 알고 있습니다. 저는 그가 하나님의 섭리에 관한 믿음이 충만하였고 비록 가진 것은 없지만 하나님의 은혜로 기쁜 삶을 살아가는 것을 보았습니다. 그런데 그가 부요하게 되었습니다. 그러나 이전보다 더 가난하고 사실상 더 곤고한 가운데 있음을 보았습니다. 그가 하나님을 덜 신뢰하면 할수록 영혼의 자유를 더 적게 누린다는 사실을 알았습니다. 그가 가난한 사람이었을 때는 농부의 옷을 입은 왕자였습니다. 그가 부유해졌을 때는 분별력이 없는 가난한 자가 된 것입니다. 그의 손에 재산은 가지고 있으나 마음은 비천해진 것입니다. 그러나 이렇게 되어서는 안 됩니다. 그리스도께서 능력을 주시면, 그리스도인은 어떠한 처지에서든지 다 적응할 수 있습니다.

　만약 주께서 오늘 저에게 말씀을 전하는 자리에서 불러내어 거리를 청소하는 자가 되라고 명하신다면, 얼마 동안 저는 저의 처지에 대해 크게 만족하리라고 생각하지는 않습니다. 그러나 저는 제게 능력 주시는 그리스도로 말미암아 그 일을 할 수 있으리라고 확신합니다. 어떤 비천한 직업을 감당해야 하는 여러분, 여러분은 그것을 수행할 수 있는 은혜를 충분히 받았습니다. 또 그 일에 대해 기뻐하고 또 그 일을 통해 그리스도를 영화롭게 할 만한 은혜를 충분히 받았습니다. 만약 여러분이 왕으로 부름을 받았다면, 여러분은 그리스도의 능력을 구할 것이고, 또 그 지위에서도, "나는 내게 능력 주시는 그리스도로 말미암아 모든 것을 할 수 있다"고 말할 것입니다. 여러분은 자신이 어떤 사람이 될 것인가를 선택할 수 없습니다. 여러분이 자신을 그리스도께 헌신한 날 여러분은 자신을 전적으로 그의 군사로 드린 것입니다. 그의 군사들은 자기 마음대로 어떤 일을 선택할 수 있는 자들이 아닙니다. 만약 그들이 참호 안에 엎드리라는 명령을 받는다면, 만약 그들이 활활 타오르는 불꽃 아래로 전진하라는 명령을 받는다면, 그들은 반드시 그렇게 해야 합니다. 그가 여러분에게 이런저런 일을 하라고 명하실 때에, 어떤 처지와 어떤 범주 안에서든지 순종하겠다는 생각을 하면서 반드시 그렇게 처신해야 합니다. 하나님께서 여러분에게 하게 하시는 것은 여러분이 할 수 있습니다. 왜냐하면 하나님으로 말미암아 여러분은 모든 것을 할 수 있기 때문입니다.

　이 문제에 대해 결론을 맺기 위하여 저는 여러분이 온 세상에 관련된 모든 것을 할 수 있다는 사실을 상기시켜드려야 하겠습니다. 여러분은 이 세상에 살고 있으며 이 세상과 관련된 모든 것을 할 수 있습니다. 여러분은 이 세상에 밝은 빛을 비출 수 있습니다. 여러분은 이 현대판 니느웨 가운데서 요나의 역할을 할 수 있습니다. 여러분 한 사람의 목소리가 영적인 부흥을 일으키는 방편이 될 수 있습니다. 여러분은 동료들을 위해서 모든 것을 할 수 있습니다. 여러분은 가장 타락한 상태에 있는 자들을 가장 고상한 영적인 삶에로 들어올리는 수단이 될 수 있습니다. 여러분은 유혹을 이기고, 오만한 모습을 내버리고, 노를 품지 않고, 고통을 견딤으로써 분명히 감당할 수 있습니다. 여러분은 이 세상의 모든 것들을 여러분의 것으로 여기시고 알렉산더 대왕보다 더 위대하게 이 세상을 헤쳐

나갈 수 있습니다. 왜냐하면 여러분의 주님이 그 모든 것의 주관자이기 때문입니다. "여러분은 모든 것을 할 수 있습니다."

그 다음에 여러분은 이 세상 너머에 있는 영들의 세계를 들여다볼 것입니다. 여러분은 사망의 음침한 문을 보게 됩니다. 여러분은 그 철문을 바라보고 또 무시무시한 돌쩌귀에서 삐걱거리는 소리를 듣게 될 것입니다. 그러나 여러분은 "나는 그 문을 지나갈 수 있다. 예수님은 나를 만나실 수 있다. 그는 나에게 능력을 주실 수 있고, 그래서 내 영혼은 그 날개를 신속히 뻗을 수 있다. 겁 없이 사망의 철문을 통과하여 날아갈 수 있다. 내 영혼이 그곳을 지나갈 때에 두려움이나 공포를 느끼지 않을 것이다. 그리스도께서 나와 함께 계시니 나는 두렵지 않다"라고 말하게 됩니다.

그 다음에 여러분의 발 아래를 내려다보십시오. 거기에는 모든 악귀들, 여러분의 철천지원수가 있는 지옥이 있습니다. 그 원수들은 여러분을 멸망시키기 위해 동맹을 맺고 결속을 한 자들입니다. 그들의 대열을 지나가십시오. 그들이 고통과 절망 가운데에서 그들의 쇠 차꼬를 물어뜯고 있을 때, 그들을 바라보면서 "나는 모든 것을 할 수 있다"라고 말하십시오. 잠시라도 방심하면 디아볼루스(Diabolus)가 들판에서 여러분은 마주칠 것이요, 아볼루온(Apollyon 계 9:11 참조)이 그 길에 성큼성큼 건너와 "나는 나의 지옥의 소굴로 맹세하노니 너는 더 이상 나아가지 못할 것이다. 여기서 내가 너의 영혼을 망쳐 놓겠다"라고 말할 것입니다. 그 악마를 대적하십시오! "나는 모든 것을 할 수 있다"라는 함성과 함께 좌우로 치십시오. 그러면 잠시 후에 그는 그 용의 날개를 퍼덕이면서 날아 도망칠 것입니다. 그런 후에 천국을 향해 올라가십시오. 지옥의 가장 낮은 곳으로부터 천국까지 오르십시오. 여러분의 무릎을 그 영원한 보좌 앞에 꿇으십시오. 여러분은 전할 말씀이 있습니다. 여러분은 표현해야 할 바람과 성취해야 할 소원이 있습니다. 여러분이 무릎을 꿇을 때에, "오, 하나님은 저의 기도를 들어주십니다. 그것은 너무도 놀라운 일입니다. 저는 겸손함과 신실한 기도로 천국을 소유할 수 있습니다"라고 말하십시오. 이렇게 여러분은 모든 세계(이 혈육의 세계와 영들의 세계, 천국과 땅과 지옥)를 들여다봅니다. 어디서든지 신자는 "나는 내게 능력 주시는 그리스도로 말미암아 모든 것을 할 수 있다"고 말할 수 있는 것입니다.

**2. 우리는 첫째 주제인 그 능력의 정도를 고찰하였습니다.
이제 잠시 동안 그 능력의 방식에 대해 말씀드리겠습니다.**

그리스도께서 자기 백성에게 어떻게 능력을 주십니까? 우리들 중에 그 누구도 성령의 신비스러운 역사에 대해 설명할 수 없습니다. 우리는 다만 그 결과에 대해 하나씩 설명할 수 있을 뿐입니다. 그리스도께서 성령의 능력을 자기 백성들이 신비스럽게 받아들이게 하심으로써, 그들에게 능력을 전달하십니다만, 저는 그 방법을 설명할 수는 없습니다. 차라리 성령님이 하시는 일이 무엇인가에 대해 말씀드리겠습니다. 그리고 성령께서 그리스도를 위해 일하시는 이런 행위들이 그 영혼으로 하여금 "모든 것"을 할 수 있도록 어떻게 능력을 주시는가에 대하여 말씀드리겠습니다.

어떻게 해서든지 예수 그리스도께서 자기 백성의 믿음을 굳세게 하심으로써 그들을 강하게 하시는 것이 분명합니다. 메리 여왕의 박해 시기 동안에 아주 가난하고 겁 많으며 의심이 많던 많은 그리스도인들이 자기들이 체포될 때, 화형에 처하는 그 불을 결코 견디지 못할까 두려워했으나, 특별한 환경에 처하자 이 사람들이 대체로 가장 용감하게 처신했고, 불 가운데서 가장 두드러지게 지조를 지킨 사람들이었다는 것은 놀랄 만한 일입니다. 하나님께서는 위급한 상황에 맞는 믿음을 주시는 것 같습니다. 약한 믿음은 갑자기 싹이 트고 삐죽이 솟아오르며 자라나 큰 시련의 억압 아래서도 견딜 수 있는 큰 믿음이 됩니다. 오! 겨울의 찬바람 같이 사람의 신경을 긴장시키는 것은 아무것도 없습니다. 이와 같이 박해의 효과는 성령의 역사로 말미암아 약한 자들을 강하게 만듭니다.

이 믿음과 더불어 성령께서는 또한 특별히 확고부동한 마음을 종종 허락하십니다. 저는 그것을 천상에 속한 영의 굳건함이라 부르겠습니다. 제가 읽어 본 내용 가운데서 순교자들이 한 말 몇 가지를 여러분에게 상기시켜드리겠습니다. 존 아들리(John Ardley)가 보너 주교(Bishop Bonner) 앞으로 끌려왔을 때, 보너는 그를 조롱하면서 "너는 그 불을 견딜 수 없을 것이다. 저 불이 네 마음을 바꾸어 놓을 것이다. 저 나뭇단들이 너에게 매서운 설교자들이 되겠지?"라고 말했습니다. 아들리는, "나는 그것을 두려워하지 않소. 내가 주교께 말씀드리겠습니다. 내가 내 머리카락만큼이나 많은 목숨을 가졌을지라도 그리스도를 버리느니보다 그 모든 목숨을 더 속히 버릴 것이오"라고 말했다는 것입니다. 사악하고 비열한 그 사람은 불쌍한 존 톰킨스(John Tomkins)의 손을 손가락 하나하나씩 촛불 위에 얹게 하고 그에게 "네가 거기에 가기 전에 내가 너에게 불 맛을 보여주겠다"라고 말했습니다. 손가락이 짓뭉개지고 피가 흘러나올 때, 톰킨스는 미소를 지었으며 심지어 자기에게 고통을 주는 자의 얼굴을 바라보면서 웃음을 보냈다는 것입니다. 그는 그 손가락뿐 아니라 모든 지체에 대해서도 거리낌 없이 고통을 받을 준비가 되어 있었던 것입니다. 제롬(Jerome)은 한 불쌍한 여 성도에 관한 이야기를 들려줍니다. 그 여자가 고문대 위에 놓여 있을 때, 고문하는 자들이 그 고문대를 조이며 그 뼈들을 산산이 으스러지게 만들자, 그녀는 "최악을 다하시오. 내가 누워 있지 않고 곧 죽을 테니까요"라고 말했다고 합니다. 그것은 용감한 말이었습니다. 짧고 간결한 말이지만 이 얼마나 영광스러운 발언인지요! 얼마나 좋은 설명입니까! 우리 본문을 입증하기에 얼마나 가슴 저려오는 주장인지요! 진실로 그리스도인들은 능력 주시는 그리스도로 말미암아 모든 것을 할 수 있습니다.

그리스도께서는 믿음과 결합된 일종의 거룩한 강인성과 영의 굳건함을 허락해 주실 뿐 아니라 그리스도인들은 종종 그들의 고통이 극심할 때, 천국의 희락을 고대합니다. 노령의 교부 이그나티우스(Ignatius)를 생각해 보십시오. 그는 로마의 원형경기장 안으로 끌려왔습니다. 황제의 조롱과 무리들의 야유가 있은 후에 사자들을 풀어놓아 그에게 덤벼들게 했습니다. 그는 연약한 노인이었지만 그의 팔을 사자의 입 속에 밀어 넣었습니다. 그 뼈들이 부서지고 있었을 때, 그는 "이제야 내가 그리스도인이 되기 시작하는 구나"라고 말했다고 합니다. 그가 죽게 되었을 그 시간까지 그는 마치 주님께 결코 가까이 나아가지 않았던 것처럼 그런 말을 했던 것입니다. 그리스도인이 되기 시작하십시오. 그리스도의 순교자 중에 고더스(Gordus)라는 사람이 있었습니다. 박해자들이 그를 죽음에 이르게 하고 있었을 때, 그는 "나는 당신들이 그 어떤 고통도 아끼지 않기를 바라오. 왜냐하면 당신들이 어떤 고통을 남겨 놓는다면 그것이 차후에 내게 손해가 될 것이기 때문이지요. 그러므로 당신들이 할 수 있는 대로 많은 고통을 가해 주시오"라고 말했다는 것입니다. 천국으로부터 부어지는 하나님의 특별한 기쁨 이외에 그 무엇이, 그 굉장하고 특별한 지복 이외에 그 무엇이 이 사람들로 하여금 그 모든 고통들을 스포츠처럼 즐길 수 있게 하였겠습니까? 영국의 초기 그리스도인들은 루터 시대에 박해가 일어났을 때, 존(John)과 헨리(Henry)라는 아우구스티누스회의 두 수도사(전자는 독일에서 그리스도를 위해 순교함)가 노래하면서 죽었다는 이야기를 전해 주었습니다. 로저스(Rogers)는 그리스도를 위해 영국에서 순교한 첫 순교자인데 그도 역시 노래하면서 죽었습니다. 마치 순교자들의 거룩한 군대가 음악과 함께 전쟁터로 전진하는 것 같았습니다. 전투 중에 신음하고 부르짖는다 해도 누가 왜 그러냐고 비난하겠습니까? 그들이 전쟁터에 돌진해 나갈 때에, 항상 명쾌한 나팔소리를 울리는 것은 아닙니다. "나팔을 불고 북을 치라. 이제 승리의 영웅이 오시도다"라고 항상 외칠 수만은 없습니다. 그 영웅은 죽음과 대면하며, 고통을 직면합니다. 진실로 그러한 영웅들 가운데서 선봉이 되는 자들은 그들이 화형장에 나아갈 때, 노래를 불러야 할 것입니다. 우리 런던의 순교자인 존 브래드포드(John Bradford)가 그의 간수를 통해 다음 날 화형에 처해질 것이라는 이야기를 들었을 때, 그는 자기 모자를 벗고, "나의 하나님께 진심으로 감사하나이다"라고 말했다는 것입니다. 또 다른 순교자인 존 노이스(John Noyes)는 막 화형을 당하려고 할 때, 그 나뭇단을 들고 그것에 입을 맞추고 말하기를 "하나님께서 나를 이렇게 지극히 영광스러운 것으로 생각하시니 하나님 찬양을 받으소서"라고 했다고 합니다. 폭스의 글「순교자의 책」에 보면, 로울랜드 테일러(Rowland Taylor)가 화염 가까이 왔을 때, 그는 실제로 "기뻐 뛰놀았다"는 것입니다. 그 말은 그가 불에 다가왔을 때, 그리스도를 위한 고난의 지극히 영광스러움을 예상하며 춤을 추기 시작했다는 뜻입니다.

그러나 그리스도께서 자기 백성들에게 모든 것을 하게 하려고 정신적 능력을 소생시킵니다. 성령께서 사람들의 마음에 베풀어 주실 수 있는 능력은 놀랍습니다. 고대의 신자들이 이단들과 박해하는 왕들과 주교들과 더불어 펼친 논쟁들 속에서 가련하고 무식한 사람들이 그 대적들을 논파할 수 있었던 특별한 방법들을 여러분은 알게 되리라고 확신합니다. 우리의 영광스러운 침례교도 순교자인 켄트의 처녀 제인 부시어(Jane Bouchier)는 크랜머(Cranmer)와 리들리(Ridley) 앞에 불려갔을 때, 그 처녀는 그들을 완전히 어쩔 줄 모르게 만들었습니다. 물론 우리는 그녀의 능력이 어느 정도는 좋은 주제를 배운 덕분이었다고 믿습니다. 만약 성경의 어떤 본문에 의해 유아세례를 입증할 가능성이 있다 할지라도, 저는 분명히 그런 내용이 있다는 것을 알지 못합니다. 천주교의 전통은 그런 혁신을 확증할지 모르겠지만 성경은 말방울의 세례나 말의 성별(聖別)에 대해 말씀하신 바가 없고, 유아세례에 대해서도 언급이 없습니다. 그러나 그녀는 그들에게 특별한 능력 ― 시골 여자에게서 도저히 기대할 수 없는 능력 ― 으로 모든 것에 대해 대답하였습니다. 이 침례교도를 정죄하여 죽게 한 교회의 두 주교 크랜머와 리들리가 사형선고를 내렸을 때, 그들은 화형이 쉬운 죽음이라고 말을 했는데, 훗날에 그들도 그렇게 죽게 되었고 또 그 처녀가 그들에게 그런 말을 했다는 것, 이것은 하나님의 섭리적 심판의 독특한 실례였다고 하겠습니다. 그녀는 "당신들이 그러하듯이 나도 그리스도의 참된 종입니다. 만약 당신들이 당신들의 가련한 자매를 죽게 한다면, 하나님께서 당신들에게 로마의 늑대를 풀어 놓으실까 삼가 조심하십시오. 그렇게 되면 당신들도 하나님을 위해 고난을 당해야 합니다"라고 말했습니다. 재능이 이렇게 활기를 띠고 살아나, 신자들이 각기 자기 대적의 모든 실수를 이용할 기회를 잘 포착하고, 자기들을 감히 대적하는 자들을 찔러 쪼개는 검과 같은 성경의 본문들을 붙잡았다는 것은 진실로 찬양할 만한 일입니다.

또한 이에 덧붙여, 모든 것을 할 수 있는 능력의 심히 큰 것은 의심할 바 없이 하나님의 성령이 그리스도인으로 하여금 자신을 이길 수 있게 한다는 사실에 의거합니다. 그는 모든 것을 잃어버릴 수 있습니다. 이는 그가 그렇게 할 준비가 되어 있기 때문입니다. 그는 모든 고통을 견딜 수 있습니다. 이는 그가 세속인들이 하듯이 자기의 육신을 그렇게 높이 평가하지 않기 때문입니다. 그는 그리스도를 위해 용감할 수 있습니다. 이는 그가 하나님을 두려워하는 법을 배웠고, 그래서 사람을 두려워할 이유가 없기 때문입니다. 건강한 자는 더 많은 피로를 견딜 수 있으며 병든 몸보다 훨씬 더 능력 있게 일할 수 있습니다. 이제 그리스도께서 그 사람을 건강한 상태에 있게 하십니다. 그는 장기간의 부상과 어려운 의무들과 쓰라린 궁핍 등을 맞이할 각오가 되어 있습니다. 난파선 안에 수많은 사람들을 태워 보십시오. 약한 자들과 힘없는 자들은 죽게 될 것입니다. 주색으로 허약해지지 않은 강하고 건강한 사람들은 자연의 냉기와 혹독함에 용감히 맞설 것입니다. 그래서 살아 남게 될 것입니다. 영적인 소생함을 받았지만 허약한 고백자에게도 이런 원리가 적용됩니다. 그는 시련 앞에 곧 굴복하게 될 것입니다만, 성숙한 그리스도인, 강하고 절제 있는 사람은 피곤을 견딜 수 있고, 경이로운 일들을 실행할 수 있으며, 굉장한 것들을 달성할 수 있습니다. 이는 그의 육체가 잘 훈련되어 있어서 그의 육체의 기질이 영혼의 능력을 이기지 못하게 하였기 때문입니다.

그러나 우리의 본문은, "내게 능력 **주셨던** 그리스도로 말미암아 내가 모든 것을 할 수 있다"고 말하지 않음을 간파하십시오. 우리가 필요로 하는 것은 과거의 능력이 아니라, 현재의 능력입니다. 어떤 사람들은 자기들이 50년 전에 회심했기 때문에 은혜를 매일 공급받지 않고도 살 수 있다고 생각합니다. 자, 생각해 보십시오. 이스라엘 자손들이 애굽에서 나왔을 때 먹었던 그 만나는 매일 새로워져야 했습니다. 그렇지 않으면 그들은 반드시 굶어 죽습니다. 그와 같이 여러분의 옛 경험이 아니라 매일의 경험이어야 합니다. 생명의 샘에서 여러분이 옛날에 마신 것으로 그친 것이 아니라 하나님의 존전으로부터 매일 새로운 것을 마셔야 합니다. 이것이 여러분으로 하여금 모든 것을 할 수 있는 강한 자가 되게 합니다.

3. 이제 제 설교의 세 번째 주제를 다루겠습니다.
그것은 본문이 전하고자 하는 메시지입니다.

"내게 능력 주시는 자 안에서 [그리스도로 말미암아] 내가 모든 것을 할 수 있느니라."

그 메시지는 세 가지 독특한 형식을 취하고 있습니다. 첫째는, 그리스도를 위해 무언가를 하고 있지만, 자신의 무능함을 고통스럽게 느끼기 시작하는 분들에게 위로를 주는 메시지라는 것입니다. 하나님의 일을 수행하는 것을 중단하지 마십시오. 이는 여러분이 스스로 그 일을 수행할 수 없기 때문입니다. 여러분 자신에 대해 그만두는 법을 배우시되 여러분의 일에 대해서는 그만두지 마십시오. "너희는 인생을 의지하지 말라 그의 호흡은 코에 있나니"(사 2:22)라고 했습니다. 그러나 하나님을 섬기는 일은 중단하지 마십시오. 도리어 그리스도의 능력 안에서 이전보다 더 활기차게 하나님을 섬기십시오. 스룹바벨을 기억하십시오. 태산 같은 어려움이 그의 앞에 놓여 있습니다만, 그는 "큰 산아 네가 무엇이냐 네가 스룹바벨 앞에서 평지가 되리라"(슥 4:7)고 외칩니다. 만약 우리가 스스로 위대한 자들이라고 믿고 있다면, 우리는 반드시 위대한 일들을 해야 합니다.

우리 시대는 무력함의 시대입니다. 이는 어떤 거대한 생각에 대해서는 반대의 소동이 항상 일어나고 있기 때문입니다. 모든 사람들은 그런 생각을 수용하여 성공적으로 처리하는 사람을 칭찬합니다. 그러나 처음에는 그의 편을 드는 사람이 아무도 없습니다. 어느 때든지 정치적이고 종교적인 문제를 막론하고, 이 세상에서 이룩된 모든 업적들은 자신들이 그 일을 수행하라는 소명을 받았다고 생각하고 그 일이 이루어질 수 있다고 믿는 사람들에 의해 시작되어졌습니다. 아는 체하는 사람들의 의회가 어떤 생각을 심의하기도 합니다. 진실로 그 문제를 심의합니다. 그렇습니다. 그들이 그 문제를 완전히 파기할 때까지 그렇게 합니다. 그들은 검시관의 자세로 앉아 있습니다. 만약 그것이 죽지 않았다면, 그들은 그것에 대해 숙고하는 동안에 적어도 그것을 죽이고자 할 것입니다.

항상 어떤 일을 하게 될 사람은 "이것은 옳은 일입니다. 나는 그 일을 하라는 부름을 받았습니다. 나는 그것을 하겠습니다. 자, 그렇다면 여러분 모두 — 내 친구들이든지 내 원수들이든지 — 일어나십시오. 여러분이 무슨 일을 하든지 그것은 상관이 없습니다. 나에게는 나를 도와줄 하나님이 계십니다. 그 일은 이루어져야 하고 또 그렇게 될 것입니다"라고 말하는 사람입니다. 그런 사람들은 후손들의 연대기 속에 그 기록을 남기는 사람들입니다. 그 사람들은 크다 일컬음을 받기에 합당한 자들입니다. 그들은 위대한 사람들입니다. 이는 그들이 자기들이 위대할 수 있다는 사실을 믿었기 때문입니다. 그 위엄이 이루어질 수 있다고 믿었기 때문입니다.

이것을 영적인 일들에 적용해 볼 때, 젊은이들이여, 하나님께서 여러분을 중요한 자로 삼으실 수 있다는 것을 믿기만 하십시오. 여러분들이 그리스도를 위해 어떻게 해서든지 무언가를 하게 될 것이라고 굳게 다짐하십시오. 그러면 여러분은 그 일을 하게 될 것입니다. 그러나 이 세상을 살아갈 때, "나는 보잘것없는 자로 태어났다"고 말하면서 세상을 향해 불평하지 마십시오. 물론 여러분은 그렇게 했을 수도 있습니다만, 여러분은 보잘것없는 자가 되려고 태어났다는 말입니까? 또 유약한 어린아이와 같이 여러분의 모든 세월을 허송하자는 것입니까? 그렇게 생각하십시오. 그러면 여러분은 살아 있는 동안에 보잘것없는 자가 될 것이요, 보잘것없는 자로 죽을 것이며, 위대한 것은 아무것도 이루지 못할 것입니다. 믿음 없는 그대들이여, 대망의 생각을 쌓아 올리십시오. 그리스도 안에서 여러분의 존엄성을 생각하십시오. 단순히 여러분의 인격의 존엄성을 생각하는 대신에 타락했다가 회복한 인성의 존엄성을 생각해 보십시오.

그리고 "나는 모든 것을 할 수 있어. 나는 이것을 먼저 하고, 그 다음에 저것을, 그리고 또 다른 것을 하는 데 겁낼 필요가 없어!"라고 말하십시오. 다윗 같은 자가 되십시오. 사울이 "네가 이 골리앗과 싸울 수 없다"고 말했을 때, 다윗은 "주의 종이 사자와 곰도 쳤은즉 … 이 할례 받지 않은 블레셋 사람이리이까? 그가 그 짐승의 하나와 같이 되리이다"(삼상 17:36)라고 하면서 자기 주머니에 돌을 넣고 기쁜 마음으로 즐거워하면서 달려갔습니다. 그래서 골리앗은 쓰러졌고 다윗은 피가 뚝뚝 떨어지는 그의 머리를 가지고 돌아왔습니다. 여러분은 그의 형님들이 처음에 한 말을 아실 것입니다. 그들은 "나는 네 교만과 네 마음의 완악함을 아노니 네가 전쟁을 구경하러 왔도다"(삼상 17:28)라고 했습니다. 우리가 만약 어떤 일을 하기 시작하면, 우리의 모든 형들은 우리들에게 그렇게 말합니다. 그들은 항상 그것이 우리의 마음의 완악함과 교만이라고 말합니다. 그런데 우리는 그들에게 대답하지 않습니다. 우리는 그들에게 골리앗의 머리를 가져와 그것이 우리의 교만과 마음의 완악함의 결과인지를 말하라고 그들에게 요구합니다. 우리는 이 교만한 블레셋 사람을 죽이는 것이 축복된 교만인지 아닌지를 알고자 합니다. 나의 사랑하는 성도 여러분, 여러분이 그렇게 하기를 바랍니다. 만약 여러분이 어떤 일에 부름을 받았다면, "나는 내게 능력 주시는 그리스도로 말미암아 모든 것을 할 수 있다. 내가 축복을 받았든지 아니면 홀로 내버림을 받았든지 간에 나는 할 것이다"라는 이 문구를 여러분의 방패 위에 새기고 곧 그 일에 뛰어드십시오.

　　두 번째 교훈은 다음과 같습니다. 그러나 여러분이 그리스도의 능력을 가지고 있는지 삼가 유의하십시오. 여러분은 그 능력이 없이는 아무것도 할 수 없습니다. 영적으로 그리스도의 일에 있어서는 여러분은 그리스도가 없이는 가장 미미한 일이라도 성취할 수 없습니다. 그러므로 여러분이 먼저 기도하기 전에는 여러분의 일에 덤벼들지 마십시오. 기도 없이 시작된 수고는 칭찬받지 못한 채 끝날 것입니다. 하나님께 대한 거룩한 믿음이 없이 시작된 전쟁은 분명히 엄청난 패전으로 끝나게 될 것입니다. 많은 그리스도인들이 기도라는 우세한 무기를 사용하는 법을 알고 있었다면, 그들은 기독교의 승리자들이 되었을 것입니다. 그러나 이 방법을 잊어버리고 싸움에 나갔고, 그래서 그들은 아주 쉽게 패배했던 것입니다. 그리스도의 능력을 소유하고 있는 확실한 그리스도인이 되십시오. 웅변도 천부적 자질들도, 유능함과 지혜와 지식도 헛됩니다. 이 모든 것들이 하나님의 능력에 의해 봉헌될 때에는 쓸모 있을 것이지만, 그리스도의 능력과 별개가 될 때, 그것들은 모두 여러분에게 아무 쓸모가 없게 될 것입니다. 만약 그것들을 의지한다면, 그것들은 모두 여러분을 배반하고 말 것입니다. 여러분이 이런 것들에 아무리 부유하고 아무리 위대하다고 해도, 만약 여러분이 그리스도의 능력이 빠져 있다면, 여러분은 약해질 것이요 멸시받는 자리에 이르게 될 것입니다.

마지막으로 제가 말씀드리고자 하는 메시지는 다음과 같습니다. 바울은, 모든 그리스도인들의 이름으로, "내게 능력 주시는 자 안에서 내가 모든 것을 할 수 있다"고 말한다는 것입니다. 저는 바울의 이름으로만 아니라, 나의 주요 선생이신 예수 그리스도의 이름으로 말하는데, 어찌해서 여러분들 중 어떤 분들은 아무것도 하지 않고 있습니까? 만약 여러분이 아무것도 할 수 없었다면, 그것을 하지 않는데 대한 변명을 할 수 있을 것이지만, 그러나 여러분들이 본문에 대해 어떤 사소한 변명이라도 하지 않는다면, 여러분에게 다음과 같은 질문을 드리겠습니다. 여러분은 "나는 모든 것을 할 수 있다"고 말씀하시는데, 그렇다면 저는 아주 타당한 질문을 하나 드리겠습니다. 왜 여러분은 아무것도 안하십니까? 세상에 얼마나 많은 그리스도인들이 있는지 둘러보십시오. 만약 그들이 그 고백하는 대로 처신하고 있고 그리스도를 위해 일한다면, 비참한 가난과 무지와 이교주의가 오랫동안 지속되며 그런 현상이 도시에서 발견되리라고 생각하십니까? 일개인이 성취할 수 없다고요? 그렇다면 수많은 우리들의 교회가 성취할 수 있는 일은 무엇입니까? 아, 신자들이여! 여러분은 동료들의 영혼에 관하여 책임져야 할 일이 많이 있을 것입니다. 여러분은 하나님의 섭리로 말미암아 이 세상에 빛으로 보냄을 받았습니다. 그러나 여러분은 빛이라기보다는 차라리 어두운 등불에 지나지 않습니다. 여러분은 사람들 가운데서 얼마나 자주 빛된 생활을 하고 있습니까? 여러분은 그리스도를 위해 말씀을 전할 기회를 결코 만들지 않고 있습니다. 여러분은 죄를 책망하거나 거룩을 가르칠 수 있는 그런 처지에 얼마나 자주 처해 보았습니까? 얼마나 자주 여러분은 그런 일을 성취하고 계십니까?

이 주제에 대하여 글을 쓴 스터클리(Stukley)라는 이름의 한 작가는 다음과 같은 말을 했습니다. "신앙을 고백하는 그리스도인 중에는 발람의 나귀보다 낫지 않은 그리스도인들이 다소 있습니다. 왜냐하면 발람의 나귀는 그 미친 선지자를 그 죄 때문에 책망한 적이 있었으나, 살아가는 동안에 단 한 번도 그 누구도 책망해 보지 않은 그리스도인이 있기 때문입니다. 그들은 자기들의 목전에서 저질러지는 죄를 묵과했습니다. 또 그것에 대해 지적하지도 않았습니다. 그들은 죄인들이 지옥에 떨어지고 있는 것을 보았습니다. 불타지 못하도록 장작더미를 끄집어 내듯이 그들은 죄인들을 끄집어 내기 위해 손을 내밀지 않았습니다. 그들은 소경들 가운데서 행했지만, 그 소경들을 인도하려고 하지 않았고, 귀머거리들 가운데 서 있었지만, 그들을 대신하여 들으려고 하지 않았습니다. 비참한 것이 횡행하는 곳에 있었지만, 그 비참한 것에 대해 자비를 베풀지 않았습니다. 그들은 사람들의 구원자로 보냄을 받았으나 그들의 태만으로 말미암아 사람들을 멸망시키는 자가 되었습니다."

"내가 내 아우를 지키는 자니이까" 이것은 가인의 말이었습니다. 오늘날에도 가인의 후예들이 많이 있습니다. 여러분은 여러분의 형제들을 지키는 자들입니다. 여러분이 여러분의 마음속에 은총을 간직하고 있다면, 여러분은 다른 사람들에게 선을 베풀라는 명령을 받을 것입니다. 여러분의 옷이 동포들의 피에 더럽혀지고 그들의 피가 여러분에게 뿌려질까 삼가 조심하십시오. 주의하십시오. 그리스도인들이여, 여러분이 일의 염려로부터 해방되어 조용히 쉬고 있던 그 마을이 여러분을 심판하고 정죄하기 위해 일어설까 삼가 조심하십시오. 이는 여러분이 수단과 기회를 활용하여 안식하기 위해, 그 마을을 이용하면서도 그 마을을 위해서는 어떤 선도 베풀려고 하지 않기 때문입니다. 상전들과 여주인들이여, 마지막 날에 주께서 여러분들에게 여러분들의 종들의 영혼을 요구하는 일이 없도록 삼가 조심하십시오. "나는 나의 상전을 위해 일했습니다. 그분은 나에게 나의 품삯을 지불해 주었습니다. 그러나 그분은 그의 더 큰 상전을 조금도 공경하지 않았습니다. 내가 불경스러운 욕을 하는 것을 그가 들었고 내가 계속 죄를 짓는 것을 그가 보았지만, 그는 나에게 한 마디도 하지 않았습니다"라고 하게 될까 삼가 조심하라는 말입니다.

　저는 여러분들이 지금 앉아 계시는 자리에 가시를 밀어 넣어서 여러분이 벌떡 일어나고, 그래서 잠시나마 여러분의 책임이 중하다는 생각을 불러일으킬 수 있다면 좋겠습니다. 여러분들이여, 하나님이 여러분들을 무엇에 맞게 지으셨습니까? 하나님께서 무엇 때문에 여러분을 이 세상에 보내셨을까요? 하나님께서 빛을 발하지 않는 별들과 빛나지 않는 항성들과 어둠을 밝히지 않는 위성들을 만드셨을까요? 하나님께서 물이 가득 차지 않은 강들과 구름이 머물지 아니할 산들을 만드셨을까요? 하나님께서 새들이 기거하지 않을 숲을 지으셨던가요? 하나님께서 들짐승들을 먹이지 아니할 넓은 초원을 만드셨을까요? 하나님께서 아무 쓸모 없이 여러분을 지으셨습니까? 교회당 뜰의 모퉁이에 자라는 쐐기풀 무리도 그 사용 목적이 있고, 벽에 붙어있는 거미도 창조자를 섬깁니다. 하물며 하나님의 형상대로 지음받은 인간, 피로 값 주고 산 인간, 천국을 향하여 걸어가는 인간, 중생받은 자, 다시 지음을 받은 사람인 여러분이 사고 팔고 먹고 마시고 일어나고 자고 웃고 울며 이기적인 생활을 하는 것 외에는 전혀 아무 목적이 없이 지음을 받았다는 말입니까? 자신의 울타리를 넘어서지 못하는 사람은 소인입니다. 이기적인 삶을 사는 사람의 영혼은 보잘것없습니다. 그렇습니다. 그런 사람은 너무 보잘것없어서 천사들과 동료가 되거나 여호와의 보좌 앞에 서기에 결코 적합하지 아니할 것입니다.

저는 이렇게 많은 분들을 이 자리에서 뵙게 되어 기쁘기 그지없습니다. 저는 항상 이렇게 많은 사람들을 대하는데 그러므로 저는 여러분에게 호소력이 있다고 생각합니다 — 이 자리에 하나님을 위한 대변자가 될 사람들, 하나님을 섬기는 일에 유용하게 될 사람은 없을까요? 선교협회는 여러분 젊은이들을 필요로 하고 있습니다. 여러분은 그리스도를 위해 자신을 부인하시겠습니까? 주님의 사역에 여러분이 필요합니다. 재능과 능력이 있는 젊은 사람들이 필요합니다. 그리스도께서는 자신의 말씀을 전파하기 위해 여러분을 필요로 하십니다. 그분에게 여러분 자신을 바치지 않으시겠습니까? 사업가들이여! 상인들이여! 사업의 긴장을 해소하고, 오늘 이 시대의 행동의 원리를 바꿔놓기 위해 그리스도께서는 여러분을 필요로 하십니다. 여러분은 참여하지 않으시겠습니까? 주일학교가 여러분을 필요로 합니다. 수많은 기관들이 여러분을 요구합니다.

오, 오늘 귀가하시는 분이 있어서 집에 도착하실 때, 오늘 오후에 하시는 말씀이 "제가 할 일이 아무것도 없어서 하나님 감사합니다"라고 하시며, 또 내일도 여러분의 일터에서 집으로 돌아오실 때, 여러분이 "저는 교회와 전혀 관계가 없어서 하나님 감사합니다. 저는 종교적인 세계와는 아무 상관이 없습니다. 저는 그런 세계를 다른 사람들에게 맡깁니다. 저는 그런 일에 관해서는 결코 수고하지 않습니다"라고 말씀하신다면, 여러분은 천국 가는 일에 대해서는 수고하실 필요가 없으며, 적어도 여러분이 좀 더 헌신된 교훈을 배울 수 있기까지는 그리스도께서 계시는 곳에 관해서는 수고하실 필요가 없는 것입니다. "그리스도의 사랑이 저를 강권하십니다. 저는 그리스도를 위해 뭔가를 하겠습니다. 주님, 주께서 제가 하기를 원하는 것을 저에게 알려 주옵소서. 그러면 저는 바로 오늘 시작하겠나이다. 이는 그리스도께서 제게 능력 주사, 제가 모든 것을 할 수 있다는 사실을 주님으로 말미암아 깨닫게 되었기 때문입니다"라는 좀 더 헌신된 고백이 있게 되기를 바랍니다.

　　하나님께서 죄인들에게 능력, 회개할 능력, 구원받을 능력을 베푸서서 그들이 그리스도를 믿게 되기를 바랍니다. 이는 그리스도께서 잃어버린 바 된 가련한 죄인에게도 능력을 주시면, 그도 역시 "모든 것을 할 수 있기" 때문입니다. 타락한 본성으로는 불가능한 일들을, 그의 위에 머물러 능력 주시는 성령님과 그리스도의 권능으로 그는 할 수 있는 것입니다.

제
19
장

—

빈 그릇들을 채우시는 하나님

—

"나의 하나님이 그리스도 예수 안에서 영광 가운데
그 풍성한 대로 너희 모든 쓸 것을 채우시리라"" — 빌 4:19

저는 "나이 많은 바울"이 로마의 감옥에 감금되어 죽을 날을 앞두고 있으나 침착하고 온화하며 평화롭고 즐거운 모습을 하고 있는 광경을 생각해 볼 때, 그 광경이 너무 아름답게 여겨집니다. 지금 그는 너무 행복해서 태양빛이 그의 감방에 스며들고 있는 것 같으며, 그의 얼굴은 천사의 얼굴과 같이 빛나고 있습니다. 그는 굉장히 기뻐하고 있습니다. 이는 그가 극한 가난 가운데서 빌립보에 있는 작은 교회로부터 친절한 예우를 받아왔고, 또 그들이 그에게 연보를 보내주었기 때문입니다. 그가 얼마나 즐거워하고 있는지를 보십시오. 얼마나 만족해하고 있는가를 제가 막 말씀드리려고 했습니다만, 나의 표현이 그 수준에 도저히 미치지 못할 말이라서 생략하겠습니다. 그는 높은 궁전에 좌정해 있는 가이사보다 훨씬 더 행복합니다. 그는 자기에게 이런 위로금을 보내준 그 사랑에 대해 몹시 기뻐하고 있습니다. 그 선물을 로마 돈으로 계산한다면, 아마도 그리 많지 않을 것입니다. 그러나 그는 그것을 많은 것으로 여기고, 앉아서 감사가 풍성하게 표현된 다음과 같은 편지를 쓰고 있습니다. "내게는 모든 것이 있고 또 풍부한지라 에바브로디도 편에 너희가 준 것을 받으므로 내가 풍족하니"(빌 4:18)라고 했던 것입니다. 그의 마음은 분명히 크게 감동되었습니다. 왜냐하면 그가 "내가 주 안에서 크게 기뻐함은 너희가 나를 생각하던 것이 이제 다시 싹이 남이니"(빌

4:10)라고 말하고 있기 때문입니다. 그 보잘것없는 선물이 그 좋으신 분을 어찌 그리도 기쁘게 만드는지를 보십시오! 우리가 주의 선지자들에게 냉수 한 그릇이라도 대접하는 것이 할 만한 일이 아니겠습니까? 빌립보에 있는 형제들과 자매들이 돈 몇 푼 대신에 무한한 축복을 받으며, 사도의 뜨거운 기도로 풍성하게 됩니다. 바울이 자기에게 은혜를 베푼 자들의 머리 위에 얼마나 열정적으로 축복기도를 드리고 있는지 그 기도 소리를 들어보십시오. 어떤 사람으로 하여금 감사가 가득 차 흘러넘치게 하는 마음 상태가 있다면 축복된 상태가 아니겠습니까? 어떤 사람들은 구운 쇠고기에 대해 불평할 것이지만, 여기 본문의 바울은 푸성귀밖에 없는 식사에 대해서 기뻐하고 있습니다.

바울은 너무나 사심이 없었기 때문에 그의 기쁨에는 이기심이라고는 전혀 없었습니다. 그는 결핍에 대해서는 아무 말도 하지 않았습니다. 왜냐하면 그는 불평하지 않고 궁핍을 견디는 법을 알고 있었기 때문입니다. 그러나 그는 그 친절한 연보를 빌립보 성도들 가운데 맺힌 하나님의 은혜의 열매로 간주했습니다. 그것은 그들이 이교적 이기심으로부터 들림을 받아 기독교적인 사랑 안으로 들어오게 되었다는 풍성한 증거였습니다. 바울이 복음을 전하러 들어갔던 그 옛 로마와 헬라 세계에는 친절함이라는 것은 거의 찾아볼 수 없었습니다. 그 시대는 마음이 굳어버린 시대였습니다. 심지어 잔인하고 냉혹하기까지 한 시대였습니다. 가난한 사람들을 위한 시설이라는 것은 아예 없었습니다. 만약 어떤 사람이 가난하다면 그것은 그가 알아서 할 일이었습니다. 그러면 그는 굶어 죽게 될 것입니다. 여러분은 그 사람들이 원형 경기장 안의 결투로 말미암아 그 심령이 얼마나 굳어졌는지를 아실 것입니다. 피를 흘리는 광경이 그들의 야수 같은 가슴속에 흉포한 희열을 야기시켰고, 사람의 고통당하는 것이 그들에게는 막아야 될 일이라기보다는 즐기는 일이 되었던 것입니다. 여기저기서 가난한 사람들에게 돈을 주는 온정의 손길이 있기는 있었을 것입니다만, 대부분의 경우 자선행위는 메말랐습니다. 너무도 타락한 그 시대에 주색에 빠진 사람들은 병원을 지을 계획도 세우지 않았고 고아원도 짓지 않았습니다. 그들은 자기들의 검투사들과 애인들에게 열중하여 여념이 없었습니다. 자아(自我)가 가이사의 궁전과 온 로마 영토에서 최고의 권력자였습니다.

그러나 이곳 빌립보에 있는 성도들은 자기들에게 복음을 전했고 지금도 고난을 당하고 있는 사람에 관해서 생각하고 있습니다. 그들은 새로운 원리에 의해 감동을 받고 있습니다. 그들이 그리스도 예수 안에서 하나님을 사랑하게 되자 그들은 자기들을 변화시킨 말씀을 전해준 그 사람을 사랑하게 되었던 것입니다. 그들은 그를 버리지 아니할 것입니다. 그들은 자기들의 빈약한 재원을 털어 그의 슬픈 상태를 위로하고 있습니다. 자비를 보이는 교회가 없었습니다. 안타깝게도 복음시대의 초기에는 거룩한 자선 행위가 너무나 드물었습니다. 바울이 크게 축복했던 사람들 중에는 심지어 바울에 관해서 다툼을 일으키고 바울이 그리스도의 사도라는 것을 부인하는 자들이 있었습니다. 그러나 사랑하는 빌립보 교회는 그렇지 않았습니다. 그들은 거듭해서 바울의 필수품을 조달했습니다. 이제 바울은 다시 그들을 인하여 기뻐하고 있습니다. 이는 그가 성품을 변화시키는 하나님의 은혜의 능력의 또 다른 실례를 즐거이 보고 있기 때문입니다. 즉, 한때 이기적이었던 자들이 이제 그에게 헌물을 보내기를 즐거워하며, 그런 일을 촉구받거나 부탁받은 것도 아닌데 기쁘게 그 일을 감당했던 것입니다. 루디아가 그 연보를 주도했을까요? 저는 이상하게 여기지 않습니다. 우리는 그녀가 열린 마음의 소유자라는 것을 알고 있습니다. 그 간수가 자신의 처지에 넘치도록 그 몫을 담당했을까요? 저는 그렇다고 확신합니다. 왜냐하면 감옥에서 그는 사도를 정중하게 접대하였기 때문입니다. 이 사람들은 관대한 사람들이었습니다. 바울은 그들을 생각하면서 기뻐하고 있습니다.

여러분 중에 많은 분들이 여러분 자신의 귀중한 것을 주의 일에 마음껏 드리는 것을 볼 때, 저도 또한 그분들에 대하여 이와 같은 기쁨을 갖게 되었다고 감히 말씀드릴 수가 있습니다. 저의 앞에 계시는 많은 분들께서 연보를 하자고 권고를 하는데도 제가 그것을 제지한다면, 그것은 부당한 일이 될 것입니다. 여러분은 헌물을 하나님의 일에 바침으로써 저의 심령을 기쁘게 해주었습니다. 여러분은 재물의 상당량을 드렸습니다. 어떤 분들은 우리가 요구할 수 있는 그 이상을 드리기도 하였습니다. 복음이 여러분에게 이것을 가르쳐 주셨습니다. 그런 사실을 인해 하나님께 영광을 돌립니다. 아무도 나에게서 이런 기쁨을 앗아가지 못하도록 같은 마음으로 계속 그렇게 하십시오.

사도는 다음 몇 절에서 그들이 행한 그 모든 일에 대하여 풍성하게 보답을 받게 될 것이라고 확신시켜 주고 있습니다. 그는 그들에게 "너희는 나를 도왔다. 그러나 나의 하나님이 너희에게 채우실 것이다. 너희는 나의 필요한 것들 중에서 한 가지를 도와주었다. 나의 필요한 옷과 음식으로 나를 도왔다. 나는 너희들이 나를 도울 수 없는 다른 필요한 것들이 있다. 그러나 나의 하나님은 너희 모든 쓸 것을 채우실 것이다. 너희는 나를 도왔다. 너희들 중의 어떤 이들은 극한 가난 중에서 빈약한 곳간에서 양식을 꺼내 나를 도와주었다. 그러나 나의 하나님이 영광 가운데 그 풍성한 대로 너희 모든 쓸 것을 채우실 것이다. 너희가 에바브로디도 편에 너희의 헌물을 보냈다. 잘하고 좋은 일이다. 그는 나의 가장 훌륭한 형제이며 참된 동역자이다. 그럼에도 불구하고 하나님은 너희들에게 더 나은 사자를 보내실 것이다. 이는 그가 그리스도 예수로 말미암아 너희 모든 쓸 것을 채우실 것이기 때문이다"라고 말하고 있습니다. 사도는 저에게 자기의 궁핍과 그들의 궁핍을, 그리고 자기가 그들에게 공급받는 것과 그들이 주님으로부터 공급받는 것을 비교해 보라고 하는 것 같습니다. 그는 이렇게 말하고 싶은 것 같습니다: 하나님께서 너희를 통하여 내게 채우신 것과 같이 하나님께서 그리스도로 말미암아 너희에게 채우실 것이다. 다음의 내용은 그 의미가 가장 잘 드러나도록 헬라어를 번역한 것입니다. — "나의 하나님이 그리스도 예수로 말미암아 영광 가운데 그 풍성한 대로 너희 모든 쓸 것을 채우실 것이다."

　　하나의 실례를 말씀드리겠습니다. 빚 때문에 자기 자녀를 빼앗기게 된 선지생도의 한 과부에 대한 이야기를 방금 읽어드렸습니다. 그 빚을 갚고도 그녀와 자식들이 먹고 살기에 충분한 양의 기름이 생기기까지, 그녀가 빌려왔던 그릇들에 기름이 어떻게 가득 차게 되었던가를 읽었습니다. 이제 그 장면을 생각하면서 그것을 본문의 경우와 연결시켜 보십시오. 우리는 첫째로, 빈 그릇들을 가지고 있습니다. 그 그릇들 "너희 모든 쓸 것"을 일렬로 세워 보십시오. 둘째로, 누가 그것들을 채우실까요? — "나의 하나님이 너희 모든 쓸 것을 채우시리라." 셋째로, 하나님께서는 어떤 방식을 따라 그런 일을 행하실까요? — "영광 가운데 그 풍성한 대로." 넷째로, 그는 어떤 수단에 의해 그 일을 행하실까요? — "그리스도 예수 안에서." 과부와 그릇들을 여러분 앞에 두십시오. 그리고 우리들의 가정과 심령에 또다시 대규모로 일어날 기적을 생각해 봅시다. 성령께서 우리의 믿음에 생기를 주는 그런 광경을 그려 보시기를 바랍니다!

**1. 오늘 밤 여러분들에게 빈 그릇들을
나열하라고 요청함으로 설교를 시작하겠습니다.**

　　"나의 하나님이 너희 모든 쓸 것을 채우시리라"고 했습니다. 여러분의 그릇들을 가져오십시오. 빈 그릇들을 많이 가져오십시오. "여러분의 모든 쓸 것"을 나열해 보시라는 말입니다.

여러분이 오늘 밤에 나가서 다른 사람들의 쓸 것을 빌려와야 할 그런 큰 의무를 가지고 있다고 생각하지는 않습니다. 왜냐하면 여러분 가정에 있는 여러분 자신들의 것만으로도 족하기 때문입니다. 필요로 하는 것들이 그 수도 많고 종류도 다양합니다. 아주 좋습니다. 그것들을 나열해 보십시오. 그것들 중 어떤 것도 감추지 마시고 하나하나 차례로 그 모든 것들을 일렬로 늘어놓으십시오. 여러분의 육신이 필요로 하는 것들도 있고 여러분의 영혼이 쓸 것도 있습니다. 여러분 자신에게 필요한 것들도 있고 여러분의 가족들이 쓸 것도 있으며, 현재에 필요한 것, 미래를 위해 필요한 것, 지금의 시간을 위해 필요한 것, 영원을 위해서 필요한 것, 땅에서 필요로 하는 것, 천국을 위해 필요로 하는 것들이 있습니다. 여러분의 필요한 것들은 순간들만큼이나 많습니다. 여러분의 머리카락만큼이나 많습니다. 제가 그것들의 목록을 만드는 것은 무익한 일로 여겨집니다. 우리가 아무리 주의 깊게 그 목록을 작성한다 해도 환경이 바뀜에 따라 이루 헤아릴 수 없이 잡다한 것들을 덧붙여야 할 것입니다.

저는 여러분에게 제 자신의 쓸 것을 모두 말씀드릴 수 없습니다. 그러나 저는 그 필요로 하는 것들이 무수히 많고, 시간이 지남에 따라 늘어나고 있다는 사실을 알고 있습니다. 나는 한 사람으로서, 남편으로서, 아버지로서, 시민으로서, 그리스도인으로서, 목사로서, 저술가로서, 필요한 것들이 있습니다. 사실상 모든 위치에서 내가 필요로 하는 것에 또 다른 것을 나는 쌓아 올립니다. 제가 만약 제 개인이 필요로 하는 것들을 명세서로 작성했다면, 구약 성경에서 언급된 두루마리처럼 안과 밖으로 빽빽이 기록된 하나의 문서가 되었을 것입니다. 그리고 천국 은행에 대해 내가 청구한 것들을 일일이 셀 수 없을 것입니다. 그러나 만약 제가 이 지붕 아래에 있는 수천 명의 사람들을 붙잡고 각자에게 자기가 특별히 원하는 것을 말해 보라고 한다면, 그 계수의 끝은 어디일까요? 바닷가의 모래알이 이보다 더 많지 않을 것입니다.

사랑하는 성도 여러분! 친애하는 여러분! 지금 저의 앞에 앉아 계시는 이 궁핍한 군중의 모든 쓸 것이 기록될 수 있는 모든 책들을 보관하기 위해서는 보들리 도서관(옥스퍼드 대학 도서관)보다 더 큰 도서관이 있어야 할 것입니다. 글쎄요, 저는 그런 것 때문에 안타깝게 생각하지는 않습니다. 왜냐하면 주님께서 그의 무한한 은혜의 이적들을 행하실 공간은 충분히 있기 때문입니다. 가끔씩 제가 고아원과 대학의 일, 그리고 그와 같은 일들 때문에 궁핍한 가운데 있었을 때 이런 때가 있곤 했습니다 ― 저는 저의 영혼에 놀라운 기쁨을 느끼고 있었다는 것을 여러분에게 분명하게 말씀드립니다. 저는 거의 모든 것이 없어질 때까지 자금이 메말라 버리는 것을 지켜보았습니다. 그리고는 즐거운 마음으로 "자, 어디 보자! 그릇들은 비어 있다. 이제 나는 그 그릇들이 가득 차게 되는 기적을 보게 될 것이다"라고 혼잣말을 하곤 했습니다. 주께서 저를 위해 베풀어 주셨던 기적들을 여러분에게 세세히 다 말씀드릴 수는 없습니다. 그러나 여러분 중에 저의 신실한 조력자였던 많은 분들이 수백 혹은 수천 파운드가 필요한 순간에 위대하신 우리 주님이 어떻게 공급해 주셨는가를 알고 있습니다. 그런 일이 언제나 일어날 것입니다. 왜냐하면 주 하나님은 동일하신 분이니까요.

자금이 고갈될 때까지 우리는 그 자금이 채워지는지를 보려고 기대할 수는 없습니다. 그러나 그 자금이 떨어질 때, 그때 하나님께서 오셔서 은혜롭게 우리를 대하십니다. 그러나 돈은 우리들에게 있어서 가장 작은 결핍입니다. 우리는 은혜, 지혜, 빛, 그리고 위로를 필요로 합니다. 이런 것들을 우리가 간직하게 될 것입니다. 우리의 모든 결핍들은 축복의 계기가 됩니다. 즉, 여러분의 빈 그릇들이 채워지게 될 것입니다. 그러므로 더 궁핍할수록 더 기뻐할 것입니다. 뭐라고요! 더 많이 궁핍하면 더 낫다고요? 그렇습니다. 여러분의 믿음이 그런 이상한 진술을 시인할 수 있게 되기를 바랍니다. 따라서 여러분의 가난이 부가 될 것이요, 여러분의 약함이 강함이 될 것이며, 여러분의 비천함이 높아짐이 될 것입니다. 여러분의 극한 상황이 하나님께서 그의 은혜의 풍성함을 보여주시기 위해 사용하실 기회가 될 것입니다. 여러분이 완전히 쇠잔해질 때, 하나님은 쇠잔하지 않은 은혜의 풍성함으로 여러분에게 가까이 다가올 것이며, 여러분의 잔이 흘러넘치기까지 채워주실 것입니다. 하나님께서는 여러분의 모든 빈 그릇들을 채워 주실 것입니다. 그 그릇들이 아무리 많다 해도 지체하지 말고 구석에서 끄집어 내어 주님 앞에 내놓으십시오. 빈 항아리들로 인해 울지 마시고 그것들이 아가리까지 채워질 것을 충분히 기대하시고 줄을 맞추어 놓아 두십시오.

여러분들의 이 빈 그릇들 중의 어떤 것들은 매우 크고 또 심지어 그것들이 점점 더 커지고 있다고 확신합니다. 우리들에게 결핍된 것들 중 대부분은 점점 더 커집니다. 여러분은 여전히 "오늘날 우리에게 일용할 양식을 주옵시고"라고 기도합니다만, 여러분이 독신이었을 때는 그 기도의 응답이었던 빵 하나가 이제는 여러분의 식탁에서 더 이상 효력이 없을 것입니다. 4파운드의 빵 덩어리들이 햇빛 속의 눈처럼 사라져 버립니다. 여러분은 50년 전에 필요했던 믿음보다, 현재는 더 많은 믿음을 필요로 합니다. 그렇지 않습니까? 왜냐하면 여러분은 젊은 시절보다 더 허약하고 더 많은 시련을 당하고 있기 때문일 것입니다. 나의 사랑하는 주님과는 별도로, 나는 내가 이전보다 더 궁핍하다는 것을 알고 있습니다. 사람이 하나님의 일들에서 요구되어지는 것이 무엇이든지 간에, 점점 나이가 들고 경험이 많아지면, 더욱더 그것이 결핍되고 그것을 더 많이 필요로 하게 됩니다. 그는 젊었을 때보다 더 많은 사랑을 필요로 합니다. 또 더 많은 인내와, 더 많은 포기와, 더 많은 겸손과, 더 많은 자선, 더 많은 지혜와, 더 많은 성결을 필요로 하게 되는 것입니다. 그는 더 많은 믿음과 더 빛나는 소망을 원합니다. 그는 특히 죽을 것을 예상하면서도 더 많은 용기와, 더 용감하고 단순하고 어린아이 같은 구세주에 대한 믿음을 필요로 하는 것입니다. 그런데 우리들 가운데 어떤 사람들은 별들을 금으로 바꾸고, 그것들을 돈으로 만들어 지불해도 채워질 수 없는 결핍상태에 있습니다. 이런 것들로는 마음과 영혼의 기갈을 해소시킬 수 없습니다. 이 세상은 우리의 영혼의 쓸 것을 채우기에는 너무나 부족합니다. 물통 속의 물 한 방울에 불과할 것입니다. 어떤 성도들은 그들의 주님과 교회와 세상에 대하여 큰 빚을 졌고, 그래서 온 몸이 빚진 상태 ─ 절망적일 정도로 끝없는 의무를 지고 있는 상태 ─ 에 있습니다. 저는 그런 분들을 알고 있습니다. 우리들의 요구들을 어떻게 채울 수 있을까요? 우리들의 책임은 감당할 수 없을 정도로 큽니다. 우리들 중에 어떤 분들은 평생을 노력해 왔지만, 우리가 이전에 항상 헤매던 결핍 상태보다 더 큰 결핍상태에 빠져 허덕이고 있습니다. 우리의 영혼 속의 진공상태는 확장되고 늘어나며, 그래서 우리는 "더 많은 성경지식, 그리스도에 대해 더 많이, 은혜에 대해 더 많이, 하나님에 대해 더 많이, 성령님에 대해 더 많이, 하나님을 섬기기 위해 더 많은 능력을!"이라고 부르짖게 됩니다. 우리의 기름 그릇들은 각각 대양을 담을 수 있을 것이며, 그리고 심지어 이것들은 팽창하고 있습니다. 우리는 점점 더 많은 것을 필요로 합니다. 은혜롭게도 우리 앞에 놓여 있는 이 본문은 그런 증대와 보조를 같이합니다. "나의 하나님이 너희 모든 쓸 것을 채우시리라"고 하였습니다. 이것은 적게 쓸 것뿐 아니라 크게 쓸 것도 포함합니다. 그것은 현재 있는 것뿐 아니라 있을 수 있는 모든 것을 다 포괄합니다. 그것은 늘어나는 우리의 결핍들이 다 채워질 것이라고 우리들에게 보증하고 있습니다. 그 그릇들이 극도로 커질 때까지 내버려 두십시오. 바울은 "그러나 나의 하나님이 너희 모든 쓸 것을 채우시리라"고 말씀하십니다.

우리의 쓸 것들 중 어떤 것들은 특별한 종류이기 때문에 만약 그것들이 오늘 밤 채워진다 해도 내일 아침에는 또 비게 될 것입니다. 우리의 필요한 것들 중 어떤 것들은 매일 아침 새롭습니다. 농작물은 날마다 새롭습니다. 그것은 매순간 돋아납니다. 제가 5분 전에 가졌던 그 은혜는 이제 저에게 소용이 되지 못할 것입니다. 어제 저는 큰 사랑과 큰 믿음, 큰 용기와 큰 겸손, 큰 기쁨을 소유하였을지라도 오늘 또한 이런 것들을 필요로 합니다. 주님 외에 아무도 그런 것들을 저에게 줄 수가 없습니다. 여러분은 과거의 시련을 아주 잘 견디었습니다. 그렇습니다. 그러나 옛 인내는 썩어버린 찌꺼기입니다. 여러분은 여러분의 정원에서 그 향기로운 풀을 더 많이 재배해야 합니다. 왜냐하면 지금 다가오고 있는 시련은, 여러분의 마음의 정원에서 새로이 거두어들여서, 여러분의 고난의 쓰라린 물과 섞인, 자족이라는 풀에 의해서만 경감될 수 있기 때문입니다. 신화에 보면 이런 이야기가 있습니다. 구멍이 아주 많이 뚫린 그릇들이 있었는데 다나우스(Danaus)의 50명의 딸들이 그 그릇들을 채우기 위해 열심히 수고했지만, 그들은 그 과업을 결코 달성할 수 없었다는 것입니다. 하나님을 떠난 우리들의 상태가 그런 그릇에 비유될 수 있을 것입니다. 여러분과 저는 새는 그릇이기 때문에 하나님 외에는 그 누구도 우리를 채울 수 없습니다. 우리가 가득 찼을 때, 하나님 외에는 아무도 우리를 가득 찬 상태로 유지시킬 수 없습니다. 그러나 "나의 하나님이 너희 모든 쓸 것을 채우시리라"는 약속은 여전히 유효하기 때문에, 그 모든 그릇들이 채워질 것이며, 채워진 상태를 유지할 것입니다.

사랑하는 성도 여러분, 우리들에게는 아주 긴급하게 사용해야 할 것들이 있습니다. 아마도 그 순간에는 큰 소동이 있을 것입니다. 어떤 쓸 것들은 절박합니다. 그것들은 반드시 채워져야 합니다. 또 속히 채워져야 합니다. 그렇지 않으면 우리는 배고파 죽게 되거나 병으로 죽거나 혹은 낙망 속에 시들어 버릴 것입니다. 여기서 경고 한 마디를 덧붙이겠습니다. 하나님께서 모든 사람의 모든 쓸 것을 채우시리라고 저는 감히 말씀드리지 못합니다. 왜냐하면 이 약속은 하나님의 자녀들에게 주시는 약속이요, 강조적인 의미로 말씀드린다면, 그들 가운데에서도 어떤 부류에게만 국한된 것이기 때문입니다. 그리스도인이라고 공언하는 사람들이 유복했을 때는 다른 사람들을 결코 돕지 않았습니다. 저는 주께서 그들이 약간 괴로움을 당하도록 하실 것이라고 생각합니다. 또 어떤 가난의 상태는 그들이 가난한 자들과 공감하게 될 수 있는 상태일 것이라고 생각합니다. 저는 좋은 청지기들을 알고 있었습니다. 주께서 그들에게 더 많은 것을 맡기셨습니다. 왜냐하면 그들은 자기들이 가지고 있었던 것을 잘 다루었기 때문입니다. 그들은 자기들의 재산을 삽으로 퍼서 내놓았는데 주께서는 그들에게 차로 실어 되돌려주었고 더 많이 맡기셨습니다. 나쁜 청지기들이었던 다른 사람들, 자기들의 상전을 잘 섬기지 않았던 다른 사람들은 그들이 가졌던 것을 잃어버렸으며, 빈궁해졌습니다. 그들의 재산이 다른 사람들에게 넘어가 그 재산이 좀 더 잘 사용되기를 바랍니다. 반면에 그들은 괴로움을 당해야 하며, 또 그렇게 되는 것은 당연한 일입니다.

그러나 사도는 그런 부류와는 아주 다른 성격의 사람들에게 말하고 있다는 것을 기억하십시오. 그는 빌립보 성도들에게 말하고 있습니다. "나의 하나님이 너희 모든 쓸 것을 채우시리라"는 말씀은 그 대명사에 강조점이 있다고 저는 생각합니다. 여러분은 주의 종을 돕는 일에 관대하였습니다. 이제 주께서 여러분에게 갚아 주실 것입니다. 여러분은 능력껏 주의 교회를 섬겼고 세상에서 주의 일이 성취되도록 도왔습니다. 그러므로 하나님께서 여러분의 모든 쓸 것을 채우실 것입니다. 이것은 돈을 빼돌려 비축한 유다 같은 인물에게 주신 말씀이 아니요, 적당한 기회가 주어졌을 때 자진하여 자기들의 재산을 내놓았던 관대한 사람들에게 주셨던 말씀입니다. 여러분 중에 누구든지 여러분의 필요를 하나님께 가지고 나와 말씀드리고, 또 그와 같은 행위로 하나님을 시험해 보십시오. "만군의 여호와가 이르노라 너희의 온전한 십일조를 창고에 들여 나의 집에 양식이 있게 하고 그것으로 나를 시험하여 내가 하늘 문을 열고 너희에게 복을 쌓을 곳이 없도록 붓지 아니하나 보라"(말 3:10)고 하신 하나님의 옛 약속을 기억하십시오. 흩어 구제하여도 더욱 부하게 되는 일이 있습니다(잠 11:24). 주십시오. 그러면 여러분에게 주어질 것입니다. 오! 그렇습니다. 시간이 촉박하다면, 은혜로우신 우리 하나님께서 그 모든 그릇들을 즉시 채워 주실 것입니다. 여러분이 절박하게 필요한 것이 있다면 그 문제들을 하나님께 내놓으십시오.

우리들 중에 다른 사람들의 빈 항아리들을 빌려와야 할 만큼 심각하게 궁핍한 사람들은 거의 없다고 앞에서 말씀드린 바 있습니다. 그러나 우리들 중에는 주된 걱정거리가 우리들이 빌려온 그 그릇들에 관한 문제인 사람들이 있습니다. 우리는 다른 사람들을 돌본다는 바로 그 이유 때문에 다른 사람들보다 더 많은 기름을 필요로 합니다. 우리들 중에 어떤 분들은 많은 사람들과 함께 사는 삶을 위하여 부름을 받기도 했습니다. 우리는 은혜와 섭리로 인도함을 받아 수많은 사람들의 부족한 것들을 떠맡게 되었습니다. 진실로 따뜻한 마음을 가진 모든 그리스도인은 다소 이렇게 행동합니다. 우리는 가난한 사람들과 무지한 사람들, 병든 사람과 무력한 사람들을 위해 일함으로써, 다른 사람들의 부족한 것들을 우리들의 결핍으로 삼으려 합니다. 우리들의 고아들을 사랑하시는 여러분은 기도로 저와 충분히 연합할 수 있습니다. 그러면 주께서 우리가 가난한 과부들에게 빌려왔던 많은 그 빈 그릇들을 채워 주실 것입니다. 고아원에 있는 제가 빌려온 수많은 그릇들과 대학에 있는 빌려온 숫자도 생각해 보십시오. 주 나의 하나님을 찬양하십시오. 그가 이 모든 것들을 채우실 것입니다. 우리가 다른 방법으로 돕고자 하는 사람들, 특히 우리가 구세주께로 인도하고자 하는 사람들은 그 여인이 빌려온 그릇들과 같으며 그것들은 꽤 많습니다. 여러분은 그들의 영적인 궁핍을 여러분 자신의 것으로 삼으셨습니다. 여러분은 자신의 영혼을 위함 같이 그들을 위해 하나님 앞에 나아갔습니다. 여러분은 응답을 받게 될 것입니다. 여러분은 이웃들에게 말씀을 전했고, 마치 여러분의 영원한 운명이 그들의 유익과 관련 있는 것처럼 그들의 유익을 위해 여러분 자신을 내놓았습니다. 엘리사의 시대에 빌려온 항아리들을 채워 주셨던 여호와께서 여러분의 빌려온 궁핍들도 채우실 것이라고 완전히 확신하십시오. "나의 하나님이 너희 모든 쓸 것을 채우시리라"고 했습니다. 그것은 축복된 말씀입니다. 여러분의 그릇들을 내놓으십시오. 그리고 그것이 사실인지 아닌지를 살펴보십시오.

이 자리에 앉아 있는 모든 그리스도인들이 자기가 가지고 있는 모든 그릇들을, 그것이 어떤 그릇이든지 간에 즉시 줄을 세워 늘어놓는다면 참 좋겠습니다. 저는 그런 모습을 보고 싶습니다. 여러분의 염려를 뒷방에 놓아 두시고, "나는 그것들을 내일 끄집어 낼 거야. 그리고 그것들에 대해 걱정하기 시작하겠다"라고 말씀하지 마십시오. 그렇게 하지 말고, 기름이 흐르고 있을 때, 그것들을 주님 앞으로 가지고 오십시오. 그러면 기름은 마음껏 흘러 적당한 때에 멎게 될 것입니다. 여러분은 그 기적을 제한하지 마십시오. 여러분이 잊고 있는 결핍은 없습니까? 급히 서둘러 그것을 찾아내십시오! 아직도 기름은 흘러내리고 있습니다.

어서 오십시오. 모두 다 오십시오! 여러분의 그릇들을 나열하십시오. 그러면 주께서 그의 은혜로 여러분의 모든 쓸 것을 채우실 것이며, 여러분의 입에 노래가 흘러나오게 하실 것입니다.

2. 둘째로, 누가 이 그릇들을 채우시는가요? 질문해 봅시다.

바울은, "나의 하나님이 너희 모든 쓸 것을 채우시리라"고 말씀합니다. "나의 하나님!" 오, 그 말은 위대한 말입니다! 만약 어떤 다른 이름이 거론되었다면, 그것은 어리석은 변론이 되었을 것입니다. 하나님께서는 자기 백성의 모든 쓸 것을 채우실 수 있습니다. 왜냐하면 하나님은 전능하시기 때문입니다. 그러나 그 누구도 그렇게 할 수 없습니다. 하나님은 도움을 받지 않고 홀로 그 일을 행하실 수 있습니다. 왜냐하면 하나님께는 어려운 것이라고는 하나도 없기 때문입니다. 하나님은 억조창생의 피조물들을 다 세실 수 있으며, 그들 모두의 양육에 주의를 기울이실 수 있습니다. 그래서 그들 중의 하나도 부족함이 없을 것입니다. "주께서는 수효대로 만상을 이끌어 내시고 그들의 모든 이름을 부르시나니 그의 권세가 크고 그의 능력이 강하므로 하나도 빠짐이 없느니라"(사 40:26)고 했고, "젊은 사자는 궁핍하여 주릴지라도 여호와를 찾는 자는 모든 좋은 것에 부족함이 없으리로다"(시 34:10)라고 했습니다. 친애하는 성도 여러분, 여러분들에 관해 말씀드린다면, "여호와를 의뢰하고 선을 행하십시오. 그러면 땅에 머무는 동안 그의 성실을 먹을거리로 삼을 것입니다"(시 37:3 참조). 여러분의 모든 빈 그릇들을 채우시기로 약속하신 하나님은 그 일을 하실 수 있습니다. 하나님의 선하심과 능력에는 한계가 전혀 없습니다.

그 다음에, 바울이 "하나님"이라는 영광스러운 낱말 앞에 놓았던 아름다운 단어를 주목해 보십시오. 그는 "나의 하나님"이라고 기록하고 있습니다.

바울이 빌립보 성도들이 자기에게 보내주었던 그 돈과 차갑고 축축한 감옥 안에서 자기를 덮어준 그 따뜻한 옷을 바라볼 때, 그는 아마도 "나의 하나님이 어떻게 나를 채워 주시는가를 보라"고 외쳤을 것입니다. 그 다음에 그는 "나의 하나님이 너희를 채우시리라"고 말합니다. 동일하신 이 하나님, 바울의 하나님이 "여러분의 모든 쓸 것을 채우실 것입니다." 하나님께서는 바울의 생명을 노리던 자들의 악한 계획으로부터 놀랍게 바울을 지키셨습니다. 그는 하나님의 능력으로 말미암아 아주 놀라울 정도로 말로 다할 수 없는 수고를 하였고, 그래서 그는 복음을 전하는 일에 있어서 어디에서든지 승리할 수 있게 되었던 것입니다. 그래서 그는 하루하루 자기의 하나님을 좀 더 확고하게 붙잡는 법을 배웠고, 따라서 그는 점점 더 강하게 "나의 하나님!"이라고 말하게 되었습니다. 여호와는 바울이 모르는 하나님이 아니라 "나의 하나님"이었습니다. 그는 하나님과 동거했고, 그의 모든 염려를 하나님께 의탁했습니다. 바로 이 하나님이 우리의 하나님이십니다. 가난한 교우들이여, 여러분이 궁핍할 때 그런 사실을 생각하십시오. 고생스럽게 살아가시는 미망인들이여, 그런 사실을 생각하십시오. 여러분이 가시는 길에는 바울의 하나님이 계십니다. 어려움을 당하는 사랑하는 하나님의 자녀들이여, 그런 사실을 생각하십시오. 여러분에게는 바울과 함께 하셨던 그 하나님이 계십니다. 그는 바울의 하나님이신 것처럼 여러분의 하나님이십니다. 그의 팔은 짧아지지 않았고, 어떤 자녀에 대해서도 그의 마음은 굳어지지 않았습니다. 바울은, "너희의 하나님이시기도 한 나의 하나님이, 너희 모든 쓸 것을 채우시리라"고 말합니다.

우리의 모든 쓸 것을 채우실 하나님은 어떤 분이십니까? 바울의 하나님은 섭리의 하나님이셨고 지금도 그러하다는 사실을 기억하십시오. 이 얼마나 놀라운 하나님이십니까! 우리가 마치 우주의 아주 어떤 중요한 부분인 양 우리는 말합니다. 그러나 진실로 우리는 무엇입니까? 우리의 작은 섬나라(영국)는, 여러분이 그것을 지도상에서 찾을 때까지는 지구에서 거의 눈에 띄지도 않습니다. 여기 모인 이 회중은 아주 작은 점에 불과합니다. 그러나 하나님은 수십 억 되는 인간의 쓸 것을 채우십니다. 제가 "인간"이라고 말씀드렸습니다만, 다른 모든 피조물들도 포함시켜야 하겠습니다. 바다에 노니는 수많은 고기 떼들, 이동한다고 가끔씩 해를 가리는 새 떼들, 헤아릴 수 없을 정도로 많은 벌레와 곤충의 무리들을 다 포함시켜야 하겠다는 것입니다. 이상하게도 우리는 그것들이 어떻게 채움을 받고 있는지 모르고 있습니다만, "너희 하늘 아버지께서 기르신다"(마 6:26)고 했습니다. 이것이 하나님의 섭리의 전 영역일까요? 아닙니다. 결코 그렇지 않습니다. 저는 우리의 이 둥근 세계가 창조의 과수원에 있는 사과 한 개에 불과하고, 하나님의 크나큰 궁전 모퉁이의 먼지 한 톨에 불과하다고 생각합니다. 그러나 하나님은 모든 별들에 생명체가 살 수 있도록 공급하실 수 있는 분이십니다. 어떻게 공급하실까요? "하나님께서는 그의 손을 펴서 모든 살아 있는 것들의 쓸 것을 채우십니다." 하나님께는 이런 우주적 식량 조달이 얼마나 쉬운 일인지 보십시오. 그가 자기의 손을 펴시기만 하면 모든 것이 다 되어버립니다. 이 분은 여러분의 모든 쓸 것을 채우시는 하나님이십니다. 그는 별들의 이름을 각각 부르십니다. 그는 자기의 아들들과 함께 대각성(大角星, Arcturus)을 이끌어 내어 오십니다. 그는 오리온 좌의 띠들을 풀어놓으십니다. 그는 홀로 큰 일들을 행하십니다. 믿음이 작은 자들이여, 하나님께서 여러분을 먹이시고 입히시지 않겠습니까? 그렇습니다. 이런 일에 확신을 가지십시오. 섭리의 하나님께서 이 생명과 그 주위환경에 필요한 여러분의 모든 쓸 것을 채워 주실 것입니다.

그것이 여러분에게 만족을 주지 못한다면, 이 하나님이 은혜의 하나님이심을 상기하시기 바랍니다. 왜냐하면 모든 사람 중에 으뜸가는 바울이 은혜를 자기의 보화로 여겼기 때문입니다. 그의 하나님은 은혜의 하나님이었습니다. 우선적으로 그는 사람들을 위해 자기 아들을 내주사 피 흘리고 죽게 하신 하나님이십니다. 오, 골고다 언덕에 서서 하나님의 크신 희생제물 —독생자라는 선물 — 을 보십시오. 여러분이 사랑하는 그분의 상처들을 목격하시고 예수님이 죽는 것을 보았을 때, 이 질문 — "자기 아들을 아끼지 아니하시고 우리 모든 사람을 위하여 내주신 이가 어찌 그 아들과 함께 모든 것을 우리에게 주시지 아니하겠느냐?"(롬 8:32) — 에 대답해 보십시오. 가장 좋은 보물, 즉 그 어떤 것도 비길 수 없는 그 영광스러운 분을 우리에게 내주신 하나님께서 우리에게 무엇을 거절하시겠습니까? 예수님 같은 분은 결코 없었습니다. 그러나 그분은 우리를 대신하여 죽으려고 고개를 숙이셨습니다. 오, 사랑하는 교우들, 친구들이여, 오늘 밤 여러분이 염려에 차 있고, 수많은 염려들 때문에 안절부절못하신다면, 그런 사실을 생각하십시오. 하나님, 우리 주 구세주 예수 그리스도의 아버지께서는 자신이 여러분의 모든 쓸 것을 채우실 것이라고 말씀하십니다. 여러분은 그분을 의심하십니까? 여러분이 과연 의심할 수 있겠습니까? 여러분이 감히 그를 불신할 수 있겠습니까?

이제 현재의 이 좁고 어두운 길을 벗어나 위로 날아오르십시오. 그리고 천국의 하나님을 바라보십시오. 위에 계시는 하나님이 어떤 분이신가를 생각하십시오.

> "이 낮은 하늘 저 너머로
> 영원한 시대가 흘러가는 곳

　　순수한 즐거움이 사라지지 않는 곳
　　영원한 향연이 있는 그곳
　　영혼의 열매가 맺히는 곳으로 날아가자."

　하나님의 광휘를 바라보십시오! 천국에서는 금이 전혀 중요하지 않습니다. 그 성읍의 거리들은 모두 투명한 유리 같은 금으로 되어 있습니다. 열국의 부와 상품을 하나님의 장엄한 집의 가장 흔한 도구들과 비교해 볼 때 넝마와 썩은 것들에 불과합니다. 그곳에 있는 자들은 무진장한 보화와 값진 모든 것들을 소유하고 있습니다. 왜냐하면 새 예루살렘의 성벽들은 열두 가지 값비싼 보석으로 만들어져 있다고 기록되어 있기 때문입니다. 그런데 마치 이 보석들은 임마누엘의 땅에서는 너무 흔하기 때문에 그곳에 있는 자들이 그것을 가지고 성벽을 쌓은 것 같습니다. 그 문들은 각기 진주입니다. 얼마나 아름다운 진주들인지요! 하나님이 그렇게 부유하신가요? 솔로몬이 입은 것보다 더 영광스럽게 들풀을 입히실 만큼 하나님은 상상할 수도 없고 헤아릴 수 없을 정도로 부유하신가요? 의심하는 마음을 품고자 하는 나는 무엇인가요? 그분은 나의 하나님이십니까? 그분은 나로 하여금 결핍한 것을 견디게 하실까요? 뭐라고요! 내가 굶어 죽어가고 있는데 나의 아버지께서는 천국을 소유하고 계신다고요? 아니오. 아닙니다.

　　"나의 천국을 확보해 주신 분,
　　모든 좋은 것 공급해 주시리.
　　그리스도께서 부요하신데
　　내가 가난할 수 있으랴?
　　내가 무엇이 부족하리오!"

　이 귀한 본문의 말씀은 몇 년 전에 우리가 고아원을 세웠을 때, 제가 그 입구의 기둥들 중 하나에 새겨 넣게 하였던 말씀입니다. 여러분이 그곳에 가실 때마다 첫 번째 기둥의 안쪽에서 그 말씀을 보게 될 것입니다. "나의 하나님이 그리스도 예수 안에서 영광 가운데 그 풍성한 대로 너희 모든 쓸 것을 채우시리라"고 기록하였습니다. 저는 이 말씀이 그 기관의 토대라고 생각했고, 그것이 사실이라고 시인했습니다. 또 그렇게 되어져 왔습니다. 하나님께서 자기의 수많은 가족들 – 거룩한 아버지께 맡겨진 그 어린아이들 – 을 위해 그곳에서 얼마나 자주 간섭하셨는가를 말한다면, 시간이 부족할 것입니다. 하나님은 자신의 약속과 우리의 믿음을 영화롭게 하셨습니다. 저는 하나님께서 항상 그렇게 하실 것이라고 믿습니다. 그 고아원의 건물 앞에는 또한 "여호와께서 준비하시리라"는 말씀이 있습니다. 여러분은 그 말씀대로 되는지, 안 되는지를 알게 될 것입니다. 그 장소가 존속하는 한, 나의 하나님이 우리의 쓸 것을 채우실 것이며, 그것이 우리 모두에게 변함없는 격려가 될 것입니다. 훨씬 더 큰, 우리의 형제 뮐러(Muller)의 브리스틀(Bristol)의 고아원을 생각해 보십시오. 그는 단순히 기도와 믿음으로 2,500명의 어린아이들을 부양한 사람입니다. 그 고아원은 궁전에 있는 여왕만큼이나 풍성하게 채워졌습니다. 하나님이 준비해 주시는 곳에는 부족한 것이라고는 아무것도 없습니다. 여호와께서 실수하는 일이 없이 꼭 채워 주실 것입니다. 두려워하지 말고 신뢰합시다. 여러분의 하나님 여호와께 이 약속을 가지고 가서 간청하십시오. 그러면 하나님께서 다른 모든 성도들과 마찬가지로 여러분에게도 그 약속을 이루어 주실 것입니다.

**3. 이제 셋째로, 하나님께서 어떤 방식으로
자기 백성들의 쓸 것을 채우시는지 살펴봅시다.**

하나님은 자기의 부에 알맞은 방식으로 그 일을 행하십니다. "그 풍성한 대로"라고 했습니다. 대부분의 일들은 그 일을 하는데 몇 가지 방법이 있습니다. 걸인에게 돈 한 푼 주는 데에도 한 가지 이상의 방법이 있습니다. 여러분이 원하신다면, 그 돈을 걸인에게 던져줄 수도 있습니다. 혹은 마치 개에게 뼈다귀를 던져 주듯이 그 돈을 땅에 던질 수도 있습니다. 또는 마치 여러분이 "이것 가지고 꺼져 버려"라고 말하는 듯이 성을 벌컥 내면서 그 돈을 그에게 줄 수도 있습니다. 혹은 마치 여러분이 여러분의 송곳니를 빼기라도 하듯이 마지못해 지갑에서 동전을 끄집어 내기도 할 것입니다. 그런 일을 하는 데에도 또 다른 방식이 있습니다. 즉, 가난한 사람들의 쓸 것에 대해 동정을 표하는 예절 바른 친절로 말미암아 동전이 금화처럼 되게 하는 방법입니다. 항상 가장 좋은 방식으로 좋은 것들을 주십시오. 왜냐하면 여러분의 천부께서 그렇게 하시기 때문입니다.

하나님께서 자기 자녀들을 어떻게 채우십니까? 보잘것없는 것들을 인색하고 궁색하게 그리고 마지못해하면서 채우십니까? 전혀 그렇지 않습니다! 마치 자기가 먹을 음식의 양이 그만큼 더 적어질까봐 음식물을 씹어 삼키는 여러분의 입모양을 쳐다보는 인색한 사람과 식사를 같이 해본 그런 경험이 없었기를 바랍니다. 어떤 사람이 음식을 먹을 때, 이떤 음식이 차려져 있든지 간에, 그 음식이 가장 귀한 음식이라면, 그는 사람들을 초대하고 싶을 것입니다. "친구들이여, 먹고 마시라. 오, 사랑하는 자들이여, 마음껏 마시라"라는 격려를 듣게 될 때, 그 언약의 초대를 아주 기분 좋게 만드는 것은 환영하는 일입니다. 사람들은 마음에서 우러나오는 환대를 즐거워합니다. "어서 오세요"라고 말하면서 만찬 모임에 사람들을 영접하는 자들이 아무도 없었을 때, 저 스코틀랜드 여인이 한 말을 들어보십시오. 그녀는 "들어오십시오. 저희 집에는 여러분 중에 열 분을 모실 방이 있습니다. 저의 마음에는 여러분 만 명을 받아들일 여지가 있습니다. 자! 오십시오. 저와 함께 주님의 만찬에 함께 자리하였던 여러분, 여러분만큼 환영을 받을 사람이 아무도 없습니다"라고 말했던 것입니다. 그렇다면 하나님은 그의 은총을 어떻게 베푸십니까? 하나님께서 그 그릇들을 어떻게 채우십니까? 하나님께서 그렇게 하시는 방법은 우리의 빈곤이나 우리의 공로를 따름이 아니요, "그의 풍성하심을 따라" 채우십니다. 하나님은 왕같이 주십니다. 형제들이여, 제 말을 수정해야 하겠습니다. 그는 하나님처럼 주십니다. 그는 그 자신의 신성한 풍성하심을 따라 하나님만이 주실 수 있는 방법대로 주십니다.

　아닙니다. 그것이 전부가 아닙니다. 하나님은 하나님의 현재적 영광과 일관되는 방식으로 그 일을 행하실 것입니다. "영광 가운데 그 풍성한 대로"라는 말은 하나님이 영광에 있어서 풍성하심과 같이 주시는데 있어서도 풍성하시다는 뜻입니다. 하나님은 그 주시는 자비로우심에서 결코 품위를 떨어뜨리지 않습니다. 하나님은 자신의 신분을 따라 주십니다. 그래서 하나님의 주시는 것은 상상할 수 없을 정도로 고귀한 것입니다. 하나님은 새로운 영광을 얻으시려고 주십니다. 하나님의 자녀들이 하나님으로부터 큰 축복을 받고, 그런 축복을 베푸시는 하나님을 영화롭게 하지 않았다고 말하는 것을 들어 본 적이 없습니다. 그렇습니다. 분명히 그러합니다. 하나님이 더 많이 주시면 주실수록 그는 사람들의 눈에 더 영광스러워지십니다. 그 영광이 드러나고 그 영광의 풍성함이 불어나도록 하나님은 주시기를 기뻐하십니다. 주지 않고 보유하고 있는 것이 천국의 주님을 풍성하게 하는 것이 아니요, 도리어 그것은 영광 가운데 계시는 그분을 메마르게 하는 일이 될 것입니다. 그러나 주는 것은 주님을 풍성하게 하며 더 많은 영광이 드러나게 합니다. 그러므로 주님은 풍성하게 주시기를 기뻐하십니다.

성도 여러분, 사실 하나님은 영광스럽게 주십니다. 하나님의 계산들 ─ 여러분은 그것들에 대하여 생각해 본 적이 있습니까? 하나님은 항상 어떤 것을 두사, 그것을 가지고 자신의 선하심이 무한함을 입증하기 위하여 계산하신다고 볼 수 있습니다. 저는 그렇다고 생각합니다. 하나님은 우리들의 눈이 수용할 수 있는 만큼 빛을 주시는 것이 아니라 우리가 대낮의 강렬한 빛 가운데서 우리의 눈을 가릴 때까지, 온 세상을 광채로 흘러넘치게 하십니다. 하나님의 독생자께서는 수많은 무리들을 먹이시려고 떡과 물고기를 불어나게 하실 때, 이런 방식을 좇아 그들을 먹인 것입니다. 우리는 "그들이 다 먹었고"라는 말씀을 읽을 수 있습니다. 그들 모두는 주님이 그 수고를 해야 할 만큼 아주 배고픈 상태에 있었던 것입니다. 거기까지는 좋습니다. 그러나 "배불리"라는 말이 덧붙어 있습니다. 그곳에 오기 위해 먼 길을 걸어왔고, 또 하루 종일 먹을 것이 없었던 그 사람들을 배부르게 하기 위해서는 많은 양이 필요합니다. 비록 그들이 기진맥진했지만 배불리 먹었다고 했습니다. 그렇습니다. 그러나 거기에서 멈추지 마십시오. "남은 조각을 열두 바구니에 차게 거두었으며"(마 14:20)라고 했습니다. 주님은 기다리고 있는 자들을 위해 남아 있는 것들을 가득 채운 바구니를 가지고 계십니다. 그분은 분명히 여러분의 모든 쓸 것을 채우실 것입니다. 그래서 여러분은 더 이상 궁핍한 것이 없게 될 것이고, 심지어 미래에 쓸 것도 준비하게 될 것입니다. 우리가 "하나님이 채우시도록 다른 그릇을 가지고 오라"고 말할 때, 그 대답이 "다른 그릇(필요)이 없어요"라고 하게 될 날이 오게 될까요? 그때에는 은혜의 기름이 멈추게 될 것입니다. 그러나 그때까지 이 기름은 결코 멈추지 아니할 것입니다. 아닙니다. 제가 말씀드린 대로라면, 그때 멎지 아니할 것이요, 계속, 그리고 계속해서, 또 계속해서, 계속해서 영원토록 "그리스도 예수 안에서 영광 가운데 그 풍성한 대로" 흐르게 될 것입니다.

주님은 충분히 주실 것입니다. 언제나 충분하게, 모든 사람들이 각자가 먹기에 충분하게, 충분하고도 넘치게 주실 것입니다. 주님이 충분히 넘치도록 채우실 신자에게는 실제로 부족한 것이라고는 없게 될 것입니다. "하나님의 모든 충만하신 것으로 … 충만하게 하신다"(엡 3:19)는 말씀은 놀라운 표현입니다. 그것은 하나님 안에 있는 우리의 존재와 우리 안에 계시는 하나님을 묘사하고 있습니다. 어떤 사람들은 병을 들고 그것을 바다 속에 담그며, 그것을 가득 채우고

서 그 병 속에는 바다가 있다고 했습니다. 이제 그것을 파도 속에 던져 가라앉게 하십시오. 그러면 여러분은 병 속에 있는 바다를, 또 바다 속에 있는 병을 가지게 될 것입니다. 이와 같이 하나님은 우리 안에 들어오십니다. 우리가 더 많이 차지할 수 없을 때, 하나님은 우리를 자기 자신 속에 들어오게 하십니다. 우리는 그리스도의 충만함 속에 뛰어듭니다. 아무리 넓은 상상력이라 해도 더 이상 무엇을 생각할 수 있으며, 아무리 허기진 심령이라 해도 더 이상 무엇을 바랄 수 있겠습니까? 이렇게 하나님은 우리의 쓸 것을 채우실 것입니다. 하나님으로 말미암아 이렇게 배부르게 된 여러분께서는 이제 다른 사람들을 채우시기 바랍니다. 하나님의 무한한 선물이 이렇게 여러분에게 주어질 때, 여러분도 끝없이 풍성하게 하나님의 뜻을 따르게 되기를 바랍니다.

4. 마지막으로, 어떤 방편을 통해
주께서 우리의 쓸 것을 채우시는지 살펴봅시다.

그 방편은, "그리스도 예수 안에서" 입니다. 하나님께서 그리스도 예수로 말미암아 자기 백성의 모든 쓸 것을 채우십니까?

그렇습니다. 첫째, 그들에게 그리스도 예수를 주심으로써 그들을 채우십니다. 왜냐하면 그리스도 예수 안에는 모든 것이 있기 때문입니다. 그리스도는 모든 것입니다. 사도 바울이 말한 "만물이 다 너희 것임이라 너희는 그리스도의 것이요, 그리스도는 하나님의 것이니라"(고전 3:21,23)는 말씀처럼 그리스도를 소유하고 있는 그 사람은 모든 것을 가지고 있는 사람입니다. 여러분에게 혹 영적인 결핍이 있게 될지라도 그리스도 안에서는 반드시 채워지게 될 것입니다. 만약 여러분에게 용기가 필요하다면, 그리스도는 용기를 주실 수 있습니다. 여러분이 인내가 필요하다면, 주님은 인내를 가르쳐 주실 수 있습니다. 여러분에게 사랑이 결핍되어 있다면, 그는 그것을 불어넣어 주실 수 있습니다. 여러분은 씻을 필요가 있습니다. 그러나 샘물이 있습니다. 여러분은 옷을 필요로 합니다만, 의의 옷이 있습니다. 만약 여러분들이 그리스도 없이 천국에 올라간다면, 여러분에게는 너무나 엄청난 것들이 결핍되어 있는 것입니다. 그러나 여러분은 그리스도 없이는 천국에 가지 못할 것입니다. 심지어 그곳에서도 하나님은 여러분에게 모든 것으로 채워 주실 것입니다. 하나님은 여러분의 대저택을 마련하시고 여러분의 혼인 예복을 준비하시며, 그의 보좌 앞으로 이끄시고, 영원토록 함께 앉기를 명하십니다. 하나님은 여러분에게 그리스도를 주심으로써 여러분의 영원한 쓸 것을 채우실 것입니다.

더 나아가, 모든 것들이 그리스도의 공로의 덕분으로 여러분에게 주어질 것입니다. 여러분은 좋은 것들을 받을 자격이 있는 것은 아니지만, 하나님께서 그런 자격을 부여하시고, "나의 가난한 종들 앞으로 그것을 내놓으라"고 말씀하십니다. 여러분은 천국의 은행에서 그리스도의 이름을 자유롭게 사용하셔도 됩니다. 왜냐하면 비록 하나님께서 여러분에게는 자비를 내리지 않으실지라도, 죽으시고 부활하사 간구하시는 그의 사랑하는 아들에게는 항상 은총을 주실 것이기 때문입니다. 예수님의 이름이 인용될 때, 하나님에 의해 만물이 복종합니다. 하나님은 그리스도로 말미암아 모든 것을 여러분에게 주실 것입니다. 그러므로 그런 것들을 구하기 위해 사람들에게 찾아가지 마십시오. 여러분이 성령으로 시작하셨다면, 육체로 마치려 하지 마십시오. 여러분의 유일한 소망이 그리스도께서 행하신 일 안에 거하는 것이라면, 그것을 꼭 붙잡으시고 다른 것은 아무것도 덧붙이지 마십시오.

"예수밖에 없네! 예수밖에 없네!"

이것을 여러분의 좌우명으로 삼으십시오. 예수님은 우리의 전부이십니다. 우리는 그 안에서 완전합니다. 우리는 그의 사랑의 책에 아무런 **부록**도 붙일 필요가 없습니다. 그리스도, 오직 그리스도만이 여러분의 모든 쓸 것을 채우실 것입니다. 여러분의 신선한 샘들은 그의 안에 있습니다. "아버지께서는 모든 충만으로 예수 안에 거하게 하시고"(골 1:19), "우리가 다 그의 충만한 데서 받으니 은혜 위에 은혜러라"(요 1:16)고 했습니다.

다시 한 번 더 말씀드립니다만, 여기 계신 분들 중에서 믿음이 없는 ― 자신에 관한 좋은 것을 가지고 있지 않은 ― 가련한 영혼들이 자기 집을 뒤져보며 또 어디엔가 빈 그릇이 없는지 찾아보게 되기를 바랍니다. 가련한 죄인들이여, 그리스도께서 여러분에게 원하시는 것은 오직 여러분이 비어 있는 상태로 나아와 그리스도로 하여금 그의 은혜로 여러분을 채우시게 하는 일입니다. 여러분의 모습 그대로 나오십시오. 어떤 선한 일들이나 기도들, 또 어떤 것을 가지고 오지 마시고, 여러분이 빈 항아리들이라고 여기시는 여러분의 죄와 어리석음들, 그리고 실수들을 가지고 나오십시오. 무슨 일이든지 그것으로 인해 예수님께 오십시오. 여러분은 "그러나 나는 빈곤하다는 느낌이 거의 없습니다"라고 말할지 모르겠습니다. 그것을 위해서도 예수님께 오십시오. 여러분은 너무 궁핍하기 때문에 그런 느낌마저 없는 것이 분명합니다. 오셔서 그리스도에게서 그것을 얻으십시오. 여러분에게 말씀드립니다. 무가치한 것들을 원하지 마십시오. 왜냐하면 여러분이 가지고 있다고 생각하는 그것은 오직 여러분으로 하여금 예수님으로부터 멀어지게 할 것이기 때문입니다. 여러분이 온전히 빈곤할 때 오십시오. 걸인이여, 걸인들의 왕이여, 오셔서 예수님으로 말미암아 풍성하게 되십시오. 자신의 죄를 덮을 누더기 한 조각도 없는 여러분, 오로지 마귀의 먼지 구덩이에 던져지고 무가치한 것이라고 팽개침을 당하기에 알맞은 여러분, 자! 오십시오. 나의 주 예수님은 사탄이 던져버리는 자들을 맞아들일 준비가 되어 있습니다. 여러분이 자신 속에서 바람직한 것이라고는 전혀 찾을 수 없는 그런 분들이라면, 또 한때는 여러분을 성원하던 여러분의 옛 동료들이 이제는 여러분을 자기들보다는 너무 초라하다고 생각하고 있다면, 그럼에도 불구하고 나의 주님의 무리 속에 들어오십시오. 왜냐하면 "주님은 죄인들을 영접하기" 때문입니다. 거지 신세로 또 파산한 채로 오십시오. 여러분은 땅을 팔 수도 없고, 구걸해야만 할 처지입니다. 그러나 부끄러워하지 마십시오. 왜냐하면 "나의 하나님이 그리스도 예수 안에서 영광 가운데 그 풍성한 대로 여러분의 모든 쓸 것을 채우실" 것이기 때문입니다.

　　나의 주님을 신뢰하지도 않고 주님 없이도 아주 잘 할 수 있다고 뽐내시는 분들에게 말씀드립니다. 여러분이 여러분 자신의 활로를 개척해 나가도록 내버려 두어야 하겠다고 저는 생각합니다. 여러분은 자신의 일을 스스로 하고, 하나님을 의지하지도 않을 것이며, 소위 여러분이 말하는 어떤 광신적인 생각에도 빠지지 않을 것이라고 선언하고 있습니다. 그러나 우리는 보게 될 것입니다. 이미 우리는 젊은이들이 힘이 빠지고 지치며 또 젊은 사람들이 완전히 약해지는 것을 보고 있습니다. 우리는 젊은 사자들이 굶주리고, 또한 가장 지혜로운 사람들의 가장 훌륭한 계획들이 종종 실패하고, 자신의 활로를 열 수 있다고 확신했던 자들이 심한 실패를 당하고 있음을 보고 있습니다. 우리는 여러분이 어떻게 되어 가는지를 보게 될 것입니다. 독수리처럼 위로 올라가며 교만하고 허영심이 강한 자들, 이런 자들도 파멸의 길을 내닫게 됩니다. 따라서 아무 육체도 자랑할 만한 것이 전혀 없습니다.

저에 대해 말씀드린다면, 주 하나님을 섬기고 그분을 믿음으로 살고자 할 뿐입니다. 물도 없는 여러분의 얕은 물탱크에서 계속 펌프질을 하려고 하기보다는 깊고도 다함이 없는 하나님의 풍성하심으로부터 생명을 마시는 것이 더 낫지 않겠습니까? 자신을 의존하는 것이 아주 좋을지 모르나 태양이 별들을 무색하게 만들듯이, 하나님을 의존하는 것은 자신을 의존하는 것보다 말로 다 할 수 없을 정도로 좋은 것입니다. "여호와 앞에 잠잠하고 참고 기다리라"(시 37:7)고 했고, "여호와를 의뢰하고 선을 행하라 땅에 머무는 동안 그의 성실을 먹을거리로 삼을지어다"(시 37:3)라고 했습니다. 또, "그가 너를 그의 깃으로 덮으시리니 네가 그의 날개 아래에 피하리로다 그의 진실함은 방패와 손 방패가 되시나니"(시 91:4)라고 했습니다. 하나님이 계십니다. 하나님을 사랑하고 신뢰하고 섬기는 자들은 하나님이 좋으신 상전임을 알고 있습니다. 마귀가 와서 "욥이 어찌 까닭 없이 하나님을 경외하리이까?"라고 말했을 때, 욥은 마귀에 의해 중상모략을 당하고 있었습니다. 마귀는 욥이 그의 신앙을 가지고 자기에게 좋은 것만을 만들어 내고, 또 이기적인 동기에 의해 움직이고 있다고 교묘히 빗대어 말했던 것입니다. 그것은 거짓이었습니다. 그러나 어떤 면에 있어서는 그것은 사실입니다.

만약 누군가가 여러분에게 그와 똑같은 말을 한다면, 그것이 사실임을 인정하십시오. 여러분이 여러분의 신앙으로 멋진 것을 만들어 내고 있다고 시인하십시오. 하나님을 섬기는 여러분에게 하나님은 빈 손을 내밀지 않으실 것입니다. 여러분은 결코 "우리가 하나님을 섬기면 무슨 유익이 있는가?"라는 질문을 해서는 안 될 것입니다. 여러분은 그리스도 예수로 말미암아 영광 가운데 하나님의 풍성하심을 따라 그의 평강과 그의 사랑, 그의 기쁨과 그의 채우심을 얻게 될 것입니다. 그의 계명들을 지키면 큰 상급이 있다는 것을 여러분은 알게 될 것입니다.

신자들이여, 여러분은 그리스도로 말미암아 모든 것을 얻게 될 것이지만 그가 없이는 아무것도 얻지 못할 것입니다. 구세주를 믿지 아니하고 그에게 기도하지 않는 자는 기드온의 양털과 같을 것입니다. 그 양털의 주위가 젖었을 때, 그 양털은 마른 상태였습니다. 그러나 하나님을 신뢰하고 그 이름을 찬양하는 자도 기드온의 양털과 같을 것입니다. 즉, 주위가 바짝 말라 있었을 때, 그 양털은 습기에 푹 젖어 있었던 것입니다. 하나님은 그리스도 예수로 말미암지 않고는 사람의 기도를 듣지 아니하실 것입니다. 그러나 그 이름이 언급되면, 천국의 문들은 갑자기 확 열립니다. 하나님은 그리스도 안에 있는 하나님의 사람이 참으로 선한 것들을 갖도록 해주십니다. 그러나 우리의 간구는 처음도 마지막도 중간도 예수님이어야 합니다. 우리는 매일 아침과 매일 밤 하나님 앞에 피 흘리는 그 어린 양을 내놓아야 합니다. 여러분이 그리스도를 떠나서 하나님의 은총을 구하는 일이 없기를 기원합니다. 오직 그리스도 안에서 하나님을 붙잡으시기를 바랍니다. 그러면 여러분은 모든 쓸 것을 충분히 얻게 될 것입니다. 성령 하나님께서 여러분에게 역사하셔서 여러분이 주님의 이름을 위하여 그리스도 예수 안에 거하게 되시기 바랍니다. 아멘.

제
20
장

—

새해의 소원

—

"나의 하나님이 그리스도 예수 안에서 영광 가운데
그 풍성한 대로 너희 모든 쓸 것을 채우시리라" — 빌 4:19

빌립보 성도들은 몇 차례 바울에게 그의 필수품들을 공급하기 위해서 선물들을 보냈습니다. 그들 자신들도 비록 부유하지는 않았지만, 그들은 헌금을 해서 에바브로디도 편에 그것을 보냈습니다. "이는 받으실 만한 향기로운 제물이요 하나님을 기쁘시게 한 것이라"(빌 4:18). 바울은 매우 고맙게 생각하였고 하나님께 감사하였습니다. 그러나 그는 또한 연보를 보낸 사람들에게도 감사를 잊지 않았습니다. 그는 그들이 온갖 축복을 받기를 원했습니다. 그는 마치 "너희들이 나의 쓸 것을 채워 주었으니 나의 하나님이 너희 쓸 것을 채워 주시리라. 너희들은 가난한 가운데서 먹을 음식과 의복 등 나의 쓸 것을 채워 주었다. 나의 하나님이 영광 가운데 그 풍성하심으로 너희 모든 쓸 것을 채우실 것이다"라는 뜻으로 말했습니다. 그는 18절에서 "내게는 모든 것이 있고 또 풍부한지라"라고 말하였기에 여기서 "'나의 하나님이 너희 모든 쓸 것을 채우시리라' 너희는 사랑받는 한 형제의 손을 통해 내게 보내 주었다. 그러나 하나님이 너희들에게 더 나은 사자를 보내 주실 것이다. 왜냐하면 하나님은 '그리스도 예수로 말미암아' 너희 모든 쓸 것을 채우실 것이기 때문이다"라는 말을 덧붙이고 있습니다. 말 한 마디 한 마디가 모두 사도가 깊이 숙고하고 한 말입니다. 하나님의 성령이 그의 묵상 가운데 그를 인도하셨고, 그래서 그는 그들이 자기에게 보내준 그런 것과 유사한 축복과 더 풍성하고 영구한 종류의 축복을 되돌려 받게 되기를 전심으로 소원하였습니다.

　　이제 이 새해의 첫날, 저는 얼마간 사도 바울의 심정으로 그 능력을 따라 제가 하는 하나님의 일에 부족한 부분들을 채워 주시고, 빈곤한 가운데에서도 쓸 것을 따라 하나님의 사역에 일익을 담당하셨던 분들을 축복해드리고 싶습니다. 여러분이 바친 것들이 비록 제 자신을 위한 것들이 아니고 학생들과 고아들과 신앙서적 행상인들을 위한 것이었지만, 저는 제 자신이 여러분들에게 개인적으로 빚진 자라고 생각합니다. "나의 하나님"이 여러분의 친절에 보답하시기 위해서 그 은혜로우신 사랑의 방식을 따라 "그리스도 예수로 말미암아 영광 가운데 그 풍성한 대로 여러분의 모든 쓸 것을 채우실 것입니다."

　　본 절은 제가 특별히 사랑하는 말씀입니다. 이유가 있습니다. 우리가 고아원을 짓고 있을 때, 만약 우리가 해마다 신청하는 후원이나 기부금 조달을 하지 않고, 하나님의 선하심과 하나님의 백성의 자발적인 헌금을 의지한다면, 우리는 시련의 시기를 맞이할 것이라고 예견했습니다. 그래서 저는 석공들에게 그 고아원 입구의 첫 기둥들 위에 "나의 하나님이 그리스도 예수로 말미암아 영광 가운데 그 풍성한 대로 너희 모든 쓸 것을 채우시리라"는 이 말씀을 새겨 넣으라고 지시했던 것입니다. 그러므로 본문 말씀이 그 큰 아치형 기둥의 좌우편 돌 위에 새겨져 있습니다. 하나님을 믿는 우리의 믿음에 대한 이 선포는 계속해서 유효합니다. 하나님이 살아 계시는 한 우리는 결코 그것을 제거할 필요가 없을 것입니다. 왜냐하면 하나님께서 확실히 그 자신의 일에 쓸 것을 친히 채우실 것이기 때문입니다. 우리가 그분을 섬기는 한 그분은 우리를 위해 우리의 식탁을 차려 주실 것입니다.

**1. 만약 우리가 우울한 기분에 젖고 싶어한다면,
본문은 우리에게 침울한 현장을 제시할지도 모르겠습니다.**

　　왜냐하면 본문은 "너희 모든 쓸 것"에 관해서 말하고 있기 때문입니다. 그래서 첫째, 크나큰 결핍, 즉 '너희 모든 쓸 것'에 대해 생각해 보겠습니다. 이것은 끝없는 심연과 같습니다. "너희 모든 쓸 것"이라고 했습니다. 저는 빌립보 교회를 구성하고 있는 신자들이 얼마나 되는지 모르겠습니다. 그러나 한 성도의 쓸 것도 너무나 많은데 말해 무엇하겠습니까? 지상에 있는 하나님의 자녀들의 수를 말한다는 것은 불가능한 일일 것입니다. 그러나 본문은 택한 백성 전체의 쓸 것을 다 포함하는 말씀입니다. "너희 모든 쓸 것"이라고 했습니다. 저는 여러분에게 지상에 있는 모든 성도들의 모든 쓸 것으로 말미암아 하늘나라의 국고에 청구되어야 하는 그 엄청난 자금을 다 합산해 보라고 요구하지는 않겠습니다. 그러나 여러분 자신의 쓸 것을 생각해 보십시오. 여러분이 경험을 쌓게 되고 또 묵상하는 가운데 결핍된 것이 많다는 것을 더 잘 알게 될 것입니다. 주께서 여러분의 모든 쓸 것을 채우시기를 기도합니다.

우리에게는 현세의 쓸 것이 있습니다. 그것은 결코 작은 문제가 아닙니다. 만약 우리에게 음식과 의복이 있다면, 우리는 그것으로 인해 만족할 것입니다. 그러나 힘들게 수고를 해야 겨우 음식과 의복을 구할 수 있는 하나님의 백성들이 많이 있습니다. 하나님의 성도들 중에 많은 사람들이 그릿 시냇가에 앉아 있던 엘리야처럼 가정의 염려와 가족의 시련들, 육체의 질병, 사업의 실패, 또 가끔씩 적당한 일자리를 못 구하는 등 이런 일들로 인해 큰 곤경에 처해 있습니다. 만약 하나님께서 그들에게 놀라운 방법으로 그들이 먹을 떡과 고기를 보내 주시지 않는다면, 그들은 분명히 굶어 죽게 될 것입니다. 그러나 그들이 먹을 떡은 그들에게 주어질 것이요, 그들이 마실 물 역시 분명히 주어질 것입니다. "나의 하나님이 너희 모든 쓸 것을 채우시리라"고 하였습니다. 여러분은 대 가족을 거느리고 있어서 여러분의 쓸 것이 크게 증가하고 있는지 모르겠습니다만, 본문의 선포는 여러분 개인이 쓸 것과 일가의 쓸 것 전부를 다 포함하고 있습니다.

결국 우리의 현재의 쓸 것들은 우리들의 영혼의 쓸 것에 비하면 너무나 작은 것입니다. 하나님의 축복으로 육신의 부족한 것을 아주 신속하게 채울지 모르겠습니다만, 그 영혼의 필요한 것들을 누가 마련할까요? 영원한 사죄를 받을 필요가 있습니다. 왜냐하면 우리는 항상 죄를 짓고 있기 때문입니다. 예수 그리스도의 피는 항상 우리를 위해 간구하고 있으며 우리를 죄로부터 깨끗하게 하고 있습니다. 내적인 죄를 대항하여 싸우기 위해서는 매일 새로운 힘이 필요합니다. 매일 우리를 채워 주셔서 우리의 젊음이 독수리의 젊음같이 새로워지게 하시는 하나님을 찬양합시다. 예수 그리스도의 좋은 군사로서 우리는 머리부터 발끝까지 무장을 해야 할 필요가 있습니다. 그런데 그런 갑옷을 입는 방법과 팔을 휘두르는 방법을 모릅니다.

선한 싸움을 싸우고 있는 성도들이여, 하나님께서 자신의 임재와 성령으로 말미암아 여러분의 모든 쓸 것을 채우실 것입니다. 그러나 우리는 군사들일 뿐 아니라 또한 일꾼들입니다. 우리들 중의 많은 사람들은 일의 중요한 영역에 부름받았습니다(아무도 자기의 분야가 중요하지 않다고 생각해서는 안 됩니다). 그러나 또한 우리는 그 일들을 충분히 해낼 것입니다. 우리는 우리의 필생의 사업을 성취할 것입니다. 여러분이 옳은 일을 하기 위해서는 적절한 때에 건전한 심령과 건전한 방식으로 도움을 받을 필요가 있습니다. 주일학교 교사로서, 옥외집회의 설교자로서, 특히 복음의 사역자로서, 여러분의 쓸 것은 대단히 많을 것입니다. 그러나 본문 말씀은 여러분이 필요로 하는 모든 것에 다 해당됩니다. "나의 하나님이 너희 모든 쓸 것을 채우시리라"고 했기 때문입니다.

그 다음에, 고난 가운데에서도 우리의 필요한 쓸 것이 있습니다. 왜냐하면 우리들 중의 많은 사람들이 주님과 함께 고난을 받기 위해 부름을 받았기 때문입니다. 고통을 받을 때에 인내가 필요합니다. 영혼이 힘을 잃고 쇠약해질 때는 소망을 필요로 합니다. 혹독한 시련을 감당할 수 있는 자가 누구일까요? 우리 하나님께서 선별된 은혜와 위로로 우리를 채우실 것이요, 그로 인하여 우리가 힘을 얻고, 불 가운데에서라도 그의 이름에 영광을 돌리게 될 것입니다. 하나님께서는 짐을 가볍게 하시든지, 아니면 우리의 등을 튼튼하게 하실 것입니다. 또 하나님은 궁핍한 것을 줄여 주시거나 공급의 양을 늘려 주실 것입니다.

사랑하는 여러분들이여, 저로서는 우리 영혼의 필요한 모든 것들을 다 언급할 수 없습니다. 우리는 매일 우리가 전혀 죄인지도 모르고 있는 이런저런 죄로부터 돌아서야 할 필요가 있습니다. 우리는 하나님의 일들에 대해 가르침을 받을 필요가 있습니다. 우리는 그리스도의 마음을 깨달을 필요가 있습니다. 우리는 하나님의 약속으로 말미암는 위로를 받을 필요가 있습니다. 우리는 교훈으로 소생함을 받을 필요가 있습니다. 우리는 교리들로 새 힘을 얻을 필요가 있습니다. 우리에게는 필요한 것이 많습니다. 우리에게 필요하지 않은 것은 무엇일까요? 우리는 부족한 것 투성이이며 약점의 무더기입니다. 장사하는 사람이 장부를 가지고 있듯이 우리들 중의 어떤 사람이 **결핍 장부**를 지니고 있다면, 그 분량은 엄청날 것입니다. 안팎으로 씌어져야 할 것이며, 써진 글자 위에 또 써야 할 것입니다. 왜냐하면 우리는 정월 초하루부터 섣달 그믐날까지 부족한 것으로 가득 차 있기 때문입니다. 그러나 여기에 은혜가 있습니다. "나의 하나님이 너희 모든 쓸 것을 채우시리라"고 했기 때문입니다. 여러분은 높은 지위를 차지하고 있습니까? 여러분은 많은 위로를 받고 있습니까? 여러분은 부를 누리고 있습니까? 그 밖에도 여러분은 세상을 사랑하지 않도록 금지를 당할 필요가 있고, 방종과 교만, 이 사악한 세상의 어리석은 것들과 풍습으로부터 보호를 받을 필요가 있습니다. 나의 하나님께서 그런 점에 있어서도 여러분의 쓸 것을 채워 주실 것입니다. 여러분은 몹시 가난합니까? 그때에 질투를 느끼게 하고 영혼을 쓰라리게 하며, 또 하나님을 거역하게 하려는 유혹이 찾아옵니다. "나의 하나님이 여러분의 모든 쓸 것을 채우실 것입니다." 여러분은 세상에서 혼자입니까? 그렇다면 여러분은 주 예수님을 여러분의 동반자로 삼을 필요가 있습니다. 그분은 여러분의 동반자가 되실 것입니다. 여러분 주위에 많은 사람들이 있습니까? 그렇다면 여러분이 그들을 좋은 본보기로 삼고 여러분의 자녀들을 양육하며, 하나님을 경외함으로 여러분의 가정을 이끌어가기 위해서는 하나님의 은혜가 필요합니다. "나의 하나님이 여러분의 모든 쓸 것을 채우실 것입니다." 여러분은 기뻐할 때에 신중함과 견실함을 유지할 필요가 있습니다. 슬퍼할 때에도 여러분은 강해야 할 필요가 있으며, 다른 사람들처럼 처신할 필요가 있습니다. 여러분은 살아가는 동안에 필요한 것이 있으며, 죽는 순간에도 필요한 것이 있을 것입니다. 그러나 여러분의 필요한 것들은 처음에도 그러하듯이 마지막에도 분명히 채워질 것입니다. "나의 하나님이 여러분의 모든 쓸 것을 채우실 것입니다."

자, 그렇다면 형제들이여, 이 큰 결핍의 심연을 내려다보면서 뛸듯이 기뻐하며 이렇게 외치십시오. "오, 주님, 우리는 우리의 결핍이 크다는 것을 인해 주께 감사합니다. 이는 주의 사랑과 주의 온유와 주의 능력과 주의 미쁘심으로 그 깊은 틈을 채울 공간이 더 많기 때문입니다."

우울한 생각이 될지도 모르겠다고 말씀드렸던 그 **첫째** 생각은 똑같은 사실인 다음의 네 가지 다른 요인들에 의해 그 모든 적막감이 사라지게 되었습니다. 그것들은 각기 용기를 불러일으킵니다. 본문은 굉장한 결핍에 대해 언급하고 있을 뿐 아니라 위대한 조력자 곧 "나의 하나님"에 대해서도 언급하고 있습니다. 다음에 굉장한 공급, 즉 "나의 하나님이 너희 모든 쓸 것을 채우시리라"는 사실에 대해 언급하고, 셋째로, 그런 은사를 끄집어내는 **풍성한 창고** ─ "영광 가운데 그 풍성한 대로" ─ 에 대해서, 그리고 마지막으로, 그런 공급이 들어오는 영광스러운 통로 ─ "그리스도 예수 안에서" ─ 에 대해 언급하고 있습니다.

2. 우리의 엄청난 결핍을 채우실 위대한 조력자가 계십니다.

"나의 하나님이 여러분의 모든 쓸 것을 채우실 것입니다."

그분은 누구의 하나님이십니까? 바울의 하나님이신가요? 이 문제는 가장 위대한 성도들이라고 해서 가장 작은 성도들보다 더 나을 것이 없는 문제들 중의 하나입니다. 왜냐하면 바울이 주님을 "나의 하나님"이라고 불렀지만, 그분은 또한 저의 하나님이 되시기 때문입니다. 저기 앉아 있는 저의 사랑하는 옛 친구는 도대체 동전 한 푼 제대로 가지고 있지 않지만, 그도 역시 "그분은 나의 하나님도 되신다. 그분은 나의 하나님이시다. 내가 바울처럼 열국에 복음을 전할 능력이 있을 때, 나의 하나님이 되시기를 기뻐하시겠지만, 내가 그의 백성 중에서 가장 초라하고 가장 미천하며 가장 약할 때에도 나의 하나님이 되신다"라고 말할 수 있습니다. 저로서는 나의 하나님이 바울의 하나님이시라는 것을 생각한다는 것이 기쁘기 그지없습니다. 이는 여러분이 아시다시피 바울은 다음과 같은 뜻으로 말하였기 때문입니다. 다시 말해서, 그는 "사랑하는 형제들이여, 여러분이 아는 바와 같이 나의 하나님께서 나의 모든 부족한 것을 채우셨습니다. 그분은 여러분의 하나님이시기 때문에 여러분의 모든 부족한 것을 채우실 것입니다"라고 말하고자 했던 것입니다.

바울이 감금되었을 것이라고 전해지는 굴에 저는 가본 적이 있습니다. 그 굴은 진실로 쓸쓸한 곳이었습니다. 먼저 둥근 천정으로 된 방 안에 내려가게 됩니다. 지붕에 뚫린 작은 둥근 구멍을 통하지 않고는 그 속에 빛이 전혀 들어오지 아니합니다. 또 그 굴 바닥의 중앙에는 또 다른 하나의 통로가 있어서 죄수는 그 통로를 지나 두 번째의 좀 더 낮은 굴에 감금되었습니다. 그곳에서는 죄수가 신선한 공기를 마시지도 못하고 빛을 볼 수 없었을 것입니다. 바울은 아마도 그곳에 감금되었던 같습니다. 그가 감금되었던 시위대의 굴은 더 나은 곳이 아닙니다. 바울은 그곳에 내버려져 거의 아사지경에 이르렀을 것입니다만, 빌립보에 있는 그 선한 사람들, 루디아나 그 간수가 바울을 돕는 이런 선한 운동의 밑거름이 되었을 것이라고 생각합니다. 그들은 "우리는 그 선한 사도를 굶주리게 해서는 안 된다"라고 말하고 연보를 해서 필요한 것을 그에게 보내 주었을 것입니다. 바울은 그것을 받았을 때, "나의 하나님이 나를 돌보셨다. 나는 이 어두운 곳에서는 천막을 만들 수 없고, 그래서 나의 생계비를 벌 수가 없다. 그러나 나의 주께서 여전히 쓸 것을 채워 주신다. 따라서 너희들도 곤경에 처해 있을 때 그분이 여러분을 채워 주실 것이다"라고 말했던 것입니다.

"나의 하나님." 이 말은 내가 나의 고아원 아이들을 생각할 때, 내게 종종 감미롭게 여겨졌던 말씀입니다. 돈이 떨어질 때는 뮐러의 하나님을 생각하게 되었고, 또 그가 브리스틀에서 그 고아원 아이들의 쓸 것을 항상 어떻게 채웠는지를 기억하게 되었습니다. 그의 하나님은 나의 하나님이십니다. 나는 그를 의지합니다. 여러분이 성경을 보시면서 극한 고난 가운데에서 도움을 받았던 사람들에 대한 기사를 읽을 때, 여러분은 "온갖 축복을 받았던 아브라함이 여기에 있다. 아브라함의 하나님이 나의 모든 쓸 것을 채우실 것이다. 왜냐하면 그분은 나의 하나님이시기 때문이다. 나는 엘리야에 관한 글을 읽었다. 까마귀가 그를 먹였다고 했다. 내게는 엘리야의 하나님이 계신다. 그분은 원하시기만 한다면, 까마귀들을 명하여 나를 먹이실 수 있다"라고 말하게 될 것입니다. 선지자들의 하나님, 사도들의 하나님, 앞서간 모든 성도들의 하나님, "이 하나님은 영원히 영원토록 우리의 하나님이십니다."

어떤 사람들은 하나님께서 이제 과거에 그러하셨던 것처럼 그렇게 일하시지 않을 것이라고 생각하는 것 같습니다. 그들은 "오, 만약 우리가 기적의 시대에 살았더라면, 우리는 하나님을 신뢰할 수 있었을 터인데! 그때에는 하나님의 존재하심에 대한 명확한 증거가 있었습니다. 왜냐하면 하나님께서 자연법칙을 제쳐 두시고 자기 백성에 대한 약속의 성취를 위해 역사하셨기 때문입니다"라고 말합니다. 그러나 그것은 현재에 이루시고 계시는 일보다는 더 낮은 일들입니다. 지금은 주님께서 자연법칙을 깨뜨리지 않고 동일한 결과를 이루십니다. 단 하나의 자연법칙도 어지럽히지 아니하시고 기도를 들어주신다는 것은 위대한 사실입니다. 그렇게 해 달라는 자기 백성의 간구를 듣는 하나님께서는 그 약속을 이루시고 그들의 쓸 것을 채우십니다. 하나님께서는 여러 가지 수단을 사용하시며, 이생에서와 경건에 필요한 모든 것들을 자기 백성에게 주십니다. 그는 기적을 베풀지 아니하시고, 기이한 역사를 행하셔서 자기 백성을 사랑스럽게 돌보십니다. 그는 계속 그렇게 하실 것입니다.

사랑하는 성도들이여, 바울의 하나님이 여러분의 하나님이십니까? 여러분은 하나님을 그렇게 생각하십니까? 모든 사람이 다 바울의 하나님을 섬기고 있는 것은 아닙니다. 신앙을 고백하는 그리스도인들이 모두 다 주님을 진실로 알고 있는 것이 아닙니다. 왜냐하면 어떤 사람들은 자기들이 상상하고 있는 하나님 상을 날조해 내고 있기 때문입니다. 바울의 하나님은 구약과 신약의 하나님이십니다. 우리는 성경에서 그런 하나님을 대하게 됩니다. 여러분은 그런 하나님을 신뢰하십니까? 여러분은 그분을 외지하실 수 있습니까? "성경에는 가혹한 심판이 언급되어져 있습니다." 그렇습니다. 여러분은 그런 것들에 대해 불평하시겠습니까? 그렇다면 여러분은 하나님을 포기하게 됩니다. 그러나 그렇게 하지 않고 "오, 나의 하나님, 저는 주님을 이해할 수 없고, 또 앞으로 이해할 수 있으리라고 생각하지도 않습니다. 어린아이인 저로서는 무한하신 하나님을 측량할 수 없고 또 나의 자로 잴 수도 없습니다. 나는 '주께서 이렇게 하셨더라면, 또 주께서 그렇게 하시지 않았더라면 좋았을 텐데'라고 주께 말할 뿐입니다. 주께서는 '나는 그러한 자로다'라고 말씀하시며, 나는 '주는 그러한 분이시지요 나는 주를 사랑하나이다. 아브라함과 이삭과 야곱, 그리고 주의 종 바울의 하나님이여, 내가 주를 의지하나이다. 주는 나의 하나님이십니다. 그래서 나는 주를 의지하나이다'"라고 대답할 수 있게 된다면 아주 좋은 일입니다. 그는 "그리스도 예수 안에서 영광 가운데 그 풍성한 대로 여러분의 모든 쓸 것을 채우실 것입니다." 그런 점에 대해 잠시 생각해 보십시오.

만약 하나님께서 여러분을 채우신다면, 여러분은 진실로 채워질 것입니다. 왜냐하면 하나님은 그 능력이 무한하시기 때문입니다. 하나님은 그 행위의 방법이 무한히 지혜로우십니다. 또 그 행동 자체도 무한한 능력을 가지고 계십니다. 그는 결코 주무시지도 않고, 피곤하지도 않으십니다. 그는 아니 계신 곳이 없습니다. 그리고 항상 도와주실 준비가 되어 있습니다. 예측하지 못할 때 여러분은 결핍을 당하는 경우가 있을 것입니다. 그런 결핍은 깊이 낙심하고 있는 한밤중이나, 기뻐하고 있는 대낮에 찾아옵니다. 그러나 하나님은 항상 가까이 계셔서 갑작스러운 결핍도 채워 주십니다. 그는 편재하시며, 전능하십니다. 그는 모든 곳에서, 모든 때에 여러분의 모든 쓸 것을 충분하게 채우실 수 있습니다.

> "전능자께서는 어디에서나
> 그 종들을 거느리고 계심을 기억하라."

하나님께서 여러분을 도와주시기를 원하실 때는 언제든지, "그것을 어떻게 할까?" 하고 망설이시는 일이 없이 능히 그 일을 처리하십니다. 그가 그 일을 행하시기로 정하신다면, 하늘과 땅의 모든 능력들이 다 동원되어, 여러분의 필요한 것을 채우십니다. 그런 조력자를 모신 여러분이 의심할 어떤 이유가 있겠습니까?

3. 본문에서 다음으로 다루고자 하는 내용은 굉장한 공급입니다.

"나의 하나님이 너희 모든 쓸 것을 채우시리라"고 했습니다.

가끔씩 우리는 번역을 통해서 성경 말씀의 많은 의미를 잃어버릴 때가 있습니다. 사실상 한 주교를 제외하고 번역에 의해 이득을 본 사람은 하나도 없습니다. 본 구절은 "나의 하나님이 너희 모든 쓸 것을 가득 채우시리라"라고 표현할 수 있습니다. 이 말씀의 의미를 가장 잘 설명해 줄 수 있는 실제적인 예로는 죽은 남편의 빚 때문에 채권자에게 자기 아들들을 팔아야 할 신세가 되었던 한 여인의 예를 들 수 있겠습니다. 그 여인에게는 자기 것이라고 할 수 있는 것은 빈 항아리들뿐이었습니다. 선지자는 이 항아리들을 일렬로 놓게 하였고, 작은 병 속에 남아 있던 몇 방울의 기름을 가져오게 했습니다. 그 여인은 그렇게 했고, 선지자는 그녀에게 "너는 밖에 나가서 모든 이웃에게 그릇을 빌리라 빈 그릇을 빌리되 조금 빌리지 말고"(왕하 4:3)라고 말했습니다. 그 여인은 이 집 저 집을 다니면서 빈 그릇을 빌려와서 그 방을 가득 채웠습니다. 그때 선지자는 "부어라"고 말했습니다. 그 여인은 거의 비어 있는 기름병을 들고 붓기 시작했습니다. 그런데 놀랍게도 가장 큰 그릇에 기름이 가득 찼습니다. 그 여인은 이리저리 다니면서 그 모든 빈 그릇에 기름을 가득 채웠습니다. 그 여인은 마침내 선지자에게, "다른 그릇이 없나이다"라고 말하게 되었습니다. 그때 그 기름은 그쳤습니다. 그 이전까지는 그치지 않았던 것입니다. 여러분의 쓸 것도 이렇게 채워질 것입니다.

여러분은 엄청난 결핍 앞에 지금 놀라고 있지 않습니까? 그러나 이제 그런 사실을 기쁘게 여기십시오. 왜냐하면 그것들은 채워지게 될 너무나 많은 빈 그릇들이기 때문입니다. 만약 그 여인이 겨우 몇 개의 항아리들을 빌려 왔다면 많은 기름을 받을 수 없었을 것입니다. 그러나 그 여인에게 빈 그릇이 많으면 많을수록 더 많은 기름을 얻게 되었던 것입니다. 이와 같이 여러분이 부족한 것과 쓸 것이 많으면 많을수록 그것들을 하나님께 가져오기만 한다면 그 많은 것을 얻게 될 것입니다. 왜냐하면 하나님께서 그 모든 빈 그릇들을 아가리까지 채우실 것이기 때문입니다. 여러분이 채워져야 할 것이 많다는 사실에 대해 감사하게 되는 것입니다. 여러분에게 부족한 것이 더 이상 없을 때 — 하지만 언제 그렇게 될까요? — 그때 그 공급은 그칠 것입니다. 그 이전까지는 그치지 아니할 것입니다.

하나님께서 자기 백성에게 주시는 일을 참으로 영광스러운 일입니다! 우리는 한때 용서를 필요로 했습니다. 하나님께서 우리를 씻어주셨고, 우리를 눈보다 더 희게 만드셨습니다. 우리는 옷이 필요했습니다. 왜냐하면 우리는 벌거벗었기 때문입니다. 하나님께서 무슨 일을 행하셨습니까? 우리에게 거친 의복을 주실까요? 그렇지 않습니다. 하나님은 "제일 좋은 옷을 내어다가 입히라"(눅 15:22)고 말씀하셨습니다. 탕자가 온통 누더기를 입고 있었다는 것은 다행한 일이었습니다. 왜냐하면 그때 그에게는 옷이 필요했고, 그래서 제일 좋은 옷이 나오게 되었기 때문입니다. 영적인 결핍을 지각한다는 것은 중요한 일입니다. 왜냐하면 그 모든 결핍이 채워질 것이기 때문입니다. 하나님 앞에서 부족을 깨닫는 것 — 이것은 새로운 은혜를 구할 수 있는 효과적인 요청의 기회가 됩니다. 우리는 가끔씩 하나님께 위로해 달라고 간청했습니다. 왜냐하면 우리는 매우 침울한 상태에 있었기 때문입니다. 그러나 주께서 우리를 위로하셨을 때, 우리에게 기쁨을 채우셔서, 우리는 옛 스코틀랜드의 목사와 같이 이렇게 부르짖고 싶어했던 것입니다. "그만 두소서, 주여! 그만 하소서. 이것으로 족합니다. 나는 더 이상 기쁨을 감당할 수 없습니다. 나는 다만 질그릇임을 기억하소서." 우리가 가난한 사람들을 구제할 때에는, 일반적으로 우리가 도울 수 있는 그 정도 이상은 돕지 않습니다. 그러나 우리 하나님은 자신이 베푸신 은혜를 헤아려 보려고 멈추시지 않습니다. 그는 왕처럼 주십니다. 그는 목마른 자에게 물을 부어 주시며, 마른 땅에 많은 물을 쏟아 부으십니다.

4. 그 다음 주제를 다루겠습니다.
이런 공급의 출처인 크나큰 자원에 대해 잠시 상고해 보겠습니다.

"나의 하나님이 영광 가운데 그 풍성한 대로 너희 모든 쓸 것을 채우시리라"고 했습니다. 설교자인 제 자신이 이제 자리에 앉아야 할지도 모르겠습니다. 왜냐하면 본문의 이 부분을 완전히 이해한다는 것은 불가능하기 때문입니다. 영광 가운데 있는 하나님의 풍성하심은 아무리 생각해도 다 알 수 없는 그런 것입니다.

자연 가운데서 하나님의 풍성하심을 상고해 보십시오. 누가 그의 보화들을 헤아릴 수 있겠습니까? 숲속으로 들어가서 울창하게 늘어서 있는 나무들을 바라보십시오. 그것들은 어떤 인간의 즐거움을 위해서가 아니라 주님만을 위해서 그 거대한 그늘을 드리우고 있습니다. 적막한 산허리와 끝없이 펼쳐진 대평원 위에 무수히 피어 있는 꽃들을 바라보십시오. 그것들은 하나님만을 위해서 그 향기를 발하고 있습니다. 위대하신 왕의 무한한 소유지 안에, 매년 봄과 여름마다 조성되고 있는 보화가 그 얼마나 풍성한지요! 하나님의 지혜의 풍성하심을 따라 대지를 꽉 채우고 있는 거대한 동물들과 곤충의 세계를 살펴보십시오. "땅과 거기에 충만한 것과 세계와 그 가운데에 사는 자들은 다 여호와의 것입니다"(시 24:1). 바다를 바라보십시오. 셀 수 없이 많은 고기 떼들을 생각해 보십시오. 우리들의 어부들이 그 고기 떼들의 가장자리를 손으로 스치듯이 약간만 건져도 한 나라가 먹고도 남을 충분한 양식이 됩니다. 더 깊은 대양의 보화들을 생각해 보십시오. 영원하신 자의 손이 아니고는 그 어떤 손길도 그 보화들을 모으지 못합니다. 여러분이 창조자의 풍성함을 보고 싶으시다면, 눈을 들어 별들을 바라보십시오. 할 수 있다면 그 별들의 수효를 말해 보십시오. 천문학은 우리들의 시야를 넓혀 놓았습니다. 그래서 우리는 이 세상을 하나님께서 지으신 수많은 다른 세계와 비교해 볼 때, 하나의 작은 점에 불과하다고 여기게 됩니다. 우리가 망원경으로 볼 수 있는 그 수많은 별들의 세계는, 무한한 공간을 차지하고 있는 무수한 천체들의 단편에 불과하다는 사실도 알게 되었습니다. 자연 만물에 나타난 하나님의 풍성하심은 광대합니다. 밀턴이 「실낙원」에서, 창조하시는 하나님의 풍성하심을 노래했듯이, 이 풍성하심 앞에 우리는 밀턴과 같이 노래하지 않을 수 없습니다.

섭리 가운데 있는 하나님의 풍성하심 역시 무한합니다. 하나님께서 피조물을 향해, "가라" 하면 가고, 또 저더러 "이 일을 하라" 하면 행합니다. 왜냐하면 만물이 그의 명령에 복종하기 때문입니다.

은혜에 있어서의 하나님의 풍부하심을 생각해 보십시오. 우리에게는 영원한 사랑의 샘, 무한한 희생의 은사, 사랑하는 독생자의 피 흘리심, 그리고 가장 작은 축복도 그 가치에 있어서 무한한 은혜의 언약이 있기 때문에, 자연과 섭리가 오히려 무색해집니다. 하나님의 은혜는 참으로 풍성합니다. "하나님은 자비가 풍성하십니다." 오래 참으심과 사랑과 능력과 친절하심이, 우리가 도저히 이해할 수 없을 정도로 부요하십니다.

　여러분의 쓸 것은 자연의 풍성함과 섭리의 풍성함, 그리고 은혜의 풍성함을 따라서 채워질 것입니다. 그러나 이것이 전부가 아닙니다. 사도는 좀 더 고상한 문체로 "영광 가운데 그 풍성한 대로"라고 기록하였습니다. 우리는 결코 영광 가운데 계시는 하나님을 본 적이 없습니다. 그것은 우리의 눈으로 도저히 바라볼 수 없는 광경이기 때문입니다. 그리스도께서 땅 위에서 변형되사 영광 가운데 있을 때에, 그 광경이 너무나 휘황찬란했기에, 베드로와 야고보와 요한의 단련된 눈으로도 그 광경을 쳐다볼 수 없었습니다.

"너무도 황홀한 빛 앞에서"

어둠이 그들을 뒤덮었고, 그들은 자는 자 같이 되어버렸습니다. 천사들이여, 그대들은 영광 가운데 계시는 하나님의 모습을 아는가? 그대들이 하나님의 본성의 엄청난 광명 속에서 타버리지 않도록 하나님께서 그 얼굴을 가리지 않겠는가? 하나님의 눈에는 하늘도 깨끗하지 못하며, 하나님께서는 천사들에게도 그 어리석음을 문책하시는데, 그의 피조물들 가운데서 그 누가 그의 영광의 풍성하심을 말할 수 있겠습니까?

　"영광 가운데 그 풍성"이라고 했습니다. 이 말은 그가 행하신 일의 풍성함을 뜻할 뿐 아니라 그가 하실 수 있는 일의 풍성함도 의미합니다. 왜냐하면 하나님께서 온갖 세계를 지으셨고, 그보다 더 많이 지으실 수도 있으며, 또한 그것은 단지 시작에 불과하기 때문입니다. 전능하신 하나님의 가능성들을 누가 헤아릴 수 있겠습니까? 그러나 주께서 그러한 영광스러운 가능성을 따라 여러분의 모든 쓸 것을 채우실 것입니다. 어떤 위대한 왕이 자기의 풍성함을 따라서 줄 때에, 그는 거지들에게 인색하게 자선을 베풀지 아니합니다. 그는 소위 **왕답게** 나누어 줍니다. 만약 어떤 큰 축제라도 있게 된다면, 왕은 위엄을 갖추고 대규모로 선물을 나누어 줍니다. 그렇다면 하나님께서 영광 가운데 계실 때, 어떤 일이 있을까를 생각해 보십시오. 그가 나누어 주시는 선물은 엄청날 것입니다. 그가 자기의 사랑하는 자들을 위해 내놓으시는 보화의 풍성함은 이루 말로 다 형언할 수 없을 것입니다! 그는 "영광 가운데 그의 풍성하심을 따라" 여러분의 모든 쓸 것을 채우실 것입니다. 그런데도 불구하고 여러분은 감히 낙담하시렵니까? 오, 영혼아, 불신앙의 어리석음을 버릴지어다! 하나님의 사랑을 의심하다니, 이것이야말로 참으로 하나님을 모독하는 일입니다. 하나님은 반드시 우리를 축복하십니다. 우리는 하나님으로 말미암아 축복을 받습니다. 우리는 진실로 축복을 받게 되었음이 분명합니다. 하나님께서 "영광 가운데 그 풍성한 대로" 우리의 쓸 것을 채우신다면, 우리의 쓸 것은 충분히 채워질 것입니다.

5. 이런 쓸 것들이 공급되어지는 영광스러운 통로에 관해 묵상함으로 설교를 마치겠습니다.

"그리스도 예수 안에서 영광 가운데 그 풍성한 대로"라고 했습니다. 여러분의 영혼의 모든 결핍들이 채워질 것입니다만, 모든 것을 얻기 위해서는 그리스도께 나아가야 합니다. "그리스도 예수 안에서"라고 했습니다. 그분은 생명수가 솟아나는 샘의 근원입니다. 여러분은 여러분 자신의 부족한 것들을 염려와 초조함으로 채워서는 안 됩니다. "백합화가 어떻게 자라는가 생각하여 보십시오"(마 6:28). 여러분은 "그리스도 예수 안에서" 풍성하게 되어야 합니다. 여러분은 모세에게 나아감으로써, 여러분의 영적인 결핍들을 채우려고 해서는 안 되며, 마치 여러분이 자신의 구세주인 양 힘쓰고 애써서 자신의 영적인 결핍들을 채우려고 해서는 안 됩니다. 오직 그리스도 예수를 믿음으로 말미암아 채우려고 해야 합니다. 그리스도 예수께 나아가지 아니할 자들은 은혜 없이 살아야 합니다. 왜냐하면 하나님께서 은혜의 방편인 그의 아들로 말미암지 않고는, 아무것도 주시지 않을 것이기 때문입니다. 예수님께 나아가는 자들은 그의 풍성함을 자주 맛보게 될 것입니다. 왜냐하면 모든 축복이 그로 말미암아 오기 때문입니다. 제 자신과 여러분에게 드릴 충고는 우리가 그리스도 안에 거해야 한다는 것입니다. 이는 그것만이 축복의 길이므로 우리는 그리스도 안에 거해야 합니다. 우리는 물병 하나를 가진 채 광야로 보냄을 받았던 이스마엘에 관한 기사를 읽어 보았습니다. 그러나 이삭은 브엘라해로이 샘 곁에 거주하였습니다. 우리는 샘이신 그리스도 예수 곁에 거하고, 우리 자신의 힘의 상징인 물병을 결코 의지하지 않는 것이 지혜로운 일입니다. 형제 여러분, 만약 여러분이 그리스도 예수를 떠나 방황한다면, 지복(至福)의 중심부를 떠나고 있는 것입니다.

금년 내내 저는 여러분이 이 본문의 샘 곁에 거하게 되기를 기도하겠습니다. 이 샘에서 물을 길으십시오. 여러분은 심히 목마르십니까? 이 샘에서 물을 길으십시오. 왜냐하면 이 샘에는 생명수가 가득 차 있기 때문입니다. 여러분이 이 약속을 붙들고 간구하게 될 때, 주께서 여러분의 모든 쓸 것을 채워 주실 것입니다. 하나님으로부터 받은 일을 잠시라도 중단하지 마십시오. 여리분의 불신앙이 주님의 은사를 방해하지 못하게 하시고, "나의 하나님이 그리스도 예수 안에서 영광 가운데 그 풍성한 대로 너희 모든 쓸 것을 채우시리라"는 이 약속을 굳게 붙잡으십시오. 어떻게 하면 여러분이 더 큰 축복을 받을 수 있을지, 그 방법을 저는 모르겠습니다. 만약 여러분이 성령님으로 말미암아 그것을 깨달을 수 있다면, 여러분은 제가 여러분을 위해 간절히 바라고 있는 것을 누리게 될 것입니다. 다시 말해서 복된 새해가 되시기를 바랍니다!

💬 **독자 여러분들께 알립니다!**

'CH북스'는 기존 '크리스천다이제스트'의 영문명 앞 2글자와
도서를 의미하는 '북스'를 결합한 출판사의 새로운 이름입니다.

스펄전 설교전집 29

에베소서·빌립보서

초판 발행 2011년 2월 20일
중쇄 발행 2019년 5월 3일

발행인 박명곤
사업총괄 박지성
편집 신안나, 임여진
디자인 김민영
마케팅 김민지
재무 김영은
펴낸곳 CH북스
출판등록 제406-1999-000038호
전화 031-911-9864 **팩스** 031-944-9820
주소 경기도 파주시 회동길 37-20 CH그룹사옥 4층
홈페이지 www.chbooks.co.kr **이메일** ch@chbooks.co.kr
페이스북 @chbooks1984 **인스타그램** @chbooks1984
네이버 밴드 @chbooks

ⓒ CH북스 2011

CH북스는 여러분의 정성이 담긴 원고를 기다리고 있습니다.
원고 투고는 ch@chbooks.co.kr 로 내용 소개, 연락처와 함께 보내주세요.